中国中西部地区开发年鉴

CHINA CENTRAL WESTERN AREA DEVELOPMENT YEARBOOK

（2000—2001）

主编　刘　江

中国财政经济出版社

图书在版编目(CIP)数据

中国中西部地区开发年鉴.2000~2001/刘江主编.北京:中国财政经济出版社,2001.11
ISBN 7-5005-5189-4

Ⅰ.中... Ⅱ.刘... Ⅲ.不发达地区—经济发展—中国—2000~2001—年鉴
Ⅳ.F127-54

中国版本图书馆 CIP 数据核字(2001)第 085366 号

责任编辑 武志庆 安建军
美术设计 白 洁

中国财政经济出版社 出版
URL:http://www.cfeph.com
E-mail:cfeph@drc.gov.cn

社址:北京海淀阜成路甲 28 号 邮政编码:100036
发行处电话:88190406 北京财经书店电话:64033436
北京龙华印刷厂印刷 各地新华书店经销
787×1092 毫米 16 开 36.25 印张 860 千字
2001 年 12 月第 1 版 2001 年 12 月北京第 1 次印刷
印数:1—5000 定价:180.00 元
ISBN 7-5005-5189-4/F·4621
(图书出现印装问题,本社负责调换)

中国中西部地区开发年鉴编委会

特约编辑

（按姓氏笔划排序）

马小民　王志兵　王明春　王善秀　韦坚祥　付野秋
权永生　孙志文　李　勇　李日成　李英范　李雪岩
陈永乐　陈奉斌　张治松　金兆杰　胡其昌　胡昌明
徐寿喜　唐腾激　曹宗杰　常正国

编写人员

（按姓氏笔划排序）

丁生莲　于洪斌　马　军　马　莉　马　禄　马小民
马克莉　马启兰　马素梅　文素琴　方长能　方纯如
牛慧丽　王　荣　王　莹　王之华　王天洋　王庆卫
王东林　王志兵　王明春　王统新　王尊江　王善秀
王傲兰　王殿元　韦坚祥　巴桑旦周　丹　增
戈坚北　付野秋　史　琴　布尼周　田友农　田知星
白　玛　白　萍　白忠祥　石　雄　石玉良　安　虎
冯天元　叶红专　龙跃永　任宗高　朱爱群　牟卫东
米玛平措　祁玲玲　朱　彬　孙　鸣　孙志文
孙书一　孙书游　庄诗梅　乔魁智　刘　贞　刘永存
刘玉双　刘志勇　刘治平　刘红军　刘国庆　刘继忠
刘艳峰　刘晏良　权永生　何　鹏　何国林　佘双盈
余建中　吴永辉　吴自强　吴福祥　李　凡　李　冲
李　勇　李　彬　李　博　李文亚　李日成　李开新
李成义　李学升　李学斌　李宏伟　李英范　李伟红
李雪岩　李庭辉　李添虎　杜泽忠　肖　锋　肖志钢
邱　翎　邵克文　张大卫　张小飞　张兆荣　张忠敬
张治松　张建中　张国志　张清平　张智军　陈　霞
陈永乐　陈世宁　陈奉斌　陈传仪　陈爱玲　陈荣宣
苏　敏　苏树远　周　宜　周冲荣　周宝恒　周集中
周继松　岳　亮　林安仁　武保林　金兆杰　单建星
杨　成　杨　辉　杨晓晶　郑立新　罗绍忠　罗贤勇

郎道先　姜雁民　查　科　洪小波　胡其昌　胡昌明
胡继贤　席延东　郝诚之　贺　杰　贺　颖　侯敬波
赵永江　赵玉聪　赵书茂　赵家兴　钟冠群　钱晓萍
姚瑜根　唐　斌　唐腾激　夏孟秋　徐　军　徐光辉
徐寿喜　秦建平　高西仁　莫福文　郭　军　郭民权
郭丽丽　涂迎九　贾文兴　贾永安　顾重汉　常正国
曹宗杰　曹边疆　黄　河　黄选高　傅　荣　傅雪峰
游　峰　程树山　舒友发　谢振华　韩黎莅　韩永胜
董福长　熊爱民　蔡新宏　谭　敏　谭显武　篙慧杰
霍　民

特约撰稿人

（按姓氏笔划排序）

方创琳　宁吉喆　周海林　周毅仁　杨　洁　杨荫凯
林家彬　胡长顺　徐国弟　黄微波　谢鸿浔　程　耀

编辑小组

组长：邹　勇　安建军

成员：郭桂珍　马静贤　白　洁　武志庆　冯　羽

编辑说明

一、《中国中西部地区开发年鉴》(2000—2001卷)是由国家计委副主任刘江同志担任主编,中国财政经济出版社编辑出版的大型资料性实用工具书。《中国中西部地区开发年鉴》创刊于1992年,宗旨是全面、系统、准确地反映我国中西部地区经济和社会发展的历史进程,为西部大开发和地区经济协调发展服务。

二、本年鉴刊载的资料、数据已经有关单位审核。个别数据如有误差,请以国家统计局正式公布的为准。全国性数据未包括台湾省、香港特别行政区和澳门特别行政区。

三、年鉴综合篇为编辑部约请有关单位和专家撰写,文中观点仅供读者在工作中参考。

四、本年鉴在编辑、出版、发行过程中得到了有关部门和有关省区市的支持和帮助,谨表谢忱。希望广大读者对本年鉴提出宝贵的意见和建议,以改进我们的工作。

《中国中西部地区开发年鉴》编辑小组

2001年10月

序　　言

中西部地区的发展，一直是党中央、国务院关注的重大战略问题。我国从第一个五年计划到今年初全国人大审议通过的第十个五年计划，都对加快中西部地区的发展作出了重点部署。从毛泽东同志的“十大关系”到邓小平同志的“两个大局”和江泽民同志的“实施西部大开发战略”，三代领导人无不倾注心血，精心策划中西部地区发展的宏大蓝图，这也是新中国建国50多年来中西部地区国民经济和社会发展取得巨大进步的根本保证。与此同时，我们也积累了加快老少边特地区发展经济的丰富经验，形成了具有中国特色的一整套方针、政策和措施。“坚持区域经济协调发展，逐步缩小地区发展差距”，是“九五”计划确定的国民经济发展的一条重要方针。这一指导方针在“十五”计划中得到了具体体现，这就是“实施西部大开发战略，加快中西部地区发展，合理调整地区经济布局，促进地区经济协调发展。”这一地区经济发展方针，是我国几十年来社会主义建设实践的经验总结，充分体现了“三个代表”的重要思想。

实施西部大开发战略，加快中西部地区发展，是以江泽民同志为核心的党中央高瞻远瞩、统揽全局、审时度势做出的重大决策，是实现第三步战略目标的重大举措，是新时期我国社会主义现代化建设重大战略的组成部分。我国中西部地区经济社会发展虽然有了翻天覆地的变化，但是由于历史、环境和地理等多方面的原因，目前经济发展水平还比较低，包括广西在内的中西部20个省区市的经济总量（GDP），2000年仅占全国的43%，而人口则占全国的62%，按人均GDP来说，中西部不及全国的70%和东部的一半。城乡居民收入中西部地区几乎所有的省份都低于全国平均水平，而且差距比人均GDP还要大。这种情况不利于我国国民经济和社会可持续发展。中西部地区经济发展水平低的原因，主要是在投资环境、经济效益、创新能力和对外开放四个方面。近年来，国家实施西部大开发的政策重点也是围绕这些方面深入展开的，并且取得了初步成效。在建设投资增幅、基础设施建设、生态环境保护等方面,都达到了历史最好的水平。特别是中西部地区在发展特色经济、改变增长方式和调整经济结构方面都有了较大的进展,为缩小与东部地区的差距创造了良好的条件,为加入世贸组织可能带来的冲击增强了抗御能力。

我们组织编辑出版这本《年鉴》的目的,就是要为国内外关心支持中西部地区发展的朋友提供些信息,为中西部地区同志们的工作提供些借鉴,力争从每年中西部地区经济社会发展的变化中总结些经验教训,为进一步加快中西部地区发展交流出一些新想法、新思路。我深信,只要我们以江泽民同志“三个代表”的重要思想为指导,在工作中认真坚持解放思想、实事求是,坚持与时俱进、开拓创新,中西部地区的经济社会发展必将步入一个新的发展阶段,我国地区经济协调发展将出现一个崭新局面。

在新世纪的元年,《中国中西部地区开发年鉴》新版本的面世是令人欣慰的。迄今为止,《中国中西部地区开发年鉴》已出版了8部,这是我们大家共同努力的结果,我向全体工作人员表示由衷的感谢。在这里,我要特别感谢中国财政经济出版社的同志,因为今年这一本《中国中西部地区开发年鉴》是为加快中西部地区发展服务的,是为实施西部大开发战略服务的,是为促进我国地区经济协调发展服务的,因此是一项十分有意义的工作。我们应再接再励,把《中国中西部地区开发年鉴》越办越好。

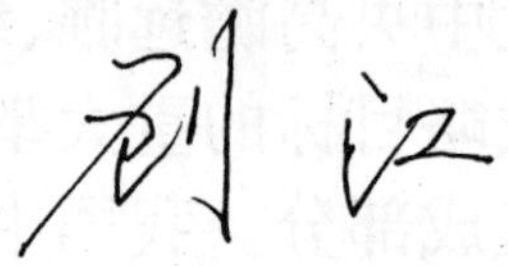

二〇〇一年九月五日

目　录

文献法规篇

综 合 篇

我国西部大开发战略决策

西部地区篇

中 部 地 区 篇

省 会 城 市 篇

民族自治州篇

国民经济与社会发展计划篇

专题研究篇

统计资料篇

附 录

文献法规篇

党和国家领导人关于开发西部地区的论述

(一)邓小平关于发展西部地区经济的论述

1978年12月13日,邓小平同志在中央工作会议上说:

在经济政策上,我认为要允许一部分地区、一部分企业、一部分工人农民,由于辛勤努力成绩大而收入先多一些,生活先好起来。一部分人生活先好起来,就必然产生极大的示范力量,影响左邻右舍,带动其他地区、其他单位的人们向他们学习。这样,就会使整个国民经济不断地波浪式地向前发展,使全国各族人民都能比较快地富裕起来。

当然,在西北、西南和其他一些地区,那里的生产和群众生活还很困难,国家应当从各方面给以帮助,特别要从物质上给以有力的支持。

这是一个大政策,一个能够影响和带动整个国民经济的政策,建议同志们认真加以考虑和研究。

(《邓小平文选》第二卷,第152页)

1986年3月28日,邓小平同志在会见新西兰总理朗伊时的谈话中说:

我们的改革是从农村开始的,在农村先见成效,但发展不平衡。有百分之十左右的农村地区还没有摆脱贫穷,主要是在西北干旱地区和西南的一部分地区。我们的政策是让一部分人、一部分地区先富起来,以带动和帮助落后的地区,先进地区帮助落后地区是一个义务。我们坚持走社会主义道路,根本目标是实现共同富裕,然而平均发展是不可能的。过去搞平均主义,吃"大锅饭",实际上是共同落后,共同贫穷,我们就是吃了这个亏。改革首先要打破平均主义,打破"大锅饭",现在看来这个路子是对的。

(《邓小平文选》第三卷,第155页)

1988年9月12日,邓小平同志在听取关于价格和工资改革初步方案汇报时的谈话中说:

沿海地区要加快对外开放,使这个拥有两亿人口的广大地带较快地先发展起来,从而带动内地更好地发展,这是一个事关大局的问题。内地要顾全这个大局。反过来,发展到一定的时候,又要求沿海拿出更多力量来帮助内地发展,这也是个大局。那时沿海也要服从这个大局。

(《邓小平文选》第三卷,第277~278页)

1992年1月18日至2月21日,邓小平同志到武昌、深圳、珠海、上海等地视察。在会见当地党政领导同志的谈话时,他说:

走社会主义道路,就是要逐步实现共同富裕。共同富裕的构想是这样提出的:一部分地区有条件先发展起来,一部分地区发展慢点,先发展起来的地区带动后发展的地区,最终达到共同富裕。如果富的愈来愈富,穷的愈来愈穷,两极分化就会产生,而社会主义制度就应该而且能够避免两极分化。解决的办法之一,就是先富起来的地区多交点利税,支持贫困地区的发展。当然,太早这样办也不行,现在不能削弱发达地区的活力,也不能鼓励吃"大锅饭"。什么时候突出地提出和解决这个问题,在什么基础上提出和解决这个问题,要研究。可以设想,在本世纪末达到小康水平的时候,就要突出地提出和解决这个问题。

(《邓小平文选》第三卷,第373~374页)

(二)江泽民、朱镕基关于开发西部地区的论述

1999年6月9日,江泽民同志在中央扶贫开发工作会议上发表重要讲话。

江泽民在讲话中说:逐步缩小全国各地区

之间的发展差距,实现全国经济社会的协调发展和最终达到全体人民的共同富裕,是社会主义本质特征的要求。我国地域辽阔,人口众多,不能设想采用平均主义的办法可以实现共同富裕。改革开放以来,沿海发达地区运用自身较好的经济基础、优势的地理位置和一些特殊措施,经济和社会发展突飞猛进,积累了相当的实力。现在,加快中西部地区发展步伐的条件已经具备,时机已经成熟。在继续加快东部沿海地区发展的同时,必须不失时机地加快中西部地区的发展。从现在起,这要作为党和国家一项重大的战略任务,摆到更加突出的位置。中西部地区幅员广阔,资源丰富,战略地位非常重要。我国的能源和矿产资源主要分布在中西部地区,主要农产品生产基地也多在中西部地区。加快中西部地区的开发,对于合理地配置资源,促进全国经济持续协调发展,有着重大的战略意义。中央将继续加大对中西部地区特别是西部地区的扶持的力度,优先安排水利、电力、交通、环境保护和资源开发项目。东部发达地区要继续帮扶西部贫困地区,以改变贫困地区基本生产生活条件为重点,按照优势互补、互惠互利、长期合作、共同发展的原则,开展多层次、多渠道、多形式的经济技术合作,把东西扶贫协作推向一个新的阶段。

(原载 1999 年 6 月 10 日《人民日报》)

1999 年 6 月 17 日,江泽民同志在西北五省区国有企业改革和发展座谈会上,就加快中西部地区发展发表重要讲话。

江泽民说,现在我们正处在世纪之交,应该向全党和全国人民明确提出,必须不失时机地加快中西部地区的发展,特别是抓紧研究西部地区大开发。江泽民强调,加快开发西部地区,对于推进全国的改革和建设,对于保持党和国家的长治久安,是一个全局性的发展战略,不仅具有重大的经济意义,而且具有重大的政治和社会意义。加快中西部地区发展的条件已经基本具备,时机已经成熟。从现在起,这要作为党和国家一项重大的战略任务,摆到更加突出的位置。

江泽民在座谈会上指出,逐步缩小全国各地区之间的发展差距,实现全国经济社会的协调发展,最终达到全体人民的共同富裕,是社会主义本质的要求,也是关系我国跨世纪发展全局的一个重大问题。中央对中西部地区的改革和发展是高度重视的,强调要把逐步缩小东部与中西部地区发展的差距作为一条长期坚持的重要方针,并采取了一系列政策措施,促进中西部地区的发展。在中央和其他地区的支持下,中西部地区广大干部群众自力更生,团结奋斗,改革和建设取得了很大的成就。

江泽民在讲话中阐述了邓小平同志关于实现地区经济协调发展的战略思想。他说,80年代,当改革开放和现代化建设全面展开以后,邓小平同志对全国经济的协调发展就进行过深刻的考虑。他提出了“两个大局”的思想。一个大局,就是东部沿海地区加快对外开放,使之较快地先发展起来,中西部地区要顾全这个大局。另一个大局,就是当发展到一定时期,比如本世纪末全国达到小康水平时,就要拿出更多的力量帮助中西部地区加快发展,东部沿海地区也要服从这个大局。我国地域辽阔,人口众多,生产力不发达,要在一个时期实现同步富裕、同等富裕是不现实的,必然会有的先富起来,有的后富。在发展战略布局上,必须有全盘的构想。邓小平同志的这个战略设想是,根据生产力发展水平和各方面的条件,东部地区先加快发展,然后带动和支持中西部地区发展,最终实现全国各地区共同繁荣和共同富裕。实践证明,这是完全正确的。

江泽民指出,加快开发西部地区,是全国发展的一个大战略、大思路。改革开放以来,沿海发达地区运用自身较好的经济基础、优越的地理位置和国家支持的政策,经济和社会发展已经积累了相当的实力。现在,加快中西部地区开发的时机已经到来。中西部地区范围很大,如何加快开发,要有通盘的考虑。加快西部地区的经济发展,是保持国民经济持续快速健康发展的必然要求,也是实现我国现代化建设第三步战略目标的必然要求。西部地域广大,自然资源丰富,有巨大的发展潜力,也是一个巨大的潜在市场,加快发展西部地区可以促进各种资源的合理配置和流动,为国民经济的发展提供广阔的空间和巨大的推动力量。

在谈到改善西部地区生态环境问题时,江泽民说,由于千百年来多少次战乱、多少次自然灾害和各种人为的原因,西部地区自然环境不断恶化,特别是水资源短缺,水土流失严重,生态环境越来越恶劣,荒漠化年复一年地加剧,并不断向东推进。这不仅对西部地区,而且对其他地区的经济社会发展也带来不利的影响。改善生态环境,是西部地区的开发建设必须首先研究和解决的一个重大课题。如果不从现在起,努力使生态环境有一个明显的改善,在西部地区实现可持续发展的战略就会落空。

江泽民指出,西部地区少数民族聚居比较集中,又地处边疆。加快西部地区的发展,对于保持西部地区政治和社会稳定、促进民族团结和保障边疆安全具有重大意义。维护民族地区的稳定,很重要的一条就是要不断加快这些地区的经济发展和社会进步。经济发展了,社会进步了,各民族共同富裕了,就会进一步巩固和发展平等、团结、互助的社会主义民族关系,就会大大增强整个中华民族的凝聚力。保持民族地区的稳定和巩固祖国边防,也就具有了更加强大的物质基础和思想政治基础。

江泽民强调,在发展社会主义市场经济的条件下,加快开发西部地区,要有新的思路。要适应建立社会主义市场经济体制的要求和新的对外开放环境,充分考虑国内外市场需求的新变化,按客观经济规律办事。国家要加强宏观调控,研究提出符合实际的政策措施。要按照有所为、有所不为的原则,统筹安排,有计划有步骤地进行开发,防止刮风,防止"一哄而起"。在编制下一个五年计划时,要把加快开发西部地区作为一个重要方针。

江泽民说,加快开发西部地区,必须充分考虑各种有利和不利的因素,充分调动广大干部群众和各个方面的积极性。总的原则是:把加快西部经济社会发展同保持政治社会稳定、加强民族团结结合起来,把西部发展同实现全国第三步发展战略目标结合起来,在国家财力稳定增长的前提下,通过转移支付,逐步加大对西部地区的支持力度;在充分调动西部地区自身积极性的基础上,通过政策引导,吸引国内外资金、技术、人才等投入西部开发,有目标、分阶段地推进西部地区人口、资源、环境与经济社会的协调发展。加快开发西部地区应该是全面的,要把水资源的开发和有效利用放在突出位置。生态环境建设、普及科学教育、推广实用技术、发展特色旅游、交通通信设施建设等方面,都要统筹规划。

江泽民指出,国家已经采取的支持西部地区发展的措施要继续落实好,包括优先安排基础设施建设项目,支持技术改造和产品结构调整,在企业增资减债、下岗分流、完善社会保障制度方面给予更多支持,加大对中西部地区财政转移支付的力度。

江泽民最后说,加快开发西部地区,是一个巨大的系统工程,也是空前艰难的历史任务。既要有紧迫感,抓紧研究方案、步骤和政策措施,又要做好长期奋斗的充分思想准备。西部各省区的广大干部群众,要抓住这个历史机遇,坚持发扬自力更生、艰苦奋斗的光荣传统,利用自己的优势,创造新的业绩。我们要下决心通过几十年乃至整个下世纪的艰苦努力,建设一个经济繁荣、社会进步、生活安定、民族团结、山河秀美的西部地区。

(原载 1999 年 6 月 19 日《人民日报》)

2000 年 3 月 5 日下午,江泽民同志参加了九届全国人大三次会议青海代表团的全体会议,同代表们一起审议政府工作报告。

在听取了青海省代表的发言后,江泽民说,我国西部地区地域辽阔,资源丰富,各族干部群众勤劳朴实。中央提出实施西部大开发战略,就是要加快西部地区的发展,逐步缩小东西部地区的发展差距,全面推进我国的现代化建设。西部地区各省区要抓住机遇,从实际出发,明确面向新世纪发展的思路,加快发展步伐。

江泽民指出,西部地区要在国家的支持下加快基础设施建设,优先发展教育、科技。西部开发关键靠人才,人才培养关键靠教育,首先要集中力量把基础教育搞好。要下大力气抓好生态环境保护和建设。要通过退耕还林还草,治理水土流失,逐渐改善生态环境。退耕还林还草是一项十分艰巨复杂的工作,涉及农民的生产生活和切身利益,政策性很强,一定要尊重群众意愿,周密筹划,分类指导,有计划、有步骤地进行。要加大经济结构调整力度,把农业基础打牢,搞好资源开发利用和加工增值,发挥本地优势,发展特色经济,培育新的经济增长点,走出一条具有自己特色的发展路子。

江泽民指出,实施西部大开发战略,为西部各省提供了良好的发展机遇。能否抓住机遇,加快发展,关键在领导,在人的素质。各级党政领导干部从思想作风到工作作风都要来一个大的改进,以适应新形势新任务的要求。要解放思想、实事求是,进一步转变观念,增强改革开放意识,树立为开发大局作贡献的责任感和事业心,坚持从实际出发,真抓实干,讲求实效。建设一支坚强有力的干部队伍是搞好西部大开发的重要保证。要结合“三讲”教育,提高干部队伍素质,提高党组织的凝聚力、战斗力。西部开发是一项紧迫任务,同时又要做长期奋斗的思想准备,扎扎实实地不懈奋斗。要全面贯彻执行党的民族政策和宗教政策,坚定不移地高举民族团结的旗帜,加强和巩固各民族大团结,坚决反对民族分裂主义的破坏活动,坚决维护国家统一,巩固和发展安定团结的政治局面。

(原载 2000 年 3 月 6 日《人民日报》)

2000 年 3 月 13 日,江泽民同志参加了九届全国人大三次会议甘肃代表团的全体会议。孙英、李发伸、陈学亨、陈守杰代表分别就加快甘肃社会经济发展,把人才作为西部大开发的关键,做好稳定工作,充分发挥国有大型企业在西部开发中的作用发了言。代表们畅所欲言,会场气氛很活跃。江泽民认真听取和记录代表们的发言,还时常插话与代表们进行探讨。

在听取代表发言后,江泽民说,甘肃在我国西部地区地理位置非常重要,矿产资源、旅游资源都很丰富。我曾于 1992 年和 1995 年两次去过甘肃,甘肃各族人民吃苦耐劳、艰苦奋斗的精神给我留下了深刻印象。改革开放以来,甘肃经济有了较快增长,各方面工作是有成绩的。

江泽民指出,实施西部大开发战略,加快中西部地区发展,是党中央根据邓小平同志“两个大局”的战略思想作出的重大决策,对于面向新世纪、推进我国现代化建设、实现第三步战略目标,具有重大意义。中央作出这样的决策,有利于促进地区之间经济协调发展,实现共同繁荣、共同富裕;有利于对整个经济结构实施战略性调整,促进国民经济持续、快速、健康发展;也有利于增进民族团结,维护稳定和巩固边防。西部大开发是一项宏大的工程,必须适应发展社会主义市场经济的新形势,尊重客观规律,统筹规划,突出重点,有步骤、分阶段地实施。中央对西部开发很重视,国家要适当增加投入。东部沿海地区也要以各种方式支持和帮助西部开发。要重要的是,西部地区要调动各方面的积极性,通过深化改革,扩大开放,形成新的机制、新的方法,吸引人才、吸引资金、引进技术。要充分发挥自身特点,搞好基础设施建设,培育优势产业,发展科技教育,加强生态环境保护,使西部经济在新的世纪有更好更快的发展。

(原载 2000 年 3 月 14 日《人民日报》)

1999 年 10 月,国务院总理朱镕基在甘肃、青海、宁夏考察工作时强调,加快西部地区发展是邓小平同志关于我国现代化建设战略思想的重要组成部分,是促进各地区共同繁荣、共同富裕的必然要求，我们一定要按照江泽民总书记近年来多次重要讲话和指示精神，站在现代化建设全局和长远发展的高度，统一思想认识，不失时机地实施西部大开发战略。

为了贯彻落实江泽民总书记关于实施西部大开发的指示精神，朱镕基总理继赴陕西、云南、四川考察工作之后，又于10月21日至30日，赴甘肃、青海、宁夏进行实地考察和调研。朱镕基总理在中共甘肃省委书记孙英、省长宋照肃，青海省委书记白恩培、代省长赵乐际，宁夏回族自治区党委书记毛如柏、自治区主席马启智的陪同下，先后考察了曾经是"苦甲天下"的甘肃定西地区的小流域治理、兰州和西宁两市绿化工程以及宁夏扶贫扬黄灌溉工程等，就实施西部大开发战略，特别是加强生态环境保护和建设工作与三省(区)干部群众交换意见，共商加快西部地区发展的大计。他深入基层，实地考察植树造林、治理水土流失的情况。他还访问农户和扶贫移民村，详细询问他们生产和生活情况，征求群众对治理生态环境的看法和意见。

朱镕基指出，加快中西部地区发展，是邓小平同志在90年代初明确提出的"两个大局"的战略思想的重要组成部分：一个大局，就是东部沿海地区要充分利用有利条件，加快对外开放，较快地先发展起来，中西部地区要顾全这个大局；另一个大局，就是当发展到一定时期，可以设想在本世纪末全国达到小康水平的时候，就要拿出更多的力量帮助中西部地区加快发展，东部沿海地区也要顾全这个大局。江泽民总书记十分重视加快中西部地区的发展，作出了一系列的重要论述。1997年8月，他就对西北地区治理水土流失，退耕还林，改善生态环境的调查报告作过重要批示：西北地区"历史遗留下来的这种恶劣的生态环境，要靠我们发挥社会主义制度的优越性，发扬艰苦创业的精神，齐心协力地大抓植树造林，绿化荒漠，建设生态农业，去加以根本的改观。经过一代一代人长期地持续地奋斗，再造一个山川秀美的西北地区，应该是可以实现的。"今年3月、6月和8月，他又多次提出实施西部大开发战略问题，明确指出："实施西部地区大开发是全国发展的一个大战略、大思路"；"加快中西部地区发展的条件已经基本具备，时机已经成熟"；"从现在起，这要作为党和国家一项重大的战略任务，摆到更加突出的位置。"朱镕基说，在世纪之交，我国现代化建设即将全面实现第二步战略目标，并向第三步战略目标迈进的时候，提出加快西部地区大开发，是党中央高瞻远瞩，统揽全局，审时度势作出的战略决策，这不仅在经济上，更重要的在政治上，都具有重大的现实意义和深远的历史意义。他说，改革开放20年来，我国综合国力显著增强，东部沿海地区有了很大发展，现在有必要也有能力加大对西部地区发展的支持力度。我们要把思想和行动统一到中央的决策和江泽民总书记指示精神上来，精心研究，统筹规划，科学地制定实施西部地区大开发的任务、政策、措施和步骤。

朱镕基指出，实施西部地区大开发战略，是一项复杂的系统工程，要有步骤、有重点地推进。根据中央的指示精神，当前和今后一个时期，最重要的是抓好以下几个方面：

第一，进一步加快基础设施建设。这是实施西部大开发的基础。基础设施薄弱是制约西部地区发展的主要因素，要加快进行西部地区大开发，就必须下更大的决心、以更多的投入，加快基础设施建设，特别要加强公路、铁路、机场、天然气管道以及电网、通信、广播电视等基础设施建设。要加快打通西部地区与中部和东部地区、西南地区与西北地区，通江达海、连接周边的运输通道。同时，要坚持把水资源的开发和有效利用放在突出位置，这不仅是缓解部分地区人畜饮水困难的迫切需要，而且是涉及西部地区大开发全局的重要问题，要通过多种途径加快水利设施建设。

第二，切实加强生态环境保护和建设。这是实施西部地区大开发的根本。只有大力改善生态环境，西部地区的丰富资源才能得到很好的开发和利用，也才能改善投资环境，引进资金、技术和人才,加快西部地区发展步伐。尤其要看到,改造西部地区的生态环境,对于改善全国生态环境,具有重大意义。如果不加紧、加快实施在西部地区恢复林草植被、治理水土流失,那么,长江、黄河日渐淤积,洪水灾害不可能得到根治,广大中下游流域将永无宁日。因此,必须高度重视和突出抓好生态环境的建设,把它作为实施西部地区大开发的切入点。为此,必须坚决实行"退耕还林(草)、封山绿化、以粮代赈、个体承包"的措施。这些措施是贯彻中央关于植树造林、绿化荒漠和荒山荒地方针的具体化,也是一些地方经过实践证明行之有效的做法。现在全国粮食供应充裕、库存多,是以粮食换林草的极好时机,我们要紧紧抓住而不能错过这个难得的机遇。这样,既可以改善生态环境,又可以缓解目前粮食总量相对过剩造成的一些矛盾,还能带动整个经济结构的调整。同时,把以粮食换林草同扶贫工作结合起来,也是加快贫困地区脱贫致富的有效途径。这件事涉及面广,政策性强,务必周密筹划,精心组织,做过细的工作,既要积极,又要稳妥,先易后难,分步实施,注重实效,防止一哄而起,更不能做表面文章。各地方要从当地实际情况出发,抓紧制定科学的规划和具体实施办法,并首先选择条件好的地方进行试点,树立样板,取得经验,逐步扩大。

第三,积极调整产业结构。这是实施西部地区大开发的关键。从全国来看,现在是调整产业结构的大好时机。西部地区要根据不同的地理和气候条件、不同的资源和物种特点,以市场为导向,立足于发挥自身优势,调整和优化产业结构,建立具有发展前景的特色经济和优势产业,培养和形成新的经济增长点。要下大力气调整农业结构,着力发展特色农业、节水农业、生态农业,积极发展畜牧业;要合理开发和保护矿产资源,加快工业调整、改组和改造步伐;要重视发展高新技术产业,大力发展旅游业等第三产业。产业结构调整的力度和成效,直接关系到西部地区大开发的进程,一定要切实抓紧抓好。

第四,大力发展科技和教育。这是实施西部地区大开发的重要条件。振兴西部地区经济,必须依靠科学技术进步,依靠高素质的劳动者。因此,开发西部地区科教要先行,特别要大力发展教育,培养各级各类人才。只有人才加科技,才能把自然资源优势转化为经济发展的优势。

朱镕基强调,实施西部地区大开发战略是一项长期而又艰巨的伟业,也是一个规模宏大的社会经济系统工程。既要有紧迫感,又要从长计议,坚持从实际出发,按客观规律办事。要突出重点,因地制宜,有所为、有所不为,有计划、有步骤地推进。要采取适应改革开放新形势的新思路、新机制、新办法。他指出,为了加快西部地区的大开发,国家已经并要继续加大对西部地区的投入力度,东部沿海地区和社会各个方面都要采取多种形式给以大力支持。西部地区的干部群众要进一步解放思想,加快改革开放步伐,奋发图强,顽强拼搏,苦干实干,积极进取,紧紧抓住国家实施西部大开发的历史机遇,以高度的责任感和使命感把各方面的工作做得更好。

……

考察期间,朱镕基先后听取了甘肃、青海、宁夏三省(区)党委和政府的工作汇报,对他们各方面取得的成绩给予充分肯定。他指出,西部地区的一些省(区)是少数民族群众聚居比较集中的地方,加强各民族团结,保持社会政治的稳定,不仅关系到西部地区的稳定和大开发,也关系到全国改革开放和现代化建设的大局。在新的形势和任务下,要进一步做好民族工作。我们相信,各民族干部群众携手奋进,就一定能够更有力地加快西部地区大开发的进程。

(原载 1999 年 11 月 1 日《人民日报》)

2000 年 3 月 5 日,国务院总理朱镕基在九届全国人大三次会议上作政府工作报告。其中指出:

实施西部地区大开发战略,加快中西部地

区的发展,是党中央贯彻邓小平关于我国现代化建设"两个大局"战略思想,面向新世纪所作出的重大决策。这对于扩大内需、推动国民经济持续增长,对于促进各地区经济协调发展,最终实现共同富裕,对于加强民族团结、维护社会稳定和巩固边防,都具有十分重要的意义。实施这个重大决策,是一项系统工程和长期任务,既要有紧迫感,又必须统筹规划,突出重点,分步实施,防止一哄而起。

当前和今后一段时期,要集中力量抓好以下几个方面。一是加快基础设施建设。以公路建设为重点,加强铁路、机场、天然气管道干线的建设。加强电网、通信、广播电视以及大中城市基础设施建设。尤其要把水资源的合理开发和节水工作放在突出位置。要抓紧做好若干重大骨干工程的研究论证和前期准备工作,争取早日开工建设。二是切实搞好生态环境保护和建设。大力开展植树种草,治理水土流失,防治荒漠化。加大长江上游、黄河上中游天然林保护工程的实施力度。陡坡耕地要有计划、有步骤地退耕还林还草。抓住当前粮食等农产品相对充裕的有利时机,采取"退耕还林(草)、封山绿化、以粮代赈、个体承包"的综合性措施,以粮换林换草。这项工作要加强规划和政策引导,尊重农民意愿,搞好试点,逐步推行。要坚决制止新的毁林毁草开荒。三是根据当地的地理、气候和资源等条件,着力发展有自己特色的优势产业,有条件的地方要发展高新技术产业。四是大力发展科技和教育。加快科技成果转化,积极培养各级各类人才,全面提高劳动者素质。五是进一步扩大对外开放。改善投资环境,积极引进境外资金、技术和管理经验。

东部地区要继续发挥优势,不断提高经济素质和竞争力,更好地发展和壮大自己,有条件的地方要率先实现现代化。同时,继续采取联合开发、互利合作、对口支援、干部交流等多种形式,加大对中西部地区的支持力度。中西部地区要抓住机遇,加快改革开放步伐,发扬自力更生、艰苦创业的精神,注重实效,扎实工作,努力搞好各项建设。

(原载 2000 年 3 月 17 日《人民日报》)

2000 年 3 月 15 日下午,国务院总理朱镕基在人民大会堂会见了前来采访九届全国人大三次会议的中外记者并回答了记者提出的问题。

……

新华社记者:西部大开发是本次"两会"的一个热门话题。据我们了解,美国的西部大开发先后经历两次,历时 100 多年。您在《政府工作报告》中也谈到,中国西部大开发是系统工程和长期的任务,那么您认为中国如何能实现东西部的协调发展?在您本届任期内,中国西部大开发将会达到怎样的阶段性目标呢?

朱镕基:关于我国西部的开发,早在 80 年代就是邓小平"两个大局"战略思想的内容。去年以来,江泽民总书记多次强调西部大开发,在开发前加了一个"大"字。这个战略思想现在已经有了实施的机遇,因为中国的经济发展已经到了这样一个阶段:沿海地区经济的发展,特别是传统产业的发展已经趋于饱和,它要寻找新的市场,而西部地区的开发,现在也迫在眉睫。

关于西部大开发,我主要讲两个内容。一是基础设施的建设。西部地域辽阔,交通不发达,首先要进行基础设施的建设。现在我们已经把国家的投资大量向西部地区倾斜。比方我们最近宣布的"西气东输"工程。我们在新疆的塔里木地区发现了大量天然气,我们已经决定从新疆修建 4200 公里的管道,经过 8 个省、区、市,直达上海,这样,沿线地区的能源结构、产业结构都会发生很大变化。这需要大量资金,我们欢迎海内外的投资者,特别是外国的投资者来参加建设。你们可以投资,可以控股,可以管理。我相信这一条管道的效益是很好的,回报率是很高的。

二是生态环境的改善。中国目前可以说粮食问题已经基本解决,而且出现了相对的供过于求。过去由于粮食不够,把山上的树林都砍掉,种上粮食;现在我们粮食已经富余,完全可以无偿向农民提供粮食,让他们把山上种的粮田退出来,种上树,或者种草,也就是退耕还林、退耕还草、退耕还湖,使西部地区有一个非常好的、美丽的生态环境,有一个能吸引外国投资的好环境。

西部要实行与东部相似的对外开放政策,我们欢迎外国的投资家,银行、证券、保险业都可以到西部去发展。何时见效呢?我想基础设施建设已经在见效,中国修公路、铁路是拿手好戏,修这条4200公里的管道,分段施工,我认为两年就可以建成;至于说种树,时间要长一点,但是我亲自考察过四川阿坝藏族羌族自治州的森林,植树以后8年到10年就可以成林,因此我认为西部地区的开发见效可能是很快的。当然这是一个非常艰巨的事业,不是一代人能够完成的,西部地区真正的开发恐怕需要一代人、两代人,甚至几代人的努力。

(原载2000年3月16日《人民日报》)

(以上均选自中央文献出版社《西部大开发战略决策若干问题》一书)

中华人民共和国国民经济和社会发展第十个五年计划纲要(摘选)

2001年3月15日第九届全国人民代表大会第四次会议批准

第八章 实施西部大开发战略 促进地区协调发展

实施西部大开发战略,加快中西部地区发展,合理调整地区经济布局,促进地区经济协调发展。

第一节 推进西部大开发

西部大开发要从实际出发,积极进取、量力而行,统筹规划、科学论证,突出重点、分步实施。力争用五到十年时间,使西部地区基础设施和生态环境建设有突破性进展,科技、教育有较大发展。要开拓新思路,采用新机制,着力改善投资环境,扩大对内对外开放,大力发展多种所有制经济,积极吸引社会资金和外资参与西部开发和建设。

加快水利、交通、通信、电网及城市基础设施建设,突出抓好西电东送、西气东输、节水和开发水资源等一批具有战略意义的重点工程。加强生态建设和环境保护,保护天然林资源,因地制宜实施坡耕地退耕还林还草,推进防沙治沙和草原保护,注意发挥生态的自我修复能力。巩固和加强西部地区的农业基础。发展有特色的农牧业、绿色食品、旅游、中草药及生物制药等,推进水电、石油天然气、有色金属、钾盐、磷矿等优势资源合理开发和深度加工,加快资源优势向经济优势的转化。坚持科教先行,重点发展义务教育,大力发展职业教育,积极发展高等教育,做好人才培养、使用和引进的工作。推广应用高新技术和先进适用技术,有重点地发展高新技术产业。依托亚欧大陆桥、长江水道、西南出海通道等交通干线及中心城市,以线串点,以点带面,实行重点开发,促进西陇海兰新线经济带、长江上游经济带和南(宁)贵(阳)昆(明)经济区的形成,提高城镇化水平。国家实行重点支持西部大开发的政策措施,增加对西部地区的财政转移支付和建设资金投入,并在对外开放、税收、土地、资源、人才等方面采取优惠政策。

依据民族区域自治法,支持民族自治地区落实自治权。加大支持力度,加快少数民族和民族地区经济与社会全面发展,重点支持少数民族地区的扶贫开发、牧区建设、民族特需用品生产、民族教育和民族文化事业发展。注意支持人口较少的少数民族的发展。促进西部边疆地区与周边国家和地区开展经济技术与贸易合作,逐步形成优势互补、互惠互利的国际区域合作新格局。

第二节 加快中部地区发展

充分发挥中部地区承东启西、纵贯南北的区位优势和综合资源优势,加快发展步伐,提高工业化和城镇化水平。巩固农业的优势地位,大力发展农业产业化经营,形成区域性、专业化、大规模的农产品生产、流通和加工基地。加快调整工业结构,改造传统产业,建设能源基地,发展有竞争力的制造业和高新技术产业,大力发展服务业。搞好大江大河大湖治理,继续加强交通、通信、仓储等基础设施建设和生态环境建设。以长江、陇海、京广、京九、京哈等沿线地区为重点,壮大沿线城市规模,充实中心城市,积极培育新的经济增长点和经济带。

第三节 提高东部地区的发展水平

东部地区要在体制创新、科技创新、对外开放和经济发展中继续走在前列,有条件的地方争取率先基本实现现代化。优化产业结构,优先发展高新技术产业、现代服务业和出口产业。发展外向型经济,广泛参与国际经济竞争。促进经济特区和浦东新区增创新优势,进一步发挥环渤海、长江三角洲、闽东南地区、珠江三角洲等经济区域在全国经济增长中的带动作用。发展黄河三角洲高效生态经济。东部地区要加强与中西部地区全方位的经济技术合作,支持和参与西部开发,更好地发挥对中西部地区的辐射带动作用。

第四节 形成各具特色的区域经济

要打破行政分割,重塑市场经济条件下的新型地区经济关系。改变追求经济门类齐全的做法,发挥比较优势,发展有市场竞争优势的产业和产品,防止结构趋同。通过区域规划和政策引导调动地方的积极性,形成各具特色的区域经济,并先行在生态功能保护区、专业化农产品生产基地、旅游经济区等方面取得突破。

国务院关于实施西部大开发若干政策措施的通知

国发〔2000〕33 号

各省、自治区、直辖市人民政府,国务院各部委、各直属机构:

实施西部大开发战略,加快中西部地区发展,是我国现代化战略的重要组成部分,是党中央高瞻远瞩、总揽全局、面向新世纪作出的重大决策,具有十分重大的经济和政治意义。为体现国家对西部地区的重点支持,国务院制定了实施西部大开发的若干政策措施。现将有关问题通知如下:

一、制定政策的原则和支持的重点

(一)制定政策的原则。实施西部大开发是一项宏大的系统工程和艰巨的历史任务,既要有紧迫感,又要充分做好长期艰苦奋斗的思想准备。要坚持从实际出发,按客观规律办事,积极进取、量力而行,立足当前、着眼长远,统筹规划、科学论证,突出重点、分步实施,防止一哄而起,反对铺张浪费,不搞"大呼隆"。要加快转变观念,加大改革开放力度,贯彻科教兴国和可持续发展战略,把发挥市场机制作用同搞好宏观调控结合起来,把西部地区广大干部群众发扬自力更生精神同各方面支持结合起来。

(二)重点任务和战略目标。当前和今后一段时期,实施西部大开发的重点任务是:加快基础设施建设;加强生态环境保护和建设;巩固农业基础地位,调整工业结构,发展特色旅游业;发展科技教育和文化卫生事业。力争用 5 到 10 年时间,使西部地区基础设施和生态环境建设取得突破性进展,西部开发有一个良好的开局。到21世纪中叶,要将西部地区建成一个经济繁荣、社会进步、生活安定、民族团结、山川秀美的新西部。

(三)重点区域。西部开发的政策适用范围,包括重庆市、四川省、贵州省、云南省、西藏自治区、陕西省、甘肃省、宁夏回族自治区、青海省、新疆维吾尔自治区和内蒙古自治区、广西壮族自治区。实施西部大开发,要依托亚欧大陆桥、长江水道、西南出海通道等交通干线,发挥中心城市作用,以线串点,以点带面,逐步形成我国西部有特色的西陇海兰新线、长江上游、南(宁)贵(阳)昆(明)等跨行政区域的经济带,带动其他地区发展,有步骤、有重点地推进西部大开发。

二、增加资金投入的政策

(一)加大建设资金投入力度。提高中央财政性建设资金用于西部地区的比例。国家政策性银行贷款、国际金融组织和外国政府优惠贷款,在按贷款原则投放的条件下,尽可能多安排西部地区的项目。对国家新安排的西部地区重大基础设施建设项目,其投资主要由中央财政性建设资金、其他专项建设资金、银行贷款和利用外资解决,不留资金缺口。中央将采取多种方式,筹集西部开发的专项资金。中央有关部门在制定行业发展规划和政策、安排专项资金时,要充分体现对西部地区的支持。鼓励企业资金投入西部地区重大建设项目。

(二)优先安排建设项目。水利、交通、能源等基础设施,优势资源开发与利用,有特色的高新技术及军转民技术产业化项目,优先在西部地区布局。加强西部地区建设项目法人责任制、项目资本金制、工程招投标制、工程质量监督管理制、项目环境监督管理制等制度的建设和建设项目的前期工作。

(三)加大财政转移支付力度。随着中央财力的增加,逐步加大中央对西部地区一般性转移支付的规模。在农业、社会保障、教育、科技、卫生、计划生育、文化、环保等专项补助资金的分配方面,向西部地区倾斜。中央财政扶贫资金的安排,重点用于西部贫困地区。对国家批准实施的退耕还林还草、天然林保护、防沙治沙工程所需的粮食、种苗补助资金及现金补助,主要由中央财政支付。对因实施退耕还林还草、天然林保护等工程而受影响的地方财政收入,由中央财政适当给予补助。

(四)加大金融信贷支持。银行根据商业信贷的自主原则,加大对西部地区基础产业建设的信贷投入,重点支持铁路、主干线公路、电力、石油、天然气等大中型能源项目建设。加快国债配套贷款项目的评估审贷,根据建设进度保证贷款及早到位。对投资大、建设期长的基础设施项目,根据项目建设周期和还贷能力,适当延长贷款期限。国家开发银行新增贷款逐年提高用于西部地区的比重。扩大以基础设施项目收费权或收益权为质押发放贷款的范围。增加对西部地区农业、生态环境保护建设、优势产业、小城镇建设、企业技术改造、高新技术企业和中小企业发展的信贷支持。在西部地区积极发放助学贷款及学生公寓贷款。农村电网改造贷款和优势产业贷款中金额较大的重点项目,由农业银行总行专项安排和各商业银行总行直贷解决。有步骤地引入股份制银行到西部设立分支机构。

三、改善投资环境的政策

(一)大力改善投资的软环境。深化西部地区国有企业改革,加快建立现代企业制度,搞好国有经济的战略性调整和国有企业的资产重组。加大对西部地区国有企业减负脱困、改组改造的支持力度。加强西部地区商品和要素市场的培育和建设。积极引导西部地区个体、私营等非公有制经济加快发展,依照有关法律法规,凡对外商开放的投资领域,原则上允许国内各种所有制企业进入。加快建立中小企业信用担保体系和中小企业服务机构。除国家重大项目和有特殊规定的项目以外,凡是企业用自有资金或利用银行贷款投资于国家鼓励和允许类产业的项目,项目建议书和可行性研究报告合并一道按规定程序报批,初步设计、开工报告不再报政府审批，相应简化外商投资项目审批程序。要进一步转变政府职能，实行政企分开，减少审批事项，简化办事程序，强化服务意识，消除行政垄断、地区封锁和保护，加强依法行政，保护投资者合法权益。加强环境保护，防止盲目重复建设，依法关闭产品质量低劣、浪费资源、污染严重、不具备安全生产条件的厂矿企业。

（二）实行税收优惠政策。对设在西部地区国家鼓励类产业的内资企业和外商投资企业，在一定期限内，减按15%的税率征收企业所得税。民族自治地方的企业经省级人民政府批准，可以定期减征或免征企业所得税。对在西部地区新办交通、电力、水利、邮政、广播电视等企业，企业所得税实行两年免征、三年减半征收。对为保护生态环境，退耕还生态林、草产出的农业特产品收入，在10年内免征农业特产税。对西部地区公路国道、省道建设用地比照铁路、民航用地免征耕地占用税，其他公路建设用地是否免征耕地占用税，由省、自治区和直辖市人民政府决定。对西部地区内资鼓励类产业、外商投资鼓励类产业及优势产业的项目在投资总额内进口自用先进技术设备，除国家规定不予免税的商品外，免征关税和进口环节增值税。

（三）实行土地和矿产资源优惠政策。对西部地区荒山、荒地造林种草及坡耕地退耕还林还草，实行谁退耕、谁造林种草、谁经营、谁拥有土地使用权和林草所有权的政策。各种经济组织和个人可以依法申请使用国有荒山荒地，进行恢复林草植被等生态环境保护建设，在建设投资和绿化工作到位的条件下，可以出让方式取得国有土地使用权，减免出让金，实行土地使用权50年不变，期满后可申请续期，可以继承和有偿转让。国家建设需要收回国有土地使用权的，依法给予补偿。对于享受国家粮食补贴的退耕地种植的生态林不能砍伐。对基本农田实行严格保护，实现耕地占补平衡。进一步完善建设用地审批制度，简化程序，及时提供并保障建设用地。现有城镇建设用地的有偿使用收益，主要用于城镇基础设施建设。加大对西部地区矿产资源调查评价、勘查、开发、保护与合理利用的政策支持力度。制定促进探矿权、采矿权依法出让和转让的政策办法，培育矿业权市场。

（四）运用价格和收费机制进行调节。深化价格改革，进一步提高市场调节价格的比重。合理制定"西气东输"、"西电东送"价格，建立天然气、电力、石油、煤炭产销环节的价格形成机制。加快水价改革步伐，根据节水的要求，逐步将水价提高到合理水平，完善水资源费的征收和管理。加强流域水资源的统一管理，严格执行计划用水和水量分配制度，促进水资源的合理利用和开发。普遍实行城市污水和垃圾处理收费制度，收费专项用于污水和垃圾处理。加强江河上游和源头地区水资源的污染防治和保护工作。西部省际间及省、区内航空支线票价实行经营者自主定价。对西部地区新建铁路可实行特殊运价。加强西部地区邮政电信的普遍服务。

四、扩大对外对内开放的政策

（一）进一步扩大外商投资领域。鼓励外商投资于西部地区的农业、水利、生态、交通、能源、市政、环保、矿产、旅游等基础设施建设和资源开发，以及建立技术研究开发中心。扩大西部地区服务贸易领域对外开放，将外商对银行、商业零售企业、外贸企业投资的试点扩大到直辖市、省会和自治区首府城市，允许西部地区外资银行逐步经营人民币业务，允许外商在西部地区依照有关规定投资电信、保险、旅游业，兴办中外合资会计师事务所、律师事务所、工程设计公司、铁路和公路货运企业、市政公用企业和其他已承诺开放领域的企业。一些领域的对外开放，允许在西部地区先行试点。

（二）进一步拓宽利用外资渠道。在西部地区进行以BOT方式利用外资的试点，开展以TOT方式利用外资的试点。允许外商投资项目开展包括人民币在内的项目融资。支持符合条件的西部地区外商投资企业在境内外股票市场上市。支持西部地区属于国家鼓励和允许类产业的企业通过转让经营权、出让股权、兼并重组等方式吸引外商投资。积极探索以中外合资产业基金、风险投资基金方式引入外资。鼓励在华外商合资企业到西部地区再投资,其再投资项目外资比例超过25%的,享受外商投资企业待遇。对外商投资西部地区基础设施和优势产业项目,适当放宽外商投资的股比限制,适当放宽国内银行提供固定资产投资人民币贷款的比例。允许西部地区的某些项目适当提高总投资中国外优惠贷款的比例。对西部地区优势产业及出口创汇项目引进国外先进技术和设备,国家在国外商业贷款指标安排上给予支持。积极争取多边、双边赠款优先安排西部地区项目。

(三)大力发展对外经济贸易。进一步扩大西部地区生产企业对外贸易经营自主权,鼓励发展优势产品出口、对外工程承包和劳务合作、到境外特别是周边国家投资办厂,放宽人员出入境限制。对西部地区经济发展急需的技术设备,在进口管理上给予适当照顾。对从西部地区重要旅游城市入境的海外旅游者,根据条件实行落地签证和其他便利入境签证政策。实行更加优惠的边境贸易政策,在出口退税、进出口商品经营范围、进出口商品配额、许可证管理、人员往来等方面,放宽限制,推动我国西部地区同毗邻国家地区相互开放市场,促进与周边国家区域经济技术合作健康发展。

(四)推进地区协作与对口支援。在防止重复建设和禁止转移落后技术与导致环境污染的前提下,在投资、财政、税收、信贷、经贸、工商、劳动、统计等方面积极采取有力措施,支持东部、中部地区企业到西部地区以投资设厂、参股入股、收购兼并、技术转让等多种方式进行合作。在中央和地方政府指导下,动员社会各方面力量加强东西对口支援,进一步加大对西部贫困地区、少数民族地区的支援力度,继续推进"兴边富民"行动。围绕西部开发的重点区域,发展多种形式的区域经济合作。

五、吸引人才和发展科技教育的政策

(一)吸引和用好人才。制定有利于西部地区吸引人才、留住人才、鼓励人才创业的政策。随着工资改革,建立艰苦边远地区津贴,提高西部地区机关和事业单位人员的工资水平,逐步使其达到或高于全国平均水平。依托西部开发的重点任务、重大建设项目及重要研究课题,提供良好的工作和生活条件,吸引国内外专门人才投身于西部开发。改革户籍管理制度,允许到西部地区投资经营和参加开发的其他地区居民保留原籍户口,凡在西部地区地级以下城市(含地级市)和小城镇有合法固定住所、稳定职业或生活来源的人员,可根据本人意愿办理城镇常住户口,鼓励农业富余劳动力合理转移和跨地区人口合理流动。扩大东部和西部地区之间的干部交流。中央有关部门、东部地区大专院校和科研机构,要加强对西部地区提供智力服务和人才支持。加强西部地区引进国外智力工作。依托中央有关部门和沿海经济较发达地区,加强对西部地区领导干部、少数民族干部的培养和公务员、专业技术人员、企业管理人员的培训。

(二)发挥科技主导作用。加大各类科技计划经费向西部地区的倾斜支持力度,逐步提高科技资金用于西部地区的数额。围绕西部开发的重点任务,加强科技能力建设,组织对关键共性技术的攻关,加快重大技术成果的推广应用和产业化步伐。支持军转民技术产业化的发展。支持西部地区科研机构、高校加强有特色的应用研究和基础研究。深化科技体制改革,加快从事应用研究的科研机构向企业转化,加强产学研联合,推动科技与经济的紧密结合。允许并提高西部地区企业在销售额中提取开发经费的比例。加大科技型中小企业创新基金对西部地区具备条件项目的支持力度。对科技人员在西部地区兴办科技型企业,简化工商登记,提高股权、期权和知识产权入股比例的上限。

(三)增加教育投入。继续实施贫困地区义务教育工程,加大国家对西部地区义务教育的支持力度，增加资金投入，努力加快实现九年义务教育。对西部地区高等学校建设予以支持，扩大东、中部地区高校在西部地区的招生规模。加大实施东部地区学校对口支援西部贫困地区学校工程以及西部地区大中城市学校对口支援农村贫困地区学校工程的力度。建设西部地区远程教育体系。加强对农村基层干部和农民的科学文化知识教育培训。

（四）加强文化卫生建设。国家安排的补助地方文化设施建设、广播电视建设投资和文物经费，向西部地区倾斜。进一步落实国家文化宣传单位经济政策，繁荣文艺创作。推进自然村“村村通”广播电视建设，进一步扩大广播电视有效覆盖面。促进边疆地区和少数民族地区文化事业发展。支持西部地区文化建设和精神文明建设。加强对西部地区卫生、计划生育建设的支持力度，重点建立健全农村初级卫生保健体系。

国务院西部开发办要会同有关部门，根据以上政策措施，在今年内抓紧研究制定有关政策细则或实施意见，经国务院批准后发布实施。西部地区各级政府，要按照国家规定，执行统一的西部大开发政策。

以上政策措施，主要适用于当前和今后10年（2001—2010年）。随着西部大开发战略的实施，将作进一步完善。所规定的各项政策措施及其细则，自2001年1月1日起开始实施。

国务院

二〇〇〇年十月二十六日

国务院办公厅关于西部大开发中加强文物保护和管理工作的通知

国办发〔2000〕60号

各省、自治区、直辖市人民政府，国务院各部委、各直属机构：

西部地区是中华文明的重要发源地之一，自古以来就是一个多民族聚居的地区，各族人民共同创造了光辉灿烂的古代文化，留下了丰富而珍贵的文化遗产。这些文物是各族人民开发西部、建设西部，并在这里生活、繁衍、生息的历史见证。保护和管理好这些文物，具有重要的历史意义和现实意义。现就有关问题通知如下：

一、加强西部大开发中的文物保护和管理工作，是各级人民政府和有关部门义不容辞的责任。有关地方、部门要以对国家和民族文化遗产负责的态度，充分认识西部大开发中做好文物保护和管理工作的重要意义，切实加强和改善对这项工作的领导。要加强宣传、贯彻《中华人民共和国文物保护法》等相关法律法规的力度，大力提倡、动员和引导全社会参与文物保护，依法保护和管理好管辖区域内的历史文化遗产。要抓紧研究制订或修改当地文博事业发展规划，搞好与生态恢复、城乡建设及基础设施建设、产业结构调整的协调，将文博事业发展列入区域经济和社会发展“十五”规划。

二、要妥善处理好西部大开发中文物保护和经济建设之间的关系。文物部门要进一步加强西部地区文物调查、评估和公布文物保护单位等基础性工作，摸清底数，加快完成西部各省（自治区、直辖市）文物普查和文物地图集的编纂等工作的进度，在可能埋藏文物的地方做好重点文物保护区域的划定工作。在重点文物保护区域内的基本建设项目，在进行前期立项、论证、选址等工作时，要充分征求文物行政管理部门的意见；在工程施工范围内有可能埋藏文物的地方应事先进行文物调查、勘探工作；对调查、勘探中发现的文物，应及时提出处理意见,避免发生毁坏文物的事件。因基本建设进行文物勘探、考古发掘所需费用,按照《中华人民共和国文物保护法》和国家计委、财政部文件(计价费〔1997〕1220号)的有关规定,由建设单位从项目投资中列支。

三、结合西部生态环境建设工程,做好古遗址、古墓葬的保护工作。要把古遗址、古墓葬特别是大型遗址的保护纳入当地退耕还草(林)和土地利用规划;对遭到耕作破坏严重或埋藏较浅的大遗址,可列入退耕还草(林)的重点目标,加以妥善保护,以减缓耕作和自然力对遗址的剥蚀,防止新的破坏。

四、根据西部地区历史文物、少数民族文物和各类矿物、动植物标本相对丰富的实际情况,要加强抢救和保护,有计划、有重点地发展各具特色的专题博物馆;改善博物馆的地区分布和品类布局,健全博物馆的设施和功能;强化精品意识和服务意识,面向社会,面向群众,面向广大青少年,提高博物馆及其他文博机构藏品保护、陈列展示和社会教育的水平,努力满足各族人民群众日益增长的精神文化需求。

五、科学、合理地发挥文物特有的作用,为西部大开发服务。依托西部地区丰富多样的文物资源优势,发展具有历史、民族特征的文物旅游,有利于促进资源优势转化为经济优势,有利于西部地区的产业调整,有利于加强爱国主义教育和增强民族凝聚力。同时,文物保护单位对社会开放必须具备相应的开放条件,必须有助于文物和生态环境的保护,必须符合《中华人民共和国文物保护法》等有关法律法规的规定。

六、作为宗教活动场所的古建筑和寺庙内收藏的各类文物,必须依据《中华人民共和国文物保护法》进行有效管理。已公布为全国和省级重点文物保护单位的寺庙,要制订专项保护法规或规章制度,建立相应的管理组织,自觉接受文物行政管理部门的指导、监督和管理。

七、加强西部文物保护科研工作和人才培养。要努力增加科研经费的投入,促进科技成果推广,增大文物保护工作的科技含量。要加强西部文博队伍建设,充分利用西部高等院校培养文物、博物馆事业的急需人才,特别要重视对少数民族文物干部的培养,同时努力创造条件,吸纳各门类专业人才。

八、加大对盗掘、盗窃、非法交易和走私文物等违法犯罪活动的打击和防范力度。公安、工商行政管理、海关、文物等有关部门要密切协作,相互配合,对各种文物犯罪分子特别是那些破坏性强、危害严重的盗掘团伙和走私集团,必须坚决摧毁,依法予以严厉打击。

国务院办公厅

二〇〇〇年八月三十一日

中共中央办公厅　国务院办公厅关于推动东西部地区学校对口支援工作的通知(摘要)

厅字〔2000〕13号

各省、自治区、直辖市党委和人民政府,中央和国家机关各部委,军委总政治部,各人民团体:

西部大开发战略能否顺利实施,在很大程度上取决于劳动者素质的提高,取决于各类人才培养的数量和质量。由于历史的原因,西部贫困地区教育水平相对落后,教育基础较为薄弱,难以适应西部大开发的需求。为此,党中央、国务院决定,在中央对西部地区教育事业继续加大扶持力度的同时,启动实施“东部地区学校对口支援西部贫困地区学校工程”和“西部大中城市学校对口支援本省(自治区、直辖市)贫困地区学校工程”(以下简称“两个工程”),进一步动员东部地区和西部大中城市的各方面力量,大力支援西部贫困地区的教育事业。现就有关问题通知如下:

一、充分认识实施“两个工程”、推进教育对口支援工作对实施西部大开发战略的重大意义。多年来,在党中央、国务院的领导下,东部有关省、直辖市及计划单列市对口支援西部贫困地区义务教育工作取得了明显的成绩。特别是1996年以来,党中央、国务院在开展有组织、有计划、大规模扶贫开发的同时,组织沿海地区对口支援贫困地区教育,有关地区各级党委和政府高度重视,认真落实,进一步促进了贫困地区教育事业的发展,为东西扶贫协作开辟了新途径。但是,西部贫困地区普及义务教育仍然面临一些困难和问题。各级党委和政府要从加快实施西部大开发的战略高度,认识加快西部地区教育特别是基础教育事业发展的重要意义,为西部大开发战略的实施创造条件,提供人力和智力资源支持。

二、“东部地区学校对口支援西部贫困地区学校工程”的实施范围,按照《国务院办公厅转发国务院扶贫开发领导小组关于组织经济较发达地区与经济欠发达地区开展扶贫协作报告的通知》(国办发〔1996〕26号)确定的开展扶贫协作的对口关系实施;“西部大中城市学校对口支援本省(自治区、直辖市)贫困地区学校工程”的实施范围,由有关省、自治区、直辖市确定相应对口支援关系。对口支援的学校之间要结成对子,受援学校应是义务教育阶段相对薄弱的学校。除义务教育外,在职业教育和高等教育方面也可以做些力所能及的工作。

三、实施“两个工程”,要以选派教师和管理人员到贫困地区任教、任职,帮助提高学校教育质量和管理水平为重点,同时向受援学校无偿提供闲置的教学仪器设备、教具、图书资料等,帮助改善办学条件。鼓励东部地区和西部大中城市的学生把用过的课本和多余的文具、衣物捐赠给对口支援学校的学生。

四、实施“两个工程”要以东部地区为西部地区教育发展做贡献,以西部大中城市为西部贫困地区教育发展做贡献为指导思想,不增加被支援地方的经济负担。到贫困地区支教的教学和管理人员经费由支援地区负担,教师支教期间只转临时行政、组织关系,支教教师的隶属关系不变。实施对口支援的有关省、自治区、直辖市及计划单列市要制定优惠政策鼓励教师到贫困地区学校任教,要把支教工作作为教师职务评定、转正定级的重要依据。受援的地区要在生活和工作条件等方面给参加支教人员提供方便。

五、对口支援的有关省、自治区、直辖市

及计划单列市党委和政府要根据本通知要求，把教育对口支援工作列入议事日程，加强领导。援助方和受援方要协商制定校对校的具体实施方案，加强协调，沟通信息，总结经验，积极组织“两个工程”的实施并将有关情况及时报教育部和国务院扶贫开发领导小组。

中共中央办公厅
国务院办公厅
2000年4月6日

关于印发《关于东西部地区学校对口支援工作的指导意见》的通知

教基〔2000〕20号

各省、自治区、直辖市人民政府，国务院各部委、各直属机构：

经国务院同意，现将《关于东西部地区学校对口支援工作的指导意见》印发给你们，请遵照执行。

教育部
国务院扶贫开发领导小组
中共中央组织部
国家发展计划委员会
财政部
人事部
二〇〇〇年四月二十日

关于东西部地区学校对口支援工作的指导意见

根据《中共中央办公厅、国务院办公厅关于推动东西部地区学校对口支援工作的通知》(厅字〔2000〕13号)精神和实施“东部地区学校对口支援西部贫困地区学校工程”、“西部大中城市学校对口支援本省(自治区、直辖市)贫困地区学校工程”(以下简称“两个工程”)的要求，为了确保“两个工程”的顺利实施，现提出如下实施意见：

一、指导思想

从实际出发，发挥优势，量力支持，相互学习，加强交流；东部地区和西部大中城市要为西部贫困地区教育发展做贡献；东部地区和西部大中城市学校支教的人员，要学习贫困地区学校教师的艰苦奋斗精神和朴实的工作作风，贫困地区学校教师要学习支教教师和管理人员的无私奉献精神和教学及管理经验；以学校之间对口支援为基本形式，以贫困地区为支援对象，以义务教育阶段相对薄弱学校为重点，促进贫困地区学校管理水平和教育质量的提高；不增加受援地区的经济负担。

二、实施范围

(一)“东部地区学校对口支援西部贫困地区学校工程”对口支援的实施范围，按照《国务院办公厅转发国务院扶贫开发领导小组关于组织经济较发达地区与经济欠发达地区开展扶贫协作报告的通知》(国办发〔1996〕26号)确定的开展扶贫协作的对口关系实施，即北京市支援内蒙古自治区，天津市支援甘肃省，上海市支援云南省,广东省支援广西壮族自治区,江苏省支援陕西省,浙江省支援四川省,山东省支援新疆维吾尔自治区(包括新疆生产建设兵团),辽宁省支援青海省,福建省支援宁夏回族自治区,大连、青岛、深圳、宁波市支援贵州省。

"西部大中城市学校对口支援本省(自治区、直辖市)贫困地区学校工程"由内蒙古自治区、广西壮族自治区、重庆市、四川省、贵州省、云南省、陕西省、甘肃省、青海省、宁夏回族自治区、新疆维吾尔自治区(包括新疆生产建设兵团)等省(自治区、直辖市)人民政府确定相应对口支援关系。

(二)东部地区有关省(直辖市)各选择100所学校、计划单列市各选择25所学校,与对口支援西部地区有关省(自治区)选择的相应数量的贫困地区学校,结成"一帮一"的对子。先行试点,以后逐步扩大。

西部大中城市支援学校数量与本省(自治区、直辖市)贫困地区受援学校的相应数量和对口支援关系,由有关省(自治区、直辖市)人民政府确定。"两个工程"的受援学校原则上不应重复。

(三)受援地区原则上应是2000年前尚未普及九年义务教育的国家及省级贫困县。为便于工作,应适当考虑受援地区的交通、气候、语言、生活条件等因素。

(四)选择受援学校以义务教育阶段学校为重点,集中支援国家及省级贫困县的相对薄弱学校。小学校均规模一般在200人以上,本省(自治区、直辖市)范围内的对口受援学校规模可适当缩小。

(五)在职业教育和高等教育方面做力所能及的支援工作。

三、期限和目标

"两个工程"的实施暂分为两期,每期两年左右,从2000年开始启动。第一期结束前一个月,第二期支援学校和受援学校名单应予确定。

通过"两个工程"的实施,逐步构建起东部地区、西部大中城市支援西部贫困地区学校的桥梁,进一步促进贫困地区义务教育的普及和教育教学质量的提高,缩小东西部地区教育水平的差距,着重在基础教育方面为西部大开发提供支持。

四、援助任务

(一)支援学校选派政治思想好、作风正派、业务能力强、身体健康的教师和管理人员(包括退休人员)到受援学校任教或担任校领导职务,帮助提高受援学校教育质量和管理水平。受援学校可选派中青年教师到支援学校学习和培训,具体人数由有对口支援关系的双方协商确定。

(二)向受援学校无偿提供闲置的教学仪器设备、教具和图书资料等,包括使用过但仍可用的计算机、电视机、录像机等。

(三)双方学校可开展"手拉手"活动。支援学校学生可自愿向受援学校贫困学生提供用过的课本和多余的文具、玩具及衣物等。

(四)其他多种形式的对口支援。

五、有关政策

(一)到贫困地区支教的教学和管理人员工资、差旅费、保险费、医疗费、各项补贴等,按照有关规定应由财政负担的费用由支援地区的财政部门负担。

(二)受援地区应在基本生活和工作条件等方面给参加支教的人员提供方便,免费提供住宿。受援学校教师到支援学校学习培训的费用原则上由支援地区财政部门负担。

(三)实施对口支援的有关省(自治区、直辖市)及计划单列市人民政府应在职务评聘、转正定级等方面制定优惠政策,鼓励教师和管理人员到贫困地区学校任教,对做出显著成绩的要予以表彰奖励。到贫困地区对口支教人员的有关待遇可参照《中共中央办公厅、国务院办公厅关于转发中共中央组织部、国家教育委员会、人事部〈关于从党政机关和事业单位选派人员支援基层教育工作请示〉的通知》(中办发〔1996〕23号)中有关支教人员待遇方面的规定执行。

(四)自东部地区支援省(直辖市)及计划单列市至西部地区受援省(自治区)的援助物资的运输费用,原则上由东部地区支援方负担,在西部地区受援省(自治区)内的运输费用由受援省(自治区)负担。

(五)各有关部门对东西部地区学校对口支援工作,要高度重视,给予大力支持。在对口支援方案实施过程中,对于地方政府遇到的困难,要尽可能帮助解决。

六、组织领导

(一)全国教育对口支援工作由教育部牵头,国务院扶贫开发领导小组协助,中组部、国家发展计划委员会、财政部、人事部等部门参与,共同组织实施。

(二)对口支援的省(自治区、直辖市)及计划单列市人民政府要把教育对口支援工作列入议事日程,确定相应的部门负责组织实施"两个工程",作为东西扶贫协作和落实西部大开发战略部署的重要工作抓紧抓好。

(三)对口支援的省(自治区、直辖市)及计划单列市人民政府要根据本通知精神,迅速行动,与对方共同协商制定具体实施方案;西部地区的省(自治区、直辖市)也要抓紧制定本地大中城市学校对口支援贫困地区学校的实施方案。请有关省(自治区、直辖市)及计划单列市人民政府将对口支援实施方案及对口支援学校名单报教育部、国务院扶贫开发领导小组。

(四)各地要不断地总结教育对口支援工作的经验,宣传先进典型,迅速排除困难,将有关情况及时报教育部、国务院扶贫开发领导小组。

国务院关于进一步做好退耕还林还草试点工作的若干意见

国发〔2000〕24号

各省、自治区、直辖市人民政府,国务院各部委、各直属机构:

今年以来,按照党中央、国务院的部署,长江上游、黄河上中游各有关地区认真开展退耕还林还草的试点工作,进展比较顺利,得到广大农民的拥护和支持。但试点工作中也出现了一些新情况、新问题。主要是:一些地区由于试点范围偏大,工作衔接不够,种苗供需矛盾突出,树种结构不够合理,经济林比重普遍较大;有些地区由于严重干旱以及管理粗放,造林成活率较低。为了明确责任,严格管理,推动试点工作的健康发展,根据国务院总理办公会议的决定,并经今年七月中西部地区退耕还林还草工作座谈会讨论,现就进一步做好退耕还林还草试点工作作出以下规定:

一、加强领导,明确责任,实行省级政府负总责

1．各级领导要深刻领会党中央、国务院关于实施退耕还林还草,加强西部生态环境保护和建设的重大意义,进一步提高认识,加强领导,切实把退耕还林还草试点工作列入重要议事日程,及时研究解决实施中的重大问题,保证这项工作健康有序地开展。

2．实行省级政府对退耕还林还草试点工作负总责和市(地)、县(市)政府目标责任制。退耕还林还草试点工作,实行目标、任务、资金、粮食、责任五到省。各有关省级政府要确定一位省级领导同志具体负责,并认真组织实施好退耕还林还草试点工作。市(地)、县(市)、乡级政府也要层层落实退耕还林还草试点工作的目标和责任,实行目标管理责任制,层层签订责任状,认真进行检查和考核,确保试点工作顺利实施。

3. 国务院各有关部门要根据职能分工,密切配合,共同做好退耕还林还草的有关工作。国务院西部地区开发领导小组办公室负责退耕还林还草工作的综合协调,组织有关部门研究制定退耕还林还草有关政策和办法;国家计委会同有关部门负责退耕还林还草总体规划的审核、计划的汇总、基建年度计划的编制和综合平衡;财政部负责退耕还林还草中央财政补助资金的安排和监督管理,参与退耕还林还草总体规划、计划的编制;国家林业局负责退耕还林还草工作总体规划、计划的编制,以及工作指导和督促检查监督;农业部负责已垦草场的退耕还草及天然草场的恢复和建设有关规划、计划的编制,以及技术指导和监督检查;水利部负责退耕还林还草地区小流域治理、水土保持等相关工作的技术指导和监督检查;国家粮食局负责粮源的协调和调剂工作。

各有关省(自治区、直辖市)、市(地)、县(市)的计划、财政、林业、农业、水利、粮食等部门,要在本级政府的统一领导下,按照各自的职能分工,各司其职、各负其责,密切配合,共同做好工作。

4. 实施退耕还林还草,应坚持"全面规划、分步实施,突出重点、先易后难,先行试点、稳步推进"的原则,有计划、分步骤地进行。各省(自治区、直辖市)政府根据国家核定的试点计划任务,负责编制本地区的年度计划,审批县级实施方案,报国务院有关部门备案。各地必须严格执行计划,不准随意扩大试点范围和增加面积。对于超出试点计划面积的,其粮食、现金和种苗补助,由本地区自行解决。

5. 各地退耕还林还草目标的确定,应与改善生态环境、调整农业结构和农民脱贫致富相结合,做好统筹规划和相互衔接,处理好退耕还林还草和农民生计的关系问题。退耕还林还草要坚持政策引导和农民自愿原则,充分尊重农民的意愿。对生产条件较好,粮食产量较高,又不会造成水土流失的耕地,农民不愿退耕的,不得强迫退耕。

二、完善退耕还林还草政策,充分调动广大群众的积极性

6. 要认真落实"退耕还林(草)、封山绿化、以粮代赈、个体承包"的措施,切实把国家无偿向退耕户提供粮食、现金、种苗的补助政策落实到户。国家每年根据退耕面积核定各省(自治区、直辖市)退耕还林还草所需粮食和现金补助总量。粮食和现金的补助年限,先按经济林补助5年,生态林补助8年计算,到期后可根据农民实际收入情况,需要补助多少年再继续补助多少年。要坚持营造生态林为主,而且不许自行砍伐。各部门、各地区要抓紧进行调查研究,对生态林和经济林的比例做出科学的规定,生态林一般应占80%左右。对超过规定比例多种的经济林,只补助种苗费,不补助粮食。退耕户完成现有耕地退耕还林还草后,应继续在宜林荒山荒地造林种草,国家除对退耕地补助粮食外,还将对荒山荒地造林种草所需种苗给予补助。对1999年先行试点地区要按此抓紧兑现。

7. 粮源的组织由省(自治区、直辖市)政府负责,原则上以地方国有粮食企业的商品周转粮为主。当地政府要统一组织粮食的供应,就近调运,组织到乡、到村,兑付到户,减少供应环节,降低供应成本。每亩退耕地每年补助粮食(原粮)的标准,长江上游地区为300斤,黄河上中游地区为200斤。退耕地实际产量超过粮食补助标准,而农民不愿退耕的,要尊重农民自愿,绝不可强迫农民退耕。水土流失严重的地区,需要退耕而实际亩产粮食超过补助标准的,应相应提高补助标准。补助粮食的价款由中央财政承担,调运费用由地方财政承担,都不得向农民分摊。有关补助粮食费用的结算,由财政部门会同粮食部门和农业发展银行办理。

8. 国家给退耕户适当的现金补助。为鼓励农民退耕还林还草,并考虑到农民日常生活需要,国家在一定时期内可给予现金补助。现金补助标准按退耕面积每年每亩 20 元计算,补助年限与粮食补助年限相同。补助款由国家提供。

9. 国家向退耕户提供造林种草的种苗费补助。种苗费补助标准按退耕还林还草和宜林荒山荒地造林种草每亩 50 元计算,直接发给农民自行选择采购种苗。补助款由国家提供。

10. 退耕还林还草试点工程的前期工作和科技支撑等方面的费用,按退耕还林还草基本建设投资的一定比例由国家给予补助,由国家计委根据工程情况在年度计划中适当安排。

11. 对应税的退耕地,自退耕之年起,对补助粮达到原收益水平的,国家扣除农业税部分后再将补助粮发放给农民;停止粮食补助时,不再对退耕地征收农业税。具体由国务院有关部门另行规定。进行生态林草建设的,按国家有关税收优惠政策执行。

12. 采取中央对地方财政转移支付方式,对地方财政减收给予适当补偿。实施退耕还林还草试点的县,其农业税等收入减收部分,由中央财政以转移支付的方式给予适当补助。

13. 实施退耕还林还草的地区,要把退耕还林还草与扶贫开发、农业综合开发、水土保持等政策措施结合起来,对不同渠道的资金,可以统筹安排,综合使用。要调整农业支出结构,统筹安排使用支农资金。实施退耕还林还草地区的财政扶贫资金可重点用于该地区包括基本农田、小型水利在内的基础设施建设和农牧民科技培训、科技推广,提高缓坡耕地和河川耕地的生产能力,提高农民的科技水平,促进退耕还林还草。

14. 要在确定土地所有权和使用权的基础上,实行“谁退耕、谁造林(草)、谁经营、谁受益”的政策,将责权利紧密结合起来,调动农民群众的积极性,使退耕还林还草真正成为农民的自觉行为。农民承包的耕地和宜林荒山荒地,植树种草以后,承包期一律延长到 50 年,允许依法继承、转让,到期后可按有关法律和法规继续承包。

15. 采取多种形式推进退耕还林还草。有条件的地区可本着协商、自愿的原则,由农村造林专业户、社会团体、企事业单位等租赁、承包退耕还林还草,其利益分配等问题由双方协商解决。鼓励在有条件的地区实行集中连片造林、种草,鼓励个人兴办家庭林场和草场,实行多种经营。

三、健全种苗生产供应机制,确保种苗的数量和质量

16. 要按市场规律和科学规律办事,加强退耕还林还草的种苗基地建设,做好种苗生产和供应工作。要根据本行政区域内退耕还林还草的总体规划,做好种苗建设规划。林业部门和农业部门要做好对种苗生产、供应的指导、管理工作,切实抓好种苗基地建设。鼓励集体、企业和个人采取多种形式培育种苗,扩大种苗生产能力。

17. 要加强种子、苗木检验检疫工作。有关部门要加强种子质量检验工作,及时发现和制止生产、销售不合格种子。加强苗木生产全过程质量管理、检查监督、检验检疫,杜绝伪劣、带病虫害等不合格苗木造林。生产、销售种子和苗木必须有林业或农业部门出具的标签、质量检验证和检疫证,凡是不具备“一签两证”的种子、苗木,不准进入市场。

18. 要加强种苗调剂工作。各试点县退耕还林还草所用种苗,要做到尽量在本县内解决,尽量使用乡土和抗逆性强的树草种及新品种。因本地种苗供应不足须从外县调拨的,由林业或农业部门积极组织调剂。

19. 要加强种苗市场行政执法力度。坚

决制止垄断种苗市场、哄抬种苗价格的行为，严厉打击种苗销售中的不法行为，维护农民合法权益。

四、依靠科技进步，合理确定林草种结构和植被恢复方式

20．要根据不同气候水文条件和土地类型进行科学规划，做到因地制宜，乔灌草合理配置，农林牧相互结合。要加强推广应用先进实用科技成果，特别是要推广应用耐旱树草种以及良种壮苗繁育技术、集水保墒技术、植物生长促进剂、干热河谷造林种草技术等，提高造林种草质量。要加强防治林草病虫害的研究和管理，确保林草的健康成长。

21．要在作业设计中科学地确定林种、树种和草种比例。要以分类经营为指导，坚持因地制宜的原则。在水土流失和风沙危害严重、25度以上的陡坡地段及江河源头、湖库周围、石质山地、山脉顶脊等生态地位重要地区，要全部还生态林草，并做到宜乔则乔、宜灌则灌、宜草则草、乔灌草结合，还林后实行封山管护，还草后实行围栏封育。在立地条件适宜且不易造成水土流失的地方，在保证整体生态效益的前提下，适当发展经济林、用材林和薪炭林。退耕还林还草要确保生态林草的主体地位。

22．要建立科技支撑体系。各地要因地制宜制定退耕还林还草科技保障方案，依据植被地带性分布规律和水资源的承载力，研究乔灌草植被建设的适宜类型、适宜规模与合理布局，确定科学的乔灌草植被结构模式及相应的科技支撑措施。

五、加强建设管理，确保退耕还林还草顺利开展

23．做好退耕还林还草的前期工作。要抓紧组织编制县级退耕还林还草实施方案，特别是要做好乡镇作业设计工作。要把退耕还林还草任务落实到山头地块，落实到农户。

24．在地方各级政府对本行政区域内的退耕还林还草实行目标责任制的同时，还要实行项目责任制，确定项目责任人，对退耕还林还草的数量、质量、效益和管理负全责。

25．各试点县(市)都要建立技术承包责任制，认真抓好先进科技成果的推广应用和工程建设质量。可由科技人员对退耕还林还草项目进行技术承包，技术承包人要与试点县(市)签定承包合同，负责技术指导、技术服务，其报酬与工程质量挂钩，实行奖惩制度。

26．建立规范的退耕还林还草项目管理机制，严格按规划设计、按设计施工、按标准验收、按验收结果兑现政策和奖惩。

27．实行报帐制。退耕还林还草任务完成后，由省、县两级政府组织林业、农业等有关部门专业人员，对农户退耕还林还草进行检查验收，农户凭验收卡领取粮食和现金补助，并逐级报帐。

28．退耕还林还草任务完成后，由当地林业、农业主管部门进行核实和登记，并由当地政府依法发放林草权属证书，明晰权属，使农民退耕后能安心地从事林草管护和其他生产，并为防止复垦提供法律保障。

29．建立分级技术培训制度。国家林业局和农业部按各自职能分工，认真抓好试点县的县级主管领导、工程技术骨干等人员的培训工作。各地也要结合工程建设需要，对基层干部和农民进行退耕还林还草方针政策和先进实用技术等方面的培训。

30．建立信息反馈和定期报告制度，及时、准确地反馈各地试点工作的情况和问题。

六、严格检查监督，确保退耕还林还草工程质量

31．国务院有关部门要抓紧制定检查验收办法，认真做好监督检查工作。国务院有关部门和省、县两级政府及其有关部门，要通过自查、抽查、核查、认真落实验收工作，并将检查验收结果作为政策兑现的依据。

32．要依据检查结果严格兑现奖惩。对于成绩突出的地方和个人要予以奖励；对未完成任务、质量不合格的，要相应扣减粮食及现金补助；对出现重大问题的，将追究项目责任人及相关人员的责任。

33．要建立退耕还林还草举报制度。有

关县、乡政府要公布举报电话,设立举报信箱,接受社会和群众监督。对违法违纪现象,一经核实,要按照有关规定对责任人做出处罚,对举报有功人员给予奖励。

国　务　院

二〇〇〇年九月十日

国务院办公厅转发国务院三峡工程建设委员会办公室、移民开发局关于做好三峡工程库区农村移民外迁安置工作若干意见的通知

国办发〔1999〕99 号

上海、江苏、浙江、安徽、福建、江西、山东、湖北、湖南、广东、重庆、四川省(市)人民政府,国务院各部委、各直属机构:

国务院三峡工程建设委员会办公室、移民开发局《关于做好三峡工程库区农村移民外迁安置工作的若干意见》已经国务院同意,现转发给你们,请认真贯彻执行。

国务院办公厅

一九九九年十二月十二日

关于做好三峡工程库区农村移民外迁安置工作的若干意见

国务院三峡工程建设委员会办公室、移民开发局

(一九九九年十一月二十六日)

三峡工程库区移民安置是三峡工程建设的重点和难点,是三峡工程建设成败的关键。党中央、国务院十分重视这一工作,并制定了一系列方针政策。几年来,在全国人民的大力支持下,通过库区各级党委、政府和广大移民群众的积极努力,移民搬迁安置工作进展顺利。根据今年召开的国务院三峡工程移民工作会议和三峡工程库区农村移民外迁现场会议精神,对农村移民要坚持多种方式安置的方针,把本地安置与异地安置、集中安置与分散安置、政府安置与自找门路安置结合起来,加大外迁安置工作力度,鼓励和引导更多的农村移民外迁安置。为了切实做好三峡工程库区农村移民外迁安置工作,现提出如下意见:

一、三峡工程库区农村移民外迁安置的任务与进度要求

(一)调整三峡库区农村移民安置规划,全库区农村移民外迁安置人数由原规划 8.3 万人,增加到 12.5 万人。其中:湖北省 2.5 万人,全部在本省非库区县安置;重庆市 10 万人,在本市非库区县安置 2 万人,投亲靠友、自主分散安置 1 万人,出市外迁安置 7 万人。

(二)重庆市三峡库区出市外迁安置的农村移民(以下简称外迁农村移民)7 万人,分配给以下省(市)进行安置:四川省 9000 人,江苏、浙江、山东、湖北、广东省各 7000 人,上海市、福建省各 5500 人,安徽、江西、湖南省各 5000 人。上述 11 个省(市)要各选择一个县

进行接收外迁农村移民安置试点，每个试点县接收安置150户，约600人。

(三)1999年底以前，11个省(市)要做好试点方案，2000年完成安置试点任务，并编制好本省(市)接收外迁农村移民安置总体规划；从2001年至2003年上半年，要全部完成外迁农村移民安置任务。

(四)外迁农村移民安置试点方案和总体规划由迁入地省(市)人民政府负责编制，商迁出地省(市)人民政府后，由迁入地省(市)人民政府批准，报国务院三峡工程建设委员会备案。外迁农村移民安置试点，按照批准的试点方案由迁出地县级人民政府与迁入地县级人民政府签订试点安置协议，并分别报迁入地和迁出地省(市)人民政府备案。按照总体规划，由迁出地省(市)人民政府与迁入地省(市)人民政府签订安置协议。

(五)11个省(市)在确保完成分配的外迁农村移民安置任务的同时，对于投亲靠友、自主分散外迁到本省(市)的三峡库区农村移民，仍然要给予支持和照顾。

二、以农为本，使外迁农村移民"搬得出、稳得住、逐步能致富"

(六)外迁农村移民安置，必须坚持开发性移民方针，遵循以农为本、以土为本的原则。必须保证外迁农村移民到迁入地后承包的耕地、自留地、宅基地不低于当地农民的平均水平。耕地要相对集中，便于耕种管理，并有相应的水利配套设施。有关省(市)可根据各自的实际情况，多种途径解决土地问题。

(七)迁入地人民政府要给外迁农村移民及时颁发土地承包经营权证，落实土地承包权、生产自主权和经营收益权。要帮助外迁农村移民尽快提高生产技能，以适应当地的生产条件，并积极引导他们发展农业生产。迁入地的农业、林业、水利、科技等部门，也要帮助外迁农村移民以市场为导向，发展高效生态农业。

(八)对于那些耕地较少、经济较发达的省(市)，可帮助部分素质较高的外迁农村移民从事二、三产业，以增加其收入，为移民逐步致富创造条件。为了保证这部分移民的稳定，还必须保证每户有一份基本耕地。

三、采取有效措施，积极稳妥地做好三峡工程库区农村移民外迁安置工作

(九)迁入地人民政府要选择自然条件较好、经济相对发达、土地容量较为充裕的地区作为外迁农村移民安置区，将移民相对集中安置到县、乡，分散安置到村、组。鼓励移民购买当地居民的闲置房屋；对于要建新房的，人均宅基地可按迁入地人民政府规定的统一标准执行，房屋建设要统一规划，由移民联建或自建，不要统一规定建房标准。

(十)在外迁农村移民安置工作中，迁入地人民政府要保证移民的合法权益，要依法办理移民购房或建房以及宅基地等有关手续，落实和办理移民的户籍变迁、社会福利和子女就学等有关事宜。要按照国家有关规定，加强移民生产、生活安置中各种设施及房屋建设的质量管理。

(十一)外迁农村移民安置地的水、电、路等基础设施以及学校、医院、商业等公共设施应较为完善。同时，可根据安置移民的需要，在当地有关部门的规划下，适当增容、改建或扩建，确保当地居民和移民有一个比较稳定的生产、生活环境。

(十二)为鼓励和引导更多的农村移民外迁安置，国家对外迁农村移民给予适当补助，并将实行后期扶持政策。各省(市)要根据自己的实际情况，在规定的权限内对移民在收取税、费等方面给予减免或适当优惠。

四、加强对外迁农村移民资金的管理，确保移民资金专款专用

(十三)外迁农村移民实行资金、任务双包干原则。国务院三峡工程建设委员会移民开发局将据此制订外迁农村移民资金管理办法，并发布施行。

(十四)迁出地人民政府要把给每户外迁农村移民的补偿资金和补助资金的帐算清楚，不能把矛盾转嫁到迁入地；要把该拨给迁入地人民政府的和该发给移民个人的资金严格分开。

(十五)迁入地人民政府要根据外迁农村移民资金年度计划,将到位的移民资金按进度及时拨付给直接安置移民的基层单位,不得挤占挪用。

(十六)要切实加强对外迁农村移民资金使用的监督,监察、审计、财政、银行等有关部门要加大对移民资金使用的监管力度。对违纪违法行为,要依纪依法严肃处理。

五、加强组织领导,确保外迁农村移民安置工作顺利进行

(十七)外迁农村移民安置工作实行"统一领导,分省负责,县为基础"的管理体制。在国务院的领导下,由国务院三峡工程建设委员会统一制定外迁农村移民安置的方针政策和原则,统一部署外迁农村移民安置任务;迁入地省(市)和迁出地省(市)人民政府,负责组织完成外迁农村移民任务,制定有关优惠政策和实施办法;迁入省(市)和迁出省(市)的相关县级人民政府,按照本省(市)统一安排,具体负责外迁农村移民安置的组织实施。

(十八)迁入地人民政府要把外迁农村移民安置工作作为一项重要的政治任务,从讲政治、讲大局的高度做好各项有关工作。主要领导要经常过问,分管领导要亲自抓。要层层建立领导责任制,落实责任人,要落实专门机构或部门负责这项工作,特别是县级人民政府,要认真解决移民的实际问题。

(十九)迁入地人民政府要做好移民安置区干部、群众的思想政治工作。要教育他们充分认识兴建三峡工程的重大意义,顾全大局,多作贡献。要对迁入的移民热情欢迎,在政治上多关心,生活上多体贴。要做到不仅使移民能很快与当地居民融为一体、和睦相处,而且要提倡当地居民开展帮助和扶持移民的活动,使移民早日达到当地居民的平均生活水平。

(二十)迁出地人民政府要同迁入地人民政府密切配合,本着对国家、对移民、对历史负责的精神,认真细致地做好外迁农村移民安置工作。要按照一个迁入地省(市)接收三峡工程库区一个县外迁农村移民的原则,尽快制定外迁农村移民实施计划。不仅要将外迁农村移民落实到乡镇、落实到村组,还要落实到户、落实到人。为了帮助外迁农村移民了解迁入地情况,迁出地县人民政府可组织村组干部代表和移民代表到迁入地进行实地考察,但不能搞层层考察、重复考察。

(二十一)迁出地人民政府要做好外迁农村移民的思想政治工作,教育他们支持国家建设,顾大家、舍小家,教育他们发扬自力更生、艰苦奋斗的精神,用自己的双手重建家园。要加强外迁农村移民工作的宣传,公开移民的有关政策,做到家喻户晓。

(二十二)国务院有关部门要大力支持外迁农村移民安置工作,铁道部、交通部要做好外迁农村移民的转运工作,确保安全到达迁入地;公安部要认真做好外迁农村移民的户籍变迁工作;国土资源部要研究解决好外迁农村移民的土地转让承包中的有关政策问题;国家税务总局要研究对外迁农村移民的有关税收优惠政策问题;国家审计署要加强对外迁农村移民资金的审计工作。其他部门都要加强对有关工作的指导,在有关政策上予以倾斜。国务院三峡工程建设委员会办公室、移民开发局要加强协调、监督和服务工作,认真总结外迁农村移民安置工作的经验并加以推广。

三峡工程库区外迁农村移民安置工作,直接关系到千家万户外迁农村移民和迁入地居民的切身利益,关系到迁入地和迁出地的社会稳定,还关系到三峡工程移民任务能否按期完成。不论是迁入地人民政府,还是迁出地人民政府,都必须高度重视,进一步统一思想,提高对这项工作的重要性和必要性的认识,认真细致地做好有关工作,确保三峡工程库区外迁农村移民安置工作的顺利进行。

国家税务总局关于实施对设在中西部地区的外商投资企业给予三年减按15%税率征收企业所得税的优惠的通知

国税发〔1999〕172号

各省、自治区、直辖市和计划单列市国家税务局、深圳市地方税务局：

国务院最近决定，对设在中西部地区的国家鼓励类外商投资企业，在现行税收优惠政策执行期满后的三年内，可以减按15%的税率征收企业所得税。现就实施这一税收优惠政策的有关问题通知如下：

一、关于执行的地域范围

可执行本项税收优惠政策的中西部地区是指：山西、内蒙古、吉林、黑龙江、安徽、江西、河南、湖北、湖南、重庆、四川、贵州、云南、西藏、陕西、甘肃、青海、宁夏和新疆共19个省（自治区、直辖市）的全部行政区域。

二、关于执行的产业范围

可执行本项税收优惠政策的国家鼓励类外商投资企业是指：从事经国务院批准，由国家发展计划委员会、国家经济贸易委员会和对外贸易经济合作部联合发布的《外商投资产业指导目录》中鼓励类和限制乙类项目以及经国务院批准的优势产业和优势项目的外商投资企业。

三、关于优惠期的计算

在现行税收优惠政策执行期满后的三年内为本项税收优惠政策的优惠期间。在现行税收优惠政策执行期满后的三年是指，享受《中华人民共和国外商投资企业和外国企业所得税法》（以下称税法）第八条第一款和税法实施细则第七十五条第一款第（八）项规定的减免税期满后的三年。

在本项税收优惠期间，企业同时被确认为产品出口企业且当年出口产值达到总产值70%以上的，可再依照税法实施细则第七十五条第一款第（七）项规定，减半征收企业所得税，但减半后的税率不得低于10%。

四、关于审批程序

可享受本项税收优惠政策的企业应将其申请、营业执照、章程和生产经营情况等有关资料报当地主管税务机关审核。具体申报期限、审核程序和批准权限，由省（自治区、直辖市或计划单列市）级税务主管机关依据有关税收法律、法规和本通知规定，结合各地实际情况制定实施办法，并报国家税务总局备案。

五、关于执行时间

本项税收优惠政策自2000年1月1日起执行。至2000年1月1日尚处于本通知第三条第一款规定的税收优惠期间的企业，可就自2000年1月1日起的剩余优惠年限享受本项税收优惠政策；至2000年1月1日已过本项优惠期间的企业，不得追补享受本项税收优惠政策。

国家税务总局

一九九九年十二月十七日

综 合 篇

2000年中西部地区经济发展综述

【经济增长与结构调整】 2000年,我国在实施西部大开发战略,加快中西部地区发展方面迈出实质性步伐,中西部地区基础设施及生态工程建设陆续启动,中西部地区经济呈现良好的发展势头。

一、经济持续增长,速度明显提高。2000年,中、西部地区GDP分别为26250亿元和13092亿元,按可比价格计算,比1999年分别增长了8.8%和8.6%。中、西部地区GDP在全国所占比重分别达到27.1%和13.5%,比前两年有所提高。

2000年,中、西部地区大多数省份增长速度明显快于1999年,其中内蒙古(9.9%)、宁夏(9.6%)、河南(9.4%)、湖北(9.3%)、四川(9.3%)、西藏(9.3%)、吉林、湖南、陕西、青海(均为9%)十省区的GDP增长速度超过9%,位居全国前列,其中内蒙古和宁夏自治区的增长速度已跻身于全国最快的十省份之列。2000年,中西部地区GDP增长速度低于8%的仅有云南(7.1%)、广西(7.2%)、山西(7.7%)三省;其他六省区市的发展速度都在8%~9%之间。总的来看,2000年中西部地区的经济发展(GDP)增长表现出如下特征:

(一)经济增长速度快速回升,扭转了自1994年以来GDP增幅连续下滑的局面。2000年,中部地区GDP增长速度逐季提高,全年及各季度增长速度均保持在8%以上,下半年则保持了8.8%的增长水平,分别比一季度和上半年提高了0.7和0.3个百分点;西部地区一季度保持去年7%的增长速度,之后一路攀升,到年末快速提高到8%以上(见表1)。与1999年相比,三大地带GDP增长速度分别回升了0.6、0.9和1.6个百分点,中西部(特别是西部)地区经济增长速度回升明显快于东部地区,中西部地区全年GDP增长速度,扭转了自1994年以来连续下滑的趋势,充分说明西部大开发战略对促进中西部地区经济增长的积极作用。

表1 1999年~2000年各季度三大地带累计国内生产总值增长情况(月,%)

地带名称	1999年				2000年			
	1~3	1~6	1~9	1~12	1~3	1~6	1~9	1~12
东部地区	9.7	9.4	9.3	9.6	10.0	10.2	10.3	10.2
中部地区	8.0	7.8	7.8	7.9	8.1	8.5	8.8	8.8
西部地区	7.6	6.7	6.8	7.0	7.0	8.4	8.3	8.6

(二)GDP增长速度从东向西依次递减的格局仍未改变,但中西部地区与东部地区GDP增幅差距逐渐缩小。2000年,东部地区经济增长以10.2%的增速高居榜首,但中、西部地区GDP增长速度与东部的差距逐渐缩小(见表2)。1997年三大地带的全距差为1.4个百分点,1999年该指标上升到2.05个百分点,2000年该指标回落到1.6个百分点。同期,中部和西部地区增长速度也日趋接近,由1997年相差3.25%减小到2000年的0.2%,东、中、西部地区间增长速度的差距趋于缩小。

表2 "九五"期间三大地带国内生产总值增长速度对比

地带名称	1996年	1997年	1998年	1999年	2000年
东部地区	11.88	11.26	10.26	9.65	10.20
中部地区	12.94	11.08	8.99	7.84	8.80
西部地区	9.69	9.86	8.63	7.13	8.60
全距差	3.25	1.40	1.60	2.05	1.60

注:2000年国内生产总值不含西藏。

二、产业结构进一步优化,第三产业比重明显上升。2000 年,中西部地区第一产业比重明显下降,第二产业比重相对提高,第三产业比重显著上升(见表 3),产业结构进一步优化。三大地带产业结构变化的主要特征是:

表 3 2000 年三大地带产业结构的比例关系(%)

对比指标	第一产业		第二产业		第三产业	
	1999	2000	1999	2000	1999	2000
东部地区	13.19	11.97	48.18	48.78	38.63	39.25
中部地区	21.12	19.40	45.17	45.94	33.71	34.66
西部地区	22.71	21.16	41.92	42.70	35.37	36.14
全国总计	16.68	15.23	46.49	47.19	36.83	37.59

(一)中部地区第一产业比重降低幅度最大,西部地区第一产业产值增长速度最快。2000 年,三大地带第一产业比重分别比 1999 年降低了 1.22、1.72 和 1.55 个百分点,中部地区降低幅度最大。其中,第一产业比重降低幅度较大的省市包括中部地区的吉林(降低 3.53%)、黑龙江(降低 2.16%)和湖南(降低 2.22%),西部地区的四川(降低 2.07%)和贵州(降低 2.14%),全国只有江西、海南和云南分别提高了 0.59、0.47 和 0.1 个百分点。

2000 年,我国第一产业产值比 1999 年增长了 1.33 个百分点,东、中、西部地区第一产业产值分别增长了 0.45、0.05 和 1.55 个百分点,西部地区增长速度最快。2000 年,中西部地区第一产业在继续增长的基础上,农业种植结构继续向优质高效方向调整,优质专用小麦和优质早稻面积扩大较多,品质较差的冬小麦以及玉米的种植面积减少,肉禽蛋奶和水产品产量继续稳定增长。

(二)中、西部地区第二产业增幅显著,各地区工业企业效益进一步提高。2000 年中、西部地区第二产业比重普遍提高,分别比 1999 年提高了 0.77 和 0.78 个百分点,中、西部地区增幅超过东部地区(增幅为 0.6%)。

2000 年,三大地带第二产业产值增长速度分别为 11.23%、10.6% 和 10.04%,比 1999 年提高了 0.44、1.98 和 2.63 个百分点,中、西部地区增幅明显超过东部地区。从各省(区、市)情况看,除了内蒙古、浙江、安徽、江西、海南、云南和甘肃 7 个省份第二产业比重有所下降外,其他省份第二产业比重均有所提高,其中吉林、黑龙江、新疆三省区的第二产业比重增幅高于 3 个百分点。

2000 年,中、西部地区工业增加值分别提高了 12.06% 和 10.17%,中部地区有 8 个、西部地区有 4 个省(区、市)工业增加值增幅(按可比价)在 10% 以上,内蒙古(15.8%)、宁夏(14.7%)、吉林(13.8%)、湖南(13.6%)、四川(13.5%)等省份增幅位居前列。

2000 年,中、西部地区工业产品产销率分别达到 98.09%、97.78%,同比提高了 0.52 和 1.03 个百分点,中部地区工业产品销售率位居三大地带之首。中西部地区除西藏(91.25%)外,其他各省工业产品销售率均在 94% 以上,湖南省工业产品销售率最高(98.93%),产销率在 98% 以上的省份还有内蒙古(98.91%)、重庆(98.59%)、云南(98.57%)、安徽(98.52%)、四川(98.32%)、黑龙江(98.21%)、甘肃(98.11%)、吉林(98.09%)及河南(98.0%)。

2000 年,中西部地区除西藏外,其他所有省份的工业企业均实现了净盈利,其中江西、重庆、甘肃、青海和宁夏 5 个省(市)实现扭亏为盈,山西、内蒙古、吉林、黑龙江、安徽、贵州、陕西和新疆 8 个省(区、市)工业企业利润增长 1 倍以上。东北老工业基地的吉林、黑龙江两省变化尤为明显,工业企业利润增长分别达到了 262.19% 和 208.6%。

(三)中西部地区第三产业比重普遍提高,中部第三产业比重增幅位居三大地带之首。2000年,中、西部地区第三产业比重分别比上年提高了0.95和0.77个百分比,中部地区增幅位居三大地带之首(东部地区增幅为0.62%)。中、西部地区第三产业产值分别增长了10.12%和10.04%,增幅均在10%以上,同比提高了0.53和0.06个百分点。

中西部地区各有6个省份第三产业产值增速在10%以上,黑龙江、江西、云南、陕西和新疆5个省区的第三产业增速快于第二产业。中西部地区第三产业发展最快的除零售、批发等传统服务业外,旅游业成为经济发展新的增长点,金融、保险、咨询、科技服务业等现代服务业的发展速度也明显加快。

三、固定资产投资力度加大,增速呈现“西高东低”的态势。2000年,中西部地区固定资产投资保持较高增长速度,投资对国民经济拉动作用进一步增强。

(一)西部地区固定资产投资增速明显快于东、中部地区。随着“西部大开发”战略的实施,国家对中西部地区的投资力度明显加大,中西部地区固定资产投资大幅度增长。2000年,三大地带固定资产投资增长速度分别为8.3%、13.8%和14.4%,西部地区投资增速高于东、中部地区6.1个和0.6个百分点,改变了1999年“中部地区居首,东、西部地区持平”的局面。中西部各有8个省份固定资产投资(不含城乡集体和个人投资)增长速度高于全国9.7%的平均增长水平。内蒙古自治区固定资产投资增长速度最高(30.9%),贵州、宁夏、青海3省(区)的增速在20%以上,安徽、吉林、湖南、新疆、陕西、四川、甘肃、河南、江西、重庆和山西11个省区市增速在10%以上。中西部地区有8个省份位于全国固定资产投资增长前十名。投资增速不足5%的只有云南(3.2%)和西藏(4.9%)2个省。

(二)中西部地区更新改造投资增速快于基本建设投资,西部地区尤为突出。中西部地区投资增长主要依赖基本建设投资增长来拉动的局面开始改变。2000年国家利用国债资金中的150亿元作为技改投资贷款贴息,拉动技改贷款的大幅增加,中西部地区的投资结构发生了显著变化,出现了更新改造投资增长快于基本建设投资的局面。中西部地区基本建设投资分别增长了12.5%和13.3%,而更新改造投资分别提高了23.5%和16.7%,比基本建设投资增速快了11和3.4个百分点(见表4)。黑龙江(57.2%)、陕西(55.4%)、新疆(36.1%)和贵州(33.7%)等省区的更新改造投资增长率在30%以上。

表4 1999年~2000年三大地带固定资产投资分类增长情况(%)

对比指标	固定资产投资		基本建设投资		更新改造投资	
	2000年	1999年	2000年	1999年	2000年	1999年
东部地区	8.3	5.6	2.2	5.6	12.1	3.2
中部地区	13.8	7.1	12.5	7.2	23.5	-1.1
西部地区	14.4	5.6	13.3	6.5	16.7	-10.1

(三)房地产投资高速增长,西部地区增长最快。2000年,在前两年投资快速增长的基础上,中西部地区房地产投资持续高速度增长。中、西部地区增幅分别达到19.3 %和28.8%,西部地区增幅位居三大地带之首(见表5)。随着我国住房制度的重大变革,传统的计划经济体制下的住房分配制度被取消,房地产市场消费主体由集团向个人过渡。2000年,中西部有长春等多个城市的个人购房比重超过90%。

表5 2000年各季度三大地带累计房地产投资增长情况(%)

对比指标	1~3月		1~6月		1~9月		1~12月	
	房地产	住宅	房地产	住宅	房地产	住宅	房地产	住宅
东部地区	20.3	23.1	35.5	45.8	25.4	28.6	21.7	24.9
中部地区	19.1	36.3	57.1	57.8	22.5	34.2	19.3	23
西部地区	21.3	30.4	45.5	42.7	25.4	32.5	28.8	35.1

四、市场与消费进一步启动。2000年，拉动内需的政策效应进一步显现，中西部地区消费市场趋于活跃，住房、旅游等新的消费热点逐步形成。

(一)中西部地区全社会商品零售总额快速增长，与东部地区增幅的差距趋于缩小。2000年，中西部地区全社会商品零售总额分别增长了9.65%、9.17%，比上年提高了1.63和1.96个百分点，西部地区增幅在三大地带中位居首位，创造了1998年以来少有的增长速度。三大地带全社会商品零售额增幅差距进一步缩小，但东快西慢的基本格局依旧保持(见表6)。

表6 1999~2000年各季度三大地带累计社会消费品零售总额增长情况 %

对比指标	1999				2000			
	1~3	1~6	1~9	1~12	1~3	1~6	1~9	1~12
东部地区	8.55	8.78	8.79	8.94	9.72	10.59	10.47	10.05
中部地区	7.71	7.51	7.59	8.02	9.05	9.45	9.50	9.65
西部地区	7.22	6.93	6.94	7.21	8.42	9.33	9.40	9.17

与1999年相比，中西部地区除山西省消费增幅下降了0.1个百分点之外，其他省份的全社会商品零售总额均呈增长趋势，中西部地区各有6个省份的增幅在1个百分点以上，增幅在2个百分点以上的有四川(3.7)、青海(2.7)、河南、吉林(2.6)和宁夏(2)5个省份。中部地区5个和西部地区7个省份社会商品零售总额的增长速度快于全国9.83%的平均增长水平，其中西藏增速最高为13.2%；其次是湖南、内蒙古、湖北、河南、吉林和四川等省。相对而言，山西、安徽、黑龙江、新疆和重庆5省区市消费增长较慢，年增幅不足8%。

(二)假日经济初具规模，长线消费渐成亮点。假日经济已成为推动消费增长的新动力。2000年假日经济开始兴起，"五一"长假消费220亿元，"十一"长假消费230亿元，使得5月和10月消费分别增长了11.5%和10.4%，成为我国继春节之外的两大消费新高峰。中西部地区不仅以其丰富的旅游资源吸引了大批国内外游客，活跃了假日经济，而且区内假日旅游也形成相当规模。

买房等长线消费成为拉动消费增长的"亮点"。中、西部地区商品房销售大幅度增长，增幅分别达到了50.5%和30.4%，住房销售增长不仅带动了房地产市场的回升，也推动了建材、装饰装修、家具、家电等关联度高的行业及商品的销售。

五、对外贸易进一步拓展。2000年，中西部地区对外贸易摆脱了亚洲金融危机的不利影响，进出口继续增长，出口产品结构进一步改善。

(一)中西部地区进出口贸易额迅速增长，中部地区增幅最大。2000年，中、西部地区进出口贸易增长速度分别为35.61%、19.7%，比1999年回升了23.53个和10.77个百分点，中部地区增幅位居三大地带之首(东部地区增幅为32.96%)。中部有8个、西部地区有6个省份进出口贸易额增长速度在20%以上，内蒙古、青海、重庆、甘肃、宁夏、山西6个省份增速高达30%以上。

(二)中部地区出口增幅位居三大地带之首。2000年，中、西部地区进口总额增长了35.31%和13.32%，出口总额增长了37.06%和30.3%，比1999年提高了28.15和25.34个百分点，中部地区出口增速最快(见表7)。

表7　1999～2000年各季度三大地带累计出口总额增长情况(%)

对比指标	1999				2000			
	1～3	1～6	1～9	1～12	1～3	1～6	1～9	1～12
东部地区	－3.95	－1.94	3.95	7.22	39.42	38.3	933.19	28.37
中部地区	－12.60	－13.38	－5.18	2.36	55.97	52.27	49.51	37.06
西部地区	1.05	5.6	－2.91	4.56	34.19	40.97	39.32	30.30

从各省的情况来看，重庆出口增幅最高，达到了103%；内蒙古、黑龙江、山西、河南、宁夏和江西6省份紧随其后，增速均在30%以上。

六、西部大开发战略的实施及基本效应。2000年，国家实施西部大开发战略的各种政策和措施相继出台。2000年1月，国务院组成了以朱镕基总理任组长、温家宝副总理任副组长、国家19个相关部委主要负责人为成员的国务院西部地区开发领导小组。3月中旬国务院西部地区开发领导小组办公室正式成立。中西部特别是西部地区的一些省、自治区、直辖市相应成立了西部开发的领导小组及其办公室。与此同时，一些沿海省市，也相应建立了进行东西合作和参与西部大开发的相应机构。

研究、制定西部大开发总体规划是实施好西部大开发的前瞻性、基础性工作。本着从实际出发，有计划、有步骤地推进西部大开发，把加快西部发展同地区经济结构调整，把解决西部地区眼前的突出问题同实现长远的开发目标结合起来，把加快中西部地区发展同东部沿海地区进一步发展协调起来，把实施西部大开发的战略纳入全国国民经济和社会发展"十五"计划，以及坚持调动社会各方面积极性等六大原则，西部开发总体规划抓紧制定。

为体现国家对西部地区的政策导向，国务院制定的实施西部大开发的若干政策在2000年底出台。这些政策涉及资金投入、改善投资环境、扩大对外对内开放、吸引人才和发展科技教育等各个方面。西部大开发优惠政策的出台，为西部大开发战略的顺利实施创造了良好的政策环境，对加快西部地区经济发展将起到巨大的推动作用。

2000年，随着西部大开发战略的实质性启动，国家对西部的投资快速增长，投资增幅明显超过东、中部地区，西部地区呈现出如下良好发展态势：

(一)基础设施建设进入高潮。2000年启动了西部大开发十大标志性工程：西安至南京铁路西安至合肥段、重庆至怀化铁路(渝怀线)、西部公路建设(包括国道主干线和国家级贫困县道路)、西部地区机场建设、重庆市高架轻轨交通(较场口——新山村线路一期工程)、柴达木盆地涩北——西宁——兰州天然气输气管道建设、四川紫坪铺和宁夏黄河沙坡头水利枢纽、中西部退耕还林(草)和生态建设及种苗工程、青海钾肥工程、西部高校基础设施建设。此外，西电东送、青藏铁路等重大工程也相继明确并开展前期工作。基础设施的逐步完善，为西部地区经济发展、社会繁荣奠定了坚实的物质基础。

(二)生态环境进一步改善。2000年，国家针对西部相对脆弱的生态环境，出台和制订了一系列生态环境保护和治理措施，为改善西部生态环境提供了保障。2000年，试点地区共完成退耕还林还草面积1129万亩，宜林荒山荒地造林种草787万亩。天然林资源保护工程进展顺利。重点地区生态环境建设综合治理、防沙治沙、水土保持综合治理等工程稳步展开。西部生态环境建设开始进入良性发展轨道。

(三)特色产业加快发展。2000年,国家加大了对西部地区特色产业的指导和支持力度,西部地区特色产业加快发展。云南加大花卉业的发展,逐步壮大绿色产业;宁夏加大以沙生中药材、高品质酿酒葡萄以及高科技治沙为主的沙产业开发力度;旅游业成为西部各省区市重点发展的新兴产业;陕西的高技术产业,四川的电子信息产业,以及青海、西藏的藏医藏药业,都呈现出良好发展势头。此外,随着西气东输工程、西电东送、青海钾盐工程的建设,西部地区天然气、电力及钾肥产业已步入快速发展轨道。

(四)吸引外资力度加大。西部大开发战略实施加快了外资向西部地区的流动,外资对西部地区经济社会发展发挥越来越重要的作用。2000年,四川实际利用外资已高于10亿美元,居西部前茅。其中,外商直接投资4.37亿美元,比上年增长28%。青海省新审批外商投资企业40多家,全年协议利用外资总额1.106亿美元,直接利用外资首次突破了1亿美元,实现了该省利用外资水平新的跨越。再如,中美将合作开发宁夏煤层气、亚行贷款2亿美元支持南宁至友谊关公路、中泰签订协议联合开发景洪水电站等。吸引外资规模迅速扩大,充分表明了西部大开发促进了西部大开放。

【基础设施建设与投资环境】 加强中西部地区的基础设施建设,是国家实施西部大开发战略、加快中西部地区发展的重大举措之一。2000年国家对中西部地区投资支持力度明显加大,西部和中部地区完成全社会固定资产投资分别为3943亿元和5432亿元,比上年增长14.4%和13.8%;东部完成投资额为14015亿元,增长8.3%。西部地区的投资增长率比全国平均值高5.1个百分点,比东部高6.1个百分点;中部地区增长率比全国高4.5个百分点,比东部高5.5个百分点。

中西部地区基础建设投资中,国债投资发挥了重要作用,如在2000年计划安排的国债投资中,用于西部地区的国债投资达430多亿元,同时还安排了相当数量的中央预算内投资和中央专项建设基金。基础建设资金重点投向中西部地区的铁路、公路、机场、能源电力、水利枢纽、城市基础设施等领域,包括新开工的西部"十大工程",加快78个在建大中型项目建设进度,着力抓好西气东输、西电东送、进藏铁路、出境铁路等重大工程的前期工作。其中,78个在建大中型项目2000年完成投资326亿元,全部和部分投产项目42项。

铁路:2000年我国铁路建设重点在中西部地区,主要任务是开辟西北至中南、华东地区及西南至华东地区便捷铁路通道,贯通东西,疏流南北,缩短西北至中南、华东,西南至华东的铁路运输距离,优化中西部地区的路网结构。

2000年中西部地区新开工铁路建设项目主要有两个:一是修建西安经南阳至南京铁路西安至合肥段。西安至合肥段,全长955公里,总投资232.3亿元。二是修建重庆至怀化铁路(渝怀线)。重庆至湖南怀化铁路全长约640公里,总投资182.3亿元。这条铁路的建设对完善西南路网布局,形成便捷的对外运输通道,有着重要的战略意义。

自1992年以来,国家已在西南地区先后建成了南(宁)昆(明)、成(都)达(县)、达(县)万(县)、广(通)大(理)等干线铁路。正在进行的"西南铁路大决战",已开工兴建了水(城)柏(果)、内(江)昆(明)等铁路及株(洲)六(盘水)复线、成(都)安(康)复线改造,成(都)昆(明)铁路电气化改造及贵阳铁路枢纽、六盘水铁路枢纽建设也正在加紧施工。目前还正在规划建设贵(阳)珠(海)、泛亚等铁路,并对成(都)阳(平关)、贵(阳)昆(明)等铁路进行复线改造,以及西南西北大通道的选线。这些铁路项目都是投资巨大的工程,如内昆铁路投资达116亿元人民币,泛亚铁路投资将达128亿元。

公路:2000年中西部地区公路建设重点是国道主干线和国家级贫困县道路。国家规划建设的“五纵七横”总长3.5万公里国道主干线中,有1.7万公里位于西部地区。2000年除了在建项目外,新开工建设一批国道主干线项目,如沪蓉路梁平至长寿、连霍路奎屯至赛里木湖公路。西部地区国家级贫困县公路建设将基本解决这些贫困县出口通道不畅问题。

2000年西南地区启动昆明至玉溪高速公路南延至曼谷等工程,西北地区开工建设西宁至兰州高速公路。宁兰高速是青海省第一条高速公路,这条高速公路全线建成后,从西宁到兰州的行车时间可大大缩短,青海可凭借宁兰高速公路与陕西、甘肃西部公路网连接,进而与中、东部地区公路网贯通,为做活青海资源文章,发挥比较优势创造了条件。

机场:2000年国家投资50亿元在西部地区投资安排以成都为中心,乌鲁木齐、昆明、西安为枢纽的改扩建和新建机场20个。其中,新建的机场有四川的广元、绵阳、攀枝花、九寨沟、万州,贵州的铜仁,云南的临沧,甘肃的中川,新疆的阿勒泰和库车。成都双流国际机场将建成国家级、具有强大的中转、辐射能力的国际枢纽机场。

西南地区的四川省将在“十五”期间建成11个机场,分别为西昌青山机场、绵阳南郊机场、宜宾菜坝机场、泸州蓝田坝机场、康定斯丁措机场、九寨黄龙红星旅游机场、阆中朱家山等。西北地区5年内将新建6个机场,使机场数由现在的12个增加到18个,机场全天候通航能力也由现在的50%随之提高到80%。

管道:2000年中西部地区管道运输建设主要是新开工柴达木盆地涩北——西宁——兰州天然气输气管道,并决定上马西部大开发的标志性工程——“西气东输”工程。

涩(北)西(宁)兰(州)天然气管道,全长953公里,输气规模为20亿立方米/年。工程总投资25亿元,计划2001年10月1日全线建成试运投产。开发和利用柴达木盆地的天然气资源,建设涩北——西宁——兰州天然气输气管道工程,将大大改善兰州、西宁两市的能源消费结构和大气环境质量。

2000年2月国务院决定启动“西气东输”工程。管道主干线首站起自新疆塔里木轮南,经库尔勒、武威,甘塘、中卫、靖边、吴堡、长治、郑州、淮南、南京、无锡、苏州到达上海市。全长约4100公里,年输气120亿立方米,总投资约1460亿元。实施西气东输工程,有利于促进我国能源结构和产业结构调整,带动东、西部地区经济共同发展,改善长江三角洲及沿线地区人民生活质量,有效治理大气污染。该项目的实施,为西部大开发、将西部的资源优势变为经济优势创造了条件,对推动和加快新疆及西部地区的经济发展具有重大的战略意义。

电力:随着西部大开发战略的实施,我国“西电东送”迎来新的快速发展期。从2000年第三季度开始,一批工程项目陆续开工建设。我国本世纪建成的最大电站——二滩电站已建成投产,年发电量高达170亿千瓦时;天生桥一、二级电站10台机组已建成7台,装机容量达178万千瓦,其余3台在2001年全部建成投产;三峡电站将在2003年第一台机组建成发电,2009年全部建成投产。

为确保“西电东送”顺利进行,输电通道的建设也加大了力度。从2000年起,政府已陆续投资300亿元人民币,建设三峡输变电工程以及东北与华北、西北与华中、华中与华北、川渝与西北、福建与华东、山东与华北等七大“西电东送”跨区联网工程。全线长2950公里的三峡至重庆万州500千伏输电线路、输送能力达180万千瓦的天生桥至广东第三回500千伏交流输变电工程已开工建设。

四川省利用二滩水电站建成后出现的富余电力,开辟西电东送通道,将四川丰富电力送往华东地区。2000年,四川经重庆、长寿至万州的500千伏超高压输电通道完工,万州至三峡电站的500千伏线路开工建设,计划2001年打通中部电网,使四川电网与华东电网联网。

黄河上游从龙羊峡到寺沟峡段,已规划建设包括龙羊峡、拉西瓦、李家峡等13座大中型水电站,完全建成后将进一步增强“西电东送”的能力。

水利枢纽:中西部地区新开工的水利枢纽重点项目,主要是四川紫坪铺和宁夏黄河沙坡头水利枢纽。四川紫坪铺水利枢纽工程是岷江上游一座以灌溉和供水为主,兼有发电、防洪等综合效益的大型水利工程,工程总投资约62亿元,水库总库容约11亿立方米,电站装机容量76万千瓦,工程建成后,可将岷江下游防洪标准提高到100年一遇,同时为都江堰灌区和成都市增供水量5.5亿立方米,年均发电34亿千瓦时。宁夏黄河沙坡头水利枢纽工程,是黄河开发规划中黑山峡河段的骨干梯级之一,工程总投资约13亿元,水库总库容为2600万立方米,工程建成后,新增和改善灌溉面积115万亩,年均发电近7亿千瓦时,可有效增强当地农业生产抗御自然灾害的能力,促进山区群众尽快脱贫致富。

城市基础设施:2000年新建的重点项目主要是重庆市高架轻轨交通(较场口至新山村线路一期工程),一期工程全长13.5公里,设14座车站,采用高架胶轮跨座式单轨车,总投资32.58亿元,工程建成后,可较大地缓解沿线区域交通紧张矛盾。

根据国家计委、铁道部、交通部和水利部等政府部门制定的近、中期西部开发计划表明,从2000年开始的今后一个时期内,国家在西部安排的大型基础设施建设项目和资金投入将大幅度增加。在2001年西部大开发的建设中,要继续安排好2000年已开工的项目,在认真做好前期工作和准备条件的基础上,再新开工一批重大项目,主要包括:青藏铁路,西气东输工程,西电东送工程,新增500万亩退耕还林还草试点工程,广西百色、内蒙古尼尔基水利枢纽工程,“五纵七横”国道主干线西部地区重要路段,兰州——重庆输油管道工程,农业和特色经济,中心城市基础设施建设,西部教育、高新技术产业化和医疗卫生项目等。此外,还要加快塔里木河、黑河综合整治工程和小湾水电站等一批西部地区重大项目的前期工作,具备条件的要抓紧开工。

【生态环境建设与保护】 2000年是中西部地区生态环境建设与保护取得显著成效的一年,也是环境保护政策投入、资金投入力度最大的一年。经国务院同意,我国第一次在中长期规划体系中设立了生态建设和环境保护专项规划,这标志着可持续发展与生态环境保护被摆到了更加突出的地位。继1998年国务院先后批准实施《全国生态环境建设规划》、《全国自然保护区发展规划》和《生物安全国家框架》之后,又颁布了《全国生态环境保护纲要》,进一步明确了污染防治与生态保护并重、生态保护与生态建设并举的方针,再次把生态环境保护提到了重要的战略位置。国家环保总局在2000年开展了西部12个省区市生态环境现状调查,建立了生态环境数据库,基本上摸清了西部地区生态环境现状,对生态环境变化趋势做了分析预测,提出了保护目标与对策,为进一步进行生态环境建设打下了良好的基础。中西部地区生态环境建设与保护在退耕还林还草试点、自然保护区与生态保护区建设、天然林保护工程建设与植树造林、大江大河综合治理、工业污染源排放达标等方面开展了卓有成效的工作,取得如下进展:

一、退耕还林还草试点工作进展顺利。陡坡耕地退耕还林(草)是西部大开发中减少水土流失,改善生态环境的重要举措。2000年3月,国家林业局、国家计委、财政部联合下发退耕工作实施方案;2000年9月,国务院发布了关于进一步做好退耕还林还草试点工作的若干意见。2000年,长江上游和黄河上中游13省、区、市的174个县被确定为试点县,按照“退耕还林(草)、封山绿化、以粮代赈、个体承包”的要求,在长江上游(以三峡库区为界)的云南、四川、贵州、重庆、湖北和黄河上中游(以小浪底库区为界)的陕西、甘肃、青海、宁夏、内蒙古、山西、河南、新疆(含生产建设兵团)展开试点。试点期限内,国家向退耕户无偿提供粮食,根据农户退耕面积、当地实际平均粮食单产和还林还草情况综合确定补助的标准,每亩退耕地每年补助粮食(原粮)的标准,长江上游地区为150公斤,黄河上中游地区为100公斤,每公斤粮食按1.4元折算,由中央财政承担,以省为单位统一计算,全年"以粮食换林草"面积达到515万亩,宜林荒山荒地人工造林种草总面积为648万亩①。各试点省区积极响应,采取各种切实有效的措施,贯彻执行国务院提出的退耕还林还草的指示,取得了明显成效。如宁夏通过对现有草场实施围栏封育、补播改良、退牧还草、禁采禁挖(甘草、发菜、麻黄草)等措施,使全区125万亩草场得以休养生息,2000年实施草原围栏58.2万亩,补播改良天然草原66.8万亩,人工种植多年生牧草59万亩,成为历史上多年生牧草种植面积最大的年份②;重庆三峡库区160万亩25度以上的坡耕地实施了退耕还林还草;青海省选定了16个县市为退耕还林(草)试点示范区,示范区面积达到27万亩。

二、各级自然保护区建设得到加强。结合退耕还林还草试点工作的顺利进行,中西部地区自然保护区建设与管理力度进一步加强,对自然保护区的投入不断增加,各地编制了省级自然保护区发展规划,加快了自然保护区的建设力度。到2000年底,全国共建成各种类型自然保护区1276处,总面积1.23亿公顷,占全国国土面积的12.44%,已位居世界前列。其中,江泽民总书记题名的三江源自然保护区是我国最大的自然保护区,总面积为3180万公顷,占全国国土面积的3.31%;经国务院批准的国家级自然保护区有155处;全国还建立各类自然保护小区50319个,总面积135.58万公顷。目前,全国已建立森林公园1050处,总面积982.53万公顷,其中国家森林公园有344处,总面积692.53万公顷。2000年全国林业系统共新建自然保护区133处,总面积3491.28万公顷。中西部地区已有长白山、卧龙、梵净山、神农架、博格达峰、锡林郭勒、西双版纳、九寨沟、白水江9处自然保护区加入"国际生物圈保护区网",张家界和九寨沟等自然保护区被列为世界自然遗产地。为保护中西部地区珍贵的野生动植物资源和生物多样性,保护野生动植物赖以生存的栖息地,加大对中西部地区典型的森林和荒漠生态系统的保护与建设,国家林业局2000年编制了《2001—2050年全国野生动植物及其栖息地保护总体规划》,并提出启动《全国野生动植物和湿地保护及自然保护区建设工程》,以保护我国大江大河的源头、生物多样性丰富地区和西部环境脆弱地区的生态系统③

中西部各省区自然保护区建设与发展成绩显著。到2000年底,广西自然保护区达到62个,保护区面积达到164万公顷,占广西国土总面积的7.4%;内蒙古自然保护区达到96个,其中当年新增21个,占全区国土总面积的6.5%;四川省自然保护区达到90个,保护区面积占全省国土总面积的10.67%;西藏自然保护区达到20个,保护区面积3925万公顷,占全区国土总面积的32.7%。

除此之外,在加强自然保护区建设与管理的基础上,又提出了建立特殊生态功能区、资源开发区、生态良好区,采取不同保护措施,实行"三区"推进的基本思路;实施生态功能区划,对重要江河源头、湖泊、天然绿洲等关系国家生态安全和可持续发展的特殊生态功能区实行重点保护,目前已在部分地区试行。

三、天然林保护工程取得了实质性进展。自1998年长江、松花江、嫩江流域发生大洪水后,国家加大了天然林保护工程实施范围和保护力度,四川、云南、黑龙江、山西、甘肃、内蒙古、广西等省区先后宣布立即停止采伐天然林、水源林和防护林,加大了水土保持、荒漠化防治和自然保护力度。黄河、长江等七大流域加强了水土流失综合治理,1997～1999年连

① 《人民日报》,2000年3月30日。
② 《中国环境报》,2001年2月29日。
③ 《人民日报》(海外版),2001年2月2日。

续三年年治理水土流失面积超过5万平方公里;配合西部大开发,西部地区实施了“山川秀美”工程,启动了长江、黄河和严重荒漠化地区重点生态环境建设项目。2000年,国家又启动了长江上游、黄河上中游地区天然林保护工程,大幅度调减东北、内蒙古等重点国有林区木材产量[①]。青海三江源区“天保工程”于2000年末正式启动,保护总面积2975万亩,封山育林88万亩,飞机造林409万亩,人工造林22.5万亩;西藏启动实施了长江上游天然林保护工程,保护森林1548万亩,封山育林4.2万亩,飞机造林15万亩,人工造林1.8万亩,同时启动了雅鲁藏布江中游林业生态工程;内蒙古2000年相继启动了大兴安岭和黄河中上游天然林保护与治理、退耕还林还草、草原生态保护与治理、京津周边地区沙源治理等工程,投入16.17亿元,生态治理与保护面积达到2700万亩;重庆市启动了三峡库区天然林保护工程3578万亩;甘肃启动了天然林保护工程31477万亩,总投资39.77亿元,新增森林面积1030.8万亩;新疆启动了天山、阿尔泰山百万亩山林再造工程、北疆准噶尔盆地南缘防风固沙基干林工程、南疆沙漠公路绿化工程、“三河两盆地”(塔里木河、伊犁河、额尔齐斯河)天然林封育工程、额尔齐斯河流域绿化工程、粮棉基地县高标准农田防护林建设工程、南疆百万亩薪炭林能源工程、南疆百万亩优质干果经济林工程、五十万亩优质库尔勒香梨基地建设工程和北疆五十万亩逆温带经济林开发工程等。到2000年,全国已有10%的荒漠和荒漠化土地得到治理,其中新疆完成沙区综合治理开发面积232万亩。

四、黄河等江湖水资源实行统一调度取得成效。从1999年起,国家开始对黄河水资源实行统一调度,在基本保证了沿黄省、自治区城乡生活和工农业生产用水的情况下,黄河仅断流8天。2000年,在北方大部分地区出现持续干旱的情况下,黄河没有发生断流。为缓解黑河下游河湖干涸、荒漠化、生态环境恶化的局面,从2000年7月1日起,国家对西北干旱地区的黑河水量开始实施统一调度,黑河分水方案第一次得到落实。为了抢救塔里木河下游生态,2000年两次通过博斯腾湖向塔里木河下游输入“救命之水”,取得了明显成效。为了保障黑河跨省区分水的成功,张掖地区尽管也有大面积农田和林草地受旱,仍先后四次“全线闭口、集中下泄”,给下游内蒙古额济纳旗留足了6.5亿立方米水量。为了黄河畅流,黄河水利委员会水调局精心编制调水预案,先后派出一百个督查组,坚守在各个闸口。宁夏、内蒙古灌区大旱之年分别节水9.1亿立方米,3.8亿立方米支持下游人民,小浪底水利枢纽停止发电74天。为保证博斯腾湖向干涸的塔里木河下游绿色走廊输水3.5亿立方米,塔河管理局工作人员全体出动,避弯取直,强挖河道,日夜奋战在荒芜人烟的戈壁滩,确保了输水的成功进行。这三件调水大事,标志着中国河流水量的统一调度和科学管理取得重大突破[②]。

五、绿色工程的实施促进了“一控双达标”。2000年中西部地区通过实施《跨世纪绿色工程规划》和推进“三河”和“三湖”水污染综合治理,二氧化硫、烟尘、工业粉尘以及石油类等12项主要污染物的排放总量控制目标基本实现,污染加剧趋势得到基本控制,90%以上的工业污染源实现了主要污染物达标排放[③]。各省区不同程度地完成了“一控双达标”目标,部分城市和地区的环境质量得到明显改善,出现了环境与经济“双赢”的环保模范城市,初步形成了适应市场经济和中西部区情的环境保护政策体系、法规体系、制度体系、管理体系和标准体系框架。为了保证主要污染物排放总量控制目标的基本实现,结合经济结构调整,中西部地区取缔、关停和淘汰了一批技术落后、浪费资源、质量低劣、污染环境和不符合安

---

① 《人民日报》,2001年2月16日。

② 《人民日报》,2001年2月5日。

③ 国家环保总局,“九五”以来我国环境保护事业的重大成就,《环境保护》,2000年第11期,4—6页。

全生产条件的小煤矿、小钢铁、小水泥、小玻璃、小炼油、小火力发电企业，对高硫煤实行限产，有效地削减了污染物排放总量。其中湖北省“九五”期间共取缔关停了2854个污染严重、又没有治理前景的“十五小”企业，为实现2000年“一控双达标”(全省主要污染物排放控制在国家规定的总量控制指标内，所有工业污染源排放污染物达到国家和地方规定的标准，重点城市和区域的空气质量和地面水环境质量按功能区划分别达到国家规定的有关标准)的环境保护目标做出了重大贡献；四川省6150家工业污染企业到2000年底已达标6131家，达标率达到99.69%，基本实现了“一控双达标”的任务。

【科技教育与社会发展】 西部地区科技进步，得到了各方面的高度重视。“科学技术是第一生产力”，是实施西部大开发战略的关键，紧紧围绕现代化第三步战略部署和社会主义市场经济发展的要求，以科技创新为先导，促进西部地区生产力发展，是西部大开发战略的重要内容。

2000年，西部地区在资源勘探和综合利用方面，通过先进勘采技术的开发和应用，在塔里木盆地探明了一批大中型油气田，在新疆、西秦岭等地发现大批大中型紧缺矿矿床，包头、攀枝花、金川等大型多金属矿产基地的资源回收率和新产品开发大幅度提高。在加速科技成果产业化方面，三峡水利工程技术装备研制工作已基本完成原定目标和任务，“西气东输”工程的成套设备研制已提前启动。在科研机构企业化转制、知识创新工程、科技管理体制改革方面，西部地区也取得了明显的进展。

2000年，国家增加了对西部地区科技的投入。西部地区国家重点实验室建设得到加强，水资源利用、生态环境保护、特色资源开发、信息技术应用等一批结合西部实际的科技示范工程和高技术产业化示范工程开始实施。

一些省市在发挥科技优势方面取得了很大成绩。陕西省重点抓的20个重大科技产业化项目和15个农业重点产业化项目取得了重大进展；成都高新技术开发区按照“西部硅谷”的目标，重点发展电子信息产业、中医药等产业；绵阳已被国务院批准建设中国科学城，发展电子工业、核工业和航天工业为重点的高技术产业；重庆在构建科技创新体系方面，围绕结构调整、重点突破、实现科技跨越发展，加大了力度；兰州高新技术产业开发区已成为甘肃省和兰州市发展高新技术产业的基地，开办以来技工贸收入以年均48.3%的速度增长。

今后西部地区科技发展重点是：针对一批先进适用技术，着力开发一批共性关键技术，有重点地发展一批新技术，加强应用和基础科技能力建设。近期，国家工作的重点有三：一是抓好西部地区科技规划的研究制定，遴选一批重大科技项目予以重点支持。二是加大对西部科技基础设施建设的投入力度，培植其依靠科技自我发展的能力。三是推动与中西部的科技合作与交流，调动全国科技力量，支持西部开发。

西部地区教育发展，已经确立了重要的地位。在西部开发中发挥教育的先导性、全局性、基础性作用，已取得了共识。西部开发的成败，关键在于人才和人的素质。而人才的培养、人员素质的提高，则主要取决于教育。目前，全国人均受教育的年限为8年左右，而西部地区还不到7年，西部大部分省区至今尚未实现“双基”任务，文盲、半文盲的比例较高，在就业人口中高层次人才的比例明显低于全国平均水平，职业技术教育也发展缓慢。2000年全国普通高校的录取率，西部地区仅40%左右，比全国平均低16个百分点。2000年，国家加大了西部地区教育投入的力度，利用国债资金支持了西部地区高等学校基础设施建设，装备了一批贫困县星级职业技术教育和培训中心。“九五”期间，中央和地方共投入116亿元的“贫困地区义务教育工程”如期完成，西部地区的贫困县因此而大受其益。但是，从总体上来说，西部地区教育还需要大大加强，与此同时，也要做到人才“留得住、引得来、稳得住、用得好”。

今后在支持西部地区教育发展方面,中央政府将继续增加对西部地区基础教育的扶持力度,努力改善基础教育办学条件,加快西部地区义务教育普及进程。实施“西部高校基础设施建设工程”,支持西部各省区市重点建设一所大学,支持部分西部高校计算机校园网建设。同时,还将重点扶持贫困地区发展中等职业教育,支持200个左右的县级职教中心建设,为西部地区人才培养创造条件;全面提高人才素质,加强人才的引进、使用和培养,推进与西部地区之间、中央与地方之间的人才交流;在信息教育和教育信息化方面,教育部将进一步采取积极措施,大力支持、推进发展;加快西部地区卫星电视教育接收站的建设工作,实行优秀教育资源共享,加快西部教育的发展;建立高等学校支持西部大开发的网上数字中心和技术中心,为西部地区提供各种教育服务。

中西部脱贫与扶贫攻坚,取得重大进展。从我国贫困人口的分布来看,中西部地区占全国贫困人口的80%以上,其中西部就占45.7%。在全国592个国家级贫困县中,中西部地区有515个,其中西部地区为307个。西部地区是我国贫困人口最多、贫困程度最深、贫困结构最复杂的地区。

2000年是我国实施《八七扶贫攻坚计划》的最后一年,经过七年的扶贫攻坚,全国农村没有解决温饱的贫困人口减少到3000万人,占农村人口的比重下降到3%左右。我国西南地区是贫困人口最集中的地区。扶贫工作取得了突破性的进展。贵州省贫困人口已由1993年的1000万减少到2000年的300万人,7年间有684.8万人越过了贫困线,取得了历史性的成就;云南省已解决了623万人的温饱问题,对一些基本丧失生存条件的地区,实行异地开发扶贫,安置了16.71万人;四川省依托调整农业结构、发展小城镇、旅游产业等多种途径,在扶贫开发方面取得了巨大成绩,贫困人口已由1993年的673万人下降到2000年的150万左右;西藏的绝对贫困人口也已由48万减少到7万多人;重庆通过“四水”扶贫,贫困人口减少了341万,去年底尚余82万;广西是贫困人口比较集中的地区,“九五”期间有540万人口脱贫;西北地区和中部地区,扶贫工作也实现了历史性的跨越。

进入新的世纪,我国以农村贫困人口温饱问题的基本解决为标志,中国扶贫开发转向了改善基本生产生活条件为主要任务的新的历史阶段。根据《中国农村扶贫开发纲要(2001—2010)》的规定和新阶段扶贫农村贫困人口的分布状况和特点,国家扶贫的重点将放在人口相对集中的中西部少数民族地区、革命老区、边疆地区和一些特困地区。按照集中选片的原则,中央对扶贫开发工作重点县予以重点支持,中央扶贫资金将主要用于扶贫开发工作重点县,用于重点县的贫困乡村,同时对中西部上述四类贫困地区的其他县的贫困乡村也给予适当支持。而东部地区的一些比较贫困的地区主要由省里自己进行扶贫开发。

中西部地区人口增长与计划生育、社会保障体系建设工作,形成新的局面。

“九五”期间,我国中西部地区人口增长速度相对减缓,计划生育达标率扩大。2000年中西部20个省区市的总人口为77450万人,占全国总人口的61.19%,比1996年77016万人仅增加了434万人,占全国总人口的比重比1996年的62.95%减少了1.74个百分点。当然,这主要是机械人口变动的原因,也就是说,“九五”期间实际上已有2000多万人口从中西部地区移到东部地区居住。

“九五”期间,中西部地区在建立和健全城镇居民社会保障制度,解决老工业基地职工群众生活困难问题,发展卫生事业和重点提高中西部地区农村卫生水平方面,也取得了明显成效。

【对外开放与国际合作】 一、对外贸易快速增长。2000年,中西部地区共实现外贸进出口总额374.8亿美元,其中出口223.3亿美元,进口151.5亿美元,进出口总值占全国的

7.9%,出口总值占全国的9%,进口总值占全国的6.7%。与1999年相比,进出口总值增长在30%以上的省区有内蒙古、黑龙江、河南、重庆、甘肃、青海、宁夏,其中内蒙古自治区的增长率高达102.6%。出口总值比上年增长30%以上的省区有重庆、内蒙古、山西、黑龙江、河南、西藏、宁夏,其中重庆市的增长率高达103%。进口总值比上年增长30%以上的省区有内蒙古、甘肃、青海、宁夏和新疆,其中青海和内蒙古的增长率均超过了100%。

二、利用外商直接投资呈现良好发展势头。2000年中西部地区利用外商直接投资签订合同项目数3507个,合同外资金额76.8亿美元,实际利用外资金额54.5亿美元,分别占全国比重的15.7%、12.3%和13.4%,其中中部地区分别占9.4%、7.2%和8.8%,西部地区分别占6.3%、5.1%和4.5%。

从总体上看,外商直接投资集中于沿海发达地区的格局没有发生变化,若以实际利用外资的金额比较,中西部地区的合计还不及广东一省的一半(广东占全国的比重为27.71%),但是,中西部地区利用外商直接投资出现了转机。2000年,按统计,中西部地区外商直接投资额为49.22亿美元,比1999年增加了0.37亿美元,占全国的比重由1999年的12%增加到2000年12.1%,增幅虽小,但前景看好。

三、引进区外资金全方位多形式推进。2000年是国家正式实施西部大开发战略的第一年,西部地区的各省区市普遍加大了招商引资的力度,以经济贸易洽谈会、商品交易会等为契机向东部地区的企业推介本地区的商业机会,其中规模最大的是在西安举办的2000年东西部合作与投资贸易洽谈会。此次洽谈会以"东西联手,部省(市)合作,开发西部"为主题,取得了丰硕的成果:各类合同成交额超1000亿元,协议成交额近900亿元,仅广东一省就有500家企业参加,成交240亿元,签约项目93个,金额达137亿元;新疆举办了第9届"乌鲁木齐经济贸易洽谈会",签订各类协议金额达120多亿元;广西举办了"广西投资贸易洽谈会",签约总金额达358.1亿元,其中项目投资额208.98亿元,商品贸易额149.12亿元;内蒙古到香港举办了"内蒙古招商引资项目洽谈暨'兴发'肉食品展示会",共签订利用外资项目22个,总投资3.12亿美元,利用外资2.04亿美元。

从企业的角度来看,东部地区的企业给予了西部地区以空前的关注。杭州娃哈哈集团在与重庆市涪陵区进行了5年的良好合作后,又于2000年投资2亿元在涪陵建设一条非常可乐生产线,公司负责人称此举为"打造西部开发的战略基地";辽宁省华锦集团在"乌洽会"期间与新疆阿克苏地区达成了合作协议,将利用库车县境内丰富的油气资源建设一座年产50万吨尿素的化肥厂,投资总金额达30亿元;山东鲁能集团在2000年10月的西部论坛期间签约协议金额达41亿元,涉及的项目有宜宾市经济技术开发区的土地整治、基础设施建设和城市开发建设等,成为国内参与西部开发力度最大的企业之一。

四、对口支援得到进一步的加强。在国家实施西部大开发战略的大背景下,对口支援工作也有了新的进展。中共中央办公厅、国务院办公厅于2000年4月联合发出了《关于推动东西部地区学校对口支援工作的通知》,决定启动"东部地区学校对口支援西部贫困地区学校工程",实施范围按照开展扶贫协作的对口关系实施。到贫困地区支教的教学和管理人员经费由支援 地区负担。根据《通知》的要求,对口支援的有关地方政府都把教育对口支援工作列入议事日程,援助方和受援方共同协商具体实施方案并付诸实施。

(一)2000年7月北京市与内蒙古自治区共同举办了北京内蒙古实施西部大开发研讨会,并同时开展了经济技术协作洽谈,签署了两市区高科技发展和生态建设以及经济、科技、教育的合作协议书。研讨会期间共签订了经济技术合作项目17项,总投资164.61亿元,其中北京市企业投资113.51亿元。

(二)北京市与内蒙古确定100所中小学

校结成“手拉手”姊妹校,北京市已有115名教师带着部分教学仪器设备、图书资料奔赴内蒙古开展对口支援教育活动。

(三)由于内蒙古遭受了40年来极为罕见的旱灾、暴风雪、病虫和洪涝等多种自然灾害,北京市在2000年的“扶贫济困募捐月”中共募集了376万件衣被、两百多万元现金支援内蒙古。

(四)自1999年6月第二期援藏工作开始以来,福建省共参与援建项目159个,投入资金2亿多元,共建成了4个小集镇、4个小康示范村,建设8所农牧区卫生院,56个农村广播电视转播台,开发了三片农业综合开发区。

(五)辽宁省在2000年的对口支援工作中完成了省政府直接帮扶青海省的项目投入1620万元,督促和协调省内各市和大企业完成了第二轮无偿援助青海的任务。对口支援三峡库区奉节县共投入2100万元,主要用于建设道路、小学和县政府搬迁等项目;在西藏那曲地区投入了1600万元,建设了那曲行署办公楼、藏北展销中心、消防中心等项目。

(六)湖南省在对口支援三峡库区的工作中注重引导和推动优势企业、名牌企业进入库区。一是促成了株洲日出江南实业集团与兴山县政府签订协议,独资在宜昌兴山工业园创办太子奶饮料分厂,该项目总投资8000万元,其中第一期工程投资3000万元。二是促成了益阳石膏板总厂赴兴山县独资创办益兴石膏板厂,该项目总投资110万元,年产石膏板10万平方米。

(七)山东省2000年度对口支援西藏的最大项目——日喀则地区高中改扩建和地区宣传新闻大楼工程于2000年11月竣工。

(八)广东省无偿支援广西的资金已达2.4亿多元,今后3年每年还将支援2000万元。双方对学校对口支援工作做出了具体安排:广东选择100所中小学与广西的27个国家级贫困县的100所中小学结成“一帮一”对子。

(九)浙江省与四川省于2000年签订了学校对口帮扶工作协议,确定了组织100所中小学建立对口帮扶关系,浙江选派100名教师和管理人员赴对口学校任教,每年接受100名受援学校教师或管理人员到浙江学习、任教。其他一些对口支援项目也在积极开展之中。

(十)2000年9月,天津13个区县百所中小学的100名优秀教师奔赴甘肃13个贫困县的百所中小学任教。

(十一)上海提出实施“双百双千工程”,帮助西部地区进行人力资源开发。“双百”就是上海和西部对口支援地区各提出并实施100个交流项目;“双千”就是西部派1000名党政干部和科技人员到沪挂职工作一年,在上海选派1000名大学毕业生、教师、医生、干部等方面的志愿者轮流到西部工作。

五、一批重大外商投资项目落户西部。在国家提出实施西部大开发战略以后,很多跨国公司和国际投资者也把关注的目光投向了西部,2000年中有一批重大的外商投资项目落户中西部地区。

(一)摩托罗拉与成都高新技术开发区正式签署了成立摩托罗拉软件中心的备忘录。此外,摩托罗拉计划在乐山菲尼克斯半导体公司建设第四期芯片制造项目,计划把这个厂建成为世界上最大、最好的半导体制造中心。

(二)美国美亚电力有限公司与中国正联三北集团有限公司共同投资近7亿美元,在陕西省靖边县兴建中国迄今最大规模的天然气发电厂。该工程包括两台30万千瓦燃气——蒸汽联合循环机组,分两期建设,中美双方各占总投资的15%和85%,合作期限20年,一期投资约2亿美元。

(三)四川省阿坝州政府与美国加州集团、成都国际会议展览中心有限公司就共同开发建设甘海子保护区合作项目签订了合作协议,5年内总投资6.5亿元。该项目计划将九寨沟森林公园甘海子藏羌文化自然保护区建成集休闲、娱乐、度假、观光、科考、体育集训等为一体的旅游胜地,逐步成为四川独具特色的世界级旅游精品。

(四)美国德士古石油公司与中联煤层气有限责任公司于2000年11月8日签约,共同开发内蒙古、陕西和山西三个省区的煤层气。三个合同区块分别位于内蒙古的准格尔地区、陕西的神府地区和山西保德地区,总面积约6897平方公里,预测资源总量超过1万亿立方米。合同规定,在5年勘探期内,德士古石油公司将独立承担勘探风险,开发生产期内中外双方共同投资,煤层气销售收入按比例分成。

(五)一批大项目相继在四川省落户。其中包括:法国拉法基公司投资1.59亿美元的水泥项目、美国安森美公司追加投资1.3亿美元的芯片项目、德国拜耳公司投资上千万美元的野生动物保护项目等等。

(六)香港吉润国际集团公司、香港中国航空集团公司与青海省有关部门于2000年11月26日正式签订协议,先期投资1.5亿元人民币开发青海省王牌旅游景点—青海湖,为配合旅游资源开发,香港中国航空集团公司将同时开辟香港至西宁的旅游空中航线。

“九五”期间我国中西部地区经济发展形势综合评价

【“九五”期间中西部地区经济发展取得的主要成就】 “九五”期间,中西部地区在党中央、国务院的正确领导下,先后克服了通货膨胀、亚洲金融危机、通货紧缩等重大经济问题的影响,始终保持了国民经济的持续、快速、健康发展,中西部地区现代化建设第二步战略目标基本实现,地区经济协调发展。

一、国家促进中西部地区经济发展的政策明显加强。“九五”时期在党和国家的精心部署下,加快中西部地区发展和促进我国地区经济协调发展成为国民经济和社会持续、稳定、健康发展的重要目标,一系列有利于地区经济协调发展的重大举措相继出台。

1995年9月28日,江泽民总书记在十四届五中全会闭幕讲话中指出:“解决地区发展差距,坚持区域经济协调发展,是今后改革和发展的一项战略任务。从‘九五’开始,要更加重视支持中西部地区经济的发展,逐步加大解决地区差距继续扩大趋势的力度,积极朝着缩小差距的方向努力。”

1996年3月17日八届全国人大四次会议通过的《中华人民共和国国民经济和社会发展“九五”计划和2010年远景目标纲要》将“坚持区域经济协调发展,逐步缩小地区发展差距”作为我国经济工作的九条重要指导方针之一,并指出:从“九五”开始,要更加重视支持内地的发展,实施有利于缓解差距扩大趋势的政策,并逐步加大工作力度,积极朝着缩小差距的方向努力。《纲要》同时提出了缩小差距的六条具体政策措施:(一)优先在中西部地区安排资源开发和基础设施建设项目,调整加工工业的地区布局,引导资源加工型和劳动密集型产业向中西部地区转移。(二)理顺资源型产品价格,增强中西部地区自我发展的能力,加大中西部地区矿产资源勘探力度。(三)实行规范的中央财政转移支付制度,逐步增加对中西部地区的财政支持。(四)加快中西部地区改革开放的步伐,引导外资更多地投向中西部地区。(五)加大对贫困地区的支持力度,扶持民族地区经济发展。(六)加强东部沿海地区与中西部地区的经济联合与技术合作。

1997年9月12日,江泽民总书记在十五大报告中又一次指出:“国家要加大对中西部地区的支持力度,优先安排基础设施和资源开发项目,逐步实行规范的财政转移支付制度,鼓励国内外投资者到中西部投资。进一步发展东部地区同中西部地区多种形式的联合和合作。更加重视和积极帮助少数民族地区发展经济。从多方面努力缩小地区发展差距。”

1999年9月,党的十五届四中全会明确提出“国家要实施西部大开发战略”,同年11月,中央经济工作会议重申:要不失时机地实施西部大开发战略。与“九五”以前的区域经济发展模式不同,西部大开发战略更为系统、宏大,它涵盖了基础设施建设、生态环境保护、经济结构调整、科教文化进步等各个层面,这既是对以往地区经济协调发展政策的延续和深化,也是意义深远的创新之举。以西部大开发为契机,我国中西部地区经济发展获得了前所未有的动力。

二、综合国力显著增强,地带性经济增幅差距缩小,中西部地区经济“亮点”不断生成。2000年,中、西部地区的GDP分别为26250亿元、13092亿元,GDP在全国所占比重分别为27.1%和13.5%,经济总规模继续增长。“九五”期间,中、西部地区GDP年均增长速度分别为10.54%和13.18%,与“八五”相比,东、中、西部地区的GDP增长速度趋于持平,我国东中西部地区经济向协调化方向迈进。

“九五”期间,中西部地区经济出现了两个喜人的变化:一是GDP发展速度高于全国平均水平的省(区、市)数量明显增多,由“八五”期间的8个增加到“九五”期间的17个,其中,西藏、湖北、河南、内蒙古等省(区)的GDP增长速度都超过10%,已接近或超过东部省市的GDP增长速度,成为中西部地区经济快速增长的新“亮点”。二是中西部地区部分城市及产业带的核心地位进一步明确,西安、重庆、成都、昆明、乌鲁木齐等城市逐渐成为中西部地区辐射功能强大的经济核心,长江、黄河、新亚欧大陆桥、京九铁路和南昆铁路逐渐确立了在中西部地区发展主轴线的地位。

三、固定资产投资规模进一步加大,中西部地区基础设施逐步得到改善。“九五”期间,中、西部地区固定资产投资规模明显加大,年均增幅为5.2%和9%,快于东部同期2.1%的增长速度,是改革开放以来,固定资产投资力度最大,增长速度最快的一个时期。中西部地区投资规模加大,一方面得益于国家财政总体实力的增强;另一方面,也直接得益于“九五”中后期国家实施的积极财政政策。体现出国家对中、西部地区投资的倾斜。

在投资的地域机构上,城市仍是中西部地区全社会固定资产投资的重点地域。在投资主体构成上,国家仍是中西部地区的投资主体。同时,西部各省区市政府加强了对软、硬环境的改善,使境内外的资金进入增长加快。

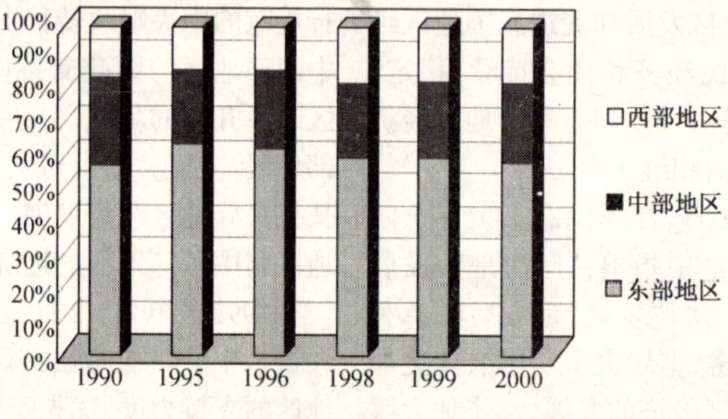

图1　1990年以来三大地带固定资产投资比例结构变化

随着投资规模的加大,中西部地区的基础设施进一步改善。“九五”期间,国家在中西部地区相继开工建设了长江三峡、黄河小浪底、南昆铁路、京九铁路、南疆铁路、兰新铁路复线、长江和松花江防护堤、洞庭湖和鄱阳湖治理等工程。2000年,国家开始实施西部大开发十大标志性工程,其中包括西气东输、西电东送等一大批基础设施建设项目。大量跨区域性工程的启动,不仅从根本上改变了中西部地区基础设施落后的状况,也为实现我国地区经济的协调发展奠定了坚实的基础。

四、全社会消费能力普遍增强,贫困地区

和贫困人口大幅度减少。“九五”期间，东、中、西部地区社会商品零售总额增长速度分别为11.91%、12.02%和10.28%，中部地区增长率位居三大地带之首，反映出消费拉动的基本趋势，河南、湖北、安徽3个省(市)的社会商品零售总额增幅高于全国11.72%的年均速度；相反，西部地区仍处于投资拉动阶段，居民消费能力尚没有东、中部地区旺盛(见表1)。

“九五”期间，GDP增长速度较快的省份与社会商品零售总额增长速度较快的省份具有较强的对应性，该状况在东部地区表现得更为明显，反映出“九五”期间，消费对国民经济的拉动作用日益突出。

表1 “九五”期间我国中西各省区市社会商品零售总额年均增长速度(%)对比

省份	增长率	省份	增长率	省份	增长率	省份	增长率
		江西	11.40	黑龙江	9.89	新疆	8.10
河南	14.53	吉林	10.99			青海	7.26
湖北	13.94	山西	10.85	云南	9.55	四川	3.22
安徽	12.44	陕西	10.46	甘肃	9.55		
西藏	11.86	内蒙古	10.41	重庆	8.20		
贵州	11.71	湖南	10.26	宁夏	9.54	全国	11.72

“九五”期间，根据扶贫攻坚的形势和任务，国家进一步加大了对中西部地区的扶贫开发力度，是扶贫资金投入规模最大的时期。以工代赈、扶贫教育工程、农民健康工程取得明显进展，贫困地区农业生产条件和基本生存条件普遍得到改善，为解决贫困群众温饱问题奠定了基础，部分贫困地区走上可持续发展道路。“九五”末期，中西部地区没有解决温饱的农村贫困人口已下降到3000万左右，“八七”扶贫攻坚目标基本实现。经过“九五”的积极探索，中西部地区的扶贫模式也出现了崭新的变化，传统的“输血式”扶贫向“造血式”扶贫转化，广大贫困地区的自我发展机制初步形成。

五、地区产业结构加快调整步伐，经济运行质量进一步提高。为提高国家和地区的竞争力，促进科技进步和改善生态环境质量，“九五”以来，国家一直在致力于推进产业结构调整。“九五”期间，我国产业结构调整的重点方向包括加强农业基础地位，推进农业产业化和规模化经营；在开放状态下重新评价自然资源禀赋优势，积极利用国际资源；控制生产能力过剩的传统产业发展，用高新技术改造传统产业；通过引导消费培育新的国民经济增长点；为落实可持续发展战略，积极扶持现代装备工业和环保产业；培育和发展第三产业中的新兴行业，大力发展信息、金融、旅游、服务等产业，努力拓展信息服务领域；配合医疗、保险、教育等方面的改革积极进行社会保障制度建设；加快建设基础信息库和信息网络，大力发展科技和教育。

“九五”期间，中西部地区产业结构调整步伐加快，经济运行质量进一步提高。“九五”期间，中、西部地区第一产业比重分别下降了6.19%和5.67%(见表2)，中部地区下降速度位居三大地带之首，西部地区次之；东、中、西部第二产业比重分别上升了0.29%、1.02%和1.75%，西部地区增长幅度最大，中部次之，中西部地区工业化进程加快发展；东、中、西部地区第三产业比重均出现了较快增长趋势，分别提高了3.73、5.17和3.92个百分点，中西部地区的增长速度相对突出。

表2 “九五”期间三大地带产业结构变动情况(%)

对比指标	1996年			2000年		
	第一产业	第二产业	第三产业	第一产业	第二产业	第三产业
东部	16.00	48.48	35.52	11.97	48.78	39.25
中部	25.60	44.92	29.48	19.40	45.94	34.46
西部	26.83	40.95	32.22	21.16	42.70	36.14

资料来源：国家统计局，《新中国五十年统计资料汇编》。

从地带性产业结构组合上看,与东部地区相比,中西部地区的第一产业比重仍然较高,第二产业比重稍低,工业化进程还有待进一步发展,但其经济运行质量明显趋于优化,中西部地区逐渐摆脱了单纯依靠资源开发的传统生产模式。随着产业结构的不断优化以及西部大开发战略的进一步实施,中西部与东部地区协调、合作的层次不断提高,传统的资源供给地与加工地的关联模式被打破,全方位的资金、技术、人才、信息交流格局在东西部之间逐渐展开。

六、对外开放力度进一步加大,外贸、外资成效显著。进入"九五",我国相继出台了一系列开放政策:1996年国家颁布了《国务院关于边境贸易有关问题的通知》(国发[1996]2号)和《国务院关于扩大内地省、自治区、计划单列市和国务院有关部门等单位吸收外商直接投资项目审批权限的通知》(国发[1996]34号)等文件,进一步扩大内陆地区利用外资和发展边贸的权限;为实施西部大开发战略,2000年2月和7月,国家又把合肥、郑州、长沙、贵阳、西安、成都、昆明西宁、呼和浩特等9个中西部省级经济技术开发区升格为国家经济技术开发区。经过"九五"时期的发展,中西部地区对外开放力度进一步加强,开放环境更加宽松。

"九五"期间,三大地带进出口总额年增幅分别实现15.81%、1.44%和1.83%,东部地区仍然是我国对外贸易的主阵地,但中西部地区在外贸中的作用不断加强。

"九五"期间,国家出台了一系列鼓励外商投资政策和措施,主要包括:外商投资企业和外国企业购买国产设备投资可抵免所得税;鼓励外商设立研发中心和向我转让技术,并给予一定的税收优惠;允许符合条件的外商投资企业在境内外股票市场上市,取消外商独资企业进口设备的价值鉴定;扩大地方鼓励类不需要国家综合平衡的外商投资项目审批权限;扩大外商投资企业在国内融资;鼓励外商向中西部投资,发布中西部地区外商投资优势产业目录,对目录内的外商投资项目进口设备免征关税和进口环节增值税等。

随着上述政策措施的实施,"九五"期间,中西部地区利用外资的总体形势较好,5年中,累计利用外资253.17亿美元,中、西部利用外资总量分别为190.36亿美元和62.81亿美元。总体上看,"九五"期间,中西部地区利用外资的规模越来越大,但利用外资的地区结构改善还比较缓慢,中西部地区基础设施的不完善、管理和技术人才的相对匮乏以及市场需求等因素直接限制了外商向中西部投资力度的加大,随着西部大开发战略的整体实施,西部投资环境将明显改善,利用外资的地区结构改善将加快发展。

七、中西部地区与东部地区的经济协作日益密切,区际联系强度逐渐增强。区域联合是实现区域协调发展的重要方式,"九五"以来,东西部地区以经济利益为纽带开展了广泛的经济联合与合作。

"九五"期间,东西部的区域联合主要通过政府和市场两种方式来实现的。

政府的宏观指导是以对口支援为主体方式来体现的。"九五"期间,业已建立的省市间合作关系包括:北京市与内蒙古自治区,天津市与甘肃省,上海市与云南省,广东省与广西壮族自治区,辽宁省与青海省,福建省与宁夏回族自治区,大连、青岛、深圳、宁波市与贵州省。这种对口扶贫有力地推动了东西经济技术合作,直接加快了中西部利用东部资金、技术和人才资源的进程。此外,"九五"期间全国对口支援西藏和有关省市对口支援三峡库区方面也建成了一批援助或合作项目。

市场机制则主要通过企业自主行为来实现。进入"九五",东西部之间出现了大规模的企业联合与兼并趋势,既有东部企业兼并西部企业的事例,亦有西部企业兼并东部企业的事例。区际经济流通行为不断深化,市场在完成区域经济协调发展中发挥的作用日益深化。《乡镇企业东西合作示范工程》在推动东部与中西部地区乡镇企业合作方面也取得了重要进展,一大批东部乡镇企业在中西部落户,为中西部地区解决大量的劳动就业和资金不足问题。

【“九五”期间中西部地区经济发展存在的问题】 区域性经济发展水平差距仍在继续扩大。进入“九五”，中西部地区与东部地区的GDP增幅逐渐持平，但地带间的经济差距仍然继续扩大。从人均GDP绝对值看，中西部地区与东部地区的差距分别由“九五”初的3520元和4511元，扩大到2000年的6189元和7551元；从GDP比重看，西部地区GDP占全国的比重由“九五”之初的14.04%下降到2000年的13.62%，年均下降0.8个多百分点；从消费能力看，2000年，中西部地区分别仅占全国社会消费品总额的27.3%和13.1%，而东部地区社会消费品零售总额占全国社会消费品总额的59.7%。这种状况无疑对我国地区经济实现协调发展的总体战略目标产生不利影响。

区域性生态环境恶化形势仍很严重。由于粗放型经济增长方式尚未得到根本改变，中西部地区目前工业生产的技术水平和管理水平还比较落后，总体上看，生态环境状况仍在不断恶化。长江和黄河上游地区水土流失，西北戈壁沙漠地区荒漠化和滇桂黔石灰岩山区石漠化等问题还比较严重，每年因上游水土流失进入长江、黄河的泥沙量达20多亿吨，导致中下游江河湖泊和水库不断淤积抬高，不仅加重了长江、黄河中下游地区的水患，加剧了北方地区少雨干旱，也激化了地区之间在利用水资源等方面的矛盾。

中西部地区脱贫工作任重道远。目前我国农村贫困人口85%分布在中西部地区，脱贫的压力仍然很大，特别是一些自然条件恶劣、生态环境脆弱集中连片地区的脱贫难度更大，同时，一些已脱贫地区的返贫现象也比较突出，需引起足够重视。目前，一些少数民族地区贫困人口比例高，人口素质低，基础设施薄弱，经济和社会发展水平尤为落后，这些问题直接影响到民族团结、社会稳定和边疆巩固；西部地区适龄儿童入学率、人均预期寿命等指标大大落后于东部地区。正如江泽民总书记在1999年中央扶贫开发工作会议上指出的那样：我国的脱贫工作已进入攻坚阶段，每年脱贫1000万人口的任务十分艰巨。

“九五”期间，西藏、新疆等民族地区的经济取得了巨大成就，但受特定自然条件、社会条件的限制，部分边远地区的经济自我发展机制尚未形成，相当长的一段时间内仍需国家直接投资，大力扶持。受境外敌对势力及少数恐怖分子、极端宗教分子和民族分裂分子的干扰，一部分边远地区的民族问题、稳定问题及国家安全问题仍需密切关注。

一些老工业基地和资源型城市经济衰退问题仍十分严重。五六十年代，国家在中西部地区重点建设了一批老工业基地和资源型城市，由于冶金、机械等传统产业密集，技术装备老化，产业竞争力下降，加上国内外市场环境的影响，生产经营困难。资源型城市产业结构单一，有的资源枯竭，缺乏接续产业，经济增长乏力，特别是东北、西北等地区，国有大中型企业集中，职工下岗再就业压力大，社会经济矛盾仍十分突出。因此，加快老工业基地及资源枯竭型城市的国有大中型企业改造步伐，积极培植接续产业、替代产业，实施再就业工程，保障当地群众的基本生活，仍是党各级政府要尽快解决的一个重大问题。

“九五”期间民族地区经济社会发展成就

【国民经济持续增长，农村经济全面发展】 在国民经济和社会发展第九个五年计划期间，在党中央和国务院的领导下，经过各族人民的共同努力，民族地区成功地克服了复杂多变的国内外经济环境的不利影响，国民经济保持了持续发展，各项社会事业全面进步。随着“九五”计划的顺利完成，民族地区实现了现代化建设第二步战略目标，为实施“十五”计划、开始迈向第三步战略目标奠定了良好基础。

2000年我国民族地区(指五个自治区和云南、贵州、青海三个多民族省,下同)完成国内生产总值8398亿元,按可比价格计算,比1995年增长50.9%,年平均增长8.6%;"九五"期间民族地区的经济保持了较快的增长,年平均增长速度高于全国0.3个百分点;2000年人均国内生产总值4635元,比1995年增加1491元。

"九五"期间,民族地区经济总量上了三个台阶,1996年6248亿元,1998年7387亿元,2000年突破8000亿元,达到8398亿元。五年累计完成国内生产总值36671亿元,相当于"八五"期间的2倍。

"九五"期间,民族地区三次产业结构得到有效调整,第一、二、三产业比例由1995年的29.3∶38.5∶32.2,调整为2000年的23.8∶40.4∶35.8,二、三产业发展加快。经济增长开始从数量扩张型转向结构质量效益型,高投入、高消耗、低效益的粗放型经济状况正在得到逐步改变。

民族地区在稳定粮食等主要农产品产量的同时,农业生产结构有所改善。以市场为导向,大力调整农业产业结构,加快了传统农业向现代农业的转变,取得明显的成效,2000年农林牧渔业总产值达到3108亿元,比1995年增长32.6%,年均增长5.8%。从内部结构看,农业比重不断减小,畜牧业、渔业所占比重不断上升。2000年,农、林、牧、渔业在农业总产值中的比重与1995年相比,农业下降了3.4个百分点,牧业和渔业分别上升了2.1和1.2个百分点。名特优新水果、蔬菜、茶、烟、花、药等已成为民族地区农民增收的新亮点。棉花、油料、果园、蔬菜面积占全国的比重由1995年的3%、8.1%、3.7%、5%上升为1999年的3.6%、8.4%、4.8%、6%。经过多年的整合,"九五"末期基本形成了以1.9万公顷左右的粮食、100多万公顷棉花、200多万公顷油料、170多万公顷蔬菜、100多万公顷糖料为主的种植业格局。优势产品的产业化、基地化进一步巩固和发展,如新疆的棉花产量占全国33.6%,广西、云南的甘蔗产量占全国63.5%,贵州、云南的烟叶产量占全国39.5%。

农业生产条件进一步改善,综合生产能力不断提高。1999年,民族地区农业机械总动力比1995年增加1541万千瓦,增长34.9%;化肥、农药、农用薄膜使用量分别增长6.5%、30.1%、56.2%,农村用电量增长了34.4%;农用物资投入的增加,促进了民族地区农业的发展,农产品保持了较高水平。"九五"期间粮食产量比"八五"累计增加5851万吨,平均每年增加1170万吨。2000年棉花产量达到146万吨,比1995年增长65.8%,占全国的比重从1995年的19.6%上升到2000年的33.6%,"九五"累计产量达到632万吨,是"八五"的1.7倍。2000年油料产量达到366万吨,比1995年增长36.6%,年均增长6.4%;肉类和水产品产量1999年分别达到750万吨和268万吨,比1995年增长35.6%和112.3%。

乡镇企业快速发展,扶贫攻坚成效显著。1999年民族地区乡镇企业数达到306万个,比1995年增长46.5%;完成增加值将近1600亿元,占民族地区国内生产总值的2.5%,比1995年增加8.3个百分点。据不完全统计,从1994年到1999年,民族地区累计解决3000多万贫困人口的温饱问题。"八七"扶贫攻坚期间(1994—2000),中央扶贫资金共投入民族地区432.53亿元,占全国总投资1126.95亿元的38.4%。其中,财政资金66.93亿元,占全国的40%;以工代赈127.22亿元,占全国的40%;信贷资金238.38亿元,占全国的37.8%。

【工业生产结构进一步优化,国有企业三年脱困目标基本实现】 2000年,民族地区完成工业增加值2667亿元,按可比价格计算,比1995年增长55.7%,年平均增长9.3%。"九五"期间,伴随着产业结构调整和产品的升级换代,主要工业产品产量实现了大幅增长。

2000年,发电量达到1884亿千瓦小时,比1995年增加635亿千瓦小时,占全国比重从12.4%上升到13.9%;化肥达到546万吨,增加202万吨,占全国比重从13.5%上升到17.1%;钢达到1046万吨,增加286万吨,占全国比重从8%上升到8.1;水泥达到6152万吨,增加1641万吨,占全国比重从9.5%上升到10.7%;虽然卷烟、原煤、糖等产品产量有所下降,但仍然是我国重要生产基地,2000年民族地区卷烟占全国产量26.9%,原煤占全国产量17.1%,糖占全国产量74.4%

"九五"期间,民族地区工业所有制结构、行业结构、企业组织结构和产品结构的调整均取得进展。一是所有制结构呈现出以公有制为主体,国有工业为主导,多种经济成份共同发展的多元经济结构。按规模以上企业的工业总产值计算,1996年国有企业的比重为71.2%,1999年降为57%;股份制(包括股份有限公司和有限责任公司)企业的比重由3.8%上升到23.5%;外商和港澳台商投资企业也获得了较快发展,比重由5.8%上升到6.1%。二是行业结构不断调整,高新技术及新兴产业快速发展,促进了民族地区产业结构的升级。1999年与1996年相比,增长最快的行业是电子及通信设备制造业,增长了90.4%,比重上升1.1个百分点;交通运输设备制造业增长了27.3%;医药制造业增长了60.3%,在工业中的比重均有所上升;能源工业得到较快发展,"九五"期间,石油和天然气开采业增长21.6%,电力、蒸汽、热水的生产和供应业增长21%;一些传统加工工业增长放缓,比重下降,"九五"期间,纺织工业下降了6.26%,比重下降了0.7个百分点;普通机械和专用设备制造业分别下降了14.2%和20.6%,比重分别下降了0.7和0.6个百分点。三是企业组织结构优化,竞争力提高。1999年大中型企业达1828个,其工业总产值和资产分别占规模以上工业的70.3%和74.6%。四是淘汰落后的生产能力,限产压库取得明显成效。

经济效益先抑后扬,国企脱困成效明显。"九五"前三年,受宏观政策和亚洲金融危机影响,民族地区工业企业经济效益下滑,后两年,民族地区认真贯彻中央关于投资和消费双重拉动经济增长的决策,扭转了下滑趋势,企业效益明显好转。1999年工业企业盈亏相抵,实现利润58亿元,结束了自1996年以来下降的趋势。2000年工业企业盈利大幅增长,达到23亿元,涨幅达297倍;亏损企业亏损额下降到98亿元,降幅67.7%,基本实现国有企业三年改革与脱困的目标。到2000年底,广西重点监测的14个行业有11个实现了整体扭亏或继续增盈,重点监测的245户国有大中型工业企业,已有超过一半的企业摆脱困境;云南列入全国考核105户企业脱困率73.3%。

【投资规模继续扩大,基础产业和基础设施得到加强】 民族地区抓住国家扩大内需方针的机遇,积极拓宽建设资金渠道,加大投入,交通、水利、能源、通信等基础设施得到加强,经济发展的"瓶颈"制约明显缓解,投资规模的扩大有力地拉动了国民经济的增长。2000年,全社会固定资产投资达63163亿元,比1995年增长81.1%,年平均增长12.6%,比全国高2.3个百分点;五年累计完成全社会固定资产投资12613亿元,比"八五"增加6843亿元,增长1.2倍。

能源基础设施继续得到加强,电网新建和改造取得积极进展,交通运输能力大为提高,通信设施和城市基础设施得到明显改善,基础产业和基础设施建设成绩显著。"九五"前四年,民族地区基本建设和更新改造累计新增固定资产4878亿元,是"八五"的2倍。水利重点项目青海省李家峡水电站、宁夏扬黄灌溉工程、新疆乌鲁瓦提水利枢纽等重点工程进展顺利。现代化水平较高的神府东胜煤田和塔里木油田等重大项目开始发挥显著效益。新增11万伏及以上输电线路13158公里,11万伏及以上变电设备2045万千伏安。总投资191亿元在复杂地质艰险地区修建的、全长899公里的、我国科技含量最高的电气化铁路——南昆铁路全线通车。民族地区累计新增新建改建公路达5002公里。新建、改建、扩建了一批机场,乌鲁木齐机场、昆明巫家坝机场、贵阳龙洞堡机场、西藏机场等的建成投入运营,极大地改善了民族地区交通运输条件。数字微波和卫星通信也得到了长足的发展,兰——西——拉光缆通信干线正式开通并投入使用,工程总投资超过6亿元。城市扩建道路2318公里,新增城市自来水日供水能力353万吨,城市综合功能进一步完善。

【第三产业快速发展】 民族地区商品供应日益丰富,消费品市场繁荣活跃,商品流通战略性结构调整日益市场主体呈现多元化,超市、连锁店、便民店、配送中心等新型商业不断涌现。社会消费品零售总额由1995年的1781亿元增加到2000年的2860亿元,年平均增长9.9%。"九五"期间,社会消费品零售总额累计达到12230亿元,比"八五"期间增长98.7%。

"九五"期间,民族地区成功克服了亚洲金融危机带来的不利影响,大力发展外向型经济和加强横向经济联合,积极推进对外开放向高层次宽领域发展。对外贸易不断增加。五年累计,民族地区进出口总额达401亿美元,比"八五"增长29.7%。其中出口248亿美元,增长37.9%;进口153亿美元,增长18.6%。2000年,实际利用外资14美元,比1995年增长153%。

在旅游市场多元化战略的带动下,民族地区不断加强旅游基础设施建设,开拓国内外旅游市场,使旅游业保持了持续快速发展的势头。接待国际旅游人数由1995年的174万人次增加到2000年的323万人次,年平均增长10.4%;旅游外汇收入由15亿美元增加到38亿美元,年平均增长13.5%。到1999年底,民族地区共建成旅游涉外饭店1261家。旅游业已成为民族地区经济发展新的增长点。

运输邮电通信业和社会服务业方兴未艾,运输邮电仓储增加值由1995年的236亿元增加到1999年的572亿元,年平均增长19.3%;铁路货运周转量由1717亿吨公里增加到1815亿吨公里;公路客运周转量由607亿人公里增加到900亿人公里;邮电业务总量由64亿元增加到247亿元,年平均增长31%。

【财政收入平稳增长,人民生活显著改善】 财政、金融的较快增长有力地支持了民族地区经济与社会的发展。地方财政收入由1995年的318亿元增加到2000年的658亿元,年平均增长15.6%。五年累计收入2619亿元,比"八五"增长61.2%。在财政收入不断增长的基础上,财政支出规模也不断扩大,从1995年的746亿元增加到2000年的1460亿元,年平均增长14.3%。民族地区金融机构年末各项存款余额由1995年的4139亿元增加到2000年的8543亿元,各项贷款余额由1995年的4352亿元增加到2000年的8374亿元。

城乡居民收入水平稳步提高,物质文化生活更加丰富,人民生活质量不断提高。农村居民人均纯收入由1995年的1183元提高到2000年度1690元,城镇居民人均可支配收入由1995年的4116元增加到5743元,扣除价格上涨因素,年均增长速度分别为5.1%和5.5%。居民消费结构得到改善,生活质量明显提高。随着消费环境的改善,彩色电视机、电冰箱、洗衣机等大量耐用消费品进入城乡居民家庭,家庭拥有量不断增多;家用电脑、摄像机等新兴耐用消费品也进入寻常百姓家庭;城乡居民购买房屋、汽车等大宗商品及休闲旅游已成为新的消费热点。

【科技教育加快发展,各项社会事业全面进步】

"九五"期间,民族地区把实施科技发展战略摆到更加突出的地位,不断深化科技体制改革,积极推进科技与经济的结合,产品创新、科技创新取得积极成效,新产品率和品牌产业化率明显提高,科技进步对经济增长的贡献率进一步提高。"九五"前四年累计,民族地区国内专利申请量和授权量分别达到21897和13087件,分别比"八五"期间增长16.1%和

26.8%;共缔结技术开发、技术转让、技术咨询和技术服务合同31206项,成交合同金额79亿元,分别为“八五”期间的1.2倍和3.1倍。

教育结构调整步伐加快,教育产业发展迅速。“九五”以来,在继续普及义务教育的同时,加大了教育结构调整的力度,扩大了高等教育招生规模,提高了全社会各族人民的文化素质。1999年民族地区普通高等学校在校学生达到45.8万人,比1995年增加20.9万人,增长了83.9%。基础教育得到进一步加强,民族地区普及九年义务教育的人口覆盖率有很大提高,小学学龄儿童入学率也得到很大提高。

文化、卫生、体育、生态建设和环境保护以及劳动和社会保障等各项社会事业全面进步。

“九五”期间,民族地区经济建设和各项事业所取得的巨大成就,是中国共产党正确领导的结果,是民族地区各族人民勇于进取、自力更生、艰苦奋斗的结果,是各级党委、政府和广大干部解放思想、实事求是、大胆开拓、勤奋工作的结果。

在充分肯定民族地区“九五”期间经济和社会发展所取得的巨大成就的同时,还应看到前进中依然存在不少矛盾和问题,主要是:民族地区与东部地区的发展差距仍在拉大,经济结构不合理现象仍比较突出,工业技术水平低、开发能力弱,农牧民收入增长缓慢等,这些问题有的是多年积累下来的,有的是新形势下出现的,问题的最终解决既需要民族地区进一步改革开放,还要依靠党和国家的积极支持。

“九五”辉煌的成就,为民族地区二十世纪经济和社会发展划上了一个圆满的句号。从新世纪开始,民族地区进入了一个新的发展阶段,第九届全国人民代表大会第四次会议批准的《中华人民共和国国民经济和社会发展第十五个五年计划纲要》,再次强调加大支持力度,加快放民族地区经济与社会全面发展。我们相信,在以江泽民同志为核心的党中央领导下,在民族地区各族人民的共同努力下,一定能够克服前进中的各种矛盾和困难,迎来一个充满希望、更加辉煌的“十五”。

中西部地区扶贫开发

【中西部地区的贫困现状】 中西部地区是我国贫困人口较为集中的地区,自八十年代初期以来,我国政府开始了有计划、有组织的大规模扶贫行动,先后出台了一系列扶贫政策措施,投入了大量扶贫资金,在各级政府的强力推动和社会各界的参与下,中西部地区的扶贫事业取得了显著成就,贫困人口大幅度减少,贫困地区的基础设施和生产生活条件得到很大改善,农民的收入水平有了较大提高,发展能力得到加强。但是,虽然“八七”扶贫攻坚计划已基本完成,全国还有3000万左右贫困人员尚未解决温饱,这部分贫困人口大都位于中西部地区。对于已经解决温饱的部分人口由于解决温饱的标准很低,一遇自然灾害也极易返贫。因此,要巩固脱贫成果,从根本上改变中西部地区的贫困面貌,仍然是一项长期而艰巨的任务。

贫困人口分布情况。从目前全国贫困人口的分布来看,中西部地区的贫困人口占全国的90%,其中西部地区就占60%左右。1999年,我国中部地区的贫困发生率在3.9%左右,西部地区高达7.3%。在592个国定贫困县中,中西部地区就占515个,其中西部地区就有366个。中部地区国定贫困县的农民人均收入为1423元,西部地区为1111元。中西部地区贫困人口主要分布在中部的努鲁尔虎山区、太行山区、吕梁山区、大别山区、武陵山区、井冈山区、赣南地区和西部的甘肃中部地区、西海固地区、秦岭大巴山区、西藏地区、乌蒙山地区、滇东南山地区、横断山地区、陕北、九万大山、桂西北地区等。

中西部地区贫困的主要特征及原因。一、

自然资源缺乏,生存条件恶劣,生态环境脆弱。中西部地区的贫困人口集中连片分布在少数民族地区、边远山区和牧区,这些地区自然条件恶劣、资源极度缺乏,贫困人口的生产生活条件十分恶劣。西北地区干旱缺水,西南熔岩地区缺土少水,南方红壤土壤十分贫瘠,华北贫困地区常年遭受旱、涝、盐、碱危害,生态系统十分脆弱。同时,这些地区生态破坏严重,导致山林减少,水土流失,使旱、涝、泥石流等自然灾害加剧,陷入了生态恶化、贫困加剧的恶性循环之中。

二、社会发育落后,人力资本质量不高,缺乏自我发展的能力。中西部贫困地区,尤其是西部地区,大多地处偏僻山区,交通闭塞,通讯不畅,长期处在与外界隔绝的封闭状态之中,贫困人口的思想观念表现为浓厚的自然经济状态,市场经济意识淡薄,满足于自给自足的生产和生活方式。在贫困地区的劳动力中,文盲率或半文盲率高达16%以上,受过初中教育的也只有38%。同时由于医疗卫生状况造成贫困人口的身体素质较差,缺乏自我发展的能力。

三、基础设施薄弱,制约贫困地区经济和社会的发展。十多年来,经过扶贫计划的实施,贫困地区的基础设施状况得到了改善,但据调查,目前中西部地区尚有5万个乡村不通公路,已建成的乡村公路等级大都较低。中西部地区仍有10多万个村、614万贫困人口没有用上电,通电和用电水平也较低。同时,人畜饮水设施仍较落后,抵御自然灾害能力较弱,每逢干旱时,都面临严重的饮水困难。目前尚未解决饮水困难的贫困人口达5000万人,农村饮水困难的大牲畜达3000万头。

四、经济发展水平低,产业结构单一,农村非农产业发展不足。在中西部贫困地区,近90%的贫困人口从事农林牧渔业生产,在这部分劳动力中,从事种植业的劳动力占到重要比例。贫困人口从事工业、建筑业、商业、服务业的比重很小,因此产业结构单一。同时,该地区生产手段落后,技术落后,投资及积累水平低下,基础设施薄弱,自然经济仍占主导地位。市场发育不良,社会商品零售额很小,地方财力不足,绝大部分地方财政不能自给,靠国家补贴过日。

【"九五"期间西部地区扶贫开发所取得的成就】 近二十年来,我国扶贫工作在党中央、国务院的正确领导下,在各有关部门的密切配合和各级地方政府的大力支持下,经过贫困地区广大干部群众的共同努力,使各项扶贫政策得到实施,取得了历史性成就,受到了国内外的充分肯定。主要有以下几个方面的成绩:

农村贫困人口大幅度减少,贫困地区农民收入增长。到2000年底,全国贫困人口由1984年的1.2亿下降到3000万左右。农村贫困发生率从30.7%下降到3.5%。全国592个国定贫困县的农民人均收入从1985年的206元提高到2000年的1337元,一些集中连片的重点贫困地区从整体上解决了贫困。

政府加大扶贫投入,贫困地区基本生产生活条件得到进一步改善。"九五"期间,国家继续加大农村扶贫工作的投入力度,中央政府通过以工代赈、财政扶贫资金和专项贷款方式直接投入的专项扶贫资金总规模达到950亿元左右,其中90%左右的资金投入到中西部地区,使该地区的生产、生活条件得到了明显改善。

贫困地区农村基础设施建设进一步加强。国家以以工代赈为主要形式,开展了县乡村道路、人畜饮水、基本农田、小型微型农田水利、小流域综合治理开发等为主要内容的农村基础设施建设。"九五"以来,在中西部地区共修建基本农田近3000万亩,新增和改善农田有效灌溉面积近4000万亩,解决了约3000多万人和4000多万头大牲畜的饮水困难,新修公路10万公里左右,乡通公路率、乡通电率不断上升,大大提高了贫困地区的基础设施水平,为中西部地区的资源开发和经济发展创造了必要的条件。

有计划地实施异地扶贫的试点工作。在一些自然条件十分恶劣的中西部地区,通过以工代赈资金和其他扶贫资金的支持,进行异地扶贫开发试点。主要通过以成建制的村、乡在县内搬迁,以地区和省组织的整村跨县的搬迁,以部分农户搬迁,以少数农民投亲靠友的零星插花搬迁等多种形式,调动了贫困农户异地搬迁的积极性和愿望,为这些地区的扶贫工作开辟了一条新的路子。

科技、教育、文化、卫生等社会事业发展较快。中西部地区的办学条件得到明显改善,适龄儿童辍学率下降;乡拥有卫生院的比例上升,缺医少药状况得到缓解;推广了一大批农业实用技术,农民科学种田的水平明显提高;群众的文化生活得到改善,精神面貌发生了很大的变化。

开展中央国家机关、非政府组织以及社会各界帮助和支持贫困地区开发建设。在国务院的倡导和组织下,中央国家机关已有138个单位参加了帮助重点贫困地区的工作。社会民间社团也积极参与扶贫济困活动,帮助贫困地区振兴和发展。沿海地区从大局出发,按照“优势互补、互惠互利、共同发展”的原则,开展对口帮扶西部贫困省区的“东西扶贫协作”工作,为缓解和消除贫困现象、促进贫困地区的发展做出了贡献。

【中西部地区扶贫开发面临的宏观环境】 宏观经济增长将加快扶贫进程。我国国民经济经过多年的低速增长,今后五年将出现周期性上升增长的趋势。根据测算,90年代,GDP每增长一个百分点,农村贫困人口可减少0.8%。在人均GDP增长较快的省份,农村贫困人口减少的速度也较快。近年来实施的积极财政政策,对启动国内市场需求,拉动经济增长起到了积极的作用。经济增长将扩大劳动力需求,由此可以提高贫困地区剩余劳动力的利用效率。

西部大开发战略的实施给农村扶贫带来机遇。由于我国贫困人口大都集中在西部地区,因此西部大开发为西部集中连片的农村贫困地区的社会经济的发展提供难得的机遇。实施西部开发战略,通过政策导向和利益驱动,引导资本、人才和技术参与西部地区的经济发展,改善西部地区的基础设施和生态环境状况,推进科技进步,增强该地区的自我发展能力,但西部开发不等于扶贫,贫困地区的资源条件、发展能力与一般地区还存在着很大的差距,因此,通过扶贫政策的配合,可使贫困地区把握这次有利时机,加快脱贫的步伐。

结构调整有助于贫困地区的发展。在我国结构转换过程中农业始终是需要重视的产业,“十五”期间,中央将继续加大对农业和农村的投入,鼓励农民调整农业种植结构,发展高产优质高效农产品,发展畜牧业、渔业、林果业产业,提高他们在农业产出中的比重,发展农产品加工业,通过深度加工和开发农产品,提高农业的综合效益。对于乡镇企业不发达的中西部贫困地区,农业特别是种植业仍是农民收入的主要来源。因此,国家加强农业的政策,对贫困地区显然是有利的。

加入WTO对贫困地区的双重影响。目前,我国的小麦、玉米、大米等大宗农产品的国内价格已高于国际市场价格,在国际市场上失去了以往竞争优势。入世以后,粮食等大宗农产品的进口肯定会大幅度增加,由于贫困地区大都不是我国粮棉的主产区,因此影响不大。贫困地区的蔬菜、水果、畜产品等出口将有可能增加,但由于目前出口的水果品种退化,加上这些产品的产后分级、包装、储藏、加工和销售落后等因素,出口难以大量增加。因此,贫困地区由于缺乏竞争能力而未能抓住其他国家开放市场的机遇,但是从长远看,入世后有利于贫困地区农村劳动力转移和劳动密集型产品的出口贸易。

【中西部地区扶贫开发的重点领域】 经过多年的努力,虽然我国已基本解决了农村剩余大部分贫困人口的温饱问题,但解决了温饱,不等于消灭了贫困,新时期我国扶贫的任务仍然相当艰巨。一是农村仍有一定数量的贫困人口没有解决温饱问题,其中一些人口缺乏最基本的生存条件;二是由于水、电、路等基础设施薄弱,以及生态环境破坏等原因,一部分贫困人口虽然目前解决了温饱,但很不稳定,遇到灾害年份返贫率很高。三是中国现行的贫困标准较低,解决温饱只是解决了最基本的吃饭、喝水、穿衣等生存问题,与真正摆脱贫困还有一定的差距。四是农村的绝对贫困解决之后,也还有相对贫困问题,这些都需要通过长期不懈的扶贫开发才能解决。为此,今后在中西部地区扶贫开发中应根据现有的贫困状况,考虑以下几个重点领域:

促进中西部地区的扶贫开发与该地区经济社会发展的密切结合。在我国现阶段,区域性贫困仍是农村贫困的最主要的特征,贫困人口集中的地区,其整体经济社会发展水平也往往较低,如果没有区域经济的整体发展与繁荣,贫困人口就不可能实现稳定脱贫。因此,中西部贫困地区的脱贫致富必须与更大范围的区域经济的整体增长与繁荣结合起来,一方面,通过整体区域内就业增加和工资水平的提高来带动贫困人口的就业和收入的增长,另一方面通过区域内经济增长点对贫困地区辐射和带动效应来实现当地经济资源的开发。

大力扶持贫困地区发展农业和农村经济,增加中西部贫困地区的农民收入。积极引导贫困地区调整农业结构,根据市场要求,依托资源优势,按照产业化经营的要求,建立有特色的区域性主导产业。加快形成贸工农一体化,产供销一条龙的产业化经营模式,为贫困农户提供产前、产中、产后服务,确保农民增产增收。大力发展农村二、三产业,促进贫困地区农村剩余劳动力转移,增加非农收入。

继续加强农村基础设施建设,扩大以工代赈规模,改善贫困地区的生产和生活条件。目前中西部贫困地区的落后,不仅直接表现在经济发展水平上,更多地表现在交通通讯、农田水利、教育卫生等基础设施薄弱,以及生态环境破环严重、生产生活条件差等方面。因此扶持中西部贫困地区改善基础设施和生产生活条件,仍然是扶贫政策措施的一个重要组成部分。1984年至2000年,中央投入的以工代赈物资和资金总额达530多亿元,加上地方配套投入和群众投劳,总投资约1000亿元左右,其中90%左右投入到中西部地区,极大地改善了该地区的基础设施条件,为经济发展打好基础,同时使贫困地区的大量剩余劳动力得以利用,增加贫困地区农民收入,具有巨大的社会和经济效益,深受群众的拥护,被誉为是一项“民心工程”、“德政工程”。从过去15年的实践来看,今后无论是对剩余贫困人口的扶贫攻坚,还是防止返贫、巩固扶贫成果,都要通过不断改善当地的基础设施条件来解决。因此,今后要继续采取以工代赈方式,组织贫困人口参加劳动,进行农村基础设施建设,拓宽农民的增收途径,实现“治标”与“治本”,“输血”与“造血”结合,从而改善生产生活条件和发展条件,创造适应市场经济发展的外部环境。

对于目前居住在生存条件恶劣、自然资源贫乏的中西部地区的特困人口,在目前试点的基础上,有计划、有组织、分阶段地采取异地扶贫开发的途径来解决温饱和脱贫致富。从目前尚未解决温饱问题的人口,除一部分属于丧失劳动能力的残疾人和社会保障对象人群外,大多数分散居住在深山区、偏远地区,自然条件十分恶劣,农业生产要素极度缺乏,没有足够的土地,或者严重缺乏水资源,此外还有高寒阴湿地区等。这些地区自然环境和生产生活条件都特别差,难以通过传统的办法解决温饱问题,因此,对这部分人口要稳妥地实施异地扶贫计划。异地扶贫一方面要坚持自愿参与、尽量就近的原则,另一方面,政府要加大宣传和支持力度,积极动员和鼓励这部分人口向外搬迁。

重视人力资源的开发,提高中西部贫困地区劳动力的基本素质。要加大教育、科技、卫生投入力度,促进贫困地区社会经济全面发展。努力提高贫困人口的素质,要在基本普及九年义务教育、基本扫除青壮年文盲的基础上,有针对性地开展各类培训活动,提高农民掌握先进实用技术的能力。认真做好科技扶贫工作,不断提高科技扶贫水平,要充分调动各类科研机构、技术推广组织和广大科技人员参与扶贫开发的积极性。加强社会主义精神文明,改变落后的生活习惯,提高贫困人口的生活质量。

重视贫困地区的生态环境建设。西部贫困地区处于我国的生态脆弱地区,因此,要结合国家的宏观发展战略,解决好西部贫困地区的退耕还林、还草问题,发展多树种的速生林、果林和草业,正确处理好水源涵养林、水土保持林的建设和林草开发的关系。帮助退耕还林、还草的贫困农户培植新的产业,开发新产品,稳定解决这部分人群的温饱问题。

《国家八七扶贫攻坚计划》的主要成就、基本经验和重要意义

【主要成就】 党中央、国务院历来高度重视扶贫工作,一直把解决贫困人口的温饱问题放在重要位置。从八十年代中期开始,在全国范围开展了以解决农村贫困人口温饱问题为主要目标的大规模的扶贫开发。农村没有解决温饱的贫困人口从 1978 年的 2.5 亿减少到 1992 年的 8000 万。1994 年党中央、国务院决定实施《国家八七扶贫攻坚计划》集中人力、物力、财力,动员社会各界力量,开展大规模扶贫攻坚,力争用七年的时间,到 2000 年底,基本解决我国农村 8000 万贫困人口的温饱问题。《国家八七扶贫攻坚计划》实施以来,在党中央、国务院的高度重视和正确领导下,经过社会各界的帮助和支持,以及全国各族人民和贫困地区广大干部群众的艰苦努力,到 2000 年底,全国农村的贫困人口已经下降到 3000 万人以下。从全国范围讲,全国农村贫困人口的温饱问题已经基本解决,《国家八七扶贫攻坚计划》确定的战略目标已基本实现。

《国家八七扶贫攻坚计划》实施以来,扶贫攻坚在全国范围内取得了显著效果。主要表现在:

解决了 5000 多万农村贫困人口的温饱问题。到 2000 年底,全国农村尚未解决温饱的贫困人口从 1992 年底的 8000 万人下降到 3000 万人以下,农村贫困发生率也从 8.8%下降到 3%左右。目前剩下的这些尚未解决温饱的贫困人口,一部分是不适合参加生产劳动的残疾人和社会保障对象,需要家庭供养和社会救济来解决。还有一部分贫困人口生活在自然环境特别恶劣的地方,缺乏基本生产生活条件,需要搬迁移民才能解决温饱问题。从总体上看,全国农村贫困人口的温饱问题已经基本解决。

贫困地区的基础设施和生产生活条件明显改善。为了促进和带动贫困地区的经济发展,国家在贫困地安排了一批基础设施项目。从 1994 年到 2000 年,全国 592 个国家重点扶持贫困县累计修建基本农田 6012 万亩,解决了 5351 万人和 4836 万头牲畜的饮水问题;新修公路 32 万公里,乡通公路率达到 98%,村通公路率达到 92.4%,其中山区通公路率已接近 90%;国家贫困县村通电话率已达 60%,其中山区通电话率已达到 55%;70%的村通了邮;架设输变电线路 36 万公里,解决了 20 个无电县的通电问题,乡通电率由 77.8%上升到 97%。其中,部分指标已经接近和达到全国平均水平。这些基础设施和生活条件的改善,为在贫困地区消除贫困创造了条件。

贫困地区经济有了较快增长。《国家八七扶贫攻坚计划》实施期间,国家重点扶持贫困县的农村增加值增长了 54%,年均增长 7.5%;工业总产值增长了 99.3%,年递增 12.2%;地方财政收入增加了近 1 倍,年均增 12.9%;粮食产量增长了 12.3%,年均增长 1.9%;农民人均纯收入从 648 元增长到 1337 元,年均增长 12.8%,超过同期全国农民人均纯收入增长率近 5 个百分点,与全国的相对差距进一步缩小。

科技、教育、文化、卫生等社会事业得到较

快发展。贫困地区人口增长过快的势头得到初步控制,人口自然增长率有所下降;95%的行政村能够看到广播电视节目;义务教学办学条件明显改善,90%的行政村有了小学,适龄儿童辍学率下降到了6.5%。与此同时,农村医疗卫生条件也有了很大发展,缺医少药状况得到明显缓解;推广了一大批农业实用技术,农民科学种田的水平明显提高;群众的文化生活得到改善,精神面貌发生了很大变化。

【基本经验与做法】 扶贫开发促进了我国经济发展、民族团结、边疆巩固和社会稳定。在扶贫开发的实践过程中,广大干部群众解放思想,实事求是,大胆探索,创造了许多行之有效的经验。

领导高度重视,把扶贫开发列入重要议事日程。尽快解决农村贫困人口的温饱问题,缓解地区发展差距,逐步实现共同富裕是关乎全局的重大问题。中国政府对这一重大问题始终高度关注。为了加快扶贫攻坚的进程,确保基本解决农村贫困人口温饱问题目标的如期实现,党中央、国务院在1996年和1999年两次召开了大规模、高层次的中央扶贫开发工作会议,分别制定了《关于尽快解决农村贫困人口温饱问题的决定》和《关于进一步加强扶贫开发工作的决定》,这充分体现了党中央、国务院对缓解和消除贫困的决心和信心,也是我国扶贫开发工作不断发展的保证。《国家八七扶贫攻坚计划》实施期间,江泽民、李鹏、朱镕基等中央主要领导同志多次深入贫困地区访贫问苦,调查研究,听取扶贫开发工作的专题汇报,亲临中央扶贫开发工作会议发表重要讲话。这极大地鼓舞着贫困地区广大干部群众自力更生、奋发图强的信心和干劲。贫困地区党委、政府的主要负责同志,特别是重点贫困省区的党政一把手都以同度的责任感、使命感直接动手抓扶贫开发,抓解决温饱问题。经常深入基层,总结经验,调查研究,协调解决扶贫开发工作中的重大问题。保证了全国扶贫开发的健康发展。

坚持开发式扶贫的方针。在传统的救济式扶贫过程中,部分地区的干部群众形成了"等、靠、要"思想,针对这种情况,国务院明确提出了开发式扶贫的方针。这是我国扶贫开发政策的基础和核心,其本质和精髓就是坚持"发展是硬道理",坚持"以经济建设为中心"。在这项方针的指导下,贫困地区的贫困农户和地方政府发扬自力更生、艰苦奋斗的精神,在国家必要的扶持下,自我积累,自我发展,解决了温饱问题,为全面进入小康奠定了基础。在扶贫攻坚过程中,出现了一大批像四川巴中、湖北黄冈等令人振奋和鼓舞的范例。

强化扶贫机构,大幅度增加扶贫投入。为了有效的组织和领导全国的扶贫开发工作,1986年国务院决定成立专门的扶贫开发机构,从中央政府到省区、到地市,乃至到县乡,建立了完整有效的工作体系。保证了中央精神的贯彻落实和扶贫开发工作的实施。同时,根据国家的经济实力,逐年增加了扶贫开发的资金投入。每年用于扶贫开发的投入已经从1993年的76.7亿元增加到2000年的248.15亿元,《国家八七扶贫攻坚计划》7年间累计投入资金1127亿元,相当于1986年到1993年8年投入总量的2.7倍。其中,财政扶贫投入496亿元,信贷资金投入631亿元。同时,各有关部门也根据中央的要求,在专项资金和重大工程的安排中积极向贫困地区延伸和倾斜,各省、区、市也相继增加了扶贫开发投入。所有这些投入,对贫困地区的开发建设发挥了至关重要的作用。

动员和组织党政机关和社会各界支持和帮扶贫困地区。根据中央的要求,先后有138个中央国家机关和大型企事业单位直接参加了定点扶贫工作,累计派出3147名干部到贫困地区挂职扶贫,直接投入扶贫资金44亿元,帮助贫困地区引进国内外各种资金105亿元。各省、地、县各级党政机关也积极开展定点扶贫工作。同时,中央国家机关和各群众团体根据各自的特点,发起和组织了全国性的大型扶贫活动。中宣部等单位发起的"文化扶贫",共青团中央的"希望工程",全国妇联的"巾帼扶贫行动”，中国残联的“康复扶贫”，统战部、全国工商联的“光彩事业”，各民主党派的“智力支边”，计划生育协会的“救助贫困母亲”，还有“春蕾计划”、“博爱工程”、“幸福工程”、“烛光行动”等都搞得有声有色，在扶贫开发中发挥了很大作用。

组织和部署东西扶贫协作。《国家八七扶贫攻坚计划》中明确要求，东部较发达的省市，都要对口帮扶一两个西部贫困省区发展经济。1996年5月在广泛征求有关部门和省市意见的基础上，国务院作出了北京帮内蒙古、天津帮甘肃、上海帮云南、广东帮广西、江苏帮陕西、浙江帮四川、山东帮新疆、辽宁帮青海、福建帮宁夏、大连、青岛、深圳、宁波帮扶贵州的对口帮扶安排。协作双方根据“优势互补、互惠互利、长期合作、共同发展”的原则，在社会帮扶、项目援助、企业合作、人才交流等方面开展不同形式、多种层次的扶贫协作。东部发达省市与西部贫困省区的东西扶贫协作，是党中央、国务院制定的又一项具有战略意义的重大扶贫决策，是邓小平同志倡导的“鼓励一部分人、一部分地区先富起来，先富帮后富，最终达到共同富裕”理论的具体实践。从1996年到2000年，东部13个省市政府和社会各界帮助西部贫困地区累计捐款捐物折款51604万元，签订项目5745个、协议投资280亿元、输出劳动力51.7万人、增加劳务收入139737万元、新修基本农田217.8万亩、新修公路4411公里、人才培训96960人次。2000年4月，国务院扶贫开发领导小组和教育部又组织开展了东部发达省市学校对口帮助支持西部贫困地区学校的活动。东西扶贫协作取得了巨大成效。

发展和扩大与国际社会在扶贫开发领域的交流与合作。解决中国的贫困问题，从根本上说，要靠中国自己，但是，积极地与国际社会交流与合作，接受发达国家和国际组织对中国的援助和支持会大大加快中国扶贫开发的进程。在《国家八七扶贫攻坚计划》实施期间，中国政府一方面积极借鉴国际社会扶贫工作的经验，另一方面不断扩大国际组织、发达国家和非政府组织援助中国扶贫开发的项目规模。其中，比较重要和影响广泛的是世界银行西南扶贫项目、秦巴扶贫项目和西北扶贫项目。三个项目援助总规模6.1亿美元，覆盖了9个省区91个县的800多万贫困人口。这种国际合作不仅扩大了扶贫开发的投入总量，而且有助于借鉴和学习国际组织实施扶贫开发项目的经验和做法，提高中国扶贫开发的整体水平。

【重要意义】《国家八七扶贫攻坚计划》是中国历史上第一个有明确目标、明确对象、明确措施、明确期限的扶贫纲领性文件。在党中央、国务院的领导下，这一计划确定的基本解决农村贫困人口温饱问题的目标已经基本实现。在中国数千年的历史上，从来没有哪个朝代真正解决过人民群众的温饱问题。只有在共产党的领导下的社会主义中国，才能解决农村贫困农民的温饱问题。因此，这是一个巨大的历史性成就。这一成就不仅得到了贫困地区广大农村干部群众的衷心拥护和热烈欢迎，而且得到了社会各界的充分肯定，得到了国际社会的高度赞誉。世界银行认为“中国过去二十年扶贫开发所取得的成就深刻地影响着国际社会”，联合国开发计划署认为“中国的这一成就为发展中国家甚至整个世界提供了一种模式”，亚洲开发银行认为“中国扶贫开发有许多经验值得其他国家学习。中国扶贫领域取得的成就在亚洲首屈一指，中国政府完全可以为之骄傲”。

扶贫开发取得的巨大成就，对我国的社会、经济、文化发展产生了广泛而深远的影响。不仅保证了社会的稳定，民族的团结，边疆的巩固，而且促进了国民经济的持续、快速、健康发展，为实现我国现代化建设的第二步战略目标、人民生活总体上达到小康水平创造了条件，做出了贡献。扶贫开发充分体现了党和政府对革命老区、少数民族地区、边境地区和贫困地区人民的关心和支持，进一步密切了党和人民的血肉联系。去年华北、西北、华东北部及华中部分地区在前年干旱的基础上再次遭受持续不断的大面积严重干旱,如果没有十几年扶贫开发创造的条件和奠定的基础,没有扶贫到户的有效措施,就不可能进一步解决几百万人的温饱问题,特别是像甘肃定西地区、宁夏西海固地区、山西吕梁地区和河北张承坝上地区这类严重干旱的重点贫困地区,群众就可能断粮断炊,甚至流离失所、逃荒要饭。从这里可以看到,扶贫开发对稳定人心、稳定社会、稳定全局的重要作用和贡献。

《国家八七扶贫攻坚计划》的成功实施,有效地加快了我国扶贫开发工作的进程。但是,我们要清醒地认识到,缓解和消除贫困仍然是我国面临的重大问题和尖锐挑战。比较突出的问题有:一是目前我国扶贫的标准还很低,与国际社会有较大差距。二是目前已经解决温饱的贫困人口也很不稳定,一遇自然灾害,很容易返贫。三是虽然农村贫困人口的温饱问题得到基本解决,但是我国贫困地区的基础设施还很薄荒凉,贫困农户的生产生活条件还很差,贫困地区社会、经济、文化落后的状况还没有根本的改变。因此,扶贫开发是一项长期、艰苦、复杂的历史任务,将贯穿于社会主义初级阶段的整个历史过程。

中西部地区经济协作与对口支援

【"九五"期间经济协作与对口支援基本情况】 东西部地区的经济社会发展不平衡是我国的一个基本国情,也是大国经济发展进程中的普遍现象。改革开放以来,在全国各地区经济取得高速发展的同时,由于发展快慢不同,东部沿海地区与西部内陆地区之间的发展差距也有所扩大。从根本上说,有条件的地区发展得快一些,有利于增强国家经济实力,支持欠发达地区发展经济。如何在继续保持东部沿海地区经济高速增长的同时,扶持、推进、鼓励和引导西部地区加快发展,不断缩小地区间发展差距,实现全国地区经济的协调发展,成为我国经济发展长期需要解决的重大问题之一。

"九五"时期是我国顺利实现第二步战略目标的重要阶段,也是我国区域经济协调发展战略全方位展开并初见成效的重要时期。国家把区域经济协调发展放到一个新的高度来认识,党中央国务院提出要更加重视支持中西部地区的发展,积极朝着缩小差距的方向努力。国家采取的政策措施之一,就是要加大对贫困地区的支持力度,扶持民族地区经济发展,并加强东部地区与中西部地区的经济联合与技术合作,鼓励向中西部地区投资,引导人才向中西部流动。地区差距是历史形成的,缩小差距需要有个过程。党的"十五"大报告强调指出:"进一步发展东部地区同中西部地区多种形式的联合和合作。更加重视和积极帮助少数民族地区发展经济。从多方面努力缩小地区发展差距"。

经济协作与对口支援是国务院制定并出台的具有重大战略意义的扶贫决策和地区政策。西部大开发能否取得实质性进展,关键在于能否有效地动员社会资本的流入和广大企业的响应。通过开展企业经济协作、东西合作和东部省区市与西部进行对口支援,可以促进东部的生产要素特别是东部相对丰裕的资本、先进的技术投向西部,加快西部发展步伐。实践证明,搞好经济协作与对口支援工作对于促进东西部地区经济协调发展,对于保持国民经济持续快速健康发展具有不可替代的重要作用。

以经济协作和对口支援为主要形式的区域联合,是实现区域协调发展的重要方式。在国家宏观政策指导下,"九五"以来,东西部地区以经济利益为纽带开展了广泛的经济联合与合作。区际适当的产业结构和经济水平差异是进行区域联合、优势互补、共同发展的客观基础。目前,东西部的区域联合主要通过政府和市场两方面共同发挥作用。

一、政府的宏观指导通过以对口支援为主

体的方式来体现。对口支援是按照中央和国务院的统一部署,由东部发达省市对西部欠发达地区特别是少数民族地区和贫困地区的支援和帮扶。

为增强民族团结、巩固边防、加快少数民族地区的经济文化建设,1979年在中央召开的全国边防工作会议上,国务院组织北京、河北、天津、上海、江苏、山东6个东部经济比较发达的省市分别对口支援内蒙古、甘肃、贵州、云南、宁夏、广西、新疆、青海及西藏9个西部经济欠发达的省区。这是按照"先富帮后富,走共同富裕道路"的要求,具有中国特色的国家扶持落后地区发展,缩小地区差距的重大举措,是邓小平同志"两个大局"战略构想的具体实践。1992年,江总书记在中央民族工作会议上指出:要加强比较发达地区对不发达地区的对口支援,大力开展多层次、多渠道、多形式的横向经济联合,包括经济合作和教育、科技、文化等方面的支援,这是比较发达地区义不容辞的历史责任。1994年,国务院颁布实施"八七扶贫攻坚计划",明确指出:北京、天津、上海等大城市和广东、江苏、浙江、山东、辽宁、福建等沿海较发达的省,都要对口帮扶西部的一两个贫困省区发展经济。

为了加快扶贫攻坚进度,1996年5月,国务院进行了新的部署,确定由东部13个省、直辖市、计划单列市对口支援西部10个省区,以及全国支援西藏和三峡库区。目前业已建立的省市际合作关系包括:北京市与内蒙古自治区,天津市与甘肃省,上海市与云南省,广东省与广西壮族自治区,江苏省帮扶陕西省,浙江省帮扶四川省,山东省帮扶新疆自治区,辽宁省与青海省,福建省帮扶宁夏回族自治区,大连、青岛、深圳、宁波市与贵州省。这种对口扶贫有力地推动了东西经济技术合作,直接加快了中西部利用东部资金、技术和人才资源的进程。此外,"九五"期间全国对口支持西藏和有关省市对口支持三峡库区方面也建成了一批援助或合作项目。

(一)东部13省市对口支援西部10省区成绩突出。按照国务院部署,对口支援工作本着优势互补、互惠互利、共同发展的原则,以帮助贫困地区和少数民族地区发展经济,带动广大贫困农户解决温饱问题为重点,帮扶到乡、到村,扶持到户。

按照中央关于"实行开发式扶贫"的方针,东部地区发挥自身优势,从帮助对口地区发展经济,提高贫困地区人员基本素质,推广农业科学技术入手,积极开展对口帮扶工作,努力增强对口地区的造血功能。一是引导名牌企业开展经济合作,促进对口地区经济发展。东部部分省市根据各自的名牌企业自身发展要求,结合对口地区在资源、市场、成本方面的优势和产业结构调整的要求,积极引导名牌企业到对口地区合作,取得了较好的经济和社会效益。二是开展市场扶贫,建立对口地区土特产品进入沿海地区市场的销售渠道。西部省区有着十分丰富的农副土特产品资源,沿海地区则有着巨大的消费市场。一些东部省市的商业企业赴对口省区考察,依照政府协调、部门衔接、企业洽谈的原则,组织对口地区土特产品到本省市销售,促进了对口地区群众的脱贫致富。三是智力扶贫,援建教育设施,培训各类人才,提高贫困地区人员基本素质。各地区根据不同条件和需要,采取对口地区人员来东部沿海地区培训和东部省区派出专家和教师到当地讲课等不同形式,帮助对口地区开展培训工作、在沿海开设民族特色班、特色学校,让对口地区的学生到沿海接受科技文化教育,为当地培养跨世纪发展人才。四是积极转移科技成果,建设一批有较高水准的示范性项目。按照"重效益、树形象、高起点、促发展"的思路,在科学教育研究、技术开发、高新技术成果转化等方面,同对口地区开展全方位、多途径的合作交流。

从实施情况看,对口支援工作把首先解决西部贫困地区群众的温饱问题和改善贫困地区基础设施条件放在突出位置,通过采取政府拨款、社会捐资捐物、技术协作和经济联合等多种手段,帮助贫困地区修公路、建水窖,建希望小学、医院和卫生院,使西部一些贫困地区行路难、饮水难、上学难、就医难的问题基本上得到解决。同时,通过依托当地资源,建设农牧渔业基地,开发农业资源和民族特色产品,将帮扶工作落实到村到户,逐步解决了贫困地区和少数民族地区的发展能力,为顺利实现国家"八七扶贫攻坚计划"发挥了积极作用,为西部的长远发展奠定了良好的基础。实践证明,对口支援工作对于尽快解决少数民族地区和贫困地区的温饱和脱贫致富问题,加快经济发展取得了重要作用。

(二)全国对口支援西藏成效显著。"九五"期间,全国对口援藏力度不断加大,地处世界屋脊的西藏社会经济呈现前所未有的发展势头,全国各族人民的心血在"世界屋脊"结出了丰硕的果实。1995年以来,全国有15个省市和中央、国家机关的40多个部门从西藏发展的长远目标考虑,在资金、物资、智力和技术等方面给予西藏大力的支持,五年间共援助西藏建设项目2042个,援助资金达24.69亿元。目前,中央第三次西藏工作座谈会确定的由国家直接投资和动员全国援建的62项大庆工程已全部建成,累计总投资48.6亿元,其中国家和各省市、国家部委、金融机构投入46.8亿元。五年中,全国15个省市还无偿援建576个项目,投资达22.4亿元。

1994年7月,中央第三次西藏工作座谈会提出了"分片负责、对口支援、定期轮换"的援藏工作方式。1995年以来,全国15个对口支援省市和中央、国家机关各部委高度重视援藏工作,成立了由领导挂帅负责的援藏工作领导小组,设立机构,制定规划,及时研究解决问题,与西藏建立了长期的对口支援关系。有的省市将对口支援地区作为本省市的一个特殊地区,纳入本省市经济社会发展计划,确定了西藏受援地县与本省市同步进入小康的目标和措施;有的将西藏受援县纳入本省市的特殊县予以扶持,确保经济社会各项发展目标的实现;中央、国家机关部委不仅高标准地完成对口援藏任务,还动员全国同行业进行系统对口援藏。与此同时,15个对口援藏省市和中央、国家机关40多个部委按照"选优挑强"的原则,先后两批共选派1268名干部进藏工作。这些举措的实施,使对口援藏工作领域不断拓宽,工作内涵不断深化,投资力度不断加强。

西藏已建成的62项大庆工程和576个援藏项目涉及农牧林水、工业、市政、文化、教育、医疗卫生、广播电视等领域,大大增强了西藏的经济实力和社会经济发展的后劲。中央第三次西藏工作座谈会以来,西藏经济进入前所未有的快速发展时期,全区国内生产总值年均增长12.9%,高于同期全国平均水平。2000年全区国内生产总值达116.5亿元,农业连续13年丰收,粮食实现了基本自给,地方财政收入比5年前增长2.2倍,全区48万贫困人口中已有38万人基本解决了温饱问题,科技教育、文化卫生、新闻出版、广播影视等各项社会事业全面进步,人民群众的生活水平有了较大的提高。通过对口支援,在西藏快速发展的同时,也增强了西藏各族人民进一步快速发展和维护稳定的信心,"九五"期间,西藏的广大干部群众思想观念有了一个很大的提高,获取了一些改革开放的经验。全国对口支援的五年成为西藏和平解放50年来稳定与发展最好的时期。

(三)全国对口支援三峡库区进展顺利。"九五"期间,全国对口支援三峡库区的国家部委和有关省市采取多种形式,通过向三峡库区注入支援资金和实施经济合作项目,有力地促进了移民搬迁工作。自1992年党中央、国务院部署29个国家部委和19个省区市10个大城市对口支援三峡库区以来,承担对口支援任务的部门和地区遵循"优势互补、互惠互利、长期合作、共同发展"的原则,全方位、多形式地对口支援三峡库区移民安置和经济发展。国务院有关部门根据各自行业的特点,对三峡库区实行重点扶持并在政策上给予倾斜,努力帮助库区改善能源、交通、水利、通讯等基础设施条件和发展社会公益事业。截止1999年底,全国各地区、各部门的对口支援共为三峡库区引入资金72.78亿元,其中经济合作项目1538个,到位资金64.09亿元,社会公益类项目资金8.69亿元,援建希望学校396所。对口支援不仅扩大了三峡库区移民安置容量,加快了库区改革开放步伐,也为支援方提供了向中西部发展的机遇,开拓了新的市场,发展壮大了自己。

重庆市的移民任务占整个三峡库区的80%以上,因而在对口支援中受益最多。8年来,各对口支援单位先后派出近2万人次深入库区考察,落实支援工作。截至目前,已通过无偿援助、经济合作、提供低息贷款等形式,向重庆库区注入资金53亿多元,实施经济合作项目917个。其中,无偿援助资金达3.46亿元,对移民搬迁产生了"速效"作用。全国邮电系统支援库区邮电部门的现金和设备折价共1亿多元;广东省援助巫山县进行基础设施建设和学校搬迁的无偿资金达7000多万元。国家各部委实行政策倾斜,在库区安排了一批重大基础设施建设项目,目前已到位资金29亿多元。达万铁路、万州机场等项目正在实施。各对口支援省市按照互惠互利的原则积极与库区展开经济合作,引导本地优势企业与库区企业"联姻",目前已到位项目资金21亿元。如今的三峡重庆库区已成为名牌产品荟萃之地,云南"红塔"、浙江"娃哈哈"、上海"白猫"、天津"王朝"、广东"格力"、吉林"敖东"等一批名牌企业纷纷来此落户,不仅直接安置了移民、带动了库区经济发展,而且自身也获得了良好的经济效益。

二、市场机制主要通过企业自主行为来实现经济协作与联合。"九五"以来,东西部之间出现了大规模的企业联合与兼并趋势。其间,既有东部企业兼并西部企业的事例,亦有西部企业兼并东部企业的事例。区际经济流通行为不断深化,市场在完成区域经济协调发展中发挥的作用日益深化。《乡镇企业东西合作示范工程》在推动东部与中西部地区乡镇企业合作方面也取得了重要进展,一大批东部乡镇企业在中西部落户,为中西部地区解决大量的劳动就业和资金不足问题。

(一)经济协作是促进中西部地区发展的卓有成效的重要途径。基础差、底子薄,自我开发和自我发展的能力不足是经济欠发达地区的共性。加强东西经济协作,引进劳动密集型、资源加工型项目,让东部地区先进的生产技术和管理经验在西部地区生根、开花、结果,就可以变资源优势为经济优势,缩短原始资本积累的周期,推动经济更快、更好地发展。开展东西合作20多年来,通过东部地区对西部地区的扶持和帮助,改善了贫困地区和少数民族地区的贫困面貌和基础设施条件,增强了贫困地区和少数民族地区的发展能力,大大促进了贫困地区和少数民族地区的经济发展,在逐步缩小地区发展差距,如期实现《国家八七扶贫攻坚计划》方面发挥了积极作用,同时也为西部地区进一步奠定了21世纪全面发展的基础。

东西经济合作不仅缓解了西部地区乡镇企业发展中资金不足的矛盾,而且使西部地区资源和劳动力优势得到充分发挥,有力地促进了企业上规模、上档次、上水平,增强了乡镇企业的发展后劲。同时,通过租赁、购买、股份合作、嫁接改造等形式,盘活了国有资产存量。

东西经济合作加快了农业产业化进程。随着东西经济合作领域的不断拓宽,目前到西部地区从事农副产品深加工和畜牧饲养的合作企业不断增加,并辐射了周围大批农户,在西部一些地区已初步形成龙头+基地+农户的格局,为推进农业产业化创造了条件。

东西经济合作拓开了大市场。东西经济合作不仅引进了资金、技术、人才以及先进的管理经验,更重要的是可以通过合作融入到已被发达地区掌握的市场体系。一方面,绝大多数东西合作企业都拥有自己的品牌,已经形成了完善的销售网络,有稳定的产品市场。引进一个企业,就等于引来一个市场。另一方面,一些企业或利用西部地区的自然资源、农副产品资源进行深加工,或对西部地区的工业企业进行嫁接改造,也给当地的资源和产品找到了市场,把资源优势变成了经济优势。

东西经济合作促进了干部群众观念的更新。沿海地区的吃苦耐劳精神、时间效益观念以及研究国家宏观经济政策的自觉性,给西部地区干部群众的思想观念带来了深远的影响,机遇意识、开放意识、发展意识明显增强。

通过实施东西合作,进一步更新了观念,增强了发展意识、开放意识,扩大了西部省区内外的经济技术交流与合作,增加了经济总量,盘活了存量资产,有力地促进了国民经济的持续、快速、健康发展。

(二)经济协作充满生机与活力,推动了地区经济的发展。我国区域经济联合与协作,目前已形成了资金、技术、物资、人才全方位、多层次、多领域展开的格局,正向规模化、区域化、集团化方向发展,在促进产业结构、地区结构、企业组织结构和技术结构调整,发育市场体系,完善市场机制等方面,发挥了巨大作用,有力地推动了国民经济的持续、快速、健康发展。以省(区)际间经济协作区、省毗邻地区经济协作区、省内经济协作区以及城市间经济协作网络为主的各种形式的区域经济合作和经济网络组织不断发展,全国各种规模不等的区域经济合作和经济网络组织已达100多个。

【经济协作与对口支援工作中存在的主要问题】 经济协作与对口支援是国家实施西部大开发战略政策措施的重要组成部分。从总体上看,这项工作在具体操作上还存在一些需要改进和加强的地方。

一是工作不规范,没有统一的章法。经济协作工作在处理有关权益方面还存在不少问题,需要建立起必要的法律、法规和有关制度,切实保障联合协作各方的合法权益。在对口支援工作中,具体的援助内容、援助经费主要靠对口双方地方政府间一对一的谈判,加上目前东部援助资金、项目投入取得的经济效益并不高,因此过去较长一段时期的对口支援往往是政府行为多,企业行为少;单纯捐赠实物多,扶贫建设项目相对较少,不利于对口支援工作的长期稳定开展。

二是协作双方对工作的重要性认识不到位。一些地方和部门的领导对区域经济联合与协作的重要地位和作用的认识还不够,计划经济体制下形成的行政“条块”分割尚未完全消除,需要进一步解放思想,更新观念。东部部分省市以为对口支援就是给钱给物,救济受援地区的群众;而西部贫困地区的部分干部在计划经济中形成的一些旧思想、旧观念还没有彻底消除,“等、靠、要”的落后观念和畏难情绪依然存在。因此,在对口支援工作中存在着重无偿援助,轻资源开发;重短期效果,轻长期规划;重硬件支援,轻软件协作的倾向。另外,援助项目的领域、技术水平在西部地区的相互衔接、特别是东西市场开拓等亟待改进和加强。

三是融资渠道不畅。西部最缺的是资金,但由于跨地区的资金融通难度大,对口支援建设项目配套资金紧缺,东部企业又不可能把总部的资金带到西部,直接影响到项目的成功率。加之由于缺少总体规划和统筹考虑,现有对口支援资金分散,不利于集中解决重大基础设施建设和经济发展问题。

四是西部贫困地区缺乏相关政策的支持,投资软硬环境亟待改善。在当前的经济协作与对口支援工作中,西部贫困地区的信用危机比较严重。东部省市在西部贫困地区投入的资金回收较难,西部一些地方政府及企业观念偏旧,不讲信用,不履行合同,企业间开展经济合作与商贸往来存在互相拖欠、不讲信誉的问题,严重影响东部企业到西部地区投资办厂的效果,不利于推进以企业为主体的经济技术协作的开展。

五是区际合作的南北地带性差异日益明显。一般说来,市场经济比较发达的地区,联合与协作工作开展得都比较好。相对而言,东南和西南的经济合作开展得比较频繁,取得的成效也比较明显;而华北、东北与西北的合作程度比较低,成效也明显偏差,亟待适当指导。

【经济协作与对口支援工作的前景展望与政策取向】 实施西部大开发战略，加快西部地区发展，是党中央、国务院根据邓小平同志关于我国现代化建设“两个大局”的战略思想做出的重大战略决策。实施西部大开发不仅是西部地区的大事，也是东部地区和全国的大事。在国家继续加大对西部地区倾斜扶持的同时，东部地区要把支持西部大开发作为责无旁贷的任务，改善和加强对西部地区的对口支援和各种形式的协作，促进多种形式的经济联合和合作，加强对边疆少数民族地区发展经济的支持和帮助，促进东西部地区的共同发展。西部大开发离不开东西部省区之间的经济协作，这是东西部共同的责任。提高经济协作与对口支援层次，共谋经济社会发展，已成为东西部各省区市的共同心声。随着西部大开发步伐的加快，中央和地方对于东西合作更加重视。党的十五届四中全会提出：东部地区要在加快改革和发展的同时，本着互惠互利、优势互补、共同发展的原则，通过产业转移、技术转让、对口支援、联合开发等方式，支持和促进中西部地区的经济发展。

根据中央实施西部大开发战略，促进东西部协调发展，最终实现共同富裕的战略部署，今后开展经济协作与对口支援工作，要按照“优势互补、互惠互利、长期合作、形式多样、共同发展”的原则，向大跨度、深层次和全方位发展，体现社会主义市场经济和开发式扶贫特色，发挥东部省区市的优势，鼓励和继续开展经济协作与对口支援工作，为促进国民经济持续快速健康发展发挥更大作用。

一、经济协作工作将向不断拓展合作领域，并发挥市场机制作用的方向发展。大力推进东部与中西部的经济协作。逐步缩小地区发展差距，实现地区经济协调发展是区域经济协作的一项战略性任务。要根据平等互利的原则，广泛开展东部地区同中西部地区的联合。国家要制定有关政策，鼓励东部向中西部地区投资，开发中西部的优势资源，向中西部地区传授生产技术、经营经验，加强信息交流，促进东部与中西部经济共同繁荣。

拓宽经济协作领域。以西部大开发为契机，把东西合作全面推向新的阶段，由单方支援型向互助型转变，由单一的经贸合作向科教、文化合作和观念互通方向转变。东西合作的领域可以很广，可以从经贸领域拓展到文化、教育、环保、体育、旅游等多个方面。

经济协作要遵循市场规律。除了诸如三峡移民等少数项目外，东西合作都应严格遵循市场规律办事。近年来的实践表明，在市场规律的基础上开展东西合作是完全可行的。比如广东科龙等许多东部企业都在成都投资并取得了成功。西电东送是东西部优势互补的好项目，但如果按计划经济的思路，仍然厂网不分，划地为牢，实施真正意义上的西电东送是不可能的。要加快电力市场开放，加大电力体制改革力度，按市场规律实施西电东送。

选准经济协作与东西合作的突破口。西部由于地理原因，交通条件差，与国际交流的物流成本极高，东部地区有重要的出海口岸，可以利用自身优势，发展东西合作的物流业，使西部资源迅速、低成本地进入国际市场。把为西部省份提供物流服务、实现西部物流国际化作为东西合作的一个突破口。

经济协作要以先进技术、优势产品和企业为载体。东部企业带着技术、产品来开拓西部市场的同时，应该带去先进的技术，最好的产品。实践证明，东部沿海要淘汰的产品，在西部也将很快被淘汰。加强经济协作要落实到企业这个市场主体上，同国有企业的改制改组和改造结合起来，引导企业从增强开发创新能力和企业的市场竞争能力出发，通过区域联合与协作，进行企业组织结构、产品结构和技术结构调整。

加强“西西合作”，提高东西合作的层次。西部省份应加强统一协调，比如高速公路不能各自为政，只在自家省会附近修上一段，要有统一规划，发挥整体优势。西部省区在竞争的同时，应加强合作协调，避免重复建设和恶性竞争，以便改善市场环境和投资环境，为东部企业西进创造良好的外部条件。

二、对口支援工作将向在政府引导、规划下以企业市场行为为主的方向发展。对口支援要体现新时期的新特点。也就是要由以往的“输血式”向增强落后地区发展能力、激活地区经济活力、提高地区自我发展能力的“造血式”方向发展;由以无偿援助为主向互惠互利、讲究经济和社会效益的开发式援助为主方向发展;由以物资、技术援助为主拓展到社会、经济、文化等各个领域的援助与合作;由短期、零星项目的援助向有计划、长期稳定、系统配套和一揽子服务方向发展。

发达省市要进一步做好帮助不发达地区的对口支援工作,做到既帮助不发达地区增强“造血功能”,又实现自我发展。经济发达地区对口支援不发达地区特别是少数民族地区时,要使受援方真正得到实惠;受支援地区也要考虑支援方的利益,对支援方给予应有的补偿。要通过对口支援,实现优势互补、共同发展。发达省市帮助沿边不发达地区利用沿边优势,通过横向联合,发展外向型经济,扩大边境贸易。东部沿海省市也要欢迎并吸引内地特别是少数民族地区继续利用自己的对外开放窗口,进一步开展对外贸易和经济技术合作。要把对口支援三峡库区作为一项重要工作来抓,充分发挥联合协作对国家大型骨干工程建设的促进作用。

“九五”期间中西部地区对外开放情况

【中西部地区对外开放水平进一步提高】 国家在“九五”计划中明确提出了扩大中西部地区对外开放的方针。作为支持中西部地区发展的措施之一,“九五”计划提出:加快中西部地区改革开放步伐,鼓励沿交通干线、沿江、沿边地区和中心城市发挥自身优势,改善投资环境,引进更多资金、技术和人才,扩大对外贸易和经济合作。国家政策性贷款、国际金融组织和外国政府贷款将主要用于中西部地区。

回顾“九五”期间的中西部地区对外开放,可以这样来概括:在国家政策的推动下和地方政府的积极努力下,中西部地区在对外开放的各个领域都取得了比较显著的成绩。

国家政策的大力推动,提高了中西部地区对外开放的水平。在“九五”期间,国家陆续出台了一系列旨在提高中西部地区对外开放水平的政策措施。主要包括以下内容:1998年,中共中央、国务院下发了《关于进一步扩大对外开放,提高利用外资水平的若干意见》,明确提出要积极引导和鼓励外资投向中西部地区,进一步完善外商投资的地区布局。1999年,国务院办公厅转发《关于当前进一步鼓励外商投资意见》,进一步提出鼓励外商向中西部地区投资的六条具体意见。包括:中西部地区各省、自治区、直辖市制定的利用外资优势产业和优势项目目录,报经国家批准后,目录内项目可享受《外商投资产业指导目录》中鼓励类项目政策;放宽中西部地区吸引外商投资领域和设立外商投资企业条件,放宽中西部地区设立外商投资企业外商持股比例限制;对设在中西部地区的国家鼓励类外商投资企业,在现行税收优惠政策执行期满后三年内,可以减按15%的税率征收企业所得税;外商投资企业到中西部地区再投资的项目,凡外资比例达到25%以上的,均可享受外商投资企业待遇;允许沿海地区的外商投资企业到中西部地区承包经营管理外商投资企业和内资企业;允许中西部各省、自治区、直辖市在其省会或首府城市选择一个已建成的开发区,申办国家级经济技术开发区。

各地方政府的积极努力,营造了中西部地区对外开放更宽松的政策环境。中央提出实施西部大开发战略以后,西部地区的各级地方政府积极响应,并在推进本地区的对外开放方面做出努力,一些省区的政府出台了本地区鼓励外商投资的优惠政策。如宁夏制定了《关于鼓励投资的有关政策规定》,青海制定了《关于鼓励外商投资的若干规定》,新疆制定了《新疆维吾尔自治区鼓励外商投资办法(试行)》,西藏制定了《外商投资优惠政策》等等。

对外贸易步入稳步发展的轨道。从总体上看,中西部地区的对外贸易在"九五"期间有较大的发展。2000年与1996年相比,中西部地区的进出口总额增长了31.3%,出口额增长了36.7%。其中中部地区的进出口总额增长了29%,出口额增长了33.8%;西部地区的进出口总额增长了34.2%,出口额增长了40.5%。西部地区的增长幅度高于中部地区。但与全国的情况相比,中西部地区仍有较明显的差距。全国同期的进出口总额增长了63.6%,出口额增长了65%,均大大高于中西部地区的增长幅度。

从中西部地区内部各省区的情况看,发展的情况相当不平衡。2000年与1996年相比,进出口总额增长在100%以上的省区有内蒙古、宁夏和新疆,山西和安徽两省的增幅超过了50%。出口额增幅在100%以上的省区有西藏、新疆和宁夏,内蒙古、安徽和甘肃三省区的增幅超过50%。云南、广西、青海、重庆、湖北、河南等省区的外贸增长幅度较小,有的指标甚至出现负增长。西藏的情况比较特殊,由于其基数很小因此变动幅度较大,虽然出口大幅度增长,但进口减少的幅度更大,导致进出口总额出现较大幅度的负增长。

外商直接投资逐步看好中西部地区。"九五"期间,中西部地区利用外商直接投资合同金额达到46.6亿美元,实际使用金额达到30.5亿美元,分别占全国的13.6%和14.3%。其中西部地区的合同金额为18.8亿美元,实际使用金额为10.3亿美元,分别占全国的5.5%和4.8%。就实际使用金额与合同金额之比来看,西部的一些省区这一数值明显偏低,说明在这些省区相当大一部分外商投资协议最后并未能真正付诸实施。

对外承包工程与对外劳务合作取得了明显的进展。对外承包工程与对外劳务合作是对外开放中"走出去"的重要形式。"九五"期间,中西部地区多数省区在这方面都积极努力,取得了明显的进展。1996~1999年间,中西部地区的对外承包合同金额达到35.86亿美元,占全国比重为12.7%。其中西部地区分别为19.96亿美元和7.1%。同期,中西部地区对外劳务合作营业额达到12.38亿美元,占全国比重为14.7%。其中西部地区分别为2.68亿美元和3.2%。由此可以看出,在中西部地区中,西部省区的对外承包工程相对较多,而中部省份的对外劳务合作相对较多。

与1996年相比,1999年中西部地区对外承包工程合同金额增长了36.5%,对外劳务合作营业额增长了45.4%。其中西部地区前者是1.6%的负增长,后者增长42.4%。对外承包工程合同金额较多的省区有黑龙江、湖南、四川、云南等,增长幅度较大的省区有贵州、吉林、湖北、安徽等;对外劳务合作营业额较多的省区有吉林、黑龙江、湖北、江西等,增长幅度较大的省区有重庆、新疆、云南、安徽等。

接待海外旅游者。1996~1999年间,中西部地区的接待海外旅游者人数达到2128万人,占全国比重为32%。其中西部地区分别为1354万人和20.4%。同期,中西部地区接待海外旅游者人天数达到4485万人天,占全国比重为20.2%。其中西部地区分别为2778万人天和12.5%。

与1996年相比,1999年中西部地区接待海外旅游者人数增长了30.5%,人天数增长了30.3%。其中西部地区前者增长33%,后者增长25.8%。与全国相比,中西部地区在接待人数的增长幅度上高于全国,但在接待人天数的增长幅度上低于全国。接待海外旅游者较多的省区有云南、湖南、广西、陕西等,增长幅度较大的省区有青海、湖南、黑龙江、广西、四川、安徽等。

【中西部地区国际区域合作】 在国际政治多极化、世界经济全球化和区域化迅速发展的推动下,我国中西部地区与周边国家的国际区域合作蓬勃发展。目前,我国中西部地区参与的国际区域合作规模较大、发展较成熟的主要有以下三个:一是西南地区的澜沧江——湄公河流域国际区域合作,二是东北地区的图们江地区开发合作,三是西北地区的中亚地区国际区域合作。这些国际区域合作对我国中西部地区的经济发展和政治稳定,对加强我边疆民族团结和兴边富民,都具有十分重要的意义。

一、澜沧江——湄公河流域国际区域合作基本情况。澜沧江——湄公河是东亚最重要的一条国际河流,在中国境内称澜沧江,境外称湄公河,流经中国、缅甸、老挝、泰国、柬埔寨、越南等六个国家,从越南胡志明市附近注入南中国海,全长4880公里,总流域面积81万平方公里。

中国自九十年代初参加澜沧江——湄公河流域国际区域开发合作以来,一直高度重视这一区域合作,并于1994年经国务院批准成立了由国家计委和国家科委为组长的"国家澜沧江——湄公河流域开发合作前期研究协调组"。在国际政治多极化、世界经济全球化和区域化迅速发展的推动下,澜沧江——湄公河流域国际区域合作已成为亚太地区经济、贸易及投资的新热点。这一地区处于中国、东南亚、南亚三大区域的结合部,不论在自然资源开发、市场潜力乃至安全战略拓展方面都有极其重要地位。积极参与这一国际区域合作,将有利于进一步加强和发展中国同中南半岛五国的政治、经济关系;有利于扩大中国大西南对外开放,促进西南地区的社会经济发展;有利于中国吸引国外投资,争取国际援助。正是由于澜沧江——湄公河流域地区所具有的这种"地缘经济——地缘政治"特点,在多极化深入发展的时代,中国从国家发展战略的高度认识参与澜沧江——湄公河流域国际区域开发合作的战略意义,更好地利用这一新的契机,向东南亚市场拓展,参与国际竞争,发展外向型经济,推动中国西南地区的开发和开放,形成中国沿边开放的新格局,这是中国跨世纪经济社会发展战略的重要内容。

(一)澜沧江——湄公河流域国际区域合作概况。自90年代初亚洲开发银行倡导大湄公河次区域经济合作以来,澜沧江——湄公河流域国际区域合作引起了国际社会的广泛关注,形成了多种合作机制:一是由亚洲开发银行推动的大湄公河(即澜沧江——湄公河)次区域经济合作,至今已先后召开了9次部长级会议,确定了交通、能源、通信、旅游、投资贸易、人力资源开发和环境保护等7大合作领域,还成立了相关的专题论坛和工作小组。二是由东盟高层领导人发起的东盟—湄公河流域开发合作,该合作机制由东盟国家和非东盟沿岸国中国为开发合作核心国,确定了基础设施建设、贸易与投资、农业、加工业与矿产资源开发、中小企业发展、旅游、人力资源开发、科学技术等8大合作领域,该合作机制在1996年和2000年召开过两次部长级会议。三是中国于1996年与新湄公河委员会(由泰、老、柬、越组成)建立了正式对话关系,至今已举行了五次对话会,在水文、航运、水电、旅游、人力资源开发、环境和水资源开发等7个领域进行广泛对话。四是由毗邻国地方政府发起的中、老、缅、泰毗邻地区小区域经济合作。五是由日本外务省主导的印度支那综合开发计划。六是由东盟经济部长会议和日本通产省主导的柬、老、缅经济合作工作组计划。七是联合国开发计划署和其他多边组织的计划,等等。目前,中国参与的主要是前三种机制。

1995年,湄公河流域开发合作被列为亚欧首脑会议的后续行动之一,近年来又成为东盟与中、日、韩(10+3)首脑会晤的一个主要议题。目前,澜沧江——湄公河流域国际区域合作已成为亚洲最重要的国际区域合作行动之一。

(二)澜沧江——湄公河流域国际区域合作近几年进展情况。1997年的亚洲金融危机给澜沧江——湄公河流域国家经济带来了很大的不利影响,也给澜沧江——湄公河流域国际区域合作带来了许多新的问题和挑战。首先,受亚洲金融危机影响,该区域国家经济增长下降,资金短缺,区域合作项目面临推延和夭折的危险。其次,由于前阶段合作项目的重点放在硬件建设上,软件建设(如各国的经济贸易政策等)不配套,影响了硬件效益的发挥,制约了投资商进一步投资硬件的积极性。同时,随着区域内大部分国家加入东盟,以及区域内、外国家和国际组织的介入,各种机制间如何加强对话变得越来越重要。

鉴于上述情况,作为澜沧江——湄公河流域国际区域合作主要倡导者的亚洲开发银行,于1998年7月和10月分别召开了亚行大湄公河次区域高官研讨会和第八次部长级会议,主要针对外部环境的变化,评价已取得的成果,并对今后的合作战略和具体计划作适当调整,以便开始新一阶段的合作进程,进一步推动该国际区域合作的深入开展。与会各国一致赞赏亚行的积极行动,认为亚行应继续发挥主导作用,将大湄公河次区域合作深入开展下去。同时一致赞同亚行提出的要将硬件建设和软件建设结合起来,特别要注重软件建设的建议。中国政府代表团在会上强调指出,为克服金融危机的影响,亚行应充分重视基础设施领域项目的合作,加大对此类项目贷款的力度,这有利于扩大次区域国家的内需,刺激其经济发展,使次区域国家更快地走出金融危机的阴影,促进次区域国际经济合作走上健康发展的轨道。中国代表团的意见受到了与会各国的高度评价,同时,各国对中国政府在金融危机中采取的负责任的政策表示赞赏。

1998年,中国国家电力公司与泰国总理府办公室在北京签署了《关于泰王国从中国购电的谅解备忘录》。《备忘录》提出:泰方将鼓励泰发电局以及泰方指定的其他机构向中方购电,并希望到2017年从中国境内的电站购买电力达300万千瓦。《备忘录》的正式签署和逐步实施,将开创中国直接利用外资参股建设大型水电站的先例。

1999年初,中国政府与湄公河委员会举行了第四次对话会,就双方关心的重大问题广泛交换意见,取得了新的共识和谅解。同时,亚行大湄公河次区域合作第九次部长级会议于1999年在马尼拉召开。此次会议将减少贫困问题放在了较重要的位置,同时对联系中南半岛国家的交通要道建设给予了高度重视。中国作为亚洲最大的发展中国家,在澜沧江——湄公河流域国际区域合作中起着举足轻重的作用。1999年中国政府接待了湄委会访华团来华考察访问,湄委会考察团成员通过实地考察和访问,加深了对中国的了解和理解,为今后进一步合作打下了良好基础。同时,1999年中国政府还加强了对澜沧江—湄公河流域国际区域合作的基础研究工作。在国务院有关部门的协助下,国家计委牵头完成了《我国参与澜沧江——湄公河次区域开发合作总体研究报告》。此外,经过多年讨论和谈判,国家计委代表中国政府向亚行申请的技术援助项目《澜沧江流域可持续发展战略和政策研究》获亚行批准,并于1999年8月开始启动。该合作项目是我国第一次利用国际金融组织援助进行有关澜沧江流域总体战略研究,该项目研究有利于推动和吸引亚行贷款项目的开展,提高云南对外开放水平,同时可锻炼我们与国际接轨的可持续发展研究、管理队伍和人才。目前该项目已顺利完成。

2000年4月初,中断了4年的东盟——湄公河流域开发合作在越南河内举行了第二次部长级会议,会议的一个十分突出的内容是讨论日本、韩国成为该合作机制核心国的问题。此外,2000年中国还与湄公河委员会举行了第五次对话会议。2000年11月,中国总理朱镕基在东盟与中、日、韩“10+3”领导人会晤期间,就澜沧江——湄公河流域开发合作发表了重要讲话,表示中国将积极参与湄公河流域开发与合作,对境外部分项目中国将以适当的方式参与建设或援助。这些都充分表明澜沧江——湄公河流域国际区域合作得到了国际社会的广泛关注,有关合作正蓬勃开展。

(三)对进一步开展合作的几点设想和建议。今后,中国将继续积极参加澜沧江——湄公河流域国际区域合作,贯彻实施对周边国家睦邻友好外交政策和全方位对外开放的战略,使澜沧江流域地区成为我国对东南亚、南亚发展经贸科技合作的通道和前沿,为大西南和我国全方位对外开放做出重大贡献。在澜沧江——湄公河流域国际区域合作中,中国将遵循"平等协商,互惠互利,共同发展;先易后难,循序渐进,稳步发展;实事求是,量力而行;扎实工作,开拓前进"的原则与相关的国家和国际组织开展合作。

中国参与该区域合作的总体目标是:沟通中国西南地区与中南半岛的陆上通道,实现中国西南地区与东南亚市场的对接;加强我国与东南亚乃至南亚各国间的相互交流与经济联系,发展多层次、多形式、多内容的经济技术合作,并与各国发展伙伴关系;实现区域可持续发展;增加就业,提高收入,消除贫困,促进社会进步和人民生活水平的提高;通过鼓励对话和确定实施共同项目,使次区域合作得到扩大和发展,从而形成互利互惠的经济合作关系,努力营造一个适合国际贸易与投资的环境,推动次区域和平与发展,建立中国在澜沧江——湄公河次区域的稳定而长久的战略地位。具体目标为:

1.形成较为便捷的交通网络。逐步修通昆明——曼谷、昆明——仰光、昆明——密支那——印度雷多等三个方向的铁路和公路,架通中国西南通往国际市场的"亚欧大陆桥";改造滇越铁路和公路,提高运力;升级改造一批低等级的公路;整治澜沧江——湄公河、红河、伊洛瓦底江的一些重要航段,提高航道等级,并建设一些重要港口和码头,以发挥水运优势;适时开通昆明、景洪等机场与次区域主要机场的航线;依托次区域内的交通网络,实现人员、商品货物便捷的流动。

2.贸易和旅游业得到长足发展。建立符合国际惯例,能够相互对接的贸易运行机制,扩大区域内的贸易量。在区域形成统一的旅游经济走廊或圈层,使旅游业成为次区域内支柱产业。

3.能源、生物、矿产等主要优势资源得到合理开发利用,发展资源加工业,形成一批自然资源开发基地,变资源优势为产业优势。资源勘探、开发的方式逐步与国际惯例接轨。加强与次区域国家的合作,使次区域内铜、铁、锰、镍、铬、宝玉石以及钾、磷等一批重要资源的勘探、开发取得突破性进展。

4.积极建立次区域共同市场。在重要城市和商品聚散地以及人口稠密地区建立一批商品市场和要素市场。初步形成能对次区域内生产要素的合理配置起基础作用的共同市场。逐步确立次区域内不同国家之间开展双边或多边贸易共同遵守的,较为合理的贸易准则。

5.生态环境得到有效保护,走可持续发展的道路。在澜沧江——湄公河流域、红河流域、伊洛瓦底江流域以及萨尔温江流域等主要流域建立防护林体系,使水土流失的态势得到基本控制。建立自然保护网络,使珍稀物种得到妥善保护,环境污染得到有效治理。建成一批环境清洁、优美的城市和生态良性循环的示范区。

6.兴办文化教育事业,努力提高居民的科技素质和文化素养。建立完备的初等教育体系,基本普及小学阶段的义务教育,一些地区普及初中阶段的义务教育,建立较为完备的成人教育、职业技术教育体系。人口的受教育程度有较大提高。

7.发展医疗卫生和社会保险事业,提高人口健康水平。建立次区域国家艾滋病、鼠疫、霍乱、痢疾等重大疾病共同防治体系;确定各种传染病的共同防治规划和目标;农村环境卫生治理取得成效,各种传染病、地方病得到有效的治疗和控制。

8.有效禁止毒品种植、加工、贩运等危害社会行为。在传统的毒品种植土地上改种经济效益高于毒品的农作物,遏制毒品的生产和蔓延。

9.消除贫困。经过次区域内各国的共同建设和发展,使次区域内的社会生产力得到大幅度提高,综合经济实力大为增强,基本消除贫困。

根据目前该区域内国家面临的形势,我们建议应进一步加强交通、能源、旅游、环保和人力资源开发等领域的合作。(1)交通领域主要优先探讨澜沧江——湄公河区域公路和水运交通,积极参与昆明——曼谷公路境外路段的融资,条件成熟时应积极参与境外路段的施工建设,积极参与澜沧江——湄公河航道整治工作,可考虑以援助的方式帮助老、缅排礁；进一步开展"泛亚铁路"前期研究工作，力促选线方案符合我经济发展战略要求；开展区域内国家航空运输领域合作，开展航空代码共享合作等。(2)电力领域，可优先开展澜沧江水电开发并向下游国家输电的项目合作。目前中泰两国正开展景洪电站的合作开发研究，已有一定基础，今后应努力促进该项目的尽快实施。(3)关于旅游合作。湄公河次区域具有丰富的旅游资源，应该加速开发，以促进该地区经济的发展。目前次区域旅游业的进一步发展受交通不畅的制约。我们建议，在公路、水路条件逐步得到改善之前，次区域有关国家可联合开展一些有探险性质的汽车旅游、生态旅游等。(4)关于人力资源开发合作问题。中国在职业培训、农村实用技术、资源开发与环保、旅游、语言培训以及传染性疾病监测、疫苗制品等方面具有领先技术和有利条件，中国应吸引更多的外资加强这些领域的合作。此外，中国生产的抗疟药品国际领先，乙肝疫苗也早已投入使用，可进一步研究如何扩大该类产品的出口。(5)关于环境保护领域的合作。澜沧江——湄公河流域地区生物资源丰富，珍稀濒危动植物种类繁多。目前该地区经济尚不发达，是以农业为主的经济结构，生态破坏的现象十分普遍。因此，澜沧江——湄公河流域地区的环境保护和生态平衡问题是一项艰巨而迫切的任务。目前，亚行已将合作重心转向环境保护和减少贫困等领域，我们应利用这一机会，多争取一些合作项目，为我经济建设服务。

二、图们江地区开发国际区域合作基本情况。

(一) 图们江地区开发国际区域合作的背景情况。图们江是流经中国、朝鲜、俄罗斯三国的国际河流，发源于长白山，全长516公里。经我国吉林省珲春市敬信乡的防川进入日本海，是我国从陆域进入日本海的唯一水上通道。图们江地区是指我国吉林省延边朝鲜族自治州、俄罗斯边海边疆区的中南部、朝鲜的罗津——先锋地区。图们江地区开发合作主要指图们江下游的中、俄、朝三国接壤地带，我国一侧主要指珲春地区的开发。

图们江地区开发合作设想是由我国专家学者首先提出，并得到各级政府的重视和支持，我国"九五"计划和2010年远景目标中也提出"要搞好图们江地区的开放开发"。党和国家领导人江泽民、李鹏、朱镕基等同志都曾到珲春地区视察，江泽民总书记在1995年6月第二次视察珲春时作了"开发珲春，开发图们江，发展与东北亚各国的友好关系"的重要题词。1992年国务院批准珲春市为边境开放城市，为这一地区进一步对外开放和国际合作创造了良好条件。1992年4月，国务院批复同意由国家科委为组长、国家计委为副组长组成"中国图们江地区开发项目前期研究协调组"，1992年12月，国家计委受国务院委托，批复了吉林省政府上报的"图们江下游珲春地区综合开发规划大纲"，1994年6月，国务院以国办函[1994]26号文件批准了国家科委、国家计委《关于签署联合国开发计划署图们江地区开发项目两个协定的请示》。至此，图们江地区的开发工作逐步由前期研究开始向规划实施阶段推进。

图们江地区开发，得到了国际社会的广泛关注。从1991年开始，联合国开发计划署把该地区开发列为东北亚各国合作的关键项目纳入议事日程，制定了宏伟的开发计划，即用20年的时间，吸引投资300亿美元，在中、俄、朝三国交界的图们江三角洲兴建"东北亚的香港、鹿特丹和新加坡"。之后，成立了由中、俄、朝、韩、蒙五国为正式代表，日本为观察员的"图们江地区开发项目管理委员会"，联合国开发计划署负责牵头组织各项活动。1995年12月联合国开发计划署在纽约召开"图们江地区开发项目管理委员会"第6次会议，会上中、俄、朝、韩、蒙五国政府代表共同签署了《关于建立图们江经济开发区及东北亚开发协商委员会的协定》、《图们江地区经济开发区及东北亚环境谅解备忘录》，中、俄、朝三国政府代表共同签署了《关于建立图们江地区开发协调委员会的协定》。这三个协定的签署，标志着图们江地区开发项目由以研究为主转向以合作开发为主阶段,两个委员会取代了“联合国开发计划署图们江地区开发项目管理委员会”,开发计划署的牵头作用至此结束,但仍对此项目继续给以协助和推动。1996年4月,在北京召开了图们江地区政府间(两个委员会)第一次会议,通过了下一步的工作计划,成立了秘书处,负责委员会的日常工作,秘书处设在北京。

(二)图们江地区开发开放进展情况。2000年,我国图们江地区开发开放工作取得了重要进展,图们江地区国际区域合作上了一个新的层次。一是经国家计委批准的《中国图们江地区开发规划》已进入具体实施阶段,并在图们江地区开发开放实际工作中起到纲领性的指导作用。二是我国图们江地区基础设施进一步完善,为参与图们江地区国际合作打下坚实基础。如延吉机场改扩建工程顺利竣工,图们至珲春铁路建成通车,与俄铁路实现接轨并通车运行,长春至珲春的高速公路、珲春到圈河口岸的山区高等级公路都已部分建成通车;珲春的城市化建设也有新的突破,初步具备了向中等城市发展的规模。三是图们江地区国际交通通道建设有新的突破。2000年珲春经俄扎鲁比诺至韩国束草客货海陆联运航线的开通,打破了长期以来只是单边开发、双边合作的格局,实现了图们江地区的多边合作开发。四是珲春出口加工区建设全面启动。珲春出口加工区的封闭、海关监管设施、区内道路和标准厂房建设基本完成,已有6户企业入区建设,还有40多户企业签订了入区意向。出口加工区将成为图们江地区合作开发的一个亮点。五是经贸旅游发展加快。2000年,仅由珲春过境到俄罗斯、朝鲜的经贸旅游人数就达22万多人次,中俄、中朝口岸的边境贸易、小额进出口贸易过货量高达20多万吨,珲春市完成进出口总额达1.19亿美元。六是图们江地区开发国际区域合作有了实质性的行动。中蒙两国就部分相邻地区开展经济合作,亚洲开发银行将就此提供技术援助。

(三)我国参与图们江地区开发国际区域合作的前景。1.图们江地区国际合作开发前景广阔。从国际来看,第一,区域内各国间经济合作互补性很强,这种互补性在短期内不会改变。第二,东北亚地区是世界经济版图上唯一一个没有建立制度化经济合作机制的空白点,随着经济全球化和区域经济一体化步伐的加快,东北亚的区域经济合作势在必行。图们江地区开发是东北亚区域经济合作的示范项目,它必将随着东北亚地区的发展而率先发展。第三,趋于稳定的东北亚地区局势和各国经济形势的好转有利于图们江地区开发的顺利进行。从国内来看,我国图们江地区的开发开放工作已经具备相当扎实的基础。“十五”期间,我国将继续实行积极的财政政策,扩大内需,加大投入,继续加强地区经济合作,这都十分有利于我国图们江地区的开发开放。

2.图们江地区国际合作开发仍然面临一些困难。尽管朝鲜半岛局势有所缓和,图们江地区仍然是冷战阴影残留最重、大国角逐最激烈、各国关系最复杂的地区,不确定因素非常多。当事国对图们江地区开发的一些重要问题认识差距还较大,如在开发区域重点、港口利用等方面都有分歧。此外还存在开发资金筹措困难、我国经图们江出海权等问题。

2001年,我国参与图们江地区国际区域合作,仍然要坚持以自主开发为主、带动和促进国际合作的方针,利用图们江地区现有的基础设施,以珲春边境经济合作区、珲春出口加工区和中俄、中朝互市贸易为载体,完善口岸功能。继续扩大对外开放,保持利用外资、对外贸易的平衡增长。着力发展旅游业,带动经济的高速增长,建立国际运输枢纽的雏形。同时,加强对周边国家的动态研究,争取在图们江出海问题上有新的进展。

三、中亚地区经济合作的基本情况。中亚五国区域经济合作是由亚洲开发银行于1996年倡导形成的,目前涉及中国(新疆维吾尔族自治区)、哈萨克斯坦、吉尔吉斯、乌兹别克斯坦和塔吉克斯坦等五国。亚行还准备在未来二、三年内将中亚合作扩展到阿塞拜疆和蒙古两国。

(一)中亚地区经济合作进展情况。2000

年9月,在亚洲开发银行支持下,中亚五国在阿拉木图召开了中亚交通合作会议,并发表了“中亚交通区域合作联合声明”。声明指出:各国代表保证将加强合作,以改进区域内交通网,以及促进人员和货物的流动。会议讨论了一些项目,并指出下一步的关键是确定一个实际、高效的实施机制。同意根据具体项目成立若干个工作组(由项目涉及国参加)。到目前为止,已完成初步经济分析的项目是:1.塔吉克斯坦北部铁路;2.阿拉木图至霍尔果斯公路改造;3.安吉延—奥什—伊尔克什坦公路,以及在中国新疆境内延伸部分的改造;4.路沟瓦依—比什凯克—白里克齐铁路线的改造;5.中吉乌铁路的建设;6.杜尚别—沙依塔石公路改造。工作组将对这些项目的准备、实施以及区域交通政策问题进行协调。

总的来看,目前中亚五国区域合作的实际进程还远远落后于有关国家所表达的共同愿望,尚未形成一个明确的国际合作机制。

(二)我国参与中亚地区经济合作的前景。随着我国沿边对外开放的深入发展,推动和加强中亚五国区域经济合作,有利于该地区(包括我国新疆)的经济发展,有利于遏制和打击民族分裂主义、国际恐怖主义和宗教极端主义,有利于我国边疆的稳定和安全。合作的重点将在经济领域,包括项目和政策的协调等。

鉴于中亚区域经济合作还处于起步阶段,没有形成固定的合作机制,同时中亚各国市场化发育程度低,也没有形成能与国际接轨的经济运行机制和宏观政策,基础设施建设依然薄弱,今后一段时期,我们应进一步积极参与该区域经济合作,并通过努力吸引更多的国际组织和机构参与进来。充分发挥国内协调机制作用,研究重大战略问题,提出总体发展思路;支持亚行关于在我国新疆召开区域合作部长级会议的提议,并利用会议东道国之便,积极倡导区域合作的形式;积极提出项目合作的设想和建议,推动具体项目的合作实施。

我国西部大开发战略决策

【实施西部大开发战略的重大意义】 1999年11月,中央经济工作会议提出:要不失时机地实施西部大开发战略,这直接关系到扩大内需,促进经济增长,关系到民族团结、社会稳定和边防巩固,关系到东西部协调发展和最终实现共同富裕。要从大局、从战略的高度充分认识实施西部大开发的重大意义,作为党和国家一项重要的战略任务,摆在更加突出的位置。实施西部大开发,不仅具有重要的现实意义,而且具有深远的历史意义。

一、实施西部大开发战略,是扩大国内有效需求,实现经济持续快速增长的重要途径。近年来,国内有效需求不足,成为影响我国经济发展的主要制约因素。在这种情况下,国内有相当一部分资金、技术和劳动力需要寻求新的生产领域、新的市场、新的发展空间。西部地区幅员辽阔,自然资源丰富,但发展水平较低,还蕴藏着巨大的投资机会、巨大的市场潜力和发展潜力。实施西部大开发战略,加快中西部地区发展,通过发展特色经济,可以提高人民的生活水平,并有效地扩大国内投资需求和消费需求。

二、实施西部大开发战略,是调整地区经济结构,提高我国国际竞争力的迫切要求。当今世界经济的一个突出特点是,经济结构调整正在全球范围内广泛而深刻地进行,给各国经济发展带来深刻的影响。我们既面临着新的发展机遇,也面临着严峻挑战。为了在新世纪抓住机遇,迎接挑战,努力使我们发展得更快、更好,必须加快结构调整的步伐,不断增强综合国力和国际竞争力。实施西部大开发战略,加快中西部地区发展,有利于充分发挥西部地区市场潜力大、自然资源丰富和劳动力成本低的比较优势,为西部地区的结构调整创造条件。为东部地区发展提供市场和能源、原材料支持,为加快全国经济结构调整和产业优化升级提供广阔的空间。

三、实施西部大开发战略,是实现现代化建设第三步战略目标的客观需要。在实现现代化建设第三步战略目标的进程中,与其他地区相比,西部地区的任务更为艰巨。千百年来频繁的战乱、自然灾害和各种人为的原因,使西部地区的自然环境不断恶化,经济和社会发展相对滞后。这不仅制约了西部地区建设,而且也不利于东部地区的经济社会发展。因此,不遏制西部地区的生态环境恶化趋势,就没有全国经济社会的可持续发展;没有西部地区的小康,就没有全国的小康;没有西部地区的现代化,也就谈不上全国的现代化。

四、实施西部大开发战略,是实现共同富裕、加强民族团结、保持社会稳定和边疆安全的战略举措。建国50年特别是改革开放20年以来,各地区经济和社会发展都取得了长足进展,东部地区由于具有较好的经济基础,有利的地理位置,加上国家政策的支持,现代化建设走在了全国的前列,经济和社会发展突飞猛进,人们普遍过上了小康生活。西部地区由于受历史、自然和区位等诸多因素的影响,总体发展水平与东部相比,存在着较大的差距,近十几年来,这种差距还呈拉大趋势。在继续加快东部沿海地区经济发展的同时,不失时机地实施西部大开发战略,对于逐步缩小地区间发展差距,加速实现全国各地区的共同繁荣和人民的共同富裕,保持全国社会稳定,将发挥重要作用。广大西部省区地处祖国边疆,是少数民族集中聚居的地方。多年来,国内外敌对势力对我国实行"分化"和"西化",利用西部民族和宗教问题搞颠覆和分裂活动。维护和保持民族地区的稳定,挫败国内外敌对势力分裂我国的阴谋,很关键的一条,就是不断加快这些地区的经济发展和社会进步,进一步巩固和发展平等、团结、互助的社会主义民族关系,增强整个中华民族的凝聚力和向心力,从根本上巩固社会稳定和边疆安宁的大好局面。

2000年1月,国务院组成了以朱镕基总理任组长、温家宝副总理任副组长、中央和国务院23个相关部委主要负责人参加的西部地区开发领导小组。1月19日至22日,国务院西部地区开发领导小组在京召开西部地区开发会议,研究加快西部地区发展的基本思路和战略任务。2000年3月中旬,国务院西部地区开发领导小组办公室正式成立并开始工作。过去一年来,西部地区基础设施建设加快,生态环境保护与建设加强,西部开发取得良好开端。

【实施西部大开发的范围和条件】 一、实施西部大开发的范围。按照经济技术发展水平、地理位置和民族地区发展的原则,西部开发的政策适用范围为重庆、四川、贵州、云南、西藏、陕西、甘肃、青海、宁夏、新疆10省(区、市)和内蒙古、广西两个自治区。国土面积685万平方公里,占全国的71.4%,地域辽阔,各省区市内部经济发展极不平衡。1999年末人口3.58亿人,占全国的28.5%;国内生产总值1.54万亿元,占全国的17.5%。为了促进重点开发,西部开发政策的适用范围不宜扩大。但是,考虑到湖南湘西、湖北恩施、吉林延边三个少数民族自治州虽然在地带划分上属于中部地区,但在经济上却属于欠发达的少数民族聚居地区,因此,为加快其经济和社会发展,国务院同意湖南湘西、湖北恩施、吉林延边三个少数民族自治州享受西部开发的某些政策,在实际操作中予以照顾。

二、西部大开发的有利条件和制约因素。改革开放20多年来,我国综合国力显著增强,商品供给比较充裕,人民生活总体上达到小康水平,社会主义市场经济体制初步建立,有能力加大对中西部地区发展的支持力度。在发展社会主义市场经济和开放型经济条件下,西部地区具有以下有利条件:

(一)能源矿产资源比较丰富。长江、黄河、珠江、澜沧江等江河上游的水能资源,塔里木、柴达木、陕甘宁、川渝盆地的天然气石油资源,陕西、内蒙古、宁夏、贵州等地的优质煤炭资源,内蒙古、青海、贵州、云南、新疆、广西、甘肃等地的稀土、钾磷、铜铝铅锌镍等矿产资源,可以为经济发展提供有力的动力和原材料支持。我国已发现的160种主要矿产中,西部地区均有相当储量,其中水能资源占全国的80%以上,天然气储量占70%以上,煤炭储量占60%左右。

(二)农牧业资源条件得天独厚。西部地区幅员辽阔,未利用土地较多,草地面积占全国的1/4以上,水资源年均总量占全国的一半左右,光热资源丰富,气候类型多样,物种资源独特,农产品生产历史悠久,农业和农村经济发展的潜力很大。

(三)旅游资源具有组合优势。历史上,西部曾经是中国最繁荣的地区之一。秦始皇以陕西为中心统一了中国,著名的"丝绸之路"、"开元盛世"、"西夏王朝"等都发生在这里。西部地理风貌独特、民族风情多样、人文遗迹丰富,自然、社会与文化因素相结合,使西部旅游资源独具魅力。

(四)市场潜力大,劳动力成本低。西部地区有3亿多人口,仅四川、重庆两省区就有1.2亿人,目前人均收入水平还比较低,未来经济增长的空间十分广阔,是一个潜在的大市场。这个地区有2亿多劳动力,平均成本只有沿海地区的40%左右,发展劳动密集型产业的条件较好。

(五)产业和技术发展已有一定基础。新中国成立后,"一五"、"二五"和"三线"建设时期,在西部地区布局了一大批项目,所建成的老工业基地、国防工业企业、科研院所和高等学校,是一些重要技术及其人才集中的地方,具备了生产协作配套的基本条件。

(六)西部地区是通往亚欧一些国家的重要通道。它与周边十几个国家接壤,是东亚地区及我国东中部地区通往中亚、西亚、南亚和东南亚以及蒙古、俄罗斯的陆地必经之路,发展对外经济贸易大有可为。

制约西部地区经济和社会发展的因素主要是:西部地区基础设施仍然薄弱,水利设施不足,交通路网单薄,电网建设落后,电话普及率较低;生态环境恶化问题突出,林草植被减少,水土流失严重;经济结构不合理,农业生产条件较差,工业技术水平较低,资源开发尚未形成资源优势,第三产业发展滞后,企业机制不活,市场化程度低,对外开放水平不高;贫困地区、边远少数民族地区、老工业基地困难较多,社会事业发展水平较低。

【实施西部大开发的重点任务】 当前和今后一段时期,实施西部大开发的重点任务是:加快基础设施建设;加强生态环境保护和建设;加强农业和调整产业结构;发展科技教育和文化卫生事业。力争用5到10年时间,使西部地区基础设施和生态环境建设取得突破性进展,科技教育、特色农业、优势产业有较大发展,人民生活进一步改善,改革开放出现新局面,西部开发有一个良好的开局。到21世纪中叶,要将西部地区建成一个经济繁荣、社会进步、生活安定、民族团结、山川秀美的新西部。

第一,加快基础设施建设是西部大开发的基础。必须从战略眼光出发,多方筹资,先行建设,适当超前,注意提高质量和效益。水利方面,要加快在建大中型水利工程,加强水资源的综合开发与利用,始终把节水放在重要地位,加强节水工程建设和管理,搞好流域水资源的综合管理与保护开发。抓紧南水北调开工建设。交通方面,要以公路建设为重点,全面加强铁路、机场、天然气管道干线以及内河航运建设。加快公路国道主干线和省区干线建设,实施乡村公路通达工程。建设铁路内外大通道,改造现有线路,完善枢纽机场,发展支线航空。能源方面,重点推进"西气东输"工程和"西电东送"工程。逐步建设陕甘宁、塔里木、柴达木、川渝地区石油、天然气的开发、综合利用和外输基地。西部地区蕴藏着全国80%的水能资源,目前开发程度不到10%,要加快发展西部地区特别是西南地区的水电。同时要加强通信和广播电视等基础设施建设。还要加强道路、供水、排水、污水和垃圾处理等城市基础设施建设。

第二,加强生态环境的保护和建设是西部大开发的根本。西部地区水土流失面积占全国的80%以上,荒漠化面积占全国的90%以上。生态环境的恶化严重影响经济发展和人民生活。要大力加强生态环境的治理,建设绿色屏障工程,稳步推进天然林保护、退耕还林还草、防沙治沙、天然草原的恢复与建设、水土流失治理、重点地区生态环境的综合治理等各项生态工程建设。生态环境建设要与调整农村经济结构、改善广大农牧民生活紧密结合起来,使生态环境的保护与建设深入、持久地开展下去。

第三,调整和优化产业结构,加快资源优势转化为经济优势是西部大开发的关键。要从实际出发,面向国内外市场,培育优势产业,发展特色经济。大力开发比较优势明显、市场前景好的矿产资源和农牧业资源,逐步提高产品加工深度,建设优势资源产业基地。利用高技术产业改造传统产业,在有条件的地区发展高新技术产业。加强旅游基础设施建设,合理开发旅游资源,加强旅游事业的管理,把旅游业及其相关服务业培育成为西部地区的支柱产业。继续巩固和加强农业基础地位,不断增加西部地区农民收入。在相当长的时期内,农业在西部经济中仍然会占较大比重,是农民收入的主要来源。要搞好农田水利建设,发展节水农业、生态农业、高产优质高效农业、畜牧业,推进农业产业化经营,千方百计地促进农民增收。

第四,优先发展科技教育,加快人才的培养和引进是西部大开发的重要条件。要全面提高人才素质,切实转变观念,加强人才的引进、使用和培养,加强东、西部地区之间的干部交流。重点加强基础教育,加快在西部地区普及九年义务教育;大力发展职业教育;积极发展高等教育,为西部地区经济的大发展和社会的全面进步,提供各类人才保障。根据西部地区的实际需要和基础条件,加快推广一批先进适用技术,着力开发一批共性关键技术,有重点地发展一批有特色的高新技术。高等院校和科研机构首先要为当地的经济建设服务。在高等院校和科研机构比较集中的城市,努力实现经济和社会更快地发展。

第五,深化改革,扩大开放是西部大开发的动力。要加快转变政府职能,减少审批事项和审批环节,培育资本市场、技术市场、劳动力市场和人才市场,强化服务意识,提高办事效率,实行依法行政,建立公平、公正、公开的市场秩序,切实保护投资者的合法利益,努力改善投资的软环境。深化国有企业改革,大力发展非国有经济,推进投融资、财税等各项经济体制改革。进一步扩大西部地区对外开放,扩大外商投资领域,拓宽利用外资的渠道,积极利用国外贷款,大力发展对外经济贸易。推进西部地区对内开放,创造有利条件,吸引东部企业到西部投资建厂、开发资源、改造老企业,加强西部地区与东部地区的经济协作和对口支援。

第六,切实提高人民生活水平,实现社会全面进步是实施西部大开发的根本出发点。要坚持富民为本的原则,努力创造更多的就业机会,加快发展各项社会事业。加大对西部地区扶贫开发的支持力度,重点解决少数民族地区、边疆地区和山区贫困农牧民的温饱问题。建立和健全城镇居民社会保障制度,注意解决老工业基地职工群众的生活困难问题。加强文化建设,大力弘扬各民族的优秀文化。发展卫生事业,重点提高西部地区农村的卫生水平。繁荣体育事业。做好人口和计划生育工作特别是基层工作,提高人口出生素质。逐步使西部地区人民都能享受到基本的公共服务,不断提高各族群众的收入、消费和生活水平。

【实施西部大开发的政策措施】 党的十五届五中全会审议通过的《中共中央关于国民经济和社会发展第十个五年计划的建议》指出,国家实行重点支持西部大开发的政策措施。2000年10月,国务院发出了关于实施西部大开发若干政策措施的通知,政策措施共有五部分内容。第一部分是制定政策的原则和支持的重点,包括制定政策的原则、重点任务和战略目标、重点区域等。第二部分是增加资金投入的政策,包括加大建设资金投入力度、优先安排建设项目、加大财政转移支付力度、加大金融信贷支持等。第三部分是改善投资环境的政策,包括大力改善投资软环境、实行税收优惠政策、实行土地和矿产资源优惠政策、运用价格和收费机制进行调节等。第四部分是扩大对外对内开放的政策,包括进一步扩大外商投资领域、进一步拓宽利用外资渠道、大力发展对外经济贸易、推进地区协作与对口支援等。第五部分是吸引人才和发展科技教育的政策,包括吸引和用好人才、发挥科技主导作用、增强教育投入和加强文化卫生建设等。最后,文件对制定政策细则和执行统一的西部大开发政策提出了要求。

第一,支持西部开发的重点领域和重点区域。国家政策措施支持的重点是,加快基础设施建设,加强生态环境保护和建设,巩固农业基础地位,调整工业结构,发展特色旅游业,发展科技教育和文化卫生事业。依托亚欧大陆桥、长江水道、西南出海通道等交通干线及中心城市,以线串点,以点带面,实行重点开发,促进西陇海兰新线经济带、长江上游经济带和南(宁)贵(阳)昆(明)经济区的形成,提高城镇化水平。带动其他地区发展,有步骤、有重点地推进西部大开发。

第二,把发挥市场机制作用与加强国家宏观调控结合起来。实施西部大开发,要按照建立并完善社会主义市场经济体制的要求,充分发挥市场配置资源的基础性作用;同时,要注意发挥政府宏观调控的重要作用,加强对经济社会发展的规划指导和政策引导。在资金投入上,既要依靠市场配置资源,引导社会资金积极投向西部地区;又要加强国家政策支持,在财政性建设资金及长期国债资金、国家政策性银行贷款、国外优惠贷款等方面对西部地区进行倾斜,并逐年加大财政转移支付力度。在改善投资环境上,既要通过市场化改革,大力改善投资环境;又要合理运用经济杠杆,实行必要的税收、土地优惠政策和价格调节政策。

第三,把扩大对外开放与扩大对内开放结合起来。实施西部大开发,要适应经济全球化和我国即将加入 WTO 的形势变化,抓住机遇,进一步扩大西部地区与包括周边国家在内的世界各国的经济技术交流与合作。鼓励外资投入基础设施建设生态环境保护和建设、农业和特色经济发展、科技教育等重点开发领域。按照我国加入 WTO 的对外承诺,扩大西部地区服务贸易领域的对外开放,允许外商投资于银行、商业零售、外贸、保险、电信、旅游、会计、律师、工程设计、铁路与公路货运、市政公用等服务业领域。还要适应建立和完善全国统一市场体系的要求,打破地区封锁和部门、行业垄断,大力促进生产要素在各地合理流动和优化配置。

第四,进一步加强东西合作。进一步采取有效的政策措施,推进东部地区与西部地区的经济协作,支持东、中部地区企业到西部地区以投资设厂、参股入股、收购兼并、技术转让等多种方式进行合作。动员社会各方面力量进一步加强东西对口支援,做好全国对口支援西藏自治区和三峡库区、沿海十几省市对口帮扶西部省区的工作,特别是要加大对西部贫困地区、少数民族地区的支援力度。

第五,高度重视科技教育发展和人才开发。要加强对科技的投入,加大国家各类科技经费向西部地区倾斜的力度,为西部开发提供强有力的科技支撑和保障。增加对教育的投资,加大中央财政对西部地区特别是贫困地区义务教育、中小学校危房改造的支持力度;改善职业教育条件,加快培养当地经济社会发展急需人才;在西部各省(自治区、直辖市)选择一所大学由国家和省(自治区、直辖市)共同进行重点投入和建设。采取建立艰苦边远地区津贴等多种办法,进一步调动西部地区人才的积极性;创造工作和生活条件,吸引国内外人才投身西部开发;改革户籍等管理体制,推动地区之间人才流动;大力加强东、西部地区干部和专业人员的交流,相互学习和借鉴好的经验与做法;切实做好各类干部的培训工作。

总之,实施西部大开发是在我国经过 50 多年经济建设,特别是 20 多年改革开放和现代化建设的大背景下进行的,我们既不能沿用传统计划经济时期的区域开发模式,也不能照搬东部地区的发展模式,而要进一步解放思想,转变观念,增强改革意识、开放意识和竞争意识,用创新的思维、创新的机制、创新的科技,努力完成西部开发的重要任务,促进西部地区经济和社会更快、更好地发展。

西部地区篇

重 庆 市

【概况】 重庆市城区跨长江、嘉陵江依山势构建，有“江城”和“山城”之称。1997年3月14日经全国人大八届五次会议批准，重庆市成为中国第四个直辖市，也是行政辖区面积最大和人口最多的直辖市。设立重庆直辖市是加快中西部地区发展的重大战略举措，要进一步发挥重庆的区位优势、“龙头”作用、“窗口”作用和辐射作用，带动西南地区和长江上游地区的经济、社会发展。

重庆市现辖40个区县(自治县、市)，822个乡，675个镇，87个街道办事处，2525个居委会，20569个村委会。2000年末全市总人口3091.09万人，其中非农业人口660.89万人。有汉、苗、土家、回、藏、彝等50个民族，其中有49个少数民族、175万人主要分布在黔江地区和涪陵市。

重庆市位于中国经济发达的东部地区和资源丰富的西部地区的结合部，四川盆地东南部。东邻鄂、湘，南靠黔，西连四川泸州市、内江市、遂宁市，北接四川广安、达川市和陕西省。面积82403平方公里。

地势中间低，南北高，起伏大，全市最高海拔2796.8米，最低海拔73.1米。主要以山地、丘陵为主。

气候属亚热带湿润气候，冬季温暖，夏季炎热，无霜期210～349天，热量丰富；年降雨量1000～1400毫米，空气湿润，云雾较多，日照较少。故重庆市有“火城”、“雾都”、“雾重庆”、“巴山夜雨”等说。

重庆市耕地统计数1.6万平方公里，人均0.81亩(详查数2.58万平方公里，人均1.3亩)。土壤类型多样，其中黄壤是第一大类土壤，水稻土是重庆主要的耕作土壤。

全市动植物种类繁多。仅国家1～3类保护植物桫椤、水杉、珙桐、连香树等就有50多种，国家1～3级保护珍稀动物金丝猴、黑鹿、穿山甲等近100种。饲养动物有70多种，其中猪、牛、兔在全国有一定优势，“荣昌猪”、石柱长毛兔等闻名全国。

现已发现矿种75种，其中已探明储量的有39种，潜在价值5900亿元，其中有13种保有储量高于全国平均水平。优势矿产有煤、天然气、锰、汞、铝、锶和建材用非金属矿，具有探明储量大、分布相对集中、品位较高、便于开发等特点。天然气是重庆市最具有优势的资源。天然气探明储量3200亿立方米，远景资源量5100亿立方米，渝东天然气田储量居全国之首，垫江卧龙河气田是全国六大气田之一，开采量居全国之首。煤炭探明储量27亿吨，保有储量25.4亿吨；锰矿探明储量2519万吨，远景储量在3亿吨之上；锶矿已探明储量486万吨，居全国第一，世界第二；汞矿已探明储量1.4万吨，铝土矿储量在7000万吨以上。

重庆市境内江河纵横，水网密布，温泉、热泉众多。水资源总量年均5000亿立方米，地表水4600亿立方米，地下水50亿立方米。水能资源理论蕴藏量1438.28万千瓦，其中长江占80%以上，嘉陵江占9.9%。可开发水能资源750万千瓦。

重庆市是国家历史文化名城，风光秀丽，名胜古迹较多，民俗风情多姿多彩。旅游资源十分丰富，全市有景区25处，景点300多个。主要景区有长江三峡、江津四面山、缙云山——钓鱼城、南川金佛山等奇观异景。著名的人文景观有大足石刻、巫山龙骨坡猿人遗址、八路军重庆办事处、歌乐山中美合作所、涪陵白鹤梁等；有颇具地方民族特色的土家、苗族风情景观，有全国闻名遐迩的“山城”、“江城”夜景。荟萃了巴渝文化、抗战文化、三峡文化、民俗文化、宗教文化和革命传统文化的风采。

2000年重庆市环境治理力度加强，12种污染大气、水体的主要污染物排放总量控制在国家下达的指标之内。全年实测大气总悬浮微粒0.247毫克/立方米，二氧化硫0.149毫克/立方米，地面水水质达标率90%以上，固体废物综合利用率63%，城市区域环境噪声均值56.9分贝。

生态建设取得新进展。全年实施天然林资源保护计划5806万亩,完成营造林385万亩,其中成片造林224万亩(含退耕还林68万亩),封山育林161万亩,治理水土流失面积2700平方公里。

【经济与社会发展】 2000年重庆市实现国内生产总值1590亿元,按可比价格计算,比上年增长8.5%,其中第一产业增加值283亿元,增长2.3%;第二产业增加值657亿元,增长10.5%;第三产业增加值650亿元,增长9%。国民经济三产业的比例由1999年的19.1:40.9:40变为2000年的17.8:41.3:40.9。国有大中型工业企业盈利6.5亿元,整个工业盈利14亿元,结束了连续四年多的高额亏损局面。地方财政收入首次突破百亿元,增长15.8%。在经济保持较快增长、经济结构渐趋合理的同时,经济运行的质量有了明显改善。

2000年,城镇居民人均可支配收入6276元,比上年增长6.4%;人均消费支出5475元,增长2.3%;农民人均纯收入1892元,增长3.1%;人均生活消费支出1396元,增长0.5%。全年帮助指导下岗职工实现再就业13.09万人,帮助指导城镇失业人员就业8.1万人,城镇失业率为3.5%;劳动服务企业和社区服务业吸纳下岗职工0.45万人,吸纳失业人员0.65万人。全市参加失业保险社会统筹职工210万人,征收失业保险1.92亿元。养老保险市级调剂金制度逐步完善,全市77.68万企业离退休人员基本养老金得到按时足额发放,76.12万企业离退休人员养老金实现社会化发放,社会化发放面98%。截至2000年底,全市享受城市居民最低生活保障的有205.37万人次,财政支付保障金总额1.56亿元。全年销售社会福利彩票4.3亿元,新建农村敬老院68所,改扩建121所。

2000年年末全市共有22所普通高校,在校本、专科学生12.63万人;普通中等专业学校62所,在校学生8.45万人;普通中学在校学生147.79万人;职业中学在校学生7.77万人;小学学生276.13万人。小学学龄儿童入学率99.9%,初中入学率93.6%。全市有成人高校19所,在校学生8.36万人。2000全市"普九(普及九年义务教育)"人口覆盖率5.17%,扫除青壮年文盲1.47万人。

重庆市科技实力较为雄厚。全市拥有独立的科研和各类技术开发机构近1000所,有56万各类专业技术人员。一部分国家级科研机构技术开发能力居全国领先地位。2000年,高新技术产业快速发展。全年高新技术产业实现总产值464.7亿元,高新技术产品产值196亿元。组织实施市级重大科技成果转化项目33项,安排经费1905万元。2000年专利申请1780件,专利授权1158件,技术市场合同认定登记额30亿元。重庆高新技术成果交易会参展项目4000余项,重大项目签约229项,成交金额53.86亿元。

文化、新闻、出版、广播电视事业健康发展。市川剧院创作的川剧《金子》荣获文化部第九届文华大奖及文化表演、导演、音乐奖,杂技《流星闪烁》获全国第五届金狮奖杂技大赛金奖。全年出版各类报纸4.87亿份,图书1.12亿册,各类杂志0.35亿册。三峡库区文物保护工作进展顺利,全年地下文物发掘项目75件,发掘面积12.6万平方米,地面文物保护项目135件。全市有线电视骨干传输网络建设和联网步伐加快。年内新发展有线电视用户网1.56万户,解决了2290个行政村收听广播、看电视难的问题,全市广播电视覆盖率92.5%,基本实现全市"村村通广播电视"的目标。卫生事业进一步发展。年末全市共有各类医疗卫生机构4382个,卫生机构拥有床位6.57万张,有专业卫生技术人员8.86万人。体育工作成绩突出。2000年体育代表队共有21个项目54项次出席全国锦标赛和冠军赛,获金牌4枚、银牌4枚、铜牌3枚,参加亚洲及其他国际比赛获6金1银1铜,重庆籍选手田亮获悉尼奥运会跳水金牌、银牌各一枚;重庆隆鑫足球队成为西部地区第一个全国足球冠军;重庆建设摩托围棋队蝉联全国围棋甲级联赛冠军;全年发行体育彩票7200万元。

【投资环境】 在切实改善投资环境方面，重庆1998年出台了《关于进一步规范政务管理改善投资环境的决定》及六个配套文件，实行了"一站式"服务。2000年，在充分调查研究的基础上，采取更为有力的措施，实施大规模的发展环境综合整治行为，停止使用或废止一批地方性的政策和规章，停止施行一批许可审批项目，取消一批行政事业收费项目，破除一批行政性和行业性垄断，宣布一批政府主管部门与所办中介机构脱钩，规范一批报刊的征订，综合整治一批重点窗口地区和窗口行业，公开评价一批市政府职能部门，宣布一批对外开放的优惠政策，表彰一批促进该市发展环境的人和事。年内审批、许可、登记、备案项目减少50%。全面推行政务公开，推进承诺服务，坚持每个季度推出一批政府部门接受市民公开评价。加大重点"窗口"地区综合整治，在全社会强化信用意识，努力营造良好的信用环境，严厉打击各种制假贩假活动，加大对乱集资、乱罚款、乱摊派、乱收费的查处力度，切实解决一批外来投资者和引进人才的后顾之忧。

重庆市在实施西部大开发过程中，出台了《重庆市鼓励外商投资若干政策的规定》、《关于加强土地资源管理促进西部大开发的意见》等一些专项政策。

重庆是中国西部地区集水陆空运为一体的交通枢纽。截止2000年底，公路通车里程28914公里，国道、省道干线近二十条，城乡公路密集，乡镇通路98%以上。除成渝、襄渝、川黔三条现有干线外，达万铁路在建，国家实施西部大开发十大标志性工程渝怀铁路实现动工。另有三江至万盛铁路支线、万盛至南川地方铁路和65条铁路专线，旅客列车可直达京、沪、汉、贵、昆、蓉、福州、广州等大城市。重庆通航河流27条，通航里程2570公里。重庆现有江北机场和梁平机场从事民用航空。江北国际机场为国家干线机场(4E级)，截止2000年底，开通航线50条。2000年，重庆市各种运输方式完成旅客运输周转量270.45亿人公里，其中铁路周转量54.1亿人公里，公路周转量170.1亿人公里，水路周转量31.1亿人公里，航空客运量15.1亿人公里。全市各种运输方式完成货运周转量354.36亿吨公里，其中铁路周转量175.8亿吨公里，公路周转72.5亿吨公里，水运周转量105.7亿吨公里，航空货运量0.3亿吨公里。全年港口吞吐量2448万吨。2000年全市完成邮电业务总量85.82亿元。现已形成光纤通信、微波通信、载波通信和卫星通信相结合的现代化通信网络，2000年全市电话装机总容量650万门，公用电话和IC电话有较快增长，新增固定电话用户70.1万户，累计265万户；新增移动电话用户80.1万户，累计160万户；全市电话普及率13.9%。建成了现代化的邮政枢纽中心，邮件分捡实现了自动化。重庆与国内大中城市之间有商包直投、邮政快件、特快专递等业务，并设有国际邮件交换中心。截止2000年底，全市共有计算机互联网用户10万户。重庆是我国特大城市之一，城市道路、桥梁、供水、供电、供气等基础设施完善，城市综合功能明显增强。1999年新、扩建城市道路92.6公里，新增城市桥梁16座，日增供水能力22.98万吨。年末拥有公共汽电车3993辆，城市道路里程2483公里，人行道面积698万平方米。新建成南岸"宏声广场"、沙坪坝文化广场等7个广场，新建公园4个，人均公共绿地2.37平方米。

重点区域建设。重庆的幅员面积较大，根据各区域的自然、社会和经济发展条件，划分为三个区域，给予不同的发展定位，以充分发挥其比较优势。

构筑都市发达经济圈。包括重庆主城九个区，面积5472平方公里，人口538万，国内生产总值603.7亿元，以建设长江上游商贸中心、金融中心、科教文化信息中心、交通和通信枢纽、高新技术产业基地为核心内容，实施先导发展，充分发挥都市发达经济圈的战略支撑、对外窗口和辐射带动三大功能。重庆北部新区、重庆市经济技术开发区和重庆市高新技术产业开发区是重庆都市发达经济圈建设的重要部分,是重庆扩大对外开放、发展高新技术产业的重要“窗口”和基地。北部新区2001年启动,位于主城区长江、嘉陵江北岸,规划面积127.3平方公里,区内交通、通信等基础条件良好,有着巨大的发展潜力。

重庆市高新技术产业开发区和经济技术开发区是两个国家级开发区,是重庆对外开放的试验区,高新技术产业开发区已经形成了三个现代产业发展基地,拥有科技企业4000余家,生化制药、汽车摩托车、新材料、环保等一批高新技术产业群已经具备一定规模,有24个国家和地区的投资者到该区投资办企业,日本五十铃、芬兰诺基亚、美国电子商务公司、格力空调等一批国内外知名企业已经在该区落户。

截止2000年,有22个国家和地区的287家外商投资企业在重庆市经济技术开发区落户,聚集了本田、电装、大金、关西、台塑、顶新、爱立信、麦德龙等一批世界知名企业,其中世界500强企业有11家。基本形成了电子信息、生物医药、精细化工及新材料、汽车摩托车、绿色食品、服装制作六大支柱产业。

建设渝西经济走廊。包括成渝高速公路和铁路、渝黔高速公路和铁路、319和212国道、渝合高速公路、将要建设的遂渝铁路和高速公路沿线的12个区市县,面积18828平方公里,人口995.4万人,国内生产总值496.6亿元,依托基础设施较为完善、市场经济基础较好、人才集中、科教文化较为发达等有利条件,加快推动城镇化进程,逐步形成城镇密集带;结合特色资源开发,推动农业产业化经营,扶持中小企业发展,大力发展农副产品加工业,有选择地发展高新技术产业、装备工业;构建开放性的区域市场体系,积极发展商贸、交通运输、金融、信息等综合服务业。布局建设多个现代工业园区、现代农业小区和大型专业批发市场,形成渝西经济走廊产业密集带。加强与四川合作,共同建设支撑西南开发的成渝核心经济区。

建设三峡库区生态经济区。建设范围涉及三峡库区以及与该区紧密相邻并具有相似特征的大巴山区和武陵山区,包括沿库区岸线、渝万高速公路、渝怀铁路的19个区县,面积58102平方公里,人口1557.6万人,国内生产总值489.7亿元,根据该区的自然、经济、社会条件,坚持国家扶持、政策优惠、各方支援和自力更生的原则,配合三峡工程的建设,把库区的基础设施建设、开发性移民、生态环境保护与建设、产业选择和布局、优势资源开发和保护等有机的结合起来,走生态经济的发展道路,大力发展民俗生态旅游、自然风光旅游、科考探险旅游。努力发展绿色产业、生态农业、农副产品加工业,建设名优水果、中药材、天然香料、蚕桑、经济林草、草食牲畜等种养殖基地,合理开发矿产资源。继续做好移民和扶贫工作,加强生态建设和环境保护,注重保护和开发利用淡水资源,实现经济效益、社会效益、生态效益的协调统一,把该地区建设成为绿色产业基地、休闲旅游胜地、人与自然和谐的典范区域。

优势产业。工业是重庆国民经济的主体,基础雄厚,门类齐全,综合配套能力强,以汽车和摩托车为主体的机械工业,以天然气化工和医药化工为重点的化学工业,以优质钢材和铝材为代表的冶金工业调整和升级进程加快;电子信息、食品、建材、日用化工等优势行业加快培育和扩张;以国家级高新技术产业开发区和经济技术开发区为主体,以电子信息、生物医药、环保和新材料为技术领航的高新技术产业正加快崛起。

【利用外资与对外贸易】 1999年重庆全年进出口贸易总值12.1亿美元,其中进口7.2亿美元,出口4.9亿美元。已与世界上140多个国家和地区建立了经济贸易往来关系,有各类外贸经营企业300多家,本地产品出口比重已超过70%。主要的出口商品是工业制成品,占90%左右,其中机电产品占的比重越来越大,初级产品的比重越来越小。目前重庆正在实施“多元化以质取胜”的对外贸易战略,在继续巩固原有国际市场的基础上,重点开拓非洲、北美、中亚等国际市场。

2000年，全市对外贸易高速增长，全年外贸出口总额17.85亿美元，比上年增长47.5%，其中出口9.95亿美元，增长1.03倍，进口7.9亿美元，增长9.7%。全年本地产品出口额9.34亿美元，机电产品出口完成5.19亿美元，比上年增长2.57倍，其中摩托车出口103万辆，出口额达3.74亿美元，高新技术产品出口达到1.19亿美元，增长19.2%。

利用外资。随着重庆市经济不断发展，投资环境逐渐改善，利用外资规模逐渐增大，速度明显加快，国际上一些大的跨国公司如五十铃、丰田、葛兰素等纷纷来渝投资，外商投资规模和水平显著提高。利用外资嫁接改造国有大中型企业，先后培养壮大了“奥妮”、“长安”、“嘉陵—本田”等一批行业“小巨人”，外商投资企业成为新的经济增长点。引进世界跨国大公司有新的进展，爱立信、诺基亚、美标、施格兰、利宝、家乐福、英国BP、纽约人寿、IBM、洛克威尔、西门子等国际大公司在重庆兴办企业。1999年，全年协议利用外资7.01亿美元，实际利用外资3.27亿美元，其中外商直接投资2.39亿美元。对外经济技术合作正在向多领域拓展，劳务合作规模不断扩大，目前已经发展到工程设计、项目管理、计算机操作等知识含量较高的行业，1999年全年新签对外承包劳务合同额0.5亿美元，实现营业额0.4亿美元。

2000年全年新签利用外资合同项目237个，比上年增长19.1%，协议利用外资金额8.69亿美元，增长23.9%，实际利用外资3.45亿美元，增长5.6%，其中外商直接投资2.44亿美元，全年新签对外承包工程、劳务合作、设计咨询业务合同额0.92亿美元，完成营业额0.57亿美元。

1999年全年共接待海外旅客18.5万人次，旅游外汇收入0.97亿美元。2000年旅游业快速发展。全年接待国内游客3069.67万人次，国内旅游总收入137.05亿元，接待海外游客26.61万人。旅游外汇收入1.37亿美元，假日旅游方兴未艾，三个“黄金周”共接待市内外游客731.52万人次。

【重点开发项目】 2000年，重庆市推出的70个重点建设项目整体推进，其中渝怀铁路、轨道交通较场口至新山村线等6项已列进国家西部开发10大重点工程。从工程建设进度看，12个计划竣工项目中重庆至长寿高速公路、长寿至涪陵高速公路、九龙坡港二期改造、邮电通讯项目、鹅公岩长江大桥、黄桷渡水厂扩建工程、重庆电厂脱硫工程、三峡大变压器制造项目、四维磁业高档卫生瓷改造项目等9个项目实现年内完工投用；计划新开工32个项目中，长寿至梁平高速公路、重庆至邻水高速公路、黔江至彭水公路三级改造二级工程、渝怀铁路、万州机场、武隆江口水电站、中日环保示范城市项目、轨道交通较场口至新山村线、重庆三峡博物馆及人民广场三期工程、扬子乙酰醋酸酯项目、忠县施格兰三峡柑桔产业化等21个项目开工建设；26个续建项目到位资金基本能保证工程建设需要，部分子项可按计划建成投用。同时抓紧推进了24个新策划项目的前期工作，其中，万州——云阳——奉节——巫山——巴东——宜昌公路、菜园坝长江大桥、城市环境二期工程等项目进展顺利。在“一会一节”期间顺利启动了“西部开发百亿工程”，树立了扎实推进西部开发工作的良好形象，凝聚了人心。

【经济协作与对口支援】 2000年，重庆市加大对内开放力度，加强与国内其他地区的合作，系列重大活动取得良好效果。2000年的“重庆对外投资贸易洽谈会暨三峡国际旅游节”顺利召开，与国内其他地区签定重点项目53个，高新技术成果交易会签约222项，2000年，重庆是六省区市七方经济协调会的主席方，六省区市七方经济协调会确定了进一步联合推进交通、通信基础设施建设，共同培育西南区域市场体系，联合加强生态环境保护和建设，加强科技和人才交流等四个专题意见。会议就西南地区联合参加西部大开发的必然性和可行性以及联合参与的指导思想、战略目标、基本任务、工作重点和协调机制形成了一致意见。

长江流域经济合作。长江沿岸城市经济协调会是推进长江经济带开放发展的主要流域经济组织。重庆市作为1998—2000年协调会主席方,受各方委托,牵头开展了《长江沿岸发展规划》编制的组织、协调工作。在国家计委的具体指导下,经过各成员市的共同努力,由重庆市具体编制完成,并通过审议。这将为长江沿岸地区的经济发展奠定良好的基础,使长江流域合作进入按计划、分步骤发展的轨道。同时,在资产重组、流域产权交易、科技合作等方面与沪、宁、汉及长江沿岸其他中小城市加强了合作。通过"抓区域、促流域",使重庆在长江上游地区的经济合作方面取得了实效。

随着西部开发的实施,重庆与东部的合作也进一步深化。2000年,与广东、江苏、上海、浙江、福建等省市联合举办了多次大型经济合作洽谈会,签定合作项目45项,合同金额14.5亿元。

对口支援及其重点项目。2000年重庆对口支援成绩突出。全市共实施对口支援项目102个,到位资金10.1亿元。其中援藏工作取得较好效益。截止2000年底,共支援资金2000多万元,用于援建昌庆商业街、澜沧江文化广场等项目。

四 川 省

【概况】 四川省简称川或蜀,位于中国西南部、长江上游,是中国内陆腹地省份之一。东邻重庆市,北连青海、甘肃、陕西省,南接云南、贵州省,西靠西藏自治区。幅员面积48.5万平方公里,其中81%以上是山地和高原,是中国地势最高的省份之一。四川省地势西高东低,西部为川西高原,东部为四川盆地及其边缘山地。地貌类型复杂多样,山脉横亘,河流众多,水量丰富。四川省地处亚热带,气候的地带性和垂直方向变化十分明显,东部四川盆地是中国亚热带气候的主要分布地区,属温暖湿润的东南季风气候,川西南山地为干湿季分明的西南季风气候。

四川省土地总面积中,耕地占13.48%,全省耕地以坡耕地为主,耕地利用以种植粮食作物为主,复种指数为207%,是全国复种指数较高的地区之一。全省土地总面积占全国5.1%,人均耕地0.08公顷,仅为全国平均水平的73%。

四川省拥有千姿百态的生态环境,繁衍了极其丰富的生物资源,是中国的三大林区、五大牧区之一。四川省现有林业用地2323.16万公顷,全省森林覆盖率24.23%,森林面积、蓄积均居全国各省区第二位。四川有各类天然草地2108.5万公顷,四川野生动植物资源种类繁多,区系组成复杂。全省植物资源种类占全国1/5以上,国家重点保护野生植物上万种,占全国的30%,药用植物占75%。脊椎动物1100余种,占全国的40%以上,居全国第二位。珍稀物种丰富,有银杉、珙桐、桫椤等国家重点保护野生植物101种,大熊猫、白唇鹿、金丝猴等国家一级重点保护动物30种和小熊猫、大灵猫等国家二级重点保护动物112种。四川省是全国乃至世界极其珍贵的生物基因库之一。

四川省是中国矿产资源富集地之一,矿种齐全,探明储量丰富。已探明储量的矿种有82种,钒、钛等8种矿产储量居全国之冠,28种矿产居全国前三位。尤其是钒的储量占全国的69%,居全球第四位;钛的储量占全国的93%,居全球第一位。

四川省年平均水资源总量2548.5亿立方米,居全国第二位。全省人均水量3122立方米。四川省水能资源富甲天下,是中国三大水电基地之一。全省水能技术可开发量10345.96万千瓦,经济可开发量7611.2万千瓦。其中西部的金沙江、雅砻江、大渡河等河流的水能资源约占全省的3/4。全国最大的水电站二滩电站已建成投产。

四川省是一个人口大省。2000年全省人

口出生率12.85‰,死亡率7‰,自然增长率5.83‰。到年末,全省人口8602万人,2000年末,四川省设市城市32个,其中地级以上城市18个,县级市14个。城市化率为18%。

2000年,四川省顺利实施天然林保护工程、退耕还林还草工程、生态环境建设综合治理工程,治理水土流失4520平方公里。同时,大力开展污染防治工作,积极推进环保基础设施项目,基本完成"一控双达标"任务。

【经济与社会发展】 2000年,四川省加快经济结构战略性调整,国民经济实现了恢复性增长,西部大开发工作有了一个良好的开端。全年完成国内生产总值4010亿元,增长9%,其中第一产业935亿元,增长3.1%;第二产业1711亿元,增长11.2%;第三产业1364亿元,增长10.2%(1999年四川省完成国内生产总值3712亿元,增长5.6%。其中第一产业941亿元,增长3.3%;第二产业1557亿元,增长4.4%;第三产业1214亿元,增长9.5%)。

农业结构调整步伐加快,农村经济全面发展。围绕农民增收,面向市场,依靠科技,加大了农业结构调整的力度。粮经播种面积比例由1999年75.1:24.9调整为2000年71.3:28.7,畜牧业产值在农林牧渔业中的比重达到41%,增加退耕还林还草面积20万公顷。农业产业化经营、小城镇建设、乡镇企业和劳务输出都有新的发展。农业机械化水平有所提高。粮食在播种面积减少42.9万公顷的情况下,单产和质量有所提高,总产量3568.5万吨,全省人均415公斤。肉类和主要经济作物产量增加,质量提高。

工业生产增速加快,效益水平有所提高。全年工业增加值1404.3亿元,增长10.8%(1999年1293.5亿元)。工业结构调整力度加大。着力培育壮大电子信息、水电、机械冶金、医药化工、饮料食品支柱产业。大力发展高新技术,不断用先进适用技术改造传统产业。坚决关闭"五小"企业,压缩淘汰落后生产能力。全年关闭非法开采和布局不合理的小煤矿2650处,压产416万吨,关闭小玻璃厂15家;淘汰小水泥、小钢铁生产能力300万吨和81万吨。经济增长质量和效益有所改善,国有大中型企业三年改革与脱困目标基本实现。全年全省国有及规模以上的非国有工业企业销售产值增长12.7%,盈亏相抵后利润总额66.8亿元,增长68.8%,企业亏损面减少6个百分点,产销率98.3%,提高1.8个百分点。

固定资产投资保持较快增长,重点建设进展顺利。全年完成全社会固定资产投资1403.9亿元,增长15%(1999年1220.7亿元),其中基本建设投资663.6亿元,更新改造投资173.9亿元,房地产开发建设投资194.4亿元,重点项目建设进展顺利。全年主要新增固定资产:发电装机容量101万千瓦,总装机容量1701万千瓦;高速公路253公里,总里程1000公里;铁路复线293公里,铁路电气化780公里;电话交换机容量119万门,长途及本地网光缆960公里,移动交换机容量290万门;城市供水300万吨/日,垃圾处理1000吨/日,污水处理30万吨/日;城镇住宅竣工3231万平方米。

市场消费稳定增长,人民生活继续改善。鼓励消费的政策效应进一步显现,居民消费预期转好,教育、住房、通信、旅游等新的消费热点逐步形成。全年社会消费品零售总额1523.7亿元,增长10.2%(1999年1382.6亿元)。物价总水平止跌回稳,全年居民消费价格指数为100.1。人民生活开始步入小康。全年城镇居民人均可支配收入5894元,增加416元,农民人均纯收入1915元,增加71元。城市居民和农村居民人均居住面积分别超过10平方米和26平方米。社会保障制度改革继续深入,养老、失业、医疗保险人口分别达到410.5万人、470.2万人和208万人。再就业工作进一步加强,全年又有25.7万名下岗职工实现再就业。扶贫开发力度加大,新解决50万贫困人口温饱问题,基本实现"八七"扶贫攻坚目标。

"科教兴川"战略顺利实施,社会事业全面

发展。全年高新技术企业完成工业总产值500亿元,创利税80亿元,高新技术产品出口2.1亿美元。峨眉1000吨多晶硅项目已经国家立项,宜宾2000吨蛹蛋白粘胶长丝等一批高技术产业化项目顺利实施。积极发展教育事业。全年全省地方属高校招生7.29万人,增加2.7万人。基础教育进一步加强,全年完成"普九"达标县10个,累计完成134个,"普九"人口覆盖率93%。制定了《四川省民族地区教育发展十年行动计划》。文化、卫生、体育、广播电视等各项社会事业全面发展。青城山——都江堰被联合国教科文组织批准为世界文化遗产,完成农村卫生"三项建设"项目430个。成功举办了第六届全国大学生运动会和第四届全国农民运动会,1.3万个通电行政村实现了村村通广播电视。旅游业加速发展,全年接待中外游客5447.7万人次,旅游总收入达258.1亿元,分别增长7.7%和16.1%。

【投资环境】 2000年四川省国内生产总值占西部12省市区总量的24%,居全国第10位、西部第一位;社会商品零售总额占西部12省市区的25%,居全国第10位、西部第一位。四川省具有良好的投资环境和发展前景。四川省能源、交通、通信等基础产业发展较快,基础设施有了很大改善。四川省能源工业得到了长足发展,到2000年底,全省电力装机1701万千瓦,居全国前茅,全年发电量565亿千瓦时,天然气产量89亿立方米。四川省以公路、铁路、港口、机场等为载体的四通八达的综合交通运输体系已初具规模,截止2000年底,全省国家铁路营运里程2608公里。公路通车里程9.1万公里。河流通航里程6400公里。全省有7个民用机场,150多条国际国内航线。以微波、光纤、卫星、程控电话、无线寻呼、图文传真等为代表的现代化通信体系已基本形成,到2000年底,固定电话交换机容量820.9万门,移动电话交换机容量555万门。全省电话普及率7%,其中城市近30%。

至2000年底,四川省经国务院和省政府批准的开发区共53个,其中国家级开发区3个,省级开发区50个。全省开发区累计完成投资额423亿元,其中基础设施投资101亿元。开发区基础设施建设已具备一定规模,形成了较为完善的投资软硬环境,招商引资发展势头良好。

"十五"期间,四川产业发展的重点是发展壮大电子信息、水电、机械冶金、医药化工、饮料食品、旅游六大支柱产业;努力建设电子信息、水电、重大装备、特种钢、钒钛新材料、现代化中医药、天然气化工、饮料食品八大工业基地;突出抓好成德绵高新技术产业带、成都高新技术开发区和绵阳科技城的建设和发展;加强基础设施建设,加快国民经济和社会信息化进程。

【利用外资和对外贸易】 2000年,四川省实际利用外资9.6亿美元,其中借用国外贷款4.9亿美元,外商直接投资4.4亿美元,外商其他投资0.3亿美元。利用外资的项目进展顺利,总投资1.6亿美元由都江堰市与法国拉法基公司合资建设的120万吨水泥项目开工以来进展顺利,累计完成投资6024万美元。乐山—菲尼克斯半导体公司累计完成投资1.5亿美元,占总投资的52%,其中第三期工程2000年完成投资5000万美元,建成8条超级生产线。四川旅行车厂与丰田公司投资近亿美元,合作生产中型客车已经下线。法国通用水务—日本丸红联合体全额投资1亿美元的成都自来水六厂四期BOT项目,已到位资金7000万美元。成都—南充高速公路已利用亚行贷款资金8000万美元。借用国外优惠贷款的安宁河流域农业综合开发项目进展良好。

对外承包工程和劳务合作快速增长,新签承包工程和劳务合作合同200个,合同总金额5.7亿美元,居全国各省市区第2位,完成营业额3.5亿美元,外派劳务1.1万人次。四川东方电力设备联合公司、中国华西企业公司等4家企业已进入全国外经企业50强。新希望、聚友网络、成达化工等企业开始在东南亚、中亚地区投资办厂。

2000年,四川省海关进出口总额25.5亿美元,比上年增长3.1%。其中出口总额13.9亿美元,增长22.5%,进口总额11.5亿美元,同比下降13.5%。出口商品结构逐步优化,2000年全省工业制成品出口11.62亿美元,其中高新技术产品出口2.06亿美元,机电产品出口3.79亿美元,继续保持全省第一大类出口商品的地位。2000年四川省实现的11.5亿美元进口总额中,从亚洲进口占进口总量的48%,从北美进口占21.8%,从欧洲进口占19.8%。

按照国家实施西部大开发战略的有关政策措施和《鼓励外商投资产业目录》,四川省结合经济社会发展现状,继续鼓励外商投向电子信息、生物工程、新材料、新工艺等高新技术及其产业,投向农业、水利、交通、生态环境保护、教育等基础设施和基础产业,投向有优势、前景好的竞争性国有企业改组改造,投向景区规划、设施建设和合作管理为重点的旅游资源开发。

【重点开发项目】 2000年,四川省确定了包括农业、能源、交通、通讯和城市基础设施等领域的重点项目83个,其中竣工投产项目17项,在建项目66项。四川省竣工投产和在建的83个重点项目全年共完成投资264亿元,内江、资阳国家大型商品粮基地基本建成,武引一期工程全线建成通水,大桥水库一期工程的水利枢纽建成蓄水,4台机组已并网发电,广渝高速公路广邻段、隆纳高速公路泸纳段、达渝高速公路罗江至大竹段、西昌卫星基地高速公路西宁至泸沽段和成灌高速公路等重点项目,已先后建成通车,开始发挥投资效益,二郎山隧道主洞已竣工验收,甘孜州8县光缆传输工程已全线架通,广元盘龙机场和绵阳南郊机场建成通航,泸州机场扩建工程的侯机楼完工,四川双马集团6号窑技改工程投入生产,四川大学、西南财经大学、成教中医药大学、四川工业学院、成都理工学院和四川商专等6所高校的体育场馆竣工投入使用。

在建重大骨干项目工程进度加快。成都三环路、成都外环高速公路、泸州市大纳公路川境段、成都双流机场航站区工程、宝兴河流域小关子电站、甘孜州冷竹关电站、全省城网、农网改造、绵阳三江路堤工程、威钢高速线材生产线、成都自来水6厂B厂BOT工程等一批重大骨干项目,工程进度加快,2001年有望建成,发挥投资效益。重点基础设施项目投资得到加强。截至2000年12月底止,全省农业、能源、交通、通讯和城市基础设施等重点项目共完成投资243.1亿元。

根据基本建设程序和国家加强建设项目审批管理工作的有关规定,都江堰拉法基公司年产120万吨水泥生产线、G网七期扩容工程、南桠河流域水电站一期工程、宜宾丝丽雅集团公司年产2000吨蛹蛋白粘胶长丝工程、鹧鸪山隧道、达川河市机场、兰州至成都输油管道、内江沱江三桥、隆纳地方铁路长江特大桥等一批重大前期工作项目,均已在年内实现开工建设的目标。国家实施西部大开发战略的10大争取开工项目紫坪铺水库,现已全面启动。

【经济协作与对口支援】 四川省积极开展招商引资,省际间特别是与沿海发达地区的经济技术合作与交流取得突破性进展,全年对内招商引资签订项目合作协议6904个,履约项目5640个,协议引进内资636亿元,实际到位内资224亿元。

2000年,四川省除在成都召开“西部论坛”外,主办和参加的较大规模的招商活动近20项,签订了一批经济协作项目,其中上亿元的项目明显增多。广东福地收购红光公司项目20亿元,天津和攀钢合作的钛渣项目总投资8.5亿元,山东鲁能集团出资近40亿元投资“宜宾房地产开发”和“成都CNG加气站”等5个项目,上海埃力生集团出资30多亿元,投资“眉山埃力生西部电子信息城”等4个项目。

2000年,四川省强化对经济协作项目的跟踪管理,全省确定30个重大内资项目,逐个落实了负责跟踪的领导和承办人,派员到项目单位帮助企业解决困难,有力地促进和加快项目的合作进程。如深圳三九药业公司成功兼并雅安制药厂后,又追加投资7900万元扩大生产规模,在此基础上又兼并了乐山长征制药厂;浙江台州水晶电子集团在三台设立的水晶电子项目,总投资5亿元人民币,已到位1亿元,一期工程业已成功投产;浙江温州商城开发有限公司在自贡、南充、绵阳、乐山投资市场建设和房地产开发项目,总投资3亿元人民币,进展顺利。

2000年末,四川省农村贫困人口的温饱问题已经基本解决,四川省扶贫攻坚计划确定的战略目标已经实现。以此为标志,四川的扶贫开发进入一个稳定解决低收入贫困人口温饱问题的新的历史阶段。2000年四川省加大对11个贫困县的扶贫工作力度,向地处三个民族自治州的11个县安排扶贫资金22490万元,另安排19225万元资金到三州,重点倾斜到11个贫困县。同时加大形象扶贫、移民扶贫、牧区扶贫和教育卫生扶贫力度,安排资金1个多亿。2000年,四川省还加强了另52个已经基本脱贫县的温饱成果巩固工作。

【高技术产业发展】 2000年,四川省新兴高技术产业迅速崛起,产业规模不断壮大,产生了一批科技含量高、产品适销对路、经济效益好的企业和产品,初步形成了以电子信息、生物及制药、新材料为代表的新兴产业。全省认定高新技术企业678家,年产值超亿元的高新技术企业70家,"九五"末,全省高新技术企业实现产值500亿元,创利税80亿元,高新技术产品出口3.19亿美元,高技术产业效益显著,对经济发展的带动作用日益明显,科技对经济的贡献率达35%。四川省高技术产业出现了国有、国有控股、集体、股份、三资等多种经济成分的高技术企业齐头并进的新局面,推动了运行机制与管理模式的创新,高新区正在成为高技术产业发展的基地,"九五"期间,成都、绵阳两个国家级高新技术开发区和德阳、乐山、自贡三个省级高新技术开发区均取得了长足发展。2000年,成都、绵阳高新区高新技术企业总产值分别达到123亿元和174亿元。四川省高技术产业尽管取得了较快发展,但从总体上看,仍然处理初创阶段,还存在不少困难和问题。

四川省高技术产业发展,以增强综合实力为目标,重点加强电子信息产业领域。电子信息产业是四川省的"一号工程",重点发展通信产品、软件、新型元器件及数字化视听产品的产业化。突出加强国家级的信息安全产品产业化基地、西部软件产业化基地、集成电路设计基地、电子信息产品生产基地的建设。结合四川丰富的基因资源及生物技术优势,通过胚胎移植技术、基因克隆技术和转基因技术等,重点加强生化制品、重组疫苗、基因工程药物、转基因新品种、现代中药产业化、抗癌、心脑血管生化药物、无公害生物农药等的产业化。充分利用四川省在新材料领域拥有的技术和资源优势,重点在生物材料、高性能钒钛材料、特种工程材料、高技术陶瓷粉体、高纯金属、稀土功能材料、半导体材料、高性能精细化工材料及产品方面实施一批产业化示范工程。

按照"总体跟进、局部突破"的原则,四川省集中力量加强十类高技术产业化项目的建设。(1)高速信息网络及设备;(2)软件开发及基础建设;(3)微电子芯片设计及加工;(4)数字化视听产品;(5)年产1000吨多晶硅高技术示范工程;(6)钒钛资源综合利用;(7)稀土开发及利用;(8)功能及纳米材料技术产业工程;(9)生物技术与创新药物;(10)现代中药产业化。

【生态环保建设】 四川省进一步加大了环境保护和建设力度,大力开展污染防治,积极争取和推进环保基础设施项目和建设,2000年有各级环境监测站152个,环境监测人员1717人。工业废水排放总量116979万吨,工业废气排放总量4779亿标立方米,工业固体废弃物排放总量407.1万吨。工业废水处理率83%,工业废气处理率72.1%,工业固体废弃物综合治理率46%。环境污染治理项目全年竣工1181个,完成投资8.4亿元。全省烟尘控制区135个，面积724.5平方公里，噪声达标区124个，面积713.7平方公里。

四川省生态建设取得显著成绩。“九五”期间进行了长防林工程、天然林资源保护工程、退耕还林(草)试点工程、重点县生态环境综合治理工程等生态建设工程，加快了四川省造林绿化步伐。全省成片造林178万公顷，封山育林231万公顷，零星植树16亿株，2000年末森林覆盖率24.2%。全省已建设生态农业试点县25个，市级生态农业示范区2个，生态农业建设面积10万公顷，推广面积40多万公顷，并建设珙县、彭州、温江——郫县——都江堰等3个国家级生态示范区和6个省级生态示范区，生态农业建设取得重大进展。草地生态环境得到改善，“九五”期间，全省累计人工种草16万公顷，改良草地30万公顷，围栏草地56万公顷，草原灭鼠面积15万公顷，治虫面积5万公顷，在10个纯牧区县开展了“人草畜”三配套建设。水土保持工作进一步加强，到2000年末共治理水土流失面积337万公顷。自然保护区建设得到加强，2000年新建自然保护区15个，总数累计90个，自然保护区面积5.1万平方公里。

【民族地区经济与文化】 四川民族自治地方包括甘孜藏族自治州、阿坝藏族羌族自治州、凉山彝族自治州和峨边、马边两个彝族自治县，幅员30.2万平方公里，占四川省总面积的62.3%。2000年末总人口602万。

四川民族自治地方2000年国内生产总值213.7亿元，比上年增长6.3%，第一产业增加值76.4亿元，增长3.2%；第二产业增加值64.8亿元，增长6.3%；第三产业增加值72.5亿元，增长10.1%。

农村经济稳步发展。继续以实施天然林保护工程和退耕还林还草为契机，调整农业产业结构、产品结构，发展特色农业，在耕地面积减少5.7%的情况下，保持了农牧业生产的稳步增长。2000年农林牧渔业总产值112.2亿元，比上年增长4.2%；粮食总产量222.7万吨，油料产量1.7万吨，甘蔗产量60.8万吨，猪牛羊肉产量40.3万吨。

民族自治地方工业逐步摆脱了对森林工业的依赖，实现了平稳增长。2000年全部工业总产值115.4亿元，增长8.5%，其中轻工业扭转了停滞倒退局面，实现产值33.1亿元，重工业实现产值82.3亿元。具有民族地区资源优势和特色的电力工业、电冶工业、建材工业和药材、农牧副产品加工业稳步发展，初具规模，形成民族地区特色产业。

以旅游为支柱的第三产业快速发展，对四川省民族地区经济增长的贡献率达到46.3%。旅游业已成为四川省民族地区一大支柱产业，九寨沟、黄龙、海螺沟、泸沽湖、四姑娘山等一大批景区已成为旅游热线。2000年甘、阿、凉三州接待游客210万人次，旅游收入13亿元。旅游业的发展带动了交通运输业、电信邮政业、餐饮服务业、商品流通业等第三产业和旅游商品加工业的发展。社会消费品零售总额59.8亿元，增长8.3%；餐饮业7.5亿元，增长20.1%。

固定资产投资规模扩大。2000年四川省民族地区全社会固定资产投资完成71.2亿元，比上年增长20.8%。在投资结构中，重点加大了交通通信、农林水利、电力电冶、文教卫生、城市基础设施和旅游基础设施的投资力度。二郎山隧道、雅攀高速公路西昌—黄联段、西昌卫星基地高速公路、海螺沟和四姑娘山旅游公路、甘孜州8县光缆通信、冷竹关电站、大桥水库及电站等重点项目已建成或部分建成，投入营运；鹧鸪山隧道、九寨黄龙机场、福堂水电站、农村电网改造、安宁河流域农业综合开发、生态环境保护建设、教育卫生扶贫、城市基础设施建设等项目在加紧进行中。

城乡居民收入稳步增加，生态水平提高。2000年全部职工工资总额29.8亿元，增长11.4%；农牧民人均纯收入约1240元，增加60元；城乡居民储蓄存款余额105.5亿元，增长12.1%。

贵 州 省

【概况】 贵州省地处云贵高原,与湖南、四川、重庆、云南和广西毗邻,土地面积17.61万平方公里,年平均气温13.9摄氏度,年降水量1441.2毫米,年日照时数1068.2小时。辖9个自治州(市、地区)、87个县(市、区、特区),2000年末总人口3755.72万人。全省有49个民族,少数民族人口占总人口的37.85%,民族自治地方占总面积的55.4%。省会贵阳市距重庆长江口岸300多公里、距广西北海直距约500公里,具有近江、近海、近边的相对区位优势,是西部大开发的沃土。

贵州省能源资源十分丰富而富集。水能资源理论蕴藏量1874.5万千瓦,居全国第六位,其中可开发量1683.3万千瓦;煤炭资源量2401亿吨,保有储量528.6亿吨,为南方12个省(自治区、直辖市)的总和,名列全国第五位,煤层中蕴藏丰富可供开发利用的煤层气。构成了水火互济的良好能源资源开发基础。

矿产资源丰富,现已发现的矿产有110多种,有40种保有储量排在全国前10位,22种列1至3位,煤、磷、汞、铝土矿、锑、锰、金、重金石、硫铁矿、水泥与砖瓦以及白云石、砂石、石灰石等最具优势,在国内占有重要地位。

贵州是生物大省,有野生动物资源1000余种,14种被国家列为一级保护动物、70种珍稀植物列入国家珍稀濒危保护植物。药用野生植物3700多种,是中国四大中药材产区之一。贵州是长江、珠江上游地区的重要生态屏障,是西部大开发生态建设重点区域。

贵州自然风光神奇秀美,闻名世界的黄果树大瀑布、龙宫、织金洞、马岭河峡谷等国家级风景名胜区和铜仁梵净山、茂兰喀斯特森林、赤水桫椤、威宁草海等国家自然保护区,令人目不暇接、流连忘返;以遵义会议会址和红军四渡赤水遗迹为代表的举世闻名的红军长征文化和多民族悠久灿烂的历史文化、浓郁的民族风情,以及冬无严寒、夏无酷暑的宜人气候,使贵州成为理想的旅游观光和避暑胜地。

2000年完成环境污染限制治理项目613个,总投资1.8亿元,减少工业废水排放量5469万吨、工业固体物排放量199万吨;建成59个烟尘控制区,面积201.52平方公里;建成36个环境噪声达标区,面积170.31平方公里。生态和自然环境保护得到加强,已建立自然保护区72个,面积45.9万公顷,其中国家级自然保护区5个。

【经济与社会发展】 国民经济保持良好发展态势　2000年完成国内生产总值993.32亿元,比上年增长8.7%。其中第一产业增加值270.26亿元,第二产业增加值385.68亿元,第三产业增加值337.38亿元,社会消费品零售总额345.5亿元。外贸进出口总额6.6亿美元,旅游业总收入62亿元左右。全省财政总收入151.62亿元,比上年增长9.8%,其中地方财政收入85.01亿元,比上年增长15.3%。财政总支出199.73亿元,比上年增长17%。

2000年贵州省农业生产能力明显提高,粮食基本实现全省自给。2000年粮食总产量1161.28万吨、油料74.5万吨、肉类126.5万吨、水产品总量6.2万吨,优质水稻发展到289万亩,完成造林面积428.25万亩,森林覆盖率30.8%,主要林产品产量增长平稳,桐油籽产量11.66万吨、生漆0.1万吨、油茶籽0.82万吨。工业生产保持较快增长,全省工业增加值完成308亿元,比上年增长10.1%。重、轻工业均保持较快增长,增加值分别为145.7亿元和71.1亿元,比上年分别增长11.6%和9.9%。企业经济效益总体水平明显提高,已有45户国有大中型亏损企业扭亏脱困,国有大中型企业盈亏相抵,实现利润12.1亿元。建筑业持续快速增长,施工单位工程个数达6599个,按工程个数计算的竣工率达68%。房屋施工面积2275.02万平方米,房屋竣工面积996.75万平方米。建筑业产品质量进一步提高。

全年实施生物、医药、信息产业、环保设备

制造等一批高新技术产业化示范工程项目46项。执行政府间合作项目8项，实施智力引进项目9项。全省共评出省科技进步奖69项，其中一等奖2项，二等奖14项。

教育体制改革力度加大，素质教育稳步推进，各项教育事业持续发展。年末全省共有各类学校4.16万所，在校学生1097.84万人，学龄儿童入学率达98.5%，有33个县实现"普九"扫除青壮年文盲27.71万人。

文化事业健康发展。省民族文化宫开工建设，省档案馆竣工交付使用，"村村通"广播电视工程全面实施。全省广播人口覆盖率76.3%，电视人口覆盖率85.3%。城乡卫生事业不断发展。年末全省共有卫生机构8992个，共有专业卫生人员10.16万人，农村特别是贫困地区医疗卫生建设得到加强，县、乡、村三级卫生服务网进一步改善，村卫生室覆盖率上升到82.7%。

城乡居民收入稳定增长，生活质量进一步提高。全省城镇居民人均可支配收入5122元，农民人均纯收入1375元，全年城镇居民人均消费性支出4278.28元，农民人均生活消费支出1096.64元。

社会保障事业加快发展。"三条保障线"政策进一步落实，国有企业下岗职工基本生活费、企业离退休人员基本养老金和城镇居民最低生活保障金基本做到了按时足额发放。

【投资环境】 结合国家在西部大开发的政策措施，贵州省在税费减免、土地征用、企业嫁接改造等方面采取了更加优惠的政策。在加快建立现代企业制度，搞好国有经济的战略性调整和国有企业的资产重组；积极引导个体、私营等非公有经济加快发展；扩大对内对外开放水平、扩大外商投资领域、拓宽利用外资渠道、大力发展对外经济贸易、推动地区协作与对口支援；吸引人才和发展科技教育，制定有利于吸引人才、留住人才、鼓励人才创业政策；加强组织保证政策实施措施；促进经济快速发展等方面做出了一系列切实可行的措施。

贵州是大西南地区陆路交通枢纽和大西南地区南下海通道。资源优势突出，境内富集的水能、矿产资源，为经济发展提供了原材料和能源支持；生活水平相对较低，市场潜力大；劳动力价格低廉，产品成本低，在提高产品竞争力等方面有明显的优势，为广大的投资者提供广阔的发展空间。

加快基础设施建设，改善硬件环境取得了较大进展。2000年全社会固定资产投资389.7亿元，比上年增长21.4%，其中基本建设完成148亿元，技术改造完成93.3亿元，全年新增固定资产329.43亿元，固定资产交付使用率为85%。以交通为重点的基础设施建设取得显著成绩，交通、能源、原材料和通信的"瓶颈"制约有所缓解。"西电东送"工程的开工标志着西部地区大开发拉开序幕。洪家渡水电站、引子渡水电站、乌江渡水电站扩机工程开工建设；新增公路里程670.71公里，新增发电机组装机容量33.74万千瓦，11万千伏及以上变电设备能力107.2万千伏安，白酒年生产能力1.14万吨，城市自来水供水能力日新增21.56万吨等；重点地区生态环境建设综合治理、水土保持综合治理等工程稳步展开；各类运输完成客、货周转量分别为231.27亿人公里和385.25亿吨公里。成完邮电业务总量42.71亿元，邮电业务总收入25.09亿元，旅游基础设施建设得到进一步加强，涉外星级宾馆增加到62家，接待海外游客18.39万人次，旅游外汇收入6092.23万美元，旅游业收入62亿元左右。

2000年，省重点综合开发区乌江干流沿岸地区、攀西——六盘水、红水河水电矿产开发区(贵州部分)，与全省轴线布局融为一体，结合重点综合开发区富集的自然资源，建立水火并举的能源基地；以煤、铝、磷、锰、钢铁等为重点的原材料综合开发工业基地布局规划已全面启动，形成以铁路、高速公路为主轴线，依托沿江、沿路中小城市，点、线、面相结合的综合开发布局框架，一大批建设项目陆续启动。围绕加强黔中经济区综合开发的辐射带动作用；开展长江、珠江上游生态屏障保护的生态综合开发保护建设;培育生物制药、特色食品业和以航天航空、电子信息、生物技术为代表的高新产业群体等领域的发展,投资需求较旺。中央和省加大了对基础设施建设、生态环境保护、城镇建设、重大科技教育建设等重点投资领域以及对改变贵州省经济结构有重要影响的重点项目投入和扶持力度,营造良好的投资条件和环境。

【利用外资和对外贸易】 2000年,贵州省进出口总额有较大幅度的增长。进出口总额66002万美元,其中出口42060万美元,进口23942万美元。

2000年,全省继续实施大经贸战略,积极为企业走向国际市场创造条件。2000年新批和登记获外贸经营权的企业33家,外经贸经营主体结构得到优化,全省现有外经贸企业206家。

2000年贵州省协议(合同)外资59个,协议外资金额8098万美元,实际利用外资19545万美元。为推动各地进一步改善投资软环境,制定了《贵州省外商投资企业合同、章程审批办法》及《贵州省外资统计管理办法》,推动了外商投资管理工作逐步走向规范化、制度化。认真筛选了100个招商引资项目推荐上中国国际电子商务网,加强投资促进工作。

在对外经济技术合作方面,认真贯彻"走出去"的战略,2000年签订承包工程合同金额3357万美元,完成营业额1948万美元,劳务合作派出345人(次)。争取国际无偿援助2050万元,对改善贵州省生态环境和扶贫工作发挥了积极作用。

加强同有关国际组织、外国驻华使领馆的联系和沟通,援助金额比上年有较大进展。结合贵州省实施西部大开发战略关于加强生态环境保护和建设精神,积极上报了贵州长江流域生态林体系工程、珠江流域贵州重点地区防护林体系工程、澳大利亚援助贵州黔南州喀斯特地区生态改善、日本国援助贵州少数民族中小学教材改善、新西兰援助毕节综合扶贫等项目和联合国机构及国际民间组织对贵州省的多边无偿援助。上报贵阳市职业教育和遵义地区生态环保及其它一批新项目。抓紧已批准的日本国援助贵州黔南医疗改善氟病防治、意大利援助贵阳市急救中心、日本国援助贵州省防疫项目的有关工作,争取早出成效。

【重点开发项目】 2000年全省共安排重点建设项目75个,全部总投资4285286万元(其中铁路建设投资为2113900万元)。至2000年底,累计完成投资2723230.32万元。

交通运输在建项目18个(不含预备项目),总投资3243894万元,至2000年底累计完成投资2143126万元。

株六复线。新建第二线全长488.336公里(正线里程)。贵州境内总投资139.73亿元。1998年6月开工建设,工期五年。内昆铁路。新建全长367公里,其中贵州段121.3公里,国家Ⅰ级干线,贵州段总投资36亿元,于1998年5月开工建设,工期四年半,计划2002年上半年建成交付使用。水柏铁路。为贵州省控股的合资铁路,系国家Ⅰ级干线,电力牵引,全长101.6公里,建设工期四年半,总投资32.4亿元。盘西电气化铁路改造工程。盘西电气化建设是在既有线现状基础上进行电气化改造,全长136.159公里,总投资6.3亿元,贵州段总投资4.8亿元,于2000年6月开工。贵阳至新寨高等级公路。公路全长259.512公里,总投资484621万元,工期4年,于1997年底开工建设,其中贵阳至都匀段于12月30日建成通车。贵阳至毕节高等级公路。该工程扣除利用已建成的贵阳至遵义高等级公路中贵阳至扎佐段一级公路36公里,实际建设里程178.3公里,总投资199213万元,工期5年,于1998年开工建设。铜仁大兴机场改扩建。项目建设规模为4C级,总投资16300万元,于1998年开工建设。凯里至麻江高速公路。项目建设规模为全长52公里(一级),总投资156000万元,建设工期3年,于1999年10月开工建设。镇宁(黄果树)至水城公路。项目建设规模为全长141.888公里,总投资156005.4万元,工期3年,于1999

年底开工建设。玉屏至铜仁公路。项目建设规模为68.14公里,总投资79860万元。兴义机场、黎平机场、荔波机场。国务院和中央军委对黎平机场、兴义机场进行了立项批复,两个机场高填方试验段均于2000年12月28日举行了开工奠基典礼。渝怀铁路。为国家Ⅰ级干线,电力牵引,全长566.455公里,其中贵州省境内95.351公里投资约22亿元。此外,西南水运出海通道中线起步工程(贵州段)、大乌江至龚滩航道整治工程和红花岗至绥阳至正安、天柱至远口、丹寨至下司、册亨至者干、墨冲至平塘、紫云至黄果树六条国定贫困县联络线进展顺利。

洪家渡水电站。是乌江梯级中唯一具有多年调节性能的龙头水库,电站装机容量54万千瓦,由于龙头水库的调节作用,将对下游梯级电站产生梯级效益,该项目于2000年11月8日开工建设。引子渡水电站。水库淹没损失与同规模电站相比较小,正常高水位1086米,电站装机3台12万千瓦机组,工程总投资15.93亿元,工程于2000年11月8日正式开工建设。乌江渡水电站。扩机工程装机50万千瓦(2×25万千瓦),工程总投资83487万元。

农林水利项目。以解决工程性缺水的水利设施建设为重点,加快解决农业灌溉、城镇防洪和人畜饮水三大问题。主要项目有兴中灌区一期工程、云贵响水电站、乌中灌区续建配套一期工程第一年度实施项目、安西灌区续建配套一期工程、安顺市虹山水库除险加固工程、桐梓天门河水库、都匀茶园水库、仁怀盐津河水库、镇宁王二河水库、遵义红花岗区海龙防洪水库、六盘水玉舍供水工程、毕节市城区防洪工程、六盘水市中心区防洪工程、遵义市红花岗区湘江治理工程(一、二、三期)、思南县城区防洪工程(一、二期)等项目,在建15个重点项目总投资151472万元。

城市建设项目。贵阳市乌当航天大道、凯里市市政干道改造工程、贵阳市白云区供水工程三个项目2001年开工;贵阳西郊水厂、贵阳市中心环线、遵义市红花岗干线工程、贵阳市城市生活垃圾卫生填埋场、贵阳市污水处理一期工程、贵阳市人民广场、安顺市王若飞大道扩建工程进展顺利;兴义市供水工程、铜仁市自来水工程、遵义污水处理厂、六盘水市中心区排污及污水处理工程、贵阳市河道治理工程、都匀市自来水工程、毕节市自来水工程、凯里自来水二期工程已接近完工。

科技项目。贵州科技馆、贵州汉方公司羟基喜树碱注射剂高技术产业化示范工程、贵阳海丰日化公司年产1000吨胡椒基丁醚高技术产业化示范工程、毕节市能源开发有限公司日产3.5万立方米低压耐硫甲烷化煤气产业化示范工程、盘江煤电(集团)有限责任公司高效煤炭洗选产业化示范工程进展顺利。此外,34个县农村电网建设基本完成。年生产原煤180万吨的盘江矿务局金佳矿和90万吨的安顺轿子山大洞口煤矿项目、贵州化肥厂改扩建项目和省图书馆、贵州日报社新闻业务用房、贵州电视台业务用房、贵阳医学院综合楼、贵州省民族文化宫等一大批重点项目正在建设中。

【经济协作与对口支援】2000年全省经济协作实施项目1165项,引进省外资金33.93亿元,完成省内协作资金19.8亿元。

青岛、大连、深圳、宁波四城市对口帮扶工作取得新进展。2000年2月下旬宁波赴黔考察团在黔举办了“黔甬企业东西合作洽谈会”。3月底,青岛代表团考察铜仁、安顺两地区,确定2000年对两地区扶贫资金1400万元;3—6月,与深圳市签订了“贵州省深圳市2000年经济合作协议书”,深圳市向贵州省投放合作基金3000万元;4月底,青岛海尔集团与贵阳经济技术开发区达成协议,建设“贵阳海尔工业园”;6月,宁波市进一步确定对贵州省帮扶项目81个,拟投入无偿资金1200万元;7月3日至7日,青岛市一行12人对安顺、铜仁进行考察,向铜仁捐款200万元,同时宣布在两地区选14个贫困村,每村投入28万元,实施温饱工程;8月深圳经济合作发展基金会来贵州省,就帮扶合作项目与贵州省进行了深入洽谈;10月中旬,大连市党政代表团来遵义和六盘水市考察,分别向两市捐款400万元,向水城矿物局捐款100万元;11月中旬,深圳市招商局代表团来贵州省就深圳外资企业来黔再投资等问题进行洽谈。

贵州与东部发达地区的合作进一步加强。5月下旬,贵州省代表团一行67人到浙江省杭州、宁波、温州、台州等地进行招商引资、考察洽谈及旅游推介,共推出240个招商引资项目,双方就旅游、轻工、房地产、机电、化工、绿色产业等领域85个项目进行了洽谈,向浙江省旅游界的60多家企业和新闻单位宣传介绍贵州省丰富的旅游资源合作项目10多个。7月底,黔粤两省政府在贵阳签订了"黔电送粤"协议书,确定2003年贵州向广东送电230万千瓦,2005年向广东送电300~400万千瓦。4月中旬,与武汉市签订了"贵州省人民政府和武汉市人民政府关于进一步加强经济技术合作的协议"。9月2日,"武汉旅游推介会暨贵州省旅游局、武汉市旅游局合作协议签字仪式"在贵阳贵州饭店举行,会议期间签约经济合作项目33个,总投资16.6亿元。4月贵州省代表团参加"中国中西部合作与投资贸易洽谈会",会上签约近30亿元。9月参加厦门第四届中国投资贸易洽谈会,会上签约总投资12.12亿元。10月参加在深圳举办的高交会,达成意向成交额5.2亿元。10月参加成都"2000中国西部论坛"会,会上举行了新闻发布会。8月18日,2000年全国乡镇企业东西部合作经贸洽谈会在贵阳举办,会上贵州省与省外、国外签约资金223.26亿元。

一批经济合作重点项目得以实施。如辽宁省海城市西洋耐火材料公司在息烽兴建年产100万吨硫基复合肥厂,建设中国最大的硫基复合肥生产基地,项目总投资约9亿元;贵阳钢铁厂与南京联强集团合资组建贵州联强贵钢新轧有限公司;上海中申投资有限公司与贵州高速公路开发总公司合资组建贵申投资有限公司;天津大华集团独资3400万元,组建贵定盘江鞋业有限公司,辽宁葫芦岛投资1.2亿元新建水城正鑫锌业有限公司;南方电力公司、江南永电公司、国家中兴电力公司共同投资1.3亿元兴建黔西南州安龙中山堡电站,总装机4万千瓦;江苏及武汉烟草公司投资6500万元与遵义烟草公司合资兴建烟叶复烤厂;江苏澄星磷化工集团独资1800万元在遵义乌江镇兴建黄磷高炉及环保治理工程;广东邦胜集团独资1500万元在遵义开发区兴建赢家科技电子终端显示器项目等。

【民族地区经济与文化】 贵州省是个多民族的省份,少数民族呈小聚居、大散居的特点,全省87个县(市、区、特区)都有少数民族分布。全省建立了3个自治州、11个自治县,253个民族乡。1999年全省民族自治地方国内生产总值286亿元,人均国内生产总值1944元。工农业总产值387.7亿元。社会消费品零售总额74.2亿元,地方财政收入17亿元。全社会固定资产投资累计64.9亿元,农民人均纯收入1284元。民族自治地方34个贫困县已全部越过温饱线,农村贫困人口减至287万人。

民族自治地方农业由单一粮食生产结构逐步向农、林、牧、渔业协调发展,主要农副产品更加丰富,进一步改善了群众的生活。兴建了一批工业骨干项目企业,形成以小型工业企业为主,包括大中型企业在内的门类较全的工业体系。少数民族特需用品生产和商业贸易也有新的发展,非公有制经济和乡镇企业发展壮大。经济发展逐步改善了自治地方交通、通信、能源等基础设施条件。1999年,全省民族自治地方公路通车里程28925公里,内河航道通航里程2234公里,邮路及农村投递线路总长34059公里,拥有发电量93.88亿千瓦小时,拥有电话54863部,农用机械总动力225.07万千瓦,有效灌溉面积437.81万亩。1999年底,民族自治地方有8508个村通公路,有10497个村通电,有2062个村通电话,有6709个村通自来水。

民族自治地方教育、文化、卫生、体育各项

事业得到进一步发展。1999年,民族自治地方建有高等学校4所,中等专业学校32所,普通中学745所,农业职业中学124所,小学8318所,成人教育学校28所。少数民族在校学生271.37万人,适龄儿童入学率达98.6%。初步形成包括基础教育、职业教育、中等教育和高等教育在内的民族教育体系。

民族自治地方1999年有科研机构21个,科研人员500人;建有图书馆60个,文化馆50个,乡镇文化站341个,民族博物馆2个,影剧院、电影院及放影队980个,新华书店及发行网点700多个;卫星电视地面接收站11659个,电视发射台、插转台1227座,广播电视已覆盖70%的人口;建有各级各类医疗卫生机构1361个,医疗卫生人员11887人,卫生机构床位数21045张;各民族优秀传统文化得到进一步弘扬。

各级党委、政府制定特殊政策和措施,加大少数民族干部培养、选拔和使用力度。到2000年底,全省少数民族干部26.35万人,少数民族干部大专以上文化程度94815人。省级党政领导班子中,少数民族领导干部占22.7%;地级党政领导班子中,少数民族领导干部占29.9%;县级党政领导班子中,少数民族领导干部占41.9%。

云 南 省

【概况】 位于云贵高原西南部。西部、南部与缅甸、老挝、越南三国交界,国境线长4060公里;北部毗邻西藏、四川;东部、东南部与贵州、广西接壤。全省土地总面积为39.4万平方公里,辖5个地区、8个自治州、4个省辖市、13个地、州辖市、80个县、29个少数民族自治县、6个市辖区。省会驻昆明市。

云南是高原山区省份,全省山地高原占全省土地总面积的94%,盆地、宽谷(俗称坝子)占6%。地势西北高、东南低。自西北向东南呈梯状逐级下降,高差悬殊很大。

云南兼具季风气候、低纬气候、山原气候的特点。年日照时数1800~2500小时,热量充足。年平均气温为13~20℃。冬无严寒,夏无酷暑,年平均降雨量1000毫米以上,85%雨量集中在5~10月。

云南人均占有土地面积0.98公顷。坝区土地总面积240万公顷,是城镇所在地及工农业生产主要基地和经济文化中心;半山区面积19.6万平方公里,是全省种植业、养殖业和经济林木的主要分布区;山原面积10.28万平方公里,林业、畜牧业资源极为丰富;高寒山区面积7.12万平方公里,主要分布在滇西北、滇东北、滇西和滇中高寒山区,高山针叶林资源丰富,草场面积宽广。

云南森林大体上可以分为滇西北高山针叶林区、云南松林区、思茅松林区和热带、南亚热阔叶林区等四个森林类型。

全省草地植物共有4958种,是我国草地饲草料植物种类最多的省份。云南省植物类药材有4758种,占全国药材资源的首位,目前已列入收购和生产的植物药有360多种。全省共有香料植物365种。其中有开发利用价值的246种,目前已列入生产性栽培的有几十种。全省已知可食用菌类270多种,占全国食用菌类的3/4。观赏植物中的花卉,最负盛名的是山茶、杜鹃、报春、木兰、百合、兰花、龙胆、绿绒蒿等8大名花。除粮食作物外,可以利用的淀粉植物约有180种。除棉花、麻类等少数栽培的纤维植物外,已知的野生纤维植物约有160种,以麻科、锦葵科、梧桐科、锻树科、棕科的种类最为丰富。

野生动物资源。野生动物中著名的有滇金丝猴、各种长臂猿、亚州野象、野牛、绿孔雀、孔雀雉、各种犀鸟。云南有记录的兽类资源283种,鸟类资源有793种,列为国家保护的有87种,有172个地方畜禽品种,淡水鱼类资源已记录的有400种,昆虫类1万多种。

云南矿藏发现142种,已探明储量的矿藏有92种,保有储量列居全国前10位的矿种有54种,居全国前3位的有25种。云南省有大小河流600多条,分属伊洛瓦底江、怒江、澜沧江、金沙江、红河、珠江等6大水系,水能资源理论蕴藏量1.04亿千瓦,居全国第3位;可开发装机容量7100万千瓦,居全国第2位。在全省6大水系中,金沙江、澜沧江、怒江水能资源蕴藏量占了82.5%,开发潜力大。水电资源开发水库淹没搬迁少,技术经济指标优越。

云南煤炭矿藏煤种齐全,总储量在700亿吨以上,现已探明储量244.69亿吨,保有储量239亿吨,居全国第8位。全省已探明储量1亿吨以上的矿区28处。品种全、埋藏浅、易开采。

云南太阳能资源丰富,太阳总辐射量86.5~159.5千卡/平方厘米,滇西北、滇西年日照2300小时以上。全省每年接受太阳能总辐射量约4.6亿亿万~5.7亿亿万大卡。风能资源分布大体以哀牢山为界,哀牢山以东多数山区为风能丰富区或较丰富区,有效风能密度值大于150瓦/平方米,有效时数4000小时以上。地热资源丰富。全省天然热流量26364.7大卡/秒、折合标准煤118.8万吨/年。已探明地热田4个,地热流体储量2364.2立方米/日,热能储量44.8兆瓦。

云南有独特的高原风光,热带、亚热带边寨风情,多姿多彩民族风情,悠久的历史文化,众多的文物古迹以及优越的气候。境内分布着冰川、雪峰、断崖、峭壁、火山、熔岩、峰林、溶洞、伏流、湍流等奇观,已建立的各类自然保护区110多处,其中国家级的有西双版纳,高黎贡山、哀牢山、白马雪山、苍山洱海、南滚河等6处,省级有46处。古代的墓葬悬棺、崖画、壁画、碑碣等也很多。不同自然带、不同层次的各民族多元文化各呈异彩,宗教寺庙、民族风情以及不同民族的古建筑、服饰、饮食、歌舞别具特色。境内有经国务院批准的昆明、大理、巍山、丽江等历史文化名城,其中丽江古城被联合国列入世界文化遗产目录。文物保护单位有1613处,其中国家级17处,省级170处。目前,已形成以昆明为中心的滇中旅游区,以丽江为重点的滇西北高原风光旅游区,以景洪为中心的西双版纳热带雨林区,以瑞丽为中心的边境旅游区和滇东南岩溶地貌旅游区,还有大理、腾冲、通海、玉溪、楚雄等旅游区。

2000年全省人口4240.8万人,其中城镇人口790.8万人,乡村人口3450万人。云南省有25个世居少数民族,到2000年少数民族人口1415.3万人。占全省人口的33.4%。

云南特殊的地理位置决定了云南省生态环境保护与建设,对中、下游地区产生重要的防保作用,另一方面,由于地形、地貌和地理环境的复杂性、多样性,形成了地域内光、热、水、气等自然资源的时空分布不均,差异极大,加之资源利用方式不尽合理等多种因素,导致云南的生态系统十分脆弱,生态环境亟待加强恢复建设。建国以来,云南省生态环境建设经历了人为破坏性开发到边治理边破坏,从单项治理到综合治理,从被动治理到建设与开发相结合的发展过程。进入"八五"以来,全省生态环境的保护与建设有了新的进展。2000年,全省造林面积430.56千公顷。长江上游防护林工程、飞播造林、珠江上游防护林建设、金沙江上游的35个生态环境综合治理重点县工程建设、11个退耕还林试点县建设、全省天然林保护工程的启动等项目的实施,使云南的森林面积不断增加,2000年森林覆盖率达44.3%。水土流失治理面积逐年增加,重点滑坡泥石流防治工程减灾效益明显,实现了以小流域为单位的综合治理。

2000年以滇池为重点的9大高原湖泊的保护治理工程积极进行,环境污染和生态恶化趋势有所遏制,全省废水、废气处理率和工业固体物综合利用率分别达到84%,83%和38%。滇池污染治理取得阶段性成果。全省共开发耕地56万亩,实现耕地的"动态平衡,占补有余";清理和关闭布局不合理及污染环境的矿山109个;对工业污染和城市"三废"进行了整治,关停了一批污染严重的企业,完成了1038户重点企业的环保治理任务;土地、森林、矿产、水资源等环境得进一步有效保护。

【经济和社会发展】 2000年全省国内生产总

值1955.28亿元，比1999年增长7.1%，其中第一产业增加值436.2亿元，比上年增长5.7%，第二产业增加值840.21亿元，增长5.4%，第三产业增加值678.87亿元，增长9.9%。

2000年，农业累计净增有效灌溉面积225万亩，新增高产稳产农田1100万亩。粮食、油料创历史最高水平。种植业、养殖业结构调整取得初步成效，实现粮食供求基本平衡，主要经济作物和肉类、水产品产量都有不同程度增长。工业生产稳定发展。工业增加值697.66亿元，经济效益明显改善，主要产品产量均有较大幅度增长，产品产销率稳步提高。第三产业快速增长。旅游总收入比上年增长28.2%，运输、邮电、仓储业增加值增长14.7%，其他服务业增加值增长15.9%。

财政金融运行平稳。地方一般预算收入178.1亿元，财政支出413.9亿元，比上年分别增长3.1%、9.5%，金融机构年末各项存款增长109.29亿元。贷款结构进一步改善，加大了对支柱产业、高新技术产业和重点企业生产发展的支持力度。各种保险费收入39.01亿元，比上年增长4.4%。第一、二、三产业比例由1999年22.2∶44.5∶33.3，调整为2000年的22.3∶43∶34.7，呈现出二、三、一型产业结构。群体支柱产业蓬勃发展，烟草产业继续巩固，生物资源开发创新产业发展形势喜人，旅游业对国民经济的贡献不断提高，矿业对经济增长继续发挥重要作用，电力工业步伐加快。

到2000年，全省城乡居民物质文化生活更加丰富，人民生活质量不断提升。农民人均纯收入1478.6元，城镇居民人均可支配收入达到6324.64元，城镇居民人均居住面积12平方米，农村居民人均居住房面积22.18平方米。

初步建立了以城镇职工基本养老保险、医疗保险、失业保险制度和城镇居民最低生活保障制度为基本框架的社会保障体系。2000年底，全省得到社会救济人数261.51万人，国家抚恤、补助各类优抚对象12.62万人，销售福利彩票1.5亿元，筹集社会福利资金0.45亿元，接受社会捐赠0.4亿元。建立了地州市一级附属的失业保险体系，下岗职工基本生活费得到基本保障。截至2000年底，全省共有卫生机构1.34万个，有床位9.75万张，拥有专业卫生技术人员12.41万人。

科技与经济进一步紧密结合，各项科技计划实施顺利，取得较好成效，2000年全省科技进步对经济增长的贡献率43.5%，教育事业不断发展，2000年全省普及6年义务教育，71.6%的人口地区普及九年义务教育，105个县基本扫除青壮年文盲。高等学校合并、共建、资源共享、优势互补、上水平、上档次的发展步伐加快，改善了办学条件。全省小学学龄儿童入学率99.2%；普通中等专业学校在校生10.26万人；普通中学在校生185.97万人。人口文化素质不断提高。

2000年，全省各项文化事业得到全面发展。有各种艺术表演团体130个、文化馆127个、群众艺术馆20个、公共图书馆147个、博物馆28个。广播、电视人口覆盖率分别达到86%和88%。中短波广播发射台和转播台40座，一千瓦以上电视发射和转播台28座。全省128个县市(区)建立了有限电视传输网，其中有60%的乡(镇)建立了广播电视网。全民健身运动广泛开展，体育基础设施进一步完善，共有体育馆558个。

云南成功承办中国"99昆明世界园艺博览会、举办了首届中国民营企业交易会等一系列大型活动，极大地提高了云南对外开放水平和知名度，与110多个国家和地区建立了友好往来经贸关系。全省获进出口经营权的企业337户，海关进出口总额18.13亿美元，比上年增长9.2%，其中出口11.75亿美元，增长13.6%；进口6.38亿美元，增长2%。出口创历史最好水平，全年边境贸易额2.78亿美元，比上年增长20%，出口市场仍以亚洲市场为主。在出口产品中，卷烟销售市场开始好转，"两烟"出口7755万美元，冶金类出口3.04亿美元,机电产品出口1.64亿美元,化工类出口3.18亿美元,农副产品出口1.21亿美元,纺织产品出口1亿美元。

2000年协议利用外资7.31亿美元,实际利用外资2.2亿美元,其中外商直接投资1.28亿美元,对外承包工程、劳务合同及设计咨询合同金额3.04亿美元,完成营业额1.54亿美元。2000年第8届昆交会成交金额19.8亿美元,外资合同13.57亿美元,外经合同金额0.83亿美元,以西南6省区市7方联合协作为基础,滇沪、滇粤和省院、省校合作为重点,与全国各省区市开展了多领域、深层次多形式的联合协作,全年引进省外资金36.3亿元,比上年增长10%。

【投资环境】 到2000年,全省累计公路通车里程10.6万公里,总里程列居全国第一,完成高速公路517公里,新增水库库容4.37亿立方米、输水干渠102公里,改造、新建了昆明、丽江、迪庆和临沧机场,全省通航机场10个,建成南昆铁路云南段和广大铁路,完成贵昆和成昆铁路电气化改造,内昆铁路建设进展顺利,新增电力装机容量250万千瓦,程控电话交换机总容量增加196万门,固定电话普及率提高5个百分点,移动电话用户160万户,有线电视用户250万户,城镇道路、供排水、人防工程等基础设施有较大改善。

重点经济区域建设取得重要成就。经济核心区的生产力布局基本形成,经济走廊的生产力布局已展开,云南已经形成了以昆明为中心的、四通八达、辐射全省的交通运输干线,生产力布局已沿交通干线为主轴展开,逐步形成依托轴线,渐进开发,由轴到面的生产力地域推进态势。沿贵昆铁路、贵昆公路建设工业走廊。重点发展煤炭、火电、建材、砼化工、卷烟、食品、汽车制造等工业,沿南昆铁路的经济带。重点开发沿线丰富的生物、矿产、水能、旅游资源,在区域布局基本形式后,和广西西联战略相呼应,沿滇越铁路、昆河公路建设昆河经济带,沿昆明向南推移,分别建成全省最大的有色金属基地、重要化工基地、“两烟”基地、商品粮、猪、优质水果、林业基地,和向越南出口产品的加工基地,沿广大铁路和昆畹公路构建昆畹经济走廊,开发水能、生物、矿产、旅游资源,建成云南乃至大西南进入东南亚和南亚的陆上大通道。沿昆玉铁路和昆洛公路构建昆洛经济走廊,在北段建成全国最大的“两烟”基地,在南段建成全省最大的热带作物基地,同时加快水能、矿产、旅游资源的开发。并利用经济走廊,为推进云南在参与澜沧江—湄公河次区域合作中发挥重要作用。

充分发挥沿边地区地缘优势,发展与周边国家的贸易往来和经济技术合作,努力实现经济的双向循环,尽快建成云南的外向型经济带。

【利用外资和对外贸易】 坚持“调整结构、扩大规模、拓宽领域、改善环境、突出重点、讲求实效”的原则,实施全方位开放战略,努力扩大出口、积极利用外资,加快“走出去”的步伐,加强区域合作,发展开放型经济。加大对外宣传促销力度,树立云南良好形象。

抓紧研究和熟悉世界贸易组织规则、尽快提高各级政府公务员、工商界人士,尤其是领导干部掌握国际贸易规则的能力和水平,抓紧培养一批熟悉国际贸易规则的专门人才。加快清理、修订和完善地方涉外经济政策和法规。

全力抓好引用外资这个薄弱环节。切实改善投资环境特别是软环境,实行一站式审批和全过程、全方位服务。花大力气做好一批重大招商引资项目的前期工作,建立地州市和涉外经济部门引资目标责任制、重大项目协调督办制和激励机制,有计划地组织开展海外招商活动,积极探索招商代理制新型引资方式。加大能源、交通、矿产、农业、环保、教育、医疗和高新技术领域利用外资的力度,努力推进金融、保险、电信等领域的对外开放,鼓励云南大中型企业与跨国公司开展多种方式的合作。

以市场、出口企业、出口方式和出口商品的多元化为方向,推进外贸发展。加强出口商品基地建设,争取形成品种更多、规模更大的出口产品,积极发展加工贸易,继续拓展周边及东南亚、东亚市场,加大力度开拓欧美、澳州、南亚市场;鼓励有条件的企业到海外投资办厂,开展经济技术合作。办好姐告边境贸易区,争取设立河口、磨憨边境贸易区。深化外资体制改革,赋予更多的企业自营进出口经营权,鼓励民间资金创办外经贸企业及边贸企业。

继续扩大对内开放。继续以滇沪、滇粤合作和省院、省校合作为重点,大力推进西南6省区市的横向联合协作,加强与江苏、浙江等省沿海地区的紧密合作以及与全国其他省区的合作。

【重点开发项目】 按照"调整布局、提高质量、保护环境、注重效益"的原则,加强水列建设,扩大交通网络,优化能源结构,完善城市功能,推动基础设施建设取得新的进展。

水利设施建设。抓好以农田水利为重点的农业基础设施建设,不断改善农业生产条件,新建250万亩高产稳产农田(地),重点建设麻栗坝、掌鸠河饮水供水、引水海洱等大中型水力工程,搞好一批大型灌区和水利配套设施的新建和更新改造,重视病险水库的除险加固,开展从金沙江引水到滇中地区等跨区域调水工程的前期工作,加快山区"五小"水利设施建设。

创建和改善通江达海、连接周边的重大交通、通信基础设施。有步骤地实施"三纵三横"、"九大通道"高等级公路建设规划,建成大理—保山、昆明—石林和昆明—曼谷(云南段)等省内重要高等级公路,加快建设和改造经济干线、旅游干线、县乡公路和扶贫公路。全省公路里程在现有基础上达到11.4万公里,其中高速公路1300公里左右。建成内昆铁路,完成贵昆铁路电气化复线和昆明火车枢纽站改造,争取开工建设泛亚铁路(云南段)。抓紧昆明新机场的前期工作,力争建设红河、文山等支线机场。提高澜沧江—湄公河国际航运能力,建设中缅陆水联运通道。建设覆盖全省、连接世界的高速宽带基础传输网和用户接入网。为最终建成的通信为先导、公路为基础、铁路为骨干、航空为辅助、水路为补充,集信息网络和多种运输方式及枢纽港站为一体的国际大通道奠定基础。

加快跨省区输电和全国联网等大型电网建设,完成宝峰—罗平、昆东—曲靖等一批50万伏输变电工程,建成西电东送,云电外送的大通道。全面完成城乡电网改造,实现同网同价,推进农村电气化进程。

完善城市基础设施。建设一批与人民生活密切相关的重大市政建设,在城市通路、通信、防洪、污染治理和绿化等方面取得较大进展,增强城市综合功能。

【经济协作与对口支援】 2000年云南省广泛开展以资金、技术、人才、管理、国有企业的改组改造、省际间、地区间、企业间的经济社会合作与帮扶协作等生产要素为主要内容的多种形成合作与交流,在促进优势资源开发和扶贫攻坚、推进企业跨地区配合、加快重大基础设施建设、建立和发展区域经济协作网络组织、促进产业结构调整、促进地区经济社会协调发展等方面发挥了重要作用,有效地促进了云南改革开放的不断深入和经济社会的协调发展,目前。全省已与30个省区市和部分国家部委建立了合作关系,外省在云南省16个地州市都有投资,从而初步形成了以6省区市7方区域合作为基础,以滇沪、滇粤等东部沿海地区合作为重点,省内外合作相互促进的对外开放格局,并朝全方位、多层次、宽领域开放与合作的方面发展。

西藏自治区

【经济与社会发展】 西藏自治区总面积122.84万平方公里,全区共辖拉萨市、日喀则地区、山南地区、昌都地区、那曲地区、阿里地区共7个地市,71个县,1个县级城关区(即拉萨市城关区),1个县级口岸(樟木口岸)和1个县级市,人口262万人。藏族人口占95%以上。除藏族外,还包括汉族、回族、门巴族、满族、纳西族等民族。

党的十一届三中全会以来,党中央针对西藏实际,制定了一系列的民族政策和特殊方针,并在财力上予以支持,使经济和各项事业都发生了深刻的变化。第一产业持续稳步发展,农业基础地位进一步加强。2000年全区粮食总产96.22万吨,比上年增长4.3%;油菜籽总产3.95万吨,比上年下降3.8%。畜牧业形势好于往年,肉类产量14.93万吨,较上年增长1.6%。第二产业保持较快增长,整体经济效益有所提高。2000工业总产值完成18.3亿元,其中乡及乡以上工业企业完成18.6亿元,分别比上年增长8.1%和9.3%。第二产业增加值26.75亿元,比上年增长12.8%。第三产业发展迅速,经济和社会效益明显。服务领域不断拓宽,在市场引导和自治区政策鼓励下,第三产业发展速度明显加快,内部结构不断优化,吸纳就业作用日益突出,特别是邮电通信、金融保险业发展迅速,多种经济成分的商业、服务业生机勃勃。旅游、交通、外经贸等持续稳定发展。目前,全区第三产业从业人员近26万人,第三产业增加值54.35亿元,占国内生产总值的比重46.3%。

财政收支保持较快增长,金融对经济发展支持的力度加大。全区地方财政一般预算收入完成4.38亿元,比上年增长17.7%,继续保持高于经济增长的速度。财政一般预算支出59.97亿元,比上年增长12.6%。2000年底,全区金融机构各项存款余额144.98亿元,较年初增加16.41亿元,增长12.77%。

全社会固定资产投资增长较快,重点工程建设成效显著。2000年固定资产投资66.47亿元,较上年增长17.4%。全区发电装机容量35.8万千瓦,公路通车里程2.5万公里,邮电业务总量3.84亿元。

2000年,西藏与全国同步进行了计划、财税、投融资、外贸、金融、物价、粮食流通、社会保障等综合配套的经济体制改革,国有及国有控股企业实现产品销售收入12.58亿元,实现利税3.13亿元,对外开放领域不断扩大,多种经济成份不断涌现,已基本形成全方位、多层次、宽领域的对外开放格局,为经济和社会发展创造了良好的体制环境。

城乡人民收入增加,生活继续改善。2000年,城镇居民家庭年人均可支配收入6448元,农牧民人均纯收入1331元,分别比上年增长7.5%和5.8%,城乡居民居住条件和生活质量有所改善。城镇居民最低生活保障和离退休人员养老补助标准得到明显提高,机关事业单位职工收入有所增加,城镇居民生活质量进一步提高。

教育事业快速发展。扫盲工作继续推进,各级学校的布局逐步趋向合理。教育结构不断优化。2000年,全区各级各类学校达到956所,在校学生规模持续扩大,学龄儿童入学率85.8%,基本实现了县有中学、乡有完小,学龄儿童入学率达到80%的“两有八零”目标。科技工作进一步加强,有利于科技产业发展的宏观环境开始形成,科技进步在促进产业结构优化升级和经济增长方式转变中的作用已开始显现。乡播、电视、文化、卫生、新闻、出版、体育等各项社会事业都有相应发展,促进了精神文明建设。环境保护取得成效,人们的环保意识有所增强,重点领域生态建设和环境治理开始实施。

【投资环境】 西藏资源丰富,开发潜力和开发价值巨大,是我国重要的后备战略资源接续基地之一。由于特殊的地理、自然环境,使西藏潜在的资源优势并没有转化为经济优势,为此,西藏自治区关于招商引资的若干规定和西藏自治区关于招商引资的补充规定的颁布实施,给西藏经济的发展注入了活力与生机,创造了宽松良好的环境。

近几年来,中央政府为帮助西藏经济发展赋予了一系列优惠政策,在引进外资方面,除国家禁止和需要国家综合平衡的项目外,外商投资项目一律由西藏自行审批,不受规模和国家产业政策限制。在进出口经营权方面,西藏生产企业、科研所经营自产产品的进出口业务,自治区可参照国家有关规定自行审批。税收方面，所在地方税种的开征、减免均由西藏自定。西藏在政策上进一步完善投资环境，为西藏实施西部大开发奠定了基础，也使西藏潜在的资源在最大程度上发挥其经济效益。

在国家和各兄弟省市的支持下，西藏的投资环境有了较大的改善。西藏的公路主要以青藏、川藏、新藏和一条联接尼泊尔首都加德满都的国际公路为骨架，全区有干线公路15条，支线公路315条，通车里程2.5万余公里，其中黑色路面1900公里。中尼两国政府已签订协议，两国汽车可以互开直达运输。同时已建成贡嘎、邦达两个民用机场，开通拉萨至北京、成都、重庆、上海、广州、西安、西宁、迪庆，昌都至成都的国内航线和拉萨至加德满都的国际航线。从青海格尔木至拉萨的输油管线，承担大部分石油成品油的运输。

全区有邮电局所130处，邮政单程总长度8万公里；建成了80座卫星地面通信站，电话交换总容量15.8万门，已开通了国内、国际直拨、移动电话、电视电话等业务。

全区现有食品、纺织、电力、采矿、建材、森工、印刷、制革、藏药、化工等10多个行业的国有工业企业511个，产品50余种，部分产品打入国内乃至国际市场。民族手工业具有几千年的悠久历史，卡垫、氆氇、地毯、藏被、腰刀、民族服装、民族家具、玉器、金银首饰等，有着独特的工艺特色和民族风格，品种1600多种，有的畅销国内外。

西藏水能、地热、太阳能、风能资源丰富。河流、湖泊众多，水量充沛，江河落差大，全区河流径流总量3590亿立方米，居全国第二位。天然水能理论蕴藏量2亿多千瓦，超过长江三峡的水能蕴藏量。大小湖泊1500多个，总面积2.76万平方公里，约占全国湖泊总面积的30%。雅鲁藏布江的水能理论蕴藏量在8000万千瓦以上，仅大拐弯处就有4000至6000万千瓦。西藏地热蕴藏量居全国首位，地热显示点有600多处，著名的羊八井地热田全年放出的热能相当于470万吨标准煤，估计热能发电潜力15万千瓦。太阳能资源十分丰富。大部分地区年日照时间3100至3400小时，平均每天9小时左右，西北部是大风区，每年有200天平均风速在每秒3米以上，那曲、阿里两地区冬春季风力都在八级以上。

旅游业前景广阔。西藏素有“世界屋脊”之称，旅游资源别具特色，群山环抱、雪峰林立，7000米以上的高峰有50多座，8000米以上的高峰有11座。色彩斑斓的高原地形、地貌和丰富的野生动植物资源，构成了独特的自然景观。同时，西藏有着悠久的历史、古老的文化传统、虔诚的宗教信仰、纯朴的民俗风情及举世闻名的布达拉宫和几百座建筑风格各异的大小寺庙，全区有著名的古建筑25处，国家重点保护的名胜古迹13处，自治区的重点文物保护单位12处，构成了独特的人文景观。西藏以其特殊的自然、人文景观，吸引了成千上万的旅游者、科考工作者和登山运动员。目前全区已开辟旅游景区(景点)60多个，有旅行社35家，旅游涉外饭店、宾馆90家，其中四星级饭店1家，三星级饭店4家，二星级4家。

优越的地理环境使西藏有潜力巨大的边贸市场，为经济快速发展提供了有利条件。西藏位于南亚贸易的前沿，与人口众多、物产丰富的南亚市场有着传统的经贸联系。近年来中国与南亚国家关系不断发展，目前西藏已建设国家一类口岸2个，二类口岸3个，还有一些大的口岸和口岸保税区正在规划中，为与南亚地区进行大规模经贸合作奠定了基础。

【重点项目】 随着西藏经济的快速发展，基础设施建设滞后成了制约西藏经济实现跨越式发展的“瓶颈”，为改变这不利因素，中央适时的提出了全国支援西藏的决定。据不完全统计，从1995至1999年的五年间，国家各有关部委，各省区市和6个计划单列市共援助西藏建设项目852个，总投资93.1亿元(未含“一江两河”项目)。

62个大庆项目具有投资大、门类多、分布广、基础设施及生产性项目比重大等特点。62个项目最初确定总投资23.8亿元，其中中央和国家有关部委承担30个项目，安排投资

18.02亿元,各省市区和6个计划单列市承担32个项目,安排投资5.78亿元。经援建方考察组赴藏实地踏勘、论证和审核后,对有些项目提出了设计优化意见,部分省市区在中央下达援建任务的基础上,补充了项目设计概算中的缺项、漏项,增加了一些配套项目和延伸工程,62个大庆项目落实投资38.404亿元,比中央原安排投资增加14.604亿元,其中中央和国家有关部委增加11.204亿元,各省市区和6个计划单列市增加3.4亿元,加上自治区制定优惠政策节省投资1.6亿元,自治区对大庆项目的配套资金0.266亿元,以及自治区和建设单位贷款1.336亿元,62项工程实际投资41.61亿元。

"一江两河"项目是根据国务院[1991]27号文批复实施的,该区是西藏的政治、经济、文化中心,拥有丰富的土地、光热、生物和水资源等,开发潜力巨大。截止到2000年6月,国家已下达投资8.8亿元,银行贷款4000万元,群众投劳981万个工日。该项目安排农业项目29个,投资4119.46万元,林业项目36个,投资6379.15万元,畜牧业项目8个,投资885.61万元,水利项目60个,投资50953.98万元,工业项目29个,投资4119.46万元,交通项目3个,投资5137万元,能源项目12个,投资11721.471万元,科技项目38个,投资3729.77万元,前期经费5853.329万元,其它1892.64万元。

在中央的关心下,在全国人民的大力支持下,西藏的社会经济取得了前所未有的发展。这些项目的实施,进一步提高了农牧民的生活水平和农牧业综合生产能力。对维护祖国统一,加强民族团结,巩固边防,稳定社会局势起到了促进作用。

【利用外资与对外贸易】 为了适应市场经济的需要,充分发挥沿边优势,逐步建立起与邻国的经贸关系,放宽政策搞活邻国贸易和边民互市贸易。此外,西藏外贸还在沿海开放地区设窗口、建基地,积极投身于市场,自治区已初步形成以外贸企业、"三资"企业和边境小额贸易企业为铺的外经贸新格局。

全区在利用外资方面成绩显著,截至1999年底,接受和利用国际援助及外国政府贷款等共计外资16053.33万美元,接受国际援助项目42个,受援资金5123.78万美元,涉及轻纺、能源、农林牧综合开发、邮电通信、自然资源保护等领域。同时,充分利用西藏的旅游资源,开展多种形式的旅游促销活动,努力拓展商务旅游、文化旅游以及登山特种旅游等领域。旅游业的发展,有力地配合了对外宣传和对外交流,成为西藏扩大对外开放利用外资的有效途径之一。

西藏与印度、尼泊尔、不丹、锡金、缅甸和克什米尔等6个国家和地区接壤,边境线长3800公里,有4个边境地区,21个边境县,300多条对外通道,5个通商口岸,28个边贸市场。国家有关部门和自治区人民政府相继制定了一系列符合西藏实际的边贸政策,鼓励和促进边贸的发展,同时进行规范化管理,促使边境贸易与一般现汇贸易并驾齐驱,共同发展,使边境成为西藏对外贸易的重要组成部分。目前西藏有边贸经营权的企业72家,年进出口额在2000万美元以上,进出口商品有机电产品、农产品、畜产品、轻工业品、纺织品、建材、药材、手工业品等,支付方式由以物易物发展到现汇结算、信用证结算等。

西藏的对外贸易品种不断丰富,从初期的出口原料、初加工产品、民族手工艺品,发展到今天的轻纺、金融、食品、机电、建材、医药等20个大类,近百个品种。对外贸易渠道也取得了新的进展,从改革开放前仅有的对尼贸易和对印贸易逐步拓展到今天的日本、美国、法国、俄罗斯、韩国、澳大利亚、东南亚诸国和港、澳、台地区,建立了不少国外分支机构,同几百个国外客户建立了较密切的贸易关系。为西藏外经贸走向世界,参与国际竞争创造了一定条件。

由于经济的发展和可供出口货源的增加,出口商品品种和数量都在不断扩大,品种主要有绵羊毛、羊绒、羊肠衣、皮张等畜产品和虫草、贝母等药材。由于经济发展和人民生活水平提高的需要，进口用汇和进口商品及数量也在逐年增多。进口商品主要有机电产品、医疗设备、机械设备、农药、民族用品等。随着经济的迅速发展，进出口商品结构也发生较大变化。出口商品除了土畜产品以外，还扩大了农产品、林产品、工业产品及矿产领域；进口商品还扩大到了化工、石油、轻工、纺织建材、通信器材和成套设备等领域。

【对外开放区域和口岸】 为适应新时期西藏地方经济的快速发展，经国务院批准，西藏正式对外开放地区有拉萨市及所辖的达孜县、当雄县、墨竹工卡县、尼木县、林周县、堆龙德庆县；山南地区的泽当镇；那曲地区的那曲镇；日喀则地区日喀则市、聂拉木县和樟木镇。为发展对外贸易，进一步拓宽对外贸易渠道，自治区还建立了28个边贸市场和5个边境口岸，即樟木、普兰、古隆、定日陆运口岸和拉萨贡嘎机场的空运口岸，初步形成了以樟木、普兰为重点，以拉萨、泽当、日喀则、江孜、狮泉河为依托的区域开放新格局。随着基础设施建设投资力度的加大，对外开放区域和口岸已成为西藏对外开放的窗口。通过这些窗口，充分利用国家对西藏的优惠政策，搞活邻国贸易和边民互市贸易，引导区内外的企业顺利进入南亚市场，既促进了与邻国的经济合作，又增强了与邻国人民的友谊。

樟木口岸。是中国和尼泊尔进行国际交往的重要通道，也是目前西藏最大的陆路通商口岸。改革开放以来，樟木口岸基础设施有了明显改善。1998年，樟木口岸贸易总值33155万元，其中外贸企业对外贸易额为18048万元，比上年增长1.2倍，互市贸易额15087万元，进出境人员28.7万人次。樟木口岸的繁荣，为促进西藏对外开放、巩固和发展中尼两国友好关系起到了积极作用。

吉隆口岸。吉隆口岸于1978年经国家批准对外开放，主要是为方便中尼两国边民进行互市贸易而设立，属季节性陆运（公路）口岸。中尼公路正式通车之前，吉隆是中尼贸易的主要通商口岸之一。中尼公路通车后，中尼贸易的重点转移到樟木口岸，但吉隆口岸作为传统贸易通道，仍辐射萨嘎、仲巴、措勤、昂仁等县。由于交通不便，吉隆口岸贸易至今仍停留在边境小额贸易及边民互市贸易的水平上。为了改善吉隆口岸条件，扩大对外贸易规模，自治区在投资建设吉隆至中尼界河友谊桥的公路。

普兰口岸。普兰口岸位于阿里地区，与印度相邻，是中印两国民间传统的贸易口岸。1992年7月，普兰口岸与印度贡茨口岸同时开放，中断33年之后的亚玛茶边境贸易物交会及其它一些传统边贸市场再度恢复。

拉萨航空口岸于1993年6月经国家同意对外开放。拉萨贡嘎国际机场从1965年建站初期的简陋小航站发展到今天，已建有4000米跑道和3600米滑行道，停机坪为20750平方米，拥有设施较为先进的候机楼、民航宾馆和各种现代化的通讯、导航、航行管制、地面保障等设备，能起降空中客车A340、波音767等大型客机。航空港设有中国银行、国际邮电、航空货运等口岸单位。随着西藏经济的发展拉萨贡嘎机场已成为西藏地区的重要航空港口岸，是西藏与区外交往的主要通道。

【经济协作与对口支援】 1984年和1992年自治区分别成立了经济协作办公室和外引内联经济协调委员会，统一领导、协调全区横向经济联合与外引内联经济工作，各地市各部门也相继成立了经协机构。经协工作在计划和市场双轨制条件下，按照市场规律，与国内外逐步开展横向经济联合与外引内联经济工作。近年来，自治区先后出台了一系列经协工作的方针政策，为开展经协工作营造了一个宽松的环境。1995年，自治区人民政府制定颁布了《西藏自治区关于进一步扩大开放，加强经济技术联合的若干规定》，自治区税务、工商、金融等部门也相继出台了配套政策，这些政策的制定和颁布对于改善西藏自治区的投资环境，吸引国内外各类经济组织来藏投资办实体等起到了积极的作用。

积极开展跨省市区的经济协作。1986

年,西藏加入了西南五省区六方经济协作区和西北十一省市区经济协作区。1987年,加入了川、滇、青、藏毗邻地区经济协作区。1989年、1993年先后两次与青海省、格尔木市召开二省区三方共同开发格尔木会议,与青海省多次商讨共建青藏格尔木市改革开放试验区事宜。自治区有关地(市)也与内地有关地市建立了协作区和友好城市。通过加入区域协作组织,积极与协作区各方开展多层次、多渠道的经济技术协作和信息交流等工作。区域协作的发展,不仅沟通了西藏和内地各兄弟省区的联系,也促进了行业联合与协作的发展。同时,西藏还在沿海和经济发达地区设立窗口,积极参加全国各种招商引资活动,如昆交会、广交会、广博会、福建投资贸易洽谈会、中西部投资贸易洽谈等,广泛宣传西藏改革开放以来的建设成就和优惠的投融资环境,受到国内外企业界、经济界的关注。

兴办了一批合作企业,为搞活区内企业进行了有益探索。通过协作,在藏兴办了一批知名合作企业,如西藏诺迪奥实业公司、西藏中和国际城、奇正藏药等;在国有企业改制方面,通过与内地企业合作,组建了一批有影响的企业,如珠峰工业股份公司、北京西藏大厦、成都拉萨大酒店等;民营企业通过经济技术协作也获得了较好的发展。通过经济协作,引进了资金、技术、人才和先进的管理经验,推动了西藏现代企业制度的建立,为自治区培植了新财源,取得了较好的经济效益和社会效益。

1998年以来,西藏外经贸事业步入了一个健康发展的新时期。进出口商品由初级产品发展到几十种工业制成品,进出口市场由邻国拓展到海外,贸易方式由单一的边境贸易发展到一般贸易、加工贸易等多种贸易形式。外经贸企业得到逐步发展。已初步形成了一般贸易和自营进出口企业为主,"三资"企业和边境小额贸易企业为辅的外经贸新格局。西藏外经贸已呈现出了"三外并举"(外资、外经、外贸)和"两业"(贸易、实业)齐兴的大好局面。

对口支援的基本情况。1994年7月,中央召开了第三次西藏工作座谈会,从战略全局的高度,确定了新时期西藏工作的指导方针,提出了全国支援、集中力量、重点扶持的办法为西藏投资兴建一批经济、社会发展迫切需要的工程建设项目,即庆祝西藏自治区成立三十周年的六十二项大庆工程。同时,确定了"分片负责,对口支援,定期轮换"的新形势下援藏工作战略方针,由江苏、北京、广东、福建、上海、山东、湖北、湖南、四川、天津、重庆、河北、陕西、辽宁、浙江等15个省(市)对口支援西藏的七个地市。同时,还通过智力援藏的方式,培植西藏经济的发展后劲,增强自身的造血功能。

陕 西 省

【概况】 陕西简称秦,地处中国内陆腹地,具有承东启西、联接南北的区位优势。总面积20.56万平方公里,人口3618万。辖西安、宝鸡、咸阳、铜川、渭南、汉中、延安、榆林、安康9个省辖市及商洛地区和杨凌农业示范区,107个县(市、区),其中6个县级市、18个市辖区。

陕西地形南北狭长,从北向南形成三个各具特色的自然区,北部是沟壑纵横的黄土高原,约占全省面积的45%;中部是号称"八百里秦川"的关中平原,约占19%;南部是被誉为"生物基因库"的秦巴山区,约占36%。

境内气候差异显著,由南向北依次为亚热带、暖温带和温带三个气候带。年平均降水量648毫米,年平均气温13.6℃,无霜期218天。

矿产资源富集。目前探明储量的矿产有91种,储量居全国前10位的有58种。其中锶、铼、水泥灰岩等9种居第一位,钼、镁、汞、煤、天然气等18种居第二、三位。全省煤炭探明储量2700多亿吨,保有储量1618亿吨。陕北神府煤田探明储量1339亿吨,属低磷、低硫、低灰、高热量的优质环保动力煤。石油预测远景储量11亿吨,探明储量7.6亿吨,保有储量5.1亿吨。陕北天然气预测储量2万多亿立方米,探明储量3500多亿立方米,是我国大型整装气田之一。

全省矿产资源保有储量潜在总值超过8.9万亿元,平均每平方公里拥有资源潜值4293万元,有条件成为中国21世纪一个重要的能源和矿产资源接续地。

全省有野生脊椎动物750种,其中珍稀动物80种,有国家重点保护类动物国宝大熊猫、金丝猴、金毛扭角羚、世界珍禽朱鹮等。饲养动物秦川牛、关中驴闻名中外,良种奶山羊数量居全国之首。

境内现有林地592万公顷,其中天然林456.7万公顷,森林覆盖率28.8%。秦岭巴山有野生种子植物3700余种,珍稀植物37种,药用植物近800种。天麻、杜仲、甘草、苦杏仁等在全国具有重要地位,沙棘、绞股蓝、富硒茶等资源极具开发价值,红枣、核桃、桐油是传统的出口产品,生漆产量和质量居全国第一。

旅游资源丰富。陕西是中华民族和华夏文化的重要发祥地,中国历史上先后有13个王朝在陕西建都,历时1180年。早在2100年前以古长安为起点的"丝绸之路",使陕西成为中国对外开放最早的地区之一,都城长安成为闻名中外的中西商贸集散地。

座落在陕西北部的延安是中国革命的"摇篮"。1935—1947年,中共中央在陕北战斗生活13个春秋,领导全国人民取得了抗日战争和解放战争的伟大胜利。

陕西地上地下文物遗存极为丰富,被誉为天然历史博物馆。以文物为特色的旅游资源品位高、存量大。全省已发现各类文物点3.58万处,其中古遗址1.05万处,古墓葬4368处,石窟寺557处,古建筑2604处,古石刻1.49万处。已公布的重点文物保护单位60万件(组)。文物点密度之大、数量之多,等级之高,均居全国之冠。

省内自然景观多姿多彩。有被称为奇险天下第一的西岳华山,有黄河最为壮观的壶口瀑布,有国内海拔最高的湖泊太白山天池,临潼骊山、佛坪自然保护区等也是著名的旅游胜地。

全省有2000多个科研单位,其中具有独立研究开发能力的国家部属重点院校和科研单位898个,17个专业是全国唯一的,50个专业在全国处于领先地位。有国家重点实验室10个,国家部门专业、专项实验室50个,省级重点实验室29个。拥有各类专业技术人员85.1万人,其中直接从事高科技研发的17万人,两院院士35人。综合科技实力居全国第三位。

陕西是全国高等教育的重要基地。拥有各类普通高校43所,成人高校30所,军事院校11所,民办高校37所。各类高校共有国家级重点学科21个,博士后流动站47个,国家及部门专业重点实验室37个,省级重点实验室27个。2000年,陕西省普通高校在校学生24.2万人,研究生1.85万人,专任教师2.07万人。

【经济与社会发展】 2000年,全省国内生产总值1660.9亿元,比1999年增长了9%;在经济保持较快增长的同时,结构调整步伐明显加快,经济增长质量明显提高,产业结构调整已初见成效,农业经济平稳发展,克服主要农产品价格持续偏低和部分地区严重旱涝灾害,农业生产获得丰收,全省农业增加值285亿元,比1999年增长4%;粮食总产109亿公斤,比1999年增产0.7%;果品产量500万吨,其中苹果产量399万吨,优果率40%,比1999年提高5个百分点;油料总产35万吨,比1999年增长9.7%。畜牧业和蔬菜成为农业和农村经济发展的新亮点,肉蛋奶产量分别比上年增长3.2%、16.3%和17.6%,达到96.5万吨、46.5万吨和65.5万吨;蔬菜总产量520万吨,比1999年增长4%;乡镇企业增加值比1999年增长10.6%。山川秀美工程成效显著,国家核定退耕还林草面积326.1万亩,补助折合人民币7.3亿元。

工业继续保持增速加快、效益趋好的发展势头。全省实现工业增加值550.5亿元,比1999年增长9.6%。石油加工及炼焦业、电子及通讯设备制造业、医药、石油和天然气开采业、电力工业等优势产业增长较快。国有大中型企业三年改革和脱困目标基本实现,工业企业扭转了连续六年亏损局面。2000年,全省规模以上工业企业实现利润45.1亿元,比1999年净增51.1亿元,其中国有及国有控股大中型工业企业实现利润32.5亿元,较1999年扭亏增盈45.5亿元;全省有131户国有大中型企业脱困。非公有经济继续快速发展,尤其是民营科技企业异军突起,发展到7800家,技工贸总收入约230亿元。

随着消费市场逐步启动,服务业持续快速增长。第三产业增加值652亿元,比1999年增长10.4%,占到经济总量的39.2%。旅游产业保持强劲增长势头,全省接待海外游客71万人次,旅游外汇收入2.8亿美元,分别比1999年增长12.7%和3.7%;接待国内游客2700万人次,旅游收入100亿元人民币,分别比1999年增长3.8%和13.6%。信息、金融、保险、社区服务、房地产、咨询、法律等现代服务业蓬勃兴起,各类超市、购物中心、专卖店和连锁经营等现代流通形式得到较快发展。

社会需求开始全面回升,投资保持快速增长,消费趋于活跃。在各方面努力工作下,陕西省迅速扭转了2000年1～6月固定资产投资下滑趋势,恢复了较快增长。全省全社会固定资产投资完成730亿元,比1999年增长17.9%。在投资的带动下,基础设施重点项目建设加快。西安至合肥、宝鸡至兰州铁路复线、西安绕城公路南段、蒲城电厂二期等21个项目开工建设;西康铁路、西安黑河金盆水利枢纽工程、神木北至延安铁路、西安咸阳国际机场扩建工程、城乡电网建设与改造工程等59个项目进展顺利;西安绕城高速公路北段、铜川至黄陵高速公路、宝鸡至牛背高速公路等26个项目建成投产;企业技术改造投资预计完成投资105亿元。

随着落实"三条保障线"、推进电网改造和城乡同网同价、降低电信资费和药品虚高价格、提高城乡中低收入居民收入水平等各项鼓励消费政策效应的逐步显现,居民消费预期心理好转,消费环境进一步改善,消费品市场趋于活跃。全省全社会消费品零售总额608亿元,比1999年增长9.1%。由于市场回暖,物价总水平降幅趋缓,全年居民消费品价格指数比1999年下降0.5%。消费结构继续提升,通信、旅游、住房、教育等新型消费成为消费市场热点。

高新技术产业发展势头迅猛,高新技术产业实现产值406亿元,比上年增长25%。"311"工程进展顺利,全省又有一批科技产业化项目列入国家高技术产业化推进项目计划。关中高新技术产业开发带建设加快,全年技工贸总收入超过400亿元,比1999年增长30%。经济发展重大领域的科技攻关得到加强,数字电视芯片、片型化电子元器件、体细胞克隆羊技术、纳米材料等科技前沿技术攻关取得新进展。

教育事业蓬勃发展。普及九年义务教育的县达到81个,青壮年文盲率降到3%,全省通过"两基"验收的人口覆盖率82.7%;高等教育管理体制改革与布局调整取得重大进展,地方普通高校招生6.64万人,扩招2.66万人,西安交大等六所高校"211工程"项目一期工程基本完成;村村通广播电视工程的实施,使贫困地区6261个行政村结束听不到广播、看不上电视的历史;农村三级医疗服务网得到巩固和加强,基本实现以县为单位初级卫生保健;奥运金牌实现零的突破;计划生育工作进一步得到加强,人口自然增长率控制在5‰。

人民生活不断改善。全省城镇居民可支配收入预计达到5080元,比上年增长9.2%;农民人均纯收入1470元,比上年增长1%。全省又有70万贫困人口脱贫。卫生保健、教育旅游、文化娱乐等支出明显增加,人民生活质量进一步提高。

【投资环境】 陕西省先后出台了规范行政事业性收费、处理外商投诉、加强海外监督等方面的地方性法规。成立外商投诉中心,建立开放的政务大厅,实行"一厅式"服务。陕西省四个国家级开发区根据各自实际,制定和完善了鼓励投资的优惠政策。为了更好地实施西部大开发战略,陕西省积极开展投资环境专项整治,进一步健全地方性涉外法规,为国内外企业创造良好的服务环境,同时,扩大外商投资领域,创新融资方式,拓宽利用外资渠道,鼓励外商以收购、兼并、参股、控股等多种形式参与国有企业资产重组。

基础设施条件迈上了一个新台阶。铁路以"两纵五横四个枢纽"路网建设为重点,集中力量加快建设西康、神延和西合铁路,2000年底全省共形成干支线铁路16条,铁路营业里程2821公里,其中电气化里程2170公里。公路重点围绕"米"字型主骨架,以西安为中心,以9条国道主干线为主体,辐射四面八方的高等级公路网正在加快建设,全省公路通车总里程4.4万公里,其中高速公路423公里,实现关中五个城市高速公路联网,二级公路3420公里,实现县县通油路,村村通路率达到95%以上。民航建设以西安咸阳国际机场航站楼扩建工程为重点,提高运输能力和机场服务设施水平。1999年新开通西安至大阪、西安至东京和西安至汉城三条国际航线,目前已开通国内外航线113条,航线里程20.16万公里。邮电通信设施发展很快,已建成西安至合肥、西安至呼和浩特等传输光缆。省内和省际邮运网基本形成,邮路总长度9.18万公里。初步建成一个覆盖全省、以光缆为主、数字微波和卫星为辅的大容量高速率电信传输网。全省电话交换机容量415万门,长途业务线路5.7万条。城市基础设施能力不断增强,西安市黑河引水及管网工程,西安、宝鸡和咸阳等城市道路及气化工程进展顺利,城市污水、垃圾处理及电网改造全面展开,2000年底,全省城市供水能力320万吨/日。能源对经济社会发展的"瓶颈"制约得到改善。2000年,全省发电装机容量约700万千瓦,年发电量272亿千瓦时,330千伏输电线总长2600公里,110千伏线路7000多公里。管道开工并建成靖西、咸宝、西渭等输气管线825公里,原油管线200多公里。

重点区域加快发展。以西安、宝鸡、杨凌三个国家级高新技术产业开发区(示范区)和国家级西安经济技术开发区及咸阳、渭南两个省级高新技术开发区为支撑点的关中高新技术产业开发带,集中了陕西40多所大专院校,340所科研院所,近400个大中型工业企业,聚集了陕西80%的科技和工业力量。带内正在建设的西安软件园、西安医药工业园、高新技术产品出口工业园和西安交通大学科技产业园、西北工业大学科技园、西安电子科技大学产业园、大学生物园、西北农林科技大学农业科技园等8个科技园区和长安基地,成为高新技术开发和经济增长的新亮点。陕北能源重化工基地建设步伐加快,国家和地方先后投入大量资金,加快建设铁路、公路、煤矿、电厂、天然气输气管线等项目,已形成原煤生产能力5300万吨,天然气生产能力30亿立方米,输气能力20亿立方米,石油生产能力273万吨,甲醇生产能力20万吨。随着交通条件改善,大规模开发陕北能源资源的条件已经成熟,国家计委于1998年批准了陕北能源重化工基地建设规划,目前,一批煤炭、天然气深加工项目正在加紧前期准备工作。

目前陕西已形成以机械、电子、纺织、医药、化工、食品等优势产业为主体的门类较多、基础较好的工业体系。军工规模居全国第一,飞机、高压输变电成套设备、精密机床及复杂刀具、自动化仪表、重型汽车等产品在国内有较大的市场占有率。陕西被信息产业部列为电子大省强省之一,电子工业是近年来发展最快的行业,生产彩色显像管、无线电通讯导航、大规模集成电路、电子测量仪器、电子元器件等11个门类、数百个品种的产品。医药工业在改革开放中迅速壮大,综合实力居全国第五位。能源工业是陕西工业极具发展后劲的行业,陕北能源重化工基地按照大规模、新机制、抓转化的思路加快建设,2000年原煤生产能力5300万吨、天然气30亿立方米,原油273万吨,发电装机200万千瓦。

【利用外资和对外贸易】 2000年,陕西省全方位、多层次、宽领域对内对外开放格局基本形成。利用外资4.7亿美元,其中借用国外贷款1.8亿美元,外商直接投资2.9亿美元,利用外资质量不断提高,外商投资来源国别和地区58个,来陕投资的世界500强跨国公司有16家。有18家500强企业在陕西设立代表处。招商引资对于提高陕西省资本积累,促进产业升级,增加就业机会发挥了突出作用。截止到2000年底,全省已开业的外商投资企业年销售收入150亿元,年涉外税收突破12亿元,年均吸纳就业人员超过9万人。对外承包劳务营业额9496万美元,比去年同期增长13.3%,年末在外劳务人数2170人,比去年同期增长22%。接受国际无偿援助项目51个,受援金额3011万美元。陕西省外贸进出口完成21.27亿美元,比上年增长5.94%,其中出口13.1亿美元,比上年增长13.7%;进口8.7亿美元,比上年同期下降4.49%。进出口商品结构进一步优化,形成了以机电产品、成套设备、纺织服装、有色金属、果品、果汁、加工贸易等为主体的外向型产业体系和出口拳头产品。实施市场多元化取向和对外贸易经营主体多元化战略取得进展,对外贸易伙伴已达156个国家和地区,全省获得外经贸经营权的内资企业360多家,有36家企业年出口创汇超过1000万美元。一大批国有大中型生产企业直接走向国际市场,成为外贸经营可持续发展的生力军,同时,赋予一批有实力的商业企业、科研院所和集体、私营企业以及县级外贸公司进出口经营权,形成国有、集体、私营、三资企业"四路"出口队伍整体推进态势。进出口总额跃上20亿美元新台阶,占GDP比重约为12%,比"八五"期末提高约4个百分点,成为拉动国民经济增长的重要力量。

鼓励外商投资的六个重点方向,一是基础设施建设,重点是道路、桥梁、隧道、铁路、地铁、电厂、水利,城市供气、供热、供水、房地产开发、污水处理、环境保护等市政基础设施项目。二是资源开发,加快煤炭、石油、天然气和金属、非金属矿产的综合开发利用和深加工,发展原材料生产。三是农业综合开发,优质粮、棉、油、蔬菜、水果等新品种开发,保鲜、加工、新技术推广应用,畜、禽、鱼优良品种的引进、养殖和加工,创汇型农业项目开发。四是对现有机械、电子、纺织、食品、化工、建材等国有企业进行嫁接改造和资产重组,提高技术水平和生产能力,扩大出口创汇。五是加快文物、旅游资源开发建设,开发旅游景区,兴办大型娱乐设施,更新旅游设备,开发旅游产品等。六是高新技术产业开发和开发区建设,鼓励兴办集约化农业技术、电子信息技术、新材料技术、先进制造技术、能源及高效节能技术、生物技术等新兴产业。

【重点开发项目】 陕西省加快实施西部大开发战略,以基础设施、生态环境建设和科技教育为重点,安排了一批重大项目,项目建设进展顺利。2000年,共确定重点建设项目125个,年度计划投资315亿元;其中续建项目59个,投资184亿元;投产项目35个,投资49亿元;新开工项目31个,投资82亿元。

西安绕城高速公路。北段全长约34公里,全线采用6车道高速公路标准,设计车速120公里/小时,路基宽度34.5米,总投资16.5亿元。该工程于1998年10月开工建设,至2000年10月28日建成通车。南段工程全长44.9公里,采用6车道高速公路技术标准建设,设计行车速度120公里/小时,路基宽度35米,与已建成的西安绕城高速公路北段相接,形成绕西安市的环线公路,使5条国道、3条西部大通道和2条国道主干线在西安实现联网,对改善西安市作为交通枢纽和特大型中心城市的交通环境具有重要作用。工程总投资29.07亿元,于2000年10月开工建设,计划2002年建成通车。

石泉水电站扩机工程。该工程是利用石泉水电站现有水库设施,在左岸坝前打隧洞引水至坝下游70米建设厂房,利用弃水发电。建设规模为2×4.5万千瓦,工程总投资3.01亿元。工程于1998年9月开工建设,至2000年11月29日实现两台机组并网发电目标,正式投入运营。

阳平关至安康铁路扩能工程。随着宝成铁路阳平关至成都段增建第二线和西安安康铁路的修建，阳安线运量与运能不相适应，国家决定对该线进行扩能改建。扩能范围为阳平关东站西闸口至安康站西闸口长356公里及相关附属工程，总投资7.8亿元。该工程于1998年6月开工建设，至2000年底扩能改造工程竣工运营。

宝鸡至牛背公路。该公路系GZ30连云港至霍尔果斯的一段，是陕西省“米”字型公路主骨架的组成部分，全长58公里，总投资7.15亿元。工程于1998年6月开工建设，至2000年底建成通车。

陕西广播电视传输覆盖网。工程总投资4.3亿元，建成全省传输网总站数193座，其中省到地市干线7条，站点45个。工程于1996年10月开工建设，至2000年底工程主体基本建成。广播覆盖率90.3%，电视覆盖率91.4%；有线电视入网用户210万户，网内用户可收到20～30套高质量的电视节目。

宝鸡二电厂。宝鸡二电厂位于凤翔县长青乡石头坡村，建设规模为4×30万千瓦，总投资62.47亿元。工程于1996年10月正式开工，1号机组于1998年底投产，2号机组于1999年11月投产，3号机组于2000年9月投产，4号机组已具备整套启动试运条件，预计2001年6月投产。

西北大学“211”一期工程。工程以重点学科建设为核心，同时加大对公共服务体系和基础设施投入。截止2000年底，建成现代化的校园信息网，开发了一批高水平多媒体电子教材，取得多项在国内外领先的科研成果。

长安大学“211”一期工程。总投资1.75亿元，主要建设重点学科、公共服务体系及基础设施。截止2000年底，建成了西北最大的“筑机汽运学科实验实习基地”和设备、管理都居先进行列的对外开放的五个“省部级重点实验室”；获得国家、省、部级奖48项；3个部级重点学科的建设上了一个新台阶，达到国内领先水平；教学、科研水平明显提高，取得了较好的经济效益和社会效益。

西安交通大学“211”一期工程。总投资1.31亿元，主要建设生物信息工程与医学仪器、现代机械制造基础与技术等6个重点学科及公共服务体系和必要的基础设施。到2000年底项目已基本建成，重点学科、仪器设备与科研水平显著提高，取得了一批标志性成果，快速成型制造若干关键技术及设备获国家科技进步二等奖，高清晰度彩色电脑显像管获国家科技进步三等奖等。

宝鸡至兰州铁路复线(陕西段)。宝鸡至兰州铁路复线长490.6公里，工程总投资98.8亿元，线路按国家Ⅰ级铁路干线标准建设，其中陕西省境内全长110公里，投资31.2亿元。该工程于2000年1月正式开工建设，计划2003年建成通车。

西安至合肥铁路(陕西段)。西合铁路全长955公里，总投资232亿元，工程按国家铁路Ⅰ线干线单线建设，预留复线，其中陕西省境内长255公里，投资106亿元，近期输送能力为货运1700万吨，客车8对。工程于2000年5月开工建设，计划2005年建成通车。

勉县至宁强高速公路。全长54.5公里，全线采用四车道高速公路标准建设，陕西段是国道主干线二连浩特至河口公路的一段，也是陕西省“米”字型公路网主骨架“东北—西南段”的一段。工程总投资24.04亿元，于2000年10月开工建设，计划2003年建成通车。

杨凌燃机热电厂。杨凌燃机热电厂是陕西省燃机热电有限公司负责建设的陕西省第一座天然气电厂，是解决示范区供热的重大基础设施项目。工程总投资2.69亿元，安装一台3.8万千瓦燃气轮发电机组和一台1.5万千瓦单抽冷凝式汽轮发电机组，供热量50T/H。工程于2000年6月开工建设，目前，基本具备供热条件。

【经济协作与对口支援】 2000年苏陕扶贫协作与经济合作经过两省共同努力，在扶贫帮困、捐资助学、干部交流、人才培训、劳务输出、经贸合作等方面取得明显成效。江苏省各级政府向陕西省无偿捐资3134万元,社会各界捐资740万元,捐赠物资折价8038万元;实施协作项目391项,投资9994万元,联办企业10个;援建基本农田1.38万亩,新修公路33.25公里,帮助解决温饱人口28.6万人,解决人口饮水3.87万人,解决牲畜饮水6160头;援建希望小学65所,资助贫困学生500多名,无锡市教委每年安排延安32名优秀初中毕业生到无锡重点中学就读,2000年第一批毕业生全部考上大学,其中26名考上清华等重点大学;培训师资和各类技术人才2408人次,援助各类技术39项;接纳陕西省剩余劳动力310人,劳务收入114万元。两省双方互派交流挂职干部212人次,互派考察访问团组225批共2604人次。

陕西省对口支援西藏自治区阿里地区,2000年重点帮助阿里地区建设道路、医疗、文化教育等基础设施工程。共捐赠资金1600多万元,已建成噶尔、普兰两县医院和公检司法办公大楼、阿里地区陕西宾馆、援藏干部之家、阿里地区幼儿园、噶尔县办公大楼和陕西路等9项工程。派技术援藏干部9名,培训各类专业技术人才47名,援助毒草防治技术1项,互派交流挂职干部30人,互派党政、新闻媒体考察采访团2批。

2000年黄河经济协作地区负责人第十三次会议在西安召开。九省区和新疆建设兵团、黄河水利委员会共十一方负责人出席会议。会议审议并通过《黄河经济协作区在西部大开发中进一步加强联合与协作的实施意见》、《关于把黄河旅游产品推向国际市场的建议》和《关于尽快出台〈黄河法〉的建议》三个文件,明确了黄河经济协作区在新世纪实施西部大开发战略的重点任务。

甘　肃　省

【概况】 甘肃省地处黄河上游,闻名中外的古丝绸之路和新亚欧大陆桥贯穿全境。境内地貌复杂多样,山地、高原、平川、河谷、沙漠、戈壁交错分布,地势自西南向东北倾斜。全省总土地面积45.4万平方公里,其中山地和高原约占全省面积70%以上,西北部的戈壁和沙漠约占全省面积14.99%。

甘肃省辖5个地级市、2个自治州、7个行政公署共14个地(州、市),7个县级市、61个县、7个民族自治县、11个市辖区共86个县(市、区),2000年底总人口2561.5万人,其中少数民族人口218.4万人,城乡人口比例为24.01:75.99。

甘肃省现有耕地7485万亩,林地5807万亩,草原2亿亩(不包括荒漠、干旱草场),荒地1.82亿亩,总水面231.8万亩,其中能够养殖的36.57万亩。现有药材品种9500多种,居全国第二位;作为药用的动、植物及矿产物中药材约1080种,其中药用植物951种、动物87种、矿物34种、加工类药8种;目前经营的主要药材有当归、大黄、党参、甘草、红(黄)芪、冬虫夏草等450多种,其中"岷当"和"纹党"产量大、质量好,是闻名中外的出口药材。在已探明储量并编入《甘肃省矿产储量表》的84种矿产中,有32种矿产的保有储量位居全国前5位,56种矿产的保有储量位居全国前10位。其中镍矿、钴矿、铂族金属(铂、钯、锗、锇、钌)、硒矿、铸型用粘土、饰面用蛇纹岩等6种矿位居全国第一。

甘肃省水资源主要分属黄河、长江、内陆河3个流域、9个水系。全省河流年总径流量603亿立方米,其中年径流量1亿立方米以上的河流有78条。水能资源总蕴藏量1309万千瓦,平均开发利用率为14.1%,其中黄河流域20.2%,长江流域9.3%,内陆河流域0.9%。

甘肃省地域辽阔,历史悠久,文化灿烂,古迹甚多,是历史上中国对外开放最早的地区之一。有地上、地下文物古迹1.3万处,其中全国重点保护单位23处。省内有少数民族44个,浓郁的民族文化风情,不同的习俗信仰,是开展斑斓多彩的民俗风情游的重要条件。甘肃省旅游资源在全国占有重要地位，堪称旅游资源大省。

甘肃省天然降水量少，干旱、半干旱地区面积占全省总面积的75%，土壤遭受侵蚀面积38.9万平方公里。全省森林覆盖率9.37%，加上农田、草地的季节性覆盖，全省土地的植被覆盖率只有23%左右，水土流失、荒漠化程度比较严重。2000年，作为西部大开发切入点的生态环境建设在甘肃大地全面展开，彻底停止了天然林采伐，制订了甘肃省天然林保护规划；加大退耕还林（草）的试点力度，全年完成退耕还林（草）127.64万亩，其中退耕还林70.25万亩，还草11.88万亩，荒山造林45.51万亩；黄河和长江流域的34个县实施生态环境建设综合治理工程，累计投资6.5亿元，工程累计治理水土流失面积2887平方公里，植树造林164万亩，草地建设210万亩，新修梯田74.4万亩，项目区生态环境恶化的趋势得到了初步遏制。

2000年甘肃省环境保护工作以保障全省环境安全、保护人民身体健康为宗旨，组织开展年度全省环保执法检查，对新扩改建项目严格执行环境影响评价和“三同时”制度，依法取缔和关停“15小”企业，淘汰了一批污染严重的落后生产工艺和技术，实施污染物排放总量控制，把烟尘、二氧化硫、工业粉尘等14种污染物排放总量纳入计划管理。全省环境污染加重的趋势得到初步控制，部分城市和主要河流的环境质量有所改善。

【经济与社会发展】 2000年国民经济持续稳定增长，经济运行的质量进一步提高。全年全省实现国内生产总值983亿元，比上年增长8.7%。其中第一产业193亿元，增长1.5%；第二产业440亿元，增长10.8%；第三产业350亿元，增长9.6%。

农业和农村经济在调整中稳步发展。2000年农业种植结构继续朝优质高效的方向发展，经济作物和优质专用粮食品种面积扩大，反季节瓜菜、洋芋、中药材等开始向规模化发展，龙头企业带动产业化发展的作用增强。农业基础设施建设步伐加快，全省新增有效灌溉面积35万亩、节水灌溉面积128.89万亩、集雨节灌面积56万亩。全省当年实现55.38万贫困人口脱贫，农村贫困面下降到3%。农村小康建设顺利推进。

工业生产稳步增长，国有企业改革与发展取得较好成效。国有企业整体扭亏为盈，全省国有大中型企业三年改革与脱困的任务基本完成，大多数国有大中型企业初步建立了现代企业制度。债转股工作取得实质性进展，已有18户企业与资产管理公司签定协议，债转股金额142.5亿元。全省工业生产保持了较快增长，2000年完成工业增加值328亿元，比上年增长10.2%。

基础设施建设不断加强，固定资产投资保持较快增长。2000年，固定资产投资443亿元，比上年增长15.4%。重点项目的建设进度不断加快，永昌至山丹一级公路一期工程建成交付使用；中川机场改扩建工程完成航站楼主体和部分辅助设施；53个县的农村电网改造工程建成竣工，敦煌燃气电站、八盘峡水电站6号机组、平凉电厂1号机组实现并网发电；一批中心城市的供水、供热、道路工程已部分建成投入使用；兰铝、酒钢等重点企业的12项国债贴息技改项目陆续开工；疏勒河农业综合开发等大中型骨干水利工程进展顺利。

社会消费稳步扩大，进出口贸易呈现恢复性增长。随着国家扩大内需、启动消费的政策效应逐步显现，以及“五·一”、“十·一”等假日经济拉动，旅游、教育、服务等消费正成为新的消费热点。全年完成社会消费品零售总额363亿元，增长9.4%。

财政金融运行平稳，市场物价逐步回升。2000年地方财政收入61.29亿元，增长5.6%。金融机构各项存、贷款余额继续增加，分别增长14.49%和12.37%。物价呈现止跌走稳的趋势，全年居民消费价格指数为99.5。

科技、教育等各项社会事业全面发展。国家高新技术产业化示范项目电解铝液电磁铸轧生产毛化板箔材等六个项目相继开工建设，其中高纯氧化铕、口服轮状病毒活疫苗两个项目已基本建成。“国家贫困地区义务教育工程”顺利完成。高校招生规模进一步扩大,高校录取率38%。全省医药卫生体制和城镇职工医疗保险体制改革方案出台,并开始实施。县乡村三级计划生育工作网络进一步健全,实现了当年计划确定的人口控制目标。省广播电视中心项目建设进展顺利,提前完成了“村村通”广播电视的建设任务。举办了以西部大开发为主题的系列文化活动,开展了敦煌藏经洞发现暨敦煌学100周年纪念活动,推出了《大梦敦煌》等一批优秀剧目。“全民健身计划”正在积极实施,自行车赛场主体工程完成。环境保护工作顺利实施,“一控双达标”目标基本实现。

2000年甘肃省宏观经济运行态势良好。但经济运行中深层次的矛盾和问题还没有得到根本解决。产业结构、产品结构、所有制结构和城乡结构不合理的问题突出;国有企业发展的内在活力和创新能力仍显不足,相当一部分企业还没有真正走出困境,改革与发展的任务还很艰巨;城镇下岗和失业人员较多,就业压力不断增大。

【投资环境】 甘肃地处中国东中部地区与西北地区的结合部,是西部地区唯一具有承东启西、南拓北展区位优势的省区。是联结亚太地区和亚欧地区乃至大西洋地区的重要桥梁。省会兰州地处西北“座中四联”的位置,是全国12大主干交通枢纽之一,兰新、包兰、陇海、兰青等4条国家铁路干线在此交汇,是西部地区重要的商贸中心,具有较强的辐射带动作用。

四通八达的交通运输网络贯穿东西、纵横南北。铁路总里程3275公里,铁路运营里程2322公里。公路通车里程36212公里。有兰州中川、敦煌、嘉峪关、庆阳四个民航机场和清水、天水等军民两用机场,已开辟国内航线31条,可通达香港和国内30多个城市,其中中川机场可起降波音767、空客A300—A600等大型客机。

实现省、地、县电话交换程控化,电信传输数字化,公用分组数据交换网、公用数字数据网、公用帧中继网等基础数据通信网和计算机互联网以及公众多媒体通讯网相继建成,覆盖到全省各地(州、市)。2000年全省移动电话64万门,固定电话180万门。西——兰——乌、京——呼——银——兰、兰——西——拉、兰——成等国家光缆主干线均以兰州为主节点,使兰州成为西北地区的通讯枢纽,可直拨世界100多个国家和地区。

甘肃电网处于西北电网的中心,电力总装机容量613万千瓦,年发电量280亿千瓦时,输电线路2977.48公里,大部分县有了110千伏变电所,基本实现村村用电。全省自来水供水能力319.2万吨/日,城市用水普及率94.61%,污水处理率30.4%,垃圾处理率36.2%,人均公共绿地面积3.6平方米。煤气和石油液化气用户40.6万户,城镇集中供热面积3000万平方米。

建成各类商品市场1800个,其中批发市场223个、人才市场54个、技术市场3个、房地产交易市场14个,全省77个县(区)设有房地产交易所。全省有24个证券营业部、19个证券服务部、2个期货营业部、上市企业15家。

甘肃具有完整的中西医并重医疗、预防、保健、科研、教学、卫生体系,形成集临床医疗、防疫、保健、康复医疗为一体的城乡卫生体系。全省共有各级各类医疗服务机构8976个,其中医院366所、卫生防疫站106所、专科防治所(站)25个、妇幼保健机构90所,以及综合门诊部、专科门诊部、医务室、诊所等6730个,医疗机构共设病床58992张。

2000年8月甘肃省人民政府颁布了《甘肃省实施西部大开发战略的优惠政策》,主要包括市场准入政策、国民待遇政策、鼓励投资政策、税收政策、土地政策、人才政策、投资服务等方面内容。

市场准入:可向国内外经济组织转让甘肃省国有公路、桥梁、隧道、城市市政等公用基础设施资产权益,并为其提供收费价格批文质押、履约保险等必要的融资和经营条件，最长期限可为25年。鼓励投资：外商投资企业在甘肃省生产的产品，每出口创汇1美元，由地方同级财政给予5分钱人民币的内陆运输补贴。税收政策：除执行国家出台的西部地区统一税收政策外，对生产性外商投资企业，免征3%的地方所得税。土地政策：国内外各类经济组织在甘肃省投资建设生产性出口企业、先进技术企业等鼓励类产业的用地，其土地使用权出让金减收60%；其它投资项目用地，其土地使用权出让金减收40%。投资服务：认真清理、规范与投资相关的行政性法规和规章，凡国家、省、市已废止和不利于全省经济和社会发展的规定和办法坚决废止；彻底清理以行政权力为基础的各项收费，对违背市场经济规律以及不利于投资市场成长的各类收费坚决取消，对确需保留的重新核定收费标准和收费办法；禁止向企业乱摊派、乱收费、乱罚款，实行“两证一书一票一卡”收费制度（《收费许可证》、《收费员证》、《企业收费审批通知书》、统一收据、收费登记卡），维护企业合法权益。

进一步减少行政审批事项，改变以往行政审批事项多、手续繁、部门多、效率低、透明度差的状况，创造有利于市场发挥资源配置的基础性作用和投资者自主决策的投资环境。国家非限制类的非政府投资项目，原则上将由行政审批制改为登记备案制。对政府投资，特别是关系到国家和公众安全的项目，在坚持审批制度的同时进一步强化对其事中和事后的监管。按照市场经济规律，取消不利于投资市场发展的资质证、许可证等。

政府作为投资环境的主要营造者和监管者，为维护市场秩序，原则上不参与一般竞争性投资项目的竞争。政府资金主要用于基础设施、教育和精神文明、生态和环境保护、国家机器等基础性和公益性项目建设。同时政府将通过多种方式引导非政府投资者参加基础性、公益性项目建设，引导各类投资者进入高新技术产业化等风险投资项目。

【利用外资和对外贸易】 2000年，甘肃省充分利用国际、国内两种资源、两个市场，深入参与国际分工，提高国际竞争力；坚持积极、合理、有效的利用外资方针，扩大利用外资规模，提高利用外资效益；加快实施大经贸战略，实现对外贸易发展多元化；积极开展与世界各国在文化、科技、教育等领域的交流与合作，促进全省对外开放向高水平、深层次、宽领域发展。

2000年，甘肃省始终坚持积极、合理、有效利用外资的原则，提高利用外资的综合效益和水平，提升外资对全省经济发展的贡献率并使之成为经济建设的重要资金来源。全年实际利用外资2.74亿美元，其中国外贷款1.39亿美元，吸收外商直接投资1.35亿美元。利用国外资金重点建设了兰州中川机场扩建、兰州环境综合治理工程、疏勒河农业综合开发、甘肃高等级公路建设、甘肃扶贫开发项目、兰州路博润—兰炼添加剂等省内重点基础设施和基础产业项目的建设。甘肃省还进行了外商投资政策的调整和优化，制订了《甘肃省引导外商投资产业指导目录》和《甘肃省鼓励引导外商投资优惠政策》，为外资参与基础设施、生态工程、优势产业和高新技术产业等领域的项目建设，起到了积极的促进作用。2000年，甘肃省成功地举办了中国兰州投资贸易洽谈会，本次洽谈会对进一步扩大对外开放，提高利用外资规模起到了积极的促进作用，会期签约合同项目226项，总投资88.68亿元，引进国内外资金68.66亿元。其中引进国外资金项目57项，签约总投资26.04亿元，合同外资额2.9亿美元。

2000年，甘肃省继续实施“大经贸战略”，以出口贸易为基础，促进商品、资金、技术、劳务合作与交流的相互渗透和协调发展，使之成为全省经济增长、结构调整、技术进步的拉动力，从而推动全省经济融入经济全球化发展潮流。2000年，甘肃省加强了对外贸易进出口工作的宏观调控，全年外贸进出口强劲增长，全年外贸进出口总额56953万美元，比上年增长40.2%。其中出口总额为41495万美元，增长30.9%；进口总额15458万美元，增长

73.22%。

2000年,甘肃省继续实施"走出去"战略,根据经济实力、技术水平和劳动力素质等,重点发展对外工程承包、境外带料加工装配业务,并通过对外承揽大型工程,促进劳务输出及机电产品出口。全省签定对外承包工程和劳务合作合同金额6537万美元,比上年增长5.3%,实现营业额7392万美元,增长30.51%。此外,通过制定鼓励对外工程承包促进出口的优惠政策,包括提供优惠信贷、出口退税等,进一步发挥比较优势,扩大外资规模。

【重点开发项目】 疏勒河流域农业灌溉暨移民安置综合开发项目。该项目是国务院批准的利用世行贷款进行水利灌排、移民安置、农林牧综合开发的国家重点建设项目,计划总投资26.97亿元人民币,主要建设内容为新建库容1.94亿立方米、坝高54米的昌马水库枢纽工程;新建总装机容量3.22万千瓦的水电站3座;新建和改扩建支渠以上输水渠道1248.89公里;新建和改建排水干沟89条,总长500公里;新打机井728眼;形成蓄水、发电、输水、提、排、防洪、养殖等功能齐全的水利枢纽。在昌马、双塔、花海三大灌区新增保灌面积81.9万亩,改善有效灌溉面积65.4万亩,总灌溉面积达到147.3万亩,安置移民20万人,在240公里长的灌区外围造林4350亩,在700公里长的主干渠路营造防风林7500亩、营造薪炭林1500亩,建成以防护林、经济林为主的自然生态良性循环体系。计划建设工期十年,工程建成后,项目区年产商品粮将达到33.62万吨、棉花总产量将达到1.02万吨,农村社会总产值达到14.3亿元,农牧业总收入达到9.29亿元,农民人均纯收入达到2000元。项目自1996年5月启动,1997年正式开工建设。

平凉电厂。甘肃省"九五"重点建设项目,1997年国家计委批复可行性研究报告,1998年6月批开工报告和利用外资方案。批准建设规模为安装4×30万千瓦国产凝汽式燃煤发电机组;概算投资58.1亿元,建设工期5年;计划第一台机组2000年投产发电,到2003年4台机组全部建成投产。该项目建成后,可实现年发电66亿度,年销售收入26亿元,上缴税金8600万元,项目1998年8月正式开工建设。

兰州中川机场改扩建工程。1997年5月国家计委以计投资〔1997〕830号文批准工程开工建设,计划总投资13.44亿元。建设规模为飞行区技术标准为4D级,跑道按3600×45米建设并修建平行滑行道一条,航站楼按2005年旅客吞吐量建设2.5万平方米并预留远期规划用地,航管楼规模按5000平方米考虑建设,本期修建14个机位站坪,约8.6万平方米。

国道柳沟河至古浪段高等级公路。是国家规划的"五纵七横"国道连云港至霍尔果斯主干线在甘肃省的过境段,是甘肃省第一个利用世界银行贷款,并首次按照国际FIDIC条款实施工程监理建设的公路工程项目。该路段总长184.47公里,其中路基宽21.5米的双幅四车道高速公路33公里,路基宽13米的二级汽车专用公路149公里,工程计划总投资28.42亿元人民币,计划工期五年,于2002年建成通车。工程自1998年正式开工建设。柳古段高等级公路是"欧亚大陆桥"的重要组成部分,它的建设,对于完善国道主干线,加快甘肃省公路网建设,改善兰州市区大气环境污染和缓解交通拥挤状况,改善甘肃省投资环境,带动项目区经济发展与社会全面进步具有重要作用。

【经济协作与对口支援】 甘肃省与全国各省(市、区)均有经贸和技术协作项目,同天津、山东、江苏等省(市)建立了紧密的对口协作关系,通过招商引资、项目协作、商品展销和人才培训等方式,开展了多渠道、全方位的横向经济联合和技术协作。2000年甘肃省成功地举办了甘肃·兰州投资贸易洽谈会,进行商品展销和贸易投资洽谈,签约合同项目169项,总投资62.64亿元,其中引进资金44.59亿元。

在兰州市举办的甘肃省——河北省乡镇企业及民族地区企业经贸洽谈会上，两省签订合作项目138项，签约金额14.43亿元。甘肃省还组团参加了西安东西部合作洽谈会和天津市交易会等全国各类较有影响的贸洽会，积极实施走出去战略，全年完成各类协作项目905项，引进资金95.6亿元。

2000年天津市为有效对口支援帮扶甘肃省，捐赠财物1000万元，其中资金和物资各半；天津市社会各界还捐款55万元，捐物资92.68万元(折款)，用于帮助改善贫困乡村小学建设、购买医疗设备、兴修小型水利工程和解决人畜饮水困难等。天津市与甘肃省签订各类经济协作项目68项，其中实施的项目有天水海林轴承厂与天津汽车总厂合作为夏利车生产配套轴承、肃北县与天津大通集团合资兴建铬铁合金厂、天津云想集团公司在兰州红古区开发荒坡建设种养殖出口基地、两省市团委结对帮扶希望小学和希望书库等共30项。全年天津市为甘肃省培训各类人才900余人，引进技术44项，两省市干部交流80余人次。

2000年，15个国家机关和直属单位派出29名干部在甘肃省的16个贫困县全年蹲点挂职、定点帮扶，负责和组织实施帮扶项目。各帮扶单位心系扶贫事业，克服困难，发挥优势，通过全方位、多形式的帮扶活动，为贫困县投入资金1401.75万元，引进资金3607万元，新上项目63项。国务院侨办2000年为积石山县投资154.2万元，完成了11个扶贫项目；中国进出口银行抓住岷县药材资源丰富的优势，贷款180万元，扶持1331户贫困户种植黄芪1612亩、党参1137亩；国家纺织工业局为靖远县投资20万元，建成组培快繁中心，并从甘肃农业大学引进用材林、果树、花卉等试管苗60多个品种。国家质量技术监督局、国务院台办、全国妇联等单位发挥各自优势，为贫困地区引进资金和技术，修建了一批乡村道路、人畜饮水工程和小学校舍，为提高当地人民的生产生活水平和教育管理水平起到了促进作用。

【民族地区经济与文化】 2000年，甘肃省民族地区发挥资源优势，运用先进适用技术，调整产业结构，发展特色经济，培植优势产业，推动了经济的持续发展。全年完成国内生产总值47.69亿元，与1999年同口径相比增长8.2%。其中第一产业19.32亿元，增长2.44%；第二产业12.6亿元，增长9.8%；第三产业15.77亿元，增长14.27%。

农业在遭受大范围持续干旱的情况下，甘肃省民族地区通过调整夏秋结构和粮经结构，扩大牧草和药材种植面积，积极筹措资金建设积石山县大峡灌渠等骨干水利工程、对原有水利工程加强田间配套建设、推广节水灌溉技术等措施，全年新增有效灌溉面积6万亩，完成集雨节灌面积4.3万亩，种植地膜覆盖粮食85万亩。实现农业增加值19.32亿元，增长2.44%；生产粮食64.58万吨，减产4.18%；油料3.77万吨，增长20.83%。牧区约占80%的草场实行了承包，建成标准化暖棚330处、2.2万平方米，抗灾保畜基地、牧草种子基地和良种繁育体系建设初具规模，有力地保障了畜牧业的稳步发展。年末各类牲畜存栏570万头(只)，出栏率30%，肉类产量8.46万吨，增长7.75%。

工业加强了现有企业的技术改造，提升企业的工艺技术装备水平。通过采取贴息和资本金补助等方式，围绕质量、品种和效益，按照突出重点、择优扶强的原则，着眼于推进结构调整和产业升级，重点扶持发展民族地区肉、奶制品和皮革制品，新建牛羊肉加工、牛骨髓加工、山野菜加工和藏药胶囊生产等特色企业。全年完成工业增加值5亿元，增长10.23%。主要工业品产量为发电量9.56亿千瓦时，增长3.7%；石棉14.6万吨，增长12.3%；水泥38.4万吨，增长6.2%；黄金3620公斤，增长12%。

甘肃省民族地区抓住国家继续实行积极的财政政策、加大基础设施投入和西部大开发启动年的机遇，加快了区内交通通信网络、城市基础设施、商贸市场、旅游设施等项目的建设进度,全年完成固定资产投资14亿元。完成临潭—合作、舟曲—两河口、积石山—临夏等公路的铺油工程,新开工卓尼—岷县、积石山—大河家公路改造工程;完成移动通讯扩容工程,网络覆盖面扩大到主要旅游景点和集镇;按计划完成县城供水工程,合作市和临夏市城区供水改造工程正在加紧建设;临潭县洮州商城、玛曲县畜产品交易市场等区域性重点市场建成投入使用,新开工民族地区现代化程度最高的合作民贸大厦。夏河县拉卜楞寺、肃南县马蹄寺、永靖县刘家峡水库等名胜古迹配套设施进一步完善。同时还结合民族节日、民族风俗、自然风光,相继举办了中国甘肃敦煌百年—黄河风情旅游节永靖分会场、甘南香巴拉旅游艺术节、和政松鸣岩花儿艺术节等,充分展示了深厚的历史文化底蕴和民族风情,全年共接待境内外游客155万人次,实现旅游收入1.7亿元。

继续加大"科教兴州(县)"战略的实施力度,开展了工农业生产技术攻关和经济社会热点、难点问题研究,积极推广适用新技术,全年共完成科研成果23项,部分研究成果达到国内领先水平。科技对农业生产的贡献率38%,对工业的贡献率25%;完成了97所中小学校危房改造和扩建任务,总建筑面积2.4万平方米,牧区寄宿制学校和"双语"教育得到进一步加强,适龄儿童入学率91%以上;建成了天祝县"三馆"、肃北县电影院,开工建设了和政县古生物化石博物馆和临夏、甘南州广播电台改扩建工程,共扫除广播电视盲点340个。天祝、肃北、东乡三个自治县成功地举办了成立五十周年庆典活动;改造了17处县、乡(镇)卫生院,增加了医疗设备,儿童计划免疫"四苗"覆盖率达到国家标准,疫病监测体系得到加强,计划生育工作取得显著成效。

区内人民生活水平进一步提高,城镇居民人均可支配收入3300元,农民人均纯收入1110元,其中肃北和阿克塞县农牧民人均纯收入分别达到4210元、4194元,居全省各县前列。城乡居民消费结构日趋优化,在教育、文化、娱乐、交通通信等方面的消费比重逐步上升,全年实现社会消费品零售总额18.6亿元,增长7.64%,物价指数呈现回升趋势。居住条件得到明显改善,大部分牧民告别传统逐水草而居的游牧生活,搬进定居点。阿克塞县城整体搬迁工程全部完成,城区居民在全省各县率先用上了天然气。

青 海 省

【概况】 青海省位于中国西部腹地,青藏高原东北部,东邻四川省,北依甘肃省,南与西藏自治区接壤,西与新疆维吾尔自治区毗连。因境内有全国最大的内陆咸水湖青海湖而得名。青海省总面积72.23万平方公里,以日月山为天然分界,东部湟水流域主要是农业区,西部、南部主要是牧业区,其中柴达木盆地有一批新兴的工业城镇和若干点状的绿洲农业。

青海省自然条件差,环境艰苦,全省平均海拔3000米以上,其中54%以上的地区海拔4000米以上。青海省的气候是典型的高原大陆型气候,日照时间长,辐射强;气温日差较大,年差较小,全省主要地区年均温在-6~4度之间,大部分地区寒冷、干旱、缺氧,气候较好的河湟谷地无霜期75~200天,年平均降雨量250~530毫米,一年一季庄稼。牧区长冬无夏,自然条件严酷,特别是南部的玉树、果洛两个藏族自治州平均海拔4000米以上,是国内生存环境最差的地区之一。

青海是个资源富省,盐湖、水电资源优势突出,石油天然气、有色金属等矿产资源储量丰富,野生动植物资源、旅游资源独具高原特色,市场前景广阔,发展潜力很大。境内集水面积500平方公里以上的河流有271条,总计长2.8万公里,年均地表总水量622亿立方米,地下水净余量5.48亿立方米,实有水资源总量627.48亿立方米。但地区间分布不均,总水量的56%分布在人烟稀少的东南部地区,农业经济发达的东部和西部地区不足40%,是个生态富水,生产贫水的省份。青海省河流水能理论蕴藏量 2537 万千瓦,列全国第五。黄河龙羊峡至寺沟峡段可建设 6 座大型水电站和 7 座中型水电站,总装机 1302 万千瓦,年发电量 368 亿千瓦时。青海现已探明储量的矿床和矿点 704 处,潜在价值 17.3 万亿元。45 种主要矿产中有 19 种矿产保有储量居全国前 10 位,钠盐保有储量 3263 亿吨,占全国保有储量 80%;钾盐 44300 万吨,占 97%;镁盐 481115 万吨,占 99%;锂矿 1391 万吨,占 83%;锶矿 1592 万吨,占 47%。石油地质储量 2.2 亿吨,天然气 1575 亿立方米,分别列全国第 10 位和第 4 位。金属矿产中,主要有铜、铅、锌、钴及金矿,储量较大,开发前景较好。非金属矿中,石棉、石英岩、石灰岩等均居全国首位。青海是我国主要草原畜牧业生产基地之一,有可利用的天然草场 5 亿多亩,各类牧畜 2071 万头(只)。青海省有 25 类 331 属 1000 多种植物,其中药用植物有大黄、贝母、虫草、羌活、黄芪、甘草、锁阳、秦艽、雪灵芝、雪莲、枸杞等。青海省有可供旅游的景点 900 余处,青海湖、鸟岛、塔尔寺、黄河源、孟达天池、坎布拉和互助北山国家森林公园、阿尼玛卿山等独具高原和民族特色,夏季气候凉爽,是天然避暑胜地。

青海是一个多民族聚居的省份,现有人口 518 万,少数民族人口占全省总人口的 42.8%,世居青海的少数民族主要有藏、回、土、撒拉、蒙古等民族,青海省现辖一市、一地、六州,共有 51 个县级行政单位,其中县级市 2 个,县、自治县 37 个,省会西宁位于青海省东部湟水河谷。

青海省生态环境十分脆弱,且呈日益恶化的趋势。全省国土面积中,冰川、戈壁、沙漠、风残丘、石山、雪山等面积占 30%,青海目前水土流失面积 33.4 万平方公里,占全省土地面积的 46%;草场退化面积 1.45 亿亩,占全省可利用草场的 1/3;森林覆盖率仅 3.1%,是全国最低的省区;水资源总量逐年减少,30% 的湖泊干涸、盐化;物种生存条件恶化,受威胁的生物物种占总类数的 15%~20%。青海地处长江、黄河、澜沧江的源头,加强青海的生态环境保护与建设,不仅是青海实现可持续发展的需要,而且对改善长江、黄河、澜沧江流域乃至全国的生态环境都有着十分重大的影响。

【经济与社会发展】 2000 年,青海省国内生产总值 263.12 亿元,按可比价格计算,比上年增长 9%,人均国内生产总值 5068 元,增长 7.4%。其中第一产业增加值 38.5 亿元,比上年下降 4%,主要原因是农牧业遭受严重干旱,粮、油产量分别比上年减产 20.18% 和 31.93%。第二产业增加值 113.16 亿元,比上年增长 11.7%,其中工业增加值 80.1 亿元,比上年增长 10.51%,建筑业增加值 33.16%,比上年增长 17.7%;第三产业增加值 111.46 亿元,比上年增长 11%,其中交通运输和邮电通信业创造增加值 19.65 亿元,增长 21.1%。

一、二、三产业的比重为 14.6:43:42.4。工业企业扭转了连续七年亏损的局面。全省规模以上工业企业销售收入比上年增长 29.09%,经济效益综合指数提升 4.87 个百分点;国有及国有控股和规模以上非国有工业企业实现利润 1.14 亿元,比上年增长 1.63 亿元,三年脱困目标基本实现。

固定资产投资大幅度增加,建成了一批基础设施、生态环境保护和资源开发项目。全年全社会固定资产投资 154.61 亿元,比上年增长 20.64%。青海油田勘探开发、涩——宁——兰天然气长输管道、青海钾肥工程、青藏铁路扩能改造、乌兰——格尔木输变电工程项目进展顺利。当年基本建设新增生产能力:原油开采 40 万吨,天然气开采 1.5 亿立方米;新建公路 50 公里,改扩建公路 265 公里;西宁海湖路立交桥、昆仑路桥等建成通车,34 个县城供水工程和 12 个藏区县城道路排水工程建成投运;完成 12 个县的农网改造,使全省 27 万户 160 万农牧民受益;全年造林 4.53 万公顷,退耕还林 0.48 万公顷,退耕还草 1.19 万公顷,荒山种草 0.78 万公顷,荒山造林 2.15 万公顷。

在国家鼓励消费和加强社会保障等一系

列政策的作用下,居民消费信心增强,商品和服务性消费明显回升,住宅、教育、通讯、假日经济等一批新的消费热点逐步形成,旅游业迅速发展。全年社会消费品零售总额82.08亿元,比上年增长9.2%,旅游外汇收入794万美元,比上年增长1倍多。全省居民消费价格指数为99.5,全省商品零售价格指数为99。

全年财政一般预算收入26.26亿元,比上年增长14%。其中地方一般预算收入16.75亿元,增长18.2%。一般预算支出67.12亿元,增长20.4%。年末全省金融机构各项存款余额308.39亿元,比年初增长43.95%,各项贷款余额365.94亿元,比年初增长6.74%,金融机构全年现金累计收支相抵后净投放货币41.94亿元,比上年多投放4.08亿元。

科技投入增加,全年科技经费支出总额1.2亿元,科技创新应用研究和技术推广取得一批重要成果,科技进步对经济增长的贡献率35%。各级各类教育事业发展加快,高等院校和中等专业学校的布局和专业设置得到优化,办学规模扩大,普通高校招生0.61万人,比上年增招0.29万人;中等专业学校招生0.48万人;各类民族学校和成人高校、成人中专、成人技校都有了新的发展。文化事业充满生机,各民族的文化生活环境普遍改善,2000年末,全省共有艺术表演团体14个,文化馆42个,公共图书馆38个,博物馆11个,档案馆62个,广播人口覆盖率和电视人口覆盖率分别扩大到63%和86%。全年报纸出版量2998万份,杂志出版量92万册,图书出版量341万册。卫生事业不断发展,城乡医疗保障水平提高,2000年末,全省共有卫生机构989个,床位1.65万张,卫生技术人员1.84万人。体育事业稳步推进,全年获国际比赛第一名3个,国内比赛冠军6个、亚军2个。环境保护工作取得重大进展,全国最大的"三江源"自然保护区开始启动,全省自然保护区的面积扩大到3695.2万公顷,比上年增加6.35倍,涉及16个县(市)的生态示范区建设全面铺开,建成城市烟尘控制区5个,噪音达标区10个,环境质量进一步提高。

城乡居民生活水平改善,文明程度提高。全年城镇居民人均可支配收入5170元,扣除价格因素,比上年增长10.4%,全年农牧民人均纯收入1490元,比上年增长0.4%,通过扶贫攻坚解决了农村牧区16.03万人的温饱问题。全省初步建立了国有企业下岗职工基本生活保障、失业保险和城镇居民最低生活保障制度,有43.78万职工参加了失业保险,36.43万职工和14.08万离退休人员参加了养老保险。社会主义精神文明和民主法制建设得到加强,城乡文明程度提高,保证了改革开放和现代化建设的顺利进行。

【投资环境】 2000年6月24日,青海省人民政府连续发布了《关于鼓励外商投资的若干规定》、《关于改善投资环境的决定》。文件规定,外商在青海省境内可投资于除国家明令禁止的行业以外的任何领域和产业。鼓励外商投资于基础设施建设、生态环境保护和建设、优势资源开发和优势产业(盐湖、水电、石油天然气和有色金属资源开发,冶金、中藏药、建材和农畜产品加工业)、高新技术产业、科技、教育、商贸、旅游。设在青海省境内的外商投资企业,允许有3年试运营期。外商投资兴办鼓励类领域和产业的企业,10年内免征城市房地产税、车船使用牌照税、教育费附加、城市维护建设税;免征地方所得税11年。外商投资兴办农牧业开发项目,从获利年度起,5年内免征农业税、牧业税、农业特产税。外商投资城镇经济适用住房和旧城改造项目,从获利年度起,5年内免征契税。外商将其从企业分得的利润依法汇出境外,免征汇出额的所得税。外商投资企业发生年度亏损,用下一纳税年度的所得弥补;不足弥补的,可在5年内延续弥补。外商投资在青海省境内兴办企业,留地方部分的土地有偿使用费,实行优惠,利用国有土地兴办合资、合作经营企业,减免土地出让金50%;外商利用国有土地,投资兴办社会公益事业以及农牧业综合开发项目的,免缴土地出让金、土地租金和土地使用费;利用集体所有荒山、荒坡的外资企业除收缴土地补偿费、安置补助费外,免缴土地出让金。外商申请国家出资勘查并已经探明矿产地区块探矿权,属于青海省审批登记的,其探矿权价款、采矿权价款、矿产资源补偿费,实行优惠。探矿权价款,勘查程度在普查阶段以下的免缴,勘查程度在详查阶段的缴纳30%,勘查程度在勘探阶段的缴纳40%;采矿权价款缴纳50%;矿产资源补偿费缴纳10%。外商投资参与城市基础设施建设的,免收城市基础设施配套费。

文件对简化审批程序,提高办事效率,保障投资者的合法权益作了具体规定。对外商投资企业和外商与非公有制企事业单位、社团组织或个人合资、合作的项目除法律、法规另有规定的外,一律实行备案制;对外商投资企业和外商与公有制企事业单位、社团组织合资、合作的项目,国有资产部分由国有资产管理部门或国有资产授权经营部门实行登记制,其余环节实行备案制。外商投资企业的注册资本如期足额到位后,需向银行申请贷款的,银行在10个工作日内予以答复。行政机关,对外商所申报的事项,凡材料齐全、文件齐备的,在3个工作日内、重大项目在5个工作日内,办完审批手续。对外商投资项目,由外资主管部门提供全过程跟踪服务,及时协调解决投资项目中的实际问题。对来青考察、投资的外商及华侨、港澳台同胞,公安机关应当依法办理居留和签证手续,手续齐备的,即日办理。对外商投资企业中的中方管理人员因业务需要出境的,公安机关应予以优先办理。境外投资者在子女就学、医疗服务、生活娱乐等方面享受青海居民待遇。对外商投资企业的联合年检,要严格按照国家有关规定进行,不得随意检查。行政机关对外商投资企业进行执法检查,应出示行政执法证件和检查通知书。行政机关对外商投资企业实施行政处罚,应按法定权限和程序执行。坚决杜绝乱收费行为,切实保障投资者的合法权益。

基础条件方面。到2000年底,全省公路总里程18679公里,西宁通往六州的公路,除玉树州尚有292公里不通柏油路外,均实现了路面黑色化;全省44个县(市、行委)中有25个通了柏油路;391个乡镇中有385个通了公路;农业区2548个行政村中85%通了公路,牧业区1554个行政村(牧委会)中70%通了公路或机动车。铁路运营里程1100公里,有兰青、青藏两条干线及宁大、柴达尔、茶卡等支线,东接兰州铁路枢纽与陇海、兰新、包兰三大干线相连,西至柴达木盆地格尔木市。民航有西宁曹家堡机场及军民合用的格尔木机场,通航里程18000公里,通航城市10个,每周航班48班。

"九五"期间,青海的电信业实现了跨越式的发展,初步形成了以西宁为中心连接国内外、省内外的固定通信、移动通信和无线寻呼通信网络,县以上均实现了程控化,其发展水平与兄弟省区基本相近。2000年青海省拥有长途光缆线路6748公里,长途电话交换机容量3万路端,固定长途电话业务电路1.66万路;市话交换机容量50多万门,电话用户35万户,移动通信交换机容量35.65万门,移动用户17.2万户;无线寻呼系统总容量93.5万户,实际放号30万户。

到2000年底,青海省共拥有发电装机395万千瓦,其中水电311万千瓦,火电84万千瓦,拥有330千伏输电线路1467公里,110千伏输电线路2807公里,全年完成发电量140亿千瓦时,其中水电116.8亿千瓦时,火电29亿千瓦时,消费电量109亿千瓦时。青海省不仅电力供应充足,且电价比较低廉。2000年,全省实际平均电价每千瓦时0.225元(不含各项基金)。

重点区域建设。东部综合经济区,加快以西宁为中心的城镇群落建设,充分发挥西宁作为省会城市的龙头带动作用,促进经济向集约化、规模化方向发展。该区产业发展方向是加快水电资源开发,并带动高耗电工业发展;以西宁国家级经济技术开发区为孵化基地,大力发展高新技术产业,推进传统产业优化升级;

发挥水土光热优势,发展优质高效绿色农业和现代化畜牧业,加快农牧业产业化步伐,推动乡镇企业二次创业;加快重要旅游景点的开发与建设,使旅游业成为重要产业,并带动相关产业的发展。柴达木资源开发区,以格尔木为中心,大力发展盐化工业、石油天然气工业、有色金属和建材工业,使其成为全省的新兴工业基地。同时,加强荒漠化治理,发展绿洲农业。三江源生态经济区,以生态保护与治理为主,着力发展生态经济。在保护生物多样性的前提下,适度开发可再生的生物资源。积极发展生态旅游业,创建三江源旅游名牌。加快小城镇和牧民定居点建设,集中力量搞好水、电、路等基础设施建设,改善群众生产生活条件,提高人民生活质量。

优势产业。青海产业发展的基本方向是以优势资源为依托,着力构筑具有资源优势和竞争优势的五大特色产业链。一是盐湖钾开发与镁、锂、锶、硼等资源综合利用相结合的盐化工产业链;二是水电资源开发与有色、冶金工业相结合的电力高耗电工业产业链;三是石油、天然气的勘探、开发和加工利用相结合的油气开采油气化工产业链;四是高原生物资源的保护、种养与加工增值相结合,以中藏药、绿色食品、生物制品为主的生物资源开发利用产业链;五是旅游资源开发与发展食、宿、行、娱及购物等相结合的旅游经济产业链。

【利用外资和对外贸易】 2000年青海省政府相继修订和出台了一系列鼓励外商投资的优惠政策,成功举办了“东部民营企业参与西北经济结构调整项目洽谈会”、“青海省畜产品洽谈会”,开通了“青海省投资促进网”,加大招商引资力度,全省全年利用外资1.1亿美元,比上年增长1.3倍,其中直接利用外资1亿美元,增长5.3倍。

2000年,青海省通过提高出口退税率、扩大生产企业进出口经营权以及对外贸企业进行改制等措施,扭转了近几年持续下滑的局面。全年进出口总额15974万美元,比上年增长48.1%。其中出口11200万美元,增长28.9%;进口4774万美元,增长1.3倍。

【重点开发项目】 青藏铁路。青藏铁路从青海西宁至西藏拉萨,全长1964公里,其中西宁至格尔木段,全长816公里,已于1984年5月投入临管运营。由于原设计、施工标准低,存在着严重的病害,1999年开始进行扩能改造及病害整治,项目总投资7.9亿元,计划2001年完成改造工程。格尔木至拉萨段,规划长度1118公里,其中青海境内564公里,西藏境内554公里,海拔4000米以上地段965公里,多年冻土地段550公里,设计单线最大输送能力客车8对,货流密度500万吨,工程静态投资194亿元,动态投资219亿元,建设期6年。目前正在抓紧完善建设方案和进行建设的准备工作,计划2001年下半年开工建设,该项目对青藏两省区经济社会发展、增强民族团结、巩固西南边防具有十分重大的意义。

西宁——马场垣高速公路。西宁至马场垣高速公路是国家规划建设的“五纵七横”中丹拉公路的一部分,线路全长118.7公里,与兰州至马场垣高速公路相接。其中西宁至平安段,全长35.7公里,总投资11.1亿元,已于1999年开工建设,2001年可部分建成通车。平安至马场垣段,全长83公里,总投资31.2亿元,建设工期4年,于2000年12月开工建设。

公伯峡水电站。公伯峡水电站是黄河上游规划中的第四座大型水电站,位于青海省化隆、循化两县交界处。该电站以发电为主,兼顾灌溉和供水,最大坝高133米,总库容5.5亿立方米,装机容量150万千瓦,年发电量51.4亿千瓦时,工程总投资66亿元,建设工期7年,项目建议书国务院已批准,计划2001年开工建设。

乌兰——格尔木330千伏输变电工程。该工程对于满足柴达木资源开发的用电需要,发挥龙羊峡水电站及龙羊峡至乌兰330千伏输变电工程的整体效益有着重要意义。线路长度370公里,变电容量2×15万千伏安,总投资60200万元,项目已于2000年开工建设,计划2001年底建成。

涩——宁——兰天然气长输管道工程。涩——宁——兰天然气长输管道工程，是国家实施西部大开发战略的重要工程之一，西起柴达木盆地涩北气田，东至甘肃省兰州市，全长953公里(青海境内全长868公里)，管径660毫米，年输气量20～30亿立方米，总投资24.78亿元，该项目已于2000年3月30日正式开工，计划2001年10月建成。

三江源自然保护区建设工程。三江源自然保护区，位于长江、黄河、澜沧江源头，总面积31万多平方公里，包括玉树、果洛等5州16个县，是我国面积最大、海拔最高的天然湿地和生物多样性分布地区之一。国家林业局决定将三江源自然保护区建设项目列为当前中国林业建设的标志性工程，加大投入，加快建设，已先后数次派出专家进行科研，论证，规划建设方案，并决定2001年投资5000万元，首期建设保护区管理局、4个中心保护站和1个示范功能区站。2001年5月上旬，以通天河畔江泽民总书记题词的纪念碑址为起点，展开了声势浩大的造林绿化活动，拉开了三江源自然保护区建设的帷幕。

黑泉水库工程。黑泉水库工程是建国以来国家支持青海兴建的一项最大的水利枢纽工程，工程位于湟水支流北川河上游宝库河上，是一座以灌溉、城市及工业用水为主，兼顾防洪和发电的综合利用的大(Ⅱ)型水利枢纽工程。坝高123.5米，库容1.82亿立方米，发电装机1.2万千瓦，初设投资5.26亿元，调概投资7.915亿元，该项目于1996年开工，计划2001年建成。

青海钾肥工程。该项目是国家2000年西部大开发十大重点项目之一，总规模为年产氯化钾100万吨，项目建成后可大大缓解我国钾肥主要依靠进口的局面，其先导项目30万吨氯化钾高技术产业化项目，投资73775万元，已于2000年10月开工建设，年产70万吨氯化钾项目的可研报告已于2000年2月上报国家计委，总投资24.37亿元，建设期3年，计划2001年开工建设。

【经济协作与对口支援】 2000年，青海省在“让利在先，得利在后，敞开省门，全方位开放”的方针指导下，通过“请进来”、“走出去”和举办招商会、经贸洽谈会等多种方式，广泛开展同东、中部地区的经济技术合作，先后同外省市区签订经济技术合作意向、协议、合同1020项，协议利用省外资金115亿元，其中已落实和实施的项目480项，实际到位资金45亿元，占全省全社会固定资产投资的1/3。这些资金主要投向能源、交通、生态环境建设、旅游、矿产资源开发和企业资产重组等方面，对青海加快基础设施建设，调整优化经济结构起到了重要作用。

青海是全国最贫困的省份之一，贫困人口多、贫困面大，贫困程度深。1993年国务院核定青海省国定贫困县14个，贫困人口91.7万人，加上省定贫困乡38个，贫困人口27.8万人，全省贫困人口总数119.5万人，占全省农牧民人口的37%。经过七年的扶贫攻坚，青海贫困地区的基础设施建设有了长足的发展，生产、生活条件有了较大改善，文化、教育、卫生等各项社会事业得到迅速发展，人民生活水平明显改善。全省贫困地区的贫困人口，下降到2000年的64.27万人。大通、平安、湟源、同仁、班玛、玉树6个国定贫困县和省定7个贫困乡基本实现了脱贫。

在青海省的扶贫攻坚工作中，辽宁省给予了极大的帮扶。根据党中央、国务院关于东西部开展扶贫协作的战略部署，1996年，辽宁省与青海省建立了对口帮扶关系，辽宁省10个地级市和3个大型企业对口帮扶青海省14个贫困县。在第一轮对口帮扶中，辽宁省党政主要领导同志先后两次赴青海考察访问、检查指导对口扶贫协作工作，对口帮扶部门先后派出68个考察组和帮扶工作组，深入青海省14个国定贫困县实地考察，访贫问苦，与贫困地区干部群众共商扶贫开发大计，研究解决温饱对策，确定帮扶项目。第一轮辽宁省在对口帮扶中累计援助青海贫困地区各类款物合计6600

多万元。其中用于改善贫困地区水电、通讯、卫生等基础设施建设的资金488万元,用于发展农牧业生产的资金1600万元,用于教育文化事业的资金412万元,建成13所希望小学,解决了2400名儿童上学难问题;捐赠粮食200多万公斤,解决了26万户、15.47万人的生活困难;捐赠衣被331万件,使15.05万户、42万人受益;代培少数民族高中学生130名,培训卫生、教育、经济管理等各类人才281名。第二轮帮扶项目协议总规模为5269万元,目前正在抓紧实施。在搞好对口帮扶的同时,两省成功地举办了首届经贸洽谈会,签订各类经济技术合作协议项目30项,金额4.47亿元,其中,正式合同项目8项,金额1.11亿元,两省的合作逐步向纵深发展。

宁夏回族自治区

【概况】 宁夏回族自治区位于黄河上中游地区,周边与甘肃省、内蒙古自治区、陕西省毗邻。土地总面积518万公顷,全境由北向南按地表形态特征分为贺兰山山地、银川平原、灵盐陶台地、宁中山地与山间平原、宁南黄土丘陵及六盘山山地六个地貌区。地势南高北低,气候南凉北暖、南湿北干,属东部季风区域与西北干旱区域的过渡地带,自然灾害频繁,生态环境脆弱。

宁夏回族自治区辖3市、1地、15个县、7个市辖区、2个县级市及66个建制镇,城镇建成区面积2.4万公顷。总人口561.55万人,其中回族人口190.23万人,为我国最大的回族聚居区。

宁夏年平均降水总量151亿立方米,平均陆地蒸发总量142亿立方米,中、北部地区多年平均降雨量300毫米以下,大部分地区200毫米以下,年日照时数3000小时,南部地区多年平均降水量300~650毫米,年日照时数2200~2700小时。境内黄河流程397公里,年平均年入境径流量317亿立方米,流域面积506万公顷,黄河分配宁夏可用水量40亿立方米。当地天然地表水资源总量9.71亿立方米,人均水资源量229立方米。现有耕地1900万亩,待开发的宜农荒地1000多万亩,有天然草场4000多万亩,是全国十大牧区之一。卫宁平原和银川平原现有灌溉面积600多万亩,是全国四大自流灌区之一。

宁夏矿产资源探明储量的有50余种,以非金属矿为主,主要有煤、石膏、石油、天然气、陶土、石英砂岩、重晶石、铁矿等,石膏蕴藏量居全国第一位。煤炭探明储量315亿吨,预测储量2027亿吨,居全国第五位。宁夏林木覆盖率6.4%,林业用地面积100.4万公顷,天然草场面积301.4万公顷,人均可利用草场面积0.58公顷。有野生脊椎动物415种,其中国家一级保护动物有黑鹳、中华秋沙鸭、金雕、白尾海雕、胡兀鹫、大鸨、小鸨、金钱豹;二级保护动物43种;自治区级的重点保护动物51种;有害动物36种,鸟类是宁夏种类和数量最多的野生动物。

宁夏旅游主要景点有:西夏王陵,陵内面积50多平方公里,有9座帝陵和250多座王侯勋戚的陪葬墓,被海外游客称为"中国的金字塔",是国家级风景名胜区旅游点。沙湖,位于银川北56公里处,集大漠风光与江南景色为一体的秀美湖泊,全国35个王牌旅游景点之一。沙坡头,位于中卫境内,北面是腾格里大沙漠,南面是壮阔的黄河,中间是一片绿洲,中国四大鸣沙之一的金沙鸣钟就在沙坡头的坡顶。青铜峡108塔,银川市南60公里的青铜峡大坝山坡上,有元时期的古塔群108个,因其形制独特、塔数众多而为国内罕见。贺兰山岩画,银川市40公里处的贺兰山山麓周围,古代游牧民族留下的摩岩石刻,岩画现存一万帧以上。六盘山自然风景旅游区,宁夏南部固原境内,山青水秀,林茂草丰,既有北国之雄,又具南国之秀。西部影视城、珍奇艺术城、历代长城遗址、清真寺等,都独具特色。

宁夏城镇化水平32.4%。1999年,供水普及率85.3%,排水管网密度3.34公里/平方公里,供气普及率62.4%,人均道路面积

8.2平方米，人均公共绿地3.3平方米，城市绿化覆盖率13.6%。与全国相比，宁夏城镇经济发展水平、区域城镇体系完善程度、城镇功能特别是中心城市功能、城镇质量、城镇环境等指标方面，均处于落后状态。

生态建设和环境保护工作取得显著成效，2000年完成退耕还林还草工程1.3万多公顷，造林面积36.67万公顷，林木覆盖率达到6.37%。南部山区以保持水土、涵养水源为目标，水土流失治理面积累计达55万公顷；中部沙区以防沙治沙、改善沙区生态条件为目标，治理沙漠化土地12.99万公顷；北部引黄灌区以营造农田防护林、改善生产条件、保障农业高产稳产为目标，实施第二代高标准农田防护林、贺兰山东麓生态防护林和以水果为主的经济林建设；自然保护区面积20.48万公顷。环境污染治理有了新的突破，防治力度明显加大，城市气化率80%，城市饮用水源水质达标率100%，已建成烟尘控制区94.83平方公里，噪声达标区49.65平方公里，环保建设资金投入力度明显加大，"九五"期间全区环境保护投资约116990万元。

【经济与社会发展】 2000年国民经济综合实力显著增强，基础设施建设速度加快。全区国内生产总值265亿元，同比增长9.8%，其中第一产业受山区严重旱灾等影响，全年增加值下降2.8%；第二产业增长14.4%；第三产业增长10.2%。地方财政收入20.8亿元，比上年增长14.7%。全社会固定资产投资160亿元，比上年增长22.6%。实现消费品零售总额90.2亿元，同比增长9.1%，住房、旅游消费热点正在形成。

产业结构调整取得成效，优势特色产业发展加快。自治区三次产业增加值的比重为17.3∶45.3∶37.4，各产业内部结构进一步优化。农业方面，粮食种植面积减少，蔬菜、瓜类和药材较大幅度增加，粮食中优质水稻和小麦面积增加，以绿色食品、特色医药、天然气化工、新材料等为重点的优势特色产业正在形成。同时加大了对传统优势产业的改组改造。全年实现工业增加值93亿元，比上年增长13.8%，在推动国民经济总体增长中发挥了突出的作用。电力、化工、冶金、建材、造纸、医药、食品等行业均呈现了较快增长势头，一批工艺技术落后、能耗高、资源浪费大的企业和产品被压缩和淘汰。工业经济运行质量进一步提高，工业品销售率96.3%，规模以上工业经济效益综合指数83.6%，实现利润3.98亿元，企业亏损额较上年同期减少了32.3%。交通运输邮电业稳定发展，全年铁路、民航旅客周转量分别增长9.2%和50.5%，全年铁路货物周转量159.4亿吨公里，增长10.7%。全年邮电业务总量完成14.34亿元，增长55.9%。

国有企业改革取得重要进展，各项改革稳步推进。全区国有企业改制面达到89.2%，其中国有大中型企业改制面为86.5%，列入国家脱困考核计划的36户重点企业中已有28户脱困；纳入自治区考核范围的85户国有大中型企业，已有66户脱困，亏损面下降到22.3%。培育资本市场特别是证券市场取得了显著进展，2000年配股募集资金3亿元，全区上市企业10家，通过证券市场筹集资金32.12亿元。加强价格监测、监控和预警，监测范围由过去的300多种扩大到400多种，适时适度调整了粮食、成品油、电、水、教育、医药、电信等一批商品价格和服务收费标准，同时，以清费、治乱、减负为重点，开展了部分行业专项检查。

对外开放进一步扩大，经济交往日趋活跃。2000年，全区进出口总额44291万美元，比1999年同期增长39.3%；其中出口总额32736万美元，比1999年同期增长32.2%；增长幅度较大的商品有钽粉及制品、轮胎、机床、钢丝绳等。2000年利用外资8497万美元，其中外商直接投资1000万美元。

社会主义精神文明建设和党风建设取得新成绩，民主法制建设取得进展，领导班子和干部队伍建设，反腐败工作力度进一步加大。

2000年城镇居民人均可支配收入4912

万元,城镇登记失业率控制在5%以内;农民人均纯收入1724元,随着收入的提高,城乡居民生活质量显著提高,1995~1999年城镇居民人均住宅建筑面积从13.7平方米提高到16.3平方米,农民砖混结构住房比重由34.8%提高到40.4%。1999年底,宁夏南部山区8县已提前一年实现基本解决温饱,贫困人口大幅减少,实现农民人均2.5亩基本农田。争取到部分国债资金支持沙湖、沙坡头、六盘山、西夏王陵等旅游景点区的基础设施建设,改善了旅游业发展的基础条件。

各级各类教育全面发展。通过"两基"验收的人口地区覆盖率以县为单位已达到55%。通过实施国家扶贫教育工程和国家贫困地区义务教育工程,山区八县中小学办学条件得到很大的改善。高等教育管理体制改革成效显著,合并后的新宁夏大学办学规模扩大,质量提高,2000年全区普通高校招生5828人。用两年时间完成了全区917个盲点乡、村通广播电视工程的建设任务,行政村基本实现了"村村通"目标,全区广播、电视人口覆盖率分别达到85.2%和86%。

社会保障工作在全力巩固两个确保成果的基础上,做到国有企业离退休人员基本养老金和下岗职工基本生活费按时足额发放。截止2000年10月,全区参加基本养老保险的职工44.39万人,基金征缴85.59%,养老金社会化发放率87%;参加失业保险统筹的职工有34.74万人,保险费征缴率63.3%;国有企业下岗职工3.57万人,已安置分流2.64万人。各项社会保障事业的发展,为国民经济持续稳定地增长提供了良好的环境。

当前经济社会发展存在的主要问题是,宁夏经济社会发展与全国特别是发达地区相比,仍存在较大差距,基本区情特征没有变。经济总量小,经济增长质量不高,经营管理粗放的问题还相当突出;经济结构性矛盾突出,产业结构层次低,非公有制经济比重低,城镇化水平低,水利、交通、市政等基础设施还远不能适应大开发的需要;居民收入水平与全国相比有较大差距,就业面临多种压力,南部山区解决温饱的基础不稳固;市场化和对外开放度低;劳动者素质有待提高;经济与人口、资源、环境的发展还不协调,生态环境恶化的趋势尚未得到有效遏制。

【投资环境】　宁夏工业生产基本形成以煤炭、电力、冶金、机械、化工、造纸、清真食品等为主的工业体系,现有大中型企业91家,主要产品有40个大类,2000多种产品。煤炭资源丰富,现有四大矿区年生产原煤能力1800万吨。宁夏电力工业发展迅速,到2000年底建成大中型发电厂5座,装机容量223万千瓦(不含自备电厂),人均发电量居全国第2位,每年向西北电网送电10亿千瓦时。煤电工业的发展,带动了电解铝、铁合金、炭素制品、碳化硅、电石、金属镁、水泥等高耗能原材料工业快速兴起,青铜峡三期工程建成后,生产能力达到20万吨,将成为全国最大的电解铝生产企业。机械工业是宁夏的传统优势行业,数控机床、自动化仪表、轴承等生产技术水平居全国领先水平。其中西北轴承厂生产的大中型轴承和特大型轴承,远销世界40多个国家和地区,银川起重机厂生产的起重机和减速器系列产品,占国内同类产品市场的10%。石化工业逐步发展成为自治区新兴的支柱产业,宁夏化工厂二套大化肥扩建装置,使年产尿素能力达到100万吨,成为全国最大的化肥生产企业之一。银川橡胶厂是全国最大的航空轮胎翻修和生产厂家,列全国500家最优企业第27位,实现利润居全国同行业榜首。宁夏有色金属冶炼厂生产的钽、铌、铍产品产量居全国第一,世界第三,为我国高科技产品。

宁夏农业条件十分优越,是全国8个宜农荒地超千万亩的省区之一,有可开发利用的草地4000多万亩。宁夏农业机械化水平较高,基本上完成由传统的生产方式向现代化、市场化的转轨,初步形成商品粮、油、瓜果、菜生产基地,新的农业格局已经形成,率先在中国西部实现村村通电。宁夏的农副土特产独具特色,"枸杞红宝"驰名中外,滩羊毛、羊皮及其制品等在国际市场上都是深受欢迎的传统出口商品。

宁夏交通建设发展迅速，包兰铁路电气化改造工程、银川河东新机场、陕甘宁气田至银川天然气输气管道、姚叶高速公路等相继建成，已初步形成比较完善的铁路、公路、航空、管道几种运输方式组成的综合运输体系。民用航空发展较快，目前形成了通往华北、东南、西南的空中网络。邮电通信建成覆盖全区的光缆、数字微波传输网、移动通信网和无线寻呼网，实现了县以上城市电话和全部农村电话交换程控化。

基本形成全方位、多层次的对外开放格局，与世界60多个国家和地区建立了贸易和经济技术合作关系，出口创汇商品300多种，国内东西合作和横向联合也在进一步向高层次、宽领域发展。

重点区域建设。宁夏西海固地区是联合国划定的最贫困地区之一，为了改变南部山区贫困落后的面貌，在国家大力支持下，自治区政府逐年加大对南部山区扶持的力度。到2000年底，贫困人口大幅度下降，由1994年的139.8万人下降到52.7万人，农民人均纯收入提高到987.3元；修建高标准旱作“三田”，使农民人均基本农田增加到2.7亩。先后新建了固海扬水、盐环定扬水等130多处大中小型水利、水保工程，发展了一部分水浇地，解决了部分人畜饮水困难的问题。2000年续建和新建的大、中型扶贫工程，宁夏扶贫扬黄灌溉工程、彭阳长城塬引水工程和固原东山坡引（饮）水工程都在顺利进行，部分工程已开始发挥效益。为缓解南部山区生态环境压力，积极采取大规模移民搬迁，累计迁移和安置贫困人口30多万人，迁出移民大部分实现了稳定解决温饱的目标。

经济核心区建设。宁夏经济核心区包括银川、吴忠、青铜峡、灵武市，土地面积100.5万公顷，城镇、人口、经济布局集中分布在南北长100公里，东西宽50公里的黄河两岸，是宁夏的地理中心和经济重心。核心区自然条件优越，基本形成以能源、原材料、化工、机电、食品为基础的工业体系，特色食品、药品、环保产业呈现良好发展前景。农业基础设施完善，农作物高产，旱涝无虞，开发潜力巨大，2000年总人口185万人，国内生产总值达到147亿元，人均国内生产总值8000元，为全区平均水平的1.65倍，财政收入10.2亿元，城镇化水平45%，第一、二、三产业比重为16:46:38。2000年自治区安排重点建设项目总投资46.9亿元，核心区占重点项目总投资的61.5%。今后宁夏经济发展潜力最大的区域仍将集中在核心区内。2000年1月10日宁夏矿业开发公司与美国威振石油公司签定了宁夏灵武横山堡煤层气风险勘探合作合同。正在筹划和考虑在灵武新建的83万吨煤基二甲醚化工项目的前期论证及研究工作在逐步开展。

优势产业。食品产业包括“清真”系列的乳制品、肉制品等绿色食品以及马铃薯加工业、发酵酿造业、水产果菜加工业和粮食加工业；生物医药产业结合生态建设，运用高新技术对枸杞、麻黄、苦豆子等宁夏特色中药材进行精深加工，生产高效、无毒无副作用的特色系列药品和保健品以及开发血液阀、自动采血器等高科技医疗器械产品；天然气化工产业利用丰富的天然气资源作为原料，开发、生产高附加值的天然气精细化工产品；新材料产业钽铌铍等特种稀有金属材料及其产品，铝镁合金及其深加工产品，碳化硅、高技术陶瓷、稀土材料及其制品等高新技术产业。

发展潜力。宁夏的农业产业化将形成粮食加工、绒毛皮加工、肉奶食品加工、葡萄酿酒、生物制药和水产果菜业6个产业。这些产业无论是从市场消费需求潜力、资源条件来看，还是从国内目前的生产水平来看，都已具备了加快发展的良好条件。

宁夏煤炭资源丰富、品种齐全、品质优良，发展煤炭工业深加工条件优越。灵武横城堡煤层气，银川、六盘山盆地石油天然气资源调查已展示了良好前景，发展石油天然气化工具有潜在优势。钽铌铍及其复合材料，碳化硅超细微粉及功能陶瓷、结构陶瓷制品、钕铁硼高性能永磁材料、高强度石膏粉新材料都有资源优势和全国领先的技术优势,具备良好的发展前景,有条件形成新材料产业。

自治区人民政府先后颁布实施了《宁夏回族自治区鼓励外商投资规定》、《关于进一步改善外商投资软环境的若干规定》、《"宁夏回族自治区鼓励外商投资规定"有关问题的通知》、对外商投资者实行投资直通卡服务承诺等有关政策。这些政策从税收、土地、运输、贷款贴息等方面给予尽可能的优惠,积极鼓励外商来宁投资发展。

在国家政策允许的范围内,宁夏将尽最大可能向国内外投资者提供一切便利条件和优惠政策。凡外省区能够提供的优惠政策,宁夏同样能够提供,凡外省区没有的,宁夏也将积极创造条件予以提供。

【利用外资与对外贸易】 2000年宁夏实际利用外资8497万美元,比1999年增长1.07倍。其中借用国外贷款7494万美元,比1999年增长1.42倍;吸收外商直接投资1000万美元,与1999年持平。全年拟利用国外贷款金额960万美元。审批吸收外商直接投资项目32个,合同外资金额1亿美元。2000年宁夏举办了宁夏粮油精品展销会、清真食品小吃鉴定及食品展销会、黄河大漠文化旅游节、国际摩托车旅游节等招商引资、商贸洽谈活动。参加境内外一些重大的投资贸易洽谈活动,共对外签定招商引资项目40项,协议引进资金7.8亿元。1999年日本山崎马扎克公司与宁夏长城铸造厂合资兴建了中国第一家智能网络化机床制造厂,2000年挪威埃肯集团公司注资800万美元成功收购石嘴山市第一碳素厂,美国华邦国际投资有限公司拟在宁夏投资建设天然气精细化工项目,印尼金光集团拟在宁夏发展纸浆林基地及综合开发项目。在2000年中国第四届投资贸易洽谈会上,日本岩井公司、诺基亚公司、美国巴特勒公司等世界500强企业都主动造访宁夏。

对外贸易呈现持续、快速、健康发展的态势。据海关统计,2000年宁夏进出口总额44291万美元,比1999年增长39.3%,其中出口32736万美元,增长32.2%。进口11555万美元,增长64.3%。2000年底宁夏已同世界111个国家和地区建立了贸易往来关系,初步形成以日本、香港、美国、欧盟为主,积极开发东南亚、东欧、独联体出口贸易市场,发展与伊斯兰国家经贸关系,出口市场结构趋于合理的局面。

在利用外资中存在的问题是,间接利用外资比重过大(占88%),造成外债负担重,给财政带来较大压力,会给利用外资带来负面影响。

宁夏鼓励投资生态建设和环境保护领域:治理沙化、退化草原、水土流失和环境污染;退耕还林(草),绿化荒山荒地,防治土壤盐渍化。基础设施建设:城市改造,交通通信,水利设施建设。经济结构调整:农业产业化中粮食生产加工业、肉奶制品业、绒毛加工业、葡萄酿酒业、生物制药业、水产果菜业;电力为重点的能源产业;天然气化工产业;新材料产业;特色旅游业。传统优势产业升级:石化、冶金、机械、建筑建材业;现有国有企业改造,包括参股、控股、收购及兼并。第三产业发展:劳动密集型的行业;发展金融保险、文化体育、信息咨询、中介服务、房地产、社区服务。科学技术和教育:高新技术产业、新技术、新品种、新产品,科学研究,培养人才、职业教育、成人教育,民办教育等。

【重点开发项目】 2000年重点项目安排投资46.9亿元,占全社会总投资的31.3%。宁夏扶贫扬黄灌溉一期工程(1236工程)。建设年限1999~2002年,开发灌溉面积130万亩,安置移民67.5万人,总投资29.66亿元。青铜峡铝厂三期工程。建设年限1999~2001年,规模为新增电解铝10万吨,总投资17.3亿元。

高速公路。GZ25姚伏至叶盛高速公路。建设年限1999~2000年,公路全长83公里,采用全封闭、全立交,设互通式立交桥6座、中桥16座、小桥、涵洞552座(道),总投资15.4亿元,工程已于2000年6月30日全线通车;GZ25麻黄沟至姚伏高速公路。建设年限1999~2002年,公路全长74公里,设互通式立交桥3座、分离式立交桥7座、大桥5座、中小桥及涵洞399道,总投资14.19亿元。GZ25叶盛至中宁高速公路。建设年限1999~2003年,公路全长96公里,总投资22.9亿元。GZ35古窑子至王圈梁公路。建设年限1999~2001年,是国道主干线"青岛—太原—银川"公路的一段,全长94公里,设置3处互通式立交,大桥3座,中小桥及涵洞、通道193道,总投资9.6亿元。

盐环定扬水宁夏专用工程。建设年限1998~2002年,引水7立方米/秒,灌溉农林草地22.36万亩,总投资2.62亿元。彭阳长城塬引水二期工程。总投资3813万元,建设年限2000~2002年,工程建成后,可发展灌溉面积4.16万亩,解决中北部及塬区附近的4个乡13个行政村、131个自然村近2.13万人、0.76万头大家畜、2.1万只羊的饮水问题。银川橡胶厂技改项目。建设规模为年新增30万套全钢载重子午胎,建设年限1999~2001年,总投资5.7亿元。宁夏有色金属冶炼厂钽铌产业化项目。年产高比容钽粉70吨、细径钽丝35吨、铌锭50吨、真空级铌锭铁合金250吨、铌酸锂晶体棒7吨,铌酸锂单晶片26万片,建设年限1999~2000年,总投资1.98亿元,2000年竣工。银川市城市电网改造工程。拟扩建220千伏变电站1座,新建110千伏变电站4座,新建110千伏线路82公里,建设年限1998~2001年,总投资4.22亿元。农村电网改造工程。建设、改造农网10千伏及以下线路和配变,建设10千伏以上县乡主干电网,总投资6.34亿元,2000年竣工。银川热电厂及配套热网工程。建设规模为3×75T/H次高压电站煤粉锅炉+2×1.2万千瓦抽汽供热汽轮机+2×1.5万千瓦发电机组,供热面积200万平方米,建设年限为1998~2001年,总投资4.14亿元。银川市城区集污及处理工程。建设规模为排水服务面积36平方公里,日处理污水10万吨,建设年限1997~2001年,总投资2.02亿元。

美利纸业集团技改扩建工程。工程由制浆造纸技改项目、热电站工程和碱回收工程三个子项组成,建设规模年产轻量涂布纸6.8万吨、安装一台1.2万千瓦火电机组、日处理100吨漂白麦草浆黑液,建设年限1998~2001年,总投资4.61亿元。宁夏邮政指挥中心。建筑面积3万平方米,建设年限1999~2001年,总投资1.26亿元。退耕还林还草工程。覆盖宁夏南部山区八县,建设年限2000~2008年,最终退耕还林还草500万亩。宁夏药物所苦参素系列生物碱原料药及注射液工业性试验项目。年产40吨苦参素原料药,5400万支注射液,总投资6143万元,2000年竣工进入调试生产阶段。

长城机器制造厂数控机床(小巨人)项目。年产各类数控机床和加工中心420台(套),建设年限为1999~2000年,总投资1.59亿元,已于2000年5月28日建成投产。

【经济协作与对口支援】 2000年,全区共签订经济技术协作项目275项,已实施各类经济技术协作项目70项,协议引进外省区资金7亿元,实际到位资金3亿元。

2000年4月,宁夏与闽沪两地举行了高层会议,分别签署了《闽宁对口扶贫协作第四次会议纪要》、《关于沪宁全面加强合作的会谈纪要》。同时宁夏有关部门及企业也与上海进行了广泛的接触交流和洽谈,签订了一批合作项目,宁夏在闽签订了33项合同和协议项目,合同协议资金2.87亿元;在沪签订了35项合同和协议项目,合同协议资金3.21亿元。2000年7月3日,上海市代表团和上海市经贸代表团到宁夏访问考察。双方举行了沪宁(夏)合作洽谈会,共签订合作项目51项,项目总金额316354万元。到目前为止,已有20多个签约项目和经贸合作协议正在实施当中。2000年8月,江苏省党政代表团来宁夏参观考察,双方签订了十多个合作项目,共达成意向、协议13项,协议资金3亿多元,有5个项目正式签约。

福建省与宁夏建立了对口扶贫协作关系,两省区党委、政府本着“优势互补、互惠互利、长期合作、共同发展”的原则,以解决贫困人口温饱和促进区域经济协调发展为中心,1996~2000年,福建省委、政府及各级财政、企业、社会各界无偿援助宁夏扶贫资金1.2亿元。利用这些资金,宁南山区8县修建坡改梯田近20万亩,打井窖2万眼,新建移民开发示范区两个,移民近万人,建设闽宁温饱示范村80个,建起了一批食用菌生产、节水灌溉、马铃薯脱毒、种桑养蚕、肉牛育种育肥等科技示范工程,扶持了7000多户贫困户发展起了种养加事业,为贫困山区新建翻建希望中小学、保健医院、幼儿园、农技培训中心、老干部活动中心近100所,救助失学儿童7000多名,捐赠衣物140多万件,其中微机、传真机、电教、医疗等高档设备200多件等。有30多万贫困农民从中受益。在不断加强闽宁科技信息交流的同时,福建省还非常重视帮助宁夏培训人才,先后在福州为宁夏举办各类干部培训班10多期,培训县乡干部、企业管理干部、医疗骨干等350多名;福建省教委为宁夏代培研究生130多名。随着两地交流的增加,福建各地企业接纳宁夏劳务人员6000多名。福建企业在宁注册达113家,这些企业已融入西部开发大潮中,有些已成为当地龙头和骨干企业。

新疆维吾尔自治区

【概况】 新疆维吾尔自治区位于欧亚大陆中部,中华人民共和国西北部,总面积166.04万平方千米,约占全国总面积的1/6。东面、南面与甘肃省、青海省、西藏自治区相邻,从东北到西南与蒙古、俄罗斯、哈萨克斯坦、吉尔吉斯斯坦、塔吉克斯坦、阿富汗、巴基斯坦、印度8国接壤。国界线长5600多公里,约占全国陆地国界线总长的1/4,是我国国界线最长、面积最大的省区。

新疆远离海洋,四周高山环抱,境内冰峰耸立,沙漠浩瀚,草原辽阔,绿洲点布,自然资源丰富,地貌轮廓是“三山夹两盆”。塔克拉玛干沙漠(面积约33万平方公里)是我国最大的沙漠,也是世界第二大流动性沙漠。

新疆境内有河流570多条,其中塔里木河全长2437公里,是我国最长的内陆河,有大于1平方公里的湖泊139个,其中位于巴音郭楞蒙古自治州境内的博斯腾湖,水域面积980.4平方公里,是我国最大的内陆淡水湖,吐鲁番盆地的艾丁湖低于海平面154米,是我国陆地的最低点。新疆的大小冰川有18600多条,总面积24000多平方公里,占全国冰川面积的42%,冰川储水量25800多亿立方米,冰川融水约占新疆河流年径流量的21%(约170亿立方米),为新疆提供了比较稳定的水资源,有“固体水库”之称。

新疆的气候属温带大陆性气候,冬季长,严寒,夏季短,炎热,春秋季变化大。新疆是干旱区,降水较少且分布不均匀,北疆在150毫米~200毫米以上,南疆不足100毫米,新疆冬季积雪一般在20厘米~30厘米左右,最深可达80厘米以上,南疆在10厘米左右,最深可达20厘米,山区积雪比平原要深得多。无霜期南疆180天~220天,北疆140~185天。

新疆可用于农林牧业的土地面积7147万公顷,其中可垦地733万公顷,现有耕地412.5万公顷;可利用天然草地约4800万公顷;人工造林保存面积约70万公顷,林木蓄积量2.76亿立方米。

新疆水资源稳定,地表水年总径流量884亿立方米,地下水可开采量252亿立方米。农田灌溉面积占耕地面积的80%以上。水能资源理论蕴藏量3350万千瓦,其中可开发装机容量1796万千瓦,年发电量845亿千瓦小时。新疆全年日照时间2600~3400小时,年太阳能总辐射量每平方米5000~6490兆焦耳,积温一般地区为3000℃~4000℃,≥10℃的积温,南疆在4000℃以上,吐鲁番盆地为4500℃~5390℃,北疆从南到北为3600℃~2500℃。

山口是风能资源最为丰富的地区，年平均有效风能在10800兆焦耳/平方米。

新疆动植物资源复杂多样，除拥有优良的牛、羊、马、骆驼等家畜外，还有野生动物699种。野生植物已查明的近4000种，其中已证明有经济和药用价值的有1000多种。

新疆目前已发现各类矿产138种，其中能源矿产5种、放射性矿产2种、金属矿产43种、非金属矿产84种、水气矿产4种，占全国已发现矿产168种的80%以上，已探明矿产资源的潜在价值6.59万亿元，可提取价值约2.598万亿元。在探明保有储量中居全国前10位的矿种41种，居西北地区前两位的矿种有42种。主要优势矿产有：石油探明储量25.54亿吨，居全国第三位，天然气探明储量8537.04亿立方米，居全国第六位；煤炭探明储量981.1亿吨，预测资源量2.19万亿吨，为全国之首；黄金初步预测资源量居全国前列。

新疆的旅游资源丰富，类型多样，个性鲜明，具有干旱区特色的自然旅游资源有高山、冰川、湖泊、浩瀚的戈壁和大沙漠、草原、类型各异的自然保护区，以及冰川与火洲为邻，沙漠与绿洲相映的奇特景观等。人文旅游资源更具特色，有当今世界知名度较高的南、北、中古"丝绸之路"和遍布天山南北的古城堡、古石窟、古寺庙、古驿站、古屯田遗迹与千姿百态的民俗风情辉映，构成了我国内地旅游区不可替代的人文旅游资源体系。

到2000年末，新疆总人口1846.26万人，共有49个民族，其中世居新疆的13个民族人口为维吾尔族825.67万人、汉族702.3万人、哈萨克族127.75万人、回族81.3万人、柯尔克孜族15.96万人，蒙古族15.68万人、锡伯族3.92万人、塔吉克族3.06万人、满族2.23万人、乌孜别克族1.32万人、俄罗斯族1.06万人、达斡尔族0.64万人、塔塔尔族0.46万人。

新疆人口地域分布不均衡。90%以上的人口集中在平原6.19万平方公里的绿洲经济区内。主要分布在环绕准噶尔盆地的阿尔泰山麓、准噶尔西部山地、天山北麓和塔里木盆地的天山南麓、昆仑山、阿尔金山北麓的两个"马蹄"形中的各个"结点"上。目前绿洲经济区人口密度296.2人/平方公里。

新疆城市在经济社会发展中的地位和作用非常重要，19个设市城市的土地面积占全疆的14%，建成区面积仅占新疆面积的0.03%，却容纳了总人口的35%，创造了新疆58%的国内生产总值。新疆城市人口用气普及率88.4%，用水普及率97.9%。

新疆荒漠多、植被稀少、生态环境极为脆弱，诸多环境问题凸显。山区森林采育失调，天然荒漠林面积锐减；天然草场过牧、草原沙化退化；土地贫瘠化、沙化和水土流失较严重。河流上游过度引水，流域内生态环境恶化；重点城市污染严重，贫困地区的经济与人口、资源和生态环境还处在相互制约、恶性循环的状态。

针对生态环境存在的主要问题，新疆不断完善环境法制建设，基本形成了较为完善的环境保护法规体系和执法氛围。三北防护林建设工程、防治荒漠化工程、塔里木河干流治理工程、"1311"工程、天然林保护工程等，有力地推动了生态环境的保护和建设；各项水利建设也已为大规模展开生态建设奠定了一定的基础；累计人工造林面积80多万公顷，封育恢复荒漠林52万公顷，恢复改造胡杨林42万公顷，新增4万公顷，人工绿洲面积扩大了2.42倍，绿洲内森林覆盖率10%以上，共有66个县及131个农牧团场基本实现农田林网化；治理盐碱地47万公顷；建设人工草地80多万公顷，改良草地96万公顷，围栏草地60多万公顷，全疆近70%的牧民实现了定居、半定居。

新疆结合经济结构调整，加强了环保基础设施建设；实行污染防治与生态保护并重方针，狠抓工业污染源达标排放，取缔、关停了320家污染严重又没有治理前景的企业，淘汰了落后的过剩生产能力；在拉动内需加强基础设施建设中，重点建设了一批城市环保基础设施。这些措施，既促进了经济增长，又对污染防治起到了重要作用,乌鲁木齐市已纳入了全国的二氧化硫控制区,目前削减分散燃煤锅炉,扩大集中供热面积,治理汽车尾气污染的工作正在有计划地推行,环境空气质量已有所改善。

【经济与社会发展】 新疆维吾尔自治区2000年国内生产总值1364亿元,增长8.2%,其中第一产业增长4.8%,第二产业增长9%,第三产业增长10.3%。农林牧渔业总产值487.2亿元,农业在稳定粮食生产的同时,大力发展经济作物,2000年粮食产量808.6万吨,比上年下降3.6%,棉花产量150万吨,比上年增长6.6%。畜牧业生产增长较快,年内牲畜总头数达到4524.67万头(只),牛羊猪肉类总产量76.92万吨,绵羊毛产量6.7万吨,牛奶产量72.5万吨,禽蛋产量18.5万吨,水产品产量6万吨。乡镇企业继续发展,完成增加值74.6亿元。

工业总产值1061.27亿元。工业生产中重工业增长速度快于轻工业。2000年轻工业增加值280.32亿元,重工业增加值780.97亿元。受国际市场原油价格上涨和棉纺产品销售转旺的影响,石油工业稳步增长,棉纺业呈现出较好的增长势头;原油产量1848.43万吨,原油加工量1001.3万吨,纱产量33.43万吨,布产量2.8亿米,原煤2798.9万吨,发电量182.98亿千瓦小时,钢材131.26万吨,水泥895.7万吨,工业产品产销率为97.6%。工业经济效益综合指数147.6%,比上年提高了73.5个百分点;工业盈利企业盈利额112.8亿元,增长3.1倍,亏损企业亏损额19.2亿元,下降21.7%;盈亏相抵后实现净利润93.6亿元,增长27.4倍。工业企业利税总额162.27亿元,增长1.6倍。

各种交通工具完成货物周转量660.9亿吨公里,其中2000年铁路完成物周转量355亿吨公里,公路272.9亿吨公里,民航1亿吨公里,管道32亿吨公里,完成旅客周转量292.8亿人公里,其中铁路97.4亿人公里,公路158.2亿人公里,民航37.2亿人公里,邮电业务总量47.3亿元。

全社会固定资产投资610.38亿元,2000年,地方项目完成投资322亿元,中央项目完成投资290亿元,基本建设投资额392.74亿元,更新改造投资77.54亿元,房地产开发投资57.4亿元。

社会消费品零售总额374.5亿元。地方财政收入95.5亿元,地方财政支出205.45亿元。年末金融机构各项贷款余额1403.1亿元,比年初增加74.9亿元;年末金融机构各项存款余额1863.5亿元,比年初增加303.2亿元,其中城乡居民储蓄存款余额908.5亿元,比年初增加83.9亿元。

在岗职工平均工资8717元。2000年,城市居民人均可支配收入5817.28元,城市居民人均消费性支出4665.46元;新疆农村居民人均纯收入1618.08元;人均消费性支出1237元。城市居民人均居住面积15.3平方米;农村居民人均住房面积17.3平方米。

普通高等学校在校学生7.29万人,其中少数民族学生3.2万人;中等教育结构完善,小学学龄儿童入学率97%,各类成人教育进一步发展,少数民族教育成绩显著,各级各类少数民族在校学生占全部学生总数的67.2%。广播人口覆盖率89.8%,电视人口覆盖率92.2%。医疗保险体制改革和医疗卫生体制改革取得较大进展,城镇社区卫生服务,农村合作医疗和初级卫生保健体系进一步健全,人民群众的健康水平有了新的提高。体育事业成绩显著,群众性体育活动蓬勃开展,少数民族传统体育项目生机勃勃,"达瓦孜"传人阿迪力屡创吉尼斯世界纪录。

【投资环境】 2000年,颁布了《新疆维吾尔自治区招商引资若干政策规定》和《新疆维吾尔自治区鼓励外商投资若干政策规定》。根据政策规定在新疆境内投资举办的外商投资企业,经营期在10年以上的,免征外商投资企业和外国企业所得税中的地方所得税;对采取先进技术的企业、产品出口的企业、从事农业生产的企业、从事矿产资源开采以及从事鼓励产业中项目的外商投资企业，根据不同区域条件、行业减免各类税收及费用；鼓励外商来新疆租赁、承包和购买政府对外发布的国有和集体企业，鼓励广泛合作，多方引进外资；简化审批手续，提高办事效率。这一系列加快发展的优惠政策措施，给新疆经济发展和改善投资环境提供更好的机遇。

近年来，新疆集中力量建设了一批在国民经济中起重要作用的基础设施建设项目，先后建成了乌鲁瓦提水利枢纽、南疆铁路、吐——乌——大高等级公路、乌——奎高速公路、南北疆光缆干线、塔里木农业灌排和环保一期、新疆棉花基地、乌石化二化肥、八钢改扩建、国家粮棉库、新疆大学“211 工程”等 36 个重点建设项目，塔里木农业灌排和环保二期、红雁池第二发电厂一期、农村电网建设、新疆三大油田及西北石油局油气勘探开发等 9 个项目，实现了部分或单项投产。2000 年，固定资产投资新增主要生产能力有：水库库容 10.4 亿立方米，开荒 30 万公顷，改造低产田 46 万公顷，引水 8.4 亿立方米，发电装机 180 万千瓦，原油 1457.5 万吨，铁路 974 公里，公路 4041 公里。一批新的固定资产能力形成，极大改善了新疆基础设施条件，增强了经济发展后劲。

新疆不断探索和建立适应市场经济需要的新型投融资体制，为投资增长创造比较宽松的环境。在建设领域，推行项目法人责任制、项目资本金制、工程招投标制、工程质量监督管理制、项目环境监督管理制五项制度建设，逐步建立和完善适合新疆实际的项目管理制度实施细则，特别在大中型项目和国家投资的项目中，普遍实行以五项制度为基础的规范化管理，以制度约束代替行政干预。新开工项目基本按《公司法》和《项目法人责任制》设立并组建项目法人和有限责任公司。施工安装招投标和工程监理全面实施，公平、公开、公正的市场秩序逐步建立。同时，积极转变政府部门职能，全面贯彻项目业主负责制，依照业主责任制的各项要求，清理和减少政府职能部门的审批环节，制止和减少各种乱收费现象。工程中介组织逐步推向市场。

新疆在开发建设上突出加快天山北坡经济带发展，并以兰新铁路和南疆铁路为主轴，沿边带及公路干线为辅轴，以中心城市及边境口岸城镇为支点，发挥区域竞争优势，发展各具特色的区域经济，促进新疆经济的共同繁荣。

乌鲁木齐至乌苏和克拉玛依的天山北坡综合经济带，集中了新疆 40% 以上的经济和科技力量，城镇、交通、能源等基础条件良好，是我国西部最具发展潜力的区域之一。率先加快这一区域的发展，形成国际商贸大通道，将对新疆经济起到重要的带动、辐射和示范作用。不断加大天山经济带改革开放力度，加快体制和制度创新，营造良好的对内对外开放环境；积极调整产业结构，加快产业升级，大力发展石油天然气化学工业、农业产业化、特色工业和高新技术产业，培育新的经济增长点；加强水利、交通、能源等基础设施和生态环境建设。各地州把所在中心城市做为西部开发的重点，从地域上看，库尔勒、阿克苏、阿图什、喀什、吐鲁番、阿勒泰、塔城、哈密、伊宁、博乐等市、地、州均有各自的交通、口岸、旅游等优势，都有加速发展，形成辐射中心的条件。

新疆在加强重点区域建设的同时，加快贫困地区的开发，推动区域经济协调发展。通过采取国家支持、财政信贷、人才培养、产业化示范工程、对口扶贫等具体政策，积极扶持资源加工型和劳动密集型产业的发展，增强自我发展能力，尽快改变贫困地区落后面貌。

新疆以市场为导向，生产要素的优化组合与配置得到提高，特色经济快速发展。经济作物生产规模扩大，棉花种植面积扩大 101.23 万公顷，产量比上年增长 1.6%，蕃茄、红花、葡萄等特色经济作物和畜牧林果业发展较快，经济作物播种面积的比重由 37.8% 上升为 44.2%。石油和石油化工支柱产业的地位加强。以农副产品加工为主的蕃茄酱、红花油等食品工业已初具规模，部分产品在国内外市场上形成了竞争优势。第三产业不断优化，传统服务业得到改造、信息、金融、保险、旅游等现代服务业发展较快。

【利用外资和对外贸易】 新疆现有对外开放县(市)58个,其中33个边境县(市)全部开放,建立了10个城市边境经济合作区、经济技术开发区,对外开放口岸16个。为加快经济发展,新疆广泛开展了对内对外经济技术合作。到2000年,累计实际利用外资25.7亿美元。主要用于农业开发,环境治理、资源勘探和基础设施建设,建设项目包括乌—奎高速公路、塔里木灌排和环保二期工程、乌鲁木齐外环路工程、邮电通信设施建设、达坂城风力发电厂三期扩建等。

2000年新疆进出口总额22.6亿美元。其中出口12亿美元;进口10.6亿美元。边境贸易累计进出口额13.19亿美元,增长29%,占新疆外贸总额的58.02%,其中出口5.8亿美元,进口7.4亿美元。

“2000年乌鲁木齐对外经济贸易洽谈会”有38个国家和地区以及国内28个省、区、市1.1万名中外客商和政府官员到会。对外经济贸易合同总额15.82亿美元,其中对外贸易出口成交4.86亿美元;进口订货5.72亿美元;对外经济技术合作项目成交额5.24亿美元。国内贸易和经济技术合作项目成交额228.32亿元人民币,其中国内贸易成交122.45亿元人民币,国内经济技术合作项目成交105.87亿元人民币。

【重点开发项目】 新疆根据“九五”和2010年远景目标,结合经济结构调整和财力、物力的可能,共安排重点开发建设项目26项,其中主要有新疆棉花基地建设。棉花是国家的战略物资,也是新疆的资源优势。新疆棉花基地是落实国家“九五”计划和2010年远景目标纲要中把新疆建成国家级棉花基地的骨干项目。建设内容及规模为新修水库7座;扩建和除险加固水库15座;新修场外渠道及场外防渗渠道4368公里,推广节水灌溉新技术37万亩,新建和配套良种繁育区36个,开荒400万亩,改造中低产田600万亩,新疆棉花种植面积1450万亩,项目总投资99.14亿元。至2000年,项目区主要农作物总产值将达200多亿元,合格棉花生产能力150万吨,可向社会提供商品棉130万吨以上。

乌鲁瓦提水利枢纽工程。乌鲁瓦提水利枢纽工程是一座具有灌溉、发电、防洪改善生态环境等综合效益的大(2)型水利工程。建设规模为水库总库容3.47亿立方米,发电装机容量4×1.5万千瓦。由高138米的砼砾石堆土坝、引水发电系统以及相配套的生产和生活设施等组成,项目总投资14.34亿元。项目建成后可改善灌溉面积113万亩,新增灌溉面积69万亩,年发电量1.9亿千瓦时,年防洪效益估计达580多万元。

塔里木农业灌排和环保二期工程。工程建设将进一步改善南疆农业生产条件,加快农牧民脱贫致富的步伐,对生态环境保护和建设促进经济持续快速发展产生重大影响。建设规模为水库2座、渠干4座、输水干渠25条、排水干渠22条、地下水开发工程5处、电站2座,开荒113万亩,改造低产田158万亩,项目总投资25.1亿元。建设投产后,项目区粮食总产量新增28万吨,棉花新增6.9万吨,年经济效益26.3亿元,具有显著的生态、社会效益。

红雁池第二发电厂一期及配套送出工程。是乌鲁木齐电网规划的主要电源之一和新疆联网工程的主要网架,对满足经济发展电力负荷增长需求,改善电网结构具有重大作用。建设规模为4台20万千瓦凝汽抽汽供热机组和4台670吨固态排渣炉,220千伏输电线路820公里,变电容量129万千伏安,项目总投资为42.83亿元。发电工程资本金为8.57亿元,配套送变电工程资本金1.29亿元。

达坂城风电二期工程。项目建成后,可以缓解乌鲁木齐电网的供电紧张矛盾,改善电网结构,减少环境污染,节约能源,具有显著的经济和社会效益。建设规模为3.15万千瓦机组及配套设施,安装从荷兰引进的10台600千瓦和51台500千瓦风力发电机。项目总投资为30682万元。新疆油田勘探开发。该项目为我国第四大油田,为我国石油工业实现"稳定东部、发展西部"的重要接替油田,建设规模为新增原油产能837万吨,探明油气储量3亿吨,总投资401亿元。

新疆焉耆丝普纶有限责任公司细旦、超细旦丙纶长丝及制品产业化示范工程。该产品是我国九十年代发展起来的一种新兴的纺织工业原料,它的建设不仅对新疆纺织工业结构调整产生重要影响,而且对巴音郭楞蒙古自治州经济和社会发展都有十分重要意义。建设规模为一期工程年产细旦、超细旦丙纶长丝2000吨,最终达到规模年产4000吨,厂房按最终规模一次建成,工艺设备应按需要分期到位,项目批准总投资为9195万元。项目投产后,正常年份可实现销售收入5958.4万元,年利润1840万元。

乌鲁木齐——奎屯高速公路。是国家公路建设规划中"三纵二横"国道主干线312线在新疆的部分,是新疆境内建设的第一条高速公路。建设规模为公路全长266.121公里,其中二车道二级汽车专用公路19.15公里,四车道一级公路30.59公里,四车道高速公路216.47公里,项目总投资为51.2733亿元。乌鲁木齐机场改扩建二期工程。机场扩建对于新疆航空公司扩大经营规模,加强与外部的联系,改善投资环境具有十分重要的作用,建设规模为飞行等级为4E,可供B747—400,MD—11飞行全载起降,一期工程新建3600×45米跑道一条,及相应的滑行延、助航灯光、航管、气象等工程,二期工程建设航站区工程及供油工程等,项目总投资17576万元。

【经济协作与对口支援】 2000年新疆签订经济技术合作项目833个,合同金额160.53亿元,落实执行经济技术合作项目680个,合同金额101.2亿元,引进外省市区到位资金14.78亿元,新疆"九五"期间累计引进外省区市到位资金达到56.65亿元。

2000年,全国有27个省市区及一批知名大专院校和科研机构来新疆洽谈合作项目,落实协作项目257个,合同金额34.48亿元,其中引进个体私营企业的项目有46个,资金3.09亿元。

新疆对口支援、扶贫协作,继续保持了较好的发展势头。先后同上海市、江苏省、山东省、浙江省、湖北省、天津市、河南省、河北省、湖北省、福建省、江西省、广东省、北京市等13个省市区建立对口支援、干部援疆、扶贫协作关系。山东省今年又有5个经济较发达的县市同喀什地区的5个贫困县市建立了对口帮扶对子,山东还派遣200名优秀教师来新疆支援教育事业。通过援疆干部的牵线搭桥,新疆同上述省市落实了经济技术协作项目80多项,引进资金3亿多元。上海市、江苏省、浙江省、山东省、河北省、湖南省、湖北省先后有主要领导带队来新疆考察,促成了一批协作项目,上海市同新疆落实了17个协作项目,投入资金2.82亿元。浙江省同新疆落实了48个协作项目,投入资金3.6亿元。新疆区内联合协作项目366个,合同金额66.72亿元。新天国际实业公司、中基股份公司等企业,先后投资数千万元,在昌吉州及塔城地区建立了葡萄、蕃茄、胡萝卜生产基地。与此同时,区内间企业联合出现了更加好的势头,广汇企业集团、新疆屯河有限公司、新疆华凌集团、天山水泥股份有限公司先后收购、兼并了区内30多家企业,投入资金5亿多元,不但盘活了企业的资产,为国有企业走出困境,提高企业经济效益,探索了一条新路子。

新疆同省际间商贸往来力度不断加大,先后有山东、四川、河南、浙江温州、湖南长沙市等省市来新疆举办规模较大的产品展销及贸易洽谈会,仅四川名优特产品展销会,成交额即达147.92亿元,新疆也先后组织企业参加了"西安中国中西部合作与投资贸易洽谈会","青岛对外经济贸易洽谈会","广州博览会"等一系列国内重大商品贸易展销会,签订各类贸易合同和协议100多份,成交额30多亿元,为把新疆建成西部国际商贸中心,创造了有利的条件。

新疆生产建设兵团

【概况】 新疆生产建设兵团(简称兵团)位于中国西北部,新疆维吾尔自治区辖境之内。兵团大部分师、团场沿塔里木盆地、准葛尔盆地边缘绿洲地带、天山、阿尔泰山、昆仑山山区平原分布。新疆自东北至西南分别与蒙古、俄罗斯、哈萨克斯坦、吉尔吉斯、塔吉克斯坦、阿富汗、巴基斯坦 印度八国毗邻,边境线长5600公里,兵团58个边境农场,其中38个边境农场沿2100公里边境线分布,担负建设边疆、守卫国土的神圣使命。

兵团农一师、二师、三师、十四师分布在南疆塔里木盆地边缘的绿洲地带。其中37个农场成月牙形分布在塔克拉玛干沙漠北缘,分布线长1500多公里。农六师、七师、八师、十二师有51个农场分布在古尔班通古特沙漠南缘绿洲地带。农四、五师、九师、十师分别分布在伊犁河谷平原,中独(独联体)边界低山谷地,阿尔泰山南麓冲积草原。农十二师6个农场分布在乌鲁木齐市及郊区。农十三师分布于东天山哈密、吐鲁番盆地。

北疆各师地处中温带,南疆各师属于暖温带,全年平均气温南疆平原10~13℃,北疆平原低于10℃,两地是兵团50万吨优质棉花、优质粮食、甜菜、糖料生产基地,其中农四、五、九、十师年平均气温2.9~9.2℃,无霜期140天以上,全年日照2400~3000小时,日平均气温≥10℃的年累积气温在2000℃以上,年降水量200~800毫米,年蒸发量1250~1995毫米,适宜小麦、油菜、葵花、玉米、甜菜等作物生长,是兵团粮食与畜产品基地。

兵团土地总面积7.2万平方公里,其中耕地105.56万公顷,果园3.5万公倾,草原面积241.6万公顷,宜农荒地130万公顷,可供养殖水面39.1万公顷。

兵团全年总来水量(含泉水、坎儿井)127.7亿立方米。其中地表水106.07亿立方米,地下水11.87亿立方米。现已建成大、中、小型灌区121个,有效灌溉面积99.95万公顷,修建水库105座,总库容29.6亿立方米。

兵团有13个农业建设师,下辖178个农牧团场,1个建筑工程师,下辖8个工程团。4391个工交建商企业,10个金融机构,181个保险机构,分布于新疆14个地、州、市境内。总人口为242.79万人,城镇人口112.91万人,农业人口129.88万人,年末在岗职工70.37万人。

兵团是一个少数民族聚居的地方,除汉族外,有维吾尔族,哈萨克族、回族、蒙古族等37个少数民族。其中汉族214.37万人,维吾尔族15.75万人,哈萨克族4.08万人,回族6.22万人,蒙古族0.59万人,其他民族1.79万人。

【经济与社会发展】 2000年,兵团抓住国家实施西部大开发战略的机遇,按照“发展壮大兵团,致富职工群众”的目标,正确处理改革、发展和稳定的关系,积极推进两个根本性较变,大力实施优势资源转换战略,努力扩大对外开放,忠实履行屯垦戍边使命,国民经济和社会发展取得了显著成就。经济保持持续健康发展,全年实现国内生产总值180.68亿元,比上年增长11.7%。其中第一产业增加值71.63亿元,增长12.8%;第二产业增加值51.34亿元,增长15%;第三产业增加值57.71亿元,增长6.8%,第一、二、三产业增加值占国内生产总值比重分别为39.7%、28.4%和31.9%。

农业基础地位进一步加强,资源开发和利用成效显著,以调粮、稳棉、减糖油、增特色为主要内容的农业结构调整步伐加快。全年实现农业总产值143.74亿元,增长11%,农作物播种面积909.8千公顷,其中粮食作物播种面积,219.07千公顷,棉花播种面积410.72千公顷,油料播种面积83.81千公顷,甜菜播种面积18.55千公顷,全年完成造林面积13.40千公顷,水果总产量28.4万吨,年末牲畜存栏头数477.01万头(只),肉类总产量12.5万吨,水产品产量1.29万吨。

工业结构调整突出,加大了工业企业改革、改组力度,工业生产快速增长,全年完成工业增加值 33.29 亿元,比上年增长 18.7%,完成全社会工业总产值 97.69 亿元,增长 5.3%,工业产品产销率 95.35%,乡及乡以上工业企业实现销售产值 88.82 亿元,增长 5.9%。

建筑业生产平稳增长。全年完成建筑业增加值 18.05 亿元,增长 6.8%;建筑业产值 57.2 亿元,增长 11.2%。

固定资产投资继续保持快速增长。全年完成全社会固定资产投资 73.6 亿元,比上年增长 23.7%;其中国有经济投资 65.5 亿元,增长 19.5%;国有经济中基本建筑投资 45.2 亿元,增长 15.1%;更新改造投资 16.8 亿元,增长 25.9%。

新的消费热点逐步形成,住房、旅游、教育等消费大幅度增长,消费结构发生了积极变化,全年完成社会消费品零售总额 54 亿元,比上年增长 8.2%,扣除物价下降因素,实际增长 10.1%。

对外贸易增幅较大。进出口总额 75280.22 万美元,比上年增长 84%,其中出口 44990.54 万美元,增长 85.5%;进口 30289.68 万美元,增长 81.8%。经济技术协作取得新成就。全年共签订经协项目 54 项,合同金额 15.93 亿元,引进外省资金 4.17 亿元,当年实际执行项目 61 项,合同金额 16.55 亿元。

旅游业发展创历史最高水平。兵团有 57 家旅游企业,现有从业人员 4493 人,总收入 41924 万元。旅行社规模不断壮大,全年组团接待国内旅游者 20938 人次,接待海外旅游者 47656 人次。金融机构树立市场化经营理念,拓展新的业务领域,调整信贷结构,剥离不良资产,加强信贷基础管理,强化内控建设。2000 年末,各项存款余额 173.54 亿元,增长 13.2%;各项贷款余额 117.69 亿元,增长 6.3%。保险事业稳步发展。2000 年,全兵团承保金额 533.15 亿元,实现保险业务收入 3.83 亿元,增长 11.9%,各类保险赔(给)付金额 1.88 亿元,综合赔(给)付率 49%。

科学技术事业稳步推进。全年共有 45 项成果获兵团科技进步奖,其中获兵团一等奖 3 项;二等奖 16 项;三等奖 26 项。有各类专业技术人员 13.6 万人,团(厂)以上科研机构 160 个,高等院校办科研机构 4 个,大中型工业企业办科研机构 17 个,从事科技活动人员 4500 人,其中科学家和工程师 2250 人。

教育事业稳步发展。2000 年底,兵团拥有普通高等学校 2 所,成人高等学校 3 所,普通高校招生 3700 人,增长 9.63%;在校生 11735 人,增长 13.2%;各类中等专业学校在校生 7820 人,增长 3.9%;普通中学在校生 129812 人,初中毛入学率 102.7%;普通小学在校生 288707 人,小学学龄儿童入学率 99.6%,青壮年非文盲率 98%以上。

文化事业健康发展。年末兵团共有艺术表演团体 9 个,档案馆 2 个,直属剧团共演出 500 场次,观众 45 万人次,拥有有线电视台 1 座。师级电视台 4 座,广播电台 2 座,有线电视台 10 座,团级广播电视站 188 座,广播人口覆盖率 87.1%,电视人口覆盖率 90.9%。

卫生事业持续发展,医疗卫生条件得到改善。2000 年兵团拥有各类卫生机构 665 个,其中医院 221 个,卫生防疫妇幼保健站 77 个,床位总数 17253 张。

体育事业成绩显著。2000 年,兵团成功地举办了“兵团第二届体育运动会”,共决出金牌 291 枚、银牌 291 枚、铜牌 263 枚;首次组团参加了上海举办的第五届全国残疾人运动会,取得 1 枚金牌、2 枚银牌、3 枚铜牌;在全国拳击锦标赛和冠军赛上,获得 1 个第三名和 1 个第五名;在全国跆拳道锦标赛和冠军赛上,获是 1 个第五名和 1 个第七名。

2000 年人口出生率 9.4‰,人口自然增长率 4.2‰。年末全部在岗职工比上年减少 5.07 万人,下降 6.7%,城镇登记失业率 1.9%。

【投资环境】 兵团全年水资源中地表水有

114 亿立方米,可采用地下水 52 亿立方米。年引水总量 117.94 亿立方米,其中地下水 11.87 亿立方米,利用率为 65%。现已建成大、中、小型灌区 121 个,有效灌溉面积 99.95 万公顷;修建水库 105 座,总库容 29.6 亿立方米;修建各类渠道 8.04 万千米;投入使用机井 5870 眼,年抽水量 6.3 亿立方米。

新疆具有丰富的自然旅游资源和人文旅游资源。在兵团辖区内的旅游点有:乌鲁木齐北郊五家渠垦区的森林公园、猛进人工湖;石河子市郊有周恩来总理纪念馆、纪念碑、大泉沟北湖公园、紫泥泉十大滩天然牧场;农五师八十四团境内的怪石沟;农四师垦区伊犁河谷山景等。

天山北坡经济带是兵团"十五"发展的重点区域,主要包括农六师、七师、八师、十二师、建工师、新天国际和中基股份有限公司。国内生产总值 90.73 亿元,是兵团棉花、粮食、畜牧业的主要产区,纺织、食品、电力工业等已成为兵团的工业支柱,2000 年,粮食产量 37.81 万吨,棉花产量 37 万吨,肉产量 46.2 万吨,发电量 11.63 亿千瓦时。经济带建设有兵团优质棉基地、优质商品肉基地、八一棉纺厂、八一毛纺厂、石河子东、西热电厂、奎屯热电厂、石河子大学、国家级石河子经济技术开发区等,同时还拥有新天、中基、天业 3 家上市公司,国家批准在农六师所在地五家渠新建一座县级城市。

优势产业。兵团是国家重要的商品粮、优质棉的生产基地,第一产业发达,北疆垦区天山北坡经济带、边境经济带,适宜发展棉花、粮食(小麦)、畜牧业等,同时,可开发特种养殖业;南疆垦区发展优质商品棉、特色瓜果、特种养殖业;东疆垦区重点发展园艺、特色农业。兵团工业主要是对农产品进行深加工的工业,经过几十年的发展,已形成了以酿酒、油脂加工、番茄制品、制糖、果蔬饮料,乳制品为主的食品工业;以优质毛、棉纱、布和服装面料为主的纺织工业;以农用节水器材、农膜为主的农用工业;以水泥、轻质建材、膨润土开发为主的建材工业;已初步形成食品、纺织、农用工业、建材等四大支柱为主体的工业体系。

鼓励发展的行业和项目。大力发展精准农业和特色农业,加快发展畜牧业、林果业和产业化进程,重点是棉花种植(种子、采棉机)、各种优质瓜果、超细毛羊及优质肉牛建设。着力发展食品、纺织、农用工业、建材四大支柱产业,同时改造、提高纺织工业,发展高新技术工业。突出发展交通和公路建设,优先发展旅游业。加快 4 个新建城市和石河子市建设,重点是道路、给水、排水、污水处理、垃圾处理建设。建设国家级石河子经济技术开发区,形成工业高新技术园区和农业高新技术示范区。

【利用外资和对外贸易】 2000 年兵团抓住西部大开发的机遇,全年实际利用外资 350 万美元,比上年增加 27%;其中利用国外贷款 280 万美元,外商投资 70 万美元,境外投资 200 万美元。

项目执行情况。世行卫Ⅶ项目采购的物资设备已运抵各项目团场,工程进展顺利。兵团利用瑞士政府贷款引进血站检测设备项目已签订合同,并得到瑞士政府同意,项目开始实施。中基公司与美国 A&Z 国际投资公司合资的葡萄酒项目的外资全部到位,项目运转正常,并取得了较好的经济效益。新天公司与美国迪尔公司合资建设的机采棉示范及开发项目实现当年审批、当年建设,外资已到位。

境外投资的新天公司在墨西哥农业综合开发基地项目稳步实施,已完成投资 300 多万美元,在墨西哥购置 1000 公顷土地并种植水稻 800 公顷,获得较好收成。新天公司与古巴合作的水稻种植项目已种植 1750 公顷,改造 5000 公顷耕地。

利用外国政府贷款项目的工作取得突破。2000 年兵团得到国家计委和财政部批准的外国政府贷款项目三个,批准金额 872 万美元。农十师利用奥地利政府贷款实施南部节水灌溉项目合同已签订;新天公司利用意大利政府贷款建设的两个葡萄酒项目完成了与外商的技术交流工作。

2000年兵团对外贸易经济实现快速增长，完成进出口额75280.22万美元。比上年增长84%，其中出口44990.54万美元，增长85.5%，进口30289.68万美元，增长81.8%。外贸全行业整体扭亏为盈，实现利润7200万元。外贸进出口总额占新疆自治区的33.3%。

外贸在兵团经济中的地位进一步提高。兵团出口额占GDP的比重20.8%，外贸对经济拉动作用不断增强，尤其是棉花出口成绩显著，在全国三家棉花出口企业中出口量位居第一，有力地促进了兵团经济的持续发展，首次出现了进出口额突破一亿美元的企业，新天公司2.1亿美元、亚鑫公司1.72亿美元、农垦股份公司1.52亿美元、中基公司7190万美元。

实施大经贸、市场多元化。以质取胜战略成效显著，2000年办理资格证书年审的外经贸企业有121家，自营进出口生产企业迅速发展，基本形成了一般贸易、边境贸易、加工贸易全面发展，经营范围和主导市场各有侧重，互为补充、门类齐全的外贸格局。

市场不断拓宽，商品结构进一步优化。兵团与世界69个国家和地区有贸易往来，出口商品结构有所改善，出口创汇产品由过去农副土特产品，逐步向以初级加工产品和制成品为主过渡，2000年出口品种158种，主要有棉花、棉布、棉纱、毛纱、毛纺织品、蕃茄酱等，进口商品结构体现了兵团经济发展和结构调整的需要，进口商品119种，主要是钢材、有色金属、机电设备等产品。

2000年边境贸易进出口额48955.13万美元，增长96.8%，外贸企业充分利用国家对边境贸易给予的优惠政策，发挥地缘优势和资源优势，边境贸易已成为兵团外贸的重要组成部分。

【重点开发项目】 兵团生态环境建设和保护项目。兵团农牧团场所处的地理位置多为河流下游、沙漠边缘和边境地区，兵团人在荒漠戈壁上建起片片绿洲，为新疆的经济建设和环境保护做出了贡献，但环境恶化，生态环境需要综合治理的形势依然严峻，生态环境建设是兵团经济可持续发展的根本保证。"十五"期间，植树造林154万亩，"三化"草地建设638万亩，人工草地42.5万亩，退耕还林(草)200万亩，天然林保护92万亩，荒漠植被保护170万亩，项目总投资25.5亿元。

兵团400万亩现代化灌溉工程。新疆气候干旱少雨，年降水量仅40～200毫米，生态环境十分脆弱，实施灌溉是从事农业生产的基本条件，水资源的紧缺严重影响了兵团农业的综合效益。兵团农业发展节水灌溉，是走"两高一优"的有效途径，其中喷灌比传统灌溉节水30%，增产10%，省地5%～7%；微灌可节水50%以上，节肥20%，省工50%，增产20%以上。截止2000年，喷、微灌面积已达150万亩，占总灌溉面积的10%，"十五"期间将发展喷、微灌面积400万亩；2005年兵团喷、微灌面积达到550万亩，占灌溉面积30%左右，项目总投资37.2亿元。

兵团农村电网建设和改造项目。项目总投资13亿元，其中国债资金20%，农行贷款80%，建设期1998～2001年，项目涉及兵团各师，110千伏变电所17座，35千伏变电所69座，110千伏输电线路833公里；35千伏输电线路1753公里；10千伏输电线路7917公里；低压输电线路13017公里；换高耗变压器3415台，该项目的实施进一步理顺了兵团电力管理体制，实现城乡同网同价，降低电损，改善了生产生活条件。

兵团边境农牧团场"金边工程"。新疆是多民族聚居的边境省份，地域辽阔，与8个国家接壤，战略地位十分重要，兵团的58个边境团场由于建场时的特殊情况，基础设施和职工生活条件较差，金边工程项目的建设，将解决边境团场职工生活基础设施长期存在的主要问题，可明显改善边境团场职工生活条件，有利于加快边境团场脱贫致富步伐，稳定职工队伍，稳定边境一线；有利于改善投资环境，促进兵团经济发展，对边境团场的扶贫开发和改善团场的投资环境将起到积极作用。2001～

2005年,加速边境团场的基础设施建设,逐步完成边境团场的职工住宅、饮水、通讯、广播电视、教育、卫生医疗、道路等基础设施建设,基本改变其生产生活条件,项目总投资25亿元。

城市基础设施建设项目。兵团40多年来执行“屯垦戍边”的历史使命,建成了拥有11150万亩土地,人口242万人,职工近百万人的特大型集团,在进行大规模经济建设的同时,在昔日不毛之地上建起石河子市、五家渠市、北屯市、阿拉尔市、图木舒克市等新城。1999年末兵团4个新建市及石河子市总人口38.8万人,占兵团总人口的16%;市区规划面积为105平方公里,市区建设面积为59.4平方公里;GDP为27.7亿元,占兵团GDP的17.28%。

根据《兵团城市建设总体规划》,将大力加强石河子市国家级经济技术开发区建设,用15年左右的时间基本建成五家渠、北屯、阿拉尔、图木舒克四个新城市。

本项目建设的主要内容包括城市道路、供水、环保、保障系统、公共服务系统及其它基础设施建设等六项工程。项目建设期5年,项目建设可明显改善4个新建市及石河子市的基础设施及环境条件,将有51万人直接受益。对扩大就业,带动二、三产业发展和经济结构调整,改善投资环境,繁荣民族地区经济,有利于新疆地区的长治久安,兵团的屯垦戍边,西部大开发战略的实施,有较高的社会和经济效益,本项目总投资为40亿元。

农十四师塔里木河流域和田皮墨生态示范区建设工程。兵团农十四师主要分布在塔克拉玛干大沙漠的南缘,自然条件恶劣,生态环境脆弱,土地沙化严重,是塔里木河流域综合治理的重要组成部分。生态示范区规划面积30万亩,“十五”期末形成灌溉面积15万亩,重点发展甜石榴、核桃、红枣、开心果、巴旦杏等特色林果业。建成后,农十四师耕地、林地面积由现有的8.5万亩增加到23.5万亩,经济实力显著增强。

兵团国家级扶贫团场公路建设项目。“九五”时期兵团交通基础设施建设取得突破性进展。五年累计完成垦区公路建设投资27.88亿元,建设总规模3947公里,其中主干道1728公里,路网改造2219公里。累计完成客运站点建设13个,总投资2980万元,其中新建9个,投资2850万元,建成货运配载中心1个,投资400万元,兵团边境贫困团场扶贫公路项目是从2000年开始实施的,第一批项目有6个贫困团场,项目总投资1.39亿元,建设总里程139公里,已于2000年实施。

2001年国家级扶贫团场出口道路项目涉及兵团农三、四、六、九、十、十三、十四师共七个师的26个扶贫团场26条出口道路,建设三级公路393公里,四级公路132公里,总投资4.37亿元,国家级扶贫团场出口道路项目的建设有利地改善了边疆地区的交通运输状况,促进当地经济发展,提高当地人民的生活水平。

【经济协作与对口支援】 1999年,全兵团签订经济协作项目25个,总金额1.9亿元,其中区内项目16个,合同金额1.86亿元;区外项目9个,引进资金403万元;全年实际执行项目35个,3.79亿元(含上年接转部分),在各类经贸洽谈会上签订贸易合同101份,成交金额74133.8万元。

1999年,由兵团经济协作部门组织参加了西安、太原、烟台和乌鲁木齐5个经贸合作洽谈会;组织兵团6个经贸团赴国内13个省市进行经贸洽谈;接待境外客商27批,100人次,国内客商41批,452人次。

2000年兵团借西部大开发之机,全方位加强招商引资力度。加强了与内地各省市的经济协作,接待了上海、天津、江苏、山东、浙江、河南、四川、贵州等省市的代表团对兵团的考察、参观和经贸洽谈活动。组织兵团的企业参加与兵团相关的经贸洽谈会、技术演示会、博览会和展销会。

抓重点、借外力,积极为经济结构调整服务。引进了国外先进的节水灌溉技术和设备,通过各种渠道,向农场推荐了彩色棉、芦笋、苹果洋葱、巨谷、黑杂蕃茄、蓖麻以及草种等多个优良新品种。

加强经济联合与协作。兵团经济协作工作按照资源共享、优势互补的原则，加强与自治区、市和各地州的联系，共同在优化资源配置，互为条件、互相促进，谋求区域经济的整体发展。

积极与科研院校挂钩，注重高科技项目的引进与开发。兵团的企业除了和兵团科研院校开展科技合作外，还和南开大学、无锡轻工业大学、上海科委、复旦大学等科研院校进行了多方面的技术合作。

2000年，兵团部分企业与国内一些民营企业进行了项目的联营和合作，引进了资金和技术，发展多种所有制经济成分，促进投资主体多元化，增强了兵团企业的活力。

2000年，共衔接经贸项目200余个，签订项目合同54个，合同金额159320万元；执行合同61个，总金额165466万元(其中上年接转项目7个)，协议引进省外资金41658万元；签订贸易合同62个，合同金额198231万元。共组织、参加了“西洽会”、“乌洽会”、“厦洽会”、“杨凌农高会”等4个全国性的经贸洽谈会和一些区域经济协调会议。

内蒙古自治区

【概况】 内蒙古自治区位于祖国北部边疆，土地总面积118.3万平方公里，仅次于新疆、西藏，居全国第3位。东北与黑龙江、吉林、辽宁三省接壤；西、南与甘肃、宁夏、陕西、山西、河北五省(区)为邻；北与俄罗斯、蒙古国交界，边境线长达4200公里。

内蒙古是我国成立最早的，由蒙、汉、达斡尔、鄂温克、鄂伦春等49个民族组成的少数民族自治区。人口2375.54万人，其中蒙古族占16.96%，其他少数民族占3.8%；全区总人口中，城镇人口1013.88万人。现辖呼和浩特、包头、乌海、赤峰、通辽、鄂尔多斯6个市、呼伦贝尔、兴安、锡林郭勒、乌兰察布、巴彦淖尔、阿拉善6个盟，101个旗县(市)区，其中包括鄂伦春、鄂温克、达斡尔3个少数民族自治旗。

内蒙古地处蒙古高原的东南部，地势开阔，高而平坦，地形东低西高，大部分地区平均海拔在1000米以上。东部的大兴安岭山地绵延1400多公里，原始森林茂密，野生动植物资源丰富，是我国著名的原始林区之一。辽嫩平原地势平坦，水资源丰富，种植业发达，是内蒙古的“粮仓”和重要经济作物的生产基地。中部的阴山山地，南陡北缓，东西横亘1000多公里，是内蒙古乃至我国重要的自然分界线。河套、土默川平原土质肥沃，素有“塞外米粮川”之称，是内蒙古粮、糖、油的又一主要生产基地。南部的鄂尔多斯高原，东、北、西三面为黄河环绕，总面积约8.6万平方公里，地表多丘陵沟壑，地下煤炭资源丰富。西部是毛乌素和腾格里沙漠，贺兰山山地由南向北延伸到自治区250多公里，地表波状起伏，盐、碱湖泊分布较广，具有丰富的重化工资源。

内蒙古大部分地区属于温带大陆性季风气候、降水量分布不匀和寒暑变化剧烈的特点十分显著。冬季寒长，夏季温凉，春温剧升，秋温剧降，气温变化剧烈。年平均气温在0℃以下，1月份平均气温在-10~-30℃之间，7月份平均气温在16~27℃之间。全区日温差在10~16℃，年温差一般在34~36℃。全区日照时数普遍在2500小时以上；大部分地区无霜期在80~150天。全区年降水量自东向西由500毫米递减到50毫米左右，蒸发量则自西向东由3000毫米递减到1000毫米左右。全区降水量集中在夏季，6~8月份的降水量占全年的60%~70%。

内蒙古有肥沃的农田、丰美的草场、茂密的森林、广阔的水面、众多的野生动植物、丰富的矿产资源和独具特色的旅游资源，具有发展经济的巨大潜力。

农牧业资源丰富。土地总面积中，耕地面积722.4万公顷，占6.11%；草原面积8666.7万公顷，占73.3%；森林面积1866.7万公顷，占15.8%；淡水总面积85.7万公顷，占

0.7%。内蒙古是我国重要的商品粮、油、糖生产基地,人均耕地0.34公顷,居全国之首。目前已形成四大粮食生产基地,即河套、土默川平原的优质小麦基地,西辽河流域的优质玉米基地,大兴安岭岭南的优质大豆基地和阴山、燕山丘陵区的优质杂粮基地,每年可向国家提供50亿公斤商品粮;近年来,人均粮食产量稳居全国第3位,人均油料、甜菜产量均居全国前列,西瓜、河套蜜瓜、籽瓜、葡萄、河套苹果梨、伊克昭盟红星苹果等瓜果品类也独具一格。内蒙古的农畜产品大多是天然的绿色产品。

内蒙古是我国重要的畜牧业生产基地,可利用草场面积居全国之首。现有呼伦贝尔、锡林郭勒、科尔沁、乌兰察布、鄂尔多斯和乌拉特等6个著名大草原,牲畜总量稳定在7000万头(只),毛、绒、皮、牛羊肉、牛奶等草食牲畜产品产量均居全国前列,畜牧业综合生产能力居全国五大牧区之首。

内蒙古是我国重要的森林基地,林地总面积约占全国的1/10;森林覆盖率14.82%。林木种类有350多种,总蓄积量11.2亿立方米。我国最大的森林宝库大兴安岭的70%在内蒙古境内。全区建立了贺兰山、白音敖包、大青沟、额济纳、努登、汗玛和红花尔基七个国家和自治区级森林自然保护区,建有国家级森林公园13处,内蒙古现有野生植物2167种,兽类112种,鸟类362种。

内蒙古水能资源丰富,理论蕴藏量497.6万千瓦。黄河、永定河、滦河、西辽河、嫩江和额尔古纳河是内蒙古境内的6大水系。全区水资源总量509亿立方米,其中地下水137.89亿立方米,且埋层较浅,开发利用方便。内蒙古还有较多内陆河流和湖泊,水质优良,宜于发展淡水养殖业。

内蒙古矿产资源富集,开发前景广阔。目前已发现133种矿产,其中铌、锆、稀土、建筑用橄榄岩、水泥配料用板岩、饰面用辉石岩6种矿产保有储量居全国之首,铁、铜、铅、锌、银等59种矿产保有量居全国前十位,全区矿产资源储量(不含石油、天然气)价值约为13.4万亿元,居全国第三位。煤炭储量大,分布集中,累计探明储量2269.99亿吨,居全国第二位,其中100亿吨以上的特大型煤田有5处,10亿吨至100亿吨的大型煤田有11处,且煤层浅,易开采,靠近水源,为煤转电提供了良好条件。石油、天然气的蕴藏量十分可观,已探明13个大型油气田,预测石油资源总量为20~30亿吨;天然气远景储量42000亿立方米,世界级的大型油气田鄂尔多斯油气田的主体就在内蒙古的鄂尔多斯盆地。稀土资源储量大,品位高,储量居世界之首。内蒙古还是重要的产金省区之一,已发现金矿床、矿点300多处,储量居全国第十位。

旅游资源独具特色。内蒙古有如花似锦的草原、美妙动听的响沙、浩瀚茫茫的大森林、洁白多姿的雪景、历史悠久的名胜古迹和富有特色的北方少数民族的风情。以草原风光、民族风情为主题,发展草原观光度假、生态、民俗、沙漠、森林旅游的前景非常广阔。

内蒙古环境保护事业加快发展,全社会环境保护意识增强。2000年末,全区环保系统职工3167人,各级环境监测站58个,环境监测人员996人。全区自然保护区96个,自然保护区面积765.4万公顷,其中国家级自然保护区10个,自治区级自然保护区25个。重点流域、生态环境和区域污染防治得到加强,内蒙古黄河上中游水土保持治理和生态综合治理工程投入明显增大,退耕还林还草力度明显加大,城市污染得到进一步治理,2000年,新建成烟尘控制区89个,新建成烟尘控制区面积288.43平方公里。

【经济与社会发展】　内蒙古各族人民在自治区党委、政府的领导下,认真贯彻落实党中央、国务院的各项方针政策,紧紧抓住国家扩大内需政策和实施西部大开发战略的历史机遇,加快结构调整和基础设施建设步伐,战胜了严重的自然灾害,国民经济保持了快速健康的发展势头。2000年,全区国内生产总值1400亿元,同比增长9.7%,增速较上年加快1.9个百分点，其中第一产业增加值352亿元，增长2.6%；第二产业增加值552亿元，增长12.3%；第三产业增加值496亿元，增长11.6%。财政总收入155.6亿元，年均增长15.3%。城镇居民人均可支配收入和农牧民人均纯收入达到5120元和2050元，年均实际增长9.7%和8.5%。全年社会消费品零售总额484亿元，增长10.7%。价格总水平止跌回升，居民消费价格比上年上涨1.3%。经济结构调整取得明显成效，基础设施建设进一步加强，各项改革稳步推进，对外开放不断扩大，科技教育等社会事业全面发展，圆满完成了"九五"计划的主要目标。

农牧业结构调整迈出新步伐，农村牧区经济在大灾之年保持稳定发展。农牧业虽然再次遭受了历史上罕见的旱灾，但经过全区上下的共同努力，灾害损失减少到了最小程度，粮食产量124亿公斤，油料、蔬菜、瓜类等经济作物分别增长15.3%、27.7%和32.8%。经济作物在种植业中的比重比上年提高5.5个百分点，优质专用小麦、玉米、马铃薯等适销对路的高效产品比重明显提高。畜牧业再获丰收，牲畜总头数2563万头(只)，全区牲畜改良率74%，比上年提高3.2个百分点，农区和半农半牧区牲畜头数比重达到56.2%，比上年提高3.3个百分点。肉类总产量150万吨，比上年增长6.7%；奶类产量82.99万吨，增长16.6%。畜牧业占第一产业增加值的比重达到34.2%，比上年提高0.4个百分点。农牧业产业化取得新的进展。初步形成了毛绒制品、牛奶、牛羊肉、皮革、小麦、马铃薯、大豆、玉米等八大产业系列，其中羊绒、牛奶、羊肉三大主导产品生产和加工居全国领先地位，全区已注册登记的绿色食品达172种。

林业继续呈现较快发展，以退耕还林还草为主的生态建设得到重视和加强。全区完成造林面积58.99万公顷，比上年增长10.6%；幼林抚育面积45.13万公顷。天然林资源保护工程和退耕还林(草)力度明显加大，全年完成退耕还林(草)面积24.51万公顷。渔业生产保持增长，全区水产品产量7.21万吨，比上年增长5.2%，淡水养渔业继续稳步发展。

农牧业生产条件不断改善。年末农牧业机械总动力1350.25万千瓦，比上年增长8.8%；机耕地面积404.54万公顷，农田有效灌溉面积237.17万公顷，增长5.5%；节水灌溉面积75.69万公顷，增长32.5%；农村牧区用电量21.3亿度，增长9.6%。

工业发展速度加快，经济效益明显提高。全区工业增加值增长11.1%，其中规模以上工业企业增加值增长15.8%，经济效益综合指数88.8%，比上年提高15.2个百分点。

深化国有企业改革和调整优化产业结构取得新的进展。2000年，全区国有企业改革与脱困工作成效显著，通过实施"债转股"和兼并破产等措施，全区70户国有大中型骨干企业初步建立了现代企业制度，80户国有大中型亏损企业脱困，三年两大目标如期实现。全区规模以上工业企业实现利润由上年的1.22亿元增加到17.32亿元，其中国有及国有控股企业扭转了净亏损的局面。全区规模以上工业亏损企业亏损额比上年下降42.2%，其中国有及国有控股亏损企业减亏幅度45.4%。自治区重点监测的38个主要行业中，到年底实现盈利和整体扭亏的行业有28个。冶金、化工、医药、建材、造纸、电子及通讯设备制造、纺织、食品加工和制造等行业实现利润比上年均有较大幅度增长；煤炭行业实现了扭亏；电力蒸气热水及煤气生产和供应业、专用设备制造业减亏明显。年末国有及国有控股企业亏损面23.4%，比上年下降3.6个百分点。由于加快了工业结构调整步伐，农畜产品加工业发展迅速，乳制品、羊绒制品、肉制品等产品产量快速增长。进入国家500强行列的企业14家，上市公司19家。鄂尔多斯、伊利、鹿王、仕奇等4个企业的产品获得中国驰名商标称号。在工业加快增长的同时，建筑业生产稳定增长，企业经济效益明显改善，全区建筑业增加值102亿元，比上年增长18%。

2000年，全区交通运输和邮电通讯业增

加值140亿元,比上年增长14.5%,全年完成货物周转量1041.2亿吨公里,比上年增长15.8%;完成旅客周转量219.1亿人公里,比上年增长6.6%。全区邮电业务总量52.3亿元,比上年增长46.5%。年末局用电话交换机总容量254.3万户,比上年增长20%,已通电话行政村比重达54.2%,比上年提高16.2个百分点,移动电话用户115.37万户,比上年增加62.07万户,增长1.2倍,全区电话普及率13.7部/百人,比上年增长54.5%,年末计算机互联网络用户5.66万户。

固定资产投资稳定增长,基础设施建设得到加强。2000年,全社会固定资产投资完成430亿元,比上年增长12%,按经济类型划分,国有经济单位投资280.16亿元,增长15.8%;集体经济单位投资26.25亿元,增长7.2%;城乡个人投资55.55亿元,增长1%;其他经济类型单位投资68.05亿元,增长9.7%。按投资管理渠道划分,基本建设投资244.3亿元,增长25.2%;更新改造投资59.64亿元,增长9.1%;房地产开发投资44.79亿元,增长55.8%;其他投资12.81亿元,增长48.6%。按项目隶属关系分,地方项目完成投资368.99亿元,增长22.5%;中央项目完成投资61.02亿元,下降25.8%。

财政收入稳定增长。全区财政总收入155.6亿,比上年增长8.3%,其中地方财政收入110.67亿元,增长9.8%,地方财政收入中一般预算收入95.09亿元,增长11.8%;上划中央"两税"收入44.91亿元,增长4.8%。财政支出明显扩大。全区地方财政支出256.5亿元,比上年增长20.5%,其中地方一般预算支出242.78亿元,增长21.9%,在地方财政支出中基本建设、企业挖潜改造、农林水气事业费、行政管理费等支出增幅较大。

劳动就业工作进一步加强。年末全区从业人员1060.89万人,比上年末增加4.19万人。其中城镇从业人员429.37万人,乡村从业人员631.52万人。劳动就业向多渠道发展,城乡私营个体从业人员201.1万人,增加14.72万人,年末国有企业下岗职工10.05万人,全年通过多种渠道使15.77万名国有企业下岗职工实现了再就业,再就业率超过60%,城镇登记失业率3.4%。

科技事业稳步发展。自治区28家直属科研机构的体制改革取得阶段性成果,有3家组建成企业集团,9家转制为科技型企业。科技队伍稳定增加,年末全区从事科研活动人员3.8万人,比上年增长11.8%,其中科学家和工程师2.5万人。科技经费投入力度加大,全区科技经费支出7.8亿元,比上年增长18.2%,年末全区共有国有独立科学研究与开发机构160个,比上年末增加6个。科学研究与技术开发取得新的成果。全区共取得重大科技成果490项,获国家级奖励的成果1项,获自治区级奖励的成果89项。全年受理专利申请1137项,授权专利775项,分别比上年增长17.1%和7.2%。技术市场日趋活跃,全区共签订技术合同3075项,合同成交金额6.03亿元。

教育事业蓬勃发展,全区实现"两基"目标的旗县71个,以旗县为单位人口覆盖率65%。区内普通高等院校招生2.9万人,比上年增长61%;区外院校在内蒙古招生1.26万人。普通高中招生10.9万人,比上年增长28.7%。年末普通高等学校在校学生7.04万人,比上年末增长41.6%。其中少数民族学生1.6万人,在少数民族学生中蒙古族1.35万人,分别比上年末增长35.7%和36.4%。年末普通高中在校学生26.64万人,比上年末增长17.6%,其中少数民族学生5.79万人,增长25.6%。学龄儿童入学率99.46%,与上年持平;初中入学率97.31%。

文化、卫生、体育和广播电视等各项社会事业都有了新的发展。文化事业稳步发展,年末全区共有艺术事业机构161个,从业人员6511人;艺术表演团体117个,其中乌兰牧骑62个。年末全区有电影事业机构1057个,从业人员6120人。拥有文化馆104座,公共图书馆108座,博物馆25座,档案馆138个,广播电台 14 个，中短波广播发射台和转播台 56 座，广播人口覆盖率 85.48%；拥有电视台 14 个，电视发射台和转播台 80 座，电视人口覆盖率 81.3%；村村通广播电视工程取得明显成效。卫生事业进一步发展。年末全区共有卫生机构 4427 个，其中医院、卫生院 1988 个，农村牧区拥有医院、卫生院 1732 个；卫生防疫防治机构 243 个，妇幼卫生机构 108 个。年末医疗卫生单位拥有病床 6.7 万张，比上年增加 0.1 万张，其中农村牧区拥有病床 3 万张，全区拥有卫生技术人员 10.1 万人。医疗卫生条件不断改善，农村牧区卫生三项建设进展顺利，贫困旗县医院建设力度加大，初级卫生保障工作继续推进，计划生育工作继续加强，人口自然增长率为 9.7‰，基本医疗保险制度改革稳步推进，覆盖人数达到 120 万人以上。

城乡居民生活水平继续提高。随着国家提高国有企业下岗职工基本生活保障、失业保险和城镇居民最低生活保障“三条保障线”水平和适当增加行政、事业单位人员、以及离退休人员工资等政策措施的逐步落实，国民经济的快速增长和企业效益的逐步好转，城镇居民收入水平明显提高。2000 年全区城镇居民人均可支配收入 5120 元，比上年增加 349 元；农民收入受粮食减产和多数农产品价格仍在低位运行的影响下降，牧民收入在绒毛价格大幅上涨和牲畜出栏增加较多的带动下增长较多。全区农牧民人均纯收入 2050 元，比上年增加 47 元，实际增长 1.3%。城乡居民居住条件进一步改善，城镇竣工住宅面积 965 万平方米，农村牧区竣工住宅面积 1218 万平方米。城乡居民消费水平进一步提高，尤其是耐用消费品拥有量呈现不同程度的增长。

【投资环境】 内蒙古现有边境旗市 19 个，目前已经开通了公路、铁路、客运、水运等一、二类口岸 18 个，其中一类口岸 11 个，是国家对外开放的重要前沿阵地。

以交通运输和邮电通讯业为重点的基础设施建设得到优先发展，“瓶颈”制约得到有效缓解。以铁路、公路和民航为主的综合交通运输网已初步形成，12 个盟市都有铁路通过，铁路通车里程 7083 公里；公路通车里程 6.3 万公里，95%以上的乡（苏木）都通了车；全区现有 7 个机场，22 条航线，连接全区通往北京、上海、广州、深圳等重要城市和俄罗斯、蒙古。邮电通信实现了跨跃式发展，全部乡镇（苏木）实现了通邮、通话；移动电话、无线寻呼、计算机互联网等现代通讯方式迅速发展。

为了吸引外商投资和扩大横向联合，内蒙古在已实施优惠政策条件下，又出台了《内蒙古自治区鼓励外商投资优惠政策》和《内蒙古自治区扩大横向联合优惠政策》。来内蒙古投资，除享受国家有关优惠政策外，还能够享受内蒙古根据国家和自治区有关法律法规制定的特殊的优惠政策。

内蒙古具有发展农畜产品开发和绿色食品产业的有利条件，同时在稀土产业、生物高新技术、高载能产业、草原文化旅游和边境口岸经济方面具有突出优势。

【利用外资和对外贸易】 2000 年，全区进出口总额 20.4 亿美元，增长 26.6%，其中出口 10.2 亿美元，增长 12.8%。粮食、煤炭、活畜、肉食品、稀土及制品、羊绒及制品等重点拳头产品出口快速增长，全年完成玉米出口 370 万吨，创汇 3.7 亿美元。

利用外资总额 4.97 亿美元，外商直接投资出现恢复性增长。2000 年，新批准外商直接投资企业 95 个，比上年增长 39.7%；合同利用外资 2.6 亿美元，增长 33.4%；实际利用外资 1.1 亿美元，增长 18.9%，年末全区注册的“三资”企业 874 户。对外承包工程、劳务合作取得新进展。新签对外承包工程和劳务合作合同金额 5157 万美元，对外承包工程和劳务合作完成营业额 2549 万美元。

【重点开发项目】 2000 年，全区固定资产投资增幅明显，一是项目前期工作和多渠道筹措建设资金力度加大，全年共争取中央投资 40.6 亿元，其中国债资金 34.5 亿元；全年有 5 家企业上市发行股票，3 家上市公司配股，共筹资 32.6 亿元。二是开工建设了一批大中型建设项目。呼包高速公路、乌海氯碱化工、托克托电厂一期、准格尔电厂二期、国道304线通辽至好力堡一级公路、国道111线新林北至扎兰屯等一批大中型项目相继开工建设。三是进一步加快了基础设施建设步伐,新建和加固黄河、西辽河、嫩江、额尔古纳河堤防753公里,治理险工险段及护岸60.6公里;新增有效灌溉面积278万亩,节水灌溉面积317万亩;生态治理和保护面积2700万亩,新增公路2600多公里,新增粮库仓容12亿公斤,72个旗县完成了农网改造建设任务。四是工程质量和资金管理得到加强,对以政府投资为主体的项目,强化招投标管理,加大对重点项目的稽察力度。

内蒙古自治区要在积极争取国家投入的基础上,进一步加大生态工程建设管理力度,努力把生态建设推向一个新阶段。一是全面抓好国家重点生态建设项目的组织实施,目前国家已经实施和准备启动的七大生态建设工程,自治区已全部进入,其中承担退耕还林还草工程总任务140万亩,在全国占第三位;京津周边沙源治理工程涉及31个旗县,总投资4.7亿元;生态重点县工程涉及我区13个旗县;天然林保护工程中,内蒙古大兴安岭林区和黄河中上游29个旗县已列入规划;草原保护和建设工程,内蒙古力争将呼伦贝尔草原保护和治理列入实施范围;水土保持工程,内蒙古力争将嫩江、辽河和黄河三大流域内蒙古段列入实施范围;“三北”防护林四期工程2000年也将启动,目前内蒙古规划已上报国家。以上七大工程,初步预计将覆盖全区80个左右的旗县。二是搞好利用外资的重点生态建设工程,内蒙古已经启动和准备组织实施的项目,主要是赤峰科尔沁沙地德援项目、阿拉善地区澳援项目、世行水保二期项目、日元贷款黄河中上游生态林项目、日元贷款重点风沙区综合治理项目等。三是要进一步加强领导和协调,统筹安排生态建设重大项目的投资重点和地区布局。

加强水利基础设施建设。内蒙古尼尔基水利枢纽已列入国家西部开发的标志性工程,进一步加快前期工作,争取尽早开工建设;绰勒水利枢纽争取列入今年国家西部国债投资计划;继续抓好大江大河治理一期工程的续建扫尾,适时启动二期工程。要把节水作为一项革命性措施突出抓好,争取河套灌区节水改造工程尽早启动;要在上年续建基础上,再启动建设一批大中型灌区节水改造项目;通过农业综合开发、以工代赈、扶贫开发等多种渠道筹集资金,新增节水灌溉面积200万亩以上。继续搞好人畜饮水工程建设。按照工程总体规划要求,2000年争取解决25万人、50万头牲畜的饮水困难问题。

继续抓好以公路为重点的交通基础设施建设。坚持以公路建设为重点,进一步加大铁路、机场等基础设施建设投入,力争年内完成投资72亿元以上。其中公路建设力争完成投资60亿元。加快建设国道110线呼市至包头高速公路、国道208线赛汉至丰镇、国道210线包头至东胜、集满通道乌兰浩特至扎兰屯等重点公路项目,争取开工建设国道110线呼市至老爷庙高速公路、省道206线锦山至茅荆坝一级公路、集满通道老府至通辽和正兰旗至多伦段等项目。铁路建设要全线贯通锡桑铁路,完成包兰铁路包头至石咀山段复线改造。机场建设争取开工建设锡林浩特和通辽机场改造项目。

进一步加强城市基础设施建设。以盟市所在地城市、口岸城市和旅游城市为重点,加快道路、供排水、污水垃圾处理和供热设施建设,并逐步解决小城镇公益设施的配套完善问题。一是抓好一批重点建设项目,重点做好引黄入呼、入包、东胜市供水三期、满洲里第二水源和二连浩特水源等供水项目;呼市、临河、东胜、海拉尔、乌兰浩特、丰镇、阿尔山等城市污水处理项目,呼市集中供热二期、乌海热电联供一期等供热项目,满洲里、二连口岸基础设施项目等。二是集中推进一批建设项目的前期工作。重点完成呼市和通辽绕城公路和呼市公路运输主枢纽工程可研报告,包头市区高架单轨客运系统项目建议书等工作。

【经济协作与对口支援】 2000年,内蒙古利用原有的合作关系以及参加"2000·中国西部论坛"和招商引资洽谈会等各种时机,积极扩大宣传,开展对外交流与合作。先后同北京市共同举办了实施西部大开发战略座谈会、内蒙古·北京实施西部大开发战略研讨会、北京内蒙古对口帮扶工作表彰大会等活动,两区市签订的经济技术合同项目协议资金164亿元。上海市政府代表团和经贸代表团先后来内蒙古考察,与自治区签订经济技术合同项目协议资金20亿元。浙江省、天津市政府代表团以及有关高校、驻外使节考察团、中国青年企业家代表团、香港中华商会考察团等也来内蒙古考察西部大开发情况并进行了经贸和技术洽谈,都取得了很好的效果。

广西壮族自治区

【概况】 广西土地面积23.6万平方公里,其中山地和丘陵占68.4%,平原占23.4%,河流水面占2%。广西南临北部湾,北部湾海域面积约12.93万平方公里。广西属亚热带湿润季风气候区,主要特征是气温较高,热量丰富,雨量充沛。夏湿冬干,雨热同季。年均气温在17~22℃,年均降雨量在1250~1750毫米。

广西是全国10个重点有色金属产区之一,已探明储量的矿产89种,储量居全国前十位的53种,居首位的有锰、铟、铪、锡、锑、钪、压力水晶、砷、膨润土等14种,居全国第2~6位的有铝、钒、钨、锌、银、滑石、重晶石等25种。

广西境内有集雨面积50平方公里以上的河流937条,水力资源蕴藏量2200万千瓦,可开发水能蕴藏量1609万千瓦,居全国各省区市第8位。其中红水河被誉为中国水电"富矿",根据国务院批准的规划,红水河干流可建设10座梯级电站,其中装机100万千瓦以上5座,总装机容量1100万千瓦,年发电量500多亿千瓦时。

广西沿海潮间带(滩涂)面积1005平方公里,鱼类资源初步探明有500多种,浅海滩涂栖有海洋生物约150种,近海海层还有丰富的石油、天然气等。

广西目前发现的陆栖脊椎野生动物729种,列入国家重点保护的动物有59种。植物有280多科,1670多属,8000余种。亚热带水果品种多,主要有香蕉、菠萝、龙眼、荔枝、沙田柚等。

广西森林资源丰富,现有森林面积816.66万公顷,森林蓄积量2770万立方米,森林覆盖率39.26%。广西旅游资源丰富,已开发风景名胜区、点400多处,其中国家级风景名胜区有桂林漓江、桂平市西江、宁明花山;自治区级风景名胜区有南宁市青秀山、隆安县龙虎山、龙胜县的龙脊梯田等30处。国家级历史文物保护单位7处,国家级森林公园11个。

2000年末广西人口总数4750万人,其中城镇人口占23.5%,农村人口占76.5%。广西世居有壮、汉、瑶、苗、侗、仫佬、毛南、回、京、彝、水、仡佬等12个主要民族,另有25个其他少数民族,少数民族人口占总人口的38.5%,壮族人口占总人口的33%。广西设9个地级市,5个地区,10个县级市,59个县,12个民族自治县,26个市辖区,3个市辖郊区,733个镇,565个乡,63个民族乡,60个街道办事处,1235个居委会,14740个村委会。

广西是喀斯特地貌发育的典型地区,裸露的石灰岩石山面积占广西总面积的33%。石山面积占全县(市)总面积30%以上的县(市)有50个,自然生态系统脆弱。经过长期治理,广西生态建设和环境保护取得了显著成绩:森林覆盖率提高,水源林自然保护区已建有62个,面积1646万公顷,防护林已发展到800多万公顷;农村能源建设得到加强,农村省柴节煤灶推广总数745.5万户,占全区农户总数93.18%,累计发展沼气28万户,年产沼气1亿立方米;扶贫开发坚持走生态农业之路,促进了贫困地区生态经济协调发展;治理工业

"三废"污染、重点污染源和整治重点江河流域及柳州市等重点酸雨区二氧化硫污染取得成效;城市环境综合整治力度加大,城市污水处理设施处理能力103.3万立方米/日。城市建成区绿化覆盖率27.71%,人均拥有公共绿地6.26平方米,垃圾无害化处理率60%,环境卫生状况进一步好转。生态建设和环境保护有效地遏制住了生态环境继续恶化的趋势。但由于广西自然生态环境基础比较脆弱,生态问题依然十分严峻,环境保护工作任重道远。

【经济与社会发展】 2000年,广西全区实现国内生产总值2036亿元,增长7.2%。完成财政收入220亿元,增长9.4%,其中一般预算收入147元,增长10.1%。

农业生产继续保持增长。全年第一产业完成增加值537亿元,其中林业增长1.5%,畜牧业增长7.7%,渔业增长6.7%,种植业下降4.9%。受自然灾害或调减种植面积影响,全年粮食产量1661.76万吨,甘蔗产量2948.53万吨,水果产量361.46万吨,全年肉类总产量280万吨,水产品产量244万吨。

工业生产增速加快,对经济增长的拉动力增强。全年完成工业增加值616亿元,增长9%,其中规模以上工业完成增加值335亿元。第二产业完成增加值742亿元,第二产业对经济增长的贡献率47.8%,拉动经济增长3.4个百分点。

第三产业快速增长,成为拉动经济增长的主动力。全年第三产业完成增加值757亿元,增长11.6%,对经济增长的贡献率51.4%,拉动经济增长3.7个百分点。其中批发贸易零售业增加值增长8.5%,运输邮电仓储业增加值增长13.1%,房地产开发增加值增长15.1%,其它服务业增加值增长13.6%。全年国际旅游人数124万人次,旅游外汇收入2.6亿美元。

实施西部大开发战略,基础设施建设进一步加强。全年全社会固定资产投资完成660亿元,其中基建投资282亿元,更新改造投资80亿元,房地产投资39亿元。龙滩水电站、百色水利枢纽等一批关系全局的重大项目前期工作取得重大进展,为2001年开工建设奠定了基础。

市场消费稳中趋旺。全年实现社会消费品零售总额859亿元。物价水平逐渐回升,居民消费价格指数全年累计为99.7。人民生活继续改善。全年城镇居民人均可支配收入5834元,增长3.8%,农村居民人均可支配收入1846元。城镇和农村居民人均居住面积分别达到18.91平方米和23.4平方米,年末全区城镇职工参加基本养老保险205万人,参加失业保险职工224.6万人,参加基本医疗保险、医疗费用统筹人员96万人。

科教文卫体社会事业全面发展。科技对经济增长贡献率由上年38%提高到40%;占全区人口85%左右的地区基本普及九年义务教育,全区小学阶段入学率99%,初中阶段毛入学率90%以上,高中阶段毛入学率28%,高等教育毛入学率7%;全区有6项21件作品获得全国"五个一"工程奖;广播电视村村通工程解决了654个行政村听广播看电视的问题,广播、电视综合人口覆盖率分别提高到85.5%和90%;全区儿童计划免疫接种率95%,农村饮用安全卫生水受益率88.6%;体育事业也取得较好的成绩。

【投资环境】 广西是西部省区中唯一既沿海又沿边的省区,既享受沿海开放城市的优惠政策,又实行西部大开发的所有优惠政策。2000年制定了《广西壮族自治区基础设施重大项目建设用地征地拆迁暂行办法》和《广西壮族自治区基础设施重大项目建设用地被征用土地年均产值基数标准和拆迁补偿标准》等政策法规,为广西实施西部大开发战略,改善投资环境提供了法律依据。

2000年,广西的基础设施条件得到进一步完善。一个以南宁为中心枢纽,以沿海港口为龙头,以南昆铁路为骨干,以公路、水运、航空等各种运输方式和服务设施合理分工、协调配合、干支衔接、四通八达的交通运输体系为主体,通信、能源和城市服务设施为辅助,多方位、多功能、多层次、网络型的西南出海大通道已初步建成,改善了广西和西南各省的投资环境。交通基础设施建设继续加强,新增等级公路里程1860公里,其中高速公路237公里,至此,广西等级公路总里程达到45531公里,其中高速公路812公里,形成了以桂林——柳州——南宁——北海为主的贯通广西南北走向的高速公路线,形成了通往工厂矿山、港口码头、旅游景点和连通广西各地市县干线的"七射一环"公路网。西江航运建设二期工程和防城港9号、10号泊位完工,黎湛铁路复线基本建成。

通信业发展势头强劲。全年新增程控电话交换机容量54.5万门,总容量373.2万门,电话普及率1094部/万人,2000年末移动电话用户164万户,其中新增88万户,计算机互联网用户23.17万户,建成中国联通长途主干网、中国互联网工程(广西部份)、移动电话第九期工程、智能网工程、以及增加本地网扩容、省区传输网改造和扩容等。

"西电东送"战略启动,广西的建设方案初步得到了国家有关部门支持,为尽快启动广西的一大批大中型电力项目打下了良好基础。2000年广西发电量289.1亿千瓦时,比1999年增加35.5亿千瓦时。广西境内发电装机容量741.8万千瓦,加上合资电站分得的容量114.1万千瓦,广西拥有发电装机容量855.9万千瓦。

至2000年底止,广西建立对外经济开发区34个,其中国家级开发区5个,自治区级开发区29个。主要有国家级高新技术开发区2个:桂林高新技术产业开发区、南宁高新技术产业开发区;国家级旅游度假区1个:北海银滩国家旅游度假区;国家级边境经济合作区2个:凭祥边境经济合作区、东兴边境经济合作区。自治区级旅游度假区8个,自治区级华侨投资区2个,自治区级经济开发区19个。

广西在汽车、机械、制糖、建材、化工、纺织等传统工业有优势,高新技术产业在电子信息、生物工程、新材料、环保、精细化工、机电一体化等方面也有一定的发展优势,广西矿产资源、水力资源、农业与海洋资源、森林资源和旅游资源极具开发潜力。广西鼓励在粮食、蔬菜、水果、禽畜产品、水产品的贮藏、保鲜和加工;林木营造及材木良种引进;竹资源的综合利用;松香深加工;水产品养殖和加工;蔗糖生产的综合利用;公路、独立桥梁和隧道的建设、经营;水电资源的开发、建设和经营;铟、锌有色金属矿的开采(不允许外商独资);氟化盐、氯化盐、聚合磷酸盐生产企业技术改造;新型电子元器件开发、制造;中药材、中成药半成品及成品生产;旅游景区(点)及配套设施的开发、建设和经营等产业扩大投资和开发。

【利用外资和对外贸易】 2000年广西外贸进出口呈恢复性增长。全年完成进出口总额20.4亿美元,比上年增长16.3%。其中进口5.45亿美元,增长7.6%;出口14.93亿美元,增长19.7%。在全部出口中,国有企业出口10.51亿美元,增长7.6%,外商投资企业出口3.41亿美元,增长54.7%;一般贸易出口11.84亿美元,加工贸易出口2.25亿美元,分别增长29.9%和5.3%。出口产品结构有所改善。初级产品出口2.36亿美元,增长7.4%;工业制成品出口12.57亿美元,增长22.3%,其中机电产品出口2.34亿美元,增长39.7%。

边境贸易出口大幅下降,进口强劲增长。2000年全年广西边境贸易额37.81亿元,比上年增长7.7%,其中出口17.39亿元,下降30.3%,进口16.89亿元,增长66.4%。边境贸易出口大幅下降的原因主要是企业不适应新的通关管理制度和监管办法,以及越南从4月1日起提高了化肥、自行车、建材等多类商品的进口关税,从而导致边境小额贸易减少。

实际利用外资减少,新签项目合同外资额增幅大。2000年广西新签利用外资项目254项,比上年增长7.2%;合同外资额9.75亿美元,增长31.3%;新批外商直接投资项目246项,比上年增长10.3%;外商投资项目合同额7.15亿美元,比上年增长6.2%。全年实际利用外资7.53亿美元,比上年下降18.2%,其中,实际利用外商直接投资5.25亿美元,比上年下降17.7%。实际利用外资有所下降,主要原因是由于前两年合同外资额大幅度下降产生的滞后影响。利用外资项目大多数投向国家和广西经济发展需要的行业,如农产品加工、制造业、能源、交通、旅游、城市基础设施建设等。外商投资国家和地区逐步呈多样化。2000年来自港澳台地区的投资项目合同外资额所占比重由往年的65%左右降至39%左右,北美和拉丁美洲投资额增至27%和17%,东南亚国家投资额占11%,改变了过去港澳台地区投资占绝大部分的局面。

对外承包工程和劳务合作取得新成绩。2000年广西对外承包工程劳务市场由1999年的22个国家和地区增加到31个。全年新签对外承包工程和劳务合同金额0.37亿美元,比1999年增长56.9%;完成对外承包工程和劳务合作营业额0.52亿美元,增长13%;在外劳务人员数0.11万人,增长18.8%。

广西今后将利用外资进一步加快广西水电、有色金属、矿产、旅游和亚热带农林水果、海洋产业等重大资源合理开发和资源充分利用,调整优化现有产业、产品和地区经济结构;同时,鼓励外商投资广西高新技术产业和基础设施领域,扩大外资项目的规模和技术含量。

【重点开发项目介绍】 平果铝一期工程。总投资44.38亿元,设计规模为年产65万吨铝净矿、30万吨氧化铝、10万吨电解铝。2000年实际生产铝净矿85万吨,氧化铝42.35万吨,电解铝13.17万吨,分别为设计生产能力的132.32%、141.17%和131.7%。产量超过设计能力幅度之大,在中国铝业工业发展史上前所未有。2000年,全年实现利润6.08亿元,缴纳税费2.65亿元。平果铝一期工程建设,使所在地平果县工业生产总值和财政收入分别增长41倍和10倍,使这个国定贫困县2000年财政收入达到3.48亿元,一跃成为广西财政三强县之一。

广西鹿寨化肥总厂24万吨磷铵项目。项目总投资21.9871亿元,建设规模为年产24万吨磷铵,配套硫酸40万吨,磷酸12万吨,合成氨6万吨,氟化铝6千吨。1996年8月18日开工,2000年8月建成投产。鹿寨化肥总厂磷铵项目建成投产后,化肥(折标肥)产量约占广西现有产量的35%~40%,减少从国外进口化肥,每年可为国家节约相当数额的外汇,缓和广西化肥供求矛盾。

防城港9号、10号泊位。防城港是我国沿海19个主枢纽港之一,也是西南地区最便捷的出海口之一。现有生产泊位15个,其中万吨级以上泊位为3万吨级,现有设计能力为501万吨。2000年防城港货物吞吐量1440万吨,2010年将达到2250万吨。防城港9号、10号泊位工程建2.5万吨级集装箱泊位一个,吞吐能力8万标箱,折合吞吐量64万吨;3万吨级散货通用泊位一个,吞吐能力200万吨。总投资66668万元,2000年建成投产。

西江航运二期工程。西江横贯两广,并与黔桂、湘桂、枝柳、南昆四条国铁干线相接,与盘百、滇百、湘百等跨省国道主干线互通,构成铁、陆、水联运,是我国西南往华南的出海通道。二期工程投资总概算200838万元。工程于1996年开工,2000年全部建成投产。西江二期工程建成后,使南宁至广州航道全长854公里达到国家Ⅲ级航道标准,常年可通航1000吨级船队。西江航运工程具有显著的经济效益和社会效益,是仅次于长江的黄金水道,将成为我国内河以电养航的典范。

南宁市朝阳溪综合治理工程。朝阳溪是流经南宁市区中心的一条内河,河道全长14.28公里,流域面积24.4平方公里,沿溪两岸居民约27.1万人,长期以来,作为市区生活污水排放的天然河道,污染严重,直接影响沿线居民和下游的居民生活,该工程是南宁市环境治理的首要工程。工程总投资8亿元人民币,一期工程建设已完成。朝阳溪综合治理三期工程建成后可将南宁市大部分污水通过截污管和污水输送管送至待建的江南污水处理厂进行处理后排入邕江下游，改善南宁市区的环境质量，提高市民的生活环境质量和南宁市的防洪排涝能力，控制受纳水体邕江的水质，保护城市饮用水水源，具有显著的社会效益和环境效益。

广西沿海标准海堤建设。广西沿海堤围工程年久失修，普遍存在工程质量差、设防标准低、工程老化、带病运行、防御能力低等问题，遇到台风、巨流和洪水并发的时期，洪潮泛滥成灾，给国家和人民生命财产带来巨大损失。广西沿海标准海堤规划建设标准海堤总长745.5公里，总投资26亿元，1997年开始建设，标准海堤建成后可保护人口59.88万人，保护耕地面积49.86万亩，因工程提高防御能力而年平均减免灾害损失21096万元，经济内部受益率为16.68%。

桂海高速公路。桂海高速公路全长653公里，北起国际著名旅游城市桂林，途经柳州、南宁，分别止于防城港和北海，是穿越广西8个地市、10个县，连接沿海三大港口、4个飞机场、4条铁路、横贯南北的经济大干线，是国家规划在2010年前建设的五纵七横国道主干线的重要组成部分。桂海高速公路工程总投资121.9亿元，全线分别按平原微丘、山岭重丘区高速公路标准修建，4~6车道，全部为水泥混凝土路面，设计时速80~120公里。1999年9月桂海高速公路全线贯通。

【经济协作与对口支援】 2000年广西经济技术协作围绕实施西部大开发战略，以加强东西部合作为重点，积极开展内引外联，招商引资取得新成果。全年共签订国内经济技术合作项目954项，引进自治区外资金93.1亿元，年内实施合作项目634项，自治区外到位资金36.74亿元。与西南各省区市围绕"联手大开发、共建大西南"这一主题，共同协调参与西部大开发的联合行动，研究制订了《西南六省区市七方参与西部大开发联合行动纲要》，并就新形势下如何进一步联合推进交通、通信基础设施建设，共同培育西南区域市场体系，联合加强生态环境保护和建设，加强科技和人才交流等四个专项议题取得共识。2000年广西与西南各省区市实施经济技术协作项目48项，总投资12.46亿元，合作方投资金额9.61亿元。

2000年广东、广西对口帮扶在重点支援百色、河池两地区的基础上，向全区扩展，全区各地从广东引进项目269个，项目总投资27.09亿元，广东企业到位资金4.73亿元。其中百色地区与广东签订合作项目51项，引进资金8.43亿元，到位资金2.03亿元；柳州地区引进广东项目11项，引进资金8412万元。

广西对口支援三峡库区移民工作取得新进展。水利厅、卫生厅、财政厅和钦州市无偿援助长寿县对口支援项目资金共300万元。

广泛开展经贸洽谈和组织商展活动，成为广西招商引资的重要形式。2000年通过举办投资贸易洽谈会和组织企业到全国各省市举办各种洽谈展销会，加强与外省市区经贸合作与交流。全年共签订经贸合作项目339项，总投资173.4亿元，其中外省市资金94.8亿元。主要合作项目有海南省洋浦南华糖业有限公司投资6000万元和隆安县两家糖厂出资4000万元合作建立广西隆华糖业有限公司；广西黑五类集团公司与湖北省枝江市和南宁市邕宁沿海经济走廊开发区分别合资6000万元新建河粉基地；广东省大隆集团投资4000万元在柳州地区融安县建专业批发市场；上海红珊瑚有限公司投资6500万元建北海市海底世界；江苏扬州邗江县工业联社与柳州锌品有限公司共同投资1500万元组建柳州合资公司生产氧化锌等。

【扶贫工作】 2000年，是实施国家"八·七"扶贫攻坚计划的最后一年，广西各级党委、政府高度重视，狠抓落实，基本完成扶贫攻坚计划，扶贫开发取得了阶段性成果。据统计，2000年广西在贫困地区共投入扶贫资金14.85亿元，其中发展资金22350万元，以工代赈资金3亿元，扶贫专项贷款75150万元，配套资金19000万元，广东帮扶资金2000万元，组织实施了贫困地区基础设施的一些扫尾工作。在28个国家贫困县开展了石山地区地头水柜建设大会战,共建成地头水柜251456座,蓄水量1960.53万立方米,新增灌溉面积49.95万亩,受益农户近30万户。在土山贫困地区修建小山塘、小水库,受益农户53717户,灌溉面积107494亩。开展万屯道路建设大会战,把百色、河池、南宁地区国家重点扶持的贫困县贫困村道路向屯延伸,年内共完成屯级道路18069.49公里,解决了一万多个较大的自然屯通车和195.9万群众行路难问题。在非国定贫困县贫困乡村年内新修建村屯道路4024公里,在边境8个县(市)实施贫困农户的茅草房改造工程,计划改造1万户,到年底已动工9285户,完工7607户,占计划数的76.07%。实施"坡改梯"工程,2000年全区贫困地区共完成"坡改梯"22.778万亩,使异地安置群众人均增加了0.6亩的平台耕地,扩大了有效耕地面积。此外,贫困地区退耕还林,推广沼气、小流域治理等工作也取得一定进展。2000年广西49个贫困县又有50万左右特困群众的温饱问题得到解决。

2000年广西利用国家安排的7亿多元扶贫贷款,扶持贫困地区发展优势产业和特色经济项目;通过小额信贷新扶持贫困农户4.8万户24万人,发展种养和运销等项目7.2万个,世行扶贫贷款项目共完成投资10.23亿元。联合国开发计划署广西乡村扶贫项目累计完成信贷投入722.7万元,直接受益6249户、31245人。外资项目的实施,共帮助近10万贫困群众解决了温饱。

2000年,广西共完成异地安置大石山区特困人口44533户21.33万人。各异地安置场点共修建砖瓦结构的稳固住房124万平方米,绝大部分安置户都有了25平方米以上的稳固砖瓦房。修建村屯道路3300公里,350个安置点和80%的居民区通了汽车。同时,通过产业开发使大部分安置群众有了稳定的收入来源。

对口帮扶除争取广东无偿援助对口帮助101所学校外,还签订两广经贸协作扶贫项目协议102个,意向总投资28.262亿元。区内地市对口帮扶共落实帮扶资金1699.24万元和一批援助物资。但由于自然灾害和农副产品价格走低等原因,全区又有30多万刚解决温饱的群众"返贫",年底全区贫困发生率仍达3.8%左右。

【边境建设】　广西有8个市县(区)与越南4个省的17个县接壤,陆地边界长637公里,大陆海岸线长约1500公里。边境地区耕地面积16.55万公顷,人口242.34万人,其中少数民族人口占80%以上,有那坡、靖西、龙州3县是国家重点扶持贫困县。1991年以来,广西十分重视边境建设,共安排边境建设资金5.853亿元。其中边境地区战后恢复建设资金8100万元,贴息贷款1.6亿元;以工代赈资金2.33亿元,农村卫生三项资金605万元;扶贫教育资金943万元;农业建设资金7244万元;文化建设资金798万元;公检法司资金452万元;其它项目1097万元。同时,又决定从2000年开始至2002年春开展边境大会战,拟投入资金20.21亿元,加快边境建设步伐。目前已完成了一批供水、供电、通讯、教育、卫生、防疫、文化等基础设施、社会事业发展项目以及具有资源优势的水泥、制糖、发电、有色金属等工业项目建设。建设生产性项目主要有龙州糖料基地;东兴、防城区和大新县界河整治;8个边境县无规定疫病区疫情监测站;东兴、防城区海堤建设;东兴竹山港500吨级散装泊位一个、100至200吨级泊位一个;建成靖西——那坡110千伏输变电线路71.5公里,靖西县三叠岭水电站等项目,此外还支持建成大新县雷平糖厂、龙州县糖厂、宁明海渊糖厂、防城水泥厂、那坡水泥厂等。目前在建的项目还有靖西商品糖基地、靖西至大新二级公路、靖西至那坡二级公路等。通过几年的努力,边境地区国民经济保持稳定发展,基础设施得到较大改善,科技、教育和其他社会事业蓬勃发展,人民生活进一步改善,自我发展能力、综合实力进一步增强。

【五大经济区】 广西实施区域经济战略的内容。通过发挥各地的优势,积极培育优势产业,努力形成五个优势互补、相互涵盖、特色鲜明的经济区域。具体是:桂南沿海经济区。包括南宁、北海、钦州、防城港四市为核心的区域。力争用30年左右的时间,建设成为以港口为依托,以南宁、北海、钦州、防城港四市为支撑,以合浦、浦北、灵山、邕宁、武鸣、上思、东兴等卫星城镇为辅助的现代化城市群,以港口经济、海洋产业、现代农业和高新技术产业为特色,逐步建成广西乃至中国重要的海洋渔业、南亚热带水果、蔬菜和花卉生产出口基地;发展食品加工、重化工、电子信息技术、铝材加工、修造船、新型建材为重点的第二产业,逐步形成全国性或区域性的食品加工、铝材加工、精细化工、中成药、修造船、电子技术、新型建材和天然气利用八大工业基地;突出发展商贸、信息、旅游、交通运输、仓储、金融等为重点的第三产业,形成中国西南部国际贸易和运输中心以及商业、信息中心,综合经济实力达到中国沿海地区中上水平。

桂中经济区。包括柳州市和柳州地区为核心的区域。把该区域建设成为西南以及华南地区区域性工业中心,重要的铁路运输主枢纽和微汽、锢品、蔗糖、日化、有色金属及建材产品生产基地。重点发展汽车制造业,稳定发展有色金属和水泥工业,加大技术创新力度,运用高新技术改造机械制造业、制糖、日化三大传统产业,大力培育以锢制品为重点的高新技术产业,形成具有较强竞争力和特色的工业经济体系,努力建成西南和华南地区乃至全国重要的工业技术信息中心和工贸工心。

桂北经济区。以桂林市为核心的区域。以丰富的旅游资源和农林资源为依托,以现代化交通通信和基础设施为支撑,大力发展旅游业、现代农林业和以高新技术产业为主体的工业,力争用30年左右的时间,建设成为旅游经济高度发达,一、二、三产业协调发展,经济、社会、生态效益和谐统一的初步现代化的经济区,使之成为广西和华南重要的农林产品生产基地,广西高新技术产业重要基地,桂林市成为特色鲜明、设施完善、服务一流的中国和世界旅游名城。

桂东经济区。建设成为发挥“承东启西”作用,接受粤、港、澳经济辐射和产业转移的前沿,广西现代农业示范区、乡镇工业和外向型加工贸易业基地,以及西南地区向东出海的门户和通道。

桂西经济区。包括南宁、百色、河池地区为核心的区域。建设成为广西南亚热带“绿色食品”生产基地、畜牧养殖和农副产品加工基地,重要的糖业基地,以铝、锡、铟、锰等为重点的有色金属采选、冶炼、加工基地,积极开发红水河水能资源,形成与桂中、桂南火电相互匹配并在全国占重要地位的水源基地。

中部地区篇

山 西 省

【概况】 山西省位于黄河中游、黄土高原东部,全省土地总面积15.68万平方公里。

山西省是典型的为黄土广泛覆盖的山地高原,地势东北高西南低,高原内部起伏不平,河谷纵横,地貌类型复杂多样。全省大部分地区海拔在1500米以上,最高点五台山主峰北台顶(叶斗峰),海拔3058米,有"华北屋脊"之称;最低点为垣曲县亳清河入黄河处的河滩,海拔180米。

山西属大陆性气候,按全国气候区划,分属温带、暖温带气候区。山西省的河流分属黄河和海河两大水系,属于黄河流域的面积9.71万平方公里,属于海河流域的面积为5.91万平方公里,省内流域面积大于4000平方公里的河流有9条,其中属于黄河流域的有汾河、沁河、涑水河、昕水河、三川河5条,属于海河流域的有桑干河、滹沱河、清漳河、浊漳河4条。

山西省以恒山为界,恒山以北的地带性土壤为栗钙土,相应的地带性植被为温带草原。恒山以南属暖温带夏绿阔叶林带,地带性土壤为褐土。山西省2000年人均土地面积0.48公顷,低于全国人均0.78公顷的水平,土地资源相对短缺。山西目前已开发利用土地约1178万公顷,其中耕地面积458.78万公顷,林地面积371.08万公顷,牧草地面积199.14万公顷,园地面积22.45万公顷,居民点及工矿用地69.62万公顷,交通用地15.74万公顷,水域面积38.92万公顷,未利用土地面积约398.45万公顷。

山西省水资源总量138.1亿立方米,其中河川径流量108.6亿立方米,地下水资源量93.1亿立方米,黄河年平均过境径流量249亿立方米。山西地表水存在的主要形式是河流及少数的内陆湖泊。

山西矿产资源种类多,分布广,储量丰富。截至2000年,已发现各类矿产127种,已探明储量的有55种,煤、铝土、耐火粘土、铁矾土、珍珠岩、镓铂的储量居全国同种矿藏储量的首位,金红石(含钛矿)、镁盐、芒硝的储量居第2位,钾长石、钛铁、石灰石、长石、石膏、钴、铜、锗等矿藏的储量也居全国各省(区)的前列。煤炭是山西最重要的矿产,地质储量8700亿吨,已探明储量2700亿吨,占全国煤炭探明储量的30%。省境含煤面积达6.19万平方公里,占全省总面积的39.6%,从北向南分布有大同、宁武、西山、霍西、河东和沁水6大煤田,堪称"北国煤海"。山西的金属矿产资源相当丰富,可分为黑色金属矿产、有色金属矿产、贵重金属矿产3大类。黑色金属矿产以铁矿为主,已探明储量约30亿吨,居全国第四位,也有少量的钛、锰、铬、钒等矿藏。有色金属矿产以铜、铝为主,还有铅、锌、钴、钼、镍、镓、锗等。铝土矿资源丰富,具有储量大、质量好、分布广、易开采的特点,是山西的第二大矿种,预测储量23亿吨,2000年保有储量7.78亿吨,储量集中分布在吕梁地区、运城地区、忻州地区和阳泉市。贵重金属矿产有金和银。金矿已探明的有21处,分布在运城地区、忻州地区、雁北地区和临汾地区。银矿已探明的有7处,分布在繁峙、襄汾、洪洞、垣曲等县,均为伴生矿产。山西非金属矿产资源丰富,可分为冶金辅助原料矿产、化工原料矿产、建材原料及其它非金属矿产。冶金辅助原料矿产资源主要有白云岩、石英岩、脉石英、熔剂用灰岩、耐火粘土和铁矾土。分布在太原、阳泉、长治、朔州等10多个市县。化工原料矿产主要有硫铁矿、芒硝、镁盐、电石、磷、重晶石等,建筑材料及其它非金属矿产主要有水泥石灰岩、含钾岩石、长石、石膏、石棉、膨润土、大理石、珍珠岩等。

按照第五次全国人口普查统计,2000年11月1日山西省总人口3296.96万人。截至2000年底,山西省共有太原、大同、阳泉、长治、晋城、朔州、忻州、晋中、临汾、运城等10个地级市和吕梁地区1个行政公署,12个县级市,85个县,22个市辖区。城镇人口规模在

100万人以上的特大城市有太原市和大同市。2000年,山西省环境保护工作坚持污染防治与生态保护并重的方针,通过依法行政,严格执法,坚决关停、取缔五小企业和逾期不达标企业,使全省主要污染排放总量控制在国家和省确定的目标内,环境恶化的趋势得到基本控制,部分区域的环境质量得到改善。工业污染防治力度加大,全年全省共完成污染治理项目1291个,总投资9.8亿元。竣工项目形成废水处理能力424万吨/日,废气处理能力2394万标准立方米/小时,固体废物处理能力18万吨/年。通过实施"零点关停行动",全省已基本上完成了国家下达的污染物排放总量控制和工业污染源达标任务。继续对新建项目加强项目布局"三同时"管理,严格执行环境影响评价制度,全省大中型项目"三同时"执行率保持100%。重点流域区域污染防治和城市环境保护工作进一步加强。2000年,全省城市共新建烟尘控制区13.1平方公里,噪声达标区12.2平方公里。生态环境保护进一步得到重视。全省编制了《山西省生态环境保护"十五"计划和2015年远景目标》,确定了生态保护的指导思想、基本方针和目标。到2000年底,全省共建成13个自然保护区,总面积1134平方公里,对生物多样性尤其是珍稀、濒危动植物的保护发挥了重要的作用。

【经济与社会发展】 2000年,全省规模以上工业企业(下同)实现工业增加值449.1亿元,比1999年增长9.7%。国有企业增幅与全省工业增幅基本持平,股份制和三资企业分别高出全省平均增幅1.7和9.1个百分点。三项合计对全省工业增长的贡献率达到87.6%,拉动全省工业增长8.5个百分点。中央和省属企业增势明显强于省属以下企业。2000年中央、省属和省属以下企业实现工业增加值101.2亿元、139.3亿元和208.6亿元,分别比1999年增长15%、11.5%和7.5%,中央、省属企业增幅高出省属以下企业7.5和4个百分点。重工业仍快于轻工业增长。全年轻、重实现工业增加值52.5亿元和392.6亿元,分别比1999年增长7.1%和10.2%,轻重工业比例为13.8:86.2。

2000年,在宏观调控、市场拉动的合力作用下,山西省种植业结构继续在调整中得到优化。粮食、棉花、甜菜面积减少,油料、蔬菜面积增加。小麦、玉米、高粱等高产低效作物面积减少,薯类、豆类、其它谷物等高效杂粮面积增加。全年粮食总产量85.34亿公斤,比1999年增长3.9%;棉花产量4.9万吨,增长11.6%;蔬菜产量92.04亿公斤,增长27.9%;油料产量44.8万吨,增长75.4%,均创历史新高。畜牧业生产有所回升,肉、蛋、牛奶产量分别达到65.1万吨、40.3万吨和33.5万吨;年末大牲畜存栏309.26万头。

市场物价止降趋稳。1999年,山西省分别对学杂费、交通费、邮费、医疗保健费等进行了较大幅度的调整。主要受这些政策性调价因素的影响,2000年上半年,山西省居民消费价格持续上扬。1—8月份,全省居民消费价格比1999年同期上涨6.5%,在全国31个省市区中居于首位。从9月份开始,居民消费价格逐步趋稳。全年全省居民消费价格比1999年上涨3.9%,除受服务项目价格大幅上涨(涨幅63.8%)的影响外,各地陆续对房租价格进行上调也是一个重要原因(居住价格上涨7.3%)。而多数消费品价格仍处于低迷状态,其中食品类价格下降4.6%,衣着类价格下降0.8%。

积极的财政政策作用的发挥,有效地诱导了重点骨干企业的投资积极性,2000年全省固定资产投资(不含集体和个人投资)完成513.8亿元,比1999年增长9%,重点工程建设继续取得进展。全省23项重点工程完成投资107.4亿元,其中3项国家重点工程完成投资42.3亿元,21项地方重点工程完成投资65.1亿元,京大高速公路、夏汾高速公路、晋焦高速公路相继建成通车,鹳雀楼复建工程完工,汾河治理取得阶段成果,长邯高速公路路基工程建设全线告捷。

2000年全省财政总收入194.47亿元,比

1999年增长9.2%,一般预算收入114.43亿元,比1999年增长8.2%,全省一般预算支出223.2亿元,比1999年增长20.7%,有效地发挥了财政政策对国民经济和各项社会事业发展的调控和促进作用。

12月末,全省金融机构各项存款余额2628.4亿元,比年初增长11.4%。各项贷款余额2453.1亿元,比年初增长10.4%,金融机构存贷差175.3亿元,全年向市场净投放货币153.6亿元,与1999年基本持平。2000年,全省城镇居民人均可支配收入4721.1元,与1999年相比,增加381.5元,农村居民人均纯收入1905.6元,比1999年增加133元。

全年全省共登记科技成果444项,达到国际先进水平及以上的科技成果132项,获国家奖励的成果2项。共评出省科技进步奖176项。

高等院校管理体制改革继续深入,招生规模进一步扩大。全年全省高等院校(包括部委所属院校)共招收研究生1190人,在校研究生2633人;普通高等学校招收本、专科学生4.7万人,增长13%;在校学生12.1万人;各类中等职业技术学校在校学生33.3万人(含技术学校在校生4.5万人),普及九年义务教育的县(市、区)108个,全省初中在校学生166万人,初中入学率96.4%;小学在校学生343.6万人,小学学龄儿童入学率99.7%,小学毕业生升学率94.3%。成人高等学历教育继续发展,多种形式的技术培训进一步深入。

文化事业繁荣健康。全省组织开展了许多丰富多彩、蓬勃向上的文化表演、竞赛活动。年末全省共有艺术表演团体159个,文化馆118个,公共图书馆121个,博物馆74个,档案馆131个,广播电台8座,中、短波广播发射台和转播台17座,电视台12座,一千瓦以上电视发射台和转播台53座。广播人口覆盖率90.02%,电视人口覆盖率95.15%。全省省级和地市级报纸共出版73800.53万份,各类杂志出版165种、2657.44万份。

卫生条件明显改善,医疗水平稳定提高。年末全省共有卫生机构(含诊所)13736个,床位11.19万张;卫生防疫、防治机构299个;农村乡镇卫生院1899个,床位2.6万张,农村有医疗点的村数占到总村数的89.81%;年末全省卫生机构共有卫生技术人员16.51万人;防疫、防治与妇幼保健卫生技术人员1.12万人;农村乡镇卫生院卫生技术人员3.12万人。

【投资环境】 2000年,山西省出台了一系列鼓励外商直接投资的政策措施。允许符合条件的外商投资企业在境内外股票市场上市,外商投资企业和外国企业购买国产设备投资可抵免所得税,扩大地方鼓励类不需要国家综合平衡的外商投资项目审批权,扩大外商投资企业在国内融资,鼓励外商向中西部投资,发布中西部地区外商投资优势产业目录,并对目录内的鼓励外商投资项目进口设备免征关税和进口环节增值税。

2000年,山西省基础设施和基础产业建设得到较快发展。国家重点项目朔黄铁路山西境内段铺通并开始运营,沁沁线一期工程34公里全线铺通,宁静线一期工程54公里开通运营。公路重点建设项目京大高速公路山西段58.8公里,夏家营至汾阳高速公路56公里竣工通车。到2000年底,全省铁路营业里程2511.7公里,公路线路里程55408公里,高速公路518公里,增长28.5%。省城太原对外航线27条,可直通全国31个城市。邮电通信条件继续得到改善。全年全省完成邮电业务总量75.58亿元;全省长途光缆线路总长度8295皮长公里;到2000年底,全省局用电话交换机总容量394万门,净增住宅电话用户108万户,净增移动电话用户25.16万户;计算机互联网用户8.71万户,数据通信总用户9.85万户;已通电话的行政村20260个,占全省行政村总数的62.5%;全省电话普及率每百人9.64部。能源生产积极回升。全年全省一次能源生产折标准煤2.14亿吨,二次能源生产折标准煤1.15亿吨。全年全省共外输煤炭2.25亿吨,全省共向省外输送电力119.14亿千瓦小时,外输电量占发电量的比重

19.12%。

【利用外资和对外贸易】　2000年,全省继续坚持积极、合理、有效地利用外资方针,紧紧围绕经济结构调整,积极推进省内具备条件的各类有竞争力的优势企业到境外投资办厂,开展境外加工贸易,加快生产企业、成熟技术的海外转移步伐,帮助和引导企业直接面向国际市场,使利用外资工作继续保持平稳发展的势头。

2000年全省共批准外商投资项目71个,项目总投资4.44亿美元,合同外资额2.62亿美元,实际利用外资2.25亿美元。外商投资企业出口1.62亿美元,增长99.7%,外商直接投资的71个项目中,生产型项目64个,非生产型项目7个。

2000年山西省签订对外承包工程和劳务合作合同项目49个,金额5974万美元,完成营业额4287万美元,当年派出劳务人员795人,年末在外人数1518人,2000年全省承担援外项目2个,受援国家为多哥、蒙古,当年派出援外人员20人,年末在外15人。利用援外合资合作资金150万美元。2000年全省接受国际经济组织及改进援助的项目67个,金额903万美元,涉及环保、林业、扶贫、医疗卫生等领域。2000年执行的多、双边援助项目主要有大同煤气化环保项目,加拿大援助左权县、和顺县扶贫项目,联合国人口基金援助沁县妇女参与项目,德国援助山区林业土地综合开发项目,日本政府援助山西林业示范苗圃等。2000年在多哥、蒙古创办企业2个,中方投资金额250万美元,正在试生产阶段。

2000年山西省进出口总额17.64亿美元,比1999年增长37.1%。其中出口总额12.37亿美元,比1999年增长47.4%,出口商品结构调整呈现良好发展势头。按国际贸易标准分类,初级产品出口6.91亿美元,占出口总额的55.9%;工业制成品出口5.46亿美元,占出口总额的44.1%,如果剔除煤炭、焦炭两大商品,在非煤焦出口产品的构成中,加工制成品特别是机电产品比例明显提高。出口商品品种多样,2000年山西省出口商品1255种,出口额在100万美元以上的商品100种,金额11.34亿美元,占出口总额的91.7%。2000年山西省进口总额5.27亿美元,比1999年增长17.8%。进口商品结构中,制成品占比重大,初级产品进口额1.18亿美元,工业制成品的进口额4.09亿美元,2000年山西省进口商品1183种,进口额在100万美元以上的商品40种,金额4.66亿美元,占进口总额的88.4%。

【重点开发项目】　在建重点项目:万家寨引黄工程。引水线路总长451公里,设计年引水量12亿立方米,总投资126.5亿元。长邯高速公路。长邯路是山西省向东通往河北省的出口公路,起于长治市黄碾,终于黎城县下弯,建设里程48公里。晋焦高速公路。该工程全长48公里,山西境内31.6公里,总投资14.4亿元。晋城矿区。2000年主要安排建设了寺河矿选煤厂的土建工程及主洗车间的设备安装。太钢50万吨不锈钢改造工程。主要建设内容是对第二炼钢厂进行不锈钢系统的全面改造,以提高冶炼能力;对热连轧进行改造,以提高热卷轧质量以及其它一些配套工程,建成后,生产能力将占到国内总能力的35%。三维集团1,4丁二醇技改工程。是三维集团调整产品结构的一项关键工程,总投资1.99亿元,主要是引进1,4丁二醇生产技术及反应器,新建国内配套装置,扩建厂房6400米,2000年11月正式开工。万家寨引黄太原供水工程。是山西省引黄工程的重要配套项目,主要建设内容包括新建净水厂一座,158公里的配水管线,两座加压站,首期建设规模为40万吨/日,总投资14.94亿元。汾河治理工程以固堤、疏浚、通路、绿化、治污、开发为主要内容,需新建堤防300公里,拓宽加固旧堤470公里,营造防护林4.8万亩,总投资约6.67亿元,工程于1998年开工,截止2000年主要工程已基本完成。运城至三门峡高速公路起于运城市东,终于三门峡黄河公路大桥,全长39公里,总投资8.4亿元。阳涉铁路二期工程是阳涉铁路的左权县至麻田段，全长44.4公里，总投资12亿元。山西大学的文科楼工程建筑面积为2.2万平方米，主楼11层，概算投资5250万元，2000年元月正式开工。大运高速公路2000年开工太祁段和祁临段，两段路2000年主要进行了征地和拆迁工作及部分四通一平工作。

【经济协作与对口支援】 山西省努力清除自我封闭障碍，打破条块分割界限，积极寻求与晋陕豫、晋陕蒙、环渤海和黄河协作区等兄弟省区市的联合与协作，以获得共同发展。同时，在本省加强对口支援，加大扶贫攻坚力度。到2000年底，基本实现了“八七”扶贫攻坚计划的预定目标。

晋陕豫黄河金三角经济协作区创立于1986年9月，该区包括山西省运城地区、陕西省渭南地区和河南省三门峡市，总面积3.96万平方公里，人口1200万。基础设施建设协作成效显著，山西省运城地区通过与协作区兄弟省市合作，修建了总投资2.8亿元的风陵渡和三门峡两座黄河公路大桥，沟通了协作区特别是运城乃至山西与华北、西北、中南以至全国的经济往来和文化交流。

黄河经济协作区。黄河经济协作区成立于1987年，包括山东、河南、山西、陕西、内蒙古、宁夏、甘肃、青海、新疆和黄河水利委员会新疆生产建设兵团等9省(区)11方。协作区主体部分属黄河流域，土地面积473.19万平方公里，人口3.23亿人。

环渤海经济区。包括辽宁、河北、山东、山西、内蒙古和北京、天津五省两市，面积112万平方公里，人口2.4亿。山西省主动参与协作网络建设，在人才培训、技术市场、经济信息、商品物资、金融、旅游等方面与兄弟省市联合起来，不断加深相互间的了解和经济技术往来。

扶贫工作。山西境内吕梁、太行两大山区是全国18个集中连片的贫困地区之一，1994年扶贫进入攻坚阶段时，全省共有50个贫困县，492个贫困乡镇，381万贫困人口列入攻坚计划。

2000年全省50个贫困县中的381万贫困人口已有320万人解决了温饱问题，未解决温饱问题的贫困人口60万人，加上非贫困县中分散插花的贫困人口，全省未解决温饱问题的贫困人口总数在100万以下，实现了“八七”扶贫攻坚计划的预定目标。2000年，全省遭受严重干旱，贫困县中前几年已越过温饱线的人口大量返贫，群众的生产生活出现困难，面对这种情况，省委、省政府确定了2000年扶贫任务，使返贫人口中的60%即约60万人恢复温饱，新解决50万贫困人口的温饱问题。省和有关地市县采取了一系列扶贫措施，一是努力克服春旱，解决群众春耕生产投入困难；二是实现饮水解困工程，从2000年起全省每年筹集1.2亿元，三年解决240万人的吃水困难；三是继续完善三大温饱工程，新修基本农田20万亩，造经济林30万亩；四是进一步加大了贫困地区农村经济结构调整和生态建设的力度；五是强化了资金管理，2000年山西省扶贫资金总量增加到8.9亿元。

2000年，全省50个贫困县农业生产条件进一步改善，人均基本农田1.9亩，人均经济林1.4亩，通过发展旱井补灌等措施，抗旱能力有所提高。水利、交通、电力、邮电等基础设施明显加强，基本实现了镇通油路、乡通公路、村通机动车，到2000年底，贫困地区新修改扩建县乡村公路1.18万公里，新通路村数4440个，建成人畜饮水工程3484处，解决了135万人和23万头大牲畜吃水问题，建设电网工程16处，输变电线路2772公里，解决了1820个行政村和770个自然村通电问题。增加贫困村广播电视盲点工程投入，打通对贫困地区的信息输入渠道，到2000年底，完成5547个盲村的覆盖任务，基本实现了“村村通”广播电视。贫困县主导产业初步形成。沿黄河红枣林带开发区，晋西北畜产品开发区，晋南优质苹果开发区，晋北仁用杏开发区，太行山干果开发区，临汾、运城七县烟草开发区及阳高、天镇、广灵商品蔬菜开发区都已起步发展，有的已形成较大的商品生产规模。农民收入明显提高。2000年,在遭受严重旱灾的情况下,全省50个贫困县农民人均纯收入仍达到1078元,农民人均占有粮食399.6公斤,除个别特困地区外,大面积贫困地区的办学条件明显改善,到2000年底,适龄儿童入学率达到98%以上,九年制义务教育达标率85%以上,98%以上的乡镇有了卫生院,缺医少药的状况明显缓解,累计培训各类农民技术员200万人次,推广了一大批农业实用技术。

吉林省

【概况】 吉林省位于我国东北地区中部,简称吉,南界辽宁省,北接黑龙江省,西靠内蒙古自治区,东南以图们江、鸭绿江为界与朝鲜民主主义人民共和国为邻,东面与俄罗斯联邦共和国接壤;中俄边境线232.7公里,中朝边境线1206公里。吉林省是边疆近海省,东部珲春市处于东北亚地理位置的几何中心,距日本海15公里,距俄罗斯的波谢特湾4公里。省会长春市位于东北亚十字交通线的交汇点上,吉林省总面积18.74万平方公里。

吉林省是个多民族的省份。全省共有44个民族,在43个少数民族中朝鲜族、满族、蒙古族、回族和锡伯族为世居民族。少数民族人口250多万,吉林省是我国朝鲜族人口的主要集居地。2000年末全省总人口2627万。

吉林省处于北半球的中纬地带,欧亚大陆的东部,我国温带的最北部,接近亚寒带。全省形成了显著的温带大陆性季风气候特点,四季分明,年日照2200~3000小时,无霜期120~160天,年降水量550~910毫米,自东向西有明显的湿润、半湿润和半干旱的差异。

吉林省自然资源丰富。土质肥沃,适合各种作物的生长,为农业的综合发展提供了最基本的条件。使其成为全国玉米、大豆、油料、糖料的主产区,是全国畜牧业基地和商品牛、细毛羊的主要产地。

吉林省矿产储量丰富,目前探明储量的矿产有80多种,非金属矿产是吉林省的优势,有9种非金属矿产保有储量居全国第一位。

吉林省森林资源丰富,全省林业用地面积980多万公顷,列全国第12位;其中林地面积788万公顷,列全国第8位。全省活立木总蓄积量8亿多立方米,列全国第6位;森林覆盖率42%,东部的长白山区是有名的"长白林海",是中国六大林区之一。

吉林省是全国八大牧区之一,草地资源丰富,总面积580多万公顷,可利用草地面积400多万公顷,其中西部草原180多万公顷,中东部宜牧草山100多万公顷,林下、林间草地及田间隙地280多万公顷。本省西部地处松嫩草原的中心,是我国著名的草原区,生长优良牧草100多种。

吉林省野生动植物资源丰富,有植物资源2300多种,其中经济价值较高的有900多种,药用植物870余种,可食用的植物200多种。动物有1100多种,其中珍贵的野生动物有猞猁、东北虎、金钱豹、鹿、麝、熊、山鸡、飞龙等。

吉林省的旅游资源丰富,自然旅游资源更有特色。东部有闻名世界的长白山,西部有辽阔的草原,发展旅游业潜力巨大,主要旅游区和旅游点有长白山自然保护区、长白山锦江大峡谷、松花湖风景名胜区,净月潭森林旅游城、通榆向海鸟类自然保护区、集安五女峰森林公园、吉林市北大湖滑雪场、柳河罗通山风景名胜区、长春动植物园、集安高句丽古迹、四平叶赫古城、黄龙府古城和辽塔等。

吉林省河流,分属于松花江、辽河、鸭绿江、图们江、绥芬河五大水系;河长100公里以上的河流有33条;有众多湖泊水面,有利于渔业发展。水能资源丰富,尤其是第二松花江上游潜力较大。全省平均水资源总量404.25亿立方米,但分布不均,人均占有水量低于全国平均水平。

吉林省辖1个自治州,8个地级市,20个县级市,21个县,其中3个自治县。

【经济与社会发展】 2000年吉林省经济总量进一步扩大。全年实现国内生产总值1820亿元,比上年增长 9.2%。其中第一产业增加值 400 亿元,下降 3%;第二产业增加值 800 亿元,增长 13.9%;第三产业增加值 620 亿元,增长 11%。全省人均国内生产总值 6842 元,比上年增长 8.1%。财政收入 184.02 亿元,比上年增长 7.1%。其中地方财政收入 103.83 亿元,增长 8.8%。财政支出 260.67 亿元,比上年增长 6.6%。其中社会保障支出 19.25 亿元,增长 53.6%。

结构调整取得积极成效,产业结构发生积极变化,汽车、石化、食品、医药、电子五大产业产值占全省工业(规模以上)70%以上,成为带动全省经济发展和财政收入的主要力量。机械、冶金、纺织、建材等行业技术装备水平得到改善,部分产品竞争力有所增强。高新技术产业发展势头强劲,全年实现产值 300 亿元。2000 年一、二、三产业占国内生产总值的比重为 22:44:34。区域经济特色逐步显现,中心城市带动作用不断增强。长春市"九五"实现总量翻番,国内生产总值占全省的比重已达 40%以上。

国有企业改革向纵深推进,国企改革脱困三年目标基本实现。围绕国企改革中心环节,加快建立现代企业制度,推进国有企业改革、改组、改造。到 2000 年末,70%的国有大中型骨干企业初步建立了现代化企业制度。全年全省规模以上工业企业 2728 户,亏损企业有 860 户,比上年减少 180 户,亏损额 260 亿元,下降 35.4%。列入国家跟踪监测的重点亏损企业 252 户,其中 202 户完成脱困目标,脱困面 80.2%。

社会消费水平有所提高。全省消费品零售总额 810.9 亿元,增长 10.5%,价格总水平降幅趋缓,全年居民消费价格总水平为 98.6%,全年商品零售价格总水平为 98.0%。

农业和农村经济结构得到调整,效益农业稳步发展。种植业结构调整取得积极成效,全省粮食播种面积 335.71 万公顷,比上年减少 15.62 万公顷,增加了大豆、水稻、小麦和经济作物播种面积,减少了玉米播种面积,由于受特大干旱的影响,全年实现农业总产值 597.7 亿元,比上年下降 7.5%,粮食总产量 327.6 亿斤,比上年下降 28.9%。

订单农业规模扩大,订单面积 84.27 万公顷,占农作物总播种面积的 20.6%,比上年增长 72.7%。畜牧业和水产业发展较快,全年实现牧业产值 286.5 亿元,比上年增长 9.4%,猪牛羊肉产量 163.9 万吨,牛奶产量 14.3 万吨,全年水产品产量 14 万吨。林业稳步发展,全年实现林业总产值 11 亿元,比上年增长 7.5%,全年完成造林面积 15.24 万公顷,完成幼林抚育面积 73.2 万公顷。

农业产业化经营发展较快,公司加农户、企业连基地等经营方式进一步完善。粮畜产品深加工转化能力进一步增强,全省玉米加工转化 410 万吨,大成公司淀粉厂扩建及 1.5 万吨赖氨酸等一批加工项目相继投产,农业综合机械化装备水平进一步提高,农业机械总动力 1015.4 万千瓦,综合农业机械化率 75%。江河整治和水库加固、灌区配套等工程建设进度加快,农业综合防灾抗灾能力增强。

农业生态环境得到一定程度的保护,西部地区生态环境明显改善。加强了 7 个国家级生态环境重点县的建设,完成治理水土流失面积 900 平方公里,治理荒漠化面积 950 平方公里,治理"三化"草原 95 平方公里。

2000 年全省规模以上工业企业完成工业增加值 498.9 亿元。其中重工业增加值 390.5 亿元,轻工业增加值 108.4 亿元,工业产销衔接水平较好,全年实现销售收入 1568.6 亿元,工业产品销售率 98.1%。全年规模以上工业企业盈亏相抵后实现利润 85.55 亿元,比上年增长 2.6 倍,创历史最好水平,其中国有及国有控股企业实现利润 72.97 亿元。工业产业结构在发展中调整,企业创新步伐加快,重点行业的支撑作用进一步增强。全年实现新产品产值 210.81 亿元。重点城市带动作用增强,对工业增长的贡献份额进一步扩大。长春市、吉林市已经成为全省经济底座,实现利税占全省的份额达到 62.5%。

建筑业发展加快。全年建筑业完成增加值143.67亿元,比上年增长17.8%。四级及以上资质建筑企业完成增加值59.9亿元,比上年增长21.3%;实现利税总额8.4亿元,全年施工单位工程7246个,其中投标承包工程4205个,建筑施工面积1566.8万平方米,比上年增加208.6万平方米,竣工面积941.2万平方米,增加230.7万平方米。

交通运输和邮电通讯业　全年完成增加值140.95亿元。交通运输业全年完成货物周转量592.84亿吨公里,其中铁路运输387.01亿吨公里,公路运输85.64亿吨公里,水路运输0.27亿吨公里,全年旅客周转量193.20亿人公里,其中铁路客运116.35亿人公里;公路客运76.97亿人公里;水运0.06亿人公里。

邮电通信业保持快速发展,现代化通信能力迅速提高。全年完成邮政业务总量5.2亿元,电信业务总量105亿元。全省长途光缆总长度5462皮长公里;年末全省局用交换机总容量499.1万门;固定电话用户数358.7万户,移动通信继续高速发展,年末移动电话用户203.2万户,比上年末增加93.2万户;无线寻呼用户156.2万户,全省互联网拨号用户25.9万户。

全年全省共争取国家基本建设国债项目255项,国债资金33.4亿元,全社会完成固定资产投资583.1亿元。

全省围绕住宅、汽车、非义务教育、旅游等城乡消费热点,扩大消费信贷范围和规模,努力改善城乡消费环境,实现了消费的稳步增长。2000年,全省城乡集贸市场1861个,比上年增加6个,全省集市贸易成交额310.5亿元。

对外经济方面,全省全面实施开放带动战略,出口产品结构有所调整,出口市场和领域不断拓宽。进出口实现快速增长。全年进出口总额25.54亿美元,比上年增长15.2%。其中出口总额12.42亿美元,增长21.8%;进口总额13.12亿美元,增长9.6%。玉米出口336万吨,创汇3.36亿美元,对韩国、日本等国家出口继续保持较强增势。

对外开放环境逐步改善,招商引资力度进一步加大,取得较大成果。在西安贸洽会和赴闽、粤的大型招商引资活动中,共签约项目338项,签约金额320亿元。实际利用外资稳步增长。全年外商直接投资协议金额5.96亿美元,全年实际利用外资额4.93亿美元,外商投资规模和质量有所提高,全年新批的363户企业平均单项合同外资金额164.2万美元。外资对全省经济的拉动作用增强。全年全省外商投资企业实现销售收入317.1亿元人民币,创利税61.4亿元;外商投资企业在推动出口、上缴利税、增加就业等方面的作用日益显著。

旅游基础设施不断完善,旅游产业继续壮大。全年共投入资金1.76亿元。相继对长白山北坡供电工程、道路工程、松花湖的旅游道路和停车场工程、净月潭环潭旅游道路工程进行了改造和建设,极大地改善了全省旅游环境和条件,全年接待入境旅游者22.27万人次,比上年增长39.7%,实现旅游外汇收入5803.73万美元,比上年增长29.5%;接待国内旅游者1809.22万人次,比上年增长23.7%,实现国内旅游收入51.94亿元人民币,比上年增长48.8%。

金融体制改革稳步推进,金融监管工作进一步加强。全省年末全部金融机构各项存款余额2236.71亿元,比年初增加215.35亿元;各项贷款余额2651.18亿元,比年初增加229亿元;全部金融机构全年累计现金总收入6406.62亿元;累计现金总支出6572.02亿元;全年货币净投放165.41亿元;保险业稳步发展,全年保费收入29.94亿元,财产险赔款金额5.77亿元;人身险给付金额1.64亿元。

科技体制改革取得积极进展,全省首批23户技术开发类科研机构,已有5户完成转制工作。高新技术产业化进程加快,组织实施了赤眼蜂生物防治技术、尿毒排析散生产线等一批产业化项目和开发项目。吉林高速宽带信息网等基础项目和长春软件园、长春光电子基地等工程开始启动，粘性内表面热缩管等12个项目列入国家高技术产业化重大专项计划。与中科院、清华大学、北京理工大学签订省院(校)合作协议，开展了实质性合作项目。

科研与技术开发取得新成果，科技实力增强。2000年全省共取得省级以上重大科技成果454项，其中基础理论成果8项，应用技术成果434项，软科学成果12项；全省专利申请量2100件，专利授权量1600件；科技成果向现实生产力转化的速度加快，全年共签订各类技术合同6515份，技术贸易成交额11.8亿元。

教育改革稳步推进，教育事业成就显著。全年全省小学在校生241.59万人，学龄儿童入学率99.78%；初中在校生121.48万人，初中毕业升学率43.48%(不包括技工学校)；幼儿园在园儿童数43.92万人；全省有各级特殊教育学校52所，在校人数6306人；全年高中阶段在校生46.26万人(不包括技工学校)，其中普通高中在校生26.27万人；中等专业学校在校生11.82万人；职业高中在校生8.17万人。

高等教育管理体制改革取得阶段性成果，高等教育布局和资源配置更加合理。吉林大学、吉林工业大学等5所高校合并，组成新吉林大学，长春建筑高等专科学校等3所地方所属专科学校合并，组建长春工程学院。全年全省各类高等教育在学人数30.42万人，其中本专科在校生17.53万人，研究生在校人数11149人。

文艺创作成绩突出，全省推出了《长白情》等一批思想深刻、艺术精湛、风格多样的优秀文艺作品。2000年末，全省有各类艺术表演团体66个，文化馆81个，文化站816个，群众艺术馆13个，公共图书馆60个。"村村通广播电视工程"顺利实施并通过国家验收。2000年全省有广播电台10座，中波发射台和转播台31座，广播人口覆盖率94.8%；有线广播电视台10座，1000瓦以上电视发射台和转播台61座，电视人口覆盖率95.7%。

卫生服务网络不断完善，2000年末，全省共有卫生机构3323个，卫生技术人员13.2万人，医院、卫生院1392个，床位8.34万张，人民群众的健康水平明显提高，农村卫生工作进一步加强，全省推行"一体化"管理的乡镇覆盖面达到85%以上；改造建设农村卫生机构57个，其中乡镇卫生院51个，县级防保机构6个，新改建房屋面积3.57万平方米，投资650万元，新增各种医疗设备280件，全省共建成省级卫生城市8个。

年内吉林体育健儿刻苦训练，顽强拼搏，在世界大赛上共获得世界冠军11个、亚洲冠军3个、全国冠军28项次，人民群众体育意识增强，全民健身运动广泛开展。

市场导向就业机制进一步完善，年末全省从业人员1086.02万人，比上年末减少34.01万人，其中城镇从业人员523.05万人，比上年末增加30.43万人。下岗职工再就业工作取得实效，全年全省国有企业有7.12万名下岗职工实现再就业，再就业率15.7%。

人民生活继续改善。全年城镇居民人均可支配收入4810元，比上年增长7.4%，扣除价格因素，实际增长8.9%；人均消费性支出4020.84元，比上年增长9.8%。由于受旱灾影响，农民人均纯收入2022.5元，比上年下降10.5%；人均生活费支出1553.35元，比上年增长15.2%。城市人均居住面积11.23平方米，农村人均居住面积17.72平方米。

社会保障事业取得较大进展，全省参加养老保险和失业保险的职工人数分别为294万人和279万人，纳入养老保险统筹的离退休人员93.4万人，全年共支付基本养老金55亿元，参加基本医疗保险、工伤保险和生育保险的职工人数分别为83.7万人、66.9万人和55.1万人。

吉林省坚持可持续发展战略，实施"蓝天、碧水、绿色"工程，全省环境保护事业发展较快。工业污染防治能力继续增强。全省工业废水处理率、工业废气处理率和工业固体废物综合利用率分别达到78%、84.4%和53.9%。

环境综合整治成效显著。截至2000年全省建成烟尘控制区面积666.29平方公里,生态示范区建设取得新进展,新建长春市净月潭旅游经济开发区等6个国家级生态示范区,批准建设榆树市等8个省级生态示范区。城市环境基础设施建设重点工程进展顺利,长春市北郊污水处理厂建设工程已基本完工,投入运行后可日处理城市生活污水39万吨,长春西郊、辽源市、四平市污水处理厂建设工作正在进行。

国民经济和社会发展中还存在一些问题。结构性矛盾仍然比较突出;国有经济负担过重,活力不足,国企改革还有很长的路要走;城乡居民收入水平较低,尤其是农民收入增长乏力,物价低位运行,对经济生活的负面影响仍在继续;民间投资不够活跃,制约了内需的进一步扩大;社会保障体系不健全,就业和再就业压力仍然很大;人口、资源、环境等方面还存在很多问题。

【投资环境】 吉林省是个农业大省,是中国主要商品粮基地之一,粮食人均占有量、粮食商品率和调出量等指标多年来居全国前列,多数年份居全国首位。粮食的转化和深加工开发潜力巨大。

吉林省具有比较雄厚的工业基础,有600多户国有大中型工业企业。中国第一汽车集团公司是中国汽车工业的"摇篮";吉林化学工业集团公司是中国重要的化工基地;长春客车厂是全国最大的铁路客车生产基地。全省已形成以行走机械、石油化工、医药、食品、冶金、木材及加工工业等为骨干、门类比较齐全的工业体系。

吉林省基础产业和基础设施建设取得重大进展,到2000年已建成一批能源、交通、通讯、城市基础设施、粮食仓储设施、农田水利设施、环境整治等重大项目,基本消除了基础产业和基础设施瓶颈制约。

全省形成了四通八达的公路、铁路、航空等交通网络和电子信息网络。全省铁路营业里程3568公里,居全国第4位。全省公路总里程3.52万公里,其中高速公路312公里,形成了从省会长春市至其它各市四纵三横公路干线骨架。民航已开通国内外航线47条,2000年末民航航线里程8.47万公里。

乡镇以上全部实现了长途传输数字化和电话交换程控化,电话普及率12.6%,居全国第九位。

吉林省的高新技术产业正在蓬勃发展,已经建立长春、吉林两个国家级高新技术产业开发区,构筑了以电子信息、生物工程、新材料、先进制造技术等为主体的高新技术产业框架。

2000年吉林省的经济软环境也得到很大治理,全年取消不合理收费498项,减轻企业负担2.6亿元。探索并建立了国有资本出资人制度,成立了工交、商贸、金融投资、外经外贸等6个国有资本营运决策会议,组建了省冶金国有控股公司。144户小型巨人企业得到重点扶持。计划、财税、金融以及粮食流通等体制改革继续深化,调控手段和协调机制进一步完善,非国有经济发展势头较好。

改革开放以来,吉林省重视境外合作和招商引资环境的改善。制定了《吉林省关于外商投资的若干规定》、《吉林省鼓励外商投资产业目录》、《吉林省外商投资优势产业目录》,《吉林省改善外商投资环境的若干规定》,《吉林省人民政府关于鼓励省外投资的政策规定》等文件,在投资领域、税收、土地使用、收费、持股、生产配套条件等方面提供了必要的优惠政策,同时为高效快捷办理外商投资业务,简化了办事程序,实行联合办公,一站式审批,限期办结新办法。为外商投资提供了基础保障和优越的投资环境。涉外法规、政策及服务体系不断完善,对外开放功能进一步提高,招商引资由主要依靠优惠政策向主要依靠良好的发展环境转变。开放领域不断拓宽,与50多个国家和地区建立了经常性的经贸合作关系,出口市场逐步多元化。图们江地区开发开放有新的进展,省级以上开发区开发、开放带动作用日益显著。

【经济协作与对口支援】 2000年吉林省的经济技术协作各项任务指标完成较好。长春市合作项目完成703项,引进资金96.1亿元,吉林市合作项目完成397项,引进资金69亿元,合作领域得到明显拓宽。在签约的项目中,有基础设施建设项目、商业贸易项目、产权交易项目。签约项目在资源开发与市场开拓方面具有相当的互补性。广东省民企、台企的加工、生产优势同本省的资源优势相结合,对本省的经济结构调整、产业升级起到了积极的促进推动作用。合作项目科技含量高,竞争力强,如白山市长白山药业集团股份有限公司与广东省东莞市豪发生物工程公司合资联合研发治疗肿瘤基因工程抗体生物项目、四平市半导体厂与广东凤华高科集团投资上亿元合资建设100亿支片式电阻项目等,都是高科技、高附加值的项目。

吉林省对口支援三峡,工作取得明显成效,按照吉林省经济发展实际,本着“既要支援三峡,又要发展自己”的原则,三峡对口支援工作在方式、方法上有了根本的改变,经济支援与项目合作逐步由“输血型”向“造血型”转变,项目联合对接工作取得明显成效。由本省提供优质品种和技术支援的西洋参移植和梅花鹿养殖项目已获成功。对口支援地区巫溪县的西洋参种植已达近千亩,梅花鹿养殖超千头。除此之外,吉林省还为三峡对口支援项目提供各方面的人才、技术支持。为三峡受援地区协调促成的近千万元的各类基础设施建设支援资金已基本到位。有利地促进了受援库区的经济建设和社会发展。

【重点开发项目】 吉林市绕城一级公路。该项目总投资13亿元人民币,主要是修筑68.4公里的吉林市环城公路。吉林通信网建设工程。该项目总投资3.12亿元,主要建设内容包括45万门移动电话网、3千路端长途数据网、2355公里省内二级干线光缆传输网。长春市快速轨道交通环线一期工程。该项目总投资9.5亿元,主要是建设长春市内快速轨道线路11.7公里和13座车站。长春苗苗豆乳集团。该项目总投资1.99亿元,主要是建年产5万吨高蛋白乳粉和2万吨豆奶的生产线。通化方大药业尿毒排析散。该项目总投资1.5亿元,主要是建设年产4000万袋尿毒排析散的生产线。

黑龙江省

【概况】 黑龙江省位于中国的东北部,是纬度最高,气温最低的边疆省份,西部与内蒙古自治区毗邻,南部与吉林省接壤,北部和东部隔黑龙江、乌苏里江与俄罗斯联邦接壤,水陆边界长3945公里。

黑龙江省的地貌特征可概括为“南北两大山区,东西两大平原”,西北部和北部为大兴安岭和小兴安岭山地,区域面积占黑龙江省的30.4%;东南部为张广才岭、老爷岭山地,区域面积占黑龙江省的12.7%;东北部和东部为三江平原,区域面积占黑龙江省的22.1%;南部和西南部为松嫩平原,区域面积占黑龙江省的34.8%。

黑龙江省地域辽阔,土地总面积为45.4万平方公里,土地资源中耕地面积926.5万公顷,草地面积753.2万公顷。黑龙江省是林木资源大省,长期以来一直是国家重要的商品林生产基地。目前黑龙江省林地面积1919万公顷,森林覆盖率42.9%,活立木总蓄积量15亿立方米,林木蓄积量14.2亿立方米,现今木材产量虽已逐年调减,但仍居全国第一位,林区树种繁多,天然林树种350余种,具有经济价值的约有80余种。

黑龙江省水域辽阔,水面资源比较丰富,总水面115万公顷,地表水资源量423.7亿立方米,地下水资源量241.2亿立方米,大的江河干流主要有黑龙江、乌苏里江、松花江、嫩江和牡丹江,大的湖泊有兴凯湖、镜泊湖、连环湖和茂兴湖等。

黑龙江省曾经是湿地面积较大的省份,目前湿地总面积534.7万公顷,典型代表有位于松嫩平原的扎龙自然保护区,地势海拔平均在140米以下,再一个是位于三江平原的洪河保护区,平均海拔仅50~60米。

黑龙江省野生生物资源丰富,共有野生动植物资源222科1288属2500余种,其中野生植物资源不仅种类繁多,而且蕴藏量也极其丰富,有经济价值的野生植物资源蕴藏量250万吨左右,其中可食用的野生植物资源蕴藏量在25万吨以上。野生动物资源中国家一类保护动物有东北虎、梅花鹿、丹顶鹤、白鹤、黑鹤、朱鹮等7种,还有国家二类、三类保护动物各15种。

黑龙江省至今已发现132种矿产资源,占全国已发现矿种的80%,现有各类矿产760处,主要有石油、煤炭、金、铜、铅、锌、钨、石墨、水晶矿石、沸石、地热、矿泉水等。

截止到1999年底黑龙江省总人口3792万人,其中城镇人口2055.3万人,乡村人口1736.7万人,全省人口平均密度每平方公里835人。主要民族有汉、蒙、满、朝、鄂温克、鄂伦春、赫哲等。

截止到1999年底黑龙江省行政区域共设有地级市12个、行署1个、19个县级市、47个县、68个市辖区、480个镇、730个乡。

黑龙江省初步形成了以哈尔滨市为省域中心城市,以齐齐哈尔市、牡丹江市、佳木斯市为区域性中心城市,以大庆市、鸡西市、鹤岗市、双鸭山市、七台河市、伊春市为资源城市,以黑河市、绥芬河市、同江市等为边境口岸城市的城市体系空间网络。

黑龙江省生态环境质量总体上看在全国是相对较好的。黑龙江省自然风光秀美、山水景色粗犷、冰雪景观绚丽,野生动植物珍奇、文化古迹独特。现有国家级五大连池风景区和镜泊湖风景区2处;省级风景区14处,全省有自然保护区133个,其中国家级自然保护区11个。

【经济和社会发展】 1999年实现国内生产总值2897.4亿元,比上年增长7.5%的基础上,2000年达到3255亿元,比1999年增长8.2%,其中第一产业增加值353亿元,下降3.2%;第二产业增加值1908亿元,增长10.3%;第三产业增加值994亿元,增长11%。三次产业比例为10.9:58.6:30.5,产业结构有所调整,经济效益明显提高,各项社会事业健康发展,社会保持稳定。

2000年由于调减了粮食种植面积,再加上遭受严重的旱灾,粮豆薯总产量254.5亿公斤,比1999年下降了17.2%。但经济作物大幅度增长,农作物优质品质面积已占总播种面积的70%,有效使用绿色食品标志的产品和监控面积分别比上年增加28%、36%。为开拓农产品市场,分别在北京、广州、上海、杭州、澳门开展绿色食品展销活动,取得明显成效。农业产业化取得进展,龙头企业数量和实力明显提高。乡镇企业增加值290.1亿元,比1999年增长13.8%;实现税金14.1亿元,比上年增长7.5%。畜牧业总产值175.7亿元,比1999年增长8.2%。

工业改革调整取得成效,实现速度效益双增长。2000年全省规模以上工业增加值比上年增长11.8%;实现利税823.2亿元,比1999年增长1.3倍。1999年对15户地方国有大中型骨干企业进行了公司制改造,对57户企业进行了规范改革。压缩了煤炭、制糖、纺织等行业过剩的生产力,整顿了"五小企业"。2000年有88户地方国有大中型骨干企业完成公司制改革,232户地方国有大中型亏损企业扭亏或扭亏为盈,国有中小企业改制面达到98.5%,其中进行产权制度改革的占68.9%,煤炭、森工、军工等行业脱困取得初步成效。

固定资产投资增长,重点项目建设进展顺利。争取国家投资177.3亿元,比上年有明显增加,全社会固定资产投资完成859.2,亿元,固定资产投资新增的主要生产能力为:原油开采54万吨,原煤开采45万吨,新建高速公路104.6公里,水库库容4.8亿立方米,有效灌溉面积52万亩。

全省经济运行质量的好转,使财政收支稳定增长。2000年实现地方财政收入213.6亿元,按可比口径计算,比1999年增长15.5%,其中一般预算收入185亿元,增长12.6%;财政支出397亿元,增长12.3%,其中一般预算支出370.1亿元,增长11.1%。财政支出管理改革、国有资产管理监督体制改革和税费改革稳步推进,金融运行平稳,2000年末金融机构各项存款余额3333.4亿元,比年初增加294.1亿元;金融机构各项贷款余额3145.1亿元,比年初增加262.5亿元,年末货币累计净投放88.5亿元。

证券业在规范中发展。2000年末共有32家上市公司、33只股票、股票总市值1352亿元,其中在境外上市公司2家。保险事业继续扩展,2000年保费收入41.2亿元,比上年增长14.4%,支付各类赔款14.2亿元,比上年增长19.3%。

2000年末全省从业人员1779.7万人,比上年增加125.5万人,其中城镇从业人员866.5万人,年末在岗职工544.7万人,比上年末减少30万人,在岗职工平均工资7675元,比上年增加581元。再就业工作成效明显。各地各部门认真落实再就业优惠政策,加强职业介绍和再就业培训,广辟就业门路,有37.6万名下岗职工实现了再就业。据劳动部门统计,年末全省城镇登记失业率3.2%。

2000年全省城镇居民人均可支配收入4913元,比上年增长6.9%,扣除价格因素实际增长8.3%;城镇居民人均消费性支出3824元,增长9.8%,扣除价格因素实际增长11.2%;由于进行了农业和农村经济结构的调整,弥补了因严重旱灾造成的损失,使农民收入基本保持了上年水平;全年农民人均纯收入2148元,比上年下降0.8%;扣除价格因素实际增长0.8%;农民人均生活费支出1540元,比上年增长12.3%;城镇人均居住面积9平方米,农村人均住房面积18.3平方米。

社会保障事业取得迅速发展。全年参加养老保险职工457.7万人,参加失业保险职工526万人,参加养老保险的离退休人员156.6万人,参加基本医疗保险的职工151万人。全年福利彩票销售额1.5亿元,募集社会福利资金4574万元。

1999年全面落实全国技术创新大会精神,科技成果转化率进一步提高,科技对经济增长的贡献率38%。2000年财政对科技的投入继续增加,全年科技经费支出26.6亿元,其中研究和发展支出13.4亿元。科技队伍稳步发展,年末地方国有企事业单位共有各类专业技术人员97.9万人。全省共有县以上部门、高等院校、大中型工业企业等办(属)的科学研究与技术开发机构776个;从事科研活动人员3.1万人。全年共取得重大科技成果839项,其中基础理论成果6项,应用技术成果789项,软科学成果44项。

各级各类教育事业稳步发展。年末全省共有普通高校36所,在校学生20万人,比上年增长27.4%;研究生培养单位21所,在校生1.1万人,增长22.2%;成人高校在校生6万人;中等专业学校109所,在校生11.5万人;普通中学2674所,在校生248.7万人。全省普通初中入学率96.6%,初中辍学率2.2%,小学13995所,在校生283.1万人,学龄儿童入学率98.8%,小学生辍学率0.5%。

文化事业继续发展。全省共有艺术表演团体88个,文化馆118个,公共图书馆97个,博物馆40个,档案馆175个。卫生事业不断发展。2000年末全省共有卫生机构7573个,其中医院、卫生院2000个,卫生机构床位数12万张,共有专业卫生技术人员17.6万人,共有卫生防疫防治机构382个,卫生技术人员10049人,妇幼卫生机构168个,卫生技术人员3333人。

1999年共获各种赛事的世界冠军27.5个。在国内比赛中,黑龙江省运动健儿获得金牌112枚,银牌99枚,铜牌82.5枚。2000年体育事业再创佳绩。全年共获得各种赛事的世界冠军12个,在国内比赛中,黑龙江省运动健儿获得金牌216枚,银牌163枚,铜牌151枚,全民健身运动进一步开展。

【投资环境】 为促进全省经济的发展,黑龙江省积极争取国家优惠政策,结合实际情况,以投资效益为中心,调整和完善了产业政策和投资政策。优化了投资结构,优先发展石化工业、食品工业、机械电子工业、建筑及房地产业和住处产业等,制定各行业经济规模标准,在政策上支持前景好的支柱产业,扩大其经济规模,并建立必要的限制机制,有效限制夕阳产业的发展。投资体制改革进一步深化,省政府机构、行政编制大幅度缩减,2000年行政审批项目减少55.2%,大大提高工作效率,实现了投资环境明显改善的阶段性目标。

2000年年末,黑龙江省政府组织专家在对全省各地区经济发展基础条件及优势产业结构和发展潜力分析的基础上,依据因地制宜、合理分工、各展所长、优势互补、共同发展的基本思路,把全省划分为南、东、北三大经济带。

南部经济带。区域范围包括哈尔滨市、齐齐哈尔市、牡丹江市、大庆市、绥化市等5个市。土地面积17.17万平方公里,南部经济带是黑龙江省的政治、经济、文化的中心地带,既有广大的省内区域市场支撑,又有丰富多样的腹地资源支持。是黑龙江省主要的农业生产基地和矿产资源富集地区之一,有丰富的水稻、玉米、大豆等农产品资源,可供开发利用的石油、天然气、建材等矿产资源丰富,森林、山野土特产、动植物资源得天独厚,基础设施建设水平较高,以哈尔滨市为中心枢纽,构成了四通八达的交通运输体系。产业结构层次较高,工业部门齐全,已形成较为完整的工业生产体系,第三产业比较发达,内外经济联系比较密切,石油业和装备工业占主导地位,本地区经济发展和产业开发的重点是加快国有企业改革,发展资源深加工业和特色产业;加快基础设施建设,大力发展第三产业;加强农村小城镇建设。

东部经济带。区域范围包括佳木斯市、鹤岗市、双鸭山市、鸡西市、七台河市等5个市。土地面积10.01万平方公里,矿产资源极为丰富。煤炭资源是本区最具优势的矿产资源,总储量268亿吨,煤种齐全、煤质优良,此外还有极为丰富的非金属矿产资源,石墨、大理石、陶土等储量均居全省前列,有较高的开采价值。具有良好的煤电、煤化工业基础。煤炭和原材料工业在产业结构中居主要地位,农业比重较大,产业结构属于劳动、资源密集型、产业结构层次偏低,第三产业不够发达。农业资源丰富,开发潜力巨大,耕地和园地在省内占有突出地位,分别占全省同类用地的28.9%和43.4%。边境口岸多,农副产品出口与边贸有一定潜力。本区经济发展和产业开发的重点是发展煤电、煤化工业;发展生态农业和绿色的产品加工业。

北部经济带。区域范围包括伊春市、黑河市和大兴安岭地区3个(地)市。土地面积18.22万平方公里,本地区远离经济重心,交通不够发达,人口也较稀少。产业结构以林业为主,结构单一,属资源密集型。林业用地在全省占绝对优势,森林蓄积量居全省首位。山产品资源种类多,贮量大,质量好,有中药材600多种,食用水产品和食用植物1000余种,野生动物60多种,鸟类200多种。此外,在林区内还蕴藏煤炭、金属等矿产资源,这些资源对开展多种经营,为林区的主体开发提供了坚实的物质基础。大小兴安岭地区,自然条件优良,自然环境优越,旅游资源丰富,五大连池火山口、黑河边境口岸城市、伊春漂流河等风景旅游已初具规模。绿色食品基地建设发展迅速。主要是以山特产品的采集利用为主,发展绿色食品工业,大兴安岭的北芪神茶、五大连池的天然矿泉水在国内已有较高的知名度。林业后续产业初步形成。林产工业发展基础较好,木材的综合利用、木浆造纸、人造纸板、林化工、高档家具等产业,已形成一定规模。本地区经济发展和产业开发的重点是发展木材综合利用,绿色林副产品精深加工业和生态旅游业。

【利用外资和对外贸易】 1999年全年新签利用外资协议金额12.3亿美元,实际利用外资11.1亿美元。2000年全年实际利用外资11.03亿美元,比上年下降0.9%。其中外商直接投资8.3亿美元,增长1.5%,对外借款2.7亿美元,下降7.3%。

对外经济合作业务取得新进展。2000年新签对外承包工程和劳务合作合同金额2.3亿美元，比上年增长8.2%，营业额1.3亿美元，增长1.1%，在外劳务人员8792人，增长1.3%。

2000年，全省外贸部门和企业充分利用国家和地方鼓励出口的各项政策，抓住国际市场需求旺盛、市场价格回升，省内出口货源供应充足，档次、质量不断提高的有利时机，对外贸易大幅增长。全年进出口贸易总值29.9亿美元，比1999年增长36.3%。其中进口14.5亿美元，增长23.7%；出口15.4亿美元，增长52.7%。在进出口总值中，边境小额贸易进出口10.1亿美元，增长31.4%，一般贸易进出口12.9亿美元，增长34.7%，外商投资企业进出口4.7亿美元，增长8.5%。

2000年黑龙江省充分利用冰雪旅游资源、特色旅游资源吸引国内外游客。接待国际旅游人数55.2万人次，比1999年增长35.5%。其中外国人50.5万人次，比1999年增长40%，华侨、港澳台胞4.7万人次，旅游外汇收入1.9亿美元。全年共接待国内旅游人数达2712万人次，旅游收入121.2亿元。

扩大吸收外商投资的领域，以服务业有步骤对外开放为重点，逐步向外商开放商业零售批发、增值电讯、金融保险等领域、逐步落实外商投资企业国民待遇。

积极探索利用外资的新方式、新途径。以港澳台为重点，搞好多元化招商引资。积极与世界大型跨国公司合资合作，搞好一批对全省经济发展具有推动力的重大引资项目。适应国际资本市场的变化，加大吸引国际金融资本投资的工作力度，重点利用国内外证券市场融资，对国有企业进行嫁接改造。广泛开展网上招商、聘请国际投资中介机构代理招商，并积极运用买壳上市、境外上市、基金会投资、BOT投融资方式，不断提高招商引资水平。

积极利用国外政府贷款和国际金融组织贷款，搞好城市基础设施、环保、水利、交通、能源、社会事业等项目建设。扩大利用国外贷款的企业范围，允许非国有企业借用国际商业贷款和国外政府贷款，支持实力强、效益好的大型企业发行外币债券，提高国际知名度和竞争力。加强债务管理，进一步完善借、用、还机制，促进外贷工作的良性循环。

积极鼓励企业通过出口贸易、对外投资、技术转让、承包工程和输出劳务等多种途径，使产品、技术、设备、资金、人员等“走出去”，建立海外生产体系、销售网络和融资渠道，开展跨国生产和经营。

【重点开发项目】 三江平原治理项目。规模为除涝4500万亩，总投资51亿元，2000年底累计完成投资13.7亿元。松花江干流堤防项目。规模为修堤1154公里，护坡135公里，护岸49公里，建筑物172座，总投资56.5亿元。嫩江干流堤防项目。规模为修提526公里，护坡126公里，护岸27公里，建筑物106座，总投资32.7亿元。国境界河护岸项目。规模为黑龙江、乌苏里江护岸394.3公里，总投资37.2亿元。龙头桥水库项目。规模为新建总库容6.1亿立方米水库、总投资5.6亿元。

大庆油田开发项目。生产原油1359万吨，总投资389亿元。鸡西矿区立井项目。规模为产煤210万吨，总投资12.7亿元。城市、农村电网建设改造工程项目。涉及12个城市、73县(市)的电网建设与改造，总投资97.4亿元。国道主干线同江至三亚公路哈尔滨至拉林河省界段项目。修高速公路101公里，二级支线10公里，总投资36亿元，20001年完成全部工程。国道鹤岗至大连公路鸡西至牡丹江段项目。建一级公路169公里，支线29.6公里，总投资26.3亿元。

哈尔滨电站设备集团公司大型水电设备制造。新增制造能力120万千瓦，总投资10亿元。桦林橡胶厂50万套子午胎项目，总投资4.2亿元。大庆甲醇扩建项目。甲醇生产能力扩大到10万吨，总投资1.5亿元，2000年完成1.4亿元，20001年预计完成800万元，进行设备安装调试、试车投产。

齐市第一机床公司示范工程项目。规模

为年产15台加工中心,总投资1.8亿元,2001年完成收尾工程。哈尔滨数控等离子切割机项目。规模为年产125台套,电源及相关产品1800套,总投资2亿元。中国第一重型机械集团千吨大型热壁加氢反应器项目。年产6台千吨级热壁加氢反应器,总投资1.7亿元。哈尔滨轻合金表面陶瓷化处理新技术项目。规模为年产量达3万吨,总投资2亿元。

【经济协作与对口支援】 2000年全省各地市、各部门和企业紧紧围绕全省经济工作的重点,大力开展高规模、高层次、宽领域的经济技术协作,使全省的招商引资取得了丰硕成果。共签定各种经济技术合作项目1466项,总投资176.8亿元,引进省外到位资金64.75亿元,比1999年增长11.16%。

为掀起新一轮招商引资高潮,省委省政府分别于2000年2月、6月、11月召开全省扩大对外开放工作会议,改善经济发展环境大庆现场会和改善经济发展环境电视电话会议,推进招商引资和对外开放工作,大庆市、齐齐哈尔市、牡丹江市、哈尔滨市、绥化市和鹤岗市等相继推出了招商引资的系列优惠政策和安商、富商的保护措施,普遍建立了"投资者服务中心"、"投资者投诉中心"和"一条龙"服务办公大厅,实现了招商引资由数量型向质量效益型的转变。

2000年7月,省委书记徐有芳、省长宋法棠亲自率领13个地(市)主要领导、有关厅局主要负责人和重点企业代表近千人赴广东考察招商,签订重点项目35项,总投资33.7亿元,引进资金26.4亿元。此外,副省长张成义、申立国、王振川等还在4月、7月和11月,充分利用"西洽会"、"广博会"、"上交会"、北京、昆明、杭州展销会举办了五次绿色食品大型展销活动,现场销售总量584吨,销售额1510万元,签订销售合同406项,总量145万吨,金额63.2亿元。

成功举办了以第11届"哈洽会"为重头戏的各种经贸洽谈活动。第11届"哈洽会"共签订重点合作项目51项,总投资41.4亿元,引进资金36.3亿元。9月份在哈尔滨市成功举办了大连(哈尔滨)商品展销暨经济技术合作洽谈会,共签约45项。齐齐哈尔市、牡丹江市、鹤岗市、黑河市也举办了各种经贸展洽会,取得了不菲效果。

加大督办检查力度,保证招商引资健康发展。为使签约项目引得来,立得住、落得实,省政府督办室对招商引资项目进行了逐项实地检查,跟踪问效。截至2000年底,已开工投产107项,正在运作76项,到位资金29.7亿元,其中沪浙苏鲁引资到位26亿元;广东引资到位3.7亿元。

加强联系,探索对口支援的新路子。继续推进"8138"工程,把对口支援三峡工作落到实处。先后二次接待库区来访组,考察黑龙江省有支援任务的6个市、区、县10余家企业;10月份5个地市及有关企业18人赴库区实地考察洽谈,并就粮食、畜牧业、旅游业、边境贸易等方面达成初步意向。绥芬河市与重庆市外经贸委签定了向俄罗斯出口猪肉年6000万元的贸易合同。年末,哈尔滨市无偿援助三峡库区宜昌县10万元。认真抓好国家教育扶贫工程,共争取到国家扶贫资金515万元,按照要求为贫困地区建成11所标准化小学。

安　徽　省

【概况】 安徽省简称"皖",位于中国东南部,地处长江下游,居华东腹地,是我国东部地区南北之间和东西之间过渡地带。东西宽约450公里,南北长约570公里,土地面积13.96万平方公里。安徽地形地貌复杂多样,平原、丘陵、山地相间排列,其中以山地、丘陵为主。全省地势西南高,东北低,北绵淮北平原与山东接壤,东迤江淮丘陵与江苏相连,西卧大别山脉与湖北河南相靠,南迭皖南群峰与浙江、江西为邻。

安徽地处暖温带与亚热带过渡地带,淮北为暖温带半湿润季风气候,淮河以南为亚热带湿润季风气候,主要特征是四季分明、气候温和、雨量适中。全年平均气温在14～17℃之间，由南向北递减。全省年平均无霜期200～250天；年平均降水量770～1700毫米，主要集中在春夏两季。全省日照充足，光能资源较为丰富，年日照时数1800～2500小时，适合多种植物的生长和动物的繁衍。

安徽跨淮河、长江、新安江三大水系，湖泊众多，水域辽阔。长江自江西湖口进入安徽境内，流经安徽中南部，全长416公里，俗称“皖江”，长江流域在安徽境内面积6.6万平方公里。淮河自洪河口进入安徽境内，流经安徽北部，长430公里，在安徽流域面积6.69万平方公里。新安江源出休宁、祁门的两条支流，在屯溪合流后称新安江，向东流经歙县街口，注入浙江新安江水库，总长194.3公里，流域面积6500平方公里。我国五大淡水湖之一的巢湖，水面面积784平方公里。

安徽矿产资源品种多，分布广，产量大，资源配套情况好，矿产分布相对集中，伴生、共生矿产多，在全国尤其是在华东地区十分突出。目前全省已发现各类矿产135种，已探明储量的67种。其中煤、铁、铜、硫、磷、明矾、水泥、石灰岩等20多种矿产储量居全国前10位。

安徽动植物资源丰富，种类齐全。全省共有野生植物3200余种，许多植物种类具有较高的经济价值，是工业、食品、化工、药材的原料。全省野生动物近500余种，其中，扬子鳄和白鳍豚是世界现存的最古老的动物种类，被誉为活化石。

安徽是中国旅游资源最丰富的省份之一，全省计有国家级、省级各类旅游点290多处，有被联合国教科文组织列入世界自然文化遗产的景点3处，国家重点名胜风景区5处，历史文化名城3座，另有国家重点文物保护单位和重点寺观多处。以黄山、九华山和太平湖为中心的皖南旅游区，山水人文交相辉映，是我国品位最高、景点最集中、特色最鲜明的山岳风光旅游区。黄山以奇松、怪石、云海、温泉闻名于世。九华山为中国四大佛教名山之一，齐云山是江南道教圣地，太平湖和新安江，素有“山水画廊”之誉。江淮之间有历史上享誉数百年的古南岳天柱山，有因宋代著名诗人欧阳修的《醉翁亭记》而驰誉古今的琅郎山。

2000年末全省总人口5986万人，全省共有合肥市、芜湖市、蚌埠市、淮南市、马鞍山市、淮北市、铜陵市、安庆市、黄山市、滁州市、阜阳市、宿州市、六安市、巢湖市、宣城市、池州市、亳州市17个省辖市。17个省辖市含桐城市、天长市、明光市、界首市、宁国市5个县级市和56个县。全省现有林地面积323万公顷，森林覆盖率23.56%。全省污染物排放总量基本控制在1995年的水平上，其中COD、二氧化硫等主要污染物的削减率为20%左右，高于全国平均水平。池州市被国家发展计划委员会、科技部批准为实施《中国21世纪议程》唯一地市级试点，被国家环保局批准为国家级生态示范区，区内有3个国家级生态自然保护区。

【经济与社会发展】 安徽省2000年实现国内生产总值3030亿元，按可比价格计算，比上年增长8.3%。“九五”时期，全省国内生产总值年均增长10.4%，高于全国平均水平2个多百分点；人均国内生产总值5061元；财政收入290.4亿元。

安徽是农业大省，农业在国民经济中具有举足轻重的地位。2000年，粮食在大灾之年有所减产，全省实现农业增加值732亿元，占国内生产总值的24.1%，粮食总产2472.1万吨，比上年减产299.1万吨；油料总产285.1万吨，比上年增长6.3%；棉花总产27万吨，增长12.1%。以发展养殖业和推进农业产业化为重点的农业结构调整步伐加快，种植业内部粮经二元结构正在向粮经饲三元结构转变。

安徽是我国重要的能源、原材料工业基地之一，煤炭、冶金、电力、化工、建材等行业在全国占有重要的地位。近年来，随着轻工业的崛起和一批重点工业项目的建成投产，全省工业规模、产业层次进一步扩大和提高，工业经济实力进一步增强。2000年全省工业增加值1101亿元，比上年增长9.2%，占国内生产总值的36.3%。国有和规模以上的非国有工业企业实现增加值547.6亿元,增长11.4%。工业结构调整有一定进展,钢、钢材、水泥等投资类产品稳定增长,工业经济效益有所改善。工业产销率98.5%,实现销售收入1564.8亿元,比上年增长12.5%。

安徽省处于中国南、北方和东、西部之间十字路口。交通运输较为便利,目前已初步形成了水、陆、空立体交通网络。1998年,全省铁路营业里程2156公里,104、105、205、310、311、312、318、国道等干支线公路、高等级公路四通八达。内河航道里程6737公里,长江沿岸的芜湖、安庆、马鞍山、铜陵被辟为外贸运输港口,5000吨级货轮可常年通航。安徽铜陵长江公路大桥已建成通车,芜湖公铁两用长江大桥投入使用。民用航空初具规模。拥有一座大型现代化的合肥骆岗机场、一座中型现代化的黄山屯溪机场及安庆、芜湖、蚌埠、阜阳4座小型机场,航空业务日益扩大。2000年全省各类运输货物周转量1040.9亿吨公里,旅客周转量530.9亿人公里。

随着生产的发展,安徽的国内市场日趋繁荣。2000年全省实现社会消费品零售总额1054.3亿元,比上年增长7.7%。市场物价低位运行,全年商品零售价格比上年下降2%,居民消费价格比上年上升0.7%。

2000年,全省进出口总额33.3亿美元,比上年增长25.7%。其中出口总额21.6亿美元,增长29%,进口总额11.7亿美元,比上年增长20.1%。外商投资企业进出口仍保持较快增长势头,全年进出口额9.5亿美元,比上年增长14.2%,其中出口4亿美元。全年利用外资协议额7.52亿美元,比上年下降12.1%,实际利用外资4.15亿美元,下降36.8%,其中外商直接投资3.18亿美元,下降11.9%。当年全省新批“三资”企业247家,比上年增加48家。

2000年,全省各地加大对旅游经济的投入,旅游收入大幅度提高。全年旅游总收入159.9亿元,比上年增长17.2%。其中旅游外汇收入1.13亿美元,增长25.3%;国内旅游收入150.5亿元,增长12.7%。接待海外游客31.8万人次,增长26.8%;接待国内游客2973.8万人次,增长11.5%。

2000年末,全省共有各类专业技术人员97万人,有县以上独立研究开发机构249个,高等院校办研究与发展机构40个,大中型工业企业办技术开发机构430多个;从事科技活动人员7.2万人,其中科学家和工程师4.3万人。有国家重点实验室3个,省级重点试验室4个,省部共建实验室5个,新建国家级工程技术研究中心1个,省级工程技术研究中心(中试基地)3个,企业技术中心132个。各级各类教育事业稳步发展。2000年末,全省共有普通高校42所,当年招生7.6万人,在校生18.2万人。研究生培养单位17个,招生2522人,在学研究生5820人,各类普通中等职业学校854所,在校学生68.7万人。普通中学3767所,在校学生358.2万人。小学24281所,在校学生644.2万人。初中阶段适龄人口入学率97.1%,小学学龄儿童入学率99.7%。全年成人高等教育机构招收本专科学生6.2万人,在校学生12万人。

2000年末,全省共有艺术表演团体91个,文化馆102个,公共图书馆83个,博物馆36个,各级各类档案馆138个,广播电台15座,中波发射台和转播台23座,电视台17座,电视发射台和转播台350座。有卫生机构6705个,其中医院、卫生院2953个,卫生防疫防治机构229个,妇幼卫生机构110个,医院、卫生院共有床位12.7万张,共有专业卫生技术人员15.4万人。

2000年,安徽省运动员在国际和国内的重大比赛中,奋勇拼搏,共获得25枚金牌、31枚银牌和36枚铜牌,盛泽田在第27届奥运会上获得1枚铜牌。全省拥有各类体育场地14096个,其中体育馆40个,标准体育场32个,省九运会竞赛场馆黄山体育馆竣工使用。全民健身活动进一步开展。全年参加全民健身活动300万人次,大型活动项目67项次。

2000年全省职工工资总额289.4亿元，比上年增长3.9%，其中在岗职工工资总额275.8亿元，在岗职工平均工资6993元。全省城镇居民人均可支配收入5293.6元，比上年增长4.5%，扣除物价因素，实际增长3.6%，人均消费性支出4233元，增长8.5%；城镇居民恩格尔系数为45.7%。全省农民人均纯收入1934.6元，增长1.8%，考虑价格下降因素，实际增长2.6%；农民人均生活消费支出1321.5元，增长1.5%；农村居民恩格尔系数为54%。居民住宅条件继续改善。全省城乡建成住宅6705.8万平方米，其中城镇1825.3万平方米，农村4880.5万平方米。2000年末全省从业人员3450.8万人，比上年增加52.2万人。年末全省在岗职工392.8万人，比上年减少16.1万人；城乡私营企业从业人员和个体劳动者401.6万人，比上年增加9.1万人，2000年城镇登记失业率3.4%。

安徽省经济和社会发展也还存在许多矛盾和问题，与发达省份相比，发展不快，水平不高；经济结构不合理的问题仍较突出；部分企业生产经营面临很大困难，下岗待业人员增多，就业和再就业压力加大；固定资产投资力度不够。

【投资环境】 安徽省已经建成快速、畅通的铁路、公路交通网络。近几年，新建成5条铁路、3个大型铁路枢纽，铁路正线延展里程2725公里，密度居华东之首。公路通车里程40481公里，其中高速公路404公里，100%的乡镇和90%的行政村均通公路。全省现有航线50条，已建成合肥、黄山两个大型机场和安庆、芜湖、蚌埠、阜阳机场。境内的长江、淮河、新安江三大水系提供内河航道6000多公里，并与许多国家和地区开通了远洋航线。铜陵长江大桥和芜湖长江公路铁路两用大桥的投入使用，极大地改善了安徽的交通条件。芜湖已成为全国公路、铁路重要的交通枢纽之一。

安徽省的邮电通讯建设位居全国前列，到2000年底止，所有县以上城市（镇）全部开通程控电话，实现了电话交换程控化、长途传输数字化，可直拨国内1600个城市和国外180个国家和地区。邮电数字移动电话网覆盖全省17个地市、64个县和数百个乡镇、在全国居先进水平。长途电话、市内电话发展速度加快，电话普及率继续提高。

安徽省已经形成水、陆、空出入境口岸齐全的对外运输网络，共有各类口岸9个。阜阳、蚌埠为对外开放的陆地口岸。芜湖、铜陵、安庆、马鞍山、池州港均对外开放，其中芜湖港可停泊万吨级货轮，其它各港均设有5000吨级深水码头，可直接装卸进出口货物，合肥、黄山航空口岸可直达香港。

安徽省在加大投资硬环境建设的同时，特别注意投资软环境的建设。实施依法治省，不断完善各项政策法规，依法保护外商合法权益；提高政府办事效率，减少办事环节，实施“一站式”服务，1999年，成立了“安徽省外来投资者投拆受理中心”。

安徽省制定了一系列的投资政策，从投资导向、投资优惠等方面作出了详细的规定。鼓励外商进行投资行业和领域：基础设施和重要原材料工业建设；农业综合开发、生态农业和贫困地区农业；综合利用资源和再生资源及采用保护环境的新技术设备产业；适应国际市场需求，能够扩大产品外销行业；广告、信息咨询、会计师事务所等中介服务机构；有关本省现有企业技术改造项目等。对于鼓励类外商投资项目，除可依照国家和本省有关规定享受优惠待遇外，对从事投资额大、回收期长的农业、能源、交通等基础设施建设与经营的，经批准可扩大相关经营范围。

安徽属于中国中部，中央作出战略决策，增加对西部的投资，加大西部开发开放力度，安徽省全区域享受国家西部优惠政策。

【利用外资与对外贸易】 2000年，安徽省认真贯彻国家鼓励出口各项政策，抓住国际环境明显改善的有利时机，加快外贸发展。为鼓励和扶持高新技术产品和机电产品出口，安徽省在全国率先执行高新技术产品出口退税政策，使高新技术产品出口企业比较及时地获得

1000多万元的出口退税差额;争取高新技术产品和机电产品出口信贷资金3.6亿元人民币。制定了出口退税质押办法,第一笔出口退税质押贷款已经发放到企业。对配额出口商品以海关数据为标准加强统计、监督、分析工作,在公开、公正、高效、透明的原则下加大协调力度,全面提高配额的使用率、增值率和带动率。实行配额许可证管理的58种商品全年出口额5.86亿美元,比1999年增加了14%。2000年全省新批外商投资企业247家,合同外资6.36亿美元,分别比上年增长24%和14%。

新的投资领域利用外资试点已有初步进展。合肥市与德国麦德龙公司合作兴建大型商场项目已经上报外经贸部立项;黄山松柏高尔夫乡村俱乐部有限公司项目已经获得批准。鼓励境外投资者兼并、收购、重组安徽省国有企业开始启动。德国博世和西门子公司受让原由安徽省扬子集团持有的30%股份,成立了迄今安徽省最大的外商独资企业。

安徽省开发区管理体制改革进一步深化。省内三个国家级开发区都已落实对投资者的“一站式”服务。开发区招商引资取得新的进展,2000年已在安徽省国家级开发区落户的外商投资企业主要有瑞士客商投资2000万美元的独资项目ABB配电变压器(合肥)有限公司,瑞典客商投资1000万美元的独资项目耀达氧化物燃料电池(合肥)有限公司,台湾客商投资1250万美元的独资项目芜湖华龙克拉制管有限公司,美国客商投资216万美元的独资项目普乐合肥光技术有限公司等。经认真筛选的9个技术含量高、产业带动作用强的招商引资项目已进入安徽省重点招商引资项目库,积极对外推介。

国际经济合作发展势头良好。“九五”期间,安徽省累计对外签订工程承包合同额4.36亿美元,完成营业额3.55亿美元,外派各类劳务人员8989人。接受国际多边、双边、民间机构对安徽省的无偿援助,组织实施了一批受援项目。获对外经济合作经营权的企业44家,对外承揽项目的能力逐步增强,对外经济合作的总体规模、项目质量、管理和技术水平明显提高。2000年,全省新签承包工程和劳务合作合同额1.76亿美元,完成营业额1.03亿美元,承包工程和劳务合作市场从上年底的74个国家和地区扩展到目前的84个国家和地区。承包工程业务带动设备、材料出口168万美元,换回物资127万美元。

2000年,安徽省有3个境外加工贸易项目获得外经贸部批准,分别是石台县煤气仪表总厂在吉尔吉斯斯坦设立合资的煤气仪表厂,安徽省技术进出口公司在柬埔寨设立合资的水洗羽绒和羽绒服生产厂,安徽省外经建设(集团)公司在马达加斯加设立独资的建材加工综合厂。连同1999年获批准的省茶叶公司赴乌兹别克斯坦办茶叶包装厂项目,安徽省企业境外加工贸易投资总额已经超过1200万美元。还有几个企业的境外加工贸易项目已审理上报。安徽省承担的中国莫桑比克投资贸易促进中心工程已于2000年底以前正式开工。

【重点项目】 为保持国民经济快速、健康发展,“九五”期间安徽省建成了新集矿区、马鞍山二电厂、洛河电厂二期、芜湖电厂四期、铜陵电厂四期、合肥二电厂、淮北二电厂、铜陵一冶改造、马钢H型钢及异型连铸、安庆石化总厂扩建2万吨腈纶、淮南化工总厂扩建、芜湖长江大桥、合六公路、南照集淮河大桥、沪蓉高速公路高界段、芜湖长江大桥北岸公路接线、合肥机场扩建、阜阳机场、合肥铁路枢纽、包浍河治理、响洪甸抽水蓄能电站、省邮电调度中心、省广播电视传输网、合肥多谱勒天气雷达站、中央直属粮库、农村电网改造等58个重大建设项目和单项工程。这些项目的建成,改善了安徽省能源、交通、邮电基础设施条件,为国民经济各部门的技术装备水平迅速提高、农业抗灾能力显著增强、工业产品的结构调整、科技、教育、文化及城乡建设事业的蓬勃发展奠定了坚实的基础。1999年,安徽省重点项目完成投资114.75亿元,2000年完成投资94.85亿元。

【经济协作和对口支援】 安徽经济技术协作全方位、多领域展开。在区域分工上既有同沿海经济发达省市的协作，又有同中西部地区的协作；在合作对象上，既有国有企业，又有乡镇企业、私营企业；在产业上，开始由以第二产业为主向第一、第三产业发展。经济技术协作开始由数量扩张型向质量效益型转变，逐步与市场经济要求相适应。一批符合国家政策导向和市场需求的大型联合协作项目相继达成。以资产为纽带的跨地区、跨行业、跨所有制的联合、合并、收购、控股、合资以及产权转让等企业间联合大量涌现，招商引资、开拓市场高潮迭起、硕果累累。三峡对口支援开始启动并取得了一些成果，区域合作越来越向着注重实效和联手办大事、难事方向发展。

安徽是一个经济欠发达的资源大省。为此安徽立足资源优势，在煤炭、冶金、化工、建材、农副产品基地、旅游等方面与兄弟省市广泛开展各种形式的经济技术协作，特别是在建材、煤炭等资源开发方面更为突出。与原煤炭部、福建省联合投资 1.7 亿元合建年产 90 万吨童亭煤矿；浙江省投资 8100 万元建设刘桥二号煤矿；和上海市、化工部联合投资 4000 万元续建铜陵新桥硫铁矿。

利用外省市企业在管理、品牌、技术、设备、资金、市场等多方面的优势，积极开展以中型企业为骨干、名优产品为龙头的联合协作。合肥、芜湖、蚌埠等地与上海合作生产的上海名牌自行车、手表、缝纫机、洗衣机、电池、工具、仪表和日化用品，滁州、安庆等地与康佳、熊猫联营生产电视机等，提高了产品质量和知名度，取得了较好的经济效益。在企业联合中，一方面支持和鼓励安徽省企业积极参加省外实力雄厚的企业集团；另一方面，以安徽省骨干企业和拳头产品为依托，组建了一批具有一定实力和影响的企业集团，如美菱集团、荣事达集团、海螺集团、全力集团、扬子集团、铜陵有色集团、古井集团等。至目前为止，全省有 300 多家企业参加了 80 多个跨省市、跨地区的企业集团。

技术、管理落后是制约安徽经济发展的重要因素。为此全省各地、各部门有计划、有针对性地开展了同外省市的技术协作，参加举办科技成果展交会，举办各种形式的科技信息发布会，引进新技术、新工艺、新设备，学习先进管理经验。

改革开放以来，安徽重点发展了同东部沿海地区和周边省区的合作，先后建立和参加了 14 个跨省市或省内跨地区的经济协作区，促进了资源的优化配置和区域经济的协调发展。皖江经济协作区加强与以上海为龙头的长江三角洲的合作，在组建企业集团、兴建商贸走廊、接收产业转移和产品扩散、发展外向型经济等方面均取得了较好的成效。由安徽省淮河以南 12 个地市，与苏赣两省的部分地市共同组建的南京经济协作区以及长江 26 个城市联席会等促进了全省电子、汽车、轻工、化工等行业的联合，组建了熊猫电子集团、金陵石化、南化等一大批企业集团、开发了一批新产品。还举办了一批金融联合体，全省地市与区域内成员地市间每年融资和相互拆借资金数十亿元，支持和促进了区域开发和区域经济的发展。安庆、芜湖、滁州等市的电子企业主动与区域内大企业集团挂靠，加快了自身的发展。扬子集团发挥自身的优势，与南京等市企业联合成立了中国扬子集团南京股份有限公司。淮河以北蚌埠、宿州、阜阳、淮北 4 市参加的淮海经济协作区，自成立以来，区域成员地市之间生产资料协作额 40 亿元，横向融通资金 920 亿元，经济技术协作项目 6200 余项，行业网络、企业群体发展到 120 多个。黄山市作为全省唯一参加闽、浙、赣、皖 9 市经济协作区的成员地市，在区域合作中，从抓联合项目入手，积极引进区域内资金发展旅游业并取得显著成效。该协作区工商银行网络系统共同筹资 1800 万元，在黄山市建成“黄山经联大酒店”，为黄山风景区的旅游设施改造提供了有力的支持。

改革开放以来，全省组织省际间经济互访

319次,建立友好城市(地区)324对。全省经协系统已同全国除西藏外的30个省、市、区建立了稳定的协作关系,先后在北京、上海、广州、深圳、珠海、黑河、满洲里等城市设立各类“窗口”、联络处、办事处525家,基本上形成了全面开放和长期协作的新格局。以企业为主体、以项目为纽带,对口支援三峡库区移民工作取得进展,为安徽加强与三峡库区和大西南的经济合作带来了机遇。截至2000年末,全省已支援渝北区资金共320万元,设备19台套。建了2条移民街,2个希望小学,1个初级中学,在建的还有1条路和1个希望学校。已经落实项目17个,正在运作项目10个,正在洽谈的项目5个,其中合肥荣事达集团兼并重庆洗衣机厂产生了较大影响。

江　西　省

【概况】　江西省属东亚大陆板块的东南部,是中国江南丘陵的重要组成部分,南北长约620公里,东西宽约490公里,国土总面积16.69万平方公里,地貌类型以山地丘陵为主,山地面积占全省国土总面积的36%,丘陵占42%,岗地、平原、水面占22%。江西省地处亚热带暖温季风气候区,冬夏季风交替显著,四季分明,春秋季短,夏冬季长,气温适中,日照充足,雨量丰沛,无霜期长,冰冻期短,气候随纬度和海拔高度的不同显现出明显的地域差异。

江西省光热水资源较丰富,年日照时数1473.3~2077.3小时。自然地理条件优越,生物多样性丰富,生物种类繁多,高等植物有5100多种,其中江西特有的有60多种。孑遗植物中,东乡野生稻是已知分布最北的野生稻。江西保存的珍稀植物较多,全国第一批公布的132种珍贵树种中,江西有26种;《中国珍稀植物红皮书》列出的354种珍稀植物中江西有68种。全省有脊椎动物738种,其中陆生脊椎动物554种,国家重点保护动物(陆生)83种,省级重点保护动物(陆生)123种。鄱阳湖湿地生态系统,为我国南方候鸟、鱼类产卵场所及稀缺植物资源保护区。

据《2000年全省矿产资源统计年报》,全省共有各类矿产160种,探明储量的矿产101种,保有储量居全国前10位的53种,铜、钨、铀、钽、稀土、金、银被誉为“七朵金花”。

江西省1990年到2000年两次普查间平均每年增加人口下降到35.69万人。但人口密度大,比全国平均密度高,分布不均匀,主要分布于鄱阳湖平原地区。据“全国第五次人口普查”资料,江西省第一产业社会劳动者人数占65.1%,第二产业占21.1%,第三产业占13.8%,与全国平均水平比,第一产业高于4.9个百分点,第二产业相近,第三产业低4.1个百分点,表现为工业化初期的典型结构水平。人口素质偏低。江西每万人拥有各种自然科学技术人员,按全部人口计算有10人,按职工人数计算有100人,与全国平均水平相比,前者约低96%,后者约低50%。到2000年底,江西有省辖市11个,县级市10个,初步形成了以大城市为中心,中等城市为骨干,大中小城市相结合的多层次的城市网络。城镇化水平进一步提高,在全省总人口中,居住在城镇的人口1145.58万人,占总人口的27.67%;与1990年第四次全国人口普查相比,城镇人口占总人口的比重上升了7.27个百分点,到2000年底,江西省城市总面积3.05万平方公里(不含县城),其中建成区面积543平方公里,城市非农业人口499万人,人均住房使用面积14.23平方米,人均居住面积9.6平方米。用水普及率93.28%,人均拥有道路面积6.6平方米。南昌市是京九铁路线上唯一的省会城市,处于江西铁路、公路、航运的枢纽地位;九江是全国唯一集名江、名湖、名山为一城的城市,是江西的北大门;赣州是江西的南大门,也是全国有色金属的重要基地。这些城市在江西的区域经济发展中发挥重要的作用,带动京九、赣江一线形成江西新经济增长带。

全省环保事业加快发展。2000年末有环境监测站90个,环境监测人员1076人。全省已建成自然保护区 55 个,面积 39.5 万公顷,风景名胜区 20 个,森林公园 52 个。完成环境污染限期治理项目 646 个,总投资 9875 万元。在 19 个城市中(含县级市)建成了 93 个烟尘控制区,面积 358 平方公里,建成了 51 个环境噪声达标区,面积 164 平方公里。环境污染得到控制,环境质量进一步改善,全省主要污染物排放总量继续减少,12 项主要污染物排放总量完成"九五"期间总量控制计划。

截止到 1999 年底,全省森林覆盖率 59.7%,有林地面积 950.6 万公顷,草地面积 385 万公顷,"九五"期间累计治理水土流失面积 1180 万公顷,开展小流域综合治理 740 条,兴建水平梯田 17 万公顷,修筑各类水土保持防护工程 21.8 万座,完成沙区治理及开发面积 2.6 万公顷。以"猪——沼——果"为主的多种生态农业模式得到大力推广,出现了一批生态农业县和生态示范区。

【经济与社会发展】 江西省 2000 年国内生产总值 2000 亿元,增长 8%,其中一产完成 485 亿元,增长 6.6%;二产完成 695 亿元,增长 6.6%;三产完成 820 亿元,增长 10.4%。

农业生产稳步增长,全省调减早稻面积 203 万亩,全年粮食产量 322.9 亿斤,减少 23.6 亿斤,同时增加了经济作物种植面积 120 多万亩。养殖业发展进一步加快,水产品产量 128 万吨,肉类总产量 202 万吨,奶类产量 5.5 万吨。江西省大力推广良种良法,优质早稻面积达 900 万亩,三元杂交猪占生猪饲养量比重达 45%;水产品良种覆盖率 50%左右。

工业生产增长加快,国有企业经营状况明显改善。全省规模以上工业企业完成增加值 269.6 亿元,增长 10.5%;其中国有工业增长 9.5%。企业效益明显好转,国有企业三年脱困目标基本实现。全省地方国有及国有控股工业企业整体扭亏为盈,全年实现利润 2.06 亿元,比上年扭亏增盈 5.2 亿元。

固定资产投资继续扩大,重点工程建设成就突出。全社会固定资产投资完成 570 亿元,增长 12.6%;全省有 66 个县市完成了农村电网改造任务。城市电网改造已在 11 个设区市全面铺开。国家安排江西省第二期粮库建设 12.1 亿斤库容,24 个库点已全部开工建设。移民建镇工程进展顺利,新建和扩建了 58 个集镇、219 个中心村、1176 个基层村,移民 60 多万人,可增加鄱阳湖调蓄洪面积 1290 平方公里。

居民消费稳步攀升,对外经贸十分活跃。居民收入不断提高,城镇居民人均可支配收入 5104 元,比上年同期增长 8.1%。新的消费热点正在形成,江西省社会消费品零售总额 705 亿元,增长 8.4%,房地产市场比较活跃,商品房销售额 18 亿元,增长 12%,旅游总收入 134.7 亿元,增长 21%,居民消费价格总水平上升 0.3%,全年出口商品总额 11.97 亿美元,增长 32.1%,实际利用外资 3.28 亿美元。

财政收入继续增长,金融形势保持稳定。财政总收入 170.9 亿元,比上年增长 10.3%,其中地方财政收入 111.2 亿元,增长 5.8%。电力、钢铁、石化、卷烟和铜业等行业成为税收的主要增长点。金融形势保持平稳,金融机构各项存款余额 1966.8 亿元,比年初增加 178.3 亿元;各项贷款余额 1739.9 亿元,比年初增加 160.4 亿元;有 25 户国有大中型企业签订了 76.6 亿元的债转股协议。全省积极利用资本市场为企业融资,2000 年有诚志股份、赣粤高速、洪都航空三个企业股票上市和五个上市公司扩股,共筹集资金 34.1 亿元。

科教文卫等社会事业健康发展。1999 年江西省地方国有单位专业技术人员 68 万人,各类科技机构 580 个,组建 7 个省级重点实验室和 10 个省级工程技术研究中心,全省科技经费投入 13.7 亿元,签订技术合同 2802 项,合同金额 5.14 亿元,申请专利 1387 件,专利授权 1011 件。2000 年,全省地方国有事业企业单位专业技术人员 69.4 万人,科技活动日渐活跃。全年技术贸易机构发展到 853 个,签订各类技术合同 5068 项,成交额 6.93 亿元,申请专利 1557 项,专利授权 1072 项。

"九五"期间,社会发展水平显著提高,人

口增长得到有效控制。人口自然增长率从1995年的11.6‰下降到2000年的9.7‰,2000年年末人口4140万人。教育在结构调整中得到发展。围绕提高劳动者素质,把发展教育事业放在突出地位,基本普及九年义务教育和基本扫除青壮年文盲目标提前实现。2000年小学适龄儿童入学率99.58%,小学毕业生升学率94.9%。高等教育规模迅速扩大,2000年普通高校招生5.89万人,全省各类高等教育在校生23万人,高等教育毛入学率接近11%。职业教育、民办教育得到较快发展,初步形成了多层次、多元化的办学格局,全省民办高校46所。

旅游业得到较快发展。江西省充分利用和发挥旅游资源、旅游基础设施和旅游区位条件优势,以京九铁路沿线旅游开发为重点,加强了庐山、井冈山、龙虎山、三清山、三百山、鄱阳湖、景德镇、南昌、赣州、瑞金等旅游区的开发建设,为"十五"旅游经济的发展奠定了坚实的基础。2000年,旅游入境人数16.3万人次,旅游外汇收入1200万美元。国内旅游人数2537万人次,旅游收入130亿元人民币。

文化、卫生、体育、广播电视、新闻出版等各项社会事业都取得了新的成绩。2000年,全省共有各类医疗机构2965个,医院病床9.1万张,有各类卫生技术人员11.3万人。2000年全省共有各类文化机构3667个,广播、电视人口覆盖率分别达到89%和92%,全省每年有一千万人参加群众性体育活动,竞技运动水平有新的突破。社会事业基础设施建设步伐加快。江西省不断增加对社会事业基础设施的投入,重点建设了南昌大学"211"工程,新、改、扩建中、小学校舍460万平方米。利用国家专项资金为导向,改善了一批县及县以下医疗卫生机构和文化、广播电视等基础设施。"九五"期间,还集中省基本建设资金兴建了江西省博物馆、江西医学院第一附属医院门诊楼、外科大楼等一批社会事业基础设施。

【投资环境】 "九五"期间,江西省固定资产投资规模增长较快,有力地促进了经济发展。从1998年到2000年,国家先后安排江西省国债投资130亿元,带动银行、企业和其它投资220多亿元。由于国债项目的实施,固定资产投资,工业投资类产品的生产保持了较快增长。"九五"期间,全社会固定资产投资2250亿元,年均增长16%。投资结构调整加大,基础设施明显改善,水利、交通、电力、城建等基础设施五年投资328亿元,累计整治和加固江河岸堤800公里,大中型水库除险加固23座,建成了丰城电厂等大型项目,新增电力装机183万千瓦,94个县(市)中有71个县(市)的农网改造任务已经基本完成。五年新增程控电话装机310万门,新增移动电话210万户,铺设了干线光缆,开办了互联网业务。五年新增高速公路420公里,改造二级公路3597公里、县乡公路5500公里,特别是京九铁路的建成通车,改变了赣南广大地区交通落后的状况。技改投入加大,推进了企业技术进步,五年共完成技改投资331亿元,重点扶持了江铃集团、昌河集团、江西铜业、华意压缩机、洪都航空集团、江西纸业、江西水泥、凤凰光学、江氨集团、新钢公司等企业的发展。投融资体制不断完善,强化了银行信贷风险责任,转变政府审批职能,政府不再干预银行独立审贷;全面贯彻《招标投标法》,使工程建设全过程法制化;进一步加强对政府投资的监督,特别是对国债项目的资金使用情况、配套资金落实、工程进度情况等方面加强监督检查;全面实行建设项目法人责任制、资本金制、招标投标制、合同制、工程监理制,加强项目建设管理;积极鼓励和引导民间投资以多种方式投资入股、参与经营除法律、法规禁止投资外的所有投资领域。

为整治和优化投资环境,加快经济发展步伐,2000年7月,江西省人民政府下发《关于印发鼓励外省投资若干规定的通知》(以下简称"通知")。"通知"明确了鼓励外省投资投向的领域和重点产业方向,提出了外省投资在参与国有企业的改组、改革,以及土地使用、户籍管理、税收管理、子女入学、职称评定、对外经贸等方面的优惠措施。省内各市、县根据省委、省政府的要求,结合自身实际,也制定了本市、县的投资优惠政策。

经过“九五”以来的投资建设,全省区位优势得到发挥,投资环境得到优化,物质技术基础进一步增强,纵贯江西南北的京九铁路及复线的建成,改善了长期以来赣南交通不便的状况,境内320国道改造和入闽公路以及赣粤高速公路等通达长江三角洲、闽南三角洲、珠江三角洲和以武汉为中心的长江中游经济区的交通基础设施的建设,进一步强化了江西承东启西,沟通南北的区位优势,进一步突显江西在全国生产力布局格局中的重要地位。这为承接上述发达地区的投资和产业转移,促进江西发展创造了有利条件。

【利用外资和对外贸易】 2000年全省进出口总额16.24亿美元,比上年增长23.6%。其中出口11.97亿美元,比上年增长32.1%;进口4.27亿美元,比上年增长4.6%。2000年一般贸易出口9.98亿美元,增长29.3%;其它贸易出口32万美元,下降20%;加工贸易出口2亿美元,增幅49%。2000年,国有企业出口100653万美元,增长27.7%;集体和私营企业出口2785万美元,增长54.6%;外商投资企业出口16298万美元,增长63.2%。2000年机电产品出口1.44亿美元,服装及衣着附件出口2.32亿美元,纺织纱线、织物及制成品出口1.77亿美元,大米出口1.19亿美元,未锻造的铜及铜材出口6429万美元。全省国有企业进口快速增长,外商投资企业进口下降。2000年国有企业进口2.66亿美元,增长21.7%;外商投资企业进口1.55亿美元,下降16.9%,其中外商投资企业作为投资的设备和物品进口3308万美元,下降66.5%。

2000年江西省新批利用外资项目274项,比1999年同期增长11%,合同外资金额2.66亿美元,下降30.3%。实际利用外资3.28亿美元,其中新批外商投资企业272家,合同外资金额2.65亿美元,实际进资2.27亿美元,新批外商其它投资项目2项,合同外资90万美元,实际进资90万美元,借用国外贷款实际进资中,国外政府贷款1690万美元,国际金融组织贷款8277万美元,贷款投向于交通、电力、林业、农业、教育、卫生等行业。

2000年,江西省委、省政府从全省经济发展的大局出发,作出了“优化投资环境年”的部署,专门成立了整治投资环境领导小组;年初,省政府派出了五个调查组,分赴全省11个设区市调查投资环境存在的问题,在此基础上制定出台了《江西省人民政府关于整治和优化投资及经营环境的规定》;省政府专门发出通知,在全省范围推行政务公开,妥善解决外商投诉;在整治环境活动中,各地把整治“三乱”、简化办事程序、提高办事效率作为工作重点,绝大多数设区市都建立了不同特点的审批、办证、收费大厅、对外来投资者实行“一站式”办公,一个窗口收费。同时加大招商工作力度,在不断充实和完善动态项目库,提出具有较强吸引力的招商引资项目的基础上,江西省人民政府举办了北京、南昌两次招商会,参加了厦门第四届中国投资贸易洽谈会,派出四个高规格小规模的招商小团队赴美国和加拿大、德国和法国、新加坡和马来西亚、台湾等地开展招商引资活动;各设区市也开展了多种形式的招商活动。

江西招商重点产业和领域是高新技术研究和产业化开发经营,国有企业改组改造,农业新技术开发和农业产业化,食品工业,科技教育事业,卫生事业,基础设施建设和城镇建设,铜、钨、稀土、钽、铌等江西优势资源深度加工应用,生态环境工程,旅游、商品流通、房地产等服务行业,高附加值、出口创汇产业、开发和利用江西人力和资源优势产业。

【重点建设项目】 1999年江西省共安排了29个在建重点建设项目,共完成投资57.28亿元,占计划的87.5%。建成投产项目中,京九铁路向塘西至赣粤省界复线工程全长483公里,总投资23.57亿元,于6月建成并开通;横南铁路上饶至永平联络线全长34公里,总投资3亿元,于10月正式开通运营;南昌昌北机场建设规模为飞行区4D级、跑道长2800米、候机楼建筑面积2.71万平方米,总投资11.01亿元,于9月份竣工并正式开航;温厚高速公路主线全长35.5公里,概算总投资15.58亿元,10月份完成上油面摊铺,工程全面竣工;宜春中密度纤维板厂建设规模为年产5万立方米中密度纤维板,总投资2.68亿元,于5月份投料试车一次成功;南昌市麦园垃圾填埋场总库容量1793万立方米,日处理垃圾1000吨,总投资为7851.36万元,于9月份竣工验收并交付使用;贵溪冶炼厂二期工程建设规模为年产电解铜10万吨,副产硫酸45万吨,总投资15.34亿元,在年底建成投产;江西珠山水泥厂为年产25万吨525号普通硅酸盐水泥,总投资1.64亿元,年底基本建成;年中转粮食70万吨、总投资1.1亿元的九江乌石矶粮库,工程基本建成;九江港外贸码头二期工程概算总投资8240万元,新增年设计能力为集装箱3万TEU,杂货12万吨,至1999年底基本完成了主体和附属设施的建设;中央直属储备粮库为16个库点,总库容为21.44亿斤,概算总投资为5.32亿元,于年底基本建成。

新开工项目中,建筑面积1.6万平方米、概算总投资9880.3万元的江西科技馆工程于12月底正式开工;建设规模为2台35万千瓦燃煤机组的九江电厂三期工程在12月底主厂房正式开工;省一附院外科大楼总建筑面积1.62万平方米,可容纳560张病床,总投资2500万元,于12月份正式开工建设;日供水20万吨(先期建设10万吨),概算总投资1.33亿元的景德镇第四水厂年底土方工程已开工。续建工程中,江西省长江干流江岸堤防加固整治工程、鄱阳湖区二期防洪工程、大坳水利枢纽工程、上饶县下会坑水库、胡家坊至昌傅高速公路、昌厦公路南城至瑞金段、九景一级汽车专用公路、丰城电厂4号机组、井冈山华能电厂、三峡输变电工程500千伏南昌变电站、九江化纤厂粘胶长丝扩建一期工程、南昌市朝阳洲污水处理厂、新余市第三水厂、南昌大学“211”工程配套项目按计划顺利进行。

2000年江西省分两批下达共33个省重点建设项目,其中建成投产项目11项(实际建成12项),新开工项目12项,续建项目10项,2000年共完成投资59.69亿元,建成投产项目中,胡家坊至昌傅高速公路全长33公里,概算总投资6.71亿元,年底建成通车;九景高速公路总投资30.2亿元,建设规模为一级汽车专用公路133.74公里(包括湖口大桥),于11月份建成通车;昌厦公路南城至瑞金段为全长224公里的一级公路,概算总投资12.35亿元,于12月份建成通车;建设规模为4台30万千瓦燃煤机组的丰城电厂,概算总投资52.73亿元,其4号机组于7月份建成并网发电,4台机组全部建成投产;总投资1.39亿元的三峡输变电工程500千伏南昌变电站于10月份带负荷一次性启动成功,工程顺利建成;大坳水利枢纽工程其总库容2.8亿立方米,发电装机2×2万千瓦,总投资3.54亿元,两台机组分别于4月、5月并网发电;上饶县下会坑水库发电装机2×0.8万千瓦,总库容3529万立方米,概算总投资1.05亿元,到年底该工程已具备发电能力;新余市第三水厂建设规模为日供水10万吨,总投资1.18亿元,一期工程于8月份正式通水;南昌大学“211”工程标准体育场建设规模为观众席1万人,概算总投资2492.51万元,年底全部完工;南昌朝阳州污水处理场建设规模为日处理水8万吨,概算总投资1.04亿元,到年底厂区工程全部完工;九江化纤厂粘胶长丝扩建工程建设规模为年增2800吨粘胶长丝,第一期新增1400吨,总投资1.45亿元,12月份建成投产后,生产出第一批长丝。列入2000年的新开工项目包括柘林水电站、赣州第三水厂、南康第二水厂、省老干部活动中心、宜春赣西大桥、中央储备粮库、中国联通GSM及二级干线工程、梨园至温家圳高速公路等工程按计划在年内开工。续建项目包括省长江干堤江岸堤防加固整治工程、赣抚大堤、鄱阳湖区二期防洪工程、九江电厂三期、丰城矿区曲江井、景德镇市第四水厂、江西省科技馆、省一附院外科大楼等工程进展顺利。

【经济协作和对口支援】 2000年全省共签约经济技术协作合同项目2142项，合同引资137.6亿元，实施经协合同项目1980项，实际引资87.7亿元。合同引资和实际引资分别比1999年增长35.5%和37.4%。“九五”期间，全省共实施经协合同项目10385项，兴办了5000多个内联企业，实际引资238.52亿元，缓解了江西省经济发展过程中投入不足和现实生活中就业率低的矛盾，促进了全省经济发展和社会进步。2000年江西省招商引资一是单项引资规模扩大，引资超亿元的项目8个，合同引资14.2亿元；引资超千万元的项目325个，合同引资91.4亿元；单个项目平均投资额和引资额分别达到710万元和643万元。二是客方控股多。客方投资123.6亿元，占总投资额的89.9%。三是引进沿海省市资金多。引进沿海省市资金达115.7亿元，占全省引资总额的84.1%。四是非公有制资金比重大。引进个体私营企业资金95.6亿元，占引资总额69.4%。五是经协项目落实好。全省经协项目的履约率和进资率，分别为92.4%和63.7%，其中九江、宜春、吉安三市经协项目履约率分别为98%、97%和96%。赣州、鹰潭两市项目履约率达百分之百。多数项目实现了当年签约、当年开工、当年投产见效。

2000年全省各地抓住机遇，积极发挥各自的优势，利用三峡库区的优惠政策，鼓励和引导企业西进发展，密切与重庆武隆县对口联系，扩大支援和协作成果，南昌市捐赠16万元人民币，援建武隆县巷口镇希望小学，上饶市向武隆县江口镇无偿捐赠两台小客车，上饶、抚州、鹰潭等市赴武隆县考察洽谈支援和协作项目，正在付诸实施。对口支援既是一项经济工作，又是一项政治任务，是一件互动双赢的好事。江西省委、省政府对首批三峡库区移民安置工作做了精心部署，各安置县采取了有效措施，做了大量工作，186户806名三峡库区移民全部迁入新家园，完成了国务院下达的2000年接收三峡库区移民安置试点工作任务，为今后大规模开展三峡移民安置工作，全面完成国务院交办移民接收安置任务积累了经验，奠定了基础。

江西省扶贫工作经过全省贫困地区广大干部和群众的共同努力，贫困地区的生产生活条件大为改善，以国定贫困县为主体的大面积集中连片的贫困人口大幅度下降，贫困地区的面貌发生了可喜的变化。“九五”期间，国家安排江西以工代赈资金8.51亿元，地方配套资金3.6亿元，加上贫困地区群众按政策规定投劳折资总投入17亿元，其中2000年中央财政预算内和专项国债以工代赈资金1.97亿元，坚持“直接面向农村贫困人口，以基础设施建设为重点，实行综合治理与开发方针”，五年间，共新改建县乡公路6776公里，架设桥梁184座15公里，加固维修病险水库166座处，开挖维修灌渠1079公里，兴建中小型提灌和排涝电站170座，改造中低产田66.3万亩，增改有效灌溉面积150万亩。扶持部分贫困乡镇供水工程，解决了150多万人、250多万头大牲畜饮水困难。适当扶持贫困地区建设具有明显经济效益的特色种养业项目，增加贫困农户收入。对赣江等“五河”上中游水土流失严重贫困区实施退耕还林（草）20万亩，五年共治理水土流失面积200多万亩，被称为“江南沙漠”的赣南贫困地区的生态环境状况大为改善。取得了明显的社会、经济和生态效益。

江西以工代赈扶贫虽然取得明显成效，但农村贫困问题仍然突出。由于剩余的贫困人口生存环境差，一部分已脱贫人口标准低，近年来又连续遭受严重洪涝、干旱等灾害，致贫返贫现象较突出；到2000年底江西省仍有100多万贫困人口尚未解决温饱，而且这部分贫困人口居住相对分散，扶贫攻坚难度大。农村尚有相当多的低收入且不具备发展经济能力的相对贫因人口，扶贫工作要做的事情还很多。

河 南 省

【经济与社会发展】 河南省区域面积16.7万

平方公里,2000年底总人口9351万人。行政区划为18个地级市22个县级市,89个县,40个区。

2000年全省国内生产总值完成5126亿元,比上年增长9.4%,经济总量居全国第五位,在中西部地区列第一位。其中第一产业增加值1160亿元,第二产业增加值2410亿元,第三产业增加值1556亿元。工业已成为全省国民经济的主导,2000年完成工业增加值2075亿元,比上年增长11.4%,居全国第六位,扭转了亚洲金融危机以来增长速度连年下滑的局面。

随着农业基础设施特别是水利设施的逐步改善,以及先进实用农业技术的推广应用,在遭受严重旱涝自然灾害的情况下,粮食总产量仍达4101.5万吨,其中夏粮2268.05万吨,秋粮1833.45万吨,农业结构继续向优质、特色、高效方向调整。优质专用小麦种植面积852万亩,优质水稻、玉米、大豆、花生等种植面积都有所扩大。棉花和烟叶在国家政策和市场导向的作用下,种植面积减少,全省棉花产量70.38万吨,烤烟产量27.18万吨,油料产量392.55万吨,中药材、花卉、苗木、食用菌、优质瓜果、蔬菜等市场适销、收益高的特色农产品发展迅速,造林、绿化工作取得新成绩。畜禽结构进一步优化,肉类产量稳定增长,牛奶及奶制品大幅度增加。全年肉类总产量517万吨;禽蛋产量270万吨;奶类总产量20.20万吨,特种养殖业发展较快。农业生态环境建设得到重视,黄河流域3个退耕还林试点工程基本建成,乡镇企业改革调整步伐加快,速度和效益有所回升。

国有企业改革发展和工业结构调整稳步推进,45户规划达标重点企业均完成了公司制改造,其中70%建立了规范的公司法人治理结构。与国有商业银行签订债转股协议企业32户,协议金额160亿元。注重运用高新技术改造传统产业,加快发展高新技术产业,实施工业结构调整项目300多个,总投资约400多亿元,一批高技术含量、高附加值产品快速增长。压缩淘汰落后过剩生产能力,煤炭、建材、造纸等行业关闭了一批浪费资源、污染环境、安全无保障的小企业。全年全部工业增加值增长11.4%,比上年提高3.4个百分点,工业新产品产值比上年增长11.3%。随着工业生产的较快增长,企业经济效益明显好转,全省规模以上工业企业实现利润135.15亿元,比上年增长69.9%。其中国有及国有控股企业实现利润57.14亿元,比上年增长2.2倍,是近年来的最好水平。亏损企业亏损额39.42亿元,下降22.4%;亏损面17.4%,下降3.8个百分点。工业企业经济效益综合指数为98.0%,比上年提高8.7个百分点,是1996年以来的最高值。

由于房地产投资的较快增长,1999年全省资质等级四级及四级以上建筑企业完成建安工作量353.78亿元,比上年增长11.6%,实现利润15.75亿元,比上年增长19%。税金10.74亿元,比上年增长12.9%。工程质量不断提高,按单位工程个数计算的工程质量优良率为41.1%,比上年提高1.9个百分点;按房屋面积计算的工程质量优良品率为45.6%,提高3.5个百分点。

2000年全社会固定资产投资完成1475.76亿元,比上年增长11.5%。其中国有及其它经济类型投资878.86亿元,比上年增长12.5%。基本建设投资594.82亿元,比上年增长9%;更新改造投资163.36亿元,比上年增长26.2%;房地产开发投资77.88亿元,比上年增长10.6%。新争取水利、粮食储备库、贫困县公路、旅游等一批国债项目,新安排国债资金28.3亿元,三年累计争取国债项目325个,国债资金111.4亿元。其中基础建设项目279个,国债资金108.7亿元,项目总投资577亿元;国家重点技改贴息项目46个,总投资91亿元,贷款总额50.2亿元。2000年底全部国债基础设施建设项目累计完成投资376亿元,占总投资的65.2%,建成国债项目129个。

重点项目建设进展顺利。小浪底水利枢

组两台机组并网发电,洛阳大化纤工程、焦作万方280KA槽电解铝示范工程、平煤集团十一、十三矿、郑州郊区郜城矿、鹤壁矿区冷泉矿等建成投产;省人民医院病房楼、河南医科大学病房楼主体工程、河南省肿瘤医院病房改扩建工程完工;禹州电厂、信阳电厂建设进度加快;宁西铁路、安玻四期、盘石头水库相继开工建设。新建主要生产能力:煤炭开采375万吨;发电机组容量109万千瓦;新增11万伏及以上输电线路长度890公里;新增数字蜂窝移动电话交换机容量83万户;新增交换机容量222万门;氧化铝50万吨,电解铝6.4万吨,聚酯20万吨等。

2000年社会消费品零售总额1786.67亿元,比上年增长10.6%,商品房销售面积增长70.7%,旅游外汇收入增长9.2%,因特网用户突破100万户。企业调整重组步伐加快,新兴产业发展迅速,国有商业企业亏损减少。粮食系统全年完成顺价销售55亿公斤。从7月份开始,居民消费价格扭转了连续31个月同比下降的局面,全年降幅减缓到0.8%,降幅比上年缩小2.3个百分点。

外贸出口从年初开始持续大幅度回升,全年达到14.93亿美元,比上年增长32.2%。彩色显像管玻壳、冰箱、摩托车等机电产品出口比重明显上升。出口市场多元化趋势进一步明显,利用外资扭转了下降局面,全年实际利用外资10.43亿美元,比上年增长2.2%。其中,外商直接投资5.44亿美元,增长9.9%,一批跨国公司如日本东芝、法国里昂水务、美国通用开始与河南省企业进行实质性合作。交通、环保、水利、能源等一批利用国外贷款项目进展顺利。对外经济合作有新的发展,全年承包工程、劳务合作和设计咨询业务新签合同额为22445万美元,比上年增长96%,完成营业额10870万美元,增长26.3%。东引西进由生产流通领域向科技领域拓展,与知名高校、科研院所的科技合作得到加强。

财政收入平稳增长,金融运行基本正常。全年地方财政收入246.5亿元,比上年增长11.8%。2000年末全部金融机构各项存款余额4753.41亿元,比年初增加567.75亿元。各项贷款余额为4356.94亿元,比年初增加420.77亿元。中小金融机构及信托、证券业整顿稳步推进,金融秩序有所好转。

科技投入进一步增加,科技创新激励机制逐步形成,成果转化和高技术产业化取得新进展。郑州经济技术开发区被国务院批准为国家级开发区。积极调整高等教育结构,推进高校资源重组,通过院校合并成立了新的郑州大学和河南大学,全省博士后流动站、高校硕士学位授权点分别比上年增加5个和6个。全年普通高校招生11.7万人,比上年增加3.87万人。旅游基础设施建设进展顺利,洛阳龙门石窟被列入世界文化遗产名录。环境保护进一步得到重视和加强,水和大气污染治理取得阶段性成果,淮河水质有所好转。人口增长得到有效控制,2000年人口自然增长率6.7‰。社会保障工作得到加强,文化、卫生、体育、广播电视、新闻出版等各项社会事业继续发展。

2000年经济社会发展取得较好成绩,促进了"九五"计划的胜利完成,连续8年实现经济增长速度略高于全国平均水平、人口自然增长率低于全国平均水平的战略目标,国内生产总值和人均国内生产总值分别提前6年和4年比1980年翻两番。结构调整稳步推进,基础设施明显改善,各项改革进一步深化,对外开放领域逐步扩大,社会发展与进步程度提高。

但长期积累的体制和结构等深层次矛盾仍未得到有效缓解,当前经济社会发展中存在的矛盾和问题仍然非常突出。主要是农民和部分城镇居民收入增长缓慢,农民人均纯收入增幅为近年来的最低点,因灾返贫人口达到328万人;国有及国有控股企业亏损面仍高达33%左右,中小企业生产经营普遍困难;投资、消费稳定增长的机制尚未形成,资金紧张、人才短缺、技术落后,对经济社会发展和经济结构调整的制约日益明显;市场物价仍在低位运行。就业、再就业压力继续增大;经济秩序和发展环境亟待改善等。

【投资环境】 目前,河南已经形成包括纺织、轻工、食品、煤炭、石油、电力、冶金、化工、建材、机械、电子等门类较为齐全的工业体系,大型拖拉机、浮法玻璃、彩色显像管玻壳、氧化铝、轴承、砂轮、巨型轮胎、帘子布、火腿肠、味精等产品产量居全国第一位。

河南省人口9351万人,居全国第一位,消费市场潜力巨大,全省共有国家和省与国家联合兴办的大型批发市场25个,以省会郑州市为中心,辐射中原的市场体系逐步形成。连锁经营、物资代理、商品配送等新型流通业迅猛发展。郑州商品交易所是中国第一个规范化的粮食期货市场,在国际市场上有重要影响,在这里形成的"郑州价格"是中国粮油市场的重要指导价格,也是世界商品交易所粮食价格的重要参考价。在商品市场体系建设稳步推进的同时,资金市场进一步发展,同业拆借市场在商业银行之间逐步形成,票据承兑、贴现和再贴现等金融业务蓬勃发展。截至2000年底全省A股上市公司24家,H股2家。

河南省是全国重要的交通、通信枢纽和能源大省。境内已形成"三纵四横"的现代化铁路网,营运里程3654公里,地方铁路干线通车里程1400公里,居全国第一位。郑州北站是亚洲最大的货运编组站,郑州东站是全国最大的零担中转站。公路交通四通八达,2000年底,全省通车里程64453公里,其中高速公路505公里,在建规模858公里。经国家批准,河南省已开通铁路、公路、航空口岸12个,居内陆省份之首。郑州、洛阳、南阳三个机场每周有500多个航班飞往全国40多个主要城市,4E级的郑州机场于2000年9月批准为国际机场,已开通香港、新加坡、澳门、莫斯科等国际航班。程控交换、数字通信、光缆通信已成为河南通信网的主体,全省程控交换机总容量1167.6万门,移动电话311万户,互联网102万户。河南是中国的火电基地,2000年底,电力装机容量1550万千瓦,居全国第六位,发电量700亿千瓦时。煤炭生产能力1亿吨左右,为全国第二大产煤省。

2000年,全省加强对涉外经济的法制建设,规范对企业税外收费管理,杜绝三乱行为发生,进一步简化有关审批手续,突出服务意识,办事效率和服务质量明显提高。截至2000年底,共设立各类省级以上开发区20个,其中国家级高新技术开发区2个、国家级经济技术开发区1个、省级各类开发区17个。

【利用外资和对外贸易】 2000年全省利用外资总额9.69亿美元(不含短期商业贷款),比上年增长8.3%。其中新批准外资投资项目237个,合同外资额6.99亿美元,增长8.1%;实际利用外商投资额5.45亿美元,增长9.9%;利用国外贷款4.24亿美元,比上年增长6.3%,扭转了近两年来持续下滑的局面。

外商投资方式仍以合资为主,独资企业项目增多。合资企业项目个数、合同金额和实际到位资金分别占总数的58.9%、68.4%和76.4%。独资项目增长较多,约占所批项目的1/3。

外资投资领域主要集中在制造业、基础设施和公用事业、房地产和社会服务业,东盟、美国、香港、英属维尔京群岛等国家和地区为主要的外商投资来源。

利用国外贷款的在建项目进展顺利,备选项目数量增多。开(封)——商(丘)、洛(阳)——三(门峡)——灵(宝)高速公路、禹州电厂和小浪底工程等重大项目已进入用款高峰期,盘石头水库、洛阳集中供热等16个贷款项目外资开始到位。淮河流域河南段治污项目、西气东输河南城市管网工程、旱作农业等20多个项目列入国家备选规划,共利用国外贷款约3.5亿美元。

积极调整出口商品结构,落实出口退税等出口扶持政策,特别是对重点产品、重点企业加大扶持力度、外贸出口持续大幅度增长,创历史最高。2000年外贸进出口完成22.75亿美元,增长30%;其中进口完成7.8亿美元,增长25.7%;出口完成14.93亿美元,增长32.3%,比全国平均水平高4.5个百分点。

进出口商品结构继续改善。出口商品中工业制成品和机电产品所占比重进一步上升，分别占出口总值的85.3%和20%。进口商品中国内短缺的原材料和技术含量高的机械设备进口比重上升，由1999年的27%增到35.4%，有力地支持了国内产业增值和企业技术改造。

主要贸易伙伴和新兴市场的出口贸易均呈增长，美国已取代香港成为第一大贸易出口伙伴。

国有企业依然是河南省出口的主力，外贸出口队伍不断扩大。2000年国有企业出口占出口总值的73.9%，特别是安阳钢铁集团、洛阳铜加工厂、神马集团、中信机械、北方易初、新飞集团等一些大型生产企业国际市场开拓能力明显增强，出口增长均在30%以上。此外拥有自营进出口权的生产企业继续扩大，截至2000年底，已获进出口经营权的内资企业1374家，其中2000年新登记548家。

服务贸易继续稳定增长。2000年，全省承包工程、劳务合作和设计咨询业务新签合同额22445万美元，比上年增长96%，完成营业额10870万美元，增长26.3%；共接待外国及港澳台旅游者32.5万人次，增长8.3%，旅游外汇收入12390万美元，增长9.2%。

【重点项目】 宁西铁路。是国家"十五"规划重点工程，由西安经南阳、信阳、合肥至南京，全长约1130公里，总投资231.5亿元。宁西铁路在河南省境内长526.4公里，途径南阳的西峡县、内乡县、镇平县、卧龙区、宛城区、唐河县、桐柏县和信阳市的浉河区、平桥区、罗山县、息县、光山县、潢川县、商城县、固始县等15个县区，直接辐射人口约1200万人。宁西铁路河南段已于2000年5月28日正式开工建设，宁西铁路的建设，对豫南地区参与西部大开发，促进老区人民脱贫致富和沿线资源开发，改善国家和河南省铁路网布局，具有十分重要的意义。

西气东输。是国家实施西部大开发的重点工程之一，2000年开工，西气东输主管线线路走向河南境内途径焦作、郑州、周口等市，河南利用西气东输项目主要有调峰电站、工业用气和城市居民用气等。

南水北调中线工程。"十五"期间国家规划建设的南水北调中线工程，是从根本上缓解华北和京津地区水资源短缺的重大基础性、战略性工程，河南省计划对丹江口水库上游水土保持加大治理力度，建立良好的生态屏障，以长期保持水源的优质。

退耕还林工程。根据国家总体规划，河南省有沿黄15个县市区被纳入黄河中上游天然林保护工程范围，总面积3773万亩，总投资16亿元，补助粮46.6亿公斤，工期10年。根据国家要求，2000年3月河南省陕县、新安、济源被列为退耕还林试点示范县，计划安排2001年退耕还林20万亩，造林45万亩。已完成还林任务27.87万亩，其中退耕造林9.25万亩，荒地造林18.62万亩。

西电东送项目。国家将三峡电站对外供电列为西电东送项目，河南省为受电省份，到2010年向河南省形成送电能力275万千瓦，2003年开始送电，当年送电33万千瓦，相应河南将配套建设500千伏输变电工程，国家已经批复南阳、开封、濮阳等变电站工程。

天冠集团年产20万吨变性燃料乙醇项目。是用天冠集团原有的酒精生产能力10万吨和社旗、新野两家酒精厂原有生产能力10万吨所生产的普通酒精经过后处理，脱除普通酒精中的水分，生产出含酒精99.2%以上的无水酒精，经添加2~5%的无铅汽油后得到变性燃料乙醇。此项目于2000年7月开工，计划2001年建成投产，此项目的第二期工程为20万吨/年变性燃料乙醇配套的贮罐系统和铁路槽车运输系统，总投资约4200万元。

天冠集团年产30万吨燃料乙醇项目，年产散装燃料乙醇30万吨，副产高强度低压液体二氧化碳2万吨/年，沼气2300万立方米/年，蛋白饲料18万吨/年，总投资估算为79228万元，计划2002年开工。

沁北电厂。河南沁北电厂一期2×60万

千瓦机组工程原为利用世界银行贷款项目,1998年国家电力公司确定本工程为2000年燃煤示范电厂试点工程,1999年国家计委将沁北电厂作为60万千瓦超临界火电机组国产化依托项目,工程静态总投资438341万元,工程建设期贷款利息59894万元,本工程动态总投资为499966万元。本项目由中国华能集团公司、河南省建设投资总公司及河南省电力公司分别出资建设。

"十五"期间,河南省加快在建的商丘(省界)至开封、洛阳至三门峡、三门峡至灵宝国道主干线高速公路建设,开工建设郑州至新乡(含黄河二桥)、漯河至驻马店、驻马店至信阳(省界)国道主干线高速公路,争取2002年前实现京珠、连霍高速公路河南省境内"十字架"1156公里全部建成通车。完成省内中心城市的高速公路连接,打通与周边省份的高速公路连接通道。计划建成新庄至焦作(省界)、洛阳至大安、漯河至周口(省界)、鹤壁至濮阳、许昌至南阳、郑州至少林寺、洛界路汝州至平顶山段和平顶山至漯河段、南阳至新野(省界)、原阳至新庄、信阳至叶集(省界)、濮阳至山东聊城等高速公路。

旅游开发工程。河南是文物大省,风景名胜等旅游资源十分丰富。目前主要抓好河南嵩山风景区、开封宋都景区、黄河小浪底启动工程基础设施建设和洛阳龙门石窟旅游区环境综合治理工程,以"三点一线"为重点,努力培育河南省旅游产业的龙头景点。

河南省体育中心建设工程。新迁建的河南省体育中心建设项目占地64公顷,总建筑面积116610平方米,估算总投资51209万元。其中省体育中心体育场,建筑面积46301平方米,总投资41715万元,拥有观众座位48880座。

郑州大学新区建设工程。"十五"期间新校区按照本科生40000人、研究生2500人的规模实施。新校区主要安排校级管理机构、本科生的基础课教育、部分院系研究生教学、科研机构、与高新技术结合的研究开发机构及配套的各种设施;新校区建设各类校舍建筑面积133万平方米。

河南大学新校区建设。"十五"期间按普通本科生30000人、研究生1000人的在校生发展规模规划建设。新校区征地2000亩,规划建设面积55万平方米。

【经济协作和对口支援】 2000年,河南省紧紧围绕"东引西进"和"西部大开发"战略,坚持发挥市场机制对资源配置的基础性原则、发挥比较优势原则、对外开放原则和可持续发展原则,通过由上至下、由虚到实、由小到大的方式在农业与农副产品、工业、旅游业、科技教育、劳务等重点领域开展地区间经济技术协作与对口支援工作,特别是在豫沪合作与豫粤合作以及对重庆市、新疆阿克苏地区的对口支援方面,在重点领域与重点行业之间签订一些合作协议,用政府力量帮助企业消除一些市场障碍,从而增强河南省企业在东部地区的竞争力和对西部地区经济发展的渗入力度,合作方式由重点领域重点企业的合作逐渐扩展到全方位地区合作交流的开展。

为把"东引西进"战略更好地贯彻到实际工作中,河南省先后组团参加了"2000年中国东西部合作与投资贸易洽谈会"、"广东商品(北京)展销会"、"99山西国际经贸洽谈会黄河协作区专馆"、"第四届中国(厦门)投资贸易洽谈会"、"第二届(深圳)中国国际高新技术成果交易会"等经贸合作交易会。

河南省以多项经贸活动为载体,强力推动河南省经济协作和招商引资工作。通过在金融、旅游、电子商务、科技教育、中介咨询等领域的合作,促进河南省服务贸易和科技教育的发展;通过与大公司、大企业开展多种形式的合作,拓展了对外合作渠道,为河南省商品开拓东部市场提供了条件;通过与上海市签订的基础设施建设合作协议,利用上海的资金、技术、人才等方面优势、强力推动河南省基础设施建设;通过引进东部发达地区和港、澳、台地区拥有的资金、技术、管理、人才,吸引东部地区的各种生产要素向河南转移,加快传统产业的技术改造，实现河南省产业结构调整与产业升级，逐步缩小与东部地区的差距。

在与西部地区的经济协作方面，河南省充分发挥经济基础的比较优势，以优势产业、优势产品和优势企业为先导、通过联合、兼并、租赁、参股、借壳上市等多种形式实现河南省低成本扩张。鼓励企业到西部地区办分公司、办企业，提高竞争力，实现与西部地区企业优势互补。结合“西气东输”，使河南省一大批企业由煤作燃料改为天然气为燃料，发展以天然气为原料的大型化工项目。通过加大旅游宣传力度，组织双向旅游交流活动，实现资源互补，产品和市场共享，推动两地旅游产业的快速发展。发挥河南农业大省的优势，为西部地区退耕还林（草）工程提供粮食、苗木和农副产品供应。2000年，濮阳县梨园乡农民与陕西省合阳县国营农场签订了1.5万亩土地承包合同，并通过生态措施改良土壤；鄢陵县花农在新疆承包200亩苗圃，建成了鄢陵苗木的驯化和繁育基地。

对口支援是区域经济协同发展的具体体现，2000年河南省省直有关部门与重庆市巴南区签订了14个对口支援协议，无偿支援资金120万元，同时在人才培训、技术支持等方面达成合作意向。已达成的对口支援协议有：河南省教育厅投资35万元与重庆市巴南区人民政府在重庆市巴南区清溪乡梓桐村共同兴建6个班的标准小学，可容纳移民子女270人。河南省交通厅出资20万元与重庆市巴南区人民政府共同兴建库区太平公路桥，同时为重庆市巴南区人民政府培训10名工程技术人员。河南省水利厅投资30万元支援巴南区防汛抗旱调度指挥中心建设项目及人才培训，同时每年接收安排巴南区25名中青年干部到河南省水利厅系统相关部门挂职锻炼，并在水利工程旅游开发、水面利用、特种水产养殖、水利科技推广、节水灌溉技术等方面加强合作。河南省卫生厅援助木洞中心医院10万元，援助麻柳镇卫生院医疗设备购置款10万元，援助巴南区防疫中心业务综合楼建设，同时免费培训中高级卫生技术人员14人。河南省广电局将援助巴南区麻柳嘴镇广播电视站迁建，河南省广电局将出资15万元，将电缆传送网络改造成光缆传送网络，同时无偿为对方代培广电节目编、采、录、播人员2~6名，广电网络工程技术人员2~6名。河南省石油化学行业管理办公室将援助重庆国益化工有限公司利用脱硫石膏年产4万吨硫酸钾工程项目，同时援助重庆江南橡胶厂年产25万汽车轮胎生产项目，并重点在技术培训、技术指导方面给予支持。

此外，双汇集团在三峡库区合资建厂。河南省双汇集团多次派出项目考察团赴三峡库区进行实地考察，通过多次协商，全国名优企业双汇集团在三峡库区投资建厂，共谋发展大计。乡镇结对共致富，随着第三批移民大量外迁安置，河南省部分知名乡镇与重庆市巴南区部分乡镇结成友好对子，利用致富经验和资金项目等切实帮助三峡库区移民尽快致富。目前，结成友好乡镇4对，在医药、农产品养殖、机械加工等方面已达成初步协议，在援建1所希望小学的基础上，再考虑援建2所希望小学，为移民医院捐赠部分医疗器械。安排库区学生在河南省就业。在“多形式开展对口支援”、“立足减轻库区移民压力和实现就业难度，适应安排库区大中专毕业生工作”的精神指导下，河南省克服移民工作重、难度大、财政紧张等困难，经与省内几大名优企业协商，继续适当接收三峡库区大中专毕业生。

做好对口支援新疆阿克苏地区工作。2000年9月河南省支援阿克苏地区12辆皮卡汽车，河南省计委又拿出20万元帮助阿克苏地区行署购置办公设备。至2000年底，河南省共派出76名干部和医生在新疆阿克苏地区担负援疆任务，为阿克苏地区提供各种物资600多万元，引进资金1000多万元，落实协作项目10多个。

湖 北 省

【概况】 湖北省简称鄂。总面积18.59万平方公里,东邻安徽省,南界江西省、湖南省、西连重庆市,西北与陕西省接壤,北与河南省毗邻。地势大致为东、西、北三面环山,中间低平,略向南敞开的不完整盆地。西部大都在海拔1000米以上,从鄂西北到鄂西南,群峰耸峙,连绵不断。鄂东南与鄂东北大都是海拔1000米以下的低山丘陵。中间是海拔在50米以下的坦荡富饶的江汉平原。湖北地处亚热带,位于典型的季风区,全省除高山地区外,大部分地区为亚热带季风性湿润气候,无霜期230~300天,平均年降水量750~1600毫米,平均气温13~18℃,年均实际日照时数1200~2200小时。

湖北省土壤酸碱度适中,土地利用适宜性广泛。在全省土地总面积中,山地占56%,丘陵占24%,平原湖区占20%,兼有山地、丘陵、平原之利。山地多处在海拔500米以上,主要分布在鄂西地区,林地居多,耕地次之。丘陵多在海拔100~500米之间,主要在鄂北、鄂东北、鄂东南地区,耕地中水田和旱地各半,农林牧均有发展。平原湖区海拔低于100米,集中分布在湖北省的中南部,水产养殖业优势明显。2000年全省耕地面积328.3万公顷,人均耕地0.83亩。

湖北省水能资源的理论蕴藏量1823万千瓦,可供开发利用水能装机容量3309万千瓦,占全国的8.7%,居全国第四位。三峡水利枢纽工程位于湖北省宜昌县三斗坪镇,工程于1994年正式开工兴建,按计划于2009年全部建成时将是世界上规模最大的水利工程。湖北全省共有大小河流1193条,总长37000公里,河长在100公里以上的有42条。长江自西向东,流贯省内的长度为1061公里。汉水是长江中游最大支流,自西北而趋东南,到武汉进入长江,境内流长878公里。湖北省素有"千湖之省"之称,面积在3平方公里以上的湖泊目前有300个左右,大部分集中于江汉平原;面积大于100平方公里的湖泊有洪湖、长湖、梁子湖、斧头湖。

湖北省共有陆生脊椎动物562种,其中两栖类45种、鸟类415种、哺乳动物106种。这些脊椎动物中,属国家规定的珍贵稀有保护动物34种。被国家列为重点保护的野生动物112种。属一类保护的有金丝猴、白鳍豚、华南虎、白鹳等;属二类保护的有江豚、弥猴、金猫、小天鹅、大鲵等;全省共有鱼类168种。湖北省森林覆盖率26%,有树种1300多个,其中用材林约占一半,"绿色宝库"神农架林区是中国中部地区唯一的原始森林,全省野生植物近2000种,现已采到中草药约500种以上。

截止1998年,湖北省已发现矿产136种,其中已探明储量的88种。磷、盐、石膏、钛、石灰岩、白云岩、膨润土、大理岩、花岗岩、重晶石、累托石粘土等是湖北的优势矿产,湖北的能源矿产贫乏。

湖北既有巧夺天工的自然旅游资源,又有人类文明结晶的人文景观。著名的自然风景有武汉市东郊的东湖风景区、长江三峡、清江峡谷、道教名山武当山、神农架原始森林等。著名的历史名胜有楚国郢都纪南城和荆州古城、黄州东坡赤壁、蒲圻赤壁古战场、当阳长坂坡、诸葛亮隐居地古隆中、佛教名寺五祖寺和归元寺、伟大爱国诗人屈原故里、远嫁塞北和亲的昭君故里、医圣李时珍陵园、江南三大名楼之一的黄鹤楼等。

湖北省有12个省辖市,1个自治州,3个省直管市,1个林区,24个县级市,41个县。截止2000年底,全省总人口5960万人,居有汉、土家、回、满、苗、侗、蒙等51个民族。非农业人口1650.64万人,农业人口4309.36万人。2000年湖北省人口出生率9.71‰,死亡率6.01‰,自然增长率3.7‰。

2000年全省造林面积19.69万公顷,其中用材林面积7.52万公顷。截止2000年底,全省已建自然保护区38个,总面积6853平方公里,其中,国家级保护区5个,省级9个,地市级2个,县级22个。2000年,湖北省4255家工业污染企业中,实现达标的企业4213家,达标率99.01%;全省工业废水集中处理率

89.42%;工业废气处理率89.38%;工业废水排放达标率75.51%,全省城市居民燃气普及率85%,城市生活垃圾、粪便无害化处理率72%。其中,十堰、宜昌市已成为国家环境功能区达标城市,荆门成为大气环境功能区达标城市,武汉市成为水环境功能区达标城市。同时,全省25个国家和省级经济技术开发区的空气和地面水环境质量全部按功能区划达到国家规定的有关标准。

【经济与社会发展】 2000年全省国内生产总值4276.32亿元,在全国各省市中居第9位,比1999年增长9.3%,高于全国平均增长速度0.4个百分点。全年完成第一产业增加值662.3亿元,比1999年增长2.5%,湖北农业在全国占有重要的地位,农业总产值常年居全国第7~9位。粮、棉、油产量常年居全国第3~9位,淡水产品产量一般居全国第1~3位。多种经营突破性发展,占农业总产值的比重已由1978年的22.7%上升到65%以上。乡镇企业快速发展,在整个国民经济中已占到1/3以上。湖北的许多传统林特产品,如鄂东的芝麻、房县的木耳、咸宁的桂花、罗田的板栗、秭归桃叶橙等在国内外享有盛名。2000年全省以深化国有企业改革为重点,加快国有大中型企业改革、改组和改造步伐,进一步推进工业结构优化升级,工业经济运行质量和效益进一步改善。全省列入考核的85家重点企业中有70家基本达到建立现代企业制度的基本规范要求;列入国家考核的382户国有大中型"脱困企业",已有294户扭亏脱困,基本实现了改革与脱困三年目标。高新技术产业发展取得较好成效,通信电缆、激光视盘机、微型电子计算机等生产分别比1999年增长40.9%、69倍和24.6倍。国有企业转机建制工作已全面展开,建立现代企业制度起步良好,截止2000年底,全省企业集团达300多家,已改制的股份公司9500多家,40多家企业股票上市。2000年全省工业品产销率97.8%,工业企业实现利润89.77亿元,比1999年增长54.4%;全年完成工业增加值2123.7亿元,比1999年增长10.9%。

2000年全省财政收入354.6亿元,比1999年增长9.04%;税收占财政收入的比重达到83.2%。货币回笼方式由过去倚重信用回笼转向商品销售回笼与信用回笼并举;信贷投放力度加大,2000年底金融机构各项贷款余额比年初增加343.76亿元。有力地支持了全省经济和各项社会事业的发展。

2000年全省小学适龄儿童入学率99.53%,小学毕业生升学率94.01%,高中阶段入学率45%,全省基本实现普及九年义务教育的目标。2000年,平均每万人口中普通中等专业学校在校学生数46.83人,成人中等专业学校在校学生数12.24人。高等教育结构调整力度加大,2000年国家批准组建了新的武汉大学、华中科技大学、中南财经政法大学、武汉理工大学等重点院校,增强了全省高校的综合实力。平均每万人口中高等学校在校学生数58.25人,成人高等学校在校学生数36.4人。

文化事业欣欣向荣,重点文化设施建设步伐加快。省博物馆、湖北剧场、革命历史遗址等在爱国主义、革命思想、传统教育等方面发挥积极的作用,促进了全省社会主义精神文明建设。优秀戏剧、美术、报刊、出版作品、电视节目等多次在国内国外获奖。全省广播电视混合覆盖率93%,"村村通"广播电视工程的实施,使3745个原广播电视盲点村解决了看不到电视听不到广播的问题。

2000年全省城镇居民人均可支配收入5524.54元,比1999年增长5.9%;农村农民人均纯收入2268.5元,比1999年增长2.3%。全省各级各类医疗机构约1.2万个,床位15万张,卫生技术人员23.9万人。

【投资环境】 2000年11月湖北省省级政府部门审批制度改革开始,全省精简40%的行政审批项目,省政府各部门将主要精力集中到抓经济调节、社会管理和公共服务等方面上来。

重点区域建设。针对湖北经济发展中能

源、交通、城市基础设施建设等方面的制约,以基础设施、基础产业等方面重点建设作为争取国家投资、吸引外资和凝聚全省各种投资的载体,推动湖北省"两大走廊"(武汉——襄樊——十堰汽车工业走廊、武汉——鄂州——黄石冶金工业走廊)、"三大纽带"(以长江、汉江、清江为纽带的沿江经济带,以京广、汉丹、京九及长荆铁路为纽带的沿线经济带,以京珠高速公路、沪蓉国道为纽带的沿路经济带)等重点区域的全方位的开放开发。

发展潜力及优势产业。随着以"武汉·中国光谷"为重点的中国光电子信息产业基地正式落户武汉,将进一步推动科教兴鄂战略的实施,全省各级开发区依托人才智力高度密集的优势,大力促进高新技术成果的商品化、产业化和国际化,在光纤通信、新材料、新技术、生物技术、微电子与计算机软件、激光技术及机电一体化等六个重点领域形成产业规模,尤其是光纤通信、激光和生物技术领域优势最为突出,居国际先进水平。

【利用外资和对外贸易】 2000年全省进出口贸易总额321032万美元,比1999年增长19.74%,其中出口总额193090万美元,比1999年增长27.55%。传统出口商品大类中的钢铁、纺织品服装及船舶出口实现了大幅度的恢复性增长。科技含量高、附加值高的商品出口保持稳定增长,2000年高新技术产品出口额同比增长25.02%,机电产品出口额同比增长45.13%。2000年全省进口较为平稳,武汉市进口总额占全省进口总额约70%,进口增长的主要商品是纺织原料、钢铁及制品、机电设备及零附件、矿物沥青、有机化学品等,尤其是材料技术和电子技术进口增长较快。

2000年全省实际利用外资14.2亿美元,比1999年增长6.6%。其中,实际吸收外商投资10.58亿美元,同比增长2.8%;借用国外贷款3.62亿美元,同比增长19.7%。

"九五"期间,湖北省加快实施"走出去"和"引进来"战略,全省初步形成了以武汉为龙头,以长江经济带为主线、各级开发区为支点的全方位开放开发的新格局。在利用外资方式上,外商独资经营、有限期出让经营权、BOT等取得了突破,坚持以吸引外商直接投资为主,适度借用国外政府贷款;招商引资对象由东南亚散户客商向国际大公司、大集团及金融机构、金融组织扩展;引资区域由传统的东南亚向西欧、北美洲扩展;外资投向上,引导外资重点投向农业产业化、基础设施建设、国有企业改造重组和高新技术产业;鼓励投资方向上,积极引导外资进入湖北省的贸易、金融、保险、旅游、电信等行业。截止2000年底,已与140多个国家和地区建立了经济贸易合作关系。全省已批准的外商投资项目8000余个,雪铁龙、雷诺、道达尔、可口可乐、安海斯—布希、赛德、西门子、丸红、淡马锡等50多家跨国公司和国际知名企业已投资湖北,有9家外国金融机构在湖北设立代表处,法国兴业银行、香港汇丰银行已在武汉设立分行。

【重点开发项目】 2000年湖北省重点建设项目35个,其中中央项目2个,地方项目33个。2000年全省重点建设项目完成投资266.1亿元,其中33个省重点建设项目完成投资99.94亿元,2个中央重点建设项目完成投资166.16亿元。

中央重点建设项目长江三峡水利枢纽工程、武广电气化工程进展顺利;省33个重点建设项目除蒲圻电厂进展不理想以及兴山古洞口水电站、鄂州五丈港工程未能按期完成以外,其余建设项目基本按计划完成。黄(石)黄(梅)高速公路于2000年初建成通车,武汉白沙洲大桥2000年9月份建成通车,汉江王甫洲水利枢纽工程2台机组、高坝洲水电站2台机组已建成发电,武汉滠口国家粮食储备库一期工程已竣工,湖北宜化集团813工程、石首精品H酸国家高新技术产业化示范工程已完工,罗田天堂抽水蓄水能电站2台机组已完成。

2000年全省新增二级公路620公里、300吨级船闸一座、高速公路路基100公里、二级公路路基1200公里。2000年全省电话交换机容量75万门，长途光缆长度7413.1皮长公里，数字移动电话6.5万个信道，数据通信端口3000个。

【经济协作与对口支援】 2000年全省共执行经济协作项目500多项，引进资金40多亿元；落实对口支援项目100多项，引进名牌产品30多项，新批各类单位、企业在湖北设立办事机构60多家。

区域协作十分活跃。由湖北省组织参加的中南协作区、沿长江城市协作区、鄂湘渝黔协作区、武汉协作区、中部协作区、大别山协作区，通过组织商品展销会、重点建设项目合作洽谈会、科研成果和新技术协作洽谈会、区域合作研讨会、科研成果和新技术协作洽谈会、区域合作研讨会、中西部开发项目推介会等多层次的协作活动，使区域合作朝着更加紧密的方向发展，省际协作深入发展。2000年全省各市州林区采取发布经济协作优惠政策、组织企业对口洽谈、到有关省市招商引资等办法，使省际协作上了一个新台阶。一是积极组织与北京、上海、天津、重庆4个直辖市的协作，达成35个合作项目，已有3个项目开始实施。二是大力组织与我国东部经济发达省市的协作。2000年深圳与湖北的联合企业已达200多家，投资总规模150多亿元；通过与江苏省的协作，森达皮鞋、维维豆奶等名牌产品已在湖北落户。三是积极响应国家西部大开发号召，组织与四川、西藏、贵州、云南、新疆等西部省区的协作。四是组织和引导各地积极举办经济协作活动，加强与外省市的协作。

2000年有关省市对口支援湖北省三峡库区，落实协作项目20多项，到位资金1000多万元；省内地市支援三峡库区，落实协作项目70多项，合同资金2亿多元。湖北省内经济发达地区对口支援苏区、贫因地区，2000年共达成协作项目60多项，主要是协助贫困地区企业开发新产品、接纳贫困地区民工进城从事土建工程、收购贫困地区农副产品和为贫困地区土特产品提供销售市场等。

扶贫工作。2000年湖北省继续深入实施扶贫攻坚领导责任制、对口帮扶12个特困县市和省地县乡四级机关干部驻村帮扶1000个特困村等重大措施，全省顺利完成了《国家八七扶贫攻坚计划》。2000年，贫困地区各级党委、政府带领广大群众，克服了特大旱灾等多种困难，积极开展生产自救，最大限度地减轻了灾害损失。全年共解决了50万贫困人口的温饱问题(含因灾返贫人口)，其中26个国家重点扶持的贫困县(含五峰县)解决了19万贫困人口的温饱问题。截止到2000年底，全省农村未解决温饱的贫困人口40万人；农民人均粮食产量继续稳定在380公斤以上。2000年全省贫困地区共建成基本农田20万亩，解决了40万人的饮水困难问题，建设县、乡、村公路3000公里，治理水土流失面积1300平方公里。全省在乡乡通公路、通电的基础上，实现了92%的村通路、99%的村通电、95%的村通邮、95%的农民解决了饮水困难；共扶持兴建中小学1500所，贫困地区办学条件显著改善，九年义务教育基本得到普及，群众科学文化素质得到普遍提高；绝大多数乡有了卫生院，农村初级卫生保健体系得到初步建立。

【生态建设与环境保护】 由于多山的地貌、丰沛的降水和复杂的地质构造，使湖北省山地丘陵地区特别是大量的坡耕地容易发生水土流失，加上过度毁林毁草开荒，全省水土流失面积达7.88万平方公里，占全省土地总面积的42.4%，在长江流域16个省市中仅次于四川省居第二位。

全省开展了以生态环境综合治理为重点的林业重点工程建设，2000年完成造林面积19.69万公顷。加强生态示范区建设和管理。2000年全省生态示范区建设试点单位总数9个，当阳市，钟祥市已经国家正式命名生态示范区，在农村广泛开展秸杆禁烧和防治“白色”污染行动，2000年全省已有3个国家级生态农业试点县通过国家验收。全省已建各类生态农业试点152个，实施面积达9800平方公里，区域土地利用率达到90%，植被覆盖率达到65%以上。

2000年湖北省施工污染治理项目851个,其中治理废水项目384个、治理废气项目361个、治理固体废物项目27个;污染治理项目共完成投资85237.9万元,其中治理废水45653.4万元,治理废气26667.7万元,治理固体废物6072.3万元。2000年全省城市污水集中处理率为38%,维持在1999年水平;工业用水重复利用率为65%,比1999年提高了4个百分点;城市燃气普及率为85%,比1999年提高了1.5个百分点;城市生活垃圾无害化处理率为72%,比1999年提高了2.5个百分点;工业固体废物综合利用率为65%,比1999年提高了5.5个百分点。

湖 南 省

【概况】 湖南省位于长江中游,东以幕阜、武功诸山系与江西交界;西以云贵高原东缘连贵州;西北以武陵山脉毗四川,南枕南岭与广东、广西相邻,北以滨湖平原与湖北接壤,整个地势南高北低,为西南东三面向中部北部倾斜、朝北开口的不对称马蹄形。省域东西宽667公里,南北长774公里,总面积211829平方公里,在全国各省区中居第十位。2000年底,全省共设13个省辖市和1个自治州,122个县市区,2352个乡镇。2000年底,全省总人口6440.07万人,其中市镇人口1915.92万人,乡村人口4524.15万人。全省有土家族、苗族、侗族等50多个少数民族,其中少数民族占7.93%。主要分布在湘西、湘南和湘东的边远地区,约占少数民族总人口的85%,其余15%的少数民族人口分散杂居或小聚居于全省各地。

全省土地按地貌类型分,平原277.86万公顷,盆地294.12万公顷,丘陵326.22万公顷,山地1084.72万公顷,水面135.37万公顷。按利用类型分,林地1211万公顷,耕地324.97万公顷,水域135.37万公顷,牧草地87.42万公顷,城乡居民点及工矿用地80.70万公顷,园地28.97万公顷,交通用地17.53万公顷,未利用土地251.96万公顷。类型多样,适种面广、自然生产力高的土地资源,为综合发展农林牧副渔各类生产提供了有利条件。

湖南属中亚热带季风气候,光照适中,热量富足,雨水充沛。全省年太阳总辐射量每平方米为3165~4568兆焦耳,年日照时数1300~1800小时,年平均气温为16~18.5度,降水量1200~1700毫米,山区2000毫米以上,是全国雨水较多的地区之一,无霜期260~310天。光热水三要素基本同步、四季有序、与生产配合较好的整体性气候资源,是湖南省发展农业生产最大的自然优势。

湖南森林繁茂,素称"广木之乡"、"金色油桐之乡",是我国南方重点林区和木材生产主要基地之一。全省林业用地总面积1211万公顷,其中有林地、疏林地、灌木林地、未成林造林地和无林地面积分别为891.2万公顷、41.64万公顷、162.36万公顷、54.32万公顷、60.87万公顷。有林地面积中,用材林545.51万公顷、经济林199.57万公顷、竹林65万公顷、其它林地81.82万公顷,全省林木总蓄积量24058万立方米,占全国林木总蓄积量的1.75%,居全国第12位,森林覆盖率52%。

湖南省水资源总量1629.38亿立方米(不含客水),列全国第6位,每平方米单位面积产水量76.93万立方米,居第7位,人均水资源量2625立方米,居第11位,全省水能资源理论蕴藏量1532.45万千瓦,年发电量1342.4亿千瓦时,可供开发的500千瓦以上的水电站1024处,容量1083.84万千瓦,年发电量85.26亿千瓦时。全省水资源开发利用率约35%,继续开发利用的潜力很大。

湖南省目前已发现各类矿产141种,占全国已发现各类矿种的83.4%,其中已探明储量的矿产94种。各类矿床、矿点6000余处。探明矿产地1534处。其中、钨、铋、海泡石粘土、独居石等11种矿产储量居全国首位,石煤、锰、钒、锑等8种矿产居全国第二位。钨、铋、锑、钒等矿产在世界上具有重要地位。

【经济与社会发展】 2000年,湖南国内生产总值3691.9亿元,增长9%,比上年提高0.7个百分点。其中第一产业780.47亿元,增长3.8%;第二产业1467.95亿元,增长10.7%;第三产业1443.46亿元,增长10.6%,三次产业比重由上年的23.4:39:37.6调整到21.1:39.8:39.1。

农业生产稳步增长,全年农业总产值1251.89亿元,比上年增长4.39%。工业效益大幅回升,国有大中型企业改制面、脱困率分别达到60%和66%。工业发展速度加快,工业增加值1236亿元,增长10.4%。其中,规模以上工业528亿元,增长13.3%,提高4.4个百分点。大中型企业360亿元,增长14.3%;股份、三资、私营企业174亿元,增长42.2%。高新技术产业发展迅猛,实现增加值156亿元,增长44.4%。全年国有及国有控股企业盈亏相抵实现净盈利12亿元,增长66%,中央和地方两个层次及9个市州国有及国有控股企业实现净盈利。投资保持较快增长,全年全社会固定资产投资1070亿元,增长13.4%。其中国有投资687亿元,集体和个体投资383亿元,分别增长13.7%和12.9%。国有投资中,基本建设、技术改造和房地产分别为12.8%、18.1%和21.4%。全年共争取国家各类建设资金232.6亿元,比上年增加8.9亿元,再创历史最高水平。国债项目由165个增加到238个,累计完成投资466亿元,其中110个项目建成或基本建成。贸易市场稳步回升,全年消费品零售总额1365亿元,增长11%。其中城市715亿元,农村650亿元,分别增长14.3%和7.7%。

进出口持续快速增长,实现进出口总额24亿美元,增长22.7%。其中,出口16亿美元,进口8亿美元,分别增长24.8%和18.7%。新批外商投资项目320个,增长25%;实际利用外资10.1亿美元。国内外市场需求的全面回升,带动物价止跌回稳,全年居民消费价格上涨2%。地方财政收入171.8亿元,上划中央"两税"146.3亿元。财政支出339.7亿元,增长8.5%。金融机构各项贷款2820亿元,存款余额2870亿元,分别新增290亿元和330亿元。金融不良资产比例下降9个百分点。全年股市募集资金63.5亿元。

社会事业繁荣活跃,人民生活继续改善。高等教育资源优化取得重大突破,顺利实现了中南工业大学与湖南医科大学、长沙铁道学院,湖南大学与湖南财经学院,衡阳医学院与中南工学院的合并办学,新组建了中南大学、湖南大学、南华大学。实现"普九"目标的县(区)112个,人口覆盖率90%以上。湘籍运动员夺得奥运金牌、奖牌和总分全国三项第一,赢得残奥会金牌全国第二;首届中国金鹰电视艺术节和2000年中国体育用品博览会在湖南省成功举办。

社会保障体系不断健全,全省养老金实际征缴率94%,社会化发放率80.4%;医疗保险制度改革启动实施,覆盖115万人,收缴率95%。国有企业下岗职工基本生活费和企业离退休人员养老金按时足额发放工作进一步加强。城镇居民人均可支配收入6170元,增长6.1%;农民人均纯收入2233元,增长4%。计划生育、环境保护、医疗卫生、新闻出版等各项社会事业取得新的成绩,精神文明和民主法制建设出现新的气象。

【投资环境】 湖南省多年来坚持实行"开放带动"战略,先后出台了《关于进一步扩大对外开放,加快发展外向型经济的决定》、《湖南省鼓励外商投资条例》、《湖南省指导吸收外商投资暂行规定》、《关于加强湖南省外商投资企业管理工作的意见》、《关于对省级审批权限内外商直接投资项目实行一站式审批有关问题的暂行规定》、《湖南省贯彻〈国务院关于鼓励台湾同胞投资的规定〉的措施》、《湖南省归侨侨眷权益保护实施办法》等一系列政策法规。与此同时,经济体制改革不断深化,社会主义市场经济体制初步建立。近年来加大了利用非国有投资的力度,提出鼓励非国有投资的政策措施。湖南地处全国的中部,属于国家中西部发展战略的受惠区,已有湘西自治州进入国家西部开发范围,享受国家支持西部开发的政策。

到2000年底全省发电装机容量1040万千瓦,其中水电590万千瓦,火电450万千瓦。发电量375.5亿千瓦时,其中水电210.4亿千瓦时,火电165.1亿千瓦时。湖南电网是华中电网的重要组成部分,处在华中系统的南部,全省100%的乡和99.86%的村已通电。到2000年底拥有110千伏及以上变电站371座,变电容量2447.47万千伏安。拥有110千伏及以上电力线路18210公里。

湖南初步形成了铁路、公路、水运、航空和管道五种运输方式共同发展,以省会长沙为中心,联贯广大城市,沟通省内外的综合交通运输体系。到2000年底,全省已有京广、焦柳、湘黔、湘桂、湘赣五大铁路干线纵横省境。此外,还有石长等铁路支线。株洲、衡阳、怀化三大铁路枢纽构成了湖南铁路网心脏,其中株洲是江南最大的编组站。全省铁路总长度2830公里,公路通车里程60792公里,其中有高速公路450公里,一级公路204公里,二级公路3500公里,三级公路5000公里。全省形成了以三条在建和规划的国道主干线及以7条国道为主骨架,70条省道联网,县、乡公路及专用公路为支线的公路网。湖南形成了以洞庭湖为中心,湘、资、沅、澧四水中下游为骨干,沟通全省,通达长江的航道网,全省通航里程10065公里,其中常年通航里程7089公里,现有等级航道3039公里,建成了岳阳城陵矶5000吨级外贸码头泊位2个和岳阳、株洲、湘潭千吨级港口码头,千吨级泊位29个。湖南目前拥有民用航空线30余条,已开航班的机场有长沙黄花机场、张家界荷花机场,常德桃花机场和永州蔡家铺机场。

湖南电信网络建设已具备相当规模,已建成以光缆为主、微波和卫星通信为辅的干线传输网。全省通信光缆总长度5.7万公里(长途光缆长度1.7万公里)。国家在湖南建有两条一级光缆,省市之间建有三个大环线,到2000年末,全省电话用户683.73万户,其中市话用户401.26万户。移动电话用户236.39万户;无线寻呼用户286.24万户;邮电部门经营的电话交换机容量869万门,计算机互联网络用户57万户,全省电话普及率10.7%。

2000年末,全省拥有各类自然科学研究机构180个,人文社会科学研究机构4个,科技情报与文献机构13个,省级重点实验室24个,已成立创业中心6家,生产力促进中心33家。在湘“两院”院士37人,培养学术、技术带头人95人,享受政府特殊津贴的专家1612人。2000年,进一步加大科教兴湘战略的实施力度,推进技术创新,发展高科技,加快了科技产业化步伐。全省共取得各类科研成果800项。其中13项优秀科研成果获国家科技进步奖,1项科研成果获国家自然科学奖,360项科技成果获省级科技进步奖。国内十大科研成果中,湖南省占据二席,其中由袁隆平院士主持研究的“超级稻育种研究”获得重大突破,高居榜首,国防科大研究成功我国第一台类人型机器人。25个技术开发类科研机构转制工作基本完成,31户优势企业创立了省级以上技术研究与开发中心。教育事业获得新的发展。全省拥有普通高校52所,全年招生10.1万人,在校学生25.31万人,研究生培养单位16个,招收新生3475人,在校研究生7729人。

重点区域建设成效显著,优势地区经济发展明显加快。京广铁路沿线优先发展,地区经济总量占全省的比重达到59%。长株潭经济一体化取得重大进展,交通、电力、金融、信息、环保等五个网络规划正在全面实施,三市的经济实力和整体优势进一步增强,经济总量占到全省的33%。2000年全省粮食总产量2874.97万吨,农业结构调整加快,产业化经营稳步推进,早籼稻和棉花种植面积有所调减,优质稻种植面积扩大,畜牧水产业占农林牧渔总产值的比重逐年上升,龙头企业对农村经济的带动和市场辐射能力进一步增强。以板、线、管材和有色金属深加工为主的冶金工业,以工程机械、计算机和显示器件为主的机械电子工业、石油化工、建材、食品工业通过加大投入,加强技改,扩大生产能力,提高了生产水平和产品质量，逐步成为工业领域的优势产业。

【利用外资与对外贸易】 2000年湖南外经贸发展出现了恢复性全面增长，全年利用外资总额11.08亿美元，比上年增长3.7%。其中直接利用外资合同金额7.57亿美元，比上年增长36%，实际到位金额7.71亿美元，比上年增长7.2%，借用国外贷款实际支付3.37亿美元，比上年下降4%。2000年6月份湖南省首次在欧洲举办了招商和经贸洽谈会，签约外资项目11个，签约外资金额1.75亿美元。9月份组团参加了第四届中国投资贸易洽谈会（厦交会），共签约项目28个，总投资45979.3万美元，利用外资总额42255万美元。其中合同项目17个，合同利用外资36846.3万美元，比上届增长47%，贸易成交额5600万美元，比上届增长66%。签约的28个项目内容涵盖了基础设施，高新技术、工业生产及技改、商业服务、旅游、环保等各个领域，其中17个工业技改和高新技术项目，利用外资17409万美元。单个项目投资比上届均有大幅度提高，项目平均利用外资额1508.4万美元，其中有4个项目在3000万美元以上。

2000年湖南按照国家计委编制“十五”计划的要求，筛选了一批能源、交通、环保和城市公用设施等符合国外贷款投向领域要求的项目，有针对性地向国家积极申报，争取到一批项目列入国家规划。这些项目包括长沙市饮水工程、皂市水利枢纽工程、三板溪水电站、邵阳至怀化高速公路、高教人才培养等，国家初步同意安排日本国际协力银行贷款9.85亿美元。此外，还有6个限额以下项目列入利用外国政府贷款规划，贷款总规模2029万美元。

据长沙海关统计，2000年全省进出口总额251259万美元，比上年增加55655万美元，增长28.5%。其中出口完成165309万美元，比上年增加37099万美元，增长28.9%，进口完成85951万美元，比上年增加18557万美元，增长27.5%。

从出口方式来看，一般贸易出口143800万美元，比上年增长27.2%，加工贸易出口21420万美元，比上年增长42.5%。从经营品种来看，初级产品出口18800万美元，比上年增长3%，加工产品出口146500万美元，比上年增长33.2%。出口重点骨干商品是机电、纺织、服装、有色金属、鞋类等。进口产品以原材料、配件、高新技术设备为主。从经营主体来看，国有企业出口134225万美元，比上年增长23%，集体企业出口8905万美元，比上年增长80.7%，三资企业出口18270万美元，比上年增长41.6%，私营企业出口3890万美元，比上年增长2.22倍。

2000年全省完成国外工程承包、劳务合作和设计咨询合同额18707万美元，比上年增长48.8%，实际营业额13845万美元，比上年增长13.3%，外派劳务2280人，比上年增长10.6%，年末在外劳务人员4318人，比上年增长10.4%。全省接待入境游客45.4万人次，比上年增长17%，其中港澳台胞29.61万人次，比上年增长20.1%。旅游外汇收入2.21亿美元，比上年增长20.8%。

【重点开发项目】 2000年湖南全省确定重点建设项目37个，其中29个在建项目全年共完成投资266.5亿元，占同期国有投资的38.8%。其中潭耒高速公路和岳阳洞庭大桥建成通车，黄花机场航站楼投产运行，凌津滩水电站9台机组全部并网发电，邮电“718”工程全面完成，LG曙光增资扩建工程CPT生产线投入使用。耒宜、临长高速公路，洪江、碗米坡水电站，城乡电网建设与改造，洞庭湖二期治理，郴化复合肥工程等21个在建项目基本实现年度投资计划。全年主要新增生产能力：发电机组容量16万千瓦，变电设备148.7万千伏安，11万伏及以上输电线路1041.8公里，市内电话程控交换机117万门，高速公路158.85公里，航空年吞吐量450万人次。

潭邵、衡枣高速公路，洛湛铁道益永段、渝怀铁路湖南段相继开工建设，皂市水库、耒阳电厂国家已分别批准立项和可研。项目法人责任制、招标投标制、工程监理制、合同管理制、竣工验收制等五项制度在省重点建设中得到全面推广，工程质量水平不断提高，重点工程质量合格率100%，优良率70%，洛阳至湛江铁路是我国又一条重要的南北铁路大通道，洛湛铁路湖南段，在益阳以北利用“九五”期已建成的洛阳至石门复线以及石门至长沙铁路的石门至益阳段，益阳至永州新铁路于2000年底国家正式批准开工建设，益阳至永州段长321公里(含娄底至邵阳既有线改造98公里)，总投资41.436亿元，该工程预计2003年可建成发挥效益。

湘潭至耒阳高速公路。是经国务院批准的北京至珠海国道主干线在湖南的一段，在湖南省境内经过湘潭、株洲、衡阳三个中心城市、6个县区，所经区域是湖南省生产力布局的中轴地带，经济发达，资源丰富，具有极为重要的地理和经济优势。它的建成将与已建成的长沙——湘潭高速公路和已动工建设的长沙——临湘高速公路和耒阳——宜章高速公路相联接，构成湖南省东部贯通南北的公路主骨架，与京广铁路、国道107线，湘江千吨级航道和长沙黄花机场共同形成湖南省东部铁、公、水、空综合交通运输体系。并将与国道319线、320线、322线形成以长、株、潭城市群为核心，以岳、长、株、潭、郴为轴线，向全省各主要大、中城市辐射的公路网。新建湘潭—耒阳高速公路预测交通量(折算成中型货车)为2000年12431辆/日，2005年20211辆/日，2010年25737辆/日，2015年29358辆/日，2020年32552辆/日。湘潭至耒阳段全长168公里，采用平原微丘区高速公路技术标准，设计速度120公里/小时，路基宽度26米，联络支线共8段，该项目总投资为47亿元。

洞庭湖大桥是全国最长的内河公路桥。路桥全长9663.5米，其中桥长5783.5米，接线长3880米，桥宽20米，双向四车道，桥面高程为黄海52米，通航净空16米(1996年最高洪水位)，设计通航等级三级，既不影响泄洪又能通过3000吨级船舶，工程于1996年12月19日奠基动工，2000年建成通车。洞庭湖大桥是一座跨湖大桥，对快速抢运防汛救灾物资，保障湖区人民群众生命财产安全，最大限度地减少洪涝灾害损失，具有重要作用，该桥连通省道1804线、国道107线和在建中的京珠高速公路，沟通鄂、川两省和长江中游地区，缩短鄂、豫、陕三省西部车辆南下的距离，从而优化中南地区交通运输网络，促进地区和省际间的物资流通，经济效益和社会效益十分明显。

【经济协作与对口支援】 2000年湖南省全年内联引资、联合协作项目1800个，引进外省资金68亿元。全省各市州和有关部门共实施对口支援三峡库区湖北兴山县、省内库区项目32个，涉及资金1.1亿元，到位资金1580万元。

围绕引进资金、开拓市场和深化区域经济合作，2000年初，省经协办成功地组织参加了中国东西部合作与投资洽谈会，组织了50多家企业，252个项目，230余名代表参加。会上共达成内联项目43个，涉及资金5.1亿元；内贸成交2亿元，其中订货1.75亿元，零售2400万元。通过组织这一活动，向外展示了湖南的新面貌和改革开放的新形象。省协作办主办了2000年南方(长沙)计算机网络及通讯设备展览会、第十一届湖南省西部商品交易会、西南(怀化)电脑节，组织参加了2000年乌鲁木齐商品展览会和经贸洽谈会。湖南省西部商品交易会共有10个省市47个代表团参加，实现商品交易额3.72亿元，合同协议37个，项目总投资5.13亿元。

2000年，湖南省加大了对重庆忠县和湖北兴山县的对口支援工作力度，督促实施了兴山县日产4万吨自来水项目、兴山天心浓缩饲料厂、忠县移民柑桔品改基地和蔬菜大棚基地等8个项目，资金到位率为90%。此外，还促成了株洲日出江南实业集团在兴山县独资创办太子奶饮料分厂，总投资8000万元，一期工程投资3000万元。2000年，国务院分配湖南省安置三峡外迁移民试点150户600人，实际安置699人。

【长株潭经济一体化】 长株潭城市群位于湖南省东部,湘江下游,包括长沙、株洲、湘潭三个大城市,12个县市。三市一江相连,呈"品"字型布局,两两相距约45公里,交通十分便捷,区位优势明显。三市以仅占全省13.3%面积,承载了全省18.8%的人口,产出了占全省32.5%的GDP和38.5%工业增加值,集中了全省3/4以上高新技术企业和高等院校、科研机构,是湖南经济最发达的精华地带。湖南省委、省政府于1998年作出了长株潭经济一体化的重大战略决策,其发展定位是,通过10~20年的建设,把长株潭三市构筑成湖南经济发展的核心增长极、高新技术产业集聚区和现代化、生态化的特大网状城市群。

交通网络,对外交通方面建成了黄花机场航站楼,长常、湘耒高速公路,完成了投资28.8亿元,新增高速公路96公里,正在建设上瑞高速潭邵段、京珠高速长临段。市际交通方面完成了湘江航道二期治理、天台山至易俗河高等级公路,完成了投资41亿元,新增高等级公路16公里,正在运作湘江经济带沿江道路和城市轻轨,市内交通方面,正在大规模进行城市道路改造,加快城市快速环线建设。

电力网络,基本完成了22万伏双回环城网改造和12个县市农网改造,正在建设50万伏回环网。至2000年底,三市累计完成城网改造投资13.3亿元,农网改造投资8.3亿元。城网方面,新建、扩建110千伏变电站15座、线路149公里,新建、改造10千伏配变943台、线路952公里。农网,新建、扩建110千伏变电站12座、线路173公里,新建、改造10千伏配变6226台、线路2805公里。

金融网络,1999年已实现三市同城票据交换,并运行正常。电子联行异地转"当日通"扩大到了三市141个商业银行网点。完成了长沙金融IC卡试点工程,长株潭岳四市商业银行成功实现异地联网和联合发行了芙蓉卡。

信息网络,中国联通于1999年率先实现了三市移动通信同城,成为三市通信同城的标志性项目。中国电信和中国联通都把建设重点放在了长株潭,基本建成了三市高效、快捷、立体传输网络。"电子政务工程"取得明显进展,省政府和三市相继开通了政府网站。基本完成了长株潭城乡综合地理系统(GIS)。

环保网络,湘江流域环境污染治理利用日元贷款的13个子项目完成了60%以上工程量。重点工业污染源一控双达标取得明显实效,三市2435家工业污染企业达标率97.2%,其中85家列入省直接监督的重点污染企业达标率92.9%。

目前,长株潭经济一体化正逢难得发展机遇。一是通过努力争取,长株潭城市群已被国家"十五"计划列入全国重点支持发展的七大城镇密集区之一,可望在国家的政策和项目扶持下,步入快速发展轨道。二是长株潭城市群已被列入了世界银行在中国首批资助开展城市发展战略研究(CDS)的合作对象,标志着已把长株潭城市群的概念和项目融资推进到世界银行等国际金融组织和外国政府决策层的重要议事日程,目前GDS计划已经启动,将为三市扩大对外融资架起一座桥梁。围绕实现把长株潭建成全省经济发展的核心增长极、高新技术产业的聚集区和现代化的网状城市群这一宏伟目标,下一步将重点抓好"1116工程",即规划建设湘江经济带、配合世行作好长株潭城市群CDS、规划建设岳麓山大学城、继续推动实施交通、电力、信息、金融、环保五个专题规划和编制产业发展规划等6个规划工作。

【以工代赈】 1999年~2000年国家及省配套的以工代赈投入分别为30700万元(其中中央财政预算内专项资金9000万元)和28400万元(其中中央财政预算内专项资金6600万元),分别比1998年的以工代赈投入增加了18.53%和9.65%。加上市、县配套和群众自筹,两年来,湖南省以工代赈投资总规模6.9亿元。以工代赈资金重点投向10个国家级贫困县和3个延伸县中与解决温饱、脱贫致富直接相关的基础性、生产性建设项目,主要是基本农田、小型水利、人畜饮水、县乡公路、生态环境建设、农村通讯等。

两年来,全省以工代赈新改建(含续建)等级公路1166.1公里,新建乡村公路22191.5公里;桥梁5940延米/176座;解决了56.8万人、59万头大牲畜的饮水困难;新修和恢复渠道及防洪堤840千米,保护和新增灌溉面积61.77万亩;解决了248个贫困村、10.76万人生产生活用电和28个边远贫困村通讯问题;结合农业结构调整,积极建设山域化种养基地,重点建设武陵山区的食用菌、茶叶、山羊、碰柑、雪峰山区的中药材、水果,湘南片区的楠竹、干果、蔬菜等基地45处。通过实施以工代赈,贫困地区贫困落后的面貌得到了进一步改观。全省未解决温饱的绝对贫困人口由1985年的551万人下降到1999年底的178万人,到2000年底,全省未解决温饱的人口进一步下降至130万人左右,基本实现了八七扶贫攻坚目标。

省会城市篇

成 都 市

【概况】 成都市为四川省省会，位于四川盆地西部，是我国西南地区最大的现代化城市，四川省的政治、经济、文化、交通中心。成都市东西长203公里，南北宽173公里。幅员面积12390平方公里。成都市地貌类型以平原为主，兼有部分山区、丘陵。平原面积5510平方公里，山区面积3456平方公里，丘陵为平原与山区过渡带，面积4424平方公里。全境横跨成都平原与川中丘陵区，以龙泉山为界，东为低山丘陵，西为平原沃野。西北都江堰和西南大邑有部分海拔近5000米的高山。成都市属亚热带湿润季风气候区，温暖湿润，四季分明，无霜期230～270天，年平均降水1141毫米，平原多年平均气温15.2～16.6℃。成都市境内主要河流有38条，总长度1500公里，属长江上游岷江、沱江及青衣江三大水系，水能蕴藏量较丰富。境内得都江堰水利枢纽工程之便，灌溉网极为发达。使成都平原充满了丰收和富裕，成为名扬天下的"天府之国"。

成都市下辖各市县为历史上重要的农业生产区，是全省商品粮、棉、油、猪、蔬菜和农副产品的主要基地，农业经济历史悠久，持续兴旺。全市实有耕地面积42.46万公顷，人均耕地面积仅为0.06公顷。盛产水稻、小麦、花生、油菜、蔬菜、水果等各类粮食作物和经济作物。近年来，相继建成了一批蔬菜、水果、禽蛋、肉奶生产基地，三高农业初具规模。

成都市矿产资源品种较多，已探明储量的有40种，其中非金属矿有钙芒硝、煤、石膏、盐卤等24种，金属矿有铁、铜等16种，此外还有多种建材。

成都市2000年末人口总数1013.35万人，其中非农业人口345.9万人，农业人口667.45万人，人口密度818人/平方公里，城市化率34.13%。成都市现辖锦江、青羊、武侯、成华、金牛、龙泉驿、青白江等7个区、都江堰、彭州、崇州、邛崃等4个县级市，金堂、温江、郫县、新津、新都、蒲江、大邑、双流等8个县。市区城区建成面积207.81平方公里。是城市带郊区的特大城市。

由于全市人民积极参与，成都市的生态与环境保护状况得到较大改善。全市森林覆盖率32.22%，建成了温(江)郫(县)都(江堰)国家级生态环境示范区，大邑县、崇州市纳入了国家生态环境重点进行建设。自然保护区面积1165.17平方公里，占市域面积9.4%，国家级自然保护区2个。环境污染得到有效控制，市区污水处理率43.61%，垃圾无害化处理率98.49%，城区和各郊区市县空气中二氧化硫、氢氧化物率日均达到国家空气质量二级标准，工业实现了"一控双达标"任务。

【经济与社会发展】 2000年，成都市国民经济协调发展，产业结构进一步优化，经济运行质量提高。全年实现国内生产总值1310亿元，比上年增长10.8%。其中第一产业增长3.1%；第二产业增长11.5%；第三产业增长11.7%。三大产业比例关系为9.5:44.9:45.6，第三产业所占比重继续居首位。人均国内生产总值12990元，市场物价继续低位运行，全市城市居民消费价格总指数100.2，商品零售物价总指数98.2。

成都市加大"科技兴农"的力度，积极推进农业产业化进程，农业生产稳定发展。全年农林牧渔业增加值124亿元，增长3.1%。全年乡镇企业完成增加值245亿元，增长17.5%。全年粮食总产量363.7万吨，比上年下降8.4%；油料产量20.9万吨，增长17.5%；肉类总产量68.6万吨，增长6.4%；蔬菜产量402.8万吨，增长11.3%。

农业生产条件进一步改善，农田水利基本建设成效显著。年末农业机械总动力205.3万千瓦，大中型拖拉机6415台，增加3108台；农村用电量达22.2亿千瓦时。全市改造中低产田土32万亩；试点县退耕还林面积10万亩。

全市工业完成增加值484.6亿元，增长11.3%。其中轻工业265.1亿元，增长

11.9%;重工业219.5亿元,增长10.8%。全部独立核算工业企业产品销售收入796.8亿元,增长12.6%;实现利税72.1亿元,增长23.1%。全市46户重点优势企业完成工业增加值82.9亿元,增长27.2%,实现利税44.9亿元。在全市工业企业中,年销售收入超10亿元的企业有7家,实现利税超亿元的企业6家。电子信息工业增长快,效益好,2000年增加值38.3亿元,增长61.7%,实现利税9.7亿元,增长2.1倍。

全市建筑业完成增加值102亿元,增长12.3%,建筑施工企业完成产值322.7亿元,竣工产值225.8亿元,房屋建筑优良品率45.3%。

全市交通运输、邮电通信业完成增加值119.7亿元,增长10.9%;全市拥有民用汽车31.8万辆;新改建公路1605公里,年末公路总里程13374公里,通汽车村达99.9%;货物运输量2.2亿吨,货物周转量362.7亿吨公里;旅客运输量4.7亿人;民航货物周转量和旅客周转量分别为2.1亿吨公里、88.2亿人公里。

全市邮电业务总量完成71.6亿元,增长53.7%;年末全市电话用户176.4万户,增长45.8%,其中住宅电话用户103.2万户,增长13.9%;移动电话用户99.1万户,新增26.3万户;计算机互联网用户13.7万户,增长2.4倍;全市99.3%的村实现通电话。

全市全社会固定资产投资完成475.9亿元,增长13.6%;投资对经济增长的贡献率43%;在固定资产投资总额中,基本建设投资228亿元,增长13.3%;更新改造投资48.9亿元,增长8.7%;国有经济投资234.8亿元,增长0.3%,市及市以下投资379.2亿元,增长15.6%;新增固定资产323.71亿元,交付使用率为67.2%;房地产开发投资129亿元,增长29.2%,其中住宅投资完成89亿元,增长60.7%;商品房销售面积380.4万平方米,增长2.6%,商品房销售额63.5亿元。

全市社会消费品零售总额554.2亿元,增长10.8%,其中私营经济零售总额67.9亿元,增长50.2%;外商及港澳台贸易企业零售额32.4亿元,增长52.8%;全市农村市场零售额355.4亿元,增长10.5%。市场建设成效显著,年末共有商品交易市场945个,全年商品交易市场成效额533.5亿元,年成交上亿元的商品交易市场28个,其中上10亿元的市场5个。

全市共有国内金融机构2536个,金融机构存款余额1890.4亿元,增长15.5%,其中商业银行存款余额1589.2亿元,比年初增长18.9%;金融机构贷款余额1487.1亿元,比年初增长15.9%。银行现金收支状况良好,全年银行现金收入3947.2亿元,现金支出3754.9亿元,现金净回笼192.3亿元。证券市场稳步发展;全市年末证券营业部73家,证券投资者180余万人;全年证券交易额预计4625亿元。保险市场快速发展,全市保费收入23.5亿元,增长17.26%,承保额3622亿元,增长7.38%,赔付支出7.14亿元。

2000年成都市城市基础设施建设取得新的成绩,"五路一桥"工程全年共完成投资22.8亿元,工程总体形象进度进展顺利。同时,全面完成40条中、小街道的整治工程。府南河综合治理工程,分别获得国际地方环境先验委员会、联合国环境署颁发的"地方政府首创奖"和联合国颁发的"2000年最佳范列奖"2项国际奖。此外,都江堰、青城山列入了联合国科教文组织世界遗产委员会《世界文化遗产名录》。

公用事业快速发展,市区公交营运线路1049公里,新增176公里;公交营运汽车2118辆,出租汽车7852辆。全市天然气供气量15.2亿立方米,年末用气人口255万人,城市气化率98.5%。

2000年,全市职工平均工资8925元,增长10.4%。全年城市居民人均可支配收入7649元,增长7.8%;农民人均纯收入2926元,增加143元。市区居民人均居住面积11.6平方米,农村居民人均居住面积34.8平方米。年末城乡居民储蓄存款余额831亿元，比年初增长11.1%。

2000年末，每百户城市居民高档耐用消费品拥有量：彩色电视机141台，组合音响34套，家用电脑17.7台，空调34.3台，电冰箱94台，影碟机50.3台，移动电话25.7部。每百户农村居民家居主要耐用消费品拥有量：电视机126台，摩托车40辆，电风扇172台，洗衣机50台，电冰箱17台。

2000年，全市组织实施科技计划242项。年内新上科技项目186项，其中国家级15项，省级78项。全年科技项目投入资金9.7亿元，开发新产品67个，获市及市以上科技成果奖118个。全市新认定高新技术企业113家。

2000年末，全市有中小学校（含职业中学）3065所，在校学生129.1万人，教师7.1万人。6至12岁儿童入学率99.9%，小学毕业生升学率98.3%。全市共有普通大学中专学校71所，在校学生20.6万人，专任教师1.4万人，各类成人大中专学校104所，在校学生18.8万人。

全市15个市属专业表演团体全年演出2317场，观众137万人次。年末有公共图书馆16个，群众艺术馆5个，文化馆15个，博物馆10个，文物保护管理机构22个。

在2000年中，成都市运动员在国际比赛中，1人获第一名，2人获第二名；在全国性比赛中，19人获第一名，22人获第二名。成功举办了成都市第九届运动会，全市有93个代表团近万名运动员参加了比赛。积极开展全民健身活动，3291所各类学校施行《国家体育锻炼标准》，施行面99.4%，学生达标率97.2%。

2000年末，全市共有卫生机构1435个；卫生技术人员5.5万人，其中医生2.6万人；各类卫生机构总床位4万张，其中医院床位2.8万张；全年总诊疗2946万人次。农村医疗网点覆盖率85.2%；传染病发年控制在2.3‰以内。

2000年，成都市精神文明工作坚持以人为本，紧紧围绕社区建设这个重点，积极开展三大创建活动。转变思想观念，制定创建文明社区措施，广泛开展"讲文明、树新风"共建文明社区"主题活动"，认真贯彻落实《中共中央关于加强和改进思想政治工作的若干意见》，深入开展思想政治工作，不断提高市民素质；在全市开展创建文明活动，举办了《崇尚科学文明，反对迷信愚昧》的大型图片展览，使更多的人认清了"法轮功"的反动本质。提高了市民的思想素质和文明单位质量。

【投资环境】 成都是国务院确定的西南地区的科技、商贸、金融中心和交通、通信枢纽，我国西部重要的旅游中心城市，是中国古老而美丽的历史文化名城。目前成都已经初步形成大开放的格局。已同9个国外城市结为友好城市，与80多个国家和地区建立了经贸合作关系，13家国外银行和保险机构在成都成立了办事处和分支机构。具备了良好的投资环境。

2000年末，成都有民用航线245条。其中国际航线4条，是中国第六大航空港。成都双流国际机场进行了建国以来最大规模改造和扩建，机场升级和运载能力得到加强。铁路方面，由于成达铁路建成通车，成昆铁路成都至燕岗段电气化改造已完成，增建了宝成复线和成都铁路枢纽工程，成都作为西南地区铁路枢纽的地位更加突出。成都是全国45个公路主枢纽城市之一，到2000年末，在市域交通上建成了成仁、成温邛、成彭、唐巴、新蒲五条公路，形成了区、市区间的快速公路网；市政基础设施建设的"五路一桥"形成了成都市向东向南发展的骨架；对外交通上已建成成渝、成绵、成乐、成雅、成灌、成都机场等多条高速公路。成都外环高速、成南高速公路近期也将建成，贯穿成都市和省外的公路网络即将形成。截止2000年末，公路总里程13374公里，其中高速公路202公里。公路网密度达107.9公里/百平方公里。

成都市电力网由四川主电网和地方小水电、火电组成。全市小水电、火电337座，装机799台，总容量60.48万千瓦。市区电网目前

500千伏龙王变电站建成投产,并正在进行大规模的城乡电网改造工作,使成都市有能力接受二滩等电源的输入,2000年,成都主网供电最高达到175.79万千瓦,城市电网供电可靠率99.55%。

市区现有供水能力105.3万吨/日,自来水普及率99.85%。开工建设的BOT成都自来水六厂B厂40万吨/日工程,2002年6月将建成投产,工业及居民用水将进一步得到保障。

成都是西南地区的通信枢纽。已建成较完善的成都电话网、寻呼网、长途交换局和移动电话交换局,形成了网络覆盖率高,传输功能齐全、技术结构先进、规模布局合理、通信容量宽裕的新格局,2000年末全市交换机总容量258.3万门。

2000年底,成都市城区建成面积207.81平方公里,道路面积1559万平方米,人均道路面积6.85平方米,人均公共绿化面积3.96平方米,建成区绿化覆盖率22.6%,园林绿化面积4013公顷。

2000年,成都市获得和出台了一系列有利于招商引资,改善投资环境的优惠政策。2月23日国务院办公厅批准成都经济技术开发区为国家级经济技术开发区,实行现行的国家级经济技术开发区的政策;8月28日成都市人民政府印发《成都市鼓励外商投资优惠政策若干规定》的通知;9月29日成都市人民政府印发《成都市关于吸引人才、招商引资的产业政策规定的通知》。

【利用外资与对外贸易】 2000年,全市共批准利用外资项目172个,合同外资金额36386万美元,实际利用外资26500万美元,比上年增长16%。批准总投资500万美元以上项目28家,增长27%,项目平均规模679万美元。

2000年,全市进出口总额14.81亿美元,下降8.2%。其中出口8.18亿美元,增长10.24%,进口6.63亿美元,下降23.88%。全市共派出劳务人员1020人次,完成营业额1620万美元,同比增加3.4倍,截止2000年底,全市已有12家企业获得外经权。

鼓励投资方向:电子信息产业。包括通信产品、计算机和外部设备及软件、信息系统、视听产品、新型电子元器件及材料、军事电子装备、专用设备与测量仪器、医疗电子设备。生物与现代医药产业。包括农业方面,应用基因工程和细胞工程培育高产、优质、抗病、抗虫、抗逆的粮食作物、经济作物新品种和畜禽、水产新品种、新品系等;医药方面,应用现代生物技术开发一批医用单抗诊断试剂和试剂合、单克隆抗体偶合类药物和基因工程药物、医用药用酶等。先进制造技术及光电一体化产业。包括工程及建筑机械、交通运输设备、发电输电配电设备、机床工具、基础件及电工产品。环保产业。包括城市污水处理技术及产品、大气污染防治技术与产品、固体废物处置处理设备、环境监测仪器(仪表)、环保材料和药剂。

【重点开发项目】 2000年全市重点项目26个,总投资213.13亿元,年度计划投资53.33亿元,实际完成投资49.42亿元,成灌高速公路、丰田汽车生产线等5个重点项目建成投入使用进入试生产阶段;"五路一桥"、外环高速公路、自来水六厂BOT、成都垃圾卫生填埋场二期工程、天然气开发、府南河综合整治二期工程、岷江防洪整治成都段、都江堰拉法基水泥生产线等重点项目进展顺利,完成了目标任务;兰州至成都输油管道已开工建设;一批重大项目前期工作得到加强,紫坪铺水库前期工作基本完成;成都地铁一期工程已报国务院。

【经济协作与对口支援】 2000年,成都市抓住国家实施西部大开发的历史机遇,经济协作又有新的突破,全年全市引进项目3790项,实际履行项目2753项。协议资金197亿元,实际到位资金76.69亿元,增长11.38%。

2000年,成都市根据中共中央、国务院加大对革命老区和少数民族地区对口支持的指示,着重对四川仪陇县、西藏八宿县和移民库区四川开县进行对口支援。据统计,2000年向以上三县共捐赠资金709.5万元。

贵 阳 市

【概况】 贵阳市位于中国西南云贵高原东部,是贵州省省会和政治、经济、文化中心,现辖云岩区、南明区、小河区、花溪区、乌当区、白云区、清镇市、开阳县、修文县、息烽县六区一市三县,总面积8034平方公里,2000年末全市总人口337.45万人。贵阳市是一个以汉族为主的多民族聚居的城市,汉族人口占总人口的84.26%,共有37个少数民族,其中以布依族、苗族人口为多,两者合计占少数民族人口总数的77.65%。

贵阳市具有低纬度、高海拔、地形多样的地理特征。

贵州中部地区是全国矿产资源最为富集的地区之一,贵阳则位于该地区的中心。贵阳蕴藏有丰富的铝、磷、煤、铁、镁、硅、重晶石、白云石、石灰石、大理石等28种矿产资源。其中铝土矿保有储量3.3亿吨,占全国的五分之一;磷矿4.28亿吨,是全国的三大基地之一。贵阳的矿产资源具有储量大、品位高、分布集中、易于开采的特点。贵阳水能资源理论蕴藏量119万千瓦,可开发量为90万千瓦;煤炭储量8.3亿吨;发电装机总容量247万千瓦时。

贵阳地处亚热带有香果树、鹅掌楸等国家重点保护植物;烤烟、油菜籽、茶叶、油桐等经济作物;刺梨、猕猴桃、折耳根等野生植物;天麻、杜仲、伏苓等药用植物;银杏、闽楠、伞花木等珍稀树种;大鲵(娃娃鱼)、猕猴、穿山甲等珍稀动物。贵阳位居贵州省旅游景区中枢,融自然风光、名胜古迹、民族风情为一体,享有"盆景市"之美誉。有花溪、西望山、天河潭、六广峡谷等山、水、洞交融的喀斯特风光风景旅游区,有能歌善舞的少数民族,苗族的"四月八"、斗牛节,布依山寨的"三月三"、"六月六"歌会沿续至今。"九五"以来,贵阳市加强水土保持、山区绿化、环城林带等工程建设和对已有污染源治理、新污染源控制,以及城市环境综合治理,使贵阳市城市绿地增加,污水治理工程初见成效,城市大气质量有所提高;一批不同类型的自然保护区、风景名胜区和森林公园开始形成;生态环境建设和保护规划及法制建设正在逐步完善。

【经济与社会发展】 贵阳市1999年,实现国内生产总值234.59亿元,比1998年增长9.7%。2000年,实现国内生产总值264.81亿元,其中第一产业增长2.3%;第二产业增长10.8%;第三产业增长12%。三次产业结构为9.1:50.9:40。固定资产投资(不含国防、铁路)108.13亿元,社会消费品零售总额108.53亿元,财政总收入55.98亿元,其中地方财政收入24.15亿元。

贵阳市农村经济工作围绕改善农村基础设施,增加农民收入,稳定农村经济,积极推进农业结构调整和产业化进程,以引导乡镇企业二次创业为中心,促进了全市农村经济稳定发展。1999年,实现农林牧渔业总产值36.2亿元,2000年,实现农林牧渔业总产值36.99亿元,粮食总产量63.45万吨,蔬菜产量63.75万吨,油菜籽产量5.77万吨,养殖业稳定发展,肉类总产量11.56万吨,牛奶、禽蛋等产量也有较大增长。农业生产条件继续得到改善。2000年末全市拥有农业机械总动力50.45万千瓦,全年完成中低产田土改造6.25万亩,基本完成200平方公里水土流失治理任务,完成造林22.95万亩。乡镇企业继续快速发展,2000年完成乡镇企业营业收入388.56亿元,成功地举办了"8.18"全国乡镇企业东西合作经贸洽谈会。

贵阳市工业经济抓住国家实施积极财政政策和西部大开发战略的机遇,积极进行经济结构战略性调整,促进产业优化和升级,全市工业经济运行质量和效益稳定提高,国有企业三年改革与脱困的阶段性目标基本实现。1999年,完成工业增加值98.68亿元。2000年,完成工业增加值112.1亿元,工业产销率96.69%,国有企业改革进一步深化,贵阳市三户企业进入国家确定的债转股推荐名单,对确定的6户初步建立现代企业制度企业进行逐户指导。

贵阳市第三产业发展迅速。1999年实现第三产业增加值92.61亿元,比1998年增长11.7%;2000年实现105.95亿元,贵阳结合争创"全国优秀旅游城市"活动,进行大量有序的基础设施建设、环境整治和提高旅游服务质量等工作,新建集旅游客运、旅游商贸和旅游信息咨询为一体的旅游服务中心市场。举办第十一届中国兰花博览会等,通过各种渠道加大贵阳知名度,扩大旅游宣传。荣获第二批"中国优秀旅游城市"称号。2000年,旅游业总收入29.24亿元,接待国内游客994万人次,海外游客4.96万人次,创汇1484.15万美元。

贵阳市积极发挥货币信贷政策作用,加大支持地方经济发展力度,强化金融监管,维护金融业安全高效稳健运行。1999年,金融机构各项存款余额433.45亿元,各项贷款余额347.14亿元。2000年,贵阳市金融机构存款余额530.4亿元。贷款余额404.51亿元。货币回笼40.48亿元。

2000年,贵阳拥有国有独立科研机构66个,从事科技活动人员3465人,开展课题研究740项。市级财政科技三项费及科学事业费支出5703万元,比1999年增长39.3%。2000年底,贵阳市有普通高等学校10所,2000年,贵阳市城镇居民人均可支配收入由1999年的6028元提高至6400元,农民人均纯收入由1999年的2010元提高至2100元,城市居民人均居住面积9.1平方米,农村居民人均居住面积达25平方米。居民消费结构日趋合理,食品支出占消费性支出的比重由1999年的41.6%下降为39.8%。

【投资环境】 贵阳市是国家一类口岸城市。1997年通航的贵阳龙洞堡机场,距市中心12公里,是4D级现代化机场。航线辐射北京、上海、广州、海口、成都、昆明等全国30多个城市及香港特别行政区、曼谷。2000年,客运发送量69.03万人次,货物运输量0.61万吨,通航里程3.7万公里。贵阳是中国西南重要的铁路交通枢纽,川黔、贵昆、湘黔、黔桂4条铁路干线交汇于此,北通巴蜀,东达华东、华北,南抵两广,西至昆明。贵阳南站是铁路干线货运列车的汇集点,是西南地区铁路运输量最大的编组站,装备有列车编解半自动化调速系统,日编解能力8000辆,下属贵阳东、贵阳西两大货场,建有大型国际集装箱货场,年吞吐能力上千万吨。贵阳是西南地区的交通运输枢纽。321和210国道交汇于此,5条干线幅射省内各地,联接相邻省区。已形成以市区为中心,呈放射状分布的公路网络。境内等级公路通车里程1713.8公里。贵州省修建里程最长、投资最多、工程量最大的贵阳至新寨和贵阳至毕节高等级公路正在建设(部分路段已建成通车)。贵新、贵毕高等级公路的建成,将沟通西南腹地与沿海城市的联系,促进西南地区经济发展。投资19亿元人民币、总长32公里的贵阳中心环线工程正在建设。2000年,货物运输量3750万吨;客运发送量15656万人次。2000年末,贵阳拥有公交营运车辆1963辆,营运线路网长度1463公里,城市出租汽车2000辆,开辟公交线路115条,线路遍及五区三县一市。

贵阳市现有南郊、东郊、中曹等5个水厂。2000年供水总量26157万吨,其中生活用水11168万吨。自来水普及率98.4%。贵阳位居贵州省电力负荷中心,西南地区第一条超高压输电线路天贵线连接着260公里外的天生桥水电站,市区北郊的500千伏变电站已投入运行,电力供应充裕。贵阳市已形成以煤气和石油液化气为主的供气体系,2000年液化气供气量19400万立方米;煤气供气量7649万立方米,城市煤气用户17.48万户,石油液化气14万户。

贵阳已开通6条一级干线火车邮路、8条一级航空邮路,邮路总长3.82万公里,能与全国各地及世界145个国家和地区直接通邮。2000年,完成邮电业务总量15.13亿元。贵阳是西南地区电信枢纽之一,也是全国微波通讯枢纽中转枢纽之一。形成了通往海内外的多种传输手段的现代通讯网络,长途电话可直拨180多个国家和国内700多个县级以上城市。市内电话交换已全部实现程控化,开通了移动电话、公用分组交换、数字数据通信网、计算机互联网 N—ISDN、200、300、800号及多种卡类电话业务。2000年末,电话交换机容量76.3万门,电话机用户50.48万户;移动电话装机用户35.55万户;计算机互联网用户5630户。

开发区建设。九十年代初以来,贵阳市陆续建立了三个开发区,作为对外开放、招商引资的窗口。1992年经国务院批准设立国家级贵阳高新技术产业开发区,规划面积11.4平方公里,可供开发面积5.3平方公里。投入基础设施建设资金近2亿元,完成道路、电力、给排水、通讯等配套设施,成为贵州省唯一的高新技术企业"孵化器"和支撑服务体系。至2000年共有进区企业460多家,初步形成了汽车零部件、表面贴装技术(片式电子元器件及贴装设备)、制药、液压技术、新材料、精密光学仪器等为支撑的产业格局。2000年出口创汇1000万美元,利用外资85万美元,内联引资2.1亿元人民币。开发区还将在贵阳北部开拓新的发展空间,启动建设"金阳科技产业园",形成"一区两园一街"(即高新技术产业开发区、新天科技工业园、金阳科技产业园和神奇路科技一条街)的新格局。

贵阳经济技术开发区。2000年2月经国务院批准为国家级经济技术开发区,规划面积63.13平方公里,首期开发建设9.55平方公里。现有企业400余家,是贵州省最集中的机电加工基地。产品出口北美、欧洲等30余个国家和地区。其基础设施配套完善,有8条公路进出,其中2条国道连接省内外。有日供水能力15万吨水厂一座;变电站3座;程控电话装机总容量5万门;综合医院2家;各类学校51所;金融、商贸、邮政等服务设施齐全。投资10.5亿元,日处理10.4万吨的污水处理厂2001年8月投入使用,开发区在充分发挥已有机械工业优势的基础上,重点发展高科技项目——信息产业、医药制品、生物制品,并大力发展第三产业与高效、高产、优质的农业项目。2000年出口额8702万元人民币。利用外资85万美元,内联引资3.58亿元人民币。

1992年经省政府批准建立的省级贵阳白云经济开发区,规划面积12平方公里,形成"两线四小区"的开发格局和以冶炼、建材、生物制药为主的工业体系。开发区现已完成供电、供水、道路、通讯、排水、场地平整等工程。医院、学校、公园、体育场馆、影剧院及商业网点等设施齐全。2000年,开发区出口销售值4100万元人民币,合同利用外资145万美元,内联引资2亿元人民币。

新区建设。金阳新区位于贵阳市域地理中心,距市中心区12公里,通过贵黄、贵遵高等级公路和川黔、滇黔公路与云南、重庆、四川相联系。金阳新区是未来贵阳市政府机关所在地,市级体育中心、市级文化中心、贵阳大学城、高科技工业园区等已在区内规划准备建设。金阳新区以行政办公、居住、文化科研和高新技术产业为主,是园林式生态型可持续发展的现代化新城区。实施建设区规划人口18万人,用地17平方公里;规划控制区规划人口40万人,用地46平方公里;远景控制区规划人口50万人,用地100平方公里。计划2005年,完成17平方公里规划建设范围内的基础设施主体建设,建成市级行政中心。

【优势产业】 铝工业。铝工业发展依托贵州省及贵阳市铝土矿、电力、煤炭等资源优势,走铝电联营的发展路子。不断优化产品结构,强化管理,贵州铝厂已发展为全国铝行业中规模最大、效益最好企业,成为国家铝工业基地,现有设备和生产指标都已达到国内一流水平。总资产57.61亿元,已形成氧化铝48.04万吨,电解铝23.81万吨的生产能力,特钢工业。贵阳特殊钢有限责任公司,是全国重点特殊钢厂之一。目前公司已具备年产30万吨特殊钢,31万吨钢材的生产能力,其生产的产品锥型凿岩钎具是国优产品,重型钎具获国际博览会金奖。

磷化工。贵阳磷化工依托得天独厚的资源优势和近40余年发展奠定的基础,已形成了以开磷等集团为骨干,以县乡镇企业为重要组成部分的磷化工企业群体。开磷集团经过国家大量投资,现已建成拥有资产总额18.33亿元,其磷矿开采选技术已跃居国内一流水平,成为全国磷化工基地,年生产能力195.4万吨,布局上已初步形成了开阳——息烽——修文——贵阳磷化工集团工业带。橡胶工业。以贵州轮胎股份有限公司为代表的贵州橡胶加工是贵阳市又一优势产业,贵州轮胎股份公司的各种工程轮胎,半钢、全钢子午线轮胎产品及其企业经营管理在西南同行业中雄居榜首,其主要经济技术指标在国内同行业中名列前茅,2000年生产能力300万套。贵州红阳机械厂的车用橡胶密条、贵州大众橡胶的汽车用橡胶配件、贵州申一橡胶厂的橡胶管带在国内占有较大的市场份额。卷烟工业:卷烟工业坚持以技术进步为目的,处理好总量控制与结构调整的关系,保持卷烟工业的稳定发展。卷烟工业2000年产值36.49亿元,利税17.24亿元。一、二类烟28.87万箱,单箱销售收入突破全国平均水平。同时带动卷烟工业配套的滤嘴材料,包装材料及印刷制品也有新的发展。生物制药。充分利用贵州丰富的药材资源,加强科技投入,发展民族医药工业,推动医药工业发展,现已有20户企业完成了GMP认证的硬件投入,有8户企业通过GMP认证。产值亿元以上的医药企业有8家。绿色食品。充分利用贵州省的生态资源,开发具有特色的猕猴桃系列、魔芋系列、辣椒系列、银杏系列、刺梨系列等绿色食品。形成了具有市场竞争力的贵阳味莼园食品有限公司、尊荣贵宝饮品公司、“老干妈”辣椒系列集团公司、辣椒王有限责任公司等生产企业,产值均达5000万元以上。电子信息产品制造。微型计算机、电子元器件、宽带程控交换机、可视电话机、网络产品及卫星应用产品等电子信息产品的开发和生产,已经有一定的基础。“十五”期间将依托振华集团公司、海信电子有限公司等进一步发展新兴的电子信息产品。新材料。积极引进国内外先进技术,依托省内大专院校和科研院所,充分利用本地资源优势,开发超细磨料、新型陶瓷材料、超细金属微粉等,尽快促进上规模,成为新的支柱产业。

【利用外资和对外贸易】　2000年引进外商投资项目32项,实际利用外资5301万美元,比1999年增长11.1%,外资来源逐渐扩大,投资领域不断拓宽,到2000年底,已有32个国家和地区来贵阳市投资,投资领域拓宽到国民经济10个门类的几十个行业,贵阳市利用外国政府贷款、国际金融组织贷款引进技术、进口成套设备为工业、医疗卫生、基础设施新添了一批关键项目,促进企业技术改造,提高卫生条件,树立良好的城市形象。外资在贵阳市的经济发展和城市建设中正发挥着日益突出的作用,贵阳市现有45家市属企业获得进出口经营权。出口商品生产初具规模,形成了60余家企业组成的重点出口商品基地,涌现一批年出口超百万美元的企业,贵阳出口第一大户贵州轮胎股份有限公司出口额突破5千万美元。出口商品主要有柴油机、工业轴承、精密光学仪器、轮胎等100多种,出口产品由粗加工产品转向高创汇率、高技术含量产品为主方向发展,进口贸易有较大发展,引进技术设备不断增多,使冶金、食品、建材等工业行业的一批骨干企业得到一定程度的技术改造,增强了企业在国内外市场的竞争能力。2000年,贵阳市积极推进外贸企业改革,扩大企业自主权,实现进出口总额4.9亿美元,比1999年增长18.2%;其中出口总额3.06亿美元,增长14%;进口总额1.84亿美元,增长25.8%。

【重点开发项目】　西郊水厂。建设规模为40万吨/日,总投资10.75亿元,预计2001年12月建成。垃圾卫生填埋场。建设规模为1600吨/日处理,总投资47110万元,预计2001年12月建成。中心环线工程。总投资19.1亿元,建设规模32公里(含六座桥梁)。人民广场绿化工程。建设规模为39500平方米,总投资3.9亿元。小河污水处理厂。建设规模为日处理污水10.5万吨，总投资2.8亿元，预计2001年12月建成。河道治污工程。建设规模为截污沟38.5公里，绿化10.58万平方米。润丰日化胡椒基丁醚工程。建设规模为年产1000吨，总投资6317万元，预计2001年12月完成整体工程并投产。羟基喜树碱注射剂生产工程。总投资2941万元，预计2001年10月试产。振华集团新型电子元器件基地。总投资20亿元，建设规模为60万台(套)移动可视电话等通信信息产品、300亿只(块)片式元器件和厚膜混合集成电路等新型电子元器件，预计2005年完成，建成后，年产值可达30亿元，利税4.5亿元。西洋肥业硫基复合肥工程项目。建设规模100万吨/年硫基复合肥、80万吨/硫酸、10万吨/年合成氨，总投资87546.28万，预计2001年6月完成整体工程并投产，该项目建成后，中国每年可减少进口100万吨高浓度复合肥，节省15000万美元外汇。贵阳海信集团年产30万台大屏幕彩电生产线。2000年3月15日开工建设，总投资1350万元，2000年8月建成投产，当年实现销售产值2.57亿元，实现利税700万，预计2001年产量达30万套，可实现总产值10亿元，销售收入6亿元，利润总额1000万。

【国内横向经济协作】 1999年，贵阳市与有关省市达成经济技术合作项目1252项，总投资26.7亿元，资金到位14.9亿元。国内知名大企业如青岛海信集团、青岛双星集团、大连万达集团等在贵阳均有较大投资。2000年，贵阳市与外地签订经协项目376个，总投资79.57亿元，到位资金25.38亿元。

昆明市

【概况】 昆明市是云南省的省会，西南地区重要的中心城市之一，是我国重要的旅游、商贸城市，是我国连接东南亚和南亚的重要枢纽，总人口480.94万人，国土面积21111平方公里，辖五区、一市和八县(含三个民族自治县)。因地处低纬度、高海拔的北亚热带季风气候区，高差悬殊，气候类型多样，昆明市有热带、中亚热带、北亚热带、暖温带、寒温带及寒带等多种气候带。昆明市区夏无酷暑，冬无严寒，“天气常如二三月，花枝不断四时春”，有“春城”的美誉，全年平均气温14.5℃，日照时数2448.7小时，平均降水量1000毫米。

昆明市分布着多种植物群落和珍禽，据统计，约有野生种子植物150个科1190余种，草类植物70个科500余种，野生菌类206种，野生动物1000余种。昆明市矿产资源丰富，现已发现矿产37种，产地436处，主要有磷、盐、铁、钛、铜、煤、石英沙、硅石等，矿产资源丰度居全国省会城市前列。

昆明市具有宜人的气候、奇特的地貌景观、浓郁的民族风情和悠久的历史文化，现有旅游景区120余处，国家级风景名胜区3处，国家级森林公园3处，风景旅游区30多处，国家级旅游度假区1个，省级旅游度假区1个和6个自然保护区，在云南省培育旅游支柱产业与建设民族文化大省的发展战略中具有重要地位。

【经济与社会发展】 “九五”是昆明市历史上发展最快最好的时期之一。在市委领导下，全市各族人民以邓小平理论为指导，贯彻党的基本路线和十五大精神，抓住举办’99中国昆明世界园艺博览会的机遇，努力扩大内需，调整经济结构，促进国民经济持续快速健康发展和各项社会事业进步，塑造昆明新形象，完成全市经济社会五年发展计划，提前实现国内生产总值比1980年翻两番的战略目标，初步建立社会主义市场经济体制，人民生活总体达到小康水平。

“九五”期间，国内生产总值年均增长11%，2000年达625亿元，人均国内生产总值13000元；财政总收入和地方财政收入年均分别增长9.8%和16.3%，2000年分别达119.4亿元和56.3亿元；固定资产投资年均增长12.7%，2000年达239亿元；社会消费品零售总额年均增长13.7%，2000年达239.5亿元；2000年城市化水平达38.6%。

科技教育和社会事业快速发展,社会主义精神文明和民主法制建设加强。坚持科教兴市,五年实施各类科技项目335个。优先发展教育事业,全市基本普及九年义务教育,基本扫除青壮年文盲,高等教育毛入学率10%。计划生育贯彻"三为主",实行"三结合",人口自然增长率控制在8‰以内。

城镇医疗卫生健康发展,农村医疗预防保健网络得到加强,基本实现人人享有初级卫生保健的规划目标。文化、体育和新闻事业发展,一批具有地方特色的文艺作品获得国家和省部级以上奖励。实施精神文明建设"十大工程",开展创建文明单位、文明窗口和军警民共建等活动,城市文明程度提高,创建为全国双拥模范城市、全国卫生城市和全国创建文明城市工作先进城市。

基本实现扶贫攻坚计划,人民生活水平不断提高,改善贫困地区生产生活条件,有29个贫困乡镇累计25万贫困人口解决了温饱问题。各级财政加大社会保障资金投入,建立了国有企业下岗职工基本生活保障、失业保险和城市居民最低生活保障的三条保障线制度。随着经济持续发展,城乡居民收入不断增加,城镇居民人均可支配收入年均实际增长7.3%,达7563元,比1995年增加2824元;农民人均纯收入年均增长9.1%,达2220元,增加785元,生活质量不断改善。

【投资环境】 "九五"期间,昆明市实行"引进来,走出去,对内、对外大开放"的方针,发挥优势,构建全方位、多层次、宽领域的开放格局,大力发展开放型经济。昆明市委、市人民政府颁布了《关于进一步改善投资环境扩大对内对外开放的实施意见》、《关于引进高层次人才的实施意见》等一系列优惠政策,成立昆明市投资服务中心和昆明市便民服务中心,市级机关和中介服务机构共44个部门集中办公,实行"一站式"服务,提高了办事效率,方便了投资者。开通了"12345"市政府便民热线电话,建立"局长(主任)接待日"制度。以"水、路、树、房"和城市环境整治为重点,加大投入,加强基础设施建设。城市日供水能力提高到66.5万吨,污水处理能力60%。

经过多年建设,昆明快捷、高效的交通网络已初步形成。以昆明为中心,循213国道、320国道纵横交叉的十字型结构,东达贵州、广西,北上四川,南连泰国、越南,西通缅甸的高等级公路网逐步形成。由南昆、贵昆、成昆、昆河、昆大、昆玉等6条铁路干线组成的铁路网络初具规模。经过1998年至1999年的改扩建,昆明机场成为西南地区重要的航空港和全国6大航空港之一。

城市道路初步形成"一路、二环、三横、四纵、五出口"的交通网络,新建、改扩建县乡公路167条,所有乡镇和行政村通了公路。通过一系列的输变电工程建设,昆明市辖区内所有县都至少有一座110千伏变电站和一条110千伏线路供电,电能质量和供电可靠性大大提高。邮电通信形成了以程控交换、数字微波、微机化、光纤传输为主的现代化电信网,实现了全网程控化,市话交换机总容量突破100万门,市话普及率超过50%。绿化盘龙江沿岸,整修十个公园,建成五大绿化广场,市容市貌大为改观。经过近十年的建设,昆明已形成以昆明高新技术产业开发区、昆明经济技术开发区和昆明滇池国家旅游度假区三个国家级开发区为窗口的对外开放格局。

【利用外资与对外贸易】 "九五"期间,昆明地区进出口总值累计59.4亿美元,其中出口35.6亿美元,进口23.8亿美元。2000年,昆明市进出口总值2.2亿美元,其中,出口5.3亿美元,进口5.9亿美元。"九五"期间昆明市累计审批外商投资企业249户,外商投资企业增资47户,合同外资6.7亿美元,实际利用外资1.7亿美元。到2000年末,市属累计批准设立外商投资企业841户,合同外资15.3亿美元;昆明地区累计批准设立外商投资企业1295户,合同外资20.4亿美元,实际利用外资8.7亿美元,占全省利用外资总数的70%以上。全市累计完成涉外税收144852万元,比"八五"累计增长4.1倍。

对外经济技术合作方面。批准设立境外企业，13户，投资总额901.7万美元，中方投资额473.2万美元。分布在四大洲七个国家，涉及工业生产、商业贸易、房地产开发、餐饮服务等行业。到2000年末，全市累计批准在境外办企业25户，总投资2004.5万美元，其中中方投资1514万美元。共签定对外工程承包项目5项，劳务合作项目7项，合同金额1472.7万美元，派出劳务人员90人次。对外经济技术合作主要市场在以周边国家为主的东南亚地区。“九五”期间继续加强与周边国家合作，并逐步向其它国家和地区延伸，与周边国家经贸合作。贯彻国家新的边贸政策后，有32家企业获得了边境小额贸易经营权，“九五”累计完成边贸进出口额13.4亿元，其中出口11.1亿元，进口2.3亿元。

开发区的建设和发展。三个国家级开发区的开发建设取得了长足进步，各项经济指标大幅增长，总产值、总收入以及出口增长高于全市水平，经济外向度大幅度提高，运行机制基本建立。一批外商投资企业、外经外贸企业迅速成长。开发区的基础设施进一步完善，三个开发区已成为昆明市外经贸、高新技术产业、旅游等经济的新增长点和对外开放的窗口。2000年，昆明市外贸出口增长，对内对外开放不断扩大。努力营造良好的投资环境，壮大外贸出口企业队伍，多元化开拓国际市场取得明显进展，出口商品种类增加，工业制成品出口比重提高，自营出口拓展到80多个国家和地区，利用外资嫁接改造国有企业和农业综合开发有了突破。通过花卉、旅游、民族服饰等会展形式，进一步扩大招商引资领域，昆交会外经贸成交额5亿美元，国内协作资金37亿元；首届中国民营企业交易会签约项目69个，协议资金总额39.8亿元，促进了开放型经济发展。

【重点开发项目】 为抓住国家实施西部大开发的历史机遇，昆明市初步提出了昆明市实施西部大开发战略上报重大项目95项，总投资442亿元。其中基础设施近期实施项目37项，总投资302亿元，中长期项目13项，总投资54亿元；结构调整近期实施项目9项，总投资12亿元，中长期项目8项，总投资13亿元；科技教育项目近期实施项目8项，总投资10亿元，中长期项目2项，总投资6亿元；生态项目近期实施项目9项，总投资23亿元，中长期项目9项，总投资22亿元。2000年，为了贯彻执行扩大内需方针和积极财政政策，围绕重点工程，加强资金协调工作，鼓励社会投资，保证了全市重大水利、交通、治理滇池、燃气供应安全以及文教、政法等方面的建设项目。掌鸠河引水供水大坝枢纽和第七自来水厂开工建设，水库淹没区第一批3000多人顺利迁入新居，落实日本协力银行贷款1.7亿美元；入滇池河道清污分流整治工程及其余8项新建市政基础设施项目进展顺利；柴石滩水库和车木河水库主体工程基本完工；东郊、北郊污水处理厂和一水厂扩建完成土建工程。全市农村电网改造累计完成总投资3亿元，30万户农户进行了“一户一表”改造。房地产开发完成投资62亿元，竣工面积241万平方米。

2000年，昆明市加快了重大建设项目的前期研究工作，进一步完善“十五”期间建设的18项重大工程的前期工作，建立实施西部大开发项目库，做好项目储备和规划方案研究，提高基本建设项目前期工作质量。重点抓好东绕城线、环滇池北岸截污、音乐厅、消防指挥中心等基础设施的前期准备，组织一批工业技术改造、生物资源创新工程的前期工作。继续深入研究解决昆明水资源综合开发利用以及生态建设重大项目。

掌鸠河引水供水工程项目。该项目为利用日元贷款项目，已列入国家今年扩大内需新开工项目，建设规模和主要内容为新改扩建4.43亿立方米水库，年自流引水量2.45亿立方米，建99.36公里输水工程，建日供水40万吨第七自来水厂及配水管网加压泵站，项目总投资39.4亿元，目前已进入全面建设阶段。关南路改造及明通河整治工程。道路工程长4.57公里，红线控制40米、42米、52米不等，分三段,明通河整治工程全长 3.7 公里,按100 年防洪标准设计,过水量为 30 立方米/秒,设水闸和污水干管,官南路改造深 4.5 米,长 399 米,直径为 2 米的截污干管,总投资 2.6 亿元,正按计划实施。东、西寺塔视廊建设工程。建西寺塔梅花园及五华区图书馆,用地 4.76 亩,东西寺塔文化街长 2.4 公里,宽 15 米,两侧为传统建筑群,总宽 40 米,总投资 2.1 亿元,正按计划实施。盘龙江北段沿江绿化工程。东岸总长 2000 米,人行道宽 10 米,绿化带亿元,正按计划实施。护国桥广场建设。总投资 0.3 亿元。圆通广场建设工程。用地 10.58 亩,建城市广场,总投资 0.5 亿元。东风东路延长线工程。道路长 445 米,宽 40 米,快慢车道间设绿化带,按城市二级干道设计,总投资 0.2 亿元。关上东路改造工程。道路长 1500 米,宽 20 米,总投资 0.2 亿元。西园路北段建设工程。道路全长 1165.04 米,宽 40 米,总投资 1.3 亿元。清污分流工程(采莲河整流项目)。采莲河官渡区段河堤整治 1.17 公里,城区段清污分流管网改造工程,省级机关住宅小区外围排污、排涝工程,总投资 0.8 亿元。

【经济协作和对口支援】 昆明市的经济技术协作工作紧紧围绕“扩大合作交往,狠抓招商引资,做好协调服务”大主题全方位地开展工作,取得了较好的成绩。经统计汇总,2000 年,全市共组织签订经济技术协作项目 294 项,比上年增长 50%;项目协议总投资额 60.52 亿元,其中协议引进资金 34.68 亿元,分别比上年增长 1.21 倍和 1.59 倍,启动实施项目(含以前年度签订今年启动实施项目)293 项,比上年增长 1.12 倍;实际引进到位资金 20.18 亿元,其中省外到位 6.78 亿元,分别比上年增长 19% 和 52%。开展人才交流培训 2308 人次,新批外来驻昆机构 158 家。

2000 年昆交会昆明市国内招商引资工作取得较好成绩,共签订国内合作项目 49 项,项目协议总投资 37.1 亿元,协议引进市外资金 27.2 亿元,与上届昆交会相比,签约项目数、总投资额、协议引进资金分别增长 1.13 倍、1.52 倍和 1.4 倍。从项目构成看,涉及机械电子、轻工、纺织、旅游、农业和生物资源开发、医药、文化教育、房地产开发等领域。按行业和类别分,工业类 18 项,占项目总数的 36.7%;农业类 4 项,占 8.2%;生物资源开发类 9 项,占 18.4%;高新技术产业 14 项,占 28.6%;旅游类 7 项,占 14.3%;基础设施建设 2 项,占 4.1%。从总体上看,2000 昆交会签约的国内协作项目具有项目覆盖面广、单个项目投资规模大、科技含量高、旅游及生物资源开发和社会公益事业成了新的投资热点等特点。

与东部发达地区合作力度进一步加强。在积极改善投资环境的同时,加大了与东部地区的合作力度,积极引进资金、技术和人才。2000 年共接待了上海、江苏、浙江、广东、山东、吉林、北京中关村等东部省市 30 多个经贸和投资考察团 800 多人次,先后组织昆明市 210 多家企业参加项目洽谈,促成了一批项目的签约,与杭州市代表团洽谈共签约 16 个项目,与无锡市代表团共签约 11 个项目。在请进来的同时,积极走出去宣传昆明的投资项目和投资环境,努力扩大招商引资,先后派人参加了上交会、杭州西湖博览会、厦门交易会、石家庄民族文化节、随云南党政代表团和经贸代表团考察浙、沪、苏等活动,取得了丰硕的成果。推荐出各类招商引资项目 308 项,积极主动与当地企业界交流洽谈,并与浙江省签订 9 个经济技术合作项目,涉及资金 2.08 亿元;与江苏省签订了 12 个项目,涉及资金 16.4 亿元。此外,昆明市还与杭州、宁波、长春三市正式建立友好城市关系,使昆明市的友好城市由原来的 6 个增加到 9 个,通过友好城市间进一步扩大交往,将有力地促进和推动昆明市与东部地区更大范围的合作与交流。

引导企业开拓市场力度加大。针对昆明产品市场范围小,在省外有影响的产品不多的实际,积极鼓励和推动企业走出去,努力开拓市场,年内共组织 230 家企业走出去开拓市场和开展横向联合协作，重点组织以花卉、绿色蔬菜、食品、生物医药产品、电动自行车、民族扎染、工艺制品、云南名贵中药材、橡胶制品等一批地方名特优产品参展。

对口支援方面取得可喜成绩。在党中央、国务院关于加强东部地区与中西部地区合作和西部大开发战略指引下，昆明市加大了与上海及东部沿海发达地区的合作力度。市委、市政府，为了加强调控手段与能力，成立了昆明市人民政府昆沪合作领导小组，设立了1500万元的横向联合发展资金，先后制定了《关于加强和发展昆明与上海经济协作的意见》、《"九五"期间昆明与上海发展经济协作的规划纲要》、《昆明市贯彻(上海-云南对口帮扶经济、社会协作"九五"计划纲要)实施要点》，在全市掀起了解放思想，学习上海，谋求合作与发展的热潮。几年来，昆明市与上海签订合作项目77项，项目总投资6.26亿元，引进上海资金1.4亿元，已启动实施38项。与广东湛江签订合作项目179项，项目总投资4.67亿元。先后分别与湛江、宁波、杭州建立了友好城市关系。开展以迪庆州为主要对象的结对帮扶协作，推动地区间经济社会的协调发展。

【中国'99昆明世界园艺博览会】 1999年5月1日至10月31日，中国'99昆明世界园艺博览会在昆明隆重举办。本届世博会的主题是"人与自然——迈向21世纪"，以滇金丝猴作为吉祥物。世博会会址在昆明著名的金殿风景名胜区的西南侧，这里山势逶迤，林木葱郁，溪水潺潺，金殿水库镶嵌在林海中，溶山、水和历史古迹为一体。世博会会展中心占地218公顷，植被覆盖率77%，总体布局结合连绵起伏的地势，依山就水，场馆及建筑采用组团式布局，强化了展区的空间环境设计，形成了现代气息浓郁、充满生机的园林化的园艺博览展区。博览会共有来自亚、欧、非、美、大洋洲的69个国家和26个国际组织参展，其中有34个国家和国际组织在世博园内修建了永久性展园。中国31个省、自治区、直辖市和香港特别行政区、澳门、台湾地区均参加了展览。在半年的会展期间，有51个国家和国际组织举行了馆日活动。各省区市和香港特别行政区举办了活动周，共有940多万人次入园参观，每天入园人次达5万。世博会的成功举办为昆明的发展提供了一次重大历史机遇，提高了昆明的城市文明程度和市民文明素质，提高了昆明在国际国内的知名度，促进了对外对内开放和经济社会的发展。

拉 萨 市

【概况】 西藏自治区首府拉萨市，位于雅鲁藏布江支流拉萨河中游河谷平原，海拔3658米。拉萨市是祖国西南边陲的重镇，是西藏政治、经济、文化的中心和交通枢纽，也是藏传佛教圣地。拉萨素以风光秀丽、历史悠久、文化灿烂、风俗民情独特、名胜古迹众多、宗教色彩浓厚而闻名于世，是国务院首批公布的24个历史文化名城之一；市中心布达拉宫被联合国列入世界文化遗产名录。随着中国与周边邻国友好关系的日益发展，在对外经济贸易、技术合作和文化交流等方面，拉萨将成为沟通中国腹地与南亚次大陆的重要走廊。

拉萨市地处喜马拉雅山脉北侧，受下沉气流的影响，全年多晴朗天气，降雨稀少，冬无严寒，夏无酷暑，属高原季风半干旱气候。最高气温29℃，最低气温零下16.5℃，年平均气温7.4℃；降雨量集中在七、八、九月份，年降雨量500毫米左右；全年日照时间3000小时以上，素有"日光城"之称。拉萨空气清新，阳光明媚，昼夜温差较大，是炎夏难得的避暑胜地。

拉萨于1960年设市，现辖堆龙德庆县、当雄县、尼木县、曲水县、林周县、达孜县、墨竹工卡县和城关区七县一区。全市行政区域东西跨距277公里、南北跨距202公里，总面积29518平方公里。总人口40多万人，有藏、汉、回等十多个民族，藏族人口占87%。

【经济与社会发展】 "九五"时期，拉萨各族人民在党和政府的正确领导下，在北京市、江苏省的无私援助下，全市上下认真贯彻党的十五大和中央第三次西藏工作座谈会精神,坚持新时期西藏工作的指导方针,正确处理改革、发展、稳定的关系,以经济建设为中心,深化改革,扩大开放,经济建设和各项社会事业取得了新的成就,2000年,全市国内生产总值40亿元(按可比价计算),较上年增长17.9%,比1995年增长1.12倍,年均增长速度达到16.3%,其中第一产业5.6亿元,年均增长5.9%;第二产业9.5亿元,年均增长17.2%;第三产业24.9亿元,年均增长19.9%。三次产业结构由1995年的22.7:23.1:54.2转变为2000年的14:23.8:62.2。

农牧区经济稳步发展,农牧业基础地位进一步加强。2000年,农业连续获得第13个丰收年,全市农业总产值3.68亿元(90年不变价),比上年增长5.65%。粮食总产3.86亿斤,比上年增长8.1%,油菜籽产量2170.88万斤,比上年增长7.1%,肉食产量3598.08万斤,比上年增长5.13%。基本实现了粮油肉自给目标。畜牧业生产周期加快,商品率提高,已成为牧区群众增收的主要途径。乡镇企业和多种经营推进结构调整,加强管理,提高运行质量,得到了较快发展。全市已有乡镇企业102家,其中乡办企业65家,村办企业9家,合作10家,个体18家,乡镇企业产值和多种经营收入4亿元,比上年增长7.24%。

工业生产稳步增长,企业总体效益有所提高。2000年,全市工业总产值1.36亿元(90年不变价),比上年增长15.88%。主要工业产品产量完成情况为发电量840万千瓦时,比上年增长38.61%;铅锌矿石41400吨,比上年增长54.48%;水泥97000吨,比上年增长14.12%;地毯8213平方米,比上年增长8.45%。

固定资产投资增长较快,基础设施建设不断加强。"九五"期间,拉萨的城市面貌、基础设施、社会公益事业发生了极大变化,特别是1998年下半年以来,国家实施积极的财政政策,进一步加大城市道路、给排水、环保、能源、教育、文化、广播电视、卫生、公检法等设施的建设力度,加上对口省市的援助,新建、改扩建市区、县城道路36.87公里,实施建设了一大批重点工程项目,五年累计完成固定资产投资26.13亿元,其中2000年固定资产投资8.36亿元,比上年增长26.28%。通过"九五"时期的建设,拉萨城市的总体面貌得到显著改善,城市功能进一步完善,首府城市的辐射带动作用明显增强。为进一步发展经济奠定了基础,增强了后劲。

财税收入持续增长,金融运行正常。2000年,全市财政收入1.85亿元,比上年增长11.97%。财政支出5.92亿元,比上年增长10.18%。税收收入1.75亿元,比上年增长12.84%。金融运行比较正常。银行各项存款余额和贷款余额均比上年有较大增长,支持了地方经济建设和各项社会事业的发展。

对外贸易有所增长,旅游业发展势头较好。2000年,全市外贸企业完成进出口贸易总额1116.7万美元,比上年增长3.31倍,其中进口984.4万美元,出口132.3万美元。旅游业以创建"中国优秀旅游城市"为中心,不断改善旅游环境,提高服务水平,促进了旅游业的发展。2000年全市共接待游客16.3万人次,比上年增长1.51倍,其中接待海外游客2.6万人次,比上年增长26.83%;旅游总收入6532.91万元,比上年增长3.35倍;市属旅游企业实现利润总额252.43万元,比上年增长85.61%。

城乡人民收入不断提高,生活水平有所改善。2000年,城镇居民家庭年人均可支配收入7300元,比上年增长5.7%,农牧民人均年纯收入1666.45元,比上年增长10.99%,城乡居民居住条件和生活质量有所改善。城镇居民最低生活保障、国有企业下岗职工基本生活保障和离退休人员养老金补助标准得到明显提高,机关事业单位职工收入有所增加。

2000年,全市社会消费品零售总额19.5亿元,比上年增长15.25%,全市城镇居民消费品价格指数为99.7,社会商品零售价格指数为99.5,分别比上年回升1和1.6个百分点。

教育、科技、文化、卫生等各项社会事业全面发展,促进了精神文明建设。2000 年,全市有各级各类学校 135 所,在校生 71943 人,学龄儿童入学率 97.3%;五年累计投入教育基本建设的资金 1.34 亿元,新建、改扩建校舍面积 15.4 万平方米,改善了办学条件。累计投入科技开发方面的资金 2628 万元,实施的项目涉及农业、工业、医药卫生、环境保护和能源开发等行业和领域,科技推广和应用取得新的成就。文化、广播电视、卫生、体育等各项社会事业也有相应发展。“村村通”工程的实施,较大幅度提高了广播与电视覆盖率,丰富了全市人民群众的文化生活;建设了当雄、林周、墨竹工卡三县卫生服务中心和部分乡村人畜饮水工程,进一步改善了人民群众的医疗卫生条件和饮水困难。大力开展了爱国主义、集体主义、社会主义教育以及精神文明创建活动,为物质文明建设提供了智力支持和精神动力。

【投资环境】 拉萨市城区建成面积 51 平方公里,城市居民人均住房面积 9 平方米,已建成城区道路 200 公里,其中混凝土和沥青次高级路面 90 多公里,自来水普及率 70%,排水管、沟 70 公里,排水服务面积 20 多平方公里,绿地覆盖率 32.26%。

拉萨已建成水力发电厂、地热发电厂、火力发电厂 14 座,总装机容量超过 16 万千瓦,形成了电力生产建设以水电为主,多种能源互补的格局。以拉萨为中心的公路网络已经形成,交汇于拉萨的青藏、川藏、中尼等公路干线及其支线公路总长 2.2 万公里。以拉萨为中心,辐射西藏各地区、拉萨市各县(区)的公路网络已经形成。青藏铁路(格尔木——拉萨段)预计 2005 年建成通车,拉萨贡嘎机场可起降波音 767 和空中客车(A340)等大型客机,已开通拉萨至成都、重庆、西安、北京等国内航线和至尼泊尔王国首都加德满都的国际航线。

拉萨邮电通讯设施先进。已建成卫星地面站、拉萨程控电话局、拉萨邮政枢纽大楼和 900 兆移动电话及无线电寻呼系统,基本上形成了以拉萨为中心的拥有现代化通讯手段、遍布城乡的邮电通讯网。全市程控电话装机容量 6 万门,移动电话总容量 12 万门,兰州——西宁——拉萨光缆通讯工程和拉萨——日喀则、拉萨——林芝、拉萨——江孜光缆通讯工程已经建成。拉萨已进国际、国内自动电话网,程控电话可直拨国内各地和世界 180 多个国家与地区,部分电报电路采用了电传方式,拉萨对国内近 200 个大中城市开通了邮政快件和特快专递业务,并开辟了两条国际邮路,会议电视、语音信息服务、因特网、电子信箱等新业务都已开办。

拉萨现有食品、电力、采矿、建材、印刷、制革、藏药、化工等行业企业 38 家,部分产品打入国内至国际市场。民族手工业具有千年的悠久历史,卡垫、地毯、民族服装、民族家具、玉器、金银首饰等,有着独特的工艺特色和民族风格。

拉萨市有宜农土地 101.78 万亩,宜牧土地 3109.69 万亩,宜林土地 252.9 万亩,目前尚有宜农土地 18.5 万亩和宜林土地 100 万亩,可供外延性开发利用。粮食作物以青稞为主,次为小麦、豌豆、蚕豆、荞麦、玉米。经济作物主要有油菜,兼有少量的大麻。蔬菜作物已达 30 余种,马铃薯、大蒜、藏葱、藏萝卜、蔓青等种植历史悠久,塑料大棚、温室种植已具规模。各类牲畜存栏 165.24 万头(只)。野生动物有野牦牛、野驴、黄羊、藏羚羊、獐、野马、鹿、黑颈鹤、天鹅、藏雪鸡等。药用植物相当丰富,拉萨的药材资源有虫草、贝母、红景天、雪莲花、大黄、羌活、高山党参、臭党参、川藏沙参、黄花、刺参、麻黄、藏莉芥、曼陀罗、麝香、鹿草、牛黄等。

拉萨矿产资源十分丰富,现已发现 50 多种矿产,矿(化)点 170 多处,主要有铁、铜、铅、锌、锡、钼、银、金、地热、煤、泥炭、刚玉、石膏、自然硫、高岭土、石灰石、火山灰、重晶石、汉白玉、花岗石、大理石等。其中刚玉、地热居全国第一位,自然硫居全国第三位,高岭土居全国第五位;铜铅锌探明储量 43 万多吨,勘探工作尚在进行中,其前景乐观。

水能、地热、太阳能资源丰富,全市河流(不含雅鲁藏布江过境段)水能资源理论蕴藏量254.78万千瓦,地热田年热流量发电潜力15万千瓦,地热区天然热流量发电潜力26.8万千瓦,年太阳总辐射量202千卡/平方厘米。

拉萨名胜古迹众多,景点星罗棋布。有气势恢宏的印度板块与欧亚板块碰撞的地质景观,有磅薄玉洁的念青唐古拉山主峰,穷母冈日峰等雪峰冰川风光,有美丽恬静当雄草原风光,有波光万顷的纳木错高原湖泊风光,有气象万千的"地热博物馆"羊八井地热田、羊应乡地热区的地热风光,有布达拉宫、大昭寺、哲蚌寺、色拉寺等规模宏大、金顶巍峨的古寺风采、有美妙绝伦的壁画和塑像艺术,有独具神韵的藏歌、藏舞、藏戏,有异彩纷呈的少数民族风情,使拉萨成为一个融自然景观与人文景观于一体的综合性旅游胜地。

西藏自治区人民政府已制定《关于招商引资的若干规定》和《关于招商引资的补充规定》,拉萨市委、市人民政府已制定《关于引进人才的暂行规定》。拉萨市已被国家旅游局授予"中国优秀旅游城市"称号;国家为帮助西藏发展赋予了一系列优惠政策,在引进外资方面,除国家禁止和需要国家综合平衡的项目外,外商投资项目一律由西藏自治区人民政府自行审批,不受规模和国家产业政策的限制。在进出口经营权方面,西藏生产企业、科研院经营自产产品的进出口业务,自治区可参照国家有关规定自行审批。在税收方面,所有地方税种的开征、减免均由西藏自定。

【重点开发项目】　在国家的亲切关怀和自治区的大力支持下,几年来,拉萨市实施和建成了一批城市道路、给排水、绿化、通讯、文化、教育、卫生等基础和公益设施以及县城给水、道路、城乡电网等重点项目,特别是1998年下半年以来,国家加大投资力度,实施了一大批重点建设项目。截止到2000年年底,已竣工交付使用的重点项目17个,总投资31636.59万元。这些项目的建成,对促进拉萨市经济发展和社会政治稳定,改善交通、能源等基础设施落后面貌,改善投资环境,起到了重要的作用。

在重点项目建设中,严格执行《建筑法》和《西藏自治区重点建设项目管理办法》等有关法规,按照国家《招投标法》,全面推行工程招投标制度,加强工程质量、进度和资金的管理,确保工程按期完成。

【对口支援】　1994年7月中央召开第三次西藏工作座谈会后,确定由北京市、江苏省对口支援拉萨市以来,两省市以极高的政治热情和高度负责的精神,坚决贯彻落实中央确定的"分片负责、对口支援"的方针,加强组织领导,不断加大对口支援工作的力度。在指导思想上,北京市、江苏省把拉萨市的经济社会发展作为主要目标,以实施经济、技术援助项目和加快拉萨市人才培养为主要内容,采取无偿援助和有偿支援相结合,逐步增强拉萨市经济的"造血"功能和发展后劲。在援助项目上,坚持"以实施基础设施项目为主,以与人民群众生产生活密切相关的公益性项目为主,以形象工程为主"的援助思路。在援助资金方面,力度大,责任明确,上下协调,层层落实,广泛宣传,动员全社会力量,多层次、多领域、全方位开展对口支援工作。

截止到2000年年底,北京市、江苏省对口支援拉萨共实施50万元以上的项目91个,援助资金、物资及设备累计33987.2万元。其中北京市及各对口市(区)县、市直部门援助50万元以上的项目30个,援助资金、物资及设备累计11949.7万元;江苏省及各对口市(区)县、市直部门援助50万元以上的项目61个,援助资金、物资及设备累计22037.5万元。这些援助项目的实施和建成,发挥出了良好的经济和社会效益,不少项目成为拉萨市进行社会主义、爱国主义和民族团结教育最生动形象的教材,在拉萨市乃至西藏自治区产生了极大的影响,赢得了全市各族人民的称赞。

【民族经济与文化】　拉萨市是以藏族为主的少数民族聚居地区,与全国其他省会城市相比,经济、文化水平有较大的差距,但就西藏境内比较而言，具有较好的民族经济基础和优势，是全区民族文化的中心。“九五”期间，党的民族政策在拉萨得到了进一步落实，拉萨市委、政府认真贯彻落实中央第三次西藏工作座谈会精神，积极调整经济结构和产业布局，进一步扩大改革开放。经济政策的进一步开放，使拉萨的民族经济和文化得到了快速发展和全面进步。

拉萨民族工业主要有建材、食品、毛纺织、皮革、铁木业、森工等20多个行业，其产品1500余个品种，主要产品有水泥、制革、面粉、食用植物油、卡垫、地毯和民族服饰等，拉萨民族产品多次参加全国性和地区性的商品展销会，以其优美的造型、独特的工艺、浓厚的民族风格，深受广大消费者青睐。并多次获得全国少数民族用品优质奖。近几年来，拉萨市政府积极探索发展民族经济的新路子，在扩大开放、搞活经济上下功夫，以民族文化为舞台，大唱经贸戏，利用藏民族传统的“雪顿节”、“赛马节”来喜迎四方客，积极开展招商引资，使拉萨民族手工业得到了迅速发展，不仅满足了广大人民群众日益增长的物质和文化生活的需要，而且活跃了经济，繁荣了市场。拉萨民族经济的不断壮大和快速发展，促进了拉萨民族文化事业的全面进步。

拉萨是西藏文化发源地之一，世居以藏族为主，藏族是中国最古老民族之一，藏族有自己的文字，创建于公元7世纪前期，有4个主音符号和30个辅音字母。藏文以著作和译著之丰而闻名天下，在全国仅次于汉文典籍。除举世闻名的《甘珠尔》、《丹珠尔》两大佛学丛书外，还有大量的关于韵律、文学、哲理、史地、天文、历算、医药等论著传世。藏族人民具有勤劳、朴实、智慧、勇敢等优秀品质，性格开朗、豪爽奔放、能歌善舞。

在中央和自治区的关怀下，在全国有关省市的支援下，拉萨市在弘扬民族文化，开展民族文化遗产的抢救整理、维修保护工作等方面取得了很大成绩。现在拉萨市拥有专业和业余艺术表演团体20个；群众艺术馆（文化馆）2个，县级文化馆6个，乡级文化站28个，村级文化室107个；电影院（站）几十处；出版各种报刊60多种，小说、散文、戏剧、美术、摄影和影视制品都出现了一批有影响的作品；拉萨市的藏歌、藏舞、藏戏、文物、美术、摄影经常在全国各地和世界许多国家与地区演出、展览，受到广泛的欢迎与赞赏。拉萨市有关部门和文艺工作者搜集整理、排练出大型民族歌舞《嘎尔》、《松赞干布》、《文成公主》等，整理出词谱、舞蹈100余个，出版了《西藏民歌》、《西藏民间故事》、《西藏谚语》等一批文学书刊；还出版了藏医名著《四部医典》等11种藏医专著，完成了国家重点投资的“三区”广播电视建设和乡村太阳能广播电视台（站）建设，实施了“村村通”工程。全市共有电视台2个，有线台2个，县级电视台7个，各乡也建立了太阳能广播电视站。广播、电视覆盖率分别达到88%和91%，初步形成了覆盖全市的卫星传输、无线电传输和有线广播相结合的广播电视网。在保护珍贵文物和历史名胜古迹中，自治区和拉萨市两级政府成立了专门的文物保护机构，广泛征集和精心保护历史文物。在征集、保护的文物中，有世界所罕见的贝叶经和唐卡，有元朝以来中央政府敕封西藏地方官员的封诰、诏敕、印鉴、金册、额得赐给的各类珠宝、器具，有元朝的纸币，有历代西藏地方政府及各地区首领上呈中央的奏折、文件、信函和大量的金石录、印章、壁画、牌位等。近几年，中央拨出巨款，精心维修了布达拉宫、甘丹寺等一批寺庙和扩建了布达拉宫广场。目前，布达拉宫和大昭寺都被列为世界文化遗产，进行重点保护。

西 安 市

【概况】 西安市地处中国西北东部关中平原中部，是陕西省省会，是中国西部地区重要的科技、文化、教育、商贸、金融、信息中心和加工工业基地，是著名的国际旅游城市。悠久的历史为西安遗存了丰厚的文物古迹，世界奇迹秦兵马俑、“中国最大石质书库”碑林、世界上保存最完整、最宏大的西安明城墙和钟楼、鼓楼、大小雁塔及周、秦、汉、唐四大城垣宫殿遗址等,这些人类文明殿堂中的瑰宝,使西安成为5000年中华民族发展的"天然历史博物馆"。

西安属温带大陆性气候,四季分明,年平均气温13.4℃,年平均降水量573毫米。西安境内河流众多,有渭河、泾河、产河、沣河、灞河、皂河、橘河、黑河、涝河等河流环绕,属黄河水系,水资源含量31.46亿立方米。

西安市现辖八区五县,面积9983平方公里,其中市区面积1964平方公里。平原面积25.53万公顷,山地面积51.55万公顷,塬地、坡地和丘陵面积20.17万公顷。西安拥有丰富的矿产资源,现已查明的有近50种,主要有铁、锰、铜、金、钨、玉石、花岗岩、大理石和石墨等。截至2000年底,总人口688万,其中市区人口326万,非农业人口286万。

【经济与社会发展】 西安市积极落实扩大内需、调整结构、深化改革等一系列政策措施,投资、消费、出口同步增长,经济持续、快速、健康发展,各项社会事业全面进步,人民生活水平继续提高,全面完成了"九五"计划的主要任务,提前实现现代化建设第二步战略目标。

2000年西安市实现国内生产总值689亿元,按可比价格计算,比上年增长13.1%,人均国内生产总值突破10000元,顺利实现了比1980年翻两番的目标。2000年全市财政总收入69亿元,比上年增长12.9%,其中地方财政收入46.96亿元,比上年增长14.9%,地方财政支出51.89亿元,比上年增长27.6%,"九五"期间全市地方财政收入年平均递增20.8%,2000年全市地方财政收入占国内生产总值的比重6.8%。

2000年全市第一产业增加值46亿元,比上年增长3.2%,"九五"期间平均递增4.5%;第二产业增加值330亿元,比上年增长15.9%,"九五"期间平均递增16.8%;第三产业增加值313亿元,比上年增长12.5%,"九五"期间平均递增12.1%。

农村经济全面发展,农业结构得到调整。2000年全市农业总产值74亿元,按可比价格计算,比上年增长4.3%,非农行业总产值847亿元,比上年增长3.3%。农村家庭从业人员213万人,比上年减少3.3%,从事传统农业生产的劳动力比重比"八五"期末下降3.1个百分点。

"九五"以来,西安市农业适应市场需求变化,积极调整生产结构,提高农业经济效益,粮经比例由"八五"期末的36:64调整到2000年的26:74。2000年,全市粮食总产量201.92万吨,比上年下降1.2%;油料总产量1.37万吨,比上年增长5.4%;蔬菜总产量162.14万吨,比上年增长5.8%;肉类总产量14.76万吨,禽蛋总产量13.83万吨,奶类总产量17.5万吨,分别比上年增长13.4%、1.7%和19.4%。

2000年全市农业机械总动力200.43万千瓦,比上年增长3%;农村用电量11.8亿千瓦时,比上年增长6.6%;农用排灌动力机械11.15万台,比上年下降2%;联合收割机年末拥有3456台,比上年增长1.7%。

工业经济稳步增长,国企改革取得成效。2000年全市实现工业增加值273亿元,按可比价计算比上年增长16.5%,完成工业总产值986亿元,其中全部国有及规模以上的非国有工业企业工业总产值531亿元,比上年增长14.2%,实现销售收入413亿元,比上年增长23%,实现利税总额33亿元,比上年增长42.6%。

2000年全市国有及规模以上的非国有工业企业新产品产值55.54亿元,一批技术含量高、市场需求旺的产品产量增长较快,其中彩色显像管345.5万只,比上年增长180.5%;程控交换机245.2万线,增长92.8%;微型电子计算机54762部,增长23.4%;通讯电缆2.2万公里,增长48.2%;汽车8832辆,增长19.9%;缝纫机41.4万架,增长119%;中成药1236吨,增长18.6%;建筑涂料176.8吨,增长56.5%。截止2000年底,全市已改制中小企业1054户,先后破产企业67户,兼并24

户，减负增效16户，债转股1户，建立现代企业制度38户，市直属国有企业改制37户，2000年末国有及控股企业已调整到415家，2000年全市国有及控股工业企业总产值415.1亿元，比上年增长15.8%，利润总额2.22亿元，实现整体扭亏。

投资力度不断加大，投资结构得到优化。2000年西安市全社会固定资产投资233.4亿元，比上年增长18.3%，全社会完成建筑业增加值57亿元，比上年增长9.2%。

"九五"期间，全社会固定资产投资累计817亿元，比"八五"投资增长1.45倍，五年累计建成投产项目1789个，新增固定资产452亿元。全市对工业性投入累计160亿元，比"八五"时期增长62.8%，加大了以交通运输、邮电通讯、城市供水、社会服务业、城市基础设施和房地产开发等为重点的第三产业投资力度，累计投资407亿元。全市房地产投资总额183.6亿元，比"八五"时期增长3.15倍。

不断提高对外开放水平，积极发展对外经贸合作。2000年，全市外贸进出口总额(海关数)17.3亿美元，比上年增长0.24%。其中外贸出口10.6亿美元，比上年增长12.8%。2000年全市自营外贸进出口总额4.35亿美元，比上年增长16.6%，其中出口2.77亿美元，比上年增长21%。

截止2000年底，全市有外商投资企业2162家，投资领域涉及到国民经济的14个门类34个行业。2000年全市协议利用外资5.41亿美元，比上年增长34%，实际利用外资1.56亿美元，比上年增长13.3%。"九五"期间，全市累计实际利用外资13.35亿美元，是"八五"期间的2.3倍。

开发区建设突飞猛进，旅游业再上新台阶。2000年西安高新技术产业开发区实现工业增加值55.4亿元，比上年增长35.7%，西安经济技术开发区实现工业增加值13.9亿元，比上年增长54.7%。2000年全市共接待国内外旅游者1567万人次，比上年增长24.4%，其中，国内旅游者1502万人次，增长24.6%，境外旅游者65万人次，增长17.4%，接待境外旅游者中，外国人占84%，港、澳、台同胞占16%。全年旅游业总收入105亿元，比上年增长27%，其中创汇2.7亿美元，增长20%。

2000年，全市社会消费品零售总额328.5亿元，比上年增长10.2%，全市拥有各类商品交易市场513个，其中年成交额在亿元以上的有24个。2000年，城镇居民人均可支配收入6364元，比上年增长6.1%。2000年末城乡居民储蓄存款675.8亿元，比上年增长12%；城镇居民人均消费支出5445元，比上年增长1.6%，比1995年增长44.6%，年平均递增7.7%；城镇居民人均居住面积10.1平方米。2000年全市农村居民人均纯收入2344元，比上年增长6.4%。全市农村居民人均消费支出1605元，比上年增长7.6%。2000年全市居民消费价格总指数100.2，商品零售价格总指数98.7，农产品成交价格总指数93.2。

2000年末，全市拥有独立核算科学研究机构735个，技术贸易机构739个，各类专业技术人员36.9万人，全市专利批准数6139件。"九五"期间共列入国家、省级火炬计划项目112项、"星火"计划项目95项。2000年末，全市拥有普通高等学校25所，在校学生17.4万人，比上年增长15.2%；各类中等专业技术学校47所，在校学生6.02万人，比上年增长4.7%；成人高等教育学校在校学生数11.8万人，比上年增长19.2%；普通中学466所，在校学生48.3万人，比上年增长11%；小学2323所，在校学生77.8万人，比上年下降2.5%。

2000年末广播人口覆盖率和电视人口覆盖率分别达98.69%和95.08%；全市卫生机构数(不含诊所、卫生保健所、医务室)637个，卫生技术人员46917人，床位数31690张；已建成20个国民体质监测站，体育锻炼达标率87.1%，2000年西安运动员在各项赛事中获亚洲冠军2个、全国冠军4个。

【投资环境】 "九五"期间，西安市组织实施重大基础设施项目80多项,总投资150多亿元。2000年末全市道路长度975公里,道路面积1262.5万平方米,人均道路面积5.12平方米。全市供水综合生产能力139.3万立方米/日,市区公共汽车、电车运营车辆10277辆。全市年末绿化覆盖面积6542公顷,人均公共绿地面积5.12平方米。城市用气普及率81.5%,比上年增加1.1个百分点。

邮电通信业继续保持高速增长。2000年全市邮电业务总量42亿元,比上年增长37.1%;年末电话交换机总容量205万门,比上年增长41.2%,电话用户141万户,比上年增长48.8%;2000年全市无线寻呼79万户,比上年增长33.6%;全市移动电话用户73万户,比上年增长62.4%;互联网工程获得迅速发展,2000年上网用户突破20万户。

公路交通运输能力稳步提高。公路客运量8266万人次,比上年增长4.5%,公路客运周转量39.32亿人公里,比上年增长73.7%,公路货运量7082万吨,比上年增长4.1%,公路货物周转量41.97亿吨公里,比上年增长39.9%。

城市环境综合整治、污染防治和环境卫生工作成效显著。2000年年末市区累计建成烟尘控制区面积168平方公里,覆盖率达100%;城市空气综合污染指数比上年下降了10.2%,二氧化硫浓度下降了21.2%,二氧化氮浓度下降了7.1%,大气总悬浮颗粒物浓度下降了5.7%;城市道路交通噪声为68分贝,比上年降低0.2分贝。2000年垃圾粪便无害化处理率90.98%,比上年下降2.46个百分点。

根据西安市确定的产业发展重点,鼓励投资商在以下几个方面优先投资发展:以电子信息、现代生物制药、机电一体化、光电子、新材料和高效节能环保等六大产业为重点的高新技术产业,包括建立高科技研发中心;以装备工业、轻纺工业、化学工业和建筑与材料等四大产业为重点的传统产业改造升级;以旅游服务设施、景观建设和旅游资源综合开发为重点的旅游产业;以交通、通讯、市政、供水、供电、供热、供气等城市公用事业为重点的基础设施建设;以新型住宅、社区综合服务设施和旧城改造为重点的房地产开发;以卫星城、县城和小城镇基础设施为重点的城镇体系建设;以农田水利、优质高效农业和农产品深加工为重点的城郊型农业;以垃圾和污水处理、林业、小流域和荒山荒滩为重点的生态环境建设。

改革政府审批制度,简化招商引资的审批程序。除国家重大项目和有特殊规定的项目以外,凡是企业用自有资金或利用银行贷款投资于国家鼓励和允许类产业的项目,项目建议书和可研报告合并一道按规定程序报批,初步设计、开工报告不再报政府审批,相应简化投资项目审批程序。

清理行政事业性收费项目,切实减轻投资商和企业负担。取消市政府定的投资商在申办设立企业过程中的收费项目和投资企业行政事业性收费项目,除“办理营业执照”和“办理海关注册登记”外,有关国家、省政府和有关厅局的收费项目向上级请示建议取消,在未取消前,投资企业免缴,由财政代为支付。市定标准的外商投资企业场地使用费和新菜田开发建设基金收费下调50%。增加收费工作透明度,实行收费项目、标准、依据和投诉电话“四公开”,所有收费在投资服务中心结算处统一缴纳。除此之外的任何收费,缴费人(企业)有权拒交,并可随时向投诉服务中心举报。

降低土地使用费用,建立科学合理的建设用地供应制度。对征用集体土地,受让、承租国有土地的审查、审批手续,对领取国有土地使用证,只要用地合法、权属清楚、资料齐全、费用结清,市土地行政主管部门7个工作日办结。对重点工程建设用地审批、报批、发证,节假日照常办理。需要省政府及国务院审批的建设用地,市土地行政主管部门负责跟踪催办,缩短报批时间。对投资企业的土地使用收费按国家规定的低限执行。“耕地开垦费”最高不超过每亩1万元;属于市南北中轴线、二环路临路两侧经批准的12层以上(含12层)

建设项目和建筑高度控制在9米区域内的建设项目，降低一个土地等级标准确定土地出让金；“外商投资企业场地使用费”由按月收缴改为按年收缴。

充分发挥政法机关的作用，为投资商及企业提供良好的法制环境。各级政法部门按照公开、公正、高效的原则，不断改进工作作风，强化服务意识，简化办事程序，公开办事制度，落实各项服务措施。积极培训和发展律师、公证和基层法律服务机构，充分发挥这些中介组织的作用，为投资商提供优质法律服务。

建立符合国际惯例的管理体制和市场运行机制。积极培育和发展以资本、技术、人才为主的生产要素市场，创新融资方式，拓宽投融资渠道，推进科技成果产业化及市场化进程。发展产权交易市场，优化资源配置，实现投入和退出的良性机制。充分发挥教育、科技优势，培养急需的高层次领导人才、管理人才和技术人才。积极推进人事、分配制度改革，建立人才激励和竞争机制，留住、用好现有人才。对一些高层次专门人才和紧缺急需人才，要实行特殊政策，打破地域、编制、职级限制，积极主动地引进，并切实解决好他们的实际困难，为他们创造良好的生活工作条件。

【利用外资和对外贸易】 截止2000年底，西安已累计与世界145个国家和地区建立了直接贸易关系，同美国、日本等世界贸易大国保持了稳定的贸易伙伴关系。2000年西安市进出口总值17.33亿美元，比1999年增长0.2%；其中出口10.61亿美元，比1999年增长12.2%。

截止2000年底，西安市累计批准外商投资企业2162个，合同外资额47.2亿美元，累计实际利用外商投资22.7亿美元。到西安投资的国家和地区已达51个，美国《财富》杂志排定的1999年全球500强已有18个在西安投资。外商投资以生产型项目为主，资本密集型和技术密集型项目逐年增多。市属实际借用国外贷款累计2亿美元，主要投向于城市供水、供气、通讯、污水处理等城市基础设施领域。已经完成或正在实施的重大项目有西安改扩建电话网工程、黑河引水工程、天然气城市气化工程、北石桥污水处理厂一期工程、邓家村污水处理厂改扩建工程、西郊集中供热工程等。

【重点开发项目】 全市共安排基础设施建设、生态环境的保护与建设、经济结构调整等重点建设项目90项(含中省项目18项)。这些项目涉及总投资469.3亿元，年度计划投资约125.3亿元，其中基础设施项目30项，总投资337.3亿元，年度计划投资82.3亿元；农业项目9项，总投资29.7亿元，年度计划投资2.7亿元；高技术产业及工业结构调整项目34项，总投资63.8亿元，年度计划投资25.4亿元；旅游、商贸、社会公益事业项目17项，总投资38.5亿元，年度计划投资14.9亿元。

黑河金盆水利枢纽工程。水库库容2亿立方米，装机2万千瓦，坝高130米，项目自1996年开工，预计工程将在2002年完成。西安高架快速干道一期工程。全长10.7公里，项目总投资6.41亿元，项目前期工作已基本完成，即将开工建设。城市道路网及排水管网工程。包括市内14条城市主干道的拓宽改造，以及这些道路的配套水管网建设，总投资17.4亿元。城市配水管网改造扩建工程。改造配水管网总里程176公里，新增输配水能力50万吨/日，使输配水能力达到172万吨/日，项目总投资3.2亿元。天然气城市气化二期工程。建设规模为新增日供气80万立方米，新增气化用户19万户，使城市气化率达到95%，项目总投资7.76亿元，现已完成项目的可行性研究报告。北石桥污水净化中心污水深度处理回用项目。污水深度处理10万吨/日，项目总投资8900万元。西安江村沟垃圾填埸二期工程。该工程占地1110亩，容量4900万立方米，总投资5920万元人民币，预计整个项目将在2002年底完工。

西安高新区基础设施建设项目。包括高新区内基础设施二期工程和电子工业园、长安科技产业园、新材料科技园、光电子园等多个园区建设,总投资37亿元。西安经济技术开发区基础设施建设项目。包括经济开发区建设一期工程、二期工程和出口加工园区建设三个部分,总投资41亿元。西安交通大学高科技产业园。园区占地面积330亩,总建筑面积30万平方米,基础设施投资5.5亿元,项目总投资20亿元,投资建设年限为2000年至2005年,园区建成后,入区企业的年销售收入可望达到80~100亿元。

农业综合开发项目。包括西安市的周至、户县、高陵、临潼等九个区县,主要内容是改造中低产田、改善农业基本生产条件,改善生态环境以及区县扶持的种、养、加工等多种经营。截止2000年底累计完成投资3.7亿元,完成中低产田改造134万亩,建设农田防护林网16万亩,扶持和新建44个多种经营企业,新增粮食生产能力2.3亿公斤。西安康鸿科技股份有限公司片式变压器用压电陶瓷产业化项目。项目总投资1.88亿元。西安野生动物园项目。项目总投资2.89亿元,占地200公顷,动物类别300种,共计万余头(只),该项目已于2000年开工建设。

【经济协作与对口支援】　到2000年底,西安已与日本的京都、奈良、船桥,伊朗的伊斯法罕,英国的爱丁堡,德国的多特蒙德,韩国的庆州,法国的波城,巴基斯坦的拉赫尔,罗马尼亚的亚西市,乌克兰的第聂伯市,美国的堪萨斯,加拿大的魁北克等14个国家的16个城市结为友好城市,并在经济、贸易、科技、文化等领域进行着广泛的交流与合作。

2000年5月中旬参加了福州市举办的“海峡科技成果交易会”。组织摊位40个,共签定合同内联项目7个,引进外地资金7220万元,内联协议项目1个,协议引进外地资金200万元。

2000年6月组团参加重庆市三峡国际旅游节及投资贸易洽谈会,活动期间,举办了“西安丝绸之路国际旅游节及西安投资与贸易洽谈会新闻发布会”,并与重庆市有关部门及企业进行了对口座谈,加强了两市部门、企业间的合作交流。

2000年9月参加了武汉国际机电产品博览会,共组织14家企业16个展位参展并与武汉市签定友好城市的协议。

2000年10月西安市成功举办了中国西安投资与贸易洽谈会,会上共有武汉、兰州、乌鲁木齐、北京、上海、广州、大连等来自全国18个城市的代表团参加,陕西省的咸阳、渭南、榆林、商洛、安康、延安等地市也分别组团参加洽谈会,友好城市展团共设展位347个。西安市在本届洽谈会上签定引进国内资金项目268个,总投资66.74亿元人民币,其中国内资金59.13亿元人民币。

2000年先后有189家外地企业来西安设立办事机构,较上年增长幅度较大。全年市委、市政府组织接待前来西安市考察的团组数十个,促进了西安市与外地交流与协作。

兰　州　市

【概况】　兰州市是甘肃省省会,是中国西部地区重要的政治、经济、文化、信息中心,北连白银、银川,东接天水、宝鸡、西安,西抵河西走廊、新疆、西南可达青海、西藏,是我国大西北地区的重要交通枢纽,也是黄河上游最大的现代化工业城市。辖城关、七里河、西固、安宁、红古五区和永登、榆中、皋兰三县,总面积1.31万平方公里,其中市区面积1631.6平方公里;2000年全市总人口290.68万人,其中非农业人口159.75万人。居住着汉、回、藏、东乡、裕固、撒拉等38个民族,少数民族人口约10万人。

兰州市地处内陆,位于陇西黄土高原西北部的黄河上游,属甘肃省中部干旱地区,植被稀少,西部和南部山区以松、柏、云杉、桦、杨等次生林为主,自然植被较好,北部有少量人造林,森林覆盖率8.5%。辖区内的河流主要有黄河、大通河、庄浪河、湟水等,均属黄河水系。

兰州市物产资源丰富。有野生植物520

多种，其中300多种是具有较高经济价值的中药材，载入中国药典的有132种（包括矿物中药3种）。饮誉全国的甘肃特产甘草、当归、大黄、党参、红（黄）芪等质量好、产量高，开发条件优越，经济前景可观。兰州市日照、温差、土壤等条件适合瓜果生长，盛产玫瑰、百合、白兰瓜、黄河蜜、黑瓜子、水烟、蕨菜等，玫瑰油和百合产量居全国首位。兰州市有野生动物180多种，其中3种被列为国家一类保护动物，10种被列为国家二类保护动物，17种被列为国家三级保护动物，特别是黑鹳被列为世界濒危物种公约保护对象。

兰州市境内已探明各种矿点、矿床156处，主要有黑色金属、有色金属、贵金属、稀土、能源等9大类、35个矿种。其中煤、水泥灰岩、石英岩及玻璃用石英砂构成省内优势资源。金、石膏、芒硝、多金属、大理石等潜在开发远景看好。

兰州市历史悠久，自然风光独特，人文景观众多，是古丝绸之路重要的旅游区。以兰州市为中心的大旅游区内，较著名的旅游景点有炳灵寺、拉卜楞寺、五泉山、白塔山、鲁土司衙门、金天观、白云观等名胜古迹和兴隆山、吐鲁沟、石佛沟等自然风景区，旅游开发潜力很大。

2000年底，城镇人口230.29万人，建成区达160平方公里，城市化水平达到50%以上，人口主要集中在城关、七里河、安宁和西固四区，全市建制镇21个，非农人口23.5万人。

兰州市水土流失严重，全市水土流失面积12471平方公里，占总土地面积的95.3%。改革开放以来，全市人民坚持造林种草，到2000年底，累计治理水土流失面积3251.6平方公里，占水土流失总面积的26%，天然草场总面积1154万亩，占总土地面积的56.8%，近年来，兰州市紧紧抓住国家实施西部大开发战略的机遇，积极实施退耕还林还草工程、南北两山环境绿化建设工程和国家生态环境建设综合治理县（区）工程。2000年，南北两山新增造林绿化面积8.12万亩，累计22.12万亩。退耕还林还草4.5万亩，永登、榆中、皋兰和七里河区生态县（区）建设也取得新的进展。

兰州市是一个东西长、南北窄的带状盆地城市，特殊的地形使得市区空气污染较重。为改善大气环境，兰州市委、市政府先后实施了以绿化、气化、热化、阳光为主要内容的“蓝天工程”和防治城区冬季大气污染“特殊工程”，城市环境质量得到较大改善。

【经济与社会发展】 2000年，兰州市实现国内生产总值309.4亿元，比上年增长8.8%。人均国内生产总值10300元，比上年增长6.8%。三次产业协调发展，第一、第二产业和服务业增加值分别达到15.9亿元、162.9亿元和130.6亿元，分别增长4%、8.2%和10.4%，三次产业的比重为5.1:52.7:42.2。全市大口径财政收入27.3亿元，比上年增长9.9%，一般预算收入16.6亿元，比上年增长10.3%。非公经济实现增加值68亿元，占国内生产总值的22%。

2000年，兰州市农业经济结构调整步伐加快，由传统农业向高产优质高效农业发展。粮经比例由1999年的36.9:63.1调整到2000年的28.7:71.3。以蔬菜、瓜果、肉、禽、蛋、奶产业基地和百合、玫瑰、瓜籽、虹鳟鱼等名优特产基地为主要内容的城郊型农业发展加快。粮食、蔬菜、水果、肉类产量分别达到33.46万吨、99.88万吨、9.99万吨和3.55万吨。乡镇企业总数12896户，从业人员23.18万人，增加值40.6亿元。全市农民生活水平有了明显改善，边远贫困地区整体解决了温饱，解决了人畜饮水问题。小康乡36个，小康村335个，分别占全市乡、村总数的40%和41.5%，宽裕型小康村11个。

兰州市的工业主要以石油化工、机械、冶金、建材、毛纺、制药、塑料、皮革、电子、煤炭、电力等行业为主，数量多、门类也比较齐全，具有一定规模和一定技术水平，并与西北资源开发比较配套。其主要工业产品润滑油、合成橡胶、浓硝酸、电解铝、铁合金、普通电机、石油钻采设备和精纺呢绒等在全国占有重要地位。

随着国企改革力度的加大,工业经济运行质量逐步提高,企业效益开始好转,2000年全市国有企业整体扭亏为盈,工业实现增加值125.2亿元,比上年增长7.9%,其中市属工业完成增加值40亿元,比上年增长10.1%。

兰州市是西北地区重要的商品集散中心,大商贸、大流通、大市场格局初步形成。2000年底,全市拥有各类市场243个,年成交额224亿元,比上年增长10.3%。年成交额过亿元的市场32个,东部综合批发市场、张苏滩蔬菜瓜果批发市场、光辉布料批发市场进入全国50强行列。全市实现消费品零售总额160.1亿元,比上年增长8.54%。兰州市对周围地区的吸引辐射作用明显增强,辐射面达到中西部八省区。

兰州市基础设施建设力度不断加大,2000年在建的主要项目有兰州至白银、兰州至巉口、柳沟河至古浪、尹家庄至中川机场高等级公路,中川机场和兰州火车站扩建工程、宝兰铁路二线工程、涩——宁——兰天然气管道等工程。邮政电信业发展很快,2000年底,市话总容量76万门,电话普及率为每百人23.6部,其中城市电话普及率达到每百人35.1部,移动电话用户38.35万户;城市供水、排水、供气、供热、供电、道路等基础设施建设不断推进,城市绿化、美化、亮化、净化和南北两山绿化等生态环境综合治理工程力度加大,城市形象明显改观。

兰州市是全国重要的科研基地之一,拥有各类科研机构700多家,各类专业技术人员30余万人,人才密度居全国大中城市前列,综合科技实力名列第19位。以重离子加速器为代表的9个国家重点实验室和各类科研机构,创造了一批国内外一流的科研成果。兰州高新技术产业开发区内高新技术企业273家,2000年完成技工贸总收入42亿元,比上年增长48.9%,增加值12亿元,增长42.9%。

全市基本普及九年制义务教育,城区开始普及高中阶段教育,标准化小学建设和薄弱初中建设加快,2000年建成标准化小学68所,累计626所。高等教育、职业技术教育的规模不断扩大,各类学校在校生61.27万人,比上年增加1.07万人,其中普通高等院校及成人高校在校生8.75万人,比上年增加2.15万人,大专院校扩建和后勤服务社会化改革取得较大进展。

2000年兰州市成功举办了"敦煌百年文化旅游节",群众性的文化活动日益普及,社区文化、广场文化、村镇文化、企业文化、校园文化、军营文化等活动水平不断提高,文化设施不断改善。农村三级卫生网基本建成,医疗水平有较大提高,全市拥有各类医疗卫生机构(含个体诊所)1336个,专业卫生技术人员1.97万人;全市参加养老保险的企业职工15.7万人,参加失业保险的职工68万人;竞技体育和群众体育协调发展。

2000年兰州市城镇居民人均可支配收入5850元,农民人均纯收入2005元,城乡居民用于居住、医疗、交通等消费支出比重上升,居住条件不断改善,2000年,市区人均居住面积8.74平方米,农民人均生活用房16.59平方米。

【投资环境】 为积极应对西部大开发,兰州市制定颁布了《关于切实改善投资环境的若干规定》和《兰州市鼓励外商投资若干政策规定》(试行)、《兰州市进一步扩大对内开放若干政策规定(试行)》,鼓励内外商投资生态环境建设、农业综合开发、基础设施建设和高新技术产业。设立了兰州市外引内联投资项目联合服务办公室,对国内外投资者实行一个地点办公,一个窗口对外,一条龙服务和统一管理、限时办理制度;市直各部门建立"四公开一承诺"服务公示制度,即公开办事政策,公开办事内容,公开办事程序,公开办事人员,承诺服务标准和服务时限,建立行政事业收费项目公示制度,责任追究制度;突出了重大项目的协调服务和跟踪落实,实行领导联系制度,部门领导负责制度及专人跟踪落实制度,积极协调解决各种困难和问题,切实保障投资者的合法权益,投资环境有了较大改善。

【利用外资和对外贸易】 2000年,兰州市积极实施大经贸战略和外向带动战略,消除亚洲金融危机带来的不利影响,突出招商引资、对外贸易和对外经济技术合作等重点工作,外经外贸工作取得新的成绩。全年实现外贸进出口总额4.04亿美元,比上年增长25.38%,其中出口总额2.8亿美元,增长11.85%。新审批"三资"企业56户,合同利用外资1.1亿美元,比上年增长15.8%,其中吸引外商直接投资7082.74万美元,比上年增长15.8%,累计审批"三资"企业1301户。"兰洽会"签订外引项目合同56个,合同投资总额15.7亿元,其中引进外资1.27亿美元。

兰州市以举办2000年"兰洽会"为契机,广泛邀请国外客商,积极推介项目,做好签约项目的跟踪落实。赴外参加各种投资贸易洽谈会,进行投资贸易洽谈,"青洽会"、"厦洽会"、"西洽会"签订利用外资协议3项,总投资4000万元。2000年底,在兰州市投资办企业的国家和地区达到38个,涉及电子、化工、机械、医药、纺织、农副产品加工等28个行业。

兰州市与80多个国家和地区建立了经贸合作关系,其中香港、澳门、日本、东南亚、北美、西欧是主要的贸易伙伴。兰州市的出口商品主要有五矿、化工、机电、有色金属、纺织、医药、粮油食品、土畜产等10大类。机电产品出口比重逐渐增大,2000年达到3683.32万美元,占全市出口总额的13.1%,比上年增长84.17%。2000年5月,兰州市被国家外经贸部、国家科技部确定为科技兴贸试点城市,兰州海默公司、甘肃西脉公司、兰州长兴化工厂被列为国家科技兴贸重点扶持项目,已申请贷款1.38亿元。甘肃民族科技研究院、兰州百利丰工艺品有限公司、奇正藏药集团等7家企业和科研机构取得进出口经营权。截止2000年底,兰州市正在执行的国际多边援助项目8项,受援金额220.25万美元。另外,2000年又新上报申援项目7项,申援金额167.11万元人民币。全市执行国际工程承包、劳务合作、设计咨询服务项目35项,执行合同金额5100万美元,实现营业额5300万美元,派出各类劳务人员720人次。全年共派出国(境)团组109个、347人,接待来自美国、俄罗斯、日本、澳大利亚等国家的宾客团组13个、187人,先后与英国乔利市、毛里塔尼亚努瓦克肖特等7个城市结为友好城市,促进了相互间的合作与交流。

【重点开发项目】 兰州市供水扩建工程。是兰州市综合环境治理工程四个子项目之一,工程概算为10.01亿元,主要工程内容包括扩建和改造一水厂、二水厂,新建和改造输、配水管网系统等三方面,工程建成后,可新增取水与输水能力45万立方米/日。兰州"二热"供热管网工程。工程总投资29237万元,主要工程内容包括建设供热管网31.92公里,热力站69座,生产营业配套建筑5868平方米,总供热能力540万平方米,工程建成后,可拆除兰州市城关区中心区548台分散的燃煤小锅炉,使中心区40%的建筑实现集中供热,每年可节约煤炭22万吨 ,减少烟尘排放8460吨,二氧化硫1320吨,环保效益、社会效益、经济效益明显。兰州煤气管道工程。工程总投资28220万元,主要工程内容包括日供气54万标立方米,建设长输管线34.7公里,门站3座,阀室2座,市内管网203.63公里,调压站55座,调压箱400个,工程建成后,每年减少排放二氧化硫3917吨,烟尘1224吨,炉灰6.67吨,节煤17万吨,能有效改善兰州市区大气污染状况,环境效益、社会效益明显。兰州市北滨河路工程。工程总投资78400万元,主要工程内容分为东、西两段,东段(城关黄河大桥至石门沟桥)全长3.25公里,路幅宽度26~52米,西段(七里河黄河大桥至银滩黄河大桥)全长4.9公里,路幅宽度42米,整个工程由道路、河堤、桥涵、照明设施及绿化等项组成,项目建成后,可大大缓解市区交通拥挤状况。兰州市滨河西路西延工程。工程总投资6.14亿元,东起小金沟,西至西新线,全长14.7公里,为城市主干道,主要工程内容包括新建河堤7.7公里,加固旧河堤3.8公里,修建地道(或高架桥)1座,洪道桥4座,涵洞3座,敷设雨水干管15.3公里,工程建成后,可形成连接七里河区和西固区的东西向第二条大通道,从而减轻交通压力。兰州市南北两山环境绿化建设工程。工程总投资6.6亿元,主要工程内容包括新增绿化面积33万亩,上水以及项目区道路、通讯、林业设施等工程的建设。项目建成后,可使兰州市的生态环境和自然面貌发生较大变化,取得明显的生态效益、社会效益和经济效益。秦王川万亩农业综合开发工程。为充分发挥引大入秦工程的经济效益、生态效益和社会效益,加快灌区农业发展步伐,兰州市永登县在中川镇中堡(中川—堡家窑)公路沿线建设高效农业综合开发示范园区,计划通过横向联合、综合开发、全面开放、积极引进、吸纳、应用一系列农业新技术、新成果、新品种,力争使园区成为未来农业发展前景的窗口,该园区总体规划占地面积1.2万亩,拟建蔬菜基地、药材基地、花卉和经济林基地、百合生产基地、葡萄生产基地、啤酒大麦生产基地、农作物良种繁育基地和玫瑰生产十大基地,园区概算总投资3120万元。多项流量计产业化项目。项目总投资12505万元,主要工程内容包括建设年产MFM1000/2000系列多相流量计1000台,FM1000系列两项分析检测仪1000台,FM2000系列油气水三项分析检测仪1000台生产线,达产后年均销售收入可达93917万元,创汇9800万美元。

【经济协作与对口支援】 2000年,兰州市共签约国内经济联合与协作项目196项,签约项目总投资67.37亿元,签约项目引进资金57.91亿元。其中签约合同项目170项,合同项目总投资32.91亿元,合同引进资金30.75亿元。签约项目已开工或投产112项(剔除兰州市县区间、部门间合作的开工或投产项目),引进到位资金6.4亿元,加上1999年结转的79个项目,2000年共引进到位资金11.3亿元。市外投资的大项目在数量和规模上都高于往年,5000万元以上的合同项目20项,亿元以上的合同项目9项,北京华联综合超市、江苏常柴股份、浙江广厦集团、江西洪都摩托等一批国内知名工商企业和品牌相继入驻兰州市。

为适应西部大开发的形势要求,2000年兰州市密切了对外联系与交流,与合肥市、呼和浩特市、蚌埠市缔结为友好城市,使与兰州市缔结的友好城市达到8个,利用各地举办的大型经贸洽谈会,有目的、有针对性地组织多次招商引资活动。加强外地驻兰机构的管理服务,2000年办理审批登记外地驻兰机构58家,累计416家。2000年外地驻兰机构在兰州市投资3.2亿元,累计投资超过15亿元。

西　宁　市

【概况】 西宁市地处青藏高原东部、黄河支流湟水上游,是青海省的政治、经济、文化、教育、科技、交通和商贸中心,具有悠久的历史文化,得天独厚的高原风光,丰富的物产资源,绚丽多姿的民族风情,是青藏高原一颗璀璨夺目的明珠。西宁市区平均海拔2261米,属大陆性高原半干旱气候,年均气温6.5摄氏度,年降水量327毫米,冬无严寒、夏无酷暑,是天然的避暑胜地。

西宁迄今已有2100多年的历史,1949年解放,成立市人民政府。现辖城东、城中、城西、城北四个区和大通、湟中、湟源三个县,总面积7665.23平方公里,年末常住人口174.47万人,市区面积350平方公里,人口73.17万人,由汉、回、土、藏、蒙、满、撒拉等37个民族组成。

西宁市拥有丰富的物产资源。湟水河贯穿市区,地表水年径流量18亿立方米,水资源量13.99亿立方米。耕地面积15.96万公顷,盛产小麦、油菜籽、蚕豆、马铃薯等主要农作物。药用植物资源丰富,主要有柴胡、防风、大黄、党参、黄芪等。矿产资源主要有煤、铁、铜、金、镍、彩玉、萤石、石膏、钙芒硝、粘土、砂石、石灰石、硅石、白云石、玄武岩、高岭土等,其中石英岩储量占全国第一,玄武岩列全国第二,石膏居全国第三位。同时,背靠省内丰富的钾盐、钠盐、镁盐、石棉、芒硝、锂、锶、煤、石油、天然气等丰富的矿产资源和水电资源,具有良好的开发前景。

西宁地处古“丝绸之路”南路和“唐蕃古道”上,是古代东西往来的必经之路。壮丽的高原风光,悠久的河湟文化,凉爽的夏季气候,成为国内知名的避暑旅游胜地。西宁名胜古迹众多,奇峰突兀、巍峨壮观的大通老爷山距市区30公里,山上苍松翠柏层层叠叠,殿阁祠宇、亭台楼榭引人入胜。全国著名的佛教胜地塔尔寺是藏传黄教创始人宗喀巴的诞生地,寺内藏有大量珍贵文物和善本藏经,该寺的酥油花、壁画、堆绣被誉为艺术“三绝”。位于市区西郊的南凉遗址虎台,为公元4世纪古南凉国王颁令筑成。道教名刹北山寺有佛阁楼宇和“九窟十八洞”,山巅“宁寿塔”相传为唐玄奘西天取经而建。已有600多年历史的东关清真大寺是西北著名的四大清真寺之一,其建筑风格融汇了回、藏、汉宫殿建筑之精华,庄严肃穆、特色鲜明。此外,西宁周边有享誉盛名的青海湖鸟岛、日月山、互助北山国家级森林公园及孟达天池等。

【经济与社会发展】 改革开放以来,在西宁市委、市政府的领导下,全市人民艰苦创业、真抓实干,以基础设施建设、生态环境建设、特色经济培育、改革开放、“科教兴市”等为重点,抢抓西部大开发的历史机遇,积极开展各项工作,全市经济实力不断增强,社会事业全面发展。2000年,西宁地区实现国内生产总值92.01亿元(现价),较1999年增长10%,三次产业比例为8.8:43.8:47.4;地方一般预算收入5.32亿元,增长16.6%;固定资产投资53.82亿元,增长4.79%;社会消费品零售总额52.71亿元,增长10.8%;城市居民人均可支配收入5298.54元,增长11.1%,农民人均纯收入1512元,增长4.4%。

经过多年的发展,西宁市的农村经济逐步形成了以农业生产为基础,以菜、油、奶、蛋、肉、鱼、花卉等多种经济作物为重点的城郊型经济格局。在此基础上,全市进一步强化农业的基础地位,继续稳定和完善党在农村的基本政策,农村经济在深化改革中发展较快,种植业结构得到合理调整,农牧业投入增加,“菜篮子”工程建设进展加快,农村的二、三产业有了较快发展,经济稳定增长。2000年,全市实现农业总产值7.57亿元(90不变价),较1999年增长3.44%;乡镇企业总产值39.1亿元(90不变价),增长24.88%,其中工业产值17.7亿元,增长20.16%。

西宁是青海省的工业加工基地,依托省内丰富的资源,初步形成了以煤炭、电力、冶金、机械、建材、化工、纺织、服装、食品、医药为主的工业体系。机床、工程机械及各种工具产品的生产具有一定规模和水平;纺织工业,特别是毛纺工业,从纺纱、织造到后整理,工艺先进,质量较高。服装制品选料精良、质优价廉;轻工以灯泡、塑料、皮革制品、藏地毯为主,品种不断增加;化学工业已形成以化肥、制药、氟化盐、硫酸、红矾钠、润滑油等拳头产品的支柱行业;建材工业在充分开发利用地方资源的基础上,已形成水泥、沥青、砖瓦、保温材料、PVC低发泡板、舒乐舍板、石膏及其制品等系列产品;结合西宁地方特色,大力开发了绿色食品、乳制品系列、三刺系列、虫草系列等保健、营养食品,部分产品已销往国外,工业实力明显增强。2000年,西宁地区完成全部工业总产值79.94亿元。其中市属完成38.55亿元。

西宁是全省的商贸中心,商品经济发达,城乡市场繁荣,市场体系建设逐步向社会化、多功能、高层次发展。在传统服务领域不断拓展的同时,邮电、金融产业迅速壮大,房地产、文化娱乐、技术、劳务、中介服务、信息咨询等行业蓬勃兴起,成为西宁经济增长的重要推动力,2000年全市第三产业实现增加值43.65亿元。

西宁市科技教育比较发达。现有各类科研机构及科技综合服务机构99个,专业科技人员7万余人,已开发出一批科技含量高,经济效益好的产品,一大批农业科技示范基地、科技先导型企业在全市的经济社会发展中发挥了重要作用。教育已形成以基础教育为主,成人教育、职业教育、高等教育协调发展的格局。现有包括私立学校在内的普通高校7所,普通中专18所,普通中学152所,小学908所,在校生29万余人。西宁市现有公共图书馆5所,博物馆2所,影剧院22所,文艺表演团体8个,电视综合人口覆盖率95%,可以满足不同的文化娱乐需求。医疗条件相对优越,有包括3所三级甲等医院在内的各类医疗保健机构348处,卫生技术人员9800余人,病床8600余张,各种先进医疗器械及设备,完全能够随时解决和满足市民及外来人员的就医需求。体育设施不断完善,体育产业化进程逐年加快。

【投资环境】 西宁市是青海省和青藏高原对外联系的桥梁和主要的陆路门户,全省90%的调入商品和80%的调出商品及入藏的大部分商品和物资都需要通过西宁周转,交通运输业相对比较发达。青藏、青新、宁张、宁果等十多条干线公路以西宁为中心,延伸八方,联系省内外。兰青、青藏铁路经由西宁,日发固定客运列车9.5对,始发终到列车有至北京、上海、青岛、郑州、银川、兰州、格尔木9对列车,通过客列格尔木—兰州1对。拥有4D级机场一座,已开通至北京、广州、上海、成都、西安、乌鲁木齐、拉萨、沈阳、重庆、深圳、青岛、郑州、武汉、格尔木14条航线。2000年全市完成客运量2362万人次,货运量1813万吨。

西宁市是全省邮电通信中心,已经形成四通八达的通信网络,并全部实现程控化,传输数字化。固定电话交换机容量35.1万门,固定电话用户23.66万户;移动通信交换机容量27.5万门,移动通信电话用户15.7万户;数据通信业务基础用户1219户,多媒体增值业务(163、169)用户5974户。

城市建设不断取得新的进展。2000年7月,经国务院批准,设立了西宁国家级经济技术开发区,2000年9月开发区管委会正式挂牌运行。开发区总体规划面积12.79平方公里,通过多渠道、多方式地吸引国内外投资,发展高新技术产业,重点是盐湖化工、有色金属、石油、天然气等资源的精深加工产业和中藏药、食品、生物化学制品等特色产业及生态环保、新材料、信息技术工程等新兴产业。

为进一步拓展城市规模,提高城市载体能力,西宁市积极实施"扩市提位"的发展战略,开展新城区建设,2000年9月,城南新区筹委会成立,该区总面积30平方公里,其中核心片规划面积5.54平方公里。力争把城南新区建设成以房地产业、商业贸易、信息产业、旅游观光、文化娱乐、生态园林、特色资源精深加工为主的现代化新型生态城区。

城市基础设施建设力度不断加大,投入不断增加。拓修改造了市内主要道路,新建南绕城快速路及昆仑桥、柴达木路立交桥、海湖路(桥)等城市骨架道路,对各出口道路进行了改造建设,西宁——平安高速公路开工建设,城市载体功能和辐射能力进一步增强。

西宁市委、市政府一直把招商引资、扩大开放作为全市工作重点大力改善投资软环境,先后出台了《关于改善投资软环境的决定》、《西宁市基本建设项目简化审批程序实施细则(试行)》、《西宁市招商引资项目联合服务办公实施细则(试行)》、《西宁市联合服务办公制和登记备案制的实施细则》、《西宁市建设项目集中联合审批办法(试行)》等一系列文件和优惠政策。成立了西宁市招商局、西宁市招商引资项目联合服务办公室,对国内外来宁投资者实行"一个地点办公、一个窗口对外、一条龙服务和统一受理、限时办理"的制度,改善了投资环境,提高了办事效率。

【利用外资与对外贸易】 1992年,西宁市被列为内陆开放城市,加强了与国内外、省内外的联系、协作与交流,对外开放步伐加快。2000年,西宁市获得总投资在3000万美元以下的外商投资企业审批权。累计批准"三资"企业110家,总投资19753万美元,合同利用外资10071万美元,其中2000年新批准"三资"企业20家,投资总额7552万美元,合同利用外资4044万美元。

1993年，西宁市外贸公司获得外贸进出口经营权，结束了不能出口创汇的历史。截止2000年底，全市获得进出口经营权的企业21家，有出口业绩的13家，形成了国有、集体、私营、"三资"企业几路大军共同出口的格局。出口产品主要有碳化硅、镁锭、工业明胶、骨胶、羊毛手工打结毯、肠衣等。2000年西宁地区完成外贸进出口总额13504万美元，比1999年增长50.68%。

【重点开发项目】 南绕城快速路工程。工程总投资78900万元，建设道路全长20.3公里，已完成跨河桥一座(昆仑桥全长1.26公里)及格尔木路至民和路段的11.25公里道路工程，排水、照明和附属工程，2000年10月底通车。宁大路改建工程。工程总投资14709万元，工程分一、二期两期实施，道路全长10公里，已于2000年全部建成通车。海湖路工程。工程总投资13699万元，工程分一、二期进行，主要新建道路1916米，立交桥一座，跨河桥一座及照明、供排水管道敷设等，工程已于2000年11月建成通车。

西宁市排水管网改造。工程总投资16522万元。主要敷设污水管网(DN300—DN1000mm)37.25公里，雨水管网(DN300—DN1200mm)6.55公里，管网总长114公里，截止2000年底已完成八一路至德令哈路、新宁路、西关大街、互助路、祁连路等道路的雨水污水管网改造，敷设总长度73公里，完成投资7348万元，西宁市污水处理一期工程。工程总投资16900万元，工程建设规模为日处理污水8.5万吨，主要建设污水处理厂沉淀池、曝气池、敷设排污管线11.4公里，污水处理的设备购置安装以及总图工程等，截止2000年底，防洪堤、综合楼、食堂已竣工；完成初沉淀池、二沉淀池、曝气池主体及沉淀池、曝气池配水井基础，累计完成投资10153万元，西宁市垃圾处理工程。工程总投资9800万元，主要新建沈家沟、刘家沟垃圾卫生填埋场；改造西杏园、纳家山、火烧沟垃圾填埋场等，截止2000年底，已完成沈家沟垃圾处理场场区工程及进场道路，刘家沟垃圾处理场场区工程，进场道路正在抓紧进行；完成西杏园、纳家山、火烧沟垃圾填埋场改造；设施购置已基本完成；公厕及垃圾中转站已有部分建成投入使用，累计完成投资9105万元。西宁市城市天然气工程。项目总投资22338万元，主要建设门站、两座几何容积5000立方米高压储气球罐及相关配套设施、自动控制系统、调度及抢险中心、城市输气管网95公里、第二配气站、两座汽车加气站（CNG站）等配套设施，截止2000年底已敷设城市输气管网43公里及门站、第二配气站基础开挖，完成投资5514万元。

樱花广场。项目总投资8516万元，占地面积11.1万平方米，截止2000年底，完成征地拆迁33.5亩，土方挖运2万立方米，筑水泥稳定层950立方米，卵石垫层800立方米，铺贴花岗岩1400平方米，广场砖4500平方米，PVC排水管安装500米。新世纪广场。项目总投资47659万元，占地面积72000平米。城东区国家生态环境建设一、二期工程。项目总投资2760万元，工程分一、二期组织实施，主要建设灌溉泵站，敷设供水管道，改造渠道，修建上山简易公路，荒山造林等，工程已于2000年底建成。湟水河重点整治工程西宁市城区段工程。总投资8625万元，截止2000年底已完成主河堤4.7公里(其中南岸主河堤全部建成)，北岸副河堤1.1公里，橡胶坝及行人廊桥完成南侧基础结构施工，拆迁各类建筑物3.1万平米，完成投资4600万元。青海大通水泥有限责任公司年产8万立方米加气混凝土项目。项目总投资1423万元，主要建设年产8万吨加气砼生产线，新建厂房2360平米，购置蒸养釜、切割机等设备118台(套)，以及供电、供排水、热力等配套设备工程，工程于2000年建成投产。青海晶珠藏药有限公司GMP达标技术改造，项目总投资6825万元，按照GMP要求改造中药提取生产线、胶囊、水丸、口胶液等生产线,改造藏药传统的药剂剂量,增加新品种,截止2000年底完成投资3200万元,完成藏药大楼及部分配套设施建设,部分设备已安装投入使用。青海明诺胶囊有限公司20亿粒机制空心硬胶囊项目。项目总投资5237万元,建设年产20亿粒机制硬胶囊生产线,截止2000年底完成生产厂房土建工程。水井巷华德花园广场。项目总投资23804万元,占地面积2.4公顷,总建筑面积111810平方米,截止2000年底完成宾馆及写字楼等部分建设主体工程。首批教育贴息贷款项目。1999年,西宁市委、市政府首次采用银行贷款4200万元,建设36所中小学采暖设施和14所中小学教学理化楼,总建筑面积3.3万平方米,截止2000年底,基本竣工交付使用西宁市少年宫。西宁市少年宫新宫建设项目总投资1796万元,占地面积14.26亩,总建筑面积9014平方米,工程已于1999年底基本建成。西门口体育中心。该工程由体育大厦、体育综合楼、游泳馆三部分组成。工程总投资133331万元,总建筑面积51900平方米,体育大厦投资5893万元,主要建设包括健身、娱乐、体育服务、运动员公寓、商贸购物、写字办公楼等设施;体育综合楼:投资2625万元,主要建设体育活动用房及部分商业用房,2000年底建成投入使用,游泳馆。投资4813万元,主要建设包括25米×21米的标准游泳短池及冲浪、滑道等水上娱乐项目的嬉水馆及配套设施和商场、餐饮、康体、娱乐等设施。

【经济协作和对口支援】 西宁市针对自身地处高原内陆,外资投入相对较少的情况,明确提出了"主动出击,让利在先,得利在后,敞开城门,全方位开放"的战略,积极主动地加强了同其他城市和地区特别是与东、中部地区的横向经济联合与协作、交流、实现地缘、区位、经济优势的互补。辽宁省经贸代表团、武汉市党政代表团、上海市代表团等一批高层次代表团曾先后来到西宁考察、访问。西宁市也先后组成各种层次的代表团、商务考察团赴沿海和内地经济较发达地区进行考察、访问,并相继达成了一批合资、合作项目协议。同时与上海浦东新区结成了友好城区,积极开展对口支援工作。

2000年成功召开"东部民营企业参与西北经济结构项目洽谈会"、"畜产品交易会"、"西宁市招商引资项目信息发布会"等一系列大型经济协作、招商引资洽谈会,取得了良好效果。全市达成协议项目320余项,协议金额87亿元,实施项目150余项,实际到位资金6亿元,为西宁经济的发展增添了活力。

银川市

【概况】 银川市是宁夏回族自治区首府,位于黄河上游银川平原中部,南北长82公里,东西宽64公里。辖三区两县(城区、新城区、郊区、贺兰县、永宁县)。银川市属西北干旱区及内蒙古高原干草原、荒漠草原区。海拔1000~1117米,沃野百里,沟渠纵横,是西北著名的"鱼米之乡"。银川属中温带大陆性气候,年平均气温8.5℃,年平均日照时数2800~3000小时,年平均降水量203毫米,蒸发量1700毫米,无霜期157天。全市总面积3560.8平方公里。银川地处鄂尔多斯台地凹陷带的西北部,矿产资源丰富。境内贺兰山段矿藏有5大类21个品种。主要有煤矿、赤铁矿、熔剂白云岩、熔剂硅石、熔剂石灰岩、磷块岩、水泥石灰岩、辉绿岩等,其中贺兰石石质莹润,用以制砚,呵气生水,易发墨而护毫,有"一端二歙三贺兰"之盛誉。

2000年末银川市总人口100.94万人,非农业人口56.44万人,银川市城市建成区面积50平方公里,西有贺兰山苏峪口森林公园、小滚钟口;东有黄河胜景长河落日、横城古渡;北有沙水共存的沙湖;南有芦荡纵横的鹤泉湖。市内有海宝塔、承天寺塔、鼓楼、玉皇阁、南关清真寺等历史宗教建筑,还有贺兰山岩画、西夏王陵、三关口明长城、拜寺口双塔等历史遗迹。镇北堡华夏西部影视城更是历史与现代艺术结合的新景观。

历史上的银川地区有“塞上江南”的美誉。但由于自然的不足及人为的破坏，银川市生态环境的现状与其它西部城市一样严峻。水土流失严重，银川市水土流失面积9.43万公顷，可利用土地资源不断减少，土壤逐渐瘠薄，土地沙化形势严峻。除贺兰山 的天然林及几个林场外，几乎没有形成规模的林地。湿地面积萎缩，生物种群锐减，现有湖泊面积2.66万公顷，湖泊和森林植被的破坏，致使生物栖息地隔离或片段化，种群、群落结构遭到破坏，自然景观类型逐渐单一。

银川市在国家和自治区政府的大力扶持和帮助下，先后实施了“三北”防护林体系建设工程、农田防护林体系建设工程、德援贺兰山东麓防护林体系建设工程、防风固沙林建设工程、黄河护岸林营造工程、生态农业示范基地建设、沃土工程、人工种草建设工程和水土保持综合治理工程。在国家西部大开发的号召下，银川市加大生态环境保护力度，实施银川市湖面湿地保护利用工程，保护、开发和恢复以湖泊为主的自然景观，把银川市建设成为民族特色与田园风光融为一体，具有水乡风格的休闲、娱乐和旅游风景区，再造山川秀美的“塞上江南”。

【经济与社会发展】 2000年银川市完成国内生产总值95亿元，按可比价格计算，比1999年增长9.5%，其中第一产业增长1%，第二产业增长9%，第三产业增长12.7%。三次产业比重为11.1%、43.8%、45.1%。物价总水平继续低位运行，除居住和服务项目类价格比1999年上涨外，其它类别商品价格都有不同程度的下降，与1999年相比，居民消费价格总水平下降0.8%，商品零售价格总水平下降2.3%。地方财政收入保持强劲增长态势，完成地方财政收入8.85亿元，地方财政支出10.8亿元。

2000年银川市城市居民人均可支配收入5622元，比1999年增长8.8%，扣除价格因素，实际增长9.7%；人均消费性支出5369元；农民人均纯收入2712元，比1999年增长2.1%，扣除价格因素，实际增长3%。2000年城市居民人均居住面积10.1平方米，农村居民人均居住面积27.26平方米。

2000年银川市共实施科技计划项目133个，48项科技成果获奖，其中8项获省部级奖，40项获地市级奖，获奖科技成果全部得到推广及应用。各项社会事业得到进一步发展。全市共有普通高等院校4所，在校生15901人，中等专业学校19所，在校生13576人，中学76所，在校生61330人；小学296所，在校生110089人。文化事业蓬勃发展，全市有艺术表演团体8个，文化馆、群艺馆6个，图书馆5个，博物馆2个，电影放映单位29个，广播电台2座，电视台2座，有线电视台2座，广播、电视混合覆盖率均为100%。卫生事业继续发展，全市共有医疗卫生机构97个，医院床位数5402张，卫生技术人员6908人。卫生防疫工作成绩突出，脊髓灰质炎、新生儿破伤风等疾病已被消灭和控制。农村卫生建设继续加强，全民保健意识和健康水平得到提高。

【投资环境】 为了贯彻实施西部大开发战略，以大开放促大开发，扩大招商引资，推动经济持续、快速、健康发展。银川市执行自治区人民政府颁布实施的《宁夏回族自治区鼓励外商投资规定》、《关于进一步改善外商投资软环境的若干规定》、《“宁夏回族自治区鼓励外商投资规定”有关问题的通知》、对投资者实行投资直通卡服务承诺等有关政策。这些政策从税收、土地、运输、贷款贴息等方面给予尽可能的优惠，积极鼓励外商来宁投资发展。

基础设施建设步伐加快。公路建设突飞猛进，2000年银川市100%的乡镇通了等级公路和公交班车，公交运营线路网长度265.8公里，公路通行能力明显提高，现有109、110、211、307等4条国道和银平、银巴、石营、银古等4条省道以及宁定等跨省公路，公路货运量1280万吨，货运周转量15.29亿吨公里。公路客运量2301万人，旅客周转量11.58亿人公里。年末拥有各种民用汽车3.55万辆。新建的中宝铁路与欧亚大陆桥的陇海线相接，经新疆可抵达中亚和欧洲。新建的银川河东机场可供波音767、空中客车A300全重起降,是国内4D干线机场,也是欧亚国际航路重要的备降机场。现开通银川至北京、上海、广东、西安、成都、乌鲁木齐、昆明、重庆、沈阳、青岛等11条航线。天然气输气管道年输送天然气6亿立方米,加压后可达10亿立方米,极大地促进了工业天然气化工发展,目前民用天然气工程正在加快建设中。邮电通信发展迅速。银川市拥有邮电局、所94所,2000年市话交换机总量34.61万门,电话用户26.01万户,全市电话普及率36.4%,其中城市电话普及率57.4%,无线寻呼用户13.80万户,移动电话用户10.78万户。

重点开发建设区域。2000年,自治区政府积极向国务院申报,批准建设的银川经济技术开发区,规划近期建设面积5.24平方公里。主要发展高新技术研究开发与应用产业、天然气化工产业、特色医药产业、特色农业及农副产品深加工产业、环保与节能产业。使之逐步建成以外向型经济为主,带动全区及周边地区发展的新的经济增长区。

银川高新技术产业开发区。2000年,进区企业300多家,其中高新技术企业22家,该区重点发展新材料、生物及食品工程、医药与精细化工、光机电一体化、节能与环保产业。争取"银川高新技术产业开发总公司"组建上市,实现由管委会向企业化管理过渡。把开发区建设成为全区深化改革、建立新型管理体制和运行机制的试验、示范区,高新技术企业的密集区和技术创新的辐射源,科技成果产业化的孵化基地。

郊区良田东西合作示范区。2000年开始实施的良田工业区南扩二期工程,以发展生物工程和建材业为主,积极吸引东部企业进区发展,使之成为新的经济增长点和东西合作的示范区。

永宁征沙渠生态环境综合治理开发区。完成基本农田保护区内10万亩中低产田改造,湿地保护1.6万亩。利用征沙渠丰富的土地资源及适宜种植环境,大力发展葡萄、枸杞、麻黄、银杏、杜仲等经济作物的开发种植,形成特色农业产业,力争成为全国生态环境综合治理的示范区。

永宁望远经济技术开发区。距银川市南7公里,该区依托现有企业发展特色医药产业,吸引多家企业进区。

贺兰马家寨经济技术开发区。距银川市北10里的贺兰县境内,建设重点是发展建材业,吸引乡镇企业和非公有制经济进区发展。

农业高新技术产业示范区。采用现代农业设施、农业高新技术和先进管理模式建设现代化农业科技推广示范基地。发展高效农业、生态农业、观光农业、无土栽培、林果花卉、现代牧业、高效渔业、综合服务等。

优势产业及发展潜力。优质农副产品加工业。依托伊斯兰民族特色优势,以奶制品、牛羊肉的深加工为重点,形成全国清真产品生产和出口基地。以宁夏"独优"葡萄、枸杞为原料,在鲜食葡萄储藏、葡萄酒酿造,枸杞营养成份提取等方面重点开发,形成全国独特的绿色保健品深加工基地。发展新型酶制品、特种饲料等生物技术应用产品。

石油天然气化工产业。利用靖边到银川天然气输气管道,中卫—银川的输油管道,利用油气资源,提高天然气、原油加工能力,把银川建成我国重要的石油天然气化工基地。

特色医药产业。宁夏要建成中国西部的药谷,银川则应建设成为药谷的科研中心和制药中心。应用生物技术对枸杞、甘草、麻黄草、苦豆子等中草药进行开发、研究和生产,实现系列化、规模化、品牌化和国际化,形成一批具有自主知识产权和品牌的药品。

旅游产业。建成富有独特魅力的旅游名城为目标,围绕"西夏古都"、"回族风貌"、"塞上江南"的开发建设,形成世界西夏文化探寻中心、西部最著名的影视中心、中国岩画博物馆、国家回教基地、全国最大的水上迷宫等五个闻名国内外的王牌景点。

新型建材产业。重点发展新型墙体材料、

新型防水密封材料、新型绝热材料。

农业。发展草食型、节粮型畜禽业,重点抓好优良品种的引进和改良,发展特种养殖业。以优质水稻、小麦为原料,形成区域食用粮加工中心。进一步抓好露地菜生产基地配套设施建设,将节能日光温室蔬菜生产作为优化蔬菜产业结构的重点,大力发展果蔬、中草药等经济作物种植,形成牛、羊、猪、鱼、鸡规模化养殖,同时发展特种禽、畜、水产品养殖,提高种植业、养殖业的附加值,进一步强化先进栽培技术和名特优新品种的运用和推广。

【利用外资和对外贸易】 随着西部大开发战略的实施,银川市采取有效措施扩大对外开放的空间和领域。2000年,银川市新批准设立外商投资企业20家,总投资1.09亿美元,合同外商投资额5058万美元,实际直接利用外资602万美元。截止2000年底,全市累计批准外商投资企业381家,合同外资额3.54亿美元,实际直接利用外资额9623万美元。征集和推出涉及农业、轻工食品、化工建材、机械电子、生物医药、旅游环保、产权技术交易及技术引进等八个方面,共157个招商项目。

2000年银川市政府组团到上海、福州、厦门、东莞等地招商,参加了乌兰巴托、比什凯克市等境外国际商品交易会,与吉尔吉斯首都比什凯克市建立了银川市第一个境外友好城市关系,与广东东莞市签定了经济技术合作市协议。启动了政府上网工程,在中央电视台推出了银川市形象广告,全年接待境外游客0.72万人,旅游外汇收入180万美元。

外贸进出口连续增长,1999年外贸进出口总额完成2.37亿美元,比1998年增长8%,其中出口总额完成2.25亿美元,比1998年增长8.5%。2000年外贸进出口总额完成2.55亿美元,其中出口总额完成2.31亿美元,主要出口产品为棉纱、四环素、硅铁、羊绒、羊毛衫、棉坯布等。

鼓励投资方向。农业及农产品深加工。奶制品、牛羊肉等清真产品的深加工及生产基地建设,葡萄、枸杞等绿色保健品深加工基地建设,食用粮精加工中心建设,应用生物技术发展新型酶制品、发酵制品、生物肥料、特种饲料等、优质小麦、水稻、枸杞、葡萄、桑蚕等生产基地建设,高新农业示范基地建设,二代节能日光温室建设。工业。工业高新技术开发、引进,科研成果利用,天然气化工系列产品的开发、研究;特色医药产业。枸杞、甘草、麻黄、苦豆子等中药材的开发、研究;节能与环保产业。环保型热工设备等无公害、无污染、无放射性的新型节能产品的开发、研究;生态环境。治理沙化土地、退化草原、防治土壤盐渍化及湖泊湿地保护利用等生态工程的开发建设;旅游业。旅游资源开发及基础设施建设;教育。建设示范民族中学、发展远程教育、继续教育,计算机智能化教育、中高级职业教育;基础产业。交通设施建设、给排水设施建设、民用天然气工程、城市环境保护、城市园林建设、城市集中供热、经营性公用设施经营权转让、国家级银川经济技术开发区基础设施建设。

【重点开发项目】 银川橡胶厂载重子午胎项目。项目总投资8亿元,年生产能力30万套全钢载重子午胎,预计2001年底完工,进行设备调试并投产,项目建成后,年产值10亿元,利润1.5亿元。广夏制药厂麻黄制品开发项目。项目总投资1.4亿元,年生产能力为麻黄制品100吨,预计2001年底投产,项目建成后,年产值5亿元,利润2亿元。绿谷药业苦参素开发项目。项目总投资7000万元,年生产能力为40吨苦参素原料药及5400万支苦参素注射液,预计2001年底投产,项目建成后,年产值2.3亿元,利润1亿元。

银川市郊区八里桥蔬菜园艺场项目。项目总投资5000万元,总占地面积2000亩,主要建设生态农业区、农展馆、高效农业区、渔业区、林果花卉区、休闲娱乐区、牧草种植区等七个小区,预计2002年底完工,项目建成后将会成为旅游、观光、休闲为一体的生态农业示范区。银川市郊区掌政乡春林村昆仑农业科技示范园。项目总投资3338万元,总占地面积

1000亩,主要建设高效蔬菜温棚,预计2001年底完工,项目建成后将大大提高银川市蔬菜种植业的科技含量,并为银川市市民吃上“放心菜”作出贡献。银川郊区生态建设综合治理项目。项目总投资1600万元,计划营造生态防护林0.8万亩,种草600公顷,封育治理600公顷,治理水土流失面积90平方公里,治理荒漠化面积70平方公里,治理和保护湖泊湿地4平方公里,森林覆盖率提高1.3个百分点,达到5.6%,预计2001年底建设完工并进行验收,项目建成后,将有效地减轻水土流失、沙化和荒漠化的危害,对改善银川市生态环境、气候产生重要影响。

【经济协作与对口支援】 横向经济联合向纵深发展,一个全方位、多层次、宽领域的对外开放格局已基本形成。2000年,银川市多渠道全方位开展东西合作工作。共签定贸易和经济技术项目88个,协议总投资13.15亿元,协议引进资金6.9亿元。实施东西合作项目41项,协议引进资金3.13亿元,实际到位资金2.3亿元。先后有宁波、邯郸、深圳、广州、上海、沈阳、福州、中国青年企业家协会等40多个政府、团体、企业组成的经贸考察团来银川了解情况、进行经贸考察和项目合作。

参与举办了“2000年首届中国银川国际摩托车旅游节”、“2000年西部科技大集及物资交流大会”、“宁夏旅游商品展销会”、“全国清真食品展销会”、“银川首届水产品交易会”、“第二届国际岩画研讨会”、“全国粮油精品展销会”、“中国大漠黄河旅游节”等活动,加强与国内外的多层次交流。

对口支援及重点项目。福建新思路投资公司投资1.7亿元开发改造新城区赵家巷;西宁市城中区商贸局与宁夏星火科技集体饲料有限公司投资6000万元建设畜禽、水产品市场;温州熊猫集团与宁夏全味乳品投资2000万元,合资建设乳品生产项目;辽宁味精工业研究所与宁夏谷氨酸厂投资1700万元,合资扩建谷氨酸项目;上海与福建企业合资在银川建设焊接器材有限公司投资1000万元。江苏如皋市擎天建材有限公司与宁夏建成建材有限公司成立的合资公司仅用了4个月就完成了互相考察、市场调研、设备安装、投入生产;上海市住宅科技投资股份公司无偿帮助银川市建设两幢多层建筑平改坡工程等项目都在政府的协调支持下得以顺利实施。

参加了全国少数民族首府城市市(盟)长联系会、宁蒙陕毗邻地区经济联系年会。银川市与广东东莞市结为经济协作市、与上海市静安区结为友好市区,永宁县与福建连江县结为友好县,城区与南京鼓楼区、天津河西区结为友好区,城区计经局与上海静安区计经局结为友好局,城区工商联与上海静安区工商联结为友好商会,银川市科委与福州市科委结为友好科委、银川市第一人民医院与北大第一医院结为友好医院。有12家外地政府和单位在银川市设立办事处。

乌鲁木齐市

【概况】 乌鲁木齐市位于天山中段北麓、准噶尔盆地南缘,东西南三面环山,北为广阔冲积平原,属干旱半干旱大陆性气候。平原年降水量200毫米左右,年均气温6.2℃~7.5℃,山区年降水200~500毫米,年均气温-5.3℃~3.6℃。冰川和永久性积雪面积164平方公里,储水量73.9亿立方米,发源于冰川的乌鲁木齐河等四大水系,年径流量9.17亿立方米,水能理论蕴藏量18.5万千瓦;天然森林9万公顷、水域0.53万公顷,可利用的野生植物300余种,冲积平原上有耕地6万多公顷、草场60多万公顷,加之光热资源比较丰富,年日照时数2500~3000小时,无霜期150~190天,具有发展农作物生产的良好条件。地下煤炭储量在100亿吨以上,盐、芒硝、石膏、油页岩、铜等矿产都有较大储量。此外,市南郊乌拉泊—柴窝堡—达坂城是著名的百里风区,年平均风速6.2米/秒,有效风能2000~3000千瓦·小时/平方米·年。水磨沟温泉,日平均流量220立方米,温度在28℃以上,现已开发为温泉疗养院。

乌鲁木齐市人文、自然景观奇特,有博格达峰、一号冰川等景观。南山自然风景区有大面积的原始森林和天然草场,夏季是避暑胜地,冬季是天然滑雪场。“亚州地理中心”、水磨沟温泉风景区、毛泽民故居、清代文人纪晓岚的书屋—阅微草堂、红山镇妖古塔、二道桥民贸饮食一条街、伊斯兰建筑等具有浓郁的民族特色和地方文化。

2000年乌鲁木齐市总人口208.2万人,其中非农人口133.76万人,少数民族人口44.44万人。

乌鲁木齐市辖7区1县,总面积1.2万平方公里,其中城市规划区面积1600平方公里,建成区面积139.55平方公里。有两个国家级开发区——乌鲁木齐经济技术开发区和乌鲁木齐高新技术产业开发区,5个二类口岸,每年9月1日~8日举办中国乌鲁木齐对外经济贸易洽谈会,是我国西北部对外经济技术交流和贸易往来的窗口。乌鲁木齐市是新疆政治、经济、科技、文化、交通、信息的中心,是第二座亚欧大陆桥中国西部的桥头堡。

乌鲁木齐市贯彻污染防治与生态保护并重、生态保护与生态建设并举的方针,国家级的生态示范区沙依巴克区生态示范区正在建设之中,水磨沟区生态示范区的建设也在进行之中。通过周边荒山、荒坡绿化、美化工作,充分发挥绿色植物净化空气、美化市容、改善城市生态环境的功能。环境保护以“一控双达标”工作为重点,围绕防治煤烟型污染、工业粉尘治理、汽车尾气污染控制三大任务,加大治理力度,空气质量有所改善,城市空气质量指数三级和好于三级的天数占75.68%。

【经济与社会发展】 乌鲁木齐市国内生产总值由1999年的249亿元增加到2000年的279亿元,农业产业结构得到进一步优化,农业产业比重依次为农业68%、畜牧业28%、林果业1%、渔业3%。扩大经济作物和畜禽养殖规模化生产,实现农业增加值3.8亿元;蔬菜总产量59.3万吨。实现工业总产值244.77亿元,工业经济效益综合指数81.56%,乡镇企业总产值41.12亿元。

乌鲁木齐市积极落实各项建设资金,加强基础设施建设。在房地产开发投资高速增长的拉动下,固定资产投资由1999年的109.69亿元增加到2000年的138.34亿元,其中房地产开发投资42.59亿元,增长1.83倍。同时消费市场开始复苏趋旺,物价水平有所回升。实现社会消费品零售总额118.67亿元,比1999年增长11.05%,居民消费价格指数上升0.7个百分点。

2000年乌鲁木齐市接待国际旅游者13.44万人次,增长25.6%;实现国际旅游收入3.2亿元,增长25.49%,并荣获“中国优秀旅游城市”称号。

地方财政收入28.05亿元,增长12.2%;地方财政支出21.38亿元,增长3.64%。金融机构各项存款余额661.91亿元,比年初增加108.07亿元;贷款余额580.16亿元,增加149.69亿元;城乡居民储蓄存款余额254.86亿元,增加18.31亿元。

城镇居民人均可支配收入7252元,增长8.63%。农牧民人均纯收入3381元,增长4.8%。居民居住条件明显改善,城镇居民人均居住面积13.24平方米,98%的居民住上了楼房。城镇居民人均文化教育娱乐消费支出825元,增长13.79%。

2000年乌鲁木齐市政府开展群众性精神文明创建活动,强化诚信观念,大力提倡诚实、守信的美德和良好民风,以法律为依据,促使社会树立起良好的道德观念和统一的行为准则。

乌鲁木齐市在2000年共组织实施市级科技项目129项,素质教育进一步推进,现有高等院校11所,在校学生46710人,普通中专36所,招生40687人,普通中学110所,在校学生73103人。卫生机构1127个,拥有病床14114张,专业卫生技术人员18317人。计划生育工作的各项指标均控制在目标以内,人口出生率11.06‰。城镇职工基本医疗保险制度和医药卫生体制改革工作已经启动。

安置城镇下岗人员就业3.25万人,下岗职工再就业率57%,城镇登记失业率3.98%。社区服务建设得到加强,全市70%以上的街道办事处设立了社区服务中心,最低生活保障制度得到落实,确保了企业离退休人员基本养老金、下岗职工基本生活费和城镇居民最低生活保障金全员、及时、足额发放。

【投资环境】 改革开放以来,乌鲁木齐市以经济建设为中心,积极改善投资环境,先后出台了促进经济发展的各项优惠政策和措施,不断扩大内资和外资投资领域。

乌鲁木齐市基础设施建设在房地产开发投资高速增长的拉动下,保持快速增长,人民路道路改造工程、城市交通改善项目、苇湖梁热电联产热网工程等项目均按目标进度进行。城市自来水普及率100%。市区基本实现了排污管道化。管道天然气工程1991年动工,集中供热面积2000万平方米,管道天然气工程累计安装用户10万余户,其中已通气6万余户。

重点区域建设。乌鲁木齐市本着突出重点,扶优扶强,率先发展基础较强、政策较优、增长潜力巨大的两个开发区的区域经济,加快建设若干个卫星小城镇,积极培育新的经济增长点和经济带,带动全市经济快速发展。首先,重点加强两个开发区的建设,通过5~10年的建设,使开发区基础设施完善、环境优美、产业结构合理、综合经济效益突出,成为西部地区对外开放综合投资环境一流、竞争力较强的经济示范区,成为带动乌鲁木齐市经济快速发展的龙头。其次,发展小城镇建设,坚持统一规划、合理布局和城市功能多样化的发展道路,深化城镇化发展的各项配套改革,切实打破城乡分割体制,建立人口有序流动的机制,形成布局合理、功能完善、规模适度、结构协调的城镇体系。按照“边缘城区体现实力”的要求,结合工业结构调整,加快头屯河区、东山区的工业园区建设步伐。

面对加入世贸组织的机遇和挑战,乌鲁木齐市以企业为主体,依靠体制创新和科技进步,充分发挥市场机制的作用,加强政府政策引导,大力推进国民经济和社会信息化进程,全面提高各产业的整体素质和经济效益。优先发展商贸业、旅游业和社区服务业,大力发展现代服务业,增强第三产业先导作用;改造提高传统工业,壮大支柱特色工业,积极发展高新技术产业,强化第二产业基础地位;大力发展高效农业、特色农业,推进农业产业化进程,优化第一产业;使三次产业协调发展,奠定现代化国际商贸城的产业基础。

【利用外资和对外贸易】 2000年,乌鲁木齐市合同利用外资2334.83万美元,项目主要涉及畜牧业、生物制品、投资咨询服务、国际托运、房地产开发和珠宝首饰加工等行业。前来投资的国家和地区主要有澳大利亚、美国、俄罗斯、加拿大、日本、瑞典、哈萨克斯坦和香港等。

2000年乌鲁木齐市完成外贸进出口总额6.55亿美元,比上年增长6.43%,其中进口1.96亿美元,出口4.6亿美元,分别比上年增长19.57%和2.98%,进出口贸易呈现较快增长。两个开发区完成出口贸易总额1.04亿美元。2000年“乌洽会”成交金额7500万美元,协议利用外资2160万美元。与乌鲁木齐市开展外贸进出口业务的国家和地区由过去的19个发展到22个,进出口贸易额达到1000万美元的国家和地区有哈萨克斯坦、美国、日本和香港特别行政区,500万美元至1000万美元的国家和地区有巴基斯坦、俄罗斯、吉尔吉斯斯坦。主要出口商品有25种,出口额在1000万美元以上的商品有实木家具、羊绒衫、服装和杂项百货;出口额在300万美元到1000万美元的商品有毛纱线、毛针织服装、鞋类、焦炭、铝材。

【重点开发项目】 乌鲁木齐市加强重点项目建设与管理,强化对建设项目的组织、协调和服务,及时解决建设过程中存在的问题,保证年度目标任务顺利完成。2000年,安排重点建设项目15项,其中全部投产项目3项,部分投产(续建)项目12项,预备项目2项。重点建设项目计划总投资477455万元。

乌鲁木齐市锅炉总厂工业污水处理制造(续建项目)。新建厂房2358平方米及安装设备47台,年产JHX系列射流气浮净化机150台套,总投资5095万元,2000年年底完成厂房主体工程。工程计划2001年4月竣工投产。市十九中教学楼工程。建教学楼12000平方米,总投资2000万元。人民路道路改造工程。道路改造1.7公里,总投资5300万元,已基本完工通车,计划2001年完成道路两旁绿化、站牌等设施。乌鲁木齐市环球会展中心。主体及外装修工程已完工,现进行内装修及设备安装,计划2001年2月完工,投资3000万元。乌鲁木齐市城市交通改善项目。修建城市快速道路30.16公里,高架道路7.21公里,建设年限2000~2003年,总投资22.6亿元。乌鲁木齐苇湖梁热电联产热网工程。建设年限1998~2001年,供热面积350万平方米,总投资23588万元。乌鲁木齐市排水管网改扩建工程。建设年限1999~2001年,修建排水管网128公里,总投资1.98亿万元。

【经济协作与对口支援】 乌鲁木齐市按照"突出重点、积极参与、协调服务、注重落实"的经济协作工作思路,围绕西部大开发,落实执行项目144个,引进资金到位2.46亿元,挂靠名优产品16个,完成物资协作任务3.26亿元。

2000年乌洽会,共签订国内贸易及产权交易项目111个,成交总金额35.28亿元。在2000年中国西安投资与贸易洽谈会上,共签订合同金额3.01亿元。

2000年乌鲁木齐市人民政府为市民拟办的十五件实事:加大大气污染综合治理力度,全年拆并分散供暖锅炉381台,拆除城乡结合部家用小锅炉1014台,2000年,市环保局通过加大各项大气污染防治措施的实施力度,使市区空气质量得到了改善,全年空气质量指数三级和好于三级的天数为277天。

绿化乌鲁木齐市区周围荒山1800亩,河滩四期绿化600亩,着手兴建南湖绿色广场。实际完成乌鲁木齐市区周围荒山绿化4523.6亩,超额完成2723.6亩,完成河滩路四期绿化工程627.3亩,超额完成27.3亩。

外环路工程总投资22.6亿元,全长31.25公里,共分为21个标段,计划2000年完成的10.4公里的工程分为7个标段,征用土地388亩,完成土方开挖162.95万立方米,砂砾垫层20.47万平方米,面层16.8万平方米。

改造人民路、和平路等主干道路,修建贯穿高新区的长春路,新建地下通道2座(华凌市场与红山市场之间,二钢市场与同成市场之间),人行天桥3座,人民路改造工程于2000年4月15日正式开工,8月20日竣工通车,改造后主车道宽22米,绿化带宽2米,人行道宽8米。

开展城市交通"畅通工程",乌鲁木齐市6月1日开始组织实施"畅通工程",并根据公安部工作要求,把光明路定为2000年度"严管街"达标道路,使"光明路—严管街"道路交通面貌明显改观,七道湾路5路公共汽车已于6月19日正式开通,共19辆车,八道湾路15路公交车也已于本月恢复运营,新开两条公交车线路。

加快管道天然气工程建设,使用户达到10万户,苇湖梁热电联产热网工程实际完成主、支管线7229.8米,建成换热站12座,自管站2座,完成投资3169.3万元,首站计量室已建成投入运营,实际新增供热面积78万平方米,新增天然气、液化气改装车1250辆,其中改装出租车600辆、公交车400辆、中巴车250辆,已建成天然加气站3座,液化气加气站5座,2000年,经济适用房开工328.97万平方米,已竣工84.9万平方米,分别为年目标的5.98倍和3.69倍。

完成新建垃圾袋装化收集站200座,垃圾转运站1座,均为年目标的100%;28条市容市貌达标街(其中市容示范街5条)已按照国家标准进行规范化管理,完成了达标任务。

2000年共安置城镇人员就业32497人,年末城镇登记失业率3.98%,达到了控制目标。本年度国有企业进入再就业服务中心的下岗职工累计8396人,已分流安置就业4787人,再就业率57%;同时对2203名有培训要求的下岗职工进行了再就业培训,培训合格率为92%。

落实最低生活保障制度,确保下岗职工基本生活费、企业离退休人员养老金和城镇居民最低生活保障金全员、及时、足额发放到位。2000年共为8396名下岗职工支付基本生活保障费2957万元,为10.91万名离退休人员发放养老金73857万元;截止12月底,乌鲁木齐市累计发放保障金595.77万元,有67957人次受到保障救助。确保了下岗职工基本生活费、企业离退休人员养老金和城镇居民最低生活保障金全员、及时、足额发放。

加城社区服务建设,70%以上的街道办事处设有社区服务中心,为下岗职工提供就业岗位1303个。市老年公寓占地面积4800平方米,建筑面积6089平方米,2000年10月完工并投入使用。社区卫生试点工作进一步拓展,今年先后启动天山区延安路、新市区二宫、北站三个街道办事处五个点进行社区卫生服务试点,并组织人员按"社区卫生服务建站标准"及"社区卫生服务考核标准"进行了检查验收。

搞好牧民定居工程,牧民定居工程实际完成牧民定居180户,新建暖圈656座。2000年是"村村通广播电视"工程实施的最后一年。市广播电视局积极与市财政局协调,经多方筹集资金,建立了65个自然村广播室。

南湖副食品农贸市场已批准立项,但由于市场选定位置的地理构造不符合建设要求,规范设计等手续尚未办妥,该项目由于客观条件限制,年内只完成了项目的立项及前期准备工作。

"菜篮子"工程建设完成翻建、新建温室大棚1927座,粮田改菜田10000亩,新增蔬菜11万吨,分别为年目标的192.7%、166.7%和1100%。全年共对市华新牧工商公司等12个单位的14个项目投入价格调节基金1108.7万元,为防范"菜篮子"生产风险发挥了重要作用。有关部门对社会屠宰严格实行检疫和监督,检验、检疫率均达到100%。

2000年,共安装IC卡电话3061部,为年目标的3.06倍。

呼和浩特市

【概况】 呼和浩特市座落在自治区中部的土默川平原,是内蒙古自治区首府,是全区政治、经济、文化中心。改革开放以来,呼和浩特市被国务院确定为全国历史文化名城和沿边开放城市,处于国家沿边开放带与黄河经济开发带的交汇点,已经成为我国与蒙古、俄罗斯以及东欧各国贸易往来的重要窗口。

呼和浩特市辖新城区、回民区、玉泉区、赛罕区、托克托县、和林格尔县、清水河县、武川县、土默特左旗和呼和浩特经济技术开发区四区、四县、一旗和一个国家级开发区。全市总面积17224平方公里,其中城区面积79.2平方公里。截止2000年末,全市总人口209.2万人,其中市区人口106.3万人。

呼和浩特地域辽阔,物产资源丰富。主要矿产有煤、石墨、稀土、膨润土、石灰石和金、铜、铁等上百种,现已探明的矿产地170余处,矿点及矿化点128处。其中武川县境内的黄金储量居自治区前列,清水河县境内的陶土储量之大、品位之高为全国少有。此外,还有丰富的农畜土特产品,开发的潜力比较大。

呼和浩特市旅游资源非常丰富,有旧石器时代的"大窑文化"遗址、作为"胡汉和亲"历史见证的昭君墓、融汇汉藏建筑风格的大召寺庙以及乌素图森林公园等。

呼和浩特市近年来以建设生态市为目标,加大了生态环境建设和环境保护的力度,实施了以阴山北麓沙源综合治理、绿色通道、退耕还林还草为重点的生态建设工程,七大重点工程和十项精品工程进展顺利,大青山前坡治理取得阶段性成果,生态环境恶化的趋势正逐步得到有效控制。城市环境整治工作取得明显成效,以治理大气污染为重点的环境保护工作得到重视和加强,"一控双达标"的任务如期实现,首府城市的整体面貌有了较大改观。

【经济与社会发展情况】 2000年,全市国内生产总值179.2亿元,财政收入20.45亿元,农牧业综合生产能力增强,粮食产量84.2万吨;牧业年度牲畜总头数314万头(只),奶牛存栏总头数9.3万头,牛奶产量23.4万吨;禽、蛋、果、菜等农副产品产量都有大幅度增长,保证了城乡市场的有效供给。工业经过改革调整,整体运行向好的方向发展,2000年,第二产业增加值78.5亿元,第三产业增加值75.6亿元,成为促进国民经济增长的重要力量。

经济体制改革深入推进。对27家企业实施了破产,国企改革和脱困"三年两大目标"如期实现,在改革调整和市场竞争中涌现出伊利、仕奇、民族、金宇、TCL内蒙公司、金河、三角、众环、三联化工、蒙牛等一批较有实力的企业和企业集团,有4家企业实现了股票上市。采取股份制、股份合作制、兼并、拍卖、租赁、破产等多种形式,促进了中小企业的改革和发展。非公有制经济快速发展,2000年个体私营经济和乡街企业实现入库税金2.7亿元和5亿元,在促进经济增长、扩大就业和提高城乡居民收入等方面发挥了重要作用。各项配套改革分阶段、有重点地推进。"三条保障线"制度和社会保险制度已初步建立。农村改革、城市住房和商业、外贸、粮食流通体制改革顺利推进。

2000年,外贸出口创汇总额5215万美元,五年累计实际利用外资达到1.36亿美元,累计引进区内外资金97亿元。开发区的成长壮大,扩大了对外经济技术合作与交流的领域,呼和浩特经济技术开发区成为国家级开发区。

"九五"期间,呼和浩特的基本建设力度明显加大,累计完成固定资产投资204亿元,抓住国家扩大内需和实施西部大开发的历史机遇,集中建设了一批重点项目。完成了一批电力、通讯、热力、煤气、自来水及城市硬化、亮化、绿化等市政公用设施建设项目。旧城改造步伐明显加快,公路建设进入快速发展时期,完成了呼清、呼大、呼凉公路和呼包高速公路等改扩建工程,全市新增公路通车里程702公里,小城镇建设和小康住房建设步伐加快,农村面貌有了明显变化。

人民生活水平进一步提高,城乡居民收入稳定增长。2000年,城市居民人均可支配收入和农民人均纯收入分别达到5582元和2538元,城市居民人均居住面积9平方米以上,农民人均居住面积19.5平方米。"八七"扶贫攻坚取得决定性胜利,基本解决了农村贫困人口的温饱问题。

"九五"时期,呼和浩特的科技经济一体化进程加快,共取得各类科技成果330项,科技进步对经济增长的贡献率43.57%,科技成果推广应用率50%,被国家科委评为"全国科教兴市先进城市"。教育事业有了新的发展,大力推进教育改革,实行了小学毕业生免试就近升入初中,部分中学下放区级政府管理。"两基达标"任务全部完成,教育体制改革和教育结构调整取得积极成效。认真贯彻计划生育基本国策,人口自然增长率控制在计划目标以内。以发展首府文化为目标,积极探索文化事业发展的新路子,进一步推动了"五个一工程"建设。文学艺术、新闻出版、卫生、体育等各项事业全面发展。

【投资环境】 呼和浩特市是祖国北部边疆重要的交通枢纽,公路四通八达,现已形成了以呼和浩特为中心,以京包公路、呼准二级公路为主干线,通过9条主要公路干线辐射区内外城镇和乡村的交通网。呼市——包头的高速公路已经建成通车。公路特种运输、大件运输和长途客运也畅通便利,为呼和浩特的经济建设提供了交通保障,全市公路年客运量2101万人次,年货运量2105万吨。呼和浩特市铁路交通是连接北京和祖国大西北的重要枢纽之一,通过京包、京兰铁路与全国铁路相连接,有直达北京、上海、西安、银川、兰州、南京、宁波等地的客运列车和直达乌兰巴托和莫斯科的国际联运列车。呼和浩特白塔机场是国家航空口岸机场,有通往国内各主要城市的航线48条、国际航线2条,可直达蒙古首都乌兰巴托和俄罗斯赤塔,另外还开通了呼—港、呼—上海—东京等不定期包机航线,机场达到二级标准,年吞吐量35万人次。

呼和浩特邮电通信事业有了长足的发展。几年来,相继建成了邮政枢纽工程、机场邮件转运站、邮政通信综合网、邮政储蓄绿卡网和电子化邮局等,成功地建起了现代通讯所需要的支撑网、业务网,电话已全部实现交换程控化和传输数字化,全市电话装机容量31.17万门,市话普及率14.9%,电话用户29.22万户,移动电话用户22万户。

通过大规模的城市基础设施建设,呼和浩特市的城市公用事业和市政设施的供给能力明显增强,水厂生产能力38.7万/日吨,煤气供气总量2691万立方米,集中供热面积692.2平方米,城市排水管道长度407公里,城市污水处理率35.2%,建成区绿化覆盖率28.1%。

呼和浩特市为进一步拓宽外引内联渠道,加快改革步伐,先后建起了如意经济技术开发区、金川资源经济开发区、金河农业产业化开发基地和和林盛乐经济园区。如意开发区位于城东,总规划面积10.97平方公里,划分为工业区、生活区以及行政、商业、金融、文化综合服务区。入区企业包括TCL集团等382家,已形成了电子、纺织、机械等六个主导产业;金川开发区规划面积23平方公里,划分为工业区、生活区、商贸区、金融区、科教区和旅游风景区,主要入区企业有伊利集团等。2000年,如意、金川两个开发区经国家批准合并,成为国家级呼和浩特经济技术开发区。截止2000年,开发区累计引进项目576个,引进国内外资金64.4亿元;金河农业产业化示范基地位于托克托县城关镇以东,规划总面积6.8平方公里,基地龙头企业华蒙金河(集团)实业公司是目前世界上最大的金霉素生产厂家,距我国最大的露天煤矿准格尔煤田70公里。

呼和浩特市作为内蒙古重要的工业城市,现已形成以食品加工、毛绒纺织、新型建材和生物制品为主的优势产业,在全市工业经济中占有举足轻重的地位,产值已近40亿元,约占全市工业产值的30%。这些产业集中了伊利集团的乳制品、冷饮、速冻食品、矿泉水;奈伦集团的精淀粉、变性淀粉、绿蒙集团的荞麦啤酒,大公集团的面粉、精炼油;仕奇集团的精纺面料及服装;金宇集团的羊绒、驼绒精纺高支纱;长青特种毛纺厂的羊绒高支纱;阴山紫陶集团的紫砂粉煤灰屋面材料,三保准格尔高岭土有限公司的超白超细高岭土,恒业有限公司的塑料珍珠岩组合材料;金宇集团的牛羊疫苗、双奇药业有限公司的双歧杆菌活菌片(国家审定新药)口服液,科迪高科技发展有限公司的沙棘油、沙棘系列产品,呼市制药厂的胡萝卜素制剂,华蒙金河集团的饲用金霉素及赖氨酸。

国家西部大开发战略实施以来,呼和浩特市出台的优惠政策和法规主要有"关于加强技术创新、发展高科技、实现产业化的政策","呼和浩特市稳定培养高层次优秀人才的若干规定","呼和浩特市引进高层次优秀人才的若干规定","关于大力发展个体私营经济的若干意见","呼和浩特市私营企业权益保护条例","呼和浩特经济技术开发区关于促进招商引资,加快经济发展的若干规定","呼和浩特市拍卖'五荒'资源使用权实施办法"以及"呼和浩特市2000年至2010年依法治市工作规划"等。随着西部大开发工作的不断深入,呼和浩特市将根据国家新出台的相关政策,结合少数民族地区的特点和本市的实际,相应研究制定出更加宽松和优惠的政策。

【利用外资和对外贸易】　2000年呼和浩特市通过各类招商引资活动,全年共签订合同、协议、意向共78项,其中正式签订合同、协议22项,总投资1.7亿美元,协议外资1.1亿美元。全年批准外商投资项目25项(三资企业24

项,境外1项),总投资10.39亿元,合同引资额6874万美元,占注册资本81.28%,外资实际到位3485万美元。呼和浩特市现有三资企业106户,全年实现产值7.5亿元,工业增加值2.6亿元,上缴税金6061万元,出口创汇额1083万美元。呼和浩特的三资企业已成为经济快速发展的新的增长点。

进出口贸易总额大幅增长。2000年,重点加大了大宗传统商品,特别是对羊绒制品、稀土产品、饲料金霉素添加剂、绿色食品等出口产品的扶持力度,带动了出口贸易增长,2000年实现进出口贸易总额7001万美元,其中出口创汇额5215万美元。

按照国家实施西部大开发战略总体要求,呼和浩特将进一步放宽外资流入市场的准入限制,积极进行项目融资和股权投资。进一步组建中外合资或外商独资的旅行社和旅游开发公司以及相关 的零售商业企业,鼓励外商带资金、技术和管理人员到呼和浩特投资办厂。随着改革的进一步深化,呼和浩特必将形成全方位的对外开放格局,融入全球经济合作之中。

【重点开发项目】 2000年呼和浩特市按照国家扩大内需和实施西部大开发战略的总体要求,共筛选出52个参与西部大开发的重点项目,其中基础设施、生态水利项目30个;科教、文卫、工业结构调整项目22个,项目总投资179.9亿元。

引黄入呼供水工程。为利用第四批日元贷款和国债资金建设项目,总投资17.77亿元,项目建成后每日可向呼和浩特供水40万吨,将有效缓减城市生产、生活供水压力,为城市发展奠定水源保障。污水处理二期工程。是使用国债资金建设的基础设施项目,工程总投资7.5亿元,项目实施后,将使呼和浩特污水处理量由原来的5万吨/日(一级处理),提高到30万吨/日(二级处理和部分三级),污水处理率提高到78%,服务面积覆盖率增加到90%。集中供热二期工程。为利用第四批日元贷款的环保项目,项目总投资5.789亿元,将建成供热面积510万平方米的城市供热系统,该工程包括东南、东北两个热源厂,热力站69座,热网43.5公里,项目实施后,可以取消市区烟囱237座,分散锅炉房167座,拆除小型锅炉359台,每年可节约标煤11.5万吨,减少二氧化硫排放5896吨,烟尘9800吨。城市主次干道改造工程。是呼和浩特市实施现代化首府城市建设工程的重点项目,该工程包括新建、扩建15条主干道,补强罩面13条主次干道,全长54.8公里,总投资3.98亿元,该项目实施后可最大限度地提高城市主次干道的通行能力,改善投资环境,促进国民经济持续健康发展。省道209线和林至杀虎口公路项目。为内蒙古中西部和呼和浩特通往山西省的经济干线,全长54.8公里工程总投资9876.3万元,1999年开工建设,项目建成后对促进沿线贫困地区经济和社会事业的快速发展具有重要意义。国道209线和林至偏关二级公路项目。为自治区"出区下海"通道建设工程的重点骨干项目,包括改建公路55.76公里,扩建51.64公里,项目总投资2.5亿元,该项目的实施可以打通呼和浩特通往山西资源富集地区的通道,对促进沿线矿产资源,名胜古迹的开发以及国定贫困县经济的发展具有重要的意义。省道104线呼武公路。是自治区规划的6条旅游线之一,是首府呼和浩特通往阴山北部及蒙古、俄罗斯等地的主要通道,全长42公里,项目总投资2.25亿元,2000年全面开工建设,该项目的实施对促进呼和浩特市旅游事业的发展,开拓蒙古、俄罗斯市场,发展口岸贸易具有重要意义。

金桥开发区基础设施建设工程。是市委、市政府贯彻落实"加快发展小城镇建设"确定的重点建设项目之一,项目总投资5.5亿元,区域范围12.6平方公里,2000年开工建设,金桥开发区是以高新技术产业为龙头,集商业、旅游娱乐、仓储、金融保险、信息咨询为一体的多功能综合开发区,该项目的建设对于优化产业结构、发展生产力,提高人民生活水平,缩小城乡差别,逐步实现城乡一体化必将产生积极的促进作用。

生态市建设工程。为国家绿委会确定的城乡绿化一体化试点工程,该工程包括绿色通道、平原绿化、大青山林业生态、黄河流域水土流失治理等九项子工程。建设总规模为新增森林面积441.95万亩,退耕还林还草486.12万亩,城区人均公共绿地8平米以上,项目总投资11.22亿元,预计将在2010年全部完成,项目建成后可控制水土流失量8740万吨、储水总量每年5.1~18.8亿吨,可保持水土约691万吨,同时预计木材总产量为21.6万立方米,产值5400万元;水果产量4.26亿吨,产值5.11亿元;加上种苗共计总产值54.8亿元,生态市建设工程全面实施尤其是大青山前坡治理工程完成后,呼市将成为首都通往大西北的绿色长廊。黄河中上游退耕还林(草)试点示范县建设工程。建设规模为造林种草200万亩,项目总投资4.2亿元,项目完成后,项目区生态环境将得到根本改善,水土流失及风蚀沙化将得到根本治理,促进产业结构调整,促进农民走上持续发展的道路。西部沙棘综合开发利用产业化项目。是国家计委确定的高技术产业化示范工程,项目总投资1.15亿元,将建成10万亩良种沙棘生态经济林,形成年产10吨沙棘黄酮、1000吨沙棘冲剂、1亿粒沙棘油软胶囊、500吨沙棘系列化妆品的生产能力,本项目建成达产后,可实现年销售收入6.78亿元,利税2.82亿元,利润1.76亿元,此外,沙棘基地的建设不仅可以带动黄河沿线农民脱贫致富,而且可以治理大面积的荒坡、荒地,具有良好的环境效益。

内蒙古吉兰泰盐化集团天然胡萝卜素系列产品生产项目,是利用大草原无污染天然盐湖生物产品,生产具有提高人体免疫力、抗衰老的绿色保健品项目,项目总投资6540万元,形成年产胡萝卜素和夕维康胶丸2亿粒、盐藻粉胶囊2亿粒、复方甘草片15亿片的能力,该项目建成达产后,年实现销售收入2.21亿元,利税8313万元。

功能性精纺面料技改项目。为呼和浩特市产业结构调整的重点项目,项目总投资1.38亿元,形成年产80吨精梳羊绒条、200万米高档特殊结构精纺面料及相应的染整综合生产能力,项目达产后,每年新增销售收入1.58亿元,利税4556万元。华蒙金河集团盐酸金霉素、L—赖氨酸盐酸盐工程。为呼和浩特"金河工程"的两个子项目,是自治区确定的农业产业化开发示范基地建设重点工程,建设规模为年产1500吨盐酸金霉素,年产1万吨L—赖氨酸盐酸盐,两个项目总投资3.468亿元,本项目实施后,不仅可促进当地农产品资源与煤、电资源的转化,推动农业产业化进程,增加高新技术产品出口创汇能力,而且每年可望实现销售收入4.77亿元,税后利润7899万元。天然乳品公司无菌奶扩建项目。为伊利集团引进国外先进技术,拓展竞争优势,调整产品结构的项目。项目总投资3.43亿元。该项目建成后,可望促进呼和浩特市奶业产业化的深入发展,提高资源有效利用,达产后每年实现销售收入7.39亿元,销售利润1.92亿元。

【经济协作和对口支援】 2000年,呼和浩特市共引进区外资金26.32亿元,区内资金8.15亿元,实施横向联合项目241项。其中工业项目30项,引资2.05亿元;资源开发项目20个,引资0.7亿元;上市公司融资8.08亿元。

2000年,呼和浩特制订了重点招商项目目录;成功地举办了"第二届昭君文化节经贸洽谈会",邀请客商160余人,签订合同13项,合同引资额3亿多元;在上海举办"呼和浩特—上海西部开发项目合作洽谈会"签订合同6项,合同金额7.5亿元;组织本市企业接待北京、上海、长春等地的西部考察团进行商贸洽谈,因势利导促成发达省市企业在呼投资,投资金额1.78亿元。

呼和浩特市和林、清水河县与北京西城、东城区对口支援。2000年呼和浩特从北京共引进项目33个,资金12.18亿元,其中重点建设项目有如意开发区与"中国联通"北京市分公司合资建设的内蒙联通通讯枢纽大楼，总投资1.5亿元；与北京市“中服公司”合资建设中服集团服装城，总投资1.15亿元；北京市“光彩事业有限公司”建设内蒙光彩事业发展中心，总投资8270万元。

2000年是国家“八七”扶贫的最后一年，根据市委、市政府的统一部署，呼和浩特扶贫工作确定了以种、养业和温饱工程为重点的工作方向。通过形式多样的扶贫工作，共解决温饱人口18.81万人，发展水浇地6.75万亩，建设旱作基本田13.23万亩，温饱工程种植覆膜作物6.56万亩，解决7.37万人、14.25万头(只)牲畜的饮水问题，修路869.7公里，组织劳务输出5.75万人。和林、清水河县境内的109和209国道两侧蛋鸡养殖带初具规模，饲养量20多万只；通过发放扶贫款，发展贫困户养殖奶牛2000头，并为40个贫困村建立配种站；通过对武川县水利工程、清水河县集雨节水灌溉工程、托县引黄灌溉工程配套设施建设，从根本上改善了当地农民的农业生产条件；利用风力发电和太阳能发电基本解决了贫困地区农户的通电问题。

南宁市

【概况】 南宁市地处亚热带，北回归线以南，总面积10029平方公里。辖新城、兴宁、城北、永新、江南五个城区，一个郊区和邕宁、武鸣两个县。2000年全市总人口293.94万人，其中城区人口93万人，有壮、汉等30多个民族，其中少数民族人口占全市总人口的59.92%。受海洋气候调节，属亚热带季风区，阳光充足，雨量充沛，霜少无雪，年平均气温为21.7℃，年平均降雨量1300毫米，全年无霜期345~360天。

南宁地理位置优越，具有“两近两沿”特点。“两近”，近海，距钦州港、防城港、北海港仅100公里、170公里和200公里；近边，距中越边境的东兴市、凭祥市只有200公里和230公里。“两沿”，沿线，湘桂、南昆、南防铁路在南宁交汇，是西南地区重要铁路枢纽；沿江，穿城而过的邕江是西江的支流，西江又是珠江的干流。作为大西南出海通道的枢纽城市，南宁已形成航空、铁路、公路、水路四通八达的立体交通运输网络。已开通飞往北京、上海、香港及越南河内的20多条国内外航线，机场年客流量250万人次。铁路运输通过南昆线及湘桂线与京广线等干线相连可直达祖国大江南北，其中湘桂线终点和越南接轨，西南地区最大的铁路编组站在南宁建设。公路运输纵横交错，通达广西各市、县和全国的公路共161条，其中桂林经南宁直通北海及防城港的桂海高速公路是目前全国最长的省内高速公路。

南宁以城绿驰名，城市绿化和环境保护使得南宁城市大气质量常年达到国家一、二级标准，居于全国省会城市前列。2000年园林绿化面积4612公顷，人均公共绿地面积7.5平方米，建成区绿化覆盖率35%。

环境保护工作进一步加强，环保事业加快发展。全年环境污染限期治理项目321个，治理项目累计总投资1.54亿元。全市245家工业污染源限期治理企业中，按国家“双达标”要求，工业污染排放达标企业241家。市内建成9个烟尘控制区，面积119.73平方公里，建成9个环境噪声达标区，面积77.67平方公里。“三废”处理能力有所提高，工业废水处理率、工业废气处理率、工业固体废物综合利用率分别达到80.37%、89.83%、106.97%，工业污染源限期治理和邕江水源保护取得较大进展。

【经济与社会发展】 2000年，南宁市国内生产总值294.11亿元，比1999年增长9.3%。其中第一产业增加值48.01亿元，增长1.1%；第二产业增加值89.01亿元，增长9%；其中工业增加值67.52亿元，增长10.6%。第三产业增加值157.09亿元，增长12.4%。三次产业比重分别为16.32%、30.27%、53.41%。人均国内生产总值10187元，增长5.84%。农业增加值48.01亿元，增长1.1%。主要产品产量：粮食75.47万吨，甘蔗322.84万吨，木薯20.23万吨，蔬菜

127.49万吨,水果42.59万吨,肉类17.69万吨,水产品6.84万吨。荒山造林面积1914公顷,幼林抚育面积29435公顷,森林覆盖率38.38%。乡镇企业营业收入187.31亿元,实现税金3.60亿元,实现利润7.01亿元。按照自治区政府的统一部署,对农民人均纯收入进行了一次性抽样调查,农民人均纯收入2184元。

2000年,南宁市继续加大企业改革力度,积极调整产品结构,强化企业管理,努力提高运行质量,工业经济保持稳步增长。全市规模以上工业企业总产值123.65亿元,增长8.22%。工业经济效益改善,工业企业经济效益综合指数为85.68,提高4.07个百分点。工业全行业实现扭亏为盈,利税增幅较大,全年实现利税总额12.88亿元,增长25.08%。企业盈亏相抵实现利润1.48亿元,增长22.7%。亏损企业亏损额、亏损面继续下降,亏损企业亏损额3.82亿元,下降0.3%,企业亏损面39.69%,下降6.65个百分点。国有企业改革整顿取得突破性进展,中小企业放开面为90%,基本实现三年改革与脱困目标。

2000年全市固定资产投资完成80.05亿元,增长5.35%,其中基本建设完成投资44.1亿元;更新改造完成投资13.83亿元;房地产开发完成15.73亿元;其它投资完成6.43亿元。全年房屋施工面积694.84万平方米,其中住宅施工面积365.21万平方米,房屋竣工面积221.35万平方米,施工项目1033个,其中本年新开工515个,全部建成项目596个(不含房地产项目);新增固定资产71.12亿元,增长48.01%。

2000年,南宁市市场繁荣,消费稳中有旺,社会消费品零售总额149.59亿元,增长9.08%,扣除物价因素实际增长10.97%,其中城市消费品零售总额128.55亿元,县城及县以下农村消费品零售总额21.04亿元,增速差距缩小,城乡市场基本同步增长。全年商品零售价格总指数98.3%;居民消费价格总指数100%,止跌持平。城乡集市贸易成交活跃,年成交额82.41亿元,增长18.63%,占社会消费品零售总额的55.1%。

人民生活水平稳步提高。2000年,城镇居民人均可支配收入7448元,农民人均纯收入2184元;全市职工平均工资8826元;人均城乡居民存款8271元;恩格尔系数由上年的37.5下降为36.49%,居民用于文娱、通讯支出分别增长9.6%和30.8%。全年百户拥有摩托车66辆、空调机58.5台,家用电脑18台。

科、教事业取得新的成就。2000年全市共组织实施创新计划项目135项,通过市级以上鉴定的科技成果29项,全市共代理专利154项,130项被批准获专利权。2000年全市小学适龄儿童入学率99.47%;小学毕业率99.95%,初中毕业率98.5%。普通高中在校学生人数3.6万人。全年共招收职业高中(职业中专)生5663人,毕业学生就业率达95%以上。

【投资环境】 南宁市实行沿海开放城市以及中西部地区的优惠政策。

"九五"期间,南宁市共完成基础设施投资41亿元,新建、扩建一批城市路桥、园林、公交、环卫、供水供电、燃气等工程,初步形成配套完善的基础设施。完成机场高速路、清川大桥、民族大道三岸段、凤岭等一批路桥项目,形成了畅通的城市路网体系。以城市电网及农村电网改造为重点,提高了电网供电能力及可靠性,1999年底主变容量3238兆伏安,供电量70.2亿千瓦时,供水能力89万立方米/日,五个水厂管网连通,形成全市统一供水系统,供水供电可满足工农业生产及城乡居民生活需要。加大以朝阳溪综合整治为重点的内河整治,推进垃圾无害化处理项目建设,发展以管理燃气项目为重点的城市供气业,目前管道燃气已部分建成投入运行,1999年底气化率94.65%。

南宁市的优势产业有利用甘蔗、水果、木薯、烟草等本地丰富的亚热带农副产品为原料发展食品工业,主要骨干行业有制糖、酿酒、烟草、饮料、果蔬加工、发酵制品工业等。2000年食品工业总产值51.6亿元,占全市工业总产值的41.7%。铝加工。骨干企业有南宁铝厂、南宁电线电缆厂,主要产品有铝锭、铝型材、钢芯铝绞线等,特色优势较强,质量过硬,已赢得市场声誉。精细化工。1999年,全市化学工业产值14.36亿元,其中精细化学工业产值8.2亿元,精细化工率57%。赖氨酸、变性淀粉、三氯异氰尿酸、山梨酸、甘露醇等主要精细及生物化工产品产量在全国化学工业中均处于前列。城郊型、创汇型、观光型、生态型农业,形成了以粮食、蔗糖、蔬菜、畜禽、水产、林木、水果、木薯等优势产业。一批品种优,产量高的农产品畅销区内外。

【利用外资和对外贸易】 南宁市1999年实际利用外资1亿美元,其中外商直接投资9757万美元。2000年实际到位外资8409万美元,其中外商直接投资8105万美元。2000年底,全市有三资企业535家,累计合同外资额16.38亿美元,累计实际利用外资13.79亿美元。2000年共有12家外商投资企业办理增资手续,增资额0.44亿美元,外资投向主要在制造业和房地产业。间接利用外资有新进展。2000年间接利用外资实际到位304万美元,增长20%。三资企业发展势头良好。2000年已运行的三资企业376家,实现销售收入25亿元,上缴税金1.18亿元,分别比上年增长23.15%、7.27%。

对外贸易保持强劲的增长势头,1999年全市进出口总额5.7亿美元,增长40.86%,其中出口4亿美元,增长18%。2000年全市进出口总额6.61亿美元,增长15.76%,其中出口5.12亿美元,增长27.68%。出口产品以机电、食品和服装为主,主要商品有柴油机、手扶拖拉机、摩托车散件、平板玻璃、柠檬酸、山梨酸、罐头、服装、藤制品等。主要出口市场亚洲占73.5%,增长17.56%。三资企业出口大幅增长,外贸企业出口稳定增长。截至2000年年底,外商投资企业产品出口总额3670万美元;外贸企业完成出口1111.8万美元。一般贸易出口8891.1万美元,加工贸易出口711.9万美元,下降11.78%。

1999年全市国际经济技术合作新签劳务合同3项,合同外资额39万美元,完成营业额1299万美元,外派劳务64人次,年末在国外98人。2000年全市国际经济技术合作新签劳务合同2项,合同外资额26万美元,完成营业额1128万美元,外派劳务70人次,年末在国外167人。

南宁市鼓励投资方向是属于农业新技术、农业综合开发和能源、交通,重要原材料工业建设的;属于高新技术、先进技术,能够改进产品性能、节约能源和原材料、提高企业技术和经济效益或者生产适应市场需求而国内生产能力不足的新设备、新材料的;属于适应国际市场需求,能够提高产品档次,开拓新市场,扩大产品外销,增加出口的;属于综合利用资源和再生资源以及防治环境污染的新技术、新设备的;属于能够发挥中西部地区的人力和资源优势,并符合国家产业政策的,特别是符合国家中西部地区外商投资优势产业目录中广西的13项优势产业的;属于国家法律、行政法规规定鼓励的其它项目。

【重点开发项目】 1999～2000年,南宁市抓住中央增发国债及西部大开发的机遇,着重加强重点项目建设,两年来重点项目建设取得较大进展,一批工业项目、基础设施、公共服务项目相继建成或取得阶段性成果。1999年市属重点项目23项,年度计划投资26.75亿元,实际完成投资10.32亿元,完成计划的38.6%。2000年市属重点项目28项,年度计划投资20.31亿元,实际完成投资12.87亿元,完成计划的63.3%。

重点工业项目有:南宁造纸厂10万吨漂白化学木浆项目历经近5年的建设,于1999年9月试产成功。南宁赫斯特山梨酸项目、南糖污水处理工程于2000年竣工试产。南糖3.4万吨蔗渣浆工程1999年开工建设,工程总投资19477万元,已完成投资14839万元,土建工程已基本完成,完成大部分主要设备安装,预计2001年第一季度可竣工试车运行。万泰啤酒厂扩建、汽配一厂全塑灯技改等项目正在实施中。

基础设施项目有:南宁机场高速路建设里程21.58公里,双向八车道和双向六车道两种路幅,2000年9月正式竣工通车。机场高速路连接线富宁路全长3.36公里,2000年10月开工建设,现正在紧张进行施工。快速环道工程项目,由北环、东环、沙井大道、南站西路组成,全长31.57公里,路幅宽60米,设计车速为每小时80公里,总投资20.9亿元,2000年底北环的秀厢路中段已全面完工,南站西路的槎路至机场高速路路口已有2.2公里竣工通车,计划2002年全线竣工通车。邕江防洪堤工程总投资29297万元,已完成投资24050万元。朝阳溪综合整治工程,属广西环境治理项目的一个子项目,总投资8亿元,建设内容包括河道整治8.9公里、日处理24万吨污水处理厂、城市小区改善工程等,2000年底已完成投资2.53亿元,其中一期工程大坑口至十三中段截污、河道整治及两岸景观工程已完工,二期工程正在施工。城市电网工程总投资55044万元,已完成投资13679万元,部分低压配网工程已完工。农村电网改造包括武鸣、邕宁两县的农村电网改造工程,总投资20537万元,预计2001年上半年工程全部竣工。城市管道燃气工程总投资25577万元,包括两个气源站和140公里主干管建设,其中安吉气源站竣工投产,形成6~8万户供气能力,完成市政管网98.4公里,折合完成庭院管网和户内安装10239户。

公共服务项目有国际会展中心。一期工程是集展览、会议、商业、旅游服务为一体的综合性建筑群,将成为南宁市的标志性建筑,占地面积36.5公顷,总建筑面积9.9万平方米,总投资65555万元,包括2000个国际标准展位和200个非标准展位的会展中心主体工程及配套公用设施,计划2002年工程竣工。南宁市社会应急联动系统由有线通讯、无线集群通讯、卫星通讯、计算机网络等系统组成,拟建立全市公安、交警、消防、急救、防洪、防震、护林防火、人民防空、公共事业等的统一指挥调度平台,项目总投资16072万元,总建筑面积8693平方米,2000年底开工建设。

【经济协作与对口支援】 2000年南宁市加强横向经济联合,加大外引内联、招商引资力度,建立经协项目库,多渠道发布招商项目信息,进行专题项目招商;提供政策咨询和信息服务;开展双边及多边经济技术合作,加强同东部发达地区和中西部各地市以及国内相关省市的经济合作。协助浙东经济协作区(浙江省宁波、舟山、台州、绍兴市)和河南省安阳市分别在南宁举办名、优、新、特产品展销会。组织了全市40多家企业分别参加了2000年广州商品博览会、厦门国际投资洽谈会、中国东西部合作与投资贸易洽谈会,北京西城区投资环境介绍会。2000年南宁国际民歌艺术节期间,共有来自国内二十多个省、市、自治区的256名国内客商参加了南宁市投资贸易洽谈会,共有56名国内企业(集团)代表在广西及南宁市投资贸易项目签字仪式上签约。加强区域经济协作。通过不断加大招商引资力度,广东、福建、江苏等发达地区的企业(集团)纷纷到南宁来投资发展实业。其中影响较大的项目有:南宁市城市建设投资发展总公司利用国家开发银行10亿元贷款建设南宁市快速环道;国发基础发展公司投资3亿元建设永和大桥;中国联通公司在壮宁工业园继续投资6900万元建设GSM移动通信三级工程;广西智达蓄电池厂投资8974万元开发DCF型阀控密封铅酸蓄电池;广东高洲糖纸有限公司和南宁糖业股份有限公司共同出资339万元参股邕宁纸业,控股60%组建广西南蒲纸业有限公司。加强桂西南经济技术协作区。桂西南六地、市经济技术协作区一直是南宁市开展区域协作的重点。

2000年,桂西南经济技术协作区的联合协作取得了明显实效,共实施协作项目112项,实现产值2.45亿元,实现利税8500万元。其中南宁市与其它五方间实施的协作项目25

项,项目总投资1.29亿元。2000年南宁市实施经济技术协作项目177项。以2000年南宁国际民歌艺术节经贸洽谈为契机,全年新签订内联项目合同共112项,投资额36.97亿元,合同引进国内资金33.02亿元;签订协议3项,投资额1.92亿元,协议引进国内资金1.92亿元,通过协作实现产值4.12亿元,实现税利1.62亿元。

太　原　市

【概况】　太原市古称晋阳、并州,是山西省省会,全省政治、经济、文化中心和交通枢纽。地处山西高原中部,东、西、北三面环山,地势呈南部敞开的簸箕型,汾河自北向南纵贯全境。全市属暖温带半干旱季风气侯,雨热同期,但降水不足,属大陆性干燥气侯。本地区地形复杂多样,太原市水资源严重短缺,总量6.6亿立方米,全市人均水资源占有量230立方米,为全省人均量的1/2,为全国人均量的1/10。

太原市矿产资源丰富,品种多,主要有铁、锰、铜、铝、铅、煤、石膏、硫横、钒、硝石、粘土、石英和石灰石等。尤以煤炭资源储量丰富,煤种齐全,全市煤炭保有储量158.69亿吨。

太原旅游资源丰富多彩,有利的地理条件和悠久的历史,留下了厚重的华夏文化基础,自然景观和人文景观的奇妙结合,形成了许多著名的风景名胜区。如晋祠园林、天龙山景区及崛嵋山、柳林河、龙山、清泉寺等。周边地区分布有五台山、壶口瀑布、平遥古城、晋商民居等,加之邻近北京、西安、洛阳三大国际性旅游热点城市,使太原市成为"三点举中"极具潜力的旅游胜地。

太原市是全国特大型城市,辖6区、1市、3县,2000年年末全市人口308.75万人,其中非农业人口203.92万人。现已形成了以建成区为中心,县(市、区)城为主干,建制镇为支点的城镇体系格局。2000年,建成区面积170平方公里。由于太原市干燥少雨,春冬季大风且较多地面自然扬沙约占全市总悬浮颗粒的一半,水土流失、土壤侵蚀较为严重。而太原市的工业又是以煤炭、冶金、化工、电力、建材为主体,不可再生资源消耗高,对生态环境破坏大。近年来,太原市以生态经济理论为依据,以产业生态化,城市生态化为主攻目标,以资源的集约、高效、持续利用为要旨,努力协调城市建设、经济发展与资源、环境、生态的关系,合理开发和有效保护自然资源,推行综合节水技术,优化配置资源利用结构,推行清洁生产工艺,防治"三废"污染,综合整治汾河城区段,有效改善环境质量。环境污染恶化趋势得到有效控制,环境质量明显改善。

【经济与社会发展】　2000年,太原市国内生产总值347.5亿元,比上年增长7.8%,其中第一产业增加值15亿元,增长6.2%;第二产业增加值169.1亿元,增长7.6%;第三产业增加值163.4亿元,增长8.1%。工业生产形势趋好,优势产业拉动作用增强,全年现价工业总产值303.78亿元,比上年增长12%。农业结构进一步优化,农业总产值12.25亿元,比上年增长6.9%。财政收入平稳增长,收支保持基本平衡。财政总收入31.13亿元,增长6.8%。

城乡居民生活水平继续提高,生活质量进一步改善。城镇居民人均可支配收入6019元,比上年增长7%,城镇居民人均消费支出5341元,增长13.8%;农民人均纯收入2643元,增长2.4%。2000年末,全市城乡居民储蓄存款余额419.63亿元,比年初增长5.5%。城镇竣工住宅面积290.32平方米,城镇民民人均居住面积10.13平方米。农村新建住宅建筑面积55万平方米,人均住房面积26.0平方米,城镇居民恩格尔系数为37.2%,人民生活总体上达到小康水平,正向富裕型迈进。

科学技术取得重大进展,全市以高新技术产业化开发为先导,传统产业的技术改造为基础、通过科技与教育、科研开发与成果推广、硬技术与软科学、科技引进与创新、民营科技与科学院所的有机结合,形成综合、持续、有效的科技策动力,推进科技、经济、社会一体化。

2000年末,全市有独立科研机构209所,工作人员1.2万人。太原市高新技术产业开发区入区企业840家,全年实现科工贸总收入72亿元,利税8亿元。科技投入力度不断加大,"九五"期间,政府科技三项费用投入累计11214万元。

教育事业蓬勃发展,在深化城乡教育综合改革,优化教育结构,改善办学条件,全面实施素质教育等方面取得明显成效。全面完成了"普九"任务,九年制义务教育人口覆盖率96.4%,小学入学率99%,在校生流失率控制在0.5%以内,初中入学率98%以上。各级各类教育进一步发展,2000年末,共有高等院校12所,招收本科、专科学生26943人,在校学生72689人,在高校和科研机构攻读的研究生2166人,中等专业学校47所,在校学生10468人;普通中学237所,在校学生173635人。职业中学37所,在校学生13351人;小学1503所,在校学生29506人;幼儿园1018所,入园儿童100042人;成人学校在校学生24710人。

文化事业以繁荣发展文艺事业为中心,以改革开放、加强管理为动力,继续坚持文艺的"二为"方向和"双百"方针,进一步深化文化体制改革。2000年末,全市有各类艺术表演团体16个,群艺文化馆11个,博物馆2个,公共图书馆9个,馆藏图书304.5万册,城乡居民文化生活丰富多彩。

医疗保险得到加强,卫生事业健康发展。全市城区已有10万人参加基本医疗保险,800多个居委会,100多万人实行了社区卫生服务,行政村卫生所覆盖率100%。全市共有医疗床位24817张,比上年增长7.7%,各类专业卫生技术人员29483人。卫生事业的发展坚持全心全意为人民服务的根本宗旨,全面贯彻以农村为重点,预防为主,中西医并重,依靠科技与教育,动员全社会参与,为人民健康服务,基本实现人人享有初级卫生保健。

【投资环境】 日新月异的城市建设,四通八达的交通网,蓬勃发展的教育事业,日益完善的金融服务,为太原市营造了较好的投资环境。为了扩大投资需求,近年来,太原市政府相继制定出台了《太原市鼓励外商投资办法》;《关于进一步改善太原市投资环境若干意见》;《外商投资环境暂行规定》;《鼓励外商投资产业目录》以及在外汇、劳资、税收和土地使用等方面的若干优惠政策。

太原市的重点区域建设。通过调整和优化生产力与区域经济布局,打破城乡二元经济结构,推动区域经济协调发展和城乡经济良性互动,逐步形成六个分工合理、各具特色的经济区。一是中心商务区。主要包括迎泽、杏花岭区的建成区、万柏林区东部和小店区北部,重点发展以商贸流通、金融保险、公共服务、信息与网络服务等为主的服务业。形成具有浓郁都市风貌的城市商贸服务中枢;成为集中体现中心城市功能的"窗口"。二是工业经济区。主要包括尖草坪、万柏林的传统工业区和古交市,通过加大对以煤炭、冶金、机械、化工、建材为主的现有产业的改造力度,实现产业的优化升级,增强市场竞争力,形成不同产业特色的工业组团。三是城市农业区。包括清徐县、阳曲县和小店区南部,面向城市大市场,以"菜篮子"工程建设为重点,加大对特色产业的扶持力度和乡镇企业结构调整力度,加快农副产品加工转化,推进农业产业化经营。四是生态经济区。包括娄烦县和东、西部山区,以保护和改善生态环境为重点,实施牧林战略,开展小流域治理,大规模实行退耕还林(草),建设三北防护林绿化工程,走林牧农综合发展的路子。加强汾河中上游的水土保持和环境治理,保护好太原的水源地。五是高新技术产业开发区。主要依托小店区,充分发挥山西大学、山西财经大学等高等院校及科研院所的人才智力资源和科技产业集中的优势,开发高新技术产品,加快产业化进程,形成新的经济增长点。六是旅游经济区。主要为晋源区,依托晋祠、天龙山、蒙山、太山、晋阳湖、豫让桥、古晋阳遗址等丰富的人文景观、自然风光和悠久的历史文化,大力发展包括观光旅游、旅游产品开发、购物、餐饮、休闲、娱乐等在内的旅游产业。加快晋源新城的建设，带动景区内的交通、通信等基础设施建设，使之成为太原市旅游业发展的龙头。

太原市优势产业：一是能源、基础材料工业，采用高新技术和先进适用技术，在能源、冶金、化工、建材等行业，有重点地改造一批骨干企业，提高工艺技术和装备水平，并因地制宜发展持续和替代产品。二是装备工业。充分发挥重矿机械制造技术的比较优势，大力振兴装备制造业，依托必要的技术引进、重点技术改造和重大工程项目，提高装备工业设计技术和制造水平。三是消费品工业。适应人民消费水平提高和消费结构的变化，积极发展投资少、周期短、见效快的消费工业，以报刊用墨和特种彩色油墨为重点，鼓励企业扩大生产规模和产品品种，进一步提高市场占有率，以纺织面料为突破口，发展高档抗皱免烫面料等系列产品。在积极支持老陈醋、啤酒、碳酸饮料等产品发展的同时，重点开发具有资源优势的营养保健食品、绿色方便食品。四是高新技术产业。集中力量在电子信息技术、生物技术、新材料技术、先进制造技术、高效节能与环保技术等领域实施高新技术产业化项目，加快高新技术产业化进程。

【利用外资和对外贸易】 到2000年底，全市累计批准三资企业963户，总投资额41.1亿美元，项目涉及轻工、食品、电信、机械、纺织、市政建设等6个行业。贷款来自澳大利亚、瑞士等七个国家，2000年新批三资企业24户，总投资额2.01亿美元，协议外资额1.04亿美元，实际到位外资7280万美元。对外经济技术合作与交流日益广泛。太原市目前已与50多个国家和地区建立了协作关系，对外劳务输出和境外设点工作近年也取得新进展，对沟通太原市与世界各国的经济联系，起到了桥梁和纽带作用。对外进出口贸易规模不断扩大，增长速度加快。2000年全年外贸进口总额13.56亿美元，其中，出口8.79亿美元，进口4.77亿美元，市属外贸保持了良好发展走势。全年对外贸易出口到110个国家和地区，比上年增长36个。出口商品109种，比上年增加12种。出口额达百万美元以上的有美国、澳大利亚、荷兰、德国、英国、奥地利、香港等19个国家和地区。出口额达百万美元以上的商品有轮胎、金属镁、哑铃、铝锭、羊绒纱、核桃仁、耐火砖等15个品种。

对外开放是太原经济发展的重要组成部分。鼓励投资方向将根据太原市对外开放的格局和面临的环境，充分发挥太原东联、西进的区位优势，为外省市企业和个人来晋投资发展创造条件。以太原优势产品为重点，千方百计扩大出口，重点抓好名牌产品，传统出口产品、资源性出口产品、机电产品和成套设备四大类产品的成交，开发培育新产品，同时将发展境外加工贸易作为扩大出口的一项重要战略。以世界五百强企业为重点，突出重点领域，推出优势项目，精心组织招商，增强招商实效，营造环境，外引内联，借船出海，扩大对外劳务合作规模，推动全市对外开放向纵深发展。引导外资投向技术含量高的项目，以拉动太原经济成长和促进技术改造；优化出口结构，以促进产业升级；拓宽对外经济技术交流与合作范围，以开辟新的市场；扩大“三资”企业经济领域，以增加就业和带动全市第三产业发展。“十五”时期招商引资重大项目一是煤层气勘探、开发和输送管网项目，投资14亿元，首批年产煤层气4亿立方米；二是锅炉型煤项目年产60万吨，总投资2.83亿元；三是工业锅炉、工业窑炉和民用锅炉改造工程，总投资约10.33亿元；四是太原市城市煤气工程项目，年产76万吨焦炭，日供城市煤气45万立方米，总投资13亿元。

【重点开发项目】 2000年，全市固定资产投资增长加快，重点项目建设取得新进展。国家安排的国债项目进展顺利，全社会固定资产投资104.77亿元，比上年增长14.2%。其中市属项目投资50.99亿元，在市属投资规模中，基本建设投资16.49亿元，技术改造投资8.84亿元，房地产开发投资16.07亿元。市属固定资产投资在建和新建重点开发项目。城市基础建设项目,总投资2021163万元。(一)城市供水。引黄城市供水工程,首期40万吨,总投资额162355万元,2005年日供水100万吨。(二)城市供热。总投资97301万元,其中包括二电、城南、西山矸石电厂集中供热三个项目,2005年热化率达70%,新增供热能力1495万平方米。(三)污水处理。总投资121731万元,其中包括污水处理、废水回收等九个项目,2005年污水处理率达到80%以上,新增污水处理能力28万吨以上。(四)大气治理。总投资581297万元,其中包括大气污染综合治理、煤层气开发利用等十一个项目,2005年二级及以上天数占71%,较"九五"末二氧化硫排放减少17万吨,烟粉尘约减少8.5万吨。(五)城市绿化。总投资52000万元,其中包括森林公园、晋阳湖植物园等四个项目,"十五"期间新增220万平方米绿地,人均绿地面积6.6平方米。(六)交通通信。总投资721114万元,其中包括内环路改造、西北环高速公路、两街、两路、两桥等十二个建设项目。(七)城市煤气。总投资146646万元,其中包括太原、清徐煤气工程及煤气管网改造工程四个项目,年减少烟尘排放2100吨,二氧化硫6600吨。(八)城市供电。总投资24132万元,其中包括220千伏、110千伏输变电项目五个。(九)生活垃圾。总投资49349万元,其中包括生活垃圾高温堆肥等项目三个,日处理垃圾600吨,生产复合肥400吨,日压缩运转垃圾600吨,日焚烧垃圾1000吨。(十)固体废物。总投资51138万元,其中包括洁净煤加工、煤矸石利用等六个项目。

工业项目。(一)基本建设。潜力产品总投资184697万元,其中包括高效气力输灰系统、不锈钢管、线材生产线、三元催化转化器、GPS卫星导航定位仪、数控机床等十九个项目,其他产品总投资1136692万元,其中包括汽车尾气净化器、铝箔、电网、焦油、高效复合肥等十三个项目。(二)技术改造总投资670093万元。其中包括化肥、不锈钢系统改造、焦炉改造、车轴、钢轮生产线改造等二十三个项目。

房地产开发项目,总投资459773万元。(一)经济适用房,建筑面积256.11万平方米。(二)商品房,建筑面积66.03万平方米,总投资130746万元。

文教卫生项目,总投资60325万元。其中包括太原理工大学教学楼、山医一院住院楼、晋祠大循环水工程等十个项目。

农村水利项目,总投资95709万元。其中包括汾河上游水保治理二期工程、潇河治理工程、汾河二库防护工程等有关生态工程建设项目十项。

其它总投资11100万元。其中包括市公安局指挥中心及计算机监控中心大楼、防暴队基地。

【经济协作与对口支援】 太原市经济协作系统充分发挥在经济、技术、资金、人才、经贸、信息等方面牵线搭桥的作用,2000年,完成经济技术联合项目452项;横向联合新增产值14.02亿元,新增利税13458万元;实现国内融通资金7.6亿元;横向经济安排下岗职工3450人次;协进协出物资9500万元;各驻外办事处自身创收260万元;完成信息服务1890条。引进资金 并到位210万美元;协议(意向)引资2亿元。

太原市国内横向联合和协作主要是以请进来走出去的形式,2000年组织参加了在西安召开的"中国东西部合作与投资洽谈会"和"环勃海地区经济洽谈会",签订了35个项目协议书,累计金额3000万元;参加了昆明省会城市政协联谊暨经协洽谈会,收到较好效果;组团参加了"上海第九届全国商品交易会",太原市12家参展企业签定经济技术协作项目和销售合同58项,销售额和合同交易额6000万元;举办了"广东肇庆(太原)商品博览会暨经济技术洽谈会",签定经济技术合作和贸易合同191项,总金额18余亿元。

为适应太原市经济发展的需要,成功地考察了上海,与友好区——杨浦区进行了友好交流和项目洽谈,其中与上海交大签署了全面合作协议。上海交大将以政策咨询、技术开发、成果转让、人才培养等方式支持太原市的经济和社会发展,上海杨浦区科技考察团来太原市考察,签定了27个项目合同或协议,促进了太原和上海区域间的优势互补,信息交流。

在与国内横向经济联合和协作的同时,根据太原市对外开放的战略方针,以引进大财力和世界名牌项目为目标,近两年,引进了香港新世界集团,引资合同金额3.4亿元,该集团在太原市设立的中国基建投资公司,已到位10005万美元。引进麦当劳、肯德基快餐,不仅填补太原市餐饮业空白,而且安排了下岗职工2400余人,带动了娄烦县土豆基地发展,每年上缴税金1200余万元。

2000年,引进新技术、新成果及合资重点项目6个,其中包括"可控性'Y'型乙直肠双膀术成果";"焦化技术合作项目";"太原市污水处理项目";"柴油脱色、脱铅剂及环保节能柴油项目";"阳曲县宫廷御枣系列产品";"蓖麻油生产线项目"。

太原市所属娄烦县位于太原西部的吕梁山区,是集老区、库区、贫困区为一体的国家级贫困县,太原市把娄烦县做为扶贫攻坚主战场,同时向阳曲县和部分贫困乡、村倾斜。从1996年以来,扶贫坚持以村为主,贫困户为基本对象,突出"调整农业结构,实施牧林战略,改善生态环境,增加农民收入"的工作重点,贯彻落实党在农村的各项方针政策,以科技扶贫为主导,以产业化帮扶为内容,以增加农民收入和提高贫困区人口素质为目标,巩固扩大扶贫成果,使贫困地区真正脱贫致富达小康。

2000年市政府从130个单位抽调下乡干部280人,组建了一支阵容强大,素质较强的扶贫队伍。并制定了《太原市扶贫资金管理办法》。2000年共投入娄烦县各类扶贫资金1819.23万元,阳曲县422万元。用于地膜覆盖、农田水利基本建设、经济林的发展、畜牧业和养殖业的重点龙头项目。2000年是全省农业大面积遭受自然灾害恢复生产的第一年,扶贫工作难度大、任务重,通过扶贫工作队员的艰苦工作,取得令人鼓舞的成绩。攻坚区娄烦县人均粮食占有量244公斤,比1999年增长1.48倍,人均收入819元,比1999年的738元增长11%;阳曲县,人均占有粮食为219公斤,比1999年增加28%;人均收入1020元;尖草坪区插花贫困人口100%实现稳定脱贫。

长　春　市

【经济与社会发展】 长春市是吉林省省会,是吉林省政治、经济、文化中心。位于东北松辽平原中部,辖六个区、三个县级市、一个县。总面积20571平方公里,总人口691.2万人,其中市区面积3116平方公里,市区人口292.8万人。

2000年长春全年实现国内生产总值824亿元,比上年增长13.1%。其中第一产业增加值120.9亿元,比上年下降5.1%;第二产业增加值365亿元,增长17.4%;第三产业增加值338.1亿元,增长14%,人均国内生产总值11760元,比上年增长11.2%。结构调整取得阶段性成果,三次产业增加值占国内生产总值的比重由上年的17.9:41.2:40.9调整到14.7:44.3:41。

价格总水平降幅趋缓。全年居民消费价格总水平98.8%,比上年下降1.2%,降幅比上年缩小了0.2个百分点。全年商品零售价格总水平为97.5%,比上年下降2.5%,降幅比上年缩小了1.1个百分点。

国有企业改革不断向纵深推进。到2000年末,已有53%的国有中小企业实现了产权制度改革。对8户企业实施了破产和重组,盘活资产3亿元,安置职工3174人,国有大中型企业三年脱困目标基本实现,在121户国有及国有控股大中型工业企业中,盈利82户,通过破产、股份合作制等形式退出国有6户,全市再就业工作取得实效。2000年,全市建立再就业服务中心(站)203个,共有进站下岗职工

37679人逐月领取了基本生活费。全年共开发各类用工岗位5.8万个,安置下岗职工再就业2.6万人。城镇登记失业率控制在3%以内。

国民经济和社会发展中存在的主要问题是经济总量偏小,结构性矛盾突出,发展后劲不足;县域经济发展滞后,农民收入增长缓慢;对外开放层次和水平不高,科技对经济的拉动力不强,社会保障体系不健全等。

2000年,全市农业种植结构调整迈出较大步伐,全年粮食播种面积95.1万公顷,比上年减少5.7%。粮经播种面积比例由上年的37:1调整为25:1。全年粮食总产量52.6亿斤,比上年减少22.7亿斤。效益农业取得明显进展,虽然粮食减产,农业总产值仍然达到197.6亿元。

订单农业规模不断扩大。全市订单品种扩大到40种,比上年增加10种;订单种植面积33.1万公顷,比上年增长71%,占农作物总播种面积的34.8%。全年畜牧业产值111.3亿元,比上年增长4.7%。畜禽产品产量全面增长,肉类总产量113.9万吨,奶类产量5.3万吨,禽蛋产量27.3万吨,猪、牛、鸡良种覆盖率分别达到96%、88%和85.6%,水产品产量1.6万吨。全市完成造林面积4844公顷,当年完成新育苗面积700公顷。

农业产业化龙头项目进展顺利。全年共实施农业产业化项目46个,投资总额15.5亿元。大成公司玉米加工能力达到60万吨,大成赖氨酸、皓月集团20万头肉牛屠宰加工项目建成投产。农安110万只肉鹅屠宰加工、科邦公司食用菌、高榕公司出口蔬菜、苗苗豆乳、绿宝酱菜等28个项目全部或部分建成。

工业生产快速增长,经济效益大幅度提高。全年完成全口径工业增加值315亿元,比上年增长17.5%,其中,国有及规模以上的非国有工业企业完成增加值225亿元,增长20.1%。经济运行质量进一步提高。规模以上工业企业盈亏相抵后实现利润45.5亿元,其中国有及国有控股工业企业实现利润39.2亿元。

产业结构进一步优化,企业创新步伐加快。汽车、农副产品深加工和高新技术三大支柱产业不断壮大,成为拉动全市经济增长的主导力量。以光电子技术、信息技术、生物技术及汽车零部件为标志的高新技术产业群初步形成。新产品开发能力进一步增强,全市完成新产品产值166.5亿元,重点工业产品产量增长较快,在全市30种重点工业产品中有21种上升,其中铁路客车增长1.1倍,电话机增长87.5%,成品钢材增长50.9%,汽车增长17.5%。全年建筑业完成增加值50亿元,比上年增长16.5%。四级及以上资质建安企业完成施工产值113.1亿元,比上年增长44.9%,实现利税4.5亿元。

国内贸易在假日经济、会展经济和旅游业快速发展的带动下,商业企业通过布局调整和业态扩展,消费需求快速增长,全年实现社会消费品零售总额311.2亿元,比上年增长16%。市场建设步伐加快。全年新建各类商品市场110个,各类商品交易市场已发展到446个,其中消费品市场398个,生产资料市场41个,生产要素市场7个。会展业发展较快。长春商品交易会、农博会、教育展等会展活动促进了市场需求,全年实现成交额50亿元,带动相关行业增加收入5亿元。

旅游业发展势头良好。假日旅游及冰雪旅游拉动作用明显,全年共接待入境游客5.5万人次,接待国内旅游者819万人次。全市旅游业总收入28.9亿元,全年旅游外汇收入2261万美元。

财政收入持续快速增长,全市全口径财政收入76亿元,其中地方财政收入30.4亿元。工商税收16.9亿元,市本级全口径财政收入48亿元。地方财政支出51.1亿元,比上年增长9.9%。金融运行态势良好,年末金融机构各项存款余额1013.2亿元,比年初增长11.9%;金融机构各项贷款余额1243.8亿元,比年初增长12.5%。金融机构累计实现现金总收入2656亿元,累计现金总支出2621.5亿元,货币净回笼 34.5 亿元。

证券市场发展较快。到 2000 年末,全市有股票交易机构 7 个,股票交易网点 32 个。上市企业 16 个,股本总金额 35.9 亿元。开设股民账户 37.4 万户。全市有价证券成交总额 1350.5 亿元,其中,股票交易成交额 1316.3 亿元。保险事业快速发展。全年承保总额 1291.5 亿元,保费收入 9 亿元,比上年增长 6.8%,全年赔付总金额 2.8 亿元。长春市全年完成全社会固定资产投资 235.2 亿元,其中基本建设投资 85 亿元,更新改造投资 43.8 亿元,从各产业完成投资情况看,第一产业和第三产业增长最快,分别比上年增长 2.8 倍和 48.7%,第二产业投资下降 9%。全年建成投产基本建设、更新改造投资项目 185 个,新增固定资产 102.2 亿元。固定资产交付使用率 79.3%。

房地产开发稳步发展。全年完成商品房竣工面积 174.7 万平方米,商品房销售面积 105.6 万平方米,商品房销售额 18.9 亿元,商品房空置面积 80.6 万平方米。

全年各种运输方式完成旅客周转量 118.6 亿人公里,其中铁路 82 亿人公里,公路 24 亿人公里,民航 12.6 亿人公里,完成货物周转量 242.1 亿吨公里,其中铁路 209 亿吨公里,公路 32.8 亿吨公里,民航 2565 万吨公里,全年管道运输完成天然气输送量 11427 万立方米,周转量 94.6 亿立方米公里。

邮电通信事业快速发展,现代化通信能力迅速提高。全年完成邮电业务总量 43.3 亿元,全市电话交换机容量 158.5 万门,市话用户 86.9 万户,农话用户 15.3 万户,个人住宅电话 90.7 万户,移动电话用户 87.9 万户,全市电话普及率 28.7 部/百人(含移动电话)。网络通信业务迅猛发展,到 2000 年末,IP 网注册用户(原计算机互联网)30777 户,分组交换数据网用户 1267 户。

城市建设步伐加快,完成了 21 项重点工程,总投资 31.3 亿元。到 2000 年末,全市铺装道路总面积 1490.6 万平方米,铺装道路长度 1064 公里。

公用事业全面发展,综合服务功能明显增强。2000 年,全市水厂日综合生产能力 107.6 万立方米。煤气日供气总量 36.4 万立方米,市区使用煤气、天然气、石油液化气户数 59.5 万户,城区集中供热面积 3508 万平方米。全市拥有营运公共电、汽车 2767 辆,运营线路网长度 665 公里。到 2000 年末,全市园林绿地面积 5180 公顷,公共绿地面积 1580 公顷,建成区绿化覆盖面积 6058 公顷,城区植树 65.4 万株,绿化覆盖率 38.1%。

技术创新能力进一步增强。2000 年,全市实施市级科技发展计划 173 项,实施国家级各类科技发展计划 140 项;全年专利申请 1106 件;科技成果显著增加,全年通过鉴定、验收和认定的科技成果 468 项,获得市以上科技进步奖励成果 148 项。到 2000 年末,全市城镇单位以上从业人员中科学技术人员 31.8 万人,其中,“两院”院士 23 人,全市独立科学研究与技术开发机构 102 个,其中自然科学和技术领域研究与开发机构 78 个,社会科学与人文领域研究与开发机构 18 个,科技信息与文献领域机构 6 个。

技术成果交易日益活跃,全市技术开发、咨询、转让等服务机构 1750 户,技术成果 交易额 3.9 亿元,市科技管理部门共投入科技经费 2630 万元,高新技术产业快速发展,2000 年,全市新认定高新技术企业 163 户,高新技术产业实现产值 200 亿元,利税 49.2 亿元,产值超亿元的高新技术企业已发展到 42 家。质量技术监督机制日趋完善,全市有产品质量检验机构 7 个,法定计量技术机构 9 个,全年各级质量技术监督部门查处违法案件 3756 件,查获假冒伪劣和不合格产(商)品标值 1.5 亿元。

教育改革稳步推进。2000 年全市有普通全日制高等院校 25 所,招收本专科学生 5.1 万人,在校生 12.9 万人;各类成人高等学校 13 所,在校生 3 万人;各类中等学校 615 所,在校生 49 万人;1880 所小学在校生 65.2 万人,学龄儿童入学率99.7%。在全市151个乡镇的302所学校建立了“中央资源库远程教育网”单收站,开通了长春教育信息网。成功举办了2000年中国长春国际教育展览会,共签订中外教育合作项目108个。

文化、艺术、广播电视和新闻出版事业健康发展,专业艺术创作取得丰硕成果,围绕建城200周年、电影节等重大活动,通过广场文化等形式,开展了丰富多彩的群众文化活动,全年共组织了100场文艺演出。

2000年末,全市有卫生医疗机构648个,其中医院、卫生院285所,床位2.3万张,卫生技术人员3.5万人,农村设置的医疗点2106个,比上年增长12.7%,乡村医生和卫生员7136人,建立社区卫生服务站108个,社区卫生服务覆盖人口90%以上。

城乡人民生活继续改善。城市居民人均可支配收入5550元,人均消费性支出5113元,农村居民人均纯收入2420元,城乡居民消费结构发生较大变化。城市居民恩格尔系数为42.1%,农村居民恩格尔系数为48%。城市人均居住面积9.53平方米,农村人均住房面积18.15平方米。

社会保障事业发展迅速。省级统筹单位养老金社会化发放率100%,2000年,全市共有48.3万名在职职工、15.4万名离退休人员参加基本养老保险,征缴各项社会保险基金97400万元,拨付养老金96951万元,为2.9万人次失业职工发放失业保险金730万元。社会福利事业进一步发展。全市各类养老设施共205所,床位11894张。城镇社区服务网络持续快速发展,全市有各种社区服务设施网点8000个,其中社区服务中心27个。全年销售社会福利彩票1274万元,筹集社会福利资金431万元,接收社会捐赠43.8万元。

【对外经济】　开放带动战略全面实施,出口商品结构进一步优化。全年实现进出口总额17.1亿美元,比上年增长13.4%,其中进口总额9.4亿美元,出口总额7.7亿美元,在出口中国有企业出口5.9亿美元,外商投资企业出口1.7亿美元,一般贸易出口6.7亿美元。招商引资成效显著,全方位对外开放格局基本形成。全年新批三资企业161户,实际利用外资3.6亿美元,其中直接利用外资2.8亿美元。经济、高新等五个开发区在对外开放中的示范、带动作用显著增强,全年共审批三资企业93个,利用外资2.5亿美元,利用内资46.8亿元,坚持优势互补、共同发展的指导思想,加快对内开放步伐。全年利用内资96.1亿元。

对外承包工程与劳务合作继续展开。全年新签对外承包和劳务合作合同金额10399万美元,完成营业额8378万美元,年末在外劳务人员20228人。

【环境保护】　坚持可持续发展战略,实施“蓝天·碧水·绿色”工程。到2000年末,全市建成烟尘控制区面积149.2平方公里,环境噪声达标区面积92.6平方公里。生态示范区建设取得新进展。新建净月潭旅游经济开发区等3个国家级生态示范区,榆树市1个省级生态示范区。完成了北郊39万吨污水处理厂的续建任务,启动了西郊15万吨污水处理厂和双阳2.5万吨污水处理厂的建设工程。

城市环境质量进一步改善。空气中主要污染物总悬浮颗粒物年日均值每立方米265微克,二氧化硫年日均值每立方米12微克,二氧化氮年日均值每方方米28微克,均好于上年。饮用水源水质达标率100%,城市地面水水质达标率100%。

【投资环境】　长春市是中国汽车工业的摇篮。一汽集团是全国规模最大、品种最全的现代化汽车科研生产基地,汽车年产量占全国总产量的1/5。长春现有近百家企业、上千种产品,为一汽协作配套,长春客车厂年生产铁路客车占全国总产量的1/3。长春市的机械、电子、光学、食品、医药、建材、轻纺等行业也具有相当规模和基础。

长春市地处世界著名的黄金玉米带,是中国重要的商品粮基地之一。粮食产量稳定在75亿公斤,其中80%为玉米。依托丰富的农副产品资源，长春的黄牛、肉鸡、生猪、梅花鹿等畜牧业和多种经营生产基地初具规模，农副产品深加工出口优势和潜力俱在。

长春市是中国重要的科教城市和科技研究、开发应用基地。科技人员占总人口的比例在全国大、中城市中名列第四位，有全国著名的应化所、光机所、物理所、地理所、生物制品研究所，具有良好的科技人才优势。

长春市城市建设具有一定基础。建城区面积150平方公里，现有万米以上大商场、大市场40多处，旅游接待业单位138家，其中星级宾馆、酒店30多家。有亚洲最大的人工森林——净月潭森林公园，森林面积80平方公里，潭水面积4.3平方公里，是国家旅游局“AAA”级景区之一。中国电影事业的摇篮——长春电影制片厂、农安辽金古迹、现代电影城、汽车博物馆、冰雪基地等以独特的魅力吸引着众多中外客商。

长春市具有比较丰富的矿产资源。有石油、天然气、煤、油页岩、石灰石、膨润土等39种矿产。煤贮量4亿多吨，油页岩贮量10多亿吨，优质石灰石3亿多吨，膨润土2亿多吨，开发潜力较大。

长春市五个开发区各具特色。高新技术产业开发区已进入全国“十佳”高新技术开发区行列。经济技术开发区、净月潭旅游经济开发区、汽车经济贸易开发区、长江路科技电脑开发区分别被国家批准为国家级、省级和市级开发区，并享受国家沿海开放城市和各级开发区的各种政策。

长春市是东北地区重要的交通、通讯枢纽和物流中心。邮政通讯基础设施完备，网络建设迅速发展，网络出口带宽达到20G。以长春为中心的18条市、县公路连接省内外各地，铁路贯通南北，连接东西。长春是国际航空港，现已开通至日本、韩国、俄罗斯39条国内外航线，正在建设中的长春国际机场为4D级，开通后对内外交往将更加便捷。

长春市现已同世界上57个国家和地区建立了稳定的经贸关系。与日本的仙台、英国的伯明翰、美国的小石城等10个国家的11个城市结为友好城市。世界500强企业已有15户在长落户，长春市已同美国的百事可乐、福特、克莱斯勒、日本的伊藤忠商事株式会社、德国的大众、西门子、英国的皮尔金顿、香港的嘉里、泰国的正大、马来西来的金狮集团等一大批企业和大财团合资或独资兴建了企业。全市已有外商投资企业2400多家。

【重点项目】 德惠市大豆深加工项目，榆树市年处理60万吨玉米深加工项目，榆树市年产万吨变性淀粉项目，可降解塑料母料及制品项目，鹿茸蛋白聚糖—硫酸软骨素项目，重组人生长素等基因工程药物项目，国家一、二类新药甘必妥及金葡液生产项目，吉港数码港项目，吉港生物制药项目，高亮度半导体发光外延片及芯片，液晶显示屏冷阴极管背光源项目，发动机进气管道总成项目，环保型压缩式全封闭垃圾清运车项目，汽车有色金属压铸件改造项目，粉煤灰陶粒砼空心砌块项目，250系列拖拉机项目，太阳能取暖热水器项目，长春龙家堡机场项目，长春市轻轨环线工程项目，长春市南北快速路项目。

哈尔滨市

【概况】 哈尔滨市是黑龙江省省会，是我国东北北部最大的中心城市。面积53067.95平方公里，总人口941.33万人。哈尔滨市位于黑龙江省的中南部，资源较丰富，四季分明，气候宜人，交通发达，区位条件优越，是东北亚经济区重要的铁路、公路和航空运输枢纽。

哈尔滨市辖道里、道外、南岗、太平、动力、香坊、平房7个区和五常、双城、阿城、尚志4个县级市及巴彦、呼兰、宾县、依兰、延寿、木兰、通河、方正8个县。

哈尔滨市地处松嫩平原的东部、小兴安岭南麓、张广才岭北麓，著名的松花江由西向东从政区内穿过。地貌为东部中低山丘陵和西部平原的特征，地形和地势的总趋势是东高西低，其中山地占全市面积的33.25%，丘陵占

21.43%,平原占45.32%。

全市年平均气温2.5~4℃,年平均无霜期110~150天,年降水量400~600mm,年≥10℃积温2500~3100℃,气候条件适宜发展农业生产。

哈尔滨市自然资源较为丰富，其中土地、森林、水、草场及矿产资源在黑龙江省占有主要地位，全市林地面积2611677公顷，占总面积的49.21%；耕地面积1339685公顷，居第二位，占总面积的25.2%，其它按所占比例大小排列依次是水域、居民点及工矿用地、牧草地、交通用地，此外，还有占总面积13.09%的未利用土地，森林植被覆盖率41.57%。

哈尔滨市水资源总量128.97亿立方米，其中地表水总量为103.21亿立方米,人均占有量1363立方米,哈尔滨过境水量十分丰富,但水资源利用率较低,潜力巨大 。

哈尔滨市矿产资源蕴藏丰富,目前已发现的矿种有63个,其中硫铁矿、熔炼水晶、砷等占全省第一位,此外铜、钨、铅、锌、钼、镉、硒等矿种均在黑龙江省占有重要地位。

哈尔滨市的旅游资源以冰雪文化为依托,以森林、山川、江河湖泊等自然景观为基础,具有很大的开发潜力。现在旅游景区32个,其中有闻名中外的太阳岛、尚志亚布力滑雪旅游度假村、二龙山风景名胜区、乌龙国际狩猎场、一面坡森林公园等,在人文资源上有索菲亚教堂、金上京会宁府、侵华日军第731部队罪证陈列馆等。

从城市环境状况看,突出表现为大气污染和水污染。哈尔滨市地处高纬度地区,冬季严寒、采暖期长,耗煤量大,空气污染类型属煤烟型污染。全年气候干燥,相对湿度小,易形成风沙,特别是春季,二次扬尘污染严重,这两个因素是影响哈尔滨市大气质量的主要原因。松花江哈尔滨江段的水质污染主要为有机污染,生态环境污染主要表现为水土流失和草原退化,耕地水土流失面积约占总耕地面积的50%左右,草原退化面积占草原面积的27%左右,造成生态退化的主要原因一是不合理利用,二是超载放牧和盲目开垦。

2000年哈尔滨市生态环境建设工作取得大幅度进展。全市新建自然保护区2处,保护区面积48.5万公顷,新增造林面积4.55万公顷,退耕还林1.34万公顷,全市新增水土流失治理面积4.6万公顷,人工保护恢复草原面积0.8万公顷,全市绿化面积4898万平方米。

2000年在全市8个行业87家工业企业推行了清洁生产工艺,625家工业排污企业有622家实行了达标排放,年减少各类污染物排放量1万余吨。加大了14条松花江一级支流的综合治理力度,有12条达到了功能区标准,完成了马家沟河污水处理厂32.5万吨一期处理工程,并已投产运行,完成了过江煤气管道工程,新增用户4.1万户。全市新增集中供热面积200万平方米,城市环境得到了进一步改善。

【经济与社会发展】 2000年,哈尔滨市全年实现国内生产总值1002.7亿元,比上年增长12.4%。其中第一产业增加值176.7亿元,增长2.6%;第二产业增加值340亿元,增长17%;第三产业增加值486亿元,增长12.4%。人均国内生产总值10359元,比上年增长12.2%。经济结构进一步调整,一、二、三产业占全市国内生产总值的比重为17.6:33.9:48.5。非国有经济稳步发展,全市非国有经济实现增加值581.6亿元。占全市国内生产总值的比重58%。

农业和农村经济稳步发展。全年实现农林牧渔业总产值280.5亿元,粮食总产量69.5亿公斤。乡镇企业发展较快,全市乡镇企业实现总产值598亿元。

国有企业改革顺利推进,工业生产快速增长。全市国有大中型企业改革和脱困两大目标基本实现,地方工业整体上扭转亏损局面,全年实现工业增加值278.2亿元,工业总产值1011.1亿元。工业结构调整成效显著,汽车、医药、食品和机电成套设备等优势产业对经济增长的拉动作用明显增强。

消费品市场稳中趋活，价格总水平止跌回稳。全年实现社会消费品零售总额454.8亿元，比上年增长11.7%。物价水平略有回升，居民消费价格指数为100.2，商品零售价格指数为98.8。固定资产投资快速增长，全社会完成固定资产投资253.7亿元，比上年增长25.3%，对经济的拉动作用明显。

全市城市基础设施建设完成投资35.4亿元，比上年增长98.7%，辟建了中心休闲广场、新世界广场、母亲广场等13处城市广场，形成了一批新的城市景观，新增绿地面积108.6万平方米，城市绿化、美化、亮化水平显著提高。

财政收入增长，金融运行平稳。全市地方财政一般预算收入53.8亿元，增长15.1%；财政一般预算支出77.1亿元，增长12.4%。金融形势稳定，全市金融机构各项存款余额1256.7亿元，增长10.4%；金融机构各项贷款余额1050.4亿元，增长10.8%。

人民生活水平继续提高。城市居民人均可支配收入5632元，农民人均纯收入2477元，市区人均居住面积9.03平方米，农村砖瓦和多木结构住房比重达67.9%；社会保障制度改革加快，养老、失业保险覆盖面分别达到94%和95%；教育、文化、卫生、体育等其它社会事业进一步发展。

2000年哈尔滨市高新技术产业实现产值176.2亿元，占全市工业总产值的17.4%。2000年，国家计委下发了《关于哈尔滨九州电力设备制造有限公司内反馈调速电机及其控制系统进一步开展可行性研究的通知》，该项目总投资19500万元；批复了哈尔滨东大电工有限公司年产700吨铜基无银无镉合金材料产业化示范工程项目和哈尔滨威德焊接自动化有限公司焊接自动化系统集成高技术产业化示范工程建设项目可行性研究报告，3个项目总投资51290万元。

以电子信息、生物工程及新医药、新材料和新能源等为代表的高新技术产业已初具规模。轻合金表面陶瓷化和铜基无银无镉合金材料等项目，技术居世界领先水平；数控等离子切割机、内反馈串级调速系统、人血白蛋白等项目在全国同行业占有重要位置；双太电子有限公司、海格集团、哈焊接成套公司和哈东大电工有限公司等一批企业在国内具有明显的规模和技术优势。目前全市高新技术企业总数2315家，从业人员5.5万人，形成了科研院所兴办的高新技术企业、“三资”企业、民营股份制企业“三足鼎立”的格局。涌现出哈磁集团、光宇集团、亿阳集团等一批产值超亿元的民营科技企业，2000年销售收入超亿元企业达到20户，成为经济发展的生力军。

以哈尔滨高新技术产业开发区为龙头，构建了“以区带园，一区多园”的发展格局。哈尔滨高新技术产业开发区，通过在开发区内辟建大学高新技术园区和专业性科技园区，先后创办了哈尔滨工业大学、哈尔滨工程大学、哈尔滨理工大学、东北农业大学四所大学科技园区，为地方经济发展做出了积极贡献。哈尔滨国家级经济开发区和国家级民营科技园区都在高新技术领域取得了长足发展，使哈尔滨市高新技术发展格局初步形成。

充分发挥高新技术的辐射和牵动作用，促进了以汽车、食品、医药和机电成套设备等优势产业为重点的传统产业技术装备水平的提高，市场竞争能力进一步增强。同时以电子信息技术为重点，将自动化技术、新材料、生物技术等高科技向传统产业扩散、渗透，使全市机电、医药、化工、纺织等重点行业的生产装备、工艺制造技术和产品迈上新台阶，增强了其在国内外市场的竞争能力。机械行业全面应用CAD技术，提升了机械行业的设计水平。哈尔滨电机厂、焊接成套公司实施的CIMS工程列为国家CIMS试点企业，其中焊接成套公司CIMS工程已经通过国家专家组验收，提高了企业的管理水平。

哈尔滨市在科技成果转化工作中，突出了农业科技的地位，以良种繁育、“两高一优”示范区，星火技术密集区为牵动，以基地为载体，广泛开展了各项先进适用技术的示范、推广应用,为粮食丰收、乡企发展提供了重要保障。同时加强了国际间、地域间科技合作与交流,为科技注入了活力。

2000年哈尔滨市共有普通高等学校21所,招生5万人,在校生13.3万人,在校研究生1万人,成人高等学校33所,招生3.3万人,在校生8.7万人。普通中学639所,在校生64.5万人,比上年增长7%。各类中等专业技术学校在校生9.4万人,比上年增长2.4%。小学3249所,在校生67.2万人,学龄儿童入学率99.9%,幼儿园1462所,在园幼儿12.4万人。社会力量办学78所,在校生4万人。

2000年全市共有专业艺术表演团体18个,各类放映单位36个,文化馆21个;公共图书馆20个,藏书560万册。

各专业艺术团体在第25届哈尔滨之夏音乐会等文化活动中,演出3879场,观众339万人次,其中市直各专业艺术团体演出1524场,观众126万人次。

全市共有各类卫生机构1178个,床位3.5万张,卫生专业技术人员4.7万人,全市有卫生防疫、防治机构54个,卫生技术人员0.3万人;妇幼卫生机构21个,卫生技术人员0.1万人。农村卫生院261个,床位0.4万张,卫生技术人员0.6万人。2000年全市以县为单位初级卫生保健达标率75%,以乡为单位计划免疫苗接种率99.78%,农村饮用水改水受益率50.26%,受益人口257万人。

【重点开发项目】 2000年哈尔滨市重点建设项目主要有投资109792万元,全长30.5公里的哈尔滨机场高速公路全线建成通车;投资256100万元,连结全市6个区的二环快速干道西线、南线、东线23.4公里路桥 工程投入使用;投资69175万元,5.6平方公里的哈尔滨高新技术产业开发区迎宾路集中区基础设施工程完工;投资12850万元,日处理污水32.5万吨的哈尔滨文昌污水处理厂一期工程完工;投资22161万元,移动通讯70万门、高速寻呼80万门的哈尔滨电信局长途电信枢纽扩建工程竣工;投资8422万元,疏浚1.46×10^6立方米,堤防3.9公里的哈尔滨市防洪工程竣工;投资8000万元,5万平方米广场的松北新区太阳岛桥及广场工程竣工。

在建项目有投资51397万元,845万平方米集中供热工程的哈尔滨机场开发区集中供热工程;投资47400万元,管线219公里的哈尔滨供水管网改造工程;投资26331万元,管线419公里、调压站33座的哈尔滨城市煤气管网工程;投资19700万元,年产3万吨轻合金表面陶瓷化产品的哈轻合金表面陶瓷化处理新技术工程;投资18822万元,年产双黄连粉针1.5亿支的哈尔滨中药三厂易地改造“双加”工程;投资12457万元,供热面积100万平方米的哈尔滨热网改扩建工程;投资27695万元,年产200吨7ACA哈尔滨制药总厂7—ACA及环保工程;投资20400万元,年产数控等离子切割机125台等离子电源1800台数控等离子切割机产业化示范工程;投资15240万元,哈尔滨少年宫翻建工程;投资183808万元,哈大铁路电气化改造工程等重点项目进展顺利。上述重点项目的建设对哈尔滨市经济的发展将起到重大的推动作用。

2000年加快城市危房棚户区改造力度。危房棚户区改造住宅建设享受经济适用房政策,建设用地实行行政划拨,减免城市基础设施配套费、商业网点费、占道费等二十余项税费。

2000年,哈尔滨市“城市形象”工程取得重大成果,城市基础设施建设步伐明显加快。全市以构筑立体交叉、成环成网、快速便捷的现代化交通新格局为目标,大力推进路桥建设,提高了道路的通行能力,确保了道路的畅通。2000年全市有城市公共交通营运线路达98条;建成区绿地面积5056.4万平方米,人均占有公共绿地面积4.6平方米;城市供水总量3.43亿吨,其中居民生活用水1.97亿吨;城市用电量52.4亿千瓦小时;城市煤气管道长度1604公里,煤气供气总量2.85亿立方米。

优势产业。电子信息业重点发展计算机及零部件、多媒体液晶投影仪,开发软件与系统集成、计算机网络、移动通信和数字视听产品,推进敏感元件及传感器、数字广播接收设备等高新技术产业化项目建设,建设哈尔滨软件园。

汽车制造业重点推进多功能车开发进程,发展多功能系列车和厢式系列车;开发生产高技术、高质量、高性能、低价位轻型车;开发中高档高速公路客车、低地板城市公交客车和环保双燃料城市公交客车;巩固和扩大微型车发动机优势,加快4G1发动机批量生产。

食品工业以乳制品、酒业、大豆加工为重点,提高产品深加工水平,充分发挥纯天然、无污染绿色食品的资源优势,发展壮大一批绿色食品加工企业,建成国家重要的绿色食品基地。

医药工业以现代制药为方向,重点发展抗生素、中药制品、滋补保健品、生物制药、医药中间体等系列产品,扩大生产规模。

【利用外资和对外贸易】 2000年,哈尔滨市对外贸易有较大的发展,2000年全市进出口总额10.3亿美元,同比增长15%,其中进口额5.6亿美元,增长18.5%;出口额4.7亿美元,增长10.8%,另据海关统计,哈尔滨地域进出口总额12.1亿美元,比上年实际增长17.1%,其中进口5.1亿美元,增长6.7%;出口7亿美元,增长26.1%。实现贸易顺差1.9亿美元。市属外贸企业完成进出口总额6.61亿美元,比上年增长10.6%,其中出口3.65亿美元,进口2.96亿美元。

在对外经济合作方面发挥哈尔滨市装备工业的优势和潜力,实施“走出去”战略,扩大对外工程承包和劳务合作,全年对外承包工程三项,合同金额1.52亿美元;巩固扩大俄罗斯、韩国、日本劳务市场的同时,积极稳妥地开拓新的国际劳务市场,2000年外派劳务1230人。鼓励对外投资、境外加工和资源开发,全年批准哈尔滨电表厂在菲律宾的电度表加工、金城公司在加纳建设制药厂、哈尔滨环保制氢公司在越南开发铬矿和哈尔滨联宝经贸公司在俄罗斯开展羊毛加工4个项目,签约金额395.3万美元。

2000年全市新批准利用外资合同项目106个,签订利用外资协议合同金额1.64亿美元,实际利用外资2.03亿美元,其中外商直接投资1.67亿美元,利用国外贷款3614万美元。三资企业实现销售收入92亿元,与上年基本持平;税收9.15亿元。2000年哈尔滨市加大利用外资工作力度,全市各有关部门联合整治投资环境,出台了《外商投资企业协调例会制度》、《市级领导联系重点企业跟踪服务制度》、《重大招商引资项目市级领导推进责任制》等一系列政策,并成立哈尔滨市外来投资联合审批中心,为外来投资者提供一条龙服务。拓宽招商引资渠道,初步实现了网上招商。间接利用外资渠道和形式进一步拓宽,首次利用亚洲开发银行贷款、国际金融组织技术援助、日本政府赠款等进行项目建设。

截止到2000年末,全市共有三资企业1673家,外商投资累计实际到位资金11.93亿美元,累计实现税收38.95亿元,出口创汇12亿美元。三资企业销售额超亿元的共13户,纳税额超千万元的6户,其中哈飞汽车制造有限公司、双城雀巢有限公司、哈尔滨龙兴化纤有限公司、黑龙江正大实业有限公司四户外商投资企业被列入全国三资企业500强名单,哈尔滨双太电子实业有限公司入选全国进出口额最大的500家企业名单和全国出口额最大的200家企业名单。

【经济协作与对口支援】 2000年,哈尔滨市注重与上海市、广州市、西安市等东南沿海发达地区和西部发展地区的合作,取得了较好成果。全年执行联合与协作项目700项,实现产值17.5亿元,引进资金20.81亿元。2000年全市组织大型出访及展洽活动六次。市委、市政府主要领导同志亲自率团参加文博会、西洽会、兰洽会、上博会、杭展会等。共签订合同(协议)136项,引进资金12.41亿元。哈尔滨市赴广东省学习考察招商引资签约全部执行,履约率为100%。2000年投资千万元以上的大项目38个,2000万元以上的16个,投资超亿元的8个,这些大项目的实施对哈尔滨市的经济发展起到了推动作用。

对口支援三峡工作。2000年对宜昌市三斗坪镇的对口支援工作在以往合作的基础上,又以哈尔滨市政府名义出资10万元支援三斗坪镇的电视差转站工程。

应黑河市政府邀请,由哈尔滨市人民政府经协办牵头组成了60家企业120余人参加的经贸代表团,参加8月12日至18日在黑河市和俄阿穆尔州市举办的经贸旅游洽谈会。会议期间共签订合作贸易协议21项,投资额600万元,商品贸易协议额1.04亿元。

哈尔滨市从1996年实施扶贫攻坚以来,贫困乡村的面貌得到了较大改观,贫困人口的生产生活条件有所改善。到2000年年底,全市只剩贫困户0.33万户,贫困人口1.38万人(此数不含因洪涝等自然灾害造成的返贫致贫人口),贫困村的生产生活条件显著改善。贫困乡村的科技、教育、文化、卫生等各项社会事业有了较快的发展。到2000年年底,全市已有96.9%的贫困人口解决了温饱问题,哈尔滨市扶贫攻坚期间累计投入扶贫资金1.55亿元。其中市政府投资7500万元,各区县(市)和贫困乡村及市直扶贫单位等有关部门配套资金8000万元。2000年全市有1.27万贫困户解决温饱,全年筹集落实1730万元扶贫开发资金,先后下达了四批扶贫开发项目计划,安排了235个扶贫项目,总投资4458万元。

合 肥 市

【概况】 合肥市位于安徽省中部,地处长江与淮河之间,巢湖西北岸。东连安徽滁州、南与安徽巢湖市相望、西交安徽六安市、北接安徽淮南市,具有南北相宜的自然气候,承东启西的优越地理条件。

合肥市是安徽省省会,是全省政治、经济、科教、文化、交通、信息中心,经国务院批准享受沿海开放城市的政策,现辖肥东县、肥西县、长丰县、东市区、中市区、西市区、效区三县四区,四个国家及省级开发区,行政辖区总面积7497平方公里(包括部分巢湖水面),市区面积125平方公里。全市有110个乡镇,1974个行政村,合肥地处江淮腹地、地势平坦、土地类型多样,由西向东的江淮分水岭贯穿本市,形成低缓的鱼背形地势。江淮分水岭自然地将本区划分为长江和淮河两大水系。长江流域面积4400平方公里,淮河流域3100平方公里。

合肥拥有中国科技大学、合肥工业大学、安徽大学等30余所大专院校和50余所中等专业学校,以及中国科学院合肥分院在内的190多个研究院所,拥有各类专业技术人员,智力资源在全国同类城市中名列前茅。

合肥环境优美,城市园林绿地面积2200公顷。环城公园长8.7公里,占地137公顷,宛如一条翡翠项链环绕市中心区,营造出城在园中,园在城中的人居佳境。目前沿城市二环路正建设一条长42公里、宽30~60米的绿色环带,力求形成道路绿化带和星罗棋布的街头绿地相谐,二条绿色环带相呼应的城市绿化网络。

【经济与社会发展】 经过"九五"时期的快速发展,综合经济实力明显增强,省会城市的辐射力和影响力大大提高。2000年,全市实现国内生产总值325亿元,一、二、三产业在国民经济中的比重逐步趋于优化,到2000年全市一、二、三产业增加值占国内生产总值的比重已经调整为11.1:47.7:41.2。

农业和农村经济全面发展。2000年合肥市粮食总产量143万吨、棉花产量1.2万吨、肉类产量23万吨,养殖业产值占农业总产值49.4%。林业生产建设稳步发展,2000年完成造林面积1269公顷,全年幼林抚育作业面积1613公顷,育苗980公顷,四旁植树1639万株。农业生产条件进一步改善,农田水利建设得到加强。农业机械化程度提高,2000年末,全市农业机械总动力127.64万千瓦,农用拖拉机 11.32 万台，农用运输车 6113 辆，机械 25259 台，农业产业化步伐不断推进，丰乐种业、大米公司、丰大集团、新长江集团等 4 家企业进入省级龙头 50 强，其中丰乐种业作为全国最大的种业集团，1997 年在深圳交易所成功上市，成为中国种业第一股。加强农村专业批发市场、农贸市场的建设，促进了农副产品流通。加大农村基础设施建设，农村电网改造全面展开，基本实现了村村通电。实施农村税费改革，全市已减轻农民负担 9000 多万元，减负率 29%。

工业经济快速发展。合肥市是以加工工业为主的综合性城市，现有 34 个工业行业，200 多个工业门类，2000 多种大类产品；有乡及乡以上独立核算工业企业 1800 多户，其中列入省政府考核的大中型企业 51 户。2000 年合肥市实现工业增加值 111 亿元，已初步形成了以电冰箱、洗衣机、电视机、空调器为主的日用电器和电子工业，以叉车、挖掘机、成套配变电设施为主的机械工业等支柱产业。形成了美菱电器、荣事达冰箱、合力叉车、日立挖掘机等一大批名牌产品。加大改革力度，进行资产重组，国有企业改革取得较大突破。合肥钢铁公司、安徽氯碱化工集团等企业实施债转股，总额 9 亿元。全市有 75%以上的工业企业、50%以上的商业流通企业实现 了改制，美菱电器、百货大楼、丰乐种业和国风塑业等成为上市公司。采取灵活的运行机制，对一批中小企业进行了改组、改制、兼并、联合、划转，生产经营形势明显好转。安徽佳通、合肥日立、合肥 ABB 等外商投资企业和三联、紫星、国祯能源等私营企业都得到了快速发展。

加快高新技术产业化和传统产业高新技术化步伐。全市有 17 户省级企业技术创新中心，美菱、荣事达、合肥叉车 3 户成为国家级技术创新中心。发挥科教优势，在电子信息、生物技术及新医药、光机电一体化、高科技农业等领域，培育主导高新技术产业。加快合肥市软件园发展，继续引导高新技术产业向科技园区集中。2000 年全市高新技术企业实现技工贸总收入 130 亿元，增长 12%，全年新批高新技术企业 48 家，获省、部级科技进步奖 39 项，其中农村科技进步奖 8 项，评出市级科技进步奖 40 项。

建筑业继续深化改革，积极推行建筑工程招投标制，生产经营保持较快发展。2000 年完成建筑业增加值 22.3 亿元，增长 8.2%，四级及以上资质建筑企业施工工程个数 5081 个，房屋建筑施工面积 1045 万平方米，房屋竣工面积 536 万平方米。

服务业发展迅速。合肥市的交通、邮电、商业等传统产业不断发展壮大，房地产、证券经纪交易、信息咨询等新兴产业逐步发展起来，在国民经济中的地位正逐步上升。目前合肥市拥有商贸批发、零售网点 10 万多个，以合肥长江中路及金寨路为主体的中心商务区初步形成。城隍庙小商品批零市场、中菜市综合商场、坝上街农副产品批发市场、安徽大市场、长江批发市场、东方商城、瑶海家具世界，在省内外颇有影响。合肥百货大楼、鼓楼商厦、商之都、乐普生商厦等一批大型现代化综合商场，构成了合肥商业网点骨架。个体私营经济发展迅速，全市现有个体工商户 10 多万户，从业人员 22 多万人，私营企业 6680 多户，从业人员 9 多万人。2000 年，受“假日经济”等因素的带动，消费品市场销售活跃，全年实现社会消费品零售总额 148 亿元，增长 10%以上，物价保持小幅上升，全年居民消费品价格比上年上升 1.3%。

交通运输业稳步发展，邮电通信业快速增长。2000 年公路旅客周转量 349578 万人公里，货物周转量 226481 万吨公里。邮电通信业在激烈的市场竞争中发展迅速，服务质量不断提高，服务领域不断扩大，2000 年完成邮电业务总量 16.8 亿元（不含寻呼）。年末城市电话装机 47.7 万户，2000 年末农村电话装机 20.3 万户，农村基本实现村村通电话，2000 年移动电话用户 32 万户，计算机互联网用户 6.78 万户。

金融机构在防范金融风险的前提下,继续改善服务,调整信贷结构,增加信贷投入。2000年末金融机构各项贷款余额587亿元,比年初增长21.6%。年末金融机构各项存款余额562.8亿元,其中城乡居民储蓄存款余额184亿元。金融机构现金回笼速度加快,现金收入789亿元,增长26.7%。保险事业继续发展,2000年全市累计保费收入6亿元,比上年增长7.3%;赔款及给付1.4亿元。

2000年,合肥市继续抓住国家实施扩大内需政策的机遇,加大投入,全年全社会固定资产投资130.9亿元,比上年增长5.5%。投资构成中,基本建设投资70.8亿元,技术改造投资18.1亿元,房地产开发投资23亿元。全市基础设施、基础产业的投资增幅较大,全年邮电通讯业投资12.2亿元,电力生产和供应业投资18.68亿元。

坚持以人为本的城市发展理念,围绕城市水、电、路、气、通信等基础设施建设,2000年,全市国家、省和市安排重点建设项目39个,完成投资35亿元,其中29个基建项目累计完成投资28.5亿元。新增城市供水管网42.5公里,新增燃气用户2万户,城市二环九射加方格网的道路格局已经形成。坚持实施可持续发展战略,不断改善城市环境,建设了以琥珀潭景区、蜀山野生动物园。城市生活污水日处理能力30万吨,2000年,工业废水排放达标率65.7%,工业固体废物综合利用率99.6%;市区建成环境噪声达标区14个,面积63.57平方公里;建成烟尘控制区14个,面积119平方公里;城市人均占有绿地面积7.7平方米,绿地覆盖率31%。

社会事业全面发展。坚持科教兴市战略,制定实施了《合肥市科学技术进步条例》、《关于进一步加快合肥高新技术产业发展的决定》,大力推进科技与经济相结合,科技投入加大,科技创新能力和水平不断提高,形成了按市场机制运作的项目科研开发新体制雏形。加快推进教育改革和发展,全面实施素质教育,2000年,普通高校招生2.01万人,年末在校学生5.89万人,毕业生9386人;中等专业学校招生1.75万人,在校学生6.4万人,毕业生1.9万人;普通中学招收学生9.68万人,在校学生25.8万人;小学在校学生43.2万人,学龄儿童入学率99.7%;成人高等教育学校招生3.4万人,在校学生6.87万人,毕业生1.67万人。文化事业蓬勃发展,成功地举办了多项大型专业和群众性文化活动,大型话剧《何家庆》、《风起瑶岗》获省第六届艺术节编剧一等奖和二等奖;加快文化工程建设,合肥新图书馆、合肥科技馆、合肥少儿活动中心等一批项目进展顺利。广播电视等新闻事业进一步发展,到2000年末,64个乡镇建立了有线电视台,农村广播室1414个,乡镇小调频台72个,全市广播覆盖率达100%,电视覆盖率85%。卫生事业健康发展,城乡医疗卫生条件继续改善,2000年,全市拥有卫生机构585个,各级各类医院、卫生院231个;医院、卫生院拥有病床1.28万张,卫生技术人员1.72万人。体育事业取得新成绩,竞技体育水平继续保持全省领先,在安徽省九运会上合肥市取得了金牌总数、团体总分四个第一的成绩。

【投资环境】　合肥地处中国的东部与中部的结合部位,长江流域地区,良好的地理位置,形成了独特的投资环境。合肥是建设中的国家铁路交通枢纽之一,淮南复线贯穿南北 、华东第二通道合肥——阜阳——商丘线路、合肥——九江和正在建设的宁西线(南京——西安)等铁路干线交汇合肥,开通了合肥直接到北京等全国主要城市的列车。合肥是全省公路交通中心,是全省的高速公路枢纽,高速客运直达南京、上海、杭州等大城市。合肥骆岗机场作为国际备降机场,开辟了北京、上海、深圳、昆明等国内航线20多条和合肥——香港专线,并将开通合肥至日本、韩国的航线,形成了四通八达的航空网络。合肥港通过淝河、巢湖与长江沿岸港口相连,可通航500吨到1000吨级的驳船。

城区交通已建成"二环九射"加方格网的道路框架,城市供水、供电、供气能力完全能够满足生产、生活等各方面需要,正在建设的国家"西气东输"工程,将给合肥发展带来新的发展机遇。城市邮电通讯发达、城市污水处理能力名列全国前茅。城市商业服务业发达,贸易繁荣,城市综合服务、保障功能完善。市内有逍遥津公园、包公祠、教弩台、明教寺、大蜀山等名胜古迹,有我国五大淡水湖之一的巢湖。周围地区有凤阳的中都城、龙头寺、明皇陵以及敬亭山、佛子岭、磨子潭、梅山等五大水库,有驰名中外的天下第一山黄山和全国四大佛教胜地之一的九华山。

中国科技大学、合肥工业大学等高等院校和中国科学院合肥分院等各类科研机构,丰富了合肥市的人力资源。实施"科教兴市"战略,大力发展科技和教育事业,为合肥市奠定了人力资源基础。合肥国家同步辐射实验室、全国最大的直流脉冲机组等,提高了合肥的科技知名度,全市现有各类专业技术人员总数17万多人。

合肥市实施对外开放的发展战略,规范行政行为,优化投资环境,制定和出台了一系列优化环境,鼓励、奖励投资的政策。全面减少了行政审批程序,提高办事效率。加强招商引资,政府实行"一站式"服务。以法治市,强化城市综合治理工作,人民生活安定,社会秩序稳定。

合肥市鼓励投资者投资基础设施建设;投资建设重点工业项目,特别是汽车、机械制造、化工橡胶、家电与电子及生物医药和信息产业等;农业综合开发、生态农业发展;综合利用资源和再生资源及采用保护环境的新技术设备产业;重点发展商贸旅游、房地产开发、社区服务以及广告、信息咨询、会计师事务所等中介服务机构。

【利用外资、对外贸易与开发区发展】 合肥市积极争取和利用有关政策,加大招商引资力度,扩大对外开放,对外贸易和利用外资取得显著成绩。全市外贸进出口保持增长态势,外向型经济持续稳步发展。2000年累计实现外贸进出口总额19亿美元,增长19.7%,其中出口总额13.2亿美元,进口总额5.8亿美元。在进出口总额中,市属企业自营进出口额5.6亿美元,其中自营 出口2.8亿美元,2000年合肥的经济外向度为43%。积极招商引资,扩大开放,2000年全市新批外资企业67户,协议外资2.1亿美元,实际利用外资1.27亿美元。到2000年末,全市累计批准三资企业1310余家,总投资48.6亿美元。协议利用外资16亿美元。一批国际知名公司、企业落户合肥,主导产业橡胶轮胎、机械制造、家用电器、食品饮料等,已经成为合肥市新的经济增长点。旅游业平稳运行,2000年,接待国内外旅游者346万人次,其中接待入境旅客3.5万人次;旅游总收入23.4亿元,其中旅游外汇收入2064万美元。对外承包工程和劳务合作快速增长,2000年对外承包工程和劳务合作新签合同金额14407万美元,完成营业额6731万美元。

合肥市现拥有国家级高新技术产业开发区和经济技术开发区,拥有省级的合肥新火车站综合试验区等。1997年合肥高新技术产业开发区被国务院批准为对亚太经合组织成员特别开放的四个中国亚太经合组织科技园区之一。到2000年,全市开发区共完成投资170多亿元,开发区建成区面积22平方公里,基础设施投资27亿元。引进项目940个,项目投资总额108亿元,其中协议利用外资12.8亿美元。日立、三洋、美泰克、ABB、可口可乐、佳通、联合利华、海尔、昌河集团等一些国际国内知名大公司、大企业纷纷投资落户,已初步形成了电子信息、机电一体化、新材料、生物医药等为代表的高新技术产业带,化工橡胶、机械制造、家用电器、新型建材等为代表的工业生产基地。

【重点项目】 "九五"期间合肥市加大固定资产投入,为经济保持快速、健康、协调发展奠定了良好基础。"九五"时期累计完成全社会固定资产投资481亿元。

加快城市基础设施项目建设,2×30万千瓦合肥二电厂(一期)、南淝河航道改造和综合整治工程、骆岗机场改造、合肥铁路枢纽建设、省邮电调度中心、省广播电视传输网、安徽图书城、合肥多谱勒天气雷达站建设、巢湖污染综合治理、清溪路水厂扩建、王小郢生活污水处理厂(二期)、金屯立交桥、和平广场、胜利广场等一大批重点项目已经完成,修建了二环、合店、合派、合淮等60多条道路,城市道路总长1046公里。加大城区美化、亮化投入,城市建成区绿化覆盖率31%,琥珀潭景区、蜀山野生动物园、安徽名人馆、少儿活动中心、省科技馆等一批文化旅游设施建成并对外开放,继续抓紧建设安徽国际会展中心、合肥科技馆、新图书馆、汽配城、安徽长江农贸市场(三期)、合肥汽车客运总站、广电新闻中心等项目,加快实施紫蓬山、舜耕山、三河镇等旅游综合开发项目。

强化农村基础设施建设,组织实施了驷马山引江灌溉肥东黄疃片工程、长丰瓦东干渠补源工程、肥西潜南干渠整治等一批水利重点项目,以及县郊道路设施建设和农村电网改造等工程,开工建设大房郢水库、巢湖大堤及巢湖综合开发与治理工程等。

加快产业结构调整步伐,国风集团塑胶产品二期工程、5万吨/年大口径塑料波纹管、海尔工业园彩色电视机、特种钢板、ABB配电变压器项目、佳井公司新厂一期工程、江淮汽车公司中型客车底盘项目、合肥化工厂5万吨/年离子膜烧碱、四方集团13万吨/年尿素、合钢集团小型连轧等一批工业、能源建设项目完成。继续抓紧建设美菱纳米新材料应用及技术中心改造工程、合肥发电厂热电联产配套管网工程、合肥发电厂1号、2号机组热电联产机组改造工程、合肥软件园新区等一批重点工程。继续建设梦园小区、柏景湾花园、阳光花园等一批城市生活小区,结合教育产业发展实施中国科技大学扩建、合肥工业大学大学城等项目。

南　昌　市

【概况】　南昌地处江西中部偏北,赣江、抚河下游,滨临我国第一大淡水湖——鄱阳湖,西接九岭山地,东南依赣中南山地丘陵,土地面积7402.36平方公里,全境地貌形态分异显著,山、丘、岗,平原相间,由边及里,由高及低,构成三个明显的层状地形。全市常态地貌类型以平原为主,兼有广阔水域和较大数量的岗地、低丘,平原占全市面积的35.8%,岗地低丘占34.4%,水面占29.8。境内资源丰富,全市有林地面积13.2万公顷,森林覆盖率16.8%,活立木蓄积量220万立方米。主要树种有413种,常见的有杉树、马尾松、湿地松、樟树等,被称为活化石的银杏和水杉、被誉为水果之王的猕猴桃树也有零星分布。动物种类繁多,全市现有脊椎动物480种,其中列入国家保护的鸟类有20多种,珍稀鸟类12种。

水资源丰富,境内江河湖塘星罗棋布,军山湖、金溪湖、青岚湖、瑶湖等数百个大小湖泊散落境内,城区有得天独厚的东、西、南、北四个风景湖。全市水能蕴藏量7.27万千瓦,可开发的资源2.45万千瓦。矿藏资源主要以非金属建材矿为主。储量丰富的有花岗岩、石英石、石灰石、陶瓷土、河沙等28种。南昌属中亚热带湿润季风型,气候湿润温和、雨量充沛、日照充足、无霜期长、冰冻期短、四季分明。年平均日照1853~1972小时,年平均气温17.1~17.7℃,年降水总量1515~1595毫米,且多集中在夏季,无霜期259~280天,湿润的气候适宜各种植物和农作物的生长。2000年全市总人口432.55万人,全市有38个民族,汉族人口占99%以上,在少数民族人口中,以回族最多。南昌市现辖南昌、新建、进贤、安义4个县,东湖、西湖、青云谱、湾里、郊区5个区,35个街道、49个镇,50个乡,1202个村民委员会,829个居民委员会。

【经济与社会发展】　2000年,全市国内生产总值435.1亿元(现价,下同),比上年增长9.2%(可比价,下同),第一产业增长3%,第二产业增长9.2%,服务业增长10.9%,三次产业比例为10.6∶47.2∶42.2,人均国内生产总值突破1万元,城镇化水平达到42%。

农业生产条件得到进一步改善。全市拥有农业机械总动力108.81万千瓦,农用排灌动力机械33.57万千瓦,有效灌溉面积300.71万亩,旱涝保收面积215.6万亩。2000年,全市农业总产值69.4亿元,增长3%,其中农业29.1亿元,增长2.4%;林业1.01亿元,增长2.5%,牧业24.4亿元,增长2.9%,渔业14.9亿元,增长41%。结构调整取得成效。种植业调减早稻播种面积26.1万亩,是历史上调减幅度最大的一年,花生、蔬菜、瓜果等经济作物种植面积扩大。农副产品产量增加,全市粮食总产31.2亿斤,比上年调减4.3%,油料产量增长5.8%,蔬菜产量增长1.8%,生猪出栏增长4.9%,家禽出笼增长4.1%,水产品产量增长0.1%,其中:特种水产增长11.4%。农业产业化经营如阳光奶业、安义水磨糯米粉等有新的发展。农村小城镇建设步伐加快,广福、麻丘、温圳、石鼻等一批小城镇在利用优惠政策吸引民间投资方面取得较好效果。乡镇企业总产值377.6亿元,其中乡镇工业总产值246.6亿元。

全市工业总产值(全部国有工业和年销售收入500万元以上的非国有工业企业)249.9亿元,其中市属工业总产值161.4亿元,据对全市577户国有工业及规模以上非国有工业企业统计,共实现利润10.6亿元,亏损企业亏损额3.11亿元,企业亏损面为28.6%,成本费用利润率4.9%,全员劳动生产率2.38万元/人(按增加值计算)。市属重点产品增势强劲,全顺汽车产量增长9.93%,汇仁肾宝产量增长76.7%,新闻纸产量增长38.4%。国有大中型企业改革和脱困工作取得进展,29户国家重点考核的脱困企业中22户企业已通过不同方式得以脱困。

全社会固定资产投资79.87亿元,增长12.2%,其中国有单位完成投资53.97亿元,增长13.4%。一批市重点项目加快实施并陆续完工。自1998年国家实施积极的财政政策以来,全市实施国债项目31个,利用国债资金13.9亿元,主要国债项目包括鄱阳湖二期整治、城市防洪系列工程、一江两岸路堤系列工程、城西道路综合改造、朝阳洲污水处理厂、麦园垃圾卫生填埋场、城区煤气管网及设施改造、青云水厂二期、高新区主干道、朝阳洲干道、移民建镇、农网改造、国家储备粮库建设等,这些基础设施项目的建设,对加速拓展昌南、开发昌北,初步形成"一江两岸"城市格局,提高城市综合品位,起了很大作用。建设资金的投入每年拉动经济增长在2个百分点左右。

全市社会消费品零售总额144.4亿元。百友集团、亨得利公司等强势企业发展迅速,百友集团跨入"全国商业系统龙头企业"行列。商品交易市场活跃,年成交额158亿元,有亿元以上商品交易市场17个,其中洪城大市场年交易额71亿元,省装潢建材大市场年交易额18.4亿元。对外贸易快速增长,出口总额1.31亿美元,增长29.9%。物价指数略有上升,居民消费价格指数全年平均为102.6。旅游业以成功创建"全国优秀旅游城市"和滕王阁被命名为全国首批4A级旅游景点为契机,呈加速发展态势,全市旅游总收入23亿元。

全市财政总收入44.59亿元,其中地方财政收入19.13亿元,金融运行平稳,年末全地区金融机构存款余额670.03亿元,比上年末新增87.13亿元,贷款余额435.48亿元,比上年末新增51.35亿元。

开发区建设取得较大进展,国家级南昌高新技术开发区呈现"区内企业加速发展、经济效益大幅提高、基础设施加快建设、入区企业积极涌跃"的繁荣景象,高新区工业产值(全部国有工业和规模以上非国有工业企业)增长36.7%,居市直工业之首,实现利税增长124.4%,经济效益综合指数接近300%;区内"四纵一横"主干道建成通车,总投资超过1.5亿元;投资1.3亿元的金庐软件园基础设施正加紧建设;企业入区十分涌跃,全年高新区实际引进资金2.69亿元,出让土地1580亩,凤凰光学、民星股份、赣能股份、洪都股份等一批有实力的上市公司纷纷拥入高新区。南昌经济技术开发区跨入国家级经济技术开发区行列,区内基础设施和城市防洪工程建设取得较好进展,统一集团方便食品等一批招大项目"落户"南昌。

科技教育进一步加强。2000年全市共取得科技成果40项,其中国际领先水平2项,国内领先水平15项。技术交易签订合同1728项,技术交易额4.14亿元。重点支持了南昌化工原料厂"L—苯丙氨酸"开发、南昌三健电气公司有线电视机顶盒等10个高新技术项目;教育狠抓"两基"巩固提高,城区普遍实行了义务教育"六三"学制。小学、初中入学率分别达99.6%和91.3%,市属高等教育招生规模扩大6.7%,高中招生扩大5.2%。

全市职工年平均工资6954元,其中在岗职工平均工资8756元。城镇居民年人均可支配收入5734元,农民年人均纯收入2390元,居住环境进一步改善。市政设施、园林绿化和城市环境整治取得成效,城市空气环境质量稳定在Ⅱ级水平以上。

【投资环境】　南昌是国务院批准的享受沿海开放地区优惠政策的内陆城市,又是京九铁路沿线唯一省会城市,大京九与浙赣线交汇于南昌,使南昌成为中国铁路交通的重要枢纽,成为内地连接港澳、东部沿海连接西部地区的大通道。

南昌工业以加工工业为主。形成了门类齐全,具有一定基础和实力的综合性工业体系。全市拥有汽车制造、航空、冶金、机械、轻工、化工、医药、纺织、食品、电子、建材等36个行业和150多个门类,生产数千种产品。固定资产原值170亿元,有40万产业大军,主要产品汽车、农用运输车、柴油机、拖拉机、变压器、新闻纸、白炭黑等在全国享有一定声誉,有60多种工业产品被评为全国、全省优质产品。

南昌素称"鱼米之乡",农业自然生产条件优越,全市有耕地337万亩,山地面积233万亩,可供养殖水面76万亩。经过多年发展,先后建立了粮食、肉类、油料、棉花、茶叶、蔬菜以及林、牧、渔、禽等商品生产基地,是全国重要商品粮和农副产品基地。

多层次、多形式、全方位对外开放格局基本形成,先后建立了国家级南昌高新技术产业开发区、南昌经济技术开发区以及省级京东、长陵等经济开发区。

基础设施日臻完善。昌九、昌樟高速公路建成通车,南昌大桥、新火车站、新八一大桥、银三角立交桥、昌北机场、麦园垃圾卫生填埋场、朝阳洲污水处理厂等相继竣工投入使用,市内主干道基本实现立交化。全市日供电57万千瓦,日综合供水118.5万吨,城市气化率86.9%。邮电通讯实现电话交换程控化,传输数字化,无线寻呼自动化,市话终端总量91.09万门,可直拨全国各地和国际180多个城市。

为了加快建设"开放型、多功能、高效益、强辐射"的省会中心城市的步伐,除执行国家和江西省有关鼓励外商投资的各项政策规定外,对来南昌市投资兴办实业的内、外商和参与南昌市招商引资、开发建设的内外单位和个人,在税收、土地、管理、奖励等方面给予优惠。

税收方面:生产性外商投资企业,其所得税减按24%的税率征收,经营期十年以上的生产性外商投资企业,从开始获利年度起,第一年至第二年免缴所得税,第三年至第五年减按12%的税率缴纳所得税,第六年开始按24%税率缴纳所得税,经营期不满十年的,应当补缴已免征、减征的企业所得税税款;属于技术、知识密集型的外商投资项目,或者外商投资在3000万美元以上、回收期长的项目或属于能源、交通、港口建设项目,可以减按15%的税率征收企业所得税。

外商在中国境内未设立机构而有来源于南昌市的股息、利息、租金、特许权使用费和其它所得,除依法免征所得税的以外,都减按10%的税率缴纳所得税,其中提供的资金、设备条件优惠,或者转让的技术先进,需要给予更多减税、免税优惠的,由南昌市人民政府决定。

外商投资企业的地方所得税,生产经营期限内全部免征。内、外商购买或兼并生产性企业,其为安置富余职工兴办的、独立核算,从事第三产业的企业,自开业之日起,实行二年免征、三年减半征收所得税。

内、外商投资者投资开垦荒山、荒坡、荒地、荒水、荒滩,从事农、林、牧、副、渔等种养业、加工业的,自取得收入年度起,对其所征农林特产税由所在地财政全额返还三年,其中从事粮食生产的,免征定购粮五年。

土地方面:凡符合国家产业政策的投资项目,其受让土地,按土地使用权出让价总额减收15%,其人防结建费,白蚁防治费、拆迁代办费(含管理费)减收30%,投资额在500万美元以上的项目,其受让土地,按土地使用权出让价总额减收20%,人防结建费、白蚁防治费、拆迁代办费(含管理费)减收30%。

外商出资购买或兼并国有或集体生产性企业,其受让土地,按土地使用权出让价总额减收20%。土地使用费五年内减按60%征收。如实行租赁经营,其土地使用费五年内减按40%征收。新办内资企业,其土地使用税,五年内按标准缴纳后,属市分成部分全额返还。

内、外商投资嫁接改造大、中型企业和传统加工业的老企业,企业依法以国有土地使用权作价投资入股的,其地价款按土地出让地价格标准下浮20%计价,其投资方向调节税先征后由市财政全额返还。

按照国务院颁布的《外商投资开发经营成片土地暂行管理办法》,外商可以在南昌市投资开发经营成片土地。

管理方面:凡符合国家产业政策,建设和生产条件不需要国家及省综合平衡,出口不涉及配额和许可证,利用外资项目总投资在3000万美元以下的项目,由南昌市自行审批。

机电产品销售服务人员、具有500万元注册资金的外商投资企业的中方主要经销人员出国(境),实行一年内一次审批多次有效,单位、人数的核定,由市经贸委、市外经贸委核定,报市人民政府审批办理。

外商一次性实际投资20万美元(内商160万元人民币),凭有关银行出具有资金到账证明和会计师事务所注册会计师出具的验资证明,可向项目审批机关申报,为其户口在农村的亲属解决一名本市“农转非”的城镇户口(由当地公安机关或有关部门出具亲属关系的证明材料)。每增加20万美元(内商160万元人民币),增加一名“农转非”指标。

内、外商投资者投资兴办实业和发展各项社会事业有功或在引进当代先进技术、先进设备和先进管理方法等方面成绩、贡献突出者,可由投资企业或有关部门分别向市外办、侨办、台办推荐,报市人民政府审核后,按程序报批,对外商授予荣誉市民称号,发给荣誉市民证书;对内商给予特别奖励。

【利用外资和对外贸易】 2000年全市共批准外商投资项目43项,合同外资金额0.29亿美元,实际利用外资0.33亿美元。截止2000年底,全市累计审批“三资”企业1600余家,与日本、韩国、美国、法国、意大利、泰国、香港、台湾等60多个国家和地区开展了经贸合作。全年签订工程承包和劳务输出合同37个,合同金额2134万美元,实现营业额3739万美元,派出劳务596人次,2000年,南昌地区进出口总额完成11.16亿美元,增长13.03%,其中,出口总额8.87亿美元,增长24.3%。

根据国家和省产业政策要求,结合南昌市实际,鼓励外商从事农业综合开发,重点是大水面的综合开发与利用以及粮食、蔬菜、水果、肉食品、水产品等农副产品的深加工。鼓励外商投资基础设施,重点是道路、桥梁、城市污水及垃圾处理、新区的成片开发、工业园区建设、市场及市场功能性改造与建设。鼓励外商运用高新技术对传统产业进行嫁接改造,重点是对机械、纺织、轻工、建材等传统行业,尤其是发展绿色产品、方便食品、旅游食品、高科技工程食品、织物印染及后整理加工、农膜生产新技术及新产品开发。鼓励外商投资电子工业,重点发展新型电子元器件(含片式元器件)及电力电子元器件、节能电子产品、光电器件、敏感元器件及传感器、新型显示器件、大容量光、磁盘存储器及其部件开发制造、计算机辅助设计以及住宅智能化管理。鼓励外商投资新兴产业,重点是微电子技术、新材料技术、新能源技术、生物工程技术、资源再生综合利用技术、节约能源开发技术以及环境污染治理工程及监测和治理技术。鼓励外商投资金融、商贸、旅游等新型服务业,重点是试点开办金融、保险分支机构、中介机构、外贸企业、大型超市、旅行社;参与旅游景区的建设、经营和旅游资源的开发。鼓励外商投资各项社会事业,重点是科研、教育、卫生、体育、环境保护等。国家和省产业政策鼓励的以及产品全部直接出口的允许类项目。

【重点开发项目】　2000年南昌市重点工程项目23项,总投资15.22亿元。已完成竣工的有10项,续建项目7项,新开工项目6项。

南昌市朝阳洲污水处理厂。建设规模日处理污水8万立方米,工程总投资10332万元,建设期限2年,该项目建成后将大大改善抚河故道水体和城市环境,促进南昌市卫生城市的建设。

红谷滩新区开发。该区位于南昌大桥与八一大桥之间的赣江西岸,昌九高速公路东侧,建设规模为红谷滩基础设施即二横八纵道路及管线,红谷滩行政中心,总建筑面积11万平方米,工程总投资25200万元,红谷滩新区是南昌市委、市政府重点建设的南昌市新党政中心,该新区通过抽沙造地,形成4平方公里用地。采取土地转让等方式筹措资金,完善区内基础设施及办公用房。该新区的建设促进了南昌市"一江两岸"城市格局的形成。2000年底,该新区内的主要道路、给排水都已完成,行政中心办公楼已封顶,预计2001年10月进驻办公。

金庐软件园区。建设面积31.7万平方米(包括基础设施,功能服务区,产业用房,经济适用住房等),工程总投资25340万元。江西金庐软件园座落在南昌国家高新开发区,占地850亩,产业区用于软件开发企业的生产所需;公建区用于建设软件市场,会展中心、商业网点、金融、医疗、学校、娱乐等设施,居住区用于软件开发人员的生活用地。拟先期建设园内道路8000米,面积20万平方米。

江西汇仁集团生产基地(一期工程)。购地200亩建设GMP标准厂房及引进多条国际先进生产线,一期工程总投资1.2亿元。江西汇仁集团有限公司是1997年经江西省政府批准的一家资产以私有为主导,产业以"制药"为主,多种类、多产品、多元化经营的跨地区、跨所有制的大型企业集团公司。至1999年公司销售收入突破10亿元,上缴国家税金7000万元左右,公司着眼于发展、着眼于未来,在南昌市近郊购地200亩,异地重建新的生产基地,该基地从厂房布局、设计、施工均按照医药GMP标准进行,并引进多条国际先进生产线,其中固体制剂和口服液生产车间的洁净度为10万级,整个厂区绿化率为33%。预计2001年正式投入使用。该基地建成后设计生产能力为年班产片剂10亿片、口服液30亿毫升、冲剂600吨、胶囊6亿粒,年产值可达15亿元,年创利税约2亿元。

【经济协作与对口支援】　南昌地处中部,分别是南京、武汉、闽浙赣皖三个区域经济协作区的成员,在参加各区域经济协作活动中,注重加强与成员地市的大集团,大企业的联系,力求促成和各区域成员在工业、农业、科技、旅游等领域的经济合作。2000年,横向经济合作项目171个,签订合同内资资金31.2亿人民币,实际引进内资30.5亿人民币。

郑　州　市

【概况】　郑州位于中原腹地,黄河中下游,是历史文化名城。1954年河南省人民政府由汴迁郑,成为河南省省会。现辖五市一县六区,全市总面积7446.2平方公里,市区面积1010.3平方公里,建成区面积116平方公里。总人口614.8万人。郑州位于伏牛山脉向黄淮平原过渡的交换地带,由西南向东北倾斜,属北温带,河流系黄河、淮河两大水系。约在

3500年前就形成了相当规模的城市，曾5次为都，8代为州，现有国家重点文物保护单位轩辕黄帝故里、郑韩故城、宋代皇帝陵群、佛教禅宗祖庭少林寺、嵩阳书院和道教圣地中岳庙等11处，加之新建的黄河游览区和黄河大观，是观赏黄河和旅游度假胜地。

郑州地处京广、陇海两大铁路干线交汇处，公路网四通八达，国道107线和310线交汇于此，是全国重要的陆路交通枢纽城市之一；民用航空有30条国内航线，可与全国28个大中城市直接通航。郑州是全国邮政电信的重要枢纽，邮政业务量居全国前列，市话装机容量60多万门，可与世界上180多个国家和地区、国内900多个市、县实现长途直拨。

郑州矿产资源丰富，农副产品久负盛名。现已探明的矿藏有34种，主要有煤炭储量48亿吨，铝土矿储量0.91亿吨，耐火粘土矿1.1亿吨，水泥灰岩2.8亿吨，硫铁矿0.32亿吨，陶瓷土166万吨，郑州是重要的粮食、棉花和农副产品生产基地，红枣、大蒜、西瓜、花生等品质优良，畅销国内外。

改革开放二十年，郑州人民取得了令人瞩目的巨大成就。国民经济和社会发展突飞猛进，综合经济实力显著增强，社会主义市场经济体系逐步建立，形成了比较完整的有自己特色的工业体系；农村经济得到全面发展，生产水平有了很大提高；外贸出口大幅度增长，技术引进和利用外资成效显著；商业设施完备，交通便利，城市基础设施配套齐全；社会事业建设有了较大发展，人民生活水平有了很大提高。

【经济与社会发展】 2000年，认真贯彻落实中央和省一系列宏观经济政策，从郑州实际出发，突出工作重点，努力扩大消费、投资需求，加快经济结构调整，着力开展“东引西进”，积极推进国有企业改革与发展，经济增长速度明显回升，总体效益不断改善，扭转了自1997年以来经济增速逐年减缓的态势，各项社会事业取得新的进展。全市国内生产总值732亿元，比上年增加11%。其中第一产业增加值42亿元，比上年增长9.5%；第二产业增加值360亿元，比上年增长9.8%；第三产业增加值330亿无，比上年增长12.8%。

农业生产在大灾之年取得好收成，农村经济结构调整深入推进。由于农业基础设施条件特别是水利条件的逐步改善，先进实用农业技术进一步推广应用，农业投入不断增加，农业产业化初见成效。在遭受先旱后涝严重自然灾害、种植面积有所减少的情况下，全年粮食产量158.7万吨，比上年增长4.3%，比上年增产6.7万吨。农业结构适应市场需求继续向优质、特色、高效方向调整，优质专用小麦面积达到94万亩，比上年增加61.2万亩，优质水稻、玉米、大豆、花生等种植面积都有所扩大。农业产业化经营稳步推进，绿色食品、花卉、苗木、食用菌、优质瓜果、蔬菜等市场适销、收益高的特色农业发展方兴未艾，一批独具特色的农业园区相继形成，规模逐步扩大。主要农产品产量都比上年有较大增长，肉类总产量18.8万吨，蛋类11.6万吨，奶类4.97万吨，蔬菜177.8万吨，水产品4.1万吨。乡镇企业在调整中速度和效益都有所回升。扶贫和小康村建设取得新的进展，全市有4.5万人口脱贫。

工业结构调整初见成效，工业产销状况明显好转。围绕国有企业改革、脱困与调整，国有经济布局、优化工业结构等重点工作，认真贯彻落实国家支持国有企业改革发展的各项政策，集中资金加强对优势产品和企业的扶持，坚决压缩淘汰落后过剩生产能力，工业生产整体形势持续好转。全市规模以上工业完成增加值186.5亿元。比上年增长9%，全部工业增加值完成309.9亿元，增长10%。着力推进企业三项制度改革，集中力量搞好重点企业的增资减债、兼并破产和结构重组，市属18户重点企业实现扭亏脱困。按照国家经贸委达标准则，全市有4户重点企业初步建立起现代企业制度，有6户企业进行规范的公司制改造。在1999年5个工业结构调整重点项目建成投产基础上，2000年争取专项资金4600

万元,雪城公司计算机网络交换机等5个项目开始实施,部分建成投产。积极推进国有资本运营和债权转股权工作,长铝、电缆等8户企业列入国家债权转股权计划。

固定资产投资保持增长,重点工程建设进展顺利。2000年全社会固定资产投资完成258.4亿元,比上年增长8.5%。继续把国债资金项目作为重点,三年累计争取国债资金项目37个,项目总投资63.26亿元,争取到国债资金10.15亿元,其中中央专项补助3.94亿元,地方专项6.21亿元。到2000年底国债项目已累计完成投资45亿元,占总投资70%。重点工程建设进展顺利,兴隆铺热电厂1号机组、郑州供水三期工程、污水处理工程、航海路、西环路、郑花路拓宽工程、郑州环城生态防护林工程等相继竣工投入使用。一批基础设施项目和重点项目建设,对拉动经济增长发挥了重要作用。

居民消费出现回升,市场物价止跌趋稳。2000年全社会消费品零售总额完成345亿元,比上年增长10.7%。信用消费规模迅速扩大,国有商业银行住房消费信贷余额11.87亿元,比年初增加8.09亿元。居民消费价格扭转了连续30多个月同比下降局面。

外贸出口恢复性增长,东引西进取得成效。通过实施开放带动战略与实施"东引西进"战略有机结合,努力利用国内外两个市场、两种资源,加快开放开发步伐。抓住国际市场需求扩大有利时机,大力开拓国际市场,调整出口商品结构,外贸出口从年初开始持续保持增长势头,其中机电产品出口增势强劲。据统计,2000年外贸出口1.2亿美元,比上年增长23%,利用外商直接投资1.13亿美元。

财政收支同步增长,金融运行正常。随着经济增长速度回升和经济效益提高,财政收入保持较快增长,全年财政收入完成46亿元,比上年增长18.8%;财政支出50.9亿元,比上年增长19%。受国家货币政策影响,储蓄存款分流明显,2000年底,金融机构各项存款1215亿元,比年初增加220亿元,增长23%。各项贷款余额881.9亿元,比年初增加145亿元,增长19.7%,贷款主要向大中型企业和基础设施建设倾斜。

科技教育等各项社会事业全面发展,人民生活继续改善。认真实施"科教兴郑"和"可持续发展"战略,全市组织实施攻关、火炬、星火等科技项目567项,其中国家级18项,省级157项。组织评定市科技进步奖102项,获省科技进步奖35项,技术市场贸易成交额4.4亿元。教育事业取得新进展,市属普通高校招生2879人,中等专业学校招生5298人,职(农)业学校招生20436人。普通高中招生26892人,比上年均有不同程度的增长。基础教育得到进一步加强,适龄儿童入学率小学达到99.95%,初中达到99.13%。环境保护工作力度加大,积极推进工业废水排放和城市大气质量双达标,加强对"三废"和城市噪声治理,环境污染不断恶化趋势得到遏制。严格控制人口增长。建设用地实行总量控制,按计划用地,基本保持土地占补平衡。

文化、卫生、广播电视、体育等各项社会事业都有新的发展。精神文明、城市创建活动成效显著。城乡居民生活水平继续提高,生活质量不断改善,农民人均纯收入2912元,比上年增长8.5%,城镇居民人均可支配收入5935元。高度重视国有企业下岗职工基本生活保障,实施再就业工程,累计安置下岗职工5万人,再就业率达50.1%,城镇登记失业率2%。

【投资环境】 固定资产投资继续保持稳步增长。全年全社会固定资产投资258.4亿元,比上年增长8.5%,投资结构得到优化,分经济类型看,国有及其它经济单位投资149.6亿元,增长2.3%;集体经济投资70.6亿元,增长12.6%;城乡居民个人投资38.2亿元,增长33.1%。按投资管理渠道划分,在国有及其它经济单位投资中,基本建设完成投资78.2亿元,增长5.1%;更新改造完成投资27.9亿元,下降8.8%;房地产开发完成投资34.2亿元,增长1.5%。按三次产业分,第一产业完成投资12.9亿元,比上年增长

19.4%;第二产业完成投资79.3亿元,比上年下降2.5%;第三产业完成投资166.2亿元,比上年增长13.6%。基础设施和基础产业建设取得新成效,能源工业投资14.1亿元,增长17.5%,运输邮电通信业投资32.2亿元,增长5.9%,农林牧渔水利业投资16.5亿元,增长13.8%。“九五”时期,全社会固定资产投资累计完成1267.8亿元,年均增长14.6%。

2000年固定资产投资新开工项目660个,项目建成投产率43.8%。新增固定资产169.3亿元,比上年增长11%,固定资产交付使用率65.5%,比上年增加1.5个百分点。新增主要生产能力有:市话程控交换机29万门,乳制品500吨/年,粮食仓库储量1.23亿公斤,铝加工880吨/年,耐火材料制品3500吨/年,医院病床1040张,学生席1.88万个,建筑面积7.9万平方米。新增城市污水处理能力40万吨/日。

重点工程进展顺利。全市59项重点工程共完成投资22.4亿元。其中全长15.56公里的航海路、西环路南段拓宽工程已建成通车,金水大道综合治理工程全面竣工,郑州供水工程、郑州污水净化工程已建成投入运营,河南报业大厦已竣工交付使用,郑州热力总公司兴隆铺热电厂工程2×2.5万千瓦供热机组已部分运行,“九桥九路”工程、城市和农村电网改造工程、登封铁路工程、郑州园林绿地建设工程等进展顺利。

【利用外资与对外贸易】 2000年郑州市积极开拓国际市场,千方百计扩大出口,改善投资环境,提高利用外资的质量和水平,广泛开展对外经济技术合作,外经外贸工作取得显著成就。

对外贸易高速增长。据统计,2000年外贸进出口总额9亿美元,同比增长18.3%。其中进口2.78亿美元,同比增长18.2%;出口6.22亿美元,同比增长18.4%。2000年,新增自主经营企业55家,全市自营进出口企业总数达160家,居全省第一。形成了外贸企业、生产企业、外商投资企业、商业流通企业以及科研院所共同发展的“大经贸”局面。其中自营出口生产企业113家,成为外贸出口的主力军和增长点。2000年全市又有4家私营生产企业加盟出口大军,成为新生出口力量。

利用外资数量虽有所下降,但质量和水平进一步提高。2000年,全市共批准外商投资企业70家(其中合资企业38家,合作企业10家,独资企业22家),比上年下降10.2%;合同利用外资12860万美元,比上年下降25.3%;实际利用外资10112万美元,比上年下降53%。

2000年,利用外资工作的重心逐步向提高质量和水平转移,取得了初步成效。主要表现在一方面外商投资领域有了新突破,法国里昂水务(郑州)有限公司与郑州自来水公司的合作,香港康利发展有限公司与郑州市公交总公司的合作,开辟了郑州市在自来水供应及公共交通方面引进外资的新领域;另一方面麦当劳公司、肯德基公司及法国里昂水务有限公司一年内同时来郑投资,是郑州市“突出重点”招商成效的现实体现,是一个好的开端,为提高利用外资总体质量和水平奠定了基础,投资环境正在变得越来越好,对世界知名企业的吸引力越来越大。

【重点项目】 郑州市抓住国家继续实施积极财政政策的有利时机及西部大开发、西气东输、南水北调等大型基础项目将要启动的机遇,一方面继续抓好基础设施建设,全长近44公里的环城快速路,市内交通主干道如中原西路、金海大道、嵩山南路等均已开始施工,郑州至少林寺高速公路、郑州东部新区开发、大学城建设等前期工作正在加紧进行。另一方面拟推出一批前期工作有一定深度、发展前景良好的项目对外招商,热忱欢迎海内外各界朋友前来洽谈投资或合作,项目包括:

郑州物流中心建设、城市第二污水处理厂建设及污水回用工程、城市轻轨交通、郑东新区开发、热力总公司枣庄及兴隆铺热电厂股权转让、燃气公司液化气储存批发市场、西气东输郑州管网工程、郑州金惠计算机系统工程公司电脑生产及配套软件开发、河南雪城科技发展有限公司 U9000 数据通信网络综合接入平台、T9000 超载容量汇接交换机、S9000 安全核心路由器等信息网络系列产品生产、郑州华美生物工程公司国际三代 HCV 诊断试剂盒、HIV 酶免诊断试剂盒生产、郑州工程机械厂年产 800 台冲击式压实机及配套工程产品、郑州中原铝厂年产铝板带箔 2 万吨、郑州第二钢厂年产 1 万吨高精度复合钢带、郑州电缆厂高强度大容量架空导线、220 千伏高压交联电缆及附件等项目、中国长城铝业公司年产 80 万吨氧化铝技术创新工程、河南大合减震器有限公司年产 1500 万支洗衣机减震器项目、嵩岳集团三棉高档色织面料后整理项目、嵩岳集团四棉新型化纤高档服装面料项目等。

【经济协作与对口支援】　2000 年,抓住 4 月份 2000 年河南经济贸易洽谈会在郑州举办的有利条件,以 9 月份(厦门)第四届中国投资贸易洽谈会和 10 月份在深圳举行的第二届中国国际高新技术成果交易会为载体,推动郑州市经济协作和招商引资工作。洽谈会期间,郑州市共对外签订利用外资项目 22 个,其中合同项目 20 个,项目总投资 44188.91 万美元,合同外资金额 31925.1 万美元;签订出口贸易合同 2 个,金额 4900 万美元。2000 年招商引资工作在"突出重点,注重质量,提高水平"上做文章,收到了较好的成效。德国 MAN 公司与河南宇通公司合作谈判取得突破性进展,法国里昂水务集团与郑州市自来水公司成功签约,美国麦当劳继肯德基之后进驻郑州等,这些世界著名企业来郑投资,标志着郑州市利用外资工作正向更高质量和水平迈进,同时也为更多的国际知名跨国公司来郑投资起到了积极的示范和宣传作用。此外,知名品牌"乐百氏"也来到郑州,成立了"乐百氏(郑州)有限公司",这不仅在纯净水生产方面将产生可观的经济社会效益,还将会带动郑州市种、养殖业发展。

外经队伍不断壮大,实力不断增强。2000 年,积极为具备条件企业申报对外经济技术合作经营权,培养新的增长点。郑州市第一建筑公司、郑州国基建筑安装有限公司和河南送变电建设公司 3 家企业新获对外经济技术合作经营权,全市对外经济技术合作企业达到 9 家。

积极实施"引进来、走出去"战略,市场开拓成效显著。2000 年,按照中央提出的"走出去"战略思想,广泛宣传,重点扶持,坚持以市场为导向,企业为主体,效益为中心,积极稳妥地实施"走出去"战略,引导企业和产品到海外开拓市场,实现产业转移。郑州金牛集团分别在巴基斯坦和泰国设立的"中国金牛巴基斯坦有限公司"和"泰国万国金牛股份有限公司"已正常营运。宇通公司、欧丽集团、白鸽集团等正在积极寻找境外合作伙伴,考察市场,举办境外企业,加强与国内外专业技术公司交流与合作。

武　汉　市

【概况】　武汉市是华中地区最大的中心城市,是湖北省省会,地处长江中部富饶的江汉平原,长江中游与汉水交汇处,东西最大横距 134 公里,南北最大纵距 155 公里。市区由隔江鼎立的武昌、汉口、汉阳三部分组成,通称武汉三镇。

武汉版图面积 8467.11 平方公里,其中城区面积 3963.6 平方公里。武汉处于丘陵地带经平原向低山丘陵过渡地区,中部低平,南部丘陵、岗地密集,北部低山林立,80%以上面积为岗垄平原和平坦平原地区。

武汉现辖 13 个区。2000 年末总人口 749.19 万人,其中农业人口 368.05 万人,非农业人口 441.14 万人。中心城区人口 380.38 万人,新城区人口 319.24 万人,郊区人口 32.17 万人。人口自然增长率为 2.88‰。

2000 年末,武汉实有耕地面积 21.78 万公顷,水域面积 21.76 万公顷,林地 6.77 万公顷,草地 0.69 万公顷。在土地资源总量中,交通用地1.43万公顷,城镇、村庄及工矿用地9.26万公顷,园地0.95万公顷,未开发利用的土地(包括沼泽、盐碱地等)面积4.34万公顷。武汉现已发现33种矿产,矿点154处,潜在经济价值8400多亿元。储量最大的是膨润土、石膏、玄武岩、大理石、花岗岩,拥有全国最大膨润土、石膏、玄武岩基地,主要分布在江夏区、黄陂区、新洲区,膨润土储量1.18多亿吨,居全国第1位。现已发现优质矿泉水、热泉8处,金矿点11处,铜矿点9处,锰矿点2处,磷矿点2处,并在4处发现石油、天然气"油气显示"。武汉市江河纵横,河港交织,湖泊星布,以长江为干构成庞大的水网。2000年末,总水域面积2187平方公里,占市域面积的25.6%。在正常年景,地下水静储量128亿立方米,地表水7145亿立方米,其中境内降雨径流量38亿立方米,过境客水7107亿立方米,水能理论蕴藏量2万千瓦。现有水库274座,总容量9.25亿立方米,其中大型水库3座,中型水库6座,小型水库219座。年末有塘堰9.1万口,蓄水能力3.3亿立方米。机电排灌站2515处,装机3420台套,容量32.45万千瓦。

【经济与社会发展】 2000年,武汉市国民经济持续稳定增长。全年完成国内生产总值1206.84亿元,比上年增长11.9%,其中第一产业增加值81.36亿元,增长4.4%;第二产业增加值533.31亿元,增长12.5%;第三产业增加值592.16亿元,增长12.4%。人均国内生产总值16206元,三次产业结构为6.7:44.2:49.1,综合经济实力和城市功能进一步提升。

固定资产投资规模不断扩大。全年固定资产投资461.9亿元,比上年增长7.1%。在当年固定资产投资中,基本建设投资141.1亿元,增长6.7%。更新改造投资104.5亿元,增长8.3%;房地产投资101.3亿元,增长4.8%;其它投资115亿元,增长8.7%。按投资主体划分,国有单位投资226.3亿元,增长1.3%;非国有单位投资235.6亿元,增长13.4%。

财政收入保持较快增长。全年全口径财政收入126.15亿元,比上年增长12.4%,其中地方财政收入69.77亿元,增长15.4%。财政收入占国内生产总值比重由1995年的10%提高到2000年的10.5%。全年地方财政支出89.04亿元,增长20.9%。

农业结构调整加快,农村经济稳步发展。依照城郊型农业功能要求,种植业结构有所调整,粮棉产量有所下降,其它经济作物和畜牧、水产品产量不同程度上升。大力推进农业科技进步,奶业、优质油菜、特种水产等十大产品生产规模扩大,五大特色农业基地建设全面启动。2000年,农业生产保持较好发展势头。全年完成农业增加值81.36亿元,比上年增长4.4%。在当年农业增加值中,种植业52.3亿元,牧业16.19亿元,渔业11.95亿元,林业0.56亿元。

工业经济快速增长,企业效益明显提高。全年完成工业增加值434.33亿元,比上年增长13.3%,在完成的工业增加值中,全部国有及年销售收入500万元以上非国有工业企业完成工业增加值288.31亿元,其中国有经济123.74亿元,集体经济14.01亿元,个体私营经济10.75亿元,其它经济139.81亿元。全部工业增加值占国内生产总值的比重为36%。非公有制经济、开发区和大型骨干企业发展步伐明显加快。在全部国有及规模以上的非国有工业企业完成的工业增加值中,股份制、外商及港澳台经济分别实现工业增加值41.99亿元和58.3亿元,比上年增长14.3%和20.1%。东湖新技术开发区和武汉经济技术开发区分别实现工业增加值58亿元和48亿元,增长27.8%和29.6%。武钢集团和神龙汽车公司分别完成工业增加值54.74亿元和18.72亿元,分别增长19%和9倍。全部独立核算的国有及规模以上的非国有工业企业经济效益综合指数为133.97%,其中资产贡献率11.03%,成本费用利润率5.97%,产销率98.09%,全员劳动生产率46426.5元/

人,增长 27.2%。工业企业利润总额 49.39 亿元,增长 35.6%。

第三产业持续较快增长。在物价回升和假日经济的拉动下全年商品购进总值 1200 亿元,比上年增长 20%;销售总值 1410 亿元,增长 30%;社会消费品零售总额(不含居民购买商品房部分)606.1 亿元,增长 12.3%。新型业态不断涌现。年末全市商品交易市场达到 748 个,其中营业面积 1 万平方米以上的市场 45 个。全年商品市场成交额 493.63 亿元,增长 20.3%,其中生产资料成交额 151.51 亿元,增长 3%;消费资料成交额 342.12 亿元,增长 30%。传统综合性大中型百货商场营业额保持稳定,商品交易市场发展迅猛,且辐射全省及邻省大部分城市,量贩店、超市、仓储式商场、平价广场等新型商业业态显示出旺盛生命力。跨国零售集团进军武汉,继法国家乐福登陆武汉后,日本庄胜崇光和德国麦德龙已在汉开业。金融业稳定发展。2000 年末,全市金融机构各项存款余额 1694.32 亿元,比上年末增长 15.8%,其中银行各项存款余额 1492.43 亿元,城镇居民储蓄存款余额 616.88 亿元,金融机构各项贷款余额 1342.94 亿元,增长 15%,其中银行各项贷款余额 1196.93 亿元,增长 16.4%。邮政电信业发展迅猛。2000 年完成邮电业务总量 51 亿元,比上年增长 32%,其中邮政 2.2 亿元,电信 23.81 亿元,移动通信 24.99 亿元,市话局用交换机装机容量 205 万门,年末市话用户数 150 万户,移动电话用户数 99.6 万户,市话普及率每百人 35 部,城镇电话普及率每百户 56 部,互联网业务高速发展,年末武汉热线用户数 24 万户。旅游产业发展迅速。武汉市被国家旅游局授予"中国优秀旅游城市"称号,黄鹤楼、湖北省博物馆、归元寺和东湖四大景区入选首批国家"4A"级景点。全市有星级宾馆饭店 47 家,其中五星级 1 家,四星级 2 家,三星级 28 家;共有客房 6954 间,床位 10036 张。全年接待海外旅游者 22.16 万人次,比上年增长 37.8%,来自港、澳、台地区和英、法、德等欧洲国家的游客占 41.5%;国际旅游收入 9847.05 万美元,增长 34.2%。全年接待国内旅游者 1950 万人次,增长 11.6%。

国有企业改革稳步推进,社会保障体系建设不断完善。全市国有企业改革脱困三年目标基本完成,市属国有大中型骨干企业公司制改造面 83.3%,1803 户中小型企业的 50%进行了各种形式的改制。个体私营、外资、港澳台资等非公有制经济增长迅速,多种所有制平等竞争、共同发展的格局初步形成。2000 年,武汉市以实现"两个确保"和下岗职工出中心再就业为重点,大力推进离退休人员养老金社会化发放,加快建立和完善独立于企事业单位之外的社会保障体系步伐。全市下岗职工实现再就业 7.21 万人次,劳动力市场推荐就业成功 14.68 万人次。城镇企业职工养老保险覆盖面 96.7%。年末,城区进入养老保险的企业 8366 户,比上年末增长 7.7%;进入养老保险的职工 113 万人,增长 13%。参保单位养老保险金征集率 93.%,养老保险和失业保险社会化发放成功启动,其中养老保险金社会化发放率 99%。全年扶持农村贫困户 13223 户,城镇居民享受最低生活保障补贴 112101 户,共 255507 人次。

城市综合交通日益改善。以"建设主干线,打通出口路,联通周边道"为目标,新建、改(扩)建京汉大道、解放大道下沿线、沿河大道等主要干道和一批周边出口公路,建设完成了白沙洲大桥、月湖桥、晴川桥等重点工程,京珠、沪蓉国道武汉段和军山大桥、江汉五桥及额头湾等立交桥正加紧施工。截止 2000 年,武汉市区铺装道路总长度 1332 公里,道路面积 1535 万平方米。城市公用设施继续完善。2000 年末全市建成区面积 209.99 平方公里,全年新、改扩建道路 23 条,新、改扩建道路长度 23.8 公里。28 公里内环线已经开通,88 公里中环线正在抓紧建设,工程总造价 90 亿元的外环线也动工兴建,与国道重叠部分已经建成,拥有公交线路 240 条,公交客车 5674 辆,出租车 12137 辆,全年用电量 141.9 亿千瓦小时,其中居民用电20.21亿千瓦小时,城区自来水普及率100%。全年新增燃气用户3.25万户,气化率83.3%。环境整治成效显著,综合改造建设了洪山广场、首义广场、江汉路步行商业街、东湖环湖路等一批城市景观,城市环境质量进一步改善。全年城区植树35.35万株,市区垂直绿化11公里,全市拥有城市绿化广场4个,街道小游园21个,公园27个。城区新增绿化面积87万平方米,人均公共绿地面积7.7平方米。2000年限期治理老污染源50项,排污口整治229项,创建噪声达标区累计20片,共138.91平方公里。工业废水排放达标率80%,比上年提高1.1个百分点,垃圾无害化处理率85.4%,城区大气总悬浮微粒年日均值0.2毫克/立方米,比上年下降22.8%,二氧化硫年日均值0.04毫克/立方米,上升2.6%,饮用水源水质达标率96%。区域环境噪声年日均值54.7分贝,交通干线噪声平均值72.5分贝。

科技教育发展成效显著。2000年科技部门归口组织实施的科技计划项目132项,投资6.46亿元。计划部门归口组织实施的高科技产业发展项目48项,投资10.43亿元。工业管理部门归口组织实施的技术创新项目230项。全市登记科技成果190项,评定市科技进步奖78项,其中国内领先和国际先进水平68项。技术市场签定各类技术合同2574项,合同成交额17.5亿元,比上年增长25%。科研实力雄厚,全市有中国科学院院士21人、中国工程院院士22人。国家光电子信息产业基地"武汉．中国光谷"的建设正式启动,成立了国家光电子信息产业基地(筹建)领导小组,出台了《关于加快"武汉．中国光谷"建设的决议》,开工和即将开工光电子信息产业项目16项,一期总投资25亿元。年末,全市累计审批高新技术企业1286家,比上年增长64%;累计审定民营科技企业2175家,民营科技企业当年实现技工贸收入118亿元,增长13.5%。高等教育资源调整配置迈出重要步伐,高校后勤社会化改革取得明显成效;普通高中招生规模继续扩大,中等职业教育结构渐趋完善;"两基"教育成果得到巩固,素质教育全面展开。2000年,全市有普通高校30所,在校学生25.19万人,比上年增长23.6%;普通中等专业学校86所,在校学生10.88万人,普通中学495所,在校学生47.02万人,职业学校97所,在校学生3.97万人,小学1735所,在校学生74.39万人,盲聋哑特殊学校7所,在校学生1459人,幼儿园723所,在园幼儿12.07万人,小学在校生辍学率0.1%,初中在校生辍学率1.6%。继续教育成绩明显,全年完成职工全员培训28.6万人次,成人高校在校学生数14.99万人。校舍建设得到加强,总投资8亿元的新江汉大学在武汉经济技术开发区开工建设,当年扩建、改造中小学危房12.23万平方米。

文化事业日益繁荣。2000年开展全市群众性大型文化活动5项,成功举办了第四届武汉国际杂技艺术节。市文化系统新创作和演出的剧目获省级以上奖38项,其中国际奖2项,国家奖25项,省级奖11项。大型民族舞剧《山水谣》获文化部文华新剧目奖,由群众文艺团体创作表演的优秀节目在全国第十届"群星奖"大赛中夺得了3金3银。卫生事业稳步发展。医药分离管理体制改革顺利实施,药品监管新机制初步形成。2000年末,全市有卫生机构2274个,其中医院220个;卫生技术人员5.64万人,卫生机构病床数3.3万张,其中医院病床2.83万张。免疫接种率93.8%,食品卫生监督覆盖率98.2%,公民无偿献血7万人次。体育活动广泛深入,2000年开展全市群众性大型体育活动35次,成功举办了武汉市首届社区体育运动会,体育基础设施明显加强,江汉二桥体育训练基地一期工程即将竣工,硚口区六角亭体育场已投入使用,武汉体育中心和水上运动学校正在动工兴建。竞技体育取得新成绩,全年共获金牌11枚,其中世界级4枚,国家级7枚。武汉籍运动员在第27届奥运会上共获3枚金牌、1枚银牌和1枚铜牌。

城乡居民生活稳步提高。全年职工平均工资7628元,比上年增长7.5%;城区居民人均可支配收入6760.68元,增长8%;城镇居民恩格尔系数由1995年的52.2%下降到2000年的38.5%,居民居住条件进一步改善,年末城区居民人均居住面积9平方米,农民人均纯收入2953元,增长3.8%,其中现金收入2024元,增长4.8%,农民人均生活费支出1882元,下降2.1%,农村居民恩格尔系数由1995年的57.5%下降到50.2%,人均居住面积31.82平方米,比上年提高1.46平方米。

【投资环境】 武汉是中国重要的综合性工业基地,形成了钢铁、汽车、机电、高新技术四大支柱产业及化工、食品、纺织服装、建材等优势行业。腹地市场广阔,是内陆最大的流通中心,商业市场集散功能强,辐射范围广,武汉市现有交易市场748个。武汉是华中地区的金融中心,各类证券交易额仅次于上海和深圳居全国第三位。武汉资金市场是全国八大资金市场之一。科教事业发达,人才资源丰富,武汉科教综合实力居全国第三位,拥有30所高等院校,10个国家重点实验室,25万在校大学生。城市基础设施配套条件好,武汉地处京广铁路大动脉与长江黄金水道交汇处,水陆交通便捷,素有"九省能衢"之称。距北京、天津、上海、广州、重庆、西安等特大城市1200公里左右,处于中国经济地理核心位置,是全国少有的集铁路、公路、水运、航空、邮电于一体的重要交通通信枢纽。已开辟通往俄罗斯、日本、韩国、东南亚及港澳等国家和地区的航线。武汉天河机场被国家批准为国际机场,是中国第四大航空港。

投资软环境进一步优化。通过成立市外商联合办公中心,将与外商投资相关的部门集中在一起联合办公,按照"统一受理、归口办理、督办落实、限期反馈"的原则,从申报立项到注册登记等,给外商提供"一条龙"服务;参与联合办公的部门对外商投资项目一次性提供审批所需材料目录和文件范本,一次性讲清对外商投资企业申报材料的修改意见和要求,并实行两审终结制;向外商投资企业的行政事业性收费一律在市外商投资联合办公中心集中收取;外商投资企业产品的内销比例,除国家有规定的以外,由企业自己确定;外商投资企业生产经营所需水、电、气、运输、通讯等,在同等条件下优先安排,价格与国有企业相同,且可用人民币支付;对外商投资企业和其中的外籍人员实行国民待遇,按与国内企业同等标准收取养路费、过桥费等费用。

【利用外资与对外贸易】 全年实际利用外资13亿美元,比上年增长11.5%;其中直接利用外资7.5亿美元,增长58.6%。外商投资大项目增多,投资在500万美元以上的项目7项,投资总额4000万美元,增长37.9%。"三资"企业稳定发展,年末累计批准"三资"企业3725家,其中当年新批144家;"三资"企业累计开业投产1702家,其中当年新增25家。外商增资势头不减,全年有25家外商投资企业增资,法国雪铁龙公司在汉追加投资2亿多美元。吴家山海峡两岸科技产业园由国务院台湾事务办公室正式授牌,中国湖北武汉出口加工区经国务院批复在武汉经济技术开发区设立。

对外贸易恢复性快速增长。全年实现外贸进出口总额(海关数)13.3亿美元,比上年增长22%,其中出口6.5亿美元,增长34.4%。在当年出口总额中,以船舶、成套设备为主的机电产品出口2.4亿美元,比上年增长61.2%,外贸经营主体多元化的格局进一步巩固,自营企业、"三资"企业出口分别为2.7亿美元和1.2亿美元,增长65.4%和40.5%,出口国别和地区达到129个,比上年增加2个。成功举办了中国武汉国际机电产品博览会和第二届武汉金秋经贸洽谈会。

【重点项目】 全市48项市级重点工程全年共完成投资108.1亿元,占全市固定资产投资总额的23.4%。其中白沙洲长江大桥、武汉邮件处理中心、劳动力市场、图书馆、博物馆等项目相继建成竣工并投入使用,神龙汽车油漆车间改造、邮科院带状光缆车间建设、关山电厂热电联供机组、晨鸣涂布纸及环境综合治理项目、力兴电源锂离子电池产业化、远东绿世界一次性餐具等项目相继竣工投产或正在抓紧建设。

【经济协作和对口支援】 2000年,武汉市抓住国家调整地区经济结构,促进区域经济协调发展,实施西部大开发战略的时机,引进内资500万元以上的项目82项,协议引进内资84亿元,新注册资金1000万元以上的内资内联企业46家,新增国内大企业、大公司来汉设立办事机构39家。贯彻执行开发式帮扶的方针,对口帮扶郧西县的任务基本完成,帮扶三峡库区6县的工作稳步推进,促成三峡工程库区移民对口支援项目44项。

长沙市

【概况】 长沙市是湖南省省会,辖芙蓉、天心、岳麓、开福、雨花五区和长沙、望城、宁乡、浏阳四县(市),总面积1.18万平方公里,总人口583.19万。

长沙地处美丽富饶的湘中河谷平原,东倚罗霄、西接武陵、南依衡岳、北瞰洞庭,属亚热带季风性湿润气候,年平均气温17.2度,降水量1361毫米,无霜期275天,年日照时数1677.1小时。

长沙素有"鱼米之乡"的美誉,手工业产品铜官陶瓷、浏阳花炮、长沙湘绣等颇负盛名。目前长沙已成为一个门类齐全的工业城市。主要行业为机械制造、电子电器、建材、医药、食品及日用化工等。机床、水泵、彩色显像管、卷烟、中成药等在全国同类产品中占有重要位置。计算机溴化锂、中央空调设备、视听设备、通讯设备、电脑软件等高科技产品和高新技术企业近年发展很快。农业基础好,农田基本建设不断加强和农业技术装备,电力供应不断改善,传统农业在向集约化农业过渡。属综合型农业区,主产稻谷、蔬菜、茶叶、油菜籽和猪、鱼、禽、蛋等,长沙辖四县(市)属国家商品粮生产基地县,也是商品猪生产基地县。长沙地当南北通途,交通便利。京广复线铁路贯穿南北,石长铁路横连东西。公路有京珠高速、长(沙)常(德)高速公路、107、106、319国道,1840、1849、1854省道和众多支线。水运有湘江航道,北通洞庭湖,接长江。民航通国内主要城市和香港、曼谷。邮电通讯设施日趋完善,程控电话、移动电话、无线寻呼逐渐普及。

长沙是国务院首批公布的全国24座历史文化名城之一,有清水塘、第一师范、爱晚亭、橘子洲头等革命纪念地和古麓山寺,开福寺、天心阁古城墙、马王堆汉墓陈列馆、蔡锷墓等名胜古迹。刘少奇故居、秋收起义文家市会师旧址、岳麓书院、长沙窑、黄兴故居等全国重点文物保护单位,市区走马楼基建工地发掘的三国吴简牍堪称惊世考古发现。岳麓山风景秀丽,为著名风景名胜区。浏阳大围山国家森林公园被誉为"湘东明珠",宁乡灰汤以温泉闻名,已开发建设为旅游度假区。

【经济与社会发展】 2000年全市实现国内生产总值656.41亿元,按可比价格计算,比1999年增长11.3%;其中第一产业增加值74.11亿元,增长4%;第二产业增加值268.4亿元,增长12.4%;第三产业增加值313.9亿元,增长12.1%。一、二、三次产业的比重为11.3:40.9:47.8,人均国内生产总值11262元,比1999年增加1256元。

农业和农村经济平稳发展。2000年全市完成农林牧渔业总产值116.78亿元,比1999年增长4.74%。其中农业总产值62.8亿元,林业总产值4.34亿元,牧业总产值44.26亿元,渔业总产值5.38亿元。全市粮食总产量262.33万吨,农产品结构有所调整,产量有增有降。长沙市粮食作物结构进一步优化,稻田谷物播种面积比上年调减22.44万亩,蔬菜种植面积124万亩,增长8%;烤烟12.2万亩,增长1.5倍;药材4万亩,增长2.3倍;花卉苗木5万亩,增长20%。早、晚稻播种面积中,优质稻214万亩,比上年增加100万亩,优质稻占稻谷播种面积的比重由上年的21%提高到40.5%。农业结构调整有效地推动了新的农业增长点的凸现。

工业生产、建筑业经营稳步增长,经济效益整体水平提高。2000年全市完成全部工业总产值620.49亿元,比1999年增长12.04%,其中国有及规模以上非国有工业企业完成工业总产值334.24亿元,增长18.39%;规模以下工业企业实现工业总产值286.25亿元,高新技术产业带动发展,高新开发区规模以上工业完成总产值87.20亿元,同比增长26.82%。2000年长沙市规模以上独立核算工业企业实现利润18.1亿元,比上年净增4.96亿元,增长37.76%;亏损企业亏损额比上年下降29.58%,亏损面34.34%。规模以上工业经济效益综合指数为137.91。

建筑业生产经营稳定增长。2000年全市完成建筑业总产值135.51亿元,比1999年增长19.76%;全员劳动生产率54414元/人,增长8.39%;实现利税0.85亿元,同比增长22.17%;房屋竣工面积587.4万平方米,房屋建筑竣工率45.65%。2000年全市建筑业实现增加值31.19亿元,比1999年增长5.57%。

2000年,长沙市加大对城市基础设施的投入和改造,投资对经济增长的拉动作用明显增强。2000年总投资拉动GDP增长4.2个百分点,贡献率37.2%,全年完成全社会固定资产投资202.32亿元,比1999年增长22.73%。按经济类型划分,国有经济投资139.49亿元,集体经济投资15.95亿元,城乡个体经济投资42.03亿元,其它经济类型投资4.85亿元,按投资管理渠道划分,基本建设投资72.69亿元,更新改造投资31.87亿元,随着城市品位的提升,投资环境的改善以及购房入户新政策的出台,房地产投资增长幅度快速上扬,全年完成投资额33.02亿元。投资结构进一步调整和优化,基础设施、基础产业投资所占比重大幅上升。全年城市基础设施投资42.08亿元,比上年增长73.21%,占投资总额的比重20.8%;比1999年提升7.1个百分点。重点工程进展顺利。2000年全市30个重点工程累计完成投资43.09亿元,占全市社会固定资产投资的比重21.3%。

2000年全市新增固定资产88.34亿元,比1999年增长13.03%;新建公路105.86公里,改建公路307.3公里,新建城市防洪堤9.15公里,同比增长6.6倍;长途电缆延长165公里,新增自来水供水能力25万吨/日。

科研机构不断加强,科研队伍进一步壮大。2000年末拥有科学研究开发机构89个,从事科研活动人员23.14万人,比上年增长1%。全年全市科技经费支出9975万元,比上年增长29.82%。科研成果不断涌现,2000年全市共取得各类重大科技成果259项,同比增长71.5%。全市有34个项目列入全省高科技产业创新项目,签订技术合同762项,成交金额77575万元。专利工作取得新成绩,全市受理专利申请1300件,比上年增长17.8%;授权专利888件,比上年增长22.99%。

高新技术产业开发区经济又上新台阶。2000年拥有高新技术产业开发企业320个,全年高新技术企业实现产值175亿元,比1999年增长32.24%,实现利税30亿元,增长32.22%。电子信息、机电一体化、新材料和生物技术四大新兴产业群正在逐步形成,全年销售收入过亿元的高新技术企业36家。高新技术、科技进步对长沙经济发展的贡献日益加大。

教育改革力度加大,教育质量和效益全面提高。2000年全市共有普通高校23所、成人高校12所、中等专业学校及职业中学131所、普通高中92所。全市普通高校在校学生12.56万人、中等职业学校在校学生2.64万人、普通中学在校学生38.42万人、小学在校学生46.65万人。小学适龄儿童入学率98.72%,初中入学率99.36%。

交通运输业稳步发展。2000年全社会货物运输周转量140.48亿吨公里,比1999年增长38.8%。其中铁路1064万吨公里,公路30.82亿吨公里,航空1010万吨公里,全社会旅客运输周转量 34.83 亿人公里，比 1999 年增长 2%，其中铁路 511 万人公里，增长 16.49%；公路 275029 万人公里，水运 3580 万人公里，下降 43.74%；航空 69195 万人公里。

邮电业继续保持快速增长。2000 年全市完成邮电业务总量 37.93 亿元,比 1999 年增长 42%;全市公用电话交换机总容量 161.81 万门,电话普及率 28.68 部/百人,年末无线寻呼用户 57.62 万户,实现行政村村村通电话。年末移动电话用户 58.78 万户,计算机互联网络用户迅速增长,全年累计用户 14.6 万户。

2000 年消费品市场稳中趋旺。全年实现社会消费品零售总额 307.88 亿元,比 1999 年增长 14.42%,剔除物价因素实际增长 13.62%。分经济类型看,公有经济实现消费品零售额 132.92 亿元,比 1999 年增长 9.99%,占全社会消费品零售额的比重为 43.2%。其中国有及国有控股经济消费品零售额 75.26 亿元,增长 12.1%;非公有经济实现消费品零售总额比重为 56.8%。社会消费品零售总额中,非公有经济的市场份额大幅度提升。分城乡市场看,城乡消费差距有所扩大,2000 年市区消费品零售额为 248.12 亿元,增长 15.75%;县区消费品零售额 15.7 亿元,增长 11.13%,县以下消费品零售额 44.06 亿元,增长 8.57%,市区消费品零售额所占比重由上年的 76.9%上升为 80.6%;县(市)及县以下消费品零售额所占比重由上年的 23.1%下降为 19.4%。分行业看,批发零售贸易业零售额 224.82 亿元,餐饮业零售额 36.87 亿元,其它行业 46.19 亿元,各类商品交易市场成交活跃,全年商品交易市场成交额 160.12 亿元,比 1999 年增长 19.35%。

随着假日旅游的兴起,旅游事业加速发展。2000 年全年全市接待境外旅游者 22.17 万人次,旅游创汇 1.19 亿美元,分别比 1999 年增长 4.82%和 13.33%;接待国内旅游者 1901 万人次,国内旅游收入 60.94 亿元,分别比 1999 年增长 5.96%和 14.51%。

金融业保持稳定健康运行,居民存款稳定增加。2000 年末全市金融机构现金收入 2071.52 亿元,比 1999 年增长 20.9%;金融机构现金支出 1999.02 亿元,增长 21.2%;货币净回笼 72.49 亿元。存贷款稳定增加。全年金融机构各项存款余额 826.18 亿元,比上年末增加 102.61 亿元。年末金融机构各项贷款余额 631.57 亿元,按可比口径计算,增加 427 亿元,增长 7.2%。

社会保险事业继续发展壮大。2000 年全市保险机构保费收入 9.64 亿元,比上年增长 22.3%。全年赔付费 2.03 亿元,比上年增长 43.1%。

文艺出版事业稳步发展。全市拥有艺术表演团体 13 个,各类文化艺术馆 11 个,公共图书馆 7 个,博物馆 13 个,档案馆 23 个,已开放各类档案 42.93 万卷(件)。文化、艺术、新闻、出版、广播、电视事业日趋繁荣,全年报纸发行量 6.46 亿份;杂志出版量 1.03 亿册,图书出版量 2.48 亿册。广播电视事业飞速发展。2000 年全市广播综合人口覆盖率 95%;电视综合人口覆盖率为 97.3%。

卫生事业稳步发展,医疗卫生条件不断改善。全市拥有卫生机构 1231 个,其中医院、卫生院 268 个,卫生防疫机构 12 个,妇幼卫生机构 9 个。卫生技术人员 2.9 万人。卫生机构床位 2.11 万张,农村有医疗点的村数占总村数的比重 90.62%,乡村医生和卫生员 4831 人。城乡群众性体育活动蓬勃发展,体育事业成绩斐然。2000 年长沙市体育工作坚持群众体育与竞技体育协调发展。长沙籍运动员熊倪、刘璇、李小鹏等在 27 届悉尼奥运会上取得 5 金 2 铜的优异成绩。

城市环境综合整治取得明显成效。本着加强生态环境建设,保障人与自然、人与环境的和谐发展和宗旨,对城区主干道进行了综合整治,加大了对废气、废水和噪音的控制。2000 年全市完成环境污染治理项目 234 个,比 1999 年增长 2 倍;完成环境污染治理投资额 8955 万元,比 1999 年增长 3 倍。全市森林覆盖率51%;城区绿化覆盖率35%。全市有自然保护区1个,面积5220公顷。城市气化率、饮用水质达标率、绿化覆盖率、工业废水处理率、工业固体废物综合利用率等均有所改善。

人口增长得到有效控制,计划生育工作成效显著。2000年全市人口出生率10.64‰,人口死亡率7.12‰,人口自然增长率3.52‰。城乡居民生活水平继续提高。由于政府通过扩大就业、完善社会保障、发展第三产业、农村税费改革和减轻农民负担等有效途径,使城乡居民收入水平明显提高。2000年城镇居民人均可支配收入7985元,比上年增长9.4%,剔除物价因素,实际增长7.57%;农村居民人均纯收入3005元,比1999年增加152元。2000年城乡居民消费结构呈现吃穿消费所占比重下降,用、居、玩、行和医疗消费比重大幅度上升的新消费格局。全年城市居民人均消费性支出7370元,比1999年增长12.7%。农民人均生活费支出2584元,比1999年增长6.26%。

社会福利、劳动保险事业日益发展。2000年末全市拥有社会福利院、敬老院、养老院、光荣院等153所,比1999年增长26.4%,床位3902张。收养孤寡老人、儿童3852人。2000年末已初步建成包括下岗职工基本生活保障、失业保险和最低生活保障在内的社会保险体系;以养老保险、医疗保险为主要内容的社会保障制度初步建立。加大开发式扶贫力度,基本消灭了绝对贫困。全市参加养老保险统筹的职工43.55万人,参加离退休费社会统筹人员16.08万人,参加大病医疗统筹人数13.46万人。住房制度改革顺利推进,公有住房商品化、市场化进程加快,住房公积金制度全面推行。

【投资环境】 长沙处于长江沿江开发带和华南经济圈的交汇点,属湖南"一点一线"(一点指长沙、株洲、湘潭城市群,一线指京广沿线)区域经济发展战略的重中之重。临汉近穗,呼应两东(广东和浦东),属沿海的内地、内陆的前沿,国家西部大开发战略的实施,长沙作为东部与西部的结合部,因其特殊的区位优势,已成为外商投资的热点。

长沙交通便捷,通讯发达。黄花机场已开通39条航线。京广铁路贯穿南北,湘黔、浙赣、石长三线连接东西;公路四通八达;长沙港可通江入海,全市港区自然岸线长95公里。通讯十分发达,电话全部实现程控化数字化,综合通讯能力在全国居领先地位,可直拨世界任何国家和地区。

随着国家积极的财政政策,长沙市对城市基础设施加大投入,城市电网改造后,有35千伏以上的变电站72座,主变容量350.58万千伏安,全市拥有6个自来水厂,日供水132万吨。城市内交通根本改善,已建成25座桥梁和24条主干道。一、二、三环道路于2003年底前全部完成。

为优化投资软环境,对利用外资和外商投资企业实行"一个窗口对外,一站制审批";为保护外商投资企业的合法权益,建立《外商投资企业收费监督卡》,依照我国法律、法规和国际条约、国际惯例,建立了涉外经济法庭;为协调、处理外商投资企业和中、外投资者在一切经济活动和其它正当行为中遇到的矛盾和问题,成立外商投诉协调中心。

【利用外资和对外贸易】 长沙市对外经济工作按照"开放强市"的战略要求,加强领导,精心组织,加大环境整治力度,改善投资环境,形成上下联动、相互配合的良好局面,对外经济工作呈现出良好的发展态势。

利用外资出现恢复性增长。2000年全市新批外商直接投资项目53个,合同利用外资1.11亿美元,比上年增长109%;实际到位外资1.77亿美元,比上年增长17%,麦德隆等一批外资项目落户长沙。全年外商投资企业实现主营销售收入95亿元,比上年增长16.5%;实现涉外税收7亿元,比上年增长33%。

对外贸易保持高速增长。全市(含中央、省属在长企业)进出口总额16.44亿美元,比上年增长 28.87%,其中出口 10.51 亿美元,进口 5.93 亿美元,分别比上年增长 25.6%和 35.08%。市归口管理企业实现进出口总额 5.89 亿美元,比上年增长 69.3%,其中出口 2.63 亿美元,进口 3.25 亿美元,分别比上年增长 44.5%和 96.9%。

外经工作稳步发展。全市外派劳务 702 人,比上年增长 4.9%。境外办厂开展加工贸易有了新的突破,呈现国有、集体、民营齐参与,生产、经贸一齐上的可喜局面,一批企业已成功地走出国门。

【重点项目】 2000 年长沙市重点工程项目共 38 项,其中竣工项目 14 项、续建项目 10 项、新开工项目 5 项、准备项目 9 项。全年实际完成投资 34.2 亿元,五一路交通绿化改扩工程。全长 4.138 公里,路幅拓宽为 60 米。对以道路为载体的电力、电信、自来水、煤气管网进行了全面增容改扩,完成了城市道路设计和美化、亮化设计,整个工程已完成投资 4.6 亿元,2000 年 9 月 28 日竣工通车。长沙大道一期工程。全长 1.87 公里,路幅宽 60 米,是按照“经营城市”的新思路,以开发两厢土地为投资回报而引进外资进行城市基础设施建设的第一项工程。猴子石湘江大桥。全长 1400 米,主桥宽 27 米,投资 2.2 亿元,2000 年 9 月 20 日竣工。八水厂采用国内 BOT 的投资模式由湖南长大建设集团股份有限公司投资建设和经营,经营期 17 年。日供水能力 25 万吨的一期工程于 2000 年 9 月 29 日竣工投产。

第一污水处理厂完成 5629 万元,管网工程完成 48%,厂区完成投资 11%,全面完成拆迁工作。长沙城市固体废弃物处理场,年处理垃圾 80 万吨按计划完成当年工作量。国道绕城公路西南段湘江黑石铺大桥全面开工。

【经济协作和对口支援】 2000 年,长沙市经济技术协作工作突出内联引资这个重点,推动招商引资主体向各行各业发展,取得了显著的成绩。全年签订联合协作项目 320 个(含 50 万以上),引进协议资金 30 亿元,到位资金 19 亿元,其中到位资金比去年同期增长 22.6%。

参与西部开发实现良好开局。宣传长沙,推介长沙,扩大长沙与中西部地区的经济技术合作,于七月底与乌鲁木齐举办了“2000 年乌鲁木齐·长沙名优特新产品展销暨经济技术协作洽谈会”。共签约产品购销、技术洽谈项目 300 余项,合作金额 35 亿元。

加强对口支援工作。2000 年,长沙市对口支援单位省内有龙山县、沅陵县、泸溪县,省外有湖北省兴山县和西藏自治区贡嘎县。共支援各项建设资金 1000 余万元。并派员在西藏自治区贡嘎县开展援藏工作。

民族自治州篇

吉林省延边朝鲜族自治州

【概况】 延边朝鲜族自治州(以下简称延边州)位于吉林省的东部,地处中、俄、朝三国交界地带。西临吉林市、白山市,北接黑龙江省牡丹江市,东与俄罗斯滨海边疆区接壤,南隔图们江与朝鲜咸镜北道、两江道相望。中朝边境线522.5公里,中俄边境线232.7公里。全州土地总面积4.27万平方公里。约占吉林省面积的1/4。

延边州属于中温带湿润季风气候。因东临日本海,西部、北部又有高山作天然屏障,与省内同纬度、同海拔高度地区的气候相比,冬季较温暖,夏季较凉爽,年日照时数2150~2480小时,平均气温2.6摄氏度,无霜期100~150天,平均降水量400~650毫米。

延边州地处长白山区,山地占全州总面积的54.8%,高原占6.4%,谷地占13.2%,河谷平原占12.3%,丘陵占13.3%。地势西高东低,自西南、西北、东北三面向东南倾斜,以珲春一带为最低。长白山白云峰为省内最高点,海拔2691米。延边州现辖延吉、图们、敦化、珲春、龙井、和龙六市和汪清、安图两县,首府设在延吉市。

延边州主要居住着朝鲜族、汉族、满族、回族等27个民族。2000年底全州总人口218.45万人,其中朝鲜族占39%,汉族占58%,其它少数民族约占3%。

延边州是全国木材生产基地之一,全州林地面积347.15万公顷,森林覆盖率79%;活立木蓄积量3.5亿立方米,占吉林省活立木蓄积量的53%。境内生长着120多种木本植物,其中有红松、鱼鳞松、白松、长白落叶松、水曲柳、黄菠萝、紫椴、色木等30多种经济价值较高的用材树种。

延边州河网密布,溪流众多。全州有大小河流487条,总长1.09万公里,分属图们江、第二松花江、牡丹江、绥芬河等四大水系。多年平均径流量130亿立方米。全州水能蕴藏量141万千瓦,可开发利用站点158个,有可养鱼水面1.07万公顷。延边州探明矿产资源有55种,可开发利用的39种。金属矿产以金、铅、锌、银、铜、锰、汞、钼为主。非金属矿以煤、石油、泥炭为主,已探明煤炭保有储量6.7亿吨;石油储量1亿吨;优质泥炭储量2.28亿立方米;矿泉水眼23处;石灰岩储量9800多万吨。

延边州土特产资源种类繁多,野生经济植物1400多种,其中人参、灵芝、黄芪、天麻、五味子等药用植物800多种,松茸、木耳、元蘑、猴头蘑等菌类植物10多种,山野菜100多种;长白山区有野生动物500多种,其中紫貂、东北虎、金钱豹、梅花鹿、麝、水獭、黑熊等珍稀动物250多种,鹿茸、鹿胎、麝香、熊胆、水獭胆、獾油、哈什蚂油等是延边出产的名贵药材。人参、鹿茸、貂皮被誉为"东北三宝"。全州有天然草地5.9万公顷,林间草地63.1万公顷,草地草坡19.73万公顷,人工草地1600公顷,草山、草坡和林间草地生长着500多种以禾本科和豆科为主的野生饲料植物。延边州有独特的自然和人文景观。长白山气势雄伟,风光独特,景色宜人,已成为中外闻名的旅游胜地。州内还有敖东城渤海遗址、六顶山渤海古墓群、龙虎石刻碑、雁鸣湖、防川、图们江江滨公园等人文景观,特别是朝鲜族的民俗风情,对国内外游人具有极大的吸引力。目前已开辟的旅游开发区有长白山自然风光游览区、延吉民俗风情游览区、珲春边境风貌游览区、龙井历史遗迹游览区、图们江边城游览区、和龙龙王山游览区等。

【经济与社会发展】 2000年,全州国民经济总体运行较好,国内生产总值128.5亿元,比上年增长8.5%,其中第一产业增加值21亿元,增长0.3%;第二产业增加值55.3亿元,增长12.1%;第三产业增加值52.2亿元,增长7.3%。三次产业占国内生产总值的比重由上年的17.6:42:40.4变为16.3:43.1:40.6。全州人均国内生产总值5881元,比上年增加368元,按可比价格计算增长8.6%。

全州市场物价仍在低位运行,但已呈止降转稳的态势。2000年商品零售价格指数、居民消费价格指数分别为97.7和98.9。2000年末,全州从业人员85.4万人,其中城镇从业人员46.4万人,城镇私营个体从业人员11万人,全州年末城镇登记失业率3.5%,年末国有单位下岗职工人数4.7万人。1.1万名下岗职工通过多种途径实现了再就业。

国民经济和社会发展中存在的主要问题是经济总量不大,运行质量不高,发展后劲不足;结构性矛盾突出,非公有经济发展不快;城乡居民收入水平较低,消费需求不旺;下岗职工增多,就业与再就业压力较大,社会保障体系尚不健全。

2000年延边州粮食总产量70.2万吨,园参、油料、瓜类、木耳等经济作物产量有较大增长,苹果梨获得好收成,甜菜产量连年下滑,烟叶由于受灾,产量有所下降。

林业实施战略转移,全年完成造林面积1.6万公顷;改造低产林4263公顷;零星植树63万株,森林防火连续20年无重大火灾。畜牧业在稳定中有新发展,水产业保持平稳,全年肉类总产量6.6万吨;蛋类产量1.8万吨;奶类产量为2761吨,全年水产品产量4323吨,水产品养殖面积8656公顷。农业生产条件保持稳定。2000年末,全州拥有农业机械总动力71.6万千瓦,全年机耕面积14.6万公顷,占全部耕地面积的67.2%;农村用电量2.5亿千瓦小时。

全年国有工业企业改革与脱困工作取得阶段性成果。深化产权制度改革,累计有966户独立核算工业企业完成改制任务,其中国有工业企业改制面93.1%。加快公司制改造步伐,丹峰林业等18户企业按《公司法》要求规范运作,金龙亚麻纺织等19户现代企业制度试点企业完善了法人治理结构。资本运营水平明显提高,中信证券等国内著名券商进驻州内企业,一些企业进入上市辅导期。

工业经济效益大幅度回升。全年实现销售收入86亿元;利税总额11.5亿元,其中利润16077万元;亏损企业亏损额2.7亿元,工业企业经济效益综合指数81.06%。

2000年全州完成建筑业增加值8.3亿元。国有建筑施工企业施工面积103.3万平方米;全员劳动生产率为14957元,比上年增加3734元。

固定资产投资保持较高水平,2000年全州争取到国家和省各类资金近11亿元,为高速公路建设、布尔哈通河堤防工程、圈河公路、延吉中环路、城乡电网改造等项目的顺利进展和如期竣工提供了有力支持。全州固定资产投资成为拉动全州经济增长的重要因素。全社会固定资产投资总额44.2亿元,其中基本建设投资完成22亿元;更新改造投资完成9.9亿元;房地产开发投资完成4亿元。

随着旅游业的兴起和假日经济的促进,交通运输业又有新的发展,航空运输明显上升。全年完成公路货运量2997万吨,公路客运量3031万人,航空货运量1928吨,航空客运量17.1万人。邮电通信业快速发展,现代化通信能力进一步提高。全年完成邮电通信总量10.03亿元。其中邮政业务总量0.73亿元;电信业务总量6.41亿元,移动通信业务总量2.89亿元,年末市内电话用户数16.96万户;移动电话用户19万户。

旅游基础设施不断完善,国际旅游业再创新高。下大力气改善长白山旅游区基础设施,公路、输变电、有线电视和通讯电缆等工程建成使用,成功举办延吉朝鲜族民俗旅游博览会和首届珲春荷花节,冬季旅游成为旅游新热点,全年共接待海外游客15.1万人,比上年增长加7.2万人,全年实现海外旅游总收入2.6亿元,比上年增长69.6%。

国内消费品市场平稳运行。2000年,全州实现消费品零售总额66.9亿元。与全州市场一般水平相比,全州大中型批零贸易企业销售十分活跃,全州48家限额以上批零贸易企业全年实现批零贸易额23.5亿元。

对外开放成效显著。开通珲春经扎鲁比诺至束草的国际客货陆海联运航线和延吉至汉城的国际包机航线。珲春口岸、圈河口岸和珲春铁路口岸查验设施主体工程竣工。国务院正式批准设立珲春出口加工区,该区基础设施建设基本完工。延吉经济开发区韩国中小企业工业团地标准厂房已建成。广泛组织和参与赴闽粤两省等各类招商活动,加强签约项目的跟踪落实,取得丰硕成果。

外贸进出口取得新进展。全年对外贸易进出口总额3.1亿美元,比上年增长10%。其中出口总额1.8亿美元,进口总额为1.3亿美元。全年外国和港澳台地区在延边州达成协议(合同)投资10661万美元,实际利用外资3837万美元。年末全州实有注册登记外商投资企业561户,其中本年新注册登记外商投资企业148户。全年组织劳务输出3907人次。

按照上级财税政策,通过压缩消化虚增收入,财政收入增幅下降,但财政运行质量提高,2000年实现全口径财政收入14.96亿元,其中地方级财政收入8.25亿元,增长3.4%。全年财政支出19.96亿元,比上年增长3.8%。用于支持经济增长的基建支出、农林水事业费有较大幅度的增加,分别比上年增长1.7%和30.9%。2000年末全部金融机构各项存款余额179.3亿元,各项贷款余额为196.2亿元。全部金融机构现金总收入688.3亿元;现金总支出710亿元,全年货币净投放21.6亿元。保险事业发展平稳。2000年全州各种保险承保金额377.7亿元,保费收入3.2亿元;赔款支出1.1亿元。

继续实施科教兴州战略。加大申报省级高新技术企业力度,全州地方与延边大学科技合作进展顺利,精细化工中试基地建成并正式运行。加快中药现代化科技产业基地建设,敖东鹿业、和龙黄芪等四个基地被批准为国家或省级中药材科技示范基地。2000年,全州有7项科研成果获科技进步奖,有20项科研成果获州科技进步奖,有95项发明创造申报国家专利。2000年末,全州共有各类科学技术人员11.4万人,全州国有科研机构26个,拥有科研人员540人。

教育改革稳步推进。"两基"成果得到巩固,学生减负工作取得成效,以"主动发展教育"为载体的素质教育全面推进,学校内部管理体制改革和学校布局调整工作取得较大进展,重视民族教育工作,以"双语"教育为中心的民族教育整体改革已见成效,现代信息教育技术普及应用步伐加快,依法治教工作得到加强,教师队伍素质进一步提高。2000年全州高等院校招收研究生252人、毕业研究生120人、高等院校在校学生9913人,毕业生2133人;中等专业学校在校生7285人;普通高中在校生10.39万人,小学在校生18.6万人,学龄儿童入学率99.82%,在园幼儿5.06万人,盲聋哑学校在校生513人。

文化事业取得新成就。文艺创作成绩突出,推出了《长白情》等一批思想深刻、艺术精湛、风格多样的优秀文艺作品。圆满完成"村村通"电视工程,边境村屯朝鲜族居民收看朝鲜语节目的问题正在得到解决。延边电视台全年共译制电视剧2部40集,译制专题片2部27集,译制电影3部6集;延边人民广播电台全年共制作广播剧7部22集。有线电视用户发展到35.8万户,其中系统内31.3户。2000年末有艺术表演团体7个,公共图书馆9个,博物馆2个,广播电台8座,电视台8座,广播人口覆盖率99.73%,电视人口覆盖率97.1%。全年出版报纸3160份,出版各类杂志100万册,出版图书2003万册。

医疗卫生事业坚持在发展中进行改革,在改革中谋求发展。到年末,全州共有各种卫生机构230个,拥有医生5150人,护师、护士4373人,卫生机构拥有病床8916张。

群众性体育活动广泛开展。全州举办县(市)、乡(镇)级以上综合运动会213次,参加的运动员6.2万人。到年末有24.4万人达到《国家体育锻炼标准》,达标率为83.7%。

2000年全州在岗职工工资总额为26.1亿元,比上年增加0.1亿元,在岗职工平均工资为7351元,增长9%。全年农民人均纯收入1727元,城市全年人均可支配收入5526

元,比上年增长0.6%,扣除物价因素,实际增长15.3%。

城镇从业人员结构有所变化。年末单位从业人员35.4万人,其中在岗职工34.8万人,城镇私营企业从业人员3.2万人,城镇个体劳动者7.8万人。

社会福利事业得到加强。2000年末,全州农村救济对象中集体供养社会散居的孤、老、残、幼人员2544人;敬老院79个,收养1902人;国家办光荣院3个,年末在院人数206人;城镇社会福利院1个,年末在院人数341人。城乡各种社会救济对象得到国家救济4.6万人;全州乡镇全部建立了农村社会保障网络,城镇共建立3777个社区服务设施。

社会保险事业稳定发展。年末全州参加基本养老保险的职工34.9万名,9.9万名离退休人员参加了离退休费社会统筹发放;7.9万名职工参加了大病医疗费用统筹;2.5万名离退休人员参加了医疗费用统筹,2000年,全州各级劳动保险机构为6239名失业职工提供了失业救济。

城乡居民居住条件继续得到改善。2000年城镇新建住宅126.4万平方米,农村新建住宅44.9万平方米,年末城镇人均居住面积9.31平方米。

湖北省恩施土家族苗族自治州

【概况】 恩施土家族苗族自治州(以下简称恩施州)位于湖北省西南部。东接宜昌市,南毗湖南湘西自治州,西连重庆市黔江区,北邻重庆市万州区,东北连神农架林区。辖恩施市、利川市、建始县、巴东县、宣恩县、咸丰县、来凤县、鹤峰县六县二市,首府恩施市。全州总面积23942平方公里。境内自然环境复杂,地质上属于多种构造体系联合、复合部位,地形是我国第二阶梯东缘云贵高原东延部分,武陵山、巫山、大娄山、大巴山等山脉穿境而过。全州属中亚热带季风性山地湿润气候,总的特点是冬少严寒,夏无酷暑,雾多湿重,雨量丰沛。全州耕地面积41.3万公顷,其中大于25度的坡耕地15.2万公顷。全州共有大小河流60多条,其中流域面积在1000平方公里以上的有9条。水能资源理论蕴藏量509万千瓦,可开发量349.1万千瓦。截至2000年末,全州水电装机39.06万千瓦,只占可开发量的11.19%。

州境内矿产储量丰富。全州已探明矿产60种,产地366处,分别占全国和全省矿种的40%和55%。其中具有D级储量以上的矿产16种,产地100处,铁、煤、石煤、天然气、磷、黄铁矿、耐火粘土等7种矿产居全省第一位。恩施州是迄今发现的全国第一个富硒区,已查明高硒面积2000多平方公里,同时还发现了独立的硒矿床,填补了世界已知矿床的一项空白,被誉为“世界硒都”。

恩施州生物资源丰富,品种繁多,有“天然植物园”、“鄂西林海”、“华中药库”和“种质基因库”的美称。有植物215科、900余属、约3000种。森林资源尤为丰富,有树种171科,645属、1265种,森林覆盖率61.54%。有药用植物2000多种,占全国中草药种类的46%,已制作中药收购的约300种,野生水果有50种以上,其中产量最多的是猕猴桃。薇菜、莼菜等山野菜资源也十分丰富。已知动物资源有146科,500多种,被国家列入珍稀保护的野生动物有16种。

2000年末,全州总人口为379.42万人,其中土家族、苗族和侗族等少数民族人口199.57万人。非农业人口44.37万人。首府恩施市是自治州政治、经济和文化中心,是鄂西南重镇,利川市是自治州的重要工农业生产基地;全州设43个建制镇。恩施州1996年以来组织实施了巴东、建始、利川水土保持项目,巴东、建始、恩施和利川生态环境建设综合治理重点县项目,恩施、咸丰退耕还林(草)试点示范项目以及三峡库区生态保护,长防林、天然林保护工程等一批生态建设项目,共治理水土流失面积830平方公里,人工造林82万亩,封山育林24.2万亩,大于25度陡坡耕地退耕还林(草)9.64万亩,森林覆盖率61.54%;坡改梯3.86万亩,修建小型水利水保工程416座,严重的水土流失开始得到遏制。"九五"期间,全州共投入6500万元资金对污染进行治理,通过综合整治,污染物排放总量大幅度减少。"九五"期末比"八五"期末,废水排放总量减少1241万吨,减幅23.7%,工业废水减少2068万吨,减幅57.3%,工业废气排放减少18.35亿标立方米,减幅36%,二氧化硫排放量减少3887吨,减幅32.4%。全州各城区环境质量明显改善,恩施市城区大气环境质量从过去轻度污染的三级上升到空气良好的二级,且有6个月时间能达到优良状态一级。全州水质状况较好,九大水系达到国家规定的二类水质标准,五条河流达到一类水质标准。

【经济与社会发展】 2000年,全州国内生产总值120.96亿元,按可比价计算,比1999年增长9.1%。第一产业增加值52.19亿元,第二产业增加值34.88亿元,第三产业增加值33.89亿元,分别比1999年增长4.3%、13.1%和11.1%。一、二、三产业占国内生产总值的比重为43.2:28.8:28。人均国内生产总值3183元。全社会固定资产投资31.71亿元,比1999年增长19.9%。财政收入10.6亿元,比1999年增长7.1%,其中地方财政收入6.65亿元,增长8.8%;全年财政总支出14.05亿元,增长11.7%。年末各项存款余额54.19亿元,比年初增长17.2%,其中城乡居民储蓄存款余额33.68亿元,增长18.9%。各项贷款余额68.05亿元,比年初增长8.4%。城镇居民年人均可支配收入5628元,比1999年增长6.8%,农民人均纯收入1520元,农村贫困人口由1993年的132.78万人降至19.88万人,全州基本解决温饱,如期实现了"八七"扶贫攻坚计划目标。

社会事业全面发展。全州已基本普及九年义务教育和基本扫除青壮年文盲。恩施州有普通高校1所,在校学生5732人;普通中专学校5所,在校学生7857人;普通高中24所,普通初中175所,普通小学1944所,在校中小学生582755人,小学适龄儿童入学率99.52%,小学生毕业升入初中的92.7%。职业高中8所,职业初中2所,在校学生共6350人。成人高校2所,成人中专学校9所,在校学生2959人,各类成人培训学校1202所,在校学生99694人,培训学员25.33万人。全州国有企事业单位共有各类专业技术人员60458人,科学研究和适用技术推广取得新的进展,获湖北省科技进步奖3项,州科技进步奖20项。全州共新创剧(节)目5台,三人舞《苗女喜炊》获湖北省"楚天群星"银奖和全国"群星奖"银奖。大型民族歌舞《大山里的哦嗬》、歌剧《清江谣》被湖北省文化厅列入全省舞台艺术创作重要剧目。全州广播、电视覆盖率分别达到85.56%和87.2%。全州有卫生机构945个,卫生人员12476人,病床7136张。群众性体育活动蓬勃发展,全州参加全民健身活动人数130万人次;组队参加湖北省青少年射击、田径、游泳、举重、柔道、划船、乒乓球、羽毛球等项目的比赛,共获金牌11枚,银牌14枚,铜牌12枚。精神文明建设和民主法制建设进一步加强。大力推进政务、村务、厂务、校务公开,完成了村委会换届选举,推进了基层民主政治建设。坚持依法行政,从严治政,实行政府目标管理责任制。加强法制宣传教育,公民的法制观念明显增强,加快了依法治州进程,加强社会治安综合治理,深入开展"严打"斗争,依法惩处犯罪分子,社会治安有了明显好转。反腐败斗争力度加大,廉政建设进一步加强。

【投资环境】 恩施州位于鄂、湘、黔、渝交界处,处在我国中部地区和西部地区结合部,是东中部地区通往大西南的门户。恩施州有独特的资源,优惠的政策,良好的生态环境和西部大开发机遇,区位优势明显,发展潜力巨大。基础设施逐步改善。连接我国东西、南北的318国道和209国道,纵横交汇,贯穿全境;恩施许家坪机场是鄂、渝、湘、黔边界区域内唯一的机场,是华中地区重要的航空港之一。"黄金水道"长江巴东港,拥有12个泊位,最大靠泊能力5000吨级,全州已基本形成水、陆、空立体运输网络体系。能源丰富,2000年发电量17亿千瓦时,外送电量10亿千瓦时,220千伏输变电线路直通华中大电网。邮电通讯设施先进。国家主干线汉渝光缆贯穿州境,程控电话、无线寻呼、移动通讯、计算机国际互联网等在全州各县市开通,国际国内通讯畅达。城市供水、供电充裕。金融、保险服务周全。恩施州同时享受优惠民族政策和国家西部大开发的倾斜政策。根据《民族区域自治法》,出台了《恩施自治州招商引资优惠政策》,在工商登记、土地征用、治安管理、税收、规费、人事管理、购买兼并租赁国有企业、奖励政策等方面都有优惠规定。对外来客商投资开发办理有关手续,一律实行一个窗口办理、一站式审批、一次性办好的快捷式服务。

“十五”期间,恩施州将城市和“两江”(长江、清江)、“两线”(318、209国道线)沿线作为生产力展布重点,努力培育和壮大卷烟、电力、医药化工、建材、食品、生态旅游等六大支柱产业,促进经济和社会全面发展。随着国家西部大开发战略的实施,恩施州将成为国家投资的重点区域之一。

【重点开发项目】 清江水布垭水电站。位于恩施州巴东县境内,是清江干流三个梯级电站中的龙头电站。坝址汇流面积10860平方公里,年均径流量94.2亿立方米。建设水布垭水电站,对于促进恩施州变资源优势为经济优势,加快脱贫致富的步伐,具有重要作用。水布垭水电站是清江梯级滚动开发综合效益发挥最关键的工程,是华中地区难得的具有多年调节能力的调峰调频电站和减轻长江中下游地区防洪压力的控制性工程。水库正常蓄水位400米,总库容45.8亿立方米,调节库容23.83亿立方米,总装机容量160万千瓦。最大坝高233米,工程淹没耕地17217亩,迁移人口10856人。按1998年底价格水平估算,工程静态投资88亿元,动态投资120亿元。水布垭水电站是一个以发电为主,兼有航运、防洪、水产养殖、观光旅游为一体的综合性工程,工程建成后年发电量39.2亿千瓦时,水库预留的5亿立方米防洪库容与隔河岩水库已预留的5亿立方米防洪库容联合调度运行,可有效减轻荆江河段的防洪压力,提高长江中下游防洪标准。巴东长江公路大桥。巴东县城位于三峡库区,209国道与长江相交穿过县城。拟建的巴东长江公路大桥位于新城区,兴建巴东长江公路大桥,可促进巴东县城的移民搬迁;改善国道通行条件,从根本上改变国道干线隔河渡水,日通夜停的状况,还可促进神农溪等旅游景点的整体开发;桥长898米,桥面宽19米,双向四车道,投资估算需人民币3.2亿元,2000年底已正式开工建设。

【经济协作与对口支援】 三峡工程开工以来,全国各地积极响应党中央、国务院对口支援三峡库区的号召,向巴东人民伸出了真诚的援助之手。国家34个部委办局、13个省市、82个地市厅局、12个大型企业和8所大专院校等149个单位对口支援巴东。共有196批1575人次组团到巴东考察,共落实对口支援项目126个,到位资金2.1亿元,其中无偿援助资金5409.5万元,有偿资金(含物资折款)1.65亿元,对口支援涉及经济、科技、文化、卫生等20余个领域。对口扶贫帮困。恩施州属于国家重点贫困地区,所辖八县(市)均为国家“八七”扶贫攻坚计划重点扶持开发的贫困县(市)。据不完全统计,仅2000年,国家部委、湖北省直单位及省内外发达地区有93名厅、处、科级领导在恩施州蹲点扶贫,有1670人次来恩施考察调研。对口支援项目176个,落实到位资金9114万元,举办各种技术培训班86期,培训6128人次。

【民族经济与文化】 恩施州以烟叶及卷烟、道地中药材及医药化工、电力、建材和富硒绿色食品为主的特色产业和民族工业已具一定规模。恩施州是全国四大烟叶生产基地之一,也是重要的烟叶出口基地,白肋烟质量居亚洲第一,世界第三,出口到20多个国家,出口量占全国出口总量的一半以上,烤烟质量居全国第三名。国家重点高新技术企业湖北八峰药化股份有限公司生产的14种氨基酸原料药及制剂，在国内市场占有率30%以上，出口亚、欧、美三大洲的34个国家和地区，1999年实现销售收入1.58亿元，创汇813万美元。利川民族药业有限责任公司利用道地药材——利川“鸡爪黄连”生产的香连片（国家中药保护品种）及黄连胶囊、黄连上清片、左金丸等中成药，供不应求，国内外市场前景广阔。

恩施州是湖北省茶叶主产区，栽培面积和产量均居全省第一，生产的富硒茶畅销国内外。此外，所产硒矿泉水，魔芋制品，薇菜、莼菜等山野菜，风头姜、高山无公害蔬菜，畜产品、干鲜果品和多种中药材俏销国内外市场。民族民间工艺产品主要有土家织锦“西兰卡普”，木雕、玉雕、藤编、竹编、宝石花漆筷、千层底布鞋等。恩施州民族文化丰富多彩、特色鲜明，民间戏剧曲艺有南戏、堂戏、灯戏、傩戏、柳子戏，以及恩施扬琴、利川小曲、竹琴、三才板、满堂音等；民间歌舞有摆手舞、铜铃舞、跳丧舞、猴儿鼓、板凳龙、连厢、耍耍和一枝独秀的利川“肉连响”等；传唱世界的经典民歌《龙船调》及浩如烟海的各类风俗歌，反映了民族积极意义的生命观，是特有的文化方式在民俗中的反映。

【生态旅游】 恩施州山川秀美，喀斯特地貌发育，峡深谷幽，峰奇石怪、洞异水秀，自然风光以“雄、奇、秀、绝、险”著称，气候宜人，民族风情浓郁，民风古朴，民族文化深厚，名胜古迹众彩纷呈，旅游资源富集，区位条件优越（恩施州位于长江三峡、张家界和天坑地缝三大著名景区的中点），开发潜力巨大。2000年7月，州委、州政府作出《关于进一步加快发展旅游业的决定》，建设“生态旅游州，民族风情园”。国家计委、湖北省计委安排专项资金对以清江闯滩和梭布垭石林两大景区为重点的清江中上游生态旅游区进行开发。目前，已基本形成了巴东神农溪漂流，恩施清江闯滩、梭布垭石林观光，利川腾龙洞和来凤仙佛寺四大旅游景区，旅游企业23家。2000年，湖北省政府在恩施举办“2000年湖北恩施清江国际闯滩节”获得极大成功；恩施州还成功举办了“巴东神农溪民族风情首游式”，“恩施梭布垭石林女儿会”和“利川民歌节”等旅游节庆活动。全年接待国内外游客52万人次，旅游总收入1.25亿元人民币，其中接待海外游客4.5万人次，外汇收入500万美元。

湖南省湘西土家族苗族自治州

【概况】 湘西土家族苗族自治州位于湖南省的西北部，地处云贵高原东侧的武陵山脉中段，与湖北、重庆、贵州三省市交界，是黔东、渝东、鄂西与我国东部地区交往的重要通道。全州现辖七县一市，总面积15462平方公里，总人口260万人，其中农业人口223万人，州府设在吉首市。州域是多民族聚居地，也是全省少数民族人口最多的地区，有少数民族人口178万，其中土家族94.5万人，苗族82.4万人。

湘西州土地面积2323万亩，人均9.45亩，是湖南省人均土地资源最多的地区，全州可利用的林地1699.5万亩，现有森林面积1562万亩，森林覆盖率59.35%，活木蓄积量1775万立方米，是湖南省重要的林区。全州有各类草场1050万亩，是湖南省发展牛、羊等草食牲畜的重要基地。州域有5公里长以上的河流445条，降水充沛，全年降水量1300~1400毫米。州域河流落差较大，水能理论蕴藏量168万千瓦，其中可供开发的104万千瓦，除已建成的大型水电站风滩电站（装机40万千瓦）和州内18万千瓦小水电外，装机24万千瓦的碗米坡水电站正在建设之中。

州域属中亚热带山地季风湿润气候，植物资源丰富，有92科、1455种。拥有华中、华南、西南三个区系的动物资源，种类168种，其中受国家保护的有华南虎、金钱豹、穿山甲、大鲵（娃娃鱼）等26种。湘西是中国油桐、油茶、生漆及中药材的重要产地，“古丈毛尖”茶为中国十大名茶之一，“凤凰晒红烟”历史悠久，质地优良。良种畜禽有湘西黄牛、武陵黑猪、麻鸭等,特产水果有武陵椪柑、刺梨、猕猴桃等。

州域已发现矿产63种,探明或基本探明的有35种,24种矿产获得了C级以上储量。已探明的汞金属量居中国第4位;铝土矿已探明工业储量为湖南省之冠;花垣铅锌矿属国家大型矿藏,居全国第三位;锰矿石储量居中国第二位,已探明储量3000万吨以上。磷矿资源总储量5亿吨,其中2700万吨已做完详勘工作。

湘西历史悠久,山水奇特,有秀丽的自然风光和众多的文物古迹、浓郁的少数民族风情,形成了独具特色的旅游资源。这里有景色溶漓江之秀、集三峡之美的国家风景名胜永顺猛洞河,有盘延壮观的中国南方长城和凤凰历史文化名城,有被誉为"龙山二千二百洞、洞洞奇瑰不可知"的龙山火岩溶洞群,有省级风景区吉首德夯、永顺土家族千年古都老司城等。丰富的人文景观及土家苗寨的民俗风情对旅游者有很大的吸引力,具有很好的旅游开发价值。

经过多年的建设与发展,湘西州投资环境显著改善。枝柳铁路贯穿湘西自治州境内吉首、古丈、永顺、凤凰、泸溪五县市,营运里程132公里,客运直达北京、长沙、广州、柳州、湛江、无锡等地,货运年吞吐量120万吨。全州现有公路5500公里,由省会长沙至州府吉首的319国道高速公路已纳入国家"十五"高速公路建设计划。全州218个乡镇乡乡通车,85%的行政村通公路,湘西自治州水运主要以沅水、酉水航道为主,水运通航里程为616公里,可通过洞庭湖直达长江。

全州各县市均已开通程控电话、无线寻呼、移动通信、数字传输、数据通讯、电话语音信息服务和可视电话会议等7大现代化电信通讯网,电话总容量15万门,邮政线路12703公里,遍及全州所有乡镇村。湘西自治州现有发电装机18万千瓦,年发电量为5.8亿千瓦时,全州电力供应主要依靠华中大电网,每年从大电网输入电量6亿千瓦时。在建的装机24万千瓦的碗米坡水电站2003年发电后,湘西自治州电力供应将得到极大的改善。

湘西自治州现有州级科研机构5个,高等学校3所,中等专业学校23所,有各类科技人员4.45万人,其中高中级科技人员1.2万人。

【经济与社会发展】 2000年湘西州全年GDP总量65.1亿元,增长7%,其中第一产业增加值21.6亿元,增2.6%;第二产业增加值22.1亿元,增长10.3%;第三产业增加值21.4亿元,增长8.2%。全年全社会固定资产投资24.7亿元,增长37.2%,其中国有单位投资19.1亿元,增长41.3%,社会消费品零售总额34亿元,增长5.9%,剔除价格因素,实际增长9%。外贸出口总额4506万美元,增长43%。投资、消费和净出口三大需求分别拉动经济增长3.6、2.7和0.7个百分点。

全年实现农业总产值34.7亿元,增长3.3%,全年粮食产量83.3万吨,农民人均纯收入1277元。结构调整步伐加快,经济作物及其它作物播种面积比重分别提高0.8和2.8个百分点。水利设施和生态环境建设进一步加强,恢复和改善灌溉面积9.2万亩,新增灌溉面积6.6万亩,新增旱涝保收面积4万亩,造林30万亩,封山育林49万亩,退耕还林11万亩,全年有8万农村贫困人口解决温饱。

工业企业实现增加值17.6亿元,增长8.8%;规模以上工业企业实现增加值15.2亿元,增长13.5%,全州18种主要工业产品均有增加。技改投入增长较快,全年实施技改项目38个,完成技改投资5.5亿元。工业效益总体趋于好转。全州国有及国有控股工业企业实现利润1.07亿元,国企三年改革与脱困目标基本实现。

全年完成财政总收入5.98亿元,其中地方财政收入3.12亿元,全年完成财政支出12.7亿元,比上年增长6.34%。全年金融机构各项存款余额61.1亿元,比年初增加7.1亿元,其中城乡居民储蓄存款余额39.5亿元,比年初增加6亿元,年末各项贷款余额73亿元,增长12%。

社会事业稳步发展。科技事业有新的进

步，湘泉、三立、老爹等企业一批技术含量较高的科技型项目进展顺利；计划生育工作颇有成效，8县市整体进入一类地区，人口自然增长率为6.49‰；体育、文化、环保、民政、档案、气象、统计、审计、技术监督、劳动人事、公检法司等各项社会事业都得到相应发展。

【投资环境】　交通以铁路为动脉，公路为主体，水路相连，城乡贯通的运输网络，209国道、319国道和枝柳铁路贯穿境内，将湘西州与外界紧密相连；长途电话、数字传输、移动通信等通讯网都已建成；能源建设突出“大网与小网并举，水电与火电并重”的综合开发路子，相继建成了吉首22万伏输变电等一大批电力设施。湘西州既是湘鄂渝黔边区结合部，又是沿海经济区向中西部地区梯度推进的多重过渡地带，同时，充分享有民族区域自治的权利，享有国家对少数民族地区的各种优惠，这使得州内的投资开发政策更灵活、更宽松。

湘西自治州出台了《湘西自治州关于实施西部大开发的若干优惠政策》的文件，从鼓励投资产业与投资方式、税收、土地、矿产资源开发、金融信贷、人才引进、招商引资奖励、投资服务等方面制定了十分优惠的政策。

【利用外资和对外贸易】　2000年，出口4506万美元，同比增长43%，出口产品中，电解金属锰出口3.23万吨，创汇2946万美元；锌锭出口5580吨，创汇563万美元；冻猪、牛肉出口6156吨，创汇763万美元。骨干企业中，花垣振兴化工厂出口1189万美元，花垣锰一厂出口678万美元，喜阳食品集团出口569万美元，吉首市化工厂出口568万美元。

招商引资进展顺利。全年共审批三资企业9户，实施项目13个，合同外资1395.46万美元，实现到位外资751万美元，同比增长8.2%。到2000年底，全州在册三资企业29户，运转企业12户，资产总额1.49亿元，同比增长27.2%，全年产值6864万元，同比增长3.4%，上缴税金317万元，同比增长34%，从业人员1727人，同比增长2%。

【重点开发项目】　2000年湘西州共安排重点项目41个，其中续建项目26个，新建项目10个，前期工作项目5个。

长渝高速公路常德——花垣茶洞段。全长305公里，总投资174亿元，该项目是湖南省“十五”实现省会与市州首府高速公路联接目标的重点工程，也是国家重要的国道主干线，属西部开发10大工程之一，其中常德——吉首段长230公里，投资125亿元。

吉首——罗依溪——张家界二级公路。该公路是湘西州的重要出口公路，对湘西地区的经济发展、旅游开发、扶贫攻坚具有重要意义，公路全长131公里，总投资8.4亿元，一期工程吉首至罗依溪段62公里，2001年底建成通车，二期工程罗依溪至张家界段69公里，2000年底开工建设，计划2002年建成通车。高家坝防洪水库。总库容7000万立方米，总投资2.14亿元。碗米坡水电站。是沅水流域开发一期工程之一，总投资20.34亿元，利用外资69亿日元。

湘西旅游精品工程。湘西自治州旅游资源丰富，品味独特，既有猛洞河、栖凤湖等旖旎的山水风光，又有凤凰历史文化名城、中国南方长城等历史文物古迹，同时还有浓郁的土家族苗族民俗风情，并能形成北与宜昌三峡，南与广西桂林，西与贵阳、昆明，东与省内黄金旅游线路连为一体的旅游网络。

【经济协作与对口支援】　2000年，湘西州在内联引资总量上有新的突破。全年共实施协作项目83个，比上年增长57%，引进资金3.7亿元，比上年增长20%。引进资金1000万元以上的项目21个，比上年增长8%。引进了微细铝粉、磷酸氢钙等4个高新技术项目。引进了绿色饲料生产、猕猴桃果汁生产、金花梨开发等农业开发项目，促进了全州特色农业和农产品深加工的发展。引进国内州外客商租赁、承包国有、集体中小企业21家，取得了良好经济效益和社会效益。吉首市成功举办了西部开发吉首经贸洽谈暨商品展销会，凤凰县成功举办了南方长城圣火采集经贸洽谈会，取得了良好效果。

湖南省委、省人民政府先后下发了《关于支持湘西土家族苗族自治州实施“八七扶贫攻坚计划”的意见》(湘发[1994]17号)、《关于继续支持湘西土家族苗族自治州扶贫攻坚的意见》(湘发[1999]18号)两个文件,要求省直部门和长沙、株州、湘潭、岳阳、常德、衡阳六市对口支援湘西自治州的龙山、泸溪、永顺、保靖、古丈、花垣六县,株州、长沙、湘潭、衡阳四市重点支援五强溪电站移民库区泸溪县及其乡镇。1995~2000年,省直单位和省辖六市共支援湘西州六县资金(含物资折价)共计3.06亿元,其中省直单位支援2.14亿元,省辖六市支持0.92亿元。2000年,省直部门和省辖六市共支援湘西州资金5139万元,通过省直单位和省辖六市在资金、技术、人才等方面的大力支持,受援六县脱贫步伐加快,贫困人口逐年减少,基础设施和基本生产条件大大改善,科技、教育、卫生、文化等各项事业有了较大发展。

【民族经济与文化】 湘西州2000年共有各级各类专业技术人员4.45万人,高级职称993人,中级职称12391人。科技创新有所突破,2000年共安排各类科技项目133项,其中国家星火计划1项,省级各类计划30项,投入资金1.3亿元。科普工作成效显著,举办各类技术培训3800多期,培训人员25万多人次,县级以上科技示范户发展到8298户,全州有民营科技企业18家,科技型中小企业5家,高新技术企业1家。

教育事业蓬勃发展。2000年全州3所高等学校在校生9473人,中等专业学校在校生10473人,普通中学在校生120272人,普通小学在校生326571人,适龄儿童入学率97.9%,素质教育全面推进,教育教学质量稳步提高,2000年全州中小学新增校舍面积18万平方米。

文化广播卫生体育等社会事业健康发展。文化事业繁荣,大型民族歌舞《霞生山水间》获全省新剧目二等奖的多个奖项。歌曲《筛子筛》获省“五个一工程”奖;苗族、土家族舞蹈《红土魂》、《闹阳春》分别获全省舞蹈比赛金奖和银奖;《湖南省花垣县椎牛祭》等专著被文化部列为国家科研项目,《民族风情录》被中国社会科学院民族研究所收录转载。全州2663个村全部通了电视,2275个村通了广播。《团结报》日发行量2.5万份。全州医疗卫生事业持续稳步发展,2000年末全州共有卫生机构1063个,病床6062张,各类卫生技术人员8795人。城市基础设施水平不断提高,全州城镇人均道路面积7.82平方米,自来水普及率90%以上,燃气普及率70%以上,人均公共绿地47平方米。竞技体育取得历史性突破,杨霞参加第二十七奥运会53公斤级女子举重比赛获金牌。群众体育蓬勃发展,全州有86万人常年参加体育锻炼,继龙山县、吉首市之后,古丈县又成为全国体育先进县。社会福利、劳动保险事业有新发展,2000年末全州共有社会敬老院69个、床位585张。全州参加养老保险企业职工和其他从业人员7.1万人,参加失业保险职工9.45万人。环境保护工作力度加大,现共有环境监测站7个,国家自然保护区2个,省级自然保护区5个,建成烟尘控制区8处,控制区面积20平方公里。

四川省阿坝藏族羌族自治州

【概况】 阿坝藏族羌族自治州地处青藏高原东南缘与四川盆地边缘山地交替接触地带,位于四川省西北部,分别与青海、甘肃两省及四川省的成都、雅安、甘孜、绵阳、德阳等市州相邻。幅员面积8.34万平方公里,辖13个县,总人口82.9万人,其中藏族占52%,羌族占18%,汉族占26.8%,是四川省第二大藏区和全国主要的羌族聚居区。阿坝藏族羌族自治州是中国工农红军长征时经过的“雪山草地”地区。

阿坝州境内群山叠翠、河流纵横、草地无垠、气候多样,自然资源极为丰富。旅游资源得天独厚,已查明景区景点156处,其中世界级、国家级自然风景区和保护区14处,九寨沟、黄龙两景区被列入《世界自然遗产名录》,卧龙大熊猫自然保护区、九寨沟、米亚罗分别被列入世界和国家生物圈保护区,四姑娘山、弓杠岭森林公园是国家级风景名胜区,还有金丝猴、梅花鹿、黑颈鹤等国家级珍稀动物保护区和川西北大草原湿地保护区,以及著名的九曲黄河第一湾。阿坝州名扬天下的自然风光,独特的藏羌风情,神秘的藏传佛教文化,历史悠久的文物古迹,悲壮的红军长征史诗,构成了丰富多彩、特点突出、品位高、极具市场吸引力的旅游资源。

水能资源理论蕴藏量1900多万千瓦,可开发量700多万千瓦。目前已建成电站装机110万千瓦,正在建设的电站装机60万千瓦,拟建电站装机200多万千瓦。水能资源的特点是河流落差大,距离负荷中心近,年发电时间长,造价低,效益好。

全州地形分为高山峡谷区和高原牧区两大类。高山峡谷区立体气候十分明显,日照充足,昼夜温差达20多度,具有建立名、优、特、新、稀的水果、蔬菜及其它多种经营生产基地的优越条件,目前已建果品基地26万亩,反季节蔬菜基地6.8万亩。高原牧区牲畜总量为348万头,是全国五大牧区——川西北牧区的重要组成部分,畜产品资源量大质优。

全州有药用动植物1960余种,中药材年产量8.5万吨。主要有麝香、鹿茸、虫草、贝母、天麻、党参、黄芪、红豆杉、红景天等,素有“天然药库”之称。现已建立九峰药业集团、九寨沟天然药业集团、阿坝州制药厂和阿坝州藏药厂等天然药业生产加工企业。

全州森林面积363万公顷,天然林活立木蓄积量4.1亿立方米,有植物活化石珙桐和杉、松、桦等40多种珍贵树种,是长江、黄河上游重要水源涵养地之一。

全州已探明矿种59种,其中大型矿床11处,中型矿床24处。黄金远景储量500吨,近期储量270吨,目前年产黄金2万两。优质泥炭储量72亿立方米,褐煤储量30亿吨。汶川红色花岗石、小金墨绿色花岗石、竹叶青花岗石、汉白玉大理石等名特品种储量大,开发前景极为广阔。

【经济与社会发展】　2000年,阿坝州积极推进西部大开发,加快经济结构战略性调整,克服了因天然林停伐带来的负面影响,国民经济实现了恢复性增长。全年实现国内生产总值35.26亿元,比上年增长5%,其中第一产业10.44亿元,增长1.8%,第二产业12.35亿元,增长3.2%,第三产业12.47亿元,增长10.8%。

2000年,阿坝州加大了天然林保护、生态环境综合治理和退耕还林还草三大工程的力度。全年农业总产值13.97亿元,农牧民人均纯收入1191元,粮食产量21.27万吨,各类牲畜存栏347.6万头,肉类总产量5.3万吨。全年实现工业总产值16.89亿元,比上年增长3.4%,剔除天然林停伐,木材禁销影响的因素,全州工业总产值同口径则比上年增长11.3%。

2000年,阿坝州加大旅游规划、体制和机制、宣传促销、旅游大环境、旅游商品、景区申报等工作力度;加强以旅游景区公路和机场为主的旅游基础设施建设。旅游业第一支柱产业的地位正在确立,以旅游业为龙头的第三产业得到全面发展。全年共接待游客192万人次,比上年增长37.1%,旅游总收入9.6亿元,比上年增长33.3%。

2000年,阿坝州继续贯彻“调结构、打基础、增效益”的投资原则,集中资金,加强重点项目建设和续建扫尾项目的建设,投资结构进一步得到调整,投资效益有所提高。全年完成固定资产投资17.68亿元,比上年增长16.6%。

因木材禁伐,木材加工出口停产,导致全州外贸出口下降。2000年全州外贸出口完成400万美元,比上年下降13.4%。招商引资工作在连续两年取得实质性突破的基础上再创佳绩。全年共开展合作项目38项,协议资金7.54亿元。其中履约项目34项,实际到位资金4.41亿元。

2000年,阿坝州财政一般预算收入1.87亿元,比上年同口径增长22.6%;一般预算支出9.44亿元,比上年增长23.4%。年末各项存款余额38.79亿元,比年初增长10.7%,各项贷款余额28.37亿元,较年初增长9%。

农业生产以实施良种和实用技术推广为重点,巩固成果转化。畜牧业实施"川西北牧区家庭牧场优化模式试验示范"工程,增强了牧民依靠科技进步的积极性,增加了牧民收入。围绕退耕还林和"天保"工程,启动了以现代农业科技示范为重点的扶贫形象工程和现代农业科技示范工程。全年全州共实施"一亿工程"重大项目7项,实现产值1.72亿元。学龄儿童入学率93.8%;"普九"人口覆盖率37.3%。

【投资环境】　阿坝州致力于改善投资环境,提高对外开放水平,全州交通、通讯、电力、教育、卫生和环境保护的条件得到极大的改善。全州公路通车里程5032公里,公路等级和通过能力大幅提高,实现了乡乡通公路;光纤通信、卫星电视覆盖全州的所有县城和大部分乡镇;兴建了一批水电站,建设了州级供电网络,电力富足、电价低廉。同时出台了一系列吸引投资的政策和措施,组建了专门的招商引资机构,建立了"一站式"和"外来投资服务中心",强化服务功能,为海内外客商创造一个宽松、高效、优质的投资环境。目前,全州招商引资发展态势良好,1998~2000年,共引进利用州外资金14.1亿元人民币,与国内外部分公司合资、合作建成了一批重点项目。

为提高对内对外开放水平,增强开放实效,阿坝州制定了鼓励外商来州投资优惠政策和办法。凡到州投资可享受国家对少数民族地区和贫困地区经济开发方面的优惠政策,享受自治州依据中华人民共和国民族区域自治法而制定的有关土地、税收金融、财政价格和人才引进、企业用工等方面优惠政策。全州各县根据本地的经济优势和资源条件,还分别制定了具体的优惠政策及其实施细则。

【重点开发项目】　为迎接和实施西部大开发战略,根据国家总体要求,阿坝州拟定了迎接西部大开发的重点建设项目45个及合作意向13项,以开发优势资源为重点,争取把阿坝州建成全国旅游胜地和世界生态旅游目的地之一,建成四川重要的绿色产业基地、天然药业基地、水电能源和高耗能工业基地,把资源优势转化为经济优势。主要开发合作项目有:15万吨电解铝工程。年产重熔用铝锭15万吨,总投资35280万元,建设工期2年,投资回收期8.5年,投资利润率15.4%,财务内部收益率15.1%。6000吨高档永磁铁氧体。年产高档永磁铁氧体6000吨,总投资2302万元,建设工期2年,投资回收期5.64年,投资利润率21.07%,财务内部收益率17.88%。姜射坝水电站。装机容量9.6万千瓦,总投资7832万元,建设工期2年,投资回收期8.28年,投资利润率12%,财务内部收益率16.57%。桑坪水电站。装机容量4.8万千瓦,总投资3900万元,建设工期3年,投资回收期7.6年,投资利润率13.54%,财务内部收益率16.5%。天龙湖水电站。装机容量18万千瓦,总投资10792万元,建设工期4年,投资回收期9年,投资利润率11.12%,财务内部收益率21.84%。牧业产业化开发。年加工牛肉制品6380吨及副产品,总投资2225万元,建设工期3年,投资回收期5.66年,投资利润率37.8%,财务内部收益率18%。九寨沟天然药业集团有限责任公司扩建。生产各种中成药,总投资575万元,建设工期1.5年,投资回收期6.2年,投资利润率54.19%,财务内部收益率36.9%。阿坝州藏药厂扩建。生产各类藏药剂,总投资323万元,建设工期2年,投资回收期6年,投资利润率16.7%。20万吨水泥厂技改。年产普通酸盐水泥20万吨,总投资2127万元,建设工期2年,投资回收期6.39年,投资利润率15.58%,财务内部收益率20.35%。阿坝州成都大西南建材城。总投资595万元,建设工期2年,投资回收期6.17年,投资利润率11.15%。林业储运公司鸿运宾馆改造。按三星级标准改造,总投资

475万元,建设工期2年,投资回收期7年,投资利润率13.97%。九寨沟国家森林公园。旅游服务设施和基础设施建设,总投资1099万元,建设工期5年,投资回收期6年,投资利润率22.7%,财务内部收益率17%。松潘牟尼沟风景区。建民俗风情村和三星级宾馆,总投资313万元,建设工期1.5年,投资回收期5年,投资利润率13.6%,财务内部收益率12.5%。松潘丹云峡景区建设。建景区公路70公里、修建三星级宾馆,总投资675万元,建设工期1.5年,投资回收期2.8年,投资利润率35%。汶川三江景区。总投资337万元,建设工期2年,投资回收期4年,投资利润率10.6%,财务内部收益率11.3%。阿坝州野生动物园。总投资535万元,建设工期5年。金川县李家沟锂资源开发。年产锂精矿粉2.1万吨及附产品开发,总投资1445万元,建设工期3年,投资回收期6.4年,投资利润率15.6%。壤塘县金木达金矿。年产黄金230公斤,总投资112万元,建设工期2年,投资回收期2.87年,投资利润率34.82%。红原县泥碳资源综合开发。年采掘、加工泥碳5万立方米,总投资600万元,建设工期2年,投资回收期5.4年,投资利润率18.3%。若尔盖万吨直饮牛奶生产线。年产直饮牛奶10000吨,总投资339万元,建设工期1年,投资回收期4.7年,投资利润率22.8%,财务内部收益率37.66%。无公害秋淡季蔬菜基地建设。汶川4万亩、茂县4.5万亩、理县1.5万亩,总投资1305万元,建设工期4年,投资回收期5.06年,投资利润率52.8%,财务内部收益率21%。阿坝州名优水果商品化开发:茂县苹果、金川雪梨等开发,总投资1987万元,建设工期5年。黑水县冷水鱼产业化开发。年产成鱼100吨、苗种10吨,总投资434万元,建设工期2年,投资回收期4年,投资利润率25%。汶川县无公害蔬菜基地建设。建基地3万亩,总投资300万元,建设工期7年,投资回收期3年,投资利润率45%,财务内部收益率18%。

【经济协作和对口支援】 阿坝州在积极开展与深圳、浙江、山东、成都等省、市对口支援的基础上,不断密切和扩大协作关系,先后与省内外各大专院校及科研单位建立了长期的协作关系。1998年以来,阿坝州与华能公司、国家能源开发投资公司、四川电力公司、香港保险集团、北京鲲鹏实业公司等联合建成了一批能源、矿产和旅游重点合资项目。与香港中南公司、保利集团、台湾中国强集团、中国黄金公司、四川诚信公司等联合的一批重点项目正在兴建。依托区域资源优势,阿坝州还积极参加“川西片区11市州成都经济协作区”活动,发展和加强国内横向经济技术联合与协作。

【民族经济与文化】 长期以来,阿坝州经济结构单一,“木材经济”一统天下,至1998年9月1日全面停止天然林采伐,实施“天保”工程,以森工为代表的传统产业急剧萎缩。为此,阿坝州加快了以水电为龙头的其他工业发展和以旅游业为龙头的第三产业发展,培育出水电、高耗能工业、旅游业等新兴支柱产业。一、二、三次产业结构2000年为29.6:35:35.4,产业结构逐步趋于合理。“九五”期间,阿坝州累计投资61.4亿元,先后建成了一批重点骨干项目工程,缓解了基础设施的“瓶颈”制约,扩大了全州的经济规模,增强了经济实力。

科技、文化、教育、卫生等社会事业协调发展,服务体系不断完善。科教兴州初见成效,科技事业基本实现了向经济建设中心的转移,2000年全州共实施“一亿工程”项目7项,实现产值1.72亿元。教育优先发展的战略地位逐渐落实,现有高等师范专科学校1所;中专6所,在校生3161人;中小学1465所,在校生12.1万人。文化事业在改革中不断向前发展,有专业艺术表演团体2个,县级业余文艺演出队13个,公共图书馆6个,博物馆1个,公开发行报纸3张,刊物3种、卫星地面接收站2680座,广播、电视人口有效覆盖率分别为55.2%和90.1%;医疗保健网基本形成,现有卫生机构525个,床位2916张,卫生技术人员3589人。

四川省甘孜藏族自治州

【概况】 甘孜州位于四川省西部,青藏高原东南缘,东邻阿坝藏族羌族自治州和雅安地区,南连凉山彝族自治州和云南省迪庆藏族自治州,西沿金沙江与西藏自治区昌都地区隔江相望,北接青海省玉树和果洛两个藏族自治州,具有低纬度、高海拔的地理特征,地势由西北向东南倾斜。地貌特征主要为高原和高山峡谷,高原区海拔在4000~4800米之间,高山峡谷区平均海拔在3500米左右。属典型高原型寒冷气候,气候垂直分异显著,类型多样,呈现“一山分四季,十里不同天”的奇异景象。

甘孜州幅员广阔,人口稀少,总面积15.3万平方公里,人口88万。全州辖康定、泸定、丹巴、九龙、雅江、乡城、稻城、得荣、巴塘、理塘、道孚、炉霍、甘孜、德格、石渠、色达、白玉、新龙18县,州府康定是全州政治、经济、文化中心。甘孜州是以藏族为主体的少数民族自治州,有藏、彝、回、羌、纳西等5个世居少数民族和苗、满、壮、朝鲜、侗、瑶、白、土家、哈尼、傣、黎、蒙古、维吾尔和布依等14个少数民族。其中藏族人口69.3万人。

甘孜州资源十分丰富,全州农业生产具有旱作农业、高寒农业、立体农业、农牧结合交叉、粮食作物一年一熟的特点。甘孜州是全国五大牧区之一的川西北牧区的组成部份,天然草地面积1.42亿亩,占全州国土总面积的60.3%,其中可利用草场1.04亿亩,主要是高山和亚高山草原,属于高寒草原类型。

甘孜州高原辽阔,山脉绵延、峡谷深邃、江河纵横,旅游资源十分丰富。中外闻名的二郎山、雀儿山组成甘孜州东西屏障,景致壮美;蜀山之冠的贡嘎山高耸入云,神秘莫测,既具有磅礴而瑰丽的冰山雪岭,又有气象万千的林海雪原。以贡嘎山为中心、海螺沟低海拔现代冰川为重点构成了东部旅游区,以稻城亚丁自然保护区为中心构成了南部旅游区,以德格印经院和格萨尔王出身地独具的康巴特色文化为中心构成了北部旅游区。甘孜州旅游资源门类齐全,有冰川、雪山、草原、高山湖泊、江河峡谷、原始森林、瀑布温泉、珍稀动植物、文物古迹、喇嘛寺庙、文化艺术、民族风情等。全州有国家级风景名胜区1处,国家级自然保护区1处,州级自然保护区2处,县级自然保护区1处,自然生态区20处,国家文物保护单位2处,省级文物保护单位5处,州级文物保护单位53处,开放宗教寺庙500余座,其中重要名寺近40座。

甘孜州水系十分发达,金沙江、雅砻江、大渡河(简称两江一河)自西向东纵贯全境,境内流长总里程1705公里,总流域面积14.82万平方公里,年径流总量662亿立方米,水能理论蕴藏量2267万千瓦;其它一、二级支流和小支流的水能理论蕴藏量为1462万千瓦,至2000年底,全州电站开发量仅为支流水能理论蕴藏量的0.91%。

丰富的野生植物资源,土特产品遍布甘孜州。全州有利用较广的资源性植物850余种,其中名贵药材有虫草、贝母和天麻等,大宗药材有黄芪、秦艽、大黄、羌活、当归、党参、赤芍等,为四川省药材主要产区。甘孜州食、药用菌不下100种,而且很多品种产量较大,尤以松茸、美味牛肝菌、鸡油菌、石渠白菌为佳,深受国际市场欢迎。甘孜州藏系畜种牛、羊,具有肉奶兼用,肉毛(皮)兼用的优点,尤以九龙牦牛是体形大、生产性能好、净肉率高的肉用著名品种牛。牛羊肉、牛羊毛绒、皮张等是食品,毛纺、制革等工业的重要原料和康巴藏区的主要商品。

甘孜州林业用地6219万亩,占全州土地面积的27.1%,森林面积2677万亩,森林蓄积量3.7亿立方米。广布全州的森林是维护长江上游地区生态平衡的重要水源涵养林和水土保护林,是国家天然林保护工程的实施对象和生态环境治理的重点内容。

甘孜州矿产资源丰富,现已发现各类矿产74种,矿产地1581处,其中大型矿床67个,已探明矿产储量的矿种有41种,探明的主要矿种有金、银、镍、铜、汞、铂、铅、锌、锡、锂、铍、铌、钽、铁、锰、钨、锑、云母、水晶、花岗石、硅石等。

【经济与社会发展】 2000年甘孜州国内生产总值完成24.68亿元,较上年负增长2.1%,其中第一产业7.27亿元,负增长3.8%;第二产业6.98亿元,负增长9.5%;第三产业10.43亿元,增长6.5%。全州城镇居民人均可支配收入5065元,比上年增长3%;全州农牧民人平纯收入733元,比上年增加12元。

农村经济有所发展。全州积极推进种植业内部结构调整,在粮食播种面积有所减少的情况下,单产有所提高。全年粮食产量18.92万吨,经济作物及蔬菜产量均有较大增长,2000年,全州努力增加农业投入,农田水利基础建设,农业生产条件得到进一步改善。全年新增有效灌溉面积413公顷,围栏改良草地9800公顷,人工种植优良牧草4333公顷,草原灭鼠治虫18万公顷次;年末农用机械总动力30.81万千瓦。农村用电量6545万千瓦小时。由于积极实施天然林保护工程,造林、护林工作进一步加强,林业生产发展良好。全年人工造林41.1万亩,封山育林12.75万亩,实施了康定、泸定两县生态环境综合治理试点工程。加快了畜牧业基础设施建设,推进牧业产业化进程,畜牧业生产形势稳定,年末,各类牲畜存栏493.97万头,牲畜总增率20.01%,出栏率17.87%,商品率10.84%,肉类总产量5.79万吨。加大了扶贫开发力度,甘孜、得荣、巴塘、石渠四县通过了扶贫越温验收,至此,全州九个国定、省定贫困县均完成了“八七”扶贫攻坚计划。由于受停止天然林经营性采伐的影响,全年乡镇企业完成总产值4.09亿元,比上年下降1.28%。全年完成农业总产值10.37亿元,比上年下降0.3%。

工业在调整中求发展。全州完成全部工业总产值5.48亿元,比上年下降16.76%(若剔除森工因素,较上年增长15.7%),其中限额以上工业企业增长28.47%。产品结构得到进一步改善,一些适应市场需要的产品产量增长较快,粗铜和铜精矿含铜量产量分别比上年增长56.83%和7.7%;市场供大于求的一些原材料产品生产增长有所放慢或减少。随着国家各项宏观调控政策的落实和企业管理的加强,工业企业亏损状况有所好转,经济效益明显提高。全年限额以上工业企业实现增加值1.74亿元,若剔除森工因素,较上年增长25.6%;完成产品销售收入3.7亿元,产销率99.03%;亏损企业减亏39.37%,盈亏相抵后实现净利润增长51.03%。全州全年完成建筑业增加值4.47亿元,比上年增长37.8%。资质等级四级及四级以上建筑企业年内施工项目161个;劳动生产率63513元/人;房屋建筑竣工面积92145平方米,房屋建筑竣工率44.4%。

固定资产投资大幅增长。全州继续加快基础产业和基础设施的建设步伐,大力调整投资结构和投资方向,全年完成全社会固定资产投资14亿元,比上年增长46.4%,其中基本建设投资13亿元,增长61.07%;更新改造投资966万元,增长91.29%;房地产投资300万元,下降69.85%。

全州加大旅游开发对外宣传和招商引资力度,加快旅游基础设施建设,强化景区管理,规范旅游秩序,优化旅游环境,使旅游业保持了良好的发展势头。全年新建和改建旅游公路144公里,接待国内外游客30万人次,实现旅游总收入6430万元,带动了第三产业的稳步发展。餐饮业保持了较高的增速,全年餐饮业实现零售额8468万元,增长14.8%,随着国家调整收入分配政策、降低储蓄存款利息、启动内需、扩大消费等宏观调控措施的到位,全州消费品市场发展平稳,全年实现消费品零售总额7.83亿元,比上年增长3.7%。

财政形势严峻,金融运行平稳。由于过去甘孜州财政收入主要来源于森工,天然林禁止采伐后,财政收入大幅度下降,全年全州地方财政收入8500万元,比上年下降14.36%。年末金融机构各项存款余额28.4亿元,比年初增长17.8%。全年全州财产险承保总额达11.16亿元,比上年增长26.4%。

全年完成重点科技项目30项,其中,科技攻关项目17项,"星火"项目9项,实施科技兴州"千亿工程"项目57项,实现产值1.1亿元;全州有各级各类学校1216所,在校学生97160人,教职工8300人,雅江等12个县和另外6个县的71个乡(镇)实现了普初,普初人口覆盖面85.9%,适龄儿童入学率86.44%,泸定和康定县的6个乡实现普九,全州青壮年文盲率由上年的34.7%降至30.1%;全州有艺术表演团体1个,公共图书馆3个,文化馆19个,博物馆2个;全州广播、电视人口覆盖率分别达到73.99%和77.26%,全州有卫星地面接收站3987座,有线电视用户3.63万户;全州有卫生机构400个,床位2610张,卫生技术人员3375人,计划生育率95.99%;全州共举办各类运动会81次,参加人数16500人次。

【投资环境】 基础设施有了较大改善。纵贯甘孜州全境的国道318、317线,在州境内分别有604公里、428公里;二郎山隧洞已建成通车;到2000年底,全州公路通车里程7386公里,83%的乡通了公路;新建旅游公路144公里。2000年完成了8个县的光缆工程,全州18县均实现长途通讯光纤化,全州各县及重点旅游景区开通了移动电话;局用交换机总容量46104门,电话普及率3.56部/百人,市话普及率20.46部/百人。装机容量18万千瓦的冷竹关电站一、二号机组相继并网发电;全州电站总装机容量26万千瓦。

投资软环境逐步改善。甘孜州对来州投资的企业实行优化服务,简化审批程序,提高效率,审计、监察、公安、工商等执法部门切实为投资企业的正当生产经营活动提供保护和支持,保障投资者的合法权益,《甘孜州鼓励外商投资优惠政策》在实践中不断总结完善。

【重点项目】 2000年,一批重大建设项目在甘孜州开工建设、抓紧施工或竣工完成。全年新建改建公路329公里,继续改造、整治州境内国道317、318线;启动康定、泸定两地生态环境综合治理工程;泸定雨沙河、谢家河坝电站建成投产;18个县农网建设和改造全面启动;第三批电气化县建设顺利通过达标验收;德格新城电站、石渠俄曲电站等一批县级骨干电站开工建设;开展缺水县给水工程建设,全年城镇基础设施完成投资511万元。

【东西对口支援】 1995年5月在四川第二次藏区工作会议上,江苏省确定由南京市、张家港市、常州市、无锡市、南通市对口帮扶甘孜州德格县、白玉县、九龙县、甘孜县、巴塘县。通过双方的共同努力和5市富有成效的帮扶工作,有力地促进了甘孜5个贫困县社会事业和经济建设的发展。多年来,高层次互访,企业往来,增进了友谊,加强了合作,江苏省的苏州市、常州市、无锡市、张家港市已先后无偿援助德格、白玉、九龙、甘孜、巴塘5个贫困县资金481万元(其中南通市、常州市各50万元,苏州市80万元,无锡市110万元,张家港市191万元),援助各类物资总价值1300多万元。援建"希望学校"5所,福利院及中心卫生院各1所,救助失学儿童450名。江苏5市在不断加大物资援助的同时,帮助5个贫困县培养了184名干部和专业技术人员,为各县的经济建设和社会发展培养了人才。在对口支援中,双方按照"优势互补、平等互处、互相支持、共同发展"的原则,积极开展经济技术协作,达成协作项目8项。在与江苏省的对口支援和友好合作中,甘孜州引进无偿援助资金100多万元,用于发展全州的社会事业。

【民族经济与文化】 甘孜州地方文化属于康巴文化范畴,是康巴文化的主体。康巴文化内涵丰富,底蕴丰厚,悠久的历史,孕育了甘孜州灿烂的文化,造就了藏医药学、藏族历算、建筑、手工艺品等科学技术。德格藏医院整理翻译了大量藏医药典,极大地丰富了祖国医学宝库;藏族历算悠久,甘孜州历代学者著有大量历算典籍;建筑艺术独具一格;雕塑艺术逼真传神;歌舞、说唱、民歌、藏戏脍炙人口;藏传佛教(俗称喇嘛教)为甘孜州藏族群众普遍信仰;藏族服饰和饮食文化丰富多彩,别具一格。

把康巴文化与旅游资源结合起来,发展文

化旅游产业，使康巴文化产业化，是甘孜州文化与经济结合的有效途径。具有甘孜州特色的以生态资源为载体、以康巴文化为内涵的生态型旅游文化产业，是未来全州发展的重要支柱产业，在科学规划的基础上，进一步作好县级旅游发展总体规划和优先开发的重点景区控制性详规工作；加大旅游基础设施建设特别是公路交通、通信、能源等配套的基础设施建设，加大投入力度，尽快建成比较完善的旅游基础设施，培育旅游产品，建立旅游服务中心，建设起良好的旅游发展的软硬环境。

四川省凉山彝族自治州

【概况】 凉山彝族自治州（以下简称凉山州）地处四川省西南部横断山脉东部的高山峡谷区，北接雅安市、甘孜藏族自治州，南连攀枝花市，东与云南省隔金沙江相望，东北与乐山市、宜宾市两市接壤，幅员面积6.01万平方公里。凉山州境内西北高、东南低，主要以高山、山原、山地、干热河谷四类地貌为主，其中高山、中山约占70%；凉山州属亚热带季风气候，冬暖夏凉，干湿分明，雨季集中，立体气候显著，全年年均气温13℃～18℃，年降雨量1100毫米。

凉山州辖西昌市、德昌县、会理县、会东县、宁南县、冕宁县、喜德县、越西县、雷波县、甘洛县、盐源县、木里县、普格县、昭觉县、美姑县、布拖县、金阳县1市16县，州府驻西昌市。2000年末，全州总人口402.4万人，其中彝族175.19万人，是全国最大的彝族聚居区。

凉山州矿产资源得天独厚，已发现矿产种类84种，在已探明储量的59种金属和非金属矿产中，矿产产地723处，其中大型和特大型矿床36处，中型77处。富铁矿、钼、锌、铁、钴、铜、银等22种矿产资源储量占全省第一位；钒钛磁铁矿保有储量10多亿吨，锡、铅、锌、铜等有色金属储量800多万吨；稀土储量200多万吨，是全国第二大稀土矿床；非金属建材储量大，品种多，石灰岩、硅石等冶金辅助矿产和化工原料十分丰富。水能资源富甲天下，金沙江、雅砻江、大渡河及其支流，水能蕴藏量3125万千瓦，其中水能蕴藏量在100万千瓦以上的干流有6条，1万千瓦以上的支流有43条，可建设全国最大的水电基地。国家已在金沙江、雅砻江、大渡河三大支流上规划修建14座大型电站，凉山州境内就有6座，包括雷波溪洛渡电站、宁南白鹤滩电站、冕宁锦屏一、二级电站、会东乌东德电站、盐源官地电站。

农业资源丰富多彩，境内沿安宁河两岸地区，是四川省仅次于成都平原的第二大平原，是川西南的“粮仓”，现已列为国家和四川省农业开发的重点地区，生产水稻、玉米、小麦、荞麦、大豆。主要经济作物有甘蔗，平均亩产5吨以上，部分高达15吨，平均含糖量13.5%；烤烟属山地清香型，色泽好、保火力强，可与云烟媲美；桑树生长快，叶片肥大，一年可养四季蚕，茧丝洁白，长1200米；早市蔬菜，比四川盆地早上市两个月左右；已建成苹果、石榴、脐橙、龙眼、香焦等基地，其产品出口日本、香港等国家和地区。旅游资源绚丽多姿，凉山州属四川省八大风景片区之一，是连接川滇两大旅游区的七色走廊，全州有10个风景名胜区，其中自然景观有“川南胜景”的邛海和泸山，古时与峨眉齐名的螺髻山，还有盐源泸沽湖、雷波马湖、普格温泉瀑布、西昌黄联土林、西溪仙人洞、美姑大风顶自然保护区等；人文景观有昭觉的布什瓦黑岩刻画、红军抢渡金沙江的会理皎平渡旧址，红军过彝区时刘伯承与彝族首领小叶丹彝海结盟的遗址，全国唯一的奴隶社会博物馆，举世瞩目的西昌卫星发射中心等等。民族风情别具一格，彝族的砣砣肉、杆杆酒，藏族的酥油茶、青稞酒；彝族的“火把节”、藏族的“转山节”；彝族的喜背新娘与摩梭族的“阿注”婚姻等，充满了少数民族的特有情调。

【经济与社会发展】 凉山州2000年实现国内生产总值144.55亿元（现价，下同），比1999年增长8.2%，其中第一产业增加值55.44亿元，增长5.3%，第二产业增加值41.96亿元，增长9.7%,第三产业增加值46.15亿元,增长10.2%,第一、二、三产业占国内生产总值的比重为39:29:32。全年实现地方财政收入7.896亿元;人均实现国内生产总值3592元。

2000年实现工业总产值87.95亿元,比1999年增长13%,已建成四川省重要的有色金属、黑色金属和稀土生产原料基地,拥有铅、锌、铜等有色金属年生产能力13.5万吨,其中锌冶炼8万吨,铜冶炼1.5万吨,铅冶炼4万吨;铁矿石采选能力350万吨/年。已形成卷烟、制糖、皮革、食品、电力、建材等优势产业。

2000年实现农业总产值84.13亿元,比1999年增长5.7%;乡镇企业总产值89.52亿元,比1999年增长16.7%;农民人均纯收入1361元,粮食总产量170.52万吨,甘蔗60.48万吨,烤烟生产6.09万吨,蚕茧0.91万吨,水果产量22.94万吨,肉类总产量29.15万吨,水产品产量1.09万吨。白魔芋、蓖麻、花卉、酿酒葡萄等农业产业化项目正迅速推进。

【投资环境】 凉山州基础设施建设已初具规模,投资环境进一步改善。西昌机场是我国西南跑道最长的大型全天候机场,通讯、气象、导航设施完善,机场可起降包括波音747在内的大型客机,现每周有十五次航班往返成都、昆明。成昆铁路纵贯全州5县1市,途经州内45个火车站,境内全长367公里,2000年电气化改造完成后,提高综合运输能力1倍以上,现每天有十一对列车从西昌过镜;境内公路通车里程1.83万公里,108国道途经成都、西昌、昆明,把南北结合成整体,2000年108国道高速公路西昌黄联至冕宁泸沽段74.4公里竣工通车。省道宜西公路(宜宾市——西昌市)和美峨公路(美姑县——峨边县)、美马公路(美姑县——马边县)从东部连接宜宾、乐山;九江公路(甘孜州——冕宁县)是西昌与甘孜藏族自治州的通道;2000年末境内各县市、区乡均通公路,通车乡占99%。州内通航水路里程369公里。

全州已建成一、二级干线光缆2404公里,实现州到县全部光缆化。目前17县(市)均开通程控电话,2000年末电话装机用户达27.46万户;长途业务可直拨国际、国内,通讯方便快捷。邮政业务经营种类齐全,西昌市开办了国际、国内特快传递。

境内国家电网与地方电网并存,能满足大型工业基地建设的需要。州内现有地方水电站862座1147台,装机容量48.38万千瓦,年发电量16.63亿千瓦时,已形成以西昌为中心的供电网络。国家电网在州内穿过冕宁、喜德、西昌、德昌等县市,南与攀枝花电网相连,北与四川主网相连,其供电可靠性及电能质量能满足各种特殊用电需要。

全州共有城市自来水厂19座,日供水能力19.36万吨,州府西昌市有自来水厂3座,日供水能力7.2万吨。

【重点项目】 凉山州是四川省攀西资源开发区的重要组成部分,在国家实施西部大开发中正在进行大量的基础产业、基础设施建设。交通建设工程108国道雅(安)攀(枝花)高速公路凉山段建设。该段公路北起冕宁县菩萨岗,南至德昌县甸沙关,途经冕宁、西昌、德昌三县(市),全长218.6公里,其中冕宁县泸沽至西昌黄联关段长74.4公里,2000建成通车,项目总投资125786万元,是四川省少数民族地区第一条高速公路,到2000年二、三级路网建设公路总里程1.83万公里。

乡村公路工程。一是通乡公路,2000年凉山通乡公路建设列入计划31个乡,新建公路987公里,总投资3062万元,2001年10月全部完成路基任务,达到初通。二是通村公路,凉山州共有1873个不通公路行政村,计划从2001年起,用10~15年时间基本实现"村村通"。"十五"期计划新修公路5404公里,解决726个行政村公路建设问题,其中2001年新建公路1000公里。

大桥水库工程。大桥水库位于安宁河上游冕宁县大桥乡,是安宁河流域开发的第一期工程和龙头水库,以灌溉和工业、城镇生活供水为主,结合发电,兼顾蓄峰防洪,环境保护、水产养殖、旅游等作用,属国家大Ⅱ型水利工程，是凉山州截止目前最大的水利工程项目。项目计划总投资102137万元，设计总库容6.58亿立方米，调节库容5.93亿立方米，设计灌面87万亩，其中新增灌面58万亩，改善灌面29万亩。大坝和电站工程于1993年开工，2000年建成蓄水，并网发电。计划从2001年开始进行渠系配套工程建设。工程由漫水湾枢纽、漫水湾左总干渠区改造等组成。项目总投资79400万元人民币。

安宁河世行贷款农业综合开发项目。项目涉及西昌、德昌、会东、会理、宁南、德昌、冕宁、布拖、普格、昭觉、喜德等16个县（市），共有水利工程、加工项目和农业基地项目三大类13个子项目，项目总投资131444万元，其中利用世界银行贷款7680万美元。

1998年开始实施的天然林资源保护工程。该工程涉及全州17个县（市）和木里、雷波、凉北3个重点森工企业，1998－2000年生态公益林建设累计完成人工造林（含飞播造林）90.7万亩、封山育林386.8万亩、森林抚育118万亩。

退耕还林（草）试点工程。该工程于1999年10月在全州全面启动，计划下达退耕还林还草试点任务50万亩，配套荒山造林（退一还二）14万亩。到2000年底，全州完成退耕还林还草面积50万亩，其中生态公益林43.2万亩，经济林6.8万亩，造林平均成活率91%；完成退一还二荒山配套造林面积14.1万亩，造林平均成活率为89.9%。项目补助粮食126000万斤，“退一还二”配套荒山造林补助种苗费700万元。

农村电网改造工程。凉山州自1999年开始实施17县市农村电网建设与改造，项目建设内容为新建和改造110千伏输电线路264公里、35千伏输电线路462公里、10千伏及以下输电线路5800公里；改造配电台区1973台。项目总投资58000万元，2000年底，冕宁县、西昌市、甘洛县等六县市第一阶段初步竣工验收。剩余工程2001年全部完成。

移民扶贫工程。据1994年调查统计，凉山州约有5万户、23万人居住在海拔2800米以上不具备基本生存条件的高寒山区。为解决这部分贫困人口的脱贫越温和治理好生态环境，从1994年开始实施异地移民扶贫试点工程建设。到2000年末，共计投入资金3808万元，建成移民扶贫点13个，集中安置了5480户、25827人，配套完成改田改土5.16万亩，新建人畜饮水工程27处，新建水利设施6处，新修乡村道路60公里，架设输电线路40公里，新修学校3所，医疗点2个，卫星地面接收站2个，退耕还林还草20万亩。凉山州计划用5～10年时间，投资7.9亿元（人均4000元），完成17个县市4万户、18.5万人的移民搬迁。

生态环境综合治理工程。1999年凉山州布拖县被列为国家第三批重点地区生态环境建设综合治理县。1999年度安排投资1050万元，治理水土流失面积34.54平方公里。2000年度安排续建投资250万元，治理水土流失面积13.88平方公里。另外，凉山州西昌、会理、会东、宁南、喜德、越西、金阳、普格等县（市）已按基本建设程序要求，完成《生态环境建设综合治理工程可行性研究报告》的编制、上报工作，将争取在“十五”期间开工建设。

安宁河防洪治理工程。安宁河防洪治理工程是安宁河干流沿岸开发利用和河道治理的一项重点防洪工程。工程主要内容为，新建堤防、护岸150.38公里，估算工程总投资5.98亿元，其中凉山境内123.03公里（西昌71.12公里、冕宁33.46公里、德昌18.45公里），投资4.8亿余元。

【东西对口支援】 凉山州先后与上海、广东、浙江、福建、云南等21个省市、33个地区建立了经济技术合作协作关系，其中1997年至2000年与珠海、上海、天津、广东、深圳、浙江、福建等七个省市达成经济技术协作项目35个，引进资金2.13亿元。浙江省杭州市对口帮助凉山州西昌市一职中、喜德县城关小学、光明小学等三所中、小学，通过无偿捐赠电脑等教学设备以及开展双方互派教师学习、指导、培训等活动进行对口帮扶。

【民族经济与文化】 凉山州境内居住着汉、彝、藏、回、蒙古、傈僳等十多个少数民族,建州49年来,各民族和睦相处,共同开发大西南,创造出光辉灿烂的民族经济与文化。2000年全州有州级直属科研单位6个,承担科研项目81个,获取级重大科研成果奖5项,其中二等奖3项、三等奖2项;实施国家级星火计划延续项目3项,新增产值250万元。2000年全州有各级各类学校3798所,在校学生54.75万人,教职工3.53万人,其中普通高校3所,在校生7023人;中等专科学校9所,在校生0.96万人;普通中学在校生9.78万人、小学在校生42.87万人;幼儿园161所,在校幼儿5.09万人。

2000年全州拥有艺术表演团体3个,全年演出131场;有图书馆7个、博物馆2个、乡(镇)文化小组106个,文物保护机构5个;有卫星地面接收站3326座,电视人口覆盖率88%,有州级广播台站4座、乡镇广播站492个,村通广播率65.1%;有卫生医疗机构共1471个,医护人员11197人,设有正规病床8670张;有体育场地1429个。在四川省"五运会"资格比赛中,凉山州代表队获金、银、铜牌66枚;凉山古典式摔跤队、女子柔道队列四川省第一;在全国残疾人运动会上,凉山残联队获1金1铜;为准确掌握和监测国民体质情况,2000年凉山州成立了"凉山州国民体质监测工作领导小组"、"凉山州国民体质监测中心"。

贵州省黔西南布依族苗族自治州

【概况】 贵州省黔西南布依族苗族自治州处于南昆铁路中段,地域上属珠江流域。总面积16804平方公里,是滇、桂、黔三省(区)结合部。属云贵高原东南端由高原山地向广西丘陵山地和贵州中部高原主体过渡的斜坡地带,州境内山峦起伏,河流纵横,喀斯特地貌十分发育。由于州境内黄金资源丰富,地质学家将这里与豫、陕、晋三省结合部的产金区共同誉为中国的两个"金三角"。黔西南州州府所在地兴义市。全州辖兴义、普安、晴隆、兴仁、贞丰、安龙、册亨、望谟八个县市。全州有布依族、苗族、汉族、彝族、回族、壮族等33个民族,是一个多民族的自治州。2000年,全州总人口296.53万人,其中少数民族人口占总人口的40%,城镇人口45万,全州城镇化水平达15%。

黔西南州地形起伏较大,高差悬殊,大部份地区在海拔1000~2000米之间。全州属中亚热带与南亚热带的过渡地带,气候温和,雨量充沛,热量充足,雨热同季,无霜期长,冬无严寒,夏无酷暑,终年温暖湿润,是典型的低纬度高海拔的季风性、高原性、多样性的立体气候。年均气温13.7~19.1℃,除晴隆、普安外,多数县无霜期在290天以上,东南部地区330天以上,河谷地带基本上终年无霜雪,良好的气候环境,适宜多种粮食作物、经济作物和林木的生长。

黔西南州地处西江上游属珠江水系,境内有大小河流百余条,均系南、北盘江和红水河支流,统归于红水河流出本州。全州地表水年均径流量94.2亿立方米。地下水总量约22.9亿立方米。丰富的水资源,对发展农业灌溉、电力、航运、淡水渔业等十分有利。黔西南州以山地为主体,丰富的林地和草地资源,加上温暖湿润的气候条件,使黔西南州的林木和牧草生长快,产量高,极适合建立速生丰产用材林基地和牧业基地。

黔西南州生物资源丰富,全州有乔木、灌木等植物1300多种。牧草种类400多种。牧草资源中分布广、适应性强、口感好、有较高营养价值的牧草就有60多种。有中草药材1773种,是我国药源宝库之一。黔西南州立体农业气候典型,适宜多种农林副渔产品生产。

黔西南州矿产资源丰富,目前已探明的有41种,有开发价值的21种。其中红铊矿储量居全国第一。黔西南州能源资源丰富,水能和煤炭资源都具有开发的巨大潜力,可以“水火并举”,实现“水火互济”,相互调峰。全州水能理论蕴藏量331.55万千瓦,已被国家计委列为全国水电矿产重点开发区。

黔西南州地貌类型齐全,景观神奇独特,气候温暖湿润,植物群落众多,民族风情浓郁,形成许多丰富多彩的旅游胜地。主要自然景观有国家级风景区马岭河峡谷——万峰湖风景名胜区,省级风景名胜安龙招堤、贞丰三岔河、兴义泥凼石林、鲁布格峡谷风景区。全州文物保护单位有省级25处、州级24处、现有文物藏品5000余件,其中国家一级文物45件。著名人文景观有明十八先生墓、兴义猫猫洞旧石器时代古文化遗址、“贵州龙”化石遗址、兴义万屯和兴仁交乐汉墓群等。黔西南州风格各异的民族习俗、民族节日以及民族建筑、蜡染、刺锈、服饰、戏剧、音乐、舞蹈等很有旅游欣赏价值。另外,国家重点工程建设形成的人造现代建筑景观、科技景观,具有较高的观赏、考察价值。黔西南州与毗邻地区旅游资源组合良好,是一个颇具开发潜力的黄金旅游区。

黔西南州属喀斯特岩溶山区,山高坡陡,河谷深切,大量耕地在山坡上,地表水径流大,水土流失严重,作为陆地生态系统主体的森林面积不足(森林覆盖率31.5%,其中有林地覆盖率26.5%),降雨量多,但时空分布不均,加剧了水土流失。干旱、洪涝灾害频繁,使土地开艰发利用难度大。加上长期以来人为的破坏和对自然资源不合理开发利用,水土流失加剧,全州石漠化面积270万亩,生态环境不断恶化。

【经济与社会发展】 2000年黔西南州国内生产总值59.89亿元,比1999年增长8.3%。其中第一产业增加值21.55亿元,增长7%;第二产业增加值19.33亿元,增长6.2%;第三产业增加值19亿元,增长11.5%。人均国内生产总值2069元,比1999年增加138元。全社会固定资产投资15.55亿元,增长18.25%。地方财政收入4.17亿元,增长12.4%;财政支出9.24亿元,增长6.08%。金融机构各项存款余额46.92亿元,比1999年末增加5.15亿元;各项贷款余额44.62亿元,比1999年末增加5.47亿元。全部保险公司保费收入9550万元;社会消费品零售总额17.62亿元,增长9.4%;城乡居民收入增加,生活质量提高。2000年全州在岗职工年人均工资6374元,其中国有单位在岗职工年人均工资6584元,城镇集体单位在岗职工年人均工资4980元;城镇居民人均可支配收入4726元,其中人均消费性支出4574元;全州电话普及率2.82部/百人;农村居民人均纯收入1364元;全州城镇登记失业率2.2%。

科技、教育、卫生、文化、广播、电视、体育等各项社会事业稳步发展。2000年末,全州有普通高校1所,在校学生1832人,专任教师117人,毕业生349人。中等专业学校8所,在校学生6325人,专任教师401人,毕业生1850人。普通中小学生58.44万人,专任教师20366人,学龄儿童入学率98.34%。广播电视事业快速发展,2000年末全州有线电视转播台281座,卫星电视地面接收站2578座,有线电视系统用户13.32万户,电视覆盖率85.74%,全州共有卫生事业机构206个,专业卫生技术人员4509人,拥有医疗病床4040张,全州设置村级医疗点1670个。

【投资环境】 交通方面,西南出海大通道南昆铁路1997年开通运营,经过黔西南州境段187公里,设大小车站21个,使黔西南州的物资、人员进出较为方便,一批与铁路衔接配套的场站及连接公路相继建成,已建成年货物吞吐量250万吨的地方货场13个。国道320线和324线、省道214线(贵阳至黔西南州府兴义市)大修改造相继完成,州内县际公路正在加紧改造,所有乡镇均已通公路,村通路率80%,通往州内外的公路运输条件大大改善。南北盘江——红水航道通过整治已达六级航道标准,并于2000年底开工进行提升为五级航道的西南水运出海中通道工程。兴义机场于2000年底举行了奠基仪式。通信方面,实现了县以交换程控化、传输光缆数字化,80%的乡镇开通光缆,建成C3本地电话网、分组交换网、DDN数字数据网、多媒体通信网、电视电话会议系统、南环和北环本地传输网,移动电话和无线寻呼覆盖全州,通信十分方便。电力方面,110千伏电网覆盖全州八县市,实现了乡乡通电,村通电率达84%,城乡电网改造正在抓紧进行,电力供应十分充足。兴义市及各县城的供水工程、城市道路改造等城镇设施建设正在抓紧进行,各类市场建设力度在不断加大。

2000年,黔西南州对过去制定和出台的地方性政策规定进行了全面清理,对有碍西部大开发战略实施及影响对外开放、吸引外来投资的全部予以取缔或重新进行修订,黔西南州地处滇、桂、黔三省区结合部及南昆铁路的中段,区位优势明显,资源十分丰富,组合良好,有极大的开发价值和广阔的开发前景,是实现资源互换的重要基础和优势所在。立足区位优势、资源条件及经济发展实际,黔西南州确定了建立南昆经济带(黔西南州段)和“兴(义)安(龙)兴(仁)”一小时经济圈的重点区域经济发展战略。经过多年建设与发展,黔西南州现已形成了“两烟”、酒、电力、黄金、煤炭、畜牧等为主的支柱产业和优势产业。在新世纪的发展中,除进一步巩固、提高、壮大上述支柱产业外,一批能源原材料和载能工业(冶金、建材、化工等)、生物制药、旅游、绿色产业等将成为黔西南州投资发展重点和新的优势支柱产业。

【重点项目介绍】 兴义机场。兴义机场位于贵州省黔西南州府所在地兴义市境内,距兴义市城区7公里,国家大型水电站天生桥电站、南昆铁路兴义地级客站和威舍编组站、国家级风景名胜区马岭河峡谷——万峰湖风景区、省级风景区鲁布格峡谷风景区、兴义泥凼石林、安龙招堤风景名胜区距机场的距离均在60公里以内。兴义机场飞行区按4C级标准规划,本期按3C级标准建设,主要满足运七—200A、CRJ—200型飞机起降,同时考虑B737—300型飞机限制航程减载使用要求,跑道长2300米,宽45米;航站区按满足2010年旅额吞吐量25万人次目标设计,航站楼面积3000平方米,航管楼面积1500平方米,主降方向设Ⅰ类精密进近仪表着陆系统和相应的助航灯光设备,配套建设机场生产、生活辅助设施。总投资3.55亿元,2000年12月28日,兴义机场举行奠基暨高填方区试验段开工仪式,兴义机场计划2004年建成通航。兴义机场建设,将结束黔、滇、桂三省区结合部不通航空的历史,黔西南州将形成公路、铁路、航空、水运相互配合的综合交通运输体系,对黔西南州及三省区结合部资源开发、旅游业发展、对外开放及脱贫致富等将起到积极的促进作用。安龙德卧国家粮食储备库。该粮库位于黔西南州安龙县境内的南昆铁路德卧火车站旁,占地10.76万平方米,仓容规模7.5万吨(1.5亿斤),总建筑面积27244平方米,铁路专用线1022米,总投资4859万元。1998年12月26日开工建设,1999年12月28日竣工,2000年3月开始装粮1.4亿斤,经压仓试验,建成仓房及附属设施能满足设计要求,粮库功能齐备,具备现代化储备粮仓的基本条件。安龙德卧国家粮食储备库是国家合理建设和布局粮油中转储备库,加强粮油储备,满足可能发生的各种重大灾害、突发事件及重大建设等对粮油需要的重点项目之一。

【东西对口支援】 按照党中央、国务院关于开展东西部扶贫协作的统一部署,由宁波市对黔西南州进行对口帮扶。宁波市在分工负责、制定帮扶目标的基础上,安排12个县(市)区和市直部门采取“一加一”的办法帮扶黔西南州的普安、晴隆、兴仁、贞丰、册亨、望谟6个贫困县,结成帮扶“对子”,从教育、卫生、基础设施建设、种养加经济协作、劳务输出、人才培训、干部挂职、社会扶贫等方面开展广泛的对口帮扶,为黔西南州贫困地区脱贫致富、经济发展做了大量卓有成效的工作,取得很好的经济效益和社会效益。1996年至2000年,宁波市与黔西南州及6个对口帮扶贫困县共签定帮扶项目195个(其中1999年28个,2000年47

个),帮扶资金3025.95万元(其中1999年617.5万元,2000年756.5万元),已完成帮扶项目180余项,帮扶资金已到位2894.45万元。宁波市五年共帮扶黔西南州新建中小希望学校27所,救助失学儿童1500名,无偿援助部分教学设备和办公用品,建成黔西南州委党校综合教学楼一幢,兴义市一中教学楼一幢,乡卫生院17所,村级卫生室16所,扩建州人民医院外科住院大楼一幢,县级人民医院3个和捐赠部分医疗器材及医疗设备,建成通讯项目1个,农村广播电视网项目2个;投资建设基础设施项目15个,投资援建烤烟基地、甘蔗基地、大棚蔬菜示范园地、黄花梨、杨梅、蜜梨等优势水果引种示范基地,帮助农户建设乌骨鸡孵化饲养基地、波尔山羊、肉牛品改引种饲养基地、种草养鹅、中药材种植等种养加工项目,使受帮扶的农户实现增产增收,脱贫致富;帮助培训农业、畜牧业、医务、戒毒技术人员71名,乡镇干部80名,教师12名;组织20余名乡镇企业总裁和经理到黔西南州进行投资考察和经贸洽谈;宁波市接收黔西南州输出劳务人员247名,大中专毕业生到宁波锻炼24名,双方互派干部挂职交流43名,领导干部互访36批/622人;宁波市发动干部、群众向黔西南州捐赠救灾及扶贫款551万元,捐赠衣被179.56万件(床)。

【民族经济与文化】 2000年,黔西南州以县为单位整体越过温饱线,在一些边远少数民族地区开展了双语教学。农村医疗卫生条件不断改善。广大少数民族贫困农村的生产生活条件明显改善,人民生活质量不断提高。贵州醇酒厂、兴义卷烟厂、苗药药业、心意药业、山翁青饮料等地方品牌的民族工业不断发展壮大。2000年,为更好地推进少数民族文化和地方经济发展,黔西南州先后成功举办了贵州兴义顶效布依族查白歌节、安龙第二届荷花节、兴仁"八月八"苗族风情节,集中宣传、展示布依族、苗族音乐、舞蹈、戏剧、民歌、服饰等具有浓郁民族风情特色的少数民族文化,并同时开展招商、商品展销等经贸活动,把民族文化与地方经济发展紧密结合,相互促进。

贵州省黔东南苗族侗族自治州

【概况】 黔东南苗族侗族自治州(简称黔东南州)。辖凯里、麻江、雷山、丹寨、黄平、施秉、镇远、三穗、岑巩、天柱、锦屏、黎平、榕江、从江、台江、剑河16个县(市),首府设在凯里市,境内居住着苗、侗、汉、布依、水等20多个民族。2000年末总人口422.49万人,少数民族占总人口的80.81%。

黔东南州地处贵州省的东南部,云贵高原边缘的苗岭山脉向湘桂丘陵盆地伸延的斜坡过渡地带,地势西高东低,兼有西北向东南倾斜,属多山地区。东与湖南省接壤,西与黔南布依族苗族自治州毗邻,南接广西壮族自治区,北与遵义、铜仁地区相连,是贵州省通往湖南、广西、广东的重要通道。

全州国土面积3.03万平方公里,占贵州省国土面积的17.2%,其中山地面积2.57万平方公里,丘陵面积0.36万平方公里,盆地及河谷坝子面积0.1万平方公里。

黔东南州属亚热带季风湿润气候区,冬无严寒,夏无酷暑。年均气温15.8℃,年均最高气温20.9℃年均最低气温8.3℃。年均降雨量在1000~1500毫米之间,年均日照时数在1068~1320小时之间,无霜期260~330天。因受横亘中部的雷公山脉阻隔,南部地区的无霜期平均为308天,农作物三熟潜力较大,北部普遍可轮作两熟。

水资源较为丰富,全州多年平均降水量1254毫米,径流深625毫米,地表水年平均径流量191亿立方米,境内河流众多,共有大小河流2900余条,其中以清水江、都柳江、舞阳河、洪州河等河流较大,分属长江和珠江两大水系。

生物资源比较丰富,草本植物有数千种,木本植物1000余种,药用植物2500多种,陆栖脊椎动物670种,占全省总数的77.9%。由于自然条件复杂多样,自然环境较为优越,发育形成了多种类型的植被,形成了多种类型的生态系统和较为丰富的生物种类。在生物资源构成中,栽培植物资源较为丰富,地方品种资源2325种,药用植物资源丰富,素来享有"天然药库"的美称。

水能资源丰富,黔东南州有集水面积大于20平方公里或河长大于10公里的河流343条,其中集水面积在100平方公里以上的河流有79条,天然落差843米,水能理论蕴藏量262万千瓦,可开发量172万千瓦。煤炭现已发现矿床(点)23处,其中小型煤矿床8处,储量1.41亿吨。薪炭资源丰富,分布广,全州16个县(市)均有,全州薪炭林面积17.61万公顷,蓄积量438.0万立方米。

经地质部门勘探、普查和踏勘查明有47种矿产,共有矿床54处,矿点251处,矿化点24处。

黔东南州是贵州省东线旅游点。自然景观秀丽奇特,民族风情丰富多彩,全州有国家级文物保护单位1个,省级文物保护单位33个,县(市)级232个。旅游资源主要有岩溶洞穴、风景名胜、文物古迹、民族风情以及其他旅游资源5种类型。

岩溶洞穴目前已发现具有观赏价值的达数十处,主要有丹寨的天星洞、岑巩的将军洞、凯里的鱼洞、天柱的金凤山溶洞等。风景名胜主要有云台山自然风景区、杉木河、舞阳河山水、龙鳌河风光、雷公山自然保护区、黎平八舟河风景区等。文物古迹主要有镇远历史文化名城,黎平会议旧址、榕江五榕广场,黄平飞云崖、镇远青龙洞古建筑群、古思州文化遗址群落,以及侗族鼓楼、侗乡花桥等。民族风情以民族节日、民族歌舞和民族活动为主,有芦笙节、姊妹节、龙舟节、牯藏节、爬坡节、苗年、吃新节、"三月三"、"四月八"等节日,以及踩芦笙、敲铜鼓、对歌、斗牛、赛马、斗鸟等活动。其它旅游资源有剑河温泉、黄平浪洞温泉、重安江间歇瀑布等。

在国家的支持下,先后在丹寨、施秉、镇远、锦屏、从江、黎平、天柱、三穗、台江、剑河等县实施生态建设、退耕还林还草、水土流失治理等项目。2000年有林地面积133.47万公顷,活立木蓄积量6339万立方米,森林覆盖率49%,分别比1995年增加22.52万公顷,486万立方米,6.2个百分点,工矿企业污染治理达标率上升到80%,水土流失面积和工矿企业污染得到有效控制,2000年,黔东南州有自然保护区7个,有风景名胜区11个。

【经济与社会发展】 2000年实现国内生产总值75.78亿元,比1999年增长9.9%。其中第一产业增长3.2%,第二产业增长22.8%,第三产业增长10.1%。一、二、三次产业增加值占国内生产总值的比重为43.2%,28.6%、28.2%。地方财政收入4.82亿元,增长4.5%,社会消费品零售总额20.47亿元,增长8.1%,居民消费品价格指数100%,与1999年持平。

2000年农业总产值53.79亿元,比1999年增长3.8%。粮食总产量132.56万吨,比1999年增长3.1%;油菜籽6.3万吨,增长8.7%;肉类总产量14.95万吨,增长6.9%;水产品产量1.45万吨,增长7.4%。2000年,工业总产值34.85亿元,比1999年增长16.7%。在规模以上工业企业总产值中,非公有工业企业产值比1999年增长74.35%,比重占31.8%。工业主要产品产量快速增长,现已形成电力、酿造、食品、建材、纺织、造纸、煤炭、有色金属、黑色金属、化工、森工、电子等20多个工业门类。

2000年,城镇居民人均可支配收入和农民人均纯收入分别为4991元和1285元,分别比1999年增长1.3%和4.5%。2000年底,黔东南州有高等师范专科学校1所,在校学生2226人;中等专业学校11所,在校学生12695人;普通中学223所,在校学生182810人;普通小学2587所,在校学生540196人;职业中学39所,在校学生12968人。小学学龄儿童入学率98.06%,全州"普九"人口覆盖率25.1%。

2000年,黔东南州有各类科研机构和民营科技企业44个。其中农业科研所2个,林业科研所4个，农机研究所1个，民族医药研究所1个，科技情报所1个，民营科技企业35个。2000年全州实施科技计划项目63项，投入科研经费146万元。2000年，黔东南州共有文化馆16个，图书馆17个，群众艺术馆1个，文物管理所16个，民族文化工作队9个，专业剧团2个，文学艺术研究所1个，电影院17个，有线广播站县（市）单位17个，乡镇站206个，电视差转台399座，卫星地面接收站7259座，广播覆盖率71.9%，电视覆盖率88.03%。2000年出版各类杂志9万册，报纸707.4万份。2000年，黔东南州有医疗卫生机构347个，有医院病床5830张，专业卫生技术人员7853人，社会诊所、医务室、卫生保健所510个，卫生技术人员845人。高等医药教学点2个，中等医药教育学校（教学点）10个。

【投资环境】 优惠政策。对外来投资的高新技术项目、出口创汇项目、支柱产业项目，州、县可采取财政扶持方式兑现优惠政策。外来投资者在黔东南州投资兴办国家鼓励类产业的项目，在一定期限内，减按15%的税率征收企业所得税。凡投资于黔东南州新办交通、电力、水利、邮政、广播电视等重点鼓励投资领域或项目，享受所得税免2年，3年减半征收的优惠。在黔东南州从事保护生态环境，退耕还林还草，所产出的农业特产品收入，10年内免征农业特产税。在黔东南州投资铁路、民航、公路建设项目，用地免征耕地占用税。在国家法律、政策允许的前提下，外来投资者可通过划拨、出让、转让、租赁等方式优先获得土地使用权，并享受有关土地使用优惠政策。根据法律、法规和国家、省给予少数民族自治州地区的更为优惠的税收政策。除法律、法规规定应交纳的税费外，任何单位和个人不得向外来投资者摊派和乱收费。

基础条件。2000年全州公路总里程5643公里。通过株六铁路复线、贵新高等级公路、凯麻高速公路建设的完成和州东出口公路、320、321国道公路、州内公路干线改造等项目的实施，黔东南州西上贵阳、南下广西、东出湖广、北连遵义和州内畅通的公路网架已逐步显现。

2000年黔东南州发电量35.74亿千瓦小时，完成了凯里火电厂第一、二期改扩建，形成了50万千瓦的发电装机能力。到2000年止，已有凯里、台江、丹寨、雷山、麻江、剑河、施秉、镇远、岑巩、天柱等县（市）实现了村村通电。通过实施凯里、岑巩、三穗、雷山、镇远、锦屏、施秉等县（市）城市自来水厂改扩建工程，2000年新增城市自来水管道长度9公里，供水能力7万吨。全州县以上城镇及部分乡镇实现电话交换程控化和传输数字化，有1350个行政村通电话，16个县（市）全部开通移动电话和无线寻呼，新建10万门数字移动电话交换机已于2000年底全部开通，城乡电话交换机总容量23万门，比上年增3.6万门。

发展潜力。随着农业生产条件不断改善，生物资源得到全面开发，土地资源实现合理利用，森林、牧草资源进一步开发，综合生产潜力将得到充分发挥，畜牧水产业占农业的比重提高到40%；黔东南州优质果品基地的建成，使林果业成为新的支柱产业。

能源资源开发全面展开，随着清水江、都柳江、舞阳河干流梯级电站开发的实施，三板溪水电站、凯里火电厂三期，以及黔东火电厂等项目的建设，使黔东南州形成水火并举的能源基地。

优势矿产资源进一步开发，随着铝土矿、铅锌矿、锑矿、多金属矿、重晶石等各种矿产深加工和综合利用水平的提高，一批骨干重点工业建设项目，特别是电冶工业项目的建成，带动全州工业经济较快发展。

各项基础设施进一步加强，特别是黎平、黄平旧州飞机场的修建和恢复，旅游公路的全面建设，将大大改善黔东南州旅游条件，使旅游业成为经济增长点。

加快发展具有地方特色的农副产品及食品加工，继续抓好凯里棉纺厂、凯里造纸厂等企业改造。

抓住国家实施西部大开发和三板溪水电站建设机遇，争取新上碳酸钡盐厂和年产30

万吨高标号水泥厂等项目,继续完成凯里玻璃厂技改工程,使精细化工成为黔东南州的新兴产业,建材工业继续成为优势产业。

【利用外资和对外贸易】 2000 年,全州共签约项目 224 个,协议引进资金 11.09 亿元,实施项目 205 个,实际到位资金 4.03 亿元。为全州经济建设和社会发展以及经济结构调整作出了积极贡献。2000 年,黔东南州建立对外经济合作项目库,并在凯里信息港(因特网)建立网页,在香港建立网站,进行网上招商。成立外商投资服务中心,提高服务质量。抓好“三资”企业管理和协调服务工作,努力改善投资软环境,提高对外合作水平。2000 年全州出口创汇 708 万美元,比上年增长 2.3%。

鼓励投资方向。投资于农业、水利、生态、交通、能源、市政、环保、旅游等基础设施建设项目和城市基础设施建设。投资于特色食品业、绿色产业开发、矿产品、农产品、畜产品开发和深加工项目。开发州内旅游资源,兴办民族文化旅游、生态旅游和休闲娱乐项目。投资于冶金、精细化工、电子、造纸、建材等产业和高能耗工业。兴办生物资源、生物制药、中草药种植与加工项目。投资兴办产品出口型企业、劳动密集型企业和高新技术型企业。投资兴办交通、电力、水利等公共事业性企业。欢迎外资银行、保险、证券等金融机构在黔东南州内设立分支机构;鼓励外商投资兴办商业零售业、外贸企业、电信、房地产业、铁路和公路货运业、市政公用企业等第三产业。投资于教育和医疗卫生项目。

【重点开发项目】 凯里至玉屏高速公路。该高速公路横贯黔东南州腹地,经凯里、台江、剑河、三穗、镇远、岑巩 6 个县(市),全长 166 公里,概算总投资 50 亿元。该公路位于我国“七纵五横”之一的上海至瑞丽国道主干线上,区域位置重要,是贵州省一重要的经济路、扶贫路、政治路、文化路和旅游公路,是国家实施西部大开发,交通带动战略的主干线。

黎平飞机场。黎平飞机场位于黔东南州黎平县高屯镇(距县城 21 公里),是国家实施西部大开发,确定新建的支线旅游机场之一,总投资 2.23 亿元。

三板溪水电站。该水电站位于清水江中下游贵州省锦屏县境内,是沅水干流 15 个梯级电站中唯一具有多年调节性能的“龙头”水电站,该工程以发电为主,兼有航运、防洪、灌溉等综合功能。水库总库容 40.98 亿立方米,电站装机容量 100 万千瓦,概算总投资 80 亿元。三板溪水电站为贵州省“西电东送”工程的重点项目之一,并被国家列入“十五”计划纲要加以重点开发。

【经济协作与对口支援】 2000 年全州共签订招商引资项目 137 个,协议资金 44610 万元,到位资金 14379 万元。充分利用民族传统节日开展经贸洽谈,通过旅游搭台,经贸唱戏,采取多种形式大力宣传黔东南州的自然资源优势和优惠政策,扩大对外宣传和招商引资及经济技术协作与联合。扩宽经济技术协作渠道。

通过宁波对口帮扶单位亲临黔东南实地考察和协调,2000 年共落实帮扶项目 48 项,总计投入无偿帮扶资金 555.84 万元,帮扶项目的主要内容是医疗卫生、文化教育、种植业、养殖业、城镇建设、农村沼气、农业实用技术的推广和乡土人才及乡镇干部的培训等方面。

扶贫工作。2000 年,黔东南州扶贫工作取得新成绩,13.6 万贫困人口解决了温饱,贫困人口从 1993 年扶贫攻坚前的 179 万人减少到 2000 年的 40.2 万人,按照“八七扶贫攻坚计划”要求,全州 13 个贫困县已基本实现了目标,顺利完成了“八七”各项扶贫攻坚计划的任务。

贵州省黔南布依族苗族自治州

【概况】 黔南布依族苗族自治州(简称“黔南州”)位于贵州省中南部,北靠省会贵阳,南邻广西,是一个地处贵州南大门,东西结合部,资源优势得天独厚,初成特色产业,民族文化多姿多彩,经济发展潜力巨大的近海内陆地区。

黔南州总面积 26197 平方公里,全州辖 2 市、9 县、1 自治县,州府都匀市距贵阳 143 公里，距沿海港口直线距离约400公里。黔南州共有布依、苗、水、壮、侗、瑶、毛南、仡佬等36个少数民族，全州总人口379.78万人，其中少数民族人口占54.5%。

黔南州地处云贵高原东南部向广西丘陵过度的斜坡地带，属典型的亚热带温暖湿润季风气候，有利于各种动植物的繁衍生息。

全州土地以山地和丘陵为主，土层深厚、湿润，有机质含量高。境内植物茂盛，动物繁多，资源丰富，为开发农业、林业、牧业、渔业和其它种养植业提供了优越的自然条件。全州现有耕地189091公顷。森林面积66.3万公顷；宜林荒地40万公顷；还有适宜农、林、牧生产的非耕地206万公顷。州内野生植物1700余种，其中药用植物1000多种。野生动物400多种，属国家一、二、三类珍稀动物的有华南虎、云豹、猕猴、麝、大鲵(娃娃鱼)、穿山甲等30余种。药用脊椎动物112种，是医药工业发展的原料基地。以"贵州神奇制药有限公司"为首的数十家制药企业先后在黔南落户，取得良好的社会、经济效益。座落在黔南州龙里县谷脚镇的"中国贵州医药城"已初具规模。此外，州内还盛产桐油、生漆、核桃、香菇、木耳等土特产品；黔南的烤烟、黑糯米及其黑糯米酒、都匀毛尖茶、贵定云雾茶、瓮安青山茶、罗甸上隆大叶茶等在国内外享有盛名。还有"牛头牌"牛肉干、贵定猕猴桃汁、魔芋粉丝、刺梨饮品、云雾山香烟、姜粉、百合粉、苦丁茶等多种产品在国内市场占有一定份额，以开发生物资源为主的农副产品加工业有相当潜力。

黔南州面向南部沿海，背靠西南内陆腹地，是贵州省乃至西南地区入海最近通道的必经之地。以黔桂、湘黔铁路和320、321国道线为主构成的便利的交通网络。即将建成的贵新(贵阳—广西新寨)高等级公路、正在建设的株六(湖南株州—贵州六枝)铁路复线和拟建的贵福(贵阳—福州)、贵珠(贵阳—珠海)铁路以及即将开工建设的荔波机场构成四通八达的交通网。全州12县(市)，全部开通程控电话、无线寻呼和移动电话、全州联网，与邮政通讯一起，通达全国和世界主要国家。

黔南州已探明的矿产资源有磷、硅、煤、锑、汞、金、锌、水晶石、猫眼石、大理石、辉绿岩等50余种。其中，锌矿、水晶石、辉绿岩和锑矿，储量居全省之首。磷矿的储量10亿吨以上，平均品位高达25%～30%，是我国特大型磷矿山之一。国家投资50多亿元建设的瓮福矿肥基地已初具规模，是亚洲最大的矿肥基地。

黔南州有中小河流200多条，其中最著名的是红水河和都柳江。红水河、都柳江梯级电站极具开发价值。1999年州内发电51729万KW/T。

黔南山青峰奇、风光绚丽，名胜古迹众多，民族文化悠久，民俗风情浓郁，旅游资源十分丰富。国家级荔波樟江风景名胜区和国家级荔波茂兰喀斯特原始森林自然保护区，集山、水、洞、林、湖和瀑布为一体，容旅游、观光、科研考察于一炉，享有"地球上喀斯特地区独一无二的绿色宝库"的盛誉。由它和省级风景名胜区龙里猴子沟、福泉洒金谷、瓮安江界河，以及福泉古城垣、三都水族风情、荔波中共一大代表邓恩铭故居、都匀百子桥、文峰园为代表的桥城风光，惠水深黔山庄的燕子洞、百鸟河风景区、贵定洛北河漂流等组成的贵州南线丰富多彩的旅游景观，让人一游难忘。

【经济与社会发展】 2000年全州国内生产总值101亿元，按可比价格计算比上年增长9.2%，其中第一、二、三产业分别增长5.9%、11.9%、7.8%。全年粮食总产量完成117.62万吨，比上年增长10.9%；油菜籽产量7.19万吨，增长23.1%；烤烟收购量45万担；肉类总产量13.97万吨，增长3.3%；植树造林合格面积52.66万亩，增长33.42%；乡镇企业总产值124.9亿元，比上年增长11.4%。

全州185户国有企业中完成和正在进行各种形式改革的有183户，使企业呈现新的活力。列入省重点脱困计划的6户中型以上企业，已有3户通过资产重组，1户扭亏为盈。同时，在国家、省、州有关政策的积极引导下，各县(市)通过招商引资,兴办了一批非国有工业企业,对黔南州工业经济的发展起到了积极作用,带动工业生产较快增长。三聚磷酸钠、黄磷、生铁、铁合金、磷酸、硫酸等化工产品继续保持增长势头;水泥、砖等建材产品生产有较大幅度增长;轻纺产品中棉麻交织布、绒线、食用植物油、混配饲料、纸制品的市场情况也有很大好转。全州规模以上工业产销率90.67%。全社会固定资产投资完成21.6亿元。全州共争取国家和省补助资金9077万元,用于农田水利、交通、城市基础设施、生态环境、电力和社会发展等100余项基础设施项目建设。全年财政总收入10.71亿元,比上年增长8%,其中地方财政收入5.54亿元,比上年增长8.86%;财政支出13.66亿元,比上年增长9.15%。年末金融机构各项存款余额66亿元,比上年增长7.4%;各项贷款余额为73.01亿元,比上年增长14.5%;货币投放12.05亿元。

抢抓机遇,实施西部大开发战略工作初见成效。完成了《黔南州实施西部大开发战略的意见》和《黔南州实施西部大开发战略项目规划》,并以州委、州政府州发(2000)15号文件下发贯彻实施;完成《黔南州实施西部大开发战略重点项目资料册》的编印,共筛选备选项目276项,总投资约334亿元;同时,筛选、汇总编印出《黔南州招商引资项目册》,为黔南对外开放和招商引资提供了良好的条件。

市场销售稳中见旺,人民生活继续改善。全年社会消费品零售总额累计27.1亿元,比上年增长8.5%;城镇居民人均可支配收入4922元,比上年下降0.6%;农民人均纯收入1416元,比上年增长1.1%。"八七"扶贫攻坚计划如期完成。全州基本实现面上脱贫,有38个村实现小康目标,又解决了15万贫困人口温饱问题,实现农村大多数贫困人口基本解决温饱的目标。

实施科教兴州战略取得新进展,各项社会事业全面进步。在完成《黔南州"十五"科技发展战略研究》的基础上,编制完成了《黔南州"十五"高技术产业发展规划》和《黔南州"十五"科技发展规划》,促使科技进步对经济增长的带动作用进一步增强。

全州"普九"人口覆盖率71.8%,适龄儿童入学率98.56%,分别比上年提高5.9个百分点、0.28个百分点。全年建成国家贫困地区义务教育工程项目学校61所;涉及6个贫困县的"国家扶贫教育工程"9所小学教学楼已竣工投入使用。年初经国家教育部批准组建了"黔南民族师范学院","黔南民族职业技术学院"组建通过评估,全州高等教育和职业教育发展迈出新步伐。

文化、新闻出版、广播电视、卫生、环境保护、体育等各项社会事业全面发展,社会主义精神文明建设继续加强。广播、电视人口综合覆盖率分别达80.03%和85.6%,比上年分别提高5.1和5.8个百分点。城镇、农村卫生和防疫保健设施取得一定成绩,城乡医疗卫生设施、条件进一步改善。计划生育工作继续加强,总人口379.78万人,人口自然增长率为13.4‰。环境保护继续纳入国民经济计划管理体系,加强了主要污染物的治理,全州环境污染加剧趋势得到一定遏制。社会保障制度改革步伐加快,初步建立养老、医疗等保险制度。

【投资环境】　"十五"期间,黔南州把农业、原材料、能源等基础产业、支柱产业和以交通水利为主的基础设施、生态建设、环境保护等领域作为对外开放和招商引资的重点。积极支持农、林、牧及相关产业;轻工、食品及纺织产业;以煤炭综合利用开发,水、火电站的建设、经营为主的能源工业;以磷化工系列产品开发利用为主的化学工业、建材工业;以开发利用中药材资源为主的医药产业;以铁合金开发为主的冶金产业;交通基础设施及城镇公共设施;旅游、房地产及各类服务业;国有企业资产重组等十个方面产业的招商引资。增加投融资渠道,拓宽招商引资的领域。同时,进一步改善投资环境,贯彻落实招商引资的各项优惠政策,积极推进"一站式"服务方式。

【利用外资和对外贸易】 2000年黔南州共引进州外资金项目170项，引进州外到位资金67360.16万元，比上年增长3.3%。其中：引进省外（含境外）资金109项，引进省外（境外）资金30482.37万元。全国乡镇企业东西合作经贸洽谈会于8月18日～22日在贵阳召开，黔南州在会议期间共签署合同项目56个，引资额126370万元；协议项目18个，引资额76182万元。签约项目主要集中在农业高新技术、企业技术改造、矿产资源加工、农业产业化经营、小城镇建设、房地产开发等。

2000年，参加黔南州外商投资企业联合年检的“三资”企业25户，其中中外合资企业19户、外商独资企业6户，总投资额4655.31万美元，注册资本中方1303.31万美元，外方2100.54万美元，资产总额52414.87万元，经营额33878.59万元，为国家提供税收1305万元（数据为1999年度）。

2000年，黔南州出口创汇882.4万美元，增长23.02%。外贸企业实现外贸经营总值29762.73万元，比上年增长2.61倍。

【重点开发项目】 都匀茶园水库。总库容2890万立方米，防洪保护区面积12.8平方公里，年提供水资源4500万立方米，1994年开工建设。1993年批准概算总投资3718万元，2001年调整为6600万元，预计2001年建成。该项目的建成，与其它措施配合可使都匀市城市防洪标准提高到50年一遇，并满足都匀市10万吨自来水工程取水需要。

都匀市自来水工程。日供水10万吨，概算总投资8699万元，1998年开工建设，预计2001年底建成，该项目的建成，将满足都匀市至2005年城市用水需要。

墨冲至平塘公路。三级油路35公里，总投资1800万元，2000年开工建设，预计2001年全面完成，该公路是贫困县连接国道主干线公路，这条公路的建成，对贫困地区广大群众脱贫致富起着积极作用。

都匀国家粮食储备库扩建工程。扩建5万吨粮食仓容，总投资2400万元。1998年底开工建设，1999年10月主体工程完工，建成10栋仓库13364平方米，并经压仓实验合格。

【经济协作与对口支援】 2000年4月，深圳市副市长卓钦锐率深圳市政府考察团到黔南考察，并向黔南州卫生部门捐赠了2辆大客车、部分微机、电话程控交换机及药品等。深圳市经济合作基金项目考察团分别于2000年6月、11月赴黔南州考察项目，贵州信邦制药有限公司GMP生产线项目、黔南州汽车大修厂综合检测线项目、黔南州五钠厂高密度五钠技改项目、贵定刺梨饮料生产线项目共获基金贷款900万元。

【民族文化】 黔南州民族中等、高等教育不断发展，黔南民族师范学院、黔南民族医学高等专科学校、黔南民族行政干部管理学校为全州及贵州省培养出一大批少数民族管理人才和科技人才，为加快黔南及贵州经济发展，提高少数民族科学文化水平，做出了积极贡献。

黔南州现有艺术表演团队7个，先后派出文艺团队出国、出省演出近200场；黔南州歌舞团组队参加了全省少数民族服饰表演，受国家文化部派遣分别到日本、韩国进行文化交流演出，深受国外友人好评。黔南州歌舞团、都匀市歌舞团先后两次获国家文化部授予“文化工作先进集体”称号；三都水族自治县民族文工队获文化部命名的“乌兰牧骑”先进团队；三都、平塘县民族文工队自编自演的民族舞蹈“刀沙沙”和“巴棒乐”在1999年全国少数民族运动会分别获得银奖。

云南省文山壮族苗族自治州

【概况】 文山壮族自治州位于云南省东南部，东部与广西壮族自治区为邻，南部与越南社会主义共和国接壤，西部与红河哈尼族彝族自治州毗连，北部与曲靖市相连。总面积31456平方公里，国境线长438公里。

文山州辖文山、砚山、西畴、马关、麻栗坡、邱北、广南、富宁八县，115个乡镇，933个村民委员会，15621个村民小组。文山县为州府所在地,是全州政治、经济、文化中心。居住着汉、壮、苗、瑶、彝、回、傣、白、布依、蒙古、仡佬等十一种民族。2000年末总人口323.97万人,其中农业人口296.66万人,占总人口的91.57%,少数民族人口183.2万人,耕地面积347.9万亩,人均耕地1.07亩。农民人均有粮350公斤,人均纯收入710元,人口自然增长率12.4‰。文山州是集边疆、民族、岩溶、贫困为一体的贫困地区,“九五”期间8个县都是国务院确定的贫困县,是云南省73个重点扶持贫困县,有50个攻坚乡镇,400个攻坚行政村,是云南省贫困面最大,贫困程度最深的民族自治州之一。文山州仍处于社会主义初级阶段的低层次,有16个行政村(村民委)不通公路,101个行政村(村民委)不通电,38.36万人未解决温饱,31.4万人10万头大牲畜未解决饮水困难,5.7万户、27.46万人丧失生存条件,需要异地安置。“十五”期间的扶贫攻坚任务仍然十分艰巨。

文山州是典型的喀斯特地形地貌,岩溶高度发育。境内海拔高差悬殊大,最高海拔为文山县的薄竹山,海拔2991.2米,最低海拔为麻栗坡县的船头,海拔107米,高差悬殊2884.2米。年降雨量在800至2400毫米之间,年平均气温19.3℃,无霜期250天以上。雨量充沛、气候温和,但时空分布不均,属于南亚热带季风气候。由于北回归线横贯境内,受地势和纬度的影响,全州兼有北热带、南亚热带、中亚热带、北亚热带、南温带和中温带六种气候类型。热区资源丰富,面积922.8万亩,岩溶面积16100平方公里。水系分属红河、珠江两大水系。红河流域面积14387平方公里,占全州总面积的45.7%;珠江流域面积17069平方公里,占全州的总面积的54.3%。州内主要河流有南盘江、清水江、西洋江、盘龙河、普厅河、南利河、畴阳河、八布河、南温河等。水资源总量172.5亿立方米,水能蕴藏量323万千瓦,可开发利用134万千瓦,已开发利用23.59万千瓦。建有红旗、听湖、稼依、丰收、回龙坝和马鞍山六座中型水库,在建的还有清华洞、大丫口两座中型水库。土壤有十大类:暗棕壤、棕壤、黄棕壤、黄壤、红壤、赤红壤、砖红壤、石灰岩土、紫色土和水稻土。红壤分布最广,约占全州总土地面积的75%、耕地面积的60%。主要农作物有玉米、水稻、小麦、花生、辣椒、三七等,林业用地面积2629.59万亩,有林地面积1021.53万亩,森林覆盖率21.65%。保存有大量的珍稀、濒危植物,列为国家重点保护的有四十余种,其中一级保护树种有树蕨、秃杉;花卉资源也很丰富,以兰花最为有名。动物有猴、岩羊、鹿、麂、穿山甲、啄木鸟、猫头鹰、长尾雉等野生动物。饲养动物中有驰名全国的“文山黄牛”即高峰牛。已探明的矿产资源有十一类55种,锰、铝、锑、沸石等储量居云南省第一位,锡、锌等居第二位。文山州是三七、辣椒、八宝米和八角的特产之乡。还有邱北普者黑、广南八宝、莲城、麻栗坡老山等旅游风景名胜区和爱国主义教育基地。

【经济与社会发展】 文山州2000年国内生产总值70.76亿元,按可比价计算比上年增长8.3%,其中第一产业增加值26.9亿元,第二产业增加值17.61亿元,第三产业增加值26.25亿元,分别比上年增长3.2%、10%和13.8%。人均国内生产总值2199元,比上年增加235元。社会消费品零售总额27.07亿元,增长9.3%。农业总产值40.04亿元,粮食产量10.31亿公斤,粮经比例调整为8.4:1.6。水利灌溉程度36.5%,全年解决了39.54万人、15.42万头大牲畜饮水问题。畜牧业产值14.1亿元,肉类总产量14.16万吨,乡镇企业总产值61.86亿元,总收入83.62亿元,文山州紧紧抓住战后恢复建设机遇,加强了基础设施建设。共投入战恢资金7.17亿元,完成战后恢复建设项目100项,在建设40项,待批准建设21项,比上年增长4.5%。电力装机23.59万千瓦,文山、砚山等六县实现了农村水电初级电气化。初步建设了以州内低等级公路为骨架覆盖全州的公路网,全州公路通车里程8983公里。实现了全州乡镇以上通讯程控化,传输光缆化。以文山城为中心的城区建设步伐加快,八县县城建成面积40多平方公里,全州城市化水平15%。

扶贫攻坚成效显著。重点扶持了50个攻坚乡(镇)、400个攻坚行政村,实施改土、治水、办电、通路和绿色五大工程。2000年解决了24.41万人的温饱问题。文山州把财源建设作为经济工作的重中之重紧抓不放,取得了明显成效,省、州、县三级的财源建设项目共81个,到位资金6.02亿元,建成和部份建成并已发挥效益的69个,累计增加财政收入1.5亿元,增加群众收入6.11亿元。2000年地方财政一般预算收入3.67亿元,比上年增长4.9%,财政支出14.26亿元,增长10.1%。实现了全州预算收支的基本平衡,2000年全州金融机构存款余额59.26亿元,比上年末增长12.4%。其中:城乡居民储蓄存款余额34.77亿元,比上年末增长9.8%;金融机构各项贷款余额53.60亿元,比上年末增长12%。保费收入9742万元,增长7.4%。支柱产业培育进一步优化,结构调整步伐加快。根据市场需求和文山州资源优势,推出了三七强州的战略,把三七产业做强、做大。2000年三七产值3.8亿元,税利8900万元;烤烟为烟农增加收入1.01亿元,税收9815万元,林业实现产值1.95亿元,实现税收321万元,畜牧业实现产值14.1亿元,实现税收468万元。

2000三次产业的比重调整为38:25:37,非公有制经济占全州GDP比重23.9%。工业现价总产值38.33亿元,按可比价格计算,增长14.8%。外贸出口总额2059万美元,增长1.2倍;边贸进出口总额4.89亿元,增长26.0%,旅游业迅猛发展,2000年接待国内外游客144.47万人次,增长20.5%,旅游总收入4.97亿元,增长55.7%。城镇居民人均可支配收入5757元,城镇居民人均住房面积17.44平方米。

【投资环境】 1998年,中共文山州委、文山州人民政府制定出台了《关于进一步扩大对外开放的若干规定》。《规定》指出外商投资的审批与管理由文山州人民政府外商投资审批管理办公室负责,实行一个窗口对外,一条龙服务,一个图章管到底的审批方式。外商在文山州投资新办的生产性企业,自投产之日起,3年内免征企业所得税。外商到文山的联合经营(投资开发)种植业及养殖业,免征所得税5年,利用荒山、荒坡、荒滩发展种植业、养殖业的,荒山、荒坡、荒滩使用权出让期最长为70年。

【重点项目】 马关县大丫口水库。该水库距县城20公里,水库以灌溉为主,设计坝高54.9米,总库容1101万立方米,灌区干渠长24.56公里,灌溉面积22220亩,概算投资4697.26万元。富宁县清华洞水库。水库位于富宁县城西6公里的洪门河上,是一项集防洪、灌溉、发电和城镇供水为一体的综合性工程,设计总库容9934万立方米,灌溉农田25000亩,工程于92年开工,第二期工程将于2001年完工,设计投资4728万元。平船公路平远至文山段二级路。砚山平远至麻栗坡船头公路是省道主干线之一,是文山州规划的“三纵三横”主骨架公路网中一条横向经济主干线,全长70.03公里,投资概算25116万元,省道以且至马关公路砚山至文山段二级路,公路纵贯文山州南北全境,连接着邱北、砚山、文山、马关四县。砚山至文山段位于以马公路中段,全长35公里,总投资估算10850万元。衡阳至昆明高速公路罗村口至锁龙寺段。衡昆高速公路是国家重点经济干线,是勾通大西南与中部和沿海地区的重要通道,是云南省出省通海最便捷的交通动脉,罗村口至销龙寺公路起于富宁县剥益镇罗村口,途经富宁、广南、砚山三县、止于红河州弥勒县锁龙寺,全长367公里,交通部已批准砚山至平远、平远至锁龙寺两段的可行性研究报告,砚山至平远已开工建设,衡昆高速路总投资112亿元,平远至锁龙寺段长61公里,投资18亿元,砚山至平远段66公里,投资20亿元。年产20万吨干法旋窑水泥生产线技改。云南文山壮山实业股份有限公司是文山州水泥行业的骨干企业,厂址位于文山县城附近,对城市环境造成污染,根据“上大改小”的方针和文山城市建设规划要求,该公司拟淘汰原有机立窑设备,搬迁建设一条年产20万吨干法旋窑水泥生产线,计划投资9464万元,建成后,年可实现产品销售收入6600万元,税金750万元,利润120万元。

【东西对口支援】　1983年,文山州与上海市的南汇县和上海市总工会建立对口支援协作关系,至今已有17年的历史。1996年,为了实施中央确定的“八七”扶贫攻坚计划,党中央、国务院决定上海对口帮扶云南,云南省委,省政府和上海市委、市政府又作出决定,上海市的虹口区、闸北区、松江区、南汇县对口帮扶文山州8个县。文山州与上海市及三区一县本着“优势互补、互惠互利、联动发展、共同繁荣”的原则,在各级各部门的共同努力下,对口帮扶工作进展顺利,成效明显,有力地推动了文山州扶贫攻坚进程,促进了文山经济和社会事业的发展。到2000年底止,文山—上海经济协作共签定并实施各类经协项目14项(其中:农业项目7个,商贸项目3个,科研开发项目1个,建材加工项目2个,其它合作项目1个),项目总投资11847万元,其中上海方协议出资11032万元,实际到位10588万元。通过这些项目的实施,从上海引进了资金,也引进了上海先进的技术、管理、信息和观念,加快了资源开发,促进了贫困地区经济发展,四年来,上海共有94个帮扶考察团队808人到文山检查指导工作,派驻两批联络员8人在文山州政府及州属有关部门挂职开展帮扶指导,选派了169名有丰富教学经验的教师来文山帮扶,为文山培训师资及其他专业技术人员和管理人员9209人,同时上海15名医学专家到文山为914名干部群众义诊或治疗,为麻栗坡、砚山两县医务人员讲授了《休克的抢救治疗与进展》等13节专题课,接纳670余人到上海务工。两地共签订帮扶协议书65个,项目447项,实际投入援助资金及捐物折价计8187.66万元,其中,上海市政府协议援助资金及捐物折价4728.97万元,三区一县协议援助资金3458.69万元,共建成温饱点村111个,在建36个;援建了上海文山科技中心,建成了沪文人才培训中心,建成希望小学161所,白玉兰卫生所151所,捐赠了大批衣物、书籍、医疗、教学设备等。同时,启动建设了一批农、牧、渔业和种、养、加项目。投入小额信贷资金1922万元,覆盖了151个村民委,受益农户21742户,建成了大批水电路等基础设施项目,解决了965户贫困群众的安居问题。以上项目的实施和建成,为文山州巩固脱贫成果,降低返贫率,改善贫困地区人民的生产生活条件打牢了基础。特别是上海市在文山州援建的温饱试点村,为当地群众脱贫致富起到了极好的示范和推动作用。

【民族经济与文化】　2000年末,全州有农科所、林科所、三七研究所、农机所、皮肤病防治研究所等科研单位;州县设有医院、卫生防疫、妇幼保健、药物检验、植保、经作、土肥、种子、畜牧兽医、林业、农技、渔业、水文等站所及农学、林学、医学、水电等学会组织。共有专业技术人员36761人(含教师),全年共组织实施科技发展计划88项,有44项成果获州科技进步奖,有2项获云南省优秀发明创造三等奖。2000年科技对国民经济、农业、工业的贡献率分别达32.1%、39.6%和27.4%。文山州现有高等专科学校1所,在校学生1490人;普通中等专业学校5所,在校学生4694人;普通中学139所(职业中学12所),在校学生116660人;小学2493所,在校学生417443人。全州小学学龄儿童入学率98.2%,小学升学率81.46%,初中毕业升学率38.26%,有教职工27228人,其中专任教师24901人。全州共有各种艺术表演团体9个,文化馆(站)119个,公共图书馆9个;地方机关报社9个,年出版《文山日报》772万份,出版杂志2万份。有州属广播电台一座,电视台一座,县属广播电台8座,电视台8座,乡镇广播站109个,广播人口覆盖率85.1%;现已建成地面卫星接收站2801座,电视人口覆盖率85.8%。医疗卫生方面,全州有卫生机构182个,共有病床4298

张，有卫生技术人员4921人，村设置医疗点929个，乡村医生和卫生员3038人。文山州2000年在岗职工工资总额90238万元，职工年平均工资8175元；还有贫困人口38.36万人，饮水困难人口31.4万人，城乡职工31342名参加基本养老保险，11144名离退休人员参加离退休费社会统筹。

文山州2000年末有工业企业24003户，其中国有企业43户，集体企业95户，股份制合作企业21户，股份制企业5户。主要工业企业有：文山州化工厂、文山州造纸厂、文山州烟叶复烤厂、云南文山特安呐制药有限公司、云南文山斗南锰矿实业有限责任公司、云南白药集团文山七花有限责任公司、云南省文山州都龙锡矿、云南省金不换(集团)有限公司、云南文山电力股份有限公司、云南壮山实业股份有限公司、云南木利锑业有限公司、云南金泰得制红总公司等。工业总产值(现价)38.33亿元，按可比价计算，比1999年增长14.8%。

云南省红河哈尼族彝族自治州

【概况】 1957年11月18日，红河哈尼族彝族自治州建立。全州辖个旧、开远、蒙自、建水、石屏、弥勒、泸西、屏边、河口、金平、元阳、绿春、红河13个市县，州府所在地个旧市。2000年末，全州总人口394万。州内有哈尼、彝、苗、傣、壮、瑶、回、布依、拉祜等9个世居少数民族。

红河州位于东经101°7’～104°6’，北纬22°26’～24°45’之间，东西最大横距234.2公里，南北最大纵距221公里，总面积32931平方公里。北回归线横贯自治州南部。红河州东部与文山州相接，西部与玉溪市为邻，西南部与思茅地区相连。北部与昆明市和曲靖地区相靠，南部与越南接壤，国境线长848公里，在经济、政治、军事上有着重要的战略地位，素有祖国南大门之称。

红河州是一个高原山区地区，地形以红河为界，分为南北两类地形。北部为滇东南高原地区，地形波状起伏，平均海拔在1500米左右，表现为起伏和缓的低山和浑圆丘陵，发育着各种类型的岩溶地形；南部为哀冰山脉纵谷区，最高海拔3074.3米，最低海拔在同越南交界的河口县南溪河与红河汇合处，仅76.4米，为云南省最低点。

红河州地处低纬度高原，地理位置特殊，地形地貌复杂。由于大气环流的影响，冬季受干燥的大陆季风控制，夏季盛行湿润的海洋季风，属低纬度高原季风气候。全州气候类型丰富多样，有从北热带到中温带六种气候类型。按年平均气温分布，相当于我国从海南省到东北长春市的气候带范围。气候类型多样，立体特征显著。据概算，全州亚热带气候区域面积占77.31%。大部地区光、热、水条件比较优越，年平均气温在14.5℃以上，最冷月均气温在7.5℃以上，≥10℃积温在4200℃以上，没有冷冬，全年无霜期300天以上，光照条件好。丰富的气候资源，为红河州发展农业及生资源创造了得天独厚的条件。

红河州有铁铝土、淋溶土、半淋溶、初育土、半水成土、人为水成土6个土纲，有砖红壤，赤红壤等13个土类，22个亚类，46个土属，88个土种。各种类土壤的海拔分布有南北和东西的差异，迎风坡与为背风坡的差异，而非地带性土壤如石灰土、紫色土、燥红土、火山灰土、冲积土、水稻土等则零星分布于不同区域。

州内水资源量223亿立方米，水能理论蕴藏量是355.76万千瓦，可开发量134.58万千瓦。水资源分呈南多北少之势，水力资源也趋同，以河统计，李仙江水能资源蕴藏量最大，为136.24万千瓦，其次是南溪河和滕条江。

红河州地处滇东、滇东南、滇西三大成矿带交接部。地质成矿条件好，矿产资源丰富，是云南金属矿产资源集中的地区之一。州内有30种矿种，64个矿床(带)，320个矿(床)点，以锡、铅、锌、铜为主的有色金属累计探明储量数百万吨，以猛、铁，钛为主的黑色金属累计探明矿石量数千万吨，个旧、蒙自地区有锡、铅、锌、铜等矿,是全省最大的矿区。其中,锡的储量居全国第一,累计探明储量165万余吨,占全省锡矿储量的90%以上,铜累计探明储量113万吨,铅累计探明储量137万吨,锌累计探明储量65万吨。铁矿累计探明储量3596万吨,锰矿累计探明储量1660万吨,钛累计探明储量81万吨,铂、钯累计探明储量224吨。初步探明石膏储量2.6亿吨,长石累计探明储量228.9万吨,高岭土探明储量24.8万吨,石英探明储量480万吨,石墨探明储量709万吨,霞石探明储量50亿吨,大理石5亿立方米。煤炭是红河州的能源之一,累计探明储量50亿吨。

红河州森林资源种类繁多,具有"立体森林"的特点。全州已发现的乔灌木植物有132科584属2078种,占全国乔灌木植物总数的四分之一。其中珍贵用材树种22种,优良用材21种以上,速生用材14种,是全国植物种类最富集的地区之一。此外,州内还生长黄连、砂仁、杜仲、肉桂、七叶一枝花等名贵南药。州内有野生草本植物资源103科579属1464种(包括亚种、变种、变型),其中有一定经济价值的近200种。丰富的植物资源,为云南省建设"中华生物谷"红河基地奠定了基础。红河州动物资源丰富,列为国内一类保护动物的有长臂猿、金丝猴;列为二类保护动物的有虎、懒猴、毛冠鹿、熊狸;三类保护动物有豹、岩羊、穿山甲、原鸡等。

【经济与社会发展】 2000年,全州国内生产总值143.8亿元,"九五"期间,国内生产总值年均递增9.4%,高于全国、全省平均水平;提前两年实现翻两番的战略目标;财政总收入和地方财政收入分别达到30.68亿元和10.82亿元,年均增长17.7%和12.8%。

全州有效灌溉面积226.95万亩,累计建成高产稳产农田234.5万亩,2000年,实现农业总产值58.79亿元,粮食总产量126.04万吨,基本实现自求平衡;烤烟收购量5.59万吨,甘蔗产量128.3万吨。

建立了地方民族工业体系。初步形成了以有色金属为主的重工业,以卷烟、食糖为骨干的轻工业,以化肥为主的化学工业,以水泥及装饰材料为主的建材工业,以农副产品为原料的食品加工工业等33个门类、在云南具有一定优势的初具规模的工业体系。化肥总产量24.4万吨,原煤106.3万吨,发电量9.76亿千瓦小时,卷烟61.1万箱,食糖9.69万吨,水泥72.2万吨。2000年,地方工业总产值101.58亿元。2000年全州有水库409座,坝塘2455座,总库容量9.52亿立方米,治理沙土流失面积3504.4平方公里,解决了180.19万人、61.14万头大牲畜的饮水困难。"九五"期间交通建设上,完成六条油路、四个市县的过境公路和河口中越公路大桥建设。新开工建设四条高等级公路和一条三级油路。全州公路通车总里程1.43万公里。所有乡镇和行政村通了公路;能源建设上,新增水电装机容量8.85万千瓦,装机总量20.3万千瓦,加强了骨干电网建设,大电网覆盖全州,农网建设工程全面铺开。绿春、红河、元阳、金平四个初级电气化县建设试点工程已经完成。邮电通讯快速发展,2000年,全州完成邮电业务总量6.9亿元,程控交换容量39.8万门,固定电话用户29.19万户,移动电话11万户,全州电话普及率7.47部/百人。

加大了工业生产规模和技术改造的投资力度,完成了州磷肥厂万吨磷铵翻番扩建工程、建水红塔蓝鹰卷烟纸技改工程、"云南红"、"神泉"葡萄酒等一批重点项目。对全州今后发展具有重要作用的开远2×30万千瓦电厂建设通过艰苦努力,2001年可望破土动工。

国有企业产权制度改革取得实质性突破,列入改制的358户国有企业,已完成改制349户。"光明"、"云锡"两家公司的上市,开远证券营业部的成立,改变了红河州企业的外部形象。国有商业银行对兼并破产企业共核销呆账坏账3.988亿元,企业债转股2.1亿元,剥离不良资产企业442户、资金9.185亿元。国有大中型企业三年改革脱困目标基本实现。以公有制为主体,多种所有制并存长期发展的格局已经形成。进行了财政、税收、金融、外贸、投资、价格、流通、住房和社会保障等体制改革,社会保障制度已初步建立,国有企业离退休人员养老金和下岗职工基本生活费发放得到了基本保证,确保了社会的稳定。全州城镇职工医疗制度改革、住房制度改革、农村体制改革、投融资体制改革等各项改革稳步推进。宏观调控有能力不断提高。全州加快了对外开放的步伐。河口、金水河被批准为国家一类口岸,基础设施条件有了改善,以发展边贸为重点,对外贸易不断扩大,改善投资环境,加大吸引外资力度,发展横向经济联合与协作。2000年,全州社会消费品零售总额38.8亿元,对外贸易快速增长,实现了外经贸企业数量、经营范围、引进技术和设备、加工贸易等方面的突破。全州外贸进出口总额1.62亿美元。2000年,旅游业稳步发展,共接待海外游客2.91万人次,国内游客214.9万人次,旅游总收入8.34亿元,昔日封闭的红河已经成大西南对外开放的前沿。

【民族文化】 实施科教兴州和可持续发展战略力度加大,各项社会事业全面发展。坚持科教兴州战略,把教育放在优先发展的位置,投入逐年增加,办学条件不断改善,教育结构有了较大的调整。2000年,全州已有各级各类学校3780所,在校学生92.95万人,教职工40165人,全州13市县实现了六年义务教育,"九五"期间,全州预算内教育经费投入22亿元,全州科技进步对国民经济增长的贡献率达到40%。以建设民族文化大州为目标,各类具有红河民族特色的文化活动蓬勃展开。以图书馆和乡镇文化站为重点的群众文化活动场所初步形成。广播电视人口覆盖率达到88.6%和88.5%。有12个市县达到了初级保健合格标准。全民健身运动蓬勃兴起。人口自然增长率年均控制在1.261%以内。

"九五"期间,全州共投入扶贫资金19.8亿元,解决了90万人温饱问题。在岗职工人均年工资由1995年的4889元提高到8224元,年均增长11%;农业人均纯收入由1995年的890元提高到1373元,年均增长9.1%;城乡居民人均居住面积由8.08平方米增加到10.66平方米,城乡居民正逐步向小康迈进。城乡市场繁荣,消费环境不断改善。城市环境不断优化美化,城市自来水普及率96%,城市绿化覆盖率22%,绿化率33.2%,人均占有公共绿地7.2平方米。防灾、救灾、济困工作全面加强,人民安居乐业。

精神文明建设迈出新的步伐,民族团结日益巩固。始终坚持"两手抓,两手都要硬"的方针,把社会主义精神文明建设摆到与经济建设同等重要的位置。以建设民族文化大州为主题,抓住各种契机,在全州开展丰富多彩的精神文明建设活动,取得了明显成效,创建文明城市、创建文明行业、创建文明城镇、文明家庭和军、警、民共建活动,成为群众参与精神文明建设的重要载体。全州已建成省级文明单位73个,州级文明单位194个,县市级文明单位1000多个,对促进全州精神文明建设发挥了示范带头作用。

进一步加强民族宗教工作。富有成效地开展了"兴边富民"行动,加快了脱贫步伐,不断巩固和发展了平等、团结、互助的民族关系,民族地区经济社会发展步伐加快,各民族团结和睦。进一步加强了对宗教工作的管理,民间宗教团体组织不断得到规范。军政、军民关系进一步加强,军民共建工作成绩斐然,边疆繁荣稳定。

民主法制建设不断加强,社会秩序明显改善。通过实施"一五"、"二五"、"三五"普法规划,全社会的法律意识和法制观念进一步增强。严厉打击"法轮功"等邪教组织的活动,有效防范了敌对势力"西化"、"分化"的政治图谋和民族分裂分子的渗透和破坏。适时组织"严打"战役,开展专项斗争,打击社会恶现象,实行责任制,强化社会治安综合治理,净化社会风气。重视加强信访工作,妥善处理人民内部矛盾,保持社会稳定。

云南省西双版纳傣族自治州

【概况】 西双版纳傣族自治州地处云南省最南端,是亚洲内陆向东南亚半岛过渡地带。全州国土面积19124.5平方公里。东北、西北与思茅地区相连,东部、东南部与老挝接壤,南部和西南部与缅甸毗邻,国境线长966.29公里,其中:中缅段288.49公里;中老段677.8公里,州府所在地景洪市距昆明市692公里。

全州地势总趋势是由北向南迭降,东西两侧高,中间低,似马蹄形。州境内最高海拔2429米,最低477米。山地面积占全州总面积95%,面积在1平方公里以上的坝子有49个,占全州总面积5%,其中以勐遮坝子最大,面积229平方公里。

西双版纳傣族自治州现辖一市(景洪)、两县(勐海、勐腊),40个乡镇(其中民族乡13个,乡级镇14个),258个村民委员会。州境内有6个隶属中央和省的科研单位,10个县级国有农场。

全州地处热带北部边缘,气候温暖、湿润,夏无酷暑,冬暖有雾,静风少寒,史无雪迹,大部分地区终年无霜,无四季之分,只有旱季和雨季之别。

西双版纳自然资源丰富。是地球上北回归线沙漠带上少有的一片绿洲。享有“物种基因库”和“植物王国皇冠上的绿宝石”的美誉。据统计,州内有植物5000多种,约占全国的六分之一,珍稀植物341种,经济植物565种,药用植物1074种,被列为国家重点保护的珍稀、濒危的植物58种,占全国保护类的15%,在国家重点保护的335种陆栖脊椎动物中,西双版纳有129种,其中一类保护动物20种,二类保护动物109种。目前发现的有铁、铜、银、金等19种及地热资源。矿产地及矿化线索181处,其中大型矿床14处。探明储量较大的有石盐255亿吨、铁矿1.38亿吨、稀土矿2.2万吨。

州境内降水丰沛,河流众多,水网密布,为我国水资源最丰富的地区之一,也是云南省河流较多的地区之一。全州有大小河流2761条,河长在60公里以上的有15条。河流全属澜沧江水系。澜沧江在州境流程为187.5公里。全州水资源总量201亿万多立方米,水能蕴藏量729万千瓦。

州境内旅游资源丰富,有保存较为完整的热带雨林和动植物资源,其中列为国家自然保护区26.8万公顷,形成了独具特色的自然景观。13个世居民族在其悠久的历史发展过程中,形成了多姿多彩的民俗风情,这些人文资源与热带、亚热带自然景观以及境外异国情调融为一体,是西双版纳一道绚丽的风景线。

2000年末全州总人口85.4万人,其中农业人口59.2万人,在总人口中,少数民族占74%,傣族占34%。允景洪是西双版纳州府所在地。孔雀湖在市中心,东、西、北三面环山,南为平坝,中为台地,澜沧江穿城而过,把它分割成江南、江北两片,流沙河绕过中心汇入澜沧江。允景洪称为澜沧江第一城,城市面积20.3平方公里,城市人口12万多人,城市基础设施较为完善,城市发展定位是“与国际接轨的旅游城市”。

【经济与社会发展】 2000年全州国内生产总值(现价)完成46.25亿元,按可比口径计算,同比增长6.6%。其中第一产业18.5亿元,增长4.1%;第二产业7.47亿元,增长2%;第三产业20.28亿元,增长10.3%。一、二、三产业的结构为40:16:44;人均国内生产总值5421元,稳居云南省第3位。

2000年全州农业总产值(90价)19.9亿元,同比增长2.1%。粮豆种植面积128.69万亩,产量34.74万吨,人均占有粮食407公斤,居云南省第1位;肉类总产量23万吨,人均270公斤;橡胶产量13.76万吨,其中地方4.08万吨,农垦系统9.63万吨;乡镇企业营业总收入达9.6亿元。组织实施“少数民族扶贫综合开发试点”项目,全州七个攻坚乡已有五个乡通过省级验收。“九五”期间共投入扶贫资金2.12亿元,解决了37个乡镇287个自然村9540户49911人的温饱问题。

国企改革稳步推进。纳入首批企业改革计划的124户企业，已全部完成改革计划任务，全州实现工业总产值(90价)6.55亿元，其中国有工业企业实现工业总产值1.7亿元，主要工业产品产量：食糖产量14万吨；精制茶3691吨。

2000年全州全社会固定资产投资额13.46亿元。其中基本建设投资10亿元；城乡私人投资2.08亿元。

旅游业迅猛发展。2000年接待海外游客4.5万人次；旅游外汇收入2151万美元；接待国内旅游人数238万人次；旅游综合收入18.3亿元。

对外开放不断扩大。抓住中、老、缅、泰签署四国澜沧江通航协议的有利时机，加强与周边国家的经济贸易合作往来。成功举办了中、老、缅、泰、越五国边境文化艺术节，扩大西双版纳对外影响，促进对外经济贸易快速增长。2000年全州边境经济贸易总额13.68亿元，同比增长42.6%，增幅为全省之首。其中口岸进口总额1.53亿元；口岸出口总额7.13亿元。全年审批成立外商投资企业5家，投资总额2251.41万美元。

全年地方财政收入3.27亿元，同比增长5.1%；地方财政支出6.48亿元，增长14.6%。金融机构运行平稳，各项存款余额45.79亿元，增长9.0%，各项贷款余额29.57亿元，增长6%。

2000年全州社会消费品零售总额13.3亿元，同比增长4.7%；城乡集市贸易总成交额7.05亿元，增长13.1%。城镇居民年人均可支配收入5733元，比1999年实际增长2.8%；农民人均纯收入1742元，比1999年实际增长3.3%。城镇居民人均居住面积19.45平方米；农村居民人均住房面积23.35平方米。

2000年全州注册个体工商户15843户，上缴税金5221万元，增长18.5%；私营企业190户，上缴税金234万元，增长9.3%。个体私营企业从业人员26549人。

2000年全州申报科技鉴定成果48项、科技进步奖48项，其中有4项科技成果获云南省科技进步奖，有3项成果获云南省星火奖。科技对国民经济增长贡献率达36%。教育工作在巩固“普六”的基础上，加快“两基”工作步伐，不断加大教育投入，改善办学条件，促进教学质量的提高。全州“普六”、扫盲工作已通过省级验收，10个国有农场和景洪市十个乡镇基本“普九”。全州适龄儿童入学率98%，完成了州职业技术教育中心日援项目建设。

加强对流动人口管理，严格控制人口过快增长，人口自然增长率控制在11.04‰以内。社会保障事业进一步得到完善，城镇登记失业率控制在2%以内。

全州39个乡镇开通有线电视，广播电视覆盖率分别达到85%和92.5%，邮电业务总量2.21亿元，进入全国自动电话网的乡镇39个，固定电话普及率11.8%。

【投资环境】 1998年8月，西双版纳傣族自治州人民政府正式颁布实行《西双版纳傣族自治州外商外地投资优惠政策》，共13条。制定宽松优惠的投资政策，热忱欢迎外商外地投资者到西双版纳投资。

西双版纳州公路通车里程5959公里，实现了乡乡通、村(行政村)村通。区域内以国道213、214线构成与云南省、大西南公路网相联系的公路交通骨架。6条出境公路直通老挝、缅甸，其中4条公路可与泰国相连。形成以景洪为中心、国道为干线，连接城乡、辐射全州，沟通省内外、邻国的公路交通网。

景洪港属国家级水路口岸，自1994年开始建设，已初具规模。澜沧江——湄公河航运营运繁忙，百吨级机船可直抵老挝、泰国。国内航道标准已达六级。有机动客货船105艘，总功率1.53万千瓦。

西双版纳口岸机场属国家级航空口岸，具有全天候起降条件，为B—737型飞机起降的国家4C型机场，可同时停放6架波音飞机，已开辟至北京、上海、天津、广州、重庆、成都、昆明、大理、丽江9条国内航线和泰国曼谷国际航线。2000年航班8442架次,接送旅客85.4万人次,景洪至昆明航线已成为国内航空热线之一。

西双版纳全州水电装机容量9.89万千瓦,并具有省级漫湾电站220千伏变电网。境内澜沧江段具有可供开发的景洪、橄榄坝、勐松三座大型水电站,总装机225万千瓦。

西双版纳口岸设施。陆路口岸磨憨为国家一类口岸,打洛、勐龙为二类口岸,均有公路与邻国相通,设有查验机构。磨憨口岸边境贸易区。毗邻老挝,面向东南亚,规划面积4.623平方公里,建立集加工贸易,通道服务,转口贸易,边境旅游等功能为一体的边境贸易区。打洛口岸边境贸易区。毗邻缅甸,面向东南亚,建立加工贸易,转口贸易,边境旅游,通道服务等功能为一体的边境贸易区。勐龙240边境贸易区。毗邻缅甸,建立加工贸易、转口贸易、边境旅游等功能为一体的边境贸易区。勐泐故宫。规划面积3000亩,总投资6.6亿元。建立历史文化区、佛教文化区、民俗文化区、生态文化区、休闲度假五大功能片区,集文化、教育、旅游、国际交流、科学研究为一体,弘扬民族传统优秀文化,发展边疆民族经济。

西双版纳传统的优势产业为粮、胶、糖、茶四大支柱,鼓励发展围绕四大支柱的加工业;新建市垃圾处理、污水处理、河流整治;退耕还林、生态保护等生态环保项目。

【发展潜力】 西双版纳资源方面有三个全国第一,即少数民族个数第一,有13个世居民族及未确定族系的克木人,使地方风情浓郁,民居民俗独具特色;悠久灿烂的民族文化、艳丽多彩的服饰和丰富奇异的餐饮。热带植物种类第一,是我国热带生态系统保护最完整的地区,是我国的物种基因库,原始森林神秘奇妙,植物资源丰富多彩,有面积最大、原始风貌最完整的热带雨林、热带季雨林。热带动物种类第一,有野兽104种,鸟类429种,其中45种独见于西双版纳,极富发展民族风情、生态探险旅游。

西双版纳现有3个国家级(一类)口岸(磨憨、景洪港、西双版纳机场),1个省级口岸(打洛),10余条口岸通道,60余条边境通道。澜沧江从景洪沿江而下,至缅、老、泰交界处"金三角"300公里左右,至老挝会晒、至泰国清孔400多公里,至老挝首都万象、至泰国廊开府1000多公里。西双版纳与缅甸、老挝接壤,邻近泰国与东南亚国家,江河同源,山脉同缘,公路、水路相通,语言相通、习俗相近。使西双版纳拥有广阔的国外旅游客源市场,有利于发展跨国旅游。同时,随着澜沧江——湄公河航道治理等级的提高,澜沧江8级梯级电站,国际航空港的建设步伐加快,有利于促进国家、省与东南亚、南亚诸国开展航空、电力、水运、铁路等经济领域的经贸合作。

西双版纳地处热带北部边缘,气候温暖、湿润,夏无酷暑,冬暖有雾,土壤、气候、温度、干湿,风向等自然条件极为优越,发展种植红掌、鹤望兰(天堂鸟)、非洲菊、康乃馨、百合等热带花卉具有广阔的市场。

【重点项目】 西双版纳州勐腊县大沙坝水库。位于勐腊县城以北14公里,南杭河与南腊河交汇处下游500米的南腊河上,属云南省重点建设项目,水库设计总库容6152万立方米,最大坝高39.9米,为国家中型水库,水库建设工程批准概算为10124万元。1999年12月28日勐腊大沙坝水库正式破土动工,建设工期4年,计划2001年11月下旬进行大坝截流。水库建成后,可灌溉农田5.61万亩,年灌溉效益2621万元,可防洪保护勐腊县城、勐捧坝子两岸土地12平方公里,8万人民的生命与财产,年效益853万元,同时,枯季放水将对下游团结桥电站和南腊河口电站起到增加发电量,改善电能质量的作用,是一个以灌溉、防洪为主,兼顾发电、旅游、养殖、城镇供水等综合利用的水利水电工程。

【民族经济与文化】 西双版纳从经济、社会发展需要出发,开展科研活动,积极进行科技推广、科技"创先"、科技培训、科技扶贫、国际科技交流与合作等工作，促进了全州经济社会的发展，截止2000年底全州40个乡镇已全部通过云南省科技“创先”验收，科技对经济增长的贡献率达36%。

2000年全州共有各级各类在校生15.52万人，小学适龄儿童入学率98%，利用汉文、傣文、哈尼文开展扫盲，共开办扫盲班362个，入学7301人，有6304人脱盲，2000年全州共有573人被省内外大中专学校录取。职业教育办学条件不断改善，州电大(教育学院)与州师范学校的并校建设工作正在积极推进。

全年州县市歌舞团、群艺馆及各类文化馆站共组织各类文艺演出38场，观众39万余人次；2000年全州共有各类文化经营户1039家，从业人员3500人；各级公共图书馆4个，藏书15.5万册。2000年全州有医疗卫生机构73个，病床4143张，有卫生技术人员3927人，全州每千人口拥有医院病床位数4.89张，平均每千人口拥有卫生技术人员4.7人，全州258个村民委员会共设置医疗点234个，拥有乡村医生和卫生员1586人。民族医药事业在新形势下也得到较大的发展，并在农村防病治病工作中发挥着重要的作用。州民族医药研究所完成了《中华本草》之《傣药分册》的资料整理、撰写，州药检所组织实施了全国第一部傣药标准的编制工作，完成了213种傣药标准送审稿，组织生产了傣药内服制剂90种，外用傣药19种，制成品3种，临床应用均获得好评。

西双版纳民族工业从无到有，先后建立了机械、电力、制糖、制茶、制药、制盐、制砖、造纸、采煤、服装、家俱等200多个大小厂矿企业。2000年全州工业现价总产值8.64亿元，发电量3.587亿千瓦小时。

西双版纳优越的地理和气候环境繁育了丰富的资源，已知有经济价值的植物2000多种，其中药用植物1000多种，油料植物136种，香料植物62种，鞣科植物60种，染料植物12种，淀粉植物39种，树胶树脂植物32种，纤维植物90种，野生水果花卉、观赏植物共134种，还有热带珍贵速生用材树种、桂花和我国珍贵的龙脑香、望天树、版纳青梅等近百种。

西双版纳州正在实施生物资源开发创新工程，大力培育生物资源开发产业。目前，对水果、茶叶、花卉、傣药(南)药的开发已形成一定的规模，还将继续扩大，特别是深加工潜力很大。

西双版纳州正在实施“旅游兴州”战略，大力发展融自然风光、人文景观为一体的特色旅游和生态旅游，提高旅游业的层次和水平。

云南省楚雄彝族自治州

【概况】 楚雄州地处滇中高原中部，居住着彝、汉、傈僳、苗、回、傣、白、哈尼等25个民族，2000年末，全州总人口250.89万，其中彝族人口63.33万多人，辖楚雄市及双柏县、牟定县、南华县、姚安县、大姚县、永仁县、元谋县、武定县、禄丰县1市9县，128个乡镇，1131个村委会(居委会)。全州总面积29258平方公里，其中山区、半山区面积占95%左右。

楚雄州东接昆明、北连四川攀枝花、凉山、西邻大理、丽江，南界玉溪、思茅，地理位置十分优越，是云南省在西部大开发中提出的建成连接中国与东南亚、南业三大市场的陆上大通道目标中的重要连结点。

楚雄州资源丰富。光照充足，年日照时数2232~2804小时，年平均气温在14.9~21.7℃之间。植物种类6000多种，其中，有中药材资源243科1381种，约占云南省中药材种类的40%，占全国的24%。野生动物近百种，鸟类380余种。楚雄州以“三古一彝”(即古生物、古人类、古文化、彝族风情)为特征的旅游资源非常丰富。境内有举世闻名的禄丰腊玛古猿头骨化石博物馆，国家一级文物保护单位元谋人化石产地，禄丰、元谋两县有大量中生代白垩纪恐龙、恐龙群化石出土。有建于唐代的大姚白塔、明代大姚石羊孔庙及全国唯一保存完好的孔子铜像，建于明初的珍贵古迹姚安德丰寺。有楚雄市紫溪山自然保持区、禄丰恐龙山风景区、武定狮山风景区、永仁方山风景区、牟定化佛山风景区、大姚县昙华山风景区、双柏白竹山风景区和元谋土林风景区这“七山一林”八个省级风景名胜区。全州传统的民族节日和集会多达57个。著名的有“火把节”、牟定“三月会”、大姚“插花节”等。新建的“中国彝族十月太阳历文化园”更是古老而神奇的彝文化的一个象征。楚雄州矿产资源丰富,尤以铜、铁、煤、盐著称,已探明铁矿石储量2.7亿吨、煤10亿吨、铜130万吨、盐11亿吨。目前,正在加紧勘探石油、天然气资源。

到2000年,全州森林覆盖率39.5%,森林综合覆盖率60.69%,森林活立木蓄积量为8008.8万立方米。全州水土流失面积由1987年的16027.61平方公里减少为1999年的13588.43平方公里,水土流失面积减少了2493.19平方公里。年土壤侵蚀量由每平方公里每年1824吨减少到每平方公里每年1486吨,全州土壤侵蚀量由5188万吨减少到4038万吨,即每年输入长江、红河的泥沙量净减1150万吨。

【经济与社会发展】 2000年,全州国内生产总值105.5亿元,按可比价计算,比1999年增长7.7%。农业总产值51亿元,按90年不变价计算,比1999年增长4.7%,粮食生产实现了连续第6年获得丰收,2000年总产量10.3亿公斤,比1999年增长0.5%,人均占有粮食409公斤,实现了粮食供求平衡;完成烤烟收购113.7万担,比1999年增长16.7%。乡镇企业2000年实现总收入140.4亿元,按可比口径计算,比1999年增长27.8%,农业基础设施不断改善,农业种植结构调整取得实效。油料、瓜果、蔬菜、肉类、水产品等产品产量均有不同程度的增长,设施农业、订单农业发展较快。2000年实现工业总产值72.7亿元,比1999年增长12.4%,烟草、制药、食品、建材等主要工业产品产量都有较大增长,工业经济效益综合指数比1999年提高了3.2个百分点。

2000年,旅游业接待境外游客594人次,接待国内游客189.6万人次,旅游总收入达6.34亿元;运输、邮电、餐饮等服务业快速发展,2000年完成社会商品零售总额27.4亿元,比1999年增长8.6%。

2000年财政总收入17.55亿元,其中地方财政收入7.7亿元,比1999年增长3.7%;财政支出19.1亿元;2000年年末金融机构各项存款余额100.4亿元、各项贷款余额88.1亿元、商业保险保费收入2.1亿元。

产业结构调整步伐加快,一、二、三次产业的比重由1999年的31.5∶39.5∶29调整为2000年的31∶38.9∶30.1;非公有制经济快速发展,全州非公有制经济创造的增加值占GDP的比重提高到21%,比1999年提高了1.8个百分点;城乡结构调整力度加大,提高到2000年的18.8%。

2000年全社会固定资产投资21.7亿元,比上年增长6.7%,2000年水库库容10.7亿立方米,公路通车里程1.4万公里;州水泥厂20万吨旋窑技改、盘龙云海和省级重点工程老虎山电站建成投产,农村电网建设和改造步伐不断加快;全州10县(市)、126个乡(镇)和多数行政村开通了程控电话,程控电话交换机容量15.8万门;10县(市)和部分乡(镇)开通了移动电话,移动电话用户6.9万户;固定电话用户13.3万户,固定电话普及率5.2部/百人;有线电视用户30万户;城镇道路、供排水等基础设施和绿化状况有了较大改善。

国有企业改革取得实质性进展,95%以上的国有企业完成改革改制任务,多数中小企业通过“放开搞活”找到新的发展出路;国有及国有控股企业扭转了连年亏损的局面,全州107户国有及国有控股工业企业及限额以上国有批发零售贸易企业2000年实现利润1.02亿元,比1999年增加1.33亿元;以企业职工养老保险、失业保险、医疗保险为重点的社会保障制度改革取得重大进展,全州有6万城镇职工和27万农村居民参加了养老保险,确保了国有企业离退休人员养老金和下岗职工基本生活费的按时足额发放;十县(市)118个乡

(镇)建立了居民最低生活保障制度;农村村级行政管理体制改革顺利完成,财政、投融资、粮食流通体制和住房制度等方面的改革进一步深化和完善,社会主义市场经济体制正在建立。

2000年科技进步对国民经济增长的贡献率达到38.3%;"两基"规划目标基本完成,学校办学条件不断改善,教育结构进一步得到调整和优化,职业教育发展较快,教育管理水平、教学质量和办学效益进一步提高;2000年广播、电视覆盖率达到90%和91.2%;医疗卫生事业取得新的成绩,基本实现了人人享有初级卫生保健的目标。认真组织实施长防、长治、天然林保护、国家生态环境重点县建设和退耕还林还草等工程,实现了森林消长平衡,工业污染治理取得成效,城镇环境有较大改善,全面实行土地管理目标责任制,土地资源得到合理开发和利用;计划生育成效显著,2000年人口自然增长率7.9‰,低于全国全省平均水平。"八七"扶贫攻坚任务基本完成,人民生活水平不断提高,2000年农民人均纯收入1575元,比1999年增长3.6%,农村人均居住面积27.1平方米,大部分农民群众的生活逐步跨越温饱向小康迈进;城镇居民人均可支配收入5947元,比1999年增长7.5%,城镇居民人均居住面积20.6平方米;城镇登记失业率3%。

【投资环境】 在调整优化经济结构的基础上,以信息技术和生物技术为先导,集中力量发展烟草产业、天然药业、绿色食品业、冶金矿产业、特色旅游业五大产业,加强彝州特色产业建设。到2005年,使五大特色产业增加值在国内生产总值中的比重达50%左右。其中:

烟草产业。每年各种措施配套优化种植烤烟40万亩左右,使合格的中上等烟叶比例提高到85%以上,单产达150公斤以上。争取将楚雄、南华、牟定、禄丰、大姚、姚安列入云南省烟叶出口基地县建设。加强楚烟企业与红塔集团的紧密型经济关系,实现人财物、产供销、内外贸一体化,到2005年,"两烟"增加值在国内生产总值中的比重达12%左右。

天然药业。抓好楚雄医药工业园区建设,吸引有实力、有准字号药品的制药企业进入园区开发,形成高科技、高投入、高效益开发天然药的制药企业群。根据国内外中药材市场需求,以盘龙云海药业、老拨云堂药业、雁塔药业、金碧制药等龙头企业为依托,争取立项并实施15万亩无公害中药材种植基地建设项目。以制药企业和彝药科研机构为主体,建设民族药研究开发中试基地和中药材快繁组培中心。应用现代生物技术,加强彝药理论整理发掘和彝药资源的研究开发,不断开发民族新药,使天然药业尽快发展壮大成新的支柱产业,到2005年,天然药业增加值在国内生产总值中的比重达10%左右。

绿色食品业。抓好绿色食品加工园区建设。按照一园多区的方式,建成楚雄、元谋、姚安、大姚、牟定等绿色食品加工区。扶持发展成长性好、带动力强的龙头企业,积极发展优质特色农产品加工。抓好特色蔬菜种植园区建设。全州建成30万亩外销商品蔬菜基地。抓好粮、畜、林、果基地建设。建成50万亩优质米基地;建成年外销40万只优质黑山羊、600万只乌骨鸡、20万群优质蜂、100万只肉鸽等畜禽基地;续建40万亩优质泡核桃、6万亩香蕉、6万亩龙眼、1万亩葡萄及30万亩速生丰产林、15万亩竹园、15万亩印楝等林果基地;建成5万亩优质茶、8万亩蚕桑、5万亩魔芋基地;建成2.5万亩银鱼、1.5万亩渔业专用塘、15万亩稻田养鱼的水产养殖基地,到2005年,绿色食品业增加值在国内生产总值的比重达17%左右。

冶金矿产业。发挥彝州铁、铜、钛、稀土等矿产资源的比较优势,立足资源状况和市场需求,调整冶金矿产产品结构,盘活资产,促进德钢技改项目顺利实施,与攀钢联合开发钛资源,推动滇中铜冶炼正常生产并发挥效益;运用高新技术改造传统冶金矿产业,开拓矿业深加工领域,提高冶金产品科技含量及附加值,促使冶金工业提质增效,带动相关产业发展;加大矿产资源勘探力度,到2005年,冶金矿产业增加值在国内生产总值中的比重达6%以上。

特色旅游业。以自然风光为基础、民族文化为依托、短线旅游为重点,挖掘利用古生物、古人类、古文化和民族风情等“三古一彝”的人文旅游资源优势,实施精品旅游工程。以“中国彝族十月太阳历文化园”等主体公园为载体,抓好旅游公路等配套基础设施建设,重点搞好楚雄紫溪山、武定狮山、永仁方山、禄丰东方恐龙文化园、元谋土林等景区开发,到2005年,特色旅游业增加值在国内生产总值中的比重达5%以上。

【利用外资和对外贸易】 截止2000年底,全州累计批准设立外商投资企业52户,项目总投资12183万美元,合同利用外资额6131万美元,实际利用外资3261万美元。已有20多户外资企业建成投产,2000年外资企业实现销售营业收入28561万元,涉外税收1596.8万元。

1992年省政府批准设立了省级楚雄经济技术开发区,2000年实现社会总产值13.5亿元,是建区时的近10倍,区内经济获得快速发展,产品结构、产业结构和经济结构明显改善,综合经济实力不断增强,起到了全州对外开放的窗口示范作用。

到2000年底,利用世行贷款项目10项,项目总投资2.02亿元,利用世行贷款1.01亿元,利用外国政府无偿援助4100万元,利用国际商业贷款1160万元。通过这些项目的实施,在很大程度上改善了贫困地区的教育、卫生条件、农业生产基地条件和生态环境。

【重点开发项目】 南(华)永(仁)二级公路。是国道320线与国道108线的联络线,横穿云南省楚雄州南华、姚安、大姚、永仁四县,全长146.4公里,受益人口80多万人。总投资10.95亿元,工程于2000年12月28日开工,计划2004年底竣工。青山嘴水库。位于楚雄市上游金沙江一级支流龙川江干流河道上,距楚雄城区14.5公里,是解决楚雄市城市防洪、城市供水及农业供水的重点水源工程。青山嘴水库控制径流面积1228平方公里,多年平均入库水量1.61亿立方米,水库规划总库容1.04亿立方米,为大(二)型水库。水库建成后近期受益人口30.7万人,灌溉3.15万亩,向城市供水3600万立方米,将楚雄市防洪标准提高到50年一遇,并将改善楚雄市和沿河两岸生态环境。

元谋灌区。位于楚雄州龙川江下游段的元谋盆地,涉及元谋县的八个乡(镇)。灌区总人口18.9万人,总土地面积181.95万亩,现有耕地33.53万亩,其中有效灌溉面积30.9万亩。灌区规划设计灌溉面积32万亩。

【经济协作与对口支援】 2000年楚雄州抓住国家实施西部大开发及滇沪合作的机遇,加强与国内先进发达地区经济交流与合作,积极推动楚雄州东进昆明、西连大理、北上四川攀枝花,加强与东南亚各国的经贸合作与交流。全年共签订经济社会合作项目44项,协议总投资547亿元,已实施42项,引进州外到位资金2.68亿元,商贸协议超过0.95亿元,引进省外到位资金1.2亿元。2000年8月,楚雄州人民政府与四川省乐山德胜钢铁公司签订了由德胜公司出资8600万元,收购禄丰钢铁厂破产财产,进行资产重组成立云南省楚雄德胜钢铁有限公司的协议。使停产2年的企业重新恢复了生产,2000多名下岗职工逐步实现了再就业。同年12月,40万吨炼钢技改工程奠基,短期内将形成年产40万吨钢、38万吨材的生产能力,结束了禄钢有铁无钢的历史。攀钢(集团)钛业公司以零租赁方式经营楚雄州武定县钛白粉厂,协议投资5200万元,其中钛白粉厂以设备折资2140万元,钛业公司投资3060万元,最终实现兼并安置了全部下岗职工,经过技术改造生产规模由原来的生产钛白粉1000吨提高到2000吨。楚雄州大力开展了以节会招商和进行国内市场开拓的双向开放战略,在1999年和2000年间,州内132户企业200余人,参加了昆交会、民交会、兰洽会、厦洽会、上交会、西双版纳边贸交易会等10个国内交易会,进行洽谈展销,仅2000

年昆交会就签订合作项目21项,协议总投资4.19亿元,2000年"民交会"签订内联协作项目10项、协议总投资1.59亿元。

1999年11月楚雄州成功组织召开了川滇十地州市经济协作区第十三次会议,2000年又组团赴四川攀枝花市参加了川滇五市地州经济协作区第一次会议,促进了协作区经济社会协调发展。2000年楚雄州与中国科技开发院云南分院共同协商签订了建立长期、全面、紧密的科技合作协议,与昆明理工大学签订了州校合作协议书,科技进步对经济增长的作用明显增强。2000年完成了楚雄市、禄丰县、楚雄经济技术开发区三县(市)17户省外来滇企业的认证工作,编制了《楚雄州创造投资环境扩大对外开放"十五"规划》。

深圳招商银行是定点帮扶国定贫困县武定县和永仁县的单位,该行派出8名优秀干部到贫困地方挂职,并先后派出两批大型考察慰问团,到两县慰问贫困地区群众,自愿认定扶助结对贫困学生。自1999年以来,共资助贫困学生518人,向两县捐资397.46万元,引进资金655万元,修缮校舍5所,对口帮扶成效显著。

云南省大理白族自治州

【概况】 大理白族自治州(以下简称大理州)地处云南省中部偏西、滇中高原与横断山脉结合部,滇缅(320)、滇藏(214)两条国道交叉纵贯全境,地理位置极为重要。全州总面积29459平方公里,耕地面积295方亩。总人口328.55万人,其中少数民族人口161.85万人,白族人口占三分之一。世居民族13个。大理州辖12个市、县,130个乡镇、办事处,其中有3个民族自治县。1956年11月被国家批准成立大理白族自治州。

大理州地形地貌复杂多样。金沙江、澜沧江、怒江穿境而过,洱海等高原湖泊嵌布其中。座落在中部巍峨峻秀的点苍山,将大理州分成东西两大地貌单元,西部山脉纵横,江河咆哮,山高谷深,雄浑壮丽;东部地势开阔,山坝相间,沟渠纵模,纤陌交通。全州最高海拔4298米,最低海拔730米,平均海拔2514米。以低纬度高原季风气候为主,除少数高寒山区外,冬无严寒、夏无酷暑、春早春暖、气候宜人,年平均气温在15℃以上,平均降水量848.4毫米,立体气候特征明显。

大理由于地处"三江"成矿带区域,矿产资源十分丰富,已探明的金属矿产有金、银、铜、铁、锡、锑、铅、锌、铂、钯等20多种,200多个矿床(点)。非金属矿有煤、大理石、白云岩、石膏等,其中以大理石最富盛名。水能资源蕴藏量1000多万千瓦,开发利用前景广阔。全州复杂多样的地形地貌,蕴育了丰富的动植物资源和旅游景观,加之历史悠久、文化灿烂、民族众多、气候宜人,尤以旅游资源为甚。大理历史上被誉为"文献名帮"之乡,全州被列入国家、省州各级文物保护单位89个,各具特色和魅力的旅游景观景点130多处。大理、巍山两座古城是国务院公布的全国历史文化名城,大理市被评为首批全国优秀旅游城市。著名的旅游景区有中部的苍洱国家级风景名胜区和自然保护区、佛教圣地鸡足山、南诏发祥地巍宝山、体现南诏大理国时期石窑艺术的剑川石宝山、云龙天池、茈碧湖温泉疗养基地等,名胜古迹星罗棋布,湖光山色美不胜收。加上全州各地古朴的白族民居建筑、浓郁的民族风情、典雅的民族服饰、诸多的民族节日和歌舞会,丰富多彩,令人神往。五十年代著名的电影《五朵金花》,使大理风靡全国、名扬四海。近年来,旅游基础设施不断改善,旅游业快速发展,已成为自治州经济发展的新的增长点和重要的支柱产业。

【经济与社会发展】 2000年,完成国内生产总值134.7亿元,比上年增长7.4%,其中第一产业完成45.71亿元,增长3.1%,第二产业完成38.84亿元,增长8.3%,第三产业完成50.15亿元,增长10.2%。

积极推进农业和农村经济结构调整。全年投入各类农业建设资金28365万元,完成园田化建设3.7万亩,梯地化建设10.5万亩。粮食总产量13.19亿公斤,比上年增长0.3%。优质蔬菜、油料等特色农作物的种植面积增加,一般传统作物面积下降。畜牧业和渔业稳定发展,肉类总产量23.55万吨,比上年增长5%,水产品产量1.85万吨,比上年增长12.7%。完成乡镇企业增加值17.43亿元,增长11.8%。全州农村经济总收入158.16亿元,增长6.5%。

工业经济稳定增长。认真组织实施企业的关、停、并、转、破工作,提前实现了国有企业三年改革脱困目标,全州500户国有企业已完成改制465户,其中33户大中型工商企业完成改制31户,占93.94%。全年完成工业增加值30.74亿元,比上年增长8.0%,发电量、有色金属、水泥、卷烟、乳制品等优势工业产品产量比上年有不同程度的增长。全州85户国有及规模以上非国有工业企业实现销售收入41.2亿元,比上年增长8%,实现利税11.5亿元,增长3.5%,工业产品产销率94%。

培植四大支柱产业取得新成效。烟草产业。全州收购烤烟98.35万担,完成收购总值45618.7万元,比上年增长1.7%,中上等烟比例87%,烟叶等级合格率77.6%;卷烟工业累计生产卷烟37万箱,实现工业产值19.69亿元,分别比上年增长2.3%和2.9%。旅游业。全年接待国内外游客525万人次,其中海外旅游者10万人次;实现旅游外汇收入2000万美元,旅游经济总收入22亿元,分别比上年增长8%和5.8%。生物资源开发业。全州各具特色的南白瓜、魔芋、苦良姜、山嵛菜、白蘑菇、红花等特色产品的种植基地初具规模,完成生物资源开发创新产值17.5亿元,比上年增长12%。建材建筑业。完成建材工业总产值8.98亿元,比上年增长11.2%,建筑业总产值21.6亿元,比上年增长7.9%。

2000年完成全社会固定资产投资31.7亿元,比上年增长4.2%,其中:房地产开发投资3.5亿元,增长12.8%。年内有23个乡实现撤乡建镇,全州建制镇达到51个,城镇化水平从13.5%提高到15%以上。重大建设项目方面,“九五”重点项目计划如期完成,祥云县小官村、鹤庆县三锅桩两座中型水库竣工,装机7.8万千瓦的徐村电站全部机组投产发电;9000万公斤仓容的大理中央粮食储备库建成验收,大理——宾川二级公路、剑川——兰坪公路竣工投入使用,祥云、弥渡、南涧三县基本完成了农村电网改造任务,自治州基础设施条件进一步得到改善。

全年新建成各类市场7个,全州市场总数达到338个。完成社会消费品零售总额37.02亿元,比上年增长4.1%,城乡集市贸易成交额25亿元,增长15.8%。全年物价总水平稳中有降,商品零售价格指数比上年下降1.4%,居民消费价格指数下降0.9%,农业生产资料价格上涨3.52%。

继续强化税收征管,全面推行政府采购、财政统发工资和乡镇财务零户统管制度,强化预算管理,财政收支基本平衡。全年财政总收入20.09亿元,增长7.4%,其中地方财政收入10.11亿元,增长13%,财政支出21.38亿元,增长11.74%。全州金融机构各项存、贷款余额分别达125.8亿元和88.8亿元,比上年末增长14.6%和21.1%,城乡居民储蓄存款余额69.6亿元,比上年增长17%。

全年投入贫困地区的各类扶贫资金36500万元,比上年增加13500万元,建成小水窖池2万多个,人畜饮水工程46件,完成中低产田地改造5万亩,新修公路298.3公里,改善公路546.6公里,新增输电线路227.1公里。贫困地区的生产生活条件进一步改善,区域经济快速发展,全州有5.4万贫困人口年内解决了温饱。

继续加强科技措施的推广应用,科技进步对经济增长的贡献率提高到39.6%。继续深化教育改革,加大“两基”建设。全州12县市实现“普六”,年内南涧、剑川两县实现“普九”目标,全州有10个县市实现了“普九”目标,12个县市实现基本扫除青壮年文盲。全州小学适龄儿童入学率99.7%,初中毛入学率

99.85%,当年扩大高中招生 28 个班。

加强生态环境建设,天然林保护和退耕还林工作稳步推进,全年完成退耕还林还草 5.6 万亩。土地管理工作进一步加强,耕地资源实现动态平衡。继续加强计划生育工作,努力保持低生育水平,人口自然增长率控制在 8.41‰以内。认真实施农民健康工程,加快卫生事业发展,全州卫生所覆盖率 99.82%,基本实现人人享有初级卫生保健的目标。广播电视覆盖率稳步提高,文化、体育等各项社会事业协调发展。社会治安综合治理工作进一步得到加强,精神文明建设取得新的成绩。全州城市居民人均可支配收入 6956 元,比上年增长 8.42%,农民人均纯收入 1789 元,增长 2.17%。初步建立了城镇居民最低生活保障制度,社会保障体制逐步完善。年末全州参加失业保险的职工 8.9 万人,有 6.48 万职工和 2.45 万离退休人员参加了基本养老保险。

【投资环境】 大理是滇西的区位中心,州府所在地大理市是滇缅、滇藏两条国道公路的交汇点,东距昆明 370 公里,西至口岸城市瑞丽 400 余公里,北离丽江 176 公里。随着经济社会的快速发展,大理市已初步发展成为滇西的经济、社会、文化中心和唯一达中等规模的城市,对周边地区的辐射功能不断增强。

大理海关已经建成,大理飞机场于 1995 年通航,现已开通了大理至昆明、大理至景洪、大理至天津航线;连接昆明的广大铁路,楚大高速公路已开通运营;大理—丽江公路极大地改善了滇西旅游条件;随着大理—保山、祥云—临沧公路建设进程的加快,以大理为中心,集公路、铁路、航空为一体,连接昆明、辐射滇西的交通网络已经形成。全州固定电话、移动电话交换机总装机容量 80 余万门,电话普及率 10.3 部/百人,国际、国内通讯业务不断发展。全州水资源充裕、电力设施齐备,加之秀美的风光、宜人的气候条件和优惠的投资开发政策,使大理州逐步成为云南省投资环境较好的地区之一。全州 12 县市均已被国家批准对外开放,现设有省级经济开发区和旅游度假区两个开发区。

大理省级经济开发区:成立于 1992 年,总规划面积 16 平方公里,分为"商贸旅游"、"工业"、"仓储"三大片区。已开发土地面积 7 平方公里,建成区面积 5 平方公里,区内设施配套,功能完善,已累计完成固定资产投资 22.89 亿元,区内工商业户达 251 户、私营业户 113 户、个体工商户 5000 余户,正成为滇西地区投资开发的热土,2000 年被云南省人民政府批准升格为省级高新技术开发区。

大理省级旅游度假区:成立于 1993 年,总面积 9.86 平方公里,由苍山山麓和洱海海滨两大片区构成,按照高起点、多功能、国际化与民族化相结合的原则进行建设。几年来签订投资合同协议金额 13.59 亿元,实施项目金额 7.79 亿元。亚星饭店、苍山旅游索道、古城墙恢复、三塔公园等一批重大项目已建成或正在建设中。

【利用外资、对外贸易和经济协作】 "九五"期间,大理州累计达成经济技术协作项目 522 项,协议引进资金总额 50.32 亿元,实际到位州外资金 13.64 亿元;创办三资企业 22 户,投资总额 9976 万美元,实际利用外资 4718 万美元。目前全州有外资企业 46 家,获外贸经营权的各类企业 19 家,开拓国际市场的渠道不断拓宽。大理州紧紧抓住国家实施西部大开发战略的机遇,积极参加滇沪、滇粤合作,通过中国昆明出口商品交易会、首届民营交易会、昆明国际旅游节、三月街民族节等活动,加强对外经济技术协作和交流,加大招商引资力度。全州外贸商品进出口总额 1429.1 万美元,其中出口 874 万美元,进口 555.3 万美元。大宗出口商品主要有农副产品、纺织产品、扎染、奶粉、啤酒、大理石工艺品等。

大理州利用外资优势产业:农业新技术、农业综合开发和生物资源开发;能源、交通及市政基础设施建设;兴办技术先进型和出口创汇型的,重点是建材、食品、医药、饲料、皮革加工的生产企业;以旅游业为主的第三产业;以合资合作及其它方式对现有的企业进行改造;

兴办教育、文化、卫生、体育等社会发展项目。

【重点项目】 引漾入洱工程。洱海是云南省第二大高源湖泊,仅次于滇池,随着沿湖地区经济社会的快速发展,生产生活用水与日剧增,此外为从根本上解决宾川、祥云、巍山等粮食主产区的干旱缺水问题,需从洱海调水,洱海水资源供需矛盾变得十分突出。为加快水体置换,保护洱海生态系统,急切需要从外区域调水,实施引漾入洱工程。项目总投资估算16亿元,建成后可新增灌溉面积5.84万亩,改善灌溉面积12.21万亩。

大理机场扩建。原机场为4C级,为适应对外开放不断扩大的需要,把大理机场升办为航空口岸,需对机场进行扩建,计划项目总投资2.14亿元。大理生物制药园。充分利用现代生物技术和高新技术,开发昆虫、动物药,高原植物药和民族民间验方等,实行规模化生产。一期建设主要包括18000万粒胶囊、1500万片剂的肝龙新药和"东方不老霜"系列产品开发;年产1500吨皂素的植物皂素加工;年产印楝素及印楝提取物100吨生物杀虫剂项目;本地名贵药材当归、灯盏花、附子、红花、岩白菜、贝母等加工及科研开发等,园区占地面积120公顷,预计总投资14.86亿元。

金宝山铂、钯矿资源综合开发。弥渡县金宝山铂、钯矿是全国的第二大铂钯矿基地,储量较大。1997年国家计委批准立项开展金宝山铂、钯矿选矿、冶炼科技攻关,并列入了"九五"国家科技项目计划,现已全面完成。科技攻关表明:项目资源可靠、技术可行、具有较好的经济效益,并可缓解全国的铂、钯供应严重不足的状况。项目计划总投资7750万元,建成后将实现年销售收入6910万元,实现利税4230万元。

洱海、祥云、宾川三个大型灌区建设。大理州30万亩以上的三个大型灌区,耕地面积近95万亩,占全州耕地面积的32.2%,为进一步提高三个灌区的水利化程度,走节水农业的路子,提高农业的产出率,从1999年开始,在国家和省的大力支持下,大理州加大了三个灌区的节水改造和建设,其中洱海灌区、祥云灌区已立项建设,宾川灌区正积极申报立项。三个灌区建设总投资6.19亿元,项目建成后,可增加节水灌区面积68万亩,年增灌溉效益5940多万元。

【民族经济与文化】 大理州是典型的农业大州,全州农业人口占总人口的比例达88.4%。在党和国家的关怀帮助下,经过50多年的建设和发展,全州建立了一批粮食、烤烟、林果、蔬菜、茶叶、油料、畜牧、蔗糖、水产、蚕桑等商品生产基地,实现了粮食、畜禽产品自给有余,许多优质产品外销全国各地。民族工业方面,立足资源优势,面向市场需求,初步建立了卷烟、食品、纺织、轻工、建材、冶金、化工、森工、机械、医药、煤炭、电力等门类相对齐全的民族工业体系,形成了卷烟45万箱、布匹5000万米、机制纸及纸板5万吨、啤酒10万吨等的生产能力。许多工业产品除满足各民族生产生活需要外,还大量行销省内外。

全州现有大专院校3所,中等专业学校7所,技术学校1所,职业中学13所,普通中学215所,小学1371所,幼儿园100多所、特殊教育学校1所,有各级各类学校教师23000多人,各类在校学生53.5万人,全州适龄儿童入学率99.7%,初中毛入学率99.85%,全州已有10个县市完成"普九",预计2001年12县市可全部实现"普九"目标,全州青壮年文盲率下降到了1%以下,教育事业的快速发展,有力地支持了自治州经济的快速健康发展。全州有独立科研机构7个,非独立科研机构4个,各类科技人员4万多人,其中高级职称500多人,中级职称7000多人。科技进步对经济增长的贡献率39.6%。文化、卫生、体育、广电等各项社会事业都得到了较快的发展。全州广播、电视人口覆盖率分别达到68.6%和92.6%;有卫生机构243个、床位7723张,专业卫生技术人员8052人,医疗卫生条件和服务水平得到较大的提高。

云南省德宏傣族景颇族自治州

【概况】 德宏傣族景颇族自治州(以下简称德宏州)位于云南省西部,与缅甸接壤,国境线长503.8公里,土地面积11526平方公里,辖潞西市、瑞丽市、陇川县、盈江县、梁河县,共有65个乡镇,341个行政村,总人口101.8万人,潞西市为德宏州人民政府所在地,德宏是一个多民族聚居的民族自治州,主要有汉族、傣族、景颇族、阿昌族、德昂族、傈僳族等,少数民族占总人口的51.8%。德宏是令人神往的地方,素有"孔雀之乡"、"歌舞之乡"的美称。

德宏海拔1400米以下的热区范围约5840平方公里,属低纬南亚热带,是农作物和热带经济作物生长最适宜地区之一。德宏州土地面积宽,平坝面积占11%,尚有150多万亩适宜发展农、林、果的荒山荒地有待开发,有耕地183万亩,人均1.8亩,是云南省平均水平的1.7倍。优越的气候和广袤的土地,为多种植物生长提供了良好的自然环境。亚热带秀丽风光,绚丽多彩的民族文化和民间风情,遍布全州的50多个天然温泉,构成了独特的旅游资源。德宏州森林覆盖面积5874平方公里,覆盖率50%,林木种类繁多,珍贵树种有秃杉、柚木、楠木等。有热带、亚热带水果资源100多种,已开发并具有一定规模的生物资源有橡胶、甘蔗、茶叶、香料、咖啡、柠檬等。德宏竹类品种繁多,历史上便有"竹乡"美誉。野生动物中属国家一类保护动物主要有:绿孔雀、马来熊、云豹、亚洲象等30多种,属国家二类保护动物的兽类50余种,爬行动物30余种,鸟类近100种。水资源十分丰富,全年平均产水量136.3亿立方米,拥有水资源总量218亿立方米,水能蕴藏量362.4万千瓦,可开发利用102万千瓦,目前已开发16.5万千瓦。德宏已发现的矿产资源有20多种,有锡、铅、锌、铜、钨、镍、铁、煤、石油、铍、铀、锗、稀土、云母、水晶、宝石、石灰石等。德宏有503.8公里国境线,两个国家级口岸、两个省级口岸,64条边境通道,边贸进口资源主要有木材、藤条、玉石、畜产品、水产品、中药材、农副产品等。德宏不仅具有优越的区位优势,而且有相对完善的基础设施和便利的陆地、航空交通条件,是通向东南亚各国的前沿,是发展旅游、边境贸易、外向型经济的理想之地。

【经济与社会发展】 2000年德宏州国内生产总值36.7亿元,在农业上通过实施商品粮基地、糖料基地、冬大豆良种繁育基地建设和大盈江、瑞丽江等江河治理工程,建成中小型水库69座,总库容2017万立方米。农业生产条件有了较大改善,2000年实现农业总产值18.7亿元。粮食种植面积由166.8万亩调整为142.6万亩,但由于单产水平提高,粮食总产量39.7万吨,比1999年增长4.5%,人均占有粮食392公斤。2000年潞西市建成国家级商品猪基地,瑞丽市建成省级商品禽蛋基地,完成香料、鲜(干)果及各种林木种植等绿色产业开发面积80多万亩,一批新的支柱产业正在兴起。

在工业上,充分利用和发挥热区资源优势,培育新的工业经济体系,积极调整产品结构,2000年工业总产值20.3亿元,完成了蔗糖"四三"工程,甘蔗日处理能力3万吨,11户制糖企业有10户实现了扭亏增盈。甘蔗糖产量33.19万吨,居云南省第一,同时加大生物资源开发,魔芋精粉厂,茶油树加工厂,剑麻制品厂相继建成并已部分投产,扩建了昔马电解铝厂,使德宏州工业基本形成以水电工业为基础,制糖业为支柱,有一定规模的建材、电冶、医药、绿色生物资源为原料的加工业组成的民族工业体系。

在对外贸易方面,坚持一般贸易、边境贸易、对外经济技术合作、边民互市、来料加工等多种贸易形式共同发展,扩大进出口,扶持出口商品生产加工基地建设,提高利用外资水平,改善投资环境,推动国民经济的健康发展。2000年外贸进出口总额21.4亿元,2000年末德宏州有边贸企业420家,外商投资企业47家,实现贸易收入3675.84万美元,德宏外经贸初步形成了以边贸为基础、一般贸易为龙头,外资、外经、外贸相结合协调发展的大经贸体系。在经济快速发展的同时,德宏州教育、科技、文化、卫生事业不断发展,2000年适龄儿童入学率99.55%,有2所普通高等院校和五所中等专业学校,德宏州65个乡镇有61个建立了文化站。卫生事业迅速发展,有卫生机构128个,医院床位2240张,卫生技术人员3465人,健全了卫生、防疫、保健和医疗服务综合体系,健康水平有了明显提高。

【投资环境】 德宏州在经济建设中始终致力于口岸、交通、通讯、能源等基础设施建设,投资环境良好。德宏有一个3C级机场,开通芒市至昆明航线。德宏州公路四通八达,公路通车里程4369.9公里,形成了以芒市为中心,以环州公路和腹心公路为主线,辐射各县市所有行政村和口岸、连接国内外的交通网络。邮电通讯发展迅速,建立了移动电话网、无线寻呼网、程控电话网、实现了传输光缆化、交换程控化。在城市建设方面,以道路建设为主,加快自来水厂和垃圾处理厂、污水处理厂的改造、扩建和新建小城镇建设,使德宏州市容市貌有了较大改观。2000年德宏州发电总装机容量16.6万千瓦,发电量63595万千瓦/时,不仅满足了德宏州国民经济和社会发展需要,而且还逐步向境外售电,率先实现农村初级电气化目标。德宏州现有瑞丽、畹町两个国家一类口岸和陇川章凤、盈江两个国家二类口岸,有5个边贸货场,口岸的基础设施已初具规模,2000年8月28日瑞丽姐告边境贸易区揭牌运行,标志着边境贸易进入了新的发展阶段。姐告边境贸易区除继续享受国家给予的边境贸易优惠政策以外,从2000年7月1日起在投资贸易,工商管理、税收、土地、金融和外汇、出入境管理等6个方面执行特殊优惠政策。

【经济协作与对口支援】 德宏州经济协作立足于区位优势和资源特点,紧扣西部大开发和经济社会发展目标,开展了全方位、深层次、多领域的经济技术协作。2000年签订协作项目37项,启动实施49项(含1999年签订合同2000年实施的项目),合作项目投资总额93880.2万元,实际到位资金(含技术、设备投入)43310.2万元,合作项目创工农业总产值12791.4万元,创利润698.1万元,创汇246.5万美元。建立友好州市5个,友好县市15个。通过开展横向经济技术协作,为盈江县山区群众脱贫致富发展了柑桔、荔枝、香蕉等水果生产基地5250亩,接受建设希望小学5所,建设资金28万元,与湖南省宝庆实业有限公司签订了投资25000万元建瑞丽水上公园及土地开发项目。内引外联成效显著,引进马来西亚资金2.14亿元,建成全州最大的户宋河电站,瑞丽市引进内地资金10亿元,使姐告成为云南省最大的内陆口岸,引进云南华丰集团股份有限公司资金1.2亿元,建成云南省最大的综合批发市场。在抓引资上项目的同时,重视项目质量管理和配套服务。在经济技术协作中,注重边疆急需的各类技术人才的培训与干部交流,共培训各类技术人才350人次,进行干部交流21人次。还成功地举办了第五届“滇西民族艺术节”、“姐告边交会”,加强了德宏同周边国家和内地的经贸、文化交流与协作。

【口岸建设】 德宏州与缅甸山水相连,有通往缅甸的通道64条,渡口28个,有5个城镇、24个乡镇与缅甸的7个城镇、29个集镇相通,有9条公路直接通往缅甸北部的九谷、木姐、南坎、勐古、腊戍、八莫、密支那等重要城镇。2000年德宏口岸建设初具规模,新建、扩建了边贸货场和口岸公路,现有功能较完善的边贸货场5个。瑞丽和畹町一类口岸设施齐全,设有海关、出入境检验检疫局等联检机构,作为国家主权象征的瑞丽口岸姐告国门已建成,总投资1480万元的瑞丽口岸姐告联检中心大楼一期工程已破土动工。集双车道验证、综合管理、图片陈列为一体的畹町国门建设已列入“十五”期间口岸基本建设投资计划。

姐告边境贸易区总面积1.92平方公里,规划建设“商贸、加工、仓储、旅游”四大功能区,根据2000年8月28日公布实行的《中华人民共和国海关对云南姐告边境贸易区监管的暂行办法》,实行特殊的管理模式,海关"关境线"为姐告大桥中心横线,海关、进出口检验检疫机构移至姐告大桥西侧,本着积极支持姐告边境贸易区发展的原则,兼顾多种贸易方式,在加强监管的同时,最大限度地做到方便、快捷、通畅,其发展目标是:力争用3至5年的时间将姐告边境贸易区建成云南软硬环境最好,最开放的边境口岸和跨国旅游区。

作为二类口岸的陇川章凤口岸是中缅边境贸易的重要通商口岸,有10条通道,其中章凤拉影通道与缅甸雷基(洋人街)咫尺相连,通过章凤口岸,借助缅甸北部交通枢纽及商品集散地八莫港口,利用伊洛瓦底江廉价的水上运输线,可开辟一条不绕马六甲海峡直下印度洋,通往南亚、印次大陆及欧洲大陆的最便捷的国际大通道。随着陇川县城搬迁章凤,章凤城市建设初具规模,基础设施逐步完善,为口岸发展奠定了坚实的基础。

盈江二类口岸是德宏州国境线最长的口岸县,有33条通道通往缅甸,新兴口岸——那邦是盈江口岸的重要通道,位于盈江县西部,以那邦为中心,西下缅甸八莫、北上缅甸密支那、东至盈江县城,距离均为90公里左右,具有特殊的边境口岸优势。此外潞西市的芒海口岸,是潞西通往缅甸的主要通道,与缅甸掸邦第一特区(县级)勐古集市隔河相望。德宏口岸逐步向制度化、规范化方向发展,有较健全的商品出口许可证制度、监督和查禁走私制度,商品法定检验制度及人员出入境签证制度。

【重点开发项目】 大盈江防洪治理工程。建设年限2000年至2005年,总投资5684万元,现已完成投资2226万元,2000年国家计委投资1000万元,云南省计委投资420万元,项目完成后可保护农田21.35万亩。瑞丽江界河治理。总投资11165万元,现已投资2145万元,项目的实施对保护农田发展旅游起到很好的社会效益和经济效益。

列入西部大开发的重点项目有陇川县麻栗坝水库。计划总投资5.5~6亿元,建设年限2002年至2007年,目前已完成前期工作经费300万元,国家水利部已通过立项,此项目是以灌溉防洪为主,结合养殖发电、旅游等综合利用的大(二)型水利工程。盈江灌区续建配套与节水改造项目。灌区设计灌溉面积33.33万亩,计划总投资4.127亿元。2000年还完成了农业综合开发利用亚行贷款项目的前期工作,并有5个项目顺利通过专家组审查。泛亚铁路。2000年8月17日铁道部已经确定大理至瑞丽铁路方案为首先方案,泛亚铁路大通道将把中国与东南亚、南亚连接起来,对亚洲乃至整个世界经济发展都将产生巨大的推进作用,特别是对降低西部省区的商品出口成本加速资源流动和参与次经济圈的发展奠定了基础。中缅陆水联运大通道工程。中缅两国已完成公路、码头的测设和论证工作,只待中缅两国运输协议签订,即可建设启动。从昆明到新加坡的泛亚铁路和昆明经伊洛瓦底江到仰光的中缅陆水联运大通道都将经过德宏州,德宏将成为云南省"中国连接东南亚、南亚国际大通道"发展战略的亮点。

【民族经济与文化】 德宏州5个世居少数民族傣族、景颇族、阿昌族、德昂族、傈僳族占总人口的50.58%。有503.8公里的边境线,中缅两国同一民族跨境而居,德宏州在维护边疆稳定、民族团结的工作中最基本的经验就是发展民族经济。到2000年基本实现村村通公路、村村通电话、村村通电。人民生活不断改善,农民人均纯收入1142元,城乡居民储蓄存款余额36.66亿元,扶贫项坚取得明显成效,贫困人口由17万人减少到4万多人。民族教育有很大发展,各类学校1015所,从幼儿教育到高等教育,建立了完整的民族教育体系,为适应少数民族和贫困地区教育的发展,专设寄宿制中学和寄宿制小学各2所,半寄宿制小学140所。2000年在校生24397人;开设"双语双文"学校465所,在校生77525人。针对云南省实施边境乡镇以下小学生实行"三免"(免书费、杂费、文具费)教育,对涉及乡村基层学校进行调查,共有21817名小学生享受"三免"教育。基本普及九年义务教育和基本扫除青壮年文盲的目标初步实现。建立和加强了民族文化事业,2000年共有民族艺术表演团体6个,文化馆7个,广播覆盖率91.2%,实现了新闻广播电视四种民族语言文字的刊播。

德宏州少数民族干部总数已达9710人,占全州干部总数的33.67%,其中少数民族专业技术干部5973人。加强医疗卫生建设,对60个乡镇卫生院安排危房改造资金1700万元,完成改造面积26039平方米,对21个山区、贫困民族乡镇卫生院投入182.3万元购置设备。发掘少数民族自治区优秀医药宝库,采取各种措施防治地方病和恶性传染病,使各民族同胞走上了健康之路。2000年德宏州获省级科技进步奖22项,农业科技示范取得可喜成效,实施农业科技26项,其中推广的大豆优良品种"661"创云南省单产最高记录;甜瓜南移技术使德宏州成为云南省最大甜瓜生产基地,产品远销省内外,云胆系列产品开发取得新成效,产品达国家卫生部标准。同时注意保护和改善德宏州的生态环境,发动各族群众种树种草,治水改造,2000年绿化面积768公顷,人工造林面积6901公顷。2000年充分发挥德宏州得天独厚的自然资源优势,扶持民族贫困地区发展以香料、南药和饮料食品为龙头的生物资源开发项目,已建成8万亩山苍子生产基地,在潞西种植印楝树19万株,育苗1000万株,印楝素提取加工项目正式启动。以味香质优享誉世界的德宏小粒咖啡生产初具规模,柠蒙种植稳步发展,潞西市茶油树种植与加工获得初步成功,以盈江、潞西为重点的澳洲坚果发展到1万亩。以梁河为重点的魔芋种植及开发得到巩固和发展。通过调整、优化产业结构,建立了一批具有边疆民族特色的支柱产业,营造良好的生态环境,走可持续发展道路。

云南省怒江傈僳族自治州

【概况】 怒江傈僳族自治州地处滇西北横断山脉中部,拥有中国最大的铅锌矿床(兰坪),拥有云南最大的国家级自然保护区(高黎贡山);是世界唯一的大河并流区(三江并流区)的重要组成部分;是世界十大生物多样性最集中的地区之一;是中国水力资源最富集的地区之一;4个特有民族和12个少数民族,构成了丰富的民族多样性文化;怒江大峡谷因其雄奇壮丽和拥有生物多样性、民族文化多样性、地质地貌多样性而被誉为东方大峡谷。同时,由于经济发展滞后,这里也是中国西部最贫困的地区之一,被云南省人民政府定为扶贫攻坚的"上甘岭"。

怒江州辖兰坪白族普米族自治县、贡山独龙族怒族自治县、泸水县和福贡县,是傈僳族、怒族、普米族和独龙族的主要聚居地,2000年末总人口46.37万,其中少数民族人口42.77万,少数民族人口中,傈僳族人口23.59万人,怒族人口2.59万人,普米族人口1.42万人,独龙族人口0.54万人。

【经济与社会发展】 2000年,全州国内生产总值110340万元,是1980年的4.38倍;人均国内生产总值顺利实现翻两番的战略目标。与1995年相比,第一产业增长18.77%,第二产业增长75.68%,第三产业增长56.6%,三次产业占GDP的比重由1995年的41.8:28.2:30调整为29.2:37.8:33。二、三产业的长足发展,尤其是第二产业中有色金属工业的迅速壮大,使怒江州特色资源优势转化为经济优势的作用开始显现。同时,个体私营经济强劲增长,有力地带动了第三产业的快速发展,为全州经济转型创造了必要的条件。

2000年末,全州农业人口总数为395915人,农民人均可支配收入857元,人均有粮410公斤,人均存栏猪1.03头、羊0.92头,人均基本农田(地)面积1.03亩,经济林木面积1.52亩。解决了6.8万贫困人口的温饱问题,解决了10.02万人及13.12万头牲畜饮水困难问题,扶贫攻坚取得了阶段性成果。"九五"期间,全州先后完成了老窝河三级电站、丰坪水库等项目的前期工作;怒江民用飞机场、六库怒江水电站两大项目前期工作先后启动;

农业片区综合开发、生物开发及生态建设等重大项目前期工作也得到整体推进,先后完成了2.5万公顷竹类、剑麻、杜仲、苦良姜、咖啡等项目的可行性研究报告;同时,怒江流域规划、滇西北三江并流旅游开发、贡山至察隅进藏公路、贡山至德钦滇西北旅游环线公路等项目的前期工作也在积极的争取中。以上工作的开展,为怒江州"十五"实施大项目拉动战略和推进矿电经济强州、生物经济富州、旅游经济活州进程储备了一批基础性骨干项目。

国企改革步伐明显加快,结构调整环境不断改善。以建立现代企业制度为目标,盘活资产提高效益为目的,以结构调整为重点,加快了国有企业改革步伐。到2000年底,全州62户国有企业完成改制41户,盘活资产1亿多元,商业粮食流通企业的改组、改制工作已全面展开。国企改革步伐的加快,尤其是有色金属工业企业的改革,为兰坪铅锌矿对外开放提供了良好的内部环境,也为全州经济结构战略性调整奠定了重要的基础。

【投资环境与资源开发】 矿产、水能、生物和旅游是怒江州四大优势资源,由此而形成的矿业、水电业、旅游业和生物产业是怒江州最具发展潜力的优势产业。目前全州已查明有一定储蓄量和开采价值的矿床矿点294个,已发现各类矿藏28种。其中兰坪县在6.9平方公里的范围内,兰坪金顶凤凰山铅锌矿床探明储量1450万吨,而且埋藏较浅,80%可以露天开采,是我国乃至亚洲已探明的最大铅锌矿床,也是世界级的特大型矿床,潜在价值在1万亿元以上。非金属矿产中,汉白玉(大理石)以储量大、品种多、质量好而闻名中外,蕴藏量为43亿立方米,潜在价值430多亿元,其中,羊脂玉、贡翠是汉白玉中的稀有品种。铜、锡矿量已达中型矿床规模;盐矿品质居云南省第一位。

怒江水能资源十分优越,仅云南省境内怒江干流的水能资源蕴藏量即达1710万千瓦,可开发六级大型水电站,可开发装机容量1450万千瓦,年发电量734亿千瓦时,其中,怒江州境内可开发四级大型水电站。其开发优势有:开发任务比较简单;流量大,出国境处多年平均流量1840立方米,水量丰沛而稳定;落差大,在省境的621公里河道上集中了1123米落差;地质地形条件比较好,适于建设高坝大库;水工建筑物布置条件好,对施工较好;交通通信方便,全部坝段均有公路相通,沿途基本上实现了程控电话通讯;淹没损失小,对生态环境不利影响小;与内地河流水文补偿效益大。

旅游资源方面,拥有"三江并流"、东方大峡谷、横断山地质博物园三大世界旅游奇观,是人类回归自然的最后一片净土。

全州森林覆盖率71%,是西部地区国家级自然保护区面积最大的地区之一,众多古老珍稀植物种群和特有的植物群落在峡谷内得以保存,孕育出许多特殊植谱,成为我国从南到北植物带谱的缩影。全州植物种类繁多,已知高等植物200多科、680余属、3000多种,其中,裸子植物4科,占世界裸子植物的1/3,有国家级保护植物42种,是云南最大的油桐基地和主要的生漆基地。

【利用外资和对外贸易】 2000年"昆交会"协议引进资金46.9678亿元,是1999年"昆交会"3.46倍;启动实施项目7项,引进国内州外投资14户,是1999年的2.3倍,总投资13287万元,是1999年的4.3倍。"九五"期间批准注册外商投资企业8户,总投资860.4万美元,是"八五"期间200万美元的4.3倍。"九五"期间边贸进出口总额累计完成26249.13万元,比"八五"期间增长30.65%;上缴各项税收2025.75万元,比"八五"期间增长43.88%。

【边境口岸】 片马口岸位于怒江西部,距州府六库97公里,距缅甸重镇密支那215公里,总面积153平方公里,是中缅边境北段交通要道和商业往来重要通道。目前全长215公里的片马至缅甸密支那公路已投入资金970万元,修通了缅甸大田坝至洞洞路68公里毛路,投入资金10746万元,修建了境外林区公路654

公里;由国家交通部扶持投资8000万元的跃进桥至片马公路拓宽改造工程已竣工使用;2000年末,经国家外经贸部核准,省周边局审批备案,具有边贸经营权资格的企业16户,个体私营加工企业近330户,边贸商号80家,边贸木材加工企业流动人口近20000人,片马口岸已成为云南建设通往南亚、东南亚大通道的重要组成部分。

怒江州边境对外通道有25条,其中,重点开发建设的有亚坪、丹珠、俄嘎三条通道。亚坪通道位于怒江州福贡县利沙底乡境内,从瓦贡公路252公里处的亚中路过怒江,分别经中缅边境30号、31号界桩出境进入缅甸葡萄县辖阔布德辖区。境外相邻边境一带自然资源极为丰富,其森林覆盖率80%以上,仅与福贡亚坪邻近地区,木材蓄积量达3000万立方米,在通道40公里附近,有10个区段内富有含铅、锌、金、玉等矿床;有50%以上可耕地闲置待垦,且地势平缓,雨量充沛,气候适宜,有很好的开发前景。此外缅政府给予该地区宽松的开放政策,为双方经济开发与合作创造了有利条件。目前,横跨怒江的亚坪大桥已经竣工通车,已建设完成31号界桩出境的公路47.5公里,其中境内35.5公里,境外12公里,另外缅甸西红兵站以南已开通了支线叉道20公里。

丹珠通道位于贡山县茨开镇,从35号界桩出境,丹珠至瓦坎通道全长119公里,境内里程长39公里,是贡山县通往缅甸北部地区最近、翻越雪山海拔最低、雪封山期较短、双方边民走亲访友进行民间贸易时间最长、互市人数最多的一条边境通道,目前,已投入资金835万元,修通毛路37公里。

俄嘎通道位于泸水县洛本卓乡境内,从瓦贡公路172公里处经中缅边界北段26至27号界桩之间的草坡王平山口出境,直至缅境洽丘,总里程长66公里,其中,境内38公里,已投入资金40万元,修通公路18公里。

【经济协作与对口支援】 怒江州是川滇十地州市横向经济技术协作区的成员,2000年与玉溪市达成结对帮扶关系,玉溪市对怒江州重点开展干部交流、教师培训、医生培训等对口支援活动。2000年援资300万元,支持和帮助怒江州完成了州府六库主街道改造建设工程。

【重点开发项目】 怒江州民用飞机场。预概算总投资4亿元,该项目是怒江州对内对外开放、开发旅游资源、发展民族经济、巩固边疆稳定的标志性工程。云南贡山县至西藏察隅县公路。预概算总投资66431万元,建设272公里四级公路,该项目是一条线型最好的进藏通道,该项目建成后,可将近800公里的边防线连接起来,形成一条国防大动脉,既可促进滇藏区域经济发展,又能形成新的国防保障,经济、政治和社会效益明显。

贡山至迪庆州德钦茨中旅游环线。预概算总投资1.9亿元,建设98公里四级公路,该项目是开发“三江并流风景名胜区”的关键性工程,项目建成后可实现滇西北环线连接,形成云南和中国西部最具吸引力的旅游黄金线。

大保高速公路至怒江州府六库改建工程。预概算总投资6亿元,建设90公里二级公路,该项目是云南实现高等级公路与地、州、市联网的标志性工程,也是怒江州改善交通条件的重要工程。

天然林保护工程。预概算总投资20000万元,管护天然林84万公顷。退耕还林及生物开发创新工程。预概算总投资72000万元,种植2.5万公顷竹类、杜仲、剑麻、苦良姜、咖啡。绿色通道建设。预概算总投资9050万元,在主干公路沿线建设560公里绿色走廊,其中,工程造林29万亩、封山育林40万亩、四旁植树60万株。国家级自然保护区基础设施建设。预概算总投资5000万元,开展830.327万亩国家级自然保护区内的主要基础设施建设。怒江州府六库防洪堤二期工程。预概算总投资1.1亿元,建设8251米防洪大堤。片马口岸国际界河整治工程。总投资7680万元,治理12100米国际界河,以保护国土面积的完整性和改善边境生态环境。怒江、澜沧江防洪护岸林工程。总投资4000万元，建设892公里防洪护岸林，并改善两江沿岸生态环境。怒江州水土流失治理工程。总投资1.2亿元，治理面积1337平方公里。怒江州兰坪县富和山滇金丝猴保护区。总投资500万元，建设8万公顷珍稀动植物保护区和旅游景区。怒江干流六库电站。总投资78420万元，建设4×3.2万千瓦机组，该项目前期工作已进入初设阶段。全州电力联网工程。总投资5441万元，建设110千伏线路151公里、变电站2座；35千伏线路368公里、变电站17座。电源建设工程：总投资22587万元，建设老窝河三级电站、亚目河电站、碧玉河电站、隔界河电站、木切尔娃河电站。全州五小水利项目。总投资10447万元，建小水窖6500个、小坝塘367个、小水利682件。骨干水利改造建设。总投资12000万元，对怒江、澜沧江流域干热河谷灌区骨干水利工程进行改造、加固、防渗、除险。地方土特优产品深加工项目。总投资9980万元，建设年产5000吨规模的特优产品深加工产业。大理石建材加工。总投资8500万元，形成年加工15万平方米生产能力。金属硅冶炼厂。总投资7200万元，建设年产1万吨金属硅生产线。木材综合加工项目。总投资9000万元，建设年产10万平方米边贸进口木材深精加工生产线。

云南省迪庆藏族自治州

【概况】 迪庆藏族自治州位于滇、川、藏三省(区)交界处。辖中甸、德钦、维西傈僳族自治县，有29个乡(镇)，总面积23870平方公里。北与西藏昌都地区相连，东与四川甘孜州和凉山州接壤，南与丽江地区相邻，西与怒江州山水相依，地处金沙江、澜沧江中上游。地势自西北向东南倾斜，由于地处横断山脉南段北端，怒山、云岭、中甸大雪山和澜沧江、金沙江“三山两江”从北向南平行而下，其山势由北向南逐步降低。北部澜沧江和金沙江两岸山脊海拔5000米以上，怒山山脉主峰卡瓦格博峰海拔6740米，南部的澜沧江和金沙江两岸，多数山峰在4000米左右，唯有屹立在金沙江畔的哈巴雪山，海拔5396米，峰谷差3500米，成为世界最深的峡谷；境内最低点是维西县维登区碧玉河与澜沧江交汇处，仅1480米，高低差5260米。迪庆州气候属温带和寒温带季风气候。常年气温在2.4℃～15℃之间，州内梅里雪山主峰“卡瓦格博”是云南的最高峰。州府所在地中甸县建塘镇，距昆明655公里，距西藏拉萨1640公里。2000年底全州总人口33.34万人，其中农业人口28.95万人。少数民族人口占总人口的84%，有藏、傈僳、汉、纳西、白、彝、普米等千人以上的民族9个和其他少数民族16个，其中，藏族占总人口的33.4%。

特殊的地理环境和立体气候条件，造就了迪庆丰富的自然资源，全州现有19个景区、195个景点；拥有草山草场913万亩，其中可利用面积629万亩，人均占有20亩，居全省之首，有比较优势的特种畜牦牛、犏牛、藏绵羊等。全州林业用地161.5万公顷，活立木蓄积量1.57亿立方米，森林覆盖率65.5%，是长江、澜沧江上游保存较好的原始林区之一。迪庆境内仅高等植物就有5000余种，其中药用植物960多种。野生食用菌136种，占我国食用菌总种类的20%。有野生动物1400余种，其中滇金丝猴、金雕、黑颈鹤等国家一二类保护动物60多种；境内冰川主要有哈巴雪山和梅里雪山两处。哈巴雪山冰川共2.1平方公里，年融水量664万立方米；梅里雪山明永恰冰川共73.5平方公里，年融水量2.3亿立方米；境内有金沙江、澜沧江两大水系及十条一级支流，水能理论蕴藏量1739万千瓦，开发条件优越；迪庆是“三江”有色金属成矿带腹心地段，由于地质构造特殊，岩浆活动频繁，成矿条件较好，已查明的矿藏有24种，232个矿点，其中钨、铜、铍、铝、铅、锌、锑、铁、石棉等均已达到工业矿床规模，开采潜力很大，仅羊拉铜矿、红山铜矿、尼仁铜矿金属储量就达500万吨以上。

【经济与社会发展】 迪庆州2000年国内生产总值达到9.23亿元,比上年增长8.3%。其中第一产业3.2亿元,增长2.3%;第二产业1.9亿元,增长16.6%;第三产业4.05亿元,增长10.2%。全年接待国内外旅游者106.25万人次,旅游总收入67240万元。全年完成固定资产投资76400万元,比上年增长0.7%。全年社会消费品零售总额31555万元,比上年增长18.1%;商品零售价格比去年下降3.2%。全年地方财政一般预算收入5855万元,比上年增长18.1%;财政支出50252万元。年末金融机构存款余额145867万元,比上年增长14.9%;贷款余额124316万元,比上年增长13.9%。粮食总产量13.6万吨,创历史最高水平。乡镇企业销售收入45734万元,比上年增长7.34%,农民人均纯收入734元,但由于诸多制约因素的影响,全州有4.2万人尚未解决温饱,同时,近几年解决温饱的,由于基础差、抗灾能力弱而带有很大的不稳定性,扶贫任务十分艰巨。

"九五"期间,建成了迪庆机场、中甸旅游东环线公路、螺丝湾电站、吉仁河电站、金沙江提灌二期工程、青稞商品粮基地、种草养畜示范项目、三县一区牧区开发项目和一期干果基地等一批骨干项目。正在开工建设的有中松二级公路改造一期、中甸桑那水库、维西澜沧江提灌工程、天然林保护工程、中甸县退耕还林试点工程、郁金香花卉基地、水保小流域综合治理、中甸县生态环境综合治理工程和人草畜三配套草场建设等项目,项目进展顺利。

全州共组建12个国有林场,实施天保工程森林管护面积165万公顷,2000年在全县10个乡镇、32个行政村、119个社落实退耕农户4690户,共完成退耕还林24303亩,封山育林20.2万亩,全民义务植树92万株。

【投资环境】 迪庆州人民政府于2000年颁布实施《迪庆藏族自治州人民政府关于扩大开放的若干规定》,全面优化投资软环境,加大招商引资和对外开放力度。在基本建设项目管理方面,加快项目登记备案制实施步伐,营造良好的投资环境,优先审批列入全州重点建设计划项目和鼓励发展项目,从严审批允许发展项目,不再审批限制或禁止发展项目。根据特事特办的原则,简化和放宽个体私营投资和州外引资项目审批手续。在提供建设用地方面,凡州外在迪投资企业生产用地,符合有关规划和要求的,优先给予妥善解决;对投向鼓励发展的重点产业项目的用地,通过出让形式取得土地使用权的,根据一次性投资的额度,给予土地出让减免优惠;对投资基础设施建设项目使用国有土地的,征地费可作为迪庆州股份折股投资;对投资"两高一优"农业项目的,可采用"保全出租"方式提供用地,对投向城市基础设施建设、公益事业、国家扶持的交通、能源、水利建设项目用地或法律、法规规定的其它用地,经县级人民政府批准,可以通过土地划拨方式取得土地使用权,免收场地使用费、场地开发费、土地使用费,但不得抵押、转让或出租。在税收方面,按投资企业性质,根据实际情况,分别在企业所得税、增值税、房产使用税等方面给予免证、减征和延期缴纳等得优惠待遇。在其它方面,对州外企业和投资者在办理企业注册登记、银行开户、户口、子女入托入学、用水用电等方面,提供方便和同等或优惠待遇。

为了分类审批建设项目,提高审批质量,规范建设项目管理,迪庆州于2000年制定颁布了《迪庆藏族自治州建设项目管理暂行办法》,明确凡在迪庆州行政区域内的集体、个私、国内引资项目实行登记备案制。目前已编制完成《迪庆州基本建设投资项目登记备案制实施细则》,将在近期内发布实施。

基础条件方面。至2000年底,全州水电累计装机容量15.2719万千瓦,全州182个行政村中已有180个行政村通电;全州公路通车里程3287公里,实现了乡乡通公路,86.5%行政村通了公路;乡镇电话均已实现全数字程控交换。全州建成光纤线路933皮长公里,26个乡镇及部分行政村实现了数字光缆传输。全州已建成分组网、数字数据(DDN)已覆盖三县一区，建成州局 ATM、FR 网和因特网、公众多媒体通信网。

重点区域建设。迪庆州扶贫民族经济开发区位于世界著名的虎跳峡与长江第一湾之间的金沙江西岸。全区近期开发面积 4.37 平方公里，区内平均海拔 1800 米，年平均气温 15℃，无霜期 300 天以上。距中甸县城、丽江县城 50 公里，距大理市 186 公里，距昆明 588 公里。开发区成立以来，累计投入基础设施建设资金 5000 多万元，建成 10000 吨/日自来水厂 1 座，铺设市政供排水管网 10.86 公里，新建市政主干道和次干道 5.2 公里，铺设油路 1.8 公里，架设输电线路 5 条共 33.6 公里，完成初装 1000 千门程控电话、移动电话和无线寻呼，完成市政绿化面积 4160 平方米，安装有线电视系统 4 座，在建全长 316.6 米金沙江车马吊桥 1 座。目前，区内各类企业 19 个，企业从业人员 1250 人，2000 年国内生产总值 7600 万元。

优势产业。“九五”中后期，随着天然林的停伐，迪庆州委及时调整完善了全州经济社会发展思路及产业重点，确定把旅游业、畜牧业、生物资源和水资源开发四大优势产业培植为支柱产业，根据国家产业导向及《当前云南省鼓励发展的产业产品目录》结合迪庆实际，提出了《当前迪庆州鼓励发展的产业产品目录》，作为当前全州引导投资方向，改善投资结构及审批基本建设和技术改造的重要依据。

发展潜力。迪庆旅游业以“香格里拉”为标识品牌，有八大显著优势和发展潜力。(1)气势磅礴的低纬度高海拔雪山群和低海拔现代冰川，其中梅里雪山主峰卡瓦格博，至今未被人类征服；(2)蔚为壮观的金沙江、澜沧江大峡谷和香格里拉峡谷群，集险、高、深、峻闻名于世；(3)风光迷人的高山湖泊和绚丽多姿的花海草甸，迪庆高山湖泊是亚洲大陆最纯净的淡水湖泊群。(4)丰富多样的珍稀动物植物资源。(5)神秘深邃的宗教文化，迪庆境内以藏传佛教为主，天主教等多种宗教并存，各具特色；(6)美不胜收的民族歌舞，迪庆州被国际音乐界视为“歌舞圣地”，锅庄舞、热巴舞、弦子舞等地方歌舞独具特色，赛马节、登巴节、阔时节、二月八等民族节日令人留连忘返；(7)风格迥异的民族风俗，迪庆的民风民俗、民族服饰、饮食文化、礼仪丧葬多姿多彩，极具神奇色彩，(8)叹为观止的民族工艺，藏式挂毯、木碗茶具、银铜器皿精致靓丽，藏医藏药、原始图腾等魅力无穷。迪庆畜牧业是传统优势产业，2000 年全州大小牲畜存栏 87.29 万头只，出栏 21.89 万头只，具有广阔的发展前景。迪庆州水资源丰富，特别是总装机容量为 35.19 万千瓦的硕多岗河一库八级水资源调节功能好、开发条件优越，可建成云南省最大的调峰电站和滇西北重要的能源基地。迪庆素有“生物基因库”的美誉，开发潜力较大的是以郁金香为主的球根类花卉和野生花卉产业，以藏药、当归、贝母、虫草为主的医药产业，以紫皮藏蒜、山嵛菜、竹叶菜、树头菜为主的无公害蔬菜产业，以松茸、羊肚菌为主的野生菌类产业，以核桃、板栗为主的干果产业。

【利用外资和对外贸易】　“九五”期间全州完成自营进出口额 947 万美元，累计兴办三资企业 6 户，现有 3 户，协议外资总额 481.65 万美元，实际到位 413.94 万美元，间接利用外资 327.88 美元。2000 年审批外商企业一家，利用对外经济协作和国外援助资金 286 万美元。三资企业运行平稳。2000 年，中港合资中甸伟松食品公司实现产值 100 万元，销售额 87 万元，交纳税金 3.9 万元，盈利 8 万元；中美合资建塘宾馆营业收入 154.3 万元，云南环太酒店有限公司营业收入 619 万元。2000 年，全年外贸进出口总额 292 万美元，比上年增长 64%。迪庆州进出口产品有以松茸为主的野生菌类、虫草等珍稀药材、钨矿等有色金属。

根据《当前迪庆州鼓励发展的产业产品目录》，鼓励投资方向为农牧业、林业、水利、电力、交通、有色金属、医药、轻工、建筑建材、城市基础设施及房地产、资源综合利用和环境保护、旅游、商业、其它服务业共 82 个类别。

【经济协作与对口支援】　“九五”期间，全州共签订合作项目78项,技术合作12项,社会合作42项,其中实施65项,项目实施率83%,项目涉及旅游、能源、生物资源开发、木材加工、矿冶、轻工、商贸服务、基础设施等领域;技术合作和社会合作项目实施率100%。建立新型友好互利的迪昆合作友好州市合作关系,两地共签订32个经济技术协作项目,协议引进资金28775万元,实际到位资金18599.6万元。2000年抓住香格里拉艺术节、昆交会、民交会和第三届滇藏川青艺术节等契机,积极组织州内企业参展,并通过召开客商座谈会、新闻记者招待会、发放宣传品、展报、展品等多种形式广泛宣传迪庆投资环境、政策和招商引资项目,共签订经济技术合作项目26项,协议总投资5.47亿元,其中18个项目已实施,项目实施率69%,实际到位资金7584万元。

扶贫工作。迪庆州由于受自然、地理条件制约,加上历史的原因,所辖三个县均属国家重点扶持的贫困县,"九五"期间,全州共投入各项扶贫资金48701.39万元,其中以工代赈12054.9万元,财政专项扶贫资金8718.25万元,发展资金5702.74万元,扶贫信贷资金19475.5万元,小额信贷资金2750万元。通过国家扶贫资金的大量注入,实施了科教扶贫、农水扶贫攻坚、以工代赈、小额信贷、异地开发移民、温饱村示范、安居工程等建设项目,贫困地区的生产生活条件得到明显改善。

【重点开发项目】 中甸球根类花卉基地。球根类花卉作为花卉产业的重要组成部分,在世界花卉市场贸易量中占四分之一的市场份额。中甸县从1993年开始从荷兰引种郁金香在高原试种,经过6年的探索,已全部掌握郁金香的生物学特性和栽培技术,具备了扩大再生产的基础条件。该项目为云南格桑花卉有限责任公司生产基地,位于中甸高原坝区,土地面积237795亩,地势平坦,土地肥沃,水资源丰富,最适应于郁金香等球根花卉生长。

天然林保护工程。从1998年9月1日起,停止了全州境内的天然林采伐,将境内165万公顷天然林全部纳入保护范围,并按照有关要求,积极开展保护和森工企业转产分流及国有林场的建设方案,在国家和省政府的支持下,三个子项目(管护工程、公益林建设、退耕还林)开始启动项目建设。项目效益:保护生态、减少水土流失,增加森林覆盖,改善生态环境,减少水土流失,稳定社会,提高人民生活水平,计划投资64900万元。建设年限为2000~2014年。

中甸县桑纳水库。该项目是迪庆州第一个中型水利工程,是云南省第一座海拔最高的中型水利工程,建设规模为库容1500万立方米,干渠13.6公里及附属设施建设,计划投资:6570万元,建设年限:1999~2001年。迪庆州生态环境建设。迪庆地处金沙江、澜沧江中上游,水土流失严重,保护和建设好"两江"的生态环境对经济社会发展起着不可低估的作用,同时对中下游地区人民群众的生命和财产安全得到保障,项目建设规模为全州重点地区综合治理400平方公里,坡耕地改造17万亩,人工造林5万亩,草地建设15万亩,封山育林50万亩,沼气池5万个,节柴灶1万口,项目规划总投资32431万元,建设年限为1999~2015年。白茫雪山自然保护区扩建。为抢救、保护以滇金丝猴为主的珍稀濒危野生动物以及它们的栖息地,拟将地理上与白茫雪山国家级自然保护区紧密相连的德钦县施坝、各么茸林区以及维西县萨马阁林区国有林面积86288公顷,划归白茫雪山自然保护区,扩建后,全州自然保护区总面积达到314921公顷,计划投资15950万元,建设年限2001~2015年。国道214线中松段二级公路改造。国道214线中松段属国道214线西宁至昌都至景洪打洛在云南迪庆州境内的一段,该段路始建于1957年,由于该路段现有公路标准与车流量迅猛增长不相适应,交通拥挤,事故频繁,为适应云南藏区政治、经济、国防和稳定边疆的需要,加快藏区经济发展,促进香格里拉旅游业的发展,改造该路段是十分必要和重要的,项目建设规模为松园桥至中甸县城125公里路段改造为二级油路,计划总投资9.5亿元。建设年限5年。

【民族文化】 2000年教育经费支出约占同期财政支出的15%。全州有幼儿园6所,小学945所,在校生41118人,中学25所,在校生10026人,中等专业学校3所,在校生984人,职业中学4校,在校生284人,全州已基本普及六年义务教育,小学适龄儿童入学率98%。但由于受历史、地理、经济基础等因素的制约,全州教育基础薄弱,初中入学率仅为51%,校舍、教学设备不足,危房比例高,教育经费不足,普及九年义务教育步履艰难,单纯依靠自身的力量普及九年义务教育难度大。

全州有文化事业机构42个,其中艺术表演团体2个,艺术表演场所3个,群众文化机构33个,公共图书馆3个,藏书17.44万册,文物机构2个(州博物馆及文管所),有各级文物保护单位37个,其中国家级1个,省级6个,州级4个,县级21个。长期以来,由于投入不足,已有的文化设施简陋破旧,面积狭小。缺少青少年活动场所,70%的文化站有机构无站室。

2000年末,全州拥有广播台站6座,其中有线广播2座,广播调频台3座,广播中播发射台1座。拥有卫星电视地面站1371座,乡镇级有线电视小网络10座,县级有线电视网络4座,州级有线电视多功能传输综合网络1座,电视覆盖率84.85%,广播覆盖率42.3%。

2000年,全州有医疗卫生机构208个,病床794张,卫生技术人员1245人,城乡居民健康水平有所提高,全州三县均已达到"人人享有初级卫生保健"合格或基本合格标准。

甘肃省甘南藏族自治州

【概况】 甘南藏族自治州位于甘肃省西南部,青藏高原、黄土高原和陇南山地的过渡地带,地势西北高东南低,东与定西、陇南两地毗邻,南与四川阿坝藏族羌族自治州交界,西连青海省果洛、黄南两个藏族自治州,北靠临夏回族自治州。东西长360.7公里,南北宽270.9公里,土地总面积4.5万平方公里,占全省总面积的10%。境内地形复杂,既有宽广的草原,也有耸入云端的高山奇峰和沟壑纵横的深山峡谷,大体可分为山原、山地丘陵和高山峡谷三个地貌类型。最高海拔4920米,最低海拔1172米,平均海拔3000米左右。气候高寒阴湿,温差较大,大部分地区地势偏高,热量不足,长冬无夏,春秋相连。

甘南州成立于1953年,现辖夏河、临潭、卓尼、舟曲、迭部、玛曲、碌曲和合作市七县一市108个乡镇,州政府驻合作市。州内现有藏、汉、回、蒙、土、撒拉、东乡、保安等24个民族。截止2000年底,总人口66.25万人,其中藏族31.93万人。

甘南州地域广阔,自然资源丰富,尤以草场、矿产、水能、山野珍菜、旅游五大自然资源最具优势,是尚待开发的一块宝地。全州草场面积4084万亩,其中可利用草场3843万亩,80%的草场连片集中,53%的草场是草质优良的亚高山草甸草场,草地理论载畜量620万个羊单位,属青藏高原和甘肃省天然草场中自然载畜能力强,耐牧性较大的草场。境内已探明的铜、铁、锑、金、银、汞、砷、硫、煤、泥炭、白云岩、石膏、硅石等矿产地有270多处。其中有色金属139处,能源矿产地56处,非金属矿产地18处,近期发展势头强劲,远景发展潜力很大。境内有大小河流120多条,属黄河水系的主要河流有黄河、洮河、大夏河,流域面积3.1万平方公里,属长江水系的白龙江流域面积7713平方公里,全州地表水254.1亿立方米,其中自产水10.1亿立方米,水能理论蕴藏量361万千瓦,有很大的开发潜力。全州林木茂盛,森林资源丰富,林地面积1382万亩,森林覆盖率20.57%;树种繁多,仅木本植物就有400多种,主要以云杉、冷杉、油松为主。山野珍菜种类多,品质好,主要有蕨菜、蕨麻、沙棘、羊肚菌、猴头菌、木耳等十余种。

甘南州景色秀丽,自然风光独特,文物古迹众多,民族特色浓郁,形成了丰富多采的旅游资源。除享有"佛教圣地"之称、藏传佛教格鲁派六大寺院之一的夏河拉卜楞寺之外,还有建于1725年的卓尼禅定寺及碌曲郎木寺等100多处寺院。自然景观有则岔石林、达力加山溶洞、莲花山等17处。甘南是红军二万五千里长征经过地区,有著名的迭部天险腊子口、俄界会议旧址、临潭新城苏维埃旧址等9处革命遗址。还有许多独具地方民族特色的宗教节日、民间歌会、赛马甬力、采花节等群众娱乐性传统文化活动及人文景观。

【经济与社会发展】 2000年,全州实现国内生产总值13.73亿元,比1999年增长9.26%,其中第一产业增长4.16%,第二产业增长14.4%,第三产业增长18.15%。

牧区"五配套"为主的草原基础设施建设和"三化"草场综合治理步伐加快,牲畜的疫病防治和畜种改良工作进一步得到加强,畜牧业连续第十六年获得丰收。全州各类牲畜年末存栏295.39万头只,比年初增加0.89万头只,牲畜总增率、出栏率、商品率分别达到25.01%、29.75%、23.16%,分别比上年增长0.7、0.64、0.34个百分点。肉类总产量3.5万吨,增长1.5%;奶类总产量6.1万吨,增长0.2%。种植业积极实施退耕还林(草)试点工程,大力调整种植结构,全年新增梯田2.85万亩,新增有效灌溉面积1.87万亩,发展集雨节灌1.31万亩,全州完成粮食总产量11.45万吨,油料总产量1.04万吨,粮经饲的种植比例由1999年的76.4:15.1:8.5调整到2000年的74.5:17:8.5;林业积极实施天然林保护工程,加大生态环境建设力度。全年共完成退耕还林(草)面积6.1万亩,其中完成退耕还林3.04万亩,退耕还草2万亩,荒山造林1万亩;完成天然林保护工程3028亩。

国有企业改革力度进一步加大,结构调整和企业改造进一步加快,工业经济稳步增长。全年完成乡及乡以上工业增加值1.64亿元,比上年增长10.8%。工业企业主要产品产量有不同程度的提高,全年完成黄金产量2582公斤,比上年增长0.8%;发电量1.87亿千瓦时,比上年增长10.3%;生产水泥12.67万吨,增长82.8%;乳制品产量3637吨,增长52.9%,硅铁产量6843吨,增长80.1%。

乡镇企业加快企业技术改造升级力度,有力地推进了农业产业化进程,全年实现乡镇企业总产值3.98亿元,增长20.9%,实现利税3285万元,完成乡镇企业增加值9854万元,增长18%。

2000年甘南州完成全社会固定资产投资4.57亿元,增长25.3%,其中基本建设投资3.17亿元,增长30%,技术改造投资0.39亿元,下降28.4%,其它投资1.01亿元,增长52.3%。随着天然林保护工程、退耕还林(草)试点工程、生态县综合治理工程的实施,加快了甘南州生态环境建设步伐。截止2000年,累计治理"三化"草场320万亩,完成天保工程0.7万亩。

财政、金融运行平稳,全年完成大口径财政收入1.17亿元,其中地方财政收入9709万元。金融机构年末各项存款余额13.60亿元,比年初增长13.78%,各项贷款余额9.09亿元,加上三家国有商业银行剥离不良贷款1.27亿元,比年初增长6.22%。消费品市场趋于活跃,商品物价回落趋势初步得到遏制,全年实现社会消费品零售总额5.34亿元,增长9.8%,商品零售价格指数与上年持平,居民消费价格指数100.2%。

科技在工农业生产中得到推广,贡献率分别达到22%和36%,科技成果转化率52%。教育基础设施在实施"援藏资金项目"、"国扶教育工程"、"义教工程"中得到极大改善,义务教育普及率进一步提高,适龄儿童入学率95.1%。医疗卫生工作进一步加强,基础卫生条件有一定改善,儿童"四苗"覆盖率97.5%,计划生育工作全面完成省政府下达人口计划;体育活动及全民健身活动得到进一步推广;文化广播电视事业健康发展,以反映民族特色、崇尚科学、弘扬传统美德和时代精神为主的作品得到充分肯定和鼓励,群众文化生活丰富活跃。《甘南州志》正式出版发行。广播电视基础设施建设不断加快,通过实施2000年度"村村通”和甘南有线电视光电混合网络改造项目,使广播电视覆盖率分别提高到73.26%和82.11%,分别比上年提高了4.64、3.74个百分点。人民生活水平继续改善,2000年全州城镇居民人均可支配收入2800元,比上年增长7.7%,农牧民人均纯收入1180元,比上年增长5.7%。社会保障制度逐步建立,年末城镇人口登记失业率4.58%。

【投资环境】 2000年州政府出台了《关于加快甘南开放开发的若干政策规定》。凡来甘南投资者,只要符合国家产业政策,技术新、产品好、经济效益显著,优先批准立项,优先征用土地,优先注册登记,优先供水供电,优先进行各类评估。外来投资者建设和生产所需的水、电、交通运输、通讯等基础设施配套,及在金融、保险、劳动用工等社会服务,各有关部门都将全力给予保障,并享有特殊的税费优惠和使用土地的优惠政策。外来投资者购买、兼并、租赁企业都享有包括国家和省对民族地区国有企业税收、贷款、土地使用等优惠政策。

基础设施建设步伐加快,投资开发的各项基础条件得到很大改善,全州公路通车里程3076公里,州县及主要旅游热线都有三级以上公路连接,现已形成“二纵三横”为主骨架,其它线路辅助联结,干支结合,布局合理的全州新公路网络,全州108个乡镇均通公路,交通运输较为便利。通过实施农村电网建设与改造工程,全州电网供电能力、质量、可靠性、安全性都有显著提高。全州小水电装机总容量6.9万千瓦,并与大电网并网运行,电力供应充足,生产、生活用电完全得到保障。邮电通信方便快捷,全州七县一市相继建成SDH本地传输网,电信网在原有程控数字交换机的基础上,又建成数据和电路双重交换功能的HJD04程控交换机,开通了一线通业务,建成了163、169等多媒体通信网,开通了综合数据通信网,数字数据网和帧中继等业务,甘南州的数据业务已趋完善,建成了覆盖全州的数字移动通信网,形成了适应经济社会发展的电信网络,能为社会各界提供全面快捷的邮电通信服务。

重点区域建设。主要有两个具有显著特色的经济区:一是合作市和碌玛夏三县经济区,该区域是甘南州重要牧区,工业有一定基础,交通运输便利,基础设施相对较好,发展第三产业条件优越。重点发展城市经济、加工制造业、畜牧业及畜产品深加工、矿业和旅游业等;二是临卓舟迭经济区,该区是甘南主要的林区和农区,重点发展的产业是“两高一优”农牧业、水电、矿产开发、牛羊育肥、农副产品加工、药材种植加工、山野珍品加工及旅游等。甘南州有藏药材及中草药880多种,加工开发前景十分广阔。

【利用外资和对外贸易】 2000年全州共签约招商引资项目25个,其中在“甘南州招商引资洽谈会”上签约18个,“2000甘肃兰州投资贸易洽谈会”上签约7个。在25个项目中有23个项目进展顺利,项目总投资40577.5万元,其中引进国内资金30373.5万元;当年到位资金7614.7万元,到位率19%;在当年到位资金中引进国内资金到位7199.9万元,到位率24%。鼓励外商进入金融、保险、电讯、旅游、房地产、会计服务、交通运输、对外贸易等领域。按照“谁投资、谁决策、谁受益、谁承担风险”的原则,积极引导鼓励各类所有制经济在基础设施和公益事业建设方面发挥作用。

【重点开发项目】 临潭县青石山水电站。建设规模3×4000千瓦,总投资9981万元,设计年发电量6700万千瓦小时,项目建成后年实现利润1100万元。2000年1号机组试运行发电成功。

农村电网建设与改造工程。新建110千伏线路500公里,改建35千伏线路794公里,10千伏线路4360公里,0.4千伏线路2065.9公里,配套变压器及相应的输变电工程建设。工程总投资40690万元。项目从1999年开工建设,2001年底全面完工。届时,全州电网的供电能力、质量、可靠性、安全性都会得到显著提高,农牧村的生产、生活用电将得到保证。

以工代赈(以粮代赈)退耕还林(草)、“三化”草场综合治理工程。2000年完成综合治理“三化”草场面积42.85万亩、15度以上坡耕地退耕造林2.55万亩、还草1.15万亩及配套水利设施建设等。全年完成投资1253万元。同时,以粮代赈退耕还林(草)试点工作进展顺利,全年完成以粮代赈退耕还林(草)6万亩。

迭部、卓尼二县牧区开发示范工程。主要进行草场良种繁育体系、疫病防治体系、技术推广服务体系等建设。项目总投资800万元,工程从1999年开始实施,到2000年底,完成工程总量的90%以上。

夏河、合作二县(市)生态环境综合治理工程。主要进行草地生态建设,生态农业、生态林业建设及综合治理等。项目总投资2160万元,到2000年底夏河县已基本完成建设任务,合作市已完成工程总量的69%。

【经济协作与对口支援】　甘南州于2000年7月成功举办了甘南州香巴拉旅游艺术节和招商引资洽谈会、合作市商品交易会、玛曲黄河首曲旅游节、卓尼大峪沟风情旅游节、碌曲则岔旅游节,通过政府搭台,旅游牵线,邀请了大量省内外宾客,使甘南州对外宣传、开放、开发形成全方位、多层次的格局。在2000年8月举办的“2000甘肃兰州投资贸易洽谈会”上,甘南州参展的8大类40多个产品中,“燎原牌”乳制品系列等12个产品被“兰洽会”组委会评为最受欢迎产品称号。在招商引资、项目洽谈、横向协作、产品展示等方面取得显著成绩,有了突破性进展。

甘肃省临夏回族自治州

【概况】　临夏回族自治州位于黄河上游、甘肃省中部西南边缘,地处青藏高原与黄土高原过渡带。东濒洮河与定西地区相望,西倚积石山与青海省毗连,南屏太子山与甘南藏族自治州为邻,北临黄河、湟水与兰州市、青海省民和县接壤。南北长183.6公里,东西宽136公里,总面积8206.32平方公里,占全省总面积的1.8%。临夏回族自治州成立于1956年,现辖一市七县,即临夏市、临夏、永靖、和政、广河、康乐县和东乡族自治县、积石山保安族东乡族撒拉族自治县。共133个乡,11个镇,6个街道办事处。有回、汉、东乡、保安、撒拉、土、藏、满、蒙古族等21个民族,187.85万人,其中少数民族人口105.74万人,人口密度217人/平方公里。

州内山谷多、平地少,地势西南高,东北低,由西南向东北递降,呈倾斜盆地状态,平均海拔2000米,环境条件严酷。东北部干旱少雨,西南部高寒阴湿,旱涝雹洪,灾害频繁。是集少数民族地区、高寒阴湿山区、“两西”干旱山区、贫困地区、刘盐八水库移民区于一州的边远贫困地区,是甘肃省扶贫攻坚的主战场。自然条件严酷。一是干旱带来的生存环境恶劣,东北部黄土丘陵梁沟相间,侵蚀强烈,沟谷呈树枝状分布。“十年九旱”,人畜饮水困难,部分山区甚至缺少起码的生存条件。二是低温引发的各种因素导致农业生产水平低。西南部属石质山麓地带,气候温寒湿润,热量不足,平均气温5℃以下,夏季大暴雨,秋季连阴雨,严重影响农业生产。

临夏州深居内陆中纬地带,具有大陆性季风气候和山地气候特点。东北部干旱、少雨、气候温暖;西南部湿润、温凉、多雨水。夏凉而短,冬冷而长,且冬干夏湿。

临夏州光能资源丰富,利用潜力大,处于太阳能较丰富的有效利用范围区。年总辐射量为5400~5800兆焦尔/平方米,利用天数210~260天。年平均气温4~9℃,降水在水平方向上从东北角向西南呈带状分布,并依次递减;在垂直方向由河谷向高山递增。全年降水量260~660毫米,分布不均,多寡悬殊。水资源相对富足,开发利用潜力大,但分布极不平稳,南丰北欠。临夏州区内河流均属黄河水系,较大的支流有洮河、湟水河、大夏河等大小河流共30条。拥有总水量336.15亿立方米,其中过境水324亿立方米,占总量的96.4%。自产径流和地下水12.15亿立方米,占总量的

3.6%。客水资源丰富,自产水资源相对缺乏。

土地资源数量少,中低产田面积大,宜耕面积小,且结构多样。土地面积居全省第12位,耕地面积361.83万亩,占总土地面积的29.39%;林地面积193.96万亩;水域面积35万亩;牧草面积346.11万亩;未利用土地面积240.13万亩。

矿产资源主要有石灰石、大理石、硅灰石、岩棉矿、石膏等8种。储量丰富的主要是大理石,约22亿立方米,面积60多平方公里,有24个种类,已着手开发,前景较为广阔。其次为石灰石,约3804亿万吨。

临夏州全境处于省内三大旅游热线之一的甘临旅游线上。人文和自然旅游资源丰富,具有独特的多民族风情和民俗特点。属古丝绸之路的南线,历史上的唐蕃古道。已发掘的古遗址有107处,其中48处分别列为全国和省、县级重点文物保护单位。同时,临夏享有"彩陶之乡"的盛名,积石山县三坪出土的彩陶瓮,列为"国宝",现珍藏于中国历史博物馆。永靖县境内分布世界罕见的恐龙足印群和政县境内古动物化石等,引人注目。和政县古生物化石博物馆已启动建设。

【经济与社会发展】 2000年,临夏州工业总产值14.23亿元,同比增长22.38%,财政收入16437万元。农民人均纯收入1010.56元,农村贫困面4.65%。农村医疗条件有了较大改善,有医疗卫生机构186个,从业人员4508人。

【投资环境】 临夏州是民族自治地方改革开放试验区,黄河上游多民族经济开发区和少数民族自治地方,具有其它地区无法比拟的区域政策优势。州委、州政府为进一步改善投资环境,制定了《临夏回族自治州人民政府招商引资优惠政策若干规定》、《临夏回族自治州人民政府对外地投资实行"三分"优惠政策的若干规定》、《关于大力发展非公有制经济的决定》等政策;在项目审批、管理等方面提供便利条件。

基础条件方面。临夏州有盐锅峡、刘家峡、八盘峡三座大型水电站。总发电量12059万千瓦;大夏河、广通河、牙塘河等河段上有各类中小水电站36座,装机85台,总装机容量38069千瓦。有国道2条224.95公里,省道3条260.3公里,县道25条756.13公里。总里程中二级公路133.84公里,三级公路775.5公里,四级公路552.74公里,初步形成了以州府所在地为中心,以国省道为骨架、县道为支线、乡、专道为经络,贯穿各县(市),通达各乡(镇)的公路网络。拥有各类船舶440多艘,其中机动船舶200多艘,高速快艇36艘,可供船舶停靠的趸船3艘,开通了莲花至大坝、小川至太极湖、大坝至炳灵寺等主航线6条290公里;水上从业人员880多人;建成码头13个,新建的莲花、向阳两个车辆渡运码头和2艘汽车轮渡船投入运营,实现了刘家峡库区两岸路网对接的目标。城乡电话普及率2.34%,支撑网、智能网、接入网、服务网、7号信令网、数字同步网已覆盖县以上城市,电话到村工程正在实施建设之中,基本形成了比较完整的通信网络。

重点区域建设主要有:广临产业化长廊。沿兰郎公路,东起洮河大桥,经广河县、和政县、临夏市,西至临夏县土门关,全长112公里的带状区域。重点发展暖棚养殖、优质蔬菜、优质林果,集中扶持一批农副产品加工龙头企业,基本形成贸、工、农一体化的产业化经营格局。初步建成反季节蔬菜瓜果生产基地、农副产品加工基地、农业科技示范园区、设施农业示范区。

刘家峡沿库自然生态区。以刘家峡水库为中心的永靖县、东乡县、积石山县、临夏县为区域。该区域主要实施库区上水绿化工程,重点发展水产养殖业和旅游业。将莲花渡假村、太极湖、炳灵寺等主要旅游景点,发展成全省重要的旅游区。

优势产业主要为优质高效特色农业、商贸流通业、农副产品加工业和旅游业。

旅游业。一是旅游资源富集。各类旅游景区(点)107处,包括人文类76处,自然类31

处。县(市)级以上景区86处。其中国家级文物保护单位2处,国家级森林公园1处,省级文物保护单位15处,省级自然保护区1处,县市级文物保护单位67处。二是旅游资源独具特色。青藏高原与黄土高原过渡带的特殊地质条件,形成了雄浑的自然景观。南部有林海松涛的国家级森林公园松鸣岩、陡奇峻拔的省级自然保护区莲花山,北部有千岩竞秀的黄河三峡、碧波万顷的高峡平湖——刘家峡水库。丝绸之路、唐蕃古道留下了闻名遐迩的炳灵寺石窟和"彩陶王"等艺术珍品;悠久的历史,留下了以齐家坪遗址为代表的古文化和极具考古价值的古动物化石;独特的民间工艺,融回族砖雕、汉族木刻、藏族彩绘为一体,创造了在国内建筑界具有影响的红园、东公馆、蝴蝶楼等具有代表性的地方建筑;浓郁的伊斯兰文化氛围,营造出了具有异域风格的清真寺建筑群和别具一格的民俗风情。民族文化、宗教文化、民俗文化交相辉映,是临夏特有的文化资源。三是甘肃省六条旅游开发专线中,东南文物古迹自然风光开发线和甘川九寨沟民俗风情自然风景开发线两条专线途经临夏,为临夏州与周边地区协作开发旅游资源创造了有利条件。

特色经济。一是临夏大白蚕、莲花花椒、酸巴梨、唐汪大接杏、鸡蛋皮核桃、民族地毯、保安腰刀、临夏砖雕、河州党参、当归等产品,具有较高的增值潜力和开发前景。二是特色农产品基地初具规模。种植业已建成蚕豆生产基地15万亩、花椒生产基地13万亩、酸巴梨生产基地6万亩、中药材生产基地3万亩;畜牧业建成规模养殖场318处,畜产品总量4万吨,商品率65.1%,形成了牧区放牧繁殖,农区育肥屠宰的商品畜牧业格局。三是特色加工业已经起步。果汁、黄酒、皮革、牛羊肉等农畜产品加工龙头企业初具雏形,部分产品已跻身部、省名优产品行列。

区位优势。一是临夏州在历史上是古丝绸之路和唐蕃古道的重镇,又是明清以来"茶马互市"的中心,有西部"旱码头"之称,具有独特的区域辐射优势。二是具有黄土高原与青藏高原过渡带、冷暖干湿气候过渡带、农牧区过渡带的"三过渡"地理优势,适宜多种农作物生长。三是北部毗邻兰州,南部接壤青藏牧区,南北均为农副产品消费大区,为发展特色经济提供了广阔的市场空间。

人文优势。一是以回族为主的少数民族素有经商的传统,各族群众市场经济意识比较强;二是伊斯兰教群众多达103万人,旅居海外临夏籍华侨较多,民间往来频繁,为长期开展国内外伊斯兰文化、经济交流与合作,深层次开拓国内外尤其是阿拉伯市场拥有独特优势;三是伊斯兰各民族生产的清真食品种类多、信誉度高,具有创建清真食品基地的比较优势。

商贸流通优势。一是已建成各类专业、综合市场130处,为资源配置创造了市场基础。市场配置的皮张、羊毛、木材、茶叶等农副产品及布匹面料、日用百货资源较为丰富;二是国内流通领域从业人员多、辐射面广,在北京、深圳、西藏、南京、上海等地设立了10处常驻办事机构或经贸公司;三是商贸业积累了大量民间资本,为资本流向第一、二产业和朝阳产业及扩大再生产奠定了资本基础。

非公有制经济在国民经济总量中所占比重大,财政贡献率高。农民从非公有制经济中获得的收入占总收入的三分之一以上;非公有制经济领域蕴涵的就业岗位多,社会劳动力的潜在吸纳量大;市场主体经营机制灵活,竞争力强。

【利用外资和对外贸易】　2000年,临夏州与多个省(市)、自治区的地县建立了经济协作关系,获得了对外贸易出口自营权。先后组团赴天津、浙江、云南等地考察学习,达成与北京宣武区、天津北辰区建立友好州区、开展经济交流合作的意向,引进了一批项目和资金。设立了驻上海联络处。赴沙特、阿联酋等国家考察中东市场,开展经贸洽谈,参加了2000年吉达国际生活方式博览会,对外宣传推介临夏州企业和产品,为临夏在阿联酋迪拜市、沙特吉达市设立商贸窗口奠定了基础。在2000年中国兰州投资贸易洽谈会上,共签定招商引资项目18个,合作(协议)金额1.8亿元,交易会期间累计完成销售额1.9亿元。

【重点开发项目】 东乡南阳渠灌溉工程。是一项旨在解决临夏州东乡、和政、临夏三县部分地区干旱落后面貌的跨流域调水工程,工程设计灌溉面积12.2万亩,总投资55557万元,工程建成后,将在一定程度上改善东乡县的生态环境,解决12万多亩耕地的灌溉和12万多人的饮水问题。临夏市供水扩建工程。日供水达到5万吨,总投资8270.61万元,工程建成后,可改善投资和生活环境,加速临夏市经济发展。临夏县土门关电站。总装机容量6400千瓦,总概算投资6000万元,电站建成后,年均发电量为3719万千瓦时。积石山县大峡引水灌溉工程。总投资6300万元,计划五年建成,项目建成后,可发展灌溉面积8万亩,年增产粮食1143万公斤,油料60万公斤,蚕豆100万公斤,解决2.88万人、115万头大牲畜的饮水困难,灌区森林覆盖率提高6.5个百分点。和政县古生物化石博物馆。总建筑面积2800平方米,概算总投资1525万元,博物馆建成后,可收集、整理、保护古生物化石154件,其中一级文物6件,二级文物38件,三级文物110件,同时,还能举办风格独特、新颖的古生物化石展览,接纳国内外游客和专业研究人员参观和考古研究。临夏州和政、永靖、康乐、临夏四县生态环境综合治理。总投资21929万元,项目实施后,可有效改善农业基础条件,增强发展后劲,具有明显的生态、经济和社会效益。永靖县旅游基础设施建设。总投资5238万元,项目建成后,可维持当地生态平稳,减少黄河上游泥沙量,促进对外开放和加强交流合作,推动永靖县旅游经济和社会各项事业全面发展。

【经济协作与对口支援】 2000年,临夏州与上海新诺生物技术有限公司、上海博容基因开发有限公司等科研企业达成联合开发临夏党参、当归、冬虫夏草、鹿含草等七种中药材产品意向性协定,协议项目资金2.12亿元,立项工作已完成,准备付诸实施;赴天津进行了经济开发合作项目的洽谈,起草了临夏州与天津北辰区缔结友好州区协议;河南木兰食品集团出资350万元建设的临夏振林清真方便面生产线项目竣工投产,其产品远销甘、青、宁、新四省区,极大方便了各族穆斯林群众,也使临夏的清真食品走向了全国市场。

青海省海北藏族自治州

【概况】 青海省海北藏族自治州(以下简称海北州)因位于青海省东北部、青海湖北岸而得名。东西长413公里,南北宽261公里,总面积3.47万平方公里,占青海省总面积的4.7%。地势由西北向东南倾斜,平均海拔3100米。海拔超过3000米以上的高原面积占全州总面积的85%,属高原大陆性气候。全年日照时数2440~3140小时。年降水量300~500毫米,多集中在7~8月份,雨热同季,无绝对无霜期。土壤以高山草甸土和山地草甸土为主,兼有黑钙土、栗钙土、灰褐土等,有机质含量丰富,有利于农作物和牧草的生长。

海北州属资源型地区。现已探明的矿藏有石棉、煤炭、岩金、砂金、铁、锰、铜、铅锌、铬铁、宝玉石等34种,矿点431处。尤其以煤炭、石棉和黄金为主,俗称“黑、白、黄”三宝。煤炭地质储量25亿吨,占全省煤炭储量的53%。石棉储量2700多万吨,是国内唯一可湿法生产的优质棉种,可以同加拿大石棉相毗美。铬铁42.54万吨。黄金遍布全州,门源县于1997年采挖到一块重达6577.5克的自然金块,是青海省迄今为止发现的第二大自然金块。

海北州有大通河、黑河等河流140条,年径流量58.17亿立方米,水能蕴藏量40多万千瓦。大通河流域可开发建设仙米电站、骆驼脖子电站、克图电站、石头峡电站等13个梯级电站。黑河流域可开发建设二珠龙电站、地盘子电站等8个梯级电站。取之不尽的祁连山天然矿泉水资源品质精良,纯真甘美,有着广阔的开发前景。

海北州是青海省主要油料和畜牧业生产基地之一,有耕地95.85万亩,主要农作物有青稞和油菜,2000年粮油产量分别为5万吨和2.3万吨。门源县是省内外知名的油料生产基地,享有“门源油,满地流”的盛名,年可提供商品油1.2万吨。全州有可利用草场面积3432.45万亩,各类牲畜252.8万头(只),2000年肉产量2万吨,羊毛0.3万吨,牛羊皮60万张。以盛产藏系羊、牦牛、西宁毛、大通马而著称。

海北州共有乔、灌木林513.88万亩,森林覆盖率10.47%,有祁连、仙米两个林场。在茫茫林海和广袤草原上栖息着鹿、麝、雪鸡、熊、雪豹、野驴、岩羊等30多种珍禽异兽,生长着冬虫夏草、大黄、雪莲等40多种各类药材。

海北州的旅游资源独具魅力。有闻名遐尔的青海湖及其鸟岛,有奇峰叠翠的门源、祁连山水风光,有西汉王莽建郡的三角城,隋炀帝西巡及吐浑兴衰的众多古迹,有西王圣母等奇妙神话传说;这里是中国第一个核武器研制基地,是中国第一颗原子弹和氢弹的诞生地;海北州正在成为青海的旅游热线。

海北州建政于1953年12月,现辖门源回族自治县、祁连县、刚察县、海晏县4个县和青海湖农场、托勒牧场、同宝牧场3个县级农牧场。共有35个乡镇(其中镇4个),206个行政村。现有人口26.24万人,是一个以藏族为主体,藏、蒙、回、汉、土、撒拉族等多民族聚居的地区,少数民族人口15.83万人,农牧业人口19.59万人。

海北州首府原驻门源回族自治县浩门镇,1993年7月搬迁到海晏县西海镇,现占地570平方公里,与海晏县县城相距14公里,与省会西宁市相距103公里。

海北州可利用草地3432.45万亩,耕地95.85万亩,林地514.05万亩,工矿道路用地92.1万亩。全州水资源总量69.22亿立方米,其中,境内地表多年平均径流量58.17亿立方米,每平方公里占有水量17.07万立方米,境内地下水总量11.05亿立方米,冰川面积371.71平方公里,储水量130.44亿立方米,境内分布着大通河、黑河和青海湖三大水系,大通河和黑河流域缺水草原面积198万亩,青海湖滨草场缺水面积450万亩以上。森林面积513.88万亩,占全州土地总面积的10.47%,林地以灌木林为主,主要分布于门源回族自治县的仙米、珠固乡和祁连县的八宝镇一带,是黄河上游重要的水源涵养林区,也是青海省的用材林基地,木材蓄积量484万立方米。2000年,全州投资2175万元,完成生态环境综合治理项目5个,共营造人工防护林690亩,人工造林2.76万亩,建成林区围栏45.4公里,建成封育围栏108.2公里,人工补播、封育退化草场10.47万亩,种植灌木91.2万株,农田林网4.6万株,沙化及退化草场施肥改良8.5万亩,灭鼠1.7万亩,修建挡沙坝15座,生态保护和综合治理工程在全州开始全面启动。

【经济与社会发展】 2000年,海北州实现国内生产总值10.66亿元,比1999年增长4.1%。其中,第一产业3.5亿元,下降7.7%,第二产业3.3亿元,增长15.6%,第三产业3.86亿元,增长5.3%。州县属固定资产投资3.48亿元,比1999年增长18.3%;地方财政一般预算收入5670万元,比1999年下降4.4%;社会消费品零售总额3.16亿元,比1999年增长7%。

2000全州农民人均纯收入977元,比1999年下降16.4%,牧民人均纯收入2207元,比1999年增长7.2%,城镇居民人均可支配收入5028元,比1999年增长10.4%。

2000年,全州创建州级文明单位54个,州级文明单位标兵3个;省级文明单位24个,省级文明单位标兵3个;祁连县默勒乡瓦日尕村成为全国文明村创建先进单位;全州农牧区“十星级文明农牧户”参评率100%,涌现出1.29万户“十星户”,省、州、县三级“五好文明家庭”3812户，有6个乡30个村380户农牧户成为农牧区精神文明创建示范点。

科技兴州战略稳步推进，科技工作以项目、科普、建设科技示范村为重点，创建科技示范村8个，完成科技研究开发推广项目6项，科技进步对经济增长的贡献率36.5%，比1999年增加1.5个百分点。教育工作以“两基”为重点，扩大办学规模，提高教学质量。全州九年制义务教育普及率69.4%，学龄儿童入学率96%，青壮年文盲率下降至9%，州属中等专业学校招生120名。大力推进文化下乡和文化扶贫，2000年全州创建省级“特色文化乡”3个“小康文化村”7个；安装完成“村村通”电视设备37套、卫星地面站5套、太阳能视听设备30套，电视覆盖率89.19%。卫生事业以启动实施“卫八”等项目为重点，大力推进规范化合作医疗和乡村卫生组织一体化管理，加大对人间布病和鼠疫疫情监测力度，积极开展疾病防治和妇幼保健工作，改造乡镇卫生院危房13所，面积2077平方米，使农村牧区医疗卫生条件有了新的改善和提高。计划生育工作进一步加强，全州人口自然增长率控制在13.4‰以内。

【投资环境】 优惠政策。海北州政府制定了《海北藏族自治州招商引资优惠办法》。规定凡在海北州以独资、合资、合作等形式新办非国家明令禁止的经济实体、公益事业或参与现有企业改制、改组、改造的州内外、国内外客商，均可在土地使用、现有厂房和设备使用、税收、配套服务等方面享受优惠政策，并对引进客商直接投资的中介组织和个人，酌情给予奖励。

基础条件。海北州境内主要公路干线有青藏线、青新线、湟嘉线、宁张线、民门线等5条国道，3条省道，通车里程1870公里；过境铁路干线有青藏线及支线哈(尔盖)热(水)线。州府所在地海晏县西海镇境内有铁路专用线39公里，与青藏铁路线在海晏火车站接轨，有沥青砼面标准公路干线78公里与青新、湟嘉公路相连，交通便利。海北州有水力、火力发电厂7座，总装机容量4.4万千瓦。有与青海电网相接的110千伏变电所3座、110千伏线路3条、35千伏线路10条，电力供应充足。全州饮用与生产用水为自来水。州府西海镇日供水能力为4.2万吨，有污水处理站2座。海北州通讯畅达。州府至4县县城、州府与国内外各地通讯实现程控化，可通达国内、国际，126、127无线寻呼台和136、139移动电话网已开通。

以州府所在地——西海镇和4县县城为重点，2000年共投入5762.8万元，改造了城镇道路、城镇供水和城镇排水等工程。同时，精心安排，科学规划，以发展区域特色经济、吸纳农村剩余劳动力、增强小城镇载体功能、实现城乡一体化为目标，加快了全州小城镇建设步伐，使西海镇、4县县城和小城镇的基础设施条件得到了一定的改善。

海北州的畜牧业、煤、铝、石棉等已形成优势产业。2000年，全州出售牲畜71.94万头(只)，商品率29.82%。畜牧业的快速发展，为发展和壮大精深加工、流通、贮运为主的“龙头企业”提供了有利条件，具有一定的市场前景和发展潜力。2000年，全州生产原煤94.51万吨，实现利税1069万元；生产铝锭1万吨，实现利税616万元。目前正在按照煤、电、铝联营，实现规模效益、延伸产业链、提高产品附加值的总体思路推进煤、电、铝企业联合。石棉产量达到2万吨，实现利税170.7万元，石棉产品质量好、价格合理，用户遍及全国29个省、市、自治区。

【重点开发项目】 西海火电厂。装机容量2×12.5万千瓦，总投资11.8亿元，投资内部收益率8.4%，投资回收期11.7年。祁连石棉工业总公司3万吨石棉扩建项目。建设规模由目前年产石棉2万吨扩大到3万吨，项目总投资1.49亿元，投资利税率15.78%，税后投资回收期7.81年，财务内部收益率15.12%，建设工期2年。海北铝业有限公司电解铝扩建工程。建设规模为在现有年产1万吨电解铝的基础上再扩建1万吨，总投资

0.98亿元,项目建成后,预计年销售收入1.3亿元,实现利税0.15亿元,投资利税率19.47%,投资回收期7.6年(含建设期),该项目已于2000年开工建设。门源县寺沟口水电站。总装机1万千瓦,项目总投资0.83亿元,全部投资的财务基准收益率10%,建设期3年,该项目已于2000年开工建设。门源县仙水河电站。仙水河电站是大通河上规划建设的13座梯级水电站中的第9个梯级电站,装机3×4000千瓦,投资0.96亿元,财务内部收益率为10.6%,工期2.5年,该项目已于2000年开工建设。祁连县地盘子电站。地盘子电站是黑河流域梯级电站开发项目之一,总装机4×4000千瓦,年发电量7000万千瓦时,总投资1.26亿元,已于2000年开工建设。

【经济技术协作】 海北州坚持"开门建州"的方针,扩大对外开放,加强横向联合与经济技术协作,先后与山东青岛市、江苏连云港市、新疆博尔搭拉蒙古族自治州、甘肃金昌市、武威市建立了协作关系,并在青岛、大连、连云港等地设立了办事处。通过建立友好经济协作关系,宣传了海北,扩大了资源开发、科技、人才等方面的合作领域,先后与国内外60多家客商签订了80项协议和合同,协议引进资金29亿元人民币,已到位资金2.1亿元人民币。建成或在建项目50项,其中,已建成的海北铝业公司是海北州的利税大户。

【民族经济与文化】 到2000年底全州共拥有科研单位2个,各级科技协会、学会27个,会员0.23万人,拥有各类科技人员0.45万人。完成新产品开发、新技术引进推广、新品种选育等省、州级科技项目195项,取得各类科技成果112项,其中,获得国家级奖2项,省部级奖26项,厅局级奖60项。

2000年全州共有各级各类学校259所,其中,普通中学29所,职业中学4所,中专2所,小学218所,幼儿园6所,各类学校在校学生4.26万人,共有教职工0.29万人,各级各类学校建筑总面积29.97万平方米,在全州各类学校中,民族学校104所,少数民族在校生2.48万人。全州共有县级以上群众文化馆(室)5个,公共图书馆5个,各类藏书10万册。全州共有卫生机构52个,床位784张,卫生技术人员904人,县以上医院8家,床位649张,卫生技术人员486人,乡镇卫生院33所,床位135张,卫生技术人员266人,妇幼保健站5个,卫生防疫站5个,农村牧区医疗点206个,乡村医生和卫生员402人,基本实现了县有医院、乡有卫生院(所)、村有乡村医生和村级医疗服务网点的目标。

全州的地方民族工业从无到有、从小到大,不断发展壮大。到2000年,主要行业有能源、采掘、冶炼、建材、农畜产品加工、食品、医药、轻纺等行业;主要产品有电、煤、铝锭、镁锭、合金铝棒、碳化硅、硅铁、石棉绒、中成药、毛纺制品、植物油、皮革等,全州共有股份制、股份合作制、民营、私营等工业企业177户,实现现价销售产值4.7亿元,产销率达到99.6%。

青海省黄南藏族自治州

【概况】 黄南藏族自治州位于青海省东南部,地处黄河自岷山西折经川、甘边境,逆时针绕行复回青海省的大弯曲部。全州土地面积1.87万平方公里,占青海省总面积的2.6%。境内最高海拔4917米,最低海拔1960米,年均气温2.8~8.7℃,年降水量417.7毫米。

黄南州辖同仁、尖扎、泽库、河南蒙古族自治县及李家峡办事处,有农业乡镇21个、牧业乡18个。全州人口20.73万人,是一个以藏族为主体的多民族聚居区,少数民族占全州总人口的92%。州府驻同仁县隆务镇,距省会西宁市180公里。

黄南州地貌类型以山塬为主,其次是高山和中低山丘陵及河谷阶地。气候北部属于暖温、凉温半干旱气候区,中部和南部地区属于寒温半湿润、湿润区。人均占有土地9.02公顷。全州有牧草地159.23万公顷,可利用草地7.96万公顷。耕地1.89万公顷,未利用土地8.22万公顷,其它1.23万公顷。黄南州林木蓄积量519.05万立方米,森林覆盖率8.23%。

黄南州矿产资源比较丰富,现已探明具有一定储量的矿种有25种。其中大型泥炭矿床4个,中型多金属矿床2个,中型砷矿床1个,泥炭、砷、硫是黄南的优势矿种,砷矿平均品位达10.4%以上,硫工业储量29.04万吨。

黄南州年均自产地表水径流量28.78亿立方米,黄河过境流程长257公里;隆务河系黄河一级支流,全长144.31公里,河段落差1882米;泽曲河系黄河一级支流,全长94公里,河段落差580米;洮河境内流长93.5公里,河段落差400米。境内河流水能资源理论蕴藏量308.8万千瓦,其中黄河理论水能蕴藏量242万千瓦,可修建4座大中型水电站;隆务河理论蕴藏量24万千瓦,可修建15座水电站,现已建成6座;泽曲河理论蕴藏量3.9万千瓦,可修电站3座。

黄南州野生动植物种类繁多。著名的有盘羊、苏门羚、岩羊、白唇鹿、麝、猞猁、棕熊、雪豹、石貂及蓝马鸡、雪鸡等。有经济价值的药用植物300余种,主要有冬虫夏草、大黄、秦艽、马勃、雪莲、贝母、党参、沙参、黄芪、羌活、甘草、刺五加等。

黄南州历史悠久,人文旅游资源丰富,民族风情浓郁。主要有典型丹霞地貌的坎布拉国家级森林公园,李家峡水电站大坝和库区风光,距今有1100多年历史的南宗尼姑寺、风景秀丽的麦秀原始森林,清澈甘冽的河南圣湖和幽深奇特的仙女洞、国内罕见的泽库和日石经墙。

【经济与社会发展】 2000年,黄南州国内生产总值12.84亿元,比上年增长9.17%,其中第一产业增长2.1%,第二产业增长8.7%,第三产业增长22.4%。"九五"年均增长20.15%,2000年比"八五"末翻了一番多,人均达到6291.83元。2000年全社会固定资产投资3.3亿元,比上年增长70.52%。财政收入6788万元,较上年增长11.13%。

2000年全州农牧业总产值2.05亿元(90不变价),比上年增长3.62%,年末存栏各类牲畜200.26万头(只、匹),牲畜总增率、商品率分别达到37.13%和33.33%,分别比上年增长8.33和4.53个百分点。肉类产量2.45万吨,较上年增长15.8%。受干旱影响,粮食总产量2749万公斤,较上年下降14.96%。油料产量430万公斤,较上年下降31%。乡镇企业完成总产值9675万元,比上年增长15.6%。

2000年全州工业总产值2.6亿元,比上年增长10.88%,实现工业增加值14393万元,增长19.9%,工业产品产销率97.12%。主要产品产量:铝锭2.03万吨,发电量51.72亿千瓦时,在工业总产值中,重工业产值占工业总产值的比重为97.76%。

全州国有企业全部完成了改制任务,在全州的国内生产总值中个体私营经济比重16%。城镇居民最低生活保障制度全面建立,企业养老、失业保险覆盖面不断扩大,养老保险金征缴面95%,医疗保险全面启动。

科技教育文化卫生等各项社会事业有了新的发展。2000年全州共实施各类科技项目8项,支柱产业运用科技成果能力增强,科技进步对经济增长的贡献率达到28%。教育事业进一步发展,通过继续实施"贫三"项目、"国家扶贫教育工程、"三项义务教育工程",增加了对中小学教育基础设施建设投入,进一步改善办学条件,扩大办学规模。全州适龄儿童入学率88.60%,巩固率提高到96.49%。群众性文化活动和全民健身活动广泛开展,大型现代藏戏《金色有黎明》获得国家级文化新剧目奖。医疗卫生事业继续发展,全州四县均达到初级卫生保健基本合格县标准,完成了17所乡镇卫生院的危房改造任务,改善了农牧区卫生条件。计划生育工作继续加强,人口自然增长率和人口出生率分别为10.85‰和16.11‰。

人民生活水平不断改善,城乡文明程度提高。2000年农牧民人均纯收入1253.45元,比上年增长13.03%,城镇居民人均可支配收入4875元,比上年增长12.07%。认真实施再就业工程,当年新增下岗职工安置率53.33%。加大了救灾救济工作力度,5.5万灾民得到安置。

精神文明建设成绩显著。以“三优杯”竞赛活动为契机,大力推进文明县城建设,四县及李家峡办事处对城镇街道进行了拓宽改造,市容市貌有了大的改观。在开展精神文明建设活动评比中成绩显著,尖扎县被省文明委表彰命名为全省创建文明县城先进县,州人行成为全国创建文明先进单位。全州评选出“文明村”21个,文明乡镇8个,“十星级文明户”4500多户。评选出省级文明单位标兵2个,省级文明单位22个,州级文明单位44个,县级文明单位82个。全州“三五”普法和“九五”依法治州工作通过了省级验收。安定团结的政治局面进一步巩固。

【投资环境】 黄南州电网自成体系,并与青海电网相接。州府所在地同仁县已成为全国第一批电气化县,泽库、河南两县电气化县建设工程已基本完成,电力供应充足。公路交通四通八达,主要公路油路正在建设,运输线已发展到41条,通车里程1381公里。通信实现电话程控化,开通了无线寻呼台和数字移动电话。

黄南州政府出台了《黄南藏族自治州鼓励外商投资优惠政策》、《黄南投资指南》、《黄南州招商引资项目简介》、《国有工业企业改革方案》、《商贸企业改革实施意见》和《黄南州国有中小企业改革优惠办法》、《关于加快发展个体私营经济的暂行规定》及《黄南州荒山荒坡承包办法》等一系列指导性文件。

在土地使用方面。投资者兴办文化、教育、卫生等社会公益事业以及旅游基础设施项目的用地,以行政划拨方式提供土地使用权;投资者兴办黄南州鼓励投资的生产性企业,以及从事农林牧渔业开发项目,使用农用地的,土地出让金减免60%;使用荒山、荒坡的除收缴土地补偿费、安置补助费外,免征土地出让金。有偿取得土地使用权的,可以依法抵押、出租、转让;各种经济组织和个人可以依法申请使用国有荒山荒地,进行恢复林草植被生态环境保护建设,在建设投资和绿化工作到位的条件下,可以出让方式取得土地使用权,免征土地出让金,实行土地使用权50年不变,期满后可申请续期,可以继承和有偿转让;投资者使用州内现有厂房、设施、兴办黄南州鼓励投资领域的产业,接收安置原企业职工80%以上的,按国有资产管理部门评估确认价格的50~60%出卖或入股;投资者从事矿产资源开发,属于省内审批登记的,其探矿权价款,勘查程度在普查阶段以下的免缴,勘查程度在详查阶段的缴纳30%,勘查程度在勘探阶段的缴纳40%,采矿权价款缴纳50%,矿产资源补偿费缴纳10%。

在税收方面。从事鼓励类投资项目,5年内免征企业所得税,期满后5年内减半征收企业所得税,10年内免征城市房地产税、车船牌照税,11年内免征地方所得税;对内资企业缴纳的房产税、车船使用税、土地使用税,经企业申请,税务机关批准,5年内免征。投资者兴办农林牧渔业开发项目,从获利年度起,5年内免征农业税、牧业税、农业特产税;投资者兴办鼓励投资领域和产业的享有试产期3年,3年内其缴纳的增值税属于地方留成部分的50%由财政部门对投资企业给予扶持;外商投资企业发生年度亏损,用下一纳税年度的所得弥补;不足弥补的,可在5年内延续弥补;投资者兴办5万千瓦以下的小水电项目,从投产之日起增值税按6%的税率征收;新办交通、电力、水利、邮政、广播电视等企业,企业所得税实行两年免征,三年减半征收;投资者兴办旅游业的,3年内免征营业税;投资者进口自用先进技术设备,除国家规定不予免税的商品外,免征关税和进口环节增值税;投资者依法将其从企业分得的利润汇出境外时免征汇出额的所得税。

黄南州有着独特的农牧业资源。南高北低的地理特点自然形成了南牧北农的经济格局。北部尖扎、同仁两县有较好的土地和光热条件，是全省粮食作物、瓜果、蔬菜及其它经济作物高产区之一。南部河南、泽库两县为天然牧场，畜牧业资源丰富，可以发展低成本高效益的畜产品加工业。黄南州水能资源得天独厚，中藏药资源、旅游资源比较丰富，电解铝工业有一定基础。因此，黄南州的产业发展重点是农牧业与农畜产品加工业，水电资源开发，电解铝及铝深加工业，中藏药材资源保护、种植与加工业、旅游业。

黄南州鼓励国内外投资者从事生态环境治理、农田水利设施建设、农牧业综合开发以及科技、医疗、卫生、教育及文化等社会公益性事业；鼓励投资者依托黄南州资源优势开发建设具有高科技含量高附加值的铝产品深加工、农畜产品深加工和中藏药的种植开发，以及从事矿产资源的开发和利用；鼓励投资者参与道路、桥梁、电站、供热、供气、给排水、房地产开发等基础设施建设；鼓励投资者兴办旅游项目、发展旅游事业；鼓励投资者采取购买、参股、控股、兼并等形式对州内国有、集体企业实施改组、改造；鼓励投资者兴办中小企业信用担保体系和服务机构；鼓励投资者以 BOT、TOT 方式进行投资，允许外商投资项目开展包括人民币在内的项目融资。

【重点开发项目】 黄南铝业 1 万吨扩建项目。该项目投资 8600 万元，预计 2001 年 8 月点火投产，生产总规模达到 1.8 万吨。厂区现有“三通一平”空地可建设 5 万吨电解铝生产线。厂区距李家峡变电站 3.8 公里、距李家峡水电站 7 公里、铁路货运点平安县 82 公里。

直岗拉卡水电站建设项目。装机 19.2 万千瓦时，总投资 14 亿元人民币，该项目为外商独资建设项目，2000 年投资 7000 万元，完成了“三通一平”及土地征用工作。

同仁铝业环保技改项目。建设内容是将自焙电解槽改造为预焙电解槽，总投资 4300 万元。

坎布拉旅游公路。坎布拉为国家级森林公园，为加快旅游资源的开发，拟建设李家峡码头到坎布拉旅游景点的公路，总投资 280 万元。

【扶贫与对口支援】 黄南州有泽库、河南两个国定贫困县，1995 年有贫困人口 5.32 万人，到 2000 年全州已顺利完成“八七”扶贫攻坚规划任务。2000 年黄南州共争取到以工代赈项目 43 个，资金 4457.1 万元，实施了草原防灾基地、雨水集流、坡改梯、人畜饮水、县乡和乡村道路及防洪等工程建设；争取到扶贫信贷资金 4210 万元，扶持草原“四配套”建设户 1055 户，扶持乡镇企业和扶贫经济实体项目 56 个。

2000 年，在辽青第二轮扶贫帮扶工作中，辽宁省省级对同仁县帮扶资金 95.6 万元，其中救济粮款 24 万元，雨水集流工程款 33.6 万元、钢丝补助款 38 万元；丹东市对同仁县扶助资金 60 万元，实施了学校、乡村公路建设项目；辽宁省省级对泽库县援助网围栏补助资金 70 万元，本溪市对泽库县援助资金 300 万元，代培学生 30 名；香港域多利狮子会援助同仁县资金 28 万元，修建小学 2 所；香港基督教励行会向泽库县捐款 138 万元，修建贫困户定居点 100 幢；广东珠海市张淑正女士为帝洛巴活佛门下所有弟子捐赠衣物 2000 余件。省直帮扶单位捐款 2.27 万元及衣物、面粉、茯茶、桌椅等；州直帮扶单位捐款 18.87 万元及衣物、茶叶、面粉等。

青海省海南藏族自治州

【概况】 海南藏族自治州地处青藏高原东北隅，位于中国内陆最大咸水湖“青海湖”之南，故名海南，是青藏高原的东大门，素有“海藏通衢”之称。东西宽 260 公里，南北长 270 公里，面积 44546 平方公里。地势西南高东北低。境内最高海拔 5305 米，最低海拔 2160 米。属高原大陆性气候，干旱少雨，年均气温 -4℃ ~ 7℃。夏季温凉且短，无高温，冬季寒冷漫长。降水量少，年均降水量 250 ~ 450 毫米。雨热同季，太阳辐射强，日照充足，昼夜温差大。冬春季节多大风，蒸发量达 1500 ~ 1900 毫米。

海南州是一个以藏族为主体的多民族聚

居区。现辖共和、贵德、贵南、同德、兴海五县和龙羊峡行委。共有41个乡镇，总人口38.88万人，其中非农业人口10.8万人。自治州首府驻共和县恰卜恰镇。

海南州地域辽阔，水草丰美，有可利用草原4947万亩，各类牲畜存栏312万头(只)。丰富的畜产品资源为发展畜产品加工业提供了广阔的前景。全州共有耕地150万亩，主要分布在黄河及其支流冲积河谷地带，盛产春小麦、青稞、蚕豆、豌豆、马铃薯、油菜、胡麻、甜菜等。还出产西瓜、苹果、梨、桃、杏等多种水果和蔬菜。龙羊峡水电站库区57万亩，水质好，水流稳，发展渔业潜力很大。森林资源总面积228.52万亩，活立木总蓄积量394万立方米，有木本植物30科69属154种，主要类型有青海云杉林、祁连园柏林、白桦和山杨混交林、油松林、青杨林，境内野生植物种类繁多，各种药材分布很广，有冬虫草、甘草、雪莲、贝母、大黄、麻黄等20余种名贵草药，蕨麻、蘑菇等植物资源也分布较广。野生动物有白唇鹿、马鹿、麝、野牦牛、黑熊、雪豹、草豹、猞俐、旱獭等15种。

海南州高原风光雄浑壮观，佛教文化渊源流长。博大的世界屋脊风光，神秘的藏传佛教和精深的藏区文化享誉省内外，已形成青海湖、龙羊峡、贵德三点一线的旅游景区。全国最大的内陆咸水湖青海湖面积4456平方公里，湖面高出海平面3260米，最深处32米，游览的主要景点有日月山寻古、151观光、青海湖漫游、鸟岛奇观及海心山、二郎剑、三块石、倒淌河等。贵德县优美的田园风光、风蚀自然地貌和古建筑群，龙羊峡大坝及平湖风光旅游区，兴海赛宗寺佛教朝圣，同德县河北原始森林和拉加寺佛教文化游览区都吸引着大批观光游客。

海南州已探明的矿产主要有铜、铅、锌、白钨、锑、金、银、铁、汞、煤及大理石、花岗岩、石灰石、白云石等20余种，其中铜储量120余万吨，平均品位1.2%；铅锌22万吨，平均品位：铅2.47%、锌3.48%。

海南州的水能资源十分丰富，黄河贯穿州内五县，境内流程411.3公里，入境海拔高程3168米，流量约520立方米/秒，出境海拔高程2161米，流量约640立方米/秒，总落差1007米，是建设大中型水电站的理想之地。黄河干流水电蕴藏量近900万千瓦，各主要支流水电蕴藏量约60万千瓦。州境内还有宝贵的地热资源，著名的有贵德扎仓温泉、曲乃亥温泉、共和次汗土亥温泉、兴海温泉等，开发前景广阔。

海南州生态环境脆弱，是国家确定的黄河源头生态建设重点地区。目前全州退化草场面积1340万亩，占全州草场面积的25.7%，平均年退化率1.8%，每年损失牧草2.35亿公斤。全州水土流失面积982万亩，占土地总面积的14.23%。每年流入黄河的泥沙6780万吨，输入龙羊峡库区的泥沙3131万立方米。境内黄河各支流水量逐年减少，许多草原溪流干涸，干旱加剧，不少地区的人畜饮水发生困难。土地沙漠化日趋严重，沙化总面积1900万亩，占全州土地总面积的28.8%，其中严重沙漠化面积154.24万亩，强烈发展中的沙化土地97.62万亩，正在发展中的沙漠化土地487万亩，潜在沙漠化土地1162万亩。严重的水土流失和草原、土地荒漠化，不仅直接威胁着黄河源头生态和龙羊峡水电站的安全，而且对当地农牧民群众的生存带来极大的灾害性影响。为此，海南州政府把生态建设列为全州发展战略之首，力争通过10～15年的努力，把海南州建设成为全省的生态州。重点抓好八大类生态治理工程：一是生态治理骨干工程。实施共和县塔拉滩生态治理项目，吾吉其卡高效生态农牧业工程，贵德县东山人工生态林工程，同德县巴沟人工生态工程，兴海县高原城镇生态防护林工程等大型骨干生态工程。二是防沙治沙工程。搞好塔拉滩、木格滩治沙工程，大力营造防风固沙林、农田防护林，采取禁牧封育的办法，遏制沙化，恢复植被。三是退耕(牧)还林(草)工程。10年内完成退耕(牧)还林(草)203万亩，其中退耕还林(草)

107万亩，退牧休牧还草96万亩。四是实施小流域治理工程。对沿黄九条沟系进行以封山育林(草)，河床整治，渠系建设，营造人工林为主要内容的小流域治理。五是天然林保护工程。以兴海县中铁林场，同德县河北林场、江群林场、贵南县莫曲沟林场、居布林场，贵德县江拉林场、东山林场为主；全面实施天然林保护工程，禁伐封育与造林相结合，形成大面积天然林生态保护区。六是人工生态林网建设工程。实施龙羊峡库区保护母亲河工程，营造人工护库林；实施各县县城绿色屏障工程；交通沿线绿色通道工程；农业区的农田防护林工程等。七是育苗基地建设工程。建成一批重点育苗基地，使全州生态建设所需苗木基本实现自给。八是草场治理工程。恢复草原黑土滩植被，改良草场，提高牧草利用率，防治草原退化。

【经济与社会发展】 2000年全州完成国内生产总值(现价)14.31亿元，按可比价计算，比上年增长6.6%，其中第一产业4.71亿元，下降4.5%，第二产业6.13亿元，增长24.3%，第三产业3.47亿元，增长18.4%。地方一般财政收入完成7085万元，比上年增长7.6%，财政支出2.91亿元，增长13.2%。

2000年全州共完成各类农作物播种面积71.38万亩，大灾之年粮食产量仍达6.01万吨，油料产量1.37万吨；总增牲畜119.93万头(只)。完成人工造林9.25万亩，其中退耕还林2.19万亩，生态工程1.59万亩，保护母亲河绿色工程8588亩，四旁植树14.72万株，新育苗3724亩，当年封山育林31万亩。全州乡镇企业完成增加值6438万元，实现营业收入2.16亿元，创利润1548万元，上交税金1030万元。

2000年全州完成工业增加值(现价)6431万元，完成销售产值(现价)2.15亿元，产销率91.19%。全州独立核算的61户工业企业中，亏损企业27户，亏损面44%，盈利企业实现利润672.5万元，亏损企业亏损额1910万元，盈亏相抵后净亏损1237.5万元。

2000年全州科技进步对经济增长的贡献率30%，全州拥有小学397所，中学35所，中专2所，特校1所，幼儿园9所。适龄儿童入学率96.15%，在校生巩固率96.7%。全州共有文化机构29个，图书馆藏书量10.5万册，卫星地面站340座，转播站220座，广播电视节目混合覆盖率88%，有线电视节目终端用户1.4万余户。全州已有133个行政村实行合作医疗。人口自然增长率16.9‰，人口出生率20.6‰。创建国家级文明村镇工作先进县1个；省级文明县城工作先进县2个，文明单位24个，文明单位标兵4个，文明行业工作先进单位2个，文明村2个。

2000年全州城镇居民人均可支配收入4600元，比上年增加254元；农牧民人均可支配收入1577元，比上年增加390元；养老金收缴率96.7%，企业参保率100%，全州有3200人享受最低生活保障金。有20624户牧民实现定居，占牧户总数的95.49%，改善了36.5万人饮水困难问题。

【投资环境】 经过多年建设，海南电网已形成一定规模。投资1.96亿元的五县农村电网建设与改造工程于1998年陆续开工建设，全州现有110千伏变电所5座，变电容量9.26万千伏安；35千伏变电所19座，变电容量4.027万千伏安；小水电站17座，总装机1.95万千瓦，年发电量6480万千瓦时，充裕的电能为海南州经济发展提供了十分优越的条件。青藏、青康、宁果三条国、省道贯穿东西与南北，以国道、省道为骨架，州县地方道路为脉络的公路交通四通八达，境内公路通车里程2838公里。邮电通讯发展迅速，固定电话、移动电话覆盖全州，所有县(镇)均开通了国际国内直拨电话。

海南州鼓励外商和区外客商投资的主要产业领域是开发荒山、荒坡、荒滩及宜林、宜草地区生态建设项目；国家、青海省和自治州鼓励的高新技术产业；有色金属和贵金属资源开发、精选、冶炼及加工；对现有工业企业特别是高耗能工业企业进行技术改造，提高产品质量和档次;州境内黄河干流和各主要支流的水电资源开发;以中藏药资源深度开发利用为主的医药工业;毛绒纺织产品、地毯、藏毯的深加工和出口创汇;青海湖旅游区、贵德旅游区、龙羊峡旅游区、兴海赛宗寺旅游区的开发和旅游设施的配套建设;发展种植业、养殖业、进行农牧副产品加工项目的农业资源综合开发利用;具有社会效益的社会公益项目等。

海南州人民政府于2000年5月5日颁布了《青海省海南藏族自治州关于推进民族地区经济发展的优惠办法(试行)》,就投资导向及经营方式、企业所得税、增值税、营业税、农业税、农业特产税、资源税、土地使用、投资者权益保障、引进人才及奖励等方面做了明确规定,其中主要优惠政策有:对投资者新办的各类企业,凡经营期在五年以上的,从开始投资经营年度起,五年内按程序上报免征企业所得税,第六至第十年按程序上报以不低于缴纳税款50%的比例给予免征。投资者对生产性企业以兼并、参股、承包等形式进行改组改造的,初兼并、承包企业的历年欠税免缴滞纳金,改组改造的企业经营期在五年以上的,从获利年度起,企业所缴纳的所得税五年内按程序上报免征。

凡投资者投资新建的各类企业,其缴纳的增值税中25%的地方留成部分,三年内由地方财政拨付给原企业用于发展生产。凡投资者兼并、购买国有、集体企业,投入资金改造,并接收安置60%以上原企业职工的,企业投产后,其缴纳的增值税中25%的地方留成部分,十年内由地方财政拨付给原企业用于发展生产。

由投资者新建立的建筑业、运输业以及服务性企业,从正式经营之日起,企业缴纳的营业税在三年内由地方财政拨付给原企业用于发展生产。

凡投资者从事农、林、牧、渔开发的新办企业,经营期在十年以上,自投产年度起在五年内免征农业税和农业特产税;从事资源开发的企业,所缴纳资源税中的50%,在三年内由地方财政拨付给原企业用于发展生产。

投资者可以用国家法律和地区规划允许的各种方式取得国有土地使用权,兴办文教、体育、科研、医疗、卫生、社会公益、环保、城市道路等基础设施建设用地免征土地出让金。开发荒山、荒坡、荒滩、荒地兴办农林牧渔和工业生产性企业可无偿划拨土地使用权,使用期限50年,期满后可申请续时。

【经济协作与招商引资】 2000年(包括部分上年度工程)海南州共利用区外资金3955万元。一批见效快、周期短、效益好而资金缺乏的项目,通过引进资金得以顺利实施。如投资1180万元的贵德县鱼山电站,投资905万元的青海省龙羊峡铝型材厂,投资425万元的共和玉禾宾馆,投资3.46亿元的海南州农业综合开发项目。

【重点建设项目】 高原绿色农牧业项目。发展贵德县特色农业,扩大冬小麦种植面积和反季节蔬菜、优质果品、苗木种植面积,冬小麦种植规模扩大到5万亩,高产优质苹果基地2万亩,反季节蔬菜基地1万亩,把贵德建成全省最大的外向型反季节蔬菜生产出口基地。

塔拉滩生态型高效畜牧业示范项目。海南州塔拉滩生态环境综合治理工程总投资8.5亿元,建设塔拉滩跨流域调水工程,通过实施种草、防风固沙林、围栏封育等措施,治沙面积18.36万亩,新增森林面积16.23万亩,建立人工生态区45.5万亩,自然生态区267万亩,有效遏制生态环境继续恶化的局面。

高原旅游业项目。重点建设青海湖海心山、三块石自然保护区,建设码头、豪华游船、直升机场、湖区公路、民俗文化村,把青海湖建设成为全国旅游"王牌"景点。建设贵德县旅游避暑渡假区、温泉疗养区、古建筑游览区、黄河古道探险旅游区,把贵德建设成为特色鲜明、功能齐全、设施完善、服务一流的旅游县。

总投资2.36亿元的赛什塘铜矿工程,计划建设年处理原矿石50万吨、年生产铜精矿3.29万吨、精矿品位20%的采矿厂和选矿厂,逐步建成冶炼厂,形成采矿、选矿、冶炼一条龙生产线，建成全省最大的铜金属加工生产基地。

中藏药资源开发项目。以合理开发麻黄草为重点，建立10~20万亩麻黄草种植基地，把海南建成为全省乃至西北地区最大的麻黄素加工生产基地。

环湖高效畜牧业项目。推广优良品种，建成集种、养、加、产、供、销一条龙的产业链，全面实施草场围栏、分隔围栏、牲畜暖棚、牧民定居、人工种草和以通电、通路、通水为主要内容的配套草场基础设施建设以及退耕还草、灭鼠治虫、改造黑土滩、灭除毒杂草、封滩(山)育草、控制草场载畜量为主的草原生态建设，加大人畜饮水工程建设力度，逐步把环湖地区建成全州乃至全省现代高效畜牧业示范基地。

青海省果洛藏族自治州

【概况】 果洛藏族自治州地处青藏高原腹地，黄河源头，位于青海省的东南部。州西北部海拔在4500~5000米之间，东南部海拔在3500~4000米之间，整个地势由西北向东南倾斜，构成了果洛地貌的骨架。全州土地总面积7.64万平方公里，是青海省的重要牧业生产基地之一，是一个面积大、人口少、地势高、草原广、资源富的民族自治州。

果洛藏族自治州具有显著的高寒缺氧、气温低、光辐射强、昼夜温差大等典型的高原大陆性气候特点，年降水量为400~760毫米，素有"北方气候南方雨"之说。

果洛州现有可利用草场8860.16万亩，牧草以高山草甸植被为主，宜于牧养藏系羊和牦牛，理论载畜量910万个羊单位；林地面积4044平方公里。木本植物约20个科90余种，活木林蓄积量674万立方米；州内渔业资源总量约14亿公斤以上，鱼类以湟鱼为主，年捕鱼量1000吨左右；自治州野生动物繁多，珍贵的有麝、白唇鹿、雪豹、猞猁、狐狸、野牦牛、棕熊、金钱豹、羚羊、盘羊、褐马鸡等飞禽走兽；药用植物有冬虫夏草、贝母、雪莲、红景天、大黄等，其中当归、秦艽、党参、大黄、黄芪等草药在果洛许多地方均有出产，且量大质优，冬虫夏草年生产量在6吨以上，是我国冬虫夏草的主产地之一；境内现已发现和探明的矿产资源有金、银、铜、钴、硫、镉、煤、石灰石等。州内有大小河流36条，总流程3321公里，黄河由西向东横贯五县，州内流程760多公里，全州水域面积1673.8平方公里，水能理论蕴藏量354万千瓦；自治州山河壮丽，风景优美，旅游资源得天独厚并极具开发价值。

果洛是一个藏族聚居的纯牧业区，兼有小块农业。主体民族为藏族，并居住有汉、回、撒拉、土等14个民族。2000年全州总人口13.32万人，其中藏族人口占总人口的90%以上。

果洛藏族自治州于1954年1月1日建政，现辖玛沁、玛多、甘德、达日、班玛、久治6县，45个乡(镇)，187个牧委会。2000年全州非农业人口2.74万人，城(镇)区面积31.8平方公里，城市化水平18%。州府驻地大武镇距省会西宁440公里，是全州政治、经济、文化、科技、交通中心，以大武和各县县城为中心的草原城镇，初具规模，设施日臻完善。

果洛地处青藏高原腹地，高寒干旱，气温日差大，年差较小；降水分布地区差异大，一般随海拔高度的增加而增加。西北部地区最为干旱少雨。因典型的高原型、荒漠化生态特点和历史上人类活动而导致水土流失、草场退化十分严重，生态环境极其脆弱。全州现有退化草场286.3万公顷，鼠害面积256.38万公顷，"黑土滩"面积124.69万公顷。恶化的生态环境，使果洛大部分地区水源涵养功能下降，河道径流逐年减少，湖泊水位下降，众多湖泊干涸，水土流失面积扩大，侵蚀程度日趋严重，土地沙化趋势严峻，退化草地面积逐年增加，程度日益加重，物种生存条件恶化，分布区缩小，生物多样性受到威胁，自然灾害频发。为从根本上遏制和扭转果洛日益恶化的生态环境，自治州在国家的大力扶持下，进行了大规模的以人工种草、草地围栏为主要内容的畜牧业基础设施建设,以灭鼠治虫、灭除毒杂草、推广优良牧草和合理放牧为主要内容的草地保护和改良措施,经过几十年的努力,积累了治理草原退化的成熟经验,与农牧业生产相结合的生态环境建设工程取得了较大成绩,发挥了积极作用。

【经济与社会发展】 果洛州经济结构单一,生产力水平较低。2000年完成国内生产总值47533万元,较1999年增长6.7%,其中第一产业完成20466万元,增长3%,第二产业完成4349万元,增长19.1%,第三产业完成22718万元,增长7.5%;工农业总产值16621.8万元,与上年持平;地方财政收入3015.8万元,较1999年增长4.57%;州属固定资产投资18600万元,较1999年增长86.5%。2000年,全州农牧民人均收入1404元,城镇居民人均可支配收入5345元,较1999年分别增长4.23%和14.31%。

果洛州在加大牧业生产科技含量,加速科技成果向现实生产力转化,大力促进科技与经济紧密结合,多层面开展人才培训以及推动科技与经济社会全面发展等方面取得显著成绩。科技成果推广应用率40%,科技进步对经济增长的贡献率25%。2000年,全州有各级各类学校76所,在校生11827人,学龄儿童入学率84.1%,其中牧民子女入学率79.6%。州县乡三级医疗机构进一步加强,群众看病难和缺医少药的问题得到有效解决,大多数牧委会医疗合作制度得以恢复和完善。全州六县均已达到初级保健"基本合格县"标准。计生政策和节育措施进一步落实,较好地控制了人口增长。文化工作坚持"二为"方向和"双百"方针,创作表演了一批具有较强思想性、艺术性和地方民族特色的优秀文艺作品;积极开展"扫黄打非"斗争,繁荣和净化文化市场;体育事业健康发展,全民健身运动蓬勃向上,形式丰富多彩;广播电视事业在及时宣传报道党和国家方针、政策的同时,编播了一批反映果洛州经济社会发展的新闻和专题片,组织实施了"村村通"广播电视工程,广播电视覆盖率40%。积极开展以优美环境、优良秩序、优质服务为主要内容的"三优杯"竞赛活动以及"十星级文明牧户"评选活动和"军民共建精神文明一条街"、"文明单位"、"文明街道"、"文明楼院"、"文明家庭"等活动,使精神文明建设取得了显著成效。2000年,全州评为全国创建文明村镇工作先进单位1个;省级文明单位标兵2个,文明单位12个。

【投资环境】 2000年全州公路通车里程近2600公里,214国道横贯州境,花阿、宁果两条省道联结全州6县,总长943公里。初步形成了以国道、省道为主骨架,州县公路为经纬支干,县乡公路为网络的上下连通、纵横交错、较为方便的运输格局;邮电通信经过多年建设,相继架设了西宁—玛多,花石峡—达日—大武和达日—班玛、久治的通信光缆,建成开通了本地电话网、数字数据网、会议电视网、公众多媒体通信网以及无线寻呼和移动通讯系统,实现了程控交换化,传输光缆化,电话机总容量7500余门;建成了青海东部电网—果洛大武110千伏输电线路和大武—甘德—达日35千伏输电线路,各县均建有小水电,总装机容量1万多千瓦。

果洛州鼓励国内外投资者到果洛投资兴办除国家明令禁止的行业以外的所有领域和产业。鼓励投资的重点领域一是基础设施建设(道路、水电、供热、供气、给排水);二是生态环境保护和建设(灭鼠、治理黑土滩、杂草地、沙化地、荒山荒坡种树种草、中藏药材种植、自然保护区建设);三是优势资源开发和优势产业(畜产品精深加工、矿产、水电、中藏药、野生动物及土特产资源综合开发),高新技术;四是科技、教育、文化、医疗、卫生及其它公益事业;五是商贸(以畜产品为原料的加工企业、民贸、外贸企业),民族旅游。

投资者在果洛境内投资兴办企业可享受以下优惠政策。投资者在州境内可采用任何方式进行投资;设在自治州境内的外商投资企业,允许有5年试运营期;投资兴办自治州鼓励的重点领域,13年内免征城市房地产税、车船使用牌照税、教育附加、城市维护建设税。15年免征地方所得税。投资兴办畜牧业养殖和畜产品加工、土特产品开发项目，从获利年度起，7年内免征牧业税、农业特产税；投资城镇经济适用住房，从获利年度起，10年内免征契税。投资者从企业分得的利润、员工合法收入依法汇出境外，免征所得税。投资者兴办企业发生年度亏损，用下一年度的所得税弥补；不足弥补的，可在7年内延续弥补。

在自治州内兴办企业，留地方部分的土地有偿使用费，实行下列优惠：(一) 利用国有土地兴办合资、合作经营企业，5年内免征土地出让金，5年后按50%征收；(二) 利用国有土地，兴办自治州鼓励的重点领域，一律免缴土地出让金、土地租金和土地使用费；投资者申请国家出资勘查并已经探明矿产地区探矿权和国家出资勘查并已经探明矿产地采矿权，属于自治州审批登记的，其探矿权价款勘查程度在普查阶段以下的免缴；勘查程度在详查阶段的缴纳20%；勘查程度在勘探阶段的缴纳30%；其采矿权价款缴纳40%；其矿产资源补偿费缴纳5%。

投资者参与国有企业改组、改造所发生的鉴证、勘估、土地测量、资产评估、产权交易、公证、验资及变更登记等费用，按最低标准的50%收取；兴办企业所需水、电、原材料、通信、劳务等，按州内最低标准计收。非自来水、土、砂、石材料免收资源费；当地政府及有关部门帮助投资者及时协调解决项目建设中的各种问题，项目论证和建设中所需的一切资料，州内能提供的一律免费提供。对全州经济、社会发展有重大影响的项目，可实行“政策随项目”的办法，特事特办。投资者如有其它特殊要求可向自治州人民政府提出申请，政府根据申请，采取一事一议的办法予以解决。

【重点开发项目】 玛多县黄河源水电站。该水电站系一坝后式电站，总投资6000万元。电站自1998年4月8日开工，预计2001年建成投产。

果洛州德尔尼铜矿，该铜矿是我国已探明的大型铜、钴、硫矿之一，潜在经济价值约几百亿元人民币。该矿矿体分布集中、形态简单、厚度大、埋藏浅，具备露采条件，德尔尼铜矿的开发，将大大缓解我国铜金属的供需矛盾，对振兴果洛经济，加快藏区脱贫致富步伐，有着积极的作用。

班玛县大黄加工厂。班玛县是历史上著名的“西宁黄”主产地，总储量在3000吨以上，大黄资源十分丰富，为使潜在的资源优势尽快转化为经济优势，自治州在进一步扩大大黄种植面积的基础上，编制了《班玛县大黄加工厂可行性研究报告》。项目总投资1998万元，年产箱黄1000吨，大黄流浸膏300吨，大黄饮料5000吨，年销售额1亿元，年利润1090万元，投资回收期1年。

果洛州天然草原恢复和建设试点项目。为加强草原建设，改善和恢复草原生态系统，促进民族地区经济的可持续发展，国家决定安排中央财政预算内专项资金用于天然草原恢复和建设试点。果洛州天然草原恢复和建设试点项目总投资7482万元，建设人工饲草(料)基地4万亩，黑土滩治理154万亩。

江河源自然生态保护区建设。为切实改善黄河源区生态环境，有效提高水源涵养能力，重点保护珍稀濒危野生动植物资源，果洛州将在玛多县扎陵湖——鄂陵湖、玛沁县阿尼玛卿雪山、久治县年保叶什则等地区建立自然生态保护区。保护区内主要建设野生动物饲养围栏、保护管理站、监测站、野生动物繁育基地、水禽养殖场等及必要的基础设施。黄河源区自然生态保护区建设总投资10050万元。

果洛州中藏药材保护与种植项目。为把果洛建成全省中藏药材资源保护和种植基地，自治州政府组织编制了《果洛州中藏药材资源保护及种植基地建设规划》，规划期限10年，即2001~2010年，估算投资2.05亿元。主要建设中藏药材人工种植基地2万公顷，中藏药名优品种采种基地1180公顷，药用动物驯养基地800公顷。

果洛州公路建设主要项目。果洛州在“十

五”期间,将着力加强县乡村道路建设,以改变道路等级低、路况差的状况。建设规模为四级砂砾公路1686公里,总投资10.63亿元,其中省干道宁久公路大武——久治段为三级沥青路面,全长436公里,总投资8.9亿元。

【东西对口支援】 由于受地理位置、气候条件、思想观念等多种因素的影响,果洛州经济发展滞后,大部分牧户长期处于落后贫困状态。为尽快改变现状,自治州从1984年开始着手实施扶贫攻坚计划,提出“以解决温饱为中心,以贫困村为主战场,以贫困户为对象,以改变基本生产生活条件为重点”的扶贫工作方针,采取赊贷母畜、组建联社、结对帮扶、减免税费、劳务输出、采挖药材等措施,把扶贫工作的重点放在发展畜牧业生产、增加牧民收入、提高贫困地区劳动者素质、特困地区基础设施的配套与完善上来,全州扶贫工作取得明显成效。作为对口帮扶单位的东北电管局和沈阳铁路局对达日、班玛两个国定贫困县倾力相助。16年来,尤其是1994年以来的七年间,累计为贫困地区投入各类资金25767万元,其中国家专项资金23957万元,对口帮扶单位援助1457万元,党政机关和社会各界捐款353万元,先后解决了3.29万贫困人口的温饱问题,牧民群众的生产生活条件得到极大改善。

【民族经济与文化】 畜牧业是果洛的支柱产业,2000年,全州各类牲畜存栏243.82万头只,牲畜总增率23.74%,出栏率24.79%,商品率18.95%,分别比1999年提高7.74、3.33和2.78个百分点。小块农业区粮食总产量2673吨,农牧业总产值14122万元,比1999年增长3.91%。

自治州现有国有工业企业26家,初步形成了以能源工业为基础,以畜产品加工业为主体,以黄金资源开发为龙头,兼有机械、建材、印刷等门类的工业格局;教育工作初步形成了州有中专,县有民中,乡有寄宿小学,包括幼儿、中小学、中专和成人教育在内的民族教育体系;卫生工作现已建成州、县、乡三级医疗网络,并向村级延伸和发展,拥有各类卫生机构124个,医务人员885人,病床518张;现有各类文化机构20个,进行了藏族长篇叙事史诗《格萨尔》的抢救工作,整理出版了《果洛藏族民歌选》、《果洛民间故事选》以及《民间故事》、《民间谚语》、《民间歌谣》、《民间歇后语》4部集成等,约70余万字,并在全国各少数民族地区发行。建成了州、县、乡电视传输网络。

青海省玉树藏族自治州

【概况】 玉树藏族自治州位于青海省西南部,北与海西蒙古族藏族自治州相连,东与果洛藏族自治州互通,东南与四川省甘孜藏族自治州毗邻,南与西藏自治区的昌都、那曲两专区交界,西北与新疆维吾尔自治区的巴音郭楞蒙古族自治州接壤。

玉树藏族自治州行政区域面积27.432万平方公里(含唐古拉乡6.4万平方公里),下辖玉树、囊谦、称多、杂多、治多、曲麻莱六县,48个乡镇,258个村牧委会,1048个农牧业生产合作社。首府结古镇是全州政治、经济、文化的中心。2000年底有5.1万户、25.7万人。其中藏族人口占总人口的96%,是全国少数民族自治州中单一民族比例最高的自治州。

玉树州是长江、黄河、澜沧江的发源地,境内江河支流纵横交错,有“中华水塔”之称。全州平均海拔4000米以上,高寒缺氧,气候恶劣,自然条件差。一年中只有冷暖之别,无明显的四季之分,大雪、霜冻、低温、干旱、冻雹等灾害性天气频繁发生,严重制约着农牧业生产的发展。

玉树州矿产、动植物和水能资源丰富。现已初步探明的矿产有金、银、铜、铁、铅、煤、云母、硫磺、水晶、镁、盐等40余种。其中金资源是优势中的优势,储量22吨,砂金分布面积11万平方公里。野生动物有白唇鹿、马鹿、藏羚羊、雪豹、麝、棕熊、野驴等40余种,还有雪鸡、马鸡、黑颈鹤等珍禽;名贵药材800多种,著名的有冬虫夏草、鹿茸、麝香、贝母、大黄、雪莲花等;水能理论蕴藏量815万千瓦。

玉树州生态环境十分脆弱,高寒草甸草场是自治州植被的主体。八十年代以来,由于全球气温变暖,加上过渡采挖矿产资源,盗伐林木,盗猎野生动物,致使草场退化,土地荒漠化,水源涵养功能下降,江河湖泊水量减少。近年来,自治州在国家的大力支持下,积极进行生态环境的治理。随着全国最大的自然保护区"三江源自然保护区"的建立,玉树州的生态环境建设进入了新阶段。2000年全州完成退耕还林还草3万亩,建设围栏草场67.5万亩,草地灭鼠602万亩,灭虫15万亩。

【经济与社会发展】 2000年,玉树州完成国内生产总值3.51亿元,比上年增长15.4%,其中第一产业完成1.7亿元,第二产业完成0.92亿元,第三产业完成0.88亿元,分别比上年增长9.1%、33.1%和10.3%;全州粮食产量2138.5万公斤,油料产量180万公斤,育活各类草食畜98.45万头(只),出栏83.72万头(只),年末存栏272.82万头(只);全州完成地方财政收入4446万元,比上年增长10.8%。

2000年玉树州科教兴州力度加大,初步形成了科技与经济相结合的机制,科技对经济增长的贡献越来越大。民族教育事业进一步发展壮大。到2000年底,全州共有各级各类学校177所,在校生27075名,其中,全日制小学177所,中学10所,中等专业学校2所,综合职业学校1所,还有大专、本科函授站点。教师队伍素质明显提高。2000年全州共有各类教师1991名,其中有高级(含副高以上)职称的28名,中级职称205名,初级职称1014名,形成了中学由本科或专科毕业生任教,小学由中专生任教的新格局。农牧区医疗卫生预防网络得到加强,医疗保障水平提高。到2000年底,全州共有医疗卫生机构67个,病床539张,其中藏医院5个,中藏医师135名。累计培训乡村医生158名,在预防地方病、传染病及保护妇婴生命方面起到了积极作用。文化事业有了新的发展,民族文化生活环境进一步改善。到2000年底,全州共有文艺团体、图书馆、新华书店、影剧院、文化馆等22个,47个乡政府所在地建起了电视卫星地面接收站,广播、电视覆盖率扩大。

2000年全州农牧民人均纯收入1203.65元,比上年增长21%,城镇居民人均可支配收入5300元,比上年增长11.8%。通过扶贫攻坚解决了9937人的温饱问题。

2000年,玉树州认真贯彻《民族区域自治法》和党的民族宗教政策,使安定团结的政治局面得到巩固和加强。自治州在抓物质文明建设的同时,狠抓精神文明建设,形成了两个文明建设齐抓共进的局面,城乡文明程度提高。社会治安综合治理成效显著。驻军部队,武警官兵积极参与和支持地方建设,为维护地区稳定做出了重要贡献。

【投资环境】 对来玉树投资兴办企业的国内外客商在立项审批、土地征用、工商注册、税收、贷款等方面给予优惠。联办企业按照投资额或股份比例,实行分产品、分产值、分利润、分招工名额的办法。凡来玉树合资、联营、独资兴办的企业,除国家规定不能减免的税种外,从投产之日起5年内免征其它各税。期满后,仍有困难者,经批准可以继续定期减免。在玉树投资办企业,从事生产、经营所得和其他所得,均按低税率征收所得税,免征个人所得税。对生产性企业,经营在10年以上的,从开始获利的年度起,第一年和第二年免征企业所得税,第三年至第五年减半征收企业所得税。享受免税、减税期满后,经企业申请,上级有关部门批准,在以后的10年内可以继续按应纳税减征10%~20%的企业所得税。外商投资企业,若将从其企业取得的利润直接投资于该企业增加注册资本,或者作为资本投资开办其它外商投资企业,经营期不少于5年的,经投资者申请,税务机关批准,退还其投资部分已缴纳所得税的40%税款;如果投资用于玉树州内的基础设施建设和农业开发、技术改造,则全部退还其投资部分已缴纳所得税款。客商投资企业发生年度亏损可以用下一纳税年度的所得弥补,下一纳税年度的所得仍不足弥补的,可以逐年延续弥补,但最长不得超过5年。

对客商投资企业,省州联合给予资金融通便利。开展现场抵押业务,优先贷放人民币资金,投资企业获得的利润,可以从企业的外汇存款账户自由汇往境外,免缴汇出额的所得税。

玉树境内的土地按照所有权和使用权分离的原则,实行土地使用权有偿出让和转让、出租制度。土地使用权有偿出让期限最长为50年,具体年限按不同行业或建设项目确定。土地使用权出让期限届满需要续期的,土地使用权受让人应在期满前一年申请,并重新签订合同。出让土地使用权的批准权限,10亩以下由各县人民政府批准,10亩以上由州人民政府批准,1000亩以上由省人民政府批准。出让、租赁国有土地,符合下列条件的分别给予地价优惠:成片开发荒坡荒地或进行工业、公路、电站、水利、煤矿等基础设施建设和发展科教文卫事业的项目,以及用于发展农、林、牧和经济作物生产的,征地或租赁收费按现价优惠35%;土地作价入股,按现价优惠50%。其中项目投资在300万元以上的,免收土地使用税和免缴土地出让金15年。旅居国外藏胞投资企业用地,在按前款优惠规定办理的基础上,再减收3%~5%;开发资源投资50万元以上、期限在5年以上的,可免费在较好地带获得不少于2亩的宅基地。

经州人民政府批准,投资者可以承包经营玉树州的部分全民所有制和集体企业,可以对招标拍卖的全民所有制或集体企业投标,可以向玉树州的全民所有制和集体企业参股。境外客商参股在25%以上的企业,可以享受外商投资企业的优惠待遇。

依法保护投资者的合法权益,州内任何部门、单位均不得对投资企业实行摊派或收取不合理费用。玉树境内的外商投资企业的产品内销,符合国家以产顶进办法规定的,可以申请以产顶进。凡以补偿贸易方式引进资金、技术所生产的产品,首先按合同规定偿还客方;完成偿还数额后,如客方还需要,可优先给予照顾。以补偿贸易方式进行的无息投资,还款部分的补偿产品按低于市场价10%的优惠价格计算,并在产品供应方面优先安排。无论是来自州内还是州外,凡个人在玉树兴办资源开发性企业,可办理投资者及其直系亲属“农转非”户口。

玉树州基本形成以结古镇为中心,以国道干线为主骨架,以县乡公路为脉络的公路交通网络。境内州至县干线公路910公里,县乡公路1063公里,专用公路245公里。邮电通讯已由准电子交换机改为长市农合一的纵横制交换机,长途电话已由人工改为全自动,全州市话容量10000门,数字移动电话已覆盖全州,无线寻呼已开通。结古、香达等城镇的商业、学校、医院、广播、电视、体育、旅游设施等初具规模。玉树州对来玉树投资的企业,在交通运输、供电供水、邮电通讯、金融业务、法律咨询、医疗保健、子女入学等方面提供优质服务。

玉树州旅游资源丰富,有独特的高原自然景观和民族风情;有名扬藏区的玉树歌舞和唐蕃古道;有闻名遐迩的文成公主庙和众多教派的藏传佛教寺院;有中华民族三大江河的发源地;有隆宝湖黑颈鹤自然保护区和较完整地保留了原始面貌的可可西里野生动物保护区,旅游业发展前景十分广阔。玉树州有丰富的天然绿色中藏药材资源,具有很大的开发和利用价值。玉树州水利资源丰富,通天河、扎曲河等有多处水电站址可以开发利用,称多拉贡、杂多龙青峡、囊谦扎西等小水电站的建设对解决县城生产、生活用电有着重要的作用。

【重点建设项目】 杂多县龙青峡水电站。总投资5300万元,建设期3年,投资回收期9年,项目建成运行后,年销售收入974万元,可创利润552万元,税金57.3万元。称多县拉贡水电站。新修总装机容量3×1600千瓦引水式电站,投资6783.3万元,项目建设期2年,投资回收期7年。曲麻莱县代曲水电站。新修总装机容量4×1000千瓦的径流式电站,投资6400万元,建设期3年,投资回收期7年。囊谦县扎曲水电站。对原装机2×650千瓦的引水式电站进行技术改造,投资840万元,建设期1年,投资回收期9年。隆宝滩自然保护区旅游设施建设。新建食宿、游乐为一体的旅游综合服务体系,项目总投资500万元,建设期3年,投资回收期8年,项目建成运行后,年经营收入80万元,创利润30万元。文成公主庙旅游景点建设。主要建设旅游配套服务设施,项目总投资200万元,建设期1年,投资回收期3年。江河源头旅游区开发。主要是修建旅游服务设施及设备购置,项目总投资500万元,建设期1年,投资回收期8年。结古风情娱乐园。修建一个吃、住、游、娱、购为一体的多功能娱乐园6500平方米,总投资700万元。建设年接待游客5万人次的玉树宾馆,投资500万元。项目建设期2年,投资回收期5年。治多县狩猎场。主要是修建围栏草场和旅游服务设施,项目总投资500万元,建设期2年,投资回收期5年。勒巴沟岩画旅游资源开发。修建旅游渡假村和配套服务设施,项目总投资500万元,建设期1年,投资回收期5年。玉树州藏药加工制剂中心。新建制剂中心1600平方米以及设备购置,项目总投资800万元,建设期3年,投资回收期7年。称多县藏医药加工厂。新建厂房3000平方米及设备购置,主要加工名贵药材,项目总投资500万元,建设期2年,投资回收期10年。囊谦县藏药材种植基地建设。建设藏药材种植基地1000亩,生产、生活用房及设备购置,项目总投资500万元,建设期为2年,投资回收期5年,年收入200万元左右。治多县中药材综合加工厂。建设加工车间800平方米,以及购置设备。项目总投资200万元,建设期1年,投资回收期2年,年产值630万元。

青海省海西蒙古族藏族自治州

【概况】 海西蒙古族藏族自治州,位于青海省西部,青藏高原北部。北邻甘肃省,西接新疆维吾尔自治区,南与玉树、果洛藏族自治州相连,东与海北、海南藏族自治州为邻。总面积32.58万平方公里,因处青海湖以西而故名。州府驻德令哈市。

海西州境域的主体是柴达木盆地。柴达木盆地被昆仑山、阿尔金山、祁连山所环抱,是国内海拔最高的封闭型内陆盆地。四周边缘山地,是草原植被,夏秋季节草场长势较好,适宜发展畜牧业;山前冲积平原,海拔在2800~3000米之间,部分地区土地、水资源和气候条件相对较好,适宜发展绿洲农业;中部谷地平原,盐湖、石油天然气、有色金属等矿产资源极为丰富。唐古拉山地区海拔多在4500米以上,植被稀疏,冰峰耸立,主峰格拉丹冬海拔6621米,是长江的发源地。唐古拉山口,是出入西藏的重要关隘,青藏铁路格尔木至拉萨段将由此进入西藏。

海西州蕴藏着丰富的自然资源。山区、滩地有连绵的草场和小块绿洲,草场面积970万公顷,其中可利用草场890万公顷,宜农待垦土地8.7万公顷,发展现代化畜牧业和生态高效农业的潜力很大。野生动植物种类繁多,其中一类保护动物17种,二类保护动物22种,药用动植物资源500余种。柴达木盆地矿产资源富集,素有“聚宝盆”的美称,已发现矿产84种,产地1007处,探明储量的矿产57种,产地281处,探明储量的潜在经济价值占全省矿产资源价值总量的90%以上。主要有湖盐3263亿吨,氯化钾4.4亿吨,镁盐48.2亿吨,氯化锂1389万吨,锶矿1592万吨,芒硝66.82亿吨,铅锌280万吨,煤炭18亿吨,石油2亿吨,天然气1500亿立方米。全州有大小河流160余条,流域面积大于500平方公里、常年有水的河流40多条,河流平均流量195立方米/秒。河流水能理论蕴藏量120万千瓦,可开发的装机容量30万千瓦。

海西州旅游资源独具特色。江河源头、昆仑文化、高原探险、可可西里自然保护区、雅丹地貌、万丈盐桥、唐代吐蕃墓葬群、都兰国际狩猎场、大柴旦温泉、德令哈可鲁克湖、茶卡盐湖风光等闻名遐迩,再加上雄浑神奇的高原自然风光,独特的民族习俗和风土人情,吸引着成千上万的中外游客前来观光旅游。

2000年,海西州有常住人口36.92万人,居住着蒙古、藏、汉、回、土、撒拉等30多个民族,各民族之间形成了平等团结、互相学习、共同进步、健康发展的和睦局面。

海西州辖德令哈市、格尔木市、乌兰县、都兰县、天峻县和冷湖、茫崖、大柴旦三个县级行政委员会。

州府德令哈市位于海西州东北部,巴音河纵贯市区,把德令哈市分为河东、河西两部分。国道315线和青藏铁路从市区通过,东距省会西宁市514公里,人口6万多人,市区面积25平方公里,是全州政治、科技、教育、文化的中心,2000年实现国内生产总值2.76亿元。在"十五"期间,海西州将继续加大对德令哈市基础设施建设的投入,并积极实施工业带动战略,强化城市服务功能,提升城市品位,促进经济社会快速健康发展。

格尔木市是青海省第二大城市,地处昆仑山下,辖区总面积12.45万平方公里,市区海拔2780米,人口20多万人,2000年实现国内生产总值16.78亿元。格尔木市已成为青海省资源开发的重点地区,成为进出西藏物资的集散地和巩固西南边防的后勤保障基地。随着青藏铁路格拉段的开工建设,格尔木市将成为中国西部重要的铁路枢纽,成为青海省经济实现跨越式发展的重要增长点。

海西州地处荒漠地带,生态环境脆弱,自我修复能力差。由于林地面积少,森林资源遭到人为破坏,草场过度放牧,导致荒漠化加剧。据有关资料显示,1986年柴达木盆地沙漠化面积12741万亩,到1994年达到15381万亩,年均增加330万亩。最近几年,荒漠化面积仍在继续扩大。柴达木荒漠化治理已列入国家"三北"防护林体系建设第四期规划和青海省"十五"计划。格尔木市10万亩荒漠化治理工程、5万亩种草工程,德令哈市、都兰县、乌兰县生态建设工程都已开始实施。

【经济与社会发展】 2000年,海西州实现国内生产总值53.41亿元,比1999年增长23.5%,其中第一产业3.16亿元,增长1.8%;第二产业34.72亿元,增长33.5%;第三产业15.5亿元,增长11.2%。人均国内生产总值16449元,增长21.6%。

2000年,海西州积极调整种植业结构,努力推进农牧业产业化经营,农村牧区经济得到稳步发展,实现现价农业总产值4.62亿元,按可比价格计算,比上年增长1.1%,农作物播种面积46.96万亩,比上年下降2.56%,粮食、油料播种面积下降,蔬菜、中藏药材种植面积扩大,粮食产量8.04万吨,增长1.3%;油料产量由于受种植面积减少的影响,较上年下降16.2%。畜牧业生产形势较好。草食牲畜总增率33.88%,出栏率32.96%,商品率27.28%,肉类总产量16282吨,增长10.36%。乡镇企业持续快速发展。完成乡镇企业总产值2.57亿元,比上年增长25%,实现总收入2.32亿元,增长25%,实现利税3491万元,增长14.3%。

2000年,海西州加大工业经济结构调整力度,加强技术改造,推动了工业生产的快速增长和效益明显回升。完成现价工业产值71亿元,按可比价格计算,比上年增长23.3%。主要产品产量:原油200万吨,天然气3.9亿立方米,甲醇7万吨,原盐73.6万吨,钾肥(折纯)72.3万吨,水泥4.8万吨,黄金898公斤,纯碱1.44万吨。工业产品销售率96.9%。国有、国有控股及规模以上非国有工业企业实现利润总额1452万元。亏损企业亏损额2348万元,减亏272万元,盈利企业盈利额3800万元,增盈1835万元,实现整体扭亏为盈。

2000年海西州国有企业改革重点实施了青海省盐业公司、德令哈碱厂、柴达木水泥厂、绿草山煤矿、大柴旦化工厂、柴达木硫化碱总厂、柯柯盐厂等企业的改制,盘活优化了国有资产。到2000年底,全州完成各种形式改制的企业156户,改制面75%。同时积极鼓励、扶持非公有制经济的快速发展。2000年底，全州个体工商户、私营企业分别达到9916户和428户，注册资金6.5亿元，其中注册资金100万元至500万元的私营企业95户，500万元至1000万元的8户，1000万元以上的3户。从业人员27150人，实现产值2.5亿元，实现销售收入7.7亿元，上缴税金2153万元。

2000年，海西州努力拓宽投融资渠道，加大投入力度，固定资产投资大幅度增加。全社会固定资产投资36.25亿元，比上年增长38.4%。基础设施建设成绩显著。2000年开工建设的重点基础设施项目主要有涩宁兰天然气长输管道工程；青藏铁路西宁至格尔木段二期扩能改造工程；109国道大水桥至格尔木二级油路改造工程；315国道切泉沟至察汉诺二级油路改造工程；乌兰至格尔木330千伏输变电工程。2000年全州建成了一批城镇供水、排水、道路工程，建成了一批房地产开发项目，建成了一批县、乡、村学校、乡镇卫生院改扩建工程，建成了一批广播电视“村村通”工程，建成了一批农牧业综合开发、人畜饮水和生态保护工程。

资源开发取得了新进展。青海盐湖集团100万吨氯化钾项目和马海湖15万吨氯化钾项目开工建设，进展顺利。滩间山金矿中澳合作项目，总投资5000万美元。都兰20万吨铁矿采选项目，柴达木龙康药业项目，大浪滩钾资源开发项目，乌兰县、都兰县、德令哈市牧区开发示范工程，乌兰县、都兰县商品粮基地建设等项目建成投产。都兰县察苏灌区工程、莫河畜牧场农业综合开发项目、德令哈市塔弯克里生态农业等项目开工建设。

旅游业发展迅速。2000年海西州接待境内外游客1.64万人，比上年增加1.34万人，旅游收入500万元。出现了昆仑山道教寻祖游、青藏高原汽车探险游、可可西里动植物考察游、盐湖风光游、民族风情游的旅游热。

2000年，海西州一般预算收入6.04亿元，比上年增长7.8%，其中地方一般预算收入2.19亿元，增长25.5%；一般预算支出4.43亿元，增长20.9%。金融机构各项存款余额38.1亿元，增长10.3%，其中城乡居民储蓄存款余额22.76亿元，增长8.5%；各项贷款余额33.51亿元，下降13.5%。全年保费收入8365万元，支付各类赔款及给付2726万元。

2000年，海西州科技对经济增长的支撑更加明显。全年实施科技项目14项，科技进步对经济增长的贡献率达到35%。拥有各类学校195所，其中中等专业学校2所，各类学校在校学生61844人，学龄儿童入学率98.49%，比上年提高0.39个百分点，拥有专职教师4406人。拥有文化事业机构16个，有线电视台、电视转播台和差转台48座，广播电台2座，电视人口覆盖率90%，广播覆盖率80%。拥有卫生机构81个，其中医院24个，病床数1537张，卫生技术人员2243人。

2000年，海西州初步建立了国有企业职工基本养老保险、失业保险和城镇居民最低生活保障制度。发放企业离退休人员养老金6510万元，养老金社会化发放率100%；发放下岗职工基本生活费1571万元，下岗职工全部得到基本生活保障。城镇职工基本医疗保险制度改革工作全面启动。随着城镇劳动就业的增加和农牧民增收渠道的拓宽，人民生活水平继续提高。2000年，城镇居民人均可支配收入5824元，比上年增长10.44%，农牧民人均纯收入1924元，增长6.05%。

【经济技术协作】 2000年，海西州紧紧抓住西部大开发战略全面启动的机遇，进一步加大经济协作的力度，招商引资和横向经济联合工作取得了新的成绩。其中利用国内外资金建设的海西州60万吨水泥项目、60万吨纯碱项目、3万吨碳酸锶项目、红珍珠降糖胶囊项目、格尔木10万吨矿泉水项目、都兰石墨项目等都取得了积极进展。

【投资环境】 经过建州几十年特别是“九五”以来的建设与发展，海西州的交通、通信、电力、城镇设施等基础条件发生了显著变化，投资环境有了明显改善。境内536公里的青藏铁路经过扩能改造后,货运能力提高到1150万吨;州内5条国省道2806公里大部分实现了黑色化,地方公路48条1702公里大部分达到等级标准;格尔木机场新开通了至西宁、郑州、济南、烟台的航线,初步形成了铁路、公路、航空交通运输网。兰——西——拉光缆的建成,微波、卫星等多种传输手段的运用,使全州通信水平有了显著提高。通信网络和技术装备基本与全国发展水平相适应。随着龙羊峡至乌兰330千伏、乌兰至都兰110千伏、乌兰至德令哈110千伏输变电工程的建成,海西东部地区全部在大电网的覆盖范围,2001年将建成乌兰至格尔木330千伏输变电工程,全州大部分地区的电力供应将有可靠保障。在城镇设施方面,商贸流通业、社区服务业、信息咨询业和科技、教育、文化、卫生、体育等设施基本健全,服务能力和服务水平明显提高。在政府职能转变、提高党政机关工作效率、改善服务质量、政策支持以及法制化、市场化建设等方面也取得了积极进展。

重点区域建设。海西州已基本上形成了以德令哈市和格尔木市为龙头的各具特色的东、西部两个经济区。在未来的建设与发展中,东部经济区将重点发展特色农牧业、农畜产品加工业、盐化工业、建材业、中藏药加工以及商贸、房地产、旅游等产业,并积极培育德令哈——乌兰——天峻和都兰两个经济带,同时抓好小城镇建设。西部经济区将重点发展盐湖化工、石油天然气化工、有色金属工业、建材工业、煤炭工业、旅游业和商贸物资流通业,并积极培育格尔木—柴旦和冷湖—茫崖两个经济带。

到2000年,海西州已初步形成了以建材工业、煤炭工业、电力工业、农畜产品加工业为主的优势产业;形成了以中藏药加工、旅游、房地产开发、社区服务、信息咨询为主的新兴产业。在国家进行经济结构战略性调整和实施西部大开发战略的新形势下,海西州将继续鼓励和支持国内外客商来柴达木参与盐湖、石油、天然气、有色金属等优势资源的开发。同时,鼓励和支持国内外客商投资于高新技术产业、农牧业、生态环境、交通能源、服务业和旅游业等领域。

新疆维吾尔自治区
克孜勒苏柯尔克孜自治州

【概况】 克孜勒苏柯尔克孜自治州(以下简称克州)位于祖国西北部边陲,是我国最西部的一个自治州。北部和西部分别与吉尔吉斯斯坦、塔吉克斯坦接壤,边境线1170多公里。克州西北高,东南低,西北部海拔一般均在3000米以上。中部为开阔地带,东南部为相对的平原,海拔1200米左右。克州位于天山、昆仑山北坡和塔里木盆地西南之间,总面积709万公顷。克州气候属典型的温带大陆性气候,干旱少雨日照时间长,太阳辐射大,年日照时数2789~2986小时。境内有主要河流7条,地表水年流径量和地下水总量88亿立方米,克州境内有大小淡水湖泊8个,湖水最深处达15米。

克州生物资源种类多,气候多样性显著,适宜发展特色农牧业。耕地面积6.97万公顷,园林面积0.27万公顷,林地面积3.8万公顷,草地面积333.97万公顷;水域面积0.5万公顷,水能蕴藏量92.72万千瓦。可利用的后备土地资源11.28万公顷。

克州已经发现的矿产有金、银、铜、锰、铬、铅锌、黄铁矿、石油、大理石、云母、水晶石、石棉、石墨、盐等30种。铅锌的储量居全疆第一位,是新疆有色金属接替带之一;压电水晶储量居全疆第一位。

克州具有较丰富的野生动植物资源。野生动物有棕熊、仙鹤、猞猁、雪豹、长尾雉、黄羊、岩羊等,野生药用植物有甘草、麻黄草、党参、掌参、车前等。

克州是古“丝绸之路”的要冲,荟萃了古代三大文明、三大宗教和中西文明文化。这里是佛教、伊斯兰教文化最早传入我国的发源地,文物古迹较多,主要有汉代佛、三仙洞、莫尔佛塔、疏勒古国遗址、苏里堂马扎遗址、喀拉汗王朝迁遗址。在阿图什市郊布谷孜河畔有著名的无花果园。

克州是多民族聚居的地区，境内有柯尔克孜、维吾尔、汉、塔吉克、回、满、塔塔尔、蒙古、哈萨克、锡伯、乌孜别克等11个常驻民族。总人口43.97万人。各少数民族占总人口的93.6%，克州辖阿图什市和阿克陶、乌恰、阿合奇三县。州府阿图什市，总人口19.42万人，城市总面积1.48万平方公里。阿图什市是边境城市，市区距吐尔尕特一类口岸新址托帕62公里，地理位置十分重要。历史上曾是丝绸之路通往中亚、欧洲诸国的交通要道，现在仍是中巴、中吉国际公路的必经之路。

克州沙漠荒滩面积大，土地沙化盐碱程度大，90%以上为高山、戈壁，荒滩，生态环境脆弱，人类生存环境恶劣。近年来，克州加强对荒漠化的治理，城乡环境质量得到初步改善。

【经济与社会发展】 2000年克州国内生产总值7.96亿元，比上年增长4.9%。其中第一产业增加值3.26亿元，增长5.1%；第二产业增加值1.38亿元，降低4.85%；第三产业增加值3.32亿元，增长8.1%。农村经济稳步发展，农业综合生产能力不断提高，农业结构调整迈出新步伐。农林牧渔业总产值6.23亿元，增长1.47%。主要农产品产量大幅度提高，2000年，粮食总产量17.6万吨，基本实现了粮食自给，粮食生产正向优质高效发展。棉花总产量0.49万吨，油料0.38万吨。畜牧业稳步发展，85%的牧民实现了定居半定居，牲畜品种不断优化，牲畜存栏头数143.45万头，肉类产量1.75万吨，商品率47.7%。水果总产量2.13万吨；乡镇企业稳步发展，实现总产值2.05亿元。

工业经济改革与发展成效显著，一批国有企业通过改组、改造等方式实现了资产重组，整体素质得到增强，经济效益有所提高。工业总产值1.66亿元，比上年增长12.93%，原煤产量8.9万吨，水泥产量12万吨，年发电量7830万千瓦，原盐产量1.2万吨。

【利用外资和对外贸易】 克州继续贯彻落实“以边启动”的经济发展战略，加强同周边国家的贸易往来。正确引导、鼓励国有、个体、私营企业的对外贸易向规模化和规范化发展。抓住国家赋予边贸的优惠政策，以对外贸易促进生产连动。2000年克州外贸进出口总额2857万美元，其中进口246万美元，出口2611万美元。旅游人数达到3.3万人次，其中境外旅游人数7620人次，旅游外汇收入75.6万美元。积极利用世行贷款进行农田水利建设。2000年，引进内资5000万元。

2000年，居民消费价格总指数94.7%，社会消费品零售总额23223.2万元，固定资产投资2.54亿元，增长10.43%。地方财政收入4228万元，增长9.82%；地方财政支出42165万元，增长24.02%。各项存款11.44亿元，贷款余额8.3亿元。

组织实施“八七”扶贫攻坚，贫困人口由6万人减少到0.4万人，人民生活明显改善，总体上解决了温饱问题。克州职工工资水平8200元，农牧民人均收入1001元，城乡居民的居住条件有所改善。

科技工作围绕解决工农业生产中的实际问题，以实施粮食增产工程为重点，推广应用了宽膜植棉、地膜玉米、地膜春麦等一批科技示范项目，促进了克州种植业发展。教育工作继续以“普及九年义务教育”和高标准扫除青壮年文盲为重点，不断深化教育体制改革，全面推进素质教育。现有中等院校3所，在校学生1646人，普通中学55所，在校学生30468人；其中牧区寄宿学校39所，学生在校巩固率99%，适龄儿童入学率城市100%、农村99.1%。

克州现有5个文化表演团体，克州文工团编排大型歌舞剧《山父水母》荣获国家文化部最高荣誉奖“文华奖”。全州有图书馆3个，图书总藏量14万册，有群艺馆1个，文化馆4个，文化经营机构44个。克州共有卫生机构126个，其中医院、卫生院43所，病床1523张；卫生专业技术人员2327人，其中少数民族

1616人,卫生防疫、妇幼保健及食品卫生管理工作也取得了成绩,一些地方病得到了有效的控制。

克州在新疆各类体育比赛中共获金牌14块,银牌13块,铜牌10块。全民健身活动进一步开展,举办县级以上运动会49次,参加人数3万人。新闻出版事业取得新的成绩,村村通广播电视工作取得新进展,广播电视人口综合覆盖率85.1%以上。

【投资环境】 面对国家党中央实施西部大开发战略的良好历史机遇,克州各级党委、人民政府制订了一系列优惠的政策,扩大招商引资,吸引国内外人才、技术和资金。克州虽地处边远,但交通便利。州府阿图什距喀什航空港35公里,乌鲁木齐至喀什的航班每日一班(旺季时两班),喀什往来阿图什、乌恰、阿克陶的公路交通方便,国道314线横穿境内,已形成了以州府市区为中心的公路网,农区村村通汽车,牧区乡乡通汽车。为适应克州与中亚各国拓展边贸的需要,克州政府加强了州府阿图什通往各边境口岸的公路建设,目前开通了阿图什至吉尔吉斯首都比什凯克的国际客运班车,并准备条件以开通阿图什至塔吉克斯坦的国际客运线路。1999年12月横穿州境的南疆铁路库尔勒至喀什段全线贯通投入运营。经过克州通往吉尔吉斯的国际铁路正在规划中。

邮电通讯事业迅速发展,公众通信能力持续增加。实现了数字传输和光缆卫星通讯,移动通讯系统进入了全国移动通讯网。克州三县一市全部普及程控电话,农村电话网也已形成。

克州重点加强边境口岸的建设。1993年,克州在乌恰县巴音库鲁提乡托帕村兴建伊尔克坦——吐尔尕特口岸,共同管理伊尔克什坦、吐尔尕特两个边境口岸。经过两年多的建设,丁1995年建成了一个各项基础设施配套、功能齐全的现代化的新口岸并投入使用。

优势产业、发展潜力。克州今后发展仍坚持以农业为基础,以农产品市场为导向,增加经济作物比重,发展草原和农区畜牧业,大上特色园艺业,积极调整种植业。大力发展特色农业,着力培育豆类、油菜籽、阿魏菇、马铃薯、中药材、大蒜、反季节蔬菜等主导产品,逐步扩大种植面积,形成区域生产基地,提高种植业经济效益。牧区重点发展毛肉兼用的阿莱羊,山区重点发展优良绒山羊,有条件的农区适度发展大尾寒羊和小尾寒羊,加强对牦牛品种选育改良。加大特色园艺开发力度,实现上规模、上档次、上效益。巩固瓜果业的特色优势,解决储藏、加工、包装、运输等一系列问题。建设“三北”防护林,实施天然林保护工程,加强沙漠植被保护、恢复和营造,推进城镇绿化和森林覆盖率,保护生态环境。推进农业产业化,提高农产品加工转化能力,把加快服务业发展作为经济结构调整的重要着力点。大力发展信息业,推进全社会计算机和网络等信息技术的普及和应用。发展电子商务、网上教育、远程医疗和其他网络信息服务。加强旅游风景区基础设施建设步伐,特别是中心城市和主要旅游景点周围的交通设施建设。

【重点开发项目】 根据国家实施西部大开发的战略部署,结合克州的实际,克州重点开发水利、交通、生态、电力、城市等基础设施建设。

阿尔塔什水利枢纽工程。在水利骨干工程建设的同时,合理开发地下水,增加地下水开采量1.2亿立方米;改建防渗渠道927公里,新建防渗渠道218公里。通过节水灌溉促进种植业结构的调整,使克州一些主要河流的水资源得到有效开发和利用。加快克州农村人畜饮水工程建设,提高供水覆盖面,使90%的农牧民吃上符合国家卫生标准的饮用水。

克州生态环境工程建设。建设地点为阿图什市、阿克陶县、乌恰县、阿合奇县,建设内容为水利工程,打机井180眼及配套,建设渠系建筑物2556座,闸1230个,桥涵400个,渡槽898个,防洪堤150公里,渠道750公里(防渗);林地建设及封山育林6.67万公顷,草原生态建设改良200万公顷,绿洲农业生态建设。项目总投资15亿元。到2010年可建成人工林面积1.73万公顷,储备量6485万株,生产木材544.7万立方米,经济价值19亿元。农业生态建设方面改善20万公顷农田灌溉条件,收复弃耕地2万公顷,盐碱地治理1.43万公顷,新建人工草地4.33万公顷,改良草地14.33万公顷。从而增加森林复盖率,扩大绿洲面积,改善生存环境。

哈拉峻盆地农业综合开发及粮食基地建设。建设内容为开荒0.67万公顷,其中种植业0.55万公顷,林业0.08万公顷,打机井120眼,各种渠道483公里,渠系建筑物1378座,新建110千伏变电站及93.3公里输电线路,新建35千伏变电站及37.6公里输电线路。总投资4.4亿元。项目完成后,新增耕地面积1.66万公顷,粮食产量增加3万吨,牧民定居2440户,牲畜饲养64500头(只),年产值2.1亿元。

布仑口——公格尔水利枢纽工程。布仑口——公格尔水利枢纽工程是克州及喀什地区可以共同受益的综合利用水利枢纽工程。布仑口水库是盖孜河中游河段的龙头水库,也是该河流唯一具有多年调节性能的控制性水库,水库地形条件优越,所属公格尔电站是盖孜河中游河段的第一个梯级水电站。水库坝高35米,坝顶长度330米,水库正常蓄水位3290米,总库容6.4亿立方米,电站装机容量20万千瓦,年发电量6.58亿千瓦。总投资17.7亿元。该项目具有灌溉、发电、防洪和改善生态环境的综合效益。改善灌溉面积8.53万公顷,扩大灌溉面积3.45万公顷。该工程的建设将为克州和喀什两地州经济发展,尽快改变贫困面貌,增加农业发展后劲,扩大耕地,改善灌溉条件,奠定坚实的基础。

【东西对口支援】 江西省对口支援克州经济建设,每年派一批专业技术人员深入到基层帮助工作,为克州的扶贫和经济建设发挥了一定作用,山东淄博对口支援克州教育扶贫。

【民族经济与文化】 克州是我国唯一的一个以柯尔克孜族为自治民族的多民族聚居的自治州。十一届三中全会以来,党的民族政策得到贯彻实施,民族团结不断巩固和加强,少数民族干部茁壮成长,各项经济文化建设事业迅速发展。1979年,克州恢复使用了柯尔克孜文字,在柯尔克孜族中、小学使用柯尔克孜族语言文字进行教学,柯尔克孜族的自治权利得到了更加充分的体现。1984年经新疆维吾尔自治区批准,克州成立了塔尔塔吉克民族乡,塔吉克族人民也同柯尔克孜族人民一样,充分享受了党的民族区域自治的方针政策。1986年,克州人大常委会制订了《克孜勒苏柯尔克孜自治州自治条例》,发展自治州的政治、经济、文化、教育、科技、卫生和体育等事业。根据地方特点、民族特点和经济特点,灵活多样、扬长避短地进行克州社会主义现代化建设,发展克州的经济文化事业。

2000年,克州的少数民族干部16454人,占克州干部总数的77.42%。其中少数民族科技干部人数12282人,占干部总数的57.79%。历届克州人大常委会主任和自治州州长均由柯尔克孜族干部担任;柯尔克孜族人民还选出自己的代表,参加全国和新疆维吾尔自治区的党代会、人代会。

克州党委、人民政府坚持不懈地进行马克思主义民族观和党的政策的教育,落实党的民族政策和宗教政策,有效地制止了境内外极少数民族分裂主义分子的渗透、破坏活动。经过各族人民的共同努力,全州建立了平等、团结、互助的社会新型民族关系。

柯尔克孜族的体育、游戏活动多达50多种,虽千变万化,但它离不开草原,离不开游牧。游戏项目有马背叼羊、飞马拾银、马上角力和赛马、赛骆驼等。

新疆维吾尔自治区
巴音郭楞蒙古自治州

【概况】 巴音郭楞蒙古自治州(以下简称巴州)位于新疆维吾尔自治区东南部天山南麓,东邻甘肃、青海;南倚昆仑山与西藏相接;西连和田、阿克苏地区;北以天山为界,与伊犁、塔城、昌吉、乌鲁木齐、吐鲁番、哈密等地、州、市相连,总面积48.27万平方公里,约占自治区面积的1/4,是中国面积最大的自治州。

巴州属暖温带及中温带干旱型气候区,州府库尔勒市属暖温带极端干旱型气候区,年平均气温12.4℃,年降水量44.3毫米,全年日照时数3076.9小时。有大小河流50余条,湖泊69个,其中博斯腾湖水域面积1001平方公里,是中国最大的内陆淡水湖,全州年均地表水自产流量106.24亿立方米,可利用地表水量93.6亿立方米,地下水天然补给量30.41亿立方米/年,地下水年可采量21.73亿立方米。

巴州土地资源较为丰富,有山地23.61万平方公里,戈壁沙漠14.46万平方公里,平原10.13万平方公里,耕地面积13.95万公顷,湖区边缘苇田面积3.87万公顷,芦苇资源蓄积量31万吨,是上好的造纸原料。可利用的草场面积800万公顷,优良草场约占24%。位于和静县境内的巴音布鲁克草原,是中国闻名的高山草原,也是新疆南部最优良的牧场。森林面积58.73万公顷,主要分布于北部山区和塔里木河沿岸,森林覆盖率1.2%。水能蕴藏量296万千瓦,可开发的水能资源177万千瓦,其中开都河干流140万千瓦。

矿产资源现已探明14个整装油气田,发现39个工业性含油气构造,其中探明石油地质储量108亿吨,天然气地质储量8.4亿立方米。目前塔里木油田已配套建成了420万吨原油生产能力,原油产量在全国排第6位。巴州已发现具有一定规模的矿产地84处,有29个矿种。在新疆矿产储量中占首位的有锰、菱镁矿、白云岩、石膏、陶土、蛭石、石棉、玉石和钾盐等。其中,蛭石储量2880万吨,占全国储量的92%;石棉储量2871.71万吨,石棉储量占全国储量30%,钾盐占全国已探明储量的54.4%。其它储量较大的有锰459.3万吨,菱镁矿1.64亿吨、白云岩7.37亿吨,石膏4331.4万吨、陶土1.7亿吨。

巴州境内拥有类型众多的旅游资源。古代"丝绸之路"的中、南两道贯穿巴州境内,如今已成为旅游者观光觅奇的热线。名胜古迹中有国家一级文物保护点14处,二级文物保护点40处,纳入国家文物档案的文物古迹240处。主要景点有铁门关、楼兰古城遗址、锡克沁千佛洞、米兰遗址、满汉王府、维吾尔人庄园等。巴州有全国最大的自然保护区——阿尔金山自然保护区、塔克拉玛干大沙漠、巴音布鲁克大草原、美丽的天鹅湖及中国最大的内陆淡水湖博斯腾湖。

巴州辖焉耆县、和静县、和硕县、尉犁县、轮台县、博湖县、若羌县、且末县和库尔勒市8县1市。聚居着33个民族,2000年末总人口103.79万人,其中蒙古族4.51万人、汉族58.24万人、维吾尔族34.82万人、回族5.53万人,巴州首府库尔勒市,北距乌鲁木齐市471公里,是南北疆交通要冲。目前,库尔勒市已形成以轻纺、食品、造纸、建材、机械电子和化工为主的门类比较齐全的工业体系,城市的基础设施逐步完善,已具备了铁路、公路、航空立体交通条件,联航航班直达北京、济南,交通便利;电讯事业发达,服务网点遍布城乡各地,已开展国际、国内长途自动直拨业务,社会公共事业和第三产业发展迅速,个体私有经济不断发展壮大。

巴州为加强生态建设和环境保护,向塔里木河、孔雀河下游输水3亿立方米。2000年,完成人工造林14.4万亩,防护林2.79万亩,平原、荒山绿化工作力度加强,森林覆盖率有所提高,工业企业治理率98.75%。

【经济与社会发展】 2000年巴州国内生产总值134.9亿元,增长8.3%,其中第一产业23.64亿元,增长6.2%;第二产业83.68亿元,增长9.2%;第三产业27.58亿元,增长7.5%。农牧渔业总产值30.63亿元,比上年增长10.84%,2000年,粮食总产量26.27万吨,棉花总产量8.36万吨,油料总产量1.33万吨,甜菜总产量26.04万吨,肉类产量6.93万吨,牲畜年末存栏头数289.34万头(只)。巴州农产品资源丰富,库尔勒香梨是巴州特有的产品，具有含糖量高、香味浓郁、果肉细嫩、酥脆多汁和耐储藏性能，远销香港及东南亚一些国家和地区，已形成2万公顷、总产20万吨的规模。乡镇企业实现产值27.3亿元，增长12.4%，农牧民人均纯收入2572元，工业总产值111.30亿元，增长80.65%。

2000年社会消费品零售总额26.25亿元，增长1.12%；财政收入6.84亿元，增长11.76%；财政支出11.85亿元，增长6.57%，固定资产投资71.26亿元，增长19.76%，其中基本建设投资56亿元，增长36.7%；更新改造投资5.3亿元，增长3.5%；居民消费价格指数99.7%；职工货币工资7669元，增长6.34%；城乡居民居住条件有了较大改善，城镇住房人均使用面积10.41平方米，农村住房人均使用面积15.8平方米；劳动就业领域不断拓宽，就业和再就业工作成效显著，再就业率50.3%，年末登记失业率3%；计划生育工作进一步加强，人口素质进一步提高，人口自然增长率8.3‰；城镇建设取得新成绩，城乡面貌发生显著变化。

扶贫工作取得新进展，巴州各族干部群众战胜了各种自然灾害，全社会参与扶贫攻坚，采取"异地搬迁扶贫"、加大科技投入和扶贫资金投入等措施，解决了1585户7565人的农村贫困人口的温饱问题。但由于种种原因巴州贫困户返贫率较高，目前还有州定贫困乡19个，其中区定插花贫困乡1个，区定困难乡6个，还有5440户23023人的温饱问题没有解决，巴州的扶贫开发工作还任重道远。

2000年巴州金融机构各项存款余额136.95亿元，各项贷款余额94.92亿元。城镇养老、失业保险覆盖面进一步扩大。城镇职工基本医疗保险制度改革启动，农村合作医疗和初级卫生保健得到加强。群众性体育活动蓬勃开展。"三讲"教育取得成效，纠风工作得到加强，治理"三乱"取得新进展，2000年共取消各类不合理收费203项，降低收费标准82项，减轻企业负担1260万元，减轻农牧民负担2333.7万元。

【投资环境】 巴州、库尔勒市为了进一步改善投资环境，扩大对外开放，相继出台了《关于对内对外开放的优惠政策》、颁布实施了《新疆库尔勒市关于引进人才、技术、资金，加强经济联合和技术合作的规定》及《实施细则》，出台了《关于积极鼓励促进个体私营经济发展的若干规定》，增强了对国内外人才、资金、技术和项目的吸引力，投资软环境得到较大改善。

2000年，巴州相继开展了塔里木河流域生态整治项目及库尔勒市城市绿化工程、西尼尔水库一期工程、库尔勒城市气化、供水及孔雀河绿化风景带工程、塔里木石化厂、塔里木炭黑厂、312国道库尔勒国境公路、库尔勒城市道路的扩建、塔什店火电三期7号机组、且末机场建设、塔河下游生态整治等一批水利、交通、通信、能源、城市基础设施等重点项目。新建、改造县乡公路3755公里、城镇道路280公里，新增电力装机14.2万千瓦，完成农村电网改造3208公里，电话交换机总容量19.5万门，全网实现了程控化，电信网络技术水平得到了提高，城乡面貌发生了重大变化，以建设生态园林城市为目标，大力植树造林，加强生态环境的治理与改善。

【重点开发项目】 2000年，巴州继续加强城市、交通、通讯等基础设施等重点项目的建设，加大投资力度，使巴州的投资软硬环境有了进一步的改善，经济建设取得成绩。

博湖东泵站。增大孔雀河流量，满足下游生产生活用水。总装机容量8×600千瓦，设计扬水流量45方/秒，年缺水量7亿立方米。项目总投资10157万元。轮台"五一"水库。为迪拉河上游控制性骨干工程，有效解决流量年度分配不均，增河道量为2.02亿立方米，新增灌溉面积18万亩。总库容12000万立方米，项目总投资39000万元。百万香梨基地建设。香梨是巴州物产，是主要的出口创汇农产品，具有广阔市场前景和开发价值，基地总规模100万亩，其中新建80万亩，最终形成120万吨的生产规模，项目总投资6.3亿元。环博斯腾湖生整治工程。博斯腾湖是开都河、孔雀河流域的心脏,维系着焉耆盆地及库尔勒、尉犁地区的生态平衡,近年来,由于大规模的工农业生产活动,导致博湖生态环境遭到严重破坏,实施该工程十分必要。芦苇湿地恢复工程30万亩,包括苇田建设、水利工程、道路网的完善、管理点与居民点的设置以及输电线路、通讯工程等,总投资2亿元。塔里木河中下游沙漠化防治与生态保护工程。近年来,塔里木河中下游地区生产与生态矛盾突出,下游呈极度干旱缺水状态,耕地面积减少,沙漠化加剧、植被衰败,水质恶化,生态环境保护刻不容缓,总规模73.5万公顷,封育区面积69.5万公顷,总投资103424万元。新疆巴州6000吨粘胶长丝项目。粘胶长丝是我国主要创汇产品之一,市场前景良好,新疆是我国重要的棉花产区,棉短绒资源丰富,对于发展粘胶长丝产品具有得天独厚的优势,新疆泰昌工业总公司具备发展该项目的良好基础,年产有光、消光或有色粘胶长丝6000吨,总投资79394万元。和硕花岗岩石材加工。和硕花岗岩资源储量2232.8万吨,可加工14400万平方米的板材,且石材具有良好的加工性能,花岗岩开发及板材、石材深加工年生产能力120万平方米,项目总投资6000万元。库尔勒市太阳岛民族风情园建设。太阳岛是孔雀河流域内形成的一个天然河心小岛,距市区8公里,岛上水草丰茂,绿树成荫,具有天然开发价值,拟建少数民族风情园,跑马场、麦西来甫广场、水上娱乐设施,占地2000亩,总投资25000万元。库尔勒市体育活动中心。随着经济的发展及城市规模的扩大,库尔勒市现有的体育设施已不能满足城市发展的需要,同时,也与中心城市的地位不相符。拟新建一座2万人座的综合体育场,包括标准田径场、体育馆、三十个靶位射击馆及游泳馆等,总投资7000万元。

【东西对口支援】 2000年,巴州外贸进出口总额5784万美元,其中出口总额4822万美元,实际利用外资总额564万美元。成功地举办了河北——巴州西部大开发恳谈会、深圳招商引资洽谈会,参加2000年乌洽会。全年共签订经济技术合作项目104个,总金额40亿元,其中合同项目66个,合同金额2.6亿元。落实执行经济技术协作项目57个,总金额26.2亿元,引进外省区市到位资金22.2亿元,完成物资商贸交易额16.8亿元。

【民族经济与文化】 巴州在党的民族政策指引下,各民族和睦相处,共同进步,促进了巴州经济的健康发展。企事业单位共有各类专业技术人员6971人。巴州各级文化部门精心组织形式多样、各具民族特色、地域特色的群众文化活动。博湖县的"蒙古族民族服饰"展览、和静县的"那达慕"盛会、焉耆县的回族"花儿"演唱会、和硕县的青年歌手大奖赛、轮台县的民族团结文化艺术节、库尔勒市的民族团结教育月活动中的大型麦西来甫广场舞蹈比赛和秧歌、社火比赛等。截止2000年底,共组织开展各民族群众性歌咏比赛、秧歌、社火、旱船、高跷表演、歌手大赛等比赛584次。由巴州文工团创作的舞蹈《胡尔登沙吾尔登》参加国家民委、文化部、广电总局在重庆联合举办的全国第十届《金孔雀杯》少数民族舞蹈大奖赛分别获优秀编导奖和优秀节目奖。

巴州现有中等专业学校5所,在校学生3777人;中学93所,在校学生57509人,群艺馆1个,博物馆3个,图书馆7个,展览馆3个,专业文工团4个,文化馆9个,乡(镇)文化站77个,村文化室344个,卫生机构568个,专业卫生技术人员6971人,拥有病床5093张,广播电视人口覆盖率分别达97%和98%,2000年销售各类图书1086.52万册。

【库尔勒经济技术开发区简介】 库尔勒经济技术开发区是库尔勒市为贯彻落实中央关于西部大开发的战略决策的要求,充分发挥库尔勒中心城市功能,辐射带动对巴州乃至整个南疆地区发展而设立的省级经济技术开发区。

开发区位于库尔勒市东南方向,距市中心8公里,西临石油工业园区,规划控制面积为18平方公里,首期开发面积为2平方公里。所依托的新城工业区是库尔勒市近年来发展的重心,有利于企业之间各种生产力要素相互融合；开发区交通便利，距离火车站、飞机场很近，石油铁路专线沿一侧穿过，形成了便捷的立体交通网络；自来水管网已在新城全面完成，专门解决开发区后期规模扩大后的供水工程已启动。库尔勒经济技术开发区以石油天然气产品系列加工、香梨、芦苇、棉花等特色产品深加工，新兴建材为产业重点，分别规划设立综合服务区、工业园区、高新技术园区和现代农业示范等四个园区。

新疆维吾尔自治区 昌吉回族自治州

【概况】 昌吉回族自治州（以下简称昌吉州）是古代“丝绸之路”新北道通往中亚、欧洲诸国的必经之路。东北与蒙古人民共和国交界，国境线长227.3公里，南倚天山山脉，西连石河子市，北临准噶尔盆地，从东、西、北三面环抱新疆首府乌鲁木齐，是通往北疆各地的门户要道。在实施西部大开发战略中，是新疆确定的天山北坡经济带率先发展的地区之一。

昌吉州年平均气温6℃～7℃，年平均降水量200～500毫米。平原和沙漠属中温带大陆干旱气候，天山山区属中温带山区半干旱气候。平原日照时数2749～3089小时，无霜期155～190天，在平原农区，稳定在10℃以上的年积温3313℃～3670℃。

昌吉州共有冰川1319条，总面积1033平方公里，常年有水的河流57条，年径流量25.1亿立方米，其中年径流量大于1亿立方米的河流有6条。地下水总补给量12.8亿立方米，可开采水量10亿立方米，水能理论蕴藏量42万千瓦。

昌吉州土地资源丰富，有可耕地面积30.7万公顷，实际播种面积27.93万公顷。在野生动植物资源中，被国家列为一级保护的动物主要有雪豹、野驴、野马、北山川羊、白鹳、黑鹳、金雕等13种。二级重点保护动物42种。野生植物资源300多种，其中药用价值较高的有100多种。

昌吉州目前已发现的矿种有煤炭、铁、铬、铜、锌、金、锑、钨、盐、芒硝、碧玉、石墨等50余种，其中煤炭储量约265亿吨，石油储量约为1.5亿吨。新疆最大的露天煤矿、最大的石油化工厂、最大的火力发电厂和中国第一座百万吨级的沙漠整装油田都在昌吉州。

昌吉州旅游资源非常丰富。主要有以高山、湖泊、大漠为奇观的独具西部风情的自然景观和以文物古迹为特点的人文景观两大类。目前，已开发和有待继续开发利用的旅游景点共20处。其中主要有驰名中外的高山湖泊天池，西大寺遗址，有三千年历史的呼图壁县康家石子岩画群和五彩湾、魔鬼城、鸣沙山、恐龙化石聚集地、硅化木群以及历史悠久的北庭都护府遗迹，康家石门子早期人类生殖崇拜岩画等，都是著名的旅游胜地。

昌吉州现辖玛纳斯县、呼图壁县、米泉市、阜康市、吉木萨尔县、奇台县、木垒哈萨克自治县和昌吉州政府所在地昌吉市五县三市。

昌吉州共有36个民族成份，回族人口仅次于汉族，在昌吉州定居时间和汉族基本相同，与哈萨克、维吾尔、乌孜别克、柯尔克孜、塔塔尔、东乡族等民族一同信仰伊斯兰教。2000年，总人口149.33万人，其中回族17.21万人，汉族111.74万人，哈萨克族12.37万人，维吾尔族6.01万人，其他民族2万人，首府昌吉市人口35.24万人。近年来，昌吉市在污水处理、天然气入户工程、道路建设、电网改造、电力供应等城市改造及建设方面加大力度，加快城市现代化建设。

昌吉州不断加快天然林及草场建设，防治沙漠化，抑制沙漠南移，治理水土流失和三化草地。城乡环境质量改善，生态环境建设已取得阶段性成果，森林覆盖率达到4.1%，城市绿化、城市工业废水处理达标率提高，防灾减灾能力增强，使昌吉州生态环境得到有效改善。

【经济与社会发展】 2000年昌吉州国内生产总值119.82亿元，增长9.76%，其中第一产业43.24亿元，增长9.08%；第二产业41.82

亿元,增长12.65%;第三产业34.75亿元,增长10%,农林牧渔业总产值55.44亿元,2000年,粮食总产量86.38万吨,油料6.18万吨,甜菜36.29万吨,棉花总产量9.09万吨,牲畜年末存栏368.13万头(只),肉类总产量达10.94万吨,植树造林合格面积0.78万公顷。农牧民人均纯收入3160元,比上年增长195元。农业产业化经营进程不断加快,农畜产品基地建设初具规模,农业集约化经营水平进一步提高;工业总产值72.81亿元,增长18.17%。

2000年,昌吉州社会消费品零售总额29.76亿元。地方财政收入5.56亿元,地方财政支出8.83亿元。固定资产投资35.11亿元,其中基本建设投资18.31亿元,更新改造投资6.87亿元,房地产开发完成2亿元。重点建设项目进展顺利,计划安排的重大建设项目玛纳斯石门水库实现抽水蓄能电站的预定目标;三屯河灌区改造、屯河制酱番茄、果蔬复合项目和米泉、呼图壁天然气入户一期工程等项目完工投产。昌吉市第二污水处理厂等一批项目按计划完成工程量和投资量。完成对外贸易进出口总额5908.3万美元,比上年增长24.8%,其中出口3293.7万美元,增长18.2%;进口2614.6万美元,增长10.46%。

昌吉州大力推广先进的科学技术,使科学在经济增长中的贡献份额达到了42%。教育事业得到了优先发展,基础教育、职业教育、成人教育和民族教育进一步加强,教育质量和办学水平稳步提高。初等教育普及率达到98%以上,2000年,共安排科研项目582项。拥有各类科研机构114个,专业技术人员3万多人。计划生育工作成绩显著,社会保险制度进一步完善。城乡居民收入增加,城镇失业率控制在4%以内。文化、体育、广播电视、新闻出版等事业取得新进展,扶贫工作取得显著成效,基本解决了贫困地区贫困人口的温饱问题。

2000年,昌吉州完成了图书馆扩建、电视演播中心等项目;建设了昌吉州职院新校舍和州一中、二中综合教学楼、人民医院康复中心、药检实验中心。通过利用外国政府贷款等手段,提高各级医疗单位的技术装备水平,完善配套设施。

【投资环境】　近年来昌吉州的基础设施投入力度较大,投资环境不断改善。横贯境内的第二座亚欧大陆桥成为“东联、西出”的“黄金通道”。

为加快经济发展,根据国家、自治区、昌吉州有关政策规定,在税收、土地使用、引进资金、入户居住等方面制定了各项优惠政策,广泛引进资金、技术、项目、人才,加大了对外开放的力度。实行鼓励外商投资优惠政策,加大招商引资力度,引导外商在基础设施及农业、石油化工、纺织、食品等领域进行投资。扩大利用外资领域,着力改善投资环境,增强服务意识,依靠科学、规范、高效的管理手段,营造符合国际惯例的法制环境和公开、统一、公平的竞争环境。

昌吉州鼓励内外企业面向中亚等国际市场开展加工贸易,巩固传统市场,开拓新兴市场,扩大农产品、畜产品、轻纺产品、机电产品、燃料、建材等产品出口,加大出口产品的技术含量,提高质量和档次。扩大企业对外贸易自主权,实现外贸进出口总额与昌吉州经济同步增长。

昌吉州首府昌吉市距乌鲁木齐国际机场18公里,距乌鲁木齐市区36公里,乌昌一级公路将两个市区连为一体。境内有312、216、217三条国道及吐-乌-大、乌-奎两条高速公路横贯昌吉州三市五县。公路东西贯通,交通便捷。位于奇台县的中蒙乌拉斯台边境口岸和昌吉市的亚中商城二类口岸已成为向中亚各国开放的重要门户。第二条亚欧大陆桥在昌吉市和阜康市分别设有较大规模的货物中转站。通讯事业发展较快,亚欧光缆贯通昌吉州。地州县已开通光缆,实现传输数字化。各县(市)完成程控化改造,移动电话、传真机、无线寻呼机已实现了与全疆、全国联网,对外联系方便快捷。

固定资产投资继续增长，重点建设进展顺利。昌吉州热电厂及热网一期工程已投产运行；昌吉市、奇台县、吉木萨尔县和呼图壁县的供排水工程，已通过新疆计委批准立项并开工建设；农业水利基础设施、城乡电网改造、生态农业建设工程等项目正在顺利实施，部分项目已于2000年竣工投产。

兵团经济是昌吉州经济发展的重要组成部分，具有农业机械化程度高、耕作技术先进、易于高新技术推广应用、便于集中资金、规模化生产、集约化经营、适应社会化大生产的整体优势。昌吉州充分发挥兵团经济优势，坚持以大农业、大产业、大环境、大效益为指导思想，制定的所有优惠政策，兵团完全享受。昌吉州所确定的农业基地项目，地方和兵团携手联合建设。在产业的发展上，积极向已形成规模、处于成长期的龙头企业挂靠，通过资产联合、低成本扩张，形成经济发展的共同体，以产业联动，实现融合型经济共同发展的目标，推动昌吉州区域整体经济发展。

按照自治区、昌吉州产业化发展方向，根据县域经济发展的特点，昌吉州在生产力布局、生态工程、农业基地建设和产业化经营等方面，合理调整结构，依据当地的比较优势和现实经济条件发展。东三县以基地建设、基础设施建设和旅游产业为发展重点，发展劳动密集型和资源密集型产业，改善生态环境，形成良好的发展态势。西五县以农业产业化经营、培育组建龙头企业和发展技术密集型高科技产业为主，形成以能源、纺织、食品、建材、机械、化学工业的中心基地和主要工业区。

昌吉州具有较强的农产品和矿产品资源优势。近年来，依托优势资源，加大工业结构调整力度，加快产业化经营进程，积极发展特色工业，支持机电、建材、食品、轻工、纺织、能源、化工等重点和优势行业优化升级，形成了优质小麦加工、番茄制品加工、棉纺产品加工、葡萄酒加工、制种产品加工、胡萝卜产品加工、饲料加工、肉奶制品加工等8个产业链。通过产业链的延伸，带动相关产业的发展，有一批企业向集团化方向发展。涌现出了屯河集团、特变电工、新天酒业、玛纳斯酒厂、神内饮品、华西种业、泰昆饲料、天山棉纺、天山面粉、天龙矿业、米泉玻璃钢、天山天池旅游等一批具有一定规模效益和市场竞争力的龙头企业，创出22个市场占有率高的新疆名牌产品及重点发展产业。

【重点开发项目】 昌吉州依托资源优势，以市场为导向，坚持可持续发展战略，把握西部大开发战略机遇，大力发展重点产业、基础设施、重点项目的开发建设，实现昌吉州经济和事业跨跃式发展。

准噶尔东南缘生态环境治理工程。环准噶尔东南缘从东到西约500公里，实施封沙育林育草、防护林和水土保持林、退耕还林还草、草地三化治理、人工草料基地、苗木基地、优质牧草种子基地、人工影响天气及环境监测网等建设工程，为绿洲农区形成一道天然屏障。水利设施项目。建设内容为加大水库工程、农业节水灌溉工程及主要河流灌区改造工程的建设力度，建设呼图壁石门水库等一批水库项目，完成百万亩节水灌溉工程，实施开垦河灌区等灌区改造工程，完成呼图壁红山水库等病险水库的除险加固工程，做好奇台中葛根水库、阜康市白杨河等水库项目的前期工作，并力争开工建设。城市基础设施项目。完成昌吉市二污水处理厂、米泉市污水处理厂等一批污水处理工程和玛纳斯等县市的供水改扩建工程及完成一批县市的城镇道路建设工程，完成昌吉市垃圾无公害处理项目。

能源基础设施建设项目。建设昌吉州热网二期工程等一批集中供热项目，完成昌吉市、玛纳斯等县市的天然气入户工程。做好呼图壁抽水蓄能电站前期准备工作。交通基础设施建设项目。新改建主干线公路4条、453公里，使昌吉州内主干线实现二级以上快速车道，县乡公路全部沥青化，乡村公路沥青化60%。完成改建县道29条，改建乡村主干道29条，新建旅游公路6条。连接东三县天山北坡乡镇道路2001年开工建设。做好木—巴公路、木—部公路和国家丝绸之路新北道高速公路昌吉州境内段建设的准备工作。

【东西对口支援】 昌吉州继续突出东联协作，进一步加强横向经济联合，通过一系列优惠政策，招商引资，新天国际、啤酒花股份、广汇集团、众和股份、友好股份、国际实业等一批有实力的企业集团在昌吉州投资办厂。目前，已有区内外12家上市公司落户昌吉州发展，成为拉动昌吉州工业经济高速增长的骨干企业。随着经济全球化趋势的加快，昌吉州经济与国内外经济联系日益密切，已同40个国家和地区建立了合作关系，经济技术协作与交流不断扩大。努力创造优良的投资环境，制定更加优惠的政策，提供优质服务和能够充分发挥资源优势的项目，千方百计吸引外部资金、技术、人才参与昌吉州的开发建设。

【民族经济与文化】 昌吉州自成立以来，认真贯彻落实党的民族政策，各民族经济文化事业取得了较大发展。昌吉州大力推进牧民定居步伐。牧业建设基本完善。推广了“三贮一化”、品种改良、疫病防治等牧业先进技术，实现了牧业生产和牧民生活方式的根本变革。初步形成多形式、多层次的医疗卫生体系，城乡居民及牧民的医疗条件进一步改善，防病治病水平不断提高。

昌吉州是一个以回族为主体的多民族聚居的自治州，现有普通高校2所，在校学生2483人；中等专业学校7所，在校学生6891人；中学127所，在校学生72646人。卫生机构919个，专业卫生技术人员8358人，病床5001张。

昌吉州在发掘、整理、保护、继承民族文化遗产和发展新时期文化方面取得了显著成绩，通过边境文化长廊的建设，创造了许多具有民族特色和地域特色的文化，在民族歌舞、少儿艺术、戏曲戏剧、文艺创作、美术方面加大了投入力度。在全国少儿舞蹈大赛中，昌吉州的《我的库姆孜》、《草原小小哈萨克》和回族舞蹈《今个真高兴》、阿肯弹唱等节目在历届比赛中获银奖、铜奖和表演奖。昌吉州民族歌舞剧团突出回族歌舞特色和昌吉州地域特色，创作演出了受到国内外观众好评的艺术作品，各县市的文化馆组织了业余文艺演出队，使回族歌舞在本地区不断得到普及和发展。

新疆维吾尔自治区
博尔塔拉蒙古自治州

【概况】 博尔塔拉蒙古自治州(以下简称博州)位于新疆西北部，毗邻哈萨克斯坦共和国，国境线长约380公里，总面积2.7万平方公里。博州属中温带荒漠、半荒漠气候区，夏季炎热，冬季寒冷，降雨少。平均气温5.8℃，年均降水量187.4毫米，积温3116℃，无霜期170天，全年日照时数2815.8小时，年平均风速1.9米/秒。

博州水资源总量36.58亿立方米，冰川总储量154亿立方米，湖泊5个，艾比湖、赛里木湖面积分别居新疆的第四位和第五位。风能资源居新疆之首，主要集中在阿拉山口——艾比湖风区，风能蕴藏量470亿千瓦时。博州有耕地7.15万公顷，林地16万公顷，草地160万公顷，水域21万公顷。已发现建材非金属矿16种，化工原料4种，冶金辅助原料3种，金属矿16种。现已开采利用的11种，探明储量的19种。初步查明珍稀野生动物有39种，其中属国家一级保护的9种，二级保护的26种。野生植物中荒漠植物有385种，属国家二级保护植物有12种。野生饲用植物和药用植物资源主要开发利用的有麻黄、甘草、肉苁蓉、枸杞、沙棘等几十种。水生生物资源有浮游植物7门57属，浮游动物5类21种。

博州赛里木湖被誉为古丝道上的“明珠”、西天山的“蓝宝石”。艾比湖是准噶尔盆地最大的湖泊，湖东、湖西方圆百里是原始胡杨林、梭梭林自然保护区和艾比湖湿地保护区，阔依塔斯怪石峪是中国西部最大的天然石群，博格达尔温泉浴具有良好的保健疗养之功效，哈日图热格、米里其格是集草原、原始森林景观为一体独具风格的自然旅游境地。

2000年,博州人口42.37万人,其中汉族人口27.62万人,少数民族人口13.75万人;城镇人口11.8万人,乡村人口30.5万人。博州辖博乐市、精河县、温泉县和阿拉山口口岸行政管理区,境内驻有新疆生产建设兵团农五师及所属11个农垦团场。博乐市为州府所在地,市区面积7956平方公里,是国务院批准的边境对外开放城市。阿拉山口口岸是铁路、公路并举的国家一类口岸,第二座亚欧大陆桥的贯通,使博乐市成为祖国向西开放的"桥头堡",确立了博乐市在对外开放和建设西北国际大通道的战略格局中的重要地位。

2000年,博州完成了《博州艾比湖主风道生态建设工程可行性研究报告》和精河县、温泉县、博乐市三个子项目的可行性研究报告。其中精河县子项目列入国家2000年生态建设新开工项目,总投资763万元。列入新疆6家重点工业污染源企业和地方19家重点企业,25家达标企业主要工业污染物排放总量达到了可削减目标,达标率均为100%。

【经济与社会发展】 2000年博州国内生产总值22.43亿元,第一产业总值9.54亿元,增长8.8%;第二产业总值4.9亿元,增长10.2%;第三产业总值7.99亿元,增长7.2%。第一、二、三产业总值占国内生产总值的比重分别为42.53、21.85和35.62。

2000年博州农林牧渔业总产值11.53亿元,增长11.1%。粮食总产15.88万吨,棉花4.52万吨,油料3.2万吨,甜菜5.2万吨,枸杞7910吨,瓜果19468吨。当年枸杞、蓖麻、甘草、烟草、红花、打瓜、瓜儿豆、高蛋白糯玉米、各类中药材等特色作物已发展到50余个品种,种植面积8000余公顷,占经济作物总面积的19.7%。人工造林1093公顷,森林覆盖率7.48%,退耕还林790.4公顷、还草1527.4公顷。当年产肉1.51万吨,绵羊毛2049吨,牛奶18359吨,禽蛋8767吨,水产品809吨。

工业总产值8.68亿元,比上年增长12.5%,生产棉纱1.06万吨,白砂糖1.67万吨,饮料酒0.18万吨,面粉4.12万吨,植物油2.07万吨,水泥7.92万吨,麻黄素27吨,原盐2.7万吨;基本完成了141户国有、集体企业改制任务;当年完成全社会固定资产投资6.87亿元;外贸进出口总额43576万美元,其中进口总额26632万美元,出口16944万美元。

地方财政收入1.25亿元,支出3.26亿元,分别增长12.6%和3.37%;社会消费品零售总额6.02亿元;在岗职工人数88815人,城镇私营和个体从业人员23254人(地方再就业率85.2%,城镇登记失业率3.7%)。农牧民人均纯收入2819元,职工年平均货币工资6388元;城镇居民人均住房12.64平方米,农村人均住房12.25平方米;有8246人得到城市居民最低生活保障救济;国有企业下岗职工全部进入再就业服务中心,有1.95万人参加了失业保险,1.28万人参加了基本养老保险,3.36万人参加了基本医疗保险。

各族人民坚持把民族团结工作放在社会主义精神文明建设的首位。在城区开展了以提高市民素质和城市文明程度为目标的创建文明城市活动,在农牧区开展以提高农牧民素质和建设社会主义新农村为目标的创建文明村镇活动,在服务行业开展以服务人民、奉献社会为宗旨的创建文明行业标兵活动。博州有地方各类专业技术人员1230人,从事科研活动人员180人,获自治区重大科技进步奖1项,组织实施"科技兴新"项目1项,安排"火炬"计划2项,博州认定民营科技企业17家。有中等专业学校3所,在校生1317人;职业中学在校生764人,普通中学39所,在校生22298人;小学在校学生39437人,学龄儿童入学率96.9%,小学生巩固率99.8%,初中生巩固率96.3%;小学毕业升学率95.4%,初中升高中升学率69.2%,有中、短波广播发射台和转播台1座,实验台1座,无线电视台1座,电视发射台和转播台4座。有各类电影放映单位3个,出版各种报纸9132万份。有卫生机构205个,拥有病床1639张,专业卫生技术人员2606人,获得主治医师及以上技术职称的有500人,少数民族卫生技术人员836人。

【投资环境】 2000年,博尔塔拉蒙古自治州党委、人民政府颁布了《关于投资合作发展经济的优惠办法》共二十二条,鼓励国内外各类经济组织、大专院校、科研机构、单位及个人以资金、技术、设备等方面投资合作,来博州兴办各种类型的经济实体,从事工业、农牧业、旅游业、矿产资源综合开发、基础设施建设以及边境贸易等经济活动;凡在博州投资兴办各类企业,享受新疆及博州出台的优惠政策。根据投资项目的具体情况在企业使用土地、投资兴办特色产业方面都给予减免税收和有关费用,给投资者创造良好的生产经营环境。《中共博尔塔拉蒙古族自治州委员会关于进一步稳定、培养、吸引人才的意见》,制定了引进人才的具体优惠办法及程序。博乐市党委、人民政府颁布的《博乐市边境经济合作区优惠政策》,主要在土地使用、财政扶持、建设投资、户籍管理等方面制定了较优惠的办法,并提出引进资金、项目的奖励办法。这些优惠政策的出台将进一步促进博州经济的快速发展,成为新疆对外开放的"桥头堡"。

2000年,博州电力总装机容量86015千瓦,其中水电站33座,装机容量45515千瓦;火电厂3座,装机容量40500千瓦。已配套建设的电网建成110千伏高压线279.3公里,35千伏线路1020公里,10千伏线路3100公里。年发电量3.04亿千瓦时,年供电量2.93亿千瓦时。完成博州农村电气化建设,乡镇通电率达100%,各团场、村通电率达100%,户通电率98%以上。公路客运量480.4万人次,客运周转量3439.7万人公里;货运量505.4万吨,货运周转量43432.97万吨公里,铁路过货425万吨。邮电业务量9740万元,新增电话用户19283户,年末电话用户63634户,电话普及率15.8%。移动电话用户11036户,无线寻呼21277户,计算机互联网络用户1587户,无线接入电话用户270户。

【重点发展区域】 阿拉山口口岸建设。累计总投资6亿元,基础设施覆盖面积7.9平方公里,建筑面积30万平方米,常住人口8700人。2000年,过货437万吨,完成关税、代征税10.5亿元人民币。当年进出口过货量占新疆16个一类口岸总过货量的88%,居全国铁路边境口岸第二位。口岸自1991年~2000年已累计过货1822.3万吨,累计向国家上交关税和代征税38.3亿元人民币,为国家和新疆经济发展和对外开放发挥了积极的作用。已突破单一的通关功能,向多功能方向发展,成为博州新的经济发展区域和新的经济增长点。

博乐市边境经济合作区。1992年12月,经国务院特区办正式批准,规划面积7.83平方公里,其中起步区0.74平方公里,分为商贸区、金融区、住宅区、工业区、仓储区等五大部分。1996~2000年共完成税收438万元。2000年,合作区招商引资扩建、新建项目22个,总投资6331万元。合作区有国营、集体企业17家,私营企业7家,合作区管委会下设"一室四局一办"(办公室、规划建设局、土地房产局、工商行政管理局、财税分局和外事办)。

精河县是北疆交通要道,地缘优势突出,具有优质棉、枸杞、卤虫资源开发利用优势。2000年,棉花产量23905吨,占博州地方棉花产量的53%。当年精河枸杞产量8300吨以上,品质和出口量居全国第一。艾比湖卤虫资源居全国盐湖榜首,卤虫瞬时资源量平均3889吨,卤虫卵资源量200~400吨。

优势产业包括以棉纺企业为龙头,棉花为主的白色产业;以枸杞深加工和精河县枸杞等农产品批发市场为龙头的枸杞等红色产业;以卤虫加工企业为龙头的艾比湖盐湖产业;以博州冷水鱼养殖繁育开发公司为龙头的冷水鱼养殖加工产业;以三金粮油公司为龙头的绿色粮油产业。

【重点项目介绍】 2000年,博州积极争取国债资金和中央、自治区的补助投资,落实地方配套资金,保持了投资较快增长,重点开发项目建设进展顺利。

精河县下天吉水库一期工程。1997年11月开始动工建设,设计库容1290立方米,投资

6644万元,计划2001年完成导流洞洞内灌浆、检修、闸门安装等大坝截流准备工作。阿拉山口环保绿化新建工程。工程初步设计绿化总面积155平方公里,其中口岸城市绿化工程区15平方公里,荒漠灌草地封育区140平方公里,工程总投资3927万元,工期10年,分三期完成。温泉县哈日布呼镇小城镇经济综合开发示范项目。该项目是国家发展计划委员会批准的全国小城镇经济综合开发示范镇之一,批准列入该项目工程有10项,总投资2321万元。博州农网建设与改造工程。该项目1998年启动到2000年累计下达投资12770万元,2000年底博乐市"一户一表"工程完成85.5%,完成投资9935万元,2001年计划兴建35千伏变电所1座2兆伏安;改造10千伏安线路167.5公里,新建低压线路189公里,改造低压线路78公里;新建无功补偿电容量2.2兆瓦,增换主变电压器3台12.3伏安,增换配变器250台13兆伏安;新建温泉县城35千伏变电站1所,新建35千伏双回路线路4.95公里。

【民族经济与文化】 2000年,博州在农牧区重点进行水利建设,共完成水利建设投资4962.44万元,完成25项防病改水工程,解决2.56万人和10.65万头(只)牲畜饮水问题。围栏草场总面积3540公顷。当年牧民定居175户,历年累计定居2484户,占总放牧户的97.75%,共建设52个牧民定居点,总投资1.2亿元,基本实现了"三通四有五配套"(通路、通水、通电;有住房、有棚圈、有草料地、有园林;商店、医院、学校、文化室、牧区科技服务站配套),成为新疆第一个实现牧民定居的地州。

博州有乡镇文化站17个,普及率87%,村级文化室293个,普及率91%,广播人口覆盖率85%,电视人口覆盖率88%,成为新疆第一个实现"村村通"广播电视的地州。共有艺术表演团体2个,文化馆4个,公共图书馆4个,博物馆5个。2000年,博州在首届残疾人文艺汇演中获2个三等奖,由红梅、代曼编导的蒙古族民间舞蹈《故乡的托布秀尔》在参加文化部举办的《全国第十届群星舞蹈大赛》中获铜奖,由买买提·艾力·艾里木创作的维吾尔文长篇小说《鲜血染红的赛里木湖》由新疆人民出版社出版发行。2000年,在参加自治区级以上体育比赛中共获得8枚金牌、3枚银牌、9枚铜牌,其中在全国第五届残运会上,托龙古丽获女子半程马拉松第一名,吾布里哈森分获400米、800米第三名。

具有浓郁少数民族风情的一年一度的"那达慕"草原盛会、江格尔演唱会、阿肯弹唱会、祭包等活动,吸引了众多国内外游客。古代游牧民的稀有岩画、乌孙墓葬群、石堆墓、石刻人像,唐代古城遗址等都具有较高的考古、旅游价值。

【对外贸易和经济协作】 2000年,博州招商引资总成交额10.33亿元人民币,其中对外贸易合同9个,成交额6845万美元;签订外资项目3个,成交额167.4万美元,国内贸易合同11个,成交额32.17亿元人民币,内联项目12个,成交额1.24亿元人民币。

外贸进出口总额完成9056.56万美元,进口主要产品有:丰年虫卵、蚕茧、废铜、紫杂铜、废钢、铝材、木材、短绒、铬粉、中药材等,其中废钢、铝材和丰年虫卵比重较大。出口商品有大米、车用汽油、苹果等。进口产品主要来源于独联体及俄罗斯,出口产品则全部到哈萨克斯坦。

博州有对外经贸企业75家,有边境小额贸易专营权和国际货代权1家。完成国际货运代理60万吨,盈利200万元。新建外资企业3家(外方均为香港企业),实际利用外资金额51.8万美元。有境外企业3家。

2000年,博州经济技术协作项目36个,引进到位资金15217亿元,人才交流127人,扩大就业人数1946人。

新疆维吾尔自治区 伊犁哈萨克自治州

【概况】 伊犁哈萨克自治州(以下简称伊犁州)位于祖国西北边陲,东北和蒙古、俄罗斯两国交界,西北毗邻哈萨克斯坦,边境线长2000公里,总面积35万平方公里。伊犁州地处中亚内陆腹地,西北部有绵延于中、哈、蒙边境的阿尔泰山,中部有扎依尔山、萨吾尔山、塔尔巴哈台山和巴尔鲁克山,西南部有天山山脉的博罗科蒙山、科古琴山、乌孙山和那拉提山。在天山和阿尔泰山之间是准噶尔盆地,盆地的东部是古尔班通古特沙漠,在天山西部,是著名的伊犁河谷。

伊犁州属温带半干旱大陆性气候,年平均气温伊犁河谷3℃~9℃,塔城地区3℃~7℃,阿勒泰地区0℃~4℃。无霜期140~180天,年日照时数2699~3058小时,年降水量150~300毫米,有些山区可达800毫米以上。

伊犁州境内有天然湖泊26个,总面积11.25万公顷。主要河流208条,地表水年径流量363.2亿立方米;地下水储量79亿立方米;冰川3065条,面积35.24万公顷,储水量1367亿立方米。

伊犁州的高山、冰川、草原、盆地、沙漠、戈壁风光旖丽。主要自然景观有喀纳斯湖风景区、果子沟(塔勒奇沟)、火龙洞、那拉提风景区、恰西风景区、唐布拉草原、沙湾温泉、阿勒泰天然桦树林公园。还有闻名于世的古“丝绸之路”的“新北道”和鲜为人知的“天山道”。

伊犁州土地面积2700多万公顷,其中可耕地面积174.62万公顷,耕地72.06万公顷,天然林面积244.73万公顷,活立木总蓄积量1.56亿立方米;人工林8.55万公顷,森林覆盖率4.74%;可利用草地面积1640万公顷。水能资源理论蕴藏量在1万千瓦以上的河流共计136条(包括各大河干流),水能资源总蕴藏量1245.65万千瓦,已开发利用11.77万千瓦。

伊犁州已发现能源矿产5种,有色金属及贵金属矿产16种,稀有金属(含稀土、稀散元素)13种,黑色金属矿产5种,冶金辅助原料非金属矿产4种,化工原料非金属矿产10种,特种非金属原料3种,建材原料非金属矿产及其它矿产(宝石、玉石等)29种。已探明的原煤储量27亿吨,铁矿5832.2万吨,磷60.13万吨,食盐保有储量2.74万吨,芒硝保有储量1053.3万吨,水泥石灰岩1.67亿吨,大理石2985.4万吨等。

伊犁州具有较丰富的野生动植物资源,野生食用植物和野生药用植物有1000多种,居新疆之首,也是新疆名贵药材产地之一。野生工业用植物主要有雪岭云杉、新疆落叶松、胡杨等。野生动物资源主要有赛加羚羊、雪豹、猞猁、貂熊、马鹿、水獭、银狐、赤狐、麝鼠等。

伊犁州文物古迹主要有阿力麻里古城遗址、秃黑鲁、贴木尔麻扎、速檀思汗麻扎、弓月城遗址、昭苏石人、惠远城、将军府、钟鼓楼、格登山纪功碑、金顶寺遗址、拜都拉大寺、圣佑庙、靖远寺、古代岩画、尼勒克三区革命遗址、阿合买提江等烈士陵园等。

伊犁州辖伊宁市、奎屯市、塔城市、阿勒泰市、乌苏市五个县级市,总人口382.55万人。首府伊宁市人口34.27万人,城市面积5.75万公顷;奎屯市人口27.16万人,城市面积10.36万公顷;塔城市人口14.89万人,城市面积43.53万公顷;阿勒泰市人口21.75万人,面积11.48万公顷;乌苏市人口19.75万人,城市面积207.52万公顷。

伊犁州有各级环境监测站6个,各级自然保护区12个,其中国家级自然保护区1个,保护区总面积248.67万公顷。累计建成烟尘控制区13个,面积30.7平方公里;建成环境噪声达标区13个,面积30.09平方公里;年内完成环境污染限期治理项目35个,总投资6156万元。年内完成生态治理面积5.32万公顷,造林1.14千公顷。

【经济与社会发展】 2000年伊犁州国内生产总值200.25亿元,增长8.2%,其中第一产业增加值74.48亿元,增长6.2%;第二产业增加值59.36亿元,增长9.5%;第三产业增加值66.41亿元,增长9.6%。第一、二、三产业增加值占国内生产总值的比重分别为37.66、30.01和32.33。

农业总产值95.14亿元,增长7%。2000年粮食总产161.48万吨,油料28.21万吨,棉花9.12万吨,甜菜118.98万吨;年末牲畜存栏1364.28万头(只),肉类总产26.98万吨,牛奶37.35万吨,绵羊毛2.44万吨,水产品1.57万吨,禽蛋6.64万吨,乡镇企业总产值100亿元,实现利润5.2亿元。

工业总产值81.07亿元,增长2%;工业增加值39.4亿元,增长4.1%。2000年,全州发电量13.01亿千瓦小时,生产原煤548.4万吨、水泥109.57万吨、黄金1898千克、纱15035吨、呢绒220.99万米、机制糖12.76万吨。完成固定资产投资38.73亿元,比上年增长17.28%,其中更新改造6.84亿元,基本建设22.03亿元。

2000年,霍尔果斯口岸总过货量130万吨,新增合资项目9个,投资总额1561万美元。完成对外贸易进出口总额62608万美元,其中进口39915万美元,比上年同期增长63.33%;出口22693万美元,比上年同期下降61.07%;边民互市出口额33560万元;2000年,伊犁州旅游购物出境商品货值72175万元;接待国内外旅游购物者233万人次,创汇412万美元。共安排自治区级科技计划项目11项,地州级科技计划项目66项。登记科技成果14项,科技成果获地州级科技进步奖49项,获自治区级科技进步奖2项,申请专利13项,批准专利7项。

现有卫星地面接收站619个,有线电视网覆盖24个县(市);广播人口覆盖率87.56%,电视人口覆盖率89.9%;制作专题节目300部(集),译制哈语影视剧272集。现有各民族文字的报刊、杂志社35家,其中一家哈萨克文出版社,一家哈萨克文字的青少年报刊社。现有艺术表演团体20个,文化馆24个,公共图书馆18个。有卫生机构2080个,拥有病床13563张,专业卫生技术人员21233人。

社会消费品零售总额58.24亿元,比上年增长11.27%。地方财政收入8.63亿元,财政支出25.57亿元,分别比上年增长7.47%和15.49%。城市居民人均可支配收入4870元。城市居民人均消费性支出3959元,农牧民人均纯收入2360元,在岗职工平均货币工资6904元。财产保险收入1.01亿元,人身保险收入2.46亿元,保险费业务总收入3.49亿元。

【投资环境】 改革开放以来,伊犁州从自身实际出发,根据国家和新疆的各项方针政策,先后制定出台了促进本地区发展各项优惠政策。

到2000年,伊犁州公路通车里程2.5万多公里,伊犁州214个乡镇,已全部开通了班车。伊犁州已形成以奎屯为枢纽的大十字骨架和以伊宁、布尔津、北屯、额敏为中心的干支衔接、四通八达的公路网络。完成旅客周转量35.66亿人公里,货物周转量25.98亿吨公里;完成货物运量1989万吨,旅客运量3698万人次。

横贯伊犁州的北疆铁路在自治州境内长约200公里,有民用机场4个,即伊宁机场、塔城机场、阿勒泰机场和富蕴机场,4个机场与乌鲁木齐机场航线相通。完成邮电业务总量7.26亿元,年末电话用户37.22万户,移动电话50137户,无线寻呼13.7万户,电话普及率11.2部/百人,长途传输光缆500公里,邮电和分支机构182处。计算机互联网络已初具规模,形成了电话、电报、无线寻呼、传真等多样化,快速便捷的信息传递媒体网。

【重点开发项目】 伊犁哈萨克自治州在水利、交通、生态环境建设、农村电网改造等工程建设逐步启动,重点建设项目前期工作进展顺利,为今后西部大开发战略在伊犁州的全面实施奠定了基础。重点建设项目有:吉林台一级水电站工程。该项目位于新疆伊犁州尼勒克县境内,伊犁河第二大支流喀什河的中游,是一座以发电为主,兼有防洪和灌溉效益的综合利用工程,工程总装机容量46万千瓦,总库容25.3亿立方米,静态总投资20.8亿元。卡普其海综合水利枢纽工程。此枢纽工程位于新疆伊犁州巩留县境内,伊犁河第一大支流特克斯河的下游,是一座以灌溉为主,兼有发电和防洪等效益的水利综合利用工程,工程总库容13.7亿立方米,总装机容量32万千瓦,其中一期为2×8万千瓦,静态总投资18.2亿元,该项工程(一、二期)全部建成配套后,可净增灌溉面积27.8万公顷,改善灌溉面积7.07万公顷。精伊霍铁路。建设规划中的精伊霍铁路东接北疆铁路精河东部,贯穿伊犁州首府伊宁市,到达目前西北最大的公路口岸——霍尔果斯口岸,该铁路建成后,将形成一条新的欧亚大陆桥国际通道,该铁路全长302公里,其中精伊段221公里,总投资38亿元。伊宁、奎屯国家粮食储备库建设。奎屯国家粮食储备库位于北疆铁路和国道312沿线的奎屯市,交通条件十分便利;伊宁国家粮食储备库位于伊犁州首府伊宁市东40公里的218沿线,伊宁国家粮食储备库库容1.79亿斤,总投资4904万元。奎屯国家粮食储备库库容2.1亿斤,总投资5668万元。农村电网建设与改造工程。建设完成了110千伏变电所11座,总变容量128兆伏安,新建110千伏线路565公里;新建35千伏变电所29座,总变容量109.5兆伏安,新建改造35千伏线路796公里,10千伏线路2196公里。铁厂沟电厂二期扩建工程。该项目由新疆电力公司、陕西电力尚德工贸公司,新疆康发电力多经投资公司(现新能公司)和塔城地区国有资产投资经营公司四家股东共同出资建设,建设规模为1×5万千瓦,总投资19994万元。交通基础设施建设。乌——奎高速公路。建设总长度245公里的乌——奎高速公路,2000年10月1日通车,总投资52亿元,此外,国道312线伊犁果子沟段地质灾害防治工程、国道218线种羊场——阿勒托拜段82公里三级路网改造工程也于2000年进行了大规模的建设。城市基础设施建设。2000年伊犁州实施的城市基础设施项目主要有伊宁市集中供热工程,建设规模为310万平方米,工程主要分为热源和热网工程,总投资2.15亿元,1998年开工,预计全部工程可在2001年底全部建成,此外,2000年开工建设的还有奎屯市热电联产集中供热工程、阿勒泰市污水处理工程和察布查尔、霍城、伊宁三县供水工程等一批项目。生态环境综合治理工程。此项工程包括伊犁河中上游生态环境综合理工程、哈巴河县和布尔津县生态环境综合治理工程,三年来,伊犁河中上游生态环境综合治理工程,已累计完成投资5041万元,哈巴河县生态环境综合治理工程总投资2231.84万元,布尔津县生态环境综合治理工程总投资1.3亿元。旅游资源开发建设项目。喀纳斯旅游景区建设,包括全长165公里的三级旅游公路建设,总投资为24750万元;哈巴河县和布尔津县景区内道路、供排水、环卫等设施;那拉提、唐布拉草原风景旅游区工程。哈巴河县和布尔津县公路建设专项资金6000万元;那拉提、唐布拉草原风景旅游区工程,2000年国家也先后安排投资1000万元和1100万元。

【东西对口支援】　伊犁州通过内联外引招商引资取得了丰硕成果,2000年共签定经济技术协作合同171个,金额30.39亿元;执行合同144个,金额23.13亿元。其中引进资金6.4亿元;引进人才418人次,培养各类技术人员425人。对外经济技术合作继续发展。新增对外经济技术合作项目9个,其中利用外资项目6个,合同金额1468万美元,合同利用外资金额1083万美元。境外投资项目3个,合同金额93万美元。

【民族经济与文化】　伊犁州拥有各类专业技术人员9.93万人,其中少数民族专业技术人员5.59万人。24个县(市)已全面完成普及初等教育,在此基础上,有15个县(市)基本普及了九年制义务教育。2000年,民族学生中适龄儿童入学率96.3%、小学毕业升学率86.7%,小学在校生303131人,中学在校生140037人,普通中等专业学校在校生8313人,普通高校在校生2121人,职业中学在校生

650人。各类学校已用哈、汉、维、蒙古、锡伯、柯尔克孜、俄罗斯等7种语言文字进行教学。伊犁州从本地实际出发，坚持民族教育为重点，牧区教育为难点，优先发展民族教育，独立设置了909所民族中、小学校。在牧区采取灵活多样的办学方式，举办全寄宿制和半寄宿制学校及固定教学点，流动教学点。

伊犁州各乡镇大多数有乡文化站、村文化室，共有专业文艺工作者893人，其中少数民族698人。广大农牧区普遍有乡卫生院、村卫生所。

伊犁州民族传统体育项目在历次的新疆和全国民运会上名列前茅，2000年州直体育代表团获42枚金牌、45枚银牌、42枚铜牌的佳绩。赛马、马术、摔跤、射箭、叼羊等民族体育活动也在一些大型比赛中多次取得好成绩。

为继承和弘扬民族优秀传统文化，满足各族人民群众多层次、多方面的精神文化需要，各族文艺工作者着力推出了话剧《阿尔泰一家人》等一批反映时代精神和民族地方特色相结合的主旋律作品。哈萨克族自编自唱的阿肯弹唱会和维吾尔人的口头文学艺术“蓝特盘”、“麦西来普”及回族的“花儿会”等具有典型民族艺术特色的群众文艺活动蓬勃发展。

国民经济与社会发展计划篇

重庆市国民经济与社会发展“九五”计划完成情况及“十五”计划介绍

【“九五”计划完成情况】 2000年,全市国内生产总值1590亿元,比1995年净增581亿元,按可比价格计算,年平均增长9.4%;全社会固定资产投资656亿元,比1996年增长1.06倍,年均增长19.8%;地方财政收入104亿元,比1996年增长89.3%,年均增长17.3%;城镇居民人均可支配收入6276元,比1996年增长23%,年均增长5.3%;农村居民人均纯收入1892元,比1996年增长28.5%,年均增长6.5%。

2000年,全市公路通车里程28914万公里,其中高速公路232公里,一、二级公路2750公里,公路网面积密度为35.31公里/百平方公里、人口密度为9.3公里/万人,乡镇通路达98%以上;公路货物周转量达到72.5亿吨公里,客运周转量达到170.1亿人公里;铁路货物周转量达到175.8亿吨公里,客运周转量达到54.1亿人公里;港口货物吞吐量完成2488万吨,水运货物周转量为105.7亿吨公里;江北国际机场安全保障各类飞行起降3.5万架次,完成旅客吞吐量280万人次,货邮吞吐量7万余吨,比“八五”末分别增长29.6%、20.2%和89.2%。

截至2000年,全市长途光缆线路总长度、固定电话、移动电话用户分别达到21644公里、268万户、160万户,全市电话普及率13.9%。建成了现代化的邮政枢纽中心,邮件分捡实现自动化,并设有国际邮件交换中心。

能源建设进展明显,能源保障度、安全性大为提高。一次性能源生产量2000年达到2001万吨标煤,足以保证经济社会发展需求。电力生产能力增强,2000年总装机容量达到424万千瓦,年产电量200亿千瓦时以上,全市电量消费达到198亿千瓦时,人均拥有电量达到600千瓦时。电力输送主骨架基本形成,城乡电网改造和建设加快进行。

水利设施加快建设。新建、续建中型水利工程21座、现已完工8座,动工大型灌区续建配套3处,完成小型水利工程建设1350处、微型水利工程建设15万处,新增有效灌面75万亩,兴建乡镇供水工程340处、新增供水能力27万吨/日、受益人口180万,解决228.3万人、141.56万头牲畜饮水困难。完成大江大河治理防洪堤5公里、护岸12.5公里、河道疏浚8.5公里,中小河流整治完成堤防316.32公里、护岸205.98公里、疏浚河道233公里,完成城镇防洪堤40余公里,病险水库整治完成228座。

建成解放碑步行商业街区等一批标志性设施,使城市面貌大为改观。李家沱长江大桥等市政设施的建成,较大提高了城市的功能和市政基础设施承载力,改善了人民生活环境和生产条件。二、三期“光彩工程”实施,城市绿化工程启动,南山植物园等形象工程较大地提升了城市总体形象。诸多住宅小区拔地而起,南方花园等住宅新区成为城市亮丽风景线。

“九五”期间,经济结构调整取得积极进展,三次产业结构由1995年的25.9∶42.3∶31.8演变为2000年的17.8∶41.3∶40.9,基本态势是第一产业逐渐下降,第二产业相对稳定,第三产业不断上升。从业人员结构由1995年的59.6∶18.2∶22.2调整为1999年的57∶16.6∶26.4,第一产业劳动力向二、三产业转化,尤其是第三产业从业人员比重提高了4.2个百分点。

所有制结构调整和完善进展明显,非公有制经济得到较快发展,占国内生产总值的比重由1996年的24.9%提高到1999年的

33.3%;占社会消费品零售总额比重由1996年的62%提高到73%。多种所有制经济的共同发展,较大地促进了国民经济增长和就业岗位增加,较好地满足了人们多样化和个性化的需求。

城乡结构进一步改善,城市化水平由1995年的18.6%提高到2000年的21.4%。

战略性结构调整稳步推进,农业产业化经营成效初显,农产品优质品率、商品率较大提高,优质粮油基地和果品、榨菜、水产养殖等现代农业示范区建设取得有效进展。实施农业产业化经营项目580个,涌现出农业产业化龙头企业550户;领办农业产业化经营项目的城镇工商企业320家,其中投资超过1000万元的企业97家,带动了广大农民致富。农村经济实力明显增强,"九五"前4年年均增长23.8%,2000年全市乡镇企业实现增加值230.7亿元,占全市国内生产总值的14.5%。乡镇企业的加快发展促进了小城镇建设的快速推进,全市进行小城镇建设试点由1995年85个扩大到1999年170个。

工业结构调整取得明显进展,资产重组和布局调整迈出重要步伐,以汽车摩托车为主体的机械工业、以天然气化工和医药化工为重点的化学工业、以优质铝材和钢材为代表的冶金工业调整和升级进程加快;电子信息、食品、建材、日用化工等优势行业加快培育和扩展;重点行业、重点企业和重点产品支撑作用趋强。

以国家级高新技术产业开发区和经济技术开发区为主体,以电子信息、生物工程、环保和新材料为技术领航的高新技术产业加快崛起,成为新的经济增长点。高新技术产品产值占工业总产值的比重由1995年的5.6%提高到2000年的11.4%,一批高新技术产业项目加快实施。

重庆投资环境明显改善,市委、市政府为优化投资环境,先后实施和出台了"一站式"办公、"1+6"、"十个一批"等措施。2000年实际利用外资26亿美元,比"八五"增加4.5亿美元,其中直接利用外资14.5亿美元。利用外资领域和方式不断拓展,跨国公司投资增多,单项投资规模扩大。西门子、福特等近30家跨国公司来渝设立分支机构或合资合作。两个国家级开发区成为重要的经济增长点,区县开发区、工业小区、特色产业园区成为区县经济增长的强大引擎。"中国重庆投资贸易洽谈会暨三峡国际旅游节"在国内影响度进一步提高,国际知名度也较大提升。

外贸进出口总额累计完成70.08亿美元,比"八五"增加21.33亿美元。出口结构趋向优化,国别趋于多元化,既有日本、美国、中国香港等发达国家和地区,也有越南、中东等发展中国家和地区;产品结构多元化,机电产品出口增加,目前占40%;出口主体多元化,民营经济成为出口的重要力量,目前占15%。

对外经济、技术、文化合作与交流正在向多领域拓展。部署实施"走出去"开放战略,扶持优势企业到海外投资办厂、承包工程和开展劳务合作取得积极进展。

国内区域经济合作向纵身发展,长江流域经济合作、西南六省七方联席会进展良好,与西部其它省区、中东部地区、港澳台合作成效明显。

扶贫任务基本完成,库区移民取得阶段性成果。1995年全市贫困人口366万,占总人口的12.2%。"九五"通过集团扶贫、对口扶贫,加大投入,18个贫困区县基本实现成建制脱贫,"五三六"扶贫攻坚任务基本完成,贫困人口由366万下降到2000年末的140万,90%以上贫困农民解决温饱问题。"九五"期间,共投入扶贫资金30.4亿元,农民人均纯收入由1995年的785元增加到1999年的1363元;贫困地区基础设施条件大为改善,新修乡村公路1.27万公里,改造基本农田53万亩,解决260万人、300万头牲畜饮水困难问题,改善4.8万户贫困户住房条件,实现行政村村村通广播电视,基本保障农村照明和小型加工用电,改造希望小学200余所,救助失学儿童1.2万余名。

三峡库区移民和城镇工矿迁建按计划推

进。一期移民全面完成,共生产安置移民25905人、生活安置10425人。二期移民已经展开,到2000年底累计将完成三峡库区22万移民任务;库区外迁工程顺利启动,到2000年底将完成1万余人,将为2003年三峡工程第一台机组发电提供有力保障。

生态建设初见成效,生态恶化趋势开始减缓。配合西部大开发的推进,制定和实施了生态环境保护和建设中长期规划,长江上游防护林工程、中德合作造林工程、生态林工程、水土保持工程、生态环境示范县建设项目、城市水环境污染治理世界银行贷款项目等加快实施。全市已有26个县列入全国生态环境建设重点县。"九五"累计治理水土流失面积1.38万平方公里,营造长江防护林1280万亩,改造坡脊地200万亩。新建自然保护区6个,总面积1222平方公里。森林覆盖率1999年提高到23.4%。

环境恶化得到有效遏制。全市大中型建设项目"三同时"执行率达到100%。基本完成工业污染源达标排放,全市工业废气处理率达到90%,工业废水达标排放率达到70%,基本完成"一控双达标"任务。

"九五"期间,城镇居民人均可支配收入年均增长7.1%,农民人均纯收入年均增长9.05%,2000年分别达到6190元和1800元。城乡居民消费水平明显提高,1999年城市居民消费支出5352元,比1995年增加1041元;农村居民消费支出1329元,增加361元。居民个人资产增加迅速。居民消费结构得到较大改善,生活质量进一步提高,城乡居民恩格尔系数分别由1996年的49%和63.2%下降到1999年的41.3%和61.7%,住房、交通通信、医疗保健、文教娱乐、旅游等消费比重上升。城镇居民人均居住面积由1995年的8.1平方米提高到1999年的9.5平方米,农村居民由23.5平方米提高到26.6平方米,60%以上农民住房为砖木结构或钢筋水泥结构。社区综合服务体系基本形成。社会保障体系逐步完善,最低生活保障制度逐步健全,低收入居民基本生活需求得到保障。人均期望寿命进一步增加。计算机用户增长迅速,信息化开始渗透到人民生活的各个方面。

"科教兴渝"战略取得显著成绩。研究与开发费用占国内生产总值的比重由1998年的0.38%提高到2000年的0.51%,"九五"前四年获市级以上科技成果奖966项,比"八五"同期增长1.7倍;获授权专利2244件,比"八五"同期增长57%。利用高新技术改造提升传统产业卓有成效,高速精密数控机床、智能焊接机器人生产线、核潜艇电加热器、核电站用大型制冷设备等项目的成功实施,较大程度上提高了产业技术水平和产品竞争力。科技队伍和科技实力进一步壮大,1999年底全市各类科研机构496个,专业技术人员60.8万人,比1995年增长21.6%。"九五"教育事业快速发展。截至2000年底全市有36个区县(市、自治县)2615.9万人口地区实现"普九",人口覆盖率达到85%以上;基本实现扫除青壮年文盲目标,青壮年文盲率控制在1%以内。

体育、卫生事业蓬勃发展。全市体育人口达到1200万人,占总人口的40%;成功举办第八届市运会、首届市农运会、残运会等大型体育比赛活动;竞技体育水平显著提高,优秀运动员由"八五"期间的180人增加到330人,项目由10项增加到19项,成功举办第八届世界杯拳击赛、世界女排大奖赛、亚洲男子健美锦标赛、亚洲俱乐部杯足球锦标赛、亚洲青年举重锦标赛等重要赛事;人均体育场地面积0.38平方米,公共体育场地244个,体育场或标准田径场33个,体育馆24个,游泳池103个。"九五"期间,卫生基础设施得到加强,卫生资源配置优化,人民健康水平逐步提高。1996~1999年,每千人床位数由1.94张增加到2.15张,卫生人员由108052名增加到108551名。全市平均期望寿命由69岁增加到71.52岁,婴儿死亡率由21.66/10万下降到17.74/10万,孕产妇死亡率由102.49/10万下降到73.45/10万。全市拥有三级甲等医院13所、医学院校3所,国家级重点学科4

个、部省级重点实验室6个、博士后流动站2个、博士学位点36个、硕士学位点80个;公共卫生保障度有效提高,“九五”期间全市消灭脊髓灰质炎和丝虫病,“四苗”接种率达到三个85%目标。1998年5月,全市所有区县(市、自治县)达到我国农村“2000年人人享有卫生保健”规划目标,目前全市50%乡镇实现初保规划,农村医疗卫生网覆盖广大农村,村医疗站覆盖率达到92.83%,农村传染病、地方病得到有效控制,89.67%以上的人口饮上清洁卫生水,其中53.92%以上饮上自来水。

文化、新闻、出版、广播电视事业健康发展。截止1999年底,全市有文化馆43个、公共图书馆42个、博物馆12个、档案馆49个,重庆图书馆是全国十大公共图书馆之一。全市共有卫星地球(面)站11191座,有线电视用户290.35万户。重庆卫视上星,实现行政村村村通广播电视工程,全市广播电视人口综合覆盖率由“八五”末期的64%提高到1999年的90%,提高26个百分点。

精神文明建设取得明显成效,市民爱国主义、集体主义和社会主义意识进一步增强,社会公德、职业道德和家庭美德观进一步提高。民主法制建设取得新的进展,法律体系进一步健全,公民法律意识和法制观念进一步提高。社会文明程度提高,社会安全感增强。

【“十五”计划介绍】 经济和社会发展目标。“十五”国民经济和社会发展的总体目标是:国民经济增长速度高于全国平均水平,实施西部大开发取得突破性进展,办好“四件大事”取得重大成果,经济发展总体水平位居西部地区前列,人民生活明显改善,为实现2010年前国内生产总值比2000年翻一番打下坚实基础。具体目标是:

经济保持较快增长,经济总量大大增加,经济增长质量和效益显著提高。“十五”期间,国内生产总值年均增长9%,人均国内生产总值年均增长8.6%,地方财政收入年均增长9.5%。

经济结构战略性调整取得明显成效,综合竞争力增强。产业结构优化升级,2005年三次产业增加值比重调整到13:43:44,就业比重调整到50:16:34,高新技术产品产值占工业总产值比重提高到20%。经济和社会信息化程度显著提高。城乡结构较大改善,城镇功能明显增强,2005年城镇化水平提高到30%。非公有制经济加快发展。区县特色经济步入良性发展轨道,区域布局趋向合理。

构筑起较为完备的国民经济基础设施体系,基础设施“瓶颈”约束全面缓解。以高速公路和城区快速通道为骨干的综合交通体系基本形成,通达深度和快捷程度大大提高,主城区内、主城区至外环半小时内到达,最远县8小时内到达主城区。市政基础设施功能和容量有较大提升,生产和生活环境大为改善。信息基础设施建设加快推进,促进电信、电视、计算机三网融合,网络与信息具备安全保障功能。水资源供给、水环境保护和防洪抗旱减灾三大体系保障程度大幅度提高。能源结构进一步优化,城乡高效完备的能源网络基本形成。

生态建设和环境保护得到加强,可持续发展能力有较大提升。人口自然增长率控制在6.5‰以内,到2005年全市总人口控制在3183万人以内。资源开发利用合理有效。重点地区生态恶化的趋势得到控制,城市环境质量显著改善。2005年全市森林覆盖率提高到30%,城市建成区绿化覆盖率达到25%,城市人均公共绿地达到4平方米。城市生活垃圾无害化处理率达到70%以上,城市污水集中处理率达到60%以上,三峡库区水质达到国家地表水环境质量Ⅲ类标准,防灾减灾能力增强。

三峡库区二期移民任务全面完成,三期移民顺利推进。五年完成建房安置移民41.6万人和静态移民补偿投资131亿元,城镇和企业迁建后成为库区经济增长的有力支撑。

科技教育加快发展,市民素质不断提高。科技创新能力明显增强,2005年全社会研究与开发经费占国内生产总值的比重提高到1.5%。九年义务教育质量继续提高,城市普及高中阶段教育，人均受教育年限达到或超过全国平均水平，2005年全市初中毛入学率达到90%以上，高中阶段教育毛入学率达到60%以上，高等教育毛入学率达到15%以上。

体制创新能力显著提高，形成全方位、多层次、宽领域的对外开放新格局。国有企业改革取得重大突破，国有大中型企业全面建立现代企业制度，国有小企业全面完成改制，经济活力进一步增强。社会保障体系基本健全。要素市场培育、投融资体制改革和财政体制改革取得新的进展。在更大范围内和更深程度上参与国际国内经济竞争与合作，外贸进出口总额年均增长9%，实际利用外资五年总规模达到30亿美元，"走出去"战略取得较大成效。

城乡居民收入增加，生活质量较大改善。"十五"期间，城镇居民人均可支配收入年均增长7%左右，农村居民人均纯收入年均增长5%左右，2005年全市居民服务性消费比重提高到30%；解决城区居民危陋房问题，城镇居民人均住宅建筑面积增加到24平方米，全市有线电视入户率达到80%，汽车开始进入家庭。

公共服务不断充实，社会全面发展和进步。城乡劳动者就业机会增加，5年新增城镇就业人数65万人，城镇登记失业率控制在4%左右，转移农业劳动力200万人以上。城乡医疗卫生、文化、体育设施增加，覆盖面扩大，服务能力提高。社会风气、社会信用和社会秩序改善，精神文明建设和民主法制建设取得新的进展，社会文明程度进一步提高。

四川省国民经济与社会发展"九五"计划完成情况及"十五"计划介绍

【"九五"计划完成情况】 "九五"期间，四川省国民经济保持了持续、快速、健康发展，综合经济实力显著增强。国内生产总值从1995年的2505亿元增加到2000年的4010亿元，年均增长8.8%，人均国内生产总值从1995年的3081元增加到2000年的4780元，占全国人均水平的比重从63%提高到69%，逐步缩小了与全国的差距。

2000年，全省农业增加值达到928亿元，比1995年增长23.4%，年均增长4.3%。粮食生产能力稳步提高，种植结构向优质高效的方向发展。粮食总产量从1996年到1999年连续4年创历史新高，2000年在减少粮食播种面积的情况下，产量仍达3568.5万吨，粮食综合生产能力上了一个新台阶。5年来先后建设和完善了21个商品粮基地县、3个优质棉花基地县、10个油料生产基地县、2个糖料生产基地县以及一批优质良种茶果苗木基地，重点扶持了一批农业产业化项目。畜牧业产值占农林牧渔总产值的比重已提高到43%。

"九五"期间，四川省工业生产保持了较高的发展速度。2000年全省工业增加值可达1404.3亿元，比1995年增长66.8%，年均增长10.8%。四川省采用高新技术和先进实用技术，加快了传统产业的技术改造，关闭了一批质量低劣、污染环境、浪费资源的"五小"企业。

高新技术产业迅速崛起，成为带动经济发展和结构优化升级的新增长点。"九五"期间，四川省大力发展以电子信息、生物工程、新材料为重点的高新技术产业，建成了一批高新技术企业和项目。2000年末，全省已有经认定的高新技术企业500家，年产值超亿元的高新技术企业42家。到1999年，全省高新技术企业实现销售收入384.7亿元，创利税57.4亿元，高新技术产品出口2.7亿美元。

"九五"期间，四川省全社会固定资产投资规模从"八五"的2200亿元增加到"九五"的

5558.6亿元,超额完成“九五”计划5000亿元的调控目标,投资贡献率达到31.6%,投资对经济增长的贡献率明显提高。

农田水利设施进一步加强。5年新增有效灌溉面积280万亩,新增调洪库容60.8亿立方米。交通运输和通信条件得到了极大改善。五年共完成公路建设投资484亿元,比“八五”增加337亿元;新增公路通车里程1.59万公里,其中高速公路747公里,2000年末全省高速公路总里程达到1000公里,5年共完成铁路建设投资150亿元,是“八五”的2倍;新增铁路通车里程350公里,铁路电气化改造1244公里。加快了以成都双流国际机场扩建工程为重点的民用机场建设,目前在建机场有7个,“九五”完成投资32.5亿元,比“八五”时期增长4倍。水运完成投资13亿元,比“八五”增加5亿元。到2000年底,全省固定电话用户达到570万户,移动电话用户达到330万门,电话普及率达到10.6%。能源供应紧张局面得到有效改善。全省完成电力投资672亿元,建成了20世纪亚洲最大的二滩水电站及其500千伏输变电线路等一批重点工程,新增电力装机774.3万千瓦。完成以天然气为重点的油气田勘探开发投资173亿元,在四川盆地新增天然气探明储量近2300亿立方米,约占全国天然气探明储量的1/4。煤炭建设完成投资8亿元,获探明储量8亿吨。新增城市日供水能力320万吨,日污水处理能力42万吨,日垃圾处理能力2300万吨,基本解决了81个严重缺水县城的吃水问题和884万农村人口的饮水困难。

“九五”期间,四川省进一步加大了对外开放的力度。全省外贸进出口2000年达25.5亿美元,比1995年增长24%,年均增长4.4%;其中出口达13.9亿美元,出口商品结构进一步优化,机电产品出口比重不断提高。利用外资继续增长,5年累计实际利用外资46亿美元,比“八五”增加19.5亿美元。截止2000年底,全省已批准外商投资企业5458家。已与136个国家和地区建立了经贸往来,累计引进国内资金460亿元。

社会事业全面进步,生态环境建设取得重大进展。到2000年四川省“普九”人口覆盖率达93.2%,比1995年增加74.9个百分点,中等职业技术教育发展较快,高校招生规模进一步扩大,2000年全省普通高校招生比1995年增长1.3倍,在校生增长1.86倍。文化、广播电视事业发展成效显著,广播、电视综合人口覆盖率分别达到91.4%和91.9%,分别比“八五”末增加11.2个和6.5个百分点。卫生、体育事业获得长足发展,5年累计改造完成农村卫生重点县137个,人口增长得到有效控制,5年平均人口出生率和自然增长率分别控制在14.7‰和7.6‰以下。成功举办了全国第六届大学生运动会和全国第四届农民运动会,在国际国内各项竞赛中,共夺得世界冠军12个、亚洲冠军12个和全国冠军27个。

“九五”时期,四川省坚持可持续发展战略,森林覆盖率已由1995年的20.2%上升到2000年的24.2%。盆中地区88个县已有84个县实现了全面绿化;盆周山区37个县已有34个县基本实现绿化;四川西部55个县已有32个县达到了林草覆盖率的要求。五年内共完成环境污染治理项目576个,绿色工程项目83个,在156个县全面实施了防治水土流失综合治理工程。

2000年城镇居民人均可支配收入5860元,比1995年增加1857元,年均增长7.9%;农民人均纯收入1913元,比1995年增加755元,年均增长10.6%。消费水平明显提高,消费结构显著改善。城镇居民生活费支出中食品的比重已从1995年的51.3%下降到2000年的40.8%,农村居民已从1995年的64.7%下降到57.8%。城乡居民人均居住面积分别达到9.9和25.5平方米。贫困人口从1995年的559.5万人减少到2000年160万人。

【“十五”计划介绍】 “十五”期间,四川省经济与社会发展的主要目标和任务是:国内生产总值年均增长速度为8%以上,到2005年按2000年价格计算的国内生产总值达到5890

亿元以上。

到2005年,三次产业增加值比例调整为20:44:36,就业比重调整为53:18:29。非公有制经济比重有较大提高,经济社会信息化程度明显加快,基础设施进一步完善。城镇化水平年均提高1个百分点,2005年达到24%左右。

2005年全社会研究与开发经费占国内生产总值的比例提高到1.5%。科技创新能力增强,技术进步加快。教育投入逐步提高,各级各类教育进一步发展,2005年初中毛入学率达到90%,高中阶段教育毛入学率达到70%,高等教育毛入学率达到15%。

生态环境明显改善,5年初见成效,10年大见成效。2005年森林覆盖率达到28%,城市建成区绿化覆盖率达到28%。流入长江的泥沙量得到有效控制,大中城市空气质量稳定在Ⅱ级,全省主要江河干流达到Ⅲ类水质标准,长江干流出川断面达到Ⅱ类水质标准。

城镇居民人均可支配收入实际年均增长5.5%,农民人均纯收入实际年均增长3.5%,2005年分别达到7700元和2300元左右。居民的生活质量有较大提高,城镇居民人均住宅建筑面积增加到25平方米,全省电话普及率达到29%,广播电视覆盖率达到95%以上。城镇登记失业率控制在5%以内。人口自然增长率控制在7‰以内。社会风气和社会秩序明显好转。

巩固加强农业基础地位,促进农村经济全面发展。到2005年,四川省农业增加值年均增长3.5%,粮食总产量达到3650万吨,畜牧业产值占农业总产值的比重提高到50%,加强农村基础设施建设,改善农业和农民的生产和生活条件,达到人均高产稳产农田0.6亩。

大力调整和优化工业结构,提高工业经济竞争力。发展壮大支柱产业。要加快发展电子信息、水电、机械冶金、医药化工、饮料食品支柱产业,努力建设电子信息、水电、重大装备、特种钢、钒钛新材料、现代化中医药、天然气化工、饮料食品工业基地。“十五”期间,争取外送电力250万千瓦,2005年全省水电总装机容量达到1300万千瓦,水电业增加值年均增长11%,机械工业增加值年均增长12%,冶金工业增加值年均增长10%,医药工业增加值年均增长25%,化学工业增加值年均增长10%,饮料食品工业增加值年均增长16%。

调整改造传统产业。积极采用高新技术和先进适用技术,加快传统产业的技术改造,坚决压缩技术落后、浪费资源的过剩生产能力。在能源、轻纺、建材、装备制造等行业,有重点地改造一批骨干企业,积极支持军工企业的调整、改革和发展。

发展高新技术产业。依靠科技和人才优势,集中力量,大力发展电子信息、光电子、生物、新材料、环保、核技术应用、航空航天等高新技术产业,形成新的经济增长点。

优化企业组织结构。把企业组织结构的调整同产业结构、产品结构、技术结构和所有制结构的调整密切结合起来,着力培育壮大80户优势大企业,培育100户“小巨人”企业,对一批小厂小矿实施关闭、破产。

积极发展建筑业。立足省内市场,大力开拓省外和国外市场,培育一批具有工程总承包能力和房地产开发能力的骨干企业和企业集团。“十五”期间,建筑业增加值年均增长12%。

大力发展旅游业。围绕自然生态和历史文化两条主线,重点加快卧龙中华熊猫园、三星堆、九寨沟等风景名胜区及景点的开发、保护和配套设施建设,创建世界级和国家级旅游精品。“十五”期间,旅游业总收入年均增长18%。

拓宽服务业发展领域,加快发展现代服务业,提高运输、仓储、邮政、通信、贸易和餐饮等传统行业的服务水平、质量和效益,引导文化娱乐、教育培训、体育健身、卫生保健等产业发展,满足服务性消费需求,形成有利于服务业发展的政策环境。

突出区域发展重点,促进地区经济协调发展。成都平原地区要以高新技术产业为主导,突出抓好成都高新技术产业开发区和绵阳科技城的建设和发展,逐步形成以电子信息、生物制药、新材料等为主的高新技术产业,努力成为四川省乃至我国西部高速度、高质量、高效益的经济增长区域及高新技术产业发展的重要基地。搞好攀西地区资源综合开发。重点抓好水电建设,搞好钒钛、稀土和生物资源的综合开发,逐步建成重要的水电、钒钛钢铁、高耗能工业和独具特色的农产品基地,尽快将资源优势转化为经济优势。加强川南地区的建设和发展。积极发展有特色的化纤、食品、化学和机械工业,加快老工业城市的改造,建设长江上游经济带。加大对民族地区的扶持力度。重点抓好基础设施和生态工程建设,大力发展有特色的农牧业、旅游业,加快优势矿产、水能资源的开发,增强民族地区的经济实力。积极扶持丘陵地区、盆周山区的发展。继续加强基础设施和生态建设,大力优化农业结构,提高农产品的商品率、优质品率和加工深度,加大工业结构调整步伐,形成和壮大特色产业,加快农村富余劳动力转移,努力增强县域经济的实力。

提升特大城市现代化建设水平,把成都建成西部战略高地;加快发展形成几个大城市,培育区域经济增长极;积极发展中小城市,强化对县域经济和小城镇的辐射功能;以产业为依托,大力发展小城镇。坚持走多样化的城镇化道路,全面提高城市和城镇的整体素质,积极稳妥地加快城镇化进程。

加快四川省信息高速公路建设。到2005年,全省光缆长度达到18万公里,95%的乡镇实现铺通光缆。全省电话用户达到2500万户,其中固定电话用户达到1260万户,移动电话用户达到1240万户,电话普及率达到29%,广播电视覆盖率达到95%以上。积极推进电信、广播电视、计算机网络等三网的相互融合。推广应用信息技术,加快经济社会信息化进程。

健全综合交通运输体系,提高设施现代化水平。以公路建设为重点,加强公路、铁路、港口、机场、管道建设,努力形成畅通、安全、便捷的综合交通运输体系。到2005年新增高速公路700公里。全省高速公路达到1700公里,开工建设14条与周边省市区连接的高速或高等级公路。其中川东方向5条,川南方向3条,川北方向3条,川西方向3条,形成以成都为中心、与市州连接的高速或高等级公路主骨架,基本完成市州之间和市州到县的二级路网改造及二级路网与高速或高等级公路主骨架的连接,加快旅游和民族地区的公路改造与建设。加快农村公路网建设,通公路乡的比重达到99%,基本实现乡乡通公路。到2005年新增铁路里程175公里,全省铁路里程达到2900公里,干线铁路全部实现电气化。以建设干、支线机场合理布局的民用运输体系为目标,抓紧完成成都双流国际机场的改扩建,加快建设九寨黄龙、攀枝花支线机场,改造达州、泸州机场,做好康定等机场的前期工作并争取开工建设。重点建设长江水运出海通道,加快宜宾港等长江沿线重要港口的建设,整治江河航道,提高通航能力。加快建设兰州至成都输油管道项目,支持国家实施"西气东输"工程。

大力开发四川丰富的水能资源,优先发展具有调节能力和综合效益的水电,适度发展火电。5年新增电力装机300万千瓦,到2005年全省电力总装机容量达到2000万千瓦。

加快天然气资源的勘探、开发、利用和管网建设,大力发展城市用气,积极发展天然气化工和以天然气为燃料的燃气汽车,适度建设燃气电厂,完善天然气管网。

抓紧煤炭行业的结构调整,积极推进古叙、筠连两矿区优质无烟煤开发的前期工作,适度保持煤炭的基本生产能力。

加强水利建设,增强防灾和供水能力。建成紫坪铺水库枢纽工程,争取嘉陵江亭子口、涪江武都水库等重点项目尽快开工建设。继续加快岷江、沱江、涪江、嘉陵江、渠江与安宁河流域防洪设施建设,加强沿江城市以堤防为基础的防洪体系建设,提高防汛保安水平。到2005年,成都市及沿江的15个地级市基本达到国家规定的防洪标准。

争取武都引水、升钟、大桥3个水利二期工程早日立项建设,抓紧做好毗河引水的前期工作,加快都江堰、玉溪河等大型灌区节水改造及续建配套,新建一批中型水利工程。到2005年,全省新增供水能力14亿立方米,新增农田有效灌溉面积150万亩。

大力推进技术创新,集中力量在电子信息、生物工程、新材料、新能源、高效节能、环保、先进制造技术以及农业新品种和配套技术等领域推进高技术研究,促进科技成果转化。加速成都高新技术开发区和绵阳科技城的建设。

加快教育发展,强化人才培养基础。大力发展基础教育,到2005年,全省小学、初中适龄人口入学率分别达到99.5%和90%,初中毕业生升高中阶段教育的比例达到70%以上。加快发展高等教育,努力扩大招生规模,到2005年,各类高等教育在校生人数达到80万人,其中研究生人数达到4万人。积极发展各类职业教育,坚持不懈地扫除青壮年文盲。全面推进素质教育,深化教育体制改革。

进一步深化改革,以完善社会主义市场经济体制为目标,加快建立现代企业制度,优化所有制结构,加快市场体系建设,完善经济调控体系,进一步深化政府机构改革,转变政府职能。

加大利用外资力度,争取5年累计实际利用外资67亿美元,年均增长10%以上,其中外商直接投资年均增长20%以上。到2005年,全省外贸出口总额达到26亿美元,年均增长14%以上。大力营造符合国际通行规则的开放环境,全方位、多层次、宽领域地扩大对外对内开放。

加强天然林资源保护。到2005年,在174个县实施人工造林800万亩,飞播造林976万亩,封山育林608万亩,管护天然林及其他森林、灌木林地、未成林造林地2.88亿亩。加快退耕还林还草。"十五"期间,争取退耕还林还草500万亩。在长江水系的100个县实施生态环境综合建设工程,加强自然保护区和生态示范区工作,建设一批生态功能保护区,遏制长江上游重点地区生态环境恶化的趋势。强化城市大气污染、水污染、垃圾污染和噪声污染的综合治理,重视农村污染治理。控制和治理工业污染,加快推广清洁生产技术。到2005年,全省城市饮用水源全部达到国家水质标准,主要污染物排放量比2000年下降10%,城市垃圾无害化处理率达到80%以上,污水处理率达到50%以上。

认真贯彻计划生育的基本国策,稳定低生育水平,严格控制人口增长,改善人口结构,提高人口素质。到2005年,全省人口总量控制在8900万以内,为经济和社会全面发展创造良好的人口环境。要在经济发展和提高效益的基础上,不断增加城乡居民收入特别是广大农民和城市低收入者的收入,切实提高人民生活水平。进一步发展基本医疗、预防保健、卫生监督、义务教育、公共文化、公共安全等基本公共服务。

继续抓好扶贫工作。坚持开发式扶贫的方针,增加扶贫投入,加大扶贫工作力度。尽快解决温饱线以下贫困人口的温饱问题,提高已经基本解决温饱问题的贫困群众的经济收入。进一步改善贫困人口的基本生产和生活条件,实施贫困乡村生态家园建设计划,加强贫困地区基础设施建设,加大对贫困地区尤其是少数民族地区和革命老区的财政转移支付力度。在加强农村扶贫的同时,注意抓好城市扶贫工作。对少数生存环境恶劣的贫困地区,努力创造条件,实行异地开发和人口迁移。

坚持两手抓、两手都要硬的方针,加强思想政治建设,强化社会主义道德观念,开展群众性精神文明活动,切实加强精神文明建设。

落实依法治国方略,加快民主政治建设,坚持依法治省,依法行政,健全和完善与我省改革开放和经济社会发展相适应的地方性法规,为改革和发展提供保障。

贵州省国民经济与社会发展“九五”计划完成情况及“十五”计划介绍

【“九五”计划完成情况】 “九五”期间,贵州省经济结构调整取得积极进展。国内生产总值从“八五”期末的630亿元增加到2000年的993亿元,年均增长8.7%;实现了农村人口粮食基本自给的历史性跨越,2000年粮食总产量达到1163万吨,年均增长4.1%。财政总收入达到151.6亿元;地方财政收入85亿元,年均增长16%以上;全部金融机构存贷款余额均超过1000亿元。

第一、二、三产业排序由“二一三”转变为“二三一”,国内生产总值比重由36:37.2:26.8变化为27.2:38.8:34。农业增加值从227亿元增加到270亿元,年均增长3.3%;乡镇企业保持较快增长,畜牧养殖业、林业等全面发展。全部工业增加值从208.5亿元增加到308.5亿元,年均增长10.5%;部分骨干企业竞争实力增强,新兴产业加快成长。第三产业增加值从168.9亿元增加到337.4亿元,年均增长10.1%,对国民经济的贡献明显提高。

固定资产投资力度加大,以交通为重点的基础设施建设取得显著成效。五年累计完成全社会固定资产投资1583亿元,比“八五”增加1.8倍。省级财政投入各类建设贴息和补助资金近10亿元。新增通车里程1968公里,完成公路改造4669公里。建成南昆铁路贵州段、贵阳龙洞堡机场和贵阳火车站新客站,株六复线贵州段部分通车。建成安顺电厂一期、金沙电厂、凯里电厂等电源项目和天生桥至广东输电工程,五年新增电力装机容量226万千瓦,“西电东送”工程正式启动。建成干线光揽1万公里,新增程控电话146.7万门,移动通讯网络基本覆盖全省城镇。

城乡基础设施进一步改善,新增有效灌溉面积88.6万亩,治理水土流失面积4900平方公里,完成坡改梯428万亩,解决319万人和269万头大牲畜饮水困难。建成5亿公斤国家直属粮库。新增97个乡通公路,完成55个县农网改造,基本实现乡乡通公路,通电,通电话。金阳新区建设启动实施,城镇化水平从16.1%提高到20.2%。

国有企业改革和脱困目标基本实现,53户国有大中型企业完成公司制改造。1997~2000年国有大中型企业国有负债率从69.8%下降到62.5%,国有及国有控股企业整体效益明显提高,2000年国有及国有控股大中型工业企业实现净盈利12亿元以上。积极推进住房、医疗和社会保障制度等各项改革,财税、金融、计划、流通和投融资等体制改革取得进展。省级政府体制改革全面完成,工作部门从58个精简为44个。

对外开放进一步扩大,累计完成进出口总额28.7亿美元,其中出口19.3亿美元,比“八五”增长31.9%。实际利用外资8.3亿美元,是“八五”的三倍。四城市对口帮扶和区域经济合作取得较好成效,引进省外资金121.4亿元,为“八五”的5.4倍。

大多数贫困人口温饱问题基本解决,城乡人民生活水平明显提高。共有48个贫困县越过温饱线,农村贫困人口从789万人减少到近300万人。投入各类扶贫资金91.5亿元,贫困地区基本生产、生活条件得到改善。城镇居民人均可支配收入从3931元增加到5122元,农民人均纯收入从1087元增加到1375元。城镇登记失业率控制在4%以内。“两个确保”基本落实,建立了“三条保障线”制度。

城乡居民居住条件、生活环境和生活质量得到改善,促进人口、资源、环境协调发展取得成效,计划生育工作力度加大,森林覆盖率从

25.3%提高到30.8%,关停和改造了一批污染严重的小企业,环境综合治理取得新进展。

五年全省共投入教育资金129亿元,年均增长16.6%;新建农村小学1731所,31个县(市、区)基本普及九年制义务教育,全省基本普及初等义务教育。高校改革和结构调整迈出坚实步伐,普通高校和高中扩大招生规模,在校生分别比"八五"期末增长120%和44.6%。加大科技投入,深化科技体制改革,科技进步对经济增长的贡献进一步提高。

精神文明建设继续加强。五年共建成1.1万座农村地面卫星电视接收站,402个农村精神文明活动中心。认真落实依法治省的各项政策措施,五年省政府提请省人大常委会审议的地方性法规草案40件,完成"三五"普法教育,社会治安综合治理不断加强。文化、体育、卫生、新闻、出版、档案等事业全面发展。

2000年全省经济继续保持良好发展势头。国内生产总值增长8.7%,财政总收入和地方财政收入分别增长9.8%和15.3%,全社会固定资产投资增长10.9%。社会消费品零售总额增长9.5%。进出口总额增长14.3%。农民人均纯收入实际增长3.6%,城镇居民人均可支配收入实际增长5.1%。实施西部大开发战略起步良好。各项社会事业取得新的成绩。

【"十五"计划介绍】 经济社会发展的主要目标。经济增长速度高于全国平均水平,国内生产总值年均增长9%左右,为到2010年实现国内生产总值比2000年翻一番以上奠定坚实基础。国有企业建立现代企业制度取得重大进展,社会保障体系初步建立,完善社会主义市场经济体制迈出实质性步伐,扩大开放取得突破性进展,参与经济技术合作与竞争的能力增强;人口过快增长的状况得到有效控制,就业渠道拓宽,生态建设和环境保护得到加强,城乡居民收入持续增加,物质文化生活水平进一步提高,力争到2005年二分之一以上的农户实现小康、其余农户稳定解决温饱,城镇居民总体上过上比较宽裕的小康生活;教育科技加快发展,国民素质进一步提高,精神文明建设和民主法制建设进一步加强。

加快"二横二纵四连线"公路大通道骨架主干网建设。到2005年全省公路通车总里程达到35700公里,等级公路占60%以上。加快建成株六复线、内昆铁路贵州段和水柏铁路;完成盘西铁路电气化改造工程,建成贵阳和六盘水铁路枢纽。努力建成渝怀铁路贵州段,积极争取国家支持建设川黔、黔桂新通道,积极争取国家早日批准建设隆百铁路,形成贵州连接西南、西北、华南的东向和南下铁路大通道。改造提高贵阳龙洞堡机场通航设施,努力建设成为国际机场,重点建成铜仁、兴义、黎平、荔波等支线机场,改造启用安顺、新舟、黄平等机场,"十五"期间,初步形成贵阳龙洞堡干线机场与各支线机场相配套的航空运输网。重点改善现有通航河段运输条件,加快航运配套设施建设和航道整治工作,提高北入长江、南下珠江的水运出省通航能力,"十五"期间,乌江、赤水河航道分别达到250吨和100吨级船舶。

全面加强水利枢纽、大中型水库工程建设,完善配套堤坝、沟渠、提引等现有水利设施,着力解决工程性缺水。"十五"期间,建成安顺王二河水库、水城玉舍水库;续建仁怀盐津桥水库、遵义海龙门河水库。力争建成遵义灌区一期工程,争取开工建设松桃道塘水库、黔中水利枢纽工程、独山南部灌区——谭尧水库、大新桥水库等工程;改造乌中、安西、兴中、翁福、黎榕、金黔、湄风余等灌区。

加强市政设施配套建设,加快市政道路、供水、供电、防洪、供气、污水及垃圾处理等基础设施和园林、广场建设。到2005年,基本解决全省中心城市和76个县城的缺水问题,基本实现小城镇用上自来水。力争城市污水处理率达到20%,排水管道服务面积普及率达90%,城市垃圾、粪便集中处理率达到60%,城市燃气普及率达到55%以上,县城自来水普及率达到95%,城市道路全部硬化,县城道路硬化率达到90%。力争每个市、县均有一个公园或一片公共绿地，城市绿化率达到30%以上，城镇居民生产和生活环境有较大的改善。全省主要河流、湖泊、自然保护区、风景名胜区附近城镇的供水、道路建设和污水、垃圾处理得到较大程度改善，小城镇基础设施建设基本配套；加快农村基础设施建设，以加强自来水、供电、广播、公路交通、通讯等建设为重点，进一步改善农村居民生产和生活条件。

积极调整农业和农村经济结构，以三增(粮食增产、农民增收、基础增强)、两降(降低人口出生率、降低贫困人口数)、一稳(农村社会稳定)奔小康为目标，到2005年，全省粮食总产量增加到1230万吨，农村人口人均占有粮食达到410公斤；油料产量90万吨，烤烟恢复到40万吨；肉类总产量160万吨。农村二、三产业比重提高到70%，推动农村劳动力加快向二、三产业转移，加快农业产业化经营步伐，大力发展绿色产业。力争“十五”期间，乡镇企业增加值年均增长12%，新增从业人员60万人左右。继续搞好扶贫开发，到2005年，重点扶持的贫困村基本实现通路、通电、通广播电视，力争水利灌溉设施基本配套，基本解决人畜饮水困难。

优化壮大工业，培育发展特色优势产业。到2005年，全省电力装机容量达到1300万千瓦，新增装机容量800万千瓦，外送能力达到400万千瓦以上。努力把贵州省建设成西部能源强省和“西电东送”的重要基地。加快优质煤生产基地建设。发展壮大原材料工业，要重点发展铝及铝加工、磷及磷加工、冶金及制品、优质磨料磨具等高耗能工业和以新材料为主的建材工业。到2005年，全省氧化铝生产能力达到100万吨、电解铝达到46万吨、磷铵150万吨、水泥1800万吨、优质磨料磨具、精细化工产品、新型建材等有较大幅度增长。巩固和提高“两烟一酒”支柱产业，重点扶持贵阳、遵义、毕节卷烟厂的集团化发展，力争2005年卷烟单箱利税达到全国平均水平。围绕市场需求，充分发挥国酒茅台等名牌效应，发展企业集团，重点实施茅台酒厂生产能力达到1万吨扩建工程，增强市场竞争力。大力培育发展生物制药和特色食品业，围绕优质中药材开发，支持一批制药厂骨干企业加快技术进步。重点发展通讯、计算机、多媒体、自动仪器仪表和新材料产品，建设西部重要的新型电子元件开发生产基地。支持生物制药的研制和开发。加快清洁能源、节能降耗技术、清洁生产工具相关技术等的开发与应用，重视发展科技含量高的环保产品，逐步形成以航天航空、电子信息、生物技术为代表的高新技术产业群体。到2005年，要基本完成机械、化工、有色、建材、冶金、轻纺等行业的优势企业关键设备的改造与更新，建设重要的汽车零部件生产基地。

继续加快发展商贸流通、交通运输、餐饮服务、金融保险等服务业，运用现代经营方式和服务技术改造传统服务业。积极发展旅游业，加快建设自然风光与民族文化相结合的旅游大省。形成以重点风景名胜区为中心、设施基本配套的综合性、多样性特色旅游体系。

积极稳妥地实施城镇化战略，发挥政府引导和市场机制推动作用，培育发展大城市，积极发展中小城市，加快发展小城镇。加强城镇的基础设施建设，发挥城镇的辐射带动作用。提升城市功能，把贵阳市建设成为西部地区重要的现代化大城市和经济增长极，实现跨越式发展；加快小城镇基础设施和市场建设，引导乡镇企业向小城镇聚集，发挥小城镇对农业和农村经济发展的辐射带动作用。到2005年，力争城镇化水平提高到25%左右，转移农村人口250万人；城市国内生产总值的比重提高到65%；规划建设200个万人以上规模的小城镇。

进一步发挥区域经济优势，继续加强重点开发区域的建设，按照国家发展南(宁)贵(阳)昆(明)经济带布局，优先发展黔中产业带，使其在全省经济结构调整中发挥先导作用。继续搞好乌江干流沿岸地区以电、铝、磷、锰为重点的综合开发，加快六盘水——攀西地区以能源、冶金、化工为重点和南北盘江——红水河沿岸地区以能源、矿产为重点的产业开发。支持赤水河、都柳江、清水江沿岸地区加快流域综合开发。积极发展通道经济，形成各具特色的增长点。高度重视和大力支持县域经济发展，加强指导和政策支持力度，促进县域优势产业发展和增强经济实力。

扶持少数民族地区、革命老区和贫困地区加快发展，力争到2005年，少数民族地区、革命老区和贫困地区的基础设施得到进一步改善；基本建成贫困县与国道主干线的连接公路；基本普及九年制义务教育，经济和社会发展步伐加快。

加快信息基础设施建设。"十五"期间，建成省内数字微波网2万公里。新增固定电话容量438万门，新增国际互联网8000个端口和公众多媒体通讯网8000个端口等一批信息基础设施重大项目。力争到2005年全省电话普及率提高到16部/百人；互联网普及率达到5%，计算机和网络应用程度成倍提高。加强有线广播电视专用光缆网建设，建设省情、公共资源、省级经济数据交换服务中心，建设贵州省公共信息服务综合平台工程，积极创造条件推动电信网、有线电视网、计算机三网融合。积极发展信息产业，提高信息化装备能力，重点发展软件产业和新型电子元器件、数字通讯、计算机及网络、数字视听、光机电一体化等产品，发挥贵州省信息产品制造业的比较优势。建设好贵阳软件园区。

面向经济建设，扎实推进科教兴黔战略的实施力度，建立、完善科技创新体系和多元化科技投入体系，有选择地发展一批高新技术。加强社会研究，推动国民经济整体实现新的跨越。在科研力量比较雄厚、基础条件较好的科研院所和大专院校，新建3～4个重点实验室和10～15个工程技术中心；大企业要加快技术研制开发中心的建设，重点大企业全部建立技术研究开发中心。结合城市新区建设，推行"一区多园"的建设模式，重点抓好国家贵阳经济技术开发区、国家贵阳新技术产业开发区和市、地、州开发区的建设。

实施"国家贫困地区义务教育工程"，大力改善基础教育办学条件。努力推进全省尚未实现普及九年义务教育的55个县实现"普九"。到2005年，初级中等教育阶段毛入学率和"普九"地区的人口覆盖率分别达到85%左右，城市初中毕业生基本升入高中阶段各类学校就学，青壮年非文盲率达到95%左右，全省初步实现基本普及九年义务教育。适当调整中小学校布局，努力扩大普通高中办学规模，争取建设一批示范性普通高中，力争高中阶段毛入学率达到33.5%，重点建设一批国家级、省级重点中等职业学校，力争到2005年全省普通高中和中等职业学校在校生达到70万人左右。加快发展高等教育，调整高等教育资源配置，建设好贵州大学、贵州工业大学、贵州师范大学等院校，力争建立3～5所省属高等职业技术学院，力争到2005年，各类高等教育在校生达到29.9万人，其中研究生0.5万人，普通高等教育本专科生达到15万人，其他高等职业教育本专科生达到10万人左右。

要坚定不移地贯彻执行计划生育的基本国策，建立计划生育工作调控体系和综合治理机制，努力降低人口生育水平，提高出生人口素质，以村为重点抓好农村人口的计划生育工作。切实加强基层计划生育网络建设，搞好节育技术服务和生殖保健服务，促进优生优育。

积极扩大就业，进一步完善和落实促进就业的扶持政策，大力发展具有市场前景的劳动密集型产业，特别是就业容量大的服务业、中小型和非公有制企业，努力增加就业岗位。

努力增加城乡居民收入，特别是提高低收入者的收入水平。努力扩大就业，逐步建立职工工资和建设失业下岗人员、贫困家庭生活补助水平的稳定增长机制，多渠道增加城镇居民收入，改善居民生活质量。加强城乡供水、交通、能源、信息等基础设施建设，创造提高居民生活质量的物质条件。提高社会公共服务水平，建立完善医疗服务、预防保健、卫生监督服务体系，基本实现人人享有初级卫生保健服务。重点加强农村卫生基础设施建设，改善农村医疗卫生条件。实施农民健康工程,初步解决农村缺医少药问题,稳步发展合作医疗。

“十五”期间,生态建设要初见成效,生态恶化的趋势得到有效遏制,生活环境得到初步改善。到2005年,生态建设要完成营造林3250万亩,新增森林面积1100万亩,森林覆盖率提高到35%;新增治理水土流失面积1万平方公里,坡耕地梯化600万亩;治理石漠化取得进展;自然保护区面积占国土面积提高到3.9%。切实抓好长江流域特别是乌江、赤水河、綦江流域生态环境综合治理。力争启动实施石漠化治理和南北盘江水土保持、生态环境建设重点工程。重点规划建设20个农业生态示范县,35个旱作农业示范县。加大退耕还林还草实施力度,加强坡耕地治理,有计划、有步骤地推进自然坡度25度以上的坡耕地逐步退耕还林还草。

保护治理环境,重点在电力等工业新建项目中采用先进技术,配套建设环境设施,降低污染排放总量。到2005年,大气污染二氧化硫、尘(烟尘及粉尘)、水污染物化学需氧量、工业固体废物等主要污染物的排放量控制在国家下达的计划指标内。

重视水资源的可持续利用,加快水资源工程建设,力争“十五”期间全省供水能力有较大的提高。合理开发和保护土地、矿产等资源,坚持保护耕地的基本国策,加强耕地资源保护,合理控制新增建设用地规模,认真执行征占用林地审批和补偿制度,实行耕地和林地占补平衡制度,推进土地整理复垦,合理开发利用非耕地资源。重视自然保护区和风景名胜区的保护和建设,加强生物多样性保护和野生动、植物资源保护力度,严格禁止和控制人为破坏。

抓住事实西部大开发战略和加入世界贸易组织的有利时机,用好用足用活国家实施西部大开发的战略措施,积极争取国家支持把我省作为银行、保险、电信、外贸、内贸、旅游等服务领域对外开放的试点省区,进一步扩大对内对外开放。2005年货物进出口总额达到10亿美元以上,年均增长10%以上,其中出口6.7亿美元以上,进口3.3亿美元以上,积极合理有效地利用外资。把对国内特别是深圳、宁波、青岛、大连等东部沿海发达地区作为对内招商引资的重点,把吸引外商直接投资作为利用外资的重点,积极吸引国内外投资者特别是优强企业和大公司、大集团来黔投资开发。

云南省国民经济与社会发展“九五”计划完成情况及“十五”计划介绍

【“九五”计划完成情况】 “九五”期间,云南省经济总量进一步增加,产业结构调整取得明显效果。到2000年底,省国内生产总值达1955.28亿元,比1995年的1206.68亿元增长49.6%,年平均增长8.4%,高于全国同期水平0.1个百分点。其中第一产业增加值为436.2亿元,比1995年增长25.8%,年平均增长4.7%;第二产业增加值为840.21亿元,比1995年增长53.1%,年平均增长8.9%;第三产业增加值为678.87亿元,比1995年增长65.5%,年平均增长10.6%。2000年,全省人均国内生产总值为4636元,比1995年的3044元增长41%,年平均增长7.1%。省国内生产总值提前五年、人均国内生产总值提前三年实现了翻两番的第二步战略目标。国民经济三次产业的结构得到有效调整,第一、二、三产业比例由1995年的25.3:44.5:30.2,调整为2000年的22.3:43:34.7,呈现出二、三、一型的产业结构。非公有制经济在国民经济中的地位逐步提高。其创造的增加值占国内生产总值的比重由1995年的15%提高到2000年的21%，其中个私经济增加值的比重上升到15%。

农业生产结构调整进一步优化，农村经济全面发展，扶贫攻坚取得显著成绩。

2000年，云南省财政支农资金达到52.3亿元，“九五”期间累计支农资金为274.02亿元，比“八五”期间增加了140.74亿元，增长1.1倍。农业生产基础条件进一步改善，综合生产能力不断提高。全省净增有效耕地面积220万亩，累计新建成高产稳产农田1100多万亩。为适应市场需求，主要农产品需求结构调整取得良好成效，产品产量持续增长。粮食，由1995年的1188.9万吨增加到2000年的1468万吨，年平均增长4.3%，比“八五”期间快2个百分点；人均占有粮食348公斤，提前两年完成省粮供求基本平衡的目标。茶叶，由1995年的6.4万吨增加到2000年的7.5万吨，年平均增长3.3%。甘蔗，由1995年的1055.9万吨提高到2000年的1382.98万吨，年平均增长5.5%。水果，产量由1995年的55.7万吨提高到2000年的78.1万吨，平均增长7%。水产品，产量由1995年的8.4万吨，提高到2000年的17万吨，平均增长15%。肉类，由1995年的128.2万吨，提高到2000年的203万吨，年平均增长9.6%。烤烟，按照国家“双控”要求，在“提高质量、计划种植”的前提条件下，2000年产量为62.3万吨。粮食、甘蔗、肉类等主要产品产量提前两年超额完成“九五”计划，基本满足市场的供求平衡。

2000年全省农业总产值达到680亿元，比1995年增长35.2%，年平均增长6.3%。全省乡镇企业固定资产原值达到460亿元，比1995年增长1.6倍，年平均增长21.5%；乡镇企业增加值年平均增长23.6%。林业总产值达到115.9亿，比1995年增长66.2%，年平均增长10.7%，比“八五”末期提高了0.8个百分点；林业投入由3.8亿元提高到16亿元，年平均增长33.1%。

扶贫攻坚成效显著，“九五”期间共投入各类扶贫资金127.3亿元(其中利用外资5.46亿元)，在贫困地区建成基本农田35.2万公顷；解决412万人及302万头大牲畜的饮水困难；新修公路3.48万公里，行政村通公路率达94.5%；解决了500万人的温饱问题。贫困地区的生产、生活条件有了明显改善，基本完成了“八五”扶贫攻坚计划。

工业生产稳步发展，产业结构进一步优化，国有企业改革脱困三年目标基本实现。2000年，全省工业增加值达到697.06亿元，比1995年的477.84亿元增长48.8%，年平均增长8.3%。主要工业产品产量稳定增长。2000年，十种有色金属产量达到74.85万吨，比1995年增加34.15万吨，年平均增长13%；食糖产量152.25万吨，比1995年增加58.05万吨，年平均增长10.1%；化肥产量197.22万吨，比1995年增加75.72万吨，年平均增长10.2%；钢产量为189.41万吨，比1995年增加48.91万吨，年平均增长6.2%；水泥产量1642.8万吨，比1995年增加645.9万吨，年平均增长10.5%；发电量317.46亿千瓦时，增加89.04亿千瓦时，年平均增长6.8%；卷烟产量达到612.77万箱。2000年规模以上工业产销率达98.6%；工业企业经济效益综合指数为143.6，“九五”计划前四年名列全国第一位。

“九五”期间全社会固定资产投资累计完成3078.35亿元，比“八五”期间增加1885.64亿元，增长1.6倍。公路通车里程由6.8万公里增加到10.55万公里，其中新增公路3.72万公里(其中高速公路达517公里)。改造、新建了昆明、丽江、迪庆、临沧机场，全省已通航10个机场，比“八五”期间新增两个机场；建成南昆铁路云南段和广大铁路，新建内昆铁路，完成贵昆和成昆铁路电气化改造。建成投产37件大中型水利项目，全省新增库容13亿立方米；新增电力装机容量250万千瓦；邮电通信业累计完成投资164.51亿元，比“八五”期间增长3.5倍，五年间新增微波电路353公里,初步形成以程控交换、数字微波、光纤传输为主,设备、技术先进的电信网和以邮运自办邮件计算机处理为主的现代邮政网。“九五”期间,传统产业与高技术发展紧密结合,累计完成更新改造投资524亿元,比“八五”期间增长82.2倍。

城市化水平由“八五”期间的16.6%提高到18.6%;住宅建设与房地产业蓬勃发展,到2000年,城镇居民人均居住面积达12平方米,比“八五”期间增长3.5%。市政基础设施明显改善,县城及设市城市日供水规模达210万吨,比“八五”增长2倍多,供水普及率达97%,比“八五”期间提高0.9个百分点;城市人均公共绿地面积为5.7平方米,绿化率为20%;人均城市道路面积达8平方米,市政建设和环境建设实现了超前发展。

“九五”期间,全省商品供应丰富,消费品市场繁荣活跃。建立各类、各级市场4000多个,商饮网点近50万个,商业批发、零售、餐饮业增加值由128.41亿元提高到190.57亿元,年平均增长8.2%;社会商品零售总额由369.55亿元增加到583.17亿元,年平均增长9.6%。

“九五”期间,全省实施精品名牌和旅游市场多元化战略,加强旅游业基础设施建设,开拓国内外旅游市场以及首届中国昆明国际旅游节和中国昆明“九九”世博会、五届昆交会的成功举办,使旅游业保持了持续快速发展势头。接待海外旅游人数由1995年的60万人次增加到2000年的100.11万人次;旅游外汇收入由1.65亿美元,增加到3.39亿美元,年平均增长15.5%;接待国内旅游人数由1622万人次增加到3841.04万人次,年平均增长18.8%;国内旅游收入由47.5亿元增加到183.2亿元,年平均增长31%。“九五”期间,运输、邮电、仓储业增加值由49.33亿元增加到120.12亿元,年平均增长14.7%。铁路运输货运周转量由114.24亿吨公里增加到181.74亿吨公里,年平均增长9.7%;民航客运周转量由21.45亿人公里增加到40.34亿人公里,年均增长10%。邮电业务总量由13.97亿元增加到90.82亿元,年平均增长45.4%。

云南对外与100多个国家和地区建立了经济与技术合作联系,开放水平和知名度提高。五年累计海关进出口总额86.47亿美元,增长35.7%;进口31.34亿美元,增长18.4%。实际利用外资14亿美元,比“八五”期间增长48.9%;批准外商直接投资项目662项。对内与全国30个省市区开展了广泛的经济联合与协作,引进省外资金130亿元。

财政总收入从1995年的285.36亿元增加到2000年的430.3亿元,年平均增长8.6%,其中地方一般预算收入从1995年的98.35亿元增加到2000年的178.1亿元,年平均增长12.6%。财政支出由1995年的235.1亿元增加到413.9亿元,年平均增长12%。2000年,全省金融、保险业增加值达80.9亿元,年平均增长7%;金融机构年末各项贷款余额由1995年的924.7亿元增加到2000年的2121.12亿元,年平均增长18.1%;“九五”期间各项贷款净增1258.11亿元,比“八五”期间多增633.76亿元,增长1倍;金融机构年末各项存款余额由1187.2亿元增加到2465.68亿元,年平均增长15.7%;“九五”期间,各项存款净增1281.67亿元,比“八五”期间多增433.64元,增长51.1%。

“九五”期间,认真实施科教兴滇战略,科技与经济进一步紧密结合,科技进步对经济增长的贡献率有较大提高。全面普及了六年义务教育,71.6%的人口地区普及了九年义务教育,105个县基本扫除青壮年文盲。建成了一批文化基础设施,艺术精品、边疆文化长廊和文明走廊等工程实施效果良好;新闻出版事业继续发展;广播、电视人口覆盖率分别提高12和9个百分点;医疗卫生事业取得新成绩,基本实现了人人享有初级卫生保健目标;全民健身活动广泛开展,人民身体素质明显提高;可持续发展战略的实施取得新的进展;开展了大规模的生态环境保护与建设;治理水土流失1

万多平方公里,植树造林200万公顷,森林覆盖率提高3.7个百分点,消灭森林赤字,天然林保护和退耕还林还草、重点县生态环境综合治理工程全面启动并取得初步成果;土地、矿产等资源得到有效保护;工业污染治理达到目标要求,城市环境综合整治成效明显;计划生育工作进一步加强,人口自然增长率下降了1.25个千分点。

"九五"期间,城乡居民收入水平稳步提高,物质文化生活更加丰富,生活质量不断提高。2000年,农民人均纯收入达1478.6元,比1995年增加467.63元,年平均增长9.25%;城镇居民人均可支配收入6324.64元,比1995年增加2597.1元,年平均增长13.93%;城镇居民居住面积由8.6平方米增加到12平方米;农村居民住房面积由19.8平方米增加到22.17平方米。

初步建立了社会保障制度。全省参加养老保险人数达233.2万人;建立了地州市一级统筹的失业保险体系,参加失业保险人数184万人,支出失业保险金9734万元;建立了城市居民最低生活保障制度,2000年底有10多万人得到救济;社会福利机构床位数达1.83万张,收养1.51万人;拥有专业卫生技术人员12.41万人,床位数9.75万张。

"九五"期间,民族自治地区国内生产总值由398.54亿元增加到685.64亿元,年平均增长14.41%。地方财政收入达48.87亿元,地方财政支出达130.98亿元;国有固定资产额达124.58多亿元。农民人均纯收入为1285元,农业总产值达213.23亿元,工业产值达309.55亿元。各项社会事业投入增加,扶贫工作取得新进展,民族团结和睦,边疆繁荣稳定。

【"十五"计划介绍】 经济社会发展的主要目标是:国民经济保持较快发展速度,经济结构战略性调整取得明显成效,在确保质量和效益提高的前提下,力争全省国内生产总值增长率、固定资产投资增长率高于全国水平,人口自然增长率逐步接近全国水平。国内生产总值年均增长8%左右,全社会固定资产投资年均增长12%左右,力争人口自然增长率控制在10‰以下,三次产业增加值比例调整为:19:43:38。综合竞争力进一步增强,"三大目标"建设迈出坚实步伐,各项改革稳步推进,社会保障体系基本健全,社会主义市场经济体制更趋完善,对外开放继续扩大。就业渠道拓宽,城乡居民收入持续增加,科技教育发展加快,劳动者素质不断提高,生态环境状况开始好转,精神文明和民主法制建设取得新进展。

巩固和强化农业基础地位。加强农业基础设施建设,推进农业和农村经济结构调整,全面发展农林牧渔各业和农村二、三产业,加快农业产业化步伐。完善农业社会化服务体系,从根本上提高农业综合生产能力。继续加强基础设施建设。加强重大水利设施建设,进一步抓好主要江河湖泊的治理,抓紧修建和改善通江达海、连接周边的重大交通通信基础设施。以通信为先导、公路为基础、铁路为骨干、航空为辅助、水路为补充,建设集信息网络和多种运输方式及枢纽站为一体的国际港大通道。调整煤炭生产结构,加快滇中油、气田的勘探,积极开展对洁净能源和可再生能源利用。鼓励发展沼气、微水发电等农村新能源。完善市政基础设施,建设一批与人民生产、生活密切相关的重大市政工程,为人民群众提供一个良好的生产、生活环境。

积极推进工业结构优化升级,加快培植群体支柱产业。加快发展生物资源开发创新产业,大力提升旅游业,发展壮大矿产业,着力培育以水电为主的电力支柱产业。

大力发展服务业。运用现代经营方式和服务技术改造商贸流通、交通运输、市政服务等传统服务业。积极发展信息、金融、会计、咨询、法律服务等现代服务业。发展面向居民消费的房地产业、旅游、娱乐、健身等产业。应对加入世界贸易组织的新形势,健全市场法规,加强市场管理,规范市场行为,提高诚信水平,营造有利于服务业发展的环境。推进国民经济和社会信息化。加强信息资源开发,实现公共信息资源共享,推动信息技术在国民经济和社会发展各领域的广泛应用。鼓励和支持软件开发,办好国家云南软件园,重点培育一批软件骨干企业,力争建成我国西部重要的软件基地。在投资机制、人才培养和信息安全等方面创造有利于信息业发展的良好环境。

加快非公有制经济发展。进一步解放思想、更新观念、完善政策,促进非公有制经济参与国有经济战略性调整,力争非公有制经济在农副产品加工、高新科技、内外贸易、建筑和服务业等方面有较快发展,建好省级四个个体私营经济园区。

促进区域经济协调发展。依托中心城市和交通干线,突破行政区划界限,增强昆明市的龙头作用,发挥滇中产业集中区的优势,建设沿路和沿边经济带,帮助贫困地区的加快发展。合理配置产业,加快特色经济的培育,形成布局合理、各有侧重、优势互补、分工有序的区域经济格局。扶持民族地区加快发展。采取特殊政策措施,进一步加快民族地区基础设施建设、教育科技发展和人才培养,推进"兴边富民行动",保持民族团结和边疆稳定,促进民族地区经济社会加快发展。

加快城镇化进程。积极实施城镇化战略,把昆明建成经济繁荣、社会文明、设施完善、生态环境良好的现代化特大城市;发展壮大一批中等城市,鼓励有条件的玉溪、曲靖、大理和个(旧)开(远)蒙(自)等中等城市向大城市发展;大力发展小城镇,逐步形成大中小城市结合、城镇规模适度、职能分工明确、服务功能完善、布局和结构合理的城镇体系。

坚持可持续发展的主要任务。控制人口增长,继续坚持计划生育的基本国策,稳定和完善现行计划生育政策,努力使人口自然增长率接近全国水平。有效保护资源,坚持开发与节约并举,加大土地、水、气候、矿产、森林、草原、人文、旅游和种质等资源的保护和合理利用。建立健全资源有偿使用制度和更新补偿机制,加强生态环境保护与建设,重视生态保护与建设,抓好城市和旅游景区大气、水、垃圾和噪声污染以及农村化学物污染的综合治理,促进生态环境与经济社会协调发展。

改善人民生活,多渠道扩大就业,完善社会保障制度。制定和落实优惠政策,重视发展有比较优势的劳动密集型产业,大力发展就业容量大的服务业和中小企业,努力增加就业岗位,拓宽就业渠道。初步建成独立于企事业单位之外、资金来源多元化、保障制度规范化和管理服务社会化的社会保障体系。发展社会福利事业。增加居民收入,提高社会公共服务水平。建立全体人民充分分享经济增长成果的机制,在经济发展和效益提高的基础上,不断增加城乡居民特别是广大农民和城市低收入者的收入。建立良好的社会秩序,保障人民安居乐业,加强防灾减灾工作。

西藏自治区国民经济与社会发展"九五"计划完成情况及"十五"计划介绍

【"九五"计划完成情况】 "九五"期间西藏经济增长速度接近11%,超过中央第三次西藏工作座谈会确定经济增长10%的目标,产业结构在发展中得到进一步优化调整。2000年全区国内生产总值完成117.42亿元,较上年增长9.4%。三次产业结构由1995年的41.9:23.8:34.3调整到当前的30.7:23.1:46.2。

农村经济运行平稳。农业基础地位进一步加强,农牧区各项基本政策保持稳定,农业生产条件有效改善,"九五"时期,西藏通过专项经费,改善农牧业、水利基础设施条件,扩大机耕机播面积,实施种子工程,牧区开发示范工程，提高农业科技含量，取得良好效果。2000年农业连续获得第13个丰收年，粮食总产达到96.22万吨，油菜籽3.95万吨，肉类14.93万吨，奶类20.4万吨，初步实现了粮油肉自给目标。乡镇企业推进结构调整，加强企业管理，在市场竞争激烈情况下，仍有较快发展。目前全区已有乡镇企业1000余家，2000年乡及乡以上工业企业完成产值17.6亿元，较上年增长9.3%，“九五”时期年均增长速度分别达到18%和8.1%。

工业企业加大改组改造力度，2000年工业总产值完成18.3亿元，比上年增长8.1%；第二产业增加值达到26.9亿元，比1995年增长55%，年均增长9.2%。国有骨干企业基本实现“三二”目标，上市股份公司已达7家。

第三产业发展速度明显加快，特别是邮电通信、金融保险业发展迅速，多种经济成分的商业、服务业、旅游、交通、外经贸等持续稳定发展。全区第三产业从业人员近26万人，比1995年增长28%，第三产业增加值达到53.8亿元，占国内生产总值的比重达到46.2%，比1995年提高11.9个百分点。

全社会固定资产投资增长较快，重点工程建设成效显著。“九五”后三年进一步加大了固定资产投资力度，安排债券25.1亿元，安排预算内资金和机动财力10.6亿元，放大政府资金规模效用，带动地方、部门、企业投入40亿元，加上中央财力支持和对口援藏省市的援助，共聚集建设资金161.1亿元，使“九五”期间全社会固定资产投资累计达到226亿元，超额完成了“九五”固定资产投资计划，比“八五”时期增长1.3倍。其中2000年固定资产投资66.47亿元，比上年增长17.4%。集中建设了满拉水利枢纽、羊湖电站、贡嘎机场一期扩建、中尼公路拉日段黑色路面改造、拉萨长途枢纽楼、西藏博物馆等一大批农业、能源、交通、邮电通信和社会事业重点建设项目。“九五”期间，共改造中低产田184.2万亩；完成公路整治1440公里、改建1662公里、新建122公里；光缆铺设5200公里；完成电站建设20个；城网改造63个县(市)；城市道路建设115公里；新增城市日供水能力近6万吨，解决了全区67个县26万城镇人口的饮用水问题；新增校舍70万平方米。极大地改善了我区交通、能源、通信等基础设施落后面貌。目前，全区发电装机容量达到34万千瓦，公路通车里程2.5万公里，邮电业务总量超过2.5亿元。“九五”期间投资力度，对我区经济快速增长的拉动作用十分明显，平均每年拉动经济增长5.4个百分点左右。

“九五”期间，按照建立社会主义市场经济体制的要求，西藏与全国同步进行了计划、财税、投融资、外贸、金融、物价、粮食流通、社会保障等综合配套的经济体制改革，农村改革、国有企业改革稳步推进，对外开放领域不断扩大，多种经济成份不断涌现，已基本形成全方位、多层次、宽领域的对外开放格局，为经济和社会发展创造了良好的体制环境。

城乡人民生活继续改善，2000年城镇居民家庭年人均可支配收入达到6448元，农牧民人均纯收入1331元，分别比上年增长7.5%和5.8%，城乡居民居住条件和生活质量有所改善。城镇居民最低生活保障、国有企业下岗职工基本生活保障和离退休人员养老金补助标准得到明显提高，机关事业单位职工收入有所增加，城镇居民生活质量进一步提高。各项社会事业全面进步。教育事业快速发展。2000年全区各级各类学校达到937所，在校学生规模持续扩大，学龄儿童入学率达到85.8%。实施“科教兴藏”战略，加快了科技向现实生产力的转化。农牧业科技贡献率已达28%。广播、电视、文化、卫生、新闻、出版、体育等各项社会事业都有相应发展，促进了精神文明建设。环境保护取得成效，重点领域生态建设和环境治理开始实施。

反分裂斗争取得重大胜利。西藏针锋相对地开展了对达赖集团的斗争，并实现从被动应急向主动治理的转变。依法严惩了危害国家安全、危害人民生命财产安全、危害社会主义制度的分裂分子。挫败了达赖集团在境外策划的"和平挺进西藏"、"不合作运动"、"全民公决"等分裂活动。排除达赖集团的严重干扰,按照藏传佛教的宗教仪轨和历史定制,顺利完成了十世班禅转世灵童寻访、认定、坐床等工作。从1996年6月开始,自治区对重点寺庙开展了爱国主义教育和建立正常宗教秩序的工作,动摇了达赖的根基,较好地维护了社会局势的基本稳定,也为经济的持续快速健康发展提供了良好环境。

【"十五"计划介绍】 "十五"期间经济调控的主要预期目标是:经济增长速度年均为12%以上,到2005年国内生产总值达到188亿元以上(按2000年价格计算),人均国内生产总值达到6868元;地方财政收入力争达到10亿元(不含中央税返还部分)。五年城镇新增就业和转移农牧区劳动力分别达到2万人和6万人,城镇登记失业率控制在3%左右。消费价格总水平基本保持稳定。

经济结构调整的主要预期目标是:产业结构在加快发展中优化升级,2005年三次产业增加值比重调整到23:25:52,就业比重调整到63:10:27。地区发展差距扩大趋势得到有效控制。小城镇建设步伐加快,城镇化水平力争达到19%左右。因地制宜地推进牧民定居半定居,完成80%以上生存条件极差地区群众的迁移工作。

农牧业内部结构基本合理,粮油肉产量稳定提高,粮油肉品质有效改善。农牧业产业化经营迈出重大步伐,乡镇企业结构调整和体制创新取得明显进展,多种经营总体水平和效益实现新突破。乡镇企业和多种经营年均增长20%左右,农牧区经济结构趋向合理,二、三产业比重提高。

交通、能源、通信、水利等基础设施条件有重大突破。青藏铁路开工建设并通车,三级以上公路占17%以上,高级次高级路面占12.5%,力争打通墨脱公路,全区90%以上的乡、70%以上的行政村通公路或简易公路,支线机场建设全面启动;发电装机容量达到50万千瓦以上,80%以上农牧民解决用电问题;基本实现县县通光缆,乡乡通电话、通邮;建设9个水利骨干工程,加强堤防建设,使拉萨市达到100年一遇、六个地区行署所在地达到五十年一遇的防洪标准。

旅游业、藏医药业、高原特色生物产业和绿色食(饮)品业、农畜产品加工业和民族手工业、矿业、建筑建材业等特色产业和支柱产业的年均增长速度都达到15%以上,占国内生产总值的比重和效益均有大幅度提高。

经济社会信息化程度显著提高,全区大多数行政事业单位和企业基本实现办公自动化,区、地、县三级计算机区域网络基本形成,信息服务业年均增长20%以上。广播、电视人口覆盖率分别达到100%、80%左右,基本实现广播电视"村村通"。

科技教育发展的主要预期目标是:全社会研究与开发经费占国内生产总值的比重每年达到2%以上,到2005年提高到3.5%以上。科技创新能力显著增强,科技进步明显加快,适用技术得到广泛运用和推广,科技进步对经济增长的贡献率大幅度提高。小学学龄儿童入学率达到95%以上并得到巩固,全区基本普及六年义务教育,青壮年文盲、半文盲率降至30%以下。到2005年,初中入学率达到60%以上,高中阶段教育和高等教育入学率力争达到25%和10%。

可持续发展的主要预期目标是:适当控制人口增长,提高人口素质,人口自然增长率控制在14‰以内。生态环境恶化趋势有所遏制,2005年森林覆盖率提高到10%,资源开采区生态恢复(复垦)率达到15%;拉萨市和六个地区行署所在地绿化覆盖率平均提高到25%;城镇垃圾无害化处理率达70%以上;"厂江两河"中部流域、昌都"三江"流域、尼洋河流域的生态建设初见成效。人口密集区的环境质量明显好转,全区工业企业、民用锅炉、医院、饭店、宾馆等都实现达标排放。自然资源利用趋于合理。

经济体制改革和扩大开放的主要预期目标是:体制创新全面推进,社会主义市场经济体制进一步完善。在国家的帮助下，基本建立养老、失业、医疗等社会保障体系，城镇社会保障覆盖率达到100%，市场条件大幅度改善，投资环境明显优化。进一步扩大对外开放，发展开放型经济，基本形成全方位、多层次、宽领域的对外开放格局。

提高人民生活水平的主要预期目标是：居民生活水平与质量大幅度提高，基本公共服务和社区服务比较完善。城镇居民人均可支配收入年均增长9%左右，农牧民人均纯收入年均增长8%以上，争取到2005年分别达到10000元和2000元。到2005年80%的乡、70%的农牧民达到小康生活。2005年城镇居民人均住宅建筑面积增加到16平方米。城乡医疗卫生条件明显改善，全区80%的乡享有初级卫生保健服务，90%左右的县全面推行合作医疗，严重危害人民健康的传染病和地方病得到有效预防和控制，地方病防治工作覆盖面达到90%以上。城乡文化、体育设施增加，覆盖面扩大。基层乡镇基础建设加快，基层干部队伍的工作、生活条件显著改善。

反对分裂、维护稳定的主要预期目标是：坚持主动治理的方针，深入开展反分裂斗争，牢牢掌握反分裂斗争的主动权，确保社会政治局势稳定，绝不让达赖集团制造动乱的阴谋得逞，绝不给国际反华势力提供口实，为实现西藏的长治久安奠定坚实的基础。

陕西省国民经济与社会发展“九五”计划完成情况及“十五”计划介绍

【“九五”计划完成情况】 “九五”以来，陕西省国民经济以年均9%的速度快速增长，人均GDP由“八五”末相当于全国平均水平的58.6%提高到64.9%；固定资产投资规模大幅度提高，五年累计完成投资2690亿元，促使基础设施建设上了一个大台阶；结构调整迈出坚实的一步，一、二、三产业的比重由1995年的22.7:40.6:36.7调整为16.8:44.1:39.1，高新技术、旅游、果业等特色产业呈现强劲发展势头；改革开放取得显著成就，国有企业在深化改革中基本完成了脱困目标，非公有制经济占GDP比重达到31.3%，社会保障体系初步建立，五年累计利用外资30亿美元，外贸进出口总额累计完成95亿美元，全省外商投资企业已达3100多家；社会事业全面进步，基本普及九年义务教育的县由29个增加到81个，文化、卫生、体育设施明显改善，社会主义精神文明和民主法制建设取得新成就；人民生活水平不断提高，2000年农民人均纯收入达到1470元，城镇居民人均可支配收入达到5124元，分别比1995年增加507元和1814元，“八七”扶贫攻坚任务基本完成。这些成就的取得，为我省向现代化建设第三步战略目标迈进奠定了良好基础。

【“十五”计划介绍】 奋斗目标：经济增长保持高于全国平均水平，预期增长10%左右。到2005年，人均GDP相当于当年全国人均水平的71%。

经济结构调整取得明显成效。到2005年，一、二、三产业的结构调整为13:44:43，非公有制经济比重提高到52%左右，高新技术、旅游、果业、国防科技和能源等五大特色产业增加值占GDP的比重由26%提高到30%以上；信息化水平与全国先进水平保持同步发展；城镇化水平提高到35%。

基础设施和生态环境建设再上新台阶。“十五”期间累计完成固定资产投资5700亿元，新增高速公路和铁路里程各700公里左右，治理水土流失面积3.5万平方公里，森林覆盖率达到34%左右，林草覆盖率达到56%

左右。使全省交通、水利、信息等基础设施进一步改善,生态环境恶化趋势得到有效遏制。

社会事业全面发展。人口自然增长率控制在7‰以内,全面普及九年义务教育,城镇基本普及高中阶段教育,高等教育毛入学率由11%提高到15%;城乡医疗服务设施进一步改善;广播、电视、电影、文化、体育等事业进一步发展,社会文明程度明显提高。

体制改革和对外开放迈出实质性步伐。国有大中型企业全面建立现代企业制度,城镇职工养老保险、失业保险、医疗保险、最低生活保障等制度不断完善。对外贸易加速增长,利用外资取得新进展,全省2005年外贸进出口总额达到36亿美元左右,五年利用外资总额达到50亿美元左右。

城乡人民生活明显得到改善。"十五"期间,全省城镇居民人均可支配收入年均增加500元左右,农民人均纯收入年均增加150元左右;每户城镇居民基本拥有一套经济适用住房;村村实现通路、通电、通电话。

推进布局结构调整。增强西安在西部的区域中心城市功能,大力发展关中高新技术产业开发带,把以西安为中心的关中地区建成西部地区经济核心支撑区;加快陕北能源重化工基地建设,把陕北建成我国新世纪重要的能源接续地、生态环境建设的模范区;积极推进陕南汉江沿岸综合开发,把陕南建成融生物资源、旅游资源、水资源开发为一体的多元经济区;加快城镇化进程,促进城乡结构调整。继续调整所有制结构。对国有经济实施改革、改组、改造,放手发展混合所有制经济和非公有制经济,形成多种经济成份共同发展的新格局。进一步调整和优化产业结构。加快培育高新技术、旅游、果业、国防科技和能源等特色产业;大力发展第三产业;推进国民经济和社会信息化,以信息化带动工业化。

公路建设着力抓好"米"字型主骨架和"一纵三横两环"次骨架建设。主骨架建设计划投资400多亿元,建成高速公路700公里左右。次骨架建设计划投资160亿元,建成二级以上公路2000公里。同时,努力提高县乡公路等级和通达深度。

铁路建设要尽快打通干线通道,建好铁路枢纽,提高运输能力。基本形成"两纵五横四个枢纽"的铁路网骨架。到2005年,全省铁路营业里程达到3500多公里。

机场建设要加快建设西安咸阳国际机场,提高运输能力和机场服务设施水平。加紧进行汉中和榆林机场迁扩建工程,进一步完善延安、安康机场设施。

水利建设首先要集中力量建设一批水源工程,形成与经济社会发展相适应的城乡供水体系,主要包括西安黑河金盆水库、关中九大灌区改造、洋县卡房水库等水利工程,为了从长远上解决缺水问题,要逐步建设泾河东庄水库、黄河古贤水库、省内南水北调工程、秦岭北麓水利综合开发等工程。其次,对现有大中型灌区实行以节水增效为中心的灌区配套和技术改造,因地制宜地大力普及渠道防渗、低压管道输水、喷灌、微灌等技术,努力提高农业灌溉用水效率。第三,抓好渭河、黄河小北干流、汉江、丹江、三门峡库区防洪工程和西安、延安、安康等城市的防洪工程建设,提高重要江河和城镇的防洪能力。

以陕北黄土高原植被恢复为重点,大力开展防沙治沙、造林种草、封山育林,天然林保护等生态建设。加大退耕还林还草的力度,全面退耕陡坡地。继续抓好"三北防护林"、"长江中上游防护林"、"黄河上中游防护林"工程,开展平原绿化、绿色通道、全民义务植树等生态建设活动,尽快改善全省生态环境面貌。

"十五"要围绕农民增收,加快农业结构调整。大的思路是:稳粮。要切实保护和提高粮食综合生产能力,年产粮食1300万吨左右,确保省内粮食供求大体平衡。优果。重点发展有望作强作大的苹果产业。要优化区域布局,调整品种结构,"十五"建设300万亩出口水果基地和有较大规模的加工专用水果基地;全方位开拓国内外市场,千方百计扩大果品出口(到2005年果品商品率达80%以上);积极发展果品规模化加工，扶持一批果品加工企业，上规模、上水平。兴牧。充分利用草场资源和农副产品资源，大力发展肉牛、肉羊、奶畜和生猪等畜牧业生产。搞好畜产品的精深加工和综合利用，大幅度提高畜产品的附加值。到2005年，畜牧业增加值占全省农业增加值的比重提高到35%以上，成为农民增收的又一重要途径。

高度重视乡镇企业的发展，加快企业结构调整，引导乡镇企业重点向农产品加工领域转移，发展科技效益型企业，努力使农民收入的一半来自乡镇企业，加快城镇化进程，使农村剩余劳动力逐步向城镇转移，减轻农村人口压力，提高农民收入。

加快工业结构调整，提高工业竞争能力。一是支柱产业规模化。引导生产要素向优势领域、优势企业、优势产品集中，把支柱产业做强做大。要进一步提高装备工业水平，重点围绕输变电成套设备、工程机械、汽车及零部件、机床工具、电子元器件、通信设备等骨干产品，依托重点企业，通过引进技术，提高设计制造水平，实现产品上档次。“十五”期间，要努力实现能源资源优势向经济优势转化，尽快使能源产业成为全省重要的支柱产业之一。二是国防科技民用化。发挥军工科研、设备与人才优势，大力开发军民两用技术，通过高、新、尖技术的开发应用，促进科研成果向产业化转化，发展有特色的主导产品。航天及空间资源利用行业，重点开发小卫星、卫星通讯、导航与定位技术、卫星信息传输及综合应用系统和火箭运载技术。航空工业在巩固提高现有军用飞机和民用飞机生产的同时，着重发展系列化、专业化和多用途机型，抓好新一代支线客机和新型货机的研制与生产，扩大航空零部件转包生产，促进飞机发动机、机载电子设备的升级换代。加快阎良飞机城和航空航天高新技术产业园区建设，努力把陕西建成中国最大的民用飞机制造和航空零部件生产基地。三是传统产业高新化。积极采用高新技术和先进实用技术改造传统产业，全面提高传统产业的科技含量。围绕铝、钛、钼、高标号水泥、高档卫生洁具、饰面建材、服装及服装面料、新型家电、传统中药等产品，积极进行科技创新和技术改造，提高产品技术含量。积极组建一批拥有自主知识产权、主业突出、核心能力强的大公司和企业集团。

以旅游业为重点大力发展服务业。一是抓紧搞好精品景区建设。分阶段、有步骤地建设周、秦、汉、唐强吸引力文化旅游景区，包括周原遗址博物馆、秦始皇陵博物院、汉阳陵博物苑、革命圣地和历史文化名城等旅游设施建设，提升全省人文旅游的规模和水平。二是积极开发自然风光资源。建设秦岭南北、汉江沿岸、黄土高原一批自然风景区，进一步完善华山、太白山、壶口等景区设施。三是不断提高旅游服务水平。通过服务水平的提高，全面提高旅游业水平，并带动其他服务业发展。到2005年，当年接待境外游客达到110万人次，旅游外汇收入5亿美元；接待国内游客4700万人次，国内旅游收入达到214亿元，使旅游业成为全省经济发展的重要支柱。

“十五”期间，要大力发展服务业，满足社会需求，扩大就业，提高经济总量，促进整个产业结构升级。大力发展农业产前、产中、产后服务，建立健全农业社会化服务体系。大力发展生活服务业，方便城乡居民生活。积极发展规范的各类金融机构，增加多种形式的保险公司。加快发展信息、会计、咨询、法律等技术和知识密集的现代化服务业，提高服务业的技术含量和整体水平。

大力发展高新技术产业。高新技术产业发展的重点集中在我省有优势的电子信息、光机电一体化、生物医药、新材料、航天航空、现代农业、环保产业等领域；要以西安为中心，集中建设关中高新技术产业带；大力扶持民营科技企业发展。

集中力量建设关中高新技术产业开发带。充分运用市场机制，加快西安、杨凌、宝鸡等高新技术和经济技术开发区建设，加强创业服务环境建设，强化孵化、辐射、扩散功能，努力培育成长性产业群,带动全省经济发展。

加快重大高新技术产业化项目建设。持续、滚动实施"311"工程,进一步加大移动通讯设备、计算机软件、绿色日化、农畜良种、设施农业等重大产业化项目的实施力度,在高新技术产业领域尽快形成新的增长点。

大力发展民营科技企业。民营高科技企业是高新技术产业发展的一支生力军。积极为民营科技企业发展创造公平竞争的环境,进一步放宽市场准入和融资条件,鼓励民营科技企业兼并、收购、租赁、承包国有企业,为民营科技企业开辟更为广阔的发展空间。"十五"期末,争取发展到15000家,形成一批年销售收入超10亿元的企业集团。

加快信息基础设施建设。坚持适度超前、高起点发展的原则,建设功能完善、技术先进、运营高效、安全可靠、覆盖全省的高速宽带网。大力推进电信、电视、计算机"三网融合"。从服务全省和西部大开发的要求出发,建立公共服务的多种专业网络,高起点建设西安信息港。加快发展信息产业。信息产品制造业要建设五个基地。建设以数字化家电产品、数字音视频产品为主的家用电器产品生产基地,计算机及显示终端硬件生产基地,以程控交换机为主导产品的通信产品基地,新型元器件生产基地和军工电子产品生产基地。信息服务业要积极培育发展从事信息服务的各类企业和组织,大力发展信息提供服务、信息技术应用服务和接入服务,推动网上服务业发展,使全省上网率与全国保持同步提高。努力开发信息精品,不断提高信息化质量和水平,促进信息服务业的规模化、正规化和商业化。加强信息资源开发利用,逐步实现公共信息资源共享,推动信息技术的广泛应用,实现产业信息化。

进一步强化西安中心城市功能。积极实施一批重大基础设施工程,创造文明、舒适、便利、高效的生活、生产和投资环境。积极推动传统产业向以高技术为主导的现代工业和新型服务业转移,提升产业技术经济层次,不断增强西安的经济实力。逐步把西安建设成为具有国际影响的高技术产业基地、国际旅游大都市、全国性科教中心、西北地区最大的技术装备基地及信息、商贸、金融中心。加强西安与咸阳、杨凌、铜川、渭南、商州等城市的有机联系,强化产业分工与协作,发挥西安大城市的综合带动作用,促进功能整合,实现共同发展。加快区域中心城市建设。加强宝鸡、延安、榆林、汉中、安康等区域中心城市建设,强化对周围地区的辐射带动作用,促进地区经济协调发展。加强县城和重点镇建设。以关中陇海沿线、汉江沿岸和西包西康铁路沿线经济带为重点,配合中心城市的发展,加快县城和部分基础条件较好的建制镇建设,形成一批比较优势突出、特色明显、环境优美整洁,具有较强辐射能力的重点城镇,使之成为农村区域性教育、文化、信息和经济中心。促进农村人口和社会要素向小城镇集中。适时把具备条件的小城镇发展为小城市。

"十五"期间,全省实现普及九年义务教育,城市市区和经济条件较好的县城基本普及高中阶段教育,把青壮年文盲率控制在2%以下。扩大高等教育规模,全省高等学校在校生达到70万人,完成20所高校教学实验基础建设工程,实施"211"二期工程。大力发展职业教育和继续教育,提高全社会劳动者整体素质。积极实施人才战略。不断完善人才合理流动机制,建立健全人才资源开发体制和人才市场体系。优化环境,按照"不求所有,只求所用"的原则,积极引进高新技术、果业、旅游业等急需人才。

加快实施社会文明进步工程。经过五年努力,全省县县建成文化馆、图书馆、档案馆、计划生育宣技站、妇幼保健院、防疫站,完成全设和贫困县门诊住省乡镇卫生院配套建院楼改造工程,建成20个示范性广播电视中心。

加强社会主义精神文明和民主法制建设。继承发扬延安精神,大力开展群众性精神文明创建活动,加强社会主义民主政治建设,实行民主选举、决策、管理和监督,建立和完善适应社会主义市场经济体制的地方性法规和规章。

“十五”期间，重点抓好计划生育工作，完善计划生育利益导向机制，加强人口和计划生育工作的法制建设。依法保护和开发水、土地、矿产、森林、草地等国土资源，确保资源合理开发和永续利用。加大环境保护和治理力度，搞好重点生态区域的“三废”治理。

甘肃省国民经济与社会发展“九五”计划完成情况及“十五”计划介绍

【“九五”计划完成情况】 “九五”期间，甘肃省提前四年实现了国内生产总值比1980年翻两番的战略目标。人均国内生产总值比1980年翻两番的目标如期实现。全省国内生产总值由1995年的553.35亿元增加到2000年的983亿元，年均增长9.2%。高于全国平均速度近1个百分点。财政收入与国民经济保持同步增长，大口径财政收入由1995年的68.41亿元增加到2000年的108.11亿元，其中地方财政收入由1995年的33.92亿元增加到2000年的61.29亿元。城镇居民人均可支配收入由1995年的3152.52元增加到2000年的4916.25元，农民人均纯收入由1995年的880.34元增加到2000年的1428.68元。

农业基础条件进一步改善，综合生产能力不断提高，产业化进程加快。“九五”期间，新增灌溉面积188万亩，梯田528万亩，造林893万亩，种植多年生牧草1045万亩。粮食总产量年均达800万吨，全省农业基地联农户、联加工企业、联运销组织和各类市场的产业链条逐步形成，并不断延长。乡镇企业在调整中得到健康发展，已成为全省国民经济的重要组成部分和农村经济发展的支柱。通过开发扶贫、以工代赈等各种形式的扶贫开发，平均每年有60多万贫困人口解决温饱，农村绝对贫困面已下降到5%以下。

工业经济稳定增长，扭亏任务基本完成。工业增加值由1995年的226.5亿元增加到2000年的328亿元，年均增长9.33%。国有企业改革与脱困取得较大进展，企业效益有所好转。发展了一批企业集团，推出了一批陇货精品，增强了工业整体素质。

固定资产投资大幅度增长，基础设施建设进一步加强。“九五”期间，全省固定资产投资保持了较大的增长幅度，五年累计完成全社会固定资产投资1637.30亿元，年均增长17.89%，同“八五”相比，增长1.6倍，重点加强了基础设施建设。“九五”期间新增二级以上公路1000公里，开工建设高速公路240公里。铁路主要围绕提高干线铁路通过能力的建设与改造，对陇海线、兰新线进行了技术改造，对包兰线兰州东至石嘴山段进行了电气化改造，陇海铁路宝鸡至兰州二线建设顺利开工，铁路的运输能力和安全可靠性有了较大地提高。民航开工建设了兰州中川、敦煌机场的扩建工程，开展了嘉峪关、庆阳等支线机场改造的前期工作，国内航线增至30余条，电信基础设施建设发展迅速，电信业的固定资产投资逐年增加。建成了兰成和兰西拉通信光缆，兰州第二电信枢纽工程正在建设之中。电力建成投产了靖远电厂二期、大峡水电站、西固热电厂改建等大型电源建设工程，新增发电装机容量189万千瓦，电网建设取得了突破性进展，主网架进一步完善。

坚持科教兴省战略，社会事业全面发展。“九五”期间，共取得省级科技成果1996项，其中应用类成果占95.2%。科研院所体制改革取得初步进展。全面落实教育优先发展的战略，有21个县普及了初等义务教育，累计达到83个；40个县普及了九年制义务教育，累计达到58个,高等教育在校学生由1995年的7.69万人增加到2000年的13.36万人。人口过快增长的势头得到了有效遏制,农村三级卫生服务网络进一步完善,乡镇卫生院建设取得了较大进展。文化事业有所发展。全省广播、电视覆盖率分别达到85.63%和86.14%,比1995年分别提高了19.73和15.14个百分点。资源保护和环境治理得到重视,污染物的排放得到了一定的控制。广泛开展多种形式的"双拥"活动,创建了"千里河西双拥模范走廊",民兵、预备役和国防教育工作有了新的进展。认真落实党的民族宗教政策,加强了民族团结,推动了民族地区的经济和社会发展。统计、审计、新闻出版、工商行政管理、质量技术监督、体育等方面的工作都取得了新的成绩。

国企改革进一步深化,大多数国有大中型企业初步建立了现代企业制度,90%以上的中小企业进行了多种形式的改制,股份制改造步伐加快,有15户企业的股票上市,筹资规模达到67亿,效益状况有所好转。农村家庭承包责任制和统分结合的双层经营体制继续得到完善和提高,粮食、棉花流通体制改革取得了明显成效。财税、金融、投融资和流通等方面的改革进展顺利。各项社会保障制度改革速度加快,初步建立了国有企业下岗职工基本生活保障、失业保险和城市居民最低生活保障的"三条保障线制度",以城镇职工基本养老保险、失业保险、城镇职工基本医疗保险为主要内容的社会保险制度初步确立。住房制度改革继续深化,城镇住房开始实行货币化分配,住房商品率大大提高,促进了房地产业的迅速发展和居民居住条件的极大改善。所有制改革取得进展,非国有经济比例有所提高。国民经济市场化程度进一步提高,市场在资源配置中的基础性作用明显增强。对外开放进一步扩大,对外经济技术交流与合作进一步加强。随着投资环境的改善和对外招商活动的开展,利用外资的规模和效益明显提高。"九五"期间,全省实际利用外资11.49亿美元,外商投资的领域进一步拓宽。对外工程承包、劳务合作以及省内外的经济协作发展势头良好。

"九五"期间,城镇居民人均可支配收入由1995年的3152.52元增加到2000年的4916.25元,农民人均纯收入由1995年的880.34元增加到2000年的1428.68元。城乡居民消费水平和生活质量进一步提高。各类消费品极大丰富,城乡居民的消费结构也向着高层次发展。城乡居民食品支出占消费支出的比重有所下降。城镇居民人均居住面积由1995年的10.74平方米上升到2000年的15.5平方米,住房成套率达到68%。农村人均居住面积由1995年的15.64平方米增加到2000年的18平方米,交通、通信基础设施的建设使人们出行和联系交流更加便利快捷,电话网覆盖了全省所有乡镇,全省固定电话用户数达180万户,移动通信网覆盖全省所有县市区,移动用户已达64万户。

【"十五"计划介绍】 "十五"期间甘肃经济社会发展的主要目标是:国民经济保持较快发展速度,国内生产总值年均增长8%,力争达到9%。人均国内生产总值达到5390元,年均增长7%。财政收入增长略高于经济增长幅度,2005年大口径财政收入达到160亿元,地方财政收入达到95亿元,力争达到100亿元。固定资产投资增长速度高于全国平均水平,累计达到3000亿元。经济结构进一步优化,经济增长的质量和效益显著提高,到2005年,一、二、三次产业增加值占国内生产总值的比重由目前的19.63∶44.75∶35.62,调整为15.4∶46.6∶38,其中高技术产业增加值占工业增加值的比重提高到10%。城乡结构初步改善,城镇化水平达到30%。城乡居民收入持续增加,人民生活质量明显提高,到2005年城镇居民可支配收入达到6200元,年均增长5%;农民人均纯收入达到1830元,年均增长5%。城镇住宅成套率达到80%,人均住宅建筑面积力争每年增加一个平方米。电话普及率平均百人22部以上。到2005年,实现人人享有初级卫生保健;基本普及初等义务教育和达到省颁扫盲标准,条件比较好的大中城市基本普及高中阶段教育，高等教育适龄青年毛入学率达到10%。全省绝大部分地方稳定解决温饱，并有60%的县基本达到小康水平；社会事业全面发展，人口自然增长率控制在9‰以下，力争不高于全国人口自然增长率，到2005年总人口控制在2690万人以内。环境污染和生态环境恶化的趋势得到基本遏制，到2005年森林覆盖率达到10.3%，城市绿化覆盖率达到20%，城市人均园林绿地面积达到10平方米；大中城市污水、垃圾处理设施基本建成，工业"三废"得到有效治理，污染物排放总量得到削减，垃圾无害化处理率和污水集中处理率分别提高到50%和40%以上；水土流失和沙漠化有所减缓。社会主义精神文明建设和民主法制建设取得明显成效。到2010年，实现总量翻番，效益倍增，全省基本实现小康，并有35%的县达到宽裕型小康。

积极推广应用先进适用农业技术，大力发展"两高一优"农业、旱作农业、节水农业和设施农业。到2005年，粮食生产能力保持在800万吨左右，肉、禽蛋、鲜奶产量分别达到78万吨、14万吨、30万吨，粮经饲三元结构调整到66.6:27.7:5.7。大力发展一批农副产品加工、贮运、销售龙头企业，力争大宗农林牧产品实现品质优良化、布局合理化、生产经营一体化。鼓励各专业经济服务部门、工商企业和科研单位等各类涉农单位参与农业产业化经营，以集体经济合作组织为基础，加强以科技、运销、金融、信息为重点的各级各类农村服务体系建设，建立农产品"绿色通道"。乡镇企业在农业产业化经营中发挥主力军的作用。到2005年，农村二、三产业比重分别达到36.7%、20.3%。改善农业基础条件，多渠道增加对农业和农村的投入，加强大中小型水利工程建设，加快农村道路、供电、供水、通信等基础设施建设，争取农村生产、生活和市场条件明显改善。

加强水利建设。以大型骨干工程为龙头，以中小型工程为重点，以水资源的优化配置为目标，加强流域和区域水资源的统一管理，强化地表水和地下水统一调度，逐步实现水资源的有效开发和合理利用。在加快引大入秦、疏勒河流域农业综合开发、东乡南阳渠灌溉工程等大中型水利工程建设的同时，结合生态工程建设和以坡改梯为重点的农田基本建设，集中力量抓好现有灌区的挖潜改造、水库除险加固，继续发展小型提灌和集雨节灌工程。争取立项建设九甸峡水利枢纽和引洮一期工程，抓紧"引大济西"、"引大济黑"等跨流域调水工程和重点调蓄水库的前期工作。到2005年，全省各类水利工程的供水量达到130亿立方米，有效灌溉面积达到2056万亩。"十五"期间，基本解决人畜饮水困难；新发展节水面积475万亩，治理水土流失面积1.8万平方公里，完成19座大中型病险水库和18座大中型病险水闸除险加固，以及15个大型灌区改造。

以干线铁路扩能和干线公路高等级化改造为重点，加快铁路、公路、机场和油气管线建设，逐步形成以兰州为中心，以铁路和干线公路为主骨架，布局合理，开放型、多层次的综合交通运输网络。到2005年，全省建设二级以上公路3000公里以上。民航在完成中川、敦煌机场扩建工程的基础上，对嘉峪关、庆阳支线机场进行改扩建，新建夏河等支线机场，积极协调有条件的军用机场实现军民共用，增加航线、航班密度，基本形成以中川机场为枢纽的国内干线和省内支线航空运输网络。积极配合建设兰州经成都至重庆成品油管道工程，青海涩北经西宁至兰州、新疆经甘肃至上海、长庆油田至庆阳区域输气管道工程以及相应的管网配套工程。

在调整中发展电力工业。"十五"期间，在完成平凉电厂续建工程的基础上，开工建设西固天然气发电工程、兰州燃气电厂、小峡水电站，扩建连城电厂，加快两江(白龙江、白水江)流域、黑河流域的水电梯级开发，积极做好黄河黑山峡河段水电开发和河西电厂、靖远电厂三期建设的前期工作。加大城乡电网的改造、建设力度，提高供电能力，完善输电网络。2005年，全省发电装机容量达到800万千瓦以上,发电量达到370亿千瓦时以上。

充分利用西部丰富的石油天然气资源,发挥基础雄厚、人才聚集的优势,依托重点技术改造和重大工程项目,努力提升产业水平,重振石化支柱产业。到2005年,原油加工能力达到1780万吨,到2010年,乙烯达到84万吨,把甘肃建成西部最大的综合性高新石化基地。

有色冶金工业。以现有铜、铝、铅锌、镍、稀土五大类有色产品为主,发挥总量优势,扩大深加工能力,重点建设“512”工程,即:5个基地(兰州、金昌、白银、西成、靖远),100万吨有色金属生产能力,20万吨以上深加工能力。突出发展新型合金材料、结构材料、功能材料和稀土材料等,推动有色冶金新材料基地建设。钢铁工业以把酒钢建成西部钢铁工业基地为目标,搞好接替矿山和50万吨炉卷工程,并为生产冷轧薄板打好基础,发展板材、管材,形成以板材、高速线材和大口径直缝焊管为主的产品结构。提高炭素制品的科技含量,实现炭素新材料的规模化生产。

充分发挥甘肃医药资源丰富和医药科技水平相对先进的优势,通过技术改造和标准化管理,加快中药、藏药、新型合成药及生物制药的开发,主要发展人用疫苗、动物防疫疫苗、微生物发酵与酶技术应用、特色中藏药新药与新制剂、中草药提取新技术、新型医疗器械等,促进国家一、二类新药的规模化生产,并向深加工、精加工发展,壮大医药工业的实力和竞争力,切实加快生物制药和中药材现代化加工基地建设。

机械电子、轻纺食品、建材等其它工业要下大力气进行改造和提高。通过改造淘汰落后的生产工艺,采用新技术、新工艺,开发适销对路的新产品,调整产品结构,增强产品的市场竞争力,从而提高整个行业的发展能力。

充分发挥丝绸之路优势,突出甘肃特色,重视旅游资源和景区生态保护,加快景点、景区的配套设施建设,挖掘文化内涵,树立精品意识,开发适销对路的旅游产品,强化旅游服务,形成行、游、食、住、购、娱相配套的综合旅游产业体系,使旅游业成为国民经济新的增长点。

实施科教兴省战略,建立科技创新体制,发挥企业的主体作用,提高科技创新能力,加速科技成果转化,为经济结构调整和现代化建设提供有力的支撑。优化教育结构,改善办学条件,提高教育质量。加强基础教育,巩固“双基”成果,提高义务教育普及水平,努力扩大高中阶段、普通高等教育和研究生培养规模,积极发展各种形式的职业教育和成人教育,特别要关注贫困地区、少数民族地区以及残疾儿童、女童、流动人口子女等社会弱势人群的受教育权利。加快教育信息化步伐,发展远程教育。到2005年,高校在校生总规模达到21万人,其中普通高校在校生达到14万人。加强生态建设和环境保护。结合西部大开发,认真贯彻落实“退耕还林(草)、封山绿化、以粮代赈、个体承包”的方针,把退耕还林还草和封山绿化与发展地方经济、调整优化农业结构、扶贫开发结合起来,坚持继续试点,不断总结经验,分期分批推动。到2005年,退耕还林(草)500万亩,使25度以上坡耕地全部退完,荒山造林1000万亩,封山(滩)育林(草)945万亩;到2010年,再退16度~25度的坡耕地500万亩,荒山造林1000万亩,封山(滩)育林(草)946万亩。

青海省国民经济与社会发展“九五”计划完成情况及“十五”计划介绍

【“九五”计划完成情况】 “九五”期间，全省国内生产总值年均增长8.8%，2000年达到263亿元，提前一年实现了翻两番的目标。

“九五”期间，全省固定资产投资累计完成574亿元，年均增长25.2%，比“八五”增长1.9倍，投资增长有力地拉动了经济增长。农田水利、交通通信、城乡电网、市政设施等生产生活条件明显改善。

产业结构调整取得进展，国民经济素质得到提高。种植业扩大了油料、蔬菜、豆类、薯类等作物面积。畜牧业畜群、畜种结构进一步改善。农业产业化有了良好的开端。工业结构经过调整，水电、石油天然气、盐化工、有色金属四大支柱产业发展壮大，冶金、医药、建材、农畜产品加工等优势产业有了新的发展，工业生产技术水平有所提高，建设了一批高新技术产业项目，第三产业继续保持快速增长。

社会主义市场经济体制初步建立，国民经济市场化程度提高。国有企业改革进入以建立现代企业制度为主要内容的制度创新阶段，产权流动和重组步伐加快，工业企业改制面达到70%以上，国有工业企业扭转了亏损局面。社会保障制度进一步完善，在全省建立了职工基本生活保障、失业保险和城镇居民最低生活保障三条保障线。国有企业养老保险覆盖面达到100%。住房制度、粮食流通体制、投融资体制、财税体制改革等都取得了较大进展。非公有制经济发展速度加快，比重增加。对外开放不断扩大，“九五”期间，全省利用外资2.95亿美元，是1978年到1995年总和的2倍多。横向经济联合领域拓宽，吸收省外投资取得新进展。

科教兴青力度加大，各项社会事业全面发展。科技创新、应用研究和技术推广取得了一批重要成果。科技进步对经济增长的贡献率由“八五”末的30%提高到“九五”末的35%。小学适龄儿童入学率提前三年实现“九五”目标，19个县实现了“两基”目标，办学条件改善。高等学校和中等专业技术学校的布局、专业和学科设置得到调整，2000年省内高校在校生比1995年增长80%。文化、卫生、广播电视、新闻出版、体育、旅游、环境保护及其他社会事业都有了新的发展。人口增长得到有效控制，2000年末，全省人口518万人，“九五”人口自然增长率年均14.7‰。全省广播覆盖率59%；电视覆盖率82%。农村牧区三级医疗预防保健网进一步完善。

“九五”期间，全省城镇人均可支配收入年均实际增长5.5%；农牧民人均纯收入年均实际增长5.2%左右；全省小康实现程度达到74%。贫困地区的生产、生活条件得到明显改善，国定贫困县、省定贫困乡人均纯收入由731元增加到1037元。

【“十五”计划介绍】 经济发展目标：“十五”期间，国内生产总值年均增长10%，其中第一产业年均增长4%，第二产业年均增长11.5%，第三产业年均增长10.5%。按2000年价格计算，到2005年国内生产总值达到417亿元，人均国内生产总值7570元，经济增长质量提高。地方一般预算收入年均增长13%，固定资产投资总规模1100亿元，年均增长13%。

经济结构调整目标：产业结构进一步优化，工业化、城镇化水平提高。到2005年，工业增加值占国内生产总值比重达到34%，城镇化水平达到45%左右，非国有经济占国内生产总值比重达到40%，高新技术产业形成一定规模，初步建成现代化信息网络。

人口和就业目标：“十五”期间全省人口自

然增长率年均12.5‰,到2005年全省总人口控制在551万人以内。5年累计安排城镇就业25万人,转移农业劳动力30万人,城镇登记失业率控制在4%左右。

人民生活目标:“十五”期间,城镇居民人均可支配收入年均增长8%,农牧民人均纯收入年均增长6%。到2005年,按2000年价格计算分别达到7600元和1950元。城镇人均住宅建筑面积增加到15平方米,农村住房砖混结构比例增加到25%。人人享有初级以上卫生保健。城乡文化体育设施增加。城镇社会保障覆盖面达到95%,农村社会保障制度初步建立,社会秩序安定。

科技教育目标:到2005年,全社会研究与开发经费占国内生产总值的比例达到1%,科技创新能力增强,技术进步加快。城镇和农业区基本普及九年制义务教育,牧业区多数普及九年制义务教育,高等教育毛入学率达到12%。

生态环保目标:水土流失、草原退化和荒漠化扩大的趋势得到减缓,森林覆盖率提高到3.8%。城市垃圾、污水处理设施基本建成,工业废水、废气处理率分别达到85%和90%,工业固体废物综合利用率达到25%。

重点抓好国道“两横(109、315线)三纵(214、215、227线)”重要路段建设与改造,加快省道及重要的资源开发、旅游、扶贫公路建设,实施“乡村公路通达工程”,逐步建成以西宁为中心,以国道、省道为主骨架较高等级公路网。加快青藏铁路格拉段建设,完成西宁—格尔木段的扩能改造和兰青铁路电气化改造工程,贯通青藏两省区通往东部铁路大动脉。搞好西宁航空港改扩建,增辟新航线。争取开工建设格尔木及巴塘、花土沟、大武、德令哈等地方支线机场,逐步形成省内航空网络。

加快建设宽带城域网、公用信息平台,实施政府、企业、科研院所和学校上网工程,逐步形成联通全省的信息网络系统。建成计算机、电信、电视“三网合一”的省级高速信息通道和主干网,提高网络的覆盖率。采用卫星、光纤等先进的传输手段,逐步解决边远地区的通信问题,提高农村牧区电话普及率,改变青海信息闭塞状况。

东部地区重点建设“引大济湟”骨干工程、李家峡南北干渠水利工程、干旱山区的雨水集流和节水灌溉工程。西部地区重点抓好香日德巴隆农业开发项目,加强柴达木盆地绿洲农业水利设施建设。青南和环湖牧区积极发展草原灌溉,解决人畜饮水问题。同时,抓好现有水利设施的挖潜配套和更新改造,加大湟水河、格尔木河、浩门河、黄河干道治理力度,提高防洪能力。充分利用空中云水资源,继续抓好人工增雨工作。到2005年,全省农田灌溉面积达到400万亩,草原灌溉面积达到165万亩。加快南水北调西线工程前期工作步伐。

城市建设,重点抓好污水处理、垃圾处理、城市道路、民用天然气输配及燃煤锅炉改造工程,搞好西宁市南北山绿化、格尔木10万亩防护林工程以及城市广场建设。到2005年,城市气(电)化率达到75%;垃圾集中处理率达到60%;污水处理率达到25%,其中重点城市污水处理率达到50%;建成区绿化覆盖率达到30%。城镇建设,重点加强道路、供排水和垃圾处理等基础设施建设,有条件的地方建设管道天然气和电灶入户工程。到2005年,县城自来水普及率达到95%,人均道路面积达到8平方米。

大力推进生态环境建设。“十五”期间,重点抓好三江源(黄河、长江、澜沧江源头地区)自然保护区等四大区域的生态环境建设与治理,使水土流失、草原退化和荒漠化扩大的势头初步得到减缓。

加强污染治理,重点抓好西宁、柴达木盆地、海东地区工业污染的控制和治理,加大湟水流域主要污染源的治理力度,搞好格尔木新兴工业区污染防治,防止边建设边污染。淘汰落后的设备和工艺,倡导清洁生产。

坚持“在保护中开发,在开发中保护”的方针,提高资源利用效率。完善资源有偿使用制度,建立资源更新的经济补偿机制。加强节水设施建设，推广农业节水灌溉和工业循环用水。实行基本农田保护制度，控制各种建设用地。控制草原载畜量，加快出栏，保护草场。科学开发矿产资源，推进矿产资源深加工和综合利用。

加快工业结构优化升级、进一步培育壮大支柱产业和优势产业，形成具有资源优势和竞争优势的五大特色产业链。(一)盐湖钾盐开发与镁、锂、锶、硼等资源综合利用相结合的盐化工产业链。(二)水电资源开发与有色、冶金工业相结合的电力高耗电工业产业链。(三)石油天然气勘探开发与加工利用相结合的油气开发油气化工产业链。(四)高原生物资源的保护、种养与加工增值相结合，以中藏药、绿色食品、生物制品为主的生物资源开发利用产业链。(五)旅游资源开发与发展食、宿、行、娱及购物相结合的旅游经济产业链。

继续实施“科教兴青”战略，加快发展科技教育事业。加大技术开发力度，促进高新技术产业化。深化科技体制改革，优化科技资源配置。围绕经济结构调整、发展特色经济以及重点企业技术进步，组织好重大项目的科技攻关，加强中间试验和工业性试验，加速科技成果向生产力转化，力争在盐湖资源综合开发利用、轻金属新材料、生物医药、农牧业优良品种、生态环保产品和技术的开发与引进等方面取得新进展。通过实施高新技术示范工程项目，促进高新技术产业化。积极推进传统产业技术进步，大力推广信息技术、节能降耗技术、环境保护技术等共性技术，提高企业在设计、工艺、管理、信息等方面的现代化水平。加强教育基础设施和教师队伍建设，不断改善办学条件。全面推进素质教育。坚持不懈地抓好普及九年义务教育和基本扫除青壮年文盲工作，到2005年，全省“普九”人口覆盖率达到85%，青壮年人口中的非文盲率达到90%。在城镇逐步普及高中阶段教育。

进一步加大各类扶贫资金的投入，加快解决贫困地区通路、通电、通水问题，改善贫困地区的生态环境和生产生活条件，使目前尚未解决温饱的50多万贫困人口实现脱贫。采取措施增加城乡居民尤其是中低收入者的实际收入，适时提高最低工资标准。开辟农牧民增收的新途径、新领域。着力改善居民居住和出行条件。到“十五”末城镇居民生活基本实现小康，农村牧区群众多数实现小康。

坚持计划生育基本国策，稳定现行计划生育政策，控制人口增长，提高人口素质。“十五”期间全省人口自然增长率控制在12.5%以内。实行有利于扩大就业的政策、积极发展各类劳动密集行业，拓宽就业渠道，努力增加就业岗位，力争五年累计安排城镇就业25万人，转移农业劳动力30万人。

“十五”期间，初步形成社会保险、社会救济、社会福利、优抚安置和社会互助、个人储蓄积累相结合的多层次的社会保障制度，基本建成独立于企事业单位之外的养老、失业、医疗等基本社会保险，着手建立农村牧区基本社会保障体系。

“十五”末全民健康主要指标达到全国中等水平，人均期望寿命达到66.7岁；“十五”期间，经常参加体育锻炼的人数达到总人口的25%。

加强精神文明建设，提高国民素质。努力巩固和拓展社会主义文化阵地，形成健康向上的舆论环境、文明和谐的社会氛围和丰富多彩的文化生活。为改革开放和现代化建设提供强大的思想保证、精神动力和智力支持。

抓住我国即将加入WTO的机遇，进一步开拓市场，调整出口商品结构，扩大具有青海特色的农畜产品、冶金、有色、盐化工、中藏药以及机电产品的出口。到2005年全省进出口贸易总额达到4亿美元，其中出口3亿美元，年均增长22%；进口1亿美元，年均增长27%。通过实行优惠政策，改善投资环境等多种措施，努力提高招商成功率。争取“十五”期间利用外资年均增长25%。紧紧抓住西部大开发、东部地区经济结构调整与产业转移的有利时机，全方位吸引国内资金、技术、人才来青海投资兴业，推动横向经济联合向广度深度发展。

实施城镇化战略,提高城镇化水平。按照科学规划、合理布局、分类指导、突出重点、有序推进的原则,在加快发展西宁、格尔木两个中心城市的同时,积极发展新兴城市和小城镇,形成以城带镇、以镇带村、整体协调发展的格局。到2005年,全省城市达到10个。其中,大城市1个,中等城市1个,小城市8个。

发挥区域优势,促进地区经济协调发展。东部综合经济区,要加快以西宁为中心的城镇群落建设,充分发挥西宁作为省会城市的龙头带动作用,促进经济向集约化、规模化方向发展。柴达木资源开发区,要依托丰富的资源优势及进藏铁路建设,以格尔木为中心,大力发展盐化工业、石油天然气工业、有色金属和建材工业,使这一地区成为全省的新兴工业基地。三江源生态经济区,要以生态保护与治理为主,发展生态经济。

加快政府职能转变,推进民主与法制建设。按照建立社会主义市场经济体制的要求,深化政府机构改革和职能转变,建立政企分开、办事高效、运转协调、行为规范、公正廉洁的行政管理体系。坚持和完善人民代表大会制度、共产党领导的多党合作和政治协商制度。加强城乡基层政权和群众性自治组织建设。加快制订完善保障改革开放、现代化建设和实施西部大开发战略的地方性法规。加强执法队伍建设,深入开展法制宣传教育,推进依法行政、依法治省。

宁夏回族自治区国民经济与社会发展“九五”计划完成情况及“十五”计划介绍

【“九五”计划完成情况】　“九五”末,全区国内生产总值达到265.3亿元,比“八五”末增长53.8%,年均增长9%,地方财政收入达到20.82亿元,比“八五”末增长1.3倍,年均增长13.2%。农村经济全面发展,主要农产品产量大幅度增加,五年粮食平均产量27.2亿公斤,比“八五”增长71%,农业增加值年均增长6.3%。乡镇企业总产值达到157.6亿元,年均增长22.6%。工业经济在调整中前进,增加值年均增长9.1%。国有工业企业实现了整体扭亏为盈,涌现出一批具有较强竞争力的优势产业、强势企业和特色产品。第三产业持续快速增长,年均增长9.4%。商贸、电信、金融、保险、信息、咨询、社区服务和旅游业呈现出良好发展势头。

城乡人民生活显著改善,扶贫攻坚取得明显成效。“九五”末,全区城镇居民人均可支配收入4912元,比“八五”末增加1529元,年均增长10.2%;农民人均纯收入1724元,增加687元,年均增长10.7%。城镇居民人均住宅建筑面积达到16.3平方米。“九五”期间,南部山区加大科技扶贫攻坚力度,加快培育发展支柱产业,狠抓扶贫措施到村到户;着力改善山区基本生产、生活条件,加强基础设施建设,增强了抵御自然灾害的能力和自我发展的能力。到“九五”末,山区8县农民人均纯收入达到987.3元,比“八五”末增加387.7元。实现农民人均2.5亩基本农田,基本解决温饱,贫困面明显下降。基本实现行政村村村通公路、通电、通电话、通广播电视。

“九五”期间,累计完成年全社会固定资产投资565亿元,年均增长16.3%。累计新增公路通车里程1617公里,电力装机67.9万千瓦,城市日供水能力21万吨等;完成人工造林合格面积258万亩,为计划任务的154%;城市供排水、道路、环保等基础设施建设日臻完善,建成了宁夏人民会堂、体育馆、光明广场等标志性建筑。

改革开放取得突破性进展。国有企业改革脱困目标基本实现,改制面达到90%以上,上市公司发展到10家。住房制度改革取得重大进展,政府机构改革和职能转变迈出实质性步伐。医疗、养老、失业等社会保障制度改革和粮食流通体制改革稳步推进。对外开放进一步扩大。"九五"期间,累计实现进出口总额16.96%亿美元,比"八五"翻了一番,年均增长11%;实际利用外资3.9亿美元,比"八五"增长了2.2倍。国内东西合作和横向联合继续向全方位、多层次、宽领域发展。

科技教育取得新成就,各项社会事业稳步发展。"九五"期间,全区共取得省级以上科研成果631项,一批高新技术项目得以实施。川区16个县、市(区)全部实现"两基"目标,南部山区3个县普及初等义务教育,6个县基本扫除青壮年文盲。全区普通高校招生规模由1999年的2548人,扩大到2000年的5919人。计划生育工作得到加强,人口自然增长率有所下降。文化、卫生、体育事业进一步发展,广播、电视人口覆盖率分别达到85.2%和86%,比1995年提高7.2和6.2个百分点。以"三讲"教育为标志,社会主义精神文明建设和党风廉政建设取得新成绩。

经济核心区力争初步实现现代化、川区基本实现宽裕型小康、南部山区在稳定解决温饱的同时部分地区实现小康奠定坚实基础,逐步将宁夏建设成为"小而富、小而强、小而美"的民族自治区。

【"十五"计划介绍】　经济社会发展的各项主要预期目标是:

经济总量:到2005年,国内生产总值达到410亿元,比2000年增长54%,年均增长9%以上。其中第一产业年均增长4%,第二产业年均增长10.5%,第三产业年均增长9.5%。人均国内生产总值达到6800元。全社会固定资产投资五年累计1100~1200亿元,年均增长11%~14%左右。

经济结构:一二三产业增加值比重由17:45:38调整为15:46:39,高新技术产业增加值占国内生产总值比重达到12%以上,工业增加值中非公有制经济比重上升到40%,2005年外贸出口总额达到6亿美元,年均增长10%以上,其中高新技术产品出口额占工业产品出口额的比重达到35%左右,城镇化进程加快,城镇人口占全区总人口比重提高到39%~40%。经济社会信息化程度显著提高,信息产业增加值占全区国内生产总值比重达到8%。基础设施基本满足经济社会发展要求。

科技教育:2005年全社会研究与开发(R&D)经费占国内生产总值的比重达到0.8%以上,科技创新能力增强。农业科技整体水平达到国内先进水平,工业中优势骨干企业的关键技术设备达到九十年代末期发达国家水平。各级各类教育加快发展,普及九年义务教育人口覆盖面以乡为标准达到80%以上,2005年初中毛入学率力争达到85%以上,高中阶段教育和高等教育毛入学率力争达到50%和15%。

生态环境:以三北防护林四期工程、天然林保护工程和南部山区退耕还林(草)为重点的生态建设取得重大进展,生态环境恶化的局面得到初步遏制。全区森林覆盖率达到12%,城镇绿化覆盖率达到20%,城市生活污水处理率达到75.9%,银川市辖区、石嘴山市辖区、吴忠市利通区等城市建成区空气质量达到二级标准。城乡环境质量改善,防灾减灾能力增强。

人民生活:到2005年,城镇居民人均可支配收入达到6900元,年均增长7%以上;农民人均纯收入达到2400元,年均增长6%以上。全区总人口控制在600万以内,人口自然增长率降到12‰。五年累计新增城镇就业人数13万人,转移农村人口29万人以上,城镇登记失业率控制在5%左右。城乡居民的生活质量明显改善,城镇居民人均住宅建筑面积增加到21.5平方米,农村住宅砖混结构比重提高到75%。有线电视入户率提高到30%,电话普及率提高到25%。城乡医疗卫生服务设施进一步改善,文化体育设施覆盖面扩大。社会风气和社会秩序明显好转。

“十五”期间要继续强化农业的基础地位，加大农业调整力度，加快农业产业化进程，增加农业发展后劲，拓宽农民增收渠道。

种植业。严格执行基本农田保护区制度，完善引黄灌区商品粮基地建设，广泛开展群众性农田基本建设，实施“种子工程”，保证粮食安全。以品种结构调整为重点，优化粮食品质和效益。积极发展具有区域优势的经济作物，加快发展设施农业，提高经济作物、饲料作物、蔬菜瓜果等比重，形成粮经饲三元种植结构。

畜牧业。突出发展以牛羊为主的畜牧业，稳定生猪生产，稳步发展养鸡业，适度发展特种经济动物养殖。利用清真品牌的优势，开拓国内外市场。2005 年畜牧业产值占农业总产值的比重提高到 45%左右。

林业。加大林业建设投入，重点发展防护林、水源涵养林、用材林和薪炭林，积极发展经济林，走资源、环境可持续发展之路。

水产业。扩大养殖面积，在稳定传统品种生产同时，建设形式多样的日光温室池塘，积极发展集约化养殖、围垦精养、生态渔业和名优特新品种养殖，建成西北最大的渔业基地和水产品集散地。

乡镇企业。加快结构调整和体制创新，重点发展农副产品加工业，扶持一批农业产业化龙头企业，乡镇企业产值年均增长率达到 15%～18%。

农村基础设施建设。重点支持农村公路、通信、农电网、广播电视覆盖工程等建设。2005 年实现行政村村村通电话，等级公路通达率达到 85%，进一步提高自然村通电率和广播电视覆盖率，降低农村电费、电话费。抓好旱作“三田”建设，发展井窖节灌高效农业，五年新增旱作基本农田 150 万亩，达到 570 万亩，改造中低产田 100 万亩。“十五”期间，要以市场为导向，以企业为主体，以效益为中心，以技术创新为支撑，突出重点，有进有退，努力提高宁夏工业整体素质和市场竞争能力。

着力培育优势特色产业：特色绿色食品产业。紧紧围绕优质无污染的特色农副产品进行精深加工。突出发展“清真”系列的乳制品、肉制品等绿色食品，建成全国有较大影响的“清真”食品加工基地。特色生物医药产业。运用高新技术对本区特色中药材进行精深加工，生产高效、无毒无副作用的特色系列药品和保健品。天然气化工产业。重点建设银川化肥厂改造工程、宁夏化工厂二套大化肥装置扩能改造工程及三套大化肥工程、宁夏天然气精细化工工程等项目。新材料产业。重点发展钽铌铍等特种稀有金属材料及其产品，保持国际先进水平。积极发展铝镁合金及其深加工产品、碳化硅、高技术陶瓷、稀土材料及其制品，加快无机非金属材料、阻燃材料、新型特种建筑材料的产业化，重视发展高技术含量的煤炭深精加工产品，开发超纯、超净煤产品，以及煤质专用活性炭、新型净水剂等先进环保材料。

改造提高传统产业：石化工业。重点对橡胶制品、炼油及石油化工、中小化肥、氯碱化工、电石及深加工等传统化工产业进行改造升级。冶金工业。进一步发展以铝、镁为主的有色金属冶炼及加工业，以钢丝绳为主的金属制品工业，以铁合金和碳化硅为主的冶金炉料工业。煤炭工业。调整煤炭生产布局，努力提高经济效益，增强煤炭工业的发展后劲。开工建设灵武羊场湾大井，提高优质煤、洁净煤比重和原煤入洗率。扶持发展太西无烟煤、主焦煤、低硫动力煤、泰宁煤等，进一步拓宽国内外煤炭市场。机电工业。通过企业改组、改造和引进国内外先进技术，形成多梯度、多规格品种、在国内处于领先地位的数控机床产品系列。提高轴承主导产品的技术含量，大力发展智能调节阀，智能电、热、气表，水处理设备、节水灌溉设备和环保监测仪器设备国产化。加快发展大型化、自动化、安全可靠的煤矿输送成套设备。开发机电一体化起重运输机械和硬齿面减速器。有重点地发展电子元器件制造业，依托现有基础，发展电子功能材料，大力扶持钽电容器、声表面滤波器等新型电子元器件发展，研究开发光电晶体、光波导器件、铌电容器、陶瓷电容器等新产品，实现产业化。轻纺工业。重点实施美利纸业林纸一体化项目，抓紧重点造纸企业技术改造，提高企业规模和技术水平，向高档的生活用纸、包装用纸、文化用纸发展。鼓励民营毛皮、皮革企业上规模、上档次、上水平。羊绒产业和亚麻纺织产业通过技术改造和结构优化升级，形成若干较大的企业集团。与蚕桑产业发展相适应，逐步建设丝绸产业基地。建材工业。控制总量，淘汰和改造存量，优化增量，促进结构调整。水泥工业，支持重点骨干企业技术改造，淘汰落后水泥工艺设备。支持玻璃生产企业利用国内外先进的生产工艺技术，改造现有技术设备，增加平板玻璃的深加工比例。支持生产能力100万平米以上的企业进行技术改造。大力发展新型墙体材料、新型防水材料、保温材料、化学建材，支持新兴石膏产业发展和玻璃石英砂基地建设。

加快发展旅游业。重点建设西夏王陵、沙湖、沙坡头、六盘山、青铜峡、金水等旅游区，形成若干全国知名的旅游景点和特色旅游热线，构建大银川旅游圈，把首府银川市建成西北地区一个靓丽而富有魅力的旅游城市，把六盘山旅游区建设成为国家级旅游扶贫实验区，力争到2005年接待国内游客500万人次，国内旅游收入20亿元，接待国际游客4万人次，旅游外汇收入1500万美元，旅游业总收入占全区国内生产总值5%以上。

大力发展房地产业和公共服务业。加快发展社区服务业，加强社区服务设施和网点建设。扶持教育培训产业，积极发展各种形式不同的职业教育、成人教育。积极引导文化娱乐、体育健身、卫生保健等产业发展。改造提升传统流通业。大力推进连锁经营、代理制、物流配送、再生资源与旧货流通等行业改革，发展区域中心市场，加快电子技术和商业自动化的推广应用，增加流通业的科技含量。继续发展交通运输、市政服务等行业。加速金融保险和其它现代服务业发展。积极引进外资银行、保险公司等各类境外金融机构入驻本区，逐步建立银行、证券、保险、包括政策性银行、商行银行、地方金融机构、外资金融机构等覆盖全区、门类齐全的金融体系。培育信息、会计、咨询、法律服务等新兴行业。

水利建设。坚持统筹规划，标本兼治，开源与节流并重，把节水放在优先地位，合理开发、高效利用、有效保护和优化配置地表、地下、降水等多种水资源，以建设节水工程、水源工程、水土保持工程为重点，保障生活用水、经济用水和生态用水需求，提高抗旱减灾能力。“十五”期间，新增灌溉面积100万亩，新增节水灌溉面积300万亩，基本解决50万人的饮水困难。

交通建设。到2005年铁路营业里程达到784公里，公路通车里程达到14000公里，其中高速公路700公里，油气管道达到997公里。

能源建设。到2005年，电力装机容量达到428万千瓦左右。实施银川市清洁能源城市建设工程和其他城市民用天然气工程，扩大天然气综合利用，加速石油、天然气、煤层气勘查和开发步伐。抓紧煤炭气化、液化产业化工程和玉米加工燃料酒精醇项目的前期工作。积极开发风能、太阳能、地热、沼气等新能源。大力推广能源节约和综合利用技术。

城市基础设施建设。“十五”期间，新增供水能力22.5万吨，供水普及率由85.3%提高到97%，城镇人均生活用水量由158升/日提高到190升/日，新增城市生活污水处理能力11万吨/日，人均道路面积由8.2平方米提高到10平方米，人均公共绿地面积由3.3平方米提高到6平方米。供气、供热普及率分别由62.4%、35%提高到80%和55%。

新疆维吾尔自治区国民经济与社会发展“九五”计划完成情况及“十五”计划介绍

【“九五”计划完成情况】 2000年，新疆国内生产总值1364亿元，比1995年增长46.7%，年均增长8%，其中第一产业增长4.8%，第二产业增长9%，第三产业增长10.3%，第二、三产业发展较为迅速。人均国内生产总值由1995年4760元提高到7470元。基本实现了国内生产总值比1980年翻三番、人均国内生产总值翻两番半的目标，人民生活水平总体上实现了由温饱向小康型的历史性转变。全口径财政收入135.5亿元，比1995年增长近1倍。农业综合能力提高，粮食稳定增长，自给有余，棉花总产居全国首位，成为我国最大的商品棉生产基地。

产业结构进一步调整。三次产业增加值比重由1995年的29.2∶36.7∶34.1调整为2000年的21.1∶43∶35.9，各产业内部结构不断优化，特色经济迅速发展。一是棉花等经济作物生产规模扩大，棉花种植面积扩大，由1995年的24.27万公顷扩大到2000年的100万公顷，产量比1995年增加1130万担。番茄、红花、葡萄等特色经济作物和畜牧林果业发展较快。粮食作物种植面积所占比重由1995年的52.2%下降到42%，经济作物比重由37.8%上升为44.2%。二是工业结构调整步伐加快，石油和石油化工进一步壮大，原油产量及原油加工量分别由1995年的1268万吨、690万吨提高到2000年的1850万吨和950万吨，支柱产业的地位加强。煤炭、发电量、钢材、水泥、棉纱等主要产品产量均比1995年有较大幅度的增长。三是以农副产品加工为主的番茄酱、红花油等食品工业已初具规模，有的产品在国内外市场上形成了较强的竞争优势。以农副产品深加工为主的特色工业迅速崛起。第三产业不断优化，传统服务业得到改造、信息、金融、保险、旅游等现代服务业发展较快。

“九五”期间，新疆累计完成全社会固定资产投资2504亿元，比“八五”增长1.2倍。新增主要生产能力：水库库容7.7亿立方米，农业综合开发30.13万公顷，改造低产田46.27万公顷，引水8.4亿立方米，发电装机98.8万千瓦，原油1391.7万吨，铁路974公里，高速公路216.5公里，一级公路171.7公里，二级公路414.7公里，合成氨40万吨。石油天然气勘探开发、铜及其他矿产资源勘查取得重大突破。五年新增铁路974公里、公路4041公里、发电装机容量180万千瓦，极大地改善了新疆的基础设施条件。

国有企业改革取得实效，改革和脱困三年目标基本实现。积极稳妥地推进了金融、财税、价格、外贸、流通、科教、住房、医疗、政府机构等各项改革。社会保障制度初步建立，政府宏观调控手段进一步完善，市场在资源配置中的基础性作用明显增强。国有及合作流通企业改制步伐加快，个体、私营流通企业发展迅速。市场配置资源的基础性作用日益明显，国民经济的市场化程度进一步提高。所有制结构多样性的格局已经形成，非公有制经济提供的国内生产总值约占20%。

“九五”期间，新疆与国内外经济联系日益密切，对外贸易和对外经济技术交流与合作规模不断扩大，已同99个国家和地区建立了经贸关系。五年累计外贸进出口额83.5亿美元，比“八五”增长81.5%，出口商品结构进一步优化，工业制成品比例提高到70%。实际利用外资五年达到8.27亿美元。经济技术开发区、高新技术产业开发区、边境经济合作区稳定发展。加强了与兄弟省市区的交流和协作。成功举办了5届“乌洽会”。国际旅游日趋活跃。

科技和教育事业取得新成就。新疆五年共获重大科技成果1177项。投入贫困地区义务教育工程5.87亿元。65个县、市、区实现了“两基”，覆盖人口1046万人。人口自然增长率控制在15.4‰左右。文化、卫生、体育、广播、电视、新闻出版等各项社会事业都取得了新成绩。全区可持续发展战略取得新进展，开始实施退耕还林还草和天然林保护工程，加大了环境、大气污染治理力度。

各项社会事业发展加快。农村改水投入资金10.22亿元，新增受益人口441.1万人。“村村通”工程基本完成，“安居工程”建设都取得明显成效，人民生活得到较大改善，城市居民人均可支配收入年均增长8.8%，农村居民人均纯收入年均增长7.3%，城乡居民储蓄存款大幅度增加，居民消费结构化，市场物价保持稳定，居民消费品价格年均上涨率由“八五”期间的15%下降到2.1%。市场商品货源充足，社会消费品零售总额年均增长8.1%。扶贫开发力度加大，没有解决温饱的农村由1995年的143万人，减少到30万人，“八七”扶贫攻坚目标基本实现。

加强了党的民族政策、民族团结教育，加强了社会主义民主法制建设。充分发挥人大监督作用，政协、各民主党派、工商联、无党派人士参政议政作用，密切了与人民团体的联系。狠抓了廉政建设、反腐败斗争和社会治安综合治理。依法加强了对宗教事务的管理。对重点地区开展了集中整治工作，严厉打击民族分裂主义骨干分子、宗教极端势力为首分子和暴力恐怖犯罪分子，严厉打击各种刑事犯罪和经济犯罪活动，维护了社会政治稳定。

【“十五”计划介绍】 “十五”各项预期目标是：到2005年，新疆国内生产总值达到2100亿元(按2000年价格计算)，年均增长9%，人均国内生产总值达到万元以上。“十五”期间，城镇安置就业125人，每年转移农业劳动力15万人。城镇登记失业率控制在4%以下。预计完成全社会固定资产投资4200亿元左右。三次产业增加值比重调整到19:41:40，就业比重调整到50:15:35。基础设施进一步完善，经济社会信息化程度显著提高。城乡结构初步改善，城镇化水平达到36%，地区经济布局趋向合理。到2005年新疆全社会研究与开发经费占国内生产总值的比重提高到1%以上。科技创新能力增强，技术进步加快。各级各类教育更加合理，完成普及九年义务教育的任务，初中毛入学率达到90%，高中阶段教育和高等教育毛入学率力争达到61%和15%。人口自然增长率控制在15‰以内。全区森林覆盖率由2000年的1.87%提高至2005年的2.06%。城市建成区绿化覆盖率达到30%以上，城市工业废气处理率达到92%以上，工业废水处理率达到75%以上。防灾减灾能力增强。城镇居民人均可支配收入年均增长7%左右，农民人均纯收入平均增加150元左右，居民生活质量明显改善。到2005年，城镇居民人均住宅建筑面积达到23平方米，农村居民居住环境、住房质量、卫生条件有较大提高。电话普及率每百户70部，城乡医疗卫生服务设施进一步完善，城乡文化、体育设施增加，服务水平和覆盖面提高。社会风气、社会信用和社会秩序好转。

“十五”期间，要切实加强农业基础地位，加快粮食、种植业结构调整。到2005年，粮食总产达到900万吨。积极调整品种结构，努力发展优质专用小麦、玉米、水稻和豆类生产，增加饲料加工、食品加工用粮。棉花必须根据市场需求，加大品种和布局调整力度，加快优质棉基地建设，使棉花生产能力保持在150万吨以上。继续稳步发展油料和甜菜生产。大力发展以番茄、红花、红葡萄、枸杞为代表的红色种植业。大力发展农区畜牧业和城郊农业，建立现代畜牧业生产体系。到2005年，畜牧业在农业总产值中的比重提高到30%以上。大力发展渔业和水产养殖业。林果园艺业要优先发展。到2005年林果园艺种植面积占耕地总面积的比重达到12%以上，使林果园艺业成为农村经济发展的重要增长点,培育哈密瓜、葡萄、香梨、石榴、核桃、优质杏、巴旦木等特色产品,建成具有区域特色的果品园艺基地,重点建设26个经济林商品基地和克拉玛依、伊犁盆地等造林工业原料基地。

依托特色优势资源,大力发展支柱和特色工业。加快石油天然气勘探开发,发展石油天然气化学工业。加快塔里木、准噶尔、吐哈三大盆地和其他盆地的油气资源勘探开发,逐步把新疆建成中国的第二个“大庆”,力争在2005年全区原油产量达到2400万吨,天然气产量180亿立方米。纺织工业要发展优质纱、优质棉,努力使本区成为具有较强竞争力的纺织品生产基地。

大力发展第三产业服务业。一是要重点发展旅游业。形成以喀纳斯湖为主的生态旅游区,以博斯腾湖和天池为主的风景旅游区,以吐鲁番为主的古文化遗址旅游区,以喀什为主的民俗风情旅游区和以伊犁为主的塞外江南风光旅游区。二是发展流通业。形成一批跨地区、跨行业、跨所有制的粮油、棉花、农资、副食、畜牧等大型流通企业集团。三是全面发展综合服务业。加快发展社会服务业,中介、咨询服务业,农村服务业,运输服务业。四是发展金融业。扩大银行信贷规模,加大对重大建设项目和特色产业的信贷支持,开拓投资银行业务。五是积极发展房地产和物业管理业。

水利资源开发利用。到2005年,力争使水资源开发总量达到500亿立方米,完成机井建设和更新改造1.5万眼,增加地下水开采量30亿立方米。加强以渠系防渗为主的水利设施配套建设,新建防渗渠道2万公里。建设节水灌溉农田66.67万公顷。

交通建设。公路建设重点围绕国道312线和314线进行奎屯——赛里木湖、小草湖——托克逊、和硕——库尔勒的高等级公路建设及哈密——巴里坤——木垒——乌鲁木齐天山北线的高等级公路建设。铁路重点是加快中——吉——乌铁路、精——乌——霍铁路的建设,尽快形成区内外铁路运输骨架。民航重点是加强机场基础设施建设,完善乌鲁木齐国际机场功能,使其成为区域航空客货运输中心和亚欧国际航线的重要枢纽港。改扩建和田、哈密,迁建克拉玛依、库尔勒,新建新源那拉提、吐鲁番、博乐等一批支线机场。管道建设要加快“西气东输”工程的实施,做好中——哈输油管道的前期工作,配套建设完善区内管网,加快建设新疆——兰州成品油长输管线。

能源资源。重点建设红雁池第二发电厂、喀什、库车、哈密、玛纳斯、托克逊等大中型火电基地。集中建设吉林台一级、恰普其海、喀拉塑克等调节性较强的梯级水电基地。建设和田、叶城等大中型天然气电站,扩建达坂城风电厂,新建阿拉山口风电工程,逐步提高清洁发电在电源结构中的比重。

积极扶持贫困地区发展,促进城镇区域规划。新疆继续加大对和田、喀什、克州和贫困牧区、山区的扶持力度,使贫困人口从根本上摆脱贫困。积极稳妥地实施城镇化战略,提高城市规划、建设和综合管理水平。

加强生态环境保护与建设。重点加强生态环境保护,遏制生态恶化趋势,合理使用、节约和保护资源,提高资源利用率。加强天然草地生态治理,封育荒漠草场。推进塔里木河流域治理,兴建控制性工程,整治疏浚河道,保证生态用水,重建“绿色走廊”。继续实施塔里木盆地和准噶尔盆地两大盆地周边沙漠化治理工程,以生物治理与工程措施相结合,加强荒漠植被的保护和恢复,遏制沙漠化趋势。开展艾比湖区域生态保护整治。

坚持“精神文明重在建设”的方针,开展群众性精神文明创建活动。进一步落实党的民族政策,发展平等、团结、互助的社会主义新型民族关系,坚持不懈地开展民族团结教育活动,引导各族干部群众树立正确的国家观、历史观、文化观、民族观,促进各民族共同繁荣和进步,严厉打击民族分裂主义活动。坚持和完善民族区域自治制度,加强民主法制建设,健全地方法规体系。各级政府要自觉接受同级人民代表大会及常务委员会的监督,支持人民政协履行政治协商、民主监督、参政议政的职能。

新疆生产建设兵团国民经济与社会发展"九五"计划完成情况及"十五"计划介绍

【"九五"计划完成情况】 "九五"期末,新疆建设兵团国内生产总值达到180.68亿元,按可比价计算,年均增长8.1%,比1980年翻2.4番。其中第一产业、第二产业、第三产业增加值分别达到71.63亿元、51.34亿元、57.71亿元,年均增长分别为7.3%、8.7%、8.7%,人均国民生产总值达7452元,比"八五"期末增长38.26%,高于全国平均水平。五年累计完成全社会固定资产投资275亿元,比"八五"时期增长159.26%。预算内独立核算企业,全年实现综合利润7.78亿元,比上年减亏增盈18.99亿元。其中农业实现利润5.62亿元,比上年减亏增盈11.02亿元。经济总量明显增加,综合经济实力进一步增强。产业结构调整取得成效,经济运行质量进一步提高,三次产业增加值比重由1995年的46:26:28调整为40:28:32,各产业内部结构不断优化。

"九五"期间,农业增加值由1995年的56亿元,增加到71.7亿元,净增15.7亿元,年均递增7.4%;农作物总播种面积由1171万亩增加到1326万亩,净增155万亩。农业结构调整有较大突破。棉花已成为兵团的支柱产品,播种面积由1995年的399万亩增加到2000年的616.1万亩,增长54.4%;亩产皮棉112.6公斤,提高16.9公斤,增长17.7%;总产69.4万吨,增长81.7%,年均递增12.7%,总量占全区的46.3%,占全国的六分之一。特色经济作物种植面积由"八五"末的60.3万亩,增加到117.5万亩,比重由5.2%上升到8.9%。优质果品产量由"八五"末的15.8万吨增加到28.5万吨,年均递增12.5%。牲畜存栏、肉类产量分别达到477万头、12.5万吨,年均递增7.8%、13.3%。以节水灌溉、精量播种、测土施肥、机采棉等为代表的精准农业技术推广步伐加快,农业现代化水平进一步提高。

2000年,以调粮、稳棉、减糖油、增特色为主要内容的农业结构调整步伐进一步加快。压缩了粮食种植面积,粮食总产117.6万吨,比上年减少11.9%。调减了油料、甜菜种植面积,油料总产15万吨,减少15.8%;甜菜总产106万吨,减少33.9%。以市场为导向,扩大番茄、红花、胡萝卜、葡萄、香梨、哈密瓜等特色经济作物和瓜果生产。

工业结构调整突出有进有退,扶优扶强。按照强纺织、精食品、拓建材、大力发展农用工业的发展思路,加大了工业企业改革、改组力度,加强了技术改造和生产运营的综合协调。2000年实现工业增加值32.23亿元,比1995年增长33.3%,年均递增5.9%;综合经济效益指数80.15%,比1995年提高48.75个百分点,工业企业盈亏相抵后实现利润1746万元,一举扭转了连续5年亏损的局面。工业主要产品棉纱、棉布生产能力分别达12万吨和1.2亿米,番茄酱生产能力已达18万吨,比1999年增长98%。

"九五"期间,兵团建筑业抓住国家连续3年发行国债和投资向西部倾斜的机遇,积极参加南疆铁路、自治区及兵团骨干水利工程等重点基础设施建设,经济规模5年翻了一番多。2000年,实现建筑业增加值18.42亿元,"九五"期间年均递增14.9%。

服务业发展加快,对国民经济的贡献度明显提高。2000年实现增加值57.65亿元,"九五"期间年均递增9%,在国内生产总值中的比重达到32%,比"八五"末期提高了4个百分点。国内贸易持续增长,基础设施条件明显改善。连锁经营、代理、特许经营等现代经营方式逐步推行。金融、保险、房地产、社会中介服务等服务业发展较快,业务范围拓宽,运行进一步规范。旅游、咨询、信息等新型服务业开始起步。

基础设施建设得到进一步加强。"九五"期间,兵团喷滴灌为主的节水工程发展迅速,喷滴灌面积3年累计已达150万亩,2000年建成喷滴灌节水面积59万亩。农业综合开发成绩斐然,五年累计开荒和收复弃耕地290万亩,新增耕地210万亩,新增播种面积170万亩。

五年累计新建、改建垦区公路2875公里,其中新增里程1375公里。2000年垦区公路新增通车里程618公里,是"八五"时期的八倍。石河子、奎屯、阿克苏、博乐等垦区初步建立了电力工业体系框架。农网建设与改造工程完成投资9亿元,已建成110千伏线路134公里,35千伏线路708公里,10千伏线路4598公里,完成低压线路3771公里,低压线路改造到户14.3万户,农牧团场电网改造取得很大的进展。城镇建设步伐加快,石河子市和新建市的市政建设取得新成绩。五农渠、北屯两个新建城市市政建设启动,新增日供水能力1.2万吨、供热170万平方米、城市道路25公里,一批团场小城镇初具规模。

"九五"期间,贫困团场面貌明显改观,生产条件得到较大改善,职工生活水平有所提高,各项事业有了长足发展,扶贫开发工作取得阶段性成果。兵团62个贫困团场2000年投入扶贫资金14445万元,全年完成主要工程量为:改造中低产田10.12万亩,渠道防渗223.1公里,渠系建筑物133座,喷灌面积6.4万亩,打井及更新机井36眼,修灌排渠220公里,新植和改造果园0.9万亩,改良草场2.8万亩,建牲畜棚圈1.3万平方米,人畜饮水井18眼,输电线路10公里,场内道路20.1公里。扶贫项目的实施,进一步改善了基础设施条件,抵御自然灾害的能力不断增强。

农牧团场改革稳步推进。土地承包长期固定面积占耕地总面积的50%,"两费自理"面继续扩大,自理率达54%,给职工划分1.5~2.5亩自用地在大部分团场得到落实。农业股份合作制、大户承包经营及家庭农场等经营承包规模不断扩大,农机和畜群等产权制度改革成效显著。

国有工交建商企业改革脱困步伐加快。通过推进规范的公司制改革,实施集团化发展战略和"债转股"、技改贴息、兼并破产等一系列措施,促进了国有企业经营机制的转变和经营状况的改善。国有独立核算企业有91户进行了公司制改革,改制面达到45%以上。组建了纺织、水泥、番茄酱、电力、造纸、酿酒等一批有竞争实力的企业集团。列入国家三年脱困目标的28户大中型企业有21户已实现脱贫,脱贫面达75%。流通体制改革力度较大,组织结构调整步伐加快。中新建棉花集团、银力棉花集团相继组建运行,对发挥兵团整体优势和品牌优势起到了积极推进作用。放开搞活了中小商贸企业,形成了多种所有制相互竞争、共同发展的多元化流通格局。

社会保障体系建设步伐加快。以养老保险、失业保险、医疗保险为主要内容的社会保险机制已基本形成。2000年底,参加养老保险职工70.1万人、离退休人员40.4万人。国有企业下岗职工基本生活和城市居民最低生活得到有效保障。职工医疗保险、失业保险以及工伤、生育保险改革稳步推进,社会保险覆盖面进一步扩大。

市场配置资源的基础性作用明显增强。企业上市融资工作实现零的突破。"九五"期间,共有6家企业挂牌上市,通过发行股票和配股共募集社会资金20.25亿元,股票总市值已达70亿元,占兵团国内生产总值的40%。非国有经济比重由1995年的8%提高到23.8%。

对内对外开放进一步扩大,2000年实现外贸进出口总额7.5亿美元,占新疆三分之一,比上年增长83.4%。其中出口4.5亿美元,增长85.2%;进口3亿美元,增长80.7%。外贸出口对经济增长的拉动作用明显增强,出口总额占国内生产总值的比重由1995年的不足7%上升到20.8%。出口商品结构进一步优化,"三棉"、番茄酱及特色瓜果已成为出口创汇的拳头产品,累计出口棉花25万吨,棉纱9万件,棉布6000万米,番茄酱10万吨,其中棉花出口在全国位居第一。利用外资形势好转,出现稳步上升势头。2000年实际利用外资350万美元,比上年增长26%。上市公司已成为外商投资的重点,中基公司与美国A&Z国际投资公司合资建设的葡萄酒项目,新天公司与美国迪尔公司合资建设的机采棉示范及开发项目进展顺利。

实施"走出去"开放战略取得可喜成绩。新天公司在墨西哥农业综合开发基地项目,两年累计完成投资300万美元,购置土地1000公顷,其中已种植水稻800公顷;与古巴政府合作的水稻种植项目完成投资800万美元,改造耕地5000公顷,种植水稻1750公顷。两个项目均取得了较好的效益。

科技教育持续发展,社会事业全面进步。"九五"期间,兵团科技总投入10.8亿元,比"八五"增长8倍,科技成果推广率、转化率分别达到77.3%和39.1%。

各级各类教育协调发展。全兵团"两基"教育基本完成,通过"普九"验收的团场达到123个,人口覆盖率达到81%,青壮年文盲率降到5%以下,高中阶段入学率达到80%以上。通过实施"三片地区"义务教育和国家扶贫教育工程,使贫困团场教育设施有明显改善。职业教育、成人教育发展较快,结构进一步优化。高校结构调整取得明显成效,办学水平提高,招生规模扩大。石河子大学已成为高校集中办学的成功范例,被列入西部大开发重点建设的13所大学之一。"九五"期间,普通高校共招生1.7万人,比"八五"增加0.52万人。

文化、卫生、体育等社会事业发展加快。"连连通"广播电视工程的实施,使广播、电视人口覆盖率分别由1995年的68%、75%提高到87.1%、90.9%。新建、改建、扩建文化中心的团场达到105个,占团场总数的60.7%,建有文化活动室的连队达1514个,占连队总数的60%。卫生事业显著加强,164个县级农牧团场全部实现了人人享有初级卫生保健的目标。

职工收入不断提高,生活质量明显改善。"九五"期间,职工年均收入由1995年的4612元增加到7400元,五年增加2788元,年均递增9.9%。社会事业投入力度明显加大,随着"金边工程"、小城镇建设、生态环境建设等项目的实施,农牧团场特别是边境贫困团场生活基础设施有明显改善。从1999年开始实施的"民心工程"的农牧团场农牧工危旧住房改造取得显著成绩,两年共竣工67759套住房,完成建筑面积568.42万平方米,完成总投资28.23亿元,其中兵团补贴资金3.5亿元,使20多万农牧工及家属喜迁新居。

"十五"时期,是实施西部开发战略的关键时期,要按照中央的部署,坚持"深化改革、扩大开放、统筹规划、突出重点、体现特色、注重实效"的原则,服从国家、自治区经济和社会发展大局,积极参与国家和自治区的大规模生态治理、立体交通和大型水利工程三大建设,抓住400万亩节水工程、边境团场"金边工程"、"白绿红"工程、垦区城镇化建设工程四个突破口,集中力量做大石河子垦区,以开发促开放,以开放促发展,力求实现经济的超常规、跨跃式发展。

【"十五"计划介绍】 国民经济和社会发展的主要目标:国内生产总值按2000年价格计算预计达到270亿元,年均增长9%,人均国内生产总值突破万元,保持和自治区同步增长,为到2010年国内生产总值比2000年翻一番以上,在经济总量上再造一个兵团奠定坚实基础。"十五"期间,预计完成全社会固定资产投资500亿元。经济结构调整取得明显成效。产业结构优化升级,综合竞争实力增强。全面推广精准农业技术,节水农业达到相当规模。改造提高传统产业,初步形成食品、纺织、农用、建材四大工业支柱,高新技术工业开始起步。服务业有较大发展,领域不断拓宽,水平明显提高。基础设施进一步完善,经济社会信息化程度显著提高。国家级石河子经济技术开发区有跨越性的发展,4个新建城市初具雏形,38个团场小城镇基本建成。和田皮墨垦区和北屯南部垦区开发有一定规模,区域经济布局趋向合理。非国有经济发展迅速。三次产业结构由39:28:33调整为32:32:36。

职工收入有较快增长,职工人均年收入达到9000元,年均增长7%。生活质量显著提高,总体过上比较宽裕的小康生活,基本消除贫困。城镇人均住房建筑面积达23平方米,农场人均达25平方米以上,危旧住房改造全部完成。城市燃气普及率达70%,电话普及率每百户70部,广播电视综合覆盖率达95%。

有效防止垦区荒漠化,生态环境有较大改善。垦区森林覆盖率达7.5%,城市绿化覆盖率达42%,工业废气处理率达90%,工业废水处理率达到75%。努力控制农业污染,改善团场生态环境。

公共服务进一步充实,社会全面发展和进步。人口自然增长率为9‰,总人口256万人,城镇化水平达35%。社会保障体系比较健全,城镇登记失业率控制在2.5%左右。全面普及九年义务教育,大力发展高中阶段教育,扩大高等教育招生规模。垦区普及高中教育。人人享有卫生保健。增加城镇文化体育设施。全面提高职工群众思想道德和科学文化素质,增强法制观念,社会风气、社会信用和社会秩序进一步好转。

加强农业基础地位,加快农业产业化和现代化进程,调优调高农业;突出发展棉花,重点实施40万吨出口棉基地建设,棉花生产能力达到80万吨。抓好农二师名、优、特瓜果基地建设,重点建设香梨基地、农十三师葡萄、大枣基地、农三师优质贡梨、干果基地、农六师优质哈密瓜基地、北疆酿酒葡萄基地建设。实施500万亩酱用蕃茄、胡萝卜、红花、枸杞、香料、蓖麻、啤酒花、打瓜籽等特种经济作物基地建设,扩大甘草、麻黄草等中药材生产。粮食生产稳定总量,着重提高商品率和质量。稳步发展油料、甜菜。围绕中心城市、油田矿区和重点垦区,积极发展城郊农业。加速发展优质高效畜牧业,调整优化畜种结构,加快种畜工程建设,突出抓好超细毛羊、肉用细毛羊及优质肉牛胚胎移植产业化工程,重点建设天山北坡经济带细毛羊基地、小尾寒羊基地、边境经济带肉牛、肉羊商品基地、石河子、乌鲁木齐乳制品生产基地,以及马鹿特种动物养殖业。重点实施畜牧业双千万(1000万亩人工生态草场、1000万头草食畜)工程,"十五"期末商品肉产量达到25万吨,优质细羊毛产量达到1.5万吨,畜牧业增加值占农业比重提高到20%以上。水产品总产量达到2万吨。推进农业产业化进程,组建兵团棉花、纺织、蕃茄制品、乳业、果业、酒业、饮料、食用油和饲料集团,逐步形成集团化优势。改造提升、加速发展乡镇企业,乡镇企业增加值达18亿元。

依托现有工业基础和资源优势,以高新技术和先进适用技术为支撑,以信息化带动工业化,调整工业布局和结构,做大做强食品、纺织、农用、建材四大支柱工业,积极发展造纸、化工、能源、医药及环保等工业,力争高新技术在生物工程等领域中的应用有明显进展,实现工业突破性的发展。"十五"期内工业增加值年均增长12.5%以上。

大力发展服务业,拓宽服务领域。重点发展对工农业生产和扩大消费形式瓶颈制约的行业,改造、提升、搞活传统服务业,改组改造商贸流通业培育一批跨区域、有实力的企业集团,加快信息技术应用,推进信息化进程;积极发展旅游业;拓展金融保险业;积极发展房地产及物来管理业;加快发展综合服务来;加快运输服务体系建设,建立健全公路运输服务网络,形成以非国有经济为主全方位的运输服务体系。

积极参与自治区大型水利工程建设，抓紧建设肯斯瓦特水利枢纽、柳沟二库等水利骨干工程，大力发展节水灌溉，积极推广喷滴灌等节水技术，重点实施400万亩节水工程，喷滴灌总面积"十五"期末达到550万亩，成为全国在型节水农业示范区。合理开发地下水资源，建设和更新改造机井300眼；加快灌区渠道防渗，新建防渗渠道1.5万标准公里，基本实现干、支渠全防渗。交通建设要依托国道、省道主干道，加强联通垦区之间的公路及垦区主干道、团内道路、边境公路和口岸公路建设，重点建设24条垦区干线公路和4条边防公路，在主要垦区建设功能复合的中心客货运输站。加强新疆通用航空公司建设，建成石河子支线机场，能源建设重点建设大黄山煤矿、石河子南山煤矿和哈满沟以及石河子、奎屯4个新建城市的热电和肯斯瓦特水电，加快阿拉山口风电以及太阳能等可再生能源的利用。完成垦区电网改造，彻底解决边远农场用电问题。"十五"期末电力装机容量达60万千瓦，原煤生产能力达450万吨。

重视生态环境建设，提高可持续发展能力。以防风治沙为中心，大力植树种草，封育保护天然荒漠林、胡杨林，建设绿洲基干防护林生态保护体系和农田防护林体系与新疆铁路、公路沿线生态林建设，围绕三北防护林体系建设、平原绿化和水土保持、恢复塔里木河下游绿色走廊，实施古尔班通古特沙漠南缘、塔克拉玛干沙漠西北缘、塔里木盆地西南缘和阿拉山口风口地带沙漠化治理。

集中力量做大石河子垦区，促进"三带二区"区域经济协调发展。以建设国家级石河子经济技术开发区为突破口，带动垦区加快发展，使石河子垦区成为兵团经济发展的龙头垦区，对外开放的重要窗口和天山北坡带的重要地区之一，促进区域经济协调发展。优先发展天山北坡经济带，提高天山北坡经济带（农六、七、八、十一、十二师）的经济总量和质量；建成具有带动辐射作用的兵团经济核心带；扩大南疆经济带（农一、二、三、十四师）的经济规模，壮大兵团在南疆的经济实力，成为带动南疆经济发展的重要力量；改善边境经济带（农四、五、九、十师）的基础条件，增强戍边实力，逐步缩小与腹心师的差距；发展农十三师特色经济区，鼓励多种经营，内联外出，成为兵团产品走出新疆的重要通道及最活跃的经济区。

加快推进城镇化建设，提高城镇化水平。石河子市要强化优势，突出特色，加快市政建设，完善服务功能，增强经济实力，成为西部开发的科技示范市，自治区高科技示范基地和纺织轻工基地，兵团经济、科技、文化中心以及北疆地区商贸中心。同时要基本完成四个新建城市设市以及38个小城镇建设，初步形成布局合理、功能完善、规模适度、结构协调的城镇体系。

实施外向带动战略，发展开放型经济，逐步形成全方位、多层次、宽领域的对外开放格局，提高出口对经济增长的贡献度，扩大对外贸易，开展加工贸易，发展国际贸易。"十五"期末进出口总额12亿美元，其中，出口7亿美元，占国内生产总值20%以上。扩大利用外资规模，积极探索多种利用外资方式，优化利用外资结构。"十五"期间累计引进外资5亿美元。

内蒙古自治区国民经济与社会发展"九五"计划完成情况及"十五"计划介绍

【"九五"计划完成情况】 1996年~2000年，内蒙古经济增长速度连续五年高于全国平均水平。国内生产总值由"八五"期末的833亿元增加到2000年的1400亿元，高出"九五"计划目标值80亿元,年均递增10%。农牧业生产能力不断提高。粮食产量由“八五”期末的100亿公斤上升到140亿公斤,超过2000年135亿公斤的计划目标;牲畜头数由6000万头(只)增加到7000万头(只),肉类总产量由7.4万吨增加到140万吨,超额完成了2000年达到6500万头(只)和126万吨的计划目标;第一产业增加值达到了352亿元,比“八五”期末增长36.3%,年均递增6.4%,综合效益稳步提高。农畜产品加工、能源、冶金、化工等支柱和优势产业的竞争力和盈利水平不断提高,创出了鄂尔多斯、伊利、鹿王、仕奇等全国驰名品牌。国有企业亏损面大幅度下降,经济效益不断提高。2000年,全区工业增加值达到了450亿元,比“八五”期末增长79.1%,年均递增12.4%。大力发展第三产业,2000年,全区第三产业增加值496亿元,比“八五”期末增长66%,年均递增10.7%,促进了国民经济的持续、快速、健康发展。

国有企业改革和脱困“三年两大目标”基本实现。通过抓大放小、实施债转股和鼓励兼并、规范破产、下岗分流、减员增效、实施再就业工程等一系列重大举措,使一大批国有大中型企业增强了生机和活力。到2000年底,列入国家考核的70户国有大中型骨干企业初步建立了现代企业制度,80户国有大中型亏损企业摆脱困境;2000年国有及国有控股企业实现利润由上年净亏损1.65亿元转为净盈利13.23亿元。国有企业战略性改组取得进展。突出抓的36户企业,其中14户进入国家520强,19户股票上市,直接融资100多亿元。国有中小企业转制面达到91%以上。个体工商户、私营企业和“三资”企业等非公有制经济快速发展。占国内生产总值的比重由“八五”期末的13%提高到2000年的23%。

各项配套改革稳步推进。国有企业下岗职工基本生活保障、失业保险和城镇居民最低生活保障的“三条保障线”制度初步建立,市场体系建设继续推进,资本、劳动力、技术等要素市场迅速发展。

对外开放水平不断提高,全方位开放格局基本形成。1996年~2000年,全区对外贸易进出口总额累计达到75.8亿美元,比“八五”增长54%,其中出口总额41.6亿美元,增长45%。实际利用国内外资金总额折合人民币431.4亿元。

固定资产投资增长较快。1996年~2000年,全区固定资产投资累计达到1750亿元,比“八五”增长760亿元,年均投资350亿元。“九五”期间,全区新增公路里程2万多公里,新增铁路1000多公里,新增通信传输光缆2万多公里,拥有电话数量从“八五”期末的65.9万户增加到205万户。电力建设速度加快,新增电力装机300多万千瓦,城乡电网改造全面铺开并取得了初步成效。城市基础设施进一步改善,到2000年,全区城市供水普及率达到88.6%,气化率达到54.1%,污水集中处理率达到22.4%,垃圾粪便无害化处理率达49.9%,建成区绿化覆盖率增加到22.5%。水利建设的力度加大,黄河、辽河、嫩江及其重要支流的防洪标准明显提高。新增有效灌溉面积950万亩,节水灌溉面积1000万亩。生态建设的步伐加快,“三北”防护林、防沙治沙、黄河中上游水土流失治理等重点生态工程相继建设并见到成效,2000年,启动了大兴安岭和黄河中上游天然林保护、退耕还林还草、草原生态保护和治理、京津周边沙源治理等工程,一年就投入生态建设和保护资金16.17亿元,生态治理和保护面积达2700万亩。

财政收入稳定增长。2000年,全区财政收入达到了155.6亿元,比“八五”期末的76.4亿元增加了79.2亿元,平均年递增15.3%,实现了15.2%的“九五”计划目标。其中,地方财政收入110.7亿元,比“八五”期末的43.7亿元增加了67亿元,平均年递增20.4%。

人民生活水平进一步提高。1997年,扭转了自1989年以来城镇居民人均可支配收入在全国倒数第一的局面,到1999年,上升到全国第22位。2000年,全区城镇居民人均可支配收入达到5120元，比“八五”期末增长58.9%，年均实际增长9.7%，比“九五”计划8.9%的增长速度高1个百分点。农牧民人均纯收入达到2050元，比“八五”期末的1300元增加了750元，年均实际增长8.5%，高出“九五”计划6.7%的增长速度1.8个百分点。城乡居民居住条件进一步改善，2000年，城镇竣工住宅面积965万平方米，城镇居民人均住房建筑面积达到18.4平方米，比“八五”期末增加3.2平方米；农村牧区竣工住宅面积1218万平方米，农牧民人均住房建筑面积达到16.6平方米，比“八五”期末增加1.4平方米。“八七”扶贫攻坚计划基本完成，共有220多万贫困人口基本解决了温饱问题。

科教兴区战略得到贯彻落实。1996年~2000年，全区共组织实施各类科技计划项目1243项，投入经费44.3亿元，取得科技成果2048项，科技成果的转化率超过40%，科技对经济增长的贡献率由“八五”期末的30%提高到40%。

教育事业在调整改革中加快发展。以普及九年制义务教育为重点的基础教育得到巩固和提高，素质教育全面推进。全区共有71个旗县实现了“两基”达标，以旗县为单位的人口覆盖率达到65%，初中毕业生升学率近60%。累计扫除青壮年文盲18.8万人，青壮年非文盲率达到96.8%。民族教育不断加强，办学条件进一步改善，教学质量逐步提高。高等教育管理体制和布局结构调整的阶段性目标已经完成，重点学科建设有了长足发展；招生规模明显扩大，全区普通高校在校生人数达到7.04万人，比“八五”期末的3.7万人增加了3.34万人。高中生报考高等院校的录取率比“八五”期末提高了19个百分点。

文化、卫生、体育和广播电影电视等各项社会事业进一步发展。蒙汉语广播和电视四套节目实现了卫星转输，广播电视覆盖率达到81.3%。农村牧区卫生保健网不断巩固完善，疾病预防和控制工作得到加强，计划生育工作成绩显著，计划生育率达到94%以上，人口自然增长率为9.7‰。

环境保护工作取得了新的进展。“九五”计划的主要指标已经完成，“一控双达标”取得预期成果，工业污染源排污达标率达到90%。自然保护区已达96个，其中国家级的10个，自治区级的25个，自然保护区面积达到765.4万公顷。

【“十五”计划介绍】　经济和社会发展的主要奋斗目标：国内生产总值年均增长9%，到2005年按2000年价格计算达到2150亿元，人均国内生产总值达到8650元。第一产业年均增长4%，第二产业年均增长10%，第三产业年均增长12%，到2005年，三次产业结构调整到20:41:39。全社会固定资产投资年均增长12%，社会商品零售总额年均增长11%，外贸出口年均增长11%以上。财政收入年均增长10%，到2005年达到250亿元。城镇居民人均可支配收入年均增长7%左右，农牧民人均可支配收入年均增长6%左右；到2005年城镇居民人均住房建筑面积达到22平方米，农牧民住宅砖木混结构比重力争达到80%。全社会研究与开发经费占国内生产总值的比重达到1.5%以上；普及九年制义务教育的人口覆盖率以旗县为单位达到85%，初中毕业生升学率达到75%，适龄人口高等教育入学率达到14%。人口自然增长率控制在10‰以内，到2005年总人口控制在2500万人以内；城镇登记失业率控制在5%以内；森林覆盖率达到17%以上。

巩固和加强农牧业的基础地位。调整优化农牧业和农村经济结构，拓宽农牧民增收领域，加快发展优质专用小麦、玉米、水稻、大豆、马铃薯等农产品和绿色产品，调整优化种植业结构；按照增草、增畜、改良草场、改良畜种，提高质量、提高效益的“双增双改双提”的指导方针，努力提高畜牧业集约化和现代化水平；调整优化农村牧区经济结构，建成一批按现代企业制度运行、带动农牧户能力较强的龙头企业。

加快工业结构的优化升级。加强工业的

主导地位,用信息化带动工业化。大力推进传统工业的升级改造,加快发展高新技术产业,努力提高工业的竞争力。改造提升传统产业,大力开发绿色产品、特色产品和名优产品,培育和发展具有地区优势和行业竞争优势的农畜产品加工主导产业;大力发展煤转电、煤转油和洁净煤技术,加快煤炭转换和"西电东送";发展以包钢为主的节能降耗、集约化经营的冶金工业;依靠科学技术,发展化学、机械、建材工业。抓住信息技术飞速发展的机遇,加快发展以稀土为主的新材料、电子信息、生活技术、新能源和机电一体化等具有本区特色的高新技术产业。积极发展信息、房地产、金融保险、科技服务和社会中介组织等现代服务业;通过建立社区服务体系,发展社会服务业;通过优化配置旅游资源、加强队伍建设等措施,使旅游业成为本区服务业的支柱。

加强生态环境和基础设施建设。重点抓好黄河中上游水土流失和风沙盐碱治理区、京津周边内蒙古沙源治理区、大兴安岭天然资源保护区、呼伦贝尔和锡林郭勒草原保护治理区、阿拉善自然封育治理区等五个重点区域,全面实施草原生态建设与保护、天然林资源保护、退耕还林还草、防沙治沙、生态建设重点县,"三北"防护林、绿色通道和水土保持八大工程,并加强自然保护区建设,五年治理荒漠化土地10000万亩。环境保护要巩固"一控双达标"的成果,重点加强呼和浩特、包头、乌海等城市的煤烟型污染治理,建设长庆气田至呼和浩特的天然气输配工程和大青山绿化、综合治理工程。城市大气环境质量稳定达到国家三级标准,有基础的城市创造条件争取达到国家二级标准;进一步加大黄河、辽河、嫩江等流域水污染治理力度,主要河流出境水质达到国家Ⅲ类水质标准,推进城市生活垃圾处理及危险废物集中处理。

水利建设要坚持"兴利除害结合,开源节流并重,防洪抗旱并举,把节水放在首位"的方针,合理开发地下水,用好地表水和降水,实施节水措施,提高用水效率。加强水资源的规划与管理,合理调节生产、生活和生态用水。

交通基础设施建设。要以公路建设为重点,全面加强铁路、机场建设。形成连接区内东西部,辐射西北、华北、东北的干线运输网络,畅通"联疆达海"出区通道和口岸运输国际通道。公路建设要按照"三横九纵十二出口"的总体规划,以国道省道主干线、出口路和主要经济连接线为重点,大幅度提高路网密度和干线公路等级。铁路以完善路网布局,提高运行速度,畅通出口通道为重点。民航要加快发展支线航空,着力抓好运营机型和航班的优化管理。

促进科技进步和创新。重点加强技术创新,发展高新技术,加快先进适用技术的引进、推广和应用,提高产业技术水平。力争到"十五"期末,科技对经济增长的贡献率达到45%。加快发展教育事业。到2005年基本普及九年制义务教育,基本扫除青壮年文盲,继续优先重点发展民族教育,积极发展职业教育,深化教育体制改革,优化教育结构,培养高素质的师资队伍,提高教育的信息化、现代化水平。

合理使用人才。重点开发高层次科技人才、企业经营管理人才、高水平师资人才、农牧业实用人才和各类少数民族人才。本着"不求所有,但求所用"的原则,积极吸引国内外人才。探索知识、技术等生产要素参与收益分配形式,设立人才基金。

进一步深化改革。稳定完善以家庭承包经营为基础、统分结合的双层经营体制,全面贯彻落实党在农村牧区的各项政策。进一步搞好农副产品流通体制和税费改革。通过规范上市、中外合资和企业参股等多种形式深化国有企业的改革。鼓励非公有制企业参与国有企业改制,形成混合所有制企业。要不失时机地推进投融资体制、财税体制、城镇住房制度、社会保障制度和政府机构等各项制度的改革,完善社会主义市场经济新体制。

进一步扩大开放。全面提高对外开放的层次和水平。增加高技术产品和高附加值产品出口,进一步巩固和扩大俄蒙市场,努力开拓欧洲、中亚、西亚等新的出口市场。加快实施"走出去"战略。加强满洲里、二连浩特边民互市区和边境经济合作区建设,并建设成为功能完善、通关便利的国际陆路口岸。

广西壮族自治区国民经济与社会发展"九五"计划完成情况及"十五"计划介绍

【"九五"计划完成情况】 2000年全区国内生产总值2035.55亿元,"九五"时期国内生产总值年均增长8.1%;人均国内生产总值4285元,年均增长7.1%,提前1年实现了翻两番的目标。2000年全区财政收入220.01亿元,年均增长10.5%,财政收入占国内生产总值的比重达到10.8%。2000年全区粮食总产量1667.2万吨,甘蔗产量2937.9万吨,水果产量360.1万吨,蔬菜产量1613.2万吨,肉类总产量287.3万吨,水产品产量239.9万吨。逐步形成以铝和锡为主的有色金属工业,以水力发电为主的能源工业,以制糖为主的食品加工工业,以水泥为主的建材工业以及旅游业等优势、特色产业。2000年全区十种有色金属产量61.7万吨,钢材106万吨,水泥2280万吨,机制纸及纸板89.3万吨,汽车产量13万辆;机制糖产量306万吨,位居全国第一。2000年全区国际旅游接待入境游客124.03万人次,比上年增长59.7%,国内游客3951.21万人次,全年旅游总收入168.63亿元。

基础设施建设加强,西南出海通道初步形成。"九五"时期全社会固定资产投资累计完成2808亿元,是"八五"时期的2.1倍。新增等级公路19921公里,高速公路实现零的突破,通车里程达812公里;新增铁路营业里程635公里;新增港口吞吐能力799万吨,2000年末港口总吞吐能力达到1800万吨;新增长途通信光缆9160公里,程控和移动电话交换机容量470万门;新增发电装机容量258万千瓦,2000年全区发电量286.30亿千瓦时,其中水电170.4亿千瓦时。一批水利和城市防洪基础设施竣工,新增防洪堤95公里,标准海堤59公里,城市供水能力每日37.4万吨。随着桂海高速公路、宜柳高速公路、南昆铁路、桂林两江国际机场、南宁机场扩建、西江航运一和二期工程、防城港9号和10号泊位等一批重大项目的建成,西南出海通道框架初步形成。

高新技术产业开发区及其产业发展加快。科技进步对经济增长的贡献率达到40%。各级各类教育改革和发展跃上了新台阶,初步达到基本实现扫除青壮年文盲和普及九年制义务教育的要求,高中阶段教育持续均衡发展,中等职业教育和成人教育不断发展,高等教育规模进一步扩大。2000年末全区普及九年义务教育人口覆盖率达80.2%。文化艺术事业有新的发展,全区广播综合人口覆盖率达85.2%,电视人口综合覆盖率达90%,均比"八五"时期有较大幅度提高。医疗卫生条件不断改善。计划生育工作得到加强,婴幼儿、孕产妇死亡率以及人口自然增长率明显下降。全民健身运动、竞技体育、生态建设和环境保护以及劳动和社会保障、金融保险等各项社会事业都得到了较快发展。

改革不断深入,社会主义市场经济体制初步建立。以机制创新、产品创新、制度创新为主要内容的企业改革整顿向纵深发展,建立现代企业制度步伐加快,"抓大放小"取得成效,国有企业改革与脱困"三年两目标"如期实现。国有资产管理改革试点有新进展。农村改革进一步深化。商品市场日趋完善,资金、信息、技术、劳动力、人才、房地产等要素市场初步形成。财税、金融、计划、投资、价格、住房、社会保障制度和粮食流通体制等改革有序推进。

对外开放进一步扩大,开放型经济有新的发展。同世界建立了经济技术合作与贸易关系的国家和地区由“八五”期末的120多个增加到140多个。投资环境得到改善,5年累计利用外资52.44亿美元,比“八五”时期增长61.9%。2000年全区进出口总额20.4亿美元,其中出口14.93亿美元。边境贸易稳步发展。2000年全区边境贸易额37.81亿元。国际经济技术合作规模扩大。与西南、华南及广东、江苏、浙江、上海等地的横向经济联合与协作得到加强。

“八七”扶贫攻坚计划胜利完成,开发式扶贫取得成效,5年累计有450万农村贫困人口越过温饱线。贫困地区基础设施得到加强,群众的生产生活条件明显改善,基本实现乡乡通公路、通电、通电话,行政村村村通广播电视。基本解决了贫困地区人畜饮水困难。据统计,2000年全区城镇居民人均可支配收入5834元,农村居民人均可支配收入1846元。全社会消费品零售总额859.16亿元,年均增长10.1%。城市和小城镇规划、建设和管理取得成效,住宅建设和房地产开发快速发展,城镇人均居住面积和农村人均生活用房面积分别达18.91平方米和23.4平方米。

【“十五”计划介绍】　经济社会发展的主要目标:经济增长速度预期为年均8%左右,到2005年按2000年价格计算的国内生产总值达到3000亿元,人均国内生产总值达到6050元。五年城镇新增就业和转移农业劳动力分别达到190万人和180万人,城镇登记失业率控制在5%以内。保持价格总水平基本稳定。财政收入年均增长11%,财政收入占国内生产总值的比重进一步提高。“十五”期间外贸出口总额年增长11%左右。产业结构优化升级,到2005年,三次产业增加值比重调整到21.6:39.4:39,其中工业增加值比重提高到33%,就业比重调整到57:11.5:31.5。经济社会信息化程度不断提高。基础设施进一步完善,高效畅通的西南出海通道基本形成,“西电东送”基地建设取得突破。区域特色经济初步形成。城镇化水平达到31%。到2005年全社会研究与开发经费占国内生产总值的比例提高到1%,科技创新能力增强,技术进步加快,科技进步对经济增长的贡献率达到50%左右。各级各类教育加快发展,基本普及九年义务教育,2005年初中阶段毛入学率达到95%左右,高中阶段教育和高等教育毛入学率分别达到40%和10%以上。人口自然增长率控制在9‰以内,2005年全区总人口控制在4980万人以内。生态恶化趋势得到遏制,城乡环境质量改善。2005年森林覆盖率提高到44%,城市建成区绿化覆盖率提高到37%,城镇垃圾无害化处理率达到70%,城镇污水集中处理率达到50%。自然资源利用趋于合理。城镇居民人均可支配收入和农村居民人均纯收入分别年均增长5%和6%左右。2005年城镇居民人均住宅建筑面积达到22平方米,电话普及率提高到20%,全区有线电视入户率提高到28%。城乡医疗卫生服务设施进一步改善,严重危害人民健康的重大疾病得到有效预防和控制。城乡文化、体育设施增加,覆盖面扩大,社会风气和社会秩序明显好转。

经济社会发展的主要任务:巩固和加强农业的基础地位。要在切实保护和提高粮食综合生产能力、确保粮食安全的同时,加大调整农业结构的力度,发展特色农业,推广先进适用的农业技术和管理方法,提高农业经济效益。大力发展畜牧业和水产业,提高畜牧水产业产值在农业中的比重。积极推进农村社会化服务体系建设,培育壮大农业龙头企业。加快乡镇企业结构调整和体制创新,重视农产品加工业和农村第三产业的发展。加强农业保障体系建设,加强农业生态建设和环境保护,加快农村土地制度法制化建设,长期稳定以家庭承包经营为基础、统分结合的双层经营体制。积极稳妥地推进农村税费改革。

积极推进工业化和城镇化进程。优化工业结构,推进工业化进程。“十五”期间,重点培育电子信息、生物工程、新材料、环保等高新技术产业,提高高新技术产业在工业经济中的比重。着力培育和发展铝电结合、林纸、食品等新的工业优势产业和特色产业。根据五大经济区的特点,合理安排和发展各类优势工业,加强柳州等传统工业基地改造,形成一批主业突出、实力雄厚、竞争力强的大公司和企业集团;同时加快发展临海工业,使其尽快成为本区新兴的工业基地。

积极推进城镇化进程,促进城乡共同进步。突出抓好以南宁市为核心城市的南、北、钦、防沿海城市群的建设,加快发展桂林、柳州、梧州、玉林、贵港、贺州、百色、河池等中心城市。加强县级城市建设,发展小城镇是带动农村经济和社会发展的一个大战略。要认真研究和制定发展小城镇的土地使用、财政税收、户籍管理和行政体制等方面的政策,确保城镇建设有序、健康发展。

充分发挥广西旅游资源优势,大力发展特色旅游业。充分利用西南出海通道的区位优势,加快发展与工业化进程相适应的现代运输业和商贸业。积极采用海、河、陆、空多种联运方式,发展现代化的综合交通运输服务体系。积极发展信息、金融、会计、法律、质量认证、检验检测、中介咨询等现代服务业。进一步发展以居民住宅为重点的房地产业,规范物业管理,发展社区服务。引导和鼓励教育培训、文化娱乐、卫生服务、体育健身等产业的发展。改革服务业管理体制,放宽市场准入,引进竞争机制,鼓励企业优化重组,增强企业活力。

加快信息基础设施建设。逐步建立覆盖全区的信息网络体系,形成以光纤传输、微波传输、卫星传输相互配套的宽带高速信息传输主干网。建设南宁信息港,加快广西互联网络中心的建设和完善,实现区内各类计算机专业网络本地互联。加强电信支撑网、本地电话网和数字移动通信网的建设,促进电信、电视、计算机三网融合。继续发展移动通信和提高城乡电话普及率。大力推广计算机在企业生产经营中的应用,利用信息技术改造、提升传统产业,提高工艺水平和管理水平。推动信息技术在农业生产、管理和农产品流通中的应用,以信息化促进农业增产和农民增收。发展电子商务,推进政府行政事务计算机管理、社会公共服务信息化,提高管理和服务水平。重点发展通讯产品、新型电子元器件、数字视听等产业,提高信息化装备和系统集成能力。大力发展软件产业,重点扶持桂林、南宁和北海银河软件园发展,加快桂林信息化试点城市和电子城的建设。

到“十五”期末,全区初步形成五个优势互补、相互涵盖、特色鲜明、布局合理、协调发展的区域经济格局。即以港口经济、海洋产业、高新技术产业为重点的桂南沿海经济区;以工业为重点的桂中经济区;以旅游和农林为重点的桂北经济区;以现代农业、乡镇企业和外向型经济为重点的桂东经济区;以种养和矿业为重点的桂西经济区。

集中力量在水利、能源、交通等方面,建设一批对全局起重大作用的项目。力争到2005年,全区所有地市所在地通一级以上公路,90%的县城通二级以上公路,70%以上的乡镇所在地通柏油路,增强铁路在中长距离体系中的骨干地位,沿海港口吞吐能力达到3050万吨以上。

以产品创新为核心,加快先进适用技术的推广应用。有选择发展高技术,积极应用高新技术改造传统产业,提升产业技术水平。推进多种形式的产、学、研结合,充分发挥企业技术创新的主体的作用。加强科技中介服务体系和技术市场建设,鼓励和扶持多种所有制科技企业的发展。扩大国内外科技交流与合作。建立科技风险投资机制。建立科技风险投资机制,多渠道增加对科技的投入。

要巩固基础教育,大力发展职业教育,扩大高中阶段教育和高等教育规模。发展成人教育、特殊教育和其他继续教育,逐步完善大众化、社会化的终身教育体系。制定和完善人才政策,创造有利于各类人才发挥作用的机制和环境。加强科普工作,提高全社会的科技文化知识水平。

继续深化以国有企业改革为中心的经济体制改革,加快体制创新。要对国有企业进行规范的公司制改革,建立现代企业制度。积极探索国有资产管理的有效形式,建立规范的监督机制。进一步放开搞活国有中小企业。切实推进政企分开,使国有企业真正成为独立的法人实体和市场竞争主体。建立健全市场体系,进一步放开市场,放开价格,打破部门、行业垄断和地区封锁,尽快形成全区统一、公平竞争、规范有序的市场体系,发挥市场在资源配置和结构调整中的基础性作用。发展和完善商品市场,重点培育发展资金、信息、劳动力和人才、房地产等要素市场。加快投融资体制改革。继续推进行政管理体制改革和政府机构改革,建立廉洁高效、运转协调、行为规范的行政管理体制。

继续实施开放带动战略,以更加积极的姿态与国际经济竞争与合作。要以项目为中心,扩大利用外资规模,扩大外商投资领域,拓宽利用外资渠道,加大招商引资力度。继续实施以质取胜和市场多元化战略,扩大对外贸易。积极实施"走出去"战略,鼓励基础好、技术水平高、有比较优势的企业到境外投资建厂,开展加工贸易,发展对外工程承包、工程咨询和劳务合作业务。进一步加强横向经济联合与协作,根据产业结构调整的方向和重点,有计划、有选择地吸纳东部地区的产业转移。

坚持社会统筹与个人账户相结合的城镇职工基本养老保险制度,进一步完善失业、工伤、生育等社会保险制度,扩大社会保险覆盖面。推进城镇职工医疗保险制度改革。逐步建立与农村经济发展水平相适应,实行国家、集体和个人自我保障相结合的农村社会保障体系。积极扩大就业,组织劳务输出,鼓励下岗职工、失业人员自谋职业。开辟增收渠道,增加城乡居民收入。注重提高生活质量,改善城乡居民居住条件,同时努力改善交通、通信、供水条件和生活环境,加强公共福利设施建设,丰富城乡人民文化生活。

继续抓好扶贫开发,巩固和发展扶贫成果。要坚持开发式扶贫的方针,以巩固温饱成果、脱贫奔小康为目标,以农村最低收入人口为帮扶基本对象,以尽快解决特困人口温饱问题、提高贫困群众收入水平和改善基本生产生活条件为重点,大力扶持贫困地区调整产业结构,发展特色经济。继续组织异地安置、劳务输出和社会扶贫工作,加快贫困地区特别是少数民族聚居地区、革命老区、边境地区、水库淹没区群众脱贫致富的步伐。

推进医疗卫生体制改革,完善县、乡、村三级医疗预防保健网,巩固和发展农村合同医疗制度。加快公共体育设施建设,大力开展群众体育活动,增强人民体质。发展气象、测绘事业。关心和支持老龄、妇女、儿童、残疾人等社会事业的发展。加强土地、计生、环保等工作,走可持续发展的道路。

深入开展爱国主义、集体主义、社会主义教育;大力宣传科技知识、科学思想、科学精神和科学方法;加强社会公德、职业道德、家庭美德建设;积极发展新闻出版、广播影视、文学艺术、哲学社会科学等各项事业。认真贯彻执行民族区域自治的各项方针、政策。深化司法改革,坚持严格执法,公正司法。坚持从严治政,依法行政。加大反腐倡廉力度,从源头上、机制上、制度上预防和治理腐败。加强社会治安综合治理,把各项措施落实到基层。正确处理人民内部矛盾,进一步巩固和加强民族团结,促进各民族区同繁荣进步。加强边疆建设,富民兴边,维护边境稳定。

山西省国民经济与社会发展“九五”计划完成情况及“十五”计划介绍

【“九五”计划完成情况】 “九五”期间山西的国内生产总值年均增长速度达到8.2%的水平,财政总收入平均每年增长8.5%。全省人均国内生产总值2000年达到5085元,比“八五”期末的3380元增加1705元,实现了比1980年翻两番的奋斗目标。“九五”期间三次产业均有增长,其中第二、三产业增长较快,其增加值年均分别增长10%和7.8%,三次产业增加值的比例由“八五”期末的16.3:47.1:36.6调整为10.2:51.0:38.8。

“九五”时期,全省全社会累计完成固定资产投资2467亿元,比“八五”时期增长1.13倍。一级公路2000年发展到614公里,比1995年增长3.7倍;二级公路发展到8189公里,增长1倍多。“九五”期间,全省新增公路里程2.17万公里,基本实现了乡乡通油路,村村通公路。铁路建设进入重载提速的新阶段。到2000年底,全省铁路营业里程达到2511.7公里,比1995年增长3.2%,其中复线里程1589公里,电气化里程1563.7公里,自动化里程1696公里,分别占总营业里程的63.3%、62.2%和67.5%,分别比“八五”期末增长85.6%、87.7%和2.6倍。农田水利建设快速发展。邮电建设发展迅猛。移动通信从无到有,山西电信加入了全国卫星通信网,光纤技术在全省推广使用,建成了数字交换和光缆传输为主、辅以数字微波的现代化电信网,建成了全省窄带综合业务数字网、全球移动通信网、数字数据网、多媒体网、无线寻呼、分组交换网。邮政处理实现了机械化、自动化和营业窗口电子化。

工业生产快速发展,主要产品产量大幅度增加。全省国有企业、大中型企业和年产品销售收入500万元及以上非国有企业工业总产值达到1224.5亿元,工业增加值达到445.1亿元,“九五”期间分别以年均8.6%和7.6%的速度增长。农业在确保粮棉生产,大力发展优质、高产、高效农业的同时,进一步加快了林果业、畜牧业和蔬菜等特色产业的发展。粮食生产在1996年迈上107.7亿公斤的台阶后,1998年达到108.1亿公斤,再创历史最高水平,“九五”时期,全省粮食总产量累计达到473.6亿公斤,比“八五”时期增加33亿公斤,增长7.6%。

“九五”时期,全省海关进出口贸易总额达到67.17亿美元,比“八五”时期增加28.38亿美元,其中,出口总额50.8亿美元,贸易顺差34.4亿美元。利用外资迅猛增长。“九五”时期,外商直接投资12.6亿美元,比“八五”时期增长4.7倍。“三资”企业迅速发展,“九五”期末累计批准“三资”企业2097户,“九五”期间新批510户。

城乡居民生活水平进一步得到改善。“九五”期末全省城镇居民人均可支配收入达4724元,比1995年的3306元增加1418元,增长42.9%,平均每年递增7.4%。农民人均纯收入“九五”期末达1905.6元,比1995年增加697.6元,平均每年增长9.5%。

科技队伍继续扩大,科技成果不断涌现。到2000年底,地方国有企业、事业单位各类专业技术人员70.85万人,比1995年增加15.25万人,增长27.5%,有县(含县)以上政府部门属研究开发机构237个。“九五”期间,全省累计获得省科技进步奖1122项,科技成果奖3028项,其中国家级121项,省部级1475项。

到2000年底,全省实现“普九”的县(市、区)达到108个,占总数的90.8%,全省小学达37451所,在校生数343.6万人;普通中学3346所,在校生数199.8万人;普通高等学校24所,在校生数12.1万人;中等专业学校127所,在校生数19.6万人。"九五"时期全省普通高等学校培养本专科学生9.8万人,比"八五"时期增长21%;毕业研究生2282人,增加1054人,增长85.8%;中等专业学校毕业学生18.5万人,增长28.5%;扫除文盲教育取得突破性进展,成为中西部第一个达到基本扫除青壮年文盲标准的省份。

【"十五"计划介绍】 "十五"期间经济和社会发展的主要预期指标是:GDP年均增长7%~8%,2005年达到2300~2400亿元(按2000年价格计算),人均GDP达到6800~7130元;财政收入年均增长11%左右,全社会固定资产投资年均增长10%左右,社会消费品零售总额年均增长8%以上,外贸进出口总额年均增长10%以上,5年累计利用外资40亿美元;非公有制经济增加值占GDP比重平均每年提高1个百分点,2005年达到30%左右,城镇人口占全省总人口的比重提高到36%左右。到2005年,全社会研究开发经济占GDP比例提高到1%以上,高等教育毛入学率达到14%以上。人口自然增长率年均控制在9‰以内。到2005年,森林覆盖率达到16%,城市建成区绿化率达到25%,主要污染物排放总量比2000年减少20%以上。城乡居民收入年均增长7%以上,城乡有线电视入户率提高到46%以上,电话普及率提高到28%以上。

"十五"期间国民经济和社会发展的主要任务是:加强农业基础地位,"十五"期间,继续加强农田灌溉、农村公路、农村电网、农村电信和产地批发市场等基础设施建设,保持必要的粮食生产能力,粮食产量要稳定在100亿公斤以上。积极推进农业产业化经营。鼓励、支持农产品加工和销售等各种形式的"龙头"企业,带动农户进入市场,形成利益共享、风险共担的组织形式和经营机制。推进乡镇企业健康发展。引导乡镇企业推进结构调整、技术进步和体制创新,与小城镇建设相结合,集中布局、连片发展。提高乡镇企业的劳动吸纳能力,加快农业富余劳动力转移。重点实施特色农业工程。"十五"期间,要着重抓好优质杂粮、草食畜、干鲜果、蔬菜4大特色农业。到"十五"期末,特色农业总产值占到农业总产值的60%,特色农产品商品率达到90%,特色农业收入占到农民人均纯收入的40%。

加快工业的改组改造,重点实施传统产业优化升级工程。加快推进产品结构调整。坚持"抓大要强,放小要活"的方针,大力推进企业组织结构调整。做专做精一批销售额1000万元以上、利税100万元以上和高新技术产品销售收入占企业销售收入50%以上的中小企业;逐步形成以大企业为主导、大中小企业协调发展的企业组织格局。重点实施传统产业优化升级工程。围绕增加品种、改善质量、节能降耗、减少污染和提高附加值,集中力量用高新技术和先进适用技术改造和提升传统产业。

大力发展服务业,力争使服务业增加值占GDP的比重和从业人员占全社会从业人员的比重明显提高。大力发展信息、金融、会计、咨询、法律服务等行业。积极发展商贸流通、交通运输和市政服务等行业,推行连锁经营、物流配送、多式联和网上销售等组织形式和服务方式。进一步发展以经济适用房为重点的房地产业,推广和规范物业管理。加快发展社区服务业。引导文化娱乐、教育培训、体育健身、卫生保健等产业的发展。重点实施旅游产业开发工程。努力提高旅游总收入占GDP的比例。结合本省旅游资源,培育古建佛教文化、晋商民俗文化、华夏根祖文化3大旅游品牌,重点开发云冈石窟、五台山、晋祠、平遥古城、壶口瀑布、关帝庙、鹳雀楼、恒山、绵山、芦芽山10大旅游景点。

推进科技进步和创新,重点实施高新技术产业化工程。争取在信息技术、生物技术、新材料技术、先进制造技术、洁净煤技术等关键领域取得突破。突出用高新技术改造传统产业,重视开发具有自主知识产权的核心技术,到“十五”期末,高新技术增加值占工业增加值的比重提高到15%左右,新产品销售收入占到全部产品销售收入的比重提高到8%以上。

要在全社会广泛应用信息技术,提高计算机和网络的普及应用程度,2005年互联网用户普及率要达到8%以上,政府行政管理、社会公共服务要加快信息化步伐。加速发展信息制造业。大力发展电子信息产品,支持发展软件业,建设软件园区。按照软硬件开发和系统集成并重的原则,集中力量扶持数字信息产品、光纤产品、计算机零部件等数字化电子产品。大力发展以高磁能级钕铁硼为重点的永磁系列产品。提高城镇化水平,转移农村人口,发挥大城市的辐射带动作用,提高建设和综合管理水平,积极有序地推进本省的城镇化进程。以县城和中心镇为重点,积极稳妥地搞好小城镇建设。对全省108个县城和条件好的建制镇按照经济发展水平和市场发育程度,区别情况,分类发展。少数基础好的县城要率先发展为小城市;其他县城和中心镇要进一步完善城镇综合功能,改善城镇环境。

要把水利作为最重要的基础设施来抓。“十五”前期要抓好万家寨引黄、禹门口提水、浪店水源等骨干水源工程续建,全面推进张峰、柏叶口、吴家庄、坪上告示水库的前期准备工作,力争在“十五”后期在沁河、文峪河、滹沱河等主要河流上开发建设一批大型截流工程。加强现有水平工程的维修、配套和改造,搞好册田、关河等大中型水库的除险加固。中小型水利建设要以截流蓄水为重点,村村户户、山山沟沟齐开发,因地制宜建设中小型水库、人字闸、旱井等水源利用工程,全面彻底地解决好240万农村人口的饮水困难问题。

公路建设以大运高速公路、10条出省通道和国道主干线为重点,尽快形成纵贯全省、通达四邻的高速公路网主骨架,到2005年,公路通车里程达到6万公里,其中高速公路1340公里。铁路建设要积极争取国家投资,建设朔黄重载铁路新线,理顺体制,加快阳涉铁路建设,支持中卫铁路建设,到2005年,铁路营运里程达到2735公里。要加强机场建设,通过配置现代化通讯导航设备,不断完善武宿等机场的功能。结合“西气东输”,适时开展煤层气管道运输。发展黄河水运。要搞好各种运输方式的相互配套衔接,发挥区位优势,力争把太原建成中西部重要的货运港,推动运输业快速发展。

要切实加强计划生育工作,严格控制人口数量,提高人口素质;坚持资源开发和节约并举,依法保护并合理开发土地、水、森林、矿产和生物等自然资源;完善自然资源有偿使用制度和价格体系,建立矿权、地产有形交易市场,逐步建立资源更新的经济补偿机制。发展防震、气象和测绘事业,提高防灾减灾的综合能力;注重气候变化的影响,加强对干旱、洪涝、沙尘暴等自然灾害的研究防治工作;建立健全灾情监测预报、灾害预防和紧急救援体系。实现经济、社会和环境协调发展,提高人民生活质量,重点是实施生态环境质量改善工程。

抓好太原、大同、忻州、阳泉、长治、晋中、临汾等重污染城市的污染治理,到2005年,全省烟尘排放量减少24%,二氧化硫排放量减少20%,COD排放量减少50%,工业固体废物综合利用率和城市垃圾无害化处理率均达到40%,城市污水集中处理率达到50%,人均绿地面积达到6平方米。以太行山、吕梁山和沿黄地区的生态绿化为重点,加强生态建设。加强防护林、水源涵养林、用材林、经济林的建设,逐步使25度以上的陡坡地退耕还林还草,减缓和遏制水土流失。保护黄土高原和黄河沿岸的天然林,建立生态保护屏障,减轻沙尘暴对我省重点城市及京津地区的危害。

巩固扩大普及九年义务教育和扫除青壮年文盲的成果,积极发展高中教育,加强中小学生科技教育和信息技术教育,着力培养创新人才。加快发展高等教育,努力扩大普通高等教育和研究生培养规模,促进高校和科研院所以多种方式联合培养研究生,支持在高校、科研院所和企业建立博士后流动站。大力发展高等职业教育和中等职业技术教育。

着力构建对外开放支撑体系,对外要积极应对加入世贸组织的挑战,深化外经贸体制改革,更大范围、更深程度地参与国际经济合作和竞争,着力构建对外开放支撑体系,力争进出口贸易和利用外资规模显著扩大,经济外向度明显提高,对外开放达到新的水平。

大力改善投资环境,积极、合理、有效利用外资。积极转变政府职能,规划政府行为,提高办事效率和透明度,为外商投资提供服务和便利。尽快筹组山西省外商投资服务和投诉中心,为外商投资提供信息咨询、一站式审批、协调纠纷等全方位服务。利用外资的重点是农业综合开发、传统产业改造、基础设施建设、环境保护以及旅游服务等领域的潜力产品项目。优化利用外资结构,提高外商直接投资比重,加强对大型跨国公司的引资工作,力争在"十五"期间吸引几家世界500强落户本省。加强招商工作,建立大型跨国公司的详细档案,与其驻华机构保持密切联系,掌握其在中国的投资动态。提高引资项目的前期准备工作质量,利用各种投资洽谈会或直接到国外进行招商。积极吸引外商通过项目融资、股权投资和企业并购等方式进行投资。鼓励省内企业发行境外建设债券或者到境外上市。高度注重先进技术和管理方式的引进。

扩大进出口贸易,调整进出口商品结构。多方拓展进出口渠道,不断扩大贸易规模。全方位、多元化地开拓国际市场,优化进出口市场结构。稳定发展煤焦出口,提高机电产品、数字化产品等高附加值产品在出口产品中的比重。重点培育和扶持一批竞争优势明显的出口拳头商品,带动出口贸易稳步增长。

在经济发展的同时,不断增加城乡居民收入,特别是低收入者的收入。改善居住和出行条件,丰富居民文化生活。完善医疗服务、预防保健、卫生监督服务体系,加强疾病预防,保证居民的基本卫生需求。重点加强农村基础卫生设施建设,进一步发展合作医疗,实施农民健康工程,努力解决农村缺医少药问题。加强公共体育设施建设,积极开展全民健身运动,进一步改革体育管理体制,提高竞技体育水平。发展和完善城乡社区养老托幼、休闲保健等各种便民服务。高度重视安全生产,加强劳动保护,明显减少重大、特大事故,切实保障劳动者生命安全。

完善社会保障制度。"十五"期间要基本建成独立于企事业单位之外、资金来源多元化、保障制度规范化、管理服务社会化的社会保障体系。大力发展补充保险及商业性保险。做好对城镇贫困人口的救济工作。积极发展社会福利、社会救济、优抚安置和社会互助等社会保障事业。切实保障妇女、未成年人、老年人、残疾人的合法权益。重视人口老龄化趋势,发展老龄事业和产业,做好离退休干部工作。

吉林省国民经济与社会发展"九五"计划完成情况及"十五"计划介绍

【"九五"计划完成情况】 "九五"期间,吉林省国内生产总值年均增长9.8%;人均国内生产总值年均增长9%,提前三年实现翻两番的目标。"九五"期间财政收入累计达到821.1亿元,比"八五"增加1倍。农业和农村经济全面发展,粮食综合生产能力达到225亿公斤的阶段性水平,种植业结构得到初步调整。畜牧业发展迅速,农业产业化经营取得可喜成绩,农产品加工龙头企业进一步壮大。去年玉米加工转化达到410万吨。乡镇企业发展较快。供销社系统实现全行业扭亏。"九五"绿化工程计划全面完成,连续20年无重大森林火灾。

优化工业结构取得初步成效。汽车、石化两支柱产业竞争力不断增强,食品、医药、电子发展成为优势产业,以电子信息、生物工程、新材料、先进制造技术为主的高新技术产业框架初步形成。技术改造和产品结构调整取得较大成绩,优势企业的规模经济作用增强。工业运行出现重要转机,质量和效益明显提高。积极运用和落实国家扩大内需政策,加大投资。"九五"期间累计完成固定资产投资2261.8亿元,是"八五"时期的近2倍。一批重点项目建成投产。水利建设取得很大成绩。能源、交通、电信等基础设施条件进一步改善,"瓶颈"制约得到基本缓解。传统服务业继续发展,现代服务迅速兴起。全省旅游总收入和接待旅游人数均是"八五"时期的10倍。财政税收管理加强,支出结构改善,收支平衡。金融运行基本平衡,存贷款稳步增长,信贷资金质量有所提高。到2000年,70%的国有大中型工业骨干企业初步建立了现代企业制度;列入国家脱困计划的252户工业企业,有202户实现扭亏脱困,占80.2%。国有及国有控股工业企业1997年亏损曾达17.1亿元,2000年盈利73亿元,国有工业企业改革脱困三年目标基本实现。市场在资源配置中的基础作用明显增强。到2000年底,全省有32户企业上市,共募集资金240.6亿元。"两个确保"和再就业工作取得实效,1998年以来,有64.2万名下岗职工实现再就业。社会保障体系建设不断加强,卫生医疗体制改革开始起步。财税、金融、计划、投资、价格、粮食流通体制以及小城镇综合试点等改革逐步深化。对外开放不断扩大。已同48个国家和地区建立了经常的经贸合作关系,科技、文化、教育等国际交流与合作不断扩大。人民生活继续改善。2000年,城镇居民人均可支配收入达到4810元,农民人均纯收入由于严重旱灾影响为2022元,"九五"期间年平均分别增长8.7%和4.7%。城乡居民储蓄存款达到1515.8亿元,比"八五"末增加1倍多。积极扩大消费,居民消费结构发生积极变化。"九五"时期建成城镇住宅5400万平方米,人均住房面积由6.9平方米提高到9平方米。居民用电、用水、通讯、交通等生活条件有较大改善。农村贫困人口大幅度减少,基本完成国家"八七"扶贫攻坚计划。科技开发取得较大成绩,共获得重要科技成果2480多项,开发新产品2500多种,在部分领域形成了比较优势。高新技术产业化进程加快,培育了一大批科技型企业。产学研结合取得突出成绩。创建省级以上企业技术开发中心45个,50%的大中型工业企业建立了技术开发机构。高等教育改革和调整步伐加快,新组建了吉林大学、北华大学、延边大学、长春工程学院,发展了3所民办高等学校,兴办了10所新制(民办)二级学院。高校扩大招生工作成效显著,2000年高校在本省总招生数已达应届毕业生的70%以上,适龄人口的高校毛入学度达到15.2%。"两基"任务基本完成,素质教育全面推进。城乡环境保护加强,环境质量改善。民族团结进步事业不断发展。思想道德建设得到加强。人口与计划生育工作取得可喜成绩。文化体育、卫生保健、广播影视、新闻出版以及老龄、妇女儿童、残疾人等事业有较大的发展,地震、气象、测绘、人防、史志等工作取得了新成果。坚持依法治省,推进了政府法制化建设。认真执行人大各项决议,主动接受人大的法律监督、政协的民主监督和人民群众以及各方面的监督。在乡以上各级政府全面推行了政务公开,普遍开展了厂务公开和村务公开。

【"十五"计划介绍】 经济增长目标:到2005年,国内生产总值达到2800亿元,年均增长9%左右;财政收入年均增长9%;全社会固定资产投资五年合计4000亿元,年均增长12%;进出口总额年均增长9%;居民消费价格涨幅控制在年均增长3%以内。

结构和效益目标。到2005年,三次产业结构调整为20:45:35;高技术产业增加值占GDP的比重达到5%以上。非公有制经济增加值年均增长20%左右,比重达到全国平均水平;城镇化水平每年提高1个百分点;工业企业全员劳动生产率年均提高7.5%;万元国内生产总值能耗降低6%。

体制创新目标。建立以公有制为主体、多种所有制经济共同发展的基本格局。全面完成国有大中型企业改制工作;建立起比较完善的国有资本管理体制和运营、监督机制;社会保障体系比较健全,社会保险覆盖面力争达到100%。计划、财政、金融、教育、科技等体制改革与经济和社会发展基本适应。

生活质量和水平目标。城乡居民生活质量和水平明显提高。城镇居民人均可支配收入年均增长7%,农民人均纯收入年均增长6%。到2005年,城镇居民住宅人均建筑面积达到23平方米;农村人均住房面积达到18平方米。

生态环保目标。生态环境明显改善,资源紧缺矛盾有所缓解。到2005年,全省森林覆盖率达到43%;大气、水体质量有所提高;城市垃圾无害化处理率和污水集中处理率分别达到50%和40%。

社会发展目标。人口自然增长率控制在6.5‰以下,全省总人口控制在2783万人以内。城镇新增就业和转移农业劳动力分别达到98万人和110万人,城镇登记失业率控制在5%以内。全社会研究与开发(R&D)经费占GDP比重逐年提高。到2005年,高等教育毛入学率达到20%。

"十五"期间的重点:一是推进农村工业化,巩固发展农业与农村经济。继续巩固和加强农业的基础地位,发展效益农业、绿色农业和适应性农业。"十五"期间,农业增加值年均增长6%左右;到2005年,畜牧业产值占农业总产值的比重达到50%。二是"十五"期间,全省工业增加值年均增长9.5%左右。壮大汽车制造基地,以一汽集团为龙头,强化核心,优化中重,实现轿车规模化和经营体制现代化。建设合成材料和精细化工生产基地。以吉化集团公司、吉林油田为依托,重点向合成材料、精细化工、汽车化工、农用化工方面发展。到2005年,全省精细化工率达到35%左右。建设玉米加工转化基地。全省玉米加工能力达到800万吨。培育液晶—光电子产业基地。以液晶显示器为龙头,加快建设彩色液晶(TFT-LCD)主体工程,积极发展整机,研制开发偏振片、取向剂、彩膜等上下游产品。发展以能量光电子为主的发光材料、光器件及应用整机,形成光电子产业群。创建现代中药产业基地。利用长白山天然药物资源和优良生态环境,建设10个中药材种植及中药饮片加工基地。同时积极发展生物制药,开发研制人胰岛素、人生长素、液态干扰素等产品。三是大力推进信息化。优先发展信息产品制造业和软件业。加强信息基础设施建设。"十五"期间,全省新建长途通信光缆3510皮长公里,新装长途交换机5.7万路端、局用交换机230万门、移动交换机460万门、农话交换机87万门。到2005年,邮路总长度为10万公里,全省电话普及率达到42部/人,主线电话普及率达到20部/百人,移动电话普及率达到21部/百人。加强信息技术推广应用和信息资源开发管理。提高计算机和网络的普及应用程度。积极发展服务业推进服务业市场化、信息化和社会化,形成新的经济增长点。"十五"期间,第三产业增加值年均增长10%左右;从业人员占全社会的比重达到35%。四是加强基础产业和基础设施建设,增强对国民经济的保障能力。到2005年,全省实际灌溉面积达到2000万亩,其中节水灌溉面积达到1000万亩。新增电力装机容量233.8万千瓦,到2005年,全省电源装机达到986万千瓦。煤炭工业投产矿井9处,新增能力408万吨,煤炭产量保持在2100万吨左右。新增原油生产能力300万吨左右,产量达到550~600万吨;新增天然气能力4亿立方米。加快交通设施建设。"十五"期间,改建公路里程8000公里,新增公路里程4000公里。完善、扩展航空运输网络。建成投运长春国际机场,达到国家干线机场标准。加快延吉机场对外航空口岸建设。五是加快城镇体系建设,推进城镇化进程。到2005年,全省城镇化水平达到48%左右。加快大城市的现代化建设。进一步强化长春、吉林两市的要素集聚和经济辐射功能,建设长吉经济走廊,实施一体联动发展。积极发展区域中心城市,培育和发展2~3个人口规模50~100万的大城市。有重点地发展中小城市。积极稳妥地推进小城镇建设。六是调整优化国有经济布局,大力发展新型合作经济和非公有制经济。到2005年,国有和非国有经济比例力争达到30:70;工业中国有资本的比重降到50%左右。七是培育生态环保型效益经济,促进经济、社会、生态协调发展。建设优质生态环境。东部地区建设长白山生态保护工程,实施天然林资源保护和小流域综合治理,恢复和扩大林草植被,控制水土流失。中东部地区加强松花江流域和东辽河流域水污染综合治理,以及以小流域为单元的水土保持生态工程建设。中部地区加快清洁生产工艺推广,淘汰高污染产业,进行土地肥力恢复建设,西部地区采取改良草地与"草库仑"相结合,强化治沙治碱措施,保护草原和湿地。集中整治污染源和环境恶化地域。治理水污染。对重点污染源限期达标排放,全面建立水污染物总量控制和排污许可证制度。治理大气污染。实行排污总量控制和许可证制度。治理固体废物污染。积极推行垃圾无害化处理。发展地震、气象和测绘事业,加强防灾安全网建设。八是扩大对外经贸合作,发展开放型经济。努力增加产品出口、劳务输出和对外服务贸易。巩固亚洲、北美洲等传统市场,加强对俄罗斯、朝鲜等周边国家、地区的边境贸易、互市贸易。积极有效利用外资。改善投资环境,多渠道、多形式、宽领域地面向国内外招商引资。逐步开放金融、保险、电信、商贸流通等领域。拓展海外投资区域和领域,鼓励有比较优势的各类企业到境外投资建厂或经营。加快开发区建设及图们江地区开发开放。长春经济、长春高新、吉林高新三个国家级开发区,重点发展高层次、高科技的新兴产业及技术密集型产业,培育高新技术产业孵化园和出口加工企业群。九是发挥科教优势,促进科教与经济结合。建立科技创新体系,加快发展高新技术产业。建立以企业为主体、产学研相结合的科技创新和技术开发体系。积极发展教育事业,全面提高国民素质。努力增加教育投入,全面推进素质教育,满足社会各层次教育、知识更新和终身学习的需要,初步形成现代化教育体系。巩固提高基本普及九年义务教育、基本扫除青壮年文盲成果。努力降低农村初中辍学率。加快发展高中阶段教育,大力发展成人教育,积极推进高等教育大众化。十是提高人民生活质量和水平,推进社会全面进步。努力扩大就业。广辟就业渠道,"十五"期间,国有企业下岗职工实现再就业35万人。不断提高城乡居民收入水平。拓宽城乡居民收入渠道,努力提高收入水准。加快脱贫致富步伐。建立城市居民最低生活保障线制度,形成较为规范的社会帮困系统,保障城市低收入群体的基本生活需求。继续实行农村地区开发式扶贫,增加扶贫资金投入和政策扶持。到2005年,全省贫困人口温饱问题全部得到解决。改善城乡居民生活环境和质量。"十五"期间,建设城市住宅面积4000万平方米,住房成套率达到80%。积极发展城市绿地和环境绿化。加快城市道路建设。到2005年,城市人均公共绿地面积达到6.5平方米,人均道路达到7平方米。加快城市公共交通、给排水、燃气与集中供热及消防等市政设施建设,完善提高公共服务能力和配套水平。到2005年,全省城市自来水普及率达到80%。城市日污水处理能力达到70万吨,垃圾粪便无害化处理率达到65%;集中供热率达到80%,燃气普及率达到85%。活跃文化生活。加快文化体制改革。创建一批现代文化设施和景观,创新文化活动内容和方式,发展具有地方特色和民俗风情的专业艺术团体。建设省自然博物馆、艺术馆、书画院、长春国际会展中心及公共图书馆、档案馆等设施。加快省广播电视光缆传输网和覆盖网改造。到2005年,全省广播人口覆盖率达到97%;电视人口覆盖率达到98.5%。坚持计划生育基本国策,严格控制人口增长,提高人口素质。大力发展社区卫生服务,逐步建立城镇社区大中型医院合理分工的医疗卫生服务体系,满足广大群众基本医疗服务需求。进一步完善县乡村三级医疗卫生保健网,建立农村合作医疗保健制度和医疗卫生服务体系。

黑龙江省国民经济与社会发展“九五”计划完成情况及“十五”计划介绍

【“九五”计划完成情况】 “九五”时期,全省上下认真贯彻党的路线方针政策,解放思想,团结奋斗,战胜百年不遇的特大洪水,克服各种不利因素的影响,如期完成了“九五”计划,全面实现现代化建设第二步战略目标。

国民经济持续增长,经济实力进一步增强。初步统计,2000 年全省国内生产总值可达到 3255 亿元,是 1980 年的 4.3 倍(按可比价格计算),实现翻两番目标。完成“九五”计划确定的增长目标,人均国内生产总值达到 8580 元。

结构调整取得成效,经济素质有所提高。三次产业的比重由 1995 年的 19.2:52.4:28.4,调整到 2000 年的 10.9:58.6:30.5。农业基础地位得到加强。粮食综合生产能力已稳定在 300 亿公斤以上。第二产业结构调整步伐加快,出现恢复性增长。第三产业发展较快,占国内生产总值的比重明显提高。交通运输和邮电通信对国民经济的“瓶颈”制约得到明显缓解。

各项改革逐步深化,社会主义市场经济体制初步建立。市场在宏观调控下对资源配置已经发挥基础作用。以公有制为主体、多种经济成份共同发展的所有制多元结构初步形成,非国有经济成份占全省国内生产总值的比重已达 50%以上。国有企业改革和三年脱困目标基本实现。农村家庭联产承包责任制和统分结合的双层经营体制进一步完善。市场体系初步形成,商品市场进一步完善,金融、劳动力等要素市场进一步发育。社会保障制度改革加快,失业、医疗、养老保险范围不断扩大。行政管理体制改革和机构改革取得实质性进展。投融资、金融、科技、流通、物价、住房等项改革也逐步深化。

市场供求关系发生重大变化,对外开放进一步扩大。市场供求状况出现重大转变,买方市场初步形成。初步统计,2000 年社会消费品零售总额为 1094 亿元,比 1995 年年均增长 9.9%。外经外贸取得新的进展。2000 年进出口总值达到 29.9 亿美元,比 1995 年增长 25.1%。“九五”累计利用外资达到 49 亿美元,比“八五”时期增长 1.9 倍。

社会事业全面进步,人民生活总体上进入小康阶段。科技事业快速发展,科技进步贡献率不断提高。基本普及九年义务教育,高等教育快速发展。人口自然增长率降为 5.06%。环境保护得到加强。文化、体育、卫生、广电、新闻出版等各项事业全面发展。人民生活水平进一步提高。城镇居民家庭人均可支配收入和农民人均纯收入“九五”期间分别增长 45.6%和 21.6%。随着收入水平的提高,居民的吃、穿、住、行得到改善,精神文化生活日趋丰富,健康水平不断提高。

【“十五”计划介绍】 一、“十五”期间国民经济和社会发展的主要指标。

国内生产总值年均增长 9%~10%。其中,一、二、三产业年均增长速度分别达到 4~5%、9~10%、11~12%。到 2005 年,人均国内生产总值达到 1500 美元,财政一般预算收入年均增长 10%。固定资产投资率为 30%。科技进步贡献率 45%。

城镇居民家庭人均可支配收入年均增长

6%,农民家庭人均纯收入年均增长6%,城镇人均住房建筑面积达到21平方米,农村人均居住面积达到22平方米,城乡居民恩格尔系数下降到40%。

三次产业结构由2000年的10.9:58.6:30.5,调整到8:58:34。加工产业和服务业竞争能力明显增强,基础设施条件进一步改善。

人口自然增长率控制在5‰。五年累计增加城镇就业250万人。全面普及九年义务教育,在大中城市市区普及高中阶段教育。城乡医疗卫生服务设施进一步改善。建成规范的全省社会保障体系。城镇化水平达到58%,转移农业人口150万人。环境恶化趋势得到控制。

二、经济结构调整。

(一)优化产业结构,提高经济竞争力。调整优化产业结构,是加快发展的根本途径和经济结构战略性调整的主要任务。

1.以开发绿色食品为重点,发展优质高效农业。加快建设绿色食品大省、强省。到2005年,绿色食品面积计划发展到100万公顷,绿色食品产量达到790万吨,实现产值140亿元,全省绿色产品在国内市场占有率达到15%,并实现出口创汇。合理调整和优化种植结构。到2005年,全省粮食优质品种率预计达到90%以上。经济作物要重点发展名特优,好少新品种,扩大饲草饲料作物种植面积,逐步形成合理的粮经饲结构。大力发展畜牧、水产业。到2005年,使牧业产值占农业总产值的比重达到40%,过腹转化粮食150亿斤,人均牧业收入1600元,肉蛋奶总产量达到700万吨,奶牛存栏118万头,争取达到150万头。深入推进农业产业化经营。重点抓好15个龙头企业集团,在继续抓好60个省级农业产业化生产基地建设的基础上,新建40个优势农产品生产基地。推动乡镇企业上新水平。到2005年,全省乡镇企业增加值力争达到500亿元,年均递增11%以上。深化农村改革。加快农村土地制度法制化建设,加快推进乡镇机构和农村税费改革,深化农产品流通体制市场取向的改革,大力推进以科技、金融和信息为重点的农业社会化服务体系建设。国营农场要深化改革,发挥优势和农业示范作用,力争在全国率先实现农业现代化。

2.加快改组改造,促进工业结构优化升级。加快改造步伐,振兴装备工业。到2005年,全省装备工业增加值达到116亿元,年平均增长10%。发展石化工业,构建哈大齐牡石化产业带。到2005年,全省石化工业增加值达到151亿元。加快发展食品工业。到2005年,食品工业增加值达到162亿元,年均增长13%以上。壮大医药产业。到2005年,医药工业增加值达到62亿元,年平均增长17%以上。积极发展建材工业。到2005年,建材工业增加值达到32亿元,年平均增长8%。实施"天保"工程,调整森工产业结构,推进森林工业向生态林业转变、林业经济向林区经济转变。纺织工业继续淘汰落后的棉纺设备,利用现有优势,提高产品竞争力。轻工业,要重点发展黑龙江省具有资源和技术优势的造纸、家具、塑料等行业。冶金工业,要加大技术改造力量,重点改造北满特钢股份公司特钢生产线和西林钢铁公司横列式轧机。

3.加快经济和社会信息化,有重点的发展高新技术产业。到2005年,全省高新技术产业技工贸总收入力争达1000亿元,年平均增长27%,占全省工业总产值的比重达到20%以上,高新技术及其产品出口额占全省出口额的10%以上。

4.大力发展旅游等服务业。发展服务业是黑龙江省加快经济发展和结构调整的重点之一,加快服务业发展,显著提高服务业增加值占国内生产总值的比重和从业人员占全社会从业人员的比重。

5.加快基础设施建设,调整基础产业结构。继续加强以水利、交通为重点的基础设施建设。新建、扩建大中型水库16座,新建和整修大江大河堤防及重要中小河流堤防3800公里;搞好黑龙江干流整治、乌苏里江整治等河流护岸建设,新增国境河流护岸838公里;新增水土流失治理面积1.1万平方公里。完善交通布局,交通建设要统筹规划,合理安排,进一步健全综合运输体系。铁路建设以提速为中心,到2005年,以哈尔滨为中心东至牡丹江、西至齐齐哈尔、南至长春大连、北至佳木斯的旅客列车运行速度达到140—160公里/小时;加快建设哈尔滨第三松花江铁路大桥。公路建设继续努力提高全省公路网的技术等级和服务水平。到2005年,力争使全省公路总里程达到52000公里。民用航空继续加强哈尔滨机场的枢纽地位,进一步改造现有跑道,飞行等级由目前的4D级达到4E级;新建大庆4C级机场以及加格达奇、伊春、鸡西、五大连池、抚远、漠河等支线旅游机场。水运建设继续搞好松花江和黑龙江干线航道整治,加大对部分主要枢纽港口、江海联运换装港口和界河开放港口的建设改造力度。到2005年,全省三级以上航道里程达到1972公里。

强化城镇基础设施建设。大力搞好城镇道路交通、邮电通信、供排水、能源供应、污染治理、城市绿化。抓住引进利用俄罗斯天然气资源的机遇,推进相关城市用气工程建设。到2005年,城市新增供水能力100万吨,供热面积2500万平方米,燃气用户45万户,道路铺装面积900万平方米,竣工住宅建设面积6500万平方米。

(二)调整所有制结构,大力发展个体私营经济。

要在继续深化国有企业所有制改革的同时,逐步降低国有经济比重。着力发展个体私营经济,坚持大胆放手发展的指导思想,强化措施,完善政策,改善环境,加快发展。

(三)调整城乡结构,推进城镇化。

要积极稳妥地推进城镇化,重视和充分发挥大中城市的辐射带动作用,加快形成社会主义市场经济条件下的新型城乡关系。到2005年,城镇化水平提高到58%,转移农业人口150万,初步形成分工有序、功能完善、布局合理、规模适度、结构协调的城镇体系。

(四)调整区域经济结构,促进地区协调发展。

依照因地制宜、合理分工、各展所长、优势互补、共同发展的基本思路,调整生产力布局,促进区域经济协调发展。

南部经济区(包括哈尔滨市、齐齐哈尔市、牡丹江市、大庆市和绥化市)要重点发展石化、装备、食品、医药、旅游、现代服务业、特色农业和高新技术等产业。努力建设成为黑龙江省强大的综合经济区和国家级重点商品农业开发区。

东部经济区(包括佳木斯市、鹤岗市、双鸭山市、鸡西市和七台河市)要充分发挥煤炭资源优势,拉长煤炭产业链,发展煤电、煤化工业,搞好煤炭转化和深度开发。发展生态农业、外向型农业和绿色农产品加工业。

北部经济区(包括伊春市、黑河市和大兴安岭地区)要在努力调整森林资源采育比例,保护生态平衡的基础上,积极发展多种经营,搞好山区的综合深度开发和治理。重点发展木材综合利用、绿色林副产品精深加工业,造纸业和以森林养生游、跨国边境游为重点的旅游业。

三、对外经济。

(一)引进来走出去,推进全方位对外开放。到2005年进出口贸易总额达到44亿美元,年均增长8%。其中出口达到24亿美元,年均增长10%。"十五"期间,全省实际利用外资力争达到70亿美元,利用外资占全社会固定资产投资比重达到10%左右。

(二)加大"南联西进"力度,强化国内经济合作。1.拓宽"南联"领域,把经济合作推向新阶段。利用农业资源和生产绿色食品的优势,与东南沿海省市和经济发达地区合作建设具有较强带动力的绿色食品加工企业。联合发展畜牧业、生态农业。利用工业改组潜力大的优势,与东南沿海省市和经济发达地区联合组建大型企业集团,促进企业资产重组。利用科技力量雄厚的优势,与东南沿海省市和经济发达地区合作,联合发展高新技术产业、现代服务业以及机电一体化产品产业,增强企业技术创新能力。2. 积极参与西部大开发,拓展黑龙江省发展空间。发挥产业优势,积极与西部地区在水电、交通、机械装备、石油、天然气、石化产品的开发与利用,以及生物制药等方面开展联合与协作。与西部地区联合发展绿色食品和生态农业,合作开展农副产品深加工,扩大粮食销售渠道。充分利用西部地区中草药资源,以"北药"为依托,联合发展医药产业,促进医药工业发展。

四、科技教育。

(一) 加快科技发展,增强技术创新能力。建立科技创新体系,推进科技成果产业化。面向经济建设主战场,加强技术创新,发展高科技,加快产业化,实现社会生产力跨跃式发展。推动企业成为科技创新的主体;进一步加强哈尔滨、大庆两个高新技术产业开发区和哈尔滨经济技术开发区的建设;加大对高新技术创业服务中心及其孵化基地扶持力度,完善服务功能,加快高新技术成果转化和产业化进程。

集中力量在有相对优势的重点领域和关键技术的研究开发上取得突破。信息技术领域,优先开发信息化应用软件;电子商务关键技术;网络技术;图像处理软件及系统;数字移动通信技术等。生物技术领域,大力开发和推广应用基因工程、细胞工程、发酵工程等高新技术。新材料、新能源领域,重点研究开发纳米技术、煤炭直接液化技术、洁净煤技术、煤层气地面开采技术和煤炭地下气化技术。

(二)大力发展教育事业,为经济和社会发展提供人才保证。全面推进素质教育、大力发展教育事业;合理配置教育资源,优化教育结构;进一步深化教育改革,加快教育产业发展步伐;坚持稳住、引进与培养并举的方针,为经济和社会发展提供人才保证。

五、社会发展。

(一)完善公共服务,提高人民生活质量。在严格控制人口增长的同时,努力提高人口素质,提高生命、生活质量。建立与社会主义市场经济相适应的卫生服务运行机制。进一步完善医疗卫生服务和健康保障及卫生监督执法的医疗卫生体系。继续扩大广播电视人口覆盖率,建设和完善广播电视专用网,提高节目制作水平和播出质量。加强和完善文物的保护与管理。以《全民健身计划纲要》为中心,促进体育社会化,规划建成省图书馆、省科技馆、哈尔滨国际会展中心、省广电中心和省综合体育馆等一批标志性工程。

(二) 加强社会保障,促进社会稳定。全面推进社会保险制度改革,基本建成适合社会主义市场经济要求、独立于企事业单位之外、保障方式多层次、资金来源多渠道、管理服务社会化的社会保险体系。推进社会福利、社会救济、优抚安置和社会互助的社会化进程。建立政府主导、民办公助、法人管理、成本核算的新体制。

六、环境资源。

(一) 加强生态环境建设,提高可持续发展能力。以大兴安岭生态保护、松嫩平原生态保护及三江平原湿地保护区为重点,形成以生态示范省建设为中心,生态示范省区(县)乡(镇)金字塔式的生态示范网络。加强基本农田保护工作。建立全省农业环境污染监测网,受保护农田面积达到905万公顷。开展封山育林、植树造林和退耕还林。全省森林覆盖率提高到45.4%。着力抓好松花江、嫩江流域防护林体系工程与界江(河)防护林体系工程,继续建设"三北"防护林工程。搞好草原治理。加强松嫩草原"三化"整治和松嫩草原草场改良建设,实施大庆油田植被恢复与重建示范工程、绥化绿色走廊生态环境建设工程。加大湿地保护力度。加强三江平原湿地保护与管理、天然湿地保护率达到100%,恢复湿地10万公顷。强化生物多样性保护与管理。建立10种重点濒危物种繁育中心。新增自然保护区或保护地面积63万公顷,使保护区面积占全省国土面积的8%,发展生态功能保护区。防止发生不可逆转的生态破坏和退化,加强水土保持建设和矿山生态环境建设。

加大水污染治理力度。到2005年,废水排放量控制在16亿吨,废水中化学耗氧物排放量控制在53.8万吨,工业废水处理率达到100%,工业废水排放达标率达到90%。继续加强松花江流域污染防治。积极推行清洁生产。进一步加强大气污染源治理。到2005年,废气排放量控制在6000亿标立方米,烟尘排放量控制在53万吨,工业粉尘排放量控制在12.4万吨,工业废气处理率达到100%。巩固"一控双达标"成果,到2005年,工业固体废物达到零排放,工业固体废物综合利用率达到68%,危险废物无害化处理率达到98%。

(二)开发保护资源,实现永续利用。重视水资源合理开发利用,建立节水型用水模式。"十五"期间,水资源开发利用,要坚持开源节流、保护并举,以节约为主的方针,在搞好水源工程建设,调整水资源配置的同时,改革水的管理体制,加快建立节水型用水模式。

坚持保护耕地的基本国策,切实保护耕地资源。全面加强耕地资源保护,合理利用土地资源,实行基本农田保护区制度,积极推进城乡和工矿企业土地整理和复垦,确保实现全省耕地总量动态平衡。到2005年,耕地总量保持在1187万公顷。

有序开发利用矿产资源,对重要矿产资源实行强制性保护。鼓励大庆石油企业在老油田周边和深部开展找油工作。加强优质煤、环保煤和特殊煤的精查,鼓励在大小兴安岭地区重要金属矿产集中地勘查和开发适应市场需要的矿产资源,加强矿产储量管理制度建设,提高矿产资源利用率。

安徽省国民经济与社会发展"九五"计划完成情况及"十五"计划介绍

【"九五"计划完成情况】　国民经济继续保持较快增长。"九五"时期,全省国内生产总值年均增长10.4%,高于全国平均水平2个多百分点。2000年地方财政收入178.7亿元,比1995年的83.8亿元增长112.9%,五年平均增长16.3%;全部财政收入达到290.4亿元,比1995年的147亿元增长97.6%,五年平均增长14.6%。有效供给能力进一步增强。粮食综合生产能力基本稳定在2600万吨左右,棉花、油料产量在全国一直位居前列,煤炭、电力、钢铁等主要工业品产量继续提高。

经济结构调整步伐加快。第三产业连续十年保持10%以上的增长速度,在国内生产总值中的比重超过第一产业,构成了产业结构的二、三、一排序。各产业内部结构趋于优化,在农业内部,种植业所占比重由"八五"末的65%下降到2000年的56.7%,养殖业由31%提高到38.3%;电子、机械、新型建材等工业行业发展加快;房地产、旅游、信息等现代服务业出现良好发展势头。所有制结构得到调整,多种所有制经济共同发展的格局初步形成。

重点建设取得新的成就。"九五"累计完成投资3670亿元,是"八五"的2.3倍。五年安排省重点建设项目102个,完成投资445亿元,是"八五"的1.76倍。建成了芜湖长江大桥、马钢H型钢及异型连铸、合肥二电厂、沪蓉高速公路高界段等一批重点项目。五年共加固和新修重要堤防1015公里,增加一级以上公路420公里,改造和建设农村电网台区52000个,新增城市日供水能力65万吨、城市道路1100公里,增加粮食仓储能力33.4亿斤,移民建镇安置7.8万户,完成3000万元以上重点技改项目119个,建设了一批环保、装备国产化项目和高新技术项目。

社会主义市场经济体制初步建立。农村改革继续推进,粮食、棉花流通体制改革逐步完善,全省农村税费改革试点取得阶段性成果。国有企业改革进一步深化,国有大中型企业改革和脱困的目标基本实现，放开搞活小企业取得新的进展。社会保障体制改革进展较快，职工养老、失业保险和城镇居民最低生活保障制度初步建立，农村社会保障制度建设开始启动，城镇住房货币化分配和医疗制度改革等全面展开。政府机构改革稳步推进，公务员队伍得到加强。

开放型经济发展取得新的成就。对外开放的领域和区域继续扩大，全方位对外开放格局初步形成。各类开发区建设取得新的成效，越来越多的生产企业直接参与国际市场竞争。2000年外贸进出口总额预计达到33亿美元，比1995年增长65%，其中出口22亿美元，增长57.8%。"九五"实际利用外资累计35亿美元，比"八五"增长56%，一批有影响的省外和国外大企业在本省投资兴业。本省已有一些企业到境外投资设厂，获得了国外注册。经济技术合作取得新的成绩。

教育和科技事业加快发展。实现了基本普及九年义务教育和基本扫除青壮年文盲的目标；省属普通高校2000年招生数达到7.4万人，在校生达到16.9万人，分别是1995年的3.7倍和3倍。五年共培养大专以上毕业生22.9万人。科技体制改革和科技事业发展取得新的成就。五年共取得省级以上科技成果2500余项，科技创新能力和水平有所提高，传统产业技术改造加快推进，高新技术产业逐步成长。

精神文明和民主法制建设成绩显著。城市文明创建活动持续展开，合肥等城市文明创建经验在全国产生积极影响。全省广播电视周边覆盖工程、村村通广播电视工程、广播电视传输网工程、省图书城、省体育竞赛场馆等精神文明重点建设项目已经建成使用，文化、卫生、体育、广播、影视、新闻、出版、修志等各项事业有新的进步。基层政权组织建设取得显著成绩，村民委员会直接选举普遍实施，社会主义民主法制建设步伐加快，地方法规体系逐步完善。

人民生活水平和质量有所提高。2000年城镇居民人均可支配收入达到5290元，农民人均纯收入达到1940元，分别比1995年增加40%和48.9%。城乡居民居住水平有所提高。农村贫困人口由275万减少到46.4万人(不含因灾返贫人口)。年社会消费品零售总额超过1000亿元，居民消费结构发生新的变化，假日旅游、娱乐健身等消费热点开始出现。计划生育取得显著成绩，2000年全省总人口6276万人，比"九五"计划控制目标少124万人。林业和生态建设取得新成绩。治理环境污染成效明显，淮河、巢湖的水污染初步得到控制，城乡居民的生活环境质量有所改善。

【"十五"计划介绍】 经济总量。国内生产总值年均增长8.5%左右，其中三次产业年均分别增长4%、9%和11%。到2005年，按2000年价格计算的国内生产总值达到4600亿元，人均达到7000元；地方财政收入268亿元，年均增长8.5%，保持财政收支平衡。全社会固定资产投资年均增长11%，五年累计投资6000亿元左右，投资率逐步达到30%以上，民间投资的比例逐步达到50%以上。社会消费品零售总额年均增长9.5%，价格总水平保持基本稳定。

经济结构。产业结构进一步优化，一产比重降低到20%以下，三产比重提高到35%以上。初步建立富有活力的科技创新体系。在提高国有经济控制力、影响力和带动力的同时，使非公有制经济占经济总量的比重达到35%以上。城乡结构有新的改善，市镇人口占全省总人口的比重每年提高1～2个百分点。国民经济和社会信息化程度明显提高。2005年进出口总额达到56亿美元，"十五"时期年均增长11%，其中出口达到35亿美元，年均增长10%；五年累计利用外资45亿美元以上。

人口和就业。人口自然增长率控制在9‰以内，2005年全省总人口控制在6600万以内。2005年全社会从业人员达到3750万人，"十五"时期年均增长1.6%；其中城镇从业人员750万人,年均增长2%。五年新增从业人员290万人,其中城镇新增就业70万人。城镇登记失业率控制在5%左右。

居民收入和生活质量。城镇居民人均可支配收入、农民人均纯收入年均增长5%左右;城镇职工最低工资标准继续有所提高。以住、行为重点的居民生活质量有明显改善。2005年,城镇居民人均住宅建筑面积提高到20平方米以上,农村住宅砖混结构比重增加到85%以上,有线电视入户率和城镇居民计算机普及率分别达到45%和17%左右,鼓励轿车进入家庭。

生态环境。全省森林覆盖率提高到30%,全省新增水土流失治理面积2500平方公里。城市人均公共绿地面积8平方米。逐步提高城市生活污水处理率,工业废水全面实现达标排放,城市大气污染和长江沿岸酸雨得到控制,淮河、巢湖水质继续改善,确保长江、新安江水质良好。

社会发展。"两基"成果得到巩固和提高;"十五"末高中阶段教育和省属普通高校在校生规模均比"九五"末增加1倍以上。婴儿死亡率控制在全国平均水平以内。农村医疗卫生条件进一步改善,城乡文化体育设施增加。社会保险覆盖面有较大幅度提高,民主法制建设提高到新的水平。

江西省国民经济与社会发展"九五"计划完成情况及"十五"计划介绍

【"九五"计划完成情况】　江西省,2000年国内生产总值由1995年的1170亿元上升至2000亿元,增加800多亿元,年均增长9.3%,提前4年实现了比1980年翻两番的目标。全省财政总收入从105.2亿元上升到170.9亿元,年均增长10.2%,其中地方财政收入从64亿元上升到111.2亿元,年均增长11.6%。

"九五"期间,江西省经济结构不断优化,农业的基础地位进一步加强,主要农产品综合生产能力进一步增强。工业稳步发展,汽车、钢铁、有色金属、化工、制药、建材和建筑等行业发展较快,食品工业保持强劲增长势头,电子信息等高新技术产业取得新进展。国有大中型亏损企业三年脱困目标基本实现,2000年江西地方国有及国有控股工业企业已整体扭亏为盈,实现盈利2.03亿元。工业企业技术改造力度加大,五年共完成技术改造投资330亿元,比"八五"期间增长1.5倍。第三产业特别是服务业市场化、社会化程度明显提高,商贸、电信、旅游、金融、信息咨询、社区服务等行业保持了较快的发展势头。2000年一、二、三次产业增加值占国内生产总值的比例为24.2:34.8:41。

基础设施明显改善,电力、交通、通信的"瓶颈"制约基本消除,水利、城市建设等取得新进展。5年间全社会固定资产投资完成2256亿元,年均增长15.6%,在水利、电力、交通、通信等领域先后建成重点项目50个,完成投资351亿元。一批重大工程在此期间相继建成。五年累计整治和加固长江、鄱阳湖等重点江湖岸堤800公里。新增高速公路420公里,改造二级公路3597公里、县乡公路5500公里,大十字型交通骨架初步形成。电力装机总容量达到640.5万千瓦,五年新增189.2万千瓦,从根本上扭转了供电紧张的局面,并全面启动了全省城市电网和农村电网改造工程,已完成66个县的农村电网改造。新增城镇日供水能力100万吨。全省基本实现了县县通油路、村村通广播电视和电话,计算机互联网的用户达到6万多户。各地着力加快城镇化步伐,赣州、吉安、宜春、抚州、上饶已相继撤地设市,在国家支持下,实施了356个国债项目,总投资354亿元,其中使用国债资金130亿元。特别是京九铁路的建成通车,大大改善了江西省的区位条件。1998年以来实施的移民建镇工程取得了重大进展,新(扩)建了58个集镇、219个中心、1176个基层村,60多万滨湖地区群众从根本上免受洪涝灾害之苦,可增加鄱阳湖调蓄洪面积1290平方公里。

各项改革顺利实施,"九五"期间,对大多数国有大中型骨干企业进行了公司制改革,组建了一批企业集团。国有大中型亏损企业三年脱困目标基本实现,多数国有大中型骨干企业初步建立了现代企业制度,5年内有15家企业成功上市,共筹集资金77.4亿元。通过对一部分资不抵债的企业实施兼并破产,共核销呆账59.35亿元。有25户国有大中型企业实现债转股资金76.6亿元,减轻了企业包袱。以公有制为主体、多种所有制经济进一步发展,市场在资源配置中的基础性作用明显增强。在粮价低迷的情况下,依据有关政策,按保护价敞开收购农民余粮,三年共支付粮食风险基金24.5亿元。社会保障工作不断加强,1998年以来,各级政府用于养老保险、下岗职工基本生活保障、失业保险和城镇居民最低生活保障的资金累计达29.3亿元。深化了财税、金融、住房制度改革,全面推开了省级政府机构改革。围绕培植新的经济增长点,全省大力调整和改善所有制结构,非公有制经济得到较快发展,个体私营企业工业产值比五年前增长13.8倍,上交税收增长6.8倍,上交税收占财政收入的比重由"八五"期末的12.8%,上升到17.8%。

对外开放继续扩大,5年间海关进出口总值和旅游创汇分别达到66亿美元和2.2亿美元,利用国(境)外资金27亿美元,比"八五"净增11.85亿美元,增长68.4%,五年引进省外资金238亿元,比"八五"期间增长近5倍。加强与省外大专院校、科研院所的联系和合作,特别是与清华大学开展的省校合作,取得了良好效果,积极调整出口商品结构,对外贸易不断扩大,五年累计出口51亿美元,比"八五"增长42.5%。对外交流进一步扩大,全方位、宽领域、多层次的对外开放格局正在逐步形成。

社会事业全面发展,人口增长得到有效控制,自然增长率下降至10‰以下。劳动和社会保障事业取得显著进展,相继建立了"三条保障线"并提高了保障水平。技术创新和高新技术产业化的步伐加快。成功地实施了高新技术产业重点工程、机电一体化、京九星火产业开发带、良种产业化工程等一大批科技开发工程,取得了一大批科研成果,高新技术产业值已占全省工业产值的10%左右。提前一年达到了基本普及九年制义务教育,基本扫除青壮年文盲,非义务教育和职业教育迅速发展,高校招生规模显著扩大。高校招生规模由1.9万人扩大到5.79万人,2000年全省高考录取率达到52.5%,比"八五"末期提高20个百分点。各类职业教育迅速发展,社会力量办学异军突起,目前民办高校达到46所。文化、卫生、体育、广播影视、新闻出版等各项社会事业取得新的成绩。

人民生活水平进一步提高,5年中,城镇居民人均可支配收入由3376.6元,增加到5104元,农民人均纯收入由1537.4元增加到2135元,年均分别增加350元和120元,扣除价格因素,城镇居民人均可支配收入和农民人均收入实际年均增长5.9%和5.1%。五年减少贫困人口200多万。城镇登记失业率控制在3.5%以内。2000年末,城乡居民人均储蓄存款达到2910元,五年增加近1400元。居民消费水平不断提高,五年社会商品零售总额年均增长11.3%。人民生活质量明显提高,城镇居民人均居住面积达到13.9平方米,农村住宅砖混结构比重达到81%。电话普及率超过10%,有线电视入户率达到26%。

精神文明建设和民主法制建设继续推进,全省群众性精神文明创建活动蓬勃开展,涌现出一大批先进集体和先进个人。民主法制建设进一步加强,立法、执法、法制宣传教育力度加大,政务、厂务、村务公开工作稳步推进。党风廉政建设和反腐败斗争取得了明显的阶段性成果。完善了村民自治制度,推进了社区民主建设,基层民主不断扩大。社会治安基础性工作有所加强,社会持续稳定。

【"十五"计划介绍】 "十五"期间,从江西实际出发,力争实现"三大突破、三大发展":

对外开放有大的突破。全面实施开放带动战略,以大开放促进观念大转变,吸引资金大投入,牵动结构大调整,推动经济大发展。优化投资环境,东引西进南聚,国外、境外、省外"三外"并举,形成全方位、多层次、宽领域的开放型经济格局。

主攻工业有大的突破。加速形成工业主导型的经济增长格局,努力形成大力发展工业的合力和氛围。力争工业总产值占全国的比重上升,名牌产品的市场占有率提高,形成一批全国知名品牌和有影响的企业集团。国有大中型骨干企业的总体效益、科研开发、经营管理水平等有明显提高,重点培植年销售收入超过50亿元的企业集团。发展非国有工业和接替沿海产业转移有实质性进展。重点产品和重点行业的竞争力显著增强。

城镇化发展有大的突破。进一步强化南昌市在全省城镇体系中的中心地位,力争使九江、赣州、景德镇成为城区人口50万人以上的大城市,萍乡、新余、鹰潭、宜春、上饶、吉安、抚州成为城区人口30万人以上的中等城市。加快现有小城市的发展步伐,建成一批重点镇,搞好京九经济带的建设,实现大中小城市合理布局,全面推进城镇化进程。

县域经济有大的发展。以城乡居民增收、财政增长为中心,以富民强县为目标,初步形成结构比较合理、优势产业突出、经济特色鲜明的县域经济发展新格局。

科技教育有大的发展。以企业为主体的技术创新体系基本建立,全省科技进步综合水平在全国排位前移,高新技术产业增加值占国内生产总值的比重提高。高标准实施九年义务教育,城镇初中毕业生基本升入高中阶段就学,加快发展高等教育,构建终身教育体系框架,力争全省教育达到全国中上水平。

非公有制经济有大的发展。拓宽非公有制经济投资领域,清除制约非公有制经济发展的障碍,形成有利于加快非公有制经济发展的社会环境。"十五"期末,力争非公有制经济在全省工业总产值和财政收入中的比重有较大提高,并形成一批年销售收入超亿元、税收额超千万元的私营企业。充分发挥非公有制经济在满足社会需要、扩大劳动就业、促进经济结构调整和市场机制形成等方面的重要作用。

"十五"期间,江西国民经济和社会发展的主要奋斗目标是:国民经济保持快速健康发展,主要经济指标的增长速度高于全国平均水平,努力实现国内生产总值年均增长8%,为到2010年实现人均国内生产总值比2000年翻一番奠定坚实基础;经济结构调整取得明显成效,农业基础地位进一步加强,工业经济实力显著壮大,服务业水平大幅度提高,经济综合竞争力明显增强;完善社会主义市场经济体制迈出实质性步伐,国有企业建立现代企业制度取得重大进展,社会保障制度比较健全;就业渠道拓宽,城乡居民收入和财政收入显著增加,人民群众物质文化生活有较大改善,生态建设和环境保护得到加强;科技教育加快发展,国民素质进一步提高,精神文明建设和民主法制建设取得明显进展。

河南省国民经济与社会发展"九五"计划完成情况及"十五"计划介绍

【"九五"计划完成情况】 "九五"期间河南省国民经济持续快速健康发展。2000年国内生产总值达到5126亿元，年均增长10.1%，人均国内生产总值2000年达到5443元左右，三次产业结构由“八五”末的25.4:47.3:27.3调整为“九五”末的22.6:47:30.4。2000年全省地方一般预算收入达到241.2亿元，年均增长14.1 %。贫困人口由1995年的560万人减少到150万人。

农业和农村经济全面发展。农业生产条件进一步改善，综合生产能力显著提高。有效灌溉面积由1995年的6066万亩增加到7153万亩，旱涝保收田面积由4818万亩增加到5500万亩，占全省耕地面积的比重分别达到69.9%和53.7%。粮食产量连续五年保持在3800万吨以上，高效经济作物比重进一步上升，优质专用小麦面积达到852万亩。畜牧养殖业占农业增加值的比重由1995年的29.1%上升到35%，农副产品加工业产值占农村工业总产值的比重也达到35%。

工业化进程加快。“九五”期间河南省工业增加值年均增长11%左右，通过产品结构调整，培育壮大了一批在国内外市场有较强竞争力的骨干企业；主要工业品产量大幅度提高，原煤产量达到7800万吨，原油550万吨，发电量710亿千瓦时，氧化铝130万吨，电解铝45万吨，电冰箱160万台，化肥(折纯)245万吨，水泥3800万吨，卷烟297万箱，轮胎580万套。

第三产业结构明显改善，产业素质进一步提高。“九五”期间第三产业增加值年均增长10%左右。旅游、房地产发展较快，正逐步成为新的经济增长点。2000年旅游外汇收入达到12390万美元，年均增长15%。通信业迅猛发展，电话普及率由1995年的2.03%上升到9.64%。市场建设日趋规范化、现代化，金融监管明显加强，金融市场有序发展。金融机构存、贷款余额分别达到4753.41亿元和4356.94亿元。

基础设施建设进一步加强。“九五”期间，固定资产投资五年累计完成6220亿元，能源建设，新增电力装机容量570万千瓦，累计发电装机容量达到1550万千瓦。全省129个县区的农村电网和18个城市电网改造全面展开，已有43个县完成了农网改造任务。高速公路建设步伐加快，新增高速公路通车里程275公里，累计达到505公里；在建规模1091.3公里。城市水、电、路、气等基础设施得到改善，新增日供水能力200万吨、日污水处理能力110万吨。郑州新郑机场、郑州火车站三期等工程相继建成投入使用。全省通过粮库建设，新增粮食仓容25亿公斤。全省农村基本实现了村村通电、通路、通广播电视。

人民生活质量明显提高。“九五”期间年均人口自然增长率为7.55‰，比“八五”低0.58个千分点，城镇居民人均可支配收入达到4766.26元，比1995年实际增加1467元，年均增长6.6%。农民人均纯收入达到1985.82元，比1995年增加754元，年均增长7.6%。城镇人均居住面积由“八五”末的11.97平方米增加到2000年的13.5平方米，增加1.53平方米。

科技、教育等社会事业全面发展。“九五”期间新建成国家级工程技术中心11个、工程研究中心2个。郑州、洛阳等3个高新技术开发区发展势头良好。据测算，科技进步对经济增长的贡献率由1995年的40.7%上升到45%左右。基本实现了普及九年制义务教育、基本扫除青壮年文盲的目标。普通高等学校在校生达到26万人。每万人口拥有高等教育在校生数由1995年的29人增加到2000年的64人，高等教育毛入学率由4.49%增加到8%。高等教育结构调整取得进展，通过现有部分学校重组合并，组建了新的郑州大学和河南大学。建设了河南博物院、省人民医院病房楼和河医一附院病房楼、河南报业大厦等一批文化、卫生设施项目。

体制改革不断深化。推进企业改组、兼并、联合，组建了一批大的企业集团；一批骨干大中型企业初步建立了现代企业制度，股票上市企业由“八五”末的3家增加到25家。截止目前，已完成改制的小企业已达76%。企业竞争实力不断增强,销售收入50亿元以上的企业3家(洛阳石化、双汇、安钢),20亿元以上的8家,实现利税超亿元的企业35家。养老、失业和医疗保险等社会保障制度逐步建立。各类要素市场建设加快,市场配置资源的基础性作用明显增强。政府机构改革和其它经济体制改革取得明显成效。

对外开放程度进一步扩大。"九五"出口累计达到62.43亿美元,利用外资56.8亿美元(其中外商直接投资28.2亿美元,利用国外贷款28.6亿美元),旅游外汇收入4.99亿美元,对外工程承包和国际劳务合作营业额3.68亿美元,分别比"八五"累计增加12亿美元、22.7亿美元、2.27亿美元和1.27亿美元。成功地组织了豫粤、豫沪等经济技术合作活动,全方位对外开放的格局已经形成。

【"十五"计划介绍】 "十五"期间宏观经济的主要预期目标:经济增长速度年均增长8%以上,力争达到9%。到2005年,按2000年价格计算的国内生产总值达到7700亿元,人均国内生产总值达到7800元,相当于全国平均水平的85%左右,与"九五"末相比,人均水平与全国的差距缩小约7.5个百分点。财政收入占国内生产总值的比重有所提高。城镇登记失业率控制在5%以内。

经济结构调整的主要预期目标:积极推动经济结构的战略性调整,促进产业结构优化升级。"十五"末,一、二、三产业结构为20:45:35;农业劳动力在全省劳动力中的比重下降到50%左右;全省规模以上工业经济效益综合指数和全社会劳动生产率明显提高;经济社会信息化程度显著提高;城镇化进程加快,新增城镇人口700万人,其中转移农村人口600万人,"十五"末,城镇人口达到3200万人,城镇化水平达到32%左右。

基础设施建设的主要预期目标:到2005年,黄河下游堤防防洪标准达到1000年一遇;淮河干流堤防防洪标准达到10年一遇;"十五"期间,新增节水灌溉面积1540万亩,有效灌溉面积150万亩,旱涝保收田面积500万亩;五年新增高速公路1500公里以上,铁路营运里程580公里,发电机组容量500万千瓦。

科技教育发展的预期目标:2005年,全社会研究开发经费占国内生产总值的比重力争达到1.5%,科技创新能力增强,技术进步加快。各级各类教育加快发展,人民受教育程度普遍提高,基本普及九年制义务教育的成果进一步巩固。"十五"末,全省高中阶段教育毛入学率达到55%左右,在校生规模由2000年的70万人扩大到140万人;高等教育毛入学率达到13%左右,普通高校在校生规模由2000年的26万人力争扩大到50万人。

可持续发展的主要预期目标:人口自然增长率控制在8.5‰以下,2005年全省总人口控制在9860万人以内;森林覆盖率提高到22%左右,城市建成区绿化覆盖率达到35%左右,水土流失和荒漠化趋势得到控制;城市污水集中处理率达到45%以上,城市燃气化率达到80%以上,城市垃圾无害化处理率达到85%以上;工业污染点源全部实现达标排放,黄河干流、淮河干流国控断面稳定达到地表水环境质量Ⅲ类标准,城市饮用水水源得到有效保护,城乡居民饮用水水质得到切实改善。

提高人民生活水平的主要预期目标:居民收入和生活质量有较大提高,社会公共服务比较完善。城镇居民人均可支配收入年均增长6%左右,农村居民人均纯收入年均增长5%左右,按2000年价格计算,2005年分别达到6370元和2535元左右。城镇居民人均居住面积增加到15.5平方米。除个别贫困地区外,农村居民基本住上砖混结构住宅。家庭轿车拥有量有所增加。全省电视人口覆盖率达到95%以上。城乡医疗卫生服务设施进一步完善,严重危害人民健康的重大疾病得到有效预防和控制,乡村计划免疫达标率达到98%以上。城乡文化、体育设施继续增加,覆盖面扩大。城镇道路、供排水、供热、供气、污水和垃圾处理等基础设施显著改善。农村饮水困难问题基本得到解决,农村道路有较大改善,社会风气、社会信用和社会秩序明显好转。

湖北省国民经济与社会发展“九五”计划完成情况及“十五”计划介绍

【“九五”计划完成情况】 国民经济保持持续、快速增长。人均国内生产总值在1997年提前实现了比1980年翻两番的目标。“九五”期末,国内生产总值达到4276.3亿元,年均增长10.8%。经济结构调整取得了新进展,三次产业结构由“八五”期末的25.9:43.1:31演变为“九五”期末的15.5:49.7:34.8。“九五”期末,财政收入达到354.6亿元,年均增长14.5%。

各项改革不断深化。国企改革与脱困取得阶段性成果,财税体制改革、投融资体制改革、分配制度改革、科教体制改革、流通体制改革等不断推进,产权制度改革取得重大突破,资本营运成效显著,民营经济发展势头良好,政府机构改革有序推进,社会主义市场经济体制的框架基础已经形成,市场配置资源的基础作用明显增强。

对外开放取得新进展。全省开放格局不断拓展,利用外资方式呈现多元化,外贸出口保持增长。“九五”期间利用外资总额76亿美元,年均增长5.6%;外贸出口总额86亿美元,比“八五”增加14亿美元;出口商品结构进一步改善,工业制成品出口比重由“八五”时期的86%,提高到“九五”时期的92%。

市场体系建设全面展开。生产资料和生活资料、批发和零售等商品市场已形成。要素市场进一步发展,劳动力市场日趋成熟,金融同业拆借和证券交易市场活跃,技术市场初具规模,房地产市场稳步发展。

重点建设成就巨大。水利、交通、通信、电力、生态环境等基础设施建设成效显著。“九五”期间共完成固定资产投资6022.9亿元,年均增长12.8%。一批重点工程的建成,改善了投资环境和生活条件,增强了经济发展的后劲。

人民生活质量进一步提高。“九五”期末农民人均纯收入达到2268.5元,年均增长8.5%,城镇居民人均可支配收入达到5524.5元,年均增长6.6%,居民消费水平不断提高,消费结构渐趋合理。扶贫攻坚实现了消除绝对贫困的预定目标,农村贫困人口减少近370万人。农村居民生活正在稳步迈向小康,城镇居民生活已基本实现从温饱到小康的跨越。

社会发展整体水平有较大提高。人口增长得到有效控制,人口素质得到较大提高,科技创新能力逐步增强,教育特别是高等教育发展迅速,文化、卫生、体育、新闻、出版、档案、广播、电视、劳动和社会保障等各项社会事业全面发展。“九五”期末,全省总人口达到5960万人,年均人口自然增长率6.5‰,人均预期寿命71岁,城镇登记失业率3.5%,城镇化水平33%,高等教育入学率14%,广播、电视综合覆盖率分别达到93.5%和93%。

【“十五”计划介绍】 “十五”时期,湖北省经济和社会发展战略目标:预计“十五”期间国内生产总值年均增长8%以上,其中第一产业年均增长3.5%,第二产业年均增长9%,第三产业年均增长9.5%;人均国内生产总值年均增长7%以上;全社会固定资产投资总规模9300亿元左右,年均增长9%左右。2005年社会消费品零售总额达到2880亿元左右,年均增长10%;出口总额达到31亿美元左右,年均增长10%。“十五”期间利用外资总额100亿美元左右,年均增长8%;财政收入年均增长9%。三次产业占国内生产总值的比重为11.5:51:37.5,基础设施进一步完善,区域经济协调发展,城镇化进程加快,城镇化水平达到38%左右,经济和社会信息化水平显著提高。人民生活质量和水平进一步提高，建立起比较完善的基本公共服务体系。城镇居民人均可支配收入和农民人均纯收入年均分别增长8%和5.5%；城乡劳动力就业增加，城镇登记失业率控制在5%左右；城镇居民人均居住面积达到15平方米以上；人均期望寿命达到73岁；建立独立于企事业单位之外、资金来源多元化、保障制度规范化、管理服务社会化的社会保障体系；广播、电视综合覆盖率均达到96%；城乡医疗卫生服务设施进一步改善，严重危害人民健康的重大疾病得到有效预防与控制；城乡文化、体育设施增加，覆盖面扩大。全社会研究与开发经费占国内生产总值的比例提高到1.5%以上，科技创新能力显著增强，科技进步加快，高技术产业增加值占国内生产总值的比重达到10%以上，科技进步对经济增长的贡献率达到50%；各级各类教育加快发展，普及九年义务教育，大中城市和经济发展水平较高的县、市基本普及高中阶段教育，高等教育入学率达到18%以上，学龄儿童入学率达到99.9%。总人口控制在6200万人以内，人口自然增长率控制在8‰以内；生态环境进一步改善，森林覆盖率达到30%，城市人均公共绿地面积达到10平方米，水土流失面积控制在55870平方公里以内。城乡环境质量改善，城市空气环境质量控制在Ⅱ级，城市垃圾无害化处理率达到75%，城市污水集中处理率达到40%。

主要任务和政策措施:加快经济结构的战略性调整,提高国民经济的整体实力和竞争力。巩固和加强农业基础地位,推进农业和农村经济结构战略性调整。大力发展优质高效农业。重点培植优势产品、优质产品、特色产品和绿色食品,着力提高农产品的商品率、优势率、转化增值率。合理调整种植业结构,积极发展畜牧业、林业、水产业。发挥各地农业的比较优势,大力发展具有区域特色的主导产业。切实抓好“种子工程”建设,完善以科技服务和信息服务为重点的农业社会化服务体系。加快农业科技园区建设,重点抓好大中城市郊区不同类型的农业高新技术产业园。积极发展花卉产业、设施农业、观光农业和高效创汇农业。深入推进农业产业化经营。紧紧围绕扩大农副产品精深加工,着力培植、发展和引进一批农业产业化龙头企业。重点支持农业高新技术龙头企业,使之发展成为研究、开发、生产、销售一体化的企业集团。加快乡镇企业二次创业。积极引导乡镇企业抓好制度创新、结构创新、技术创新和管理创新,提高整体素质和水平,增强发展活力和后劲。把推进乡镇企业二次创业与加快小城镇建设有机结合起来,鼓励乡镇企业向小城镇集中。

以高新技术产业化、传统产业现代化为目标,加快工业结构战略性调整。改造和提升传统产业。多渠道筹措技改资金,加大技改力度,紧紧围绕增加品种、改进质量、提高效益、防治污染和扩大出口,广泛运用高新技术和先进适用技术,加快对汽车、钢铁、建材、化工、轻纺等传统产业的技术改造,有重点地改造一批骨干企业。大力振兴装备制造业,依托重点技术改造和重大工程项目,推进机电一体化,提高设计和制造水平,为国民经济提供先进和成套的技术装备。加快发展高新技术产业。重点是加快发展光电子信息、生物工程与新医药、新材料等高新技术产业,尤其是抓好光电网络设备及器件、软件、生物医药、信息材料、数控系统及设备、先进节能环保等技术产品的发展。加快高新技术开发区和沿江高新技术产业带建设,强化东湖高新技术开发区的龙头作用,整合、重组区内外研发、产业、人才、资金等要素,把大学科技园、海外学子创业园、软件园及南湖高科技农业园建成全国一流的高新技术产业园。初步建成国家光电子信息产业和生物技术基地。按照专业化协作和规模经济原则,加快企业组织结构调整,着力培植一批大公司、大集团,提高产业集中度和产品开发能力。加大实施精品名牌战略力度,提高名优产品比重。

加快发展第三产业,提高第三产业在国民

经济中的比重。进一步放宽政策,放开经营范围,鼓励各种经济成份以资金、房产、设备、技术、信息、劳务等投入第三产业。大力发展信息、咨询、金融、会计、法律服务等现代服务业。积极运用现代经营方式和服务技术改造商贸流通、交通运输、市政服务等传统服务业。积极发展房地产业。深化住房制度改革,抓好住房建设,规范物业管理,拓展住房信用消费,活跃交易市场,促进住宅产业发展壮大。坚持突破性发展旅游业,着力开发以长江三峡、武当山、神农架等为重点的一批在海内外有影响的精品,完善旅游配套设施和产业网络体系。加快发展社区服务业,引导文化娱乐、教育培训、体育健身、卫生保健等产业的发展。坚持服务业市场化、社会化取向,加快推进机关、学校和企事业单位后勤服务社会化。

大力推进国民经济和社会信息化进程,以信息化带动工业化。加快现代信息基础设施建设,启动"数字湖北"工程,建立高速、宽带、大容量传输网,着力构建全省现代信息大通道。大力发展信息产业。加快推进光电子技术、通信技术、激光技术的产业化,加快通信系统、新型元器件、计算机及网络产品、数字视听产品等电子信息产品制造业的发展。加强信息资源开发和信息技术的推广应用。大力推进政府行政管理、社会公共事务、企业管理和家庭与社区的信息化。积极运用信息技术提高传统产业生产和服务的自动化、智能化、网络化水平。加快建设武汉电子商务宽带网络平台,在金融、贸易、证券等领域推行电子商务。

加强基础设施建设,进一步改善经济社会发展的条件。水利基础设施方面,重点抓好长江、汉江干堤整治、病险水库整险加固、洪湖分蓄洪二期工程、鄂北岗地节水灌溉工程、鄂西北山区积水工程等一批重点项目的建设。交通基础设施方面,以公路建设为重点,围绕高速化、立体化、网络化、智能化的目标,加快建设形成畅通、安全、便捷的现代综合运输体系。基本实现从武汉连通邻省的省会城市。加快公路网改造升级,从武汉到市州县全部通达二级以上公路,铁路重点抓好东西走向铁路的建设,构筑沿江铁路通道;强化省域铁路在全国路网中的重要枢纽作用。航运重点抓机场建设,尽快将武汉天河机场建成国家枢纽机场和国际机场。水运重点抓好"三江一网"(长江、汉江、清江,江汉平原航道网)、三峡库区水运复建工程以及重点港口建设。电力基础设施方面,继续做好支援和服务三峡工程建设的各项工作,确保三峡工程按期建成。建成全国最大水电基地和电力调度中心。邮电通信方面,重点抓好 GSM 移动通信网扩容、武汉第二长途电信枢纽等工程,加快有线广播电视、移动通信、数据通信、多媒体通信的发展。生态环境建设方面,重点抓好 21 个县市的天然林保护工程、鄂西部分县市的退耕还林还草试点工程和长江中下游防护林等重点工程。社会公共设施方面,重点抓好省博物馆二期、湖北广播大楼、图书出版文化城、武汉国际会展中心等一批工程。

湖南省国民经济与社会发展"九五"计划完成情况及"十五"计划介绍

【"九五"计划完成情况】 湖南省"九五"期间国民经济综合实力不断增强。到 2000 年,国内生产总值达到 3692 亿元,年均增长 9.7%。财政总收入达到 318 亿元,年均增长 9.3%;人均国内生产总值达到 5620 元,年均增长 9%。三次产业结构由 31.9:35.9:32.2 调整到 21.1:39.8:39.1。高新技术产业增加值占工业增加值比重由 6.1%提高到 12.6%。

基础设施“瓶颈”制约有效缓解。五年累计完成全社会固定资产投资4251亿元,年均增长15.3%。交通、电力、水利、通信、城建等一批基础设施重点项目相继投产,城乡面貌大为改观,经济发展后劲明显增强。

改革开放迈出实质性步伐。社会主义市场经济体制框架初步建立,市场机制在资源配置中日益发挥基础性作用。国有企业改革和脱困三年目标基本实现。多种所有制经济共同发展的格局基本形成,非公有制经济占全省经济总量比重达到40%,比1995年提高15个百分点,住房、社会保障和政府机构改革取得明显成效,五年累计实际利用外资58亿美元,进出口总额98亿美元。

五年共完成科技成果4000多项,其中国家级104项,省级科技进步奖1200多项,取得了超级稻、银河Ⅲ型巨型计算机、克隆神经耳基因等一批居国际先进水平的科技成果。全省小学学龄儿童入学率达到98%,大部分地区基本实现九年义务教育。大中专在校学生由31.65万人增加到50万人。计划生育成绩显著,人口自然增长率控制在5.5‰以内。电视、体育、出版事业跨入全国先进行列,社会主义民主法制和精神文明建设进一步加强。

人民生活得到较大改善。城镇居民人均可支配收入由4705元增加到6170元,农民人均纯收入由1425元增加到2233元。生活质量不断提高,城镇居民人均居住面积由7.75平方米增加到11.37平方米,扶贫攻坚成效显著,五年共减少贫困人口3000万人。

【“十五”计划介绍】　经济发展。五年年均经济增长速度为9%,到2005年按2000年价格计算的国内生产总值达到5700亿元,人均国内生产总值达到8450元。财政总收入达到500亿元。三次产业结构调整到15:44:41。城镇化水平达到36%。社会消费品零售总额达到2200亿元。五年累计全社会固定资产投资7300亿元,进出口总额165亿美元。城镇登记失业率控制在5%左右。

社会进步。2005年,人口控制在6800万人以内。科技、教育、文化、体育、医疗等设施条件进一步改善。基本普及九年义务教育的成果进一步巩固,初中毕业生升学率、高等教育毛入学率分别达到70%和13%。科技进步对经济增长的贡献率达到50%以上。广播、电视人口覆盖率分别达到90%和95%。

人民生活。城镇居民人均可支配收入、农民人均可支配收入分别达到8250元和2780元。城镇、农村居民恩格尔系数分别下降到35%和50%。城镇居民人均居住面积增加到15平方米。电话普及率达到31%。城镇职工各类社会保险基本实现全覆盖。居民生活质量和基本公共服务水平有较大提高。

生态环境。森林覆盖率达到54%,城市建成区绿化覆盖率达到35%,城市燃气普及率达到85%,城市垃圾无害化处理和污水集中处理率分别提高到60%和40%。

产业结构调整。以农业产业化为主要途径,加快数量型农业向质量效益型农业转变。到2005年,农产品优质品率达到54%左右,养殖业产值占农业总产值的比重提高到51%以上,农产品加工产值与农业总产值的比例达到1:1,农村非农产业总产值占农村社会总产值的比重达到84%,农村人口向城镇转移450万人以上。

改造提升传统工业。鼓励企业采用高新技术和先进适用技术,改造提升冶金、机械、石化、食品、医药、建材、轻工、纺织等具有相对优势的产业。依法关闭质量低劣、浪费资源、污染严重、不具备安全生产条件的厂矿;淘汰落后设备、技术和工艺,压缩过剩的生产能力;积极稳妥地关闭资源枯竭的矿山。“十五”期间技术改造投资1500亿元。到2005年,大部分大型企业和企业集团在产品质量、技术工艺、生产装备等方面达到国内先进水平,少数达到或接近国际先进水平;大中型企业的产值、利税分别占全省规模以上工业的60%和80%左右。

培育壮大高新技术产业。重点发展电子信息新材料、生物工程和先进制造技术产业。

到2005年,力争高新技术产业增加值占工业增加值的比重达到30%。

大力发展服务业。调整提升商贸业;培育壮大金融业;加快发展旅游业;积极发展房地产业;着力开发文化产业。

优化企业组织结构。加快培育大型企业(集团),大力支持中小企业发展,使之形成产业内适度集中、企业间充分竞争、大企业为主导、大中小企业协调发展的格局。

基础设施建设。建立有效的水利设施体系。坚持除害兴利结合、防洪抗旱并举,树立资源水利观念,在治理水患的同时,合理开发和利用水资源。到2005年,洞庭湖区主要防洪大堤达到长江流域规划设计防洪标准,长沙主城区防洪标准达到200年一遇,岳阳、益阳、常德主城区达到100年一遇,桃江、安乡18个县城达到20年一遇。与此同时,加快四水流域综合整治。逐步缓解湘南、娄邵、湘西地区的干旱问题。解决120万偏僻山区贫困人口饮水困难。

构筑便捷的综合交通体系。优先建设国道主干线及国省道重要经济干线。到2005年,高速公路达到1775公里,二级以上标准公路达1万公里,95%的行政村通公路。加快建设洛湛铁路湖南段和渝怀铁路湖南段,抓紧做好贵福铁路的前期工作。配合实施技柳线电气化改造工程。重点抓好湘江航运综合治理三期工程株洲航电枢纽、洞庭湖区常德至岳阳鲇鱼口航运建设和长沙主枢纽港霞凝港区工程,形成三至四级通江达海的航道网。加快张家界荷花机场改扩建,完善配套长沙黄花机场。根据条件,争取新建1至2个支线机场。

完善稳定的能源保障体系。加快以沼气为重点的农村能源建设。调整电力结构,加强城乡电网建设与改造。以三峡送变电工程建设及与广东联网为契机,建设500千伏主网框架,形成适应电网运行、满足用电需求的220千伏双环网。重点建设和改造长沙、益阳、衡阳500千伏输变电工程,湘潭500千伏开关站,郴州500千伏直流换流站,芙蓉、祁阳、黔城等34个220千伏输变电工程。加快110千伏及以下城乡电网建设。新增发电装机300万千瓦。火电布局优先考虑负荷中心和坑口大机组火电建设,加快益阳电厂、耒阳二期、株洲电厂技改、鲇鱼江电厂和金竹山电厂扩建工程建设。水电重点实施沅水流域开发,合理安排洪江、碗米坡电站的投产进度,争取开工建设三板溪沅水龙头电站。鼓励热电联产和综合利用发电。继续推进煤炭全行业结构调整,实行资源保护性开采。发展洁净煤技术,提高煤炭质量,加大多种经营投入,推动资源枯竭的煤矿尽快转产。实施川气入湘工程,加快岳阳、长沙、株洲、湘潭四市利用天然气,优化工业能源结构,提高天然气消费比重,改善城市环境质量。

加强现代信息网络体系建设。充分利用现有网络资源,加快建设以光纤传输网为主干、数字微波和卫星通讯相结合的干线传输网络。到2005年,光缆总长度达到19.5万公里,固定交换设备总数1327万门,移动通信交换设备总容量1013万户。推动信息技术在经济社会各个领域的应用,重点实施"数字湖南"、电子政务、电子商务、网上教育、社会保障等五大信息系统应用工程。面向居民消费,提供多样化的信息产品和网络服务,争取到2005年,每千人因特网用户数达到50户。

构筑合理的城镇体系。统筹规划各类城镇发展,把铁路干线和高速公路作为城镇发展的重点轴线。突出发展长株潭城市群,引导大中小城市与小城镇协调发展,逐步形成分工有序、功能互补、布局合理的城镇体系。"十五"期间城市化率年均提高1.3个百分点左右,到2005年市镇人口达到2400万人以上。以现有城镇特别是县城和部分基础条件好、发展潜力大的建制镇扩展为主,适当发展新城镇。优先发展沿江、沿路、沿边城镇、大中城市的卫星城镇以及经济活力较强的特色城镇。有计划、有步骤地把现有基础和区位条件较好的小城市扩展为中等城市,具备条件的县城发展为小城市。计划五年投入430亿元以上,用于城镇基础设施建设。

区域经济。优先发展沿京广铁路一线地区及其长、株、潭地区,这一地区经济增长速度要高出全省1个百分点以上。大力推进长株潭经济一体化,在加快统一基础设施建设的同时,制定和实施产业发展规划,使之成为全省经济发展的核心增长极、高新技术产业集聚区和现代化、生态化的网状城市群。三市经济增长速度要高出全省2个百分点,到2005年,争取经济总量占到全省的36%以上。

加大湘西开发和全省扶贫工作力度。加快基础设施和生态环境建设,重视发展科技教育,推进优势资源的合理开发和深度加工,增强自我发展活力。继续抓好其它少数民族地区、革命老区、贫困地区和库区的扶贫工作。坚持开发式扶贫,增加扶贫投入,扩大以工代赈规模,提高扶贫资金使用效益。

加速发展县域经济。大力培育能够带动县域经济发展的主导产业和拳头产品。推进农业产业化经营,发展特色农业、规模农业,提高农副产品加工水平和效益。促进县域工业上规模、上水平、增效益。大力发展非公有制经济,使之成为带动县域经济发展的成长支柱和活力源泉。把引导乡镇企业合理集聚、完善农村市场体系、发展农业产业化经营和社会化服务与小城镇建设结合起来,繁荣小城镇经济。突出县城的集聚功能和辐射带动作用。

对外经济。全方位加快与国际惯例接轨,进一步扩大对外经济贸易。加强对外经济技术交流与合作。扩大有色金属、服装、纺织品等大宗传统产品和劳动密集型工业制成品出口,提高技术含量高、附加值高的机电产品出口比重。"十五"期间出口年均增长10%。配合产业优化升级的要求,加大优新种苗、高新技术、关键设备特别是工业先进技术装备的引进力度。增加省内短缺的资源性产品进口。推动高新技术产品的进口组装。"十五"期间进口年均增长12%。努力提高利用外资水平。加强与世界知名大财团、跨国公司的合资合作,扩大利用外资规模,提高利用外资质量。适应跨国投资发展趋势,发展项目融资、股权投资、企业并购,控索投资基金、证券投资等新的利用外资方式。支持有条件的企业到境外上市。积极利用国际金融组织、外国政府贷款和国际商业贷款。进一步办好开发区,使之成为对外开放的窗口和招商引资的重要基地。对外商投资企业逐步实行国民待遇,切实保护外商的合法权益。争取五年累计利用外资75亿美元。

加强战略性高技术研究开发,集中力量在电子信息、新材料、生物工程、先进制造技术等重点优势领域取得突破,提高自主创新能力。围绕信息、材料、农业、能源与环境、人口与健康等领域的重大科学问题,选择具有一定优势和重大科学坐标或应用前景的关键项目,开展多学科综合研究。

全面推进技术创新。建立以企业为主体的技术创新体系,全面提高企业技术创新能力。

优先发展教育,继续巩固提高和全面普及九年义务教育。全面扫除青壮年文盲。扩大普通高中招生规模,大中城市和经济条件较好的地区逐步普及高中阶段教育。以社会需求为导向,推动中等专业学校、职业高中和技工学校进行教育资源重组,适当发展中等职业教育。扩大高等教育。稳步扩大普通高等教育规模。加强重点和急需学科建设。大力发展硕士、博士研究生教育。重视成人教育;推进素质教育。

增加城乡居民收入。改革和完善工资制度,提高工薪阶层工资待遇,逐步提高城市贫困人口救济补助标准,千方百计提高农民收入。鼓励和引导农民向城镇转移,努力开辟农民增收的新领域、新渠道。深化收入分配制度改革,健全劳动力价格的市场形成机制。鼓励资本、技术等生产要素参与收益分配。规范社会分配秩序,加强对垄断行业收入分配的监管,强化税收对收入分配的调节功能,防止收入分配差距过分拉大。

严格执行计划生育政策,保持全省低生育水平,重点做好农村和流动人口的计划生育工作。加强生殖保健工作和服务设施建设,促进优生优育,提高出生人口素质。积极应对人口老龄化问题。坚持"在保护中开发,在开发中保护"的方针,依法加强土地、矿产、水资源的保护和开发,努力实现国土资源可持续利用。加强自然保护区建设和生物多样性保护。实施天然林保护工程,加快荒山造林,加强防护林体系建设。到2005年,新增治理水土流失面积8000平方公里,退耕还林还草10万公顷,森林蓄积量达到3.49亿立方米。控制新污染,治理老污染。继续实行排污总量控制。加强水资源保护,抓紧治理水污染源。继续以湘江水污染治理为重点,削减重金属污染物排放量,有效控制有机物排放量。严格控制地下水污染,切实保护好饮用水源。加强大气污染防治,实施二氧化硫、酸雨控制区和重点城市大气污染控制工程。推选垃圾无害化与危险废弃的集中处理。强化城市大气污染、水污染、垃圾污染和噪声污染的治理。开展环保教育,完善地方法规,加强执法监督,提高全民环保意识。

专题研究篇

中西部地区"十五"期间区域经济协调发展的基本思路与展望

"十五"期间中西部区域经济协调发展目标与战略转向。

"十五"期间中西部地区经济协调发展应当按照中西部互动协调发展的原则、生态环境与经济协调发展的原则、缩小差距与保持差距的原则、效率与公平并重的原则,确定发展目标与战略转向,在差距中寻求开发动力,在开发中缩小发展差距,力图实现区际公平与地区平衡发展。

一、协调发展目标。确保中西部地区实现"第三步走"的宏伟目标,为逐步实现现代化创造条件。这是中西部地区经济协调发展的首要目标。根据中国科学院 2001 年中国可持续发展战略报告的计算结果,目前中西部地区各省区的现代化水平有几十年的差距,"十五"期间中西部地区要在确保实现"第三步"宏伟目标的同时,努力为逐步实现现代化创造条件。

努力缩小差距,和实现共同致富。中西部地区的协调发展是以实现国家"第三步"宏伟目标为前提的,其核心是在共同发展中逐步缩小地区差距,在差距缩小中首先脱贫致富,特别是西部民族地区和贫困地区的发展要给予充分的关注。

改善生态环境,建设秀美山川,实现可持续发展战略目标。这是中西部地区协调发展长期追求的目标,要求正确处理好生态环境建设与经济发展的相互促进与相互制约关系,在保护中开发,在开发中保护,最终实现生态环境与经济社会的协调发展。

共同应对经济全球化与加入 WTO 的挑战,全面提升中西部地区整体的核心竞争力。顺应经济全球化和加入 WTO 的潮流,通过建立区域性统一市场和全国统一市场,加快产业结构的应急性和战略性调整,在竞争中全面提升中西部地区的核心竞争能力。

二、协调发展的战略转向。"十五"期间中西部区域经济协调发展目标是推行地区经济均衡与协调发展战略,这一战略的长期性使其在实施过程中,在不同的发展阶段有着不同的战略转向。"十五"期间的主要战略转向表现为:

(一)从重视经济增长速度的协调向同时重视投资环境与发展机会的协调转变;从重视经济总量的协调同时向经济运行质量与经济结构调整的协调转变;

(二)从主要重视经济增长向同时注重经济增长与生态环境改善及其二者的协调发展转变;从侧重缩小经济发展差距向同时缩小社会发展差距、科技教育差距、生活水平差距、生态环境质量差距等转变;

(三)从中西部各省区发展各自市场向培育无边界的区域性市场和全国统一大市场转变;从地区封锁保护市场份额向开放市场、公平有序竞争、提高综合竞争力转变;

(四)从主要依靠国家投资项目带动向国家政策支持与市场配置资源和多元化投资主体带动方向转变;

(五)从被动接受对口援助向主动出击挂靠、甘当发展配角的方向转变,树立"不求发财,只求发展"的经营理念;

(六)从发展经济主要依靠资金向同时依靠资金、人才、技术、管理、市场、信息等多种生产要素转变;

(七)从主要靠海上交通通道参与经济全球化向同时依靠海、陆、空立体通道参与经济全球化转变。

"十五"期间区域经济协调发展的基本思路——构筑"丰"字型协调发展格局。

从全国区域经济协调发展的总体空间格

局出发,结合西部大开发战略实施重点领域和以线串点、以点带面、依托亚欧大陆桥、长江水道、西南出海通道的布局原则*,“十五”期间中西部区域经济协调发展的基本思路可归结为构筑“丰”字型协调发展空间格局,即重点建设三大流域经济带,开发四大重点经济核心区,建设一条通达南北的铁路经济带。

一、建设三大流域经济带。从保护三江源头生态环境,推进流域实现可持续发展和流域经济一体化的角度出发,在中西部地区以流域为单元,适当打破行政界限,重点建设几条流域经济带,如黄河流域经济带、长江流域经济带、珠江流域经济带、塔里木河流域经济带、黑河流域经济带,其中黄河、长江、珠江这三大流域经济带东连经济发达的东部地区,西连西部落后地区和少数民族地区,成为我国缩小东、中、西部发展差距和流域上、中、下游发展差距的三大关键廊道。三大流域经济带从北向南依次为:

黄河流域——西陇海兰新经济带。该经济带沿途穿越中西部地区的河南、陕西、山西、甘肃、宁夏、青海、新疆7省区,与西陇海兰新经济带相连,成为我国北方地区最重要的一条东西向经济增长带,也是我国西气东输的一条具有战略意义的经济带。这条流域经济带和西陇海——兰新经济带并行成为缩小我国北方地区东、中、西部发展差距,加快北方地区双向对外开放的一条重要廊道。黄河流域—西陇海兰经济带的东西两口处于对外开放的前沿,对中西部地区走向国际市场创造了十分有利的条件,该经济带广泛分布着煤、石油、天然气、有色金属以及水、森林、生物、农业等资源和郑州、西安、兰州、西宁、银川、乌鲁木齐等大中型城市,应在这些城市之间建立多层次、多形式、多渠道、多途径的联合协作,促使该地带生产要素的合理配置,建立和完善密切联系的经济小区,如淮海经济区、中原经济区、关中经济区、黄河上游多民族经济区和乌鲁木齐经济区等,通过经济小区的发展与联合协作,推动整个流域经济带的崛起。

长江流域经济带。该流域经济带沿途穿越中西部地区的安徽、湖北、江西、湖南、重庆、四川、西藏7省(市、区),成为全国以及中部地区最重要的一条东西向经济增长带,以浦东开发开放为龙头的长江三角洲地区的经济发展、三峡水利枢纽工程的建设、中线“西电东送”工程和南线“西气东输”的相继建设运行,将使这条作为我国新世纪经济发展战略一级轴线的流域经济带实现全流域的崛起,成为缩小我国中部地区东、中、西部发展差距的又一条重要廊道。长江经济带以其突出的综合优势,正在成为中国最具活力的重点建设地区和新世纪中国经济发展的主轴,未来长江经济带的发展将通过20~30年的努力,将其建设成为现代化综合运输通道、重要的能源供应基地、发达的加工工业和基础工业走廊,最终建成亚太地区经济规模最大的流域经济带**。长江上、中、下游地区应从各自的特点和优势出发,以出口为导向,下游重点发展资金、技术密集型的高新技术产业;上中游重点发展外向劳动密集型产业。通过产业结构调整,形成区域间社会生产力合理分工、优势互补、各展所长的新格局。与此同时,在发展过程中,应按照市场经济规律的要求,打破行政界限,建设若干个以中心城市为核心、战略分工明确的各具特色的经济区域,通过各具特色的经济区域的发展,促进整个流域经济的发展,进而带动中西部中间地区经济的全面发展。

珠江流域经济带。该流域经济带沿途穿越中西部地区广西、贵州、云南三省区,与大西南出海通道南昆铁路线并行成为我国南方地区最重要的一条东西向经济增长带,也是我国新世纪经济发展战略重点区域中一条具有战略意义的二级经济发展轴线。1999年底珠江流域经济带的总人口为11595.44万人,占全国总人口的9.21%,国内生产总值达到

---

*《西部指南——12省部长纵论开发战略》,曾培炎等著,中国大百科全书出版社,2000年8月。

**《21世纪长江经济带综合开发》,徐国弟主编,中国计划出版社,1999年2月。

9979.04亿元，占全国的12.18%，是一条正在隆起的经济增长带和少数民族聚居的多民族经济带，同时也是我国南方“西电东送”的重要经济走廊。在我国实施西部大开发战略中，珠江流域经济带肩负着承东启西、东西互补合作的重要纽带与桥梁的重任。建设珠江流域经济带有利于缩小中国南部地区东西部发展差距；有利于按照流域经济一体化的发展思路，推动上、中、下游地区经济的持续协调发展；有利于吸引珠江三角洲、香港、澳门等发达地区的外资，依托外力推动珠江上游地区工业化和城镇化发展步伐；有利于促进我国南方少数民族地区和贫困省区的经济发展，促进各民族团结，繁荣民族地区经济；有利于确保中国南部地区经济社会稳定和国防安全，防止东南亚新月形政治军事敏感地带的冲击，有利于香港、澳门特别行政区的经济繁荣和社会政治稳定。珠江流域经济带中上游地区在继续贯彻执行“西电东送”计划的同时，应在电子元器件工业、生物农药制品工业、农产品深加工、粉煤灰综合利用和珠江源旅游产品开发等方面同下游的珠江三角洲地区展开全方位合作。

上述三大流域经济带在建成经济带的同时，应逐步建成贯通我国东、中、西三大地区的“信息交流带”、“旅游经济带”、“文化传输带”、“物流带”、“技术贸易带”和“人才互补带”，建成中西部地区全方位对外开放的外向型经济发展长廊。

二、开发四大重点经济增长核心区。依托三大流域经济带和主要交通干线，重点建设四大经济核心区，即以武汉为中心的长江中游经济核心区；以重庆、成都为中心的长江上游经济核心区；以西安、兰州为中心的黄河上游多民族经济核心区和以南宁、贵阳、昆明为中心的南贵昆经济核心区。除此而外，还应建设以郑州为中心的中原经济区，以哈尔滨、长春为中心的哈长经济区，以乌鲁木齐为中心的新疆经济区和以山西为中心的能源重化工基地。

以武汉为中心的长江中游经济核心区。该经济核心区包括武汉、南昌、长沙、九江、黄石、荆沙、宜昌、鄂州、黄冈、岳阳、常德等13个地市，其中武汉地处中国经济地理位置的中心，位于我国最大黄金水道长江中游和纵贯南北的京广铁路与京九铁路交互处，建设中的京珠与沪蓉高速公路亦在此交汇，自古至今就有“九省通衢”之称，近代有“东方芝加哥”和“中国匹兹堡”之称，这种通江达海、承东启西、汇聚南北的居中位置，使武汉成为中西部地区经济发展和中国经济由东向西推进的战略支撑点，在21世纪前30年内，武汉将建设成为开放型、多功能、现代化的国际大都市*，为此必须形成以武汉为核心，包括长沙、合肥和南昌在内的城市群体，建设发达的现代化综合交通与通讯网络，整合完善长江中游城市群，培育形成高水平、高效益的优势产业群，努力把以武汉为中心的长江中游经济增长核心区建设成为中西部地区第一个一级经济核心区。

以重庆、成都为中心的长江上游经济核心区。该经济区包括重庆市、成都市、攀枝花、泸州等地市，其中重庆市作为我国新设立的第四个直辖市，是西部大开发的战略重点和长江上游地区经济发展的战略支撑点。未来发展应以老工业基地技术改造为突破口，以三峡库区移民开发与生态经济发展为重点，充分利用丰沛的水能资源，建成我国西部地区和长江上游重要的水电、冶金基地和长江上游新型沿江产业经济带**。

以西安、兰州为中心的黄河上游多民族经济核心区。该经济核心区包括西安、宝鸡、兰州、西宁、银川等大中城市，其中西安应加快老工业基地的技术改造，建设军民兼容型国民经济体系和产业结构体系，加快以电子信息、光机电一体化、现代生物医药、航空航天技术等产业，积极推进用高新技术装备环保产业和改造传统工业，发展优质高效农业和具有古都特色的旅游业。兰州应加快发展壮大石化、有色

*《21世纪与湖北暨武汉论坛论文汇编》，毛汉英，武汉市新世纪发展的战略定位与对策，2000年11月。

**《21世纪长江经济带综合开发》，徐国弟主编，中国计划出版社，1999年2月。

冶金、机电、新材料等产业,建设黄河上游水电基地,有色冶金、新材料基地和综合性高新石化基地。

以南宁、贵阳、昆明为中心的南贵昆经济核心区。该经济区是以南宁、贵阳、昆明三大城市为中心的“三核鼎立”经济区,被列为国家“十五”计划中经济区建设的重点,该经济区要充分发挥南昆铁路这条出海国际通道和珠江流域经济带建设的优势,共同拉动产业链,拓宽产业幅,运用利益新机制进一步加强在水能、有色金属、磷矿石为主的资源开发方面,在以交通、通讯为主的基础设施建设方面和以旅游、生物制药、生态农业为主的产业发展方面的横向经济技术交流与合作,共同开展国际经贸合作,共同增强对东部地区资金、技术、产业等转移的承接能力,努力把南贵昆经济核心区建设成为中西部地区和大西南地区具有战略意义的经济区。

三、建设一条通达南北的铁路经济带。为了充分考虑中部与西部地区的互动平衡发展,将黄河流域经济带、长江流域经济带和珠江流域经济带有机地串为一体,南北互动的以铁路干线为主骨架的铁路经济带拟由包兰—陇海(兰州——宝鸡段)——宝成——成昆铁路干线复合而成,沿途经过呼和浩特、包头、银川、兰州、宝鸡、西安、成都、重庆、昆明等大中城市和省会城市,该经济带以铁路干线为主体,位于中西部地区的中间地带,起着承中启西、以中促西、中西互补的桥梁与纽带作用,有利于中西部地区加强南北向的经济技术合作交流,缩小南北经济发展差距,促进南北经济发展一体化。对这条铁路经济带要全线完成电气化和复线改造,提高运营等级和快速通达能力,作好沿线地区产业结构的战略调整,同时要加强沿线生态环境建设与保护,争取将这条铁路经济带建成中西部地区可持续发展的铁路经济示范带。

四、加快大中城市和较好县城的优先开发,形成若干具有显示度的亮点。中西部地区,尤其是西部地区的自然、人文条件决定了东部沿海地区的“小城镇、大战略”发展思路和通过乡村工业化集聚发展的途径来加快小城镇发展的模式在中西部大部分地区并不适用,而只有通过优先发展大中城市来加速城镇人口集中过程、提高经济社会活动集聚程度和水平。中西部地区的大中城市多为省区地州政府所在地,作为省一级和地区一级的增长中心,这些城市既是区域政治、经济、文化中心,又是联系城乡的纽带,具有较强的辐射力和带动功能,它们在区域竞争中发挥着主力军的作用。在发展大中城市的同时,重视县域的开发,县城一头连着城市,一头连着农村,只有县城发展了才能依托广大农村并带动广大农村发展,因此中西部地区小城镇建设的重点应是县城关镇的建设与发展。

“十五”期间中西部区域经济协调发展的展望与建议。

一、中西部区域经济协调发展的展望。“丰”字型空间协调发展格局将最终形成。通过“十五”期间的协调发展,中西部地区经济发展的主骨架将逐步搭建起来,成为我国网络型经济体系的重要组成部分。四大经济增长核心区的建设将形成一定规模,“十五”期间制定的经济社会和生态环境建设目标将由此保证得以实现,基础设施建设将会取得突破性进展,生态环境与投资环境将会得到明显改善,居民生活福利水平得到显著提高。所有这些都将逐步缩小东、中、西部地区之间以及中西部地区内部各省区、地区之间的发展差距,为实现未来的现代化奠定坚实的经济技术基础。

城乡协调发展的新亮点陆续出现。中西部地区内部各民族之间、各城镇之间将在新的政策制度与市场经济条件下得到协调发展,将逐步形成规模等级合理、职能分工明确、建设特色突出的城镇体系,并出现一系列发达的小城镇,成为连接中西部地区城乡协调发展的新亮点。

新的沿河、沿桥、沿边、沿路的“四沿”对外开放格局伴随西部大开发战略的实施将逐步形成,对外开放力度不断加大,引进外资建设中西部地区的额度逐步提高。中西部地区参与国际国内竞争的核心竞争能力将会大大提高,逐步成为全球经济的重要组成部分,在经济全球化活动中扮演的角色和发挥的作用日益突出。

二、中西部区域经济协调发展的几点建议。

(一)建议编制或修订《大江大河流域经济带总体发展规划》。规划要适当打破行政界限,按照流域经济学的基本观点,对全流域在全国甚至国际劳动地域分工中的地位、资源开发、经济发展、生态建设、环境保护、对外开放、招商引资、重大建设项目布点、流域经济增长极、流域产业结构调整优化等做出详尽科学的分析,突出经济联合互补,推进流域经济发展一体化,形成流域上、中、下游分工合理、专业明确、互惠互利、共享自然的产业组织体系和空间共生体系。把三大流域经济带建设成为国家及中西部地区新世纪经济发展的战略重点轴线。

(二)大力发展配角经济和非公有制经济。在中西部地区经济协调发展过程中,一定要树立"你发财,我发展"的思想,按照"旅游搭台,经贸唱戏,东西互补,整体共荣"的发展思路,中西部地区主动出击挂靠,甘当东部地区经济发展配角,大力发展配角经济,形成一种"你中有我,我中有你"的开放式产业结构优化组合格局。唯有这样,才能从思想和行动上彻底缩小地区发展差距。另外,要下大力气发展非公有制经济,以股份资本为纽带,打破国有、集体、个体等各种经济成分的界限,打破第一、二、三产业的界限,鼓励企业在激烈竞争的市场中不断的"杂交",混合优化,最终实现"优生优育",成为充满生机活力的"混血儿"。

(三)建立规范的财政转移支付制度。由于中西部地区和东部地区在政府的财政能力方面存在着明显的差距,因此由中央财政实施财政转移支付,对于缩小地方政府所提供的公共服务水平的差距,协调地区发展非常必要。出于对实施西部大开发的需要,有必要在实行"分税制"的基础上,动态核算东、中、西部地区各省区基准财政收入额和基准财政支出额,若支出高于收入,则由中央财政以转移支付的形式将超支部分予以补齐*。通过建立规范的财政转移支付制度,促进地区经济协调发展。

中西部地区的可持续发展

我国的可持续发展强调以人为本,以发展经济、全面提高人民的生活质量为核心,保障人与自然、人与环境和谐共存的发展;在发展目标上既要提高全体人民生活水平,又要提高自身素质,改善生存和生活环境,提高生活质量;在发展方式上既要保证经济的持续、快速、健康发展,又要使自然资源和环境得到永续利用和保护,最终达到环境和发展的协调一致。

作为一个发展中国家,提高社会生产力、增强综合国力和提高人民生活水平是我们长期的任务,同时我们面临着人口基数大、资源相对短缺和生态环境脆弱的现实国情,这就决定了我国实施可持续发展战略是一项长期的、艰巨的任务,要牢固树立"打持久战"的思想,逐步推进。经过几年的努力,我国从组织管理、计划规划、宣传教育、试点示范及国际合作方面推动可持续发展的实施,并取得初步进展。

"九五"期间,党中央、国务院高度重视生态建设和环境保护等可持续发展方面的工作。党中央每年召开人口、资源、环境工作座谈会,对全面推动可持续发展战略的实施起到了积极的作用。国家颁布了一系列有关生态、环境、资源方面的法律、法规,为强化环境监督执法、制裁环境犯罪行为提供了强有力的法律依据。国务院积极推进《中国21世纪议程》的实

* 《中国人口资源与环境》,林家彬,关于"十五"期间区域发展战略的建议,2000年第3期。

施,作出了《关于环境保护若干问题的决定》,批准并实施了《全国生态环境建设规划》。经过全社会的共同努力,生态建设和环境保护工作取得重大进展。这些都为中西部的可持续发展提供了政策基础。

一、"九五"及2000年取得的主要成就

按照"九五"计划制定的目标和任务,经全党和全国人民的不懈努力,我国的人口、资源、环境工作取得了一定的成绩和进展。

(一) 人口增长得到有效控制,素质不断提高。人口自然增长率由1995年的10.55‰下降到1998年的9.53‰,首次低于10‰;2000年第五次全国人口普查人口数为126583万人,基本实现"九五"计划制定的到2000年全国总人口控制在13亿以内的目标。这标志着我国在较低的收入条件下,在发展中国家率先进入低出生率、低死亡率、低自然增长率阶段,实现了人口转变的重大历史性飞跃。在控制人口数量的同时,人口素质有所提高。全国基本实现普及九年义务教育和基本扫除青壮年文盲的"两基"教育目标,中等职业教育有了进一步的发展,高等教育的规模显著扩大。

(二) 资源管理得到加强,资源利用效率和综合利用水平有所提高。根据新的《土地管理法》,在合理利用土地和切实保护耕地方面取得了显著成绩,建设占有耕地逐年减少。通过实施土地用途管制,加大执法监察力度,乱占耕地的势头得到控制。水资源利用水平显著提高,节约用水取得进展,基本保证了经济的快速发展和人民生活水平的提高。水资源的管理正在从传统水利向现代水利转变,通过优化配置、合理开发、节约用水和水价改革,基本保证了经济快速发展和人民生活水平提高对水资源的需求。在全国范围开展了矿业秩序治理整顿工作,矿业的无序状态得到了初步扭转。国家采取优惠的经济政策,鼓励废弃物资源化,资源综合利用水平明显提高。通过全国范围的矿业秩序治理整顿,矿业开采的无序状态得到了初步扭转。海洋资源的保护和持续利用水平不断提高,海洋经济正在成为国民经济新的增长点。在国家优惠经济政策的鼓励下,废弃物资源化和资源综合利用水平明显提高。

(三) 环境领域投入力度明显加大,环境污染整治取得阶段性成果,生态环境建设步伐加快。政府采取积极的财政政策,将城市环保基础设施建设作为扩大内需保证经济增长的重要方面;推进了城市污水和垃圾处理收费政策;环境整治融资能力明显提高,对环境保护起到了积极的促进作用。国家确定的"三河"(淮河、辽河、海河)、"三湖"(太湖、滇池、巢湖)、"两区"(酸雨控制区、二氧化硫控制区)、"一市"(北京市)污染防治工作全面展开。根据《国务院关于环境保护若干问题的决定》,结合产业结构调整和技术改造,关闭取缔了能耗高、污染重、破坏资源与环境的"十五小"企业8.4万多家,对降低污染物排放总量,控制环境质量恶化局面起到了重要作用。

(四) 生态建设步伐加快。国务院先后批准了《全国自然保护区规划》和《全国生态环境建设规划》,并加强了"三北"防护林、长江中上游防护林、沿海防护林等一系列林业生态工程的建设。1998年国家加大了天然林保护工程实施范围和保护力度,四川、云南、黑龙江、山西、甘肃、内蒙古、广西等省区先后宣布立即停止采伐天然林、水源林、防护林。黄河、长江等七大流域加强了水土流失综合治理,启动了长江、黄河和严重荒漠化地区重点生态环境建设项目,大力地促进了我国的生态建设的步伐。通过加强"三北"防护林等林业生态建设和长江、黄河中上游等重点地区水土流失治理,以及1998年以来实施的天然林资源保护、天然草场保护和建设、重点地区生态环境建设综合治理和环北京地区防沙治沙等生态建设工程,全国累计完成造林面积2500万公顷,主要分布在中西部地区;森林覆盖率达到16.55%,累计治理水土流失面积23万平方公里,改良和建设人工草场730万公顷,治理"三化"草地670万公顷。结合西部大开发,开展了"退耕还林(草)、封山绿化、以粮代赈、个体承包”的试点。全国建立各类自然保护区1146处,占国土面积的8.8%。建立各级生态农业试点2000多个,生态示范区试点212个。生物多样性保护取得较大进展。

(五)促进可持续发展战略实施的法制建设进一步完善。在已有的法律法规基础上,又发布了一批资源、环境行政法规和部门规章,完善了环境标准,基本形成了资源、环境保护法律法规体系。“九五”期间修订和新制定了《矿产资源法》、《土地管理法》、《森林法》、《节约能源法》、《水污染防治法》、《环境噪声污染防治法》、《淮河流域水污染防治暂行条例》、《废物进口环境保护管理暂行规定》等资源环境的法律、法规。

(六)可持续发展战略的落实取得进展,全民的可持续发展意识有所提高。根据《中国21世纪议程》确定的可持续发展战略,国家经贸委、农业、水利、环保、林业和海洋等部门制定了各自的具体行动计划;大部分省、自治区、直辖市也制定了相应的行动计划。国家计委和科技部在8个省(直辖市)和8个市(地区)开展了实施《中国21世纪议程》地方试点工作;国家可持续发展实验区的建设遍及全国20多个省、市、自治区。随着人民生活水平的不断提高,公众对生态环境质量的要求日益增强,可持续发展的意识有明显的提高。

二、主要政策措施

(一)《中国21世纪议程》的实施。

中国是一个发展中大国,有着经济快速增长的发展要求,面临着提高社会生产力,增强综合国力和提高人民生活水平的历史任务。同时,又面临着相当严重的问题和困难。中国的发展水平同世界相比面临紧迫的追赶压力;中国的自然条件和地理特点,决定了我们的生态环境具有明显的脆弱特性;中国的发展历史和人口数量的压力决定了我们的经济活动强度具有较强的破坏性;中国相对贫乏的人均资源和生存空间占有,决定了我们的经济发展和生活质量的改善具有特别的艰巨性,这是中国无法回避的国情。

基于以上基本国情,1996年3月17日,第八届全国人民代表大会第四次会议通过的“关于国民经济和社会发展九五计划和2010年远景目标纲要及关于《纲要》报告的决议”中明确提出,要认真实施科教兴国战略和可持续发展战略。这是党中央国务院根据中国的国情作出的重大抉择,是我国从现在起到下一个世纪甚至更远的将来发展的自身需要,是我国在21世纪实现经济腾飞,完成三步走战略的重要保证。

党的十五届五中全会仍然把实施可持续发展战略作为今后十五年的重要任务。近期,国务院批准成立了“推进可持续发展战略领导小组”,这将进一步更有效地协调和组织可持续发展战略的实施工作。

(二)《中国21世纪议程》优先项目计划的修订与实施。

在编制《中国21世纪议程》的同时,国家有关部门一直在考虑《中国21世纪议程》的实施问题。为此,国家计委和国家科委组织有关部门和地方围绕《中国21世纪议程》总体战略,在各方案领域工作基础上,围绕国际社会共同关注的,国内迫切需要解决的重大问题,制定了“中国21世纪议程优先项目计划”。为了推进中国21世纪议程实施和国际合作,原国家计委、国家科委、外交部和联合国开发计划署分别于1994年和1996年成功地召开了两次《中国21世纪议程》国际高级圆桌会议,先后推出了二批优先项目计划和工商投资项目书,这不仅加强了对外宣传,而且也争取了国际合作的机会。据1996年统计,已经启动的合作项目涉及资金19.4亿美元,其中中方投入12.6亿美元,外方投入(包括赠款、贷款和直接投资)6.8亿美元。优先项目的实施不仅推动了中国的可持续发展事业,也为国际合作开创了新的途径和市场机会。“九五”期间,国家和地方有关部门加强了开发环境无害化技术,科技部和亚洲开发银行支持建立了环境无害化技术转移中心及其相应的信息库。国家在"九五"重大科技攻关中,还启动了"中国可持续发展信息共享示范"研究项目,该项目首次在我国建立了一个集资源、环境和灾害数据为基础的可持续发展信息共享网络体系,是我国目前数据最全、范围最广的有关可持续发展的信息服务网络,开辟了我国可持续发展信息共享的道路。

(三) 推动地方21世纪议程的实施。

1.地方可持续发展战略及行动计划的制定与实施。

1996年7月,国务院办公厅转发了《国家计委、国家科委关于进一步推动实施中国21世纪议程意见的通知》,把推进地方实施可持续发展战略作为重要内容,并向各地提出了具体要求。

为了充分发挥各级地方政府宏观调控在实施《中国21世纪议程》中的作用,全国所有省市都开展了将《中国21世纪议程》纳入国民经济和社会发展计划的工作。各地方采取宣传、培训、研讨等多种方式提高计划编制人员的可持续发展意识,用可持续发展思想指导各级发展计划的编制,通过规划和计划,将实施《中国21世纪议程》转化为政府行为,使可持续发展战略在各地方国民经济和社会发展计划中得到具体体现。其中部分省市还开展了将《中国21世纪议程》纳入计划的专题研究活动,如北京、湖北、贵州编写了将《中国21世纪议程》纳入当地计划的研究报告,提出了纳入计划的具体的政策建议和措施。目前,可持续发展已成为各地制定各类规划的基本指导原则。

目前,全国有一半以上的省、自治区、直辖市制定了或正在制定省级21世纪议程。如山西省根据其资源消耗过度、生态破坏严重、产业结构不合理等特点,编制了《山西21世纪议程》;四川省从人口众多、耕地少、人均占有资源相对贫乏、农业人员比重大的省情出发,制定完成了《四川21世纪议程》;上海市充分认识到可持续发展对加快实现两个根本性转变和建设现代化大城市的重大意义,动员各方面力量,制定完成了《中国21世纪议程——上海行动计划》,并提出了要把一个更加和谐美好的现代化大都市带入充满希望的21世纪的奋斗目标;贵州省把消除贫困作为实施可持续发展战略的前提条件,制定了《向贫困宣战——贵州省贯彻实施中国21世纪议程行动计划》;安徽省根据人口基数大、经济科技相对落后、资源和环境问题突出等基本省情,制定了《安徽省可持续发展行动纲领》。此外,河北、陕西、江西、云南、内蒙古、西藏等省、市和自治区也已编制或正在编制地方21世纪议程和行动计划。在市一级层次上,目前有许多城市开展了相应的工作。如广州市、成都市、本溪市、阳泉市、南阳市、常州市等均制定了各自的21世纪议程或行动计划。特别是一些县如南丹县、长泰县、泽州县也制定了县一级的21世纪议程或行动计划。

2.地方可持续发展能力建设。

各地方十分重视加强培训、宣传和教育等方面的可持续发展能力建设。迄今全国已有约三分之二的省市举办过形式多样的可持续发展培训、教育和宣传活动,可持续发展思想在全国各地得到广泛传播。

在组织培训研讨活动中,各地方把对各级管理干部的可持续发展培训放在了突出重要的位置。通过办干部学校、培训班、讲座等多种形式向各级领导宣传《中国21世纪议程》,使他们不断增进对可持续发展战略思想的理解和认识。在宣传可持续发展思想方面,各地方充分利用电视、电影、广播、报刊、书籍等大众传媒,广泛开展一系列宣传活动,提高全民的可持续发展意识,促进公众的理解和参与。在教育方面,各地方通过开展形式多样的教育活动,将可持续发展思想贯穿于整个教育过程中,使可持续发展的教育成为提高劳动者素质的一项重要内容。如河南省南阳市在中、小学和大专院校都开设了21世纪议程课程;在中小学成立了环保小记者团,先后收到环保小论文150多篇,印发了《面向21世纪》小记者环保论文集。

3.地方可持续发展试点示范。

1997年6月,在原国家科委和国家计委于江西省联合召开的"江西山江湖工程经验交流会"上,中国21世纪议程领导小组明确提出,要把地方21世纪议程作为我国实施可持续发展战略的重要内容。

1997年11月,为加强对地方实施《中国21世纪议程》的引导工作,进一步推动地方21世纪议程的实施,原国家计委、国家科委联合发文,决定在北京、湖北、贵州、上海、河北、山西、江西、四川、大连、哈尔滨、广州、常州、本溪、南阳、铜川、池州地区16个省(市)开展《中国21世纪议程》地方试点工作,逐步积累经验、以进一步推动全国地方21世纪议程工作的开展。

为更好地贯彻《中国21世纪议程》,实施可持续发展战略,许多地方组建了地方实施《中国21世纪议程》的归口管理机构,加强对实施可持续发展战略的领导。目前,全国已有25个省、自治区、直辖市成立了贯彻实施《中国21世纪议程》领导小组并设立了领导小组办公室,许多大中城市也成立了相应的组织机构,如广东省广州市、湖北省武汉市、四川省成都市、黑龙江省哈尔滨市、辽宁省大连市、本溪市、河南省南阳市、四川省攀枝花市、陕西省铜川市等,负责可持续发展的全面实施工作。1998年,为配合国家地方21世纪议程试点工作,四川、河北、江西、哈尔滨、铜川、池州等省市还设立了地方21世纪议程管理和实施办公室,以加强对地方21世纪议程试点工作的领导。此外,有的省市还设立了专门的机构,如四川省、本溪市、攀枝花市等成立了21世纪议程管理中心,具体承担实施议程的日常管理工作。

此外,原国家科委、国家体改委会同国家计委等20多个国务院有关部门在不同类型区,选择具有代表性和典型性的县、市和乡镇以及大城市的社区,作为可持续发展实验区,进行可持续发展综合实验,促进实验区逐步实现经济、社会与资源、环境等方面的可持续发展,为我国实施可持续发展战略探索了经验,提供了示范。迄今为止已有国家级可持续发展实验区34个,省级实验区60多个。

在地方层次上,各地也根据当地的具体情况,选择并实施对本地可持续发展有重大意义的试点地区和示范工程,积极推进当地可持续发展进程。如四川省以"抓好试点,以点促面;加强科学引导,抓好示范工程"为原则,积极开展可持续发展实验区试点以及示范工程工作。至1997年底,已创建国家级和省级可持续发展实验区6个。同时,已在清洁生产、环境综合治理、资源综合开发利用等方面建立了一批各具特色的示范工程。如:四川省广汉市建立了"城市生活垃圾无害化、资源化处理示范工程"。安徽省池州地区从自身实际出发,以生态农业、生态旅游、生态工业和生态城乡建设为重点,积极开展试点工作,全区从以上四个重点领域中筛选出74个示范点,以通过示范点建设摸索经验,推动面上的工作。此外,江西、贵州、辽宁、安徽、北京等省市以及许多地级市如本溪市、铜川市等也都开展了各具特色的可持续发展地方试点和示范工作,以推进当地可持续发展的进程。

(四)加强宣传,促进广大干部群众的可持续发展意识。

1.新闻媒体及社会各界积极参与和宣传可持续发展思想。

积极利用新闻媒体宣传可持续发展思想。人民日报、中央电视台、中央人民广播电台对可持续思想和《中国21世纪议程》作了大量形式多样化的报道。北京电视台摄制的30集电视片《21世纪不是梦》和《新起点:中国》系列介绍了可持续发展思想,在各地电视台播放。新闻出版单位出版了大量有关可持续发展的书籍和刊物。中央电视台《中华环保世纪行》向公众展现了经济迅速发展过程中,生态和环境方面的变化,使人民意识到自然生态的破坏意味着人类生活质量的下降,人类发展超出自然界的承载能力就会遭到自然的惩罚。这些生动而富有深刻内涵的电视节目,起到了容趣味和思想于一体的良好宣传效果。

各地也开展了多种形式的可持续发展的宣

传活动。例如,四川省攀枝花市共青团市委在全市展开可持续发展大讨论,发动全市青年展望50年后的攀枝花。武汉市在市中心区的主要交通干道和长江大桥上树立“实施可持续发展战略,走可持续发展道路”的大型标牌。各地通过各种宣传媒介的传播,提高了广大公众对可持续发展思想的认识和实施可持续发展道路紧迫感,提高了走可持续发展道路的自觉性。

2.开展不同形式的培训,提高领导干部的可持续发展意识。通过培训,提高决策层人员的可持续发展能力是推进可持续发展的重要内容。中央党校有关教研室将可持续发展理论纳入到中高级干部学习的必修科目之中,并与《中国人口、资源、环境》杂志合作开设“省部级干部论可持续发展”专栏。国家计委、国家科委先后对各省、自治区、直辖市和有关部委负责计划和规划的处级干部进行了多次系统的培训。

许多省、区、市和有关部门也充分利用各种宣传媒体和舆论工具,多渠道、全方位地向广大干部和群众宣传可持续发展的有关内容。北京、天津、河北、山西、甘肃等省市组织了针对公务员的培训,增强了基层广大管理人员的可持续发展意识和实施可持续发展战略的能力。例如,湖北省委宣传部组织省直属机关、武汉市政府处以上领导干部可持续发展大型报告会,参会人数达1100多人。山西省计委举办的领导干部可持续发展培训班,省委省政府400多名厅局级以上领导干部、大专院校、人民团体主要负责人,其中省级领导五大班子成员参加了培训。

全国有上万名干部接受了不同形式的培训,一大批同志通过转变观念和更新知识,提高了可持续发展意识和工作能力,在各自工作岗位上创造性地贯彻实施可持续发展战略。

塔里木河中下游生态环境治理的总体思路、对策与建议

塔里木河是我国最大的内陆河,其流域几乎涵盖整个塔里木盆地,是国家重要的油气资源开发基地和新疆主要的粮棉及特色果品生产基地,是国家实施西部大开发战略的标志性工程——“西气东输”工程的起点。但是在流域经济、社会不断发展的过程中,宏观生态环境不断恶化。已经成为制约区域经济发展和实施西部大开发战略的主要制约因素,成为威胁流域内各族人民生存和社会进步的重大问题。

塔里木河生态环境的恶化尤以中下游地区为重,是塔里木河生态环境综合治理的关键。

一、塔里木河中下游生态环境的主要特征

塔里木河中下游生态系统主要由三部分组成,即极端大陆性干旱气候条件下的荒漠和沙漠宏观生态环境,局部耐旱、盐生天然植被生长地带和镶嵌于广大荒漠与戈壁之间、维系人类生存发展的绿洲生态环境。其生态环境既具有塔里木河流域广泛的地理地貌特征,又具有生态环境变化的内在特征和外部特征,主要表现在:

(一)水是维护生态环境和建设绿洲的决定性因素。典型的干旱大陆性气候特征和显著的荒漠绿洲经济发展格局,形成了塔里木河中下游以水为核心的生态环境维护和绿洲建设的特定模式。由于塔里木河中下游地区极度干旱,降水稀少,蒸发强烈,而塔里木河又是一条纯耗散性内陆河流,自身不产流,水资源总量6513亿立方米,区域面积却达47.41万平方公里。水成为区域内各族人民生存和万

物生长的生命源泉,成为生态环境建设的基础和绿洲社会经济发展的决定性因素。水资源的合理分配和有效利用是塔里木河中下游改善绿洲外围荒漠生态环境和促进绿洲经济发展的关键所在,同时也是绿洲生态环境和荒漠生态环境得以长期存在的根本保证。

(二)荒漠面积广大,绿洲点缀其中、面积狭小,环境的承载力和环境容量有限。塔河中下游土地面积占新疆土地面积的四分之一还多,但沙漠、戈壁和荒滩面积达37万平方公里。而绿洲面积相对狭小,其耕地、园地、人工林地和城镇及农村居民点面积之和仅为0.37万平方公里,占总面积的0.8%。人们主要集居于不足总面积1%、且镶嵌于荒漠之间的绿洲,生存和发展空间十分有限。特别是该区域为干旱荒漠生态区,由于水资源的有限性,使得广大土地的环境承载力和容量十分有限,生态环境的压力将随着人口的不断增长而越来越大。

(三)荒漠生态环境特征明显,宏观生态环境恶化的同时。绿洲内部生态环境不断改善。塔里木河中下游沙漠广布,降雨稀少,植被稀疏,绿洲分散地分布于河流两岸,绿洲毗邻沙漠和戈壁,且被沙漠和戈壁包围、分割,荒漠绿洲生态特征十分明显。绿洲内部由于近几十年的建设,防护林、经济林、用材林和人工草地面积不断扩大,使其生态环境不断改善,环境质量不断提高。但是,绿洲置身于广大的荒漠生态环境之中,与外围宏观生态环境的典型干旱荒漠生态的脆弱性形成强烈的反差,且直接受到沙漠的侵蚀,这一特征在塔河下游表现的尤为突出。"绿色走廊"沿塔河分布于塔克拉玛干沙漠和库姆塔格沙漠之间,直接面对两大沙漠的夹击,宏观生态环境十分恶劣,且恶化趋势明显,而绿洲内部生态环境却相对良好,但是绿洲直接受到沙漠的侵袭,沙漠化威胁巨大。

(四)流水地貌萎缩,风沙地貌发育,生态环境恶化以天然植被衰败和死亡为特征,以沙漠化为主。天然植被在维持荒漠环境稳定性方面具有不可替代的作用。只要有植被覆盖,风沙危害程度就相对减轻,而在无植被的环境中,风沙作用则十分强烈,掩盖了下游地区在水量充沛时所形成的流水地貌和荒漠植被,风沙地貌逐渐发育。同时受自然及人为因素的影响,由于河道失去了径流补给,天然植被大面积死亡,河道旁多有流沙堆积,部分河道被掩埋,固定、半固定沙丘向半流动及流动沙丘演化,两岸天然植被衰败和死亡趋势明显,沙漠化危害加剧,并直接导致塔里木河中下游生态环境的不断恶化。这一特征在塔里木河下游表现尤为显著。

(五)干旱荒漠生态环境的脆弱性明显,抗干扰性低,表现出恢复的艰巨性和长期性。塔河中下游干旱荒漠生态环境是在气候干旱、降水稀少、蒸发强烈的条件下经历了千年的演变,百年的更新而形成的,维护生态的天然荒漠植被依赖于地下水位的高低和洪水期的灌溉,具有明显的生态环境的脆弱性。这种干旱荒漠生态环境不同于湿润地区的生态环境,其抗干扰性很低,一旦遭到破坏,要恢复到原状,必须经历漫长的自然恢复和更新过程,若采取人工恢复必将付出巨大的代价,而且花费更多的时间也很难恢复原来的状况。由此可见,塔里木河中下游干旱荒漠生态环境不仅表现出其极度的脆弱性,还表现出恢复的艰巨性和长期性。

(六)天然植被生长、分布的地带性显著,荒漠—绿洲—河、渠廊道的景观模式明显。在塔里木河中下游地区从山麓到沙漠,天然植被的生长和分布,随水资源的积聚和流向而呈现出显著的地带性,水资源集中于河流廊道,天然植被表现出临近河流的区域生长茂盛,远离河流的区域生长稀疏,以至寸草不生,荒漠化严重;河流自上游至下游由于水量的变化,也表现出天然植被逐渐衰败的分布特征。河流廊道以外山前平原区形成以戈壁与极干旱荒漠草地或干旱草原为主的自然景观,其上分布以盐生、旱生小灌木、半灌木类为主的植被,形成了塔里木河中下游的生态景观。塔里木河下游河道、沿途绿洲内的渠道及防护林网与连通绿洲的道路等廊道景观同塔克拉玛干沙漠、库鲁克沙漠与绿洲镶嵌一起构成塔里木河中下游地区景观的一般模式,同时也是其生态环境的显著特征。

二、塔里木河中下游生态环境存在的主要问题及其根源

(一)塔里木河中下游生态环境存在的主要问题。塔里木河中下游是塔里木河流域生态环境最为恶劣的地区,特别是塔里木河下游是生态环境严重脆弱区,属红色生态区。生态环境的恶化突出地表现在四个方面:

1. 河流断流,湖泊干涸,水质恶化。塔里木河历史上曾流入罗布泊,50年代到60年代流入台特玛湖,自肖夹克至台特玛湖全长1321公里。由于水资源的不合理利用,目前塔里木河已断流至大西海子水库,缩短了320公里。使得台特玛湖继罗布泊之后干涸,生态环境不断恶化。同时,由于大量的农田排水使得塔里木河水质恶化。据记录,1958年前干流上、中、下游各段矿化度均未超过1克/升,为一条淡水河。而目前上、中、下游平均矿化度已达到1.35克/升,除了8月份为1克/升,其它时间均是1～3克/升的微咸水,最高矿化度达到5克/升以上。

2. "绿色走廊"濒临消失,沙漠化加剧。塔里木河中下游的"绿色走廊"将塔克拉玛干和库姆塔格两大沙漠隔开,作用十分重要。当初,塔里木河水量充沛,胡杨林等天然植被茂密,"绿色走廊"曾是水多林茂动物密集的好地方,区域生态环境良好。由于塔里木河中、上游用水量的不断加大,下游来水量逐年减少,70年代塔里木河断流,大西海子水库至台特玛湖段天然植被大面积衰败、死亡,沙漠化加剧,沿218国道风沙线长达180公里,两大沙漠已多处合拢,特别是阿拉干地段,土地沙漠化发展极为迅速。沙漠化面积占该地段总面积的比例,已由50年代的53.60%,发展到1996年的94.7%,而且土地沙漠化仍以每年平均0.2%的速度发展,致使下游"绿色走廊"濒临消失。

3. 绿洲内部生态环境不断改善的同时,宏观生态环境不断恶化。四十多年来,在人与自然的斗争中,人们通过努力,使绿洲的面积不断扩大,绿洲内部的生态环境不断改善。但是,绿洲外围的宏观生态环境却由于水资源的不合理利用和人为的破坏,天然植被大面积减少,干旱化和荒漠化进一步加剧,沙尘暴、大风、干旱、冰雹等气象灾害明显增多。自80年代以来,塔里木河中下游地区大风、沙尘暴强度明显加强,其危害不仅影响新疆,而且还波及到全国。

4. 生物多样性遭到严重破坏。过去的塔里木河沿岸由于水草茂盛,给野生动物提供了采食、饮水和隐蔽的原始环境,所以成为荒漠地区野生动物的摇篮。共计有兽类21种,鸟类78种,鱼类8种,两栖爬行类10种。但是塔里木河中下游生态环境的不断恶化,各种林草植被面积不断减少,分布范围不断缩小,野生动物失去了栖息环境,加之到处乱捕滥猎,使本来就稀少的野生动物无论从品种还是数量上都有不同程度的减少。

(二)塔里木河中下游生态环境劣变的根源。

1. 塔里木河流域水资源缺乏有效的统一管理和严格的用水监管,造成源流和上中游大量用水,下游无水用的局面。水资源作为一种稀缺资源,管理具有其特殊性。塔里木河水资源管理经历了随意引用、有限管理、计划管理和配额协议管理四个阶段。随着经济社会的不断发展,塔河流域水资源由供大于求逐渐演变为求大于供,且供需矛盾日益尖锐,充分地反映出计划式管理已难以对塔河水资源进行有效的调配和管理。虽在1992年新疆针对塔河流域水资源管理问题专门成立了塔河管理局,加强了对塔河的统一管理。但是,随着市场经济的发展,由于区域经济的转变以及管理机构的权威性等问题,塔河流域的管理表现出乏力、管理难以到位,源流、上、中游超额用水现象严重,向下游输水量呈减少趋势。

据统计，塔河流域1995～1998年间，源流、上、中游7个用水单位中仅有阿克苏河的阿合齐和和田河的水管局两个用水单位未超额用水，其余单位均超额用水。全流域用水总量配额为171.86亿立方米，其中引用地表水量配额为150.96亿立方米，1995～1998年实际引用地表水为181.38亿立方米，全流域超额30.42亿立方米，占地表水用水总配额的20.2%。塔河“三源流”超配额用水29.6亿立方米。叶尔羌河和和田河由于超配额用水，占用本身下游生态水4.57亿立方米，其中叶尔羌河占用生态水4.03亿立方米，和田河占用生态水0.54亿立方米。由于“三源流”的超配额用水，少向塔河干流输水25.03亿立方米，使得塔河下游难于保证配额引水，少配额用水0.62亿立方米。

2. 塔里木河沿岸乱挖口子，无序引水现象严重。塔河干流上、中游乱挖口子无序引水是影响下游来水量减少的重要因素之一。据不完全统计，塔河干流共有各类引水口138个，每年通过这些引水口消耗水量约21亿立方米，占干流来水量46亿立方米的45.65%。近期由于归并，废除引水口，引水口数量已降至106个。塔河干流乱挖口子现象主要集中在中游，而且以用水灌溉草场为主，且引水形式多为洪水期引水，这就加剧了洪水期上、中游向下游输水的影响作用。

另外，尚有加泵无序引用塔河水现象。据不完全统计，塔河干流有各类型号、不同马力的临时泵站314个，每年通过泵无序引水约0.28亿立方米。加上乱挖口子引水量21亿立方米，塔河干流无序引水每年可达21.28亿立方米。无序挖口子引水，不仅造成下游水资源紧缺和低效用水，而且是造成大水漫溢、无效耗水的主要原因之一。

3. 平原水库的修建，减少了塔河洪峰下泄量，缩短了洪水推进距离，为调节塔河来水的季节性不平衡，满足农牧业生产的需要，塔河流域修建了大量平原水库，从而缓解了农业生产中春旱问题，极大地促进了区域经济的发展。但是，由于平原水库的拦河作用，对下游来水量产生了一定影响，是造成塔河下游水量减少的原因之一。到1990年“三源流”和干流已有各类水库79座，水库总库容31.34亿立方米，其中平原水库总库容27.87亿立方米。而原来台特玛湖和罗布泊的水量仅为13.4亿立方米，表明目前修建的平原水库拦截的水量相当于两个台特玛湖和两个罗布泊水量之和还多。

平原水库的修成不仅减少河流洪峰下泄量，缩短洪水推进距离，造成下游水量减少，而且平原水库水面大，库深浅，蒸发渗漏严重，水利用率极低。塔河平原水库的利用率一般在35%～55%之间。同时，平原水库还会引起周边地区的土壤次生盐渍化。

4. 塔里木河为游荡性河道，无效漫溢严重，水资源大量浪费。塔里木河是一条典型的游荡性河流。据考证，塔河最北与最南古河道之间距离在80～120公里，并在现河道的南北岸留下了很多的故河道。塔河最南的阿合达利雅河道19世纪中叶还是有水之河，肖塘附近的恰拉切昂达利亚河道原来是塔河的主河道，而现今均已不复存在，而现在的塔河主河道是在渭干南河形成的。正是因为塔河的频繁改道，造成沿河水量大量漫溢消耗。

据多年测定和水均衡研究，塔河干流阿拉尔至恰拉总耗水为42.03亿立方米（1981～1995年），其中河道耗水29.54亿立方米，占河道总耗水的70.28%，引用耗水12.49亿立方米，占河道总耗水的29.72%。根据计算，单位河长耗水量阿拉尔至新渠满为415万立方米/公里，新渠满至莫巴扎为339万立方米/公里，英巴扎至恰拉段为580万立方米/公里，表明塔河中游单位河长耗水最高。

据有关资料，塔河干流耗水结构为河道漫溢耗水占43.5%，河道渗漏耗水占25.5%，渠道引水18.2%，水库引水11.5%，河道水面蒸发1.3%。河道耗水中漫溢占的比例最大，上游阿拉尔至英巴扎段河道漫溢耗水6.185亿立方米，占此段河道耗水总量12.518亿立方米的49.4%;塔河中游河道漫溢耗水12.079亿立方米,占此段河道耗水总量17.019亿立方米的70.97%。

5.塔里木河下游来水量逐年减少,地下水位持续下降。根据恰拉断面的多年测定值,反映出塔河下游来水量自50年代以来呈锐减趋势,已经由50年代的13.53亿立方米减至90年代的2.51亿立方米。90年代与50年代相比下游来水量减少11.01亿立方米,占50年代来水量的81.3%。究其原因是因为塔里木河干流本身不产流,其水量完全由源流河补给。因此,源流引水量及干流上、中游耗水量的增加是造成下游水量逐年减少的根本原因。

6.塔里木河中下游天然植被大面积衰败和死亡,沙漠化加剧。(1)胡杨林大面积衰败、死亡。塔里木河中下游自英巴扎至台特玛湖胡杨林变化十分明显,塔河干流上、中游胡杨林沿河生长茂密,可以见到更新林,下游河段由于水量不断减少,表现出胡杨林的衰败,恰拉到英苏段的胡杨林多为成林,已没有幼林,表现已无自然更新能力;英苏至阿拉干段胡杨林中存活者不多,不见成片林地,只有零星分布;阿拉干至考干段胡杨林多为枯死于柏林木,景象悲凉;考干至罗布庄段已没有胡杨林分布,仅可见到灌木林分布;罗布任至台特玛湖段,灌木林已生长稀疏,多见低小灌木,台特玛湖附近已不见灌木,仅有枯死的灌木树根和苇根,到台特玛湖已经是荒漠一片。

据调查50年代(1958年)塔河干流有胡杨林45.98万公顷,其中上游23万公顷,占总面积的50%,中游有胡杨林17.58万公顷,占总面积的38.2%,下游有胡杨林5.4万公顷,占总面积的11.8%。到70年代(1978年)塔河干流胡杨林减至17.48万公顷,二十年间减少28.5万公顷,占50年代胡杨林总面积的62%。此期间每年胡杨林面积平均以1.4万公顷的速度减少。发展到90年代,塔河干流胡杨林总面积有所恢复,但下游胡杨林面积仍呈锐减的趋势。

胡杨林总面积恢复到了24.59万公顷,与70年代相比恢复了7.11万公顷,但与50年代相比仍然减少21.4万公顷。在塔河干流胡杨林面积大量减少的同时,塔河源流天然林面积也有减少。叶尔羌河流域天然林灰杨和胡杨林面积由50年代的17.33万公顷,减少到(1979年)70年代的9.47万公顷。和田河流域上游的灰杨由50年代的1.06万公顷,到80年代初只存有0.31万公顷,而中下游50年代原有的灰杨面积大约为4.75万公顷。据1979年调查,仅有林地2.41万公顷,且长期未得到灌溉,林象衰败。

(2)天然草地退化严重,荒漠化进程迅速。塔里木河流域草地总面积2389.84万公顷,其中可利用草地面积1995.16万公顷;全流域有平原区草地面积729.93万公顷,其中可利用草地面积606.58万公顷;平原区草地中低平地草甸面积531.85万公顷,温性荒漠草地193.85万公顷,沼泽草地面积4.23万公顷。

由于多年来乱垦、乱挖、超载放牧。塔河下游断流等原因,导致塔河干流可利用草地面积不断减少,草地退化面积逐年扩大。据新疆畜牧厅提供的资料,1985年塔里木河干流区中度以上退化草地面积75.14万公顷,1998年增至137.99万公顷。另据统计,1998年塔河中下游"三化"草地面积已达421.8万公顷,占可利用草地面积824万公顷的51.18%,其中退化草地331.17万公顷,占"三化"草地面积的78.51%。

塔河干流草地面积的减少主要在下游地区英苏——其文库勒——喀尔达依一带,这一带原有草地面积约6.67万公顷,目前,大部分已沙化,有些地方覆盖度不足2%~3%,草地植被基本上干枯消亡。草地的沙化,使下游牲畜头数大幅度减少。

(3)土地沙漠化加剧,两大沙漠合拢态势形成。塔里木河干流随着下游持续断流,河道干涸,地下水位不断下降,沿河两岸及河漫滩胡杨林及其它天然植被大面积衰败、干枯、消亡,草场严重退化沙化,地表长期干旱松散,固定、半固沙丘不断活化，在风的强力作用下，东部库鲁克沙漠迅速向下段走廊地带入侵，使干流流域，特别是中下游段沙漠化急剧发展，其面积之大、发展之迅速以及由此产生的风沙危害已经成为塔河干流十分突出的生态环境问题。据航片资料分析，从1959年到1983年的24年间，塔河干流土地沙漠化面积由66.23%上升到81.83%，其中上游段土地沙漠化面积从63.85%上升到75.1%；中游河段土地沙漠化面积从69.23%上升到80.68%，下游河段面积从63.52%上升到85.57%。阿拉干地区已断流24年，是塔河下游沙漠化十分严重的地区。50年代末该地区沙漠化面积占53.6%，80年代初发展到73.2%，90年代初占到88.6%，90年代后期沙漠化面积已经占总土地面积的94.8%。目前沙漠化面积仍以每年0.2公顷的速度扩展。据专家预测，若按此速度发展下去，预计到2008年阿拉干以下的土地将全部沙漠化。

7. 塔里木河河水水质恶化。塔河干流上、中、下游各段河水水质监测表明，干流阿拉尔、新渠满、英巴扎全年平均为5级重污染水，下游恰拉全年为4级中污染水，水质恶化明显。水质恶化已经成为与水量减少同等重要的环境问题。据最新研究表明：塔河“三源流”水质良好，干流水质恶化严重，且自上游至下游河水矿化度呈减小趋势，表明人类影响是导致塔河干流水质恶化的主因。

8. 农业生产规模的扩大，对生态环境产生直接影响，在源流区，“三条源流”(阿克苏河、叶尔羌河和和田河)的年平均径流量从50年代的186.3亿立方米，增加到90年代的203.8亿立方米。而耗水量由50年代的132.33亿立方米增加到90年代的160.75亿立方米。同期人口由313.1万人增加到90年代的644.43万人；耕地由81.64万公顷增加到105.34万公顷。至使“三源流”输入塔里木河的水量由60年代最高的56.08亿立方米下降到90年代的43.05亿立方米。

在塔里木河干流水量一方面由于源流来水量减少，另一方面上、中游自身耗水量增加，使得下游水量持续减少。随着上游地区耕地面积的扩大，人口增加，使塔里木河上游阿拉尔—英巴扎的耗水量也由50年代的13.45亿立方米增加到90年代的19.27亿立方米，由此直接造成英巴扎断面的来水量由50年代的35.9亿立方米下降到90年代的22.14亿立方米，恰拉断面的来水量由50年代的13.53亿立方米减少至90年代的2.51亿立方米。

塔河流域农业生产规模不断扩大，加之粗放经营必然提高对水资源的需求，但是，造成塔里木河水资源不平衡的根本原因在于发展生产过程中，对水资源的低效利用。农业生产的大水漫灌是塔里木河流域农业生产的传统灌溉方式，而输水系统输水效率又相对低下，从而造成生产规模的扩大必须以不断增加引用水量来满足需求。虽然经过几十年的建设，水资源的利用率有所提高，但与水资源供求矛盾的尖锐程度相比，仍然处于低水平利用阶段。目前，塔河流域渠系利用率为40%左右，田间毛灌溉定额仍高达15000～18000立方米/公顷，满足农业生产增长的水量仍然以扩大引水量来满足。特别是沿河无序开荒，乱挖口子，无序引水，即造成水量浪费，又造成塔河上、中游耗水量不断增加，下游来水量不断减少，以至于塔河下游断流，生态环境恶化，“绿色走廊”濒临消失。

三、塔里木河中下游生态环境治理总体思路、对策与建议

塔里木河中下游生态环境治理是一项长期的涉及到经济发展、社会进步和人民生活提高的复杂系统工程，必须统一思想，明确方向，确定思路，提出对策，将该项工作真正纳入新疆西部大开发中统盘考虑，尽快实施。

(一) 塔里木河中下游生态环境治理的总体思路。

塔里木河中下游生态环境治理，要紧紧抓住西部大开发的机遇，结合塔里木河流域经济社会的可持续发展战略，按照新疆生态环境建设规划，从流域生态环境治理的重要性、紧迫性和必要性出发,遵循“统一规划、统一治理、突出重点、逐步实施和全流域综合治理”方针,坚持水资源合理配置、环境整治和生态保护相结合、生态环境建设与经济发展相结合的基本原则,针对塔里木河中下游生态环境存在的主要问题,以合理调配和有效利用水资源为突破口,最终实现塔里木河水输入台特玛湖为目标,在源流区加大农业节水工程建设的力度,以提高水的利用率为重点,在经济建设的同时保证向干流输水,中下游以河道整治、水资源有效控制、胡杨林恢复、荒漠草地建设为重点,通过水利工程、林业生态工程、草地生态工程、开孔河调水工程和车尔臣河整治工程建设,保证“绿色走廊”的生态用水,扼制住生态环境不断恶化的势头,彻底改善塔里木河中下游的生态环境,以促进全流域社会经济的可持续发展。

水利工程建设以提高水资源的利用率和可控性为突破口,以保证向恰拉以下输入3亿立方米为目标,以河道整治为重点,坚持工程措施与管理措施相结合的原则,加强工程控制的同时,强化流域水资源的统一调配与管理,通过流河道整治工程、干流引水控制工程、河道人工渠化工程、平原水库改造建设工程、灌区节水工程和源流配套输水工程的建设,以及强有力的水管理,保证塔里木河源流、上中游向下游输水目标的实现。

林业生态工程建设以引洪封育恢复荒漠天然林为突破口,以提高胡杨林郁闭度和覆盖率,改善生态环境为目标,以恢复和保护荒漠天然林为重点,坚持人工更新与引洪封育相结合,退耕还林与人工造林相结合,通过荒漠林引洪保护工程、引洪封育工程、防风固沙林建设工程、退耕还林工程和林地节水工程建设,保证塔里木河中下游,特别是下游天然胡杨林的恢复和更新,全面扼制沙漠化进一步扩大的势头。

草地生态工程建设以引洪封育天然草地和人工种草为突破口,以保护和恢复荒漠草地,提高草地覆盖度和改善生长状况为目标,以维护天然经济植物,改良天然草地为重点,坚持引洪封育与人工种草相结合,荒漠草地保护与经济植物合理利用相结合,通过引洪恢复工程、天然草地改良工程、人工种植甘草工程、经济植物保护工程、退耕还草工程和人工饲草料基地建设,以维护和改善塔里木河中下游天然草地系统,提高其生态保护功能。

(二)塔里木河中下游生态环境综合治理的对策与建议。

1.树立全局观念,提高对生态环境保护的认识,加强领导,依法管理。塔里木河中下游生态环境综合治理是整个塔里木河流域生态环境建设的核心,直接关系到塔里木河流域经济社会的可持续发展和全疆生态环境建设的成败,关系到区域内各族人民的繁衍生息和脱贫致富,关系到具有战略意义的“绿色走廊”的畅通和资源优势的发挥。为此,必须转变以牺牲生态环境来换取眼前经济利益的错误观念,树立生态环境忧患意识,提高对生态环境建设长期性、艰巨性、重要性的认识,将塔里木河中下游生态环境综合治理纳入国家大江大河流域生态环境建设重点工程之中,纳入新疆和区域经济社会发展战略之中,切实加强领导,常抓不懈,实行统一规划,统一管理,综合运用行政、经济、计划手段推进生态环境建设,增强各地、各部门的责任感和紧迫感,正确处理好人口、资源、环境三者之间的关系。

2.制定塔里木河中下游生态环境综合治理总体规划,确保规划的组织实施。塔里木河中下游生态环境综合治理是一项涉及多部门、多行业、多层次和跨地区、跨世纪的复杂的系统工程,需要几代人的共同努力,必须认真制定塔里木河中下游生态环境综合治理总体规划,做到全盘考虑,统筹安排,合理布局,突出重点,明确目标,分步实施。成立由区政府、兵团主要领导组成、专门负责规划实施的领导小组。下设由自治区计委牵头、有关厅局、科研单位参加的行政指挥系统和专家咨询系统,协调各地、兵团计划、水利、土地、农业、林业、畜牧、气象、环保等职能部门,并按照规划要求和目标,实行职能分工，明确责任，各司其职，加强行业技术指导和项目全程管理，财政、金融、科技、国土资源等部门要积极支持塔里木河中下游生态环境建设。同时，塔里木河中下游地区的地（农业师）、县（团场）行政部门要建立各级领导任期内生态环境治理目标责任制，以高度的历史责任感作好生态环境治理项目的具体实施工作，确保规划的全面实施和取得成效。

3. 充分依靠科技进步，加快塔里木河中下游生态环境综合治理。生态环境建设的专业性、技术性很强，必须针对塔里木河中下游生态环境存在的突出问题，把依靠科技进步放在塔里木河中下游生态环境治理的突出位置，充分利用国际、国内和区域间的技术合作与技术援助，将现有的先进适用的科技成果积极推广到生态环境治理之中，如旱作农业技术、生态农业技术、节水灌溉技术、植树种草技术、天然植被封育技术、沙漠化防治技术。生态环境治理工程施工管理技术和资源高效利用技术等，建立一批不同类型的生态环境治理示范基地和林草良种基地；积极鼓励科研单位和技术开发机构从事生态环境保护和治理，依法保护其科研成果，实行有偿转让；建立健全塔里木河中下游生态环境治理的科研体系、技术推广体系、技术监督体系和动态监测体系，加强科学技术的普及与应用，加快塔里木河中下游生态环境建设，提高生态环境综合治理的科技含量和效益。

4. 强化法制建设，加大执法监督力度，依法保护和治理生态环境。结合塔里木河中下游生态环境综合治理的长期性、复杂性和艰巨性，必须将塔里木河中下游生态环境综合治理纳入法制化管理轨道，加强生态环境保护与治理的法制建设，健全相关法律法规，依法保护和治理。要广泛深入地宣传和贯彻《中华人民共和国环境保护法》、《中华人民共和国土地管理法》、《中华人民共和国森林法》、《中华人民共和国水法》、《中华人民共和国草原法》等法律，不断提高法制观念，加大执法力度，强化法律监督，依法打击破坏生态环境的行为，保证塔里木河中下游生态环境综合治理的顺利进行。

5. 加大资金投入力度，建立生态环境建设基金和稳定完善的投入保障机制。针对塔里木河中下游生态环境综合治理内容多、范围广、资金投入量大的特点，必须在依靠国家投入的基础上，将生态环境建设资金纳入新疆和区域内地县财政预算，保证生态环境建设资金按期足额到位。坚持多元化、多层次、多渠道筹集生态环境建设资金，制定有利于生态环境建设的财税政策，完善自然资源有偿使用制度和价格体系，鼓励全社会参与塔里木河中下游生态环境建设。严格生态环境建设资金管理，实行专款专用，严禁挪用生态环境建设资金。同时，设立塔里木河中下游生态环境建设基金和稳定完善的投入保障机制，对中下游生态环境治理的重点地区、重点工程给予重点支持。

6. 合理调配塔里木河源流和上中下游水资源，杜绝盲目对水土资源开发，确保下游生态用水。塔里木河流域水资源的合理调配和利用是扼制其生态环境继续恶化的关键，必须充分发挥塔河管理局的职能，赋予其更大的管理范围和权限，实行区域管理与流域管理相结合，强化水资源管理。首先要控制源流增引地表水，保证干流来水量不再减少，并在源流区和干流上游大力推广节水灌溉技术，积极作好源流区山区水库建设，实施地下水开发和灌区改造工程，杜绝盲目的水土资源开发和毁林开荒现象；其次，在干流中游要采取以治理河道漫溢为主的工程措施进行河道整治，修建堤防等水利工程和封堵引洪漫灌渠口，提高水资源的可控性和利用率；最后，在保证干流上游向中下游足量输水的同时，将开一孔河流域和车尔臣河小流域纳入下游生态环境维护，即由博斯腾湖直接引水至恰拉，满足恰拉灌区生产生活用水和确保恰拉以下生态用水需求，同时发挥车尔臣河的作用，在洪水期引水至塔里木河尾闾湖——台特玛湖。

7. 坚决实施退耕还林还草工程，实行天然林草植被封育，改善绿洲内部生态环境。毁林开荒和天然林草植被的大面积衰败、死亡是导致塔里木河中下游生态环境恶化的直接原因,为此,必须实行全流域天然林草植被的统一管理,坚决制止毁林开荒和乱挖甘草、罗布麻现象,并对天然林草实施引洪封育恢复工程,建立天然胡杨林保护区和优良苗木、草种基地,大力推广人工植树种草,坚持人工更新与引洪封育相结合、工程措施、生物措施与农艺措施相结合的原则,对林草地中的耕地和经济效益差的耕地要坚决退耕还林还草,以提高天然荒漠林胡杨林的郁闭度、覆盖率和荒漠草地盖度,恢复下游"绿色走廊"天然林草植被,防止土地沙漠化,扼制宏观生态环境进一步恶化的势头;同时,以农业生产结构调整为契机,积极扩大防风固沙林、薪炭林、特色经济林种植面积,改善塔里木河中下游绿洲内部生态环境,促进经济、社会、生态的可持续发展。

8. 切实抓好塔里木河中下游生态环境综合治理重点工程建设。对塔里木河中下游生态环境综合治理重点工程要严格执行国家基本建设项目管理程序,实行按规划立项,按项目进行动态管理,按设计组织施工,按工程进度安排建设投资,按成效考核,强化组织管理,建立专门的项目管理机构,实行法人责任制,对工程项目的计划、财务、资金、物资实行统一管理,并引入招投标制度和工程监理制度,允许不同经济主体参与生态环境治理工程建设的公开投标;同时,加强建设资金的追踪检查和审计监督工作,严格财务制度,严格监督检查,确保生态环境建设资金使用和工程建设质量,并建立重点工程项目竣工验收和后评估制度,明确工程管护责任和管护制度,确保塔里木河中下游生态环境综合治理成果发挥长期作用。

9. 加大宣传力度,提高区域内各族群众保护和改善生态环境的意识。区域内各族群众是生态环境综合治理的直接参与者和良好生态环境的直接受益者,必须利用电视、广播、报刊等多种传媒方式,广泛深入地宣传塔里木河中下游生态环境综合治理的重要性、长期性、迫切性,加强生态环境建设的法制教育,增强各族群众特别是青少年保护和建设生态环境的责任感和使命感,使其认识到干旱绿洲农业经济对荒漠绿洲生态环境具有强烈的依赖性,认识到生态环境的优劣直接影响着自身和子孙后代的生存和发展,从而提高广大群众自觉保护和改善生态环境的意识,并积极、主动地参与生态环境建设,保证生态环境综合治理卓有成效地实施。

(刘晏良)

在宁夏建设沿黄(河)大型能源化工基地的初步构想

朱镕基总理指出:"必须在发展中调整结构,在结构调整中坚持较快发展。"特殊的区位与"天下黄河富宁夏"的自然条件赋予宁夏能源和农业的两大突出优势。进入新世纪,如何根据"十五"计划《纲要》的精神和实施西部大开发战略的目标要求,结合自身的资源优势与发展条件,认真做好结构调整这篇大文章,这是当前亟待解决的重大课题。经过深入分析,在宁夏建设沿黄(河)大型能源化工基地,对加快宁夏乃至全国经济社会的发展是十分必要的。

建设宁夏沿黄(河)大型能源化工基地,对全国的经济发展具有十分重大的意义。首先,它是国家经济发展战略和保障经济安全的需要。我国常规能源中石油资源储量有限,目前,我国每年都需要进口大量的原油和成品油,2000 年进口的油品总量达 7000 万吨以上,更为重要的是,一旦国际局势紧张,进口被封锁，国家安全将受到严重威胁。宁夏沿黄（河）大型能源化工基地建设中规划的煤化工产品二甲醚，完全可替代石油液化气和逐步替代柴油，在我国经济发展战略和经济安全中将发挥重大作用。另外，现阶段全国大型合成氨装置中，以天然气为原料生产合成氨的仅占20%。据国家权威部门预测，到2005年和2015年，我国氮肥需求量为2828万吨和3095万吨。随着以轻油、重油和煤为原料生产合成氨装置的逐步淘汰，氮肥生产能力的缺口会更大。从战略角度和国家经济安全考虑，象我国这样的农业与粮食生产大国，必须要有相应的氮肥生产能力。而宁夏沿黄（河）大型能源化工基地中规划建设的以天然气为原料、年产200万吨合成氨的国家大型氮肥生产基地，对促进我国的化肥工业发展和保障我国的粮食安全，意义十分重大。其次，是缩小东西差距，促进民族团结和社会稳定，实现西部大开发战略目标的需要。宁夏是全国最大的回族聚居区和五大少数民族自治区之一。建设宁夏沿黄（河）大型能源化工基地，对实现宁夏经济快速发展、缩小与东部的差距、促进民族团结进步和社会发展并对全国的社会稳定，将发挥巨大作用。初步估算，基地建设中主要项目总体投资700多亿元，达产后每年形成销售收入230多亿元，产生利税30多亿元，从而使宁夏工业企业年销售收入和利税接近翻番。另外，北部石嘴山地区是宁夏目前煤炭工业主要生产基地，近些年来，由于矿区步入开采中后期，成本越来越高，石嘴山和石炭井两大矿区生产经营陷入困境，亏损严重，下岗职工增多，成为严重影响社会稳定的重要因素。规划中的沿黄（河）电力基地是宁夏沿黄（河）大型能源化工基地建设的主要内容之一，计划新增坑口火电装机容量600多万千瓦，相应每年需新增原料煤供应1500万吨，因而就近开发基地范围内的宁东煤田势在必行，将迎来宁夏煤炭工业发展的春天，不仅彻底摆脱当前煤炭行业生产经营困境，且可大量增加就业，同时实现宁夏煤炭工业重心由北向南的战略转移。

宁夏沿黄（河）大型能源化工基地沿黄河干流集中布局，距中心城市银川仅30公里左右，其优越的开发建设条件，在全国也实属少见。主要体现在以下方面：

首先，优势资源集中分布。一是农业资源丰富。土地肥沃且平坦连片，现有灌溉面积600万亩，宜农荒地资源丰富。二是煤炭资源丰富，品质好。宁东煤田探明储量270多亿吨，煤种为不粘结煤和长焰煤，是优良的气化用煤和动力用煤。三是水能资源丰富。基地区域内黄河干流水能蕴藏量250多万千瓦以上。四是用气条件优越。基地临近世界级特大型气田——陕甘宁盆地天然气田，1999年底，探明加控制储量达5000多亿立方米。五是良好的资源油、气前景。目前已有长庆油田等4家单位加紧勘探，一旦取得实质性突破，其发展潜力和对基地建设将发挥重大作用。

其次，建设条件十分优越。宁夏沿黄（河）大型能源化工基地，在用水、用地和运输等建设条件方面，十分优越。一是邻近黄河干流，取水方便。基地内规划的所有工业项目用水总量约3亿立方米/年，完全可在不增加（甚至可能减少）年耗水总量的基础上，就近取用黄河水建设大型黄河水厂。二是建设用地条件好。基地范围内有连片的荒地，建设用地不占耕地和农田，征地费用低。三是运输方便。基地将在短期内形成纵横交错的高等级公路网络。同时，有已建成运行的大古地方铁路支线（长70公里），将灵武煤矿与包兰铁路紧密相连。对外交通现有河东机场、包兰铁路、中宝铁路和银川至北京、兰州、西安、武汉等地的国道公路干线。

第三，建设投资成本低廉。由于基地建设近原料靠水源，用地和运输条件好。因此建设投资成本低廉，基地内煤与水、火电与水电的有机结合，将形成低廉优质的电力。基地内集中煤炭采掘、水能开发、发电与高耗能以及煤化工、天然气化工等产业布局，形成了从原料生产到产品深加工的产业链。由于工业成组布局，产生从一个产品工艺环节到另一个产品工艺环节的最大劳动节约。因此,基地将成为具有巨大投资效益的地域经济综合体。已经开工建设的石嘴山电厂扩建工程(装机容量4×33万千瓦),总投资45亿多元,每千瓦装机容量投资仅3400多元,而国内东部地区目前在建、拟建和最近建成的同类新电厂,每千瓦装机容量投资在8000元左右,基地火电厂单位装机容量投资不足其1/2。基地内发电吨煤费用100元左右,而我国东部地区火电厂则为300元左右。同时,上网电价也要低得多。2000年,宁夏平均火电上网电价每千瓦时不足0.21元,售电价不足0.27元,是全国电价水平最低的省区之一。基地内电力外输到华北、华东等地,即使加上输电工程投资和相应的运行费用,电价也明显低于当地投资办电。从已建成使用的输气管线来看,单位长度投资方面,宁夏要低得多。

第四,显著的区位优势和良好的发展基础。宁夏是西北省区中距离华北地区最近的省区,距华北电力负荷中心北京市1000公里左右。在"西电东送"总体方案中,宁夏是"西电东送"北部大通道首先途经的省区,电力输送距离短、输送成本低,可减少线损和提高电力输送质量。尤其是大柳树水利枢纽工程建设,将成为向华北等地输出廉价水电的距离最近的大型电源点。同时,经过几十年的建设,全区煤炭设计生产能力1448万吨/年,实际生产能力1800万吨/年左右。电力装机容量为227.8万千瓦,合成氨年生产能力92万吨,已经成为全国最大的化肥生产基地之一。

根据上述有利条件,初步设想,宁夏沿黄(河)大型能源化工基地规划建设的重点项目主要有四大方面:

一是煤炭基地建设。基地内的宁东煤田探明储量274.16亿吨,矿区原批准设计规模为年产原煤1160万吨,目前,灵新矿、羊场湾一号井已建成,一期工程配套设施按570万吨能力基本建成,具备后续开发条件。为了满足宁夏建设沿黄(河)大型能源化工基地的用煤需要,计划重新开工建设羊场湾大井,同时进行二期枣泉矿建设,建成后年产原煤500万吨。同时需要开展宁东煤田新矿点的选择及设计,以保证在今后10~15年内宁东煤田的产量达到2400万吨/年。

二是千万千瓦级电力基地建设。"十五"期间建成沙坡头水利枢纽工程(12.4万千瓦)、石嘴山第二电厂(4×33万千瓦)和中宁电厂(2×30万千瓦),对青铜峡水电厂进行技术改造,抓紧大柳树水利枢纽工程(200万千瓦)、大坝电厂三期工程(4×60万千瓦)、灵武电厂(4×60万千瓦)前期工作,主动参与国家西电东送工程,适时建设高电压等级的电力外送工程,逐步建成千万千瓦级电力基地(包括现有装机容量227.8万千瓦)和西北电网向外送电的窗口。

三是天然气化工基地建设。力争在2010年前后,将宁夏建成以天然气为原料、年产200万吨合成氨的国家重要的大型化肥生产基地,同时建设技术含量及附加值高的天然气精细化工项目。主要有银川化肥厂改造工程(技改后年产38万吨合成氨、66万吨大颗粒尿素)、中石油宁夏石化分公司二套化肥装置扩能改造工程(年新增合成氨15万吨、尿素26万吨)、中石油宁夏石化公司三套大化肥工程(年产30万吨合成氨、52万吨尿素)、天然气精细化工项目(主要生产1.4丁二醇、四氢呋喃、聚氯乙烯、层状硅酸钠等技术含量高、附加值高的产品)和陕甘宁气田至银川第二条输气管线工程(全长273公里,不加压,年输气16~17亿立方米,末站加压后,年输气24~26亿立方米)。

四是煤化工基地建设。主要有年产83万吨煤基二甲醚工程(副产10万吨甲醇)和煤炭间接液化项目(年产油品及化学品274万吨,其中一期工程年耗煤580万吨,生产油品及化学品137万吨)。

(宁夏计委经研所课题组)

中国图们江地区环境保护和生态建设研究

一、图们江地区环境现状评价

首先要分析自然环境的基本特征，其次分析这种自然环境及其组成要素在人类经济和生活活动干扰下发生的变化。对区域环境现状进行分析评价，为今后区域开发和社会经济发展的区域环境影响和环境污染控制提供基本依据。

（一）图们江地区自然环境主要特征：

1.独特优越的地理位置。本区处于中纬度亚洲大陆东岸，滨临日本海，背依我国东北内陆腹地，与日本隔海相望，陆地与朝鲜、俄罗斯接壤，这一独特空间位置和便利的通海条件，被中外学者称之为东北亚的“金三角”。

2.低山、丘陵为主的地貌。本区在地貌单元上属东北东部长白山地，地貌类型有中山、低山、丘陵、盆地和河谷平原，其中低山丘陵分布面积最广，约占全区3/4。盆地平原多呈串珠状分布于沿江中下游两岸，其中延吉盆地、珲春盆地、敬信盆地、图们盆地等，具有突出的开发价值。

3.湿润的温带大陆性季风气候。本区气候具有东亚温带季风气候特点，即季节变化明显，冬季寒冷漫长，夏季炎热短促，最冷月1月均温-14.2℃，最热月七月均温20.6℃。但由于距日本海较近，气候大陆性减弱，海洋性增强，表现为冬季寒冷程度较差，夏季则不过于炎热。本区降水较丰富，降水量盆谷平原一般在500~600毫米，山区600~800毫米，降水集中于5~9月，占全年80%以上。

4.图们江水系径流比较丰富。本区属于图们江中下游，我国境内较大支流有嘎呀河、布尔哈通河、珲春河等。由于本区气候比较湿润，降水较多，河川径流比较丰富，以圈河站为控制站，图们江多年平均径流量为69.7亿立方米，其水量主要来自于中、下游。径流受降水影响季节变化与年际变化较大。图们江平水年中游河宽60~240米，水深1.2~3米；下游河宽240~500米，水深1.3~4米。

5.温带针阔叶混交林景观。图们江地区因气候、地形条件形成了以温带针阔叶混交林暗棕壤为主的景观。植被、土壤呈现明显的垂直分布，1100米以上为山地针叶林深灰壤带，1100~500米为针阔叶混交林暗棕壤带，500米以下为次生落叶阔叶林和荒山灌丛，河谷低地为草甸沼溪柳灌丛，河口附近生长着芦苇。本区森林面积广阔，约占总土地面积60%以上，以珲春河流域为最高，将近76%；布尔哈通河流域由于人类活动强烈干扰只有45%。

（二）水环境污染现状。

1.图们江干流污染严重，主要污染源有朝方茂山铁矿，每年排入图们江污水15000万吨，属矿砂1600万吨左右，导致图们江下游30公里处的悬浮物超标6倍以上。我方开山屯化纤浆粕厂每天排污水10万吨，每天由废水排出BOD50吨，COD300吨，以及悬浮物、木质素、铬、砷、酚等；其它还有石岘造纸厂及图们市一些工厂以及朝方会宁造纸厂、阿吾地化工厂等。水中含有大量悬浮物，水体混浊成褐黄色，鱼种稀少，水中污染物含量明显超过饮用水标准，不经治理难以利用。

2.嘎呀河与布尔哈通河污染也较严重。嘎呀河主要污染源为石岘造纸厂，加上其它一些中小型工矿企业以及延吉市等城镇的生活污水，致使嘎呀河与布尔哈通河遭受明显污染。

3.珲春河有一定污染。珲春河上游污染较轻，主要受采金厂的污染，适于工业用水；珲春河中下游由于受到珲春造纸厂、珲春煤矿、发电厂等工矿企业排出废水以及珲春市区生活污水的污染，水质明显下降，适于农业用水；珲春河支流英安河上游污染轻微，水质好，适于饮用水。

4.地下水有不同程度污染。广大中低山区为森林所覆盖，人烟稀少，地下水基本未受到污染;丘陵区虽受人类生产生活活动干扰,但居民点不多,地下水污染轻微;盆地与河谷平原城镇乡村居民点较密集;工厂企业亦多分布于此,生产与生活污水渗透地下,污染了地下水,加之河流被污染,受河水补给的浅层地下水污染较为明显。污染物主要为氨氮、挥发酚、COD等。

河流水质污染破坏了大马哈鱼、滩头鱼等多种鱼类的生存环境,可捕鱼量只有建国初期的1/10。由于农用污水灌溉,约6000公顷农田受污染,农产品有害成份偏高。

(三) 大气环境污染现状。

图们江地区大气环境受到不同程度的污染。大气环境主要污染物是TSP、SO_2、NO_x等等。珲春市区采暖期TSP有51.2%面积超过国家Ⅱ级标准(0.30mg/m),全年有44.2%超过Ⅱ级标准。SO_2采暖期有14%面积超过Ⅱ级标准(0.15mg/m),全年有11.6%面积超过Ⅱ级标准,大气中总悬浮微粒超标,降尘普遍超标,其中龙井市超标76%,二氧化硫超标30%,延吉市氮氧化物超标33%,上述污染主要原因为珲春电厂(位于市区上风向)和市区低矮烟囱燃煤排烟造成。广大乡村基本上未受到污染,大气环境质量较好。从全区来看,延吉、图们、龙井、珲春等主要城区以及工矿企业分布集中之地大气环境受到一定的污染,有些还比较严重。

(四) 生态环境现状。

图们江地区森林由于过量采伐,森林面积锐减,森林覆盖率已由建国初期的70%下降至60%左右,其中延吉为9.7%,龙井为52.9%,图们为68.3%,珲春最高为75.8%。原始森林采伐殆尽,现基本为次生林。加之农田重用轻养,土地利用单一,致使水土流失加重,土壤肥力下降,生态环境受到一定的破坏。例如龙井市域是本区开发较早的区域,到现在已有100多年的历史,原来森林茂密,日伪时期森林受到严重破坏,建国后虽大力开展植树造林,但成活率较低,森林覆盖率下降到52.9%,为全区较低的区域(除延吉外)。山坡丘陵地利用不合理,水土流失严重,水土流失面积占本区面积10%以上,布尔哈通河和海兰江流域水土流失面积比重高达50%以上。又如珲春市域水土流失,成为农业生产发展的障碍。存在水土流失主要是坡耕地,分布于各中小河流中、下游山区和丘陵区,重点是珲春河的中下游。耕地水土流失面积为2315公顷,占耕地面积的9.13%,其中轻度流失占70.1%,中度流失占28.8%,强度流失占1.1%。珲春是图们江地区生态环境保护比较好的区域,森林覆盖率高达75.8%,仍存在一定程度的水土流失,说明水土流失问题的普遍和严重。

二、图们江地区环境变化、存在问题与对策

(一) 图们江下游地区环境变化趋势。

图们江下游地区是多国合作,联合开发的核心与重点地区,今后几十年其区域开发和社会经济发展都将以空间的规模展开,因此评价其环境变化趋势对于制定区域发展规划与产业合理布局具有重要意义。

图们江地区每年有大量污染物流入珲春河及图们江干流。其中,流入珲春河SS为5610.9吨/年,COD为2913.7吨/年,BOD为719.6吨/年,挥发酚为4.62吨/年,六价铬为1.15吨/年;流入图们江干流1SS为7943.8吨/年,COD为3046.5吨/年,BOD为769.6吨/年,挥发酚为4.65吨/年,六价铬为1.17吨/年。珲春河水环境状况逐渐变劣,2000年在考虑技术进步条件下,各项指标均超过基准年,如三家子断面BOD超标4.3吨,高锰酸盐超标3.6倍。根据该区经济快速增长形势,只有尽快修建污水处理工程,才能使珲春河水逐步得到改善。珲春地下水污染变化趋势与珲春煤矿矿井排出废水有关,2000年矿井排SS5562.40吨/年,BOD16.6吨/年,COD132.7吨/年,从而使地下水受到污染。矿井疏干排水也形成地下水沉降漏斗,目前城西矿井已形成地下水沉降漏斗2.5平方公里,英安矿井发现地面沉降500毫米,面积为0.2平方公里,随煤矿开采规模不断扩大，矿井涌水量不断增加，今后有可能形成大区域性地下水位下降与陆面下降。

珲春市区采取集中供热和煤气化等环保措施，2000年大气污染得到适当控制，市中心一些污染严重的街区其浓度有所降低，但污染等级变化不大。市区污染最重的仍是TSP，全年超过二级标准的占37.2%，采暖期则占46.5%，SO_2和NO_x情况没有什么变化。按珲春市建设现代化城市的要求，仅仅采取居民集中供热和煤气化是不够的，必须对低于30米以下的烟囱进行根本改造，否则大气污染状况是无法改观的。

珲春市区目前环境噪声平均值为53.1分贝，其中有19%的区域环境噪声超标，环境噪声日变化明显。珲春区域规划中发展项目较多，而轻纺工业有可能建在市区，因此今后环境噪声将有所增加，应引起关注。

图们江区域生态环境总的来看比较好，森林覆盖率高，土壤、污染轻微。由于本区土壤环境容量很大，即使是工农业发展，排污量增加，本区今后一般没有超过土壤允许值的可能。但森林生态系统今后变化却有两种可能：一种情况是大量砍伐森林，年采伐量超过年生长量，森林覆盖率降低，不仅加重水土流失，而且会减少珲春河水量，使水质变差，从而造成整个环境的恶化。另一种情况是以营林为主，开展多种经营，年采伐量不超过年生长量，森林生态系统没有受到破坏，则本区整个环境面貌仍保持目前比较好的状态。

（二）区域环境问题与对策。

图们江地区环境质量现状的初步分析，可以很清楚的看出，本区的自然环境长期受到人类活动的影响，加上环境建设跟不上经济发展的需要，以致区域环境问题比较突出，主要表现以下几个方面：

1.图们江及其支流水体污染比较严重。通过上面分析可知，图们江干流及其支流嘎呀河、布尔哈通河的水体受到严重污染，图们江干流在龙井市以下全部属严重污染水体。在今后图们江地区经济大发展，特别是图们江下游地区多国合作，联合开发的情况下，图们江恶劣的水质状况已成为区域开发、城市建设和产业发展布局的严重障碍。解决此问题的对策是：首先图们江水域环境保护与治理，需通过外交协商，中朝联合组建有关污染防治管理监督机构。中朝双方应抓紧落实已达成的协议，采取措施控制污水与废渣排放，图们江污染问题只有中、朝双方合作，共同采取污染治理措施才能得到有效的解决。其次对工业污染的防治要从源头抓起，控制生产全过程。推行清洁生产。一些工业污染源要限令进行改造，污水处理达标后方准许排放江河中。重点治理电厂、造纸等污水排放。第三，含剧毒及难降解污染物的废水和含病毒、病原菌的污水必须就地处理，不能直接排放江河。第四，加快城市污水处理厂建设，城市生活污水必须经过污水处理厂处理后才能排入江河。第五，污水灌溉要因地因时制宜，并考虑作物生长和生理特性。第六，污水渠道要有防渗设施，以防止对地下水的污染。第七，为防止地下水过度开采，应采取工程措施，尽量开发利用地表水。

2.目前，图们江地区各城市主要能源是煤，无论工业生产，还是机关、企业、居民供热取暖基本上都以煤为主要燃料，特别是采暖期耗煤量更大，城市大气污染的主要是燃煤排烟。解决此问题的对策是首先应降低煤耗比重，改变能源结构，增加清洁能源，这是建设国际化、现代化城市的根本出路。主要措施有增加石油及其产品的能源比重，增加电能供应，推广利用太阳能，农村沼气化。其次对发电厂、化工厂等大量余热开展多级利用，解决职工及附近居民的供热问题。把火电厂改成热电联产，节能效果显著。第三，采取集中供热，改造分散的低矮烟囱。第四，实行煤气化，建煤气厂向居民供应煤气。第五，坚持长期的消烟除尘和烟气净化。

3.生态环境受到一定的破坏。图们江地区森林植被遭受一定破坏，森林覆盖率逐年降低，水土流失加重，土地利用不够合理，以及江河鱼种稀少,渔业资源遭受破坏等。解决此问题的对策是:图们江地区的基本生态系统是森林生态系统,它对本区物质循环与能量转化影响最大,因此对本区森林资源实行合理的开发与保护是生态建设之本,也是经济建设所需。

森林保护和野生动植物物种资源保护。一是建立以长白山为中心的原始森林自然保护区,建立延边州水源涵养林和风景林资源保护区,加强森林的培育。以地方立法和强化执法的手段,强制性地保护延边日益减少的森林资源和珍贵的野生动植物物种资源。二是限制采伐木材。加速迹地更新和残次林的改造。为此制定相关的优惠政策和法令法规。三是采取林纸结合的方式,建立以速生树种为主的造纸原料林基地。木材加工业要向资源节约型转变。减少造纸工业和木材加工业对森林资源的消耗,提高森林资源利用率。四是技术落后、资源消费大、污染严重的小造纸厂、小木材加工厂要坚决关闭或转产。

加强水土保持。一是为防治水土流失,严禁陡坡开荒,要整治坡耕地,有计划的退耕还林(草)。二是加强小流域综合治理。三是提高林地利用率,减少采伐迹地面积,使水土流失面积逐年减少。

(侯敬波、李博)

青海省特色经济发展战略研究(摘要)

面对新的国际国内形势,各地都在积极采取各种措施抢占市场、抢占人才、抢占资金,竞争异常激烈,其实质就是各自优势的竞争、特色的竞争。在这种情况下,青海作为西部一个经济落后的省份,发展特色经济是整个国民经济和社会发展中带有全局性的重大战略问题,是青海实现社会生产力跨越式发展的关键。

一、青海发展特色经济的基础及评价

青海目前尚处于工业化初期阶段,发展特色经济应以优势资源为基础。要使这种潜在的优势转变为现实的竞争优势,关键是要对某些关键性资源进行深度开发利用。从宏观全局和长远发展来看,某些关健性的矿产资源、水能资源、高原生态农牧业、中藏药和旅游业仍将是青海重要的竞争优势所在,直接决定青海未来特色经济的发展方向。

(一)以能源、矿产资源为基础的工业,竞争优势明显。

在探明矿产中,有53种矿产储量居全国前10位,其中钾盐、钠盐、镁盐、锂、溴、石棉、石墨、硅石、化工石灰岩等11种矿产储量居全国首位。在多种资源中,黄河上游的水能、柴达木盆地的盐类矿产、石油天然气和有色金属矿产,开发潜力巨大,具有较强的竞争优势,是青海发展特色经济的重要基础。

(二)高原农牧业、生物资源开发及加工独具特色。

青海是全国的五大牧区之一,有可利用天然草场5亿多亩,各类牲畜2071万多头(只),其中牦牛、藏羚羊等在国内外有较高的声誉。虫草、贝母、大黄、蕨麻、鹿角菜、三刺等植物资源十分丰富,野生动植物中具有开发价值的占1/3以上。同时,青海高原农牧业发展前景广阔,特别是反季节蔬菜、优质杂交油菜、中藏药材、优质豆类、薯类和牛羊肉及副产品、花卉类等也具有一定的竞争优势。

(三)独具特色的高原旅游业,发展潜力巨大。

青海旅游资源十分丰富,目前可供旅游的景点约900余处,包括国家级23处、省级351处和州县540处,其中在国内乃至世界有较高知名度的旅游景点有20余处。总体上看青海旅游资源总量大、类型多;功能全、组合优良、科学内涵丰富。青海的江河源、昆仑文化、青海湖、塔尔寺等都是具有垄断性品牌,有很大的市场空间和发展潜力,是青海发展特色旅游业的重要基础。

青海省作为西部相对落后的省份,目前青海特色经济发展尚处于初级阶段,面临诸多困难和问题,主要有以下几个方面:原有的资源优势相对弱化,资源型特色产业发展面临新的挑战;边缘、偏远,区位条件较差,不利于特色经济的发展。基础设施薄弱,制约特色经济的发展。自然条件严酷,生态环境脆弱,发展特色经济受到影响。科技教育落后,人才短缺,特色高新技术产业发展受到制约。资金短缺,投入严重不足,制约着特色经济的发展。

青海特色经济发展功能定位是一个多层次的复杂问题,既要依优势资源作基础,也要依赖高新技术作支撑,更要有体制创新作保障;既要体现地区特色,更要具有市场竞争力。培育和发展特色经济可以从西北、西部、全国和国际等地域层次加以考虑,第一层次是要着力发展壮大盐化工和高原生态旅游业,逐步形成国际竞争能力;第二层次是要重点发展中藏药、绿色食品加工和高原生态农牧业,逐步在国内形成竞争能力;第三层次是发展水电、石油天然气、有色金属和特色高新技术产业,逐步在西北乃至西部地区形成竞争能力。经过努力,最终形成全国的盐化工及综合利用基地、高原农牧业及加工基地、中藏药基地和高原生态旅游基地及西部地区的水电高耗能工业基地、石油天然气开发基地。

二、青海特色产业的选择

(一)青海发展特色经济的指导思想。

在新的体制和形势下,青海特色经济要有新思路、新举措。应以市场需求为导向,以提高竞争力为核心,应立足资源优势,以推进资源精深加工为启动点,以先进适用技术的产业化应用为突破口,集中引进技术和人才,深度开发独特资源,迅速形成优势产业,发展专业化、规模化的特色经济,培育新的经济增长点,为青海经济发展奠定坚实的基础。

(二)青海特色产业的选择。

青海发展特色经济的核心和关键是培育特色产业和特色产品,它要求在生产的社会化过程中形成自己的专门化产业和产品,在市场需求多样化过程中形成自己的差别化产品,在激烈的市场竞争中形成自己的优势产业和产品。因此,从国内外环境、区域经济格局和市场竞争态势来看,青海特色产业发展应该遵循“市场导向、比较优势指向、竞争定位、区域关联导向和可持续性原则”。

选择具有“增长优势”的行业,促进经济持续增长。强化区域间分工与协作,选择具有“比较优势”的行业。选择具有“竞争优势”的行业,以适应我国经济增长进入买方市场阶段的形势,提高企业和区域经济的竞争力。选择与地区关联度大而技术制约小的产业,增强对区域经济的带动能力。

综合上述各项的要求,青海特色产业的基本优先顺序可归结为五个方面。1.以特色盐湖开采业为龙头,加快形成包括钾肥工业、金属镁、锂、锶等深加工利用在内的大盐湖产业链。2.以水电业为龙头,逐步形成包括高耗能电解铝产业及深加工水电铝产业链。主要通过强化竞争优势,以水电、有色冶金为重点,提高产业的加工深度和经济效益。无论是从产业的竞争能力,还是从今后的需求增长,或是对地区经济的关联和带动程度,都能够满足成为主导产业的条件。随着该产业规模的扩大、资本积累能力增强和技术、管理、营销水平的提高,可以逐步增加对上述产品的后续加工增值。3. 以油气资源开发为核心,逐步形成油气开采业—化工业—油气深加工的油气产业链。4.建立和形成以特色农牧业和中药材资源开发为龙头,以特色食品和藏药加工业为龙身,特色食品和藏药业销售为龙尾构成的农业产业化链。其特征是与广大农牧业相关联、能发挥地区优势而建立起具有区际意义、甚至全国意义的专门化部门,而且产品市场前景良好,关键是要解决新产品开发和提高市场开拓、营销能力。5.以特色生态旅游业为龙头,加快形成包括旅游交通、旅馆业、旅游食品、餐饮、娱乐、购物业在内的大旅游产业链,成为青海特色经济新的增长点。

三、青海省特色产业发展的重点

(一)大盐湖产业链。

盐湖资源的开发主要以钾盐的开发为重点,发展钾、钠、镁、锂、硼等系列产品。在现有基础上进一步扩大钾肥生产规模,提高盐湖资源综合开发利用水平,重点发展钾肥、烧碱、金属锂、镁、锶等。逐步把青海建成国家的钾肥、锂盐、碳酸锶的生产基地。

目前我国钾肥生产能力明显不足,远不能满足农业生产需要。大力发展钾肥是我国化肥行业的重要产业政策。目前青海钾肥生产量达到60万吨。为今后建成百万吨级钾肥生产基地奠定了坚实基础。根据钾肥市场发展趋势和国家化肥产业政策,青海应当充分发挥资源优势和竞争优势,加快扩大钾肥生产规模。抓紧建设青海钾肥100万吨项目,强化规模优势,扩大市场占有率,到"十五"末形成150万吨氯化钾生产能力。与此同时,充分发挥盐湖资源的综合优势,加大盐湖特种资源的科技攻关与开发力度,积极推进盐湖资源的综合开发与利用,发展以钾、钠、镁、锂、锶、硼等元素为主的高新技术系列产业品。

1.大力开发利用锂资源。近年来锂电池因被各国视为朝阳产业而使锂业迅速发展,锂离子电池可以由不同工艺生产,卤水生产碳酸锂比锂辉石和其他锂矿石成本更低,含锂卤水已成为基本的锂化学品资源。盐湖提锂是一个世界性难题,经过多年科技攻关,已取得突破性进展,要在此基础上,抓紧进行3000吨碳酸锂示范工程建设,进而向万吨级规模和水平扩展,争取"十五"末成为全省一个重要的经济增长点。

2.扩大金属镁生产规模。镁及镁合金材料因具有独特的优点,在航空航天、汽车、电子、通讯、家电等行业得到广泛应用。目前,国内外镁盐市场需求迅速增长,发展金属镁生产具有良好前景。青海要在钾光卤石脱水技术的基础上,开发水氯镁石脱水技术,建设5万吨金属镁和15万吨聚氯乙烯,变废为宝,进而开发生产镁基合金等产品,形成系列化,提高产业竞争力。

3.加快开发利用锶矿资源。随着科技发展,锶盐的应用范围日益广泛,具有广阔的市场前景。加快青海锶资源利用步伐,发展锶系列产品,应坚持"依靠科技,提高起点;内外协调,配套开发;采选领头,系列加工;服务国内,着重出口"的原则,建成在资源、研发、出口方面皆具有优势的锶工业基地。根据国内外锶生产相对饱和,锶化合物生产不足,锶材料加工刚刚起步的现实,应抓好锶产品深加工,开发高产值的系列产品,适度发展锶矿生产。除碳酸锶外,还应加快其它锶化合物及金属锶及锶合金材料的研究开发,同时与省内省外其它资源、技术、生产条件优势等配合进行,逐步形成配套的锶产业。

(二)水电——铝产业链。

青海水力资源丰富,开发条件好、成本低,建设同样规模的水电站造价只相当于国内其他地区造价的60%~70%,而且居民迁移方面的费用很少,基本没有移民安置的后顾之忧。正因为有这些优越条件,完全可以实行对外开放式的开发模式。引进国内外投资者共同开发。为此,青海要充分发挥比较优势,依靠廉价的水电和冶炼技术优势,输入区外资源进行加工冶炼,走水电——有色金属冶炼的路子,发展与水电开发配套的高耗电有色产品,推进铝电联合、镁电联合。高耗电产品属于规模经济明显、又容易产生污染的行业,其发展应该积极引导各方力量联合,以获取规模经济和强化对污染的治理,提高竞争能力。"十五"期间,青海省仍应重点发展铝、镁、铜、金等有色金属和稀有金属产品,推进铝电、镁电联合,铝镁锌等深加工产品。如建设30万吨电解铝工程、8万吨粗铅、6万吨锌锭的铅锌冶炼工程,发展硅铁、碳化硅深加工产品,到2005年青海省初步建成以铝、镁为主的有色金属基地。

(三)油气开发及深加工产业链。

从现有储量看,石油资源主要分布在东、中部,西部处于劣势,但从发展趋势看,东中部石油后备资源不多,扩大储量的前景也不乐观,青海的地位会逐步上升,油气资源开发前景广阔。“十五”应进一步加大柴达木盆地油气资源的勘探力度,建设天然气东输工程,积极稳妥地进行开采和适当加工。根据我国买方市场的形成和石化工业加入WTO以后的竞争能力,青海省石化工业发展应力求少而精。可以通过争取国家政策的支持,在重点产品、关键技术实现局部突破。

(四)特色生物资源开发利用产业链。

1.大力发展高原特色生态农牧业。充分发挥高原冷凉气候资源、生物资源丰富和无污染的高原生态环境的优势,积极挖掘当地农产品的营养保健内涵,紧扣市场需求,大力发展绿色产业。继续增大反季节蔬菜生产规模,扩大中藏药材种植和冷水鱼类养殖。以乐都、湟中、贵德县和格尔木市为重点,逐步扩大反季节蔬菜生产和加工。适当扩大杂交油菜、优质豆类、马铃薯、三刺等农产品生产和加工,大力发展大黄、麻黄草等中藏药材生产和加工,发展具有高原优势的各类花卉的种植面积。进一步优化畜群畜种结构,积极发展牦牛、藏羊、以及毛肉兼用为主的半细毛羊、优质绒产品及牦牛药用滋补产品。

实施青海特色农业产业化战略应当充分考虑地区资源和现有产业基础等条件,大力发展具有区域特色的优势产业与产品,并力争形成较为完整的农业产业链。一是依靠科技进步,加大对农牧水产品的加工深度和精度,延长产业链条。如在全国具有比较优势的大黄、麻黄草、虫草、雪莲、牦牛、冷水鱼等农产品,可根据市场需求建立大型加工企业。二是加强龙头企业的发展。按照大(规模大、带动面大)、高(技术水平高、附加值高)、外(面向大市场)、新(新产品)、多(多种所有制、多形式)和一体化原则,优先建立基础雄厚、辐射能力和竞争能力强的农产品加工销售龙头企业,积极创造条件,吸引大型工商企业进入农业,充分利用大型企业的资金、技术、人才、管理和市场网络等方面的优势,与农村产业嫁接,寻求农业产业化的捷径,逐步形成藏药、毛纺、冷水鱼、特色食品等生产加工龙头企业集团。三是加强市场体系建设。建立以农产品初级市场为基础、功能齐全、辐射范围较广的农副产品批发市场。要积极发展各类从事农副产品流通的专业户和专业公司,实行跨地区、跨行业的经营,利用合作经济组织联结千家万户的独特优势,引导农民进入流通领域,为青海农业产业化的发展开拓更广阔的市场空间。

2.发挥高原生物资源的优势,大力发展特色轻纺工业。

(1)积极发展以绿色食品为重点的优质高效型食品工业。根据资源潜力和国内外食品消费趋势,青海省应着力提高新型食品工业的档次,重点发展满足人们生活水平日益提高的肉、奶制品,尤其是满足生活质量提高所需的无污染“绿色食品”、功能性食品和方便食品加工等优质高效型食品工业。

(2)大力发展以藏药为重点的医药工业。

藏药业是青海近年来发展最快的产业之一,藏药生产已形成一定规模,具有明显的竞争优势。今后应继续通过利用外部资源、营销渠道,多方合作,把传统优势与现代科技、生产工艺结合起来,注重藏药材资源的合理保护和科学利用,扶持和培育中藏药骨干企业,进行中藏药材的初级加工、成药加工、高科技生产三级开发,使藏药成为全省新的重要的增长点,并通过一个时期的快速发展成为青海省的主导产业。力争建立全国最大的藏药资源保护、种植、繁育、研究基地,逐步形成具有一定规模的麻醉药品、甘草制剂、虫草制剂、藏茵陈系列肝药、塞隆骨系列风湿药生产基地。藏药属天然药物,具有较大发展潜力。在发展中要围绕大黄、花锚、藏茵陈等特色资源进行深度开发,重点研制治疗脑血管病、肝胆疾病、抗风湿等药物,在不断挖掘传统藏药精品的基础上,开发出一批既符合现代医学标准、又能保持藏药特色的产品。

加快青海生物工程制品和现代医药产业发展。生物技术方面,要大力推进彩色明胶产业发展。通过引进技术和产品深度加工,发展新产品,包括:彩色感光材料;高吸水树脂;骨胶提取相关制品如食用明胶、骨油、蛋白胨等副产品;胱胺酸及半胱胺酸产品等。要利用丰富的牦牛血资源,加快开发生产凝血酶、卟啉铁等高附加值的生物药品项目。现代医药产品方面,要利用转基因、细胞组培、多肽合成、超临界萃取等高技术,开发丰富的中藏药资源。通过提高科技含量和科技型规模化发展,形成以特种药品生产为基础、以中藏药发展为重点的技术领先、品种特新、质量显著的医药支柱产业,使青海成为全国最主要的藏药及特种药生产基地。

3. 积极发展以明胶、毛纺、皮革为主的轻纺工业。

针对我国轻纺工业的发展已经进入新阶段,传统的日用品规模庞大、生产能力过剩,企业之间竞争激烈的情况,青海轻纺工业的发展,要着眼于开发新、奇、独、特产品,增加附加价值和竞争能力,并通过不断采用新技术、新工艺、新材料,发展新产品、新样式,实现产品的更新换代。主要是仿照藏药发展的成功模式,积极发展明胶、毛纺、皮革、地毯和民族用品等轻纺工业。在明胶方面,依托龙头企业加强新产品开发,提高产品档次,发展医药用明胶、感光材料用明胶。在毛纺织,加强新产品的开发、设计,强化开拓市场的力度,在继续扩大出口的同时,开发具有民族特色、新颖和适合进入较高收入水平家庭的产品。与旅游业相配合,发展民族服装、民族饰品、民族用品。

(五) 特色旅游产业链。

以开发利用丰富的旅游资源为重点,围绕"吃、住、行、游、购、娱"六要素,建立健全旅游服务体系,形成旅游产业链,逐步培育成为青海经济新的增长点。青海以其独特的自然和人文景观,日益成为世界旅游热点地区之一。青海旅游业必须树立精品意识,在突出重点、强化特色、塑造品牌、开拓市场方面下功夫,重点开发河湟、青海湖、青南和格尔木西部旅游区,使之成为青海的旅游热点地区。以塔尔寺为中心,包括循化孟达天池国家自然保护区、尖扎坎布拉国家森林公园、同仁"热贡艺术"、麦秀山风光、隆务寺、李家峡水电站等为重点,形成以宗教朝圣、古文化旅游和避暑休闲、矿泉健身疗养为重点的河湟旅游区;以青海湖绮丽的风光为主体,形成以草原观光、民族风情、宗教朝圣、鸟岛奇观等为主的青海湖旅游区;以长江源头探险漂流、观盐湖奇景、世界屋脊探险、民族风情、昆仑山寻祖道教朝圣、高原旅游以及独特雅丹地貌等专项特殊旅游为主,形成以高原戈壁荒漠和盐湖自然景观特色为主的青南和格尔木西部旅游区。

坚持走政府主导,部门配合,企业动作,社会参与的大旅游、大产业、大市场、大开发的路子,完善旅游各项服务功能,提高旅游环境质量。加快旅游景点的道路建设,完善管理,改善旅游消费环境,有效地提高旅游业的竞争力和吸引力。加强旅游市场开拓,扩大旅游经济协作,加盟西部旅游圈,在接受辐射、客源互流中提升青海旅游的知名度。加大招商引资力度,以优惠政策和优质服务吸引和鼓励多种经济成份参与开发旅游资源。培养各类专业人才,不断提高旅游行业从业人员的整体素质。切实保护好蓝天碧海、青山绿水的旅游环境和各类旅游资源,为青海旅游业可持续发展尊定良好的基础。

四、青海发展特色经济的政策措施

发展特色经济是青海实施西部大开发战略的突破口和重头戏,必须冲破传统的思维模式和发展模式,用新思路、新方法、新机制、新举措,去指导、组织和推动。

(一) 利用国家特殊优惠政策,发展青海特色经济。

国务院颁布了《关于实施西部大开发若干政策措施的通知》,出台了一系列政策措施。青海要全面了解国家西部大开发的宏观政策,结合青海的优势,把国家优惠政策转化为推动特色经济发展的强大动力。

1. 积极争取国家在资金方面的政策支持。

（1）加大对青海环境保护与基础设施建设的投资，为青海发展特色经济创造环境和条件。（2）建议西部开发促进基金和西部专项开发基金。包括开放式的证券投资基金、封闭式的产业投资基金、风险式的企业投资基金、福利式的人员培训投资基金等四大类投资基金。（3）对青海资源开发项目实行投资倾斜，并较大幅度增加矿产资源勘探投资。（4）国家要引导东部相关省市向青海资源开发项目投入资本金，开发后的资源由投资省份按资本金所占比例分享资源产品。（5）争取国家财政国债专项（贴息）资金对特色项目的重点支持。并建议对青海的新兴行业和企业，实行差别税率制度，减免一些税款。

2．利用国家鼓励外资投资西部的优惠政策。

（1）扩大外商投资领域。（2）提高青海利用国外优惠贷款的比例国内金融机构加大外商投资项目的支持力度。（3）积极扩大青海以BOT方式利用外资的试点，开展以TOT方式利用外资的试点。允许外商投资项目开展包括人民币在内的项目融资。支持青海国家鼓励和允许类产业的企业通过转让经营权、出让股权、兼并重组等方式吸引外商投资。鼓励在华外商合资企业到青海再投资，其再投资项目外资比例超过25%的，享受外商投资企业待遇。（4）在西宁、格尔木建立保税区、航空港，以吸引外部投资。放宽西部地区设立外商企业条件、外商投资企业持股比例的限制。减少直至取消对技术水平高、国内确有需求的商品进口比例的限制。

3．争取国家金融政策对青海特色经济的支持。

青海成立相应的开发银行和商业银行。加快培育和发展金融市场，争取列为金融保险对外开放试点，探索各种渠道运用民间金融资本，积极争取招商、光大、民生、中信、浦东等商业银行来青海设立分支机构。开发银行通过发行西部开发债券、商业银行以银团贷款的方式，增加对青海资源开发和基础设施建设项目的资金支持。

4．争取国家促进地区合作与产业转移政策对青海的支持。

（1）按照国家西部开发税收优惠政策，切实采取有效措施引导东部劳动密集型产业和资源加工型产业向青海转移，加快青海特色劳动密集型产业和轻型加工业的发展。（2）制定东部地区多交税利与技术转让以支持西部开发的具体政策，为特色经济发展创造良好的区域技术与产业合作机制。（3）争取国家统一协调政策，促进东西部省市之间在互惠互利和优势互补基础上的经济技术协作和联合。（4）实行以企业投资补贴为主的投资诱导政策，对在国家划定的特定地区，新建扩建符合一定条件的外商和区外企业，由国家提供一定的投资补贴。

（二）拓宽投融资渠道，推进青海特色经济的发展。

一是要把青海资本市场的发展和全国资本市场对青海的倾斜结合起来，采取有效措施，逐步使全国资本市场西移。二是加快设立产业投资基金和各种建设债券，积极开展融资租赁项目，采用BOT、TOT、ABS等投融资方式，引导外资和社会资金参与各类开发建设。三是争取更多的优势企业上市，扩大直接融资的渠道。四是积极探索市场与政府的合理分工界线，调整财政职能，建立公共财政投融资机制。建立地方投资担保体系，切实解决中小企业贷款担保难的问题。

（三）依靠体制创新和技术创新推动特色经济发展。

一是按照专业化分工协作和规模经济原则，加大对现有企业的改组改造力度，以重点骨干企业为核心，以名优产品为龙头，以资本为纽带，依靠市场机制，通过联合、兼并、参股等多种形式，培育一批具有高出口创汇、高经济效益和高市场占有率的企业集团。同时积极扶持中小企业特别是科技型企业，使它们向“专、精、特、新”的方向发展。二是围绕发展特色经济的要求，在社会信用制度和要素市场建设、投融资、科技教育、就业等方面进行体制创新,特别要对特色产业的资源、资金、技术等要素进行优化配置,使特色产业产生最大效能。三是适应加入 WTO 后的新形势,探索涉外经济体制方面的创新。四是加快政府职能转变。深化科技体制改革,推进技术创新,推进社会生产力跨越式发展。一是努力营造科技创新的社会环境和氛围;二是加快科技进步,加强重点领域和关键技术的攻关与开发;三是加快高新技术产业化。坚持自主开发与引进消化吸收相结合的方针,建立健全多元化投入机制和风险投资机制,抓紧建设高新技术园区和创业服务中心,促进高新技术产业化。四是结合政府机构改革和科研院所改革,尽快建立和完善企业的技术支持与服务体系,支持一批具有一定规模和实力的企业建立技术开发中心。五是加快科研机构改革步伐,建立新的运行机制,鼓励科研人员创办科技实体或以技术入股形式联合开发新技术,创办科技型企业。加快发展各种所有制科技企业,特别要大力发展民营科技型企业。

(四) 积极吸引人才,服务于青海发展特色经济。

青海发展特色经济,必须把人才的引进与培养放在重要地位。一是做好科技人才的培养和智力引进工作,特别要加快高素质、创新型、复合型人才的培养和引进。二是采取多种措施加快民族地区教育事业的发展,大力培养少数民族各类人才,积极促进科技成果向民族地区转移,提高民族地区转化科技成果和科技创新能力。三是实行必要的优惠政策,为全国各地人才和海外留学生来青海创业发展提供良好的环境和条件。四是对青海的科技专家教授授予特殊的荣誉,提高专家的社会地位和待遇,对有突出贡献的知识分子实行重奖,使他们的经济收入超过东部地区同类人员的收入。五是建立公开、公平、择优的育人、选人、用人机制,把优秀人才集聚到高新技术产业和优势企业,推进科技力量进入市场创新创业、转化科技成果。

(五) 加大对外开放的力度,促进特色经济发展。

在开放政策上要实现新的转变:(1) 青海与内地的关系由单纯受援向互惠合作转变,充分利用全国支援青海的契机,改善投资环境,把青海的资源优势同内地的资金、人才、技术、信息等优势有机地结合起来,筛选一些有资源、有市场前景、有效益的项目,合作建厂,联合经营。(2) 单向开放向双向开放转变,充分利用内地的广阔市场,不断扩大青海特色产品的销售量,发展壮大青海的特色产业,并积极参与内地的其它投资经营活动。(3) 单方位开放向全方位开放转变,改变较单一的商品市场和劳务市场开放状况,进一步开放资本、技术等生产要素市场,不断扩大青海经济的市场化程度,并对内地来青海企业实行灵活多样的投资经营方式。科技教育、文化等领域也要更加开放。(4) 使青海的开放由单纯的政策吸引向优化整体投资环境转变。加大对有比较优势的青海投资软环境的宣传力度,切实把各项优惠政策落到实处,并继续加快交通、通讯、能源等基础设施的建设步伐,努力改善投资硬环境。(5) 使青海的开放格局由重在对内向对内对外并重转变。贯彻“积极、合理、有效”的原则,优先放宽青海在一些领域对外商投资的限制,积极吸引外商参与青海的基础设施建设、特色农业和生态工程建设以及国有企业嫁接改造等。

课题组成员
国家计委宏观经济研究院:
费洪平　王岳平　王亚平
王远京　李淑华　任旺兵
赵锡嘏　鲁水清
北京师范大学资源环境学院:宋金平
中国科学院地理与资源所:李利锋
青海省发展计划委员会:
温成学　罗朝阳　张文林
姚海瑜　杨汝坤　段宇军
余　静　陈昌正　王莉辉
那海生

云南澜沧江——湄公河次区域开发合作有关情况

世纪之交,在经济全球化日益明显的形势下,澜沧江——湄公河次区域合作在克服亚洲金融危机后重新升温,合作势头强劲,原来搁置的合作行动纷纷起步,新领域的合作行动也在拓展。尤其是2000年朱镕基总理在中国——东盟领导人会晤时提出,湄公河流域开发有利于促进两岸经济的发展,缩小东亚国家间的差距。中方愿继续积极参加湄公河流域开发并加大投入。承诺中方将出资帮助疏通老、缅境内航道,争取如期实现澜沧江——湄公河通航;中方愿与老挝、泰国和亚洲开发银行合作,承建老挝境内路段,为昆明——曼谷公路早日贯通做出贡献;中国支持建设泛亚铁路的设想,并愿通过投标等方式参与建设。云南省作为我国参与澜沧江——湄公河次区域合作的前沿和窗口,在国家计委和有关部门的支持下,开展了一些工作。

一、合作的进展和动态

为贯彻中央“西部大开发”战略和进一步扩大对外开放的国策,结合“十五”计划的制订,云南省委、省政府提出把云南建成连接东南亚、南亚的国际大通道战略,并抓紧规划,去年12月,在北京向国务院和国家计委等有关部门作了专题汇报。“国际大通道”的建设,充分考虑了澜沧江——湄公河经济合作的背景和前景,把国家积极参与合作的战略与云南省的“西部大开发”行动计划、“十五计划”紧密衔接。在具体的合作行动上,仍主要集中于有多年工作基础的交通、能源等基础设施方面。

第一、在2000年4月20日,正式签署了澜沧江——湄公河中、老、缅、泰四国商业通航协议(《中老缅泰澜沧江——湄公河商船通航协定》),并确定一年后正式通航。在国家有关部门的支持下,云南具体承办航运技术规则制定、航行有关设施的准备、帮助疏通老、缅境内航道的前期工作等都在密锣紧鼓地进行。最近,在外交部、财政部的帮助下,疏通老缅境内航道的资金已基本落实,即将开始实施疏通工程。

第二、第九届“大湄公河次区域经济合作”部长级会议上提出的我国与亚行、泰国一道帮助建设昆明——曼谷公路的倡议,云南省也在国家指导下,注意跟踪有关的动态,积极进行力所能及的努力。主要是抓紧省内几段公路的改造建设及一些前期工作,并积极探询可能的介入方式等。

第三、中——缅陆水联运通道建设由于缅方未正式同意,暂时搁置,但如何修改原订的协议草案使缅方能接受的工作并未停顿。

第四、电力合作方面,已完成了景洪电站大部分的前期工作,为2006年前开工建设创造好了基础条件;2000年9月景洪电站投资协议已签署,泰国方面同意出资70%,中国方面由国家电力公司、云南省电力公司、云南省开发投资公司出资30%建设景洪电站,并且各方已同意成立建设公司;通过老挝送电泰国的输电线路已完成初步可研,但换流站和输电线容量问题还在研究中;一些有关输电的合作协议已在草拟中,时机成熟即可签署。

第五、水利方面,完成了“澜沧江景洪以下河段防洪规划报告”;去年8月完成了“澜沧江流域水土保持总体规划报告”;在水利部领导下,同湄公河委员会加强了交流与合作,今年1月,接待了湄公河委员会的有关技术人员访问云南。

第六、环境保护方面已出现了新的合作势头,从研究、培训和信息共享等转向实施边远地区的环境保护及配套的扶贫等实质性合作,经过努力,我省西双版纳流沙河流域环境保护已被亚行列为整个次区域中三个优先区域之一。

第七、旅游方面参加了在金边举行的第五

届旅游论坛和第11次工作组会议,派员参加旅游人力资源培训,参加旅游论坛和工作组的有关促销和宣传活动。

第八、贸易与投资方面合作的展开,由工商界通过民间的方式在积极促成。2000年11月,在昆明举办的首届"中国民营企业交易会"上,云南省商会与老挝、泰国、缅甸的商会签署了工商合作协议;边境贸易已摆脱金融危机的影响,进出口总额大幅增长,出口额创历史新高;受通航协议签署的刺激,西南、西北的客商纷纷前来寻求投资机会,甚至在景洪等地投资仓储等设施,准备出口商品到东南亚。

第九、人力资源开发方面的合作曾有打算,也做了一些准备工作,但现在基本没有实质的合作行动,仅只是承办和参加了"人力资源论坛"的第三次工作会议。另外,有关部门和研究机构为合作的开展做了大量的研究和诸多的准备工作。各部门在整个次区域合作的协调配合及管理方面,按职能分工,都在全力作好相关工作,并正在探讨进一步理顺关系的有关问题。

二、存在的主要问题

在停滞了两年多后,澜沧江——湄公河次区域合作重新升温,但一些原来悬而未决的问题依然存在,还出现了一些新的问题,主要有以下几个方面:

(一)参与合作或主导合作的机制还有待健全,一些实质性的合作活动由于机制缺乏或不灵活,很难展开合作,甚至导致合作流产。

(二)包括不同层面合作的协调领导和日常管理机构还应该进一步理顺。部门间的沟通和交流严重不足。

(三)一些政策的制订、配套和在实施中的操作性有待加强,例如旅游发展与外交、交通等配套政策的制订滞后,影响了跨国旅游的展开。

(四)重点合作领域的投入不足,资金到位较慢;一些新的领域如卫生、少数民族发展、扶贫等社会方面,资金渠道都还未明确,造成有想法,无活动。

(五)一些敏感问题一直没有明确的对外统一口径,一些场合无法表态,较为被动,例如澜沧江的出境水量等。

(六)合作的规划、研究工作不足,或已有的研究不能适应发展的需要,尤其在"西部大开发"和"十五"计划实施的新时期,规划和研究的超前性和服务于实际工作的水平有待提高。人力资源开发和人力资源的配置也有类似的问题。

(七)一系列的国际法律法规文书——协议、备忘录、合作规则等等有待签署,准备和谈判的工作量相当大。甚至有时导致合作进度不十分理想。在绝对维护国家主权前提下,建议采用一些必要的授权,由我省具体承办。

(八)在市场经济条件下,如何由政府部门牵头组织,企业、研究单位等积极介入,用市场经济的方式去谋求合作,这个问题还基本停留在宣传、策划上,企业的参与总体还是不足。

三、有关的政策建议

澜沧江——湄公河次区域合作是我国政府与周边国家合作的一个重要方面,云南省作为我国合作的前沿和窗口,扮演着服务于全国的角色。云南省将按照国家的方针、政策和准则的总体要求,在国家计委和有关部门的指导和帮助下,认真抓好落实。为此提出以下建议:

(一)支持云南实施"国际大通道"建设的发展战略。云南是我国连接和通往东南亚、南亚以及欧洲的大通道,是西南乃至我国腹地通往太平洋、印度洋的大通道。"十五"期间,我省将已按照国家"十五"计划指明的发展方向,抓住西部大开发的机遇,将云南建设为"连接通向东南亚、南亚的国际大通道"的战略设想付诸实施。争取"十五"期间开工建设'泛亚铁路',扩大澜沧江——湄公河航运的通过能力。建议国家从全国的战略意义出发,支持云南这一发展战略的实施。

(二)进一步理顺关系,建立健全协调管理机制。为进一步开展好澜沧江——湄公河流域国际区域合作,建议加强国家级组织协调机构及其能力建设，使其实质性地运转起来，并建立与相关部门及省级联系沟通的“快车道”。以便为各种投资人、合作方，尤其是企业能进入合作开辟道路，保证合作渠道的通畅和提供丰富的合作信息。

四、具体合作领域

（一）交通方面。

1. 航运：目前境外航道排障的前期工作准备就绪，为了保证今年6月正式通航，建议财政部尽快使境外航道排障专项经费落实到位；建议国家有关部门尽快验收景洪港和思茅港的口岸设施，以便正式对外开放；境外航道排障完成后，境内的六级航道因等级太低与境外的航道不匹配，必须进行改造，初步概算总投资7亿元，建议国家尽快立项，给予支持。

2. 公路：就昆明——曼谷公路老挝境内段的建设，建议财政部尽快敦促亚行协助老挝和泰国解决特许经营权纠纷，并请亚行召集四方会议协商老挝境内公路等级问题；建议交通部尽快与老挝和泰国就签定汽车过境运输协议举行事务性会谈；昆明——曼谷公路中思茅到小勐养公路1998年交通部已批准工程可行性研究报告，请求交通部正式批准2001年开工建设。

3. 中缅陆水联运通道建设，由于缅方要更改协议草案而迟迟不能实现，建议交通部将协议草案的修正案报请国务院批准，以促其早日启动；陆水联运通道一路（瑞八路）、一港（八莫港）的建设，设计总概算约为5.5亿元，现通过种种融资手段，还缺口1.65亿元，请求中央政策性专项投资补助云南省1亿元，云南省筹资6500万元。

4. 铁路：“泛亚铁路”是云南省委省政府提出的“国际大通道战略”的重要组成部分，建议国家加快我国境内段的前期工作，加深前期工作深度，尽早决定线路走向等问题，并请铁道部与云南建立定期通报制度，协调前期工作进程；铁道部拟议到“泛亚铁路”沿线考察是一个好的动议，建议铁道部尽快组团报国家有关部门后成行。

5. 航空：昆明飞往越南河内、柬埔寨金边的航班已拟议多年，由于运量较小，还未开通，建议先开通包机航线。

（二）能源方面。

景洪电站：景洪电站的建设要考虑 泰国的电力体制和我国电力体制改革的趋向，未来景洪电站的电力应该是按市场经济规律，以竞争性的电价入网，电力体制改革的尽早明确和给予景洪电站一定的优惠条件将有助于景洪电站的建设。

输电线路：经过多年的磋商，老挝政府已初步同意景洪电站的电力通过老挝输往泰国，为此必须与老挝政府正式签定协议，取得法律地位的认可。我国政府原来与老挝就云南向老挝北部三省送电签定过一个谅解备忘录，由于老挝境内的输变电工程计划采用德国政府贷款未落实，致使该合作谅解备忘录未执行，建议政府通过向老挝方面提供政府出口信贷的方式帮助老挝筹集建设资金，启动向老挝北部三省送电合作项目；现在亚行、世界银行等国际金融组织正在考虑提供资金支持，进行大湄公河次区域地区电力联网与贸易的有关技术准备工作，希望得到国家有关部门的重视和支持。

（三）通讯方面。

建议国家在新的形势下考虑通讯领域的合作。

（四）生态环境保护与建设方面。

环境保护：通过努力，我省西双版纳的流沙河流域已被选为“大湄公河次区域边远地区环境保护”的优先区域，亚行考虑为优先区域提供软贷款，但我国又不属于享受软贷款的国家，建议财政部与亚行沟通，使这一软贷款能进入我国。

生态环境：为了保护澜沧江流域的生态环境，云南省从98年由省财政每年拨款1000万元用于澜沧江防护林体系建设，但该项目规划总投资达20多亿元，目前的投资强度远远不够。考虑到国际河流的保护和航运的安全，建议国家计委和国家林业局将澜沧江流域防护林体系的建设纳入计划,支持该项目的实施。

(五) 旅游方面。

旅游业的发展是澜沧江——湄公河次区域合作的一个重要方面,建议国家与次区域国家签订双边的、多边的旅游协议,简化旅行手续,在次区域国家内可以采用欧洲国家的"申根协定"的办法。

(六) 人力资源开发等社会方面。

人力资源开发:开展卫生、劳动与社会保障、培训等人力资源方面的合作,加大投入,加强机构能力建设,找准突破口,把人力资源方面的合作真正开展起来。

加强交流与协调,促进扶贫、少数民族发展、教育、研究等社会方面的合作。

(七) 资源开发及空间布局方面。

1. 水资源是合作的一个核心问题,从目前的合作趋势和条件看,建议国家尽早立项开展澜沧江流域资源综合利用规划,由国家计委牵头,协调相关部委参加,完成的报告由国家审批后,作为澜沧江水事活动以及对外交流合作的依据;建议开展澜沧江流域水资源统一管理的体制和模式专题研究,以适应对外合作的要求;建议国家安排资金,增加投入,实施对澜沧江——湄公河次区域合作有重大影响的(1) 景洪市防洪综合治理工程,(2) 涉及国际河流管理及合作的水文站网建设——改造允景洪、曼安水文站,新建关累、打洛水文站,恢复大新山水文站,建设6段水质监测设施。

2. 为了适应对外开发的需要,一些边境城镇应加快建设步伐,一些布局应做必要的调整,建议:(1) 鼓励外资投资和利用外资建设城镇基础设施,其中建设的重点是景洪、思茅、临沧三城市;(2) 为了次区域合作,给予一定政策倾斜,批准临沧撤县设市;(3) 沿边境的临沧地区镇康县,现在的县城位于交通闭塞,对外交流困难的腹地,省里已规划将县城搬迁至边境上的口岸镇,请国家批准。

3. 矿产等资源的开发(全部产业也如此)合作还需要一些政策的扶持,建议拟订灵活的资金机制的政策,开展一些推介、宣传、促进的工作,促使企业加入到合作当中。

建议国家计委牵头组织国家有关部门对云南省的次区域合作进行实地考察,并帮助指导工作。

(云南省发展计划委员会地区处)

西南地区石漠化的生态治理及对策

石漠化是西南地区生态环境建设最为突出的矛盾和问题,已经给经济和社会带来极大危害,影响可持续发展,治理石漠化已刻不容缓。本文拟对广西、贵州、云南三省区石漠化的生态治理进行研究,并提出一些对策建议。

一、加快西南地区石漠化生态治理的紧迫性和必要性

石漠化是石质土地荒漠化的简称,是指在亚热带湿润地区岩溶极其发育的自然环境背景下,受人为因素的干扰和破坏,造成土壤严重侵蚀,基岩大面积裸露,地表呈现类似荒漠化现象的土地退化。西南地区的广西、贵州、云南三省区是世界岩溶地貌发育最典型的地区之一,也是石漠化集中区和多发区。三省区的岩溶分布面积32.84万平方公里,是三省区国土面积的40.7%。到目前为止,三省区共有石漠化土地10059.6万亩,是三省区国土总面积的8.32%,占岩溶面积的20.42%。石漠化土地主要分布在长江上游的金沙江、乌江流域和珠江上游的红水河、南北盘江、左江、右江流域以及国际河流红河、澜沧江、怒江流域,地理位置特殊。西南石漠化地区,缺水少土,旱涝灾害频繁,生态环境恶化,土地生产力急剧下降,农民群众长期难于摆脱贫困,严重制约着当地经济社会的发展,严重威胁着人类生存环境,并影响到长江、珠江下游的长治久安。

目前西南地区石漠化仍呈不断加剧之势。根据中国工程院的有关研究,石漠化土地若不及时治理,其规模在25年之内将翻一番。加快西南地区石漠化的生态治理已刻不容缓。

(一)加快石漠化生态治理是维系生存条件,逐步改善生态环境,实现可持续发展的需要。石漠化地区的一个显著生态特征就是缺水少土。水是人类生存的基本要素。岩溶地貌本身就是一个脆弱的生态系统,由于人类长期不合理的经济活动干扰破坏,失去了森林水文效应,发挥不了森林调蓄地表水和地下水能力,形成"地表水贵如油,地下水滚滚流"的现象。据调查,目前三省区约有400万人存在饮水困难,每年要花费巨大精力去解决饮水问题。由于土壤缺乏,大部分石漠化地区只能在石逢中点种玉米等旱作物,普遍是广种薄收,维持不了群众基本口粮。很多石漠化地区已丧失了人类生存的基本条件,这已成为一个非常紧迫、极为严峻的社会问题,必须在短时间内加大治理石漠化力度,进一步改善生态环境。

(二)加快石漠化生态治理是减轻自然灾害,保证和促进西部大开发战略顺利实施的需要。水土流失造成土地石漠化,石漠化又引起更严重的水土流失,石漠化是岩溶地区自然灾害的主要诱导因素之一。据不完全统计,1999年,三省区因遭受干旱、洪涝等自然灾害,造成直接经济损失121亿元。三省区生态环境建设是国家西部大开发战略的重要组成部分,而三省区生态环境问题主要是石漠化。没有良好的生态环境保障,国民经济发展的各项成果将得不到巩固,西部大开发的目标就难以实现。

(三)加快石漠化生态治理是消除贫困,发展区域经济,促进民族团结,保持社会稳定和巩固边疆安全的需要。三省区石漠化地区是典型的"老、少、边、山、穷"地区。在三省区现有109个国定贫困县中,有73个分布在石漠化地区,经济发展滞后,至今尚有贫困人口626万人。石漠化地区人均国内生产总值仅为全国平均水平的28.8%,人均工农业产值为全国平均水平的29.3%。三省区均为多民族省份,共有28个少数民族,人口2926.4万人,占总人口的40.7%。由于历史的原因和生活习惯,这些少数民族群众大都聚居在石漠化地区。同时石漠化地区也是革命老区和边境地区,与越南、缅甸接壤的国境线长达1942公里。在这样一个多民族杂居、贫穷落后的深山区,由于生态环境恶劣,交通不便,经济发展极为缓慢,加之文化教育、医疗卫生状况很差,导致人口素质低下,极易诱发社会动荡。因此,治理石漠化土地,改善生态环境,发展山区经济,对促进民族团结和社会稳定以及巩固边疆都具有十分重要的政治意义。红河、澜沧江、怒江是国际河流,西南地区石漠化治理,对保护下流域国家的环境,树立我国良好的国际形象,具有重要的意义。

(四)加快石漠化生态治理是保障三峡水库及长江、珠江中下游地区长治久安的需要。三省区岩溶地区地处长江、珠江两大水系的源头上游和分水岭,由于三省区大面积发生土地石漠化,导致水土流失严重。据调查,九十年代以来,长江第二大支流的乌江,流域内每年流失地表土1.95亿吨,有6000多万吨泥沙通过乌江外泻。珠江干流的红水河每年输入泥沙6652万吨,河水泥沙含量达1.41公斤/立方米,若长此下去,珠江将变成中国第二条黄河。云南省金沙江流域年流失地表土1.7亿吨。水土流失导致河床和水电站库区淤积,对长江、珠江流域上的几十座大中型梯级水电站,特别对在建的我国最大的三峡水电站和准备兴建的第二大龙滩水电站的安全构成威胁。大量泥沙随流而下,淤积于长江和珠江下游地区河床,将不断增大洪灾隐患,直接威胁长江三角洲和珠江三角洲地区的安全。因此,三省区岩溶地区石漠化的治理,对保障三峡水库及各级水利工程的安全运行,保证长江、珠江下游长治久安,具有重要的战略意义。

当前,加快启动西南地区石漠化生态治理不仅非常紧迫和必要,而且也有条件和可能。

首先,党和国家高度重视生态建设。党的十五大将生态环境保护和建设确定为我国的一项基本国策,并将加快生态环境保护和建设作为西部大开发的一项重点任务,这为西南地区石漠化土地生态治理创造了十分有利的条件。其次,西南地区石漠化生态治理具有优越的气候和植物资源条件。三省区同属亚热带湿润气候区域,气温高,雨量多,热量足,湿度大,雨热同季,为植被在石漠化土地上生长和恢复提供了优越的气候条件。西南地区植物种类多,乔木、灌木、竹子、藤本、草本等种类齐全,为石漠化地区恢复植被提供了丰富的植物资源。第三,有强有力的技术支撑和丰富的治理经验。西南地区有石漠化之前,曾有过茂密的森林覆盖,现在保护较好的少数地区仍保持植被或原始森林覆盖。经过多年研究和实践,西南地区的干部群众已探索出并掌握了石漠化治理的技术和方法,积累了许多成功经验。第四,西南三省区具有丰富的劳动力资源。据统计,现有劳动力3210万人,人均占有土地面积相对较少,治理石漠化需要的大量劳动力完全可以满足。更为重要的是,西南地区广大干部群众有治理石漠化的强烈愿望和积极性,有艰苦奋斗,摆脱贫困落后,建设美好家园的坚定决心,一定能够克服各种困难,治理好石漠化。

二、西南地区石漠化生态治理的基本思路

西南地区石漠化生态治理是一项规模宏大的系统工程,也是一项长期而艰巨的任务,需要几代人的努力,必须要有明确的指导思想、治理原则和奋斗目标。

西南地区石漠化生态治理总的指导思想,就是要认真贯彻落实党中央关于西部大开发的重大战略决策,坚持从实际出发,紧紧围绕西南地区生态环境面临的突出矛盾和问题,以控制水土流失,遏制土地石漠化,改善生态环境,实现可持续发展为目标,以科技为先导,以造林育林发展森林资源,保护、恢复和扩大植被覆盖为主要手段,以小型水利工程为辅助手段,以农村沼气建设为主要保障手段,以重点地区保护和治理为突破口,把生态建设与经济发展结合起来,处理好长远与当前、局部与全部的关系,促进生态效益、社会效益与经济效益的协调统一。

西南地区石漠化生态治理应遵循以下基本原则:第一,坚持统筹规划,突出重点,量力而行,分步实施,先急后缓,先易后难,优先抓好对西南地区有广泛影响的重点,区域和重点工程,力争在短时期内有所突破。

第二,坚持按客观规律办事,从实际出发,因地制宜,讲究实效,宜封则封,宜造则造,封山育林与人工造林相结合,乔灌草藤相结合,多林种、多树种相结合,生物措施、工程措施与农艺措施相结合,各种治理措施科学配置,综合治理,发挥整体效益。

第三,坚持依法治理石漠化,依靠科技进步加快建设进程,建立法律法规保障体系和科技支撑体系,使石漠化治理法制化,工程设计、施工和管理科学化,确保资金与效益、速度与质量的统一。

第四,坚持以预防为主,治理与保护、建设与管理并重,除害与兴利并举,实行“边建设、边保护”,使各项石漠化的生态治理工程发挥长期效益。对已石漠化的土地采取整治措施,对轻度石漠化和尚未石漠化但潜在危险很大的土地采取预防措施,对已经治理好的石漠化土地采取保护措施。

第五,坚持把石漠化治理与产业开发相结合,与农民的脱穷致富相结合,与区域经济发展相结合,正确处理治理、保护与开发的关系,做到以治理促开发,以开发带动治理,治理与开发的协调发展。

第六,坚持统筹兼顾,分工负责,通力合作,协同作战,坚持依靠广大群众,广泛动员全社会的力量共同参与,建立多元化的投入机制,多渠道筹措石漠化生态治理资金。

西南地区石漠化生态治理是一项长期的基础建设,必须树立长远的奋斗目标。考虑到西南地区实际,西南地区石漠化生态治理的总体目标是:用15年左右的时间,通过植树造林、封山育林、恢复和增加林草植被覆盖,并辅之小型简易水利工程，扭转岩溶地区石质山地水土流失不断加剧、石漠化土地面积不断扩大的势头，使石漠化地区广大农民有比较稳定的耕地和较为可靠的水源，能够比较稳定地解决温饱。在此基础上，逐步建设一个岩溶地区功能稳定、结构合理的森林生态经济系统，建立起可持续发展的生态环境。

三、加快西南地区石漠化生态治理的对策建议

加快西南地区石漠化生态治理必须要有强有力的政治措施作为保障：

（一）加强领导，动员全社会积极参与石漠化的生态治理。西南石漠化地区的生态治理，是一项造福全社会的公益性事业。治理石漠化是每个公民应尽的责任和义务。要利用各种方式，广泛开展宣传教育，唤起全社会的生态环境意识和可持续发展意识，增强全民治理石漠化的紧迫感、责任感和信心，使全社会普遍认识到改善西南石漠化地区的生态环境就是发展生产力，就是发展人类文明。要坚持实行适度义务工和积累工制度，大力开展全民义务植树活动，把义务植树种草规范化、规模化、法制化，使之成为广大人民群众的自觉行为，使更多的人投身于西南地区石漠化生态治理之中。要实行全社会总动员，号召和组织各行各业、上上下下各个方面支持和参与石漠化生态治理，协同多方力量进行石漠化生态治理大会战，借助社会主义制度的优越性将西南石漠化地区的生态治理推上新的高度。对在石漠化生态治理中作出重大贡献的团体和个人，要给予表彰，以激励全社会各方面的力量自觉投身到石漠化地区的生态治理和建设中去。

各级地方政府在石漠化生态治理中负有重要的历史责任。要强化各级政府领导治理石漠化的任期目标责任制，将目标完成情况与政绩考核紧密结合起来，把石漠化生态治理的任务真正落实到各级领导身上，纳入地方社会经济发展的总体规划中。有些可以立法，做到换届不换任务，一任接一任干，一代接一代干。

（二）建立健全稳定的投入保障机制。西南地区石漠化治理需要投入巨大的资金。要坚持国家、地方、集体、个人一起上，多渠道、多层次、全方位筹措建设资金。按责、权、利相结合的原则，形成大家事大家办，社会公益事业社会办的投入机制。要适应社会主义市场经济的要求，积极探索新办法、新机制，开辟新的投资渠道。各级政府要增加投入。按照事权、财权划分，把石漠化生态治理的投入纳入各级财政预算。建议国家把西南地区石漠化治理列为全国生态环境建设的重点区域，加大投入力度，在国家预算内基本建设资金、财政资金、农业综合开发资金、扶贫资金、以工代赈资金等方面给予大力支持。各级政府要成为社会投资的促进者和协调者。政府投资要起诱导作用，带动社会资金投入。要尽快研究制订出台有关激励全社会力量投入石漠化治理的优惠政策。按照“谁受益、谁补偿，谁破坏、谁恢复”的原则，建立石漠化生态治理的补偿制度。按照“谁投资、谁经营、谁受益”的原则，鼓励企业、个体、私人资本等各类社会投资主体，打破行政、行业、所有制界限投资石漠化生态治理工程，购买、承包、租赁石山荒地植树造林，开发生态林、经济林等，并允许使用权和建设成果在自愿、有偿的原则下合理流转及继承。依法保护石漠化治理投资者的合法权益。农民群众是石漠化生态治理的主力军。要坚持“谁造谁有，合造共有”的政策，充分调动广大农民群众治理石漠化的积极性。要加大以工代赈、以粮换林、以粮换草的力度。要改变以往无偿使用农民劳动积累工、义务工过多的做法，实行有偿使用的做法。加大建立群众投入和国家以工代赈、以粮换林、以粮换草投入上相结合的形式。要积极争取利用国外资金、国外的长期优惠贷款和赠款，要优先考虑安排石漠化生态治理项目。要加强与东部地区的经济联合和对口帮扶，积极争取东部地区支持投入石漠化的生态治理。要加强对各项石漠化治理资金的使用管理和监督检查，做到专款专用，提高资金效益。

（三）把石漠化的生态治理与扶贫攻坚有

机结合起来,切实推进西南地区石漠化治理。西南石漠化地区是国家扶贫攻坚的重点区域。要坚持生态效益与经济效益的统一,把石漠化治理与扶贫开发有机结合起来。寓富民增收于石漠化生态治理之中,调整农村结构,开发替代产业和增加就业,发展特色经济。扶贫工作要由开发式扶贫逐步向生态扶贫转变。对石漠化程度特别严重,已基本丧失生存环境的地区,要实施异地安置工程,把当地群众异地搬迁,封山育林和生态重建。要利用西部大开发的机遇,逐步将25度坡度以上的耕地,退耕还林还草、还果,发展既能涵养水分又能增加经济收入的经济林、饲料林。积极扶持农户建设沼气,应用液化气和太阳能,解决农村能源,减少薪柴消耗。加强贫困地区小流域治理,抓好坡改梯和山水田林路草的综合治理,把石漠化的生态治理与资源开发利用,与增加贫困地区农民收入结合起来。要通过石漠化生态治理培育资源,提高资源开发利用率,增加农民收入。要通过开展坡改梯等农田基本建设,减少水土流失,提高土壤的保水保肥能力,实现稳产高产。要下大力气培育扶持以天然药物、特色食品为主的山区新的绿色支柱产业和旅游等优势产业,实现贫困山区经济的可持续发展。

(四)把科技进步放在突出位置,大力推广先进适用的科技成果。要重视石漠化生态治理人才的培养,宣传及普及植树造林、水土保持、防治荒漠化、生态农业等方面的科学知识,使广大农民群众成为懂技术、会治理、善管理的石漠化生态治理主体。要建立新型的石漠化生态治理科技运行机制,形成开放、流动、竞争、协作的科技运行机制。围绕石漠化生态治理的关键问题组织科技攻关,力争有新的突破。鼓励各类科技研究和开发机构从事石漠化生态治理和建设工作,对研究开发成果予以保护,并依法有偿转让。按试验、示范、推广的路子,办好各类试验示范区,做到开发一片,成功一片,群众受益一片。各地区要认真总结经验,推广规范化的技术规程。大力培育和推广适应不同区域特色的优良林木品种,推广先进适用技术,如石山树种育造林技术、小流域综合治理技术、人工造林与植被恢复技术等。加强国际交流与合作,引进国外先进技术。加强科研基础设施和改善科研条件,提高西南地区石漠化生态治理的整体科技水平和创新能力。

(五)加强横向联合,全面推进西南地区石漠化生态治理。西南三省区的石漠化生态治理是一个系统工程,任何一个省区石漠化的生态治理滞后,都将影响到整个西南地区的石漠化治理和生态体系建设,并影响到整个西南地区经济社会的发展。必须加强省际之间的合作。建议成立三省区高层次的协调机构,加强沟通和协调,统一行动,统一部署,共同推进石漠化的生态治理。尤其要在国家的统一指导和协调下,联合编制西南岩溶地区石漠化生态治理规划,并联合开展科技攻关,特别要对喀斯特石山区水土保持和生态农业建设中的关键技术,如石山区植树造林、旱作农业、节水技术、提高资源综合利用率等进行联合攻关,争取在较短时间内取得突破,以加快西南石漠化地区的生态重建工作。要组建跨省区的石漠化生态治理和生态环境协调、监测、评价机构,加强对各省区石漠化生态治理和生态建设的协调、监督和检查。

(广西壮族自治区发展计划委员会副主任张振东)

“十五”期间河南城镇化建设

河南省城镇化发展现状。改革开放以来,随着河南省国民经济持续快速发展,工业化进程不断推进,城镇化步伐明显加快。特别是九十年代以来,省委、省政府出台了发展中原城市群、开发区、18个改革试点县(市)以及小城镇等一系列政策措施,在城镇化道路上进行了一些有益的探索,取得一定成效。全省城镇经济实力不断增强,城镇数量和人口规模不断扩大,城镇体系和城镇功能日趋完善。从1978年到1999年的20年间,全省非农业人口由570万增加到1680万,增加了1110万人。设市城市由1978年的14个增加到2000年的38个。城市经济实力和服务功能、对区域经济发展的辐射力和集聚力增强,城市经济在经济社会发展中的地位不断提高,对区域经济的带动作用日益增强。城市道路、供水、排水、供气、供热等基础设施建设有长足进展,长期以来制约城市发展的供电紧张、通讯不畅状况发生了根本性变化,"瓶颈"制约得到缓解。城市规划和城市管理水平有所提高,城市面貌有较大改观。经过二十多年的建设与发展,河南省已初步形成较为合理的城镇体系框架,为城镇化的加快推进奠定了基础。

推进城镇化的方针、原则和目标。"十五"时期,城镇化面临着历史性机遇,即将步入加速发展的新阶段。《河南省国民经济和社会发展第十个五年计划纲要》明确提出,"十五"时期,要积极稳妥地推进城镇化,调整城镇布局,完善城镇体系,提高城市首位度,繁荣城镇经济,使全省城镇化跃让一个新的台阶,省委、省政府把城镇化作为"十五"时期突出抓好的八项重大战略举措之一。

"十五"时期,城镇化要坚持大型中心城市、中小城市和小城镇三头并举的方针,2005年,城镇化水平达到32%左右,城镇人口达到3200万人,五年新增城镇人口720万人,其中转移农村人口约600万人;"十五"末,基本形成布局合理、结构协调、分工有序、功能完善的城镇体系,城乡结构明显改善,城市经济更加繁荣,城镇居民生活质量进一步提高。实现这一目标,要从以下六个方面重点推进:第一,培育壮大区域性中心城市,积极发展中小城市,大力发展小城镇,进一步完善城镇体系;第二,以道路、供排水、能源供应为重点,加强城镇基础设施建设,发展城镇公共服务事业,提高城镇运行效率,完善城镇功能;第三,积极推进城镇产业优化升级,大力发展服务业,加快城镇经济发展;第四,提高城市管理水平,改善城镇发展环境;第五,加强城市文化建设,塑造个性化的城市形象,建设蕴涵浓厚中原文化的城镇;第六,加强城镇环境综合整治,改善城镇生态环境。

今后五到十年,河南省推进城镇化的战略重点是:把郑州市建成国家区域性中心城市,拓展城市框架,加快人口集聚,提高首位度,大幅度提高城市综合经济实力和辐射带动能力,充分发挥区域性经济、信息、科技、教育和文化中心的作用。2005年,郑州市建成区面积扩大到200平方公里,市区人口达到250万人,远期发展成为500万人以上的特大城市。

抓好以郑州为中心,以洛阳和开封为重要支撑的中原城市群建设,科学规划产业布局,完善城市体系,扩大整体经济实力,增强辐射功能和集聚效应,把中原城市群发展成为在全国有重要影响的城镇经济密集区。

大力培育区域性中心城市。加快安阳、信阳、南阳、商丘、三门峡等周边城市发展步伐,扩大城市规模,集聚人口,促进城镇经济、科教、文化的发展,增强辐射力和带动力。逐步发展成为能够有效带动豫北、豫南、豫东和豫西南区域经济发展并辐射周边的地区性大型中心城市。

努力提高现有中等城市质量与水平,挖掘潜力,壮大规模,完善功能,夯实基础,吸纳人口,增强集聚力,用5年左右时间,把漯河、濮阳、鹤壁、驻马店、周口、济源等城市发展成特色突出、功能完善、综合实力强、文化品位高、环境优美的大中城市。

重点选择巩义、项城、永城、邓州、灵宝、潢川等20个基础好、潜力大的县级城市,在户籍、土地、行政区划、人才、基础设施建设、城市管理等方面实行优惠政策和体制创新,加快人口聚集和产业扩张,培育成具有较大规模和较强带动能力的中等城市。

抓好省政府确定的115个重点镇的建设,

集中发展一批辐射带动力强的中心镇。引导乡镇企业、各类专业市场向城镇集聚,为小城镇建设提供有力的产业支撑。通过努力,在全省形成一批规划科学、规模适度、经济活跃、设施配套、管理有序的中心镇。

加快城镇化进程的政策措施。加强城镇化规划工作。各地要结合实际,制定切实可行的城镇化规划,对城镇基础设施和公用设施建设、城镇经济发展、农村人口向城镇有序转移等各项任务做出全面部署。

城镇化规划要注意加强部门之间的相互协调,保证与经济社会发展总体规划以及土地、交通、生态环境、水利等行业规划和专项规划的协调统一。做好各级城镇之间的规划衔接。在城镇化规划的基础上,对城镇发展总体规划及时进行修订,提高规划编制的质量,坚持高起点、高标准,增强规划的前瞻性、可操作性。

加快现行户籍管理制度改革。加快户籍制度改革步伐,逐渐实行按居住地划分城乡人口的户籍登记制度。大城市的户籍主要向高层次人才的引进、两地分居人口家属随迁、征地农民和投资业主放开;放开中小城市、县城、建制镇的户籍限制。简化户口登记手续,取消各种不合理收费,有条件的地方可推行部门联合办公的方式。积极创造条件,促成新落户居民在子女入学、参军、就业、社会保障等方面享受与城镇居民同等待遇。

合理调整行政区划。打破行政区划界限,按照市场规律,积极组织、参与跨地区的经济合作,将城镇发展纳入更高一级的城市布局和经济布局中。在工业区、绿化带、交通和城镇基础设施方面,要打破区域分割,实行统一规划、共同建设、共同使用。

理顺城市城区内部和城市边缘的行政区划管理体制,将安阳、新乡、濮阳、开封、许昌、漯河、周口等城市附近的县和郊区以及已城市化的农村地区划归城区,加快大中城市扩张速度。采取有效措施,切实解决"都市村庄"和"一城多府"问题。根据农村经济社会发展要求,适时合并规模小和已经连片发展的乡镇,减少乡镇数量,集中建设县城镇、中心镇,加快小城镇发展。

改革城镇建设投资体制。遵循市场经济规律,改变城市建设投资主体单一的状况,促进投资主体多元化,逐步建立、完善政府投入与市场投入相结合的资金保障机制和融资体制。鼓励实行城市建设综合开发、土地有偿出让转让等方式积极筹集城市建设资金。也可通过股权转让和出让经营权等方式回收、盘活基础设施存量,利用回笼资金建设新项目。通过政府引导、市场运作,把更多的基础设施和公用事业项目交给社会投资者建设。积极探索吸引外资进行城市建设的渠道和方式,采用外商独资、中外合资、合作等方式建设、经营城市基础设施和公用服务事业。

积极引入竞争机制,改革市政公用事业经营机制,促进市政公用事业的市场化运作。加快水、电、气、热等市政公用事业服务价格改革,提高自我发展能力。打破行业垄断,把公用设施建设与经营推向市场,实行开放式、多元化、竞争性的经营方式,依靠竞争降低运行成本和服务费用,改善服务质量。对于竞争性较强,适于社会投资的公用事业和服务领域,可以交由社会投资者建设经营。深化改革,通过探索,为市政公用事业实行市场化运作创造必要的政策环境、法律环境和社会环境。

培育城乡劳动力市场。改变"离土不离乡,进厂不进城"的农村劳动力就业政策,促进农村劳动力向城镇转移,积极引导农村剩余劳动力跨省区、市区就业。打破垄断和地区保护,取消各城市针对农民和外来人口制定的限制性就业政策,取消歧视性就业限制。

加快开发区建设。充分发挥开发区灵活的运行机制、创新功能和政策优势,增强开发区对资金、人才、技术的凝聚力,高起点、高标准进行规划建设,把开发区建成现代化的新城区,提升城市知名度和美誉度。以开发区为依托,加快旧城改造步伐,扩张城市规模,促进城市发展。

完善土地管理办法。正确处理好城市发

展与保护土地的关系。改变按行政区划实现土地占补平衡的办法，按不同地区人口和经济增长实际需要供应城镇建设用地，缓解城镇化进程较快地区城镇建设用地的供需矛盾。调整城镇间用地结构，适当增加特大城市和大城市人均用地面积，适当减少中小城市和建制镇人均用地面积，严格控制非重点建制镇用地。充分发挥现有潜力，提高土地使用效率。走以内涵为主的发展道路，防止一哄而起，盲目圈占土地。节约土地资源，转变土地利用方式，盘活土地存量。

加强城镇土地市场管理，确保政府对土地一级市场的控制，实现以地生财，流动发展，增强政府财力，加大对城镇基础设施建设投资力度。引入征用地竞争机制，加大用地透明度，采用公开招标、拍卖等规范的方式出售土地使用权，提高土地开发、利用效率。

加快试点县(市)发展。“十五”期间，对已经列入河南省“十五”计划纲要的巩义、项城、永城、邓州、灵宝、潢川等20个试点县(市)，在政策、项目、资金等方面给予重点支持。在户籍制度上，可率先实行登记制；在城市基础设施和公用设施建设上，打破行业垄断，允许个体、私营、外资等各种社会经济主体投资经营；在土地开发利用上，通过政府对土地一级市场的控制，以地生财，筹措城市建设资金。通过政策扶持，促进一批中小城市成长，带动县域经济发展，提高河南省城镇化水平。

统计资料篇

2000年三大地带国内生产总值综合分析表

地区	国内生产总值(亿元)		占全国比重(%)		占全国比重位次		同比增长速度(%)		增长速度位次		增长幅度	
	2000年	1999年	2000年	1999年	2000年	1999年	2000年	1999年	2000年	1999年	±百分点	位次
东部地区	57527.14	51596.20	59.32	58.69	1	1	10.19	9.59	1	1	0.60	1
北京	2460.52	2168.70	2.54	2.47	15	15	11.0	10.0	1	4	1.0	8
天津	1639.41	1450.10	1.69	1.65	22	23	10.8	10.0	3	4	0.8	15
河北	5076.31	4556.60	5.23	5.18	6	6	9.5	9.1	10	10	0.4	21
辽宁	4668.27	4112.00	4.81	4.68	7	7	8.9	7.5	20	26	1.4	4
上海	4551.15	4035.00	4.69	4.59	8	8	10.8	10.2	3	1	0.6	18
江苏	3920.00	3628.00	4.04	4.13	11	11	9.5	10.0	10	4	-0.5	30
浙江	8542.44	7662.30	8.81	8.72	3	3	10.5	10.1	6	2	0.4	21
福建	8584.68	7700.60	8.85	8.76	2	2	10.6	10.1	5	2	0.5	20
山东	6024.29	5350.00	6.21	6.09	4	4	10.9	10.0	2	4	0.9	11
广东	9506.04	8459.50	9.80	9.62	1	1	10.5	9.4	6	9	1.1	6
广西	2035.55	2001.70	2.10	2.28	16	16	7.2	8.3	30	13	-1.1	31
海南	518.48	471.70	0.53	0.54	28	28	8.8	8.6	21	12	0.2	25
中部地区	26250.19	24207.40	27.07	27.54	2	2	8.79	7.91	2	2	0.88	2
山西	1640.10	1631.40	1.69	1.86	21	20	7.7	6.1	29	30	1.3	3
内蒙古	1403.86	1270.90	1.45	1.45	24	24	9.9	7.7	8	24	2.2	2
吉林	1831.09	1670.60	1.89	1.90	19	19	9.0	8.1	16	19	0.9	11
黑龙江	3252.01	2897.40	3.35	3.30	13	14	8.1	7.5	26	26	0.6	19
安徽	3031.84	2925.20	3.13	3.33	14	13	8.0	8.1	27	19	-0.1	28
江西	2000.00	1967.70	2.06	2.24	17	17	8.0	7.8	27	23	0.2	26
河南	5126.08	4581.00	5.29	5.21	5	5	9.4	8.1	12	19	1.3	5
湖北	4276.32	3856.40	4.41	4.39	9	9	9.3	8.3	13	13	1.0	8
湖南	3688.89	3406.80	3.80	3.88	12	12	9.0	8.3	16	13	0.7	17
西部地区	13208.48	12108.41	13.62	13.77	3	3	8.64	7.07	3	3	1.57	1
重庆	1589.60	1488.50	1.64	1.69	23	21	8.5	7.6	24	25	0.9	11
四川	4016.75	3711.60	4.14	4.22	10	10	9.3	5.6	13	31	3.7	1
贵州	993.32	907.30	1.02	1.03	26	27	8.7	8.3	22	13	0.4	23
云南	1955.28	1852.40	2.02	2.11	18	18	7.1	7.1	31	28	0.0	27
西藏	116.50	105.61	0.12	0.12	31	31	9.3	9.6	13	8	-0.3	29
陕西	1660.96	1481.60	1.71	1.69	20	22	9.0	8.0	16	22	1.0	8
甘肃	983.00	909.80	1.01	1.03	27	26	8.7	8.3	22	13	0.4	23
青海	263.12	238.40	0.27	0.27	30	30	9.0	8.2	16	18	0.8	15
宁夏	265.30	242.00	0.27	0.28	29	29	9.6	8.7	9	11	0.9	11
新疆	1364.65	1171.20	1.41	1.33	25	25	8.2	7.1	25	28	1.1	6
全国合计	96985.81	87912.01	100	100			9.60	8.78			0.82	

注：1. 本表绝对数按当年价格计算，增长速度按可比价格计算。2. 三大地带增长速度计算采用加权平均法。3. 全国合计为各地区之和。

2000 年三大地带第一产业增加值综合分析表

地区	第一产业(亿元)		占全国比重(%)		占全国比重位次		同比增长速度(%)		增长速度位次		增长幅度	
	2000 年	1999 年	2000 年	1999 年	2000 年	1999 年	2000 年	1999 年	2000 年	1999 年	± 百分点	位次
东部地区	6887.82	6802.77	46.69	46.52	1	1	3.24	4.75	2	1	-1.51	3
北　京	90.00	87.48	0.61	0.60	26	26	4.0	2.5	10	21	1.5	8
天　津	73.50	71.01	0.50	0.49	28	28	3.0	0.1	16	28	2.9	3
河　北	824.60	805.97	5.59	5.51	6	6	5.0	4.3	5	12	0.7	11
辽　宁	510.00	520.80	3.46	3.56	13	13	-0.8	5.1	27	8	-5.9	27
上　海	81.65	80.00	0.55	0.55	27	27	2.2	2.2	21	22	0	16
江　苏	1028.00	1003.51	6.97	6.86	3	4	4.0	4.5	10	11	-0.5	18
浙　江	650.00	631.94	4.41	4.32	10	10	4.5	3.3	7	16	1.2	9
福　建	638.00	628.86	4.33	4.30	11	11	2.2	5.7	21	6	-3.5	23
山　东	1268.57	1221.00	8.60	8.35	1	1	3.8	4.7	13	9	-0.9	20
广　东	990.30	1021.30	6.71	6.98	4	3	2.5	4.0	18	14	-1.5	21
广　西	536.64	554.48	3.64	3.79	12	12	0.2	7.0	25	4	-6.8	29
海　南	196.56	176.42	1.33	1.21	23	24	10.2	10.8	1	1	-0.6	19
中部地区	5093.28	5064.50	34.53	34.64	2	2	2.67	3.95	3	2	-1.28	2
山　西	168.00	159.96	1.14	1.09	25	25	6.0	-16.7	3	31	22.7	1
内蒙古	351.83	342.91	2.39	2.35	18	18	2.6	1.0	17	25	1.6	7
吉　林	399.74	423.48	2.71	2.90	16	15	-3.0	1.4	29	24	-4.4	24
黑龙江	353.00	377.23	2.39	2.58	17	17	-3.2	3.0	30	19	-6.2	28
安　徽	732.19	741.14	4.96	5.07	8	8	1.2	8.0	24	2	-6.8	29
江　西	485.00	464.40	3.29	3.18	14	14	6.6	6.0	2	5	0.6	14
河　南	1160.00	1123.14	7.86	7.68	2	2	4.5	7.2	7	3	-2.7	22
湖　北	662.30	653.99	4.49	4.47	9	9	2.5	1.9	18	23	0.6	12
湖　南	781.22	778.25	5.30	5.32	7	7	3.9	3.3	12	16	0.6	12
西部地区	2769.80	2755.01	18.78	18.84	3	3	3.48	2.34	1	3	1.14	1
重　庆	283.26	284.28	1.92	1.94	20	19	2.3	0.4	20	27	1.9	6
四　川	935.16	941.02	6.34	6.44	5	5	3.1	3.2	15	18	-0.1	17
贵　州	270.26	267.57	1.83	1.83	22	21	3.5	3.4	14	15	0.1	15
云　南	436.20	412.17	2.96	2.82	15	16	5.7	4.6	4	10	1.1	10
西　藏	34.19	0.23	31	31	5.3	26	7	-5.3	26	7	-5.3	26
陕　西	279.12	267.51	1.89	1.83	21	22	4.5	-2.0	7	30	6.5	2
甘　肃	193.00	191.21	1.31	1.31	24	23	1.5	-0.6	23	29	2.1	4
青　海	38.50	40.54	0.26	0.28	30	30	-4.0	1.0	31	25	-5.0	25
宁　夏	46.30	48.01	0.31	0.33	29	29	-2.8	4.3	28	12	-7.1	31
新　疆	288.00	268.51	1.95	1.84	19	20	4.8	2.7	6	20	2.1	5
全国合计	14750.90	14622.28	100	100			3.09	4.02			-0.93	

注：1. 本表绝对数按当年价格计算，增长速度按可比价格计算。2. 三大地带增长速度计算采用加权平均法。3. 全国合计为各地区之和。

2000年三大地带第二产业增加值综合分析表

地区	第二产业(亿元)		占全国比重(%)		占全国比重位次		同比增长速度(%)		增长速度位次		增长幅度	
	2000年	1999年	2000年	1999年	2000年	1999年	2000年	1999年	2000年	1999年	±百分点	位次
东部地区	28060.43	24842.00	61.39	60.95	1	1	11.23	10.74	1	1	0.49	3
北京	935.80	840.23	2.05	2.06	15	15	11.4	12.0	12	3	-0.6	27
天津	811.49	711.93	1.78	1.75	18	19	11.5	11.7	11	4	-0.2	23
河北	2551.83	2243.59	5.58	5.50	5	5	10.3	10.6	19	9	-0.3	24
辽宁	2307.27	2001.48	5.05	4.91	7	7	9.9	8.5	21	22	1.4	12
上海	2186.90	1953.98	4.78	4.79	8	8	9.8	9.0	22	21	0.8	17
江苏	4439.02	3920.15	9.71	9.62	2	2	11.6	11.3	9	7	0.3	18
浙江	3194.29	2902.81	6.99	7.12	4	4	11.6	11.4	9	6	0.2	19
福建	1711.00	1507.29	3.74	3.70	12	12	11.2	11.6	13	5	-0.4	25
山东	4226.57	3705.44	9.25	9.09	3	3	12.3	12.2	4	2	0.1	21
广东	4853.06	4264.32	10.62	10.46	1	1	11.9	10.4	5	11	1.5	11
广西	741.51	695.83	1.62	1.71	20	20	8.6	6.8	26	28	1.9	9
海南	101.69	94.95	0.22	0.23	30	30	7.5	8.0	28	23	-0.5	26
中部地区	12059.17	10829.29	26.38	26.57	2	2	10.60	8.48	2	2	2.11	2
山西	835.70	760.72	1.83	1.87	17	17	8.3	9.3	27	19	-1	28
内蒙古	559.69	515.46	1.22	1.26	25	24	13.2	10.3	3	12	2.9	5
吉林	791.96	671.74	1.73	1.65	19	21	13.3	10.6	2	9	2.7	6
黑龙江	1885.01	1587.76	4.12	3.90	10	10	10.1	7.6	20	25	2.5	7
安徽	1294.94	1278.91	2.83	3.14	14	14	9.8	6.8	22	28	3	4
江西	695.00	758.15	1.52	1.86	22	18	6.6	6.7	29	30	-0.1	22
河南	2410.00	2070.88	5.27	5.08	6	6	11.7	7.8	7	24	3.9	3
湖北	2123.70	1887.93	4.65	4.63	9	9	10.8	9.7	14	14	1.1	15
湖南	1463.17	1297.74	3.20	3.18	13	13	10.6	9.3	16	19	1.3	14
西部地区	5590.37	5085.74	12.23	12.48	3	3	10.04	7.71	3	3	2.32	1
重庆	656.62	604.39	1.44	1.48	23	23	10.5	10.3	18	12	0.2	19
四川	1715.90	1556.68	3.75	3.82	11	11	11.9	4.4	5	31	7.5	1
贵州	385.68	348.59	0.84	0.86	27	27	10.6	9.6	16	16	1.0	16
云南	840.21	825.21	1.84	2.02	16	16	5.4	7.1	30	27	-1.7	30
西藏		24.00		0.06	31	31		16.0	31	1	-16	31
陕西	731.94	641.90	1.60	1.57	21	22	9.7	11.3	24	7	-1.6	29
甘肃	439.88	423.79	0.96	1.04	26	26	10.8	9.5	14	17	1.3	13
青海	113.16	97.88	0.25	0.24	29	29	11.7	9.4	7	18	2.3	8
宁夏	120.00	102.68	0.26	0.25	28	28	14.2	9.7	1	14	4.5	2
新疆	586.98	460.71	1.28	1.13	24	25	9.0	7.3	25	26	1.7	10
全国合计	45709.97	40757.03	100	100			10.92	9.76			1.16	

注：1. 本表绝对数按当年价格计算，增长速度按可比价格计算。2. 三大地带增长速度计算采用加权平均法。3. 全国合计为各地区之和。

2000年三大地带第三产业增加值综合分析表

地区	第三产业(亿元)		占全国比重(%)		占全国比重位次		同比增长速度(%)		增长速度位次		增长幅度	
	2000年	1999年	2000年	1999年	2000年	1999年	2000年	1999年	2000年	1999年	±百分点	位次
东部地区	22578.89	19919.45	62.02	61.69	1	1	10.97	9.80	1	2	1.17	1
北京	1434.72	1246.75	3.94	3.86	12	12	11.1	9.1	6	24	2.0	2
天津	754.42	667.12	2.07	2.07	18	18	10.7	8.9	10	27	1.8	3
河北	1699.88	1519.63	4.67	4.71	7	7	10.1	9.0	23	25	1.1	10
辽宁	1851.00	1649.41	5.08	5.11	6	6	10.6	8.9	11	27	1.7	5
上海	2282.60	2000.98	6.27	6.20	4	4	13.0	13.0	1	1	0	23
江苏	3117.66	2774.16	8.56	8.59	2	2	11.1	10.0	6	10	1.1	10
浙江	2180.00	1830.14	5.99	5.67	5	5	11.6	9.8	2	15	1.8	3
福建	1571.00	1414.09	4.31	4.38	8	8	10.5	9.8	15	15	0.7	19
山东	3047.30	2735.66	8.37	8.47	3	3	10.3	9.3	19	22	1.0	13
广东	3662.68	3178.69	10.06	9.84	1	1	10.6	9.6	11	19	1.0	13
广西	757.40	702.96	2.08	2.18	17	17	11.6	9.5	2	20	2.1	1
海南	220.23	199.86	0.60	0.62	28	28	8.2	7.0	29	30	1.2	7
中部地区	9097.74	8080.57	24.99	25.02	2	2	10.12	9.85	2	1	0.26	3
山西	636.40	586.10	1.75	1.82	23	21	7.4	6.4	30	31	1.0	13
内蒙古	492.34	409.83	1.35	1.27	24	25	11.2	10.0	4	10	1.2	7
吉林	639.39	574.34	1.76	1.78	22	23	11.2	9.7	4	18	1.5	6
黑龙江	1014.00	932.42	2.79	2.89	14	14	11.0	9.9	8	12	1.1	10
安徽	1004.71	0001.54	2.76	2.75	15	15	9.8	10.7	25	6	-0.9	29
江西	820.00	740.43	2.25	2.29	16	16	10.4	10.7	16	6	-0.3	25
河南	1556.08	1382.08	4.27	4.28	9	9	9.0	9.3	27	22	-0.3	25
湖北	1490.32	1316.07	4.09	4.08	10	10	10.6	9.9	11	12	0.7	19
湖南	1444.50	1250.76	3.97	3.87	11	11	10.6	10.9	11	4	-0.3	25
西部地区	4731.81	4291.80	13.00	13.29	3	3	10.04	9.73	3	3	0.32	2
重庆	649.72	591.04	1.78	1.83	21	20	9.0	8.1	27	29	0.9	16
四川	1365.69	1213.91	3.75	3.76	13	13	10.3	9.5	19	20	0.8	18
贵州	337.38	295.70	0.93	0.92	27	27	10.4	11.1	16	3	-0.7	28
云南	678.87	618.45	1.86	1.92	19	19	9.9	9.0	24	25	0.9	16
西藏		47.42		0.15	31	31		10.3	31	8	-10.3	31
陕西	649.90	578.20	1.79	1.79	20	22	10.3	9.9	19	12	0.4	21
甘肃	350.12	316.98	0.96	0.98	26	26	9.6	11.6	26	2	-2.0	30
青海	111.46	99.97	0.31	0.31	29	29	11.0	9.8	8	15	1.2	7
宁夏	99.00	90.80	0.27	0.28	30	30	10.2	10.1	22	9	0.1	22
新疆	489.67	439.33	1.34	1.36	25	24	10.4	10.9	16	4	-0.5	27
全国合计	26408.44	32291.82	100.00	100.00			10.64	9.80			0.83	

注：1. 本表绝对数按当年价格计算，增长速度按可比价格计算。2. 三大地带增长速度计算采用加权平均法。3. 全国合计为各地区之和。

2000年三大地带工业增加值综合分析表

地区	工业增加值（亿元）	占全国比重（%）	占全国比重位次	同比增长速度（%）	增长速度位次
东部地区	16357.6	64.84	1	14.56	1
北京	690.5	2.74	12	16.7	2
天津	608.3	2.41	14	14.9	5
河北	1102.5	4.37	9	12.7	14
辽宁	1150.8	4.56	8	14.1	9
上海	1826.2	7.24	4	11.1	19
江苏	2559.1	10.14	2	14.8	6
浙江	1522.1	6.03	5	17.5	1
福建	731.2	2.90	11	12.9	13
山东	2524.3	10.01	3	14.6	8
广东	3276.0	12.99	1	16.1	3
广西	316.4	1.25	22	9.5	27
海南	50.2	0.20	30	10.9	20
中部地区	6035.5	23.92	2	12.06	2
山西	445.1	1.76	19	9.7	26
内蒙古	279.5	1.11	24	15.8	4
吉林	498.9	1.98	18	13.8	10
黑龙江	1254.8	4.97	6	11.8	16
安徽	547.6	2.17	15	11.4	18
江西	269.6	1.07	25	10.5	22
河南	1154.4	4.58	7	11.6	17
湖北	1038.2	4.12	10	12.0	15
湖南	547.4	2.17	16	13.6	11
西部地区	2835.2	11.24	3	10.17	3
重庆	287.5	1.14	23	10.9	20
四川	679.2	2.69	13	13.5	12
贵州	216.8	0.86	27	9.9	24
云南	524.9	2.08	17	6.4	31
西藏	9.2	0.04	31	8.6	30
陕西	399.7	1.58	20	9.3	28
甘肃	232.3	0.92	26	10.2	23
青海	65.0	0.26	29	9.9	24
宁夏	73.1	0.29	28	14.7	7
新疆	347.5	1.38	21	9.0	29
全国合计	25228.3	100		13.47	

注：1. 工业增加值按现行价格计算，增长速度按可比价格计算。

2. 三大地带增长速度计算采用加权平均法。

2000年三大地带工业产品销售率综合分析表

地　区	工业增加值（亿元）	占全国比重（%）	占全国比重位次	同比增长速度（%）	增长速度位次
东部地区	97.60	97.23	0.37	3	2
北　京	98.51	98.51	1.74	7	21
天　津	98.32	98.32	-0.25	9	1
河　北	97.76	97.76	0.06	19	7
辽　宁	98.45	98.45	0.82	8	10
上　海	98.88	98.88	0.57	3	2
江　苏	97.39	97.39	0.25	22	17
浙　江	97.85	97.85	0.25	22	17
福　建	97.12	97.12	0.49	23	23
山　东	97.09	97.09	0.36	24	22
广　东	96.85	96.85	-0.14	26	19
广　西	97.96	97.96	0.95	15	18
海　南	94.71	94.71	-1.21	30	26
中部地区	6035.5	23.92	2	12.06	2
山　西	96.81	96.81	0.28	27	24
内蒙古	98.91	98.91	0.86	2	6
吉　林	98.09	98.09	0.03	13	5
黑龙江	98.21	98.21	0.99	11	16
安　徽	98.52	98.52	1.26	6	14
江　西	97.82	97.82	0.22	17	11
河　南	98.00	98.00	0.31	14	8
湖　北	97.80	97.80	0.22	18	12
湖　南	98.93	98.93	0.83	1	4
西部地区	97.78	96.75	1.03	2	3
重　庆	98.59	98.59	0.94	4	9
四　川	98.32	98.32	1.42	10	20
贵　州	95.51	95.51	0.48	29	30
云　南	98.57	98.57	0.35	5	3
西　藏	91.25	91.25	5.53	31	31
陕　西	96.97	96.97	1.13	25	27
甘　肃	98.11	98.11	2.01	12	25
青　海	97.66	97.66	1.86	20	26
宁　夏	96.33	96.33	1.17	28	29
新　疆	97.65	97.65	0.10	21	13
全国合计	97.71	97.25		0.46	

2000年三大地带固定资产投资综合分析表

地区	地区		固定资产投资(亿元)		占全国比重(%)		占全国比重位次		增长速度位次		增长幅度	
	2000年	1999年	2000年	1999年	2000年	1999年	2000年	1999年	2000年	1999年	±百分点	位次
东部地区	14015.14	12939.10	59.92	61.18	1	1	8.30	5.60	3	2	2.70	3
北京	1186.28	1059.86	5.07	5.01	6	6	11.9	1.1	17117	26	10.8	6
天津	526.22	495.64	2.25	2.34	17	15	6.2	-0.9	24	29	7.1	14
河北	1047.79	1018.20	4.48	4.81	7	7	2.9	10.9	28	9	-8.0	30
辽宁	1028.16	904.72	4.40	4.28	8	9	13.6	4.0	14	20	9.6	7
上海	1678.76	1689.68	7.18	7.99	2	2	-0.6	-6.1	31	31	5.5	16
江苏	1645.27	1588.02	7.03	7.51	3	3	3.6	2.5	26	24	1.1	24
浙江	1444.55	1202.65	6.18	5.69	5	5	20.1	12.7	5	8	7.4	13
福建	810.46	794.44	3.46	3.76	12	11	2.0	2.7	29	22	-0.7	28
山东	1563.89	1312.78	6.69	6.21	4	4	19.1	10.7	6	10	8.4	11
广东	2535.72	2349.35	10.84	11.11	1	1	7.9	15.5	22	3	-7.6	29
广西	379.73	373.02	1.70	1.76	23	23	6.6	6.6	23	17	0.0	25
海南	150.31	150.74	0.64	0.71	28	28	-0.3	-3.4	30	30	3.1	20
中部地区	5432.39	4763.92	23.23	22.53	2	2	13.80	7.10	2	1	6.70	2
山西	456.52	413.15	1.95	1.95	22	20	10.5	7.6	19	16	2.9	21
内蒙古	347.25	265.35	1.48	1.25	24	26	30.9	6.3	1	18	24.6	1
吉林	484.93	412.50	2.07	1.95	20	21	17.6	17.7	8	2	-0.1	26
黑龙江	740.71	674.66	3.17	3.19	13	13	9.8	0.6	20	27	9.2	8
安徽	573.83	484.24	2.45	2.29	15	17	18.5	13.2	7	7	5.3	17
江西	321.93	287.34	1.38	1.36	26	24	12.0	10.7	16	10	1.3	23
河南	884.63	773.51	3.78	3.66	11	12	13.2	4.4	15	19	8.8	10
湖北	988.19	912.57	4.22	4.32	10	8	8.3	2.3	21	25	6.0	15
湖南	634.40	540.60	2.71	2.56	14	14	17.4	14.1	9	5	3.3	19
西部地区	3942.57	3445.54	16.86	16.29	3	3	14.40	5.60	1	2	8.80	1
重庆	458.54	411.75	1.96	1.95	21	22	11.4	8.5	18	14	2.9	21
四川	1016.36	885.79	4.35	4.19	9	10	14.7	2.6	12	23	12.1	5
贵州	288.28	222.25	1.23	1.05	27	27	29.7	9.0	2	12	20.7	2
云南	504.05	488.30	2.15	2.31	19	16	3.2	-0.4	27	28	3.6	18
西藏	48.55	46.30	0.21	0.22	31	31	4.9	20.5	25	1	-15.6	31
陕西	529.09	455.15	2.26	2.15	16	18	16.2	8.1	11	15	8.1	12
甘肃	322.06	283.29	1.38	1.34	25	25	13.7	14.3	13	4	-0.6	27
青海	131.90	107.55	0.56	0.51	29	29	22.6	8.7	4	13	13.9	4
宁夏	123.88	100.88	0.53	0.48	30	30	22.8	13.8	3	6	9.0	9
新疆	519.86	444.28	2.22	2.10	18	19	17.0	2.8	10	21	14.2	3
全国合计	23390.10	21148.56	100	100			10.60	5.76			4.84	

注：1. 固定资产投资额不包括城乡集体和个人投资。2. 三大地带增长速度直接采用国家统计局投资快报数。3. 全国合计为各地区之和。

2000年三大地带基本建设投资综合分析表

地区	基本建设投资(亿元)		占全国比重(%)		占全国比重位次		同比增长速度(%)		增长速度位次		增长幅度	
	2000年	1999年	2000年	1999年	2000年	1999年	2000年	1999年	2000年	1999年	±百分点	位次
东部地区	6713.48	6570.69	54.20	56.84	1	1	2.20	5.60	3	3	3.40	3
北京	446.98	432.73	3.61	3.74	11	10	3.3	0.7	26	25	2.6	19
天津	280.36	262.62	2.26	2.27	19	20	6.8	0.5	20	26	6.3	12
河北	624.35	596.12	5.04	5.16	7	6	4.7	10.0	24	9	-5.3	24
辽宁	451.33	421.25	3.64	3.64	10	11	7.1	-3.3	19	30	10.4	5
上海	703.81	813.29	5.68	7.04	5	2	-13.5	-0.8	31	27	-12.7	28
江苏	751.37	708.55	6.07	6.13	4	3	6.0	-1.0	22	29	7.0	10
浙江	791.83	668.36	6.39	5.78	2	5	18.5	9.0	5	11	9.5	7
福建	333.11	353.36	2.69	3.06	15	12	-5.7	7.5	29	15	-13.2	29
山东	784.10	704.65	6.33	6.10	3	4	11.3	6.3	15	16	5.0	16
广东	1151.47	1212.78	9.30	10.49	1	1	-5.1	16.9	28	4	-22.0	31
广西	267.81	259.84	2.16	2.25	22	21	3.1	10.1	27	7	-7.0	26
海南	126.96	137.14	1.03	1.19	28	27	-7.4	-0.8	30	27	-6.6	25
中部地区	3235.00	2836.97	26.12	24.54	2	2	12.50	7.20	2	1	5.30	2
山西	276.53	264.48	2.23	2.29	20	19	4.6	4.8	25	19	-0.2	20
内蒙古	232.53	166.98	1.88	1.44	23	26	39.3	-3.8	1	31	43.1	1
吉林	274.54	227.17	2.22	1.97	21	22	20.8	14.2	4	6	6.6	11
黑龙江	382.53	340.29	3.09	2.94	12	13	12.4	15.2	9	5	-2.8	23
安徽	318.01	271.01	2.57	2.34	17	18	17.3	8.7	6	12	8.6	8
江西	193.95	173.15	1.57	1.50	26	25	12.0	9.2	11	10	2.8	18
河南	594.82	507.87	4.80	4.39	8	9	9.0	2.7	16	22	6.3	12
湖北	594.44	557.59	4.80	4.82	9	7	6.6	7.7	21	13	-1.1	21
湖南	367.65	328.43	2.97	2.84	14	15	11.9	7.6	13	14	4.3	17
西部地区	2437.71	2152.22	19.68	18.62	3	3	13.30	6.5	1	2	6.80	1
重庆	215.47	193.37	1.74	1.67	24	23	11.4	3.9	14	20	7.5	9
四川	640.80	551.14	5.17	4.77	6	8	16.3	2.8	7	21	13.5	4
贵州	146.55	126.08	1.18	1.09	27	28	16.2	1.4	8	24	14.8	3
云南	331.75	295.15	2.68	2.55	16	16	12.4	2.6	9	23	9.8	6
西藏	44.99	42.53	0.36	0.37	31	31	5.8	17.5	23	3	-11.7	27
陕西	301.96	279.59	2.44	2.42	18	17	8.0	10.1	17	7	-2.1	22
甘肃	199.81	184.99	1.61	1.60	25	24	8.0	22.7	17	1	-14.7	30
青海	97.59	76.88	0.79	0.67	29	29	26.9	5.2	2	18	21.7	2
宁夏	85.04	68.83	0.69	0.60	30	30	23.5	18.0	3	2	5.5	15
新疆	373.75	333.66	3.02	2.89	13	14	12.0	6.2	11	17	5.8	14
全国合计	12386.19	11559.88	100	100			7.15	6.12			1.03	

注：1. 基本建设投资额不包括城乡集体和个人投资。2. 三大地带增长速度直接采用国家统计局投资快报数。3. 全国合计为各地区之和。

2000 年三大地带更新改造投资综合分析表

地　区	更新改造投资(亿元)		占全国比重(%)		占全国比重位次		同比增长速度(%)		增长速度位次		增长幅度	
	2000 年	1999 年	2000 年	1999 年	2000 年	1999 年	2000 年	1999 年	2000 年	1999 年	± 百分点	位次
东部地区	2959.89	2639.68	58.58	59.98	1	1	12.10	3.20	3	1	8.90	3
北　京	185.94	175.21	3.68	3.98	10	9	6.1	-17.1	25	28	23.2	11
天　津	111.93	104.63	2.22	2.38	18	16	7.0	-13.3	24	27	20.3	13
河　北	305.92	325.00	6.05	7.38	5	3	-5.9	11.2	30	8	-17.1	30
辽　宁	284.22	260.73	5.62	5.92	6	6	9.0	0.1	21	19	8.9	20
上　海	401.99	365.60	7.96	8.31	2	1	10.0		20	20		24
江　苏	339.36	297.59	6.72	6.76	4	5	14.0	1.1	18	17	12.9	15
浙　江	240.69	204.83	4.76	4.65	8	8	17.5	16.9	15	5	0.6	23
福　建	176.48	172.55	3.49	3.92	12	10	2.3	2.6	27	14	-0.3	25
山　东	390.18	302.27	7.72	6.87	3	4	29.1	7.4	7	12	21.7	12
广　东	432.75	354.44	8.56	8.05	1	2	22.1	13.2	12	6	8.9	19
广　西	80.21	70.10	1.59	1.59	23	22	14.4	0.5	17	18	13.9	14
海　南	10.22	6.73	0.20	0.15	30	30	51.9	2.3	3	15	49.6	4
中部地区	1328.29	1105.59	26.29	25.12	2	2	23.50	-1.10	1	2	24.60	2
山　西	110.84	85.76	2.19	1.95	19	19	29.2	-4.1	6	24	33.3	6
内蒙古	59.64	55.47	1.18	1.26	27	27	7.5	8.8	23	10	-1.3	26
吉　林	114.28	99.37	2.26	2.26	17	17	15.0	19.1	16	3	-4.1	28
黑龙江	230.31	146.53	4.56	3.33	9	13	57.2	-34.5	1	30	91.7	1
安　徽	152.83	125.61	3.02	2.85	15	15	21.7	17.5	13	4	4.2	21
江　西	75.05	69.36	1.49	1.58	25	24	8.2	11.8	22	7	-3.6	27
河　南	163.36	159.47	3.23	3.62	14	12	26.2	-0.2	9	21	26.4	8
湖　北	245.16	222.21	4.85	5.05	7	7	10.3	-2.1	19	22	12.4	16
湖　南	176.82	141.81	3.50	3.22	11	14	24.7	23.5	10	2	1.2	22
西部地区	764.94	655.58	15.14	14.90	3	3	16.70	-10.10	2	3	26.80	1
重　庆	89.91	93.40	1.78	2.12	20	18	-3.7	4.2	29	13	-7.9	29
四　川	173.92	167.99	3.44	3.82	13	11	3.5	-7.9	26	26	11.4	17
贵　州	88.03	65.81	1.74	1.50	22	24	33.7	10.2	5	9	23.5	10
云　南	74.62	83.07	1.48	1.89	26	21	-10.2	-35.13	1	31	24.9	9
西　藏	2.90	2.90	0.06	0.07	31	31	0.1	29.9	28	1	-29.8	31
陕　西	132.05	84.98	2.61	1.93	16	20	55.4	1.2	2	16	54.2	3
甘　肃	88.35	69.48	1.75	1.58	21	23	27.2	-6.4	8	25	33.6	5
青　海	17.06	14.36	0.34	0.33	29	29	18.8	7.6	14	11	11.2	18
宁　夏	22.19	17.82	0.44	0.40	28	28	24.6	-2.9	11	23	27.5	7
新　疆	75.91	55.77	1.50	1.27	24	26	36.1	-28.3	4	29	64.4	2
全国合计	5053.12	4400.85	100	100			14.82	-1.18			16.00	

注：1. 更新改造投资额不包括城乡集体和个人投资。2. 三大地带增长速度直接采用国家统计局投资快报数。3. 全国合计为各地区之和。

2000年三大地带社会商品零售总额综合分析表

地区	社会商品零售总额(亿元)		占全国比重(%)		占全国比重位次		同比增长速度(%)		增长速度位次		增长幅度	
	2000年	1999年	2000年	1999年	2000年	1999年	2000年	1999年	2000年	1999年	±百分点	位次
东部地区	21288.9	19347.2	59.70	59.57	1	1	10.05	8.94	1	1	1.11	3
北京	1443.3	1313.3	4.05	4.04	11	11	9.9	9.9	14	4	0	29
天津	736.6	657.3	2.07	2.02	18	18	12.1	12.0	2	1	0.1	28
河北	1613.9	1458.8	4.53	4.49	9	9	10.6	9.5	8	5	1.1	18
辽宁	1847.6	1696.1	5.18	5.22	5	5	8.9	8.1	21	13	0.8	20
上海	1722.3	1590.4	4.83	4.90	8	8	8.3	8.1	25	13	0.2	24
江苏	2604.1	2394.1	7.30	7.37	2	2	8.8	7.0	22	24	1.8	8
浙江	2298.8	2075.8	6.45	6.39	4	4	10.7	8.7	5	10	2.0	6
福建	1372.8	1246.3	3.85	3.84	12	12	10.2	10.0	11	3	0.2	27
山东	2545.9	2310.1	7.14	7.11	3	3	10.2	8.6	11	11	1.6	13
广东	4071.9	3656.0	11.42	11.26	1	1	11.4	10.2	3	2	1.2	16
广西	859.2	791.3	2.41	2.44	16	16	8.6	7.8	23	17	0.8	21
海南	172.5	157.7	0.48	0.49	28	28	9.4	6.6	16	26	2.8	2
中部地区	9718.0	8866.6	27.25	27.30	2	2	9.65	8.02	2	2	1.63	2
山西	629.1	587.1	1.76	1.81	21	21	7.2	7.3	31	22	-0.1	31
内蒙古	484.0	437.4	1.36	1.35	24	24	10.7	9.5	5	5	1.2	17
吉林	810.9	734.0	2.27	2.26	17	17	10.5	7.9	10	16	2.6	4
黑龙江	1094.0	1016.2	3.07	3.13	14	14	7.7	7.0	29	24	0.7	22
安徽	1054.3	979.1	2.96	3.01	15	15	7.7	5.9	29	30	1.8	10
江西	704.9	650.5	1.98	2.00	19	19	8.4	7.5	24	20	0.9	19
河南	1786.7	1616.0	5.01	4.98	7	7	10.6	8.0	8	15	2.6	4
湖北	1789.4	1617.1	5.02	4.98	6	6	10.7	9.2	5	7	1.5	14
湖南	1364.7	1229.2	3.83	3.78	13	13	11.0	9.2	4	7	1.8	8
西部地区	4654.0	4263.5	13.05	13.13	3	3	9.17	7.21	3	3	1.96	1
重庆	643.4	596.3	1.80	1.84	20	20	7.9	7.7	27	19	0.2	26
四川	1523.7	1382.6	4.27	4.26	10	10	10.2	6.5	11	27	3.7	1
贵州	343.7	313.8	0.96	0.97	27	27	9.5	8.2	15	12	1.3	15
云南	583.2	539.0	1.64	1.66	23	23	8.2	7.8	26	17	0.4	23
西藏	42.9	37.9	0.12	0.12	31	31	13.2		1	31		29
陕西	607.6	557.0	1.70	1.72	22	22	9.1	7.4	19	21	1.7	12
甘肃	362.7	331.6	1.02	1.02	26	26	9.4	9.2	16	7	0.2	24
青海	82.1	75.2	0.23	0.23	30	30	9.2	6.5	18	27	2.7	3
宁夏	90.2	82.7	0.25	0.25	29	29	9.1	7.1	19	23	2.0	6
新疆	374.5	347.4	1.05	1.07	25	25	7.8	6.1	28	29	1.7	11
全国合计	35660.9	32477.3	100	100			9.83	8.46			1.36	

注：1. 三大地带增长速度计算采用加权平均法。2. 全国合计为各地区之和。

2000年三大地带进出口总额综合分析表

地区	进出口总额(亿美元)		占全国比重(%)		占全国比重位次		同比增长速度(%)		增长速度位次		增长幅度	
	2000年	1999年	2000年	1999年	2000年	1999年	2000年	1999年	2000年	1999年	±百分点	位次
东部地区	4388.67	3326.17	92.53	92.24	1	1	32.96	12.02	2	2	20.94	2
北京	496.22	343.38	10.46	9.52	3	3	44.4	12.6	6	14	31.8	7
天津	171.54	126.01	3.62	3.49	9	9	36.1	18.7	13	7	17.4	21
河北	52.35	45.80	1.10	1.27	10	10	14.3	8.3	26	18	6.0	28
辽宁	190.33	137.18	4.01	3.80	8	8	38.7	7.6	10	20	31.1	8
上海	547.10	386.18	11.53	10.71	2	2	41.7	23.1	7	6	18.6	18
江苏	456.38	312.58	9.62	8.67	4	4	46.0	18.7	5	7	27.3	12
浙江	278.34	183.06	5.87	5.08	5	5	52.0	23.3	2	5	28.7	11
福建	212.24	176.19	4.47	4.89	7	7	20.5	2.7	21	22	17.8	20
山东	249.90	182.67	5.27	5.07	6	6	36.8	9.9	12	15	26.9	14
广东	1701.03	1403.42	35.86	38.92	1	1	21.2	8.1	20	19	13.1	22
广西	20.36	17.53	0.43	0.49	21	19	16.1	-27.2	25	30	43.3	4
海南	12.88	12.17	0.27	0.34	26	25	5.8	-30.2	29	31	36.0	5
中部地区	229.31	173.37	4.83	4.81	2	2	35.61	12.03	1	1	23.58	1
山西	17.64	12.88	0.37	0.36	24	24	37.0	15.9	11	11	21.1	16
内蒙古	26.22	12.94	0.55	0.36	14	23	102.6	34.4	1	2	68.2	1
吉林	25.70	22.12	0.54	0.61	15	14	16.2	33.9	24	3	-17.7	30
黑龙江	29.86	21.98	0.63	0.61	13	15	35.8	8.9	14	17	27.0	13
安徽	33.47	26.48	0.71	0.73	11	12	26.4	13.6	18	13	12.8	23
江西	16.24	13.14	0.34	0.36	25	22	23.6	5.4	19	21	18.2	19
河南	22.83	17.49	0.48	0.49	18	20	30.5	0.9	15	24	29.6	10
湖北	32.23	26.78	0.68	0.74	12	11	20.4	-5.5	23	26	25.9	15
湖南	25.12	19.56	0.53	0.54	17	17	28.5	9.8	16	16	18.7	17
西部地区	125.11	106.54	2.64	2.95	3	3	19.72	8.95	3	3	10.76	3
四川	25.45	24.68	0.54	0.68	16	13	47.7	16.9	4	10	30.8	9
贵州	6.60	5.48	0.14	0.15	27	27	3.1	18.0	30	9	-14.9	29
云南	18.13	16.60	0.38	0.46	22	21	20.5	-12.8	21	29	33.3	6
西藏	1.30	1.66	0.03	0.05	31	30	9.2	1.0	27	23	8.2	26
重庆	17.86	12.09	0.38	0.34	23	26	-21.7	39.2	31	1	-60.9	31
陕西	21.40	20.06	0.45	0.56	20	16	6.7	-2.2	28	25	8.9	25
甘肃	5.70	4.06	0.12	0.11	28	28	40.2	-9.3	8	28	49.5	3
青海	1.60	1.08	0.03	0.03	30	31	48.1	-8.4	3	27	56.5	2
宁夏	4.43	3.18	0.09	0.09	29	29	39.3	33.1	9	4	6.2	27
新疆	22.64	17.65	0.48	0.49	19	18	28.2	15.8	17	12	12.4	24
全国合计	4743.09	3606.08	100.00	100.00			32.73	11.93			20.81	

注：1. 进出口总额为商品经营单位所在地。2. 三大地带增长速度计算采用加权平均法。3. 全国合计为各地区之和。

2000年三大地带出口总额综合分析表

地区	出口总额(亿美元)		占全国比重(%)		占全国比重位次		同比增长速度(%)		增长速度位次		增长幅度	
	2000年	1999年	2000年	1999年	2000年	1999年	2000年	1999年	2000年	1999年	±百分点	位次
东部地区	2283.76	1791.40	91.64	91.90	1	1	28.37	7.14	3	1	21.23	3
北京	119.68	99.04	4.80	5.08	7	7	20.8	-5.8	23	23	26.6	14
天津	86.26	63.31	3.46	3.25	9	9	36.2	15.1	7	8	21.1	20
河北	37.06	31.19	1.49	1.60	10	10	18.8	0.1	25	16	18.7	23
辽宁	108.57	82.00	4.36	4.21	8	8	32.4	1.8	11	14	30.6	12
上海	253.55	188.00	10.17	9.64	3	2	34.9	17.9	8	5	17.0	24
江苏	257.68	183.06	10.34	9.39	2	3	40.8	17.2	6	7	23.6	17
浙江	194.44	128.71	7.80	6.60	4	4	51.1	18.5	4	4	32.6	11
福建	129.09	103.52	5.18	5.31	6	6	24.7	4.0	20	12	20.7	21
山东	155.29	115.76	6.23	5.94	5	5	34.1	10.8	9	9	23.3	18
广东	919.20	776.87	36.88	39.85	1	1	18.3	2.7	26	13	15.6	26
广西	14.91	12.47	0.60	0.64	15	14	19.6	-30.9	24	31	50.5	4
海南	8.03	7.47	0.32	0.38	26	24	7.4	-2.3	31	19	9.7	28
中部地区	133.69	98.54	5.36	5.06	2	2	37.06	2.35	1	3	34.71	1
山西	12.37	8.40	0.50	0.43	20	23	47.3	-6.0	5	24	53.3	3
内蒙古	9.70	5.35	0.39	0.27	25	25	81.5	1.7	2	15	79.8	2
吉林	12.57	10.19	0.50	0.52	19	20	23.4	36.3	21	3	-12.9	29
黑龙江	14.51	9.57	0.58	0.49	16	21	51.6	5.3	3	11	46.3	5
安徽	21.72	16.76	0.87	0.86	11	11	29.6	10.8	16	9	18.8	22
江西	11.97	9.06	0.48	0.46	22	22	32.1	-10.9	13	28	43.0	7
河南	14.96	11.27	0.60	0.58	14	17	32.7	-5.0	10	22	37.7	10
湖北	19.36	15.12	0.78	0.78	12	12	28.0	-11.4	19	29	39.4	8
湖南	16.53	12.82	0.66	0.66	13	13	28.9	-0.1	18	17	29.0	13
西部地区	74.67	59.38	3.00	3.05	3	3	30.30	4.56	2	2	25.74	2
重庆	9.96	4.90	0.40	0.25	24	26	103.0	-4.6	1	21	107.6	1
四川	13.94	11.39	0.56	0.58	17	16	22.5	-2.8	22	20	25.3	16
贵州	4.21	3.58	0.17	0.18	27	27	17.6	-7.8	27	25	25.4	15
云南	11.75	10.35	0.47	0.53	23	18	13.6	-7.8	30	25	21.4	19
西藏	1.13	0.86	0.05	0.04	30	31	31.4	81.3	14	1	-49.9	31
陕西	13.10	11.51	0.53	0.59	18	15	13.8	-2.1	29	18	15.9	25
甘肃	4.15	3.17	0.17	0.16	28	28	30.9	-8.0	15	27	38.9	9
青海	1.12	0.87	0.04	0.04	31	30	29.0	-16.5	17	30	45.5	6
宁夏	3.27	2.48	0.13	0.13	29	29	32.2	17.7	12	6	14.5	27
新疆	12.04	10.27	0.48	0.53	21	19	17.2	37.4	28	2	-20.2	30
全国合计	2492.12	1949.32	100	100			28.89	6.82			22.07	

注：1. 出口总额为商品经营单位所在地数字。2. 三大地带增长速度计算采用加权平均法。3. 全国合计为各地区之和。

2000年三大地带进口总额综合分析表

地区	进口总额(亿美元)		占全国比重(%)		占全国比重位次		同比增长速度(%)		增长速度位次		增长幅度	
	2000年	1999年	2000年	1999年	2000年	1999年	2000年	1999年	2000年	1999年	±百分点	位次
东部地区	2104.92	1535.01	93.51	92.64	1	1	38.61	18.64	1	3	19.97	1
北京	376.54	244.56	16.73	14.76	2	2	54.0	22.3	6	14	31.7	9
天津	85.28	62.70	3.79	3.78	6	7	36.0	22.6	12	13	13.4	14
河北	15.29	14.61	0.68	0.88	12	10	4.6	31.5	25	11	-26.9	25
辽宁	81.76	55.18	3.63	3.33	9	8	48.2	18.0	8	18	30.2	10
上海	293.56	198.19	13.04	11.96	3	3	48.1	28.4	9	12	19.7	12
江苏	198.70	129.52	8.83	7.82	4	4	53.4	20.8	7	15	32.6	8
浙江	83.90	54.34	3.73	3.28	7	9	54.4	36.3	5	8	18.1	13
福建	83.15	72.68	3.69	4.39	8	5	14.4	1.0	20	25	13.4	15
山东	94.61	66.91	4.20	4.04	5	6	41.4	6.7	11	23	34.7	7
广东	781.83	626.56	34.73	37.81	1	1	24.8	15.6	16	19	9.2	18
广西	5.45	5.06	0.24	0.31	23	23	7.6	-16.3	24	29	23.9	11
海南	4.85	4.70	0.22	0.28	25	24	3.2	-52.0	27	31	55.2	3
中部地区	95.65	74.84	4.25	4.52	2	2	35.31	32.41	2	2	2.90	2
山西	5.28	4.48	0.23	0.27	24	25	17.8	105.6	19	2	-87.8	30
内蒙古	16.52	7.60	0.73	0.46	10	17	117.5	73.8	2	4	43.7	6
吉林	13.14	11.94	0.58	0.72	13	13	10.1	32.1	22	10	-22.0	24
黑龙江	15.35	12.41	0.68	0.75	11	12	23.7	11.7	17	21	12.0	17
安徽	11.75	9.72	0.52	0.59	15	15	20.8	18.7	18	17	2.1	20
江西	4.27	4.08	0.19	0.25	26	26	4.6	78.1	25	3	-73.5	28
河南	7.87	6.22	0.35	0.38	21	22	26.6	13.7	14	20	12.9	16
湖北	12.87	11.65	0.57	0.70	14	14	10.5	3.6	21	24	6.9	19
湖南	8.60	6.74	0.38	0.41	18	20	27.6	35.0	13	9	-7.4	22
西部地区	50.44	47.17	2.24	2.85	3	3	13.32	21.24	3	2	-7.92	3
重庆	7.90	7.18	0.35	0.43	20	19	10.0	38.2	23	7	-28.2	26
四川	11.51	13.30	0.51	0.80	16	11	-13.5	44.3	30	6	-57.8	27
贵州	2.39	1.90	0.11	0.11	27	27	26.1	-20.8	15	30	46.9	5
云南	6.38	6.26	0.28	0.38	22	21	1.9	19.9	28	16	-18.02	23
西藏	0.17	0.80	0.01	0.05	31	29	-78.8	11.3	31	22	-90.1	31
陕西	8.30	8.55	0.37	0.52	19	16	-2.9	-2.3	29	26	-0.6	21
甘肃	1.55	0.89	0.07	0.05	28	28	73.2	-13.5	3	28	86.7	1
青海	0.48	0.21	0.02	0.01	30	31	127.4	53.3	1	5	74.1	2
宁夏	1.16	0.70	0.05	0.04	29	30	64.3	146.1	4	1	-81.8	29
新疆	10.60	7.38	0.47	0.45	17	18	43.6	-5.1	10	27	48.7	4
全国合计	2251.01	1657.02	100	100			37.90	19.34			18.56	

注：1. 进口总额为商品经营单位所在地数字。2. 三大地带增长速度计算采用加权平均法。3. 全国合计为各地区之和。

“九五”期间三大地带国内生产总值及年均增长速度表

单位:亿元、%

地区	1996年		1997年		1998年		1999年		1996—2000年		
	绝对值	指数	绝对值	指数	绝对值	指数	绝对值	指数	绝对值	指数	年均增速
东部地区	39700.87	111.87	44564.07	111.30	48114.54	110.26	51564.22	109.65	57527.14	110.19	10.65
北京	1615.73	109.2	1810.09	109.60	2011.31	109.80	2174.46	110.20	2460.52	111.0	10.0
天津	1099.47	114.3	1240.40	112.10	1336.38	109.30	1450.06	110.00	1639.41	110.8	11.3
河北	3452.97	113.5	3953.78	112.50	4256.01	110.70	4569.19	109.10	5076.31	109.5	11.1
辽宁	3157.69	108.6	3490.06	108.90	3881.73	108.30	4171.69	108.20	4668.27	108.9	8.9
上海	2902.20	113.0	3360.21	112.70	3688.20	110.10	4034.96	110.20	4551.15	110.8	11.3
江苏	6004.21	112.2	6680.34	112.00	7199.95	111.00	7697.82	110.10	8584.68	110.6	11.2
浙江	4146.06	112.7	4638.24	111.10	4987.50	110.10	5364.89	110.00	6024.29	110.9	11.0
福建	2583.83	115.4	3000.36	114.50	3330.18	111.40	3550.24	110.00	3920.00	109.5	11.7
山东	5960.42	112.2	6650.02	111.20	7162.20	110.80	7662.1	110.10	8542.44	110.5	11.0
广东	6519.14	110.7	7315.51	110.60	7919.12	110.20	8464.31	109.50	9506.04	110.5	10.3
广西	1869.62	110.3	2015.20	109.00	1903.04	109.10	1953.27	107.70	2035.55	107.2	6.6
海南	389.53	104.8	409.86	106.70	438.92	108.30	471.23	108.60	518.48	108.8	8.5
中部地区	19167.58	112.88	21637.65	111.08	23113.66	108.99	23974.36	107.84	26250.19	108.79	9.90
山西	1308.01	111.0	1480.13	110.50	1601.11	109.00	1506.78	105.10	1640.10	107.7	7.6
内蒙古	984.78	112.7	1094.52	109.70	1192.29	109.60	1268.2	107.80	1403.86	109.9	10.0
吉林	1337.16	113.7	1446.91	109.20	1557.78	109.00	1669.56	108.10	1831.09	109.0	9.8
黑龙江	2402.58	110.5	2708.46	110.00	2832.84	108.30	2897.41	107.50	3252.01	108.1	8.5
安徽	2339.25	114.4	2669.95	112.70	2805.45	108.50	2908.59	108.10	3031.84	108.0	10.3
江西	1517.26	113.4	1715.18	111.50	1851.98	108.20	1962.98	107.80	2000.00	108.0	7.9
河南	3661.18	113.9	4079.26	110.40	4356.60	108.70	4576.1	108.00	5126.08	109.4	10.1
湖北	2970.20	113.2	3450.24	113.00	3704.21	110.30	3857.99	108.30	4276.32	109.3	10.8
湖南	2647.16	112.2	2993.00	110.80	3211.40	109.10	3326.75	108.30	3688.89	109.0	9.2
西部地区	9613.22	110.11	10754.89	109.96	11552.1	108.63	12132.6	107.13	13092.0	108.63	8.89
重庆	1179.09	111.2	1350.10	111.00	1429.26	108.40	1479.71	107.60	1589.60	108.5	9.4
四川	2985.15	110.1	3320.11	110.20	3580.26	109.10	3711.61	105.60	4016.75	109.3	8.9
贵州	713.70	108.9	792.98	109.00	841.88	108.50	911.86	108.30	993.32	108.7	8.7
云南	1491.62	110.4	1644.23	109.40	1793.90	108.00	1855.74	107.20	1955.28	107.1	8.4
西藏	64.76	113.2	76.98	111.50	91.18	110.20	105.61	109.60			4.8
陕西	1175.38	110.2	1326.04	110.00	1381.53	109.10	1487.61	108.40	1660.96	109.0	9.0
甘肃	714.18	111.5	781.34	108.50	869.75	109.20	931.98	108.30	983.00	108.7	9.3
青海	183.57	108.6	202.05	109.00	220.16	109.00	238.39	108.20	263.12	109.0	8.7
宁夏	193.62	118.1	210.92	107.60	227.46	108.50	241.49	108.70	265.30	109.6	9.7
新疆	912.15	106.4	1050.14	111.00	1116.67	107.30	1168.55	107.10	1364.65	108.2	8.0
全国合计	97262.47	111.92	109349.15	110.95	117445.96	109.44	123778.04	108.45	136211.48	109.35	10.02

注 :1. 本表绝对数按当年价格计算,指数按可比价格计算。2. 三大地带指数计算采用加权平均法。3. 全国合计为各地区之和。

“九五”期间三大地带社会商品零售总额及年均增长速度表

地区	社会商品零售总额(亿元)		1996~2000年	年均增速
	2000年	1995年	年均增长速度(%)	位次
东部地区	21288.90	12250.32	11.69	2
北京	1443.30	826.98	11.78	11
天津	736.60	375.64	14.42	3
河北	1613.90	852.06	13.63	5
辽宁	1847.60	1121.00	10.51	16
上海	1722.30	970.04	12.17	7
江苏	2604.10	1650.00	9.56	24
浙江	2298.80	1395.70	10.49	17
福建	1372.80	670.37	15.41	1
山东	2545.90	1442.67	12.03	9
广东	4071.90	2304.15	12.06	8
广西	859.20	532.49	10.04	21
海南	172.50	109.22	9.57	23
中部地区	9718.00	5508.50	12.02	1
山西	629.10	375.95	10.85	15
内蒙古	484.00	295.02	10.41	19
吉林	810.90	481.54	10.99	14
黑龙江	1094.00	682.73	9.89	22
安徽	1054.30	586.52	12.44	6
江西	704.90	410.86	11.40	13
河南	1786.70	906.67	14.53	2
湖北	1789.40	931.80	13.94	4
湖南	1364.70	837.41	10.26	20
西部地区	4654.00	2860.20	10.23	3
重庆	643.40	507.90	8.20	28
四川	1523.70	1300.51	3.22	31
贵州	343.70	197.60	11.71	12
云南	583.20	369.55	9.55	25
西藏	42.90	24.50	11.86	10
陕西	607.60	369.46	10.46	18
甘肃	362.70	229.91	9.55	26
青海	82.10	57.83	7.26	30
宁夏	90.20	57.19	9.54	27
新疆	374.50	253.65	8.10	29
全国合计	35660.90	20619.02	11.58	

注:1.1996~2000年社会商品零售总额年均增长速度按水平法计算。

2.1995年缺重庆数据,三大地带计算2000年把重庆和四川相加处理计算。

3.重庆年均增长速度实际为1998~2000三年年均增速。

"九五"期间三大地带全社会固定资产投资额及年均增长速度表

地　区	全社会固定资产投资额(亿元)		1996～1999年	年均增速
	1999年	1995年	年均增长速度(%)	位次
东部地区	17909.03	12649.66	9.08	3
北　京	1171.16	841.50	8.62	24
天　津	576.45	393.18	10.04	19
河　北	1770.47	939.32	17.17	3
辽　宁	1119.47	885.00	6.05	28
上　海	1855.76	1601.79	3.75	30
江　苏	2441.88	1680.17	9.80	21
浙　江	1958.05	1357.90	9.58	23
福　建	1084.66	681.17	12.33	14
山　东	2220.57	1320.97	13.87	12
广　东	2937.02	2327.22	5.99	29
广　西	578.76	423.37	8.13	25
海　南	194.78	198.07	-0.42	31
中部地区	6565.27	4345.36	10.87	2
山　西	477.57	270.64	15.26	9
内蒙古	348.22	273.06	6.27	27
吉　林	500.02	341.85	9.97	20
黑龙江	751.66	487.50	11.43	16
安　徽	703.45	532.54	7.21	26
江　西	454.44	284.18	12.45	13
河　南	1206.83	805.03	10.65	18
湖　北	1239.14	826.55	10.65	17
湖　南	883.94	524.01	13.96	11
西部地区	4494.32	2567.29	18.93	1
重　庆	525.26	320.73	27.97	1
四　川	1224.4	677.34	15.95	7
贵　州	311.93	173.66	15.77	8
云　南	663.97	380.57	14.93	10
西　藏	53.56	36.95	9.73	22
陕　西	587.79	324.33	16.03	6
甘　肃	355.51	194.67	16.25	5
青　海	117.15	55.58	20.49	2
宁　夏	128.1	70.12	16.26	4
新　疆	526.65	333.34	12.11	15
全国合计	40028.21	26474.96	10.77	

注:1.1996～1999年社会固定资产投资总额年均增长速度按水平法计算。

2.重庆缺1995年数据,1999年计算三大地带速度把重庆和四川相加处理。

3.重庆平均增长速度实际为1997～1999年三年年均增速。

“九五”期间三大地带进出口总额(按商品经营单位所在地分)及年均增长速度表

地区	进出口总额(亿美元)		1996～2000年	年均增速
	2000年	1995年	年均增长速度(%)	位次
东部地区	4388.67	2521.2	11.72	1
北京	496.22	370.34	6.03	13
天津	171.54	80.44	16.35	5
河北	52.35	39.18	5.97	14
辽宁	190.33	131.86	7.62	12
上海	547.10	243.57	17.57	4
江苏	456.38	163.10	22.85	1
浙江	278.34	115.10	19.32	3
福建	212.24	144.46	8.00	11
山东	249.90	139.44	12.38	8
广东	1701.03	1039.24	10.36	10
广西	20.36	30.91	－8.01	29
海南	12.88	23.56	－11.38	30
中部地区	229.31	183.92	4.51	2
山西	17.64	14.02	4.70	17
内蒙古	26.22	9.93	21.43	2
吉林	25.70	26.07	－0.29	25
黑龙江	29.86	23.87	4.58	18
安徽	33.47	20.08	10.76	9
江西	16.24	13.23	4.19	20
河南	22.83	22.29	0.48	23
湖北	32.23	34.04	－1.09	27
湖南	25.12	20.39	4.26	19
西部地区	125.11	103.3834	3.89	3
重庆	17.86	13.93	5.09	15
四川	25.45	20.87	4.05	21
贵州	6.60	6.64	－0.12	24
云南	18.13	21.48	－3.33	28
西藏	1.30	2.17	－15.70	31
陕西	21.40	16.84	4.91	16
甘肃	5.70	6.00	－1.02	26
青海	1.60	1.54	0.77	22
宁夏	4.43	2.20	15.03	6
新疆	22.64	11.71	14.09	7
全国合计	4743.09	2808.5034	11.05	

“九五”期间三大地带进出口总额(按境内目的地分)及年均增长速度表

地　区	进出口总额(亿美元)		1996~2000年	年均增速
	2000年	1995年	年均增长速度(%)	位次
东部地区	4324.63	2454.43	12.00	1
北　京	242.44	167.71	7.65	13
天　津	171.56	89.87	13.80	5
河　北	54.87	44.68	4.19	18
辽　宁	200.69	131.35	8.85	11
上　海	547.05	258.98	16.13	4
江　苏	491.96	180.31	22.23	1
浙　江	315.23	127.33	19.88	2
福　建	229.60	150.66	8.79	12
山　东	282.50	165.80	11.25	9
广　东	1754.92	1085.25	10.09	10
广　西	22.87	33.61	-7.41	29
海　南	10.94	18.88	-10.34	31
中部地区	279.03	236.09	3.40	2
山　西	27.92	22.54	4.37	17
内蒙古	23.86	13.09	12.76	6
吉　林	29.85	28.86	0.68	25
黑龙江	39.89	45.82	-2.73	27
安　徽	36.90	21.60	11.30	8
江　西	20.52	14.68	6.93	15
河　南	31.24	28.60	1.78	23
湖　北	38.93	37.48	0.76	24
湖　南	29.92	23.42	5.02	16
西部地区	139.41	117.957	3.40	2
重　庆	18.51	15.08	4.19	19
四　川	27.77	24.40	2.62	22
贵　州	8.56	7.39	2.98	21
云　南	18.84	23.08	-3.98	28
西　藏	1.49	1.90	-7.78	30
陕　西	23.88	19.78	3.84	20
甘　肃	6.92	7.67	-2.04	26
青　海	2.26	1.58	7.42	14
宁　夏	5.32	2.40	17.26	3
新　疆	25.86	14.68	11.99	7
全国合计	4743.07	2808.477	11.05	

(统计资料篇内容均选自《中国地区经济发展年度报告》·2001·中国物价出版社)

附　录

中西部地区外商投资优势产业目录

为实施国家西部大开发战略,鼓励利用外资,引进先进技术、设备,发展中西部地区比较优势产业和技术先进的企业,促进产业结构的优化升级,带动中西部地区经济整体素质的提高,依据国家产业政策,制定本目录。

本目录基于中西部地区自身的条件,提出了各地在环境、资源、人力、生产、技术、市场等方面确有显著优势和潜力的产业、产品。中西部地区通过积极有效地利用外资、国外先进技术装备、现代化的经营管理方式和国际大市场,促进这些产业和产品快速成长,发展成为具有地方特色的经济增长点,推动中西部地区产业结构、技术结构以及经济结构的转化和提高。同时,这些产业和产品也属于国家产业政策支持和鼓励发展的范畴。

属于本目录的外商投资建设项目,享受《指导外商投资方向暂行规定》中鼓励类项目的各项政策和《国务院办公厅转发外经贸部等部门关于当前进一步鼓励外商投资意见的通知》(国办发〔1999〕73 号)中的有关优惠政策。

本目录生效前的在建项目,亦按照本目录的有关政策执行。

各有关方面依据本目录审批外商向中西部地区投资项目时,要全面贯彻国家产业政策,严格执行国家有关法律、法规,按照现行的审批权限和程序进行审核,要注重生产技术水平的提高和产品结构的改善,注重资源的合理利用和对生态环境的保护,防止重复建设和盲目扩大生产能力。

国家将根据经济发展和国内外市场环境变化的需求,适时对此目录进行调整、修订。

中西部各省、自治区、直辖市外商投资优势产业目录

山西省

1.粮食、蔬菜、水果、禽畜产品的贮藏、保鲜和加工
2.林木营造及林木良种引进
3.无磷洗衣粉生产
4.棉纺织、印染生产企业技术改造
5.新型纺织机械制造
6.公路、独立桥梁和隧道的建设、经营
7.煤炭加工应用技术开发及产品生产
8.煤焦油深加工
9.煤层气资源勘探、开发利用
10.单机容量 30 万千瓦及以上火电站的建设、经营
11.铜资源的勘查、开采(不允许外商独资)
12.高性能钕铁硼材料及稀土电机的开发、制造

内蒙古自治区

1.粮食、蔬菜、水果、禽畜产品的贮藏、保鲜和加工
2.林木营造及林木良种引进
3.保健酒的生产
4.皮革的后整理及高档皮革产品制造
5.乳制品加工
6.毛纺织、毛针织品生产企业技术改造
7.公路、独立桥梁和隧道的建设、经营
8.煤炭加工应用技术开发及产品生产
9.煤层气资源勘探、开发利用
10.单机容量 30 万千瓦及以上火电站的建设、经营

11.风力发电站建设、经营
12.稀土矿物加工及产品制造
13.铜资源的勘查、开采(不允许外商独资)
14.中、蒙药材加工

黑龙江省

1.粮食、蔬菜、水果、禽畜产品、水产品的贮藏、保鲜和加工
2.林木营造及林木良种引进
3.大豆、玉米深加工及其制品开发、生产
4.木浆及造纸生产企业技术改造
5.亚麻纺织及制品生产
6.公路、独立桥梁和隧道的建设、经营
7.煤炭加工应用技术开发及产品生产
8.煤层气资源勘探、开发利用
9.铜资源的勘查、开采(不允许外商独资)
10.高精铝材加工企业技术改造
11.电工仪表及电网智能管理控制系统设备制造
12.计算机软件开发
13.新型电子元器件开发、生产
14.石墨开采、加工及制品生产
15.抗生素药物原料生产
16.中药冻、干、粉、针制剂生产

吉林省

1.粮食、蔬菜、水果、禽畜产品、水产品的贮藏、保鲜和加工
2.优良农业作物和畜禽品种繁育基地建设、经营
3.林木营造及林木良种引进
4.农作物副产品(玉米秸秆等)的综合利用
5.化纤木浆生产企业技术改造及综合利用
6.公路、独立桥梁和隧道的建设、经营
7.风力发电站建设、经营
8.乙烯下游深加工产品及精细化工产品生产
9.汽车零部件制造
10.汽车电子元器件生产
11.高性能钕铁硼材料及稀土电机的开发、制造
12.液晶显示器开发、制造
13.计算机软件开发
14.药用植物种植、加工和制药新工艺开发
15.生物工程技术制药

安徽省

1.粮食、蔬菜、水果、禽畜产品、水产品的贮藏、保鲜和加工
2.林木营造及林木良种引进
3.竹资源的综合利用
4.棉纺织生产企业技术改造
5.碳纤维的开发、生产
6.公路、独立桥梁和隧道的建设、经营
7.煤炭加工应用技术开发及产品生产
8.煤层气资源勘探、开发利用
9.非金属矿的勘查、开采及产品深加工
10.农用机械制造
11.铜材料相关电子产品制造
12.旅游景区(点)及其配套设施的开发、建设和经营

江西省

1.粮食、蔬菜、水果、禽畜产品、水产品的贮藏、保鲜和加工
2.林木营造及林木良种引进
3.竹资源的综合利用
4.高档日用陶瓷生产(青花玲珑瓷除外)
5.苎麻纺织及制品生产
6.公路、独立桥梁和隧道的建设、经营
7.煤炭加工应用技术开发及产品生产
8.煤层气资源勘探、开发利用
9.稀有金属(铷、铯、钴、钽、铌)冶炼、加工
10.湿法磷酸及高浓度 NPK 复合肥生产
11.新型电子元器件及电子发光材料开发、制造
12.中药材、中成药加工
13.发酵工艺药物的开发、生产
14.旅游景区(点)及其配套设施的开发、建设和经营

河南省

1.粮食、蔬菜、水果、禽畜产品、水产品的贮藏、保鲜和加工
2.林木营造及林木良种引进
3.棉纺织、印染生产企业技术改造
4.公路、独立桥梁和隧道的建设、经营
5.煤炭加工应用技术开发及产品生产
6.单机30万千瓦及以上火电站的建设、经营
7.铜加工企业技术改造
8.天然碱矿开采、加工
9.新型电子元器件开发、制造
10.新型数字产品及配套件生产
11.电能综合管理自动化及电工仪表制造
12.优质浮法玻璃加工
13.中药材种植、加工

湖北省

1.粮食、蔬菜、水果、禽畜产品、水产品的贮藏、保鲜和加工
2.林木营造及林木良种引进
3.竹资源的综合利用
4.水资源合理开发、利用与保护工程
5.水产品养殖及深加工
6.棉纺织、印染生产企业技术改造
7.高档服装面料及服装加工
8.公路、独立桥梁和隧道的建设、经营
9.风力发电站建设、经营
10.磷矿开采、高浓度磷复肥、磷化工及盐化工产品生产
11.汽车零部件制造
12.大型环保设备制造
13.新型电子元器件开发、制造
14.石墨开采及深加工

湖南省

1.粮食、蔬菜、水果、禽畜产品、水产品的贮藏、保鲜和加工
2.林木营造及林木良种引进
3.竹资源的综合利用
4.红壤改造工程
5.水资源合理开发、利用与保护工程
6.高档日用陶瓷生产
7.苎麻纺织及制品生产
8.公路、独立桥梁和隧道的建设、经营
9.煤炭加工应用技术开发及产品生产
10.铁、锰矿采选及锰系列产品深加工
11.大规模集成电路设计与封装
12.中药材、中成药半成品及成品生产

广西壮族自治区

1.粮食、蔬菜、水果、禽畜产品、水产品的贮藏、保鲜和加工
2.林木营造及林木良种引进
3.竹资源的综合利用
4.松香深加工
5.水产品养殖和加工
6.蔗糖生产的综合利用
7.公路、独立桥梁和隧道的建设、经营
8.水电资源的开发、建设和经营
9.铟、锌有色金属矿的开采(不允许外商独资)
10.氟化盐、氯化盐、聚合磷酸盐生产企业技术改造
11.新型电子元器件开发、制造
12.中药材、中成药半成品及成品生产
13.旅游景区(点)及其配套设施的开发、建设和经营

四川省

1.粮食、蔬菜、水果、禽畜产品、水产品的贮藏、保鲜和加工
2.林木营造及林木良种引进
3.优质农产品基地建设和经营
4.竹资源的综合利用
5.棉纺织、麻纺织、丝绸企业生产线改造
6.公路、独立桥梁和隧道的建设、经营
7.煤炭加工应用技术开发及产品生产
8.水电资源的开发、建设和经营
9.钒钛矿物开采及加工(不允许外商独资)
10.天然气资源开发及天然气化工产品生产
11.计算机软件开发及网络产品制造

12.新型数字产品及配套件制造
13.新型电子元器件制造
14.中药材、中成药、植物化学原料药开发、生产
15.旅游景区(点)及其配套设施的开发、建设和经营

重庆市

1.粮食、蔬菜、水果、禽畜产品、水产品的贮藏、保鲜和加工
2.林木营造及林木良种引进
3.竹资源的综合利用
4.水资源合理开发、利用与保护工程
5.库区生态环境保护及整治工程
6.苎麻纺织及制品生产企业技术改造
7.公路、独立桥梁和隧道的建设、经营
8.城市地铁、轻轨交通建设、经营(中方控股或占主导地位)
9.天然气勘查、开采及天然气化工产品生产
10.汽车、摩托车零部件及电子元器件制造
11.大型环保设备制造
12.大型成套自动控制系统制造
13.中药材、中成药半成品及成品生产

云南省

1.粮食、蔬菜、水果、禽畜产品、水产品的贮藏、保鲜和加工
2.林木营造及林木良种引进
3.花卉及栽培技术引进、开发、经营;现代花卉园区建设和经营
4.竹资源的综合利用
5.天然香料、食用菌的种植、加工
6.水资源合理开发、利用与保护工程
7.滇池污染治理及环境保护工程
8.绿色食品、保健食品开发、生产
9.蔗糖生产的综合利用
10.公路、独立桥梁和隧道的建设、经营
11.煤炭加工应用技术开发及产品生产
12.磷矿开采、高浓度磷复肥、磷化工产品生产
13.中药、生物药开发、生产
14.旅游景区(点)及其配套设施的开发、建设和经营

贵州省

1.粮食、蔬菜、水果、禽畜产品、水产品的贮藏、保鲜和加工
2.林木营造及林木良种引进
3.竹资源的综合利用
4.水资源合理开发、利用与保护工程
5.公路、独立桥梁和隧道的建设、经营
6.煤炭加工应用技术开发及产品生产
7.钛冶炼、加工企业技术改造
8.低品位、难选冶金矿开采
9.钡盐生产企业技术改造
10.磷矿开采、高浓度磷复肥、磷化工产品生产
11.新型电子元器件开发、制造
12.中药材、中成药半成品及成品生产
13.旅游景区(点)及其配套设施的开发、建设和经营

西藏自治区

1.粮食、蔬菜、水果、禽畜产品的贮藏、保鲜和加工
2.林木营造及林木良种引进
3.民族特需产品、工艺美术、包装及容器材料及制品生产
4.公路、独立桥梁和隧道的建设、经营
5.电力基础设施及新能源电站建设、经营
6.铬矿的开采与加工(不允许外商独资)
7.盐湖资源的开发利用
8.新型干法水泥生产线
9.藏成药品的开发、生产
10.旅游景区(点)及其配套设施的开发、建设和经营

陕西省

1.粮食、蔬菜、水果、禽畜产品、水产品的贮藏、保鲜和加工
2.林木营造及林木良种引进
3.棉纺织及印染生产企业技术改造
4.公路、独立桥梁和隧道的建设、经营

5.煤炭加工应用技术开发及产品生产
6.煤层气资源勘探、开发利用
7.铜资源的勘查、开采(不允许外商独资)
8.天然气资源开发及天然气化工产品生产
9.现场总线智能仪表制造
10.新型电子元器件开发、制造
11.天然药物、保健药物及保健用品生产
12.民用飞机设计与制造(中方控股或占主导地位)
13.旅游景区(点)及其配套设施的开发、建设和经营

甘肃省

1.粮食、蔬菜、水果、禽畜产品、水产品的贮藏、保鲜和加工
2.林木营造及林木良种引进
3.优质酿酒葡萄基地建设,优质葡萄酒酿制
4.马铃薯淀粉、玉米淀粉深加工
5.水资源合理开发、利用与保护工程
6.毛纺织生产企业技术改造、产业用纺织品开发、生产
7.公路、独立桥梁和隧道的建设、经营
8.超高功率石墨电极及碳素制品生产
9.天然气化工产品生产
10.钻机及油田设备制造
11.IC元件集成电路封装及电子专用设备、仪器制造
12.旅游景区(点)及其配套设施的开发、建设和经营

青海省

1.粮食、蔬菜、水果、禽畜产品、水产品的贮藏、保鲜和加工
2.林木营造及林木良种引进
3.水资源合理开发、利用与保护工程
4.公路、独立桥梁和隧道的建设、经营
5.铜、铝、锌矿开采、冶炼、加工(不允许外商独资)
6.钾资源的开发、加工
7.盐湖资源综合利用及产品生产
8.新型建筑材料生产
9.中药、藏药材种植、加工
10.旅游景区(点)及其配套设施的开发、建设和经营

宁夏回族自治区

1.粮食、蔬菜、水果、禽畜产品、水产品的贮藏、保鲜和加工
2.林木营造及林木良种引进
3.水资源合理开发、利用与保护工程
4.葡萄的种植和酿酒
5.玉米、马铃薯种植及深加工
6.蚕养殖、蚕茧丝加工
7.公路、独立桥梁和隧道的建设、经营
8.钽、铌的冶炼和加工
9.钽电容及钽粉生产制造
10.旅游景区(点)及其配套设施的开发、建设和经营

新疆维吾尔自治区

1.粮食、蔬菜、水果、禽畜产品、水产品的贮藏、保鲜和加工
2.林木营造及林木良种引进
3.优良蕃茄种植及深加工
4.优质葡萄的种植及酿酒生产
5.水资源合理开发、利用与保护工程
6.公路、独立桥梁和隧道的建设、经营
7.棉纺织生产企业技术改造及新产品的开发
8.风力发电、太阳能发电的建设、经营
9.锂盐的开发(不允许外商独资)
10.旅游景区(点)及其配套设施的开发、建设和经营

(选自国务院公报 2001.1)

西 部 风 物

【呼伦贝尔草原】 位于内蒙古自治区呼伦贝尔盟西侧的呼伦贝尔草原广袤无垠,总面积达1049亿亩,草场优良,景观多样。其上,以牧草为主的植物多达1300余种,形成了不同特色的植被群落景观。在草原腹地分布着丘陵、湿地、河谷平原和冲积平原,地面拥有3000多条河流、500多个湖泊,栖息着400多种兽类和禽类。在这片未受任何工业污染的土地上,不仅蕴藏着丰富的自然资源,还有历史悠久的人文景观。其中,著名的有诺门罕战争遗址、东乌珠尔新石器古墓葬、鲜卑人的完工墓群、浩特陶海古城、巴彦库仁辽代古墓以及日军侵华时期修建的防御工事等。独特的自然环境,丰富的野生动植物资源,悠久的文物遗迹,构成了一幅别具风格的少数民族风情。

打开中国历史,你会发现呼伦贝尔草原不仅在现在是内蒙古的一个最好的牧场,自古以来就是一个最好的牧场。这个草原一直是游牧民族的历史摇篮,出现在中国历史上的大多数游牧民族,鲜卑人、契丹人、女真人、蒙古人都是在这个摇篮里长大的,又都是在这里度过了他们历史上的青春时代。至今,生活在这片土地上的蒙古族、达斡尔族、鄂温克族等少数民族仍然以他们千百年来沿袭至今的独特的生产和生活方式、民俗礼仪,展示着北方游牧民族成长摇篮的异域风采。

【六盘山】 六盘山,又名陇山,跨越宁夏、甘肃、陕西三省、区,绵延约240公里。六盘山主峰在宁夏的固原县,海拔近3000米。古时候,六盘山"岩嶂高深,不同车辙",交通很不方便。相传原名为"鹿攀山",后来由于山路盘旋而上,就渐渐的演变成"六盘山"了。六盘山是中国北方泾河和渭河的分水岭。黄河水系的泾河、渭河、葫芦河发源于此。

六盘山是座宝山,有2.6万公顷森林,树木品种100多个,有华山松、油松、圆柏、桦树等优良品种,也有银杏、山桃、山荆等具有经济价值和科学价值的优良树种。据统计,共有788种植物、200多种脊椎动物和150多种鸟类生长栖息在这里。六盘山矿产资源也很丰富。

六盘山风光旖旎。传说一代天骄成吉思汗陨落在这里,元世祖忽必烈在这里建有行宫。1935年9月,伟人毛泽东率领中国工农红军长征翻过六盘山,写下了著名诗词《青平乐·六盘山》,后人建长征纪念亭供人缅怀。如今,已经修通了六盘山隧道,过往车辆和行人不用再翻越崎岖的六盘山了。

【沙湖】 沙湖风景名胜区位于宁夏回族自治区银川平原以北,总面积45.1平方公里,土地面积24.1平方公里,湖水面积8.2平方公里,沙漠面积12.7平方公里。

沙湖以自然景观为主体,资源蕴藏量丰富,"沙、水、苇、鸟、山"五大景源有机结合,构成独具特色的秀丽景观,是一处融江南水乡与大漠风光为一体的"塞上明珠"。自1989年开发建设以来,先后累计接待区内外、海内外游客600万人(次)。年均接待游客50万人(次),累计实现旅游收入一亿多元。沙湖独特秀美的自然景观和得天独厚的旅游资源,受到各界人士的关注。尤其是党和国家领导人江泽民、李鹏、朱镕基、李瑞环、胡锦涛、钱其琛、李铁映、邹家华、姜春云、田纪云等同志在宁夏考察工作期间,也先后到沙湖视察,江总书记还亲笔为"沙湖"题字,对沙湖给予了很高评价。目前,沙湖已被列为全国35个王牌景点之一,成为我国西部地区的旅游和投资热点。2000年国家旅游局评定为AAAA级旅游景区。

【祁连山】 祁连山绵绵延延、曲曲折折,山峰像海浪一样滚滚滔滔向天边推去。当汽车顺甘肃省河西走廊向敦煌奔去,祁连山始终伴随在一旁,似乎这路有多远,这山就有多长。每看一眼,就多一分情感,就增一分了解,它仿佛有一种超凡脱俗的魅力攫取人的目光。

祁连山在河西走廊是一道主体风景。海拔五千多米终年积雪的峰顶,在太阳的辉光辐射下宛若一朵朵盛开的雪莲花,浮在五彩祥云下,是那么神秘、圣洁。这座终年积雪的大陆冰川,这是来自天宇的养育河西、孕育生命之源。在阳光的抚慰下,千峰融水、万壑争流,无数条小溪、水流纵横交错,源源不断地流进河西走廊。干涸贫瘠而又广袤无垠的大漠吸吮着芬芳的甘露,奇迹般地出现了一块块美丽的绿洲,绿洲中闪烁着一颗颗明珠般的城市——武威、张掖、酒泉、敦煌……甘甜的祁连雪水滋润出河西万顷良田和果木。倘若没有这山,这河西就变了样,江河失去了源头,草原没有了屏障,万物失去了命脉……

【青海湖】 青海湖是中国第一大内陆咸水湖,面积 4456 平方公里,湖四周被大通山、日月山、橡皮山所环绕,环境幽静、空气清新、湖滨草原广阔,山影倒映湖中,构成一幅美丽的高山、草原、湖景相映成趣的高原自然画面。青海湖区景点众多,主要有鸟岛、海心山、日月山、原子城等景点。青海湖鸟岛是我国最大的鸟类国家级自然保护区,每年春季成群结队的候鸟飞到这里繁衍后代,成为鸟的乐园,是青海高原一大景观。位于湖中的海心山,百鸟齐翔,景色十分优美。位于湖东南的日月山是唐蕃古道的必经之路。是文成公主进藏的纪念地。湖北面的四海镇,是我国核武器研制试验的基地,是我国第一颗原子弹、氢弹的诞生地,还是西部歌王王洛宾创作“在那遥远的地方”的采风地。青海湖区碧海、蓝天、群鸟、草原、牛羊、沙滩、帐房、蒙古包,给人一种天人合一的感受。

【三江源】 三江源是黄河、长江、澜沧江源头地区的简称。三江源地区是全国最大的自然保护区。这里雪山林立,山顶终年白雪皑皑,冰川闪亮,形成了独特的高山型景观区。这里有著名的阿尼玛卿山,是登山探险之佳选;这里有隆宝滩国家级自然保护区,是观鸟、体验“康巴”藏族风情的好去处;这里有渺无人烟的可可西里野生动物保护区,可一览原始的生态环境,是科考探险的宝地。

【塔尔寺】 塔尔寺是我国藏传佛教格鲁派(俗称黄教)六大寺院之一,由大型寺院建筑群组成,殿堂 25 座,占地 600 余亩。最盛时有僧侣 3600 多人。因其是格鲁派创始人宗喀巴的降生地而被广大的教徒奉为圣地。格鲁派是藏传佛教主流,形成达赖、班禅两支转世体系,在世界上有着广泛影响。塔尔寺具有博大精深、自成系统的文化体系,酥油花、壁画和堆绣被誉为艺术三绝。

【察尔汗盐湖】 青海省的柴达木盆地,分布着众多的盐湖,形成了独特的盐湖风光,其中最负胜名的是全国最大的察尔汗盐湖。在这里,可以看到五光十色、形状各异的盐类,白的、红的、蓝的、黑的,珍珠盐、玻璃盐、珊瑚盐、水晶盐、雪花盐、粉条盐、蘑菇盐,等等。在这里,可乘汽车、坐火车穿超 32 公里的盐湖公路、盐湖铁路,领略举世无双的“万丈盐桥”的奇观和奥秘,观赏盐海玉波、瀚海蜃楼等千姿百态的盐湖奇观。在这里,可以参观建设中的全国最大的百万吨级的钾肥工程,目睹钾肥生产的全过程。

【嘉峪关关城】 位于甘肃省嘉峪关市西南隅。是明代万里长城西端的起点,也是长城全线中规模最宏伟、保存最完整的关隘。始建于明洪武五年(1372 年)。关城由内城、瓮城和外城组成,平面呈梯形。内城周长 640 米,面积 2.5 万平方米,夯土墙高 9 米,基厚 6.6 米,上宽 2 米。城头垛口林立,砖砌垛墙高 1.7 米。东西垣开门,门上有明正德元年(1506 年)所建的木结构城楼,东曰光化楼,西曰柔远楼,均为三层五间式,单檐歇山顶,高 17 米,环廊回绕,飞阁凌空。城内北侧建有宽阔的斜坡马道,直达城顶。东西二门外均有瓮城回护,辟门南向,不与正门相通。东瓮城门名朝宗,西瓮城门名会极。出西瓮城 10 米罗城凸出处,筑一长方形重关,关门西开,为关的正门,门额刻“嘉峪关”,字体雄劲。上建木楼,与东西二楼形制相同。关城四隅有角楼,高两层,形如碉堡。南北城墙正中建有敌楼,三开间,带前廊。罗城墙与内城墙同高,南北两端城头各建一座箭楼。罗城内南侧有马道达城顶。城墙上筑垛墙高1.5米,可见垛口133个。并有了望孔、射击孔、灯槽等防御设施。罗城两端连接南、北、东三面土筑围墙,形成外城,周长1263米。外城广场上建有文昌阁、关帝庙、戏楼等建筑。正门关楼上,曾悬有清左宗棠手书“天下第一雄关”巨匾,今已不存。关城东门楼阁上,悬“长城主宰”匾额。西出关门100米处,立有清石碑一块,上书“天下雄关”。相传,当年建关时,工匠们计算用料十分精确,竣工后仅剩一块城砖,现存西瓮城门楼后檐台上,人称“定城砖”。关门正门两侧及瓮城北侧墙角,投石叩墙或两石相击,可闻清脆悦耳啾啾燕鸣声,是谓“燕鸣墙”。登城回顾,但见城内有城,城外有壕,两翼长城势若矫龙,于戈壁沙漠中若隐若现。南望祁连,雪峰如玉、绵亘千里;北眺黑山,山色似铜,青锷刺天。关城扼守其间,如虎踞龙盘,咽喉之势天成。不由得令人想起林则徐在《出嘉峪关感赋》一诗中所赞叹的诗句:“谁道崤函千古险,回首只见一泥丸”。现设有嘉峪关关城文物保管所。为全国重点文物保护单位。

【莫高窟】 俗称千佛洞。位于敦煌市东南25公里处鸣沙山东麓。据唐李怀让《重修莫高窟佛龛碑》记载,始建于前秦建元二年(366年),经十六国、北魏、西魏、北周、隋代陆续扩建,唐代达到鼎盛,五代、宋、西夏、元各代屡有增修,形成一座集建筑、雕塑、壁画为一体的佛教艺术宝库。现存洞窟492个,壁画45000平方米,彩塑2415身,唐宋木构窟檐5座,莲花柱石和铺地花砖数千块。窟区全长1600余米,分南北两段。石窟集中在南段,上下分层排列,最多达4层。窟形主要有禅窟、中心柱式、殿堂式和覆斗式等。洞窟最大者高40余米、宽30米见方,最小者高不盈尺。窟前原均有木檐,以清末民初重建的九层楼最为雄伟壮观。塑像以佛像为主,包括释迦、弥勒、药师、阿弥陀、三世佛、七世佛等,两侧侍立弟子、菩萨、天王、力士等,少则3身,多则11身。雕塑形成有圆塑、浮塑、影塑、善业泥等。最高大的佛像高达34.5米,最小的善业泥拓像不足2厘米。窟内壁画内容以宗教为主,如早期洞窟中的各种“本生”、“佛传”故事画,中晚期洞窟中的“经变画”和“佛教史迹画”等。同时也有大量现实画面,反映了当时的狩猎、耕织、交通、战争及房屋建筑、音乐舞蹈、婚丧嫁娶、人物形象等生产活动和社会生活的各个方面。清光绪二十六年(1900年)发现的藏经洞文物,是20世纪初我国考古学上的一次重大发现,对研究我国古代的政治、经济、文化、军事、地理、民族关系和中外交通等,具有重要的历史、科学价值。但从1907年至1925年,藏经洞文物先后遭到帝国主义的偷盗和掠夺,就连莫高窟中的造像、壁画也未能幸免于难。1963年~1996年,新中国成立后国家拨款陆续对400个洞窟进行了加固维修。现设有敦煌研究院。为全国重点文物保护单位。被联合国教科文组织列入世界人类文化遗产名录。

【黄帝陵】 黄帝陵是中华民族始祖轩辕皇帝的陵寝,位于陕西省黄陵县城北1公里处桥山之巅。1961年,国务院公布为第一批全国重点文物保护单位,古墓葬第一号,号称“天下第一陵”。每年清明节,炎黄子孙在此举行隆重的祭陵活动,黄帝陵已成为凝聚中华民族的精神象征。

【西安半坡博物馆】 西安半坡博物馆是中国第一座史前遗址博物馆。建造在著名的半坡遗址上。半坡遗址是黄河流域一处典型的新石器时代仰韶文化母系氏族部落遗址,距今5600~6700年之间。现已发现房屋遗迹45座、圈栏2处、窖穴200多处、陶窑6座、各类墓葬250座(其中成人墓葬礼174座,幼儿瓮棺73座),以及生产工具和生活用具约近万件文物。

【兵马俑博物馆】 1974年3月29日,临潼区四杨村村民打井时发现了秦兵马俑。1979年10月秦始皇兵马俑博物馆正式开馆对外展出。兵马俑坑共有3个,按发现早晚为序分

1、2、3号坑。这3个俑坑相互联系，互为一体，生动地再现了两千余年前秦军兵强马壮，驰骋疆场，所向披靡的威武情景。秦俑坑的发现引起世界瞩目和震惊，它被誉为“世界第八大奇迹”，是本世纪最重大的考古发现。

【华山】 华山位于华阴市城南，距西安市120公里，古称西岳，是我国著名的五岳之一。它南依秦岭，北濒渭河，奇峰突兀，巍峨壮丽，气势磅礴，以险拔峻秀著称于世。华山有五大峰，即东峰朝阳，西峰莲花，中峰玉女，南峰落雁，北峰云台。南峰为最高峰，海拔2160米。

【黄河壶口瀑布】 位于陕西省宜川县境内，距县城48公里。黄河像一条腾飞的巨龙穿行在西北黄土高原的秦晋大峡谷中，当流经壶口时，宽约400米左右的河水突然收束一槽，形成特大马蹄状瀑布群。主瀑布宽40米，落差30多米，瀑布涛声轰鸣，水雾升空，惊天动地，气吞山河，为黄河第一大瀑布，也是我国仅次于黄果树瀑布的第二大瀑布。黄河壶口有6大奇观令人惊叹，被人们称为“水底冒烟”，“旱地行船”、“彩虹戏水”、“山飞海立”、“晴空洒雨”、“旱天鸣雷”。1997年6月，香港特技演员柯受良先生驾车成功飞跃黄河壶口瀑布，成为世界第一飞人。

【太白山】 太白山位于西安市西150公里的眉县、太白、周至三县交界处，海拔3767米，是秦岭山脉的主峰。太白山的主体由规模庞大的花岗岩组成，几经构造运动，形成了太白山奇峰林立、山势峥嵘的景色。“太白积雪”十月天，被誉为长安八景之一。太白山自然条件复杂独特，生物资源丰富多彩，林海茫茫起伏叠翠，有青松冷杉，奇花异草，名贵药材等植物，有第四纪冰川遗址和大熊猫、金丝猴、羚羊、云豹、红腹角雉、大鲵等珍稀动物，是国家级森林公园。

【广西北海银滩】 北海银滩旅游区位于广西北海市南部海岸线，西起冠头岭，东到大冠沙，连绵24公里，海滩宽度0.3～5公里，旅游区分为三个区段，东区大冠沙至冯家江，中区冯家江至侨港镇，西区侨港镇至冠头岭。目前中区已形成一定的旅游规模，包括银滩公园、海滩公园、恒利度假中心及一批旅游宾馆，西区与东区尚未建设。

北海银滩旅游区是北海市旅游发展的基础，发展前景直接关系到北海经济和北海旅游业，在北海具有不可替代的重要地位。

为了提高北海银滩旅游区在亚太地区旅游市场竞争力，使之成为国际知名的滨海旅游区，北海市人民政府决定对北海银滩旅游区的规划设计进行方案征集，用以指导旅游区的开发和建设。规划设计范围包括24公里的银滩和冠头岭，东起大冠沙，西至冠头岭，北至金海岸大道，南至大海，以及沿海滩涂和近海海域，陆域总面积为34平方公里，陆域纵深0.87公里至1.97公里。

【陕西安塞腰鼓】 安塞腰鼓起源于春秋以前，原有迎神驱邪之意，后来发展成为一种独特的民间大型舞蹈艺术，历史悠久，格调古朴。人们在欢度节日，庆祝丰收的时候，都要演出腰鼓助兴，每次演出的阵容很大，一般都有60名左右鼓手，有时几个队连在一起，拉开一两里路距离，腰鼓手们的装束一律着古代将士便服，或黄或红包头，素色衣服，显得整齐壮观。每年正月，农民以打腰鼓为乐，逐渐成为习俗，继而发展成文艺表演。安塞腰鼓豪迈粗犷的动作变化，刚劲奔放的雄浑舞姿，充分体现陕北高原民众憨厚朴实，悍勇威猛的个性。

【陕北剪纸】 陕北剪纸包含秦汉之风，风格既纤细秀美，又粗犷大方，粗中见巧工，土中观美感，作品所表现的内容包罗万象，人物、典故、历史传说、民间故事、花鸟虫鱼等无所不有，曾连续数年在西安、北京等地展出并获得好评。陕北剪纸艺人多次出访外国献艺并引起轰动。

【秦腔】 也称“乱弹”，是陕西地方戏的主要剧种，也是我国现存戏剧艺术中最古老的剧种，是京剧、豫剧、川剧、河北邦子等剧种的鼻祖，其唱腔、道白、脸谱、身段、角色门类和演技均自成体系。它发祥于陕西关中，流传于西北地区。

【陕西农民画】 陕西农民画源于民间，所画内容多取材于人物、动物、花鸟等，构图简洁美观,注重色彩数量,追求强烈的直观效果,乡土风情浓厚,形成了独特的艺术风格,深受国内外游客和专家的好评。陕西农民画主要分布在关中的户县,陕北的安塞和洛川。户县被誉为“农民画之乡”已拥有2000多位土生土长的农民画家,许多优秀作品被国内外艺术馆收藏。

【陕西面花】 面花的制作盛行于陕西关中和陕北,当地人称为花馍。每逢婚丧嫁聚,年节庆典,乡亲们制作出各种各样的花馍,造型别致,形态逼真,或摆茶陈列,或馈赠亲朋,既可食用,又是独具地方特色的艺术品。制作花馍在和面、蒸馍的火候等方面都很有讲究,只有那些技术高超的人才能蒸出形状好、花样新、不变形的花馍。

【陕北民歌】 当地俗称“山曲”。形式上可分为信天游、小调、劳动号子、歌舞曲、风俗曲和宗教曲等6种。“信天游”和“小调”是陕北民歌中最富有特色的民歌,曲调悠扬高亢,粗犷奔放,节奏鲜明,韵律和美,历史悠久,祖辈传唱,经久不衰,具有旺盛顽强的生命力。其内容以反映爱情、婚姻、反抗压迫、争取自由为主。随着经济社会的发展,陕北民歌在继承传统歌曲的同时,大胆创新,赋予了新的内容,不断在创新中发展,焕发出勃勃生机。

【广西壮族三月三歌节】 三月三作为一个传统节日由来已久,发源于桂中南,在广西武鸣县保持得较为完整,原汁原味。三月三的主要习俗和活动有赶歌圩、吃五色糯米饭、抢花炮、抛绣球、斗鸡等。赶歌圩指青年男女外出对唱山歌,尤其在傍晚以后,各地自然形成歌圩,漫山遍野,歌声此起彼伏。

三月三的另一个重要习俗是家家户户都做五色糯米饭。五色糯米饭是最具有壮族特色的传统食品,主要用枫叶、黄姜、紫香藤及红蓝草熬成汁,把糯米染、蒸成黑、黄、紫、红色,加上白色构成五色。

“抢花炮”作为壮族传统的体育竞技活动类似于当今的英式橄榄球,其起源的表现形式为:将一个特制铁圈置于土炮之上,点燃炮,铁圈冲天而起,众人一拥而上,以抢到铁圈(即花炮)并放置指定竹篮内为优胜者。如今的抢花炮,已演变成娱乐性的群众文体活动,并形成一系列的竞争规则。1987年后,广西自治区人民政府把武鸣县作为全区壮族三月三歌节举办点。此后每年歌节,在县城等地举办山歌对唱、文艺表演、民族风味小吃比赛,全区武术散打擂台赛以及舞龙狮、抛绣球、顶竹杠、三人拔河、踩高跷、板鞋、斗鸡、斗鸟等各种传统民族体育竞技项目。

【莲花山花儿会】 莲花山座落在甘肃省康乐县和临潭县境内。每年农历六月初一到初六,莲花山上都要举行一次盛大的“花儿会”。莲花山花儿会别致而有风趣。从每年六月初一开始,康乐、临洮、渭源、临潭、岷县、和政、卓尼等县的歌手们,就自动组成“花儿班子”,络绎不绝地向莲花山进发,人数往往在十万人左右。他们打着伞,摇着彩扇,边走边唱。悠扬的具有浓郁乡土气息的花儿声,随着六月的风,传得很远很远。

当四面八方的歌手汇集到莲花山下的时候,按照花儿会的传统规程,正式的“对歌”就进入高潮。成千上万的歌手,在崖边树下,在清泉溪畔,在临时搭起帐篷里,在野花烂焕的山坡上,纵情赛诗对歌。

他们从白天唱到深夜,又从深夜唱到天明。“口没花儿透心甜,三天三夜口不干”的歌手们,唱到农历六月初四的黎明,即按照传统的习俗,开始成群结队地攀登莲花山。从山下到莲花山的顶峰,长达四十余里。

从莲花山归来的夜晚,人们提着家酿的青稞酒,向歌友敬酒告别。因为明天他们就要离开莲花山了。人们才依依不舍地向歌友们告别:“手拉住衣襟说句话,年年春草发新芽,待到来年六月六,咱们重包骨朵重开花……”

【贵州茅台酒】 贵州茅台酒是我国大曲酱香型酒的典型代表,之所以在风格上能如此完美,独树一帜,是由于劳动人民根据当地独特的自然条件和酿酒的基本原理,经过反复实践,设计出一套特殊的生产工艺。可以说茅台酒的工艺是顺应自然的产物,是人类运用自然界微生物的典范，创造了一个离开茅台镇就生产不了的特殊产品——茅台酒。

贵州茅台酒的生产工艺和其他名白酒生产工艺到底有哪些不同呢？一是季节性生产。茅台酒的传统工艺是端午踩曲，重阳投料，一年一个生产周期，再经三年陈酿，加上原料进厂、勾兑存放的时间，五年才能出产品。其他名酒生产有的只需几十天，有的需要几个月，最多用一年的时间即可出产品，而茅台酒则需要五年才能出厂。

二是茅台酒全年分二季投料，而其他名优白酒生产一年四季都可以投料。

三是茅台酒由三种香型体组成，即酱香型、窖底香型酒、醇甜香型酒，不象其他酒由单一的香型构成。

四是用高温制曲、高温堆积、高温入池、高温接酒、低糖化率曲、低水份入池、低出酒率、低酒精浓度、用曲量大、粮耗高等到工艺，与其他名酒的工艺反其道而行之。

由于工艺的不同，致使酒体风格独树一帜：由于茅台酒采用开放式固态发酵，生产发酵历时一年，在茅台酒生产发酵过程中参与的微生物比其他白酒多，因此香气成分多，酒体就显得丰满、醇厚、香而不艳、低而不淡。由于茅台酒由三种香型体组成，酱香是主体香型酒，所以要将不同香型、不同酒龄、不同轮次、不同浓度的酒进行精心勾兑，使酒体酱香突出、幽雅细腻。由于茅台酒至少需要经过三年的长期储存（部分酒储存时间更长），接酒温度高，很多低沸点香味物质在接酒和储存过程中挥发出去，高沸点香味物质得以保存，酒精和水分子得以充分结合，使酒度低而不淡，饮后不上头。由于茅台酒接酒浓度低，勾兑过程中是以酒调度而不是以水调度，故酸度比较高，高沸点香味物质较多，因此酒体味长，空杯留香持久。茅台酒不准外加任何物质，包括香味物质和水，这在国内外酿酒行业是独一无二的，纯属天然发酵产品。正因为这些工艺特点，才形成茅台酒的特殊的风格，特殊的香味物持和比量关系。

经过50年的努力，贵州茅台酒已形成了多品开发、全方位发展的格局：43度、38度、33度茅台酒拓展了茅台酒家族的发展空间；茅台王子酒、茅台迎宾酒、茅台醇、茅台液、茅台不老酒满足了大众消费群的需要；15年、30年、50年、80年茅台酒填补了我国极品酒的空白。

【包头稀土】　稀土元素是化学元素周期表第三副族中原子序数从57到71的镧（La）、铈（Ce）、镨（Pr）、钕（Nd）、钷（Pm）、钐（Sm）、铕（Eu）、钆（Gd）、铽（Tb）、镝（Dy）、钬（Ho）、铒（Er）、铥（Tm）、镱（Yb）、镥（Lu）等15个镧系元素，再加上同副族的钇（Y）、和钪（Sc）共17个元素，除钪和钷外，其余15个元素往往共生。稀土元素具有许多独特的物理性质和化学性质，在国民经济的许多领域都有广泛用途。它可以显著地提高农（林、牧）业、冶金、机械、轻纺、石化等产业的效益。同时，稀土在高新技术领域的应用也非常广泛，如永磁材料、超导材料、储氢材料、磁光存储材料等多种高技术功能材料都离不开稀土。进入20世纪90年代后期，稀土的开发应用开始进入能源和环保等领域，如电动汽车、超导储能、汽车尾气治理等。

包头稀土产于白云鄂博，位于阴山之北乌兰察布草原西部，属包头市管辖，矿区面积328.36平方公里。包头稀土矿物以轻稀土为主，约占总配份的98%，兼有少量的中重稀土。白云鄂博矿物稀土品位高，稀土氧化物含量5%以上，与南方离子型稀土矿相比，品位高25～100倍。包头稀土矿物中钍含量（ThO_2约为0.2%）极低，在开采、选矿以及后续提取、分离过程中易于防护。

包头稀土资源位居全球首位，其工业储量3300万吨，占世界74%，占全国91.6%；远景储量8500万吨，占世界76%，占全国85%。1996年以来，包头稀土开采量达到每年3.5万吨，约占世界稀土产品量的40%，占全国稀土产量的60%以上。包头稀土产业是伴随着白云鄂博矿的开发利用由小到大逐步建立和发展起来的新兴产业。稀土产品由原来只能生产稀土合金、氯化稀土发展到可以生产稀土产品达到200多个品种、近千个规格,在国内外稀土市场上占有40%～60%的份额。

【苦水玫瑰】 主要分布在甘肃省兰州市永登县苦水乡,有50多万丛。兰州市的五区和皋兰、榆中县也有一定面积的栽培。1984年,兰州市人大正式命名玫瑰花为兰州"市花"。永登县的苦水乡,是甘肃省的玫瑰主产区,气候温和,昼夜温差大,海拔1600米,土壤微碱性,年降雨450毫米,是玫瑰生长的理想环境。已有170多年的栽培历史,成为中国四大玫瑰种系之一。苦水玫瑰具有花瓣大、肉厚、色鲜味醇、产花量高、含油量多、抗病虫害等优点。玫瑰的用途极为广泛,经济价值很高,它除作观赏花卉外,花可入药、糖腌、蜜酿,入茶入酒,久贮不坏。在食品工业中广泛使用。用花提炼的玫瑰精油,是制造香水、脂粉、头油、香皂等日用化妆品不可少的名贵香料。玫瑰精油与黄金等价。玫瑰花含挥发油0.03%～0.2%,玫瑰油的皂化值为10～17,酸值为0.5～3。主要成份有L—香草醇、苯乙醇等多种醇类,还有脂肪油、胡萝卜素、色素等。

【白兰瓜】 由美国"蜜露"甜瓜和前苏联"俄国甜瓜"杂交而成,在兰州已有50余年种植历史。白兰瓜主产于甘肃兰州,尤其兰州郊区青白石瓜质最优,现已在省内靖远、民勤、安西、敦煌、白银、武威等地大面积种植,其品质与兰州白兰瓜不相上下,全省年产量4万吨左右。白兰瓜形似球体,单瓜重1.5公斤至2公斤;表皮呈乳白色,且白中带绿、绿中透黄,阳面有淡黄色晕,光滑而硬,耐于贮运;瓜瓤翠绿,厚3厘米至4厘米,含糖量12%至6%,且富含钙、磷、铁及多种维生素,是消暑解渴、生津保健的佳品,素有"香如桂花,甜似蜂蜜"之誉。白兰瓜是甘肃省出口瓜果主要品种之一,在国内外享有盛誉。

【宁夏大米】 被誉为"珍珠米"的宁夏大米粒圆、色洁、油润、味香、蛋白质、脂肪含量高,营养丰富。用其蒸制的米饭,洁白如脂,粒粒晶莹,粘而不腻,油润香口,特别是青铜峡市叶盛"白皮大稻"加工的精米,更是珍品。清朝曾被列为朔方贡米。康熙访宁时钦点为宴席主食,称为"珍珠梗米"。

【黄河鲤鱼】 这种鱼体态丰满,肉质细嫩,用其烹饪的各式名菜味道鲜美,为筵席增光添色。随着淡水养殖业的发展,黄河鲤鱼被人工养殖,品种也由单一的黄河鲤鱼逐步发展出红鲤、荷包鲤、散鳞镜鲤、斗鲤、荷元鲤等多品种鱼类资源。黄河鸽子鱼又名"宫筵鱼"。形体似鲤,但体窄嘴尖,酷似鸽子,得名鸽子鱼。其肉细嫩少刺,清蒸后淳香扑鼻,具有醒酒解醉之效,祛寒保暖之功。由于鸽子鱼生活的水域小,黄河谷中水急浪高,难以捕捞,更显得珍奇名贵,在清代为贡鱼。

【宁夏枸杞】 枸杞是一种名贵的中药,其神功利效传闻甚广。宁夏栽培枸杞有五百多年的历史,生长的枸杞药用价值很高,含有黄酮类、有机酸、香豆精、甾醇、多酚、内酯类、生物碱等化学成分和胡萝卜素、硫胺素、核黄素、抗坏血酸、尼克酸等维生素及18种主要氨基酸等营养成分,以及钙、磷、铁、锂等20种微量元素。明弘治年间即被列为"贡果"。多年来,宁夏枸杞以品质纯正、产量丰盈而居全国之冠。

【宁夏甘草】 宁夏甘草具有色黄、皮细、体重、质地坚实、口面光洁、粉性大等特点。以品质优而名盖西北,国际市场上俗称"西正甘草"。自古就是向皇室进献的贡品,在国内外享有盛誉。

【贺兰石】 贺兰石是一种名贵高档的工艺雕刻石料。制成石砚,具有发墨、不臭、护毫等奇效。尤为突出的是,在深紫色的底色上有绿色的斑点,似云、似月雅趣天成。用贺兰石雕制贺兰砚,图案千姿百态,以造型而论,可分为仿形、随形、盖砚、素砚、袖珍砚五类石砚。

【滩羊二毛皮】 滩羊二毛皮是宁夏传统的名牌出口商品。二毛皮薄如厚纸,质地坚韧、柔软丰匀,非常轻便,以"轻裘"著称。色泽晶莹的毛穗,长约8厘米,弯曲柔软,波浪起,"九道弯"之赞,若将皮板倒提,洁白的毛穗顺次自然下垂,洁白如雪,轻盈动人。用其制作高档服饰的镶边，典雅素致，别具风韵。

【青海大黄】 青海省是全国大黄的主要产区，资源量约为1200万公斤。其中，果洛州的资源量占全省资源总量的63%。掌叶大黄、唐古特大黄野生资源量大，分布面广。掌叶大黄分布于黄南州的同仁县、海南州及海东农业区各县，生长于2300～3000米高山林缘或草坡半阴温处；唐古特大黄分布于果洛、玉树、黄南、海北、海西等州，生长于海拔3000～3700米的山地、灌丛、林缘潮湿处。青海还尚有小大黄、网纹大黄等品种，野生蕴藏量也很大，有待于进一步开发利用。

【冬虫夏草】 麦角菌科奇异中药。该草冬天是条虫，夏天地面部分又是株小草，药材形状是虫与草的复合体—虫子头上有株草。寄生鳞翅目昆虫蝙蝠蛾。冬季菌丝侵入蛰居的幼虫体中，吸取其养分，虫体被菌丝体所充满而成为空壳。夏初，早期头部生出子座，露出土外，子座单生，茎高4～11厘米，表面深棕色，断面白色，柄基部仍与虫体头部为一体。虫体深黄色，细长圆柱状，形似休眠老蚕，长3～5厘米，多产于一些海拔3600～4000米的高山草甸和灌丛中。采挖后阴干，其成份除脂肪、粗蛋白、粗纤维、碳水化合物外，尚含虫草酸、冬虫草素和维生素B12等。味甘性温，有抗菌、平喘、引心、降压、滋补、止血、益肺肾、补精髓等功效，青海省是全国冬虫夏草的主要产区之一为青海省出口的“拳头产品”。以玉树、果洛州的资源储量最大，品质优良，俗称“藏草”；海北、海南、黄南州以及东部农业区各县也有生长，俗称“川草”。全省野生资源量约有270吨。

【青贝母】 为百合科多年生草本植物，药用部分是它的鳞茎。主要分布在青海和四川交界海拔3500米左右的高山草原和湿润的灌木丛中。青贝母又有珍珠贝之称，蜚名全国。青贝母性味苦、寒、鳞茎有化痰止咳、清热润肺的功能。

【红景天】 主要为藏药原料。青海省的药用品种包括狭叶红景天、唐古特红景天、大花红景天、圆丛红景天、小丛红景天等。狭叶红景天分布于海北、海南、果洛、玉树等州及海东地区，生长于海拔2500～3500m的林缘、灌丛；红景天属植物在青海省分布种类多，范围广，野生蕴藏量可观，是开发利用的大宗药材资源。主要用于清热、利肺、止血等。

【宣威火腿】 曲靖的传统名特产品宣威火腿历史悠久，属中国三大名腿之一。宣威火腿自公元1727年清政府置宣威州而得名，至今已有近300年的成名史。宣威火腿的形成主要取决于宣威市独特的地域地理气候环境，而其成名又主要取决于其色香、味美、营养丰富，风味独特。宣威火腿不仅外观整洁，形如琵琶，肉面穿绿袍，带蹄壳，给人一种自然协调的美感，具有国家绿色食品的有关特点，且长期以来，一直以营养丰富、肉质滋嫩、油而不腻、香味浓郁、味道咸香回甜，具有保健健美、补益及药用价值而称著于世，被消费者视为馈赠亲朋的珍贵礼品。宣威火腿的深加工始于1909年由浦在廷等人创建的“宣威火腿股份有限公司”。1923年在广东举办的全国地方名特产品会上获优美奖，孙中山先生为此亲笔提词“饮和食德”。目前，宣威市火腿产量已达13000吨，产值3亿元，有生产经营企业500余户。系列化精加工企业38户，年精加工产品产量逾10000吨。从1980年至1990年，宣威火腿获国家和省级各类奖项达43个，产品畅销海内外。宣威市人民政府已向国家申请将宣威火腿列入原产地域产品保护，并于2000年11月向全球公布。

【“千佛”牌生丝】 “千佛”牌生丝是由云南千佛茧丝绸集团有限公司生产的产品，是曲靖最主要的出口创汇产品之一。茧丝产量占全省的50%，生丝出口量占全省的80%以上。公司现有缫丝规模29960绪（其中自动缫丝3600绪），居全国第一位，年生产能力709吨，是云南最大的丝绸企业。2000年在原料不足的情况下仍生产生丝544吨，质量达3A＋23。产品先后荣获省优、部优称号，多次获国际博览会金奖，1997年被云南省政府定为“云南省首批名牌产品”。“千佛”牌生丝畅销江苏、浙江、山东、广东等省地和远销日本、韩国、美国、俄罗斯、香港、台湾等国家和地区。

【罗平黄姜】 黄姜是曲靖罗平县一大地方特色产品,也是主要的出口创汇农产品。年种植面积50000亩。罗平黄姜以肉质饱满、色鲜味美,含油量高而闻名海内外。罗平黄姜不仅是美味佳肴的调味品,它还具有除寒怯风的特殊药用功效。采用罗平黄姜生产加工而成的“云南120#干姜块”在1983年荣获国家外经贸部颁发的“优良出口产品”称号,畅销东南亚32个国家和地区。

【陕北红枣】 主要产于黄河沿岸的宜川、延川、清涧、吴堡、佳县、神木、府谷等县,它以果大、核小、皮薄、肉厚、味醇、油性大、色红、酸甜可口、含丰富的蛋白质、维生素、矿物质闻名于世。

【临潼石榴】 石榴是水果中的佳品,临潼石榴含有丰富的维生素和矿物质,皮、籽等是很好的中药材。石榴花火红艳丽,芬芳宜人,被选为西安市花。临潼石榴皮红个大,皮薄籽满,色泽鲜艳,味美可口。可分为酸、甜两种。酸型汁多皮薄,籽粒肥大,贮存时间较长。甜型味道香甜,有“冰糖石榴”之美称。

【陕西青茶】 陕西绿茶统称“陕青”,栽培历史悠久。主要产于陕西南部的紫阳、安康、岚皋、平利、西乡的十多个县区,这里是全国的主要茶叶产区之一。陕青是将刚采摘的鲜嫩茶叶,经过刹青、揉捻、焙制分筛等工序精制而成。因此,茶叶柔嫩,含芳香油多,条索匀整,色泽绿润,水色清澈,饮入口中鲜爽香醇,回味甘纯。

【陕西板栗】 主要分布在秦岭山区,是效益较好的经济作物。商洛地区板栗产量多、质量最好,镇安板栗居全国之冠,在国内外享有盛名。

【中华猕猴桃】 猕猴桃是一种营养丰富的高档水果,被誉为水果之王。陕西秦巴山区是猕猴桃的主要产区,年产量居全国首位。中华猕猴桃呈椭圆形,小似核桃,大如鹅卵,皮色褐绿,内瓤翠绿,清香酸甜,营养价值较高,它除了可以食鲜果,还可加工成果汁、果酒等饮料和果酱。

【广西巴马香猪】 巴马瑶族自治县于1995年被国家农业部命名为中国香猪之乡。巴马香猪生产发育自始至终保持一定的膘度,无论何时屠宰食用均宜,但以50～70日龄最佳,重8～10kg,是制作烤乳猪和腊全猪的上乘原料。巴马香猪皮薄而软,瘦肉多脂肪少,肉质细嫩、肉味甘鲜、皮酥溢香、爽中透甘润而多食不腻。

巴马香猪的生长有极强地域性,主产于巴马、燕洞、那桃、百林、凤凰、甲篆、西山等乡镇,异地移植饲养很难保持其肉质特性。巴马香猪营养水平要求不高,其所需主食为当地农副产品、野生菜类和青粗饲料。

【桂林银杏】 银杏亦称白果,为我国特有珍贵树种。银杏种仁含有丰富的沉粉、蛋白质、脂肪、糖类、多种氨基酸、多种矿物质,以及银杏酸、银杏酮、抗衰老素,具有很高的使用价值和药用价值,常食银杏可“入肺经、益肝气、定哮喘、缩小便”,还可令肌肤柔润光泽,提神健脑。银杏叶含有黄酮甙、银杏内酯、白果内酯等多种药用成分,由银杏叶提取物制成的药剂,治疗心血管疾病、哮喘、高血压等疾病有独特的疗效。2000年银杏年产量3628.2吨,约占全国总产量的三分之一,质量居全国之首,产区主要集中在兴安、灵川、全州三县。

【桂林罗汉果】 罗汉果含丰富的甜味素及多种对人体有益的微量元素和氨基酸,性凉味甘,被列为名贵中药材,罗汉果对糖尿病、支气管炎、急慢性咽喉炎、哮喘、感冒、高血压等疾病有显著疗效,还是防治冠心病、血管硬化的良方。长年饮用有滋补健身、消滞健胃化痰之功效。永福县龙江乡已有200多年的罗汉果种植历史,果光、大、圆、醇、甜,质量上乘,被国家命名为“中国罗汉果之乡”,每年罗汉果的产量和出口量占全国总量的80%以上,2000年罗汉果产量9175万个。

【沙田柚】 沙田柚果实皮色金黄、果型美观、果大皮薄肉厚、果肉清香脆甜、汁多爽口化渣。富含糖类、维生素、磷、铁、柠檬酸、胰岛素等营养物质，具补血益气、润肺化痰、止咳定喘、降低胆固醇等功效，保存期长，耐贮运，素有“天然罐头”之美誉。平乐沙田柚种植历史悠久，乾隆年间被指定为清宫贡品。平乐、阳朔、恭城等县沙田柚多次获国家柚类评比金奖并远销东南亚。2000年产量95617吨。

【荔浦芋】 享有“皇室贡品”之称的荔浦芋是槟榔芋的著名品种，也是荔浦县主要传统产品。荔浦芋肉质细腻，具有特殊的风味，且营养丰富，含有精蛋白、淀粉、多种维生素和无机盐等多种成分。具有补气养肾、健脾胃之功效，既是制作饮食点心、佳肴的上乘原料，又是滋补身体的营养佳品。荔浦芋系列加工食品越来越多，产品畅销国内外。“荔浦芋”证明商标已于2000年4月经国家工商局注册。

彩色图片

贵州铝厂

贵州铝厂计算机综合管理系统的网络控制中心 该中心已实现了对全厂生产、经营的网络化管理，利用DDN专线通过防火墙对外发布企业信息，接收市场行情及交流信息。

贵州铝厂电解生产烟气干法净化系统 电解生产时，含氟烟气汇入主烟道与三氧化二铝混合吸附后进入布袋收尘器进行气固分离，净化后的烟气排入大气，排氟量为吨铝1公斤以下，达到了国家对电解生产的环保要求。

自流式外循环板式降膜蒸发器 贵州铝厂自行研制开发的氧化铝蒸发工艺新设备“自流式外循环板式降膜蒸发器”在氧化铝行业的应用属国际首创，产能高、汽耗低、结疤少，技术及经济指标达到国际领先水平。

贵州铝厂是国有特大型铝联合企业，占地面积20平方公里，职工2.1万人。现已形成年产电解铝24万吨，氧化铝50万吨，碳素制品18.3万吨，铝土矿140万吨，石灰石矿65万吨和多种高附加值产品的综合生产能力，拥有总资产60.6亿元。贵州铝厂电解铝生产技术跻身国际先进水平，氧化铝生产技术进入国内同行业先进行列。华光牌重熔用电工铝锭获国家优质产品金奖，乌玉牌半石墨质阴极碳块获国家优质产品银奖，砂状氧化铝为国内首创，高纯铝为国内独家生产，优质产品产值率达95%以上。P1020铝锭为国内同行业首家获伦敦金属交易所注册，企业在同行业首家通过ISO9002质量体系国家认证，是国家一级计量企业，国家级企业技术中心，无泄漏工厂，产品销售海内外，产品销售率连年保持100%.。

新疆兵团农七师电力公司

电力公司总经理仇涟同党委书记孙江霖在25MW安装工地

新疆兵团农七师电力公司位于奎屯市乌鲁木齐东路，是一家集火力发电、供电、供热、产煤、电力设备安装和果蔬生产于一体的国有电力生产企业。下属奎屯发电厂、奎屯供电公司、华能火电设备安装工程公司、红山煤矿、奎屯园艺场、公司车队。该公司担负着奎屯市区、农七师垦区、乌苏市二乡市政、工农业生产、居民生活用电任务和城市供热任务。

电力公司现有职工1300人，总装机容量6.6万KW，输变电线路800余公里，35KV以上变电站12座，供热主管线17.2公里。年供热量480000百万千焦。年发购电量2.3亿度，年产煤8万吨，拥有固定资产2亿元，年国民总产值6230万元。

奎屯热电厂生产区远景

电力职工上街便民服务，宣传电力法规

农七师电力公司调度办公大楼远景

内蒙古伊泰集团有限公司

内蒙古伊泰集团有限公司（原伊盟煤炭集团公司），是以经营煤炭为主，集煤炭产、运、销为一体，甘草种植加工、铁路建设等多业互补的大型企业集团。下属控股子公司有内蒙古伊泰煤炭股份有限公司、内蒙古准东铁路有限公司，参股公司有内蒙古神农生物高科有限责任公司。集团公司成立13年来，总资产由开办初的5万元增长到现在的22.8亿元，净资产9亿元，跨入了国家520户重点企业行列。

煤炭生产经营业务由内蒙古伊泰煤炭股份有限公司开展，该公司是内蒙古自治区最大的地方煤炭产、运、销企业，是全国煤炭行业首家B股上市公司。现有大中型煤矿10座，年生产加工煤炭能力500万吨，拥有自备火车皮41列，载重汽车600辆，形成集产、运、销为一体的生产经营格局和以各港口和办事处为中心连接点的市场营销网络。

内蒙古神农生物高科有限责任公司是集甘草资源保护、种植、开发利用于一体的新型企业。公司投资开发了4万亩野生保护及人工种植甘草基地，经过近5年的基本建设，目前已建成水、电、机、田、林、路、喷灌相配套，草（甘草）、灌、乔（防护林）相结合的国内规模最大、设施一流的甘草基地。被国家列为甘草综合开发利用项目和西部开发国家新技术产业化示范工程项目，并经有关部门批准已取得经营和出口权。

为了解决煤炭矿区铁路运输的制约问题，1998年伊泰集团控股，联合内蒙古如意公司，共同出资设立了准东铁路公司。准东铁路全长145公里，一期工程72.6公里，已于2000年底竣工通车，同时配套建设沥青混凝土二级公路15公里，也已经建成投入运营。二期工程呼和浩特市——准格尔的铁路正在进行前期可行性研究工作。

伊泰集团有限公司随着对高新技术产业的不断研发和实施、科技含量的不断增加，为公司的长足发展不断注入新的经济增长点和发展后劲，一个全新的现代化企业正在崛起。

全国劳动模范 内蒙古伊泰集团有限公司董事长 总经理 张双旺先生

年发运能力500万吨的唐公塔集装站

繁忙的准东铁路

现代化的4万亩野生保护及人工种植甘草基地

地址：内蒙古东胜市鄂尔多斯西街
Add: Erdos West Street Dong Sheng City Inner Mongolia, China
电话(Tel)：0086-477-8525584　8521880
传真(Fax)：0086-477-8528935
邮编(P.C)：017000
网址(Http)：www.ytmt.nm.cninfo.net
电子信箱(Email)：Ytmt@email.nm.cninfo.net

伊泰集团公司办公大楼

走进中西部

西藏的原始森林

新疆绿洲农田（摄影　廖周尖）

内蒙古草原

中国中西部地区开发年鉴

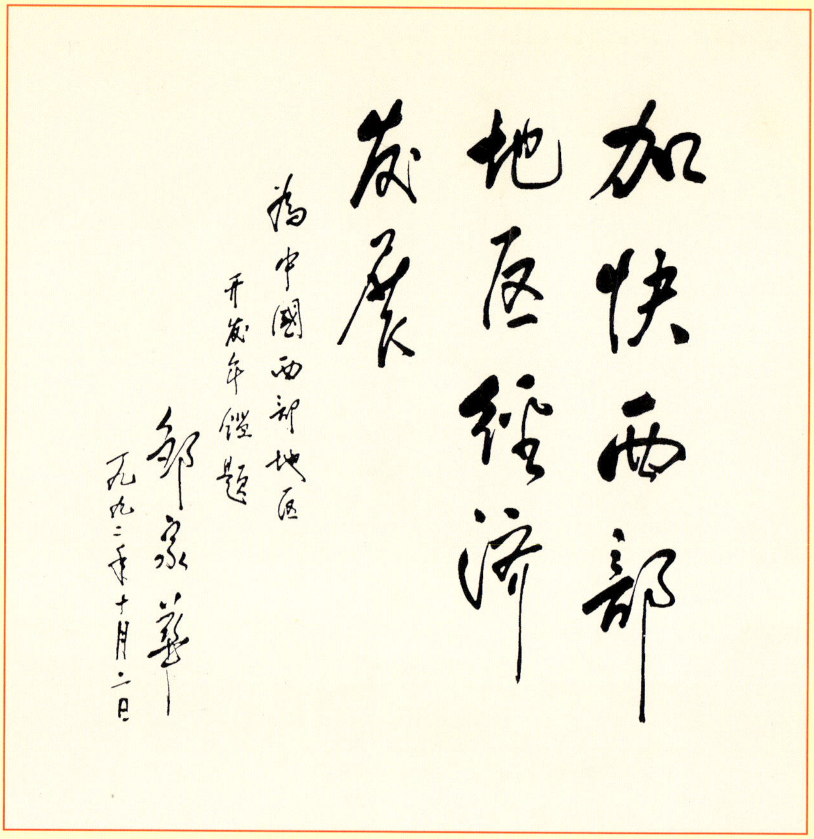

2001年3月1日,《中国中西部地区开发年鉴》年会在北京召开